交往中的文化：第二个千年的世界人口流动史

（下卷）

Cultures in Contact: World Migrations in the Second Millennium

[德] 狄克·赫德（Dirk Hoerder） 著

王昺 刘健 古俊伟 张辂 译

人文前沿丛书

主编 陈启能

副主编
于沛 [illegible]典
孔令栋
姜芃

山东大学出版社

目　录

下　册

第三编

19 世纪前各大洲之间的人口流动体系

由非洲经大西洋的奴隶流动体系在19世纪70年代就结束了。其他三个跨洲的人口流动体系，由于解除了数量和范围方面的限制，在19世纪促成了大量的人口流动。这三个人口流动体系分别是大西洋两岸经济体系、俄罗斯—西伯利亚体系和亚洲跨太平洋契约劳工体系。作为欧洲城市化的一部分，俄罗斯的定居点建设和城市化已发展成为一个独立的体系（见第11、12章）。跨越大西洋的二元模式——西欧不断发展的与北美的联系、伊比利亚半岛诸国同中美洲和南北美洲的联系——也已汇成一个独立的体系，这一体系包括了从波兰、乌克兰到美洲太平洋沿岸的广袤地区（见第13章）。由于非洲奴隶贸易渐入尾声，19世纪初殖民者开始使用亚洲各殖民地的劳动力储备。欧洲列强利用了亚洲当地的尤其是中国的自由人口流动体系以及英属印度等殖民地的帝国强制性人口流动体系，美国也紧随欧洲列强之后（见第14章）。种族排外虽然减少了人口流动的数量，但并未打断人口流动，这一人口流动过程一直持续到20世纪中期种族排外的全面恢复。1914年，第一次世界大战爆发导致了跨大西洋的人口流动骤然停止；然而，从经济方面来看，经济大萧条（1929～1939年）是诸多变化的更为重要的先兆。两次世界大战期间，人口流动发生了暂时的变化，处于停滞状态（见第16、17章）。

人口流动的路线改变了，交通变革加速人口流动和产品的流通。建筑工程本身造成了大批的人口流动：2万埃及劳工应征开凿了苏伊士运河，数以万计的亚洲和欧洲移民参加了巴拿马运河的开凿。1869年后，苏伊士运河将向东去亚洲的航行时间缩短了一半；从美洲向西，1855年巴拿马铁路的修建和1914年巴拿马运河的开通促进了交通运输的发展。

随着欧洲—北美帝国体制的巩固，这些人口流动体系可以把劳动力输送到任何一个资本需要劳工的地方，这也为在家中劳作的男女提供了新的选择。在他们所到之地，自由劳工和契约劳工进行了各种形式的抗争，表达了他们的利益诉求。俄国—西伯利亚的人口流动体系为俄国国内提供了劳动力和定居者，该体系还通过犹太人、波兰人和乌克兰人的人口流动与大西洋体系形成了互动，通过在东西伯利亚的中国合同劳工同亚洲—太平洋体系实现了互动。曾一度作为联系各大洋中枢的地中海已变为一汪死水，而一度被边缘化的欧洲阿尔卑斯山以北地区则变得活跃起来。这一区域内的人口流动已远远超过了跨大西洋的迁徙和向各殖民地的少量迁徙。

第 11 章
15 世纪到 19 世纪欧洲内部的人口流动

17 世纪，尽管一些人口流动形式保持了不变，然而国家间力量的消长、帝国之间的竞争以及宗教战争改变了人口流动的形式。农业的富余劳动力通过迁徙来寻找闲置的肥沃土地和更为边远地区的土地：在三十年战争（1618～1648 年）期间，中欧广大地区遭到了极大破坏，迫切需要人口的补充。奥斯曼帝国的扩张（始于 1526 年的莫哈柯斯战役）和 1699 年之后的撤退造成人口的交融，加剧了巴尔干半岛和俄罗斯南部人口的棋盘式分布。在发达的意大利城市和荷兰城市里，工业生产能力的削减和工业部门的局部变化（尤其是纺织业）都会导致劳动力的增减变化，而妇女是构成这些劳力中的主体。地区性的劳工流动体系出现了。重商主义政策和城市化进程使大量的人口流动起来，政治上持不同意见者也时常遭到流放。[1]

迁徙的人们通过打听其他地方的工作机会来做决定，他们往往认为这些机会比家乡的机会要好。在一些地方，地区特色经济的发展减少了人们独立生活的可能性；而其他地区，这种特色经济为农民提供了廉价土地，为农村男劳力提供了季节性就业机会（他们的妻儿留在家中），为城市劳动力和仆佣提供了更好的工作机会和薪酬。一些政府给予了新来者宗教自由、政治自由和经济特权。比如，“对于渴望更大成功、更多自由或二者兼得的人来说”，荷兰在长达两个世纪的时间里“非常具有吸引力”。这也预示着人们会把“美洲”描绘成机会遍地的地方。潜在的流动人口愿意付出辛勤的劳动，很少会有人指望天上掉馅饼的事情发生。流动归来的人们和流动人口从外地寄来的书信把人们不切实际的希望

① Klaus J. Bade, *Europa in Bewegung*: *Migration vom späten* 18. *Jahrhundert bis zur Gegenwart* (Munich, 2000).

变得更加符合现实。①

1. 从中世纪到现代社会流动形式的继承和创新

现代社会的早期延续了中世纪的一些人口流动形式(见第1～4章);但其他人口流动形式或调整,或彻底改变,或结束。

第一,由政治统治和管理导致的人口流动发生了变化。统治者及他们的幕僚和随从居住在各国首都,不再迁徙,但殖民地的扩张迫使行政官员和士兵们迁移到更远的地方(见第5～7章)。② 同样,教会机构也不再迁移,但他们派善男信女作为传教士到其他文明和宗教占主导地位的殖民地去。整个欧洲的贵族虽已失去往日的辉煌,但他们依然拥有财富,有时他们会扩大子女婚姻的选择范围。美国的实业家通过和欧洲的贵族通婚来获得头衔进而获得资本。贵族和越来越多的资本家们在城市的豪宅和乡村的邸宅中定期居住。他们的仆人追随着他们。欧洲社会的上层依然保持流动,但已不再从事永久性迁徙活动。

第二,战争引发的征兵、长期服役和平民流离失所会形成更大规模的人口流动。不同民族的士兵在荷兰和瑞典的军队中服役,普鲁士的国王从很远的地方雇佣士兵,瑞士农民继续迁徙去参军。在战争这一行当里,训练和学徒类似,士兵的流动或许和工匠的流动有些类似。流动的士兵通常在常备军中服役,雇佣兵仅在殖民地军队中存在。③ 军火制造专家和军队教官也常会流动,例如,德意志的专家会去伦敦,英国海军军官会到圣彼得堡。他们经常充任技术革新者和

---

① Jan Lucassen, "The Netherlands, the Dutch, and Long-Distance Migration in the Late Sixteenth to Early Nineteenth Centuries," in Nicholas Canny, ed., *Europeans on the Move: Studies on European Migration, 1500-1800* (Oxford, 1994), 152-191, quote on 153. Dirk Hoerder and Horst Rössler, eds., *Distant Magnets: Expectations and Realities in the Immigrant Experience* (New York, 1993), and Hoerder, "Labour Migrants' Views of 'America'," *Renaissance and Modern Studies* 35 (1992): 1-17; Hugo Soly, "Social Aspects of Structural Changes in the Urban Industries of Eighteenth-Century Brabant and Flanders," in Herman Van der Wee, ed., *The Rise and Decline of Urban Industries in Italy and in the Low Countries (Late Middle Ages-Early Modern Times)* (Leuven, 1988), 241-260.

② 另一方面,在人口居住稀疏的美国,巡回行政管理制度一直持续到19世纪。

③ 普鲁士的腓特烈一世(约1713～1740)从整个欧洲招募"大个子"(lange Kerls)。宫廷史学家既没有讨论招募的费用问题,也没有讨论招募中可能涉及的性别偏好。Günter Barudio, *Das Zeitalter des Absolutismus und der Aufklärung 1648-1779* (Frankfurt/Main, 1981), 228; André Corvisier, *Armies and Societies in Europe, 1494-1789*, trans. Abigail T. Siddall (French orig., 1976; Bloomington, 1979), 116-148, and Corvisier, "Service militaire et mobilité géographique au XVIIIe", *Annales de démographie historique* (1970), 185-204; Canny, *Europeans on the Move*, 84, 105, 121-126.

像企业家那样的组织者。在各帝国的军队里,各种族的专业兵种混合在一起,但普通士兵则根据民族和地域被分到不同的军团中。哈布斯堡家族的多民族军官团形成了一个超越国界的精英集团。[①]

征兵使青年男子与家人分离,生活在全男性的军营中。在俄罗斯,应征者要服役 25 年(几乎终身),相关法律直到 1874 年才改变;在普鲁士,士兵入伍后必须去开垦东部的荒原;复员的瑞典士兵被安置到农村,在村里他们成为人们了解遥远地方的中介或怪诞故事的讲述人。强制性的人口流动涉及士兵的买卖,为了获得所需的特定人员,或为一位王子筹集到资金。英国王室在北美殖民地使用了购买的"黑森雇佣兵",他们中有上千人作为战俘留了下来,自愿成为自由劳工或定居者,并把家属也接到了美国。与之类似,1709 年瑞士军队在波尔塔瓦(乌克兰)战败后,残存的瑞典士兵留了下来并在当地结婚成家。在法国大革命和拿破仑帝国期间,大量的征兵行动使上百万人入伍。1812 年,向莫斯科进军的 60 万部队中有法国人、意大利人、荷兰人、瑞士人、奥地利人、普鲁士人及其他德意志人。法国的逃亡贵族和战败后留下的士兵传播法国文化的能力并不亚于自由流动的人口。军队的多民族成分是引入"统一军服"的一个原因,军服能够反映士兵家乡传统服装的式样。[②]

第三,由宗教迫害而引起的逃亡在减少,和宗教相关的人口流动发生了变化。与此同时,宗教少数派所享受的特权被取消,他们的地位由协议臣民向被完全同化的公民转变,这引发了集体性的人口流动。曾在 1697～1698 年反对改革的俄罗斯旧礼仪派去了西伯利亚;1690 年,正统派塞尔维亚人逃离了奥斯曼帝国的统治去了匈牙利南部,同时穆斯林也逃离了哈布斯堡家族的统治;门诺派教徒和杜科波尔派教徒离开欧洲去了北美。各国重新加强了对势力较大的宗教团体的控制:1767 年,西班牙政府驱逐了耶稣会士;18 世纪 80 年代,奥地利政府解

---

① István Deák, *Beyond Nationalism: A Social and Political History of the Habsburg Officer Corps, 1848-1918* (New York, 1990), and Deák, "The Ethnic Question in the Multinational Habsburg Army, 1848-1918," in N. F. Dreisziger, ed., *Ethnic Armies: Polyethnic Armed Forces from the Times of the Habsburgs to the Age of the Superpowers* (Waterloo, Ont., 1990), 21-49; Gregory Hanlon, *The Twilight of a Military Tradition: Italian Aristorats and European Conflicts, 1560-1800* (New York, 1998).

② Peter H. Wilson, "The German 'Soldier Trade' of the Seventeenth and Eighteenth Centuries: A Reassessment," *International History Review* 18 (1996): 757-792; "Uniforms," in *Encyclopedia Britannica*, 11th ed. (Cambridge, 1910-1911), 27: 582-593. 关于 19 世纪的族群和军队,参见 Dreisziger, *Ethnic Armies*。在 20 世纪,获胜的军队将自愿做战地新娘的女人带回家,这构成了跨国婚姻市场和人口流动的另一个方面。

散了寺院，遣散了在寺院隐居修行的3.6万名神职人员。另一方面，逐渐增加的对宗教的宽容也会导致暴乱。例如，波兰国王赐予希腊正统派天主教徒和新教徒等同于波兰天主教徒的地位后，波兰天主教徒将前两者驱逐出了波兰。对宗教的宽容也可产生移民的重新回归。例如，在18世纪70年代，当俄罗斯商人获准在奥斯曼帝国的伊斯坦布尔建造东正教堂后，俄罗斯商旅社群开始扩大。

第四，19世纪民族国家的兴起和种族的建构使得犹太人和吉卜赛人等无国家的种族—宗教群体无处栖身。波兰—立陶宛和俄罗斯的犹太社会相继衰退，但与此同时，西欧社会再次允许犹太人定居并给予他们自由，这最早发生在1790～1791年革命中的法国，最晚发生在1867～1896年的哈布斯堡家族统治的国家。在欧洲殖民扩张期间，犹太商人加强了同阿拉伯世界和亚洲教友的联系，并在远方建立了一些新的公司。殖民地间的人口流动超越了以往的传统。譬如，阿勒颇和大马士革的犹太移民来到了孟买，阿姆斯特丹的犹太移民来到了荷兰属苏里南。在欧洲，尽管还残存着反犹太主义，但犹太人凭借他们在商业—资本主义经济中的重要作用，提高了自己的地位。最初他们缺乏稳定的合法地位（合法地位是中产阶级社会的核心特征），后来逐渐融入了他们所在的民族国家之中。[①] 吉卜赛人在人数上远少于犹太人，他们仍旧被边缘化。当时的权威和后来的学者都没有把吉卜赛人当作一个民族，而是把他们当作具有犯罪病症的一个边缘群体。吉卜赛人四处流浪寻找工作，从事小型修理等声誉较低的工作。流动的生意人和吉卜赛人找到了细致的迁徙方式，他们会派先头部队去探明需要他们的技术的地方以及可以安营的地方。这些"从事服务业的流浪人群"表现出"组织上的灵活性，他们愿意流动和改变职业，因此能够在所在地的经济

---

① Stanford J. Shaw, "The Ottoman Census System and Population, 1831-1914," *International Journal of Middle East Studies* 9 (1978): 325-338; Moses Avigdor Shulvass, *From East to West: The Westward Migration of Jews from Eastern Europe during the Seventeenth and Eighteenth Centuries* (Detroit, 1971); Jane S. Gerber, *The Jews of Spain: A History of the Sephardic Experience* (New York, 1922), 181-211; Jonathan I. Israel, *European Jewry in the Age of Mercantilism, 1550-1750* (Oxford, 1985), 53-69, 123-236; Rob van Engelsdorp Gastelaars, Jacqueline Vijgen, and Michiel Wagenaar, "Jewish Amsterdam 1600-1940: From 'Ghetto' to 'Neighborhoods,'" in Étienne François, ed., *Immigration et société urbaine en Europe occidentale, XVIe-XXE siècle* (Paris, 1985), 127-142. Joan G. Roland, *Jews in British India: Identity in a Colonial Era* (Hanover, N. H., 1989), 16-17; Rudolf Asveer Jacob van Lier, *Frontier Society: A Social Analysis of the History of Surinam* (The Hague, 1971), 85-95; Avraham Barkai, "German-Jewish Migration in the Nineteenth Century, 1820-1910," in Ira A. Glazier and Luigi De Rosa, eds., *Migration across Time and Nations: Population Mobility in Historical Contexts* (New York, 1986), 202-219; Frances Malino and David Sorkin, eds., *Profiles in Diversity: Jews in a Changing Europe, 1750-1870* (Detroit, 1998).

中找到一席立足之地”。[①]

第五,当权的新兴中产阶级可以自由地迁徙。他们和地位不稳定的吉卜赛人、犹太人形成了鲜明的对比。技术高超的专业人员往来于欧洲各国,并日益频繁地跨越大西洋。他们包括荷兰的给排水专家、瑞士的牛奶工、德意志的家具木工、瑞士的面包师和意大利泥瓦匠。波兰和苏格兰的生意人走遍了欧洲,实业家到处学习新技术,有时甚至会有农民代表团出国寻找国外有关耕种方法的信息。[②] 随着高等教育机构的增多,学生们为接受教育而进行的迁徙减少了。但从小城镇去大城市上大学的年轻人经常会留在大城市,因为那里有更赚钱的工作。在一些社会,有钱人家的孩子会到英国和法国游历几年,而不是像早些时候那样去意大利。他们回来后,或许会邀请英国技师之类的人到他们家族的工厂工作。例如,一位在荷兰莱顿接受教育的勃兰登堡选帝侯招募荷兰农民到他的领地帮忙开垦沼泽地。[③]

人口流动的方式存在男女差异。在抚养子女期间,女性的迁徙频率低于男性。像从前一样,她们进行短途迁徙,通常从事仆佣工作和纺织生产。在城市中

---

① 和有关犹太历史的研究形成鲜明对比的是,吉卜赛人的历史几乎没有受到什么关注。Leo Lucassen, “A Blind Spot: Migratory and Travelling Groups in Western European Historiography,” *International Review of Social History* 38 (1993): 209-235, quote on 227; Leo Lucassen, Wim Willems, and Annemarie Cottaar, *Gypsies and Other Itinerant Groups: A Socio-Historical Approach* (Basingstoke, 1998); David Mayall, *Gypsy-Travellers in Nineteenth-Century Society* (Cambridge, 1988). Gérard Chaliand and Jean-Pierre Rageau, *The Penguin Atlas of Diasporas* (French orig., Paris, 1991; New York, 1995), 95-111.

② Andrew Wilton and Ilaria Bignamini, eds., *Grand Tour: The Lure of Italy in the Eighteenth Century* (London, 1986); Shearer West, ed., *Italian Culture in Northern Europe in the Eighteenth Century* (New York, 1999). Gustav Otruba, “Englische Fabrikanten und Maschinisten zur Zeit Maria Theresias und Josephs II. in Österreich,” *Tradition* 12 (1967): 265-277; Martin Schumacher, *Auslandsreisen deutscher Unternehmer 1750 bis 1851 unter besonderer Berücksichtigung von Rheinland und Westfalen* (Cologne, 1968); David J. Jeremy, *Transatlantic Industrial Revolution: The Diffusion of Textile Technologies between Britain and America, 1790-1914* (Cambridge, Mass., 1981), and Jeremy, ed., *International Technology Transfer: Europe, Japan, and the USA, 1700-1914* (Brookfield, Vt., 1991); John R. Harris, “Industrial Espionage in the Eighteenth Century,” *Industrial Archeology Review* 7 (1985): 127-138. Dolf Kaiser, *Fast ein Volk von Zuckerbäckern?* Bündner Konditoren, *Cafetiers und Hoteliers in europäischen Ländern bis zum ersten Weltkrieg: Ein wirtschaftsgeschichtlicher Beitrag* (Zurich, 1985). Otto Moericke, “Eine Reise badischer Bauern nach England im 18. Jahrhundert,” *Zeitschrift für die Geschichte des Oberrheins*, n. s., 22 (1907): 657-622; Hans-Heinrich Müller, “Christopher Brown, An English Farmer in Brandenburg-Prussia in the Eighteenth Century,” *Agricultural History Review* 17 (1969): 120-135.

③ 参见 Richard L. Kagan, *Students and Society in Early Modern Spain* (Baltimore, 1974)。

产家庭中，农村女性在抚养孩子、饮食习惯等人口再生产方面的影响仍是一个研究空白。同样有待研究的还有女人们从城市带回的生活习惯对她们家乡的影响。工匠的妻子会和工匠一起流动，有时也同丈夫一起工作，她们是专业人员流动的一部分。年轻的女性会到接受她们的国家去接受教育。在19世纪，她们还很少有机会涉足政坛。

由于男女在承担道德责任上的差异，农村女性会因为婚外孕和类似情形受到排斥而逃到没人认识她们的城镇。以往的妻子到丈夫家居住的婚姻迁徙正朝夫妻二人共同建立家庭的方向转变。在一些移民输出地，年轻的妻子会被留在婆家来牵制新郎并维护同亲属和邻居的关系。另一方面，远方只为男性提供工作机会的劳动力市场会引发女性为婚姻进行迁徙，这种迁徙或由女方支付费用或由新郎预付费用。女性开辟了越来越多地获得独立工作的途径，她们占到了跨大西洋劳工移民的2/5。①

难以计数的暂时性或永久性小规模人口流动很难在空间上给予界定。他们补充了三种主要的人口流动类型：农业人口流动、劳工流动和以城市为目标的人口流动。这三种人口流动可能是单向的也可能是往返的。民族国家不断加强的边境控制体系并没能阻挡流动人口追寻他们的目标，民族主义的排外行为难以抗拒跨国劳动力市场的吸引力。

2. 农村新土地的开拓和圈地

像前几个世纪一样，农村人口不断地增长，青年男女不断地去开拓新的土地。只有当庄稼可以维持他们生活时，那句"农民扎根于土地"的谚语才真实可信。当地主和经济周期都允许的时候，农民才会耕种租来的土地。农村生活和生产的变化拓展了村民生活的社会地理疆域。土地所有者将长期的土地租借变为短期的协议性租借以灵活地处置不动产并增加收益，这就迫使佃农进行流动

① Sarah C. Maza, *Servants and Masters in Eighteenth-Century France: The Uses of Loyalty* (Princeton, 1983); Abel Chatelain, "Migrations et domesticité feminine urbaine en France, XVIIIe-XXe siècles," *Revue d'histoire économique et sociale* 4 (1969): 506-528; Jacques Dupâquier, "Geopgraphic and Social Mobility in France in the Nineteenth and Twentieth Centuries," in Glazier and de Rosa, *Migration across Time and Nations*, 356-364; Barbara Henkes, *Heimat in Holland: Deutsche Dienstmädchen 1920-1950*, trans. Maria Csollány (Dutch orig., 1995; Straelen, 1998); David I. Kertzer, *Sacrificed for Honor: Italian Infant Abandonment and the Politics of Reproductive Control* (Boston 1993), 38-70, "Policing Women".

并充当季节性劳工。这些无产者在很年轻的时候,就达到了挣钱能力的最高峰,他们成家并生儿育女。如果他们处于赤贫的边缘,贫民救济法执行官员就会劝他们在本地找工作或移居他乡。这可能会使他们沦落到城市的贫民聚居区。比较典型的一种情况是,孤儿的监管者在这些孩子 13 岁时就打发他们到伦敦自谋生路去了。如果穷人必须迁徙的话,富人更是如此。1671 年,在埃塞克斯的特尔林,40%的农场主大家庭只能在村中居住一代人的时间,没有居住时间超过两代以上的家庭;在村中居住超过三代人时间的自耕农不超过 13.8%,手艺人不超过 28.6%,贫穷的劳动力不超过 19.3%。[①] 遗产继承和嫁妆、土地老化和新的农业技术都会影响接下来每代人的去留。[②]

养殖牛羊的农民则始终保持着一种流动方式。在欧洲的地中海地区,季节性的牲畜迁移——牲畜夏季在山中,冬季在沿海低地喂养——迫使牧民及其家庭经常流动。赶牛这个使 19 世纪美国西部出名的活动,在北欧的历史则从现代早期(见第 2 章第 2 节)一直持续到冷冻车厢发明的时期(见图 3-1)。牛群从苏格兰来到英格兰,从欧洲中东部前往德意志各国和荷兰。在匈牙利平原上,特兰西瓦尼亚、亚美尼亚、希腊以及保加利亚的牲畜商租用草场,罗马尼亚牧人负责看管牛群。罗马尼亚的劳工在收获季节到来;佣人们在一年一度的招募大集上同当地的地主见面;流动的手艺人则前往那些养不起匠人的小村庄辛勤工作。因此,在从巴尔干半岛经匈牙利平原至波兰—立陶宛的广大土地上,商人、匠人、运输劳工来往奔波,地主的压迫也会导致农民逃亡,去寻找更好的生存条件。[③]

---

① J. Jean Hecht, *The Domestic Servant Class in Eighteenth-Century England* (London, 1956), 14-15; Keith Wrightson and David Levine, *Poverty and Piety in an English Village: Terling, 1525-1700* (New York, 1979), 4-5, 64-82; Eric Kerridge, *Agrarian Problems in the Sixteenth Century and After* (London, 1969), 65-93. Thorkild Kjaergaard 讨论了变化的劳动力需求、土地的使用、人口规模、土地的施肥和劳动力的调节,具体参见 *The Danish Revolution, 1500-1800: An Ecohistorical Interpretation* (Cambridge, 1994), 145-178.

② Pierre Goubert, *L'Ancien Régime*, 2 vols. (Paris, 1969-1973), vol. I; Abel Châtelain, *Les Migrants temporaires en France de 1800 à 1914: Histoire économique et sociale des migrants temporaires des campagnes françaises au XIXe siècle et au début du XXe siècle*, 2 vols. (Villeneuve-d' Ascq, 1976); Jean-Pierre Poussou, "Les Mouvements migratoires en France et à partir de la France de la fin du XVe siècle au début du XIXe siècle: approches pour une synthèse," *Annales de démographie historique* (1970), 11-78; Peter Clark, "Migration in England during the Late Seventeenth and Early Eighteenth Centuries," *Past and Present 83* (1979): 57-90; Georg Fertig, "Transatlantic Migration from the German-Speaking Parts of Central Europe, 1600-1800: Proportions, Structures and Explanations," in Canny, *Europeans on the Move*, 195. 对人口流动性的估算存在差异,部分原因是方法的不同、缺乏关于短期人口流动的数据以及不同的时间跨度(每年的人口流动或者是一生中的人口流动)。

③ Béla Gunda, *Ethnographica Carpatho-Balcanica* (Budapest, 1979), 220-224, 409-412.

图3-1　16~18世纪欧洲农村地区的人口流动

在伊比利亚半岛,穆斯林农学家引入美利奴羊引发了牲畜的迁移。在基督教的统治下,一个卡斯蒂利亚的养羊户行会曼斯塔垄断了羊毛贸易,这种情况在1492年由于驱逐犹太人的行动而消失。信用关系一直到几十年之后才得以重建。到了16世纪中期,350万只羊被分成1000个左右的羊群来放牧。牧羊人,有时连同他们的家人,在春秋季,要行走250~750公里。像卡车司机一样,牧羊人是从北方的卡斯蒂利亚高地城镇、马德里、巴利阿多里德、托罗、萨莫拉、萨拉曼卡和托德西拉斯等地①招募来的。长途牧羊在普罗旺斯、阿尔及利亚和巴尔干半岛都很常见。在巴尔干半岛,临时的牧羊人被称为"瓦拉几人"(这也是一个罗马尼亚民族的名字,他们很可能具有罗马人、希腊人、保加利亚人和阿尔巴尼亚人血统)。能讲多种语言的流动人口似乎影响了这一地区的语言历史。他们融入了长途贸易之中。当远方的羊毛市场萎缩时,马其顿和阿尔巴尼亚的村庄遭到了打击。在法国南部和伊比利亚半岛,季节性牲畜迁移在19世纪衰退,而其残余部分一直持续到20世纪70年代。②

土地耕种者的居住模式在1600年以后稳定了下来。然而在17世纪和18世纪,法国、德意志各国和英格兰的土地耕种者有1/3~1/2的人一生中至少迁徙一次。在农村之间的人口流动中(第一种选择),单身男女会随收获的时间流动。农村和城市间的人口流动(第二种选择)热度不减,除非农村的生产(第三种选择)把人们留在村里,原材料和半成品运到了富余劳动力所在的农村。这种原始的工业制度给企业家和工人都带来了好处。企业家的前期投资较少,因为从事农村生产的家庭自己拥有织机和陶轮等工具。不依赖稀少的可耕种土地也不依赖从父母那里继承土地而生存的劳工可以较早地结婚。多生养子女在经济上是合算的,因为在这种生产中孩子可以提供劳动力而获得收入。然而,当生产开始集中到资金雄厚的制造商手中时,无地的农村生产者变成了富余的劳动力,被迫成为流动人口的储备库。③

---

① Julius Klein, *The Mesta: A Study in Spanish Economic History, 1273-1836* (orig. 1920; repr., Port Washington, N. Y., 1964), 17-60.

② Arnold Beuermann, *Fernweidewirtschaft in Südosteuropa: Ein beitrag zur Kulturgeographie des östlichen Mittelmeergebietes* (Braunschweig, 1967); Armin Hetzer, "Der Balkansprachenbund als Forschungsproblem," *Südost-Forschungen* (Munich) 48 (1989): 177-194.

③ Richard van Dülmen, *Entstehung des frühneuzeitlichen Europa 1990-1648* (Frankfurt/Main, 1982), 19-101. 关于总体的经济框架,参见 Peter Kriedte, Hans Medick, and Jürgen Schlumbohm, *Industrialization before Industrialization: Rural Industry in the Genesis of Capitalism*, trans. Beate Schempp (German orig., 1977; Cambridge, 1981). 在迁徙的目的地,失地农村劳工的技术几乎没有什么市场需求。

农业家庭中的子女，若想继续种地，可以有第四种选择：开拓附近边缘土地或远方的肥沃土地。在西欧，他们开垦无人居住的沼泽和泥炭沼，在土丘上开梯田，或重新耕种废弃的梯田。在巴尔干地区，哈布斯堡家族统治者将从奥斯曼帝国夺取的土地分给士兵用于安家之用，或分给他们从遥远的西部招募的农耕者。在俄罗斯南部的平原，贵族和他们的奴隶从 18 世纪 60 年代开始定居（见第 12 章第 2 节）。此外，法国、英国、西班牙和丹麦政府也需一定数量的定居者。[①]

开拓附近的边缘零星土地

没有土地的年轻农民夫妇通过迁徙来获得生存：在法、意两国的阿尔卑斯山滨海地区，他们在陡峭的山坡上开垦梯田；在普鲁士和不来梅的北部地区，他们开拓泥炭沼和河流沼泽；在斯堪的纳维亚，他们同北方严酷的气候进行着斗争。[②] 在 17 世纪 20 年代，农民开始自发地开发北部德意志国家的沼泽，18 世纪这项活动得到了汉诺威—英格兰重商主义政府的支持。测量人员探察了在这一地区进行农业生产和泥炭开发的潜力。安置官员需要的是健康勤劳的中年定居者、他们有能劳动的妻子和可以充当帮手的十几岁的孩子。两个世纪后的 19 世纪 90 年代，加拿大内务大臣评论说："身着羊皮的健壮农民……他结实的妻子及六七个孩子正是我们开拓大草原所需要的。"此时需要的并非敢于冒险的男子，而是家庭，因为后者被认为是拥有稳定生活和情感纽带的生产单位。

在德意志地区的北部，移民家庭不得不住在草屋里，但他们得到了资金上的援助，并且暂时不用交税。由于土地的产量很低，出售泥炭的收入也不高，男子在夏天会前往荷兰农场干活。回首过去，流动的家庭将他们的"机会"总结为：第一代人面对死亡，第二代人面对匮乏，第三代便有了面包。17 世纪，格罗宁根南部的荷兰人泥炭殖民地在资本家财团的帮助下，出现了人口众多的半工业化的

---

① Werner Rösener, *The Peasantry of Europe*, trans. Thomas M. Barker (German orig, 1993; Oxford, 1994), 125-141, map on 128; Daniel Häberle, *Auswanderung und Koloniegründungender Pfälzer im 18. Jahrhunder: Zur 200jährigen Erinnerung an die Massenauswanderung der Pfälzer 1709 und an den Pfälzischen Bauerngeneral Nikolaus Herchheimer, den Helden von Oriskany 6. August 1777* (Kaiserslautern, 1909), 51-60, 139-144, 153-161; Richard Hayes, "The German Colony in County Limerick," *North Munster Antiquarian Journal 1* (1937): 45-53.

② Michael Drake, *Population and Society in Norway 1735-1865* (Cambridge, 1969), 86-87; Eric De Geer, *Migration och influensfält: Studier av emigration och intern migration i Finland och Sverige 1816-1972* (Uppsala, 1977), 112; Sune Åkerman, Hans Christian Johansen, and Robert Ostergren, *Long-Distance Migration in Scandinavia 1500-1900*, XVIIe Congrès International des Sciences Historiques, Madrid 26/8-2/9 1990 (Umeå, 1990).

村庄。① 为了给勃兰登堡、东普鲁士和普鲁士—立陶宛等地被瘟疫和战争所毁灭的农村提供新的定居者，18 世纪 40 年代之后的政府招募了家庭并邀请了来自萨尔茨堡的新教难民。奥得河、瓦尔塔河和内彻河的沼泽地的排干使得 30 万男人、女人和孩子在 900 个村庄中组建 6 万个家庭。在勃兰登堡—普鲁士的人口中，移民或移民的孩子占到几乎 20%，但相对于地主而言他们仍处于依附地位。国王把这一地区叫定居者的“美国”，村庄也被命名为“马里兰”、“费城”等等。下面这个例子有助于说明人口流动的复杂性。法国的胡格诺圣茹斯特家庭、萨克逊的军官家庭和来自摩拉维亚的家庭都把同一地区作为目的地。经过一个世纪的通婚，人们发现土地越来越少；一些人向东进一步迁徙，另一些人进了城市，为数不多的几个去了北美。②

在远方新夺取的土地上定居

在重商主义和军事的定居政策框架内，哈布斯堡和罗曼诺夫家族招募农业家庭到军事边界和俄罗斯南部定居，奥斯曼帝国的势力已经被从那里驱逐了出去。③ 奥地利的哈布斯堡家族是“西方抵挡土耳其人的要塞”，因而他们得到了欧洲一些王朝在军事上的支持。譬如，在 1685 年战役中的士兵中有 2.4 万名匈牙利人、巴伐利亚人和勃兰登堡—普鲁士人（三种来源的士兵人数相等），5000 萨克逊人和 4500 士瓦本人，来自不伦瑞克—吕内堡的 1.1 万人，来自莱茵河地区和科隆的 1.4 万人，还有 1.8 万波兰士兵。这些部队解散后，一些人留下来。返回的人讲述了战争的可怕，并提供了线路、农业情况和空置土地的信息。半个世纪打打停停的战争、逃亡和瘟疫使一些地方的人口减到了 16 世纪初奥斯曼帝国统治时期人口的约 1/10。1699 年哈布斯堡家族统治了匈牙利，20 年后他们

① Iain R. Munro, *Immigration* (Toronto, 1978), quote 41; Karl Lilienthal, *Jürgen Christian Findorffs Erbe: Ein Beitrag zur Darstellung der kolonisatorischen und kulturellen Entwicklung der Moore des alten Herzogtums Bremen* (1931; repr., Lilienthal, 1982), 122. 这一谚语同样被 18 世纪身处俄国的德意志定居者所使用。Jan De Vries, *European Urbanization, 1500-1800* (Cambridge, Mass., 1984), 106, 194-195, 262.

② Mack Walker, *The Salzburg Transaction: Expulsion and Redemption in Eighteenth-Century Germany* (Ithaca, 1992); Gerhard Florey. *Geschichte der Salzburger Protestanten und ihrer Emigration 1731-1732* (Vienna, 1977); Max Beheim-Schwarzbach, *Hohenzollernsche Colonisationen* (Leipzig, 1874), 265-444; Gustav Schmoller, “Die preußischen Kolonisationen des 17. und 18. Jahrhunderts,” *Schriften des Vereins für Socialpolitik* 32 (1886): 1-43; Emil J. Meilicke, *Leaves from the Life of a Pioneer: Being the Autobiography of Sometime Senator Emil Julius Meilicke* (Vancouver, 1948).

③ 关于此前在爱尔兰发生的宗教、殖民和帝国战争以及定居情况，参见第 3 章第 3 节。

吞并了特兰西瓦尼亚、塞尔维亚和小瓦拉几亚。

哈布斯堡政府执行了重商主义的“重视人口政策”，放宽并改变了传统的经济限制。移民到此的工匠可以免受当地垄断行会的规章约束，流浪汉被分到作坊中生产纺织品，新开办的工厂雇用了移民工人。东正教和新教教徒被赋予宗教自由，先前被排除在外的犹太人也被接纳以促进商业发展。[①] 德语是行政当局使用的通用语言，而且在1784年之前是唯一的通用语。各种精英、波希米亚和匈牙利的贵族、帝国的管理者以及文化教育机构都经历了奥地利式的德意志化历程。文化适应是自发的，因为它是通往财富和政治影响力的必由之路。

16～18世纪，政府向克罗地亚、斯洛文尼亚和特兰西瓦尼亚军事边界（见图3-1）地区移民，定居者包括屯田的士兵、克罗地亚大家庭（其16岁以上男性成员有义务服兵役）塞尔维亚的边防军、德意志各公国的定居者及其他民族的难民。将正规军维持在较小规模的政策，保护了人民的生产力和国家的财政资源。土地虽然是免费的，但定居者必须居住在由战争确定的边界之内，生活条件是艰苦的。因此，一些人继续迁徙，来到奥斯曼帝国的可耕种土地上定居。

1689年后，为肥沃平原招募定居者的工作由一个统一机构协调。伏伊伏丁那变成了塞尔维亚农民、克罗地亚农民、罗马尼亚农民、德意志农民和匈牙利农民组成的多民族聚居地。难民群体来自奥斯曼帝国；1672年，瓦拉几亚的亚美尼亚人逃难至此；在17世纪90年代，3万塞尔维亚人到来。德意志各公国的定居者从18世纪初开始移民至此。这些家庭可以得到免费土地和享受3年免税的待遇。但恶劣的边疆生活条件（譬如住在洞穴之中或缺乏供给），使成千上万家庭中的人口死亡率高达40%。像荷兰的城镇、不来梅的湿地及形形色色的城市那样，巴尔干半岛各国也渐渐得到了“移民坟墓”的称呼。[②]

1740～1770年，操德语的移民引入了农作物的轮作，种植经济作物，并鼓励商业。当地农民采用了这些革新，当地也没有贵族的敲诈，因而人们的总体生活

① 信奉正教的罗马尼亚农民和亚美尼亚难民被剥夺了从事宗教活动的自由。在19世纪，罗马尼亚农民开始反抗地位较高的操德语的当地人。

② Charles W. Ingrao, *The Habsburg Monarchy, 1618-1815* (Cambridge, 1994), 53-104; Robert A. Kann, *A History of the Habsburg Empire, 1526-1918* (Berkeley, 1974), 54-155; John R. Lampe and Marvin R. Jackson, *Balkan Economic History, 1500-1950: From Imperial Borderlands to Developing Nations* (Bloomington, 1982), 61-71; Kiril Petkov, *Infidels, Turks, and Women: The South Slavs in the German Mind, ca. 1400-1600* (New York, 1997); Fertig, "Migration from the German-Speaking Parts," 62-64, 209; Peter F. Sugar, *Southeastern Europe under Ottoman Rule, 1354-1804* (Seattle, 1977), 106-107; Gunther Erich Rothenberg, *The Austrian Military Border in Croatia, 1522-1747* (Urbana, Ill,1960).

水平得到了普遍提高。士瓦本的、萨克逊的、塞尔维亚的和罗马尼亚的农民来到,随后到来的是从地主土地上逃亡的马扎尔农奴和斯洛伐克农奴,他们一年中为地主劳动的时间多达 52 天到 104 天。从 18 世纪 40 年代到 90 年代,有 15 万～20 万人来到,小规模的移民活动一直持续到 19 世纪 20 年代。通过招募这些定居者,维也纳政府成功地阻止了匈牙利贵族和马扎尔农民的迁入,这是减少匈牙利在帝国政治中影响力的一个民族、政治行动。① 1829 年后,当局开始向操德语的移民家庭收取迁入费,这一举动恰好和 1815 年后北美移民活动的恢复重合。从德意志各公国向东的移民停止了。在长达半个世纪的德意志人跨大西洋移民中,贫苦的剩余人口占了主体。

从卡尔洛瓦茨和平到凡尔赛和平的 220 年间,哈布斯堡帝国是“一个多民族国家”。操德语的奥地利人和说匈牙利语的马扎尔人成为占主体的民族,“少数民族”包括捷克人和斯洛伐克人、斯洛文尼亚人、克罗地亚人、塞尔维亚人、罗马尼亚人、鲁塞尼亚人、泽克勒人和特兰西瓦尼亚的 12 世纪德意志移民的后代。“少数民族”在他们传统领地或移民聚居区占主体地位。市场上各种当地语言的使用和行政、商业和教会语言的交互使用,使不识字的当地人具有使用多种语言的能力。19 世纪 80 年代后,作为劳工他们把这种语言能力带到了北大西洋世界的城市多民族移民聚居区。②

哈布斯堡帝国征服奥斯曼帝国一个世纪之后,俄国的军队在 1783 年到达了黑海和曾经处于热那亚控制下的克里米亚半岛。哥萨克人和约 5 万名鞑靼人逃到了奥斯曼帝国。鞑靼人把 16 万人口抛在了身后,其中女人占到了 2/3。后来,哥萨克人被允许返回,条件是他们必须放弃由单纯男性组成的军事社会制(他们那种“没有女人的生活”),并且以家庭形式定居。1763 年的一道命令开放了南俄罗斯平原用于定居,大批俄国和乌克兰的国民到来,贵族也携农奴而至。来自人口稠密的德意志南部的人们和门诺派教徒的移民一直持续到 19 世纪 20

---

① 拥有众多族群的匈牙利在 1867 年获得了自治。在族群当中占主体的马扎尔人对其他族群实施了同化政策,并在 1918 年建立了独立的现代匈牙利,尽管它仍然包含有少数族群。

② Lampe and Jackson, *Balkan Economic History*, 66-71; Robert A. Kann and Zdenek V. David, *The Peoples of the Eastern Habsburg Lands, 1526-1918* (Seattle, 1984); Barbara Jelavich, *History of the Balkans*, 2 vols. (Cambridge, 1983); Dirk Hoerder with Inge Blank, "Ethnic and National Consciousness from the Enlightenment to the 1880s," in Hoerder, Horst Rössler, and Blank, eds., *Roots of the Transplanted*, 2 vol. (New York, 1994), 1: 37-110; Armin Hetzer and Dirk Hoerder, "Linguistic Fragmentation or Multilingualism among Labor Migrants in North America," in Hoerder and Christiane Harzig, eds., *The Immigrant Labor Press in North America, 1840s-1970s: An Annotated Bibliography*, 3 vols. (New York, 1987), 2:29-52.

年代；此后，为了加速同化速度，俄国当局更喜欢斯拉夫定居者。[①]

波将金伯爵（1739～1791 年）控制下的当局制定了一个有关保护、特权和同化的复杂政策（见第 12 章第 2 节）；但是，凯瑟琳二世在 1780 年来视察殖民地项目时，他取得的成绩并不大。为了他日后的事业，这位伯爵在女皇所经沿线布置了由一条街道组成的假村庄，在沿街房屋中塞满了刚刚运抵的兴高采烈的移民。“波将金的村庄”也因此成了谚语，意思是假冒的不存在的繁荣。但是，殖民地的各种努力也驳斥了将人口流动视为“自寻死路”的观点。这些努力反映了当局的雄心和定居者的梦想，他们在为一个美好的未来迈出主观努力的第一步。[②]

在欧洲的其他地区，比如在 18 世纪的西班牙，以大庄园、外在业主权、贫困和人口减少为特点的“农业体制衰退”造成了被动的人口流动。没有土地的大庄园劳工被送到远方劳作，而他们的家庭被迫处于流浪状态。在 18 世纪 60～70 年代，重商主义的改革者曾批评道：“国家真正的财富是人……如果劳者不获，而获者不劳的话，我们怎能变得繁荣？”在莫雷纳山区重新殖民的计划获得了皇家瑞士军团的支持，具体由一位巴伐利亚的冒险家负责实施。他计划招募 6000 名德意志和佛兰德斯的男女天主教徒，并把他们分成相等的农民组和工匠组。至少有一半的人要处于壮年期，此外还需要儿童以满足眼前的需求并为将来做准备。[③] 1766～1769 年，这位以利润为目标的冒险家，招募了大约 7800 名定居者，但对他们的条件不作要求。西班牙殖民主管（像波将金一样）为未来做了筹划，他必须面对艰苦的环境和移民中的人口贩子。移民进展缓慢。1835 年，“新城镇”的特权被废除了，以平息他们同当地农民的紧张关系。[④]

圈地和劳动力的流动：以英格兰为例

在整个西欧，农业的高度资本化、新作物的引进和养殖业都降低了小农场农

---

① 在 Philip Longworth 的著作中，有一幅没有标明日期的插图，它反映了 1637 年“哥萨克妇女帮助她们的男人们围困亚述的情形”。Philip longworth, *The Cossacks* (London, 1969), 85.

② Hans Auerbach, *Die Besiedlung der Südukraine in den Jahren 1774-1787* (Wiesbaden, 1965), 40-126; Marc Raeff, *Understanding Imperial Russia: State and Society in the Old Regime*, trans. Arthur Goldhammer (French orig., 1982; New York, 1984), 89-111.

③ Paul J. Hauben, “The First Decade of an Agrarian Experiment in Bourbon Spain: The ‘New Towns’ of Sierra Morena and Andalusia, 1766-1775,” *Agricultural History* 39, 1 (Jan. 1965): 34-40, quote on 37; Rudolf Leonhard, *Agrarpolitik und Agarreform in Spanien unter Carl Ⅲ*. (Munich, 1909), 284-295.

④ Antonio Eiras Roel, “Estructura demográfica, diversidad regional y tendencias migratorias de la población española a finales del Antiguo Régimen,” in Simonetta Cavaciocchi, ed., *Le Migrazioni in Europa secc. XⅢ-XⅧ* (Florence, 1994), 199-231.

业家庭生存的可能。圈地在18世纪加快了步伐，得到国家支持的乡绅和城市资本家的圈地运动可用作贫苦农民如何被迫背井离乡的例子。走运的话，农民可以迁徙到其他可以从事农业的地区，不过，通常这些地区比较偏远。其他农民则选择乡村工业以维持生活。其余的人则去了城市，或作为契约仆人去了美国。当时的一些观察家批评了这种不断扩大的不平等、农村人口的减少和传统农村经济遭受的破坏。其他人则看到了新经济秩序的出现。1781年的一个小册子写道：将农业人口减少到需要儿童劳动力的程度，将造成早婚和多子现象——换言之，更大的劳动力队伍——这使拥有大量土地的农民可以获得大量的劳工和仆人。社会的对立面被构建了出来。使用公共用地的下层农民是“一个肮脏的阶层”，他们懒惰、另类、危险。这些农民“乞丐般的独立生活方式”被认为是“懒散”的结果，被流浪法定性为犯罪行为。减少穷人流动性的举措包括禁止在工厂车间教授地理知识，禁止在学校墙上贴地图。生活在社会边缘但又自立的人被说成是国民经济的（潜在）偷盗者；他们的贫困和对他们的控制对国民经济是有利的，“尽管这对那些心肠软弱的人来说是难以接受的和痛苦的”[①]。

圈地引起了人口的减少。北安普顿有1/3的农业地区被圈地，但该郡只有1/10的人口居住在被圈土地上。那些“被解放了的人”，或迁徙到高地和沼泽，或流动到不断扩大规模的生产布匹的村庄。村民以纵火或暴乱的方式抵制外迁的压力以保证自己的生存。能够进行结构调整的当地农民或者资金充裕的外来农民，依靠种植庄稼获得的短期或长期利润来支付抵押贷款的利息并偿还本金，因而成为市场经济的组成部分。小土地所有者“若能从事特色农业或其土地仅仅是贸易的附属品的话，他们就最有可能获得生存”。那些有公共土地可以使用的村庄，农民、纺织工人和平民、制鞋工在食品价格高涨的时期就无法生存，农场的仆人也无法为将来的独立生活积攒足够的钱。“议会的圈地决议造成了英国

---

① J. M. Neeson, *Commoners: Common Right, Enclosure and Social Change in Common-Field England, 1700-1820* (New York, 1993), 4-5, 13-47, quote on 27. 另见 E. A. Wrigley and R. S. Schofield, *The Population History of England, 1541-1871: A Reconstruction* (1981; rev. ed., Cambridge, 1989), 219. Pauline Gregg, *Black Death to Industrial Revolution: A Social and Economic History of England* (London, 1976), 258-267; C. G. A. Clay, *Economic Expansion and Social Change: England 1500-1700*, 2 vols. (Cambridge, 1984), 1:1-28, 67-77, 165-213; Richard Brown, *Society and Economy in Modern Britain, 1700-1850* (London, 1991), 44-46, 126-159, 226-248, 362-365, 395-429; Ivy Pinchbeck, *Women Workers and the Industrial Revolution 1750-1850* (1930; repr., London, 1969); Nicholas Rogers, "Vagrancy, Impressment and the Regulation of Labour in Eighteenth-Century Britain," in Paul E. Lovejoy and Rogers, eds., *Unfree Labour in the Development of the Atlantic World* (Ilford, U. K., 1994), 102-113. 关于德国，参见 Fertig, "Migration from the German-Speaking Parts," 207.

农民的消失。"乔纳斯·汉威在《低贱生活的美德》(1774 年)一书中写道:国家的"政治经济"(即圈地)迫使"人们去了大城镇"。①

这些被驱赶出农村的家庭或这些家庭的年轻成员把城市日渐兴旺的中产家庭作为他们的栖身之所。尽管贵族家庭对仆人的需要在下降,但中产家庭拥有仆人已成为地位的标志,甚至地位较低的生意人也需要仆人。15 世纪中期,沃里克伯爵由 600 名仆人相伴去议会,威斯特摩兰郡的地位相对较低的副总管也有 290 名男女仆人相随。中产雇主认为农村的孩子比城市下层家庭的子女更勤劳,更有美德,因此更适合养育中产家庭的孩子。大量的农村人口由于高工资的吸引来到伦敦,这使农业面临人手枯竭——似乎社会不再需要那么多从事农业生产的人。无论在何时何地,伦敦的光怪陆离、刺激和新奇吸引着年轻人,"他们认为大城市就像是先知向教徒许诺的乐园"。返回家中的仆人和在伦敦"社交季节"结束时随主人去乡村的仆人都会激励其他人离开农村。经济学家评论道:"很多壮年劳动力离开农村,成为富裕家庭的仆佣。"②

18 世纪末期,英国的仆佣阶层有 11 万男仆和 80 万女仆,占当时英格兰和威尔士 1040 万总人口的近 10%。在阶层间的文化交流中,女仆学会了女主人的衣着方式,并将这种时尚带回了农村。不稳定的社会地位迫使失业的仆人返回家乡,继续迁徙或依赖小偷小摸度日。英国运往澳大利亚的所谓"女囚"中,女仆占了最大的比例。男女仆人都可以从事纺织生产或去其他工厂劳动。流动的仆佣生活原本是农村人一生中一段特定时期做的事情,现在已成为一个终身的体验。③

① Neeson, *Commoners*, 58-59, 188-220, 223, 254-258; K. D. M. Snell, *Annals of the Labouring Poor: Social Change and Agrarian England, 1660-1900* (Cambridge, 1985), 15-66, 123, 138-227.

② Hecht, *Domestic Servant Class*, 1-9, 19-23, quote on 16 (from The London Chronicle, 1763); Johann Wilhelm von Archenholz, *A Picture of England: Containing a Description of the Laws, Customs, and Manners of England* (Dublin, 1791), 191, quote on 13; Snell, *Labouring Poor*, 67-103, 228-269. 关于女性学徒,参见第 270~319 页。

③ Hecht, *Domestic Servant Class*, 25-29, 33-34, 208; Vivien B. Elliott, "Single Women in the London Marriage Market: Age, Status, and Mobility," in R. B. Outhwaite, ed., *Marriage and Society: Studies in the Social History of Marriage* (London, 1981), 81-100.

3.17 世纪 50 年代至 19 世纪 30 年代的区域性劳工流动体系

对于家庭迁徙而言，每个成员都需要有工作。但也存在其他情况，家中男子外出务工，女人和孩子留在家中种地，男人只在播种和收获季节回来劳动；或者男人和女人分别外出，到不相邻的劳工市场工作，有时把孩子交给女性亲属照顾。[①]

17 世纪 50 年代至 18 世纪 50 年代的劳工流动体系

17 世纪中期，三个区域性人口流动体系将劳工和独立的生产者带到了北海体系中刚刚获得独立的荷兰、南面的法国—西班牙体系，尤其是波罗的海体系中的瑞典（见图 3-3）。改善的劳动力市场条件和男女劳工的输入使婚姻市场的条件大为改善。因此生产和人口再生产活动紧密地联系了起来。

荷兰联省共和国的经济各部门发展均衡。对外贸易和殖民扩张都需要士兵和在海军中服役或在商船上工作的水手（见第 6 章第 4 节）；服务业和纺织业吸引的是女性；农业开始早期的专业化，对劳动力的需求出现了季节性高峰。伊比利亚半岛的经济体缺乏营销殖民地产品的渠道，只得将这一有利可图的工作交给荷兰商人。荷兰当地的生产得益于 16 世纪有技术和经营管理能力的宗教难民的到来（见第 3 章）。先是利比里亚的犹太人[②]，18 世纪 50 年代后，德系犹太人和法国胡格诺教徒来到。此外，还有少量来自英国、捷克、法国、瑞士、波兰、普鲁士、奥地利和德意志各公国的流动人口；他们中有摩拉维亚教徒、天主教徒、路德会教徒、希腊正教徒、夸美纽斯教徒、贵格会教徒和清教徒。

荷兰依然缺乏劳动力。本地的荷兰人不再从事卑贱的士兵营生和牛倌工

---

① Leslie Page Moch and Gary D. Stark, eds., *Essays on the Family and Historical Change* (College Station, Tex., 1983), esp. the essays by David Levine, "Proto-Industrialization and Demographic Upheaval." 9-34, Moch, "Infirmities of the Body and Vices of the Soul: Migrants, Family, and Urban Life in Turn-of-the-Century France," 35-64, and Louise A. Tilly, "Rich and Poor in a French Textile City," 65-90; Jack M. Potter, May N. Diaz, and George M. Foster, eds., *Peasant Society: A Reader* (Boston, 1967).

② 很多具有犹太背景的移民是"新的基督徒"，他们从犹太教改宗而来。因为改宗大都是非自愿的，加之天主教受到荷兰人的怀疑，所以很多犹太人转向了他们祖先曾信仰的宗教。

作。经济学家威廉·佩蒂早在1671年写道:“荷兰人能以每天6便士的价格从英格兰、苏格兰和德意志各国招募士兵去冒险,而从事安逸的招募工作的荷兰人最低也可获得士兵6倍的收入。”丹麦人和波兰人被派去从事低贱的工作。通过接纳外地人……荷兰的人口不断增加。这些外地人的后代是荷兰人,可以从事招募工作。与此同时,新的外地人还在不停地涌入。[①] 荷兰几个城镇婚姻登记所作的量化评估表明:在16世纪80年代荷兰取得事实上的独立之后,流入的人口在不断增加。1585～1622年,阿姆斯特丹的10.5万人口中有1/3是因哈布斯堡在南部省份进行天主教化而逃到荷兰的移民或他们的后代。一个移民说:“在这儿,阿姆斯特丹是安特卫普的再现。”17世纪上半叶,40%的结婚者并非在荷兰出生;1680～1800年,这一比例平均为25%。在荷兰出生的人(包括第二代移民)约有200万,他们吸收了50万移民,这些移民大多是1700年之前来荷兰的。[②]

由于荷兰在世界体系中地位的相对衰退,18世纪荷兰的人口流动比率减少了。贫穷的劳动家庭送孩子去充当本地或流动劳工。16世纪90年代后的“黄金世纪”中,“贫穷、沮丧和饥饿的百姓”把孩子送去当学徒,但雇主把他们当作“奴隶般”的佣人来使唤,却不教给他们手艺。因此,他们没有足够的人力资本来进行自主的迁徙并成功地融入经济生活。贫民院的看守将孩子和妇女送到纺织厂工作,这些工厂在经济下滑期会遣散他们。由贫困所致的被迫迁徙增加了。[③]

每年有3万名季节性流动劳工寻找农业方面的工作,如挖泥炭、收割干草、收获谷物及土豆和制砖。他们离开了本地复杂的家庭劳动周期,加入到荷兰的同样复杂的农业家庭生产周期(见图3-2)。在荷兰逗留一年以上的士兵、海军和水手的人数几乎达到120万(1600～1800年),他们中大多是荷兰东印度公司的船员。女仆来到了,她们最远的来自挪威。季节性流动人口要走300公里才

① William Petty quoted in Lucassen, “The Netherlans, the Dutch, and Long-Distance Migration,” 182-183.

② Peter van Kessel and Elisja Schulte, eds., *Rome, Amsterdam: Two Growing Cities in Seventeenth-Century Europe* (Amsterdam, 1997); C. R. Boxer, *The Dutch Seaborne Empire, 1600-1800* (London, 1965), quote on 21; Jonathan Israel, *The Dutch Republic: Its Rise, Greatness, and Fall, 1477-1806* (Oxford, 1995), 619-636. 阿姆斯特丹吸引了众多的旅行者,以至于一种荷兰语版的游客指南在1663年出现,紧接着德语版的游客指南在1664年出现。Philipp von Zesen, *Europas Erster Baedeker: Filip von Zesens Amsterdam, 1664*. ed. Christian Gellinek (New York, 1988). Juliette Roding and Lex Heerma van Voss, eds., *The North Sea and Culture* (1550-1800): *Proceedings of the International Conference Held at Leiden 21-22 April 1995* (Hilversum, 1996).

③ Boxer, *Dutch Seaborne Empire*, 60-71, quote on 60.

能到达荷兰和译兰的沿海地区。士兵和水手要走 500 公里,宗教难民则来自更远的地方。由于市场有明确的划分,外来人口与荷兰"本地人"——经常是移民的后代——几乎没有竞争[①]。和其他处于鼎盛时期的殖民强国一样,荷兰变成了一个多元文化社会。[②]

第二个人口流动体系——法兰克—西班牙体系,源于定居者和士兵的流动。此间,大量的穆斯林被逐出了伊比利亚半岛,整个种族—宗教团体被驱逐,人们为躲避宗教裁判所的迫害而逃走(见第 1 章第 3 节、第 3 章第 1 节),随后便出现了向殖民地的人口流动。这就造成了伊比利亚半岛人口的减少(见第 7 章第 2 节)。在驱逐中强调宗教问题的做法掩盖了阶级方面的问题。国王和教会驱逐了中产阶级、犹太商人和金融家、莫里斯克和犹太工匠、店主、学者以及成功的莫里斯克农民。此外,基督教的伊比利亚上层认为耕种土地是低贱的工作。精细的阿拉伯灌溉系统年久失修,而从美洲进口运抵卡斯蒂利亚的成船的白银造成了通货膨胀。当荷兰由于经济均衡发展而需要劳动力时,西班牙却由于人口发展不平衡、阶级结构不合理和宗教方面的偏执而需要移民。[③]

由于将欧洲的贸易交给了暂时处于依附地位的荷兰商人,西班牙政府阻碍了商业的发展和资本积累。贵族和乡绅阶层的兴盛以及殖民地各种半封建机会阻止了西班牙国内资本家阶层的出现,对体力劳动的轻视阻碍了农民阶级的形成。从其他欧洲国家来的移民商人或短期商人填补了空白,成为"客居"中产阶级。当西班牙在全球的地位下降之后,他们中的很多人返回了祖国,将商业关

① Lucassen, "The Netherlands, the Dutch, and Long-Distance Migration," 159-181; Lucassen, *Dutch Long Distance Migration: A Concise History 1600-1900* (Amsterdam, 1993); Lucassen and Rinus Penninx, *Newcomers: Immigrants and Their Decendants in the Netherlands 1550-1995*, trans. Michael Wintle (Dutch orig., 1985; rev. ed., Amsterdam, 1997); Sölvi Sogner, "Young in Europe about 1700: Norwegian Sailors and Servant-Girls Seeking Employment in Amsterdam," in Jean-Pierre Bardet, François Lebrun, and René Le Mée, eds., *Mesurer et comprendre: Mélanges offerts à Jacques Dupâquier* (Paris, 1993), 514-532. G. V. Scammell, "Manning the English Merchant Service in the Sixteenth Century," *Mariner's Mirror 56* (1970): 131-154. 该书认为,尽管英国水手占有优势,但他们还是和荷兰人、佛兰芒人、意大利人、希腊人以及"黑人"组成了世界性的船员队伍,英国水手也在葡萄牙和西班牙籍的船上工作。

② 在失业和兴起的民族主义时期,移民政策变得紧缩。根据 1849 年的第一部《外国人法》,接纳移民要根据国家的经济和对外政策的利益而定。在 1918 年和 1920 年,进一步的限制被通过。Marij Leenders, *Ongenode gasten: Van traditioneel asielrecht naar immigratiebeleid, 1815-1938* (Hilversum, 1993). 感谢 Christiane Harzig 和她的研究小组为我翻译了荷兰语的文本。

③ Leslie Page Moch, *Moving Europeans: Migration in Western Europe since 1650* (Bloomington, 1992),该书第二章提供了关于 1650～1750 年西欧人口流动的精彩分析。

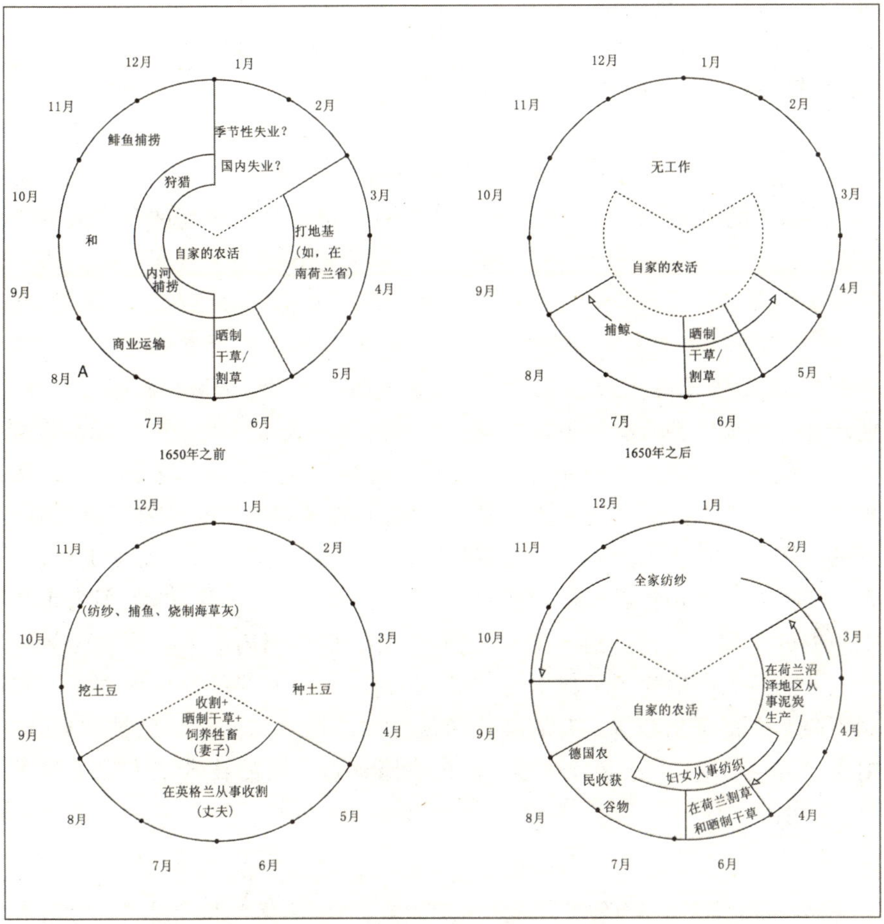

图3-2 17～19世纪爱尔兰和威斯特伐利亚佃农家庭的工作周期以及荷兰北部劳工和小土地者的劳动周期

系、技术和资金一并带走。①

在较低的社会阶层中,法国的劳工、工匠和商人在1650～1750年大量的来到西班牙,因为这儿的薪水比法国高出3倍。17世纪初有10%～20%的男性加泰罗尼亚人属法国血统,所以这些新来的法国人很容易和西班牙当地社会取得联系。据说约有20万法国人住在西班牙,其中仅马德里就有4万。很多法国人

① Hermann Kellenbenz, ed., *Fremde Kaufleute auf der iberischen Halbinsel* (Cologne, 1970), esp. 265-376. 关于西班牙国内人口流动,参见 Michael R. Weisser, *The Peasants of the Montes: The Roots of Rural Rebellion in Spain* (Chicago, 1976), 42-70.

是暂居者，但更多的则决定留在西班牙结婚并融入当地社会，他们的朋友、亲属和邻居也会随后到西班牙。他们从事低贱的工作或充当技术工匠。西班牙社会，不像荷兰那样阶层融合度高，包括一个由法国移民工人阶级供养的客籍中产阶级。①

与荷兰北海体系一样，第三个移民体系也同海军和霸权有关系。从17世纪50年代到18世纪20年代，瑞典控制了大部分波罗的海沿岸地区和广大内陆地区，瑞典对士兵、工人和中产阶级专家的需求要通过波罗的海体系提供。瑞典高效的中央管理为国家经济发展提供了大量的财政支持。效仿荷兰的模式，瑞典到1699年为止招募了2.5万名外籍士兵。政府雇用了矿产专家开发本国的铁矿和铜矿，很快传统的德意志矿工移民开始增加。贵族作为政权的组成部分，不如西班牙贵族那样拥有决策地位。他们开始和国王及富有的市民一起修建城堡和宅邸。熟练的建筑工人和瓦工、石匠、雕刻师从德意志各国和欧洲其他地区来到瑞典。荷兰人、瓦龙人、犹太人、法国人和苏格兰人带着资金和技术来到瑞典。波罗的海周边的贵族加入到瑞典的特权阶层，芬兰农民在瑞典中部和北部定居。来自国外的企业家经常雇用他们所在国的熟练工和短工。比如，法国陶工在法国人开办的彩陶厂工作。到了18世纪50年代，瑞典国内的人口流动体系将本国的农业剩余人口输送到了伐木场和沿海工厂，来自波罗的海其他国家的移民开始下降。斯德哥尔摩所具有的汉萨同盟时期的德意志元素早已被瑞典化了，它对来自芬兰（1809年前属于瑞典）和北部德意志公国的技术工人和无技术工人具有吸引力。②

---

① Abel Poitrineau, *Les Espagnols de l'Auvergne et du Limousin du XVIIe au XIXe siècles* (Aurillac, 1985); Albert Girard, *Le Commerce français a Séville et Cadix aux temps des Habsbourg: Contribution à l' étude du commerce étranger en Espagne aux XVIe et XVIIIe siècles* (Bordeaux, 1932), "La Colonie française d'Andalousie," 538-590; Georges Nadal and É. Giralt, *La Population catalane de 1553 à 1717: L' Immigration française et les autres facteurs de son développement* (Paris, 1960).

② Michael Roberts, ed., *Sweden's Age of Greatness, 1632-1718* (London, 1973), 58-131; Claude J. Nordmann, *Gradeur et liberté de la Suède (1660-1792)* (Paris, 1971), 285-326; Maria Bogucka, "Les Migrations baltiques et Gdansk au seuil de l'ère moderne, XVIe-XVIIIe siécles," in Klaus Friedland, ed., *Maritime Aspects of Migration* (Cologne, 1989), 107-124; S. Montelius, "Recruitment and Conditions of Life of Swedish Ironworkers during the Eighteenth and Nineteenth Centuries," *Scandinavian Economic History Review* 14 (1966): 1-17; Göran Rosander, *Herrarbete: Dalfolkets säsongvisa arbetsvandringar I jämförande belynsning* (Uppsala, 1967); Hans Norman and Harald Runblom, "Migration Patterns in the Nordic Countries," in Dirk Hoerder, ed., *Labor Migration in the Atlantic Economies: The European and North American Working Classes during the Period of Industrialization* (Westport, Conn., 1985), 35-68.

18 世纪 50 年代至 19 世纪 30 年代的劳工流动体系

18 世纪中叶之后，瑞典、西班牙和荷兰已经历了发展的高峰期。它们在欧洲经济中的地位下降，对移民的吸引力也随之下降。英国和法国的扩张模式不同于以上三个国家，因此，以英、法为目的地的欧洲内部人口流动并没有重复 17 世纪的模式。在拿破仑帝国横扫欧洲之前，在 19 世纪 20 年代向西跨越大西洋的人口流动恢复之前，西欧和南欧的几个较小规模的劳工流动体系满足了对劳工的需求。

19 世纪初，早先的三个移民体系中，仅有北海体系还在发挥作用。英格兰东部的林肯郡、东英吉利和伦敦等地每年从爱尔兰西部、威尔士和苏格兰吸引两万名流动人口。巴黎每年会从中央高原地区、阿尔卑斯山和法国西部吸引 6 万名工人，法国西部曾经向西班牙输出流动劳工。[①] 像荷兰的城市及伦敦那样，巴黎也从欧洲中部的德语区吸引来了技术工人和工匠。19 世纪 30 年代德意志当局驱逐思想自由男女的行为进一步加强了人口流动的动力。由经济因素形成的移民、熟练工匠的四处巡游和政治放逐汇合在了一起。（见第 11 章第 5 节）

在欧洲的西南部，西班牙首都马德里和卡斯蒂利亚周边地区每年会从西班牙西北角的加利西亚吸引 3 万名移民前来从事收割和基础设施建设。再向南延伸，阿尔加维的体系把流动人口带到了阿连特茹、西班牙南部和直布罗陀。直布罗陀比大多数欧洲城市更具有文化多样性。沿着地中海西部的沿岸地区，水手、船坞工人和工匠迁徙到马赛的繁忙港口，而加泰罗尼西亚和普罗旺斯之间的沿海肥沃的土地吸引了约 3.5 万名来自比利牛斯山脉、法国的中央高原地区和阿尔卑斯山的流动人口。布罗代尔把地中海沿岸的山区称为“流动人口的制造工厂”，这些流动人口从出生地迁往遥远的劳动力市场。[②] 在意大利北部，波河平原每年短缺约 5 万名劳动力，像米兰和都灵这样的城市也会吸收很多流动人口。

① 这一体系发端于中世纪。Jacques Dupâquier et al. *Histoire de la population française*, vol. 1: “Des orgines à la Renaissance” (Paris, 1988), 406-407; Olwen H. Hufton, *The Poor of Eighteenth-Century France, 1750-1789* (Oxford, 1974), 67-127; Louis Chevalier, *Les classes laborieuses et classes dangereuses à Paris pendant la première moitié du XIXe siècle* (Paris, 1958), 267-308, on immigration.

② Domenico Sella, “Au dossier du migrations montagnards: L' Example de la Lombardie au XVIIe siècle,” in *Mélanges en l' honneur de Fernand Braudel*, 2 vols. (Toulouse, 1973), 1: 547-554; Fernand Braudel, *Civilisation matérielle et capitalisme* (Paris, 1967), English: *Capitalism and Material Life, 1400-1800*, trans. Miriam Kochan (New York, 1973), 314-329; Marcelo J. Borges, “Moving Algarvians: Migratory Systems in Southern Portugal, 1800-1900,” paper presented at the European Social Science Historical Conference, Amsterdam, Mar. 1998.

这些劳动力也来自周边丘陵地区。罗马需要大量流动人口,而且这些意大利城市的吸引力也一度很强(见第 2 章第 3 节),但它们的吸引力同巴黎和伦敦无法相比。意大利中部的托斯卡纳、拉齐奥以及厄尔巴岛和科西嘉岛每年都会吸引 10 万工人来收获谷物和其他庄稼(见图 3-3)。

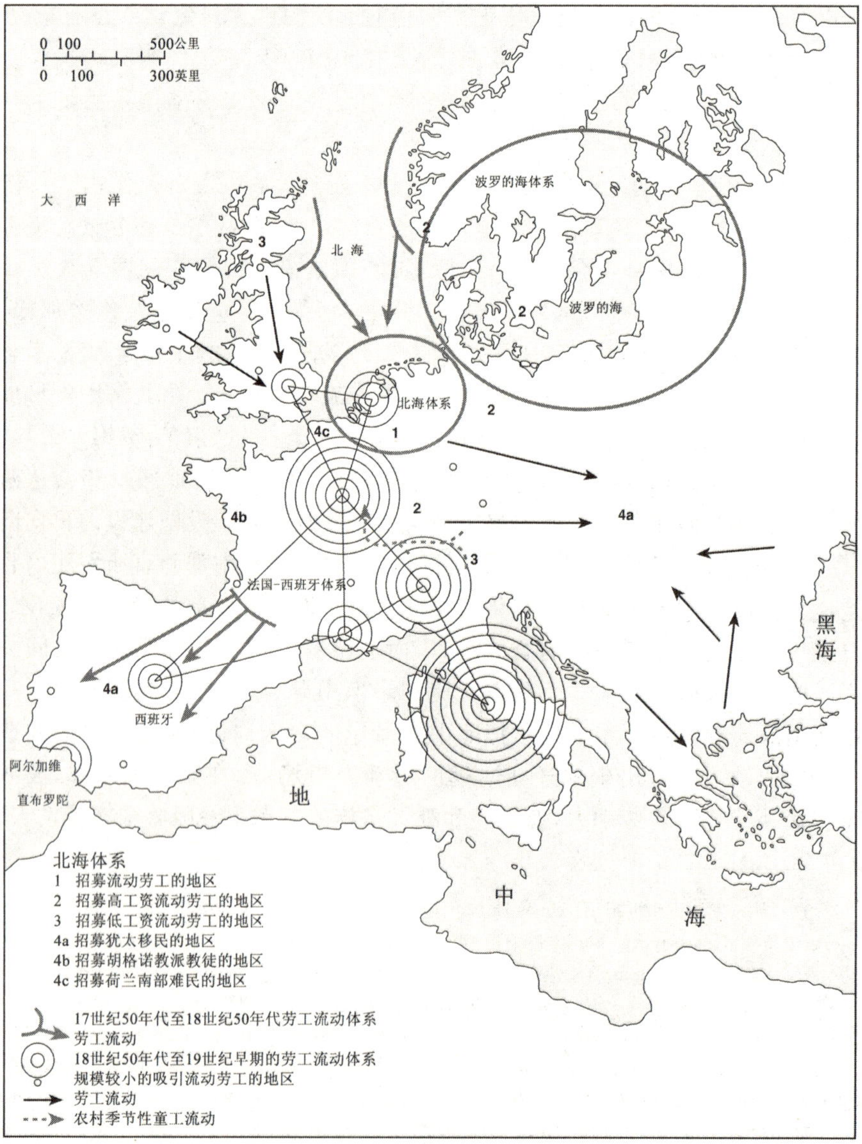

图3-3 1650~1850年欧洲劳工流动体系

因此,欧洲北部三个生产中心每年吸引约 11 万季节性流动人口,欧洲南部生产中心每年吸引 21.5 万人。其他较小的体系每个吸引的人口不足 1 万,但吸引的流动人口总数可达 10 万。不成体系的人口迁徙也应考虑在内。地中海体系仍沿用中世纪的形式,但西欧和西南欧的体系已经出现以应对跨大西洋的人口流动。[①] 在 19 世纪 20 年代后开始的第二个跨大西洋移民时期,来自西欧和西南欧的移民加入了跨大西洋线路。

在欧洲东部,新的劳工流动形式在克拉科夫等传统中心城市和布达佩斯、华沙等不断扩张的城市中逐渐出现。莫斯科和圣彼得堡吸引了更多的季节性和长期的流动劳工。在这些远离大西洋世界的内陆地区,零星的采掘业和制造业在广大的农业土地上发展起来(见第 12 章)。从 16 世纪到 17 世纪中叶,新教难民从欧洲西北部逃到波兰。流动的苏格兰商人在这些人口流动中发挥了作用。在巴尔干半岛,亚美尼亚商人是流动人口供应网络的组成部分。阿尔巴尼亚人在欧洲各地充当士兵(见第 2 章第 1 节),在拜占庭帝国灭亡和威尼斯政权垮台时,他们在意大利已拥有聚居区,但仍保持流动状态。[②]

最后,大的欧洲体系将欧洲北部和东部的城市同特定的工匠和文化创作者输出地联系起来。瑞典向欧洲大陆的扩张、波兰同远至意大利近至波希米亚的文化联系、克拉科夫资产阶级的中间人角色(甚至阿拉伯及犹太旅行家和地理学家也曾这样描写)、波兰贵族宫廷文化吸引力,都可以说明波兰和瑞典间的互动关系。同样,拥有剩余人口、文化表现力和军事传统的苏格兰将流动人口派往欧洲大陆,尤其是去瑞典和波兰。水手和士兵、艺术家和工匠、教师、学生和音乐家的长途迁徙所经之地类似,但并不发生必然的相互影响。[③]

4. 城市化和人口流动

移民和暂居者将农村和城市联系在了一起(见图 3-4)。他们中的一些人可

---

① Jan Lucassen, *Migrant Labour in Europe, 1600-1900: The Drift to the North Sea*, trans. Donald A Bloch (Dutch orig., 1984; London, 1987), chap. 6 and appendix 2, esp. pp. 108-113.

② Jerzy Wyrozumski, "La géographie des migrations en Europe centrale et orientale du Moyen Âge au début des temps modernes," in Cavaciocchi, *Le Migrazioni in Europa*, 191-198; Alain Ducellier, "Albanais dans les Balkans et en Italie à la fin du Moyen Âge: Courants migratoires et connivences socio-culturelles," in Cavaciocchi, *Le Migrazioni in Europa*, 233-269.

③ Kazimierz Slaski, *Tysiaclecie polsko-skandynawskich stosunków kulturalnych* [The millenium of Polish-Scandinavian cultural relations (970-1970)] (Wroclaw, 1977), 104-270; A. J. S. Gibson and T. C. Smout, *Prices, Food, and Wages in Scotland, 1500-1780* (Cambridge, 1995), 165ff.

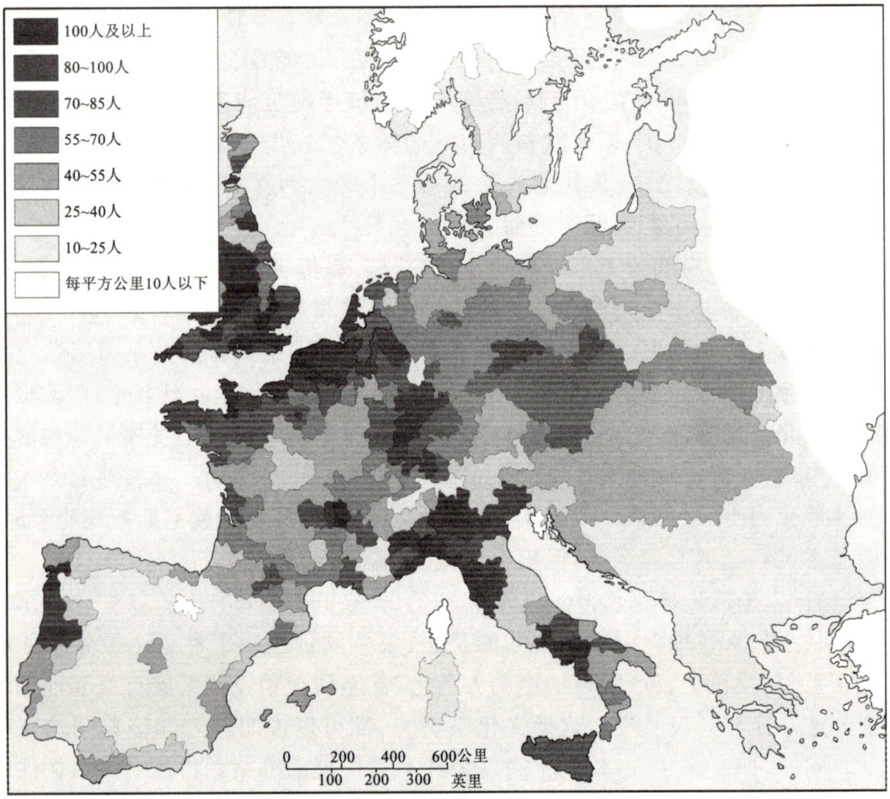

图3-4 19世纪初欧洲的人口密度

以通过传统和语言区分开，其他人只能从方言上区分。从 17 世纪中叶到 19 世纪中叶资产阶级民主革命的结束，劳工的流动占据了人口流动的主体。相比之下，欧洲内部的农业流动人口所占比例较小，只是在 19 世纪向海外移民时，农业流动人口才出现了增加。人们迁徙的目的是为了生存，而非寻求改善境遇或提高地位。妇女们的目的是为将来建立家庭挣一笔嫁妆，男人们则要获得稳定的工作来养家糊口。[①] 工业社会之前的人口流动模式发源于农村，以无产者的出现为条件。这是由于农村人口的增长、新的资金密集型农业的出现和乡村工业的发展(Tilly)，或换句话说，是由于城镇对劳动力的需求，这种需求在意大利和

① François, *Immigration et société urbaine*; Olwen H. Hufton, "Women and the Family Economy in Eighteenth-Century France," *French Historical Studies* 9 (1975): 1-22; Antoinette Fauve-Chamoux, "Les Femmes qui migrent au loin (1500-1900): Vie nouvelle ou guillotine sèche?" in Bardet, Lebrun, and Le Mée, *Mesurer et comprendre*, 195-206.

荷兰的城市尤为突出(De vries)。这两个解释是互补的,它们揭示了流动人口输出地和输入地的关联性。[①]

不论是在中世纪的意大利城市,还是在奥斯曼的伊斯坦布尔,或是荷兰城市,不断增长的城市人口需要粮食供应,因而城市周边从事农业生产的乡村吸引了剩余的劳动力。例如,到了 17 世纪中叶,伦敦将其食品市场扩展到边远的农村,那里的家庭生产粮食或从事运输行业,小商贩和从事市场供应的妇女成为个体经营者。18 世纪城镇周边的家庭或处于商人购物圈范围内的家庭通过出售奶制品和手工产品,来弥补农业或渔业收入。因此,他们能够独立生存,而不依赖全年性或季节性的工资收入。他们将边缘化的农业、独立的乡村作坊生产和公地放牧结合起来,这种生活方式显示了他们的各种能力和积极肯干的精神。寻求劳动力的有地位的雇主将这些人自主决定时间和需求的行为视为懒惰的表现。

向城市的人口流动涉及从劳工和女佣到工匠和机械工、到商人和贵族等各个阶层的人。胡格诺教徒来到城市,犹太人再次成为西欧城市的居民。人们带着资金、专业知识和技术在相隔较远的城市间流动。精英和其他人群随着经济周期的流动成为城市化进程的一部分。组建家庭也会诱发人口流动:妇女们在城市男性流动人口中寻找伴侣,熟练的工匠也想在寡妇和殷实家庭的女孩中寻找伴侣以获得经济上的安全。

尽管人口流动通常和城市人口的稳定(见第 2 章第 3 节)或城市扩张有关,但长期的经济不景气、特定经济部门的结构调整、纺织中心的重新分布都会导致流动人口离开和城市衰败。一个城市的流动人口的净增减,由这个城市的商业和生产规模决定。当亚琛的及其周边的新教铜业生产者遇到供应困难而必须和天主教统治者打交道时,许多人在 17 世纪初期迁往了英格兰。在英格兰他们所需的原料铜从瑞典和匈牙利进口,国家通过关税的办法帮助他们和瑞典的产品竞争,将产品打入欧洲大陆市场。在荷兰,莱顿发达的纺织业(1638～1640 年)雇用了来自列日的 4000 名童工,瓦龙布匹商被指责把乞丐家庭的孩子从英格兰东部的诺里奇、法国北部的杜埃、德意志西部的克莱沃的出口到了莱顿。鞋带制作业的结构性萎缩迫使技术女工和童工随着产业而流动到其他城市或乡

---

① Charles Tilly, "Demographic Origins of the European Proletariat," in David Levine, ed., *Proletarianization and Family History* (Orlando, 1984), 1-61, and Tilly, Coercion, *Capital and European States, AD 990-1990* (Cambridge, Mass., 1990); De Vries, *European Urbanization*, 212-256; Horst Matzerath, "Grudstrukturen städtischer Bevölkerungsentwicklung in Mitteleuropa im 19. Jahrhunder", in Wilhelm Rausch, ed., *Die Städte Mitteleuropas im 19. Jahrhundert* (Linz, 1983), 25-46.

村,或使他们变得赤贫。经济萧条期的逃荒也是人口流动的组成部分。[①]

工匠、商人和难民

在18世纪宗教迫害降低之前,重商主义政府一直在欢迎宗教难民。和不断流动的工匠和商人一样,这些宗教难民带来了技术、人力资本(这里用一下现代术语)和同贸易有关的社会资本。宗教难民对国家的经济贡献要比他们的宗教和种族文化重要。在韦瑟尔、埃姆登、克莱沃、法兰克福的博肯海姆以及后来的汉堡、不来梅、纽伦堡等城市,出现了胡格诺教徒的聚居区。更大的胡格诺教徒的聚居区出现在了法耳次和莱茵河下游的马格德堡、哈雷、法兰克福/奥得和哥尼斯堡。勃兰登堡—普鲁士甚至派招募员到法国招募流动人口来补偿其在"建国"战争中人口的损失,重建被"三十年战争"毁坏的经济。1671年,皇家法令使一些被维也纳驱逐的犹太人得以安居。1685年,皇家法令让约2万胡格诺教徒得以安家。在柏林成为城市后,法国的胡格诺园丁被招募来从事蔬菜生产并获许在免费的土地上安家;当地的斯拉夫"文德人"被给予和德意志人同等的地位;在18世纪30～40年代,波希米亚的难民也来到了德意志各国。一些家庭带着大量的财产来了,也有的家庭来的时候一贫如洗,但他们都为目的地的劳动力储备增加了人力资本。流动人口开商店,从事花边和丝绸等纺织业,技术工匠在很多行业工作。

特定技术的劳动力出现短缺时,甚至天主教徒也会被招募。例如,在1722年,荷兰南部的武器制造工匠被招募。建筑工人从人口过剩的沃格兰等德意志中部高地来到柏林。纺纱工和纺织工则由波希米亚人、撒克逊人、法耳次人和波兰人构成,他们被安排在特定的聚居区。随着经济的繁荣,像法国—瑞士钟表匠之类的专业的手艺人也来了。到了18世纪80年代,大约1/3的柏林人口是

---

① Hans-Joachim Braun, *Technologische Beziehungen zwischen Deutschland und England von der Mitte des 17. bis zum Ausgang des 18. Jahrhunderts* (Düsseldorf, 1974), 15-17; De Vries, *European Urbanization*, 108-113; Van der Wee, *Rise and Decline of Urban Industries*, 241-245.

外来移民和他们的后代。欧洲的城市也像北美的城市一样充满了文化多样性。[①]

宗教自由、法律地位和特权一方面按照国家和王权的利益协商，另一方面也考虑到了移民的种族和宗教利益。例如，门诺派教徒可以免服兵役，但必须为建立军校交税。新来的移民可以免交费用而获得中产阶级市民地位，而且可以获得拨款或贷款开创事业。行会必须向移民开放。国王高兴的话，一些移民还可得到比当地居民更高的特许地位。行政当局致力于减少新移民和当地人的冲突，希望新来者改进当地人的生活方式。在柏林，各种社会背景的人都加入了法国社群。随着时间的推移，非德语群体学会了德语。不同民族间的通婚使得民族界限难以确定，一个人的法定身份是移民还是“普通”臣民已很难说得清楚。1808～1809 年，普鲁士进行了立法改革，取消了残余的特权。[②]

在瑞典和英格兰等重商主义国家，人口流动从最初的城市人口补充问题，发展成了全国性问题。在英格兰，议会将国外新教徒的到来、苏格兰人的流动问题、人口增长的停滞及经济发展放在一起讨论。(在 1707 年英格兰和苏格兰合并后，政治上苏格兰人虽是英国臣民，但在文化上被视为外族人)1709 年的《归化法》对流入城市人口的市民地位作出了规定。对于苏格兰人公民权的争执反映出英国人对民族国家的理解尚未达成一致。同一些国家对宗教和意识形态不同者进行驱逐的做法不同，英国理论家将人视为财富。1709 年招募 1.3 万名无技术法耳次德意志人的做法受到了批评，这勾勒出了接纳移民的界限。英国人

---

① 参见第 3 章第 3 节。Rudolf von Thadden and Michelle Magdelaine, eds., *Die Hugenotten, 1685-1985* (Munich, 1985; Frence ed., Paris, 1985); CNRS, ed., *Le Refuge huguenot en Allemagne: Table ronde des 23 et 24 mars 1981* (Paris, 1981); Gerhard Fischer, *Die Hugenotten in Berlin* (Berlin, 1988); essays in Bezirksamt Neukölln von Berlin, ed., *Dem Kelch zuliebe Exulant: 250 Jahre Böhmisches Dorf in Berlin-Neukölln*, 2 vols. (Berlin, 1987); Stefi Jersch-Wenzel, "Der Einfluß zugewanderter Minoritäten," in Otto Büsch, ed., *Untersuchungen zur Geschichte der frühen Industrialisierung, vornehmlich im Wirtschaftsraum Berlin/Brandenburg* (Berlin, 1971), 193-223, and "Minderheiten in der preußischen Gesellschaft," in Otto Büsch and Wolfgang Neugebauer, eds., *Moderne Preußischen Geschichte, 1648-1947: Eine Anthologie (Berlin, 1981)*, 486-506, and "Preußen als Einwanderungsland," in Manfred Schlenke, ed., *Preußen Beiträge zu einer politischen Kultur*, 2 vols. (Reinbek, 1981), 2: 136-161.

② Stefi Jersch-Wenzel, "Minderheitenrecht im Vergleich," and Kaspar Struckmann, "Identität und Böhmische Sprache," in *Das Böhmische Dorf in Berlin-Neukölln, 1737-1987* (Berlin, 1987), 105-111, 217-229.

看重的是外来人口的表现,而非人道主义关怀和文化上的他者地位。[①]

工匠的流动(见第2章第3节)继续受到行会的约束,但行业手册的印制使得通过人口流动传播知识的模式变为多余。劳动力的分配和需求常出现矛盾,雇主和城市当局操控着规则的制定权。在劳动力缺乏的时候,学徒可以被雇作临时工而不必进行迁徙。在出现劳动力剩余的时候,雇主会迫使劳动力加快流动。在发生劳资矛盾时,雇主会以"合同劳务"的形式雇用外来临时工,并提供固定期限的合同和路费。"外来"通常指的是距离较远而非来自不同的种族或国家。

工匠在全欧洲的流动影响了19世纪的技术工人、机器操作工和技术专家的迁徙方式。他们大多数在德语区流动,但农奴制结束后的东欧和东南欧出现了劳动力短缺,劳动力经布拉格和华沙来到圣彼得堡,或取道布达佩斯进入巴尔干半岛,偶尔他们会继续前行至君士坦丁堡和埃及的亚历山大港。在欧洲南部,16世纪和17世纪的威尼斯建有供迁徙的德意志面包师使用的旅馆。临时工提高了政治觉悟,并扩大了自己的社会组织,在19世纪他们还和流放的政治犯有了接触。德语成为中欧和东欧工匠和熟练工人的通用语,也成为劳工运动的通用语。

民族的归属,无论是真实存在的还是硬性规定的,都可能影响雇佣行为和地位的赋予。在拉脱维亚的里加,富有的行会自认为属于"德意志民族",只雇用德意志流动工匠,而把其他工匠称为"非德意志人"或"拉脱维亚人"。由于几个世纪的通婚和交往,这样的分类仅仅被武断地用来维护现有的种族结构。事实上,自17世纪中叶开始,拉脱维亚人在很多行会占据了主导地位。[②]

制造业和工厂带来的机器大生产破坏了手工生产及其相应的生活方式。人口流动的相关规定蜕变成了行会—雇主促使临时工不断迁徙的手段。法国的相关研究表明人口流动增强。1800年前后,法国的2800万人口中有1/10是劳工和仆佣,她们进行较短距离的迁徙,而技术工人和工匠则进行较长距离的流动。另一方面,进出英国的流动人口数量有限,主要是为技术交流服务。比如,18世纪,苏格兰的一位企业家参观了汉诺威和萨克森的制造中心,回国后他改进了苏

① Daniel Statt, *Foreigners and Englishmen: The Controversy over Immigration and Population, 1660-1760* (Newark, Del., 1995).

② Arija Zeida, "Das Wandern der Gesellen und seine Bedeutung für Riga vom 14. bis zum 18. Jahrhundert," in Konrad Fritze, ed., *Bürgertum-Handelskapital-Städtebünde* (Weimar, 1975), 233-251.

格兰的制锡技术。在19世纪，北美也加入到制作流程和技术革新的交流之中。①

或许德意志各国和英格兰之间的联系可以说明从工匠流动到技术工人流动的延续。由于本国的压迫和英国国王或制造商的帮助，法耳次家庭迁徙到了英国。如果刀剪匠申请加入英格国籍，他们就可在伦敦开创自己的事业。市议会压制了本地工匠的抗议。进入19世纪后，北部德意志国家的制糖工来到英国，制造刀剑的工匠从法耳次迁到英格兰北部。为了减少对波希米亚玻璃的进口，英格兰秘密地吸引玻璃吹制工及其家人，并在纽卡斯尔附近为他们建立玻璃制造厂。1567年来到英格兰的法耳次制针工人后来和他们家乡的工人展开了竞争。1839年一位莱茵河的制造商偷看了英国的制造过程，并将它们介绍回了本国。总的来说，有技术的工匠来到英国是因为那里容易获得原材料，市场设施较好，技术更值钱。紧随这些工匠之后，其他人群尾随而来，譬如这些工匠孩子们的老师。②

尽管商人们继续在整个欧洲的活动，但他们已经定居下来。瑞士商人活跃在17世纪和18世纪的巴黎，纽伦堡的商人在波兹南定居，来自阿尔卑斯山的意大利商人和莱茵河谷的科隆建立了联系；小商贩和店主们、一些工人和工匠、扫烟囱的工人、锡匠、仆人、开旅店的和开饭店的也随后到来。他们不再组成中世纪意义上的社团，而是遵守各地的"关于外国人的法律"。这些法律在当地人害

① Knut Schulz, *Handwerksgesellen und Loharbeiter: Untersuchungen zur oberrheinischen und oberdeutschen Stadtgeschichte des 14. bis 17. Jahrhunderts* (Sigmaringen, 1985), 270ff., surveys developments since 1600; Helmut Lahrkamp, "Wanderbewegungen im 18. Jahrhundert: Tiroler Maurer, skandinavische Hutmacher, reisende Buchdrucker, böhmische Glashändler und italienische Kaminfeger in Münster," *Westfälische Forschungen* 26 (1974): 123-132; Klaus J. Bade, "Altes Handwerk, Wanderzwang und Gute Policey: Gesellenwanderung zwischen Zunftökonomie und Gewerbereform," *Vierteljahrschrift für Sozial-und Wirtschaftsgeschichte* 69 (1982): 1-37. William H. Sewell Jr., *Work and Revolution in France: The Language of Labor from the Old Regime to 1848* (Cambridge, 1980); Cynthia M. Truant, "Solidarity and Symbolism among Journeymen Artisans: The Case of Compagnonnage," *Comparative Studies in Society and History* 21 (1979): 214-226; Ulrich-Christian Pallach, "Fonctions de la mobilité artisanale et ouvriére," *Francia* 11 (1983): 365-406, esp. 381-382. Fritz Valjavec, *Geschichte der deutschen Kulturbeziehungen zu Südosteuropa*, 3 vols. (rev. ed., Munich, 1970), 3: 76f. Claudius Helmut Riegler, *Emigration und Arbeitswanderung aus Schweden nach Norddeutschland 1868-1914* (Neumünster, 1985), and Riegler, "Labor Migration of Skilled Workers, Artisans and Technicians and Technology Transfer between Sweden and Germany before World War I," in Hoerder, *Labor Migration in the Atlantic Economies*, 163-188, and "Scandinavian Migrants' Images and the Americanization of the Work Process," in Hoerder and Rössler, *Distant Magnets*, 160-179.

② Braun, *Technologische Beziehungen*, 17-30.

怕竞争时会具有较强的约束性,但在劳动力和资金缺乏时会变得较为温和。一些人在他们的意大利和德意志家庭之间来往,另一些人则在外漂了几年后永久地返回了家乡,也有人在当地娶妻生子,经历了由移民到少数族裔再到当地人的文化同化过程。[①]

从印度到俄罗斯,从俄罗斯到中国,从地中海的欧洲到地中海的非洲或穿越撒哈拉沙漠,远程陆上贸易在继续进行,但同在大城市和小城镇定居的商人们相比,从事远程贸易的商人数量要少得多。[②] 例如,克拉科夫在历史上是远程贸易的转运中心(见图 3-5)。它曾属于汉萨同盟,同意大利和黎凡特有联系。牲畜贩子经过此地,羊皮大衣在此地加工出售,鱼被销往俄罗斯市场。卡奇米日犹太区的犹太人拥有广泛的业务联系,克拉科夫的德意志、波兰、意大利等国的商人也拥有广泛的业务联系。一些宏伟的建筑反映了意大利风格和建筑工艺。[③]

① 意大利的扫烟囱工人和柑橘类水果贩子是很多中欧城镇街头生活的组成部分。参见 Gustav Wulz, "Italienische Kaminkehrer und Südfrüchtehändler in Nördlingen," *Schwäbische Blätter für Heimatpflege und Volksbildung* 10 (1959): 122-128; Johannes Augel, *Italienische Einwanderung und Wirtschaftstätigkeit in rheinischen Städten des 17. und 18. Jahrhunderts* (Bonn, 1971), 155-168, 238-250, 282-306. Herbert Lüthy, *Die Tätigkeit der Schweizer Kaufleute und Gewerbetreibenden in Frankreich unter Ludwig XIV und der Regentschaft* (Aarau, CH, 1943); Adelheid Simsch, *Die Handelsbeziehungen zwischen Nürnberg und Posen im europäischen Wirschaftsverkehr des 15. und 16. Jahrhunderts* (Wiesbaden, 1970); Gigliola Pagano De Divitiis, *English Merchants in Seventeenth-Century Italy* (New York, 1997).

② Wilfried Reininghaus, ed., *Wanderhandel in Europa: Beiträge zur wissenschaftlichen Tagung in Ibbenbüren, Mettingen, Recke und Hepsten vom 9-11. Oktober 1992* (Dortmund, 1993); Jean-Pierre Filippini, "Les Juifs d'Afrique du Nord et la communauté de Livourne au XVIIIe siècle," in J. L. Miege, ed. *Les Relations intercommunautaires juives en Méditerranèe occidentale, XVIIIe-Xxe siècles: Actes du colloque international de l' Institut d' Histoire des Pays d' Outre-Mer et du Centre de Recherches sur les Juifs d'Africque du Nord, Abbaye de Sénanque, mai 1982* (Paris, 1984), 60-69; David Hancock, *Citizens of the World: London Merchants and the Integration of the British Atlantic Community, 1735-1785* (Cambridge, 1995); James D. Tracy, ed., *The Rise of Merchant Empires: Long-Distance Trade in the Early Modern World, 1350-1750* (Cambridge, 1990), 311-350; Morris Rossabi, "The 'Decline' of the Central Asian Caravan Trade," in Tracy, *Rise of Merchant Empires*, 351-370; Stephen Frederic Dale, *Indian Merchants and Eurasian Trade, 1600-1750* (Cambridge, 1994), 78-127.

③ F. W. Carter, *Trade and Urban Development in Poland: An Economic Geography of Cracow, from Its Origins to 1795* (Cambridge, 1994), 218-219, 244-247, 356-359.

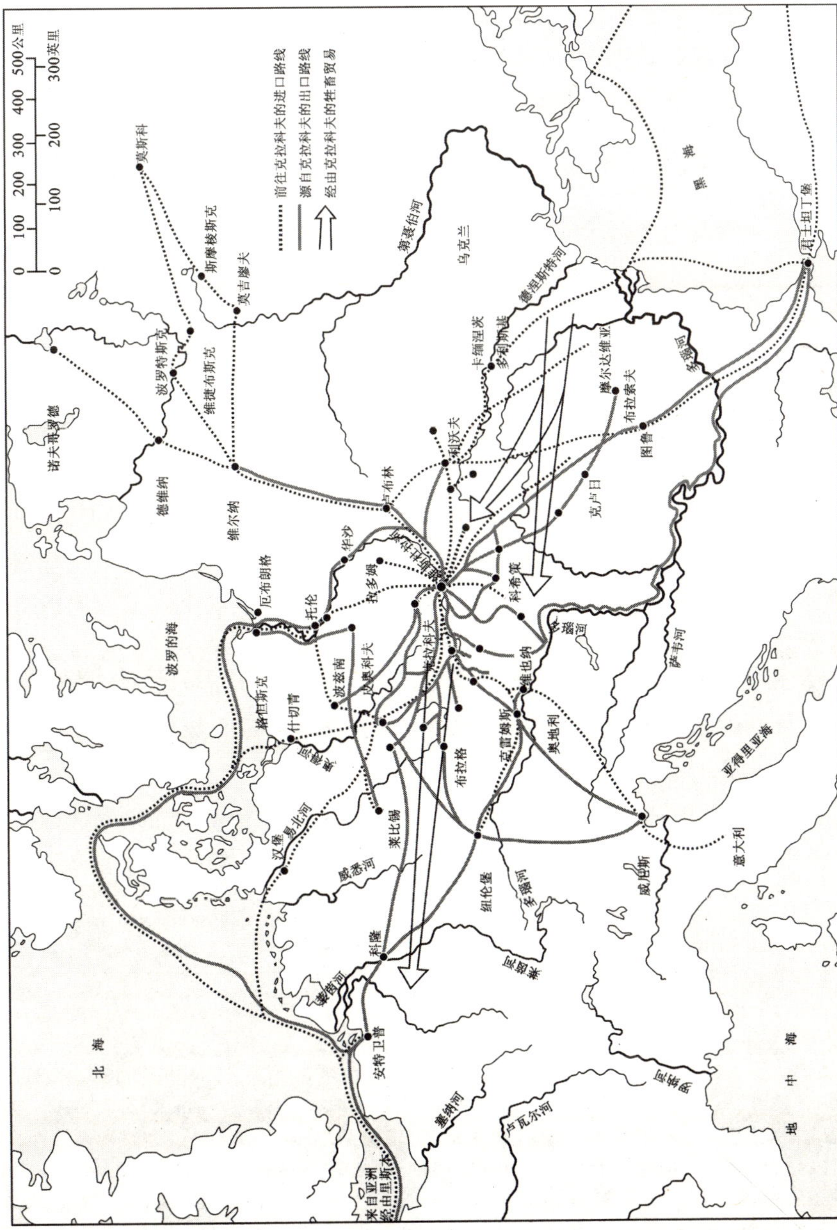

图3-5　1500~1800年以克拉科夫为中心的中东欧远程贸易路线

在欧洲，精英们的流动包括“年轻人在各城市间的流动”。商人们和工匠们的子女通过婚姻和生意伙伴之间的交易在各地流动。例如，在17世纪德意志西南部的诺德林根，有10%～20%的人口来自操德语的城市和国外移民，他们中的大多数属于中产阶级。只有那些有门路的移民才能成为市民。城里的男性市民可在移民中寻找新娘,但男性移民却很少能和当地的女人结婚。当地的流动人口数量随该市经济地位的起落和经济周期的变化而变化。①

个案研究:城市中的移民

流入城镇的人口不断地改变着城市人口的组成。② 法兰克福/美因河的人口在 1500 年为 1.15 万,1600 年变为 2 万,到 1650 年减少了 3000 多人,在 1700 年时则达到了 2.75 万。在此间的 200 年间,仅仅有 20 年的时间里自然增长对人口的变化有影响。在 1600 年,上千流动工匠、3000 名荷兰中产阶级新教移民和 2500 名犹太人占到了当地人口的 40%。在 1762 年,1870 名工匠中只有 15%是当地出生的,大部分来自周边地区(32%)和德意志各国及奥地利(24%)。③

新建的城市或由统治者专门扩建的城市吸引了来自欧洲各地的人口(见第 2 章第 3 节)。当科西莫·美第奇一世给予里那窝(1565 年)免税港地位和定居及宗教自由(1593 年)后,犹太人、摩里斯科人、商人及工匠以个人或家庭的方式迁移至此。④ 1603～1619 年,长期从事铜矿出口的荷兰商人在瑞典哥德堡建成了聚居区。其他移民和瑞典人也加入进来,并且出现了一个德意志社区。哥德堡对移民商人和工匠聚居区采取了分离的司法管辖权,根据哥德堡的第一部宪

---

① Christopher R. Friedrichs, *Urban Society in an Age of War: Nördlingen, 1580-1720* (Princeton, 1979), 54-70.

② 关于人口流动的城市研究很多。譬如,Paul Bairoch, Jean Batou, and Pierre Chèvre, *La Population des villes européennes: Banque de données et analyse sommaire des résultats, 800-1850* (Geneva, 1988); François, *Immigration et société urbaine*; Hugo Soly and Alfons K. L. Thijs, *Minorities in Western European Cities (Sixteenth-Twentieth Centuries)* (Brussels, 1995).

③ Friedrich Bothe, *Geschichte der Stadt Frankfurt am Main* (Frankfurt/ Main, 1966), 359-384; Franz Lerner, "Eine Statistik der Handwerksgesellen zu Frankfur a. M. vom Jahre 1762," *Vierteljahrschrift für Sozial-und Wirtschaftsgeschichte* 22 (1929): 174-193. Paul M. Hohenberg and Lynn Hollen Lees, *The Making of Urban Europe, 1000-1950* (Cambridge, Mass., 1985), chap. 3, esp. 90-98. 从早期现代到 17 世纪,阿姆斯特丹的人口从 1557 年的 3.5 万增长到了 1622 年的 10 万,巴黎的人口从 1590 年的 20 万增长到了 1637 年的 41.27 万。Carlo M. Cipolla, ed., *The Fontana Economic History of Europe*, 6 vols. (London 1972), vol 2 (chap. 1 by Roger Mols) and vol. 3 (chap. 1 by André Armengaud); Richard van Dülmen, *Entstehung des frühneuzeitlichen Europa*, 19-28.

④ Marco Della Pina, "Andamento e distribuzione della popolazione," in *Livorno et Pisa: Due città e un territorio nella politica dei Medici* (Pisa, 1980), 25-29; Mario Lopes Pegna, *L'Origine di Livorno* (Firenze, 1967); Michele Cassandro, *Aspetti della storia economica e sociale degli Ebrei di Livorno nel Seicento* (Milan, 1983).

章，荷兰语和瑞典语是官方语言，市委会由 4 个瑞典人、3 个荷兰人、3 个德意志人和两个苏格兰人组成。①

西欧、南欧和中西欧的城市中积聚的人口和周边农村人口基本相当。和里格相似，中东欧和东欧的城市人口由移民中产阶层、贵族及当地的下层人民组成。沙皇彼得一世向西走过了工匠们的迁徙路线，制定了他的现代化政策。在 1697～1698 年和 1716～1717 年，他曾化装前往里格、普鲁士、荷兰和英格兰。一路上他学习了各种手艺——做过枪支铸造工、船上的木工和工程师——而且还学习了航海。作为皇位上的"工匠"，1703 年他在芬兰湾建立的圣彼得堡市，距离汉萨同盟的诺夫哥罗德很近。它的建筑风格反映了欧洲权力结构的变化和相应的人口流动方式的变化。意大利的建筑师不再占主导地位，来自荷兰和德意志北部的建筑师和工程师引入巴洛克风格，并修建了运河。只有在"东宫"的建造中，招募了一名意大利建筑师。

圣彼得堡建成 20 年后，城市有 4 万人口，此外还有夏季到来的季节性劳工。它已成为俄罗斯帝国最重要的港口，成为联结斯德哥尔摩和西欧的主要通路。城市的扩张是由于商人聚居区的形成，商人中包括荷兰人和英国人。城市的发展离不开芬兰工人和手艺人的工作，也离不开德意志工匠和自由民等的努力。俄国国内的人口流入同圣彼得堡的首都地位有关：新招募的海军和陆军在 18 世纪 90 年代就给该市带来 4.1 万军属。俄罗斯商人也在压力下，从温文尔雅的莫斯科来到这个遍布沼泽的新首都。该市的人口从 1764 年的 15 万，发展到了 1800 年的 22.5 万人。沙皇们带回了"异国"的随从：宫廷中的黑人是来自北美新英格兰的自由黑人，"俄国伟大的诗人普希金的曾祖父就是彼得一世在法国时得到的一名非洲奴隶，并通过婚姻进入了贵族行列"。1801 年的一位观察家曾描绘过该市对特殊技术的需求："一个伟大的城市"和宫廷存在各种渴求。"成千上万勤奋而聪明的外国人被吸引到这里安家"，通过与"普通俄罗斯人"做生意，他们的工作带来的益处如涓涓细流滋润着圣彼得堡周边省份。俄罗斯人"省吃俭用过着贫苦的日子，努力地积攒资金成为商人"。人、资金和货物按照经济需

① Ralph Scander, *Karl X's Göteborg påhisingen: En holländsk koloni med svenskt medborgarskap* (Göteborg, 1975), and Scander, "Holländarnas Göteborg." Fataburen: *Nordiska museets och Skansens drsbok*, 1981, 91-114; Helge Almquist, *Göteborgs historia: Grundläggningen och de första hundra dren* (Göteborg, 1929); Stewart P. Oakley, *A Short History of Sweden* (New York, 1966), 85-86, 127-129; Franklin D. Scott, *Sweden: The Nation's History* (Minneapolis, 1977), 189-190. 感谢 Ulysse de-Rungs 所作的瑞典语翻译。

要和人们的规划涌入圣彼得堡,外部的政治或内部的管理对此影响很小。①

作为首都,圣彼得堡吸引了大量的外来人口,而在俄罗斯统治下的波兰小镇罗兹则见证了工业城市的发展,展示了无计划的资本主义发展超过了城市政府的管理规划。从19世纪20年代到40年代,该镇按照计划扩展成为一个单一的纺织中心,规划者通过给予特权和提供特定区域的住房等手段来吸引"有用的外国人"。被驱逐出该镇的犹太人可在该市周边的私有地产上拥有房屋。1877～1914年,缺乏计划的工业化造成了卫生条件的灾难性恶化。城市人口是原先的9倍,包括大量的波兰无技术农村人口,操德语的萨克逊、波美拉尼亚和西里西亚的纺织工人,犹太和波希米亚的工厂技工,瑞士和捷克的技术师。德意志、英国、法国等国的资本家及其随从每年只在城里住一段时间,行政人员和警察由俄国人组成。贫苦的贫民区和辉煌的豪宅互为邻里。工人阶级和同乡结成了互助社团,但他们没有被波兰文化同化,而是形成了多种族的劳动力队伍。流动人口的数量总比当地波兰人多。②

在西部,具有很长外来人口流入和城市发展历史的巴黎,在一些方面和圣彼得堡非常相似。作为首都和商业中心,巴黎的扩张没有受到限制:1600年,她拥有20万人口,1700年为50万,1789年为60万～70万。但另一方面,来到巴黎的流动人口面对的是一个布局讲究的都市,而非像圣彼得堡那样的建筑工地。流动人口的来源地往往和特定的行业有关。这些"有地区特色的分工"包括:来自奥弗涅的运水工,来自萨瓦尔的擦鞋童工和烟囱清扫工,来自勒佩尔什和诺曼底的马贩子和车夫,来自利穆赞的石匠。纺织和成衣工人来自北方,而从事食品加工的工人则来自勃艮第和诺曼底。在一些郊区的居民中和食品加工等行业

① Gilbert Rozman, *Urban Networks in Russia, 1750-1800, and Premodern Periodization* (Princeton, 1976), 146-148; James H. Bater, *St Petersburg: Industrialization and Change* (London, 1976), 17-84, quotes on 49-51. Igor Kopytoff and Suzanne Miers, "African 'Slavery' as an Institution of Marginality," in Miers and Kopytoff, eds., *Slavery in Africa: Historical and Anthropological Perspectives* (Madison, 1977), 40; *A Black Woman's Odyssey through Russia and Jamaica: The Narrative of Nancy Prince* (1850; New York, 1990).关于19世纪前往圣彼得堡的俄国国内人口流动,参见第12章第3节。

② Bronislawa Kopczynska-Jaworska, "Lodz-Zur Geschichte der Stadt und zur Kultur des Arbeitermilieus (von den Anfängen bis 1939)," in Monika Glettler, Heiko Haumann, and Gottfried Schramm, eds., *Zentrale Städte und ihr Umland: Wechselwirkungen während der Industrialisierungsperiode in Mitteleuropa* (St. Katharinen, 1985), 45-59; Otto Heike, *Aufbau und Enropa Entwicklung der Lodzer Textilindustrie: Eine Arbeit deutscher Einwanderer in Polen für Europa* (Mönchengladbach, 1971), and, Heike, "Polnische Forschungen und Darstellungen zur Geschichte der Stadt Lodz," *Zeitschrift für Ostforschung* 33 (1984): 393-406.罗兹所拥有的惊人财富和残酷的剥削之间的对比,是安杰依·瓦伊达在1974年指导的影片《福地》的主题。在1994年,该市的市长建议用该市多元文化的过去来吸引游客。

中，外来人口几乎占到80%。在18世纪，约90%的女佣和临时男性劳工出生在巴黎以外的地方。很多人沿着贸易和供应路线，一路打工过来，几年后才来到巴黎。仆人们来到巴黎时的年龄有一半是在15～25岁，但几乎有1/4的人来到巴黎时年龄超过了30岁。来自巴黎周边的人在巴黎待上几年，把一些农村的文化带到巴黎的城市家庭，同时也把一些新习惯带回农村。人口的流动降低了死亡率，因为流动人口将细菌带回了农村，这使得后来的移民具备了免疫力。在外来移民中，以操德语的人、犹太人和比利时人（来自哈布斯堡的荷兰）为主。商人阶层见多识广。“在大革命前，巴黎已具有了微妙的等级制度和文化多样性。”①

巴黎和圣彼得堡等城市也是欧洲的学术中心。自17世纪中叶以来，统治者就开始建立各类文学和科学学院，受过良好教育的资产阶级组成的爱国学会补充了中世纪大学的传统（见第4章第2节）。这些组织吸引了学者和发明家、实业家和革新家，他们不再是简单的流动人口，而是地位平等的成员。尽管政府想要加强国家的经济和学术潜力，学者们仍保持着超越国界的视角。例如，在圣彼得堡科学院的首批16名成员中，有13名德意志人、2名瑞士人和1名法国人。②

本地意识的人和具备世界意识的人、强调实践的和强调理论的人紧密地混合在一起。学生们前往学术中心求学，工匠们前往学习技术，绅士们带着仆人和导师来寻求知识（和快乐），贵族妇女由大使们陪着巡游，实业家来考察家乡之外的生产方法——这些都是人们追求进步、提高和革新的一部分。如果他们的描述是可信的，那么这些男性旅行者，像中世纪的伊本·白图泰一样，似乎没有女性也照常进行活动。但是拥有特权地位的女性参加了科学的分类和搜集活动，其他女性则为社交—人文活动的交流提供了场所。③

从当时的观点看，工艺技术、人文学科和装饰艺术具有相同的价值。但是，如果没有工艺的或“实用”的技术，人文学科和装饰艺术将无法存在。因此，工匠、艺术家和聪明的研究者们展开了合作。到了19世纪中叶，机器时代到来之后，机械师和技术员才分化出来组成技术协会。尽管这些活动具有抽象意义上

---

① Daniel Roche, *The People of Paris: An Essay in Popular Culture in the 18th Century*, trans. Marie Evans (French orig., 1981; Leamington Spa, U. K., 1987), 9-35.关于更多的进展情况，参见第13章第2节。

② Michael Polanyi, "The Republic of Science," *Minerva* 1 (1962): 54-73; David S. Landes, *The Unbound Prometheus: Technological Change and Industrial Development in Western Europe from 1750 to the Present* (Cambridge, 1969). Braun, *Technologische Bezighungen*, 40-75.

③ 关于女性旅行者的情况，参见 John W. Stoye, *English Travellers Abroad, 1604-1667: Their Influence in English Society and Politics* (London, 1952), 48-69, 136-145. Jeremy Black, "France and the Grand Tour in the Early Eighteenth Century," *Francia* 11 (1983): 407-416.

的"进步"，目的是务实地为商业主义国家和后来被多元文化社会标榜的民族国家提升国力，但知识无国界的特点仍主导了跨文化的知识交流。因此，尽管知识是无国界的，但知识的应用则是国家或民族内部的事务。①

5. 资产阶级革命、国家和政治流放

1685 年胡格诺教徒被从法国驱逐之后，宗教逃亡减少了。尽管政治逃亡曾经很常见，但在民主革命时期和随后的国家主导的建国时期（民族国家）政治逃亡占有很大比例。将"人民"的概念从臣民转变为公民，暗含了人民对国家的忠诚，将不同的文化模式和封建疆土整合成一个国家文化，建立了单一公民身份的国家（见第 13 章第 3 节）。流亡可以被强加在人口中所有不忠于国家的人身上。"在这一历史时刻，现代意义上的逃亡者以跨国身份或革命者的形象出现了。"（Miller）第一次大规模的流亡包括"反动派"或拥护旧政权的反共和派。首先是从美国出逃的保皇派（亲英分子），随后是法国大革命中逃亡的贵族。尽管法国的大革命被认为更为暴力血腥，但美国的革命将旧制度革除得更彻底：超过 6 万人离开北美殖民地，也就是每千居民中有 24 人，而在法国每千人中有 5 人离开（12.9 万人）。携带仆佣和奴隶的保皇派逃到了英帝国的其他殖民地（未来的加拿大和西印度群岛），或返回英国，法国的贵族则逃往德意志各公国和俄罗斯。②

1815 年维也纳会议重新建立反动政权后，第二阶段的政治流亡开始了。在建立中产阶级共和国的斗争中，改革者和革命者被囚禁、驱逐、流放或被迫逃亡。由于波兰、那不勒斯（1820 年）和皮埃蒙特（1821 年）等地的起义，以及当时尚未

---

① Hans Hubrig, *Die patriotischen Gesellschaften des 18. Jahrhunderts* (Wwinheim, 1957); Dirk Hoerder, "Some Connections between Craft Consciousness and Political Thought among Mechanic, 1820s to 1840s," *Amerikastudien* 30 (1985): 327-351.

② Robert R. Palmer, *The Age of Democratic Revolution: A Political History of Europe and America, 1760-1800*, 2 vols. (Princeton, 1969), 197-206; École française de Rome, ed., *L'Émigration politique en Europe du XIX et XX siècles*, Actes de colloque organisé par l' École française de Rome (Rome, 1991); Paul Weber, *On the Road to Rebellion: The United Irishmen and Hamburg, 1796-1803* (Dublin, 1997); Martin A. Miller, *The Russian Revolutionary Emigres, 1825-1870* (Baltimore, 1986), quote on 11. Wallace Brown, *The King's Friends: The Composition and Motives of the American Loyalist Claimants* (Providence, 1965); Jean R. Burnet with Howard Palmer, *"Coming Canadians": An Introduction to a History of Canada's Peoples* (Torono, 1988), 15. Margery Weiner, *The French Exiles, 1789-1815* (London, 1960); Donald Greer, *The Incidence of the Emigration during the French Revolution* (Cambridge, Mass., 1951); Sabine Diezinger, *Französische Emigranten und Flüchtlinge in der Markgrafschaft Baden (1789-1800)* (Frankfurt/ Main, 1991).

成功的意大利统一运动的缘故，瑞士、法国和英国，尤其是日内瓦、巴黎和伦敦，变成了政治难民中心。后来美国也成为逃亡民主人士的去处。[①] 19 世纪 30 年代，马志尼的“青年意大利”发展成了“青年欧洲”，起到了榜样的作用。同一时期，“青年德意志”和“被放逐者联盟”在巴黎的德意志人中发展起来。最大的逃亡团体属波兰人，他们在为波兰的独立和对“贵族统治下的共和国”进行民主重建而斗争。在异国他乡，逃亡者有着共同的异化体验，因此，一些人结成了超越国界的社区。由于受到所在国兄弟团体的支持(比如，英国的宪章主义者)，国际性的民主改革运动出现了；高度流动的流亡者和改革运动及劳工运动进行了合作。[②]

尽管政治领域和革命理论被认为是男人的专利，但在政治逃亡中妇女也发挥了重要的作用。在政治层面，她们提供了进行理论探讨的论坛或沙龙，与逃亡者保持书信往来。在女性的领域内，她们为流亡男性提供了家的温暖，经常在极度贫困的条件下，使生存得以实现。她们经常感到孤独和失败。纳塔利·赫尔岑在 1869 年写道：“我感到很迷茫……我看到了很多，历历在目。”简·卡莱尔把英国思想介绍给了马志尼。所有的 1848 年前的流亡者都建立了社区，养家糊口，而且有时还讨论在未来社会中妇女的平等权问题。直言不讳的女性要求拥有平等权。当得知妇女在北美发挥的作用和在瑞士可以接受大学教育后，妇女们便通过迁徙来提高自己的地位。在从北美写回来的信中，她们描述了她们的新地位；在瑞士接受大学教育的俄国妇女，回到了革命前的俄国，投入到争取权利的斗争中去。[③]

很多流亡者回到国内参加了 1848～1849 年的革命运动。革命的失败迫使成千上万的不同种族的男女逃到了北美。在德意志的“四八志士”中，玛蒂尔

① 同时，拉丁美洲革命和独立斗争也使激进分子和军事领袖遭到了流放。

② Max Beer, *Allgemeine Geschichte des Sozialismus und der sozialen Kämpfe* (7 th rev. ed., Berlin, 1931), 441-463; Robert C. Williams, "European Political Emigrations: A Lost Subject," *Comparative Studies in Society and History* 12 (1970): 140-148. Bernard Porter, "The British Government and Political Refugees, c. 1880-1914," in John Slatter, ed., *From the Other Shore: Russian Political Emigrants in Britain, 1880-1917* (London, 1984), 23-45; Gorge Haupt, "Rôle de l' exil dans la diffusion de l' image de l' intelligentsia revolutionnaire," *Cahiers du monde russe et soviétique* 19, 3 (1978): 235-249. Margaret Campbell Walker Wicks, *The Italian Exiles in London, 1816-1848* (Manchester, 1937).

③ "Natalie Herzen's Dream." quoted in Miller, *Russian Revolutionary Émigrés*, 222-224; Eleanor Flexner, *Century of Struggle: The Woman's Rights Movement in the United States* (Cambridge, Mass., 1959), 15, 71-77. 有两位俄国妇女在意大利社会主义运动中成为积极分子，参见 Claire La Vigna, *Anna Kuliscioff: From Russian Populism to Italian Socialism* (New York, 1991), and Angelica Balanbanoff, *My Life as a Rebel* (London, 1938).

德·弗兰齐斯卡·阿内克在美国创立了第一份妇女报,卡尔·舒尔茨成为美国内务部长。匈牙利的科苏特试图招集革命者在欧洲进一步展开斗争。其他的流亡家庭迁徙到了有宅基地的地方,但他们缺乏成功的经验。伦敦聚集了 4400 名流亡者。那些聚集在巴黎的流亡者在 1852 年的政变后不得不离开巴黎。这些能言善辩但组成成分十分复杂的改革者和革命者有各种各样的计划,但没有力量来实现这些计划。①

资产阶级的民主革命时代通过人口流动和革命进入了工人阶级的自发革命时期。1871 年巴黎公社失败,1878～1890 年德国社会主义运动遭到镇压,1905 年俄国的革命遭到镇压,它们造成了流亡,并在政治上激励了劳工的迁徙。在 19 世纪 90 年代,当一些"鼓吹行动者"搞政治暗杀时,所在国政府加强了对他们的约束。在俄国,发配到西伯利亚仍是一种对持不同政见者的惩罚方式(见第 11 章第 4 节)。1864 年之后,遭到流放的工会组织领导人和国际社会主义领导人,用工人阶级的国际主义代替了中产阶级的世界主义。有些人很快加入到所在国的工人运动当中,尤以美国为甚。其他人组织了有民族特色的工人运动,进而被同化,加入到主流的工人运动中去。19 世纪 70 年代后,政府和工人运动不得不应对国际劳工流动和将工人运动国际化的企图(见第 13 章第 2 节)。②

---

① James H. Billington, *Fire in the Minds of Men, Origins of the Revolutionary Faith* (New York, 1980).大多数文献和德意志的"四八志士"有关: Charlotte L. Brancaforte, *The German Forty-eighters in the United States* (New York, 1989); Bruce Levine, *The Spirit of 1848: German Immigrants, Labor Conflict, and the Coming of the Civil War* (Urbana, Ill., 1992); Herbert Reiter, *Politisches Asyl im 19. Jahrhundert: Die deutschen politischen Flüchtlige des Vormärz und der Revolution von 1848/ 49 in Europa und den USA* (Berlin, 1992); Carl Frederick Wittke, *Refugees of Revolution: The German Forty-eighters in America* (Philadelphia, 1952); A. E. Zucker, ed., *The Forty-eighters: Political Refugees of the German Revolution of 1848* (New York, 1950); Martin Henkel and Rolf Taubert, *Das Weib im Conflict mit den Socialen Verhältnissen: Mathilde Franziska Anneke und die erste deutsche Frauenzeitung* (Bochum, 1976).

② 对于移民和劳工的研究很多。欧洲劳工运动也是多族裔的,这一点得到了越来越多的确认。Dirk Hoerder, ed., *"Struggle a Hard Battle": Essays on Working-Class Immigrants* (Dekalb, Ill., 1986); Donna R. Gabaccia, *Militants and Migrants: Rural Sicilians Become American Workers* (New Brunswick, 1988).

第 12 章
俄国—西伯利亚的人口流动体系

作为 19 世纪三大人口流动体系之一，地处内陆的俄国人口流动体系在同中世纪的多重联系中出现了。在第一阶段，俄国通过波罗的海和相距遥远的斯堪的纳维亚保持联系，通过黑海和地中海地区保持联系。到 11 世纪，移民来的诺曼人形成了基辅统治集团，控制了俄国人、芬兰人、波罗的海各民族和土库曼人。拜占庭的希腊和犹太商人沿着第聂伯河来到基辅，俄国王子和公主来到君士坦丁堡，1472 年，伊凡三世和拜占庭的佐伊的婚姻将拜占庭的工匠和意大利的建筑师带到了莫斯科(见第 1 章第 3 节、第 2 章第 3 节)。多民族的帝国开始接受外来的精英，如鞑靼贵族，开始他们被派去负责军事等补充性工作，后来也从事管理和商业事务。

在第二个阶段，俄国的东北部地区得到开发，并和西欧建立了商业联系。俄国向西部的波罗的海沿岸开放了贸易“门户”，接纳了中欧的各民族定居者：同瑞典进行北方大战(1700～1721 年)的波兰人，操德语的波罗的海沿岸城市居民，1772～1795 年波兰分裂时期的波兰农民。俄国向南部扩张时和奥斯曼帝国发生了冲突，俄国接纳了大草原上的各民族；俄国获胜后，从德意志各国、保加利亚和波斯(见第 11 章第 3 节)招募了定居者，城市化的进程和大西洋世界类似(见第 11 章第 4 节)。

19 世纪开始的第三阶段人口流动——俄国—西伯利亚人口流动体系，以佩普西湖、斯摩棱斯克、第聂伯河和敖德萨这条可穿越的边界，和大西洋人口流动体系分割开来。殖民者、商人和技术人员越过此界向东，而犹太人和乌克兰人则向西离开俄国前往北美。在俄国国内，流动劳工涌向了四大工业中心：莫斯科、圣彼得堡、乌拉尔地区和顿河盆地。农村的流动人口则向南来到肥沃的平原，或向东前往西伯利亚的南缘。

1. 中亚各民族和向西伯利亚的扩张

当 16 世纪中期俄国开始征服西伯利亚时，葡萄牙正在渗透亚洲的贸易；此时，西班牙征服加勒比海地区已有半个世纪之久，而半个世纪后英国将开始在北美的殖民。西伯利亚的原著居民和北美的土著一样成为皮毛帝国的一部分(见第 8 章第 1 节)。俄国的猎人和圣劳伦斯河谷的法国猎人一样进入了皮毛供应地。农业定居活动发端于俄国中部附近的乌克兰,乌克兰当时被称为"新俄罗斯"。俄国的农业人口流动模式和北美类似。在北美,农业人口流动首先在"新英格兰"和"新法兰西"定居下来,他们对待阿勒格尼山以西和"大沙漠地区"的态度与俄国人对待西伯利亚的态度类似(见图 3-6)。

在高加索山区和从里海到满洲里的广阔中亚平原上,游牧民族的迁移仍在继续。在鞑靼人、希腊人、阿兰人、俄国人、保加利亚人、卡拉伊姆人、因奇人和钦察部落的土地上,人口在不断减少和不断补充,从中可以看出五个时期的种族进化和封建宗主情况:在第一个时期,从 11 世纪中叶到 13 世纪初,库曼—钦察部落确立了在草原的霸主地位;在第二个时期,从 13 世纪中叶到 15 世纪初,蒙古人确立了统治权;在第三个时期,中央集权的俄国和第聂伯河畔的哥萨克人开始崛起;17 世纪标志着第四个时期的开始,同波兰—立陶宛联邦的战争打断了早期定居活动;定居活动在奥斯曼帝国扩张到这一地区后得以恢复,这标志着第五个时期的开始。①

高加索人曾经是中世纪地中海奴隶贸易的受害者。在 13、14 世纪蒙古人统治时期,很多人皈依了逊尼派伊斯兰教,并接受了奥斯曼帝国的统治,在书面语言上采用了阿拉伯字母。② 在俄国的南部居住着哥萨克人、巴什基尔人、切尔卡西亚人、亚美利亚人、奥塞梯人、阿塞拜疆人和格鲁吉亚人。在反抗沙俄宗主统治失败后,土耳其人的一个分支巴什基尔人,像哥萨克人一样,做了开拓边疆的先锋。

从里海到蒙古草原的各民族仍旧保持迁徙状态。一支信奉藏传佛教的西部蒙古部落,卡尔梅克人,在 17 世纪 30 年代来到里海之滨;但是,在 18 世纪 70 年代,它的一个分支土尔扈特再次向东迁移到了准格尔盆地(在中国境内)。被汉语文献描述为红发白肤的吉尔吉斯人和蒙古人进行了融合,并接受了土耳其的文化。13 世纪时,他们中的很多人在阿拉木图定居下来,一些小的部落则在中国和阿富汗定居。在 17 世纪,他们中的一些人分离出来成为"哈萨克人"("分离

---

① Jerzy Wyrozumski, "La Géographie des migrations en Europe centrale et orientale du Moyen Age au début des temps modernes," in Simonetta Cavaciocchi, ed., *Le Migrazioni in Europa secc. XIII-XVIII* (Florence, 1994), 191-198; Michael Bibikov, Vladimir M. Kabuzan, and Vladisla D. Nazarov, "Ethno-Demographic Changes in the Region of Northern Pontos-Southern Russia-Ukraine," ibid., 271-297.

② 只是在苏联统治时期,西里尔字母代替了阿拉伯字母。

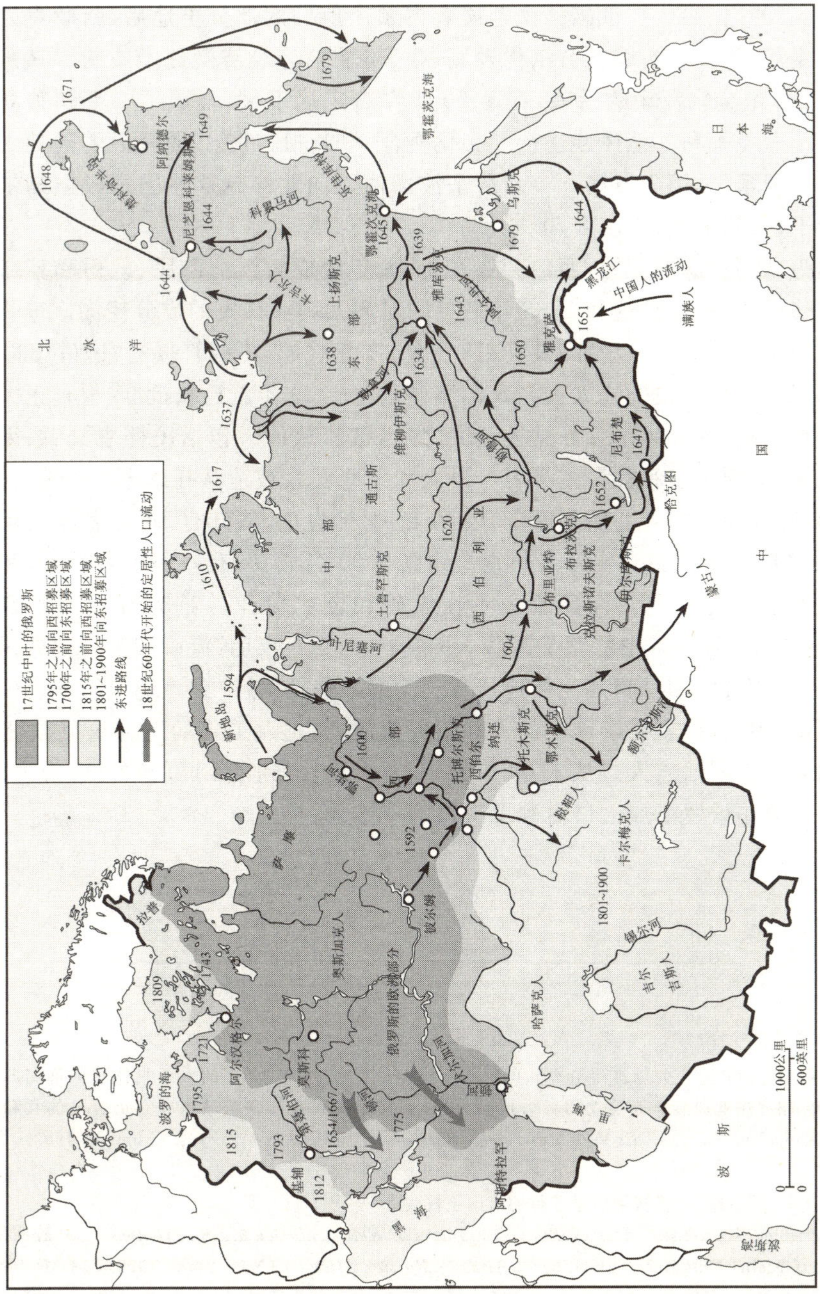

图3-6　16世纪到19世纪俄国的扩张

出来的人"的之意)。在俄国移民定居者占领了他们的部分土地后,哈萨克人的半游牧生活、族长—封建社会结构及马、牛、骆驼饲养经济受到了威胁。乌兹别克人,14 世纪金帐汗军的后人,在 1500 年左右定居下来,形成了一系列独立的国家。土库曼人和其他民族进行了文化融合。12～14 世纪,商队沿着丝绸之路经过这些国家(见第 1 章第 2 节),后来波斯商人向北穿越这些国家经撒马尔罕和塔什干,来到俄国(见图 3-7)。[①]

作为"罪犯"的发配地,西伯利亚在 1648 年后成为无业游民、乞丐和算命者被强制移民的目的地,这和 1788 年后英国对澳大利亚移民的成分相同。被驱逐至西伯利亚的阶层不断增加:妓女;18 世纪 60 年代起,不服管教的农奴;1800 年后连续三年交不起税的犹太人。政治流放虽在 1729 年就已获批准,但真正大规模的执行是在 1825 年十二月党人起义之后,被流放的人包括民粹主义者、无政府主义者、批判作家和社会主义者。男人和一些女人被迫从托木斯克迁移 1650 公里,来到贝加尔湖畔的伊尔库茨克:到 1891 年为止,估计有 10 万名波兰反叛者、5 万名俄国流放犯和 4 万名罪犯。约有 5000 名妇女,有些还带着孩子,和她们的丈夫被驱逐到此。许多流亡者在煤矿和金矿劳作。亚历山大·普希金(1799～1837 年)在诗中歌颂了这些人的精神。1900 年后,流放作为一种惩罚几乎停止了。在这一时期,其他被迫迁徙到此的人包括:被迫到该地区管理岗位工作的官员;懒汉、被剥夺继承权的人和债务流放者;逃避迫害的旧礼仪派教徒。[②]西伯利亚的俄罗斯族人口从 1700 年的 20 万人,提高到了 1800 年的 50 万人,但当地出生的非俄罗斯族人口占到总人口的一半。[③]

---

① 数十万哈萨克人为躲避沙皇军队的征兵而逃跑。在 1932 年,更多的人因集体化而逃离苏联。在 1917 年,很多中亚民族争取独立的努力遭到失败,有几个民族在苏联疆域内成立了自己的共和国。Andreas Kappeler, *Russland als Vielvölkerreich: Entstehung, Geschichte, Zerfall* (Munich, 1992), 108-121.

② 旧礼仪派教徒拒绝接受沙皇进行的俄国正教改革。

③ Elzbieta Kaczynska, *Das größte Gefängnis der Welt: Sibirien als Strafkolonie zur Zarenzeit* (Frankfurt/ Main, 1994); Martin Gilbert, *Atlas of Russian History* (New York, 1972), 54; Haim H. Ben-Sasson, ed., *A History of the Jewish People* (Hebrew orig., 1969; Cambridge, Mass., 1976), 475-476; Donald W. Treadgold, *The Great Siberian Migration: Government and Peasant in Resettlement from Emancipation to the First World War* (Princeton, 1957), 13-35.

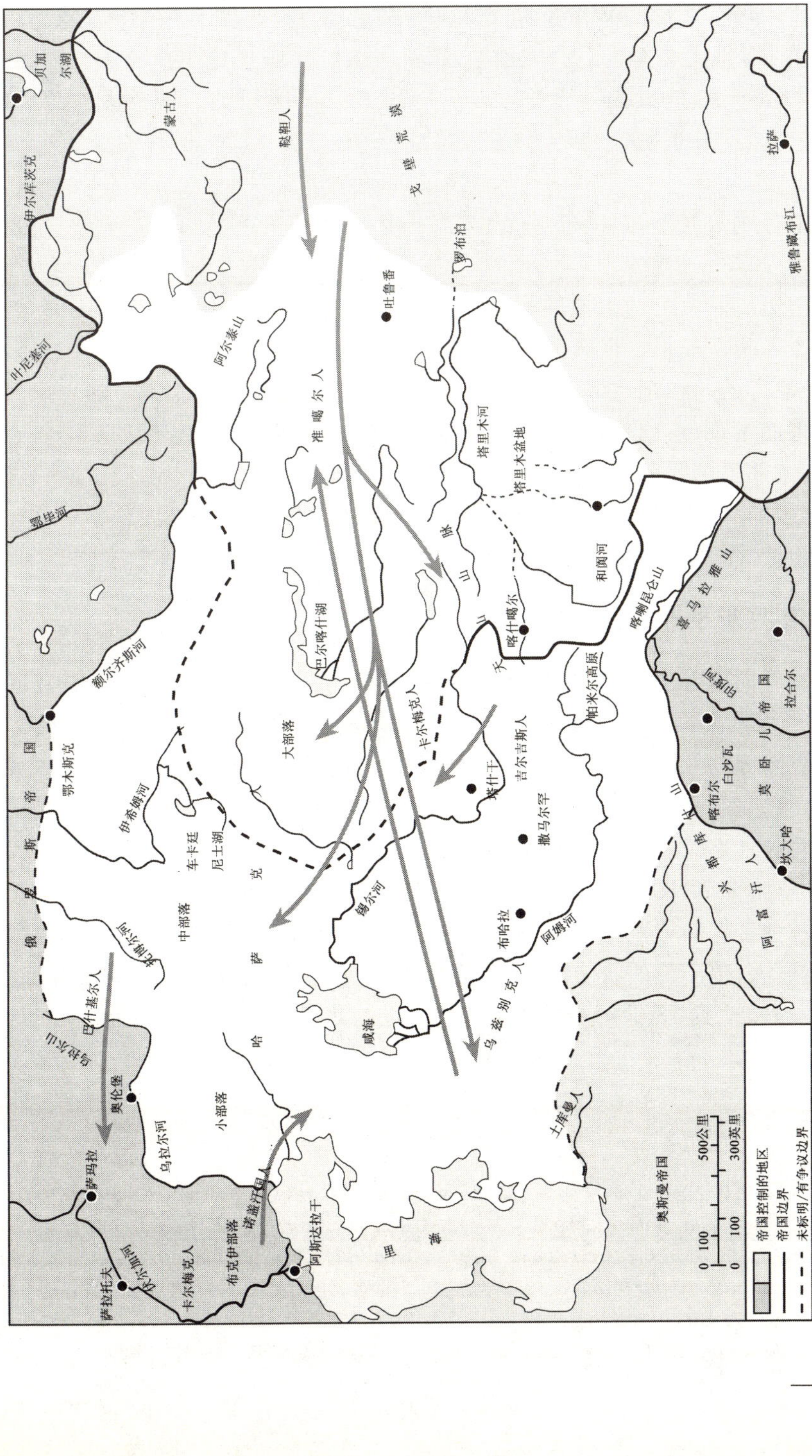

图3-7　16～18世纪中亚民族的人口流动

在18世纪，东部的非俄罗斯族人口从事皮毛供应、当兵或放牧等职业；在19世纪中叶，俄国在军事上和政治上兼并了这些民族，这些职业分工也消失了。到19世纪末，俄国成为一个多民族国家，其中俄罗斯族人口占到总人口的40%～44%，所有东斯拉夫人占人口总数的68%。

2. 1700～1861年的农村殖民和城市人口流动

俄国第二阶段的城市化进程和农业殖民，与欧洲其他地区发生的时间相同。扩张和改革是由彼得一世（1682～1725年在位）和叶卡捷琳娜二世（1762～1796年在位）取得的。在东北部，波罗的海移民系统（见第11章第3节）随着瑞典霸权的结束而中止，斯德哥尔摩、哥本哈根和圣彼得堡成为吸引移民的中心。在南部，俄国兼并了巴什基尔、吉尔吉斯和卡尔梅克的广大草原民族。在这一过程中，俄国版的“东方主义”（萨义德）炮制了异民族的形象，用来诋毁他们的文化和自决行为。[①]

南俄罗斯平原、乌拉尔山和顿河盆地

乌克兰向南部的人口流动曾一度因奥斯曼帝国的扩张而中止，在1550～1640年得以恢复，到1770年时流动人口已经抵达了黑海地区。乌克兰曾经是波兰—立陶宛的领土，但在1654年成为俄罗斯的领土。波兰—立陶宛的农民向南迁徙到乌克兰人居住的北部地区。因此，居住在加利西亚以及基辅到黑海沿线的波兰和乌克兰农民向东南迁徙，时间上紧随操德语的民族和佛兰德斯民族（见第1章第3节）向东的殖民。这一地区的城市，尤其是基辅，像地中海城市一样拥有各种各样的重商主义人口：来自诺夫哥罗德的商人，来自东部的犹太移民；鞑靼商人；数不清的希腊商人、工匠和神职人员；来自克里米亚的热那亚人；亚美尼亚人。[②] 到18世纪中叶为止，印度商人常到这一区域的商业中心，这一

---

① 关于西伯利亚的原住民，参见 Georges Dupeux, ed., *Les Migrations internationales de la fin du XVIIIe siècle à nos jours* (Paris, 1980), 199-202; Daniel R. Brower and Edward J. Lazzerini, eds., *Russia's Orient: Imperial Borderlands and Peoples, 1700-1917* (Bloomington, 1997).

② Kappeler, *Vielvölkerreich*, 58-59，乌克兰和苏联学者就该地区人口的族群背景而进行了史料编撰方面的辩论。W. Kubijowytsch [V. Kubiiovych], *Siedlungsgeschichte, Bevölkerungsverteilung und Bevölkerungsbewegung der Ukraine* (Ukrainian orig., Lvov, 1938; Berlin, 1943), 18-33.

行为得到了俄国政府鼓励,因为这样可以绕过奥斯曼和伊比利亚的中间人。①

像巴尔干半岛上的维也纳一样,俄国重视人口战略,军事需要和商业政策都导致国家支持的殖民活动。从17世纪70年代到18世纪初,估计有35万人从俄国中部迁徙到南部边缘,其中包括20万逃跑的农奴。像其他地方一样,专制的国家无法实施绝对的统治,因此,在事后俄国将擅自进行的人口流动活动合法化了。到18世纪40年代为止,前往巴什基尔和乌克兰(被称为"新俄罗斯")的移民占有大片土地,并可开采矿藏。到此时为止,"定居者被派到新的地区往往是由于那些地区需要人口,而不是定居者想要前往那里"(Bartlett)。俄国科学家米哈伊尔·罗蒙诺索夫(1711~1765年)建议鼓励单身和那些"破碎的家庭"从被战争破坏的西欧迁徙来此。②

从18世纪中叶开始,边疆定居者更多的是自愿前来的,包括逃亡的农奴、农民、地产所有者和罪犯。农奴成为人口流动的先驱有很多原因,比如重税、长期的兵役、对不同意见的镇压或新关税的增加。乌克兰由于定居者和劳动力短缺而不愿意拘捕和遣返逃亡者。与之类似,从吉尔吉斯斯坦逃出来的奴隶也不会被遣返,但是为了避免战争,农奴必须交纳一定的赔偿金。卡尔梅克人和其他亚洲人民皈依了正统的基督教,定居在伏尔加河畔的新城斯塔夫罗波尔。宗教信仰的改变也改变了他们的民族身份,根据当时的说法,"模糊了此前的民族差别"。通过塞族军事移民,不断变化的军事疆界由士兵—农民和他们的家庭负责守卫。从民族上看,这些移民成分复杂:"塞族人"指的是充当士兵的流动人口,正如"德国人"泛指居住在俄国城市的外国人。被驱逐的波兰士兵和开小差的普

① Inge Blank, "A Vast Migratory Experience: Eastern Europe in the Pre-and Post-Emancipation Era (1780-1914)," in Dirk Hoerder, Horst Rössler, and Inge Blank, eds., *Roots of the Transplanted*, 2 vols. (Boulder, 1994), 1: 201-251; Kappeler, *Vielvölkerreich*, 43-50, 57-98; Roger P. Bartlett, *Human Capital: The Settlement of Foregners in Russia, 1762-1804* (Cambridge, 1979), 6-8, 16-18, 25-26; Paul Bushkovitch, *The Merchants of Moscow, 1580-1680* (Cambridge, 1980), 30; Clifford M. Foust, *Muscovite and Mandarin: Russia's Trade with China and Its Setting, 1727-1805* (Chapel Hill, 1969); Erik Amburge, *Fremde und Einheimische im Wirtschafts-und Kulturleben des neuzeitlichen Rußland: Ausgewählte Aufsätze*, ed., Klaus Zernack (Wiesbaden, 1982); Stephen Frederic Dale, *Indian Merchants and Eurasian Trade, 1600-1750* (Cambridge, 1994), 78-127.

② Hans Auerbach, *Die Besiedlung der Südukraine in den Jahren 1774-1787* (Wiesbaden, 1965); Bartlett, *Human Capital*, quote on 13.

鲁士士兵开始耕种大草原上肥沃的土地。① 这些波兰士兵是来自新占领地区的战俘,而普鲁士士兵开小差的行为也受到了鼓励。

同顿河平原、乌拉尔地区的煤矿及其他新城镇的定居方式一样,农业人口的居住形式催生了多民族人口:黑山人、阿尔巴尼亚人、希腊人、亚美尼亚人、瓦拉几人、沙普洛格和顿河哥萨克人、犹太人、意大利人、俄国旧礼仪派教徒和吉卜赛人。最大的群体是乌克兰人。和大多数地方的情形一样,移民通过婚姻与当地人融合,移民之间也相互融合。由于奥斯曼帝国的衰落,俄国出于军事目的的人口迁徙减少;与哈布斯堡管理巴尔干半岛的定居者的方式类似,俄国"移民管理大臣"丈量土地,分配宅基地。政府虽然尊重半游牧民族的巴什基尔人的财产不受侵犯,但是和北美原住居民的情况类似,巴什基尔人的土地还是被新来者占有了。②

1762～1763 年后,俄国当局吸引了西欧和中欧的定居者,尤其是操德语的人口,前往第聂伯河和顿涅茨河之间的地区(见第 11 章第 2 节)。叶卡捷琳娜一世颁布的一项宅第法给予定居者下列权利:(1)宗教自由;(2)每个家庭 30～80 俄亩土地(80 俄亩合 315 英亩);(3)无息购买工具的贷款;(4)免除 10～30 年的农业税,在城镇中免 10 年税;(5)自治;(6)永久免服兵役。和奥伦堡州的分散居住相反,这些享有特权的外国定居者,包括瑞典人和犹太人③,被安置聚居在乌克兰南部伏尔加河沿岸的地区,以及东起基辅西至布格河的沃里尼亚地区。从德意志领土来了 1.1 万个家庭(4.16 万人)。因此,在俄国出现了许多文化上不同的操德语的殖民地。在宗教上有新教徒、天主教徒、门诺教徒,他们的地理分布从波罗的海德国城镇,经过沃里尼亚地区、乌克兰西南、克里米亚半岛和里海,

---

① 关于农民不满情绪研究的一项调查,参见 V. V. Mavrodin, "Soviet Historical Literature on the Peasant Wars in Russia during th e17th and 18th Centuries," *Soviet Studies in History* 1, 2 (fall 1962): 43-63. Barlett, *Human Capital*, quote on 11. Auerbach, *Südukraine*, 14-16; William McNeill, *Europe's Steppe Frontier, 1500-1800* (Chicago, 1964), 191.

② Auerbach, *Südukraine*, 21-54, 97-115; IU. M. Tarasov, *Russkaia krest'ianskaia kolonizatsiia Iuzhnogo Urala, vtoraia polovina XVIII-pervaia polovina XIX v.* [Russian peasant colonization of the southern Urals from 1750 to 1850] (Moscow, 1984); V. M. Kabuzan, *Izmeneniia v razmeshchenii naseleniia Rossii v XVIII-pervoi polovine XIX v* (Po materialam revizii) (Moscow, 1917); Bartlett, *Human Capital*, 8-13. Andreas Kappeler, *Rußlands erste Nationalitäten: Das Zarenreich und die Völker der Mittleren Wolga* vom 16. bis 19. Jahrhundert (Cologne, 1982).

③ 和犹太人作为城市流动人口的普遍现象相反,一些犹太人在他们获准拥有土地的地方,从事农业生产。

一直到史塔伏波(北高加索)和萨拉托夫周边的伏尔加地区。[①] 此外,从圣彼得堡经敖德萨到第比利斯的一些城市中,有商业和工匠阶层组成的德意志社区以及其他民族的城市移民(见图 3-8)。[②]

1762~1804 年,俄国实施了吸引外国定居者的政策,这一政策经过修订延续到了 19 世纪 30 年代。历史学家经常强调西方人在俄国农业改良方面的作用,但俄国当局增加了国内流动人口和斯拉夫流动人口的数量。从 18 世纪 40 年代到 70 年代,80 万男人、女人和孩子参加了国内向南的迁徙;1780~1850 年,又有 350 万人,主要是国家农奴,向南迁移。到 19 世纪中叶为止,这些家庭的人口自然增长率已经很高,支持了以市场为导向的农业经济,出口了大量的谷物。谷物出口开始是通过敖德萨港,后来经由向西的铁路网完成。[③]

人口流动和城市的发展

由于贵族对城市化和中产阶级政策的反对,城市化的历史并非一帆风顺。进入 15 世纪后,中产阶级对于贵族的抵抗随着汉萨同盟远程贸易的结束而减弱。沙皇迫使富裕的商人从诺夫哥罗德、帕斯科夫和斯摩棱斯克移居莫斯科,来提升莫斯科的相对地位。像外国商人一样,这些商人及其雇员居住在特定区域,这些区域的名字可以反映他们的来源。沙皇彼得一世和在俄的外国人社群建立密切的联系,加速了莫斯科发展。苏格兰移民帕特里克·戈登和来自日内瓦的说法语的瑞士人弗朗兹·洛夫特成为有影响的政治谋士。1702 年的一个宣言

---

① 伏尔加河流域的德意志人是 1917 年苏联建立后第一个获得自治的族群,他们获准自治的时间是 1918 年。当纳粹德国在 1941 年入侵苏联的时候,苏联当局担心伏尔加河的德裔搞破坏,于是把他们向东驱赶。

② 1897 年的人口统计显示有 180 万德裔。1910 年德裔居民有 240 万,包括门诺派教徒和操德语的犹太人。由于战争和对外人口流动,到 1926 年,德裔居民减至 120 万。Karl Stumpp, *Die Auswanderung aus Deutschland nach Rußland in den Jahren 1763 bis 1862* [Tübingen, n. d. (before 1972)], 11-108. Ingeborg Fleischhauer, *Die Deutschen im Zarenreich: Zwei Jahrhunderte deutsch-russischer Kulturgemeinschaft* (Stuttgart, 1986), and Fleischhauer and Hugo H. Jedig, eds., *Die Deutschen in der UdSSR in Geschichte und Gegenwart: Ein internationaler Beitrag zur deusch-sowjetischen Verständigun* (Baden-Baden, 1990); Fred C. Koch, *The Volga Gernans: In Russia and America, from 1763 to the Present* (University Park, Pa., 1977). 关于德意志人口流动的整体情况,参见 Klaus J. Bade, ed., *Deutsche im Ausland, Fremde in Deutschland: Migration in Geschichte und Gegenwart* (Munich, 1992), 29-134. Bartlett, *Human Capital*, Xii-Xiv, 28, 57, 108 passim; Gilbert, *Atlas of Russian History*, 39.

③ Blank, "A Vast Migratory Experience," 211-214; Lewis H. Siegelbaum, "The Odessa Grain Trade: A Case Study in Urban Growth and Development in Tsarist Russia," *Journal of European Economic History* 9, 1 (spring 1980): 113-151.

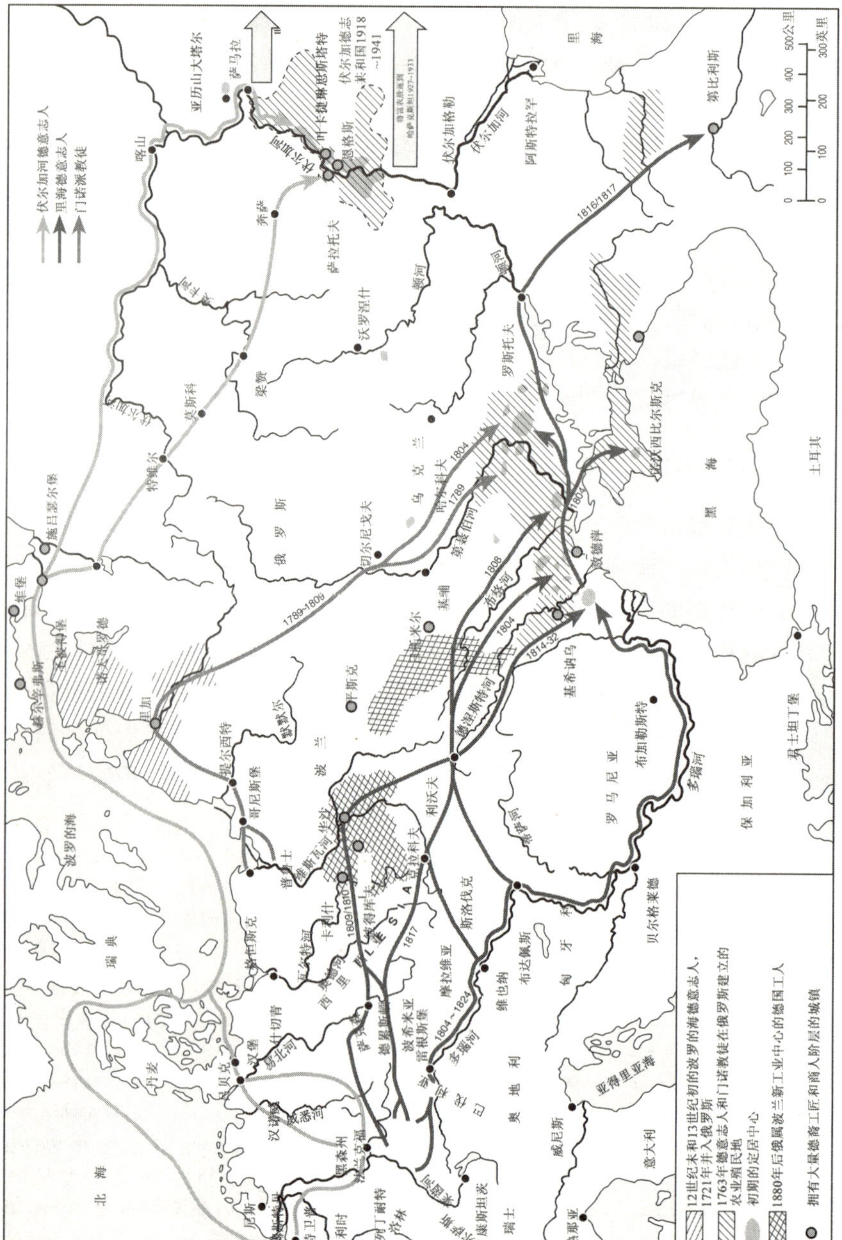

图3-8 1763~1914年德国移民在俄罗斯的分布状况和来源

强化了通过西方人获得资金、技术、商业经验、工艺技巧及兵役的做法。

很多城市的郊区人口密度高，生活条件差，居住着社会地位较低的永久性、多年性和季节性流动人口。在18世纪的莫斯科，寄宿者和农奴占到了20万人口的1/3。在冬季，人口的数量会翻倍，因为工人增加了，也因为地位比贵族稍低的绅士阶层带着他们的仆佣从乡间的别墅返回城内。在建成一个世纪后（见第11章第4节），圣彼得堡仍拥有大量的移民和暂住人口。回到农村的人口在同乡面前显得很文雅。前往城市的众多人口使得城市周边的妇女可以通过出租房屋获得额外的收入。在城内，很多妇女成为寄宿社的老板娘。[①]

新产业需要的普通工可从农奴中招收，这些农奴向主人交纳年金，因此得到主人的允许而出来工作（见下文）。这种做法在1724年被合法化，封建地主变得更像是劳工的老板，农奴制则像是美国的工业奴隶制。大多数流动农奴都和家乡保持联系，一些人成功地赎回了自己的自由，一些人则逃到了别的地方。在19世纪40年代，45万圣彼得堡居民中，这种劳动力就有15万。一旦工业需要培训和技术时，这些劳工作为廉价劳动力便失去了价值。人口流动的方式决定了家庭生活的有无。男性比例过大（性别比例为3∶1）和下层民众贫穷导致弃婴现象。1800～1850年，1/4～1/5的弃婴被放到了孤儿院。在1.4万名外国人当中（占人口的3.1%），性别比基本平衡。移民技术工人在自己独立的小企业里工作，种族不断融合。比如，在一套大房子里居住着一位亚美尼亚牧师、一个德国牧师和德、英、法的工匠。种族隔离的程度在圣彼得堡很低。[②]

1711年，俄国兼并了维堡、里加和塔林，这三座城市的人口包括波罗的海城市的德裔地产拥有者、波罗的海德意志贵族和斯拉夫—波罗的海—德意志农民。在文化上，这些群体保持完整，因为有关协议赋予了新教徒宗教自由，城市拥有自治权，并退还了瑞典占领期间没收的贵族财产。新的移民和居住时间较长的少数民族在俄国宫廷取得了影响力。一些人成为官员，另一些人则成为冒险

---

① Gilbert Rozman, *Urban Networks in Russia, 1750-1800, and Premodern Periodization* (Princeton, 1976), 59-61, 70, 113-116, 144-146; Arne Öhberg, "Russia and the World Market in the Seventeenth Century," *Scandinavian Economic History Review* 3 (1995): 123-162; Barbara Engel, "The Woman's Side: Male Outmigration and the Family Economy in Kostroma Province," in Ben Eklof and Stephen Frank, eds., *The World of the Russian Peasant: Post-Emancipation Culture and Society* (Boston, 1990), 71, 79, see also 172; Rose Glickman, "Peasant Women and Their Work," ibid., 54.

② James H. Bater, *St. Petersburg: Industrialization and Change* (London, 1976), 64-84.

家。[①] 在私人和国家领域,经济依靠外国人去承担从工匠到富有的企业家的一系列的责任。希腊和亚美尼亚移民来到这里,捷克技术工人和普鲁士工匠移民至此,荷兰和德意志北部地区的技术专家均在这儿找到了机会。城市官员研究了西欧统治者安置胡格诺派教徒的做法,但是没有执行由移民充当纺织工人的计划。

因为移民的下层阶级和中上层阶级无法安置到贵族农奴的二元社会结构中,又因为俄国贵族想自己投资而不愿意让外国资本家拿走利润,所以俄国当局和移民投资者之间的谈判耗时甚长,谈判形势微妙,有时吸引到的是冒险家而非商人。到18世纪中叶,政府开始在外国专家的帮助下,培训当地劳动力,改变俄国社会结构以减少对外来移民的需求。与此同时,俄国贵族开始了减少"德意志人"影响的斗争。"德意志人"泛指"外国人",包括居住了几个世纪的波罗的海德意志人和刚刚来到的各种外国人。但是德语至少在波罗的海城市仍然是通用语言。"外国人"的社会地位和经济作用同其他贵族社会中的商业上层移民和暂居者类似。进入19世纪时,大批法国逃亡贵族的来到、拿破仑战败后遗留下来的士兵和军官以及后来的人口流动,改变了用"德意志人"泛指外国人的做法。法国的文化影响了俄国的贵族宫廷。[②]

3.从农民到无产者:农奴解放后俄国工业化进程中的国内人口流动

19世纪俄国的欧洲部分正在经历工业化。1842年,英国解除了对纺织机器的出口,以自由的工资劳动力为基础的纺织业在刚刚兼并的波兰领土上,尤其是罗兹,迅速发展起来(见第11章第4节)。在1897年俄国第一次人口普查中,有10%的成年男性和不到5%的成年女性从事工业生产,他们充当铁路工人、工匠和仆人(约占9300万人口中的700万)。莫斯科省("中央工业区")、圣彼得堡省、拥有冶炼和矿山的顿河盆地南部四省、乌拉尔工业带吸了收国内大多数流动工人。1897年,流动人口占到莫斯科100万人口的74%,占到圣彼得堡125万

---

① Anders Henriksson, *The Tsar's Loyal Germans: The Riga German Community, Social Change and the Nationality Question, 1855-1905* (Boulder, 1983); Raimo Pullat, *Die Stadtbevölkerung Estlands im 18. Jahrhundert* (Mainz, 1997).

② Erik Amburger, *Die Anserbung ausländischer Fachkräfte für die Wirtschaft Rußlands vom 15. bis ins 19. Jahrhundert* (Wiesbaden, 1968); Hans Rothe, *Deutsche in Rußlands* (Vienna, 1996).

人口的70%(见图3-9)。[①]

其他44个省的流入人口均低于流出人口。由于语言差异和圣彼得堡北部省份人口稀少,波罗的海三省(后来还有爱沙尼亚和拉脱维亚)向外流动的人口较少。流动人口主要来自两个农业地区。北部的地区,由于土地贫瘠,农民通过在乡村作坊里劳动补贴农业收入的不足。南部地区土地肥沃、雨水充足。[②] 因此,这两个地区的劳工制度不同。在北部地区,免役租制度盛行,它将农奴的劳役货币化。农奴可以将销售农作物、乡村工业和外出打工的部分收入交给地主。一些地主甚至帮助农奴开办生意或在工厂附近寻找就业机会和住宿场所。乡村工业和外出务工提高了农奴的文化水平,并使农奴有了一定的积蓄。在南部的农业区,由于全年需要劳动力,农奴每周必须在地主的土地上劳动三天。国家农奴的情况和北部农业区农奴的情况相同。

俄国于1861年废除了农奴制,同美国废除奴隶制的时间(1863年)相差不多,但比普鲁士(1807年)和奥匈帝国(1848年)要晚。解放了的农奴必须向他们的主人割让土地或交付赔偿金,因此他们在经济上的独立性在一开始就打了折扣。俄国人口从1850年的6850万,增加到了1897年的1.26亿,几乎翻了一番,这使得土地短缺和现金危机更加严峻。而俄国家庭根据新的社会经济形势所作的家庭生育调整还要经过一代人才能显现出来。农村人口的相对过剩导致了人口流动,迁徙对于那些渴望工资收入的人来说,是一种自愿的行为(他们很自然地成为了无产者),但对于那些希望留在土地上的人来说,则是一种被迫的选择。像易北河以东的霍亨索伦王室控制的地区和哈布斯堡王朝的多瑙河畔的领土一样,俄国的社会经济发展以封建资本为特点,而西欧和北美则以资本主义资本为特点。[③] 这三个以封建—资本为特色的地区成为劳动力的提供地:以国内人口流动的方式向俄国工业提供劳动力,以季节性人口流动的形式向德意志的工农业提供劳动力,以向外国移民的方式为欧洲其他地区和北美的经济部门提供劳动力(见第13章)。[④]

---

① Barbara A. Anderson, *Internal Migration during Modernization in Late Nineteenth-Century Russia* (Princeton, 1980), 93.

② 最南部地区(即亚速海北面的那些地区)拥有肥沃的土地,但气候干旱。

③ 在俄国和奥匈帝国,中型农业田产的巩固降低了小土地持有者获得土地的机会,同时增加了对季节性日工的需求,这些劳工的年收入不足以维持其最基本的生存需求。

④ Peter Kolchin, *Unfree Labor: American Slavery and Russian Serfdom* (Cambridge, Mass., 1987); David A. J. Macey, *Government and Peasant in Russia, 1861-1906: The Prehistory of the Stolypin Reforms* (DeKalb, Ill, 1987).

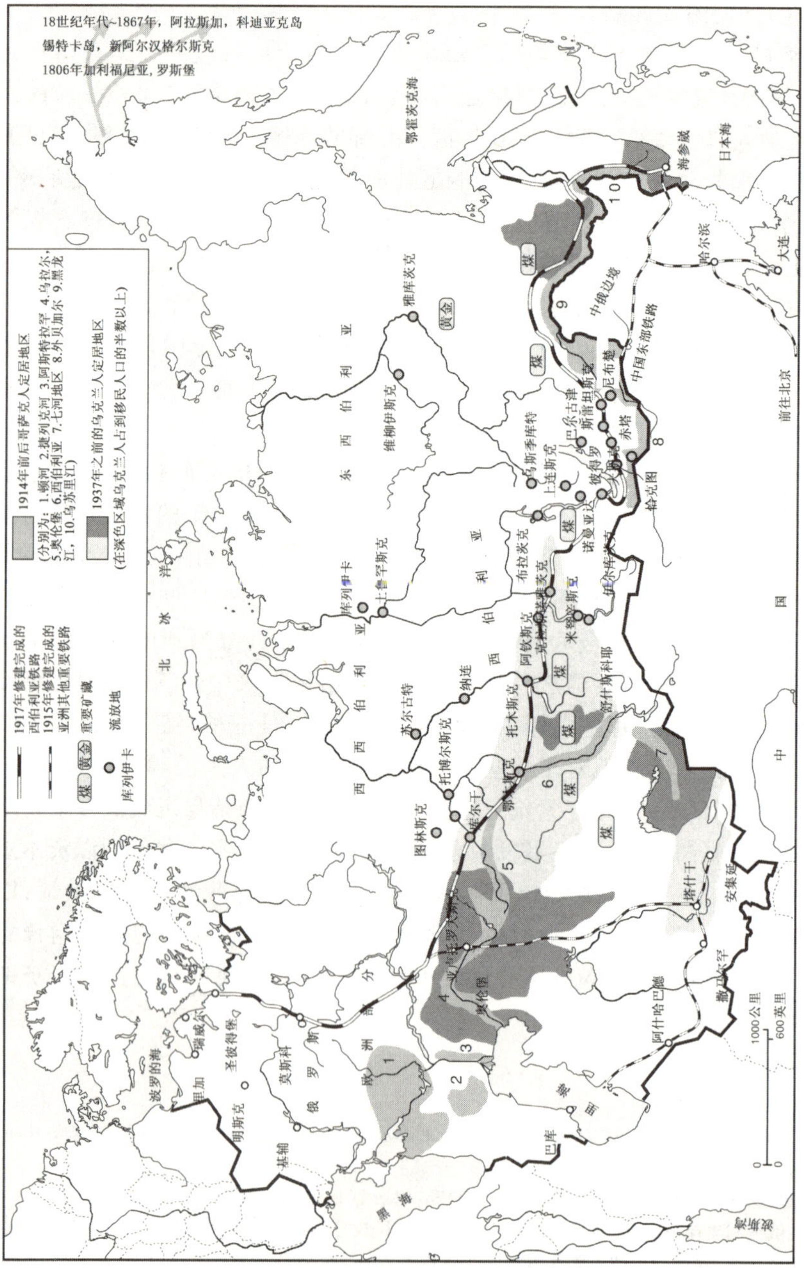

图3-9　19世纪的西伯利亚、俄国远东地区和阿拉斯加

兵役引发的强迫性人口流动仍在继续：帝国的士兵要在军中服役25年，以至于他们的家人往往认为他们失踪了。1874年，服役期减为6年。30多年以后，服役年限降为了3年。服兵役同劳工流动有相似之处：军队将农村来的士兵城市化了；军官将士兵出租去从事有偿工作——这往往是强迫性质的——或让士兵为他们干杂活；不值班的士兵也可以出力干活捞些外快；士兵回家探亲类似于外出的劳动力返回家乡。但是，由于每个家庭往往是把最差的劳动力送去参军，所以他们返回农村时的影响力要比其他外出劳动力小。[①]

农民的解放并没有使他们在现代意义上获得"独立"。每个村社以集体的形式掌控着土地，每年将土地在男性成员中重新分配。农奴解放后，村社以集体的形式负责缴纳税收和补偿原先的地主。[②] 外出务工人员仍然是村社的成员，村社以许可证的形式管理季节性的或常年性的外出务工行为；村社要求他们交纳税额，并且在春播秋收时回村劳动。季节性劳工在冬季返回农村度日，在就业机会缺乏时也会返回农村。后来，放弃土地所有权的村社成员可以永久性地离开农村，但是由于缺乏社会保障体系，很少有人这么做。农奴解放后的10年间(1861～1870年)，村社共发放1300万份许可证，其中99.6%是一年期或不足一年期。在第二个10年中，许可证的发放增至原先的3倍。1891～1900年的10年间，村社发放许可证7100万份；尽管常年期许可证只占到总数的2.6%，但其数量是原先的15倍。由于季节性许可证费用低并可续办，这些许可证的数量并不能充分反映劳工在城市里的实际时间。[③]

1897年，有940万男劳动力和女劳动力(分别占各自人口的11.7%和8%)没有居住在他们出生的省份。这些数字并不能反映整体的人口流动情况：有人会多次流动，有人在人口统计时返回了居住地，有人移民国外。人口稠密的莫斯

---

① John Bushnell, "Peasants in Uniform: The Tsarist Army as a Peasant Society," in Eklof and Frank, *Russian Peasant*, 101-114.

② 在西部边境地区，俄国的波兰部分和波罗的海诸省，像在霍亨索伦和哈布斯堡帝国那样，补偿和税收都被分配给了个人。

③ Blank, "A Vast Migratory Experience," 225; Boris Mirinov, "The Russian Peasant Commune after the Reforms of the 1860s," in Eklof and Frank, *Russian Peasant*, 7-44; Ben Eklof, "Ways of Seeing: Recent Anglo-American Studies of the Russian Peasant (1861-1914)," *Jahrbücher für Geschichte Osteuropas*, n. s., 36 (1988): 57-79. 经典的研究是 Jerome Blum, *Lord and Peasant in Russia: From the Ninth to the Nineteenth Century* (Princeton, 1961), esp. 277-620; Robert Eugene Johnson, *Peasant and Proletarian: The Working Class of Moscow in the Late Nineteenth Century* (New Brunswick, 1979), 42-50; Jeffrey Burds, *Peasant Dreams and Market Politics: Labor Migration and the Russian Village, 1861-1905* (Pittsburgh, 1998).

科和圣彼得堡两地存在城乡间的人口流动,俄国的欧洲部分的省份之间也有人口流动。为了分散收入不足带来的风险,很多家庭沿用了世界范围内普遍采用的男女分工方式:男子在外从事工资劳动,女子在家务农。[①] 农奴解放后,外出务工仍然同土地的肥沃程度,即劳动作息制度、劳动形式和对待传统农村生活方式的态度有关。[②]

大量的临时性外出务工影响了家庭关系、农民意识、工人意识、性别意识以及城市男性暂居者的组织形式。年轻男子只有结婚之后才能得到外出务工的许可,因为他的父母和长辈想通过感情的纽带将男性的工作能力和社区联系在一起。在顿河、顿涅茨河平原以及乌拉尔地区的农村或矿山,男人和女人会一起外出务工,但由于劳动力市场的性别要求使得超过 80% 的男性无法和家人生活在一起。一位作者说,留下来的女性像"孤儿"一样。[③] 大多数农业家庭无法承受或不想完全放弃农业……因此,大多数家庭以某种方式让妇女继续从事农业工作……妇女不仅耕地、种植、犁地、收割草料和谷物,而且承担了其他男性的社会责任(1912 年科斯特罗马省地方自治组织的报告)。[④] 研究表明,在波兰、斯洛伐克、克罗地亚—斯洛文尼亚,那些由于丈夫进城或赴北美务工而被留在家乡的妇女,不仅要承担以往两倍的劳动,而且受到家族成员(往往是男性长者)的干涉而无法获得家庭和农场经济上的独立。这些两地分居家庭的孩子往往很难看到自

---

① Franco Ramella, "Between Village and Job Abroad: Italian Migrants in France and Switzerland," in Hoerder, Rössler, and Blank, *Roots of the Transplanted*, 2: 271-288; Engel, "The Woman's Side," 66-70; Douglas S. Massey and Kristin E. Espinosa, "What's Driving Mexico-U. S. Migration? A Theoretical, Empirical, and Policy Analysis," unpublished paper, Sept. 1995.

② Anderson, *Internal Migration*, 3-89; Blank, "A Vast Migratory Experience," 210-251; J. W. Leasure and R. A. Lewis, "Internal Migration in Russia in the Late Nineteenth Century," *Slavic Review* 27 (1968): 379-394; I. D. Koval'chenko and N. B. Selunska, "Labor Rental in the Manorial Economy of European Russia at the End of the 19th Century and the Beginning of the 20th," *Explorations in Economic History* 18 (1981): 1-20.

③ Engel, "The Woman's Side," quote on 69; Robert E. Johnson, "Peasant and Proletariat: Migration, Family Patterns, and Regional Loyalties," in Eklof and Frank, *Russian Peasant*, 81-100, and Johnson, "Family Relations and the Rural-Urban Nexus: Patterns in the Hinterland of Moscow, 1880-1900," in David L. Ransel, ed., *The Family in Imperial Russia: New Lines of Historical Research* (Urbana, 1978), 263-279.

④ 引自 Glickman, "Peasant Women and Their Work," 45-46, 49。Glickman 还援引 D. N. Zhbankov (Kostroma, 1891)的话:"当地较为强壮农民(男性)已经由于需求而被从这里赶走,我们发现自己处在了一个女战士的神话王国之中。"另一方面,Steven L. Hoch 为俄国农业中存在的夫妻组合进行了强有力的辩论,参见他的"Serf Diet in Nineteenth-Century Russia," *Agricultural History* 56 (1982): 319-414.

己的父亲。去城市看望丈夫的妇女可以看到城市的生活和城市工人阶级的生活状况，后者对她们没有吸引力。当妇女外出务工时，她们能较快地融入城市生活并且晚婚，这同外出男性所代表的农村文化和早婚形成了鲜明对比。特别是农村的单身或丧夫的年长妇女会由于经济压力而到城市寻找工作。①

像 15 世纪的北京和热那亚的进城务工人员一样，或像 20 世纪蒙特利尔和内罗毕的新移民一样，欧洲进城的农民以老乡为纽带居住在相邻的地区。邻居之间相互支持，相同的日常生活习惯和节日传统有助于对城市生活和工厂工作的适应。外来务工者在工厂之外的日常生活中结成合作社，男人们一起做饭或雇一名妇女做饭，而且选举一名领袖来调解他们的事情。一些人还以集体的方式寻找工作，男人们在寻找工作中往往接受同乡或合作社成员给他们的指点。流动人口工作的高度不稳定性和来源地的复杂性对社区支持提出了要求。1882 年，莫斯科的居民中有 13％是前一年来到的，像农村的公社一样，城市的合作社既具有民主机制，也具有约束的机制。②

新到城市的人在心态上经历了几个阶段的变化，无产阶级的出现经过几代人的时间。农奴和解放了的农民率先成为季节性劳工。随着他们在工厂时间的增加，他们成为仍对土地有依附关系的农民—工人；当这种依附关系不紧密时，他们成为工人—农民；他们的子女有可能会成为真正的城市无产阶级。然后，由于农村公社和父母两地生活的存在，这些孩子通常在农村长大，远离工业城市的无产阶级环境。因此，无论在俄国、北美，还是西欧，农村长大的一代人一次次地重复这个周期：每代工人都需要经过重新社会化才能融入城市生活。没有返回农村的外出务工人员提高了技术并形成了无产者的心态。新到达的劳工加入了无产者阶层，他们及其子女可以进入技术行业，这种情况一直持续到泰勒的科学

① Olga Supek and Jasna Capo, "Effects of Emigration on a Rural Society: Demography, Family Structure and Gender Relations in Croatia," in Hoerder, Rössler, and Blank, *Roots of the Transplanted*, 1: 311-340; Danica Simová, Eva Fordinálová, and Anna Stvrtecká, "From Husband's Housechold to National Activity: The Ambivalent Position of Slovak Women," ibid., 341-358; Mary E. Cygan, "Polish Women and Emigrant Husbands," ibid., 359-374. Johnson, "Peasant and Proletariat," 84-86.

② Robert E. Johnson, "Peasant Migration and the Russian Working Class: Moscow at the End of the Nineteenth Century," *Slavic Review* 35 (1976): 657; Leasure and Lewis, "Internal Migration," 379-394. 关于俄国工人阶级形成的研究不计其数；参见 Ronald G. Suny 写的评论文章"Russian Labor and Its Historians in the West," *International Labor and Working Class History* 22 (1982): 39-53, 和 Michael Richards and Michael B. Share 写的评论文章"Review Essay: The Making and Remaking of the Russian Working Class, 1870-1917," *Journal of Social History* 21 (1988): 781-792.

管理制度和机器大生产减少了对技术工人的需求。[①]

外来劳工组成的城市工人阶级的生活条件往往很差。"(莫斯科的)工人们的生活条件难以想象:肮脏、恶臭、令人窒息的热……他们挤在一起睡觉,不分男女和老幼。空气中充斥着各种脏话。"[②]对 19 世纪 90 年代纽约和柏林的描述也大致如此;无论在哪个城市或大洲,当时的照片和蚀刻反映的情况都很相似。尽管通过外出务工,人们挣到了工资,降低了农村收获季节到来前的生存危机,增加了独立性,但外出务工也意味着生活条件的降低,尤其是卫生条件的恶化。

4. 19 世纪的西伯利亚边疆和中国的蒙古

尽管强制性的和被迫的迁徙仍在继续,但从 17 世纪开始,大多数流动人口自愿作为农民来到西伯利亚,寻找可无偿获得的土地,摆脱奴役和政府的规定。[③] 尽管流动人口来源地的官员和贵族抱怨劳动力短缺、兵源不足,但西伯利亚行政当局和俄国南部的同僚们一样,不愿意抓捕和遣返移民。没有任何政策能阻挡迁徙,沙皇的法令也日趋接受这一持续的"自愿的"迁徙,1822 年后,甚至国家农奴的流动也被接受。官方政策无法约束人们的创业热情。农民的利益证明比贵族自私自利的规定更为强大。在迁徙之前,流动人口会结成组织,并派前哨去寻找安身之所,探察目的地条件。哥萨克人也再次迁徙,来到西伯利亚定居。[④]

在 19 世纪 30 年代,俄国国土管理部长基谢廖夫伯爵号召制定稳定的人口流动政策,命令进行土地测量,提出分配给每个家庭的男性核心劳动力足够的土

① Victoria E. Bonnell, *Roots of Rebellion: Workers' Politics and Organizations in St. Petersburg and Moscow, 1900-1914* (Berkeley, 1983); and Bonnell, ed., *The Russian Worker: Life and Labor under the Tsarist Regime* (Berkeley, 1983); Joseph Bradley, *Muzhik and Muscovite: Urbanization in Late Imperial Russia* (Berkeley, 1985); Rose L. Glickman, *Russian Factory Women: Workplace and Society, 1880-1914* (Berkeley, 1984); Johnson, *Peasant and Proletarian*; Reginald E. Zelnik, *Labor and Society in Tsarist Russia: The Factory Workers of St. Petersburg 1855-1870* (Stanford, 1971), and Zelnik, ed., *A Radical Worker in Tsarist Russia: The Autobiography of Semën Ivanovich Kanatchikov* (Stanford, 1986); Burds, *Peasant Dreams and Market Politics*. 参见这些出版物的俄文参考书目。

② 引自 Bradley, *Muzhik and Muscovite*, 206.

③ Mark Bassin 讨论了和地理术语"西伯利亚"有关的形象,参见他的"Inventing Siberia: Visions of the Russian East in the Early Nineteenth Century," *American History Review* 96 (1991): 763-794.

④ Treadgold, *Great Siberian Migration*, 23-26; John J. Stephan, *The Russian Far East: A History* (Stanford, 1995); Philip Longworth, *The Cossacks* (London, 1969), 243-276; François Xavier Coquin, *La Sibérie: Peuplement et immigration paysanne au XIXe siècle* (Paris, 1969).

地。1835 年，得知农民不满情绪的管理者建议接受 100 万农民，但贵族和保守的官僚因害怕社会秩序被扰乱，阻挠了这一政策的制定。[①] 1801～1850 年，包括流亡者在内，大约有 37.5 万名移民来到西伯利亚定居，平均每年有 7500 人。此外，俄中部和东南部的国家农民重新定居到西西伯利亚，他们的定居速度快于土地测量的进展速度，而且新来者的高出生率加速了人口的增长。[②]

1861 年之后，农民家庭以更大的规模向西伯利亚南部和里海周边地区流动；边疆地区的矿山从 19 世纪 80 年代起成为吸引农民的一大动力，这种情况同加拿大西部类似。尽管在 19 世纪 80 年代，横贯俄国东西的铁路加速了人口流动，但 1861 年之后的迁徙自由是导致大规模人口向边疆流动的主要原因。美国和沙俄有很多共同之处。[③] 美国的大荒漠被认为是不适合人类生活的，而一句俄国的谚语说“人在西伯利亚也可生存”。美国和加拿大政府分别在 1862 年和 1872 年通过《宅第法》鼓励人口流动，这类似于 18 世纪中叶俄国监护官的政策和 1906～1911 年 P. A. 斯托雷平的政策。移民们在前人开拓的据点定居下来，建立了比家乡更为平等和充满活力的社会体制。在美国摩门教徒向西逃亡，在俄国旧礼仪派教徒向东迁徙，加拿大则接收了俄国的杜科波尔派和门诺派教徒。然而在向西伯利亚迁徙的人中绝大多数是以家庭的形式或政治流亡的形式进行的，这是因为受过良好教育和有责任心的人们为农村和乡镇提供了教师和护士，他们走在了国家行动的前面。[④]

1880～1914 年的几十年中，大约有 2000 万人从欧洲迁往北美；在俄国—西伯利亚体系内，到 20 世纪 20 年代为止，有 1000 万人向东或向南迁徙。1851～1890，迁徙到西伯利亚的平均人数从 1.9 万增长到 4.2 万，到了 1914 年，自由迁

---

① 农民将获得 15 英亩的土地。这又一次证明了和北美洲的可比性：在 19 世纪 60 年代后半期，“40 英亩土地和一头骡子”意味着给获得自由的黑人家庭提供了经济上的独立。

② V.-K. Iatsounski, “Le rôle des migrations et de l'accroissement naturel dans la colonisation des nouvelle régions de la Russie,” *Annales de Démographie historique*, 1970, 302-308.

③ Treadgold, *Great Siberian Migration*, 3-9, 13-14. Treadgold 将西伯利亚的人口流动作为一种比较性的冒险事业开始进行研究，但他将研究局限在了俄国开拓的范围之内。不幸的是几乎没有任何比较研究得以进行，因而得出了其中一国的历史属于例外论的错误观念。一战前的一代历史学家对这些相似之处再熟悉不过了，但这些相似点被 1917～1989 年东西方之间不可逾越的鸿沟的意识形态下教育出来的历史学家忘记了。McNeill 的 *Europe's Steppe Frontier* 提供了比较性的研究。

④ Harmon Tupper, *To the Great Ocean: Siberia and the Trans-Siberian Railway* (Boston, 1965); George Alexander Lensen, ed., *Russia's Eastward Expansion* (Englewood Cliffs, N. J., 1964); Bassin, “Inventing Siberia,” 763; Macey, *Government and Peasant*, 20-21, 33-34 passim; Dirk Hoerdet, “The World on the Move,” in Helen H. Tanner et al., eds., *The Setting of North America: The Atlas of the Great Migrations into North America from the Ice Age to the Present* (New York, 1995), 112-113.

徙的人数是原先的 4 倍还多。1900 年后,逃亡者仅占迁徙人口的1.7%。1851～1890 年,有 110 万人来到西伯利亚;1891～1914 年,有 420 万,此外还有 70 万没有登记的迁徙人口。因此,1851～1914 年,共有约 600 万人来到西伯利亚。1911 年,西伯利亚 940 万的总人口中原住居民仅占 10%。移民和他们的后代主要由俄罗斯人、乌克兰人和立陶宛人构成。在乌克兰人迁往西伯利亚和加拿大的同时,俄罗斯人也向乌克兰城市迁徙。白俄罗斯人进行迁徙的人数较少。[①] 与加拿大的情形一样,西伯利亚北部地区不适合人类居住,移民居住在西西伯利亚和中西伯利亚的宽约 600 公里的狭长地带。对于居住在里海周边、咸海周边和哈萨克斯坦的 400 万移民来说,定居相对容易。[②]

在中亚和东亚,自 17 世纪中叶商人和探险家在黑龙江(俄国称"阿穆尔河")相会后,中国和俄国就因边境问题进行了战争或谈判。中国的流动劳工和小商人来自中国的北部招募区,这一区域不受西方列强的控制。中俄两国的定居者散居在不同的村庄。中国政府在 1858 年降低人口流动限制后,约有 20 万中国人进入俄远东地区,他们多数是暂居者。到 1910 年,约有 10 万中国人居住在那里,其中包括一些技术工人和城市手工业者。黑龙江河成为贸易通道,很多中国无技术的工人参与了横贯西伯利亚铁路的修建。建设者中有 25%是外国人,中国无技术工人同德国和意大利的技术工并肩工作。中国的商人和工匠迁往符拉迪沃斯托克,哈巴罗夫斯克的人口中有 1/3 是中国人。他们在头人的领导下组成自治行会。1900 年,在阿穆尔河的金矿中工作的人中有 15%是来自中国的合同工,1915 年这一比例达 76%。像加利福尼亚州使用的混杂英语一样,俄中混杂语成为通用语。中国人遭到歧视和种族主义待遇。但中俄通婚很普遍。中国人不能登记土地,也不能立桩表明土地所有权;中国工人的工资很低,而且还常被承包人克扣。一些朝鲜人和日本人加入到农业定居者和劳工队伍中。具有白人意识的俄国管理当局试图对"黄祸"进行限制。但是该地区在经济上不得不依靠移民。俄国远东地区,当时包括阿拉斯加在内,成为欧亚混血民族和太平洋沿

① Kubijowytsch (Kubiiovych), *Siedlungsgeschichtd*, 62-65. 人口流动恢复之后,在 1926 年有 23%的西伯利亚居民并非本地出生。Treadgold, *Great Siberian Migration*, 32-33, tables 1 and 2, 107-225.

② 吉尔吉斯的草原在 19 世纪 60 年代被征服。整个跨里海地区在 1881 年被兼并。George Demko, *The Russian Colonization of Kazakhstan 1896-1916* (Bloomington, 1969); Anderson, *Internal Migration*, 121-153. 在 20 世纪 30 年代,这些领土将会吸引灌溉和棉花种植专家来到。

岸民族人民的混居区。[①]（见图 3-9、图 3-10）

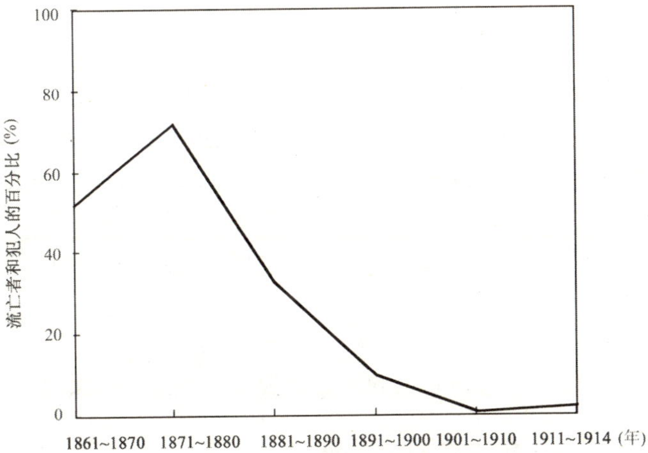

图3-10 1887～1910年向俄国亚洲部分的人口流动；
1861～1914年流亡者和犯人所占百分比的情况

俄国在西伯利亚殖民的同时，中国汉人于 17 世纪开始向内蒙古流动，19 世纪中叶时人口流动加强。中国皇家对部落酋长制度的改变、喇嘛教的引入和每年部落酋长或王子在北京居住一段时间的规定都削弱了游牧民族的力量。[②] 在蒙古人缓慢的退却过程中，有些群体留了下来，采纳了汉人的生活方式和汉语的方言。另有一些蒙古人进入汉人城市，他们中的女人同汉人结婚。在城市之外，季节性流动的汉族商人经常同蒙古女人同居。在其他地方，比如在中国西北部地区，汉人同化并融入了蒙古社会。在定居点附近居住的商人设法弄到土地，并将其卖给新来的农业移民。因此，游牧的蒙古人进一步流动到更远的地方。商业和运输贸易掌握在当地的穆斯林手中。由于旅途遥远，备有卧具的车辆为日夜兼程的富有商人提供了住所。商人、小贩、工匠几乎都是河北人，他们和来自山东的定居者和收获季节性帮工在语言和民族成分上都不同。在察哈尔之类的城镇，蒙古帐篷和蒙古包同汉人的房屋混杂在一起，汉人和蒙古人在村庄中分开居住。[③]

① Stephan, *The Russian Far East*, 71-80; Lewis H. Siegelbaum, "Another 'Yellow Peril': Chinese Migrants in the Russian Far East and Russian Reaction before 1917," *Modern Asian Studies* 12 (1978): 307-330。更多的文献，参见第 17 章第 1 节。

② 像每个地方的边境地区一样，因为远离权力中心，蒙古地区曾经是中国土匪、溃败的军队和遣散的士兵避难的地方。

③ 关于 20 世纪中国内地向蒙古以及中国东北地区的人口流动，参见第 17 章第 1 节。

5.1914年前离开俄罗斯—西伯利亚的体系的人口流动

除向西伯利亚人口流动和俄国欧洲部分的内部人口流动之外,另一路人口流动使犹太人、波兰人和波罗的海沿岸民族向西进入了跨大西洋体系。犹太人和波兰人占到俄国向北美移民的68%,其他移民包括白俄罗斯人和乌克兰人(11%)、立陶宛人(9%)、芬兰人(7%)、丧失特权的俄裔德国人和门诺派教徒(5%)。俄国的激进人士逃往法国、英格兰、德国和瑞士,妇女们离开俄国去寻找高等教育机会。1830~1860年,仅有约3万沙俄的臣民离开俄国,脱离俄罗斯—西伯利亚迁人口流动体系。1860~1914年,又有450万人离开俄国。同劳工移民和犹太人逃亡相比,由政治和教育引起的人口流动数量较小。[①]

波兰反叛、俄国革命党和女学生

18世纪末,波兰的改革者仿照法国的革命者俱乐部建立了自己的组织,讨论刚刚通过的《美国宪法》。1791年当革命者宣布其《宪法》后,俄国在波兰部分贵族的支持下,伙同霍亨索伦和哈布斯堡帝国,于1795年进行干涉,第三次也是最后一次瓜分了波兰。作为知识分子阶层的波兰军官逃亡国外,把希望寄托在拿破仑的身上。这位皇帝在意大利北部依赖于一支波兰军团,但后来将这支部队派往海地去镇压"奴隶起义",该波兰军团的大多数将士战死在那儿。大约10万波兰人参加了拿破仑向莫斯科的进军。至此,士兵流动时期结束。

根据维也纳会议1815年颁布的命令,波兰农民没有获得他们的土地所有权——这导致了后来大规模的人口外迁。最初,被征服的波兰举行了三次叛乱,但都以失败告终:1830~1831年在华沙,1846年在克拉科夫,1863~1864年在俄国控制下的波兰。俄国政府将北部的反叛者发配到西伯利亚,1830年后开始执行俄罗斯化政策。大约七八千难民前往巴黎,此后的几十年中,"大迁徙"成为英法两国波兰政治运动的主题。起义之后,由于高等学校被取消,维尔纽斯等城市丧失了他们作为民族文化和民族觉悟中心的影响力。年轻人不得不去欧洲其他地方的大学,波兰的地下组织也只得依靠流亡文学和小册子宣传自己的政

① Ralph Melvelle, "Zwischen definitiver Emigration und granzüberschreitender Migration auf Zeit: Die jüdische, polnische und russische Auswanderung aus dem zaristischen Rußland 1816-1914," *Studia Historiae Oeconomicae* [Poznań] 18 (1985): 79-90.

治主张。[①]

流亡是波兰浪漫主义的独有特点。同保王派贵族完全不同,波兰的左翼主要由知识分子阶层、贫穷的绅士、下层军官和未委任军官构成。非贵族化的革命民主人士在民族运动中发挥了前所未有的重要作用,他们受到了德国乌托邦社会主义和马志尼的意大利国家理念的影响,倡导"波兰人民公社"。其他人,像诗人亚当·密茨凯维奇在《波兰巡礼》(1832年)中那样,哀叹流亡者在巴黎所面临的法国资产阶级生活环境——人们"对金钱之外的所有事物都已麻木"。这种对物质主义的担心得到了大西洋两岸的很多民族的流动人口的响应。流亡的波兰人成为19世纪末波兰流动劳工组织的核心力量。这些流亡者的后人担当了1918年后从德国迁往法国的波兰矿工的领袖。[②]

很多俄国改革者和革命者也前往西欧。1825年,尼古拉·屠格涅夫被当局宣布为第一个"流亡者"之后,难民"以流亡社会的形式组成一个国外的俄罗斯……(它)表达成千上万人的梦想:将来终有一天,沙皇的独裁统治将被废除,代之以一个更为仁爱的统治体系"[③]。著名的流亡人士有亚历山大·赫尔岑及其家人、无政府主义者米哈伊尔·巴枯宁和互助的倡导者彼得·克鲁泡特金伯爵。19世纪60年代前,这个小流亡社团有200~225名成员。很多19世纪60年代后的政治难民都曾经历过西伯利亚流放和监禁。正如伊凡·屠格涅夫在小说《父与子》(1862年)中描写的那样,普通的阅览室成为他们活动会面的中心,而不是那些密室。他们将自己的出版物秘密运回俄国。他们虽生活贫困,却颇有远见卓识。赤贫的I. A.卡锡耶夫计划就妇女问题写些东西,可就在这时,他"瘦弱"的妻子"满眼泪水"即将死去。在他的设想中,从伦敦到土耳其的革命中心将会把俄国包围了起来。卡锡耶夫和其他很多人常为居住国的偏见所困。"他们活着——确切地讲,是努力地求生——他们被痛苦的失望和无法实现理想的惆怅包围着。"[④]

农奴解放之后,19世纪70年代成为一个重新调整的时代。老流亡者的观

---

① Peter Brock, "Polish Nationalism," in Peter F. Sugar and Ivo J. Lederer, eds., *Nationalism in Eastern Europe* (Seattle, 1969), 310-372; Boguslaw Lesnodorski, *Les Jacobins polonais* (Paris, 1965); Piotr. S. Wandycz, *The Lands of Partitioned Poland, 1795-1918* (Seattle, 1974), 117-122.

② 更为详细的相关讨论,参见 Dirk Hoerder and Inge Blank, "Ethnic and National Consciousness from the Enlightenment to the 1880s," in Hoerder, Rössler, and Blank, *Roots of the Transplanted*, 1: 37-109.

③ 关于政治流放引发对外人口流动的俄语文献,参见 Martin A. Miller, *The Russian Revolutionary Émigrés, 1825-1870* (Baltimore, 1986), 5。

④ 赫尔岑一位朋友的陈述,见 G. N. Vyrubov (1865), quoted in Miller, *Émigrés*, 200.

点受到新流亡者和女学生的挑战，新兴的民粹派打算教育广大农民阶级，同时煽动农民阶级采取行动。“新流亡”(Miller)追求社会主义原则。1900年后流亡者增加了，德国成为社会主义民主派和自由派难民的中心，巴黎成为革命者的中心，瑞士成为思想的交汇处和个人活动的理想场所。其他流亡者在意大利和巴尔干半岛国家活动。1905年革命时返回俄国的好战主义分子很快又逃亡到国外。大批的犹太工人卷入革命，他们中有很多人被迫逃亡，这增加了迁往美国的人口数量。和德国反共政策下的工人阶级一样，俄国的逃亡、政治流亡和劳动力迁徙混杂在了一起。1825～1914年，反对沙皇统治的几代难民构成了第一次俄国政治大迁徙。[①]

如果家庭支持她们接受教育而且支付得起在国外学习的费用，年轻妇女就会前往西欧。1873年前，约有100名妇女在瑞士学习，她们的人数是男性的一半。当1873年沙皇政府以禁止“这些未来的母亲”从事慈善和医学工作相威胁时，她们中的很多人返回了俄国。1882年，当俄国大学再度向妇女关闭大门时(只有圣彼得堡的一所大学例外)妇女为教育进行的流动又恢复了。[②] 从19世纪60年代起，瑞士大学都招收俄国女学生，仅有巴塞尔大学例外。在俄国女留学生的中心苏黎世，她们遇到了外国改革者，这其中就有英国人索非亚·丁·布莱克，她对英国国内的歧视颇感沮丧。1882～1913年，5000～6000名俄国女学生占到注册的外国学生的1/3～1/2。[③] 在另一项统计中，全瑞士6444名大学生中，有2322人来自俄国。[④] 其他民族的学生也从俄国来到瑞士：亚美尼亚人、波罗的海—德国人、联合抵制俄国教育机构的波兰人以及受到录取限制的犹太人。他们中的大部分人准备学成后返回俄国，投身于农村和城市贫民的医疗和慈善工作。1905年革命后，俄国大学再度招收女生，1915年招收了4.4万名。瑞士

---

① Miller, *Émigrés*, esp. 3-23, 104-134, 199-219. Robert Chadwell William, *Culture in Exile: Russian Emigrés in Germany, 1881-1941* (Ithaca, N. Y., 1972), 28; Botho Brachmann, *Russische Sozialdemokraten in Berlin, 1895-1914, mit Berücksichtigung der Studentenbewegung in Preussen und Sachsen* (Berlin, 1962); Alfred Erich Senn, *The Russian Revolution in Switzerland, 1914-1917* (Madison, 1971); Georges Haupt, “Émigration et diffusion des idées socialistes: L'exemple d'Anna Kuliscioff,” *Pluriel* 14 (1978): 3-12.

② 第一批为年轻女性设立的高等教育机构在凯瑟琳二世在位期间建立。Daniela Neumann, *Studentinnen aus dem Russischen Reich in der Schwei (1867-1914)* (Zurich, 1987); Christine Johanson, *Women's Struggle for Higher Education in Russia, 1855-1900* (Kingston, Ont., 1987), 51-58.

③ 在瑞士的大学中，每1000名注册学生中，有516名外国学生，男女生都包括在内；在法国的大学中，这一数字是170名；在奥地利大学中是96名，在德国大学中是80名。美国的学术界认为德国最能提供激发学术氛围的高等教育，位于巴尔的摩的约翰·霍普斯金大学就模仿了德国的高等教育模式。

④ 此外，也有来自高加索和西伯利亚的女性，但她们在瑞士的统计数据中被算作亚洲人。

人，尤其是男学生而非教授，对俄国女学生抱有敌意。这些女生大多数单身且家境一般，具有独立意识，往往被视为"不道德的人"。女学生中有很多返回俄国，从事较高层次的改革和革命活动，也有人遭到流放和囚禁。1907 年，当一位俄国女学生企图行刺来访的俄国内务部长时，瑞士舆论发生了意想不到的转折。民主的传统战胜了对暴力和对女性角色观念的反感："格斯勒并没有被一吻毙命。"刺客被从轻发落了。[①]

流亡学生群体同政治难民一样过着朴素的生活，正如俗话说的那样"诚实的贫困"。这里不缺的是政治——男人的传统领地。1915 年 3 月，德国社会民主人士克拉拉·蔡特金在柏林组织一次社会主义妇女和平会议时，一位男子静坐在咖啡馆的一角，感到有必要教 5 位俄国布尔什维克妇女代表如何进行投票。此人就是列宁。[②]

德裔俄国人和门诺派教徒的对外移民

在俄国长期居住的西欧人具有种族文化优越感，这和俄国人正在觉醒的民族意识发生了冲突。经过几十年的时间，德语移民和门诺派教徒移民在尽力保持自己文化的同时，也适应了俄国文化，但是他们仍然居住在少数民族聚居地——德裔俄国人和俄国门诺派教徒聚居区。[③] 19 世纪 60 年代的改革导致所有居民的平等，去除了特权。亚历山大三世的压迫性政权（1881～1894 年在位），歧视在宗教上持不同意见者、罗马天主教徒和非俄国的"少数民族"。对国家文化的同一性追求需要实行同化。结果 1899～1914 年，约有 15 万被歧视的人半自愿半被胁迫地离开俄国迁往北美。20 世纪 20 年代，为了逃避无神论和集体主义，更多的人选择了离开。加拿大的大草原成为成千上万人的安家之所，他们往往计划像在俄国那样以集体的形式居住在农村。

下面这个例子可以说明文化的变迁。爱德华·迪斯特赫夫特的祖先曾移民沃里尼亚。根据他的回忆，来自德国的定居者分三个时期来到这里：1816 年后

---

① Joanna Trollope, *Britannia's Daughters: Women of the British Empire* (London, 1983), 91; Neumann, *Studentinnen*, 11-25, 91, quote on 96, 120-132，这些女性在获得学位之后所取得成就，183-238.

② Neumann, *Studentinnen*, 117-158; Jan Marinus Meijer, *Knowledge, and Revolution: The Russian Colony in Zurich (1870-1873): A Contribution to the Study of Russian Populism* (Assen, Neth., 1955); Claudie Weill, *Étudiants russes en Allemagne, 1900-1914: Quand la Russie frappait aux portes de l'Europe* (Paris, 1996).

③ 在巴尔干半岛的多瑙河—德意志人当中，也存在类似情况。

的首批定居者来自但泽和帕拉蒂纳特，第二批来自波兰和德国的城镇，第三批的到来发生在1831年和1863的波兰起义之后。为了成为牧师，爱德华·迪斯特赫夫特于1913年回到德国汉诺威，但1914年第一次世界大战就爆发了。"我们外国学生……是俄国公民，因此必须向警方汇报……还有来自澳大利亚、非洲及波兰的德裔学生，他们都打算完成学业后回国做牧师。但他们被迫在这儿进行几年的劳动。"他们在这几年中提高了德语水平。"你知道的，如果你是来自俄国的德国人，他们会纠正你每个词的发音，说你发音错误。"20世纪20年代，他移民加拿大，定居在干旱尘暴区，期间他看到很多人不断离去。①

劳工流动和犹太人聚居区

俄罗斯—西伯利亚人口流动体系和大西洋人口流动体系边界地区以西的俄国波兰人和犹太人选择了往西流动。一些俄罗斯人也选择了西去北美。1910年美国的俄罗斯移民仅有9.5万人，但在此后10年中猛增了17万新移民，其中包括喀尔巴阡—鲁塞尼亚人(Rusyns)、乌克兰人和其他俄国民众。大多数人作为无技术工人来到纽约和宾夕法尼亚。在三个瓜分波兰的国家里，波兰人由于他们的语言和文化而受到限制。从历史上看，从15世纪中叶开始，波兰人就一直在进行季节性人口流动。作为农奴，他们跟随主人向东，和立陶宛、白俄罗斯的农民融合。因为农民没有被贵族界定为波兰的"公民"，因而农民的民族意识发展缓慢，启蒙运动所倡导的改革观念对他们影响不大。19世纪，海外的波兰劳工具有很强的全球性移民意识，这同身处被瓜分的波兰境内的狭隘的地方意识形成鲜明的对比。②

从俄国向西流动的人口多为犹太人(见第3章第2节、第11章第1节)。据估计，在18世纪末，世界犹太人口的约3/4居住在东欧(75万～90万)；19世纪末，他们的数量在俄国达520万，在东欧和中东欧其他地区达200万。他们的经济活动比西欧的犹太人更多样化，在城市从事贸易和手工业，充当农民和城市市场之间的中间人，以及从事农业活动。1795年的最后一次瓜分波兰，将波兰人口划入了俄国、白俄罗斯—立陶宛和乌克兰；另有17%的波兰人居住在哈布斯堡王朝的加利西亚(见图3-11、图3-12)。

---

① Tova Yedlin and Joanna Matejko, eds., *Alberta's Pioneers from Eastern Europe: Reminiscences*, 2 vols. (2d ed., Edmonton, 1978), 75-77.

② Jerome Davis, *The Russian Immigrant* (New York, 1922), 10-13. 1830～1860年，波兰领土接纳了德意志殖民者。在普鲁士所辖的波兰地区，文化争端指向了天主教和波兰的民族性。

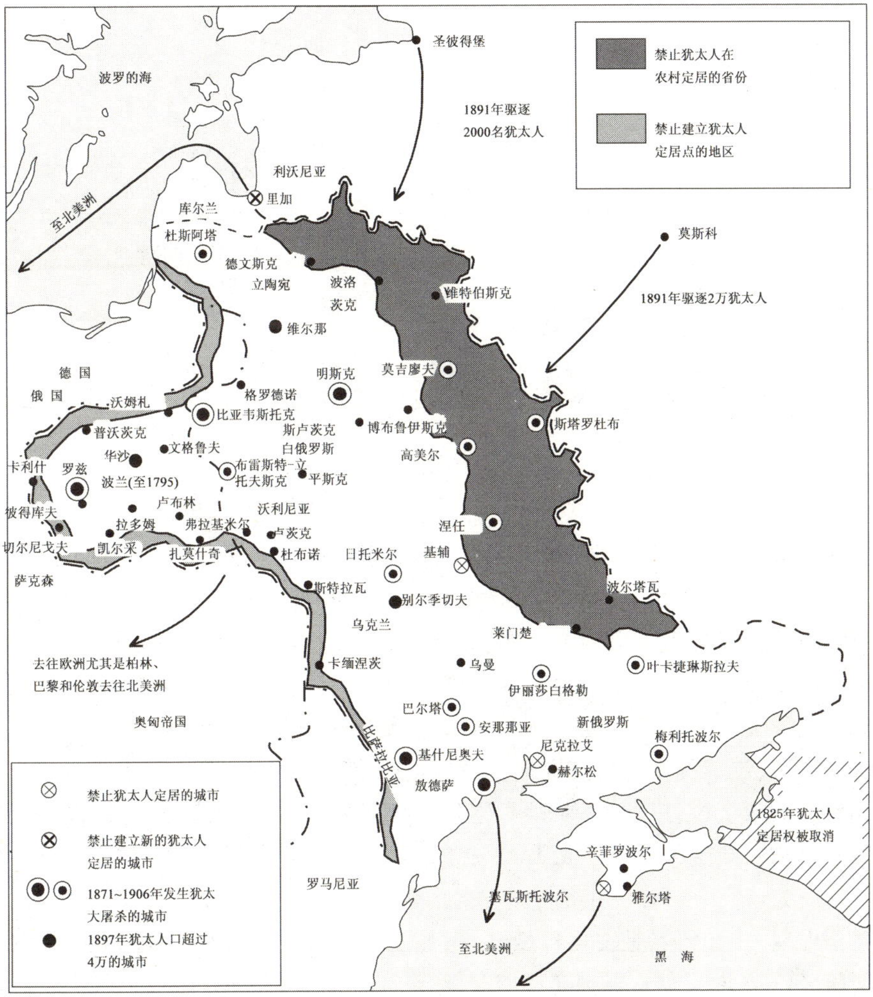

图3-11　波兰和犹太人聚居区

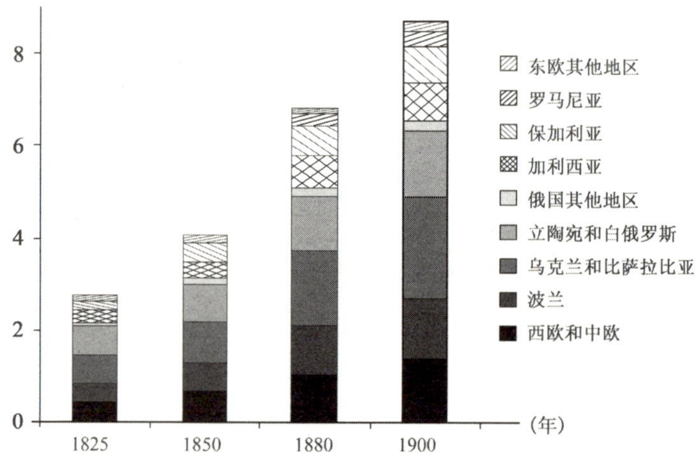

图3-12　1825～1900年欧洲犹太人口的分布

19 世纪,沙俄政府强化了对犹太人的歧视。1804 年的《犹太人地位法》将犹太人确定为“城市人”,此后 3 年中约 50 万犹太人被迫从农村迁往城市。1835 年的一项法律将犹太人限制在了“犹太聚居区”,只有从事特殊手工业和有较高受教育水平的犹太人除外。犹太乡村旅店不得向农民出售烈酒,农奴的解放也使犹太人失去中间人的功能。1882 年 5 月颁布的法令又迫使 50 万犹太人离开农村,并且限制了犹太青年接受高等教育的权利。1891 年,2.2 万个犹太工匠和商人家庭被从圣彼得堡和莫斯科驱逐到了拥挤的犹太人村落和犹太人聚居区。各种限制和社会变化破坏了犹太人大部分的传统生活来源。只能靠空气度日的空想家成为通俗文学作品中的一个人物形象,用来指贫困的犹太人。犹太人村落文化出现了,其特点是文化程度高,宗教上很保守,异常贫穷和拥挤。在犹太人聚居区,1/5 的犹太人靠慈善来维持生活。①

早婚和强烈的家族意识致使小孩的数量很多。因此,犹太人口的增长速度是俄国人口平均增长速度的两倍还多。通过国内人口流动,很多犹太家庭从前波兰—立陶宛东北部边界经济停滞地区来到俄南部诸省。俄政府曾一度吸引犹太人家庭前往农业区定居。但是甚至在犹太聚居区和俄国西南部正在发展的城

① Bernard D. Weinryb, *The Jews of Poland: A Social and Economic History of the Jewish Community in Poland from 1100 to 1800* (Philadelphia, 1973), 119-176; John Doyle Klier, *Russia Gathers Her Jews: The Origins of the "Jewish Question" in Russia, 1772-1825* (DeKalb, Ill., 1986), 21-52; Kappeler, *Vielvölkerreich*, 82-87, 220-266.

镇中，也有一些城市，譬如基辅，仍保留着中世纪的“居住权”，更准确地说，一种歧视犹太人的政策。另一方面，在新兴的港口城市敖德萨，犹太文化蓬勃发展，犹太居民从1795年的250人增长到了1904年的15.2万人。对小城镇的犹太人来说，迁往城市是有吸引力的，但也是危险的，因为这样的迁徙能获得更多机会，但会威胁家庭的凝聚力，而且对宗教的笃信会让位于物质主义。1871年后，对犹太人的集体迫害在犹太家庭中造成了恐惧。对犹太人谋杀基督教儿童来祭奠鬼神的指控又被提及。1903年，血腥的基什尼奥夫大屠杀得到了沙皇政府的默许。所有这些事件都引发了犹太人大规模地向大西洋两岸劳动力市场移民，将犹太村落和敖德萨文化元素带往北美(见第13章第1节)。[①] 第一次世界大战使人口流动停顿下来，1917年的俄国革命改变了此前发生的一切。

6. 苏联:“另一个美洲”还是“布尔什维克独裁”?

1917年在新生的社会主义政府领导下，进出苏联的人口流动活动具有几个特殊之处，所以有必要简短地对战后10年的情况进行一下专门讨论。向西伯利亚的农业人口流动和向国内工业中心的人口流动仍在继续。作为一个外因，美国对于东欧和南欧的移民及对“激进分子”的移民限制，减少了前往北美的移民数量。内因和外因相结合致使俄国—西伯利亚的人口流动体系与跨大西洋的人口流动体系保持分离状态。

作为俄国革命、内战和1921年饥荒的直接结果，“第二次对外移民”[②]主要由前沙俄政府的支持者组成。100万左右的俄国人逃往西欧，而且出现了“新的流动方向”——远东地区、土耳其和叙利亚(见第16章第1节)。另外，被新成立的布尔什维克政府驱逐的人也加入流亡的行列。流亡人口社会的中心最初在柏林，在20世纪20年代中期转移到了巴黎，在那儿新来的人口加入了当年被沙俄驱逐的政治难民的行列。较小的中心还有布拉格、贝尔格莱德和远东的哈尔滨

① Bland, “A Vast Migratory Experience,” 201-251, and Melville, “Migraion,” 79-90. Patricia Herlihy, *Odessa: A History, 1794-1914* (Cambridge, Mass., 1986). 敖德萨接纳了无数法国大革命的侨民。在1803年，敖德萨的地方行政长官黎塞留伯爵将该镇建设成了享有国际声望的文化中心。Steven J. Zipperstein, *The Jews of Odessa: A Cultural History, 1794-1881* (Stanford, 1986).

② 很多学术研究将这次人口流动视为“第一次”对外移民，并没有去考虑逃离沙俄迫害的人口流动。以这种计算方式，“第二次”人口流动发生在1945年之后，更多地以美国为目的地。

和上海。[①] 流亡者主要来源于受到社会结构调整威胁的群体——贵族、军官、沙俄官员、政界人士、沙俄政府支持的艺术家,总的来说,来自资产阶级和知识分子阶层。在沙俄白军服役的农民和工人并没有选择逃亡,因为他们支付不起流亡的费用。因此,流亡具有政治、军事和经济性质。[②] 大多数流亡者不论种族将自己视为"俄国人",但也有人组成了波兰、乌克兰、亚美尼亚和犹太等单独的民族群体。

俄国人向德国的移民活动是一种特殊的连锁性人口流动。沙俄同符腾堡王朝有联系,普鲁士宫廷中有俄国的侍臣,俄国在贸易上同莱比锡有往来,俄国贵族也曾多次光顾维斯巴登和巴登—巴登的温泉(后者还建有一座俄东正教教堂)。上述条件为1917年后的俄国移民提供了迁徙和建立聚居区的信息。下层人士和贫穷难民,多数是男性,为了生计从事各种工作,包括刚刚兴起的出租车工作。其中一些人结婚并同化,另一些则迁往法国,因为战争造成的人力短缺和战后经济发展都需要劳动力。法国政府也直接从加利波利和君士坦丁堡招募俄国工人。曾经很富足的俄国移民家庭,由于德国的通货膨胀和货币改革,突然间失去了往日的地位,很多人迁往巴黎。在德国的俄国人从50万减少到了1928年的15万。留在德国的俄国人把孩子送到德国学校接受同化教育;但到了1936年,纳粹德国政府开始讨论将俄国人家庭送到劳动营的计划。到1937年,

① 关于对外移民的数量,相关文献存在很大差异。Dodenhoeft总结了各种估计,认为数量应该在150万~200万,而《剑桥百科全书》估计的数量只有100万。Bettina Dodenhoeft, *Laßt mich nach Rußland heim: Russische Emigranten in Deutschland von 1918 bis 1945* (Frankfurt/ Main, 1993), 8-10; Archie Brown et al., eds., *The Cambridge Encyclopdia of Russia and the Soviet Union* (Cambridge, 1982), 219. 俄国最靠谱的估计来自L. K. Skarenkov, *Agonija beloj emigracii* [The agony of the White emigation] (1981; 2d ed., Moscow, 1986). Mare Raeff, *Russia Abroad: A Cultural History of the Russian Emigration, 1919-1939* (Oxford, 1990); Jean-Claude Chesnais, "L'Émigration soviétique: Passé, présent, avenir," in *Migrations internationales: Le Tournant* (Paris, 1993), 117-125. Elena Chinyaeva, *Russians outside Russia: The Emigré Community in Czechoslovakia, 1918-1930* (Munich, 2001). 巴黎的Catherine Gousseff正在进行的研究显示这些数字被高估了。

② 120万战犯中的一些人因为政权的改变而决定不再返回。

仅有 4.5 万名俄国人留在德国，他们中很多人是右翼或信仰法西斯主义。[①]

俄国人的流亡可以看作是全球范围的迁徙（raeff），有多个中心，群体差异大（schlogel）。20 世纪 20 年代，苏联政府的巩固和表现出来的活力使这些移民的回归梦想破灭。大量的俄国移民加入了所在国的国籍。根据国联负责难民事务的官员估计，在 1937 年未被同化的俄国移民不超过 35.5 万人。1940 年 5 月，随着德军占领法国，巴黎永久丧失了其流亡社会中心城市的地位。战后，纽约成为新的流亡者中心。在远东，日本的侵略毁掉了俄国人和犹太人的流亡社区。[②]

在 20 世纪 20 年代和 30 年代早期，苏联的经济恢复工作完成，即将进入斯大林模式阶段。尽管俄国的难民和西方资本家开始宣扬“布尔什维克独裁政权”的说法，处于工业化阶段的苏联为了经济和政治原因开始吸引流动人口。在 7 万～8 万的新移民中，有些人希望看到一个理想化的工人共和国。玛格丽特·布克·怀特在 1930～1932 年拍摄的照片呈现了苏联欣欣向荣的景象，德国移民海恩瑞克·瓦格勒的“复杂的照片”也反映了相同的情况。奥特·海勒在 1929 年穿越西伯利亚时，把西伯利亚称为“另一个北美”。他描绘了边疆的机会、欢乐的开拓者和大马力的机器，反映了一个不断吸引流动人口的美好未来（见第 16 章第 2 节）。在这充满新思想、新视野的年代，索菲亚的一位俄国移民尼克莱·杜贝茨凯在《去往东方》一书中宣称：俄国人是亚欧混血民族，他们同“罗马—德意志人”不同，和美国“年轻”的文化相似。随着 20 世纪 30 年代强迫性劳动营的出现和 1941 年德国入侵苏联，“另一个北美”的说法结束了（见第 16 章第 3 节）。[③]

---

① Hans-Erich Volkmann, *Die Russische Emigration in Deutschland 1919-1929* (Würzburg, 1966); Robert H. Johnston, *New Mecca, New Babylon: Paris and the Russian Exiles, 1920-1945* (Kingston, Ont., 1988), and Johnston, “Paris: Die Hauptstadt der Russischen Diaspora,” in Karl Schlögel, ed., *Der große Exodus: Die russische Emigration und ihre Zentren 1917 bis 1941* (Munich, 1994), 260-278, and Schlögel, “Berlin: ‘Stiefmutter unter den russischen Städten,’” ibid., 234-259; A. Balawyder, “Russian Refugees from Constantinople and Harbin,” in Mchuria, Enter Canada (1923-1926),” *Canadian Slavonic Papers 14* (1972): 15-30; Dondengoeft, *Russische Emigranten*, 1-36; Trude Maurer, *Ostjuden in Deutschland, 1918-1933* (Hamburg, 1986), 46-103.

② Aaeff, *Russia Abroad*, 202-203.

③ Sean Callahan, ed., *The Photographs of Margaret Bourke-White* (Greenwich, Conn., 1972), 69-89; Christine Hoffmeister, *Heinrich Vogeler: Die Komplexbider* (Lilienthal, 1980); Otto Heller, *Sibirien: Ein anderes Amerika* (Berlin, 1930); Fridtjof Nansen, *Sibirien: Ein Zukunftsland* (Leipzig, 1914); Jane Burband, *Intelligentsia and Revolution: Russian View of Bolshevism, 1917-1922* (New York, 1986), 208-222.

第 13 章
大西洋经济体中无产者的大流动

19 世纪 20 年代后，欧洲的几个地区性人口流动体系、循环人口流动以及单向人口流动（见第 11 章）演变成了覆盖大半个地球的一体化人口流动体系。这一体系从俄国的犹太人聚居区（见第 12 章），一直延伸到芝加哥、新奥尔良和布宜诺斯艾利斯及更远地区。流动人口从北美大西洋沿岸向西流动，从西属美洲向北流动，从西伯利亚向东进入阿拉斯加，从亚洲前往加利福尼亚和不列颠哥伦比亚，将美洲大陆纳入了大西洋世界。这一过程缩小了美洲土著居民的生存空间。在欧洲，工业化了的中心城市不断从周边农业区吸纳工人。北美洲的内部人口流动平衡了劳动力供需矛盾，改变了劳动力队伍。在定居者和工人前往加拿大的同时，加拿大的内部人口流动和法裔加拿大人的对外流动也在进行中。

解放了的农奴、奴隶和犹太人加速了地区间的人口流动。农奴制在 1762 年（在萨瓦）和 1861 年（在俄国）之间解体，前农奴必须向他们的前主人做出赔偿。土地的减少和对现金的需求迫使解放了的农民及其子女进行流动。海地在 1804 年开始解放奴隶，美国于 1863～1865 年完成了奴隶解放，巴西则推迟到了 1888 年（见第 9 章）。像从前的农奴一样，解放了的美国奴隶没有得到土地和基本的工具（“40 英亩土地和一头骡子”），因此只能勉强度日。1900 年后，经济上的依附、法律上的限制和暴民利用私刑进行的社会控制，都使大批美国黑人向北方迁徙。①

奴隶解放是资产阶级民主社会的法律地位平等化的组成部分，但在 19 世纪的民族国家仅有一小部分人在政治上有选举权，从而可以进入由操主流社会语言的中产阶级男士组成的管理机构。② 在民主国家和文化同质化的民族国家，无论是在政治上还是在实践中，都将妇女、工人阶级和文化上的少数派排斥在外。持续存在的不平等促使更多人准备迁徙，去寻找更少歧视、更平等、工作更好和工资更高的地方。

① David B. Davis, *The Problem of Slavery in Western Culture* (Ithaca, N. Y. 1966), 291-482.

② 这一点对于典型的民主国家美国，也是有效的。Alexander Keyssar, *The Right to Vote: The Contested History of Democracy in the United States* (New York, 2000).

5000万～5500万欧洲人口——占1800年欧洲人口的约1/5，在1815～1939年离开欧洲前往北美(3500万人)、南美(800万)及世界其他地区。可能其中有700万人返回了欧洲。到19世纪中叶，有大约一半或以上的欧洲人口加入到欧洲内部人口流动行列，特别是农村到城市的人口流动。跨洲铁路的建成方便了长途迁徙，使人们更容易到达移民输出的港口。19世纪70年代后，蒸汽轮船加快了人口流动的速度，帮助流动人口返回国内，也使季节性跨大西洋人口流动成为可能。[①]

平等化过程剥夺了特权移民群体的特殊地位，胡格诺教徒、门诺派教徒和德裔俄国人就属此列，而且在后两者中有很多人因此选择了再次迁徙。在西欧犹太人的大迁徙中，不断的歧视和民族国家意识的强烈影响使犹太知识分子决心采取复国行动。西奥多·赫茨尔出生在多民族的布达佩斯，居住在维也纳。维也纳当时大约有10%的人口是犹太人。1896年，赫茨尔发表了他的《犹太国》一文。四海为家的赫茨尔没有地理位置上的偏好，首先建议将犹太国建在阿根廷；后来，在英国教友的影响下，他支持将巴勒斯坦的锡安山作为建国地点。[②] 尽管犹太国在半个多世纪之后才获得独立，但大多数犹太流动人口已经行走在民族国家经济体之间和经济相互依赖构成的网络之中。在美洲，1776年之后大多数英国殖民地获得了独立，1825年后大多数西属和葡属殖民地获得了独立(见第7～8章)，这改变了国家间的政治和经济关系。在大约一个世纪的时间里，美国在经济上仍依附于欧洲，拉美国家对欧洲的经济依附时间则更长。但是，到了

---

① Alfred Crosby, *Ecological Imperialism: The Biological Expansion of Expansion of Europe, 900-1900* (Cambridge, 1986), 5; Aaron Segal, *An Atlas of International Migration* (London, 1993), 16-21; Helen H. Tanner et al., eds., *The Settling of North America: The Atlas of the Great Migrations into North America from the Ice Age to the Present* (New York, 1995). André Armengaud estimated 60 million from 1700 to 1914: Carlo Mo Cipolla, ed., *Europäische Wirtschaftseschichte*, vol. 3 (Stuttgart 1985), 39; Frankin. Scott, ed., *World Migration in Modern Times* (Englewood Cliffs, N. J., 1968); Walter F. Wilcox and Imre Ferenczi, eds., *International Migrations*, 2vols. (New York, 1929-1931); Dirk Hoerder, "The Traffic of Emigration via Bremen/Bremerhaven: Merchants' interests, Protective Legislation, and Migrants' Experiences," *Journal of American Ethnic History* 13 (1993): 68-101.

② Haim H. Ben-Sasson, ed., *A History of the Jewish People* (Hebrew orig., 1969; Cambridge, Mass, 1976), 750-890; Jacques Kornberg, *Theodor Herzl: From Assimilation to Zionism* (Bloomington, 1993); Jacob Barnail, *The Jews in Palestine in the Eighteenth Century: Under the Patronage of the Istanbul Committee of Officials for Palestine*, trans. Naomi Goldblum (Hebrew orig., 1982; Tuscaloosa, Ala., 1992).

19 世纪末,世界经济中心不仅包括欧洲的大西洋沿岸,也包括美国的东北部地区。[①] 跨太平洋的联系在 19 世纪的重要性仍很有限(见第 15 章第 5 节、第 18 章第 5 节)。

1. 从种地糊口到挣取工资:处于危机中的家庭经济

在欧洲大西洋沿岸,随着农村用工季节性的增强和农村土地的日益减少,农业迁徙也发生了变化(见第 11 章第 2 节)。生产集中化迫使农村人口从乡村工业向城市工厂转移,加入劳动力队伍。在欧洲内部,波兰人和意大利人跨越国境的流动比较频繁。每 1000 人中向海外移民的人数,挪威人和爱尔兰人的比例较高,而法国人的比例则较低。从长期的绝对数量上看,英国和德意志的几个民族向海外移民的数量最多。人口流动成为经济发展不同阶段之间的一种运动,即从农业劳作到工业劳动;同时,人口流动也改变了人们的时间观念,即从农村的"自然"时间到工业的"钟表"时间。19 世纪 80 年代,轮船和火车时刻表的使用使世界范围内时间的标准化成为了必要。

最初的工业生产活动由有固定居住地的农村家庭从事,后来这些劳动家庭被生产集中化的工厂彻底取代:首先是大型作坊,然后是机器工厂,最后是大型联合企业。缺乏技术的城市劳工被雇来修路、铺设铁轨、开凿运河和维护河道。来自英国、德意志各地区和匈牙利的挖土工人开始跟着修建铁路,这使欧洲的铁路从 1831 年的 332 公里增长到 1876 年的 30 万公里。不久,这些工人开始跨洲作业,开凿巴拿马运河,在落基山中开挖坡路修建铁路;英国的工程师和荷兰的

① James D. Tracy, ed., *The Rise of Merchant Empires: Ling-Distance Trade in the Early Modern World, 1350-1750*(Cambridge, 1990); Peggy K. Liss, *Atlantic Empires: The Network of Trade and Revolution, 1713-1826* (Baltimore, 1983); Ralph Davis, *The Rise of the Atlantic Economies* (London, 1973, repr., 1982); Charles Verlinden, *Les origines de la civilization atlantique* (Neuchâtel, 1966); David K. Fielhouse, Die Kolonialreiche seit dem 18. Jahrhundert (Frankfurt/ Main, 1965). 近期的视角包括非洲在内:Paul Gilroy, *The Black Atlantic: Modernity and Double Consciousness* (Cambridge, Mass., 1993); Alan L. Karras and John R. McNeill, eds., *Atlantic American Societies: From Columbus through Abolition, 1492-1888* (London, 1992), 1-15, 245-268. 认为大西洋世界是旧政权的组成部分。就人口流动而言,这种观点不具备说服力。

给排水专家也对殖民地的基础设施建设和“内部”环境的改善提供了指导。[①]

19 世纪，大量人口从俄国南部迁往土地肥沃且易耕种的北美，从阿根廷迁往澳大利亚。这些人口流动形成了规模经济，同时新的运输路线为产品的广泛销售提供便利。迁往北美的移民农场主雇用流动劳工收割庄稼。易北河东部的地主驱逐了佃农，购买机器，大面积种植甜菜，并雇用波兰季节性工人。俄国国内的流动人口和迁入的外国人开垦了俄国南部平原。19 世纪 80 年代，阿根廷的平原上也随处可见欧洲的殖民者和意大利的季节性收获劳工。大规模的农业生产导致世界市场农产品价格下降，并引发了 19 世纪 80 年代的农业危机，造成上百万的欧洲小农生产者离开土地，成为剩余劳动力，流向大西洋两岸的工业区。

中心和边缘：欧洲的划分

当工厂生产的棉布可以突然在农村的街头小店买到时，靠家庭纺织谋生的人，尤其是女性，便清楚地意识到了自己劳动的无用。织够全家人所用的布需要一个冬天的时间，而购买工厂生产的布则需要现金。另一方面，世界市场农产品价格的下降使农民的现金收入更加少得可怜。廉价棉布和农业机械使农民的劳作变得过时，农业家庭有了空闲时间，但同时也没了生活来源。农村家庭对现金的需求持续增加和现金收入的锐减引发了现金危机，迫使人们开始重新定位他们的生活方式、生产和消费结构以及对人口流动的态度。[②]

农民流向城市的各级劳动力市场——地方性的、地区性的、国际性的——经常试图继续他们在农村生活的方式；虽然作为一种权宜之计，他们暂时接受了无产者的身份，但不想永远成为无产者。与之相似，当机械化危及工匠和工人的生计时，很多人迁徙到还需要他们手艺的地方。在一两代之前刚由农民转化而成的矿工和工人，有时也为重新获得土地而迁徙。女性的迁徙是短途的：她们很难凑够路费，同时还要面临更多的家庭控制，因为家人希望她们照顾小孩和老人；

① Terry Coleman, *The Railway Navvies: A History of the Men Who Made the Railways* (London, 1965); Runob. a. Nilsson, *Rallareliev: Arbete, familijemönster och Ievnadsförhållanden för järnvägsarbetare ¡ Jämtland-1928* (Uppasla, 1982); Peter Kriedte, Hans Medick, and Jürgen Schlumbohm, *Industrialization before Industrialization: Rural Industry in the Genesis of Capitalism*, trans. Beate Schempp (German orig., 1977; Cambridge, 1981); Eric J. Hobsbawn, *The Age of Capital*, 1848-1875 (New York, 1975), 310.

② Donna Gabaccia, *Militants and Migrants: Rural Sicilians Become American Workers* (New Brunswick, 1988), 20-30.

而她们将要挣得的工资也不足以支付长途旅行的费用。在社会化劳动分工中,男人为了挣到现金迁徙到越来越远的劳动力市场,而女人们仍旧被束缚在家务劳动和农活中,包括奶制品的生产。后来由于人的寿命延长,出现了孩子已经长大而老人尚不需要照顾的时间空隙,于是女人也可以迁徙到较远的劳动力市场。女人们通过迁徙和晚婚的方式降低了她们对男性的依附关系。

研究产业劳动的史学家们认为,农业劳动模式由于受到天气、播种和收获等农时的影响,往往不够规律。迁徙后这种工作模式必须按照钟表提供的时间和机器运转的时间进行调整。移民工人痛恨工厂哨声的管制,痛恨天黑后还必须在灯光下工作;在农业方面,工作可以依据天气状况或季节进行互换调整,季节性迁徙会根据供求关系重新分配收获季节所需的劳动力(见图 3-13)。只有流动的工人才会体验到工作的不规律性。另一方面,早期的钢铁厂的特色是经常性的机器故障、经济周期和工长的专断。因此,移民劳工的工作习惯被迫无规律化(造成"人格被破坏")。由于哨子被用来表示时间,所以工人的工作习惯变得毫无理性可言。[①]

民族国家不再重视家庭经济中的纺织业和食品生产,转而将钢铁生产看作现代化的指标,人们不再关注以性别为特征的劳动分工,转而关注男性在工厂里的分工。家庭经济和农业生产几乎不会受到钢铁生产量的影响,但从欧洲进口的小麦和从亚洲进口的大米等由移民农民生产的廉价食物却给农场经济带来了灭顶之灾。与之类似,对政治边界的强调将人们的视线从本地和全球之间的联系上转移了出去。投资于使用奴隶和契约工的棉花种植园,无论这些种植园是在美国南部、埃及、乌干达还是其他地方,投资工厂,无论这些工厂是在曼彻斯特、孟买、洛威尔还是罗兹;这些工农业投资都要求对家庭劳动分工做出迅速而永久性的改变,不管是荷兰人、爱尔兰人还是泰米尔人。从原始农业到现代工业,产业变化并不是直线型的,为了应对这些变化,流动人口不断进行迁徙方式的调整,来来去去,循环往复,有短暂的,也有永久性的。[②]

---

① F. C. Valkenburg and A. M. C. Vissers, "Segmentation of the Labour Market: The Theory of the Dual Labour Market: The Case of the Netherlands," *Netherlands Journal of Sociology 16* (1980): 155-70; Herbert G. Gutman, *Work, Culture and Society in Industrializing America: Essays in American Working-Class and Social History* (New York, 1976), 23-24.

② Louise A. Tilly, "Industrialization and Gender Inequality," in Michael Adas, ed., *Islamic and European Expansion: The Forging of a Global Order* (Philadelphia, 1993), 246-269; Peter N. Stearns "Interpreting the Industrial Revolution," ibid., 199-242; Gail C. Brandt, "'WEAVING It Together': Life Cycles and the Industrial Experience of Female Cotton Workers in Quebec, 1910-1950," in *Labour/Le Travailleur 7* (1981): 113-126.

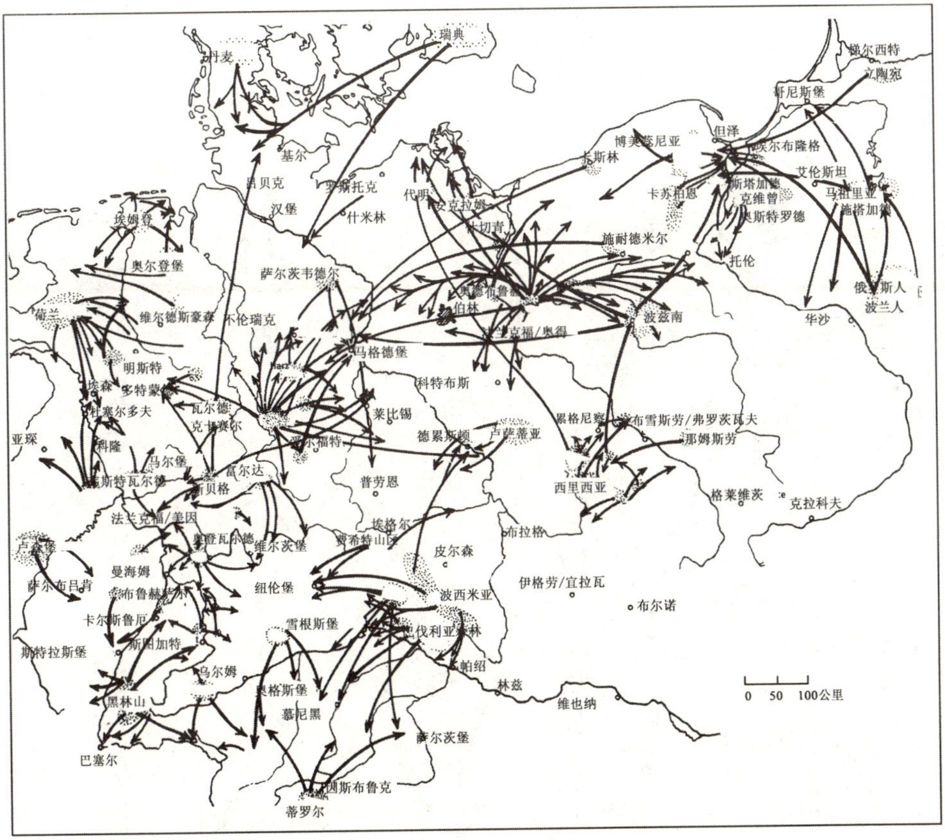

图3–13　中欧收获季节流动劳工的迁徙目的地（19世纪60~70年代）

同样，那种认为欧洲是劳动力输出地，北美是劳动力输入地的分析过于简单，并无数据予以支持。在欧洲，英格兰、荷兰、比利时、法国、德国的西部和中部地区、下奥地利、波希米亚和瑞士变成了进口劳动力的工业化中心国家。同时，英国和德国也输出定居者和工人，但法国输出的工人很少，因为法国的人口数量很早就达到稳定阶段。英格兰主要从爱尔兰殖民地输入工人；同样，瑞士从意大利（早期从德国），法国从其大多数邻国和波兰，德国从波兰和意大利进口劳动力。比利时和奥地利在输入大量劳工的同时也大量输出劳工（见图 3-14）。

处于边缘地位的社会和经济体，如爱尔兰、葡萄牙、西班牙、意大利、东南欧、波兰犹太聚居区、东欧犹太聚居区以及斯堪的纳维亚国家，沦为劳动力输出地。从爱尔兰输入英国的以农村人口为主的无技术工人开始迁徙的时间较早，1815年后增加。19 世纪 80 年代，整个欧洲的人口流动猛增。大量年轻劳动力的输

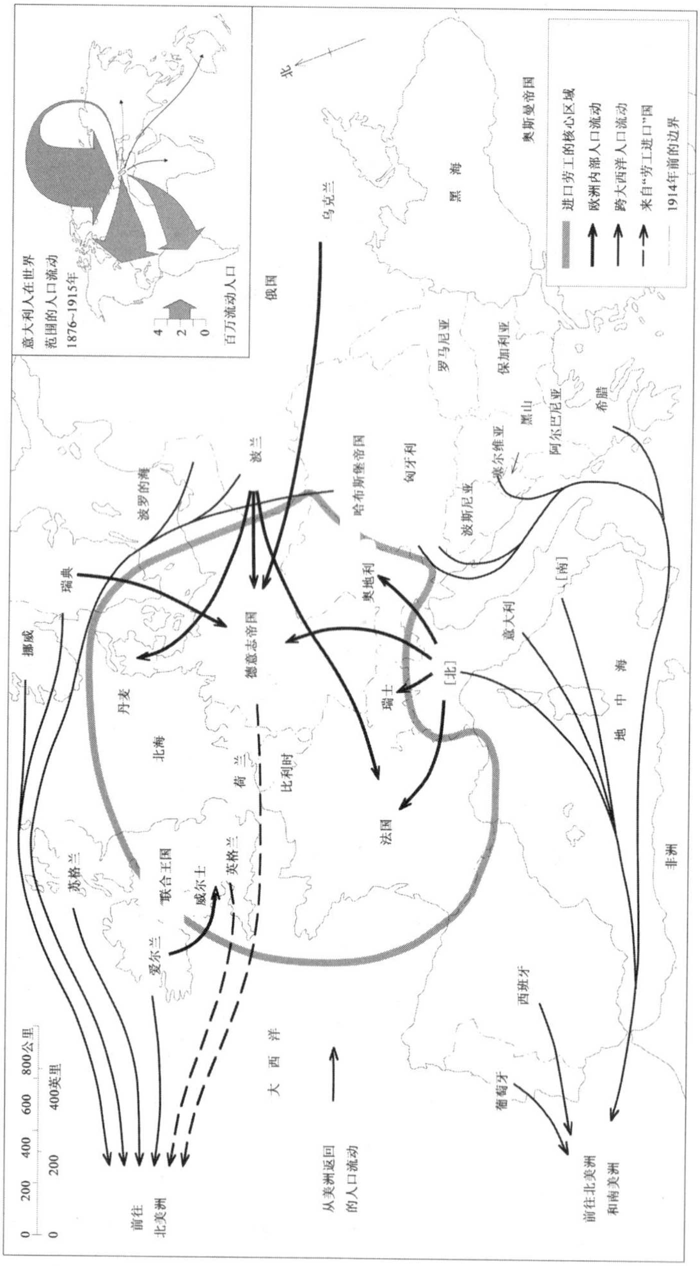

图3-14　19世纪80年代至1914年，欧洲边缘地区向大西洋两岸经济体中心地区的人口流动

出意味着抚养子女和照看老人的成本将由劳动力输出国承担，而在劳动力输入国，劳动人口和纳税人口比例提高了。再生产劳动和生产劳动将劳动力输出国和劳动力输入国区分开来。

早期的剩余劳动力：英国和德意志各国

最大规模的对外人口流动分别来自大不列颠岛（英格兰、苏格兰、威尔士和爱尔兰）和德意志各国（士瓦本、法耳次、黑森、梅克伦堡、瑞士、奥地利等）。这两个输出地的流动人口享有与其他民族不同的待遇。在大英帝国，受自我意识的影响，早期的英国殖民者自视为建国者，而将其他民族的早期殖民者视为少数民族移民；同时，建立帝国的理念使英国不重视技术劳工和普通劳工的流动情况。相比之下，德国的自我意识使其重视输出的农业人口而非无产者。英、德两国关于人口流动问题的早期研究认为，人口流动过程中存在文明教化任务，身居高位者确实将自己的文化模式强加到其他民族身上，德国和英国的海外工人有时的确显示了优越感。北美的学者也接受了这种自我意识的思路，将移民分成两种：德国移民、爱尔兰移民和斯堪的那维亚移民被视为“老移民”，而19世纪80年代之后来的南欧和东欧人则被视为“新移民”。人们认为，老移民是由有开拓精神的定居者组成，新移民则是由无技术的无产者组成。19世纪末，基于基因差异的言论认为，东欧和南欧的“民族”为缺少白人血统，等级低于盎格鲁—日耳曼民族。但早在19世纪40年代，有2/3选择迁徙到美国的人充当了工资劳工。爱尔兰人（除了迁徙到加拿大的新教徒之外）的实际情况和关于他们的陈词滥调根本不相符，而大量的德国人和斯堪的纳维亚人也是作为工人来到北美的。另一方面，一些波兰人、捷克人和犹太人移民后从事农业，成为农场主。所以无论是将移民按新移民和老移民区分，还是按素质的高低区分，都没有站得住脚的证据。英国的流动人口除了来自工业化的英格兰和苏格兰外，还来自苏格兰高地、威尔士、康沃尔和英国的殖民地爱尔兰。较早的资本化、圈地、土地制度的巩固和农民生产活动的市场导向（见第11章第2节），使很多英格兰人和苏格兰人进入了工业生产领域，由此引发的人口流动规模和荷兰北海迁徙体系相当。[①] 在向海外流动方面，1871～1914年，英格兰人比爱尔兰人的数量多：英格兰人和威

① Thomas J. Archdeacon, *Becoming American: An Ethnic History* (New York, 1983), 134; Colin G. Pooley and John C. Doherty, "The Longitudinal Study of Migration to English Towns in the Nineteenth Century," in Pooley and Ian D. Whyte, eds., *Migrants, Emigrants and Immigrants: A Social History of Migration* (London, 1991), 143-173, and Kate Bartholomew, "Women Migrants in the Mind: Leaving Wales in the Nineteenth and Twentieth Centuries," ibid., 174-187.

尔士人 550 万，爱尔兰人 230 万，苏格兰人 120 万。半数以上的移民返回了英国，且英格兰血统移民的返回率高于爱尔兰人血统移民。来自英格兰的流动人口中，城市人占主体；来自苏格兰和爱尔兰的流动人口中，农民占多数；来自威尔士和康沃尔的流动人口中，矿工及其家属占主体。每五个移民中，有两名是妇女。从利物浦前往纽约的船票在 1860 年时是 45 英镑，在 19 世纪 80 年代，下降为原来的一半。19 世纪 90 年代后，大多数移民不再选择美国作为目的地，而是选择了加拿大和其他英国的自治领地。单身男性的暂时性劳工流动被移民接收国劳动力规划者视为潜在的不稳定因素。在英格兰流动人口中，这种“候鸟”现象的发生比在意大利和东欧流动人口要早得多。①

英国政府对待海外移民活动的态度反映了国家决策层所代表的阶级对于国家经济利益的保护。早在 1606 年，一位政治经济学家声称：向外输出的劳动力“既可以避免他们在国内制造麻烦，又可以在国外利用他们，可以达到一举两得之功效”（培根）。在 20 世纪 30 年代，英国的人口规划者奉行实用主义的政策：他们禁止英国技术工人向海外流动，以避免外国产品和英国产品竞争；他们将罪犯运往国外，以降低英国刑罚体系的成本；在契约劳工体制下，他们鼓励在英国没有前途的人离开不列颠群岛；从 19 世纪 80 年代起，穷人的孩子被送到海外。1914 年之前的几十年中，英国的“帝国殖民计划”要将英国的过剩人口输出海外。② 面对工会成员的高失业率，英国的工会组织也认为，向海外殖民或许可以

① Charlotte Erickson, “Who Were the English and Scots Immigrants to the United States in the Late Nineteenth Century?” in D. V. Glass and Roger Revelle, eds., *Population and Social Change* (London, 1972), 347-382; Walter Nugent, *Crossings: The Great Transatlantic Migrations, 1870-1914* (Bloomington, 1992), 44-48; Terry Coleman, *Going to America* (New York, 1972).

② Robin Cohen, ed., *The Cambridge Survey of World Migration* (Cambridge, 1995), P. 11 on Francis Bacon; Stephen Constantine, “Empire Migration and Social Reform 1880-1950,” in Pooley and Whyte, *Migrants*, 62-83, and Constantine, ed., *Emigrants and Empire: British Settlement in the Dominions between the Wars* (Manchester, 1990); Joanna Trollope, *Britannia's Daughters: Women of the British Empire* (London, 1983); Rita S. Kranidis, *The Victorian Spinster and Colonial Emigration: Contested Subjects* (New York, 1999); Gillian Wagner, *Children of the Empire* (London, 1982). See also Jonathan swift, *A Modest Proposal for Preventing the Children of Poor People from Being a Burthen to Their Parents, or the Country, and for Making Them Beneficial to the Publick* (1729), repr. In Carl Van Doren, ed., *The Portable Swift* (New York, 1948), 549-559.

缓解英国国内劳动力供需的不平衡状况。[①]

德语国家的人口流动过程也有和英国类似之处，但其工业人口流动活动开始得较晚。到了19世纪早期，农民家庭（包括非亲属性质的仆人）在向东和向西的对外人口流动中占据主体地位。在德意志西南部以及下奥地利，儿童经常被送到遥远的地方充当城市季节性劳动力，青少年则被送出去自谋生路。[②] 最初，对外移民的输出地是德国西南部人口稠密而土地匮乏的地区，此后更多移民来自德国中部。在19世纪最后的三十几年中，德国东北部庄园也成为劳动力输出地。很多早期的小土地拥有者可以继续以农业生产为生；农场劳工几乎没有继续从事农业生产，他们大批前往北美或德国的工业中心，成为工资劳工。[③]

1820～1929年，德国各地的对外流动人口大约有600万。[④] 在绝对数量上，德国输出的流动人口仅次于英国，一直到了1900年意大利输出的流动人口才超越了德国；在每千人中的移民数量上，德国在欧洲流动人口输出国中名列第十。在德国输出的流动人口中，近90%去了美国，其余的人去了阿根廷和巴西。在德国的边远地区，妇女曾经从事过繁重的田间劳动，她们甚至由于用不起耕畜，而不得不用人工拉犁。从这些妇女自北美寄回的信件中，可以看出她们在北美已经不再从事如此繁重的劳作，她们在信中还建议自己的姐妹和女性朋友也移

---

① Charlotte Erickson, "The Encouragement of Emigration by British Trade Unions, 1850-1900," *Population eses* 3 (1949-1950): 248-273; R. V. Clements, "Trade Unions and Emigration, 1840-1880," *Population Studies* 9 (1955-1956): 167-180; Pamela Horn, "Agricultural Trade Unionism and Emigration, 1872-1881," *Historical Journal* 15, 1972 :87-102; Howard L. Malchow, "Trade Unions and Emigration in Late Victorian England: A National Lobby for State Aid," *Journal of British Studies* 15,2 (1976): 92-116; Colin Newbury, "Labour Migration in the Imperial Phase: An Essay in Interpretation," *Journal of Imperial and Commonwealth History* 3 (1975): 234-256.

② Wolfgang Kaschuba, "Kindermarkt und Kinderarbeit in Oberschwaben im 19. und 20 Jahrhundert," *Sozialwissenschaftliche Informationen für Unterricht und Studium* 85, I (1985): 23-34; Otto Uhlig, *Die Sxhwabenkinder aus Tirol und Vorarlberg* (rev. ed., Stuttgart, 1983); Michael John and Albert Lichtblau, "Vienna around 1900: Images, Expectations, and Experiences of Labor Migrants," in Dirk Hoerder and Horst Rössler, eds., *Distant Magnets: Expectations and Realities in the Immigrant Experience, 1840-1930* (New York, 1993),52-81. 将无法养育的孩子送出去是德国童话故事的一个主题。

③ Wolfgang Köllmann and Peter Marschalck, "German Emigration to the United States," *Perspectives in American History* 7 (1973): 499-544; Günter Moltmann, ed., *Deutsche Amerikaauswanderung im 19. Jahrhundert: Sozialgeschichtliche Beiträge* (Stuttgart, 1976); Kathleen N. Conzen, "Peasant Pioneers: Generational Succession among German Farmers in Frontier Minnesota," in Steven Hahn and Jonathan Prude, eds., *The Countryside in the Age of Capitalist Transformation: Essays in the Social History of Rural America* (Chapel Hill, N. C., 1985), 259-292.

④ 流出和流入人口的数据不相吻合，这是由于分类上存在的问题：德国公民和操德语的人。

民到北美。因此,德国男人认为美国女人和德裔美国女人是在摇椅上度过生活的。德国向北美输出的流动人口的返回率很低。像欧洲其他地方一样,返回的流动人口在家乡修建了人所共知的"美洲式大房子",通过"炫耀性的消费"来彰显他们曾经去过美国。[①]

1893年后,来自德国的移民数量开始直线下降。1878～1890年,反社会主义的法律使政治压力成为经济因素之外影响人口流动的另一因素,一些技术工人迁往英格兰、俄国、巴尔干地区或更远的地方。德国国内的工业化吸收了剩余农业劳动力。19世纪80年代中期之后,德国的贵族地主和工厂主开始雇用波兰人在东部庄园从事低工资的季节性工作或在鲁尔工业区充当矿工。意大利人和西部乌克兰人(鲁塞尼亚人)迁往德国,俄国的犹太人来到了德国的大城市。1900年之后,德国在绝对数量上成为仅次于美国的劳动力输入国。[②]

边缘地区工人阶级的大迁徙:爱尔兰人、波兰人、犹太人和意大利人

19世纪80年代,爱尔兰人、波兰人、犹太人和意大利人居住的地区成为资本主义世界的劳动力蓄水池。在此前的几个世纪里,英国、德国和西班牙的流动人口作为征服者来到各殖民地,但19世纪80年代,来自欧洲边缘地区的工人阶级流动人口则只能进入接收国的社会底层。他们的大迁徙被贴上了劣等有色种族的标签。

长期以来,向英格兰、苏格兰低地和欧洲大陆的季节性和永久性人口流动是爱尔兰小土地所有者和下层阶级获得收入的一个渠道。1846～1848年,真菌引起的土豆凋萎病破坏了爱尔兰农民的主要食物来源。因"大饥荒"而逃难的爱尔

① Hartmut Keil and John B. Jentz, eds., *German Workers in Industrial Chicago, 1850-1910: A Comparative Perspective* (DeKalb, Ill., 1983), Keil, ed., *German Workers' Culture in the United States, 1850 to 1920* (Washington, 1988); Christiane Harzig, ed., *Peasant Maids, City Women: From the European Countryside to Urban America* (Ithaca, N. Y., 1997); Walter D. Kamphoefner, *The Westfalians: From Germany to Missouri* (Princeton, 1987); Nugent, *Crossings*, 63-72; Wolfgang Helbich, ed., *"Amerika ist ein freies Land...": Auswanderer schreiben nach Deutschland* (Darmstadt, 1985), 130, 132-133, 139-140 passim; Walter D. Kamphoefner, Wolfgang Helbich, and Ulrike Sommer, eds., *News from the Land of Freedom: German Immigrants Write Home*, trans. Susan C. Vogel (German Orig., 1988; Ithaca, N. Y., 1991); for similar Swedish letters, see H. Arnold Barton, ed., *Letters from the Promised Land: Swedes in America, 1840-1914* (Minneapolis, 1975), 179.

② Klaus Bade, ed., *Auswanderer, Wanderarbeiter, Gastarbeiter: Bevölkerung, Arbeitsmarketund Wanderung in Dertschland seit der Mitte des 19. Jahrhunderts*, 2 vols. (Ostfildern, 1984), esp. Bade's essay "Die deutsche überseeische Massenauswanderung im 19. und frühen 20. Jahrhundert: Bestimmungsfaktoren und Entwicklungsbedingungen."

兰农民最初给人“干净、勤奋”的印象，但是到了1847年，他们因饥饿而身体衰弱，每六个移民中就有一人因疾病死在运送流动人口的船上。在1841年后的10年间，爱尔兰的总人口平均减少了20%，其中农村的人口损失最大。从19世纪50年代中期到70年代，对外人口流动数量在减少，但此后又达到史无前例的新高。人口对外流动的比例为每千人中9.5～15人，输出地集中在西部六县。爱尔兰的人口从大饥荒前的800万下降到了1911年的440万。①

爱尔兰移民将自己的命运描绘为“从爱尔兰放逐”。爱尔兰移民同其他文化群体的流动人口不同，因为1871～1891年爱尔兰移民中的女性略多于男性，1901～1910年，女性同男性比为55：45。在爱尔兰，不同的性别文化、晚婚和高比例的独身将爱尔兰男女分隔开来。由此带来的低生育率使爱尔兰人口在1880～1914年停止了增长。女人的境况在饥荒后更加恶化。婚姻中将嫁妆留在家中的做法使女人受到更多的拘束，爱尔兰女人的劳动负担比前面描述过的德国农村女人的还要重。男性的娱乐空间和饮酒文化将女人排斥在外。在包括新教在内的宗教团体中，女性神职人员处于屈从的地位，她们的情况比其他文化中的女性神职人员更糟。1831年后，国家教育体制使会讲英语的爱尔兰女性比其他女性更易进入英美社会。但是，像爱尔兰男性一样，爱尔兰女性必须面对雇主们根深蒂固的偏见。②

大饥荒后，85%的爱尔兰移民去了美国。仅次于美国的目的地是英格兰、威尔士和苏格兰。在19世纪90年代，前往加拿大的爱尔兰移民超过了去澳大利亚和新西兰的移民。大多数移民是天主教徒，有一些人会说英语和盖尔语两种语言。在英格兰，爱尔兰流动人口成为农业和城市劳工；在美国，他们主要是城

---

① David Fitzpatrick, *Irish Immigration, 1801-1921* (Dublin, 1984); Arthur Redford, *Labour Migration in England, 1800-1850*, rev. by W. H. Chaloner (1st ed., 1926; Manchester, 1964); Cormac O'Gráda, "A Note on Nineteenth-Century Emigration Statistics," *Population Studies 29* (1975): 143-149; Joel Mokyr, *Why Ireland Starved: A Quantitative and Analytical History of the Irish Economy, 1800-1850* (London, 1983); R. Dudley Edwards and T. Desmond Williams, eds., *The Great Famine: Studies in Irish History, 1845-1852* (1957; repr., New York, 1976), esp. 319-388; Frank Neal, *Black'47: Britain and the Famine Irish* (New York, 1998). 关于苏格兰高地发生的土豆枯萎病和饥荒，参见 T. M. Devine and Willie Orr, *The Great Highland Famine: Hunger, Emigration and Scottish Highlands in the Nineteenth Century* (Edinburgh, 1988).

② Hasia R. Diner, *Erin's Daughters in America: Irish Immigrant Women in the Nineteenth Century* (Baltimore, 1983); Deirdre Mageean in Harzig, *Peasant Maids*, 57-97, 223-260.

市工人和按日计酬的散工。预付的船票成为资助他们前往北美的主要形式。[①]

波兰人、犹太人和其他东欧人在流动初期进行了多方向的小规模迁徙，然后才开始大规模地向西迁徙。19 世纪末，在霍亨索伦、哈布斯堡和罗曼诺夫王朝统治的地区，在“帝国国家主义”的体制下，自封的主流文化试图剥夺“少数民族”用自己语言进行教学和出版的权利，将少数民族纳入主流社会，即便是在少数民族的传统聚居区也是如此。作为对压迫的反抗，在文化上处于边缘地位的人们则更加强调其民族意识，在本民族移民的帮助下，这些民族的中产阶级要求进行政治自治。例如，当马扎尔统治者关闭斯洛伐克的中等学校时，北美掀起的斯洛伐克民族运动浪潮比在斯洛伐克国内的还要猛烈。劳工流动和民族觉醒相互呼应。

当普鲁士控制下的波兰（1807～1850 年）、奥地利控制下的加利西亚（1848 年）和俄国控制下的波兰（1864 年）废除农奴制后，波兰人中担任农业工资劳工和城市临时工的人增加了。土地严重短缺。人口从 1860 年到 1914 年增长了 117％（欧洲的平均增长率为 70％），但贵族的土地仍神圣不可侵犯。在普鲁士，耕种小块土地的农民被剥夺了土地租用权，中等地位的农民被迫将他们 1/5～1/3 的土地让渡给地主作为赔偿。资本对农业的渗透和农业机械化进程迅速，从国外进口的农产品，尤其是小麦和甜菜，加速了季节性人口流动。在加利西亚，少于 5 公顷的土地的人家已无法维持生计，这种情况很普遍。没有土地继承权的子女离开土地去从事工资工作，获得土地继承权的子女也外出务工来对离开土地的兄弟姐妹做补偿。在哈布斯堡王朝控制下的地区，政府有意保持边远地区和少数民族的落后状况，从而使贫困加剧。投资的结构也有利于主体民族，不利于波兰人和其他少数民族群体。波兰贵族为了继续获得农业方面的廉价劳动，支持了这一投资政策。[②]

在第三块兼并地区俄国控制下的波兰（1864 年后为俄国的波兰地区），有约 1/3 的农村人口属于无地的无产阶级，该地区的人口从 1810 年的 330 万增长到

---

① Kerby A. Miller, *Emigrants and Exiles: Ireland and the Irish Exodus to North America* (New York, 1985); Cormac O'Gráda, "Demographic Adjustment and Seasonal Migration in Nineteenth-Century Ireland," in Louis M. Cullen and Francois Furet, eds., *Irlande et France XVIIe-XXe siècles: Pour une histoire rurale comparée* (Paris, 1980), 181-193; Nugent, *Crossings*, 49-54.

② 波兰各族群所居住的领土必须被视为一个文化上的整体。Piotr S. Wandycz, *The Lands of Partitioned Poland, 1795-1918* (Seattle, 1974); Norman Davies, *God's Playground: A History of Poland*, 2 vols. (New York, 1981); Inge Blank, "A Vast Migratory Experience: Eastern Europe in the Pre- and Post-Emancipation Era (1780-1914)," in Dirk Hoerder and Blank, eds., *Roots of the Transplanted*, 2 vols. (New York, 1994), I: 201-251, esp. 235-236.

1910年的1210万，增长了272%。该地区经济增长迅速。普鲁士控制下的波兰(19世纪10～20年代)的纺布工和制衣工输入到这里，萨克森(19世纪30～40年代)的纺织工人也输入到该地区。罗兹的纺织厂(见第11章第12节)和华沙的金属冶炼厂等工业吸引了当地和国外的技术工人。但普鲁士和俄国的关税政策阻碍了该地区内部劳动力市场的进一步发展。在1848年的革命岁月中，由于纺织工人的反抗行为，当局加强了对外来移民的控制。1860～1914年，波兰2900万人口中有约1000万进行了流动。其中有1/5～1/4流动到波兰国内的正在进行工业化的城市或投资中心。这些"非永久性"城市人口在秋收季节会回到农村或在那里度过冬天。在俄国有60万波兰移民，其中1/3是工人。在圣彼得堡有6万波兰人，敖德萨和里加分别有2.4万人，莫斯科有2万人，另有约6000人为了土地最远去了西伯利亚。大多数波兰流动人口去了德国；一些人去了比利时的矿山，或到丹麦从事农业，或到法国充当劳工。一小部分人去了南美洲和澳大利亚，约20%去了美国。城市工人仅占流动人口的12%～15%。波兰流动劳工或许会跨越帝国的边界，却留在波兰人聚居区；他们或许会跨越文化边界，却留在帝国的政治疆域之内。[①]

俄国的犹太人由于受到歧视和集体屠杀、人口增长过快和贫困、缺乏工作和土地，遭到劳工和政治激进分子的迫害，被迫进行了对外流动和逃亡(见第11章第1节、第12章第5节)。在1897年统计的520万犹太人中，有250万在1880～1914年离开。技术工人和工匠大多居住在欧洲的大城市，尤其是柏林、巴黎和伦敦。在这些城市犹太人虽然已经被同化，但仍受到压迫。200多万人去了美国，20万人去了英国，只有6万人去了巴勒斯坦。犹太流动人口主要来自俄国的立陶宛、东部波兰和白俄罗斯等地，这些地区离德国和波兰的移民接收地区很近，同时距汉堡和不来梅等港口也不远。乌克兰省的犹太人口增长最快，

---

① Celina Bobinska and Andrzej Pilch, eds., *Employment-Seeking Emigrations of the Poles World-Wide, XIX and XX C.*, trans. Danuta E. Zukowska (Kraków, 1975); Ewa Morawska, "Labour Migrations of Poles in the Atlantic World Economy, 1880-1914," *Comparative Studies in Society and History* 31(1989): 237-272. Anna Zarnowska, "Changes in the Occupation and Social Status of Women in Poland since the Industrial Revolution till 1939," *Comparative studies in Society and History* 71 (1995): 123-131, and Zarnowska, "Rural Immigrants and Their Adaptations to the Working-Class Community in Warszaw," in Hoerder and Blank, *Roots of the Transplanted*, 2: 289-304; Blank, "A Vast Migratory Experience," 231-247. 当波兰在1918年重新获得独立之后，返回波兰的人口不断增加，一直持续到经济问题和通货膨胀阻止了更多的人返回波兰。

一些人从敖德萨出发进行流动。①

19 世纪 80 年代的世界范围内的农业危机,给意大利农民带来了灾难。对殖民地的劳动力的剥削和低廉的运输费用给意大利带来了进一步损失:印度的大米和皮埃蒙特的大米展开竞争;中国和日本的丝绸将意大利产丝绸挤出了它的传统市场;法属突尼斯和阿尔及利亚出产的柑橘、无花果和油料也和意大利的产品展开了贸易竞争。意大利政府执行的关税政策照顾了实业家和农场主的利益,却损害了劳工和农民的利益。因此,1876～1914 年,几乎有 1400 万意大利人离开本国;1915～1930 年,又有 400 万意大利人离开。意大利政府依靠税收维持军队和官僚机构,意大利移民寄回的汇款则为米兰、都灵和热那亚的工业化提供了资金保障。②

1876～1900 年,3/5 的流动人口来自意大利北部(和英格兰的情况类似);其他流动人口来自意大利南部,那儿的贵族和在外地居住的地主拒绝向农业投资进行现代化改造(和爱尔兰和加利西亚的情况类似)。在北方,经济落后的威尼斯地区有 13%的人口外迁。除经济周期之外(经济周期指 1904 年的经济衰退和 1907～1908 年美国的经济不景气),政治也影响到人口流动情况。如,意大利和土耳其战争期间的兵役或由阿根廷对流动人口进行卫生检查引起的争议。移民们去了西欧(44%)、北美(30%,从蒙特利尔到新奥尔良)及巴西和阿根廷

---

① Nancy L. Green, ed, *Jewish Workerrs in the Modern Diaspora* (Berkeley, 1998), and Green, *The Pletzlof Paris: Jewish Immigrant workers in the "Belle Epoque"* (New York, 1986); Jonathan Boyarin, *Polish Jews in Paris: The Ethnography of Memory* (Bloomington, 1991); Jack Wertheimer, *Unwelcome Strangers: European Jews in Imperial Germany* (Oxford, 1987); Trude Maurer, *Ostjuden in Deutschland, 1918-1933* (Hamburg, 1986); Willian J. Fishman, *East End Jewish Radicals, 1875-1914* (London, 1975); Ronald Sanders, *Shores of Refuge: A Hundred Years of Jewish Emigration* (New York, 1988); Joel Perlmann, "The Geographic Origin of Russian-Jewish Immigrant Arrivals in the United States at the Turn of the [20th] Century," research report, European Social Science History Conference, Noordwijkerhout, Netherlands, 9-11 May 1996. Simon Kuznets, "Immigration of Russian Jews to the United States: Background and Structure," *Perspectives in American History* 9 (1975): 35-124; Moses Rischin, *The Promised City: New York's Jews, 1870-1914* (Cambridhe, Mass., 1962); Joseph Brandes, *Immigrants to Freedom: Jewish Communities in Rural New Jersey since 1882* (Philadelphia, 1971); Stephen A. Speisman, *The Jews of Toronto: A History to 1937* (Toronto, 1979); Susan A. Glenn, *Daughters of the Shtetl: Life and Labor in the Immigrant Generation* (Ithaca, N. Y., 1990).

② Anna M. Martellone, "Italian Mass Emigration to the United States, 1876-1930: A Historical Survey," *Perspectives in American History*, n. s., 1 (1984): 379-423; Dino Cinel, "The Seasonal Emigration of the Italians in the Nineteenth Century: From Internal to International Destinations," *Journal of Ethnic Studies* 10 (1982-83): 43-68; Nugent, *Crossings*, 95-100; Gianni Toiolo, *An Economic History of Liberal Italy, 1850-1918*, trans. Maria Rees (Italian orig., 1988; London, 1990), 73-97.

(22%)。技术工匠们沿传统路线迁徙到法国和德国。当易北河东部的贵族提供工作机会时,意大利农村流动人口将其与阿根廷的季节性工作进行了比较,结果发现德国东部的工作条件要比阿根廷糟糕,而且越过阿尔卑斯山前往德国的火车票比跨越大西洋的船票还贵,于是那些有充足资金支付船票的人都去了拉丁美洲。同美国相比,拉美的工作前景更好,语言问题要少,文化适应更加容易,向社会上层迈进的潜力更大。1900 年之前深受移民喜爱的目的地——巴西和阿根廷以及委内瑞拉和乌拉圭,都积极招募劳工并提供路费补助。那些没钱却又急于找到工作的人去了北美。1900 年之后,北美成为移民新热点,每年吸引多达 50 万移民。① "事实再次证明流动人口并非赤贫和绝望的人,而是具有合作意识的创业人群。"②

欧洲其他边缘地区的经济状况也促使各种民族文化的人评估他们的迁徙选择。1871~1914 年,470 万移民从伊比利亚半岛出发,主要去了阿根廷、巴西和古巴。来自西班牙加利西亚的季节性工人被称为"燕子",他们利用南北半球季节相反的特点,越过大西洋充当收获季节的帮工。巴尔干人和希腊人加入跨大西洋的人口流动较晚。作为奥斯曼帝国的臣民,他们的经济交往集中在地中海东部,而不是大西洋。在哈布斯堡帝国,斯洛文尼亚人、克罗地亚人、匈牙利人、斯洛伐克人和向西人口流动的信息渠道有联系,也因此进入了大西洋人口流动体系。在俄罗斯—西伯利亚人口流动系统和大西洋人口流动系统之间的地区,乌克兰同时向两个系统流动,波罗的海周边民族向西流动,但人数较少。波罗的海三个民族、芬兰和冰岛的流动人口约有 210 万,其中 90%多都去了北美。③ 总

① 一战之后,美国和一些拉美国家实施的移民限制迫使潜在的移民重新考虑他们的目的地,从而将欧洲作为可能的选择。

② Nugent, *Crossings*, quote on 96; Ercole Sori, *L' Emigrazione italiana dall'unità alla seconda guerra mondiale* (Bologna, 1979), 19-47; Gianfausto Rosoli, ed., *Un secolo di emigrazione italiana, 1876-1976* (Rome, 1980), and Rosoli, "Italian Migration to European Countries from Political Unification to World War I," in Dirk Hoerder, ed., *Labor Migration in the Atlantic Economies: The European and North American Working Classes during the Period of Industrialization* (Westport, Conn., 1985), 95-116; Bruhno Bezza, ed., *Gli Italiani fuori d' Italia: Gli emigrati italiani nei movimenti operai dei paesi d'adozione (1880-1940)* (Milan, 1983); Donna Gabaccia, "The 'Yellow Peril' and the 'Chinese of Europe': Global Perspectives on Race and Labor, 1815-1930," in Jan Lucassen and Leo Lucassen, eds., *Migration, Migration History, History: Old Paradigms and New Perpectives* (Bern, 1997), 177-196.

③ Carl Strikwerds, "Tides of Migration, Currents of History: The State, Economy, and the Transatlantic Movement of Labor in the Nineteenth and Twentieth Centuries," *International Review of Social History* 44(1999): 367-394; Hoerder, *Labor Migration in the Atlantic Economies*, and Hoerder and Blank, *Roots of the Transplanted*; Nugent, *Crossings*, 101-107.

之,欧洲的工人阶级和农业剩余人口从欧洲经济或政治落后的边缘地区,向大西洋两岸工业化地区的国际化的劳动力市场流动。

世界劳动力市场中的乡村经济

我们现在用一位意大利农村女性的例子来分析大西洋人口流动体系中人口流动过程和同化过程的复杂性。罗莎是米兰的一位孤儿,在米兰附近的一个农村被人抚养长大。七岁时,养母把她送到村中的丝绸厂当童工。长大后,像其他未婚女孩一样,她来到距该村有一天路程的一家丝绸厂工作,并接受年长妇女的培训。男孩子们则随父辈去了更远的地方,学习砖瓦匠和抹灰工的技术。村里的年轻男子会去法国从事季节性或常年的建筑工作。罗莎的养父作为水手曾经去过美洲,是村子和外界进行信息交流的中间人。罗莎没有任何向上一层社会发展的关系:位于后院的她家同前院"有钱人"的家之间有一条无法逾越的鸿沟,"有钱"的人可以在汤里放些肉。这个村庄虽然靠近城市,但村民和城市间存在隔阂,村民甚至不敢和来自米兰的筑路工人讲话。[①]

村中的一些成年男性,无论未婚还是已婚,都前往密苏里的铁矿工作。在进行长途迁徙之前,这些暂时性流动劳工中的一些人结了婚,然后带着妻子去了美国,因为他们"需要女人为他们洗衣做饭"。不过这些由于婚姻而迁徙的妇女所从事的工作是没有报酬的。还有,一些懂技术的丝绸女工在男性工头的带领下,到大西洋人口流动体系之外的日本去培训工人。[②] 对罗莎来说,跨越大西洋要比获得妇女解放更容易。她的婚姻是其养母包办的,婚后她丈夫扔下她去了密苏里。后来丈夫令她随同下一批人到密苏里。同去的四位女性有着不同的理想和经历。罗莎把她年幼的儿子留给了养母;对她来说,挣钱比感情更为重要。那三位女性中的第一位,在和丈夫分居数年后,将带着孩子去美国和丈夫团聚;第二位女性要去美国和她七岁时见过的一名男子结婚;而第三位要和来自意大利另一个地区的陌生男子完婚,因为婚姻可以给女人带来传统上的体面和一张去往新世界的船票。1900 年后,前往美国的移民中,有 94%是投奔亲属(79%)或

① 比较欧洲其他地区的社会壁垒:在丹麦和瑞典的文献中,挣 50 欧尔(14 美分)被描述成几乎不可能的事情。Barton, *Letters*, 42, see 256, 285; Martin Anderson Nexф, *Pelle der Eroberer*, 2 vols., trans. Mathilde Mann (Danish orig., 1906-1910; German trans., Berlin, 1949), 1:117, 126-129; Astrid Lindgren, "Sammelaugust," 22-31, in *Erzählungen* (Hamburg, 1979).

② *Marie Hall Ets, ed., Rosa: The Life of and Italian Immigrant* (Minneapolis, 1970), 76-88, 120-122; E. Patricia Tsurumi, *Factory Girls: Women in the Thread Mills of Meiji Japan* (Princeton, 1990); Tilly, "Industrialization and Gender Inequality," 275-181.

朋友（15%）。组织家庭并生儿育女和能取得工资的工作一样将大西洋两岸联系在了一起。[①]

到达密苏里的当天早上，新到的男性流动人口就必须开始矿山工作，罗莎也就开始了照料丈夫宿舍的工作。新来的流动人口由于经济来源有限，必须马上开始工作（"生存的经济学"），必须马上在重建亲属关系中发挥作用（传统性别角色的继续）。国际化的劳动市场产生了跨越国界的社区。对于一些男人来说，变化是巨大的：从耕种土地到矿井工作。对于罗莎来说，工作仍然是令人不安的：她必须为12个男人做饭。她为他们的早餐准备了咖啡，那是她以前从未见过或尝过的有钱人的饮品。由于搭伙的人比较复杂，她还不得不把饭食做得有意大利风味，那是基于她所在的伦巴底区的一种烹饪方式。在密苏里生活的第一天，在早午餐之间的时间，她就必须到操德语的农民和操英语的店主那儿去采购生活必需品。邮递员很友好，这使罗莎深感吃惊，因为在意大利邮递员的地位较高，人们必须尊敬他们。总之，在密苏里，新来的人必须在24小时之内初步适应新生活。[②]

劳工的流动往往等同于农村家庭的流动，是他们转入工厂生活的一个缓冲阶段。男人们留下妻儿，独自进行临时性迁徙；或者全家迁徙到新的宅地，然后男人外出挣工资。与城市的无产者相比，这些在工农生产方式之间流动的人口可以去远方工作并接受较低的工资，因为家中的其他成员可以从事农业生产，为冬天的生活提供保障。与现代化的模式相反，流动劳工往往不想成为"现代人"，他们的目的是继续从事传统的农业或手工业工作。19世纪90年代到20世纪20年代初期，有1/3的暂居者从美国返回家乡；在欧洲内部进行迁徙的人们，大都选择返回原籍。这些返回的流动人口以及在外地的流动人口写回的信件提供了远方劳工市场的相关信息，随后的流动人口就可以前往这些市场，组成只有在很偶然的情况下他们才会变更迁徙的目的国。这些流动人口的经历说明从传统社会到现代社会的转型并不存在突然的断裂，不同文化之间的断层也不如人们

---

① *Marie Hall Ets, ed.*, *Rosa*: *The Life of and Italian Immigrant* (Minneapolis, 1970), 17-26, 41-42, 113-141, 153-165. Suzanne Sinke, "The International Marriage Market: A Theoretical Essay," in Dirk Hoerder and Jörg Nagler, eds., *People in Transit*: *German Migration in a Comparative Perspective*, *1820-1930* (Cambridge, 1995), 227-248. Helbich, *Auswanderer schreiben*, 133,136 ("could you find a girl and send her over as a partner for me"), 137; Barton, *Letters*, 195, 234; *Reports of the Immigration Commission* (Dillingham Commission), 41 vols. (Washington, D.C., 1911), 3:358-359, 362-365.

② *Marie Hall Ets, ed.*, *Rosa*: *The Life of and Italian Immigrant* (Minneapolis, 1970), 172-175.

想象的那样巨大。流动人口利用了个人资源、他们的社会资源(关系网)和社区资源来不断改善人生境遇并避免情感的崩溃。流动人口的成功和失败也受到接收国权力关系状况和资源分享权是否平等的影响。

2. 无产阶级大迁徙

19 世纪的"无产阶级大迁徙"是在劳工和经济体制发生重大变化的框架内发生的。第一,一些社会经济区域对剩余技术工人进行了培训,如英格兰的高级技师、德国的技术工人和意大利的建筑工人。在大西洋两岸的经济体中,技术移民培训了无技术的当地劳动力队伍。从家庭教育的角度来看,已婚夫妇没有因为婴儿死亡率的降低和寿命的延长而调整生育计划。第二,生产技术得到了改进。工作的标准化以及复杂生产过程简化为简单重复工作(泰勒主义),使得雇用农村来的无技术劳动力成为可能。第三,大规模的生产代替了工人,而且增加了消费品的供给。19 世纪 90 年代,芝加哥的肉牛屠宰线产生了就业机会,也使得妇女的一些家务劳动成为历史。在 20 世纪 10 年代,底特律的汽车装配线降低了生产成本,使低收入人群也买得起汽车。第四,劳动力市场国际化。农业的规模化生产为种植园经济中的奴隶和非自由劳工提供了劳动市场,也为从事谷物和块根植物生产的季节性自由劳动提供了劳动市场。语言、文化或前期培训已不再重要。[①]

外来人口刚到接收国时必须依靠"启动资金",因为他们在接收国尚无社会资源可以利用。1899～1910 年,前往美国的流动劳工平均携带 21.50 美元:犹太人约带 12 美元,讲德语的劳工 40 美元。劳工必须马上工作来养活自己,而且要能灵活地进行就业,因此年轻而健康的人成为流动劳工的首选人群。[②] 稀缺的资源也限定了流动劳工的性别构成。流动劳工群体无法负担携带妻子的费用,男人们选择集体生活以降低生活费用,俄国的合作社和北美的寄宿处都是如此。一个十几个人组成的劳工群体会雇用一名妇女来洗衣做饭。有时,他们也采取由男人轮流做家务的形式。工人阶级男性移民的这种集体生活方式使那些倡导中产阶级体面生活的人和提倡社会改革的人深感忧虑。另一方面,女性移

---

① David M. Gordon, Richard Edwards, and Michael Reich, *Segmented Work, Divided Workers: The Historical Tranformation of Labor in the United States* (Cambridge,1982),分析了生产过程但没有分析劳动市场的划分。

② *Reports of the Immigration Commission*, 3:349-354.

民则不选择集体生活方式。作为包吃包住的女佣，她们生活在接收国的体面人家中，并受到良好的约束。她们学会了新的习惯和日常生活中的习俗。

流动人口必须面对复杂的多层的且呈分隔状态的劳动力市场。在那些发展迅速、资金密集且形成稳定规模的主要生产部门工作的人，可以获得较高工资、较好的工作环境、较稳定的就业和提升机会。只有少数有技术的流动劳工，如在布达佩斯或芝加哥工作的德国工人，可以找到这样的工作，大多数好工作被本地出生的人占据。在那些发展缓慢、受剥削程度严重、竞争激烈的次要部门工作的人，往往就业不稳定、收入低、工作危险性大或工作条件不好。这些工作面向无技术的流动劳工开放，不考虑劳工的文化背景或国籍。那些位于城市边缘或少数民族聚居区的工作，存在高度不稳定性。[①]

在和本地出生的工人竞争时，流动劳工可以从较早到达的劳工或从雇主招聘中获得关于本地就业市场的信息。只有那些适合他们技术状况、交流水平和文化他者地位的市场部门向他们开放。劳动力市场依据技能和语言能力分为几个层次，还按照性别、种族、肤色、宗教等标准划分。只有一部分市场向国际劳工开放，因此，外来劳工并没有和本地人在就业方面进行竞争。只有两个来自不同文化的群体在同一劳动力市场出现，而且在劳动力价格上不同时，才会出现竞争。大规模的人口流入的确造成了剩余劳动力的出现，但另一方面也由于增加了需求而促进了生产、增加了就业。[②]

在"无产阶级大迁徙"期间，国际化的劳动力市场并没有自动产生国际的阶级意识。无论是来自农村还是城市，这些劳工都来自他们所在社会的无产阶级。他们加入了工厂劳动力大军，改变了传统的抗议劳动关系的方式，将种族文化价值同阶级文化价值结合起来，形成组织并进行合作。当本地的工人组织认为移民无组织性或雇主挑拨劳工群体间的民族关系时，文化排斥性和冲突才有可能分裂移民工人阶级。

---

① Clark Kerr, *Labor Markets and Wage Determination: The Balkanization of Labor Markets and Other Essays* (Berkeley, 1977); Michael J. Piore, *Birds of Passage: Migrant Labor and Industrial Societies* (New York, 1979); John B. Jentz, "Skilled Workers and Industrialization: Chicago's Cerman Cabinetmakers and Machinists, 1880-1900," in Keil and Jentz, *German Workers*, 73-85.

② Edna Bonacich, "A Theory of Ethnic Antagonism: The Split Labor Market," *American Sociological Review* 37 (1972): 547-559; John B. Chiristiansen, "The Split Labor Market Theory and Filipino Exclusion: 1927-1934," *Phylon* 40 (1979): 66-74; Jeffrey G.. Reitz, "Ethnic Concentrations in Labour Markets and Their Implications for Ethnic Inequality,"in Raymond Breton et al., *Ethnic Identity and Equality: Varieties of Experience in a Canadian City* (Toronto, 1990), 135-195; Dirk Hoerder, ed., "*Struggle a Hard Battle*": *Essays on Working Class Immigrants* (Dekalb, Ill. 1986).

国际化的劳动力市场为流动劳工提供了生存的初步基础。文化使移民相互联系起来,促进了社群的形成和社会资源的发展。在适应新劳工市场的过程中,流动劳工阶级失去的不仅仅是他们身上的枷锁(修改一下马克思和恩格斯《共产党宣言》中那个著名的短语)。为了避免他们原有的种族—阶级文化和个人身份的丧失,这些劳工在接收国允许的范围内按照自己的文化建立了互助组织并安排物质生活。流动劳工对接收国本地的工人组织有所警惕,因为这些工人组织只能反映主流社会中的阶级状况。流动劳工融入新社会,加入新的劳工运动,需要各方面做出让步和妥协。

过去,夫妻共同劳动来耕种土地或经营作坊,这不利于夫妻中任何一方的单独迁徙。但农业和手工业生产向大规模生产和工资劳动的转变,使家庭经济的组成和重组变得更加容易。工厂和服务业提供的工作机会使单身男女可以根据自己的兴趣来生活、工作和迁徙。生活在斯德哥尔摩的农村女性移民将工作和反传统的家庭形式结合起来。作为单身女性,她们有权拥有自己的财产、工资和孩子。这种被农村社会所唾弃的“姘居”生活方式在城市中有存在的可能。迁徙成为获得新生活方式的途径,年轻人尤其是年轻女性可以借此扩展他们的社会空间。①

工业化欧洲:移民社会,多民族城市

19世纪末的欧洲城市里有大量的多民族人口。在北美和澳洲即使是英国血统的人也只能算是移民,社会文化多元化倾向明显。但在欧洲,新生民族国家中的中产阶级文化把关人要求实行单一的国家文化。他们在单一的国家文化制度下教育下一代,将文化空间视为民族国家的有机组成部分。因此,移民城市、民族马赛克或多元主义并没有在欧洲城市发展起来。

1914年之前,欧洲的大多数劳工流动局限在国家或帝国版图之内。在跨大西洋人口流动的高潮期,也只有5%的奥匈帝国人口离开帝国,其他流动人口则以布拉格和维也纳为中心进行内部迁徙。② 在欧洲,有许多工业化城镇正在扩张,它们像小岛一样散布在农业世界之中。这些城镇从周边农村获取劳动力,并从远方的城市吸取技术工人和管理人员。在西欧,进入城市的农民和城市居民

① Margareta R. Matovic, *Stockholmsäktenskap: Familjebidning och partnerval i Stockholm, 1850-1890* (Stockholm, 1984).

② Heinz Fassmann, “Emigration, Immigration and Internal Migration in the Austro-Hungarian Monarchy, 1910”, in Hoerder and Blank, *Roots of the Transplanted*, 1: 253-307.

在文化上是同质的，但经济状况却相差很大；在存在种族文化等级的东欧城市中，操多种语言的工人阶级出现了，他们和周边农村人口的种族差异明显。技术移民加入了操德语的社会群体，无技术的流动人口加入了操当地语言的下层社会。

到19世纪中期，欧洲大多数城市的人口中有50%是非本地出生的。例如，格拉斯哥拥有来自小城镇和高地的苏格兰人社区、立陶宛人社区、爱尔兰人流动人口和少量意大利人。1890年之前，城市人口增长主要依赖外来人口的输入：圣彼得堡人口的增长100%来自外来人口，慕尼黑为72%，巴黎为64%，哥本哈根为57%，莱比锡为40%。鉴于第一代流动人口将农村高生育率移植到了城市，流动人口对城市人口增长的推动作用变得更为显著。[①]

某个特定时间的移民数量，或流进和流出人口的差额，只能提供一幅静止的图画。流动人口的总量反映了真实的流动程度。19世纪50年代，德国杜伊斯堡每年每100人中有16人参加过流动；地，而人口出生率为8%，是人口流动率的一半。到1900年，每100人中有40多人参加过移民活动。此外，每年还有15%～35%的居民更换居住地。在流入人口中，每六人中有一人是外国人，他们来自荷兰、意大利、奥匈帝国、比利时、丹麦和俄国。单身流动人口不会久居，由年轻夫妻组成的家庭会留下来。在港口城市不来梅，波兰和鲁塞尼亚移民在纺织厂工作，意大利人也随后加入。很多不来梅的商人家庭都是欧洲其他民族的后裔，但共同的经济利益远比文化差异重要。此外，到1900年为止，不来梅每年要接待20万过境流动人口，约每个工作日700人。[②]

人口流动和同化的各种形式可以由下面四个城市或地区来说明。在奥地利首都维也纳和德国鲁尔工业区工作的新来者，必须面对哈布斯堡王朝和霍亨索

---

① Adna F. Weber, *The Growth of Cities in the Nineteenth Century*: *A Study in Statistics* (1899; Ithaca, N. Y., 1963), 230-284; Wolfgang Köllmann, "Industrialisierung, Binnenwanderung und soziale Frage", in, ed., *Bevölkerung in der industirellen Revolution* (Göttingen, 1974), 117; V. G. Kiernan, "Britons Old and New," in Colin Holmes, ed., *Immigrants and Minorities in British Society* (London, 1978), 23-59; René Leboutte, "Le role des migrations dans la formation des bassins industriels en Europe, 1800-1914," in Antonio Eiras Roel and Ofelia Rey Castelao, eds., *Les Migrations internes et à moyenne distance en Europe*, *1500-1900* (Santiago de Compostela, 1994), 443-482.

② James H. Jackson Jr., *Migration and Urbanization in the Ruhr Valley*, *1821-1914* (Atlantic Highlands, N.J., 1997); Steve Hochstadt, *Mobility and Modernity*; *Migration in Germany*, *1820-1989*, (*Ann Arbor*, 1990); *Karl M. Barfuß* "Foreign workers in and around Bremen 1884-1918," in Hoerder and Nagler, *People in Transit*, 201-224, based on Barfuß 's book "*Gastarbeiter*" *in Nordwestdeutschland*, *1884-1918* (Bremen, 1986).

伦帝国统治下的社会文化隔离政策和就业形式。移民同当地劳工在工作中的交流以及移民愿意同化的态度,并不能克服社会主流群体的文化排外行为。另一方面,巴黎则接收国内和国外流动人口,实行文化同化和多元互动并行的政策。布达佩斯拥有多民族人口,各民族并不平等,但该市具有民族内互助和认可多元化的传统。

由于各国首都拥有政治上的广泛联系、贵族的消费模式和资本家的投资,因此,它们吸引了大量形形色色的流动人口。维也纳对哈布斯堡帝国民众具有很大的吸引力,号称“多民族的国家”。迁往维也纳的流动人口来自波希米亚、摩拉维亚、斯洛伐克、匈牙利、波兰—乌克兰—犹太人聚居的加利西亚以及布克维纳。希腊商人、意大利商人和犹太家庭居住在不同的区域。敏锐的观察者发现维也纳尚未成为一个充满机会的城市,他们称其为“波将金式的城市”:这里有诱人的贵族和资本家居住的豪宅,但是这里工厂的工作条件和工人的居住条件都很恶劣——到处充斥着贫穷、肺炎和娼妓——所有这些在流动人口的期望和现实发生冲突之时才会呈现在他们面前。[①] 在 1900 年之前的 20 年中,维也纳的人口增加了 130%。和下奥地利毗邻的捷克地区向维也纳输出了大量的人口。从事服务业的移民妇女创造了“维也纳烹饪技术”,她们做出来了具有波希米亚风味的匈牙利饭菜。该市对文化的资助和众多的文化机会也吸引了人文学者和艺术家。很多工人是季节性的,每年少数民族联合会登记的成员几乎百分之百地会发生流动更替,德国的劳工团体也面临相同的情况。在生命中的一个特定时期,无产者的迁徙会伴随很强的流动性,不会发生单一向度的流动。[②]

当捷克人来到维也纳时,他们已经学会说德语;当他们的社会经济地位提高后,他们要求以捷克—维也纳人的身份融入讲德语的主流社会。从城区的整体看,居住隔离的程度较低;但从街道来看,居住隔离的程度较高。隔离程度最高的地方是贫民居住的经济公寓。维也纳的男女比例失调,在讲德语的人当中男女比为 100∶112,在讲捷克语的人当中则为 100∶82,因此产生了民族间通婚和

① Heinz Fassmann, “A Survey of Patterns and Structures of Migration in Austria, 1850-1900,” in Hoerder, *Labor Migration in the Atlantic Economies*, 79, 87-91; Richard Klucsarits and Friedrich G. Kürbisch, *Arbeiterinnen kämpfen um ihr Recht* (Wuppertal, 1982); Sirk Hoerder, “Labour Migrants' Views of ‘America’,” *Renaissance and Modern Studies* 35 (1992): 1-17; John and Lichtblau, “Vienna around 1990.”

② Karl M. Brousek, *Wien und seine Tschechen: Integration und Assimilation einer Minderheit im 20. Jahrhundert* (Vienna, 1980); Monika Glettler, *Die Wiener Tschechen um 1900: Strukturanalyse einer nationalen Minderheit in einer Großstadt* (Vienna, 1980), and Glettler, “The Acculturation of the Czechs in Vienna,” in Hoerder, *Labor Migration in the Atlantic Economies*, 297-320.

文化融合。捷克移民希望融入维也纳社会，但他们必须面对来自讲德语的奥地利人不断增加的民族主义。在帝国之内，捷克人和讲德语的奥地利人展开了资源竞争，包括政治影响、工业发展、社会声誉。当民族主义分子强行在捷克人的故乡波希米亚和捷克移民聚居的维也纳推行德语化时，那些从捷克文化区来到德语区工作的人便在争夺身份和控制的斗争中成为人质。多民族的奥匈帝国深受鼓吹单一文化的民族主义的危害。①

在德国的鲁尔工业区，首都城市所特有的国际联系不存在，那儿的上层阶级也没有用慷慨大方的消费方式来刺激就业。1880 年之前，鲁尔工业区煤矿和冶炼业所需的劳动力由周边农村地区提供。1880 年之后，他们还招募了被普鲁士兼并的波兰的工人。作为公民，这些波兰人在迁徙方面不受限制，但和维也纳的捷克人一样，民族主义当局通过禁止波兰人在公共场所讲波兰语的方式干涉波兰工人进行同化的进程。工业对额外劳动力的需求（40 万波兰人和 5 万马祖里人）和政府建立单一文化社会的计划相矛盾。为了应对这一政治、文化上的限制，拥有德国公民身份的讲双语的波兰人加入了秘密的民族组织，并强化了波兰语的使用。②

奥地利的社会党试图在日常工作中将阶级和民族结合在一起，而不是倡导所谓的“国际主义”（“小国际”或奥地利内部的国际），而德国的工会和社会民主党表示对阶级内的种族问题难以理解。因此，波兰移民组织了自己的工会，并以天主教为基础，招募尚未加入工会的工人。德、奥两国执行的无条件同化政策迫使移民强调他们“波兰人”或“捷克人”的文化特征作为政治和经济上的资源。在同化过程中，移民沦为了二等公民。③

那些由于历史原因而拥有多民族人口的城市，在民族互动方面存在不同的

① Glettler, “Acculturation,” 299, 302-305, 313; Fassmann, “Migration in Austria,” 87-89.

② Christoph Kleßmann, *Polnische Bergarbeiter im Ruhrgebiet, 1870-1945* (Göttingen, 1978), and Kleßmann, “Polish Miners in the Ruhr Sistrict: Their Social Situation and Trade Union Activity,” in Hoerder, *Labor Migration in the Atlantic Economies*, 253-276; Krystyna Murzynowska, *Die polnischen Erwerbsauswanderer im Ruhrgebiet während der Jahre 1880-1914*, trans. Clara Bedürftig (Polish orig., 1972; Dortmund, 1979).

③ Hans Mommsen, *Die Nationalitätenfrage und die Sozialdemokratie im Habsburgischen Vielvölkerstaat* (Vienna, 1963); Otto Bauer, *Die Nationalitätenfrage und die Sozialdemokratie* (Vienna, 1907); Raimund Löw, *Der Zerfall der “Kleinen Internationale”: Nationalitätenkonflikte in der Arbeiterbewegung des alten Österreich (1889-1914)* (Vienna, 1984). 在德国社会党人之中，罗莎·卢森堡（波兰犹太裔）所享有的国际主义地位是个例外。Ulrich Herbert, *A History of Foreign Labor in Germany, 1880-1980: Seasonal Workers, Forced Laborers, Guest Worker*, trans. William Templer (German orig., 1986; Ann Arbor, 1990), 46-81.

形式。布达佩斯的人口由较早来到的讲德语的德国人和犹太人的中产阶级以及较晚来到的讲马扎尔语的下层阶级组成。1850～1910年,该市的人口几乎增加了70万,达到了86.4万人,工业也日益依靠不讲马扎尔语的流动人口,在这些情况下以马扎尔语为基础的匈牙利国家文化出现了。在布达佩斯居住的德裔和犹太裔中产阶级和劳工工会组织接受了这种新文化,并以多语制代替了德语作为通用语。该市的斯洛伐克工人、波兰工人、塞尔维亚工人、捷克工人、罗马尼亚工人和意大利工人,在文化压力和经济刺激下,在社会文化方面日益趋同,其他人则选择了离开。匈牙利边缘地区的强制匈牙利化政策和经济歧视迫使斯洛伐克等国流动人口转向了欧洲和北美的工业城市。

由于中产阶级对佣人的需求,妇女在流动人口中占了很大比例。另一方面,由于男子的死亡率较高,女人在数量上超过了男性。流动人口中有家庭负担的人比例较低,而且劳动力中有众多女性,这使布达佩斯的家庭结构和匈牙利其他地区不同,女人中结婚的比例也较低。在19世纪60年代末,约有1/4的布达佩斯外来人口(主要是技术工人),出生在匈牙利之外。到1900年,当地的劳动力大量地进入工业生产领域;到1910年,外国流动人口在劳动力中的比例降到了9%。布达佩斯的发展或许可以称为同化政策下的多样性。[①]

在巴黎,传统的小移民群体包括波兰的流亡者、俄国的无政府主义者、欧洲各国及北美的艺术家以及各地学生(见第11章第4节)。1870～1871年,普鲁士参加了反法战争,因此在巴黎暂居的德国工匠丧失了社会地位。拥有鲜明文化特色的法国国内流动人口包括奥弗涅的木材商、利穆赞的劳工、布列塔尼的女佣、克勒兹地区的石匠、内陆各省的烟囱清扫工和妓女以及来自农村的仆佣。男人建立了男性的组织,女人建立了日常互助组织。[②] 19世纪80年代后,意大利的凿石工和劳工成为永久性社区的核心。由于巴黎革命的历史形象以及巴黎较早地采取了解放犹太人的政策,犹太人从欧洲东部迁至巴黎。他们进入了新兴的工业部门——成衣制造业,因此并没有和法国工人展开竞争。在巴黎,有社会

---

① 在1873年,布达、老布达和佩斯合并为一个城市。Ildikó Kríza, "Ethnic Identity and National Consciousness of the Hungarian Peasantry during the Age of Dualism," in Hoerder and Blank, *Roots of the Transplanted*, 1:175-197; Peter Sipos, "Migration, Labor Movement, and Workers' Culture in Budapest, 1867-1914," ibid., 2:155-171; Laszlo Katus, "Ethnicity in a Central European Metroplolis: Budapest 1850-1914," manuscript, Labor Migration Project, Univrsity of Bremen, 1991, 10-19.

② Abel Châtelain, *Les migrants temporaries in France de* 1800 *à* 1914: *Histoire Économique et sociale*, 2 bols. (Lille, 1977); Isabelle Bertaux-Wiame, "The Life History Approach to the Study of Internal Migration: How Women and Men Came to Paris between the Wars," in Paul Thompson and Natasha Burchardt, eds., *Our Common History: The Transformation of Europe* (London, 1982), 186-200.

主义倾向的工会政策同犹太工人的激进主义联合了起来。主流文化的偏见和偶发的劳工间的紧张关系并没有造成大的问题,因为巴黎需要移民劳工而当局也不煽动潜在的敌对情绪。①

我们现在将视角从城市转向国家层次。像瑞士、奥地利和荷兰一样,英、法、德三国进口劳动力,但它们所采取的政策却明显不同。在1861年英国的人口统计中,爱尔兰人接近75万;1911年,在英国的爱尔兰人为65万,波兰犹太人为9.6万名和德国人为5.3万名。在英国还有流动的意大利商人,由于殖民扩张的缘故,印度的水手和中国的码头工人也来到了英国。在利物浦的码头,有常住的非洲工人。从殖民地回来的商人和官员带回了保姆和仆人。一位观察家曾抱怨说,伦敦的"亚洲人和非洲人的面孔"应该出现在"大英博物馆的世界民族陈列室中"。尽管很多英国政客在世界范围内支持殖民扩张主义,但在英国国内他们却支持紧缩的移民政策。英国在历史上一直采取排斥外国人的政策,在1793年英国议会通过了禁止法国革命者和无神论者进入英国的法案。英国也不接收来自殖民地的土著居民。1905年的《外侨法案》和1919年的《限制外侨法案》加强了对来自社会主义俄国的犹太人、非白人海员以及保姆的限制。②

在1805年前后,法国鼓励移民,政府欢迎外国人来法国填补人口的不足。1901年,约有50万法国人侨居海外,但同时有100多万外国人居住在法国(占法国人口的2.6%)。1901年,法国的意大利人数量超过了讲法语的比利时人。德国人、西班牙人、奥匈帝国人、瑞士人等外国人居住在法国。尽管法国民众害怕外国移民的和平入侵,但法国并没有通过排外的法案,因为法国需要移民来充当工人,来抵消法国人口的下降。根据1889年颁布的一部法律,在法国出生的人可获得法国公民资格。第一次世界大战给法国造成重大伤亡(死亡130万人,

① Nancy L. Green, " 'Filling the Void': Immigraion to France before World War I," in Hoerder, *Labor Migration in the Atlantic Economies*, 149, 156-158, and Green, *The Pletzl of Paris*; *Gérard Noiriel*, *Le creuset français*: *Histoire de l'immigration XIXe-XXe siècles* (Paris, 1988), Gary S. Gross, *Immigrant Workers in Industrial Frnace*: *The Making of a New Laboring Class* (Philadelphia, 1983); Yves Lequin, ed., *Histire des étrangers et de l'immigration en France* (Paris, 192), 313-378.

② Holmes, *Immigrants and Minorities in British Society*, 尤其是编辑所做的简介和V. G. Kiernan所做的调查, quote on 52; Colin Holmes, *John Bull's Island*: *Immigration and British Society*, *1871-1971* (London, 1988), 19-114; Kenneth Lunn, ed., *Hosts*, *Immigrants and Minorities* (Foldestone, 1980); E. J. Collins, "Migrant Labourin British Agriculture in the Nineteenth Century," *Economic History Reviw*, ser. 2, 29 (1976): 38-59; Fishman, *East End Jewish Radicals*; Lloyd P. Gartner, *The Jewish Immigrant in England*, *1870-1910* (1960; 2d ed., London, 1973); NgKwee Choo, *The Chinese in London* (Oxford, 1968); Robin Cohen, "Shaping the Nation, Excluding the other: The Deportation of Migrants from Britain," in Lucassen and Lucassen, *Migration*, 351-372.

伤 110 万人),1919 年 8 小时工作制的实行更加重了法国劳动力的短缺。法国同波兰、捷克斯洛伐克签订了招募工人的协定,另有 20 万德国的波兰人由于无法忍受文化压迫而从鲁尔工业区迁往法国和比利时的矿山。[①]

德国由于工业革命开始较晚,在 19 世纪 80 年代之前进入德国的流动人口较少,但到了 1890 年,每年有 43.3 万名流动人口进入德国。俄国和奥地利的波兰人来到德国东部普鲁士诸省充当农业工人,意大利人在德国南部从事建筑业。德国 1907 年的人口统计显示:德国有 34 万来自奥匈帝国的奥地利—德国人、波兰人和鲁塞尼亚人;20.1 万名来自俄国的俄国人、波罗的海沿岸的德国人、波兰人和立陶宛人;12.6 万名意大利人、5.2 万名荷兰人、2.7 万名瑞士人、1 万名丹麦人、1 万名法国人和少量其他 5 个国家的人。1910 年,德国共有移民 126 万人,其中女性 54.3 万人。为进入德国,工人必须拥有工作;1903 年后,工人必须拥有"合法劳工证",并且要服从安排,不得更换工作。大多数德国的州只接收单身的波兰劳工,收获季节来的波兰女工不准携带 14 岁以下的子女。普鲁士在冬季到来时就强迫波兰农业劳工离开以阻止劳工被同化和减少雇主的工资支出。在边境的多民族混居区,德国对立陶宛和捷克的流动人口采取了特别的限制。1905 年俄国发生革命后,俄国犹太人也被列入受限行列。那些能够出资对外国工人进行培训的雇主可以将波兰工业劳工留下,不受冬季遣返的拘束。奥地利、匈牙利和俄国政府都试图提高其移民在德国的地位,但大多数情况下会遭到德国当局的拒绝。德国的政策是依靠劳工轮换制,这样在需要劳动力时就可以有人可用,在经济不景气时可以遣返流动劳工。和瑞士的做法一样,德国的这种吸

① Willcox and Ferenczi, *International Migrations*, 2:201-236, with quote on 219 from P. Leroy-Beaulieu (1886):"法国是同阿根廷或澳大利亚一样的移民接收国。不论年景好坏,4 万～5 万外国人来到法国定居并建立家庭。" François Weil, *Les Franco-Américans*, *1860-1980* (Paris, 1989). Green, "Filling the Void," 143-161; Georges Mauco, *Les étrangers en France* (Paris, 1932).

引加遣返的政策属于招募外国劳工的特例。[①]

北美的移民和非洲—美洲间的人口流动

北美的中心地区从大西洋沿岸一直延伸到蒙特利尔、多伦多、芝加哥和圣路易斯。边缘地区包括北美西部、美国南部和民族杂居的西南部墨美边境。1871～1920年,美国净接收了 2000 万移民,加拿大接收了 460 万。19 世纪 70 年代初之前,移民从欧洲带到北美的财富(启动资金、继承的财产和馈赠)要多于他们给欧洲带回的财富。后来,移民寄回的钱才帮助了欧洲的发展。

在整个 19 世纪,企业家们穿越北美大陆前往新建立的定居点,他们从纽约来到新墨西哥,从蒙特利尔来到温尼伯。这种迁徙曾经在欧洲大陆上演,在非洲仍在进行之中。在圣菲和艾尔帕索,从美国东部来的流动人口同当地讲西班牙语的墨西哥人建立了联系。来自新西班牙的各类流动人口在加州建立了城镇。大规模的人口流动在加美边境展开:魁北克和新英格兰地区需要纺织工人,五大湖区需要伐木工、手艺人和小农场主,西部需要定居者。1898 年前,美国的对外人口流动包括前往独立的得克萨斯和夏威夷的投资者和种植园主,1898 年之后,他们去了美国的殖民地古巴、菲律宾以及中国和日本。

根据供求关系以及政治对劳动力和土地的调控,美国产生了一系列内部劳工迁徙活动和其他类型的人口流动。美国南部沿海地区的种植园主带着奴隶向密西西比河迁徙。19 世纪 20～40 年代,新英格兰的农业妇女流动到了周边的纺织工厂。19 世纪 40～50 年代,奴隶进入了工业。农民向西迁徙寻求土地,美国印第安人居住区人口减少,还有流动人口,从农村迁往东部的城市。欧洲的自由劳工进入美国,劳工的性别比为 60∶40。1880 年后,美国加强了对欧洲自由劳工的限制,但这一流动一直持续到了 1917～1924 年。从亚洲来的劳工既有自

① Klaus J. Bade, "'Preußengänger' und 'Abwehropolitik': Ausländerbeschäftigung, Ausländerpolitik und Ausländerkontrolle auf dem Arbeitsmarkt in Preußen vor dem Ersten Weltkrieg," *Archiv für Sozialgeschichte* 24 (1984): 91-283; Herbert, *Foreign Labor*, 9-23; summary of admission regulations in Lothar Elsner and Joachim Lehmann, *Ausländische Arbeiter unter dem deutschen Imperialismus, 1900 bis 1985* (Berlin, 1988), 25-29, 38-56, 370-375. Richard C. Murphy, *Gastarbeiter im Deutschen Reich: Polen in Bottrop 1891-1933* (Wuppertal, 1982); John J. Kulczycki, *The Foreign Worker and the German Labor Movement: Xenophobia and Solidarity in the Coal Fields of the Ruhr, 1871-1914* (Oxford, 1994); René Del Fabbro, *Transalpini: Italienische Arbeiterwanderung nach Süddeutschland im Kaiserreich 1870-1918* (Osnabrück, 1996); Hermann Schäfer, "Italienische 'Gastarbeiter' im Deutschen Kaiserrerich (1890-1914)," *Zeitschrift für Unternehmensgeschichte* (1982), 192-214. 调节中欧劳动力市场的国际会议,于 1909 年在柏林、1910 年在布达佩斯召开。Herbert, *Foreign Labor*, 23-53.

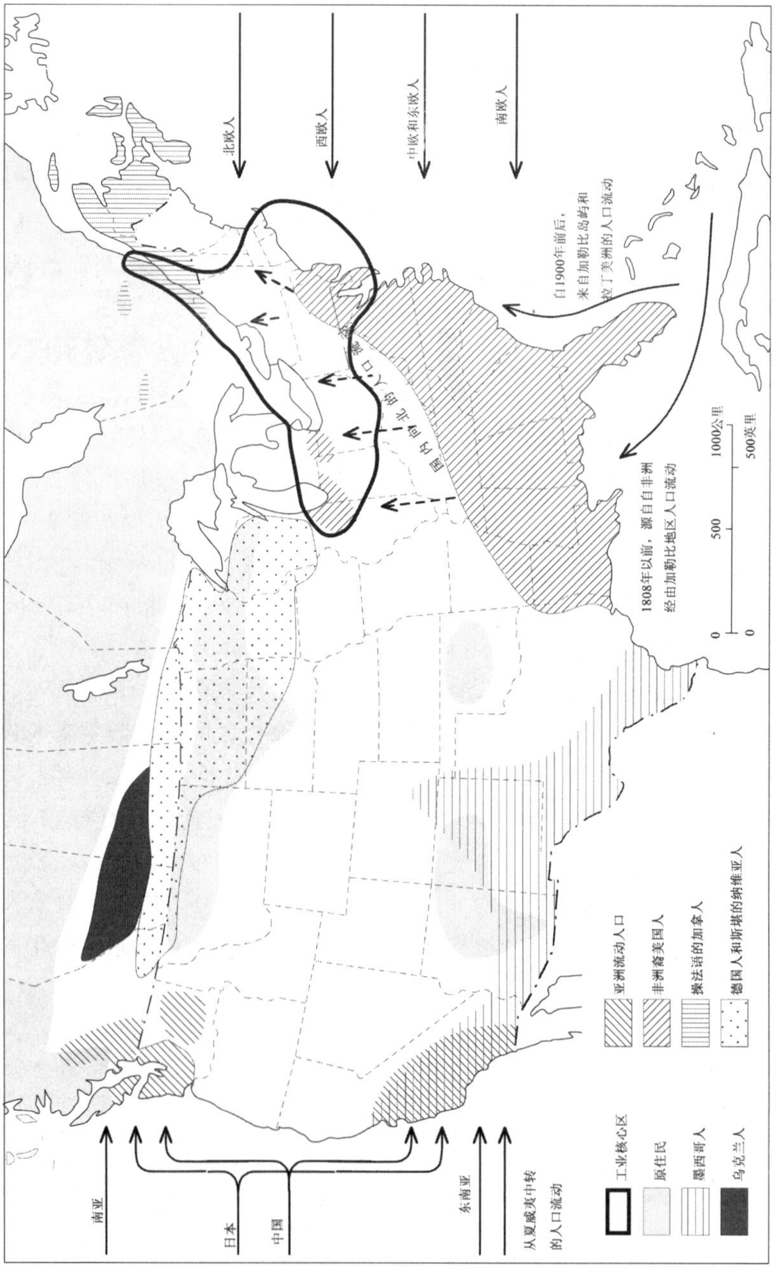

图3-15 1865~1924年向北美的人口流动和双文化区域

由劳工,也有进口的非自由劳工。从农村到城市的迁徙形式各样。在 20 世纪初,黑人工人开始进入北部城市。一战期间,妇女被调动起来参加了工厂工作;在 20 世纪 20 年代,妇女还从事文秘工作。①

人口流动、兼并同人口流动相结合以及强制性的人口流动,在北美形成了不同的文化区域:盎格鲁新英格兰、英属加拿大、法属圣劳伦斯河谷、北纬 49 度沿线的德国—斯堪的纳维亚及加拿大条带状区域(见第 8 章第 4 节)、墨美边境的西班牙语文化区、东南部的非裔美国人文化区(见第 9 章第 5 节)。北美土著在亚利桑那州和新墨西哥州保留着村落文化,在不列颠哥伦比亚沿海地区保留着海岸生活方式。美国的西进运动并没有成为缓解阶级冲突的安全阀;和欧洲的情况一样,城市化吸引力大量的农村剩余劳动力。北美的"边疆"不是一条穿越大陆的线,而是涉及农业定居、矿山开采、城市创建以及在加州和不列颠哥伦比亚的殖民活动。扩张的城市、农业耕地、尚未有人居住的土地呈棋盘状分布。在北美,获得农业土地比欧洲要便宜得多。尽管在 20 世纪初家庭农场达到了历史上的最高潮,但它们很快就被大农场主和公司化经营的庄园所兼并,这种情况在 18 世纪也发生过,当时加勒比地区的种植园主吞并当地居民的土地。在 20 世纪 30 年代经济大危机期间,美国农业家庭的迁徙加速。1918 年后的半个世纪中,生活在加拿大边远宅地上的居民在不断进行迁徙。②

北美的劳工流动形式和欧洲相似。来自农村的无技术男工从事铁路路基开挖、修路、开矿、铺设下水道等工作。比这种工作高一个层次的是不受天气影响的室内工作。和布达佩斯的情况一样,美国的工厂向移民开放。劳工的迁徙频繁,他们从低工资的低门槛地区流向工作条件好或工资较高的地区。美国劳工联合会的几个下属工会对工人运动缺乏热情。1900 年后,一些工人组建了世界

---

① Thomas Dublin, *Women at Work: The Transformation of Work and Community in Lowell, Massachusetts, 1823-1860* (New York, 1979); Robert S. Starobin, *Industrial Slavery in the Old South* (New York, 1970); Charles B. Dew, "Black Ironworkers and the Slave Insurrection Panic of 1856," *Journal of Southern History* 41 (1975): 321-338. Floyd S. Fierman, *Guts and Ruts: The Jewish Pioneer on the Trail in the American Southwest* (New York, 1985); Moses Rischin and John Livingston, eds., *Jews of the American West* (Detroit, 1991).

② Ray A. Billington, *The American Frontier Thesis: Attack and Defense* (Washington, D.C., 1958; repr. 1971); Fred A. Shannon, "A Post-Mortem on the Labor-Safety-Valve Theory," (1945), repr. in Richard Hofstadter and Seymour M. Lipset, eds., *Turner and the Sociology of the Frontier* (New York, 1968,) 172-186; Dirk Hoerder, "From Euro-and Afro-Atlantic to Pacific Migration Systems: A Comparative Approach to North American History," in Thomas Bender, ed., *Rethinking American History in a Global Age* (Berkeley, forthcoming).

产业工人联合会,提倡自由迁徙,号召进行坚决的罢工活动。美国政府取缔了激进的工人组织,驱逐了政治活跃分子,加拿大政府在几十年间也采取了相同的措施。在一些罢工中,移民工人和本地工人采取了不同立场或不同策略:本地工人则倾向于依靠劳工组织,移民工人倾向于自发的罢工。在矿山,移民矿工的罢工可持续很长时间,这是因为他们过着半农业的生活,从事园艺和养猪业,家庭拥有充足的食物供应。[①]

19 世纪 50 年代,芝加哥成为大西洋人口流动体系在北美西部的前哨。该市是由一个贸易据点发展而成的,建立者是一位由女黑奴和法国贵族生育的男孩。1803 年芝加哥在地图上被标了出来,当时圣彼得堡已建成 100 年,而伦敦已拥有 200 万居民。但是在不足一个世纪的时间里,芝加哥的人口就达到了 400 万。19 世纪 40 年代运河的开凿和 19 世纪 50 年代铁路的建设,给该市带来了大批无技术的爱尔兰和德国工人。流动商人在草原居民和东部市场之间充当中间人。芝加哥对木材和木柴的需求为在困难中挣扎的农业移民带来了机会,他们可以暂时去从事工资工作来弥补农业收入的不足。他们把家小留在宅地,冬天到芝加哥伐木,夏天则去修建铁路。这是欧洲小土地所有者季节性迁徙的继续。德国人、爱尔兰人、波兰人和瑞典人构成了移民的主体,芝加哥 3/4 的人口出生在国外或其父母出生在国外。如果 1900 年前后欧洲赴美流动人口中有 1/3 返回欧洲的说法属实的话,将会有上万人为欧洲的潜在流动人口讲述芝加哥惊人的发展速度以及它的萧条和贫困。

从事牲畜屠宰业的移民工人来自 40 个不同的民族文化,在 1900 年,他们宰杀了 30 万头牲畜。他们有人依然记得他们在移民之前曾杀了一头猪来和邻里分享的事情。罐头食品很快被市场接受,它给家庭的厨房带来了革命,并影响了男女分工。芝加哥的第二大产业——农机制造业,吸引了各民族的劳动力,并且引发了上百万人的迁徙。大型农场的机械化大大减少了劳动力的投入,只有收获季节才对劳动力有需求,这使得大量家庭农场破产,被迫迁往城市。北美的农业机械化大大降低了生产成本,致使欧洲的小农场无利可图,农业家庭加入劳动力迁徙的队伍。屠宰业和农机工业的恶劣工作条件引起工人的抗议和罢工,引

① Stephan Thernstrom, Ann Orlov, and Oscar Handlin, eds., *Harvard Encyclopedia of American Ethnic Groups* (Cambridge, Mass, 1980),提供了更多的文献总结和参考。John Bodnar, *The Transplanted: A History of Immaigrants in Urban America* (Bloomington, 1985); Roger Daniels, *Coming to America: A History of Immigration and Ethnicity in American Life* (New York, 1990); Donna Gabaccia, *From the Other Side: Women, Gender, and Immigrant Life in the U.S., 1820-1990* (Bloomington, 1994); Ronald Takaki, *A Different Mirror: A History of Multicultural America* (Boston, 1993).

发了多种族的劳工组织的发展。[①]

我们可以以一个奥地利面包师的家庭为例，来了解移民所要面临的复杂情况。这位面包师是一位社会主义者，1910 年移民到纽约，1912 年迁至克利夫兰。在横渡大西洋的汽船上，他们一家和一位来自特兰西瓦尼亚操德语的妇女及其两个女儿坐在一起。那位母亲在美国和她丈夫已居住了十多年，两个女儿则由家乡的亲属抚养长大。这位母亲已被美国化，她操着特兰西瓦尼亚德语和英语的混合语；而她的两个女儿则被马扎尔化了，女儿之间讲马扎尔语，她们和母亲则讲特兰西瓦尼亚德语。母亲把两个女儿打扮成了城市人，以免她们到美国后被视为"新到的移民"。母亲自己却穿着传统的农村服装，而她在美国时或许从来不穿这种服装。在她回国接女儿时，她必须将自己打扮成一个家乡的妇女，一个仍未被同化的农村妇女。

这位面包师和他的情人以及他们的女儿一起离开奥地利——他们各自的婚姻尚未解除。尽管离开原有的家庭的渴望促使他们移民美国，但到美国之后，他们仍按照传统进行分工：面包师搞起了工人运动，女人则照顾家庭。每当面包师被列入黑名单失去收入时，女人的编织品总能帮这个家庭渡过难关。他的第一个工作是在一家缝纫机厂当技工领班，这位曾经是面包师的领班通过他监管下的训练有素的女工学习了技术。当他散发材料来组织工人时被抓捕，即使在哈布斯堡王朝统治下的奥地利，发传单组织工人的行为也会遭到逮捕。他因为在街上乱扔报纸而被罚款，但并没有受到政治审判；如果受到审判，他会被判处严厉的刑罚，并引起公众的注意。克利夫兰的几个斯拉夫民族计划组织本民族工人罢工来显示工人阶级的团结。为避免民族间的摩擦，每个民族都自行惩罚内部破坏罢工的工人。当面包师加入共产党后，移民当局就迫使他和家人离开美国。他们作为政治移民又回到了奥地利，他们在美国出生的孩子必须在奥地利接受同化。[②]

移民工人参加了 19 世纪以改善工作条件为目标的斗争，参加了 1919 年的罢工，活跃在 20 世纪 30 年代的劳工组织中，他们和美国的劳资体制达到了相互适应的程度。自下而上的美国化和加拿大化也涉及自上而下的机构调节。然而，美国社会和美国的工会都没有正视自身的种族问题。非洲裔美国工人仍被

① 关于芝加哥的研究很多。我依据的是 Harzig, *Peasant Maids*, and James R. Grossman, *Land of Hope: Chicago, Black Southerners, and the Great Migration* (Chicago, 1989).

② Dirk Hoerder, ed., *Josef N. Jodlbauer, Dreizehn Jahre in Amerika, 1910-1923: Die Autobiographie eines österreichischen Sozialisten* (Vienna, 1996)。Adam Walaszek 指导下，不来梅大学的劳工迁徙项目中有关于克利夫兰的研究。

隔离起来，很少能够加入移民工人或本地工人的组织。[①]

北美的人口流动区域形成并逐渐扩大。美国的种植园主前往古巴等地投资。1820～1930年，85.4%的美国移民来自欧洲，其他移民来自加拿大、墨西哥和西印度群岛。在1850年，虽然仅有15万加拿大出生的移民居住在美国，但加拿大成为欧洲流动人口进入美国的中继站：1871～1930年，260万欧洲人从加拿大进入美国。[②] 可能有100万讲法语的加拿大人迁徙到美国的新英格兰从事纺织工作，或进一步深入美国腹地。19世纪90年代至20世纪20年代，有30万～40万加拿大法语流动人口居住在美国，他们根据经济形势和家庭需要在加拿大和美国之间来回迁徙。讲英语的加拿大人定居在美国的密歇根州、美国的大草原和华盛顿州。通过"地下铁路"逃到加拿大的美国黑人奴隶对非裔加拿大人社会的发展起到了推动作用，但1900年之后随着黑人向美国北部工业中心的迁徙，加拿大黑人社区开始衰落。1924年，加、美之间迁徙开始需要签证，从加拿大进入美国的移民持续减少。20世纪初，加拿大有关机构在加、美边境招募定

---

① James R. Barrett, "Americanization from the Bottom Up: Immigration and the Remaking of the Working Class in the United States, 1880-1930," *Journal of American History* 7, 3 (Dec. 1992): 996-1020; Catherine Collomp and Marianne Debouzy, "European Migrants and the U. S. Labor Movement, 1880s-1920s," in Hoerder and Blank, *Roots of the Transplanted*, 2: 339-381; Donald Avery and Bruno Ramirez, "European Immigrant Workers in Canada: Ethnicity, Militancy and State Repression," ibid., 2: 411-440; Donald H. Avery, *Reluctant Host: Canada's Response to Immigrant Workers, 1896-1994* (Toronto, 1995); John Bodnar, *Workers' World: Kinship, Community, and Protest in an Industrial Society, 1900-1940* (Baltimore, 1982); Gisela Bock, *Die andere Arbeiterbewegung in den USA von 1909-1922: The Industrial Workers of the World* (Munich, 1976); Patrick Renshaw, *The Wobblies: The Story of Syndicalism in the United States* (Garden City, N. Y., 1967).

② Marcus L. Hansen, with John B. Brebner, *The Mingling of the Canadian and American Peoples* (New Haven, 1940); Bruno Ramirez, *On the Move: French-Canadian and Italian Migrants in the North Atlantic Economy, 1860-1914* (Toronto, 1991) and Ramirez, *Crossing the 49th Parallel: Migration from Canada to the United States, 1900-1930* (Ithaca, 2001); John J. Bukowczyk and David R. Smith, eds., *topical issue of Mid-America* (fall 1998). On English-Canadian Emigration; R. W. Coats and M. C. MacLean, *The American-Born in Canada* (Toronto, 1943).

居者，但非裔美国人不在招募之列。[①]

在美国南部，作为未来劳工蓄水池的墨西哥和加勒比地区，由于美国白人的种族偏见，和美国的联系并不紧密。1848 年，向外移民一向很少的墨西哥丧失了北部的大量土地和人口。只有少量墨西哥人穿过墨、美边境前往加州充当劳工。在 20 世纪到来时，出现了墨西哥季节性合同工向美国迁徙的情况。在两次世界大战之间的 20 世纪 20 年代和 30 年代，墨西哥人仍对向美国流动有所顾忌，"种族构成"是主要原因；但由于欧洲移民大量减少，美国开始鼓励墨西哥人移民美国。墨西哥移民大多在墨西哥与加州边境地带居住、工作和通勤，洛杉矶是最大的墨西哥移民聚居地。20 世纪 20 年代，墨西哥移民向北迁徙到了宾夕法尼亚和印第安纳的加里等地的钢铁中心以及芝加哥；墨西哥移民在这个 10 年中达到了 50 万，占移民总数的 11%；但在美国经济大萧条时期，墨西哥移民的返乡率增加，同时他们还被美国强迫返回。[②] 随着美国对加勒比海地区投资的增长，这一地区开始向美国增加人口输出。19 世纪 90 年代，加勒比流向美国的人口总数是 3.56 万人；到 20 世纪的第一个 10 年时，便猛增为 18.3 万人。哈瓦那的雪茄烟制造商在哈瓦那和佛罗里达的优博城往返，其他加勒比流动人口则以美国东海岸的城市为目的地。有些加勒比流动人口最北迁徙到了多伦多。在 1924 年美国对移民进行限制时，纽约的加勒比移民已超过 10 万人。

在美国国内，越来越多的非裔美国人加入到迁徙的行列。在 19 世纪 70 年代，获得人身自由的黑人家庭离开美国南部前往堪萨斯州从事农业生产，另有一小部分家庭迁徙到城市。由于受到私刑暴民的屠杀、政治上无选举权和土地使用期限等因素的影响，从 19 世纪 90 年代起，奴隶的子女越来越多地迁徙到北方的城市（1890～1900 年，约有 10 万人迁徙）。一些雇主雇用黑人来破坏工人罢

---

① C. Stewart Doty, ed., *The First Franco-Americans: New England Life Histories from the Federal Writers' Project, 1938-1939* (Orono, Maine, 1985); Jacques Rouillard, *Ah les États: Les Travailleurs canadiens-francais dans l'industrie textile de la Nouvelle-Angleterre d'après letémoignange des derniers migrants* (Montreal, 1985); Yves Frenette, "La genèse d'une communauté canadienne-française en Nouvelle-Angleterre: Lewiston, Maine, 1800-1880," *Historical Papers* (Quebec, 1989), 75-99. Dan Hill, "The Blacks in Toronto," in Robert F. Harney, ed., *Gathering Place: Peoples and Neighbourhoods of Toronto, 1834-1945* (Toronto, 1985), 75-105; Robin W. Winks, *The Blacks in Canada: A History* (New Haven, 1971).

② Maurice R. Davie, *World Immigration with Special Reference to the United States* (New York, 1936), 208-222; Abraham Hoffman, "Stimulus to Repatriation: The 1931 Federal Deportation Drive and the Los Angeles Mexican Community," *Pacific Historical Review* 42 (1973): 205-219; Juan Gómez-Quiñones, "The First Steps: Chicano Labor Conflict and Organizing, 1900-1920," *Aztlan 3*, 1 (1973): 13-50. 从 1908 年起，跨越陆地边界的人口流动才拥有了完整记录。

工。当1914年欧洲的移民流突然停止,来自美国南部的黑人形成了一个无产阶级的大迁徙。1916～1920年,70万黑人向北迁徙,25万人向西迁徙。在"大迁徙"中,仅仅在5年之内,美国南部的1040万作为二等公民的黑人中有10%进行了流动。[①] 在投资的中心和大都会地区,由于战争引起劳工短缺,黑人工人阶级迅速壮大起来。20～24岁的单身男女构成流动的主体,寡妇和离婚的妇女带着孩子也来到城市以寻求受教育的机会。因为美国北部黑人社区对医生、教师、记者的需求很大,黑人职业人士大批来到。城市里的黑人流动人口在写给南方家乡亲朋的信中,用几近宗教赞美诗的话语来描述他们正居住的"福地"。到了1925年,纽约建立了哈莱姆黑人文化中心,黑人的音乐开始影响白人听众。[②] 由于美国北方没有像拉丁美洲那样执行民族融合政策,黑人仍处于被隔离的状态,在20世纪20年代,黑人掀起了一场规模不大却有一定声势的"返回非洲"运动。[③]

在20世纪20年代,棉花价格的下降迫使大量黑人和白人离开了美国南部的农村经济体。美国南部和中部以及加拿大萨斯喀彻温省的大旱和尘暴加重了经济大危机的影响,迫使大量家庭背井离乡:白人农民和少量黑人农民从干旱尘暴区逃到了加州和不列颠哥伦比亚省;美国南部的黑人继续进行迁徙;各种文化和肤色的失业者沿着铁路去寻找根本就不存在的就业机会;第一代墨西哥季节性合同工被遣送回家;其他墨西哥裔美国人也选择了离开;第一代欧洲移民也返回欧洲去寻亲觅友以求渡过难关。窘迫的经济状况和紧张的社会压力,迫使数

① 此前发生的向西的人口流动由 William L. Katz 进行了分析,*The Black West* (Garden City, N. Y., 1971); Kenneth W. Porter, *The Negro on the American Frontier* (New York, 1971); W. Sherman Savage, *Blacks in the West* (Westport, Conn., 1976).

② Daniel M. Johnson and Rex R. Campbell, *Black Migration in America: A Social Demographic History* (Durham, N. C., 1981),提供了一个简明的调查. Nell I. Painter, *Exodusters: Black Migration to Kansas ofter Reconstruction* (rev. ed., Lawrence, Kans., 1986); Spencer R. Crew, *Field to Factory: Afro-American Migration, 1915-1940* (Washington, D. C., 1987); Florette Henri, *Black Migration: Movement North, 1900-1920* (Garden City, N. Y., 1975); Carole Marks, *Farewell-We're Good and Gone: The Great Black Migration* (Bloomington, 1989); Joe W. Trotter Jr., ed., *The Great Migration in Historical Perspective: New Dimensions of Race, Class, and Gender* (Bloomington, 1991); Milton C. Sernett, *Bound for the Promised Land: African American Religious and the Great Migration* (Durham, 1997); Nicholas Lemann, *The Promised Land: The Great Black Migration and How It Changed America* (New York, 1991),继续讲述1940～1970年的故事,在这段时间有500万黑人离开了南方农村,因为那里仍旧缺乏民主机构和工作机会。

③ Edwin S. Redkey, *Black Exodus: Black Nationalist and Back-to Africa Movements, 1890-1910* (New Haven, 1969).

以万计的人进行迁徙。①

和俄国的东西伯利亚的情况类似，在美国和加拿大西部中国工人加入到无产阶级的行列。日本工人和印度工人迁往南北美洲的西海岸，他们中的一些人的身份是自由的商人和工匠，许多人则是临时性非自由劳工。在北美和南美，来自欧洲和亚洲的工人阶级迁徙大潮相互重叠，他们加入了美国的工人阶级队伍，有时也同黑人和白人自由劳工展开竞争(见第 14 章第 5、6 节)。

向拉丁美洲从属经济体的人口流动

大多数中美洲和南美洲名义上的独立国，在经济上和政治上仍处于从属国的地位，它们先是依附于欧洲，后来又依附于北美(见第 7 章第 6 节)。在独立后最初的几十年中，这些国家对西班牙和葡萄牙殖民者的敌视造成了移民的减少；但随着时间的流逝，来自南欧的以定居为目的的移民数量得以恢复，劳工也开始大批涌入。在 5000 万～5500 万的欧洲流动人口中，约有 1/5 到了拉丁美洲，而 70％多选择了北美。欧洲的流动人口在 1850～1885 年呈增长状态，1885～1914 年增加迅速，在两次世界大战期间则处于停滞状态，1945 年以后的 10 年间又得以恢复(见图 3－16)。在这些由土著人后代、非洲奴隶的后代、欧洲自由流动人口后代组成的新兴民族国家中，流动人口可以得到的机会远比白人控制下的殖民地要多。在拉丁美洲的种族体系中，来自欧洲的工人阶级被认为带有更多的白人血统，因而比本地出生的混血工人更具有优势。②

当奴隶制被废除(巴西是最后一个废除奴隶制的国家)，劳工体制、人口流动形式和社会结构都发生了相应的变化，非洲和大西洋两岸之间的奴隶贸易(而不是黑人大西洋文化)被终止了。在 19 世纪 70 年代，仍有奴隶进入拉丁美洲；此后，一小部分非洲裔拉丁美洲人返回了西部非洲，而解放了的非洲裔奴隶和美洲的非洲裔自由民则自由地在美洲迁徙。欧洲—大西洋人口流动体系在 1900 年

① Matt S. Meier and Feliciano Rivera, *The Chicanos: A History of Mexican Americans* (New York, 1972), 115-167; Rodolfo Acuña, *Occupied America: A History of Chicanos* (2d ed., New York, 1981)123-154; María Herrera-Sobek, *Northward Bound: The Mexican Immigrant Experience in Ballad and Song* (Bloomington, 1993), 122-146. Irving Bernstein, *The Lean Years: A History of the American Worker, 1920-1933* (Boston, 1960); Bernard Sternsher, ed., *Hitting Home: The Great Depression in Town and Country* (Chicago, 1970). Raynond A. Mohl and Neil Betten, *Steel City: Urban and Ethnic Patterns in Gary, Indiana, 1906-1950* (New York, 1986), 见该书第 48～90 页关于黑人的种族隔离和第 91～107 页关于墨西哥移民的生活。

② Oliver Marshall, Comp., *European Immigration and Ethnicity in Latin America: A Bibliography* (London, 1991); Judith L. Elkin, *Jews of the Latin American Republics* (Chapel Hill, N.C., 1980)

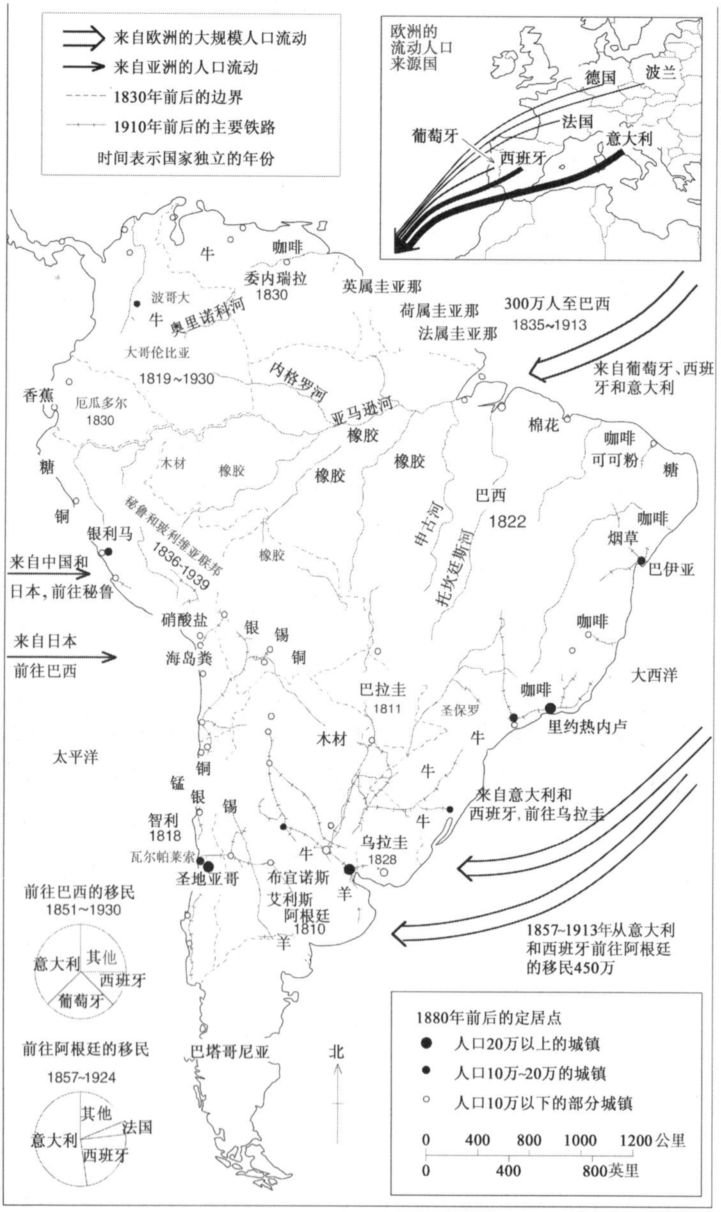

图3–16 (尚未)独立的拉丁美洲:人口流动、干涉、投资

前后发生了改变;意大利人迁往了美洲,因此地中海地区的人口流动体系与欧洲—大西洋人口流动体系融合在了一起。美国取代了欧洲列强,主导了拉丁美洲的政治。解放了的奴隶家庭离开种植园，组成了村庄，然后进行从农村到城市的中距离迁徙，拉丁美洲的内部迁徙增加了。种植园主和他们控制下的政府在当地尝试了各种招募劳工的计划，然后就开始从欧洲招募自由劳工。[①]

地中海国家仍然是拉丁美洲的流动人口的来源地。从 19 世纪 50 年代至 1924 年，拉丁美洲的流动人口 38%来自意大利，28%来自西班牙，11%来自葡萄牙，其余的来自俄国（犹太人）、德国和法国。阿根廷和巴西几乎接纳了 4/5 的新来的流动人口，阿根廷接受了 46%，巴西为 33%，古巴为 14%，乌拉圭和墨西哥各接纳了 3%～4%。除了大的流动群体外，还存在较小的流动群体：葡萄牙的加纳利群岛岛民继续着他们的连锁迁徙；被称为“突厥人”的叙利亚人和黎巴嫩人很容易被同化；东欧移民数代以来都在向主流社会靠拢；一些定居者组成的紧密的团体，特别是一些德国人、瑞士人和法国人，同周边社会保持隔离状态。返回南欧的流动人口被人们称为“印第安化的人”而非“美洲化的人”。

加勒比、圭亚那地区和南美太平洋沿岸的社会包括来自亚洲的合同工和自由民。他们中的一些人同当地人结婚，其他人则娶本族女子为妻，因为他们负担不起迎娶当地女子的费用。日本移民在北美遭到排斥之后，多数以家庭的形式移民到了巴西和秘鲁（见第 14 章第 5 节）。

拉美国家的经济发展要比北美工业社会慢，来自地中海的流动人口在这里更容易被同化。相对于输出国的生活消费水平和旅行费用而言，流动人口在拉美国家的工资算比较高的，但种植园恶劣的工作环境使流动人口进行了从农村到城市的二次迁徙，流动人口的返乡率也很高。流动人口根据自身情况和接收国的经济制度，选择迁徙目的地。例如，在葡属亚速尔群岛的特塞拉岛，年龄在 14～25 岁的未婚男子由于没有流动经验，一般选择迁往美国；而来自同一地区

---

① Carlos A. Masenbalg, "Race and Socioeconomic Inequlities in Brazil," in Pierre-Michel Fontaine, ed., *Race, Class and Power in Brazil* (Los Angeles, 1985), 25-41; George R. Andrew, "Black and White Workers: São Paulo Brazil, 1888-1928," *Hispanic American Historical Review* 68 (1988): 491-524; Herbert S. Klein, *The Middle Passage: Comparative Studies in the Atlantic Slave Trade* (Princeton, 1978), 95-120; Francisco V. Luna and Herbert S. Klein, "Slaves and Masters in Early Nineteenth-Century Brazil: São Paulo," *Journal of Interdisciplinary History* 21 (1991): 549-573. Béatrice Ziegler, *Schweizer statt Sklaven: Schweizerische Auswanderer in den Kaffee-Plantagen von São Paulo, 1852-1866* (Stuttgart, 1985).

的那些有迁徙经验、有技术或财产的人则选择了巴西。[①]

阿根廷执行了鼓励工农业移民的政策。1869～1914 年，有 600 万欧洲人来到阿根廷，其中 270 万人后来选择了返回；该国的人口也从 1869 年的 170 万人，增长到 1914 年的 790 万人；58%阿根廷人出生在外国或是移民的后代。在 19 世纪 90 年代之前，阿根廷平原地区的定居模式同世界其他地区很相像：土著的阿劳干人被驱逐出了半干旱的平坦土地，火车已经到达了平原地区；铁路由英国资本投资，由受到政府补贴的私人公司雇用移民劳工修建。阿根廷本地的大地主主要依靠佃农和农业无产者进行农业生产，而意大利北部来的流动人口主要是农业定居者和季节性劳工，因此双方产生了冲突。19 世纪 90 年代中期之后，即便是努力工作的家庭也无法获得独立的土地所有权。

阿根廷社会经历了城市化，却没有发生工业化，其经济被称为“没有发展的扩张”。阿根廷在地理上不存在边疆问题，它只有一个城市——布宜诺斯艾利斯。该市有一个西班牙精英上层社会、意大利资产阶级和中产阶级下层、各民族下层阶级（见第 7 章第 6 节）。在 1914 年之前的 60 年中，该市至少有 70%的人口是在国外出生的；1914 年之后，这一比例降为 30%，但这一比例仍然是“美国最高比例的两倍”。移民中有一半是意大利人，1/3 是西班牙人，5%是法国人，包括法国的巴斯克地区；瑞士人、波兰人、德国人和犹太人等占到不足 2%。从意大利到布宜诺斯艾利斯的船票为 50 美元，这使得收获季节来的帮工也有利可图。意大利人中的男女之比为 2.5∶1，但由于女性很少返回，所以这一比例在定居人口中显得较为平衡。

阿根廷拥有土地的精英阶层可能和欧洲的某些贵族相像，他们依靠畜牧业

① Donald Denoon, *Settler Capitalism: The Dynamics of Dependent Development in the Southern Hemisphere* (Oxford, 1983); Magnus Mörner, "Immigration into Latin America, especially Argentina and Chile," in Piet C. Emmerand M. Mörner, eds., *European Expansion and Migration: Essays on the Intercontinental Migration from Africa, Asia, and Europe* (New York, 1992), 217-231. 关于特定的族群，参见 Martin Nicoulin, *La genèse de Nova Friburgo: Émigration et colonization Suisse au Brésil, 1817-1827* (Fribourg, 1973); Jean-Pierre Blancpain, *Les allemands au Chili (1816-1945)* (Cologne, 1974); James J. Parsons, "The Migration of Canary Islanders to the Americas: An Unbroken Current since Columbus," *The Americas* 39 (1983): 447-481; Jean Andreu, Bartolomé Bennassar, and Romain Gaignard, *Les Aveyrojjais dans la Pampa: Fondation, développement et vie de la colonie aveyronnaise de Pigüé, Argentine, 1884-1974* (Toulouse, 1977), 5; Glyn Williams, *The Desert and the Dream: A Study of Welsh Colonization in Chubut (Argentina), 1865-1915* (Cardiff, 1975); John Mayo, "The British Community in Chile before the Nitrate Age (before 1880)," *Historia* 22 (1987): 135-150; Maria I. B. Baganha, "The Role of Information and Networking on Portuguese Migratory Flows," unpublished paper, 11th International Economic History Congress, Milan, Sept. 1994.

来获得收入和维持社会地位，并且控制着阿根廷的政治。和居住在农村的移民不同，城市移民的后代的社会地位逐渐提高。意大利裔阿根廷人将收入在本地进行投资，而不是寄回本国，因此这些移民逐步由工人雇员变成了业主。移民工匠和仆人的政治地位不高，但是在同化为阿根廷公民之前，他们可以参加除选举之外的所有政治活动。意大利人在组织工人运动和组建社会党方面很积极。意大利人还控制了文化生活，这和本地出生的精英比较崇尚意大利文明有些关系。5万人左右的中等城市在每年冬天会请意大利流动剧团上演几周的戏剧。阿根廷农村和城市生活的隔离状态要比美洲和欧洲的任何地区都严重。①

巴西独立之后，第一次前往巴西的欧洲移民潮发生在19世纪20年代至60年代。德国、意大利、波兰的定居者来到南里奥格兰德州的咖啡种植园，而当地咖啡种植户由于土地肥力耗尽早已迁走。势力强大的种植园主促使当局通过了一项旨在协助意大利北部家庭迁往巴西的计划；意大利人家庭在巴西从事农业或被种植园主大批雇用，意大利劳工的数量达到了和先前种植园奴隶相当的程度——在最大的一个种植园有5000名劳工。很多意大利人因恶劣的工作条件而逃离，正如Nugent所言，他们的处境的确“令人不安”。这是巴西和其他美洲国家的差别所在。没有任何依靠的年轻人——主要是葡萄牙人，此外还有意大利人和西班牙人——栖身于城市。第二阶段的欧洲移民在1870～1920年来到

① José C. Moya, *Cousins and Strangers: Spanish Immigrants in Buenos Aires, 1850-1930* (Berkeley, 1998); Samuel Baily, *Immigrants in the Lands of Promise: Itlalians in Buenos Aires and New York City, 1870-1914* (Ithaca, N. Y., 1999), and Baily, "The Adjustment of Italian Immigrants in Buenos Aires and New York, 1870-1914," *American Historical Review* 82 (1983): 281-305, and Bail and Franco Ramella, eds., *One Family, Two World: An Italian Family's Correspondence across the Atlantic, 1901-1922* (New Brunswick, 1988); Nugent, *Crossings*, 112-121, quotes on 112 and 119; Michael Edelstein, *Overseas Investment in the Age of High Imperialism: The United Kingdom, 1850-1914* (New York, 1982); Gianfausto Rosoli, ed., *Identità degli Italiani in Argentina: Reti sociali-famiglia-lavoro* (Rome, 1993); Fernando J. Devoto and Gianfausto Rosoli, eds., *L'Italia nella società argentina* (Rome, 1988), and Devoto, *Estudios sobre la emigración italiana a la Argentina en la swgunda mitad del siglo XIX* (Naples, 1991); Oscar Cornblit, "European Immigrants in Argentine Industry and Politics," in Claudio Veliz, ed., *The Politics of Conformity in Latin America* (Oxford, 1967), 221-248; Mark Jefferson, *Peopling the Argentine Pampa* (New York, 1926).

巴西,总计340万,其中86万返回了欧洲或再次迁徙。[①] 19世纪70年代的移民数量为25万,80年代为50万,90年代为100余万。

1888年巴西的奴隶制解体后,非裔巴西人融入了巴西的多民族社会,而没有像美国黑人那样遭受种族隔离的迫害。他们去寻找工作或成为收益分成的佃农,也有一些人作为季节性劳工回到了种植园。在繁荣的地区和城市,欧洲劳工取代了自由非洲劳工的工作,后者不得不迁徙到经济停滞地区或从事最为卑贱的工作。相比之下,意大利移民获得了向社会上层前进的好机会,成为中产阶级,这种情形在阿根廷也发生过。企业家带来了资金和技术。由于巴西本身人口很多,人口中移民和当地人的比例在美洲各移民接收国处于较低水平。[②]

巴西的欧洲—克里奥尔人参与了欧洲意义上的民族国家的建立,他们根据当时的种族观念,剥夺了土著人和黑人参与政治的权利。起初,他们说土著人和黑人不具备参政所需的智力。但这种态度贬低了国家能力,不利于巴西以平等成员的身份加入大西洋世界,所以在第二阶段的建国进程中,人们提出了通过"混血"及"白人与其他民族通婚"的方式来改良人口。在1900年后进行的第三阶段中,新崛起的技术专家开始寻求政治影响力,他们同拒绝革新的老一代精英形成了对立。新一代精英认为预防接种、爱干净的习惯、卫生服务等可以提高国民的身体和智力水平。这种看法在美国也很普遍。美国的社会工作者号召携带

① Nugent, *Crossings*, 122-135, quote on 134; David Higgs, ed., *Portuguese Migration in Global Perspective* (Toronto, 1990); João Evangelista, *Um Século de População Portuguesa (1864-1960)* (Lisbon, 1971),91-161; Frederick C. Luebke, *Germans in the New World: Essays in the History of Immigration* (Urbana, Ill., 1990); Stuart C. Rothwell, *The Old Italian Colonial Zone of Rio Grande do Sul, Brazil* (Porto Allegre, 1959); Bobinska and Pilch, *Employment-Seeking Emigrations of the Poles World-Wide*; Donald Hastings, "Japanese Emigration and Assimilation in Brazil," *International Migration Review* 3 (1969):32-53; Magnus Mörner, *Adventurers and Proletarians: The Story of Migration in Latin America* (Pittsburgh, 1985), 111; Thomas H. Holloway, "Creating the Reserve Army: The Immigration Program of São Paulo, 1886-1930," *International Migration Review* 12 (1978): 187-209, and Holloway, *Immigrants on the Land: Coffee and Society in São Paulo, 1886-1934* (Chapel Hill, N.C., 1980);Werner Baer, *The Brazilian Economy: Growth and Development* (3d ed., New York, 1989); Fernando Bastos de Avila, *L'immigration au Brésil: Contribution à une théorie générale de l'immigration* (Rio de Janeiro,1956); Warren Dean, *Rio Claro: A Brazilian Plantation System, 1820-1920* (Stanford, 1976); Martin T. Katzman, "The Brazilian Frontier in Comparative Perspective," *Comparative Studies in Society and History* 17 (1975): 266-285.

② *La Popolazione di origine italiana in Brasile*, vol. 3 of Fondazione Giovanni Agnelli, *Euroamericani* (Turin, 1987); Nancy P. Naro, "The Transition from Slavery to Migrant Labour in Rural Brazil," in Paul E. Lovejoy and Nicholas Rogers, eds., *Unfree Labour in the Development of the Atlantic World* (Ilford, U.K., 1994), 183-196.

病菌的移民注意个人清洁；社会工作者会给清洁的——在某种意义上说被美国化了的工厂移民家庭颁发证书。这种证书是获得亨利·福特五美元工资待遇的一个条件。[①]

在加勒比海地区，19 世纪奴隶解放后的人口流动局限在环加勒比地区。只有少数水手、捕鲸者和想成为企业家的人才选择迁往更远的地方。20 世纪初，巴拿马运河的建筑工地成为流动人口的主要目的地，吸引了约 4 万巴巴多斯自由劳工、2 万巴巴多斯合同劳工、8 万牙买加人以及从瓜德罗普岛和马提尼克岛运来的男劳力。工人的死亡率很高。工人们寄回的工资引发了 20 世纪 20 年代向美国其他投资地的人口流动，特别是前往大安德列斯群岛、古巴、哥斯达黎加、尼加拉瓜等地的香蕉种植园。也有季节性流动人口去了多米尼加共和国。1937 年，约有 1.5 万～2 万名海地的流动甘蔗种植园工人在“特鲁希略的暴政”中遭到杀害。联合水果公司等跨国强盗—资本家的公司控制了种植业，成为“香蕉共和国”的真正执政者。随着时间的推移，加勒比地区的人民开始寻找一种“真正”的加勒比文化，一种共同的文化经历或“国家主义”，并且普遍意识到了他们所遭受的剥削（比如和纽约的移民作比较）。[②] 20 世纪 20 年代初，美国通过了移民来源国配额制的法案，加勒比海地区英国属地的居民属于英国公民，因此他们有资格填补英国剩余配额，从英国属地前往美国。1952 年，美国通过了新的移民法，配额制才宣告结束。

---

① Tania R. de Luca, “Ethnic Progress and Civilization: Challengers to the Nation,” unpublished paper, European Social Science History Conference, Amsterdam, Mar. 1998; Alan M. Kraut, *Silent Travelers: Germs, Genes, and the “Immigrant Menace”* (New York, 1994); Stephen Meyer, *The Five Dollar Day: Labor Management and Social Control in the Ford Motor Company, 1908-1921* (New York, 1981); Jeffrey L. Gould, *To Die in This Way: Nicaraguan Indians and the Myth of Mestizaje, 1880-1965* (Durham, N. C., 1998)，讨论了尼加拉瓜进行的混血的同质民族构建以及“被遗忘”的土著文化。

② Bonham C. Richardson, *The Caribbean in the Wider World, 1492-1992: A Regional Geography* (Cambridge, 1992), 132-142, and Richardson, “Caribbean Migrations, 1838-1985,” and Bridget Brereton, “Society and Culture in the Caribbean: The British and French West Indies, 1870-1980,” in Franklin W. Knight and Colin A. Palmer, eds., *The Modern Caribbean* (Chapel Hill, N. C., 1989), 203-228; Alan B. Simmons and Jean Pierre Guengnat, “Caribbean Exodus and the World System,” in Mary M. Kritz, Lin L. Lim, and Hania Zlotnik, eds., *International Migration Systems: A Global Approach* (Oxford, 1992), 94-114; Elizabeth M. Petras, *Jamaican Labor Migration: White Capital and Black Labor, 1850-1930* (Boulder, 1988).

3.民族国家时代的跨文化身份和文化同化

19世纪,国家内各群体同质化于国家公民身份和国家文化,这改变了对同化的要求和同化的过程。在中世纪和现代社会早期,迁徙的商人和经济中间人可以在波罗的海地区、地中海地区、非洲、亚洲等地和当地人分开来居住,并保持自己的文化特征。在重商主义和中央集权论盛行的17世纪和18世纪,宗教难民可以住在享有特权的城市区域,来自特定文化的农民定居于享有特权的、独立的农村聚居地。在19世纪的资本主义民主社会,特权地位被取消。如果所有的人都享有平等,就没有任何人可以独享特权,也就不存在本民族和外族的差别。事实上,大多数国家都不是建立在一个民族文化群体之上,而是建立在各朝各代的领土扩张以及国家将各种区域文化同质化的基础之上。因此,民族国家通常是一个国家治理下的多个民族。民族国家的兴起对移民有着深远的影响。首先,新移民已无法谋求特权地位,而那些曾经拥有特权的移民(如俄国的门诺派教徒)丧失了特权。其次,移民不必再去组成特定的文化群体,因为平等和参与已成为个人权利。因此,新移民被号召抛弃他们的文化特征——现在保留文化特征已被认为是拉帮结派的行为——尽早进行同化。

在移民失去扶持性的差别待遇特权的同时,他们像当地的少数民族一样,不可避免地遭到歧视,被贴上种族标签,处于劣势地位。中产阶级,尤其是中产阶级男性,将自己视为一个"族群",形成了若干体面的规约,拒绝跨阶级和种族的婚姻。基于天赋人权的思想,宪法规定公民在法律面前人人平等,在政治体系面前人人平等,但这种关于公民权的构建既没有包含文化差异,也没有摒弃因阶级和性别造成的排外性。因此,19世纪的移民仍旧将对自己文化的忠诚移植到了移民目的地。例如,在纽约,讲德语的移民组成了梅克伦堡人、士瓦本人、匈裔德国人、萨克森人的组织。英格兰、爱尔兰和苏格兰移民仍对各自的祖国抱有忠心,作为讲英语的民族,他们更容易融入美国和加拿大的主流社会;同理,意大利人更容易融入阿根廷主流社会,葡萄牙人更容易融入巴西主流社会。文化资本比技术更容易帮助移民进入主流社会。与平等精神相背离的是民族国家按照民族文化归属来划分社会等级。具有统治权的民族将自己置于社会顶层,成为民族国家的"主流民族",具有看门人的特权。主流民族将其他文化群体视为少数民族，将新来者视为“外国人”或“移民”。[①]

中世纪的服饰规范随着新社会的发展已不复存在，像黄星布那样的标记也不再使用。肤色成为社会地位的标志，不仅仅适用于殖民地的人民（见第 10 章第 1、3 节）。英国人、法国人、西班牙人、德国人拥有白人的地位，而除斯堪的纳维亚人或北欧日耳曼民族之外的边缘地区的民族不被当作白人看待：意大利人被认为是“黝黑的”或“橄榄色的”，东欧人被认为“皮肤较黑”，爱尔兰人也不够白。在北美，当一个自封的“英国人”称一个移民（比如说一个犹太人）为“真正的白人”时，他的意思是要表扬这位移民取得了特定的成绩，因为这个成绩对于被主流文化定性为低等民族的人来说是困难的。[②]

作为标志的肤色——非洲人的黑皮肤、亚洲人的黄皮肤、印度人的红皮肤——并不是唯一的社会障碍。对有色人种的低劣地位的构建形成了对他们性格特点的刻板描述：爱尔兰男人被视为酒鬼，爱尔兰女人被视为不称职的家庭妇女——尽管从 1831 年起，爱尔兰的教育体制比英国还要好。新英格兰讲法语的加拿大人被叫作“北美东部的中国人”。尽管对工人的剥削程度由资本意义上的中产阶级决定，但对社会地位的定义却是由文化意义上的中产阶级——人文学者或文化守门人——决定的。社会地位规定了移民工人家庭和本地工人家庭在劳作一天之后可拥有的食品数量。接受这种霸权标签的不同文化的工人群体经常相互争斗：由文化背景和肤色的差异所决定的“他者”的定义，压倒了工人阶级的共同利益。

只要劳动力价格保持低廉，流动人口迫切想找到工作的利益就会和接收社会在人力劳动方面的政治经济利益暂时处于合拍的状态。刚到的流动人口为了求得生存，必须接受流动人口接收社会的劳动力市场条件。他们会抛弃掉一切

① Anthony D. Smith, *Theories of Nationalism* (London, 1971), and Smith, *The Ethnic Origins of Nations* (Oxford 1986); Benedict Anderson, *Imagined Communities: Reflections on the Origin and Spread of Nationalism* (London, 1983); Eric J. Hobsbawn and Terence Ranger, eds., *The Invention of Tradition* (Cambridge, 1983).

② Matthew Frye Jacobson, *Whiteness of a Different Color: European Immigrants and the Alchemy of Race* (Cambridge, Mass., 1998); Theodore W. Allen, *The Invention of the White Race*, 2 vols. (New York, 1994-1997); Noel Ignatiev, *How the Irish Became White* (New York, 1995); Karen Brodkin, *How Jews Became White Folks and What That Ssys about Race in America* (New Brunswick, 1998); Kathleen Paul, *Whitewashing Britain: Race and Citizenship in the Postwar Era* (Ithaca, N.Y., 1997). George M. Fredirickson, "Understanding Racism: Reflections of a Caoparative Historian," in Fredrickson, *The Comparative Imagination: On the History of Racism, Nationalism, and Social Movements* (Berkeley, 1997), 77-97.

有碍他们获得生存的文化习惯。[①] 流动人口并不忠于某个特定的文化,因为他们已经离开了那个充满“不可能”的社会(他们离开的理由是地主的剥削、难以支付的嫁妆、大屠杀、国家对工人的严密控制、无法容忍的性别歧视、使人变得一无所有的传宗接代和财产继承体制),来到了一个充满无数“未知机遇和危险”的新社会。[②]

在刚刚到来的时候,流动人口可以接受微薄的工资以求得生存。但当他们对工作形式、招聘过程、生活成本有了足够的认识后,他们就拥有了选择的能力,他们会寻找更好的工作和生活环境,谋求和本地工人平等的社会地位。在这一过程中,他们战略性地使用了文化资源,组织了自下而上的民族文化群体,以对抗接收社会从上到下的霸权机构。在敌视流动人口融入的社会,移民群体必须建立完善的组织来求得生存,而不是求助于移民接收社会提供的社会服务和保障。[③]

只有当流动人口由暂居者变为永久性居民,而且他们中男女比例变得平衡之后,有组织的民族社区才能够建立起来,他们才会去勾勒孩子们的未来。当流动人口的民族社区建立之后,他们便有了自己的社会资源,可以自行决定同化的进度和方向。社区为流动人口提供了情感上的支持和物质上的保障,帮助他们抵制来自接收社会的嘲笑。流动人口个人的社会经历——对自己人力资本和社会资本的实际使用——由接收国的结构性选择和社会对流动人口的界定来决定。

流动人口接收社会和流动人口群体都会在一定程度上做些调整以期相互适应。前者会调整工作岗位(国家经济的一个方面),以适合那些尚存在交流障碍的廉价移民劳工;后者为获得物质生活的改善,也会舍弃了一些文化传统。流动人口的迅速进入和长时期的同化会引起文化互动,文化的差异会为双方提供多种选择的机会,但也会造成文化冲突。流动人口必须不断地做出应对决定,直到他们根基有所稳固时,他们才能进行“主动出击”。[④] 在排外的或种族主义的社会,所谓互动可能就是流动人口受人摆布。在开放的社会,文化的差异会引起文

① 和从移民接收国获得的好处相比,如果流动人口认为他们为初步适应而付出的社会心理代价过高的话,那么他们将迅速返回他们的故土。

② 这个短语是 Nugent 创造的, *Crossings*, 96.

③ Raymond Breton, “Institutional Completeness of Ethnic Communities and Personal Relations of Immigrants,” *American Journal of Sociology* 70 (Swpt. 1964): 193-205.

④ 文化适应的特定轨迹被诸如门诺派教徒之类的宗教分裂主义分子选择,也会被世界主义者或国际主义者选择。后者的交流技巧和立场使得他们能够立刻在主流社会赢得成员。

化的融合，双方都协商和经历了文化的变迁。排外的社会迫使本打算同化的流动人口组成自己的文化社区，这被称为少数族群体的二次形成；移民接收社会除了剥削流动人口之外，并没有向他们提供融入社会的途径，因此，同化过程被延缓。①

与美国相比，阿根廷为移民提供了更多的融入社会的渠道（至少对意大利移民是这样）；波兰人更喜欢法国或北美的民族社区，而不是德国限制较多的社区，但他们需要有足够的经济资源才能越过大西洋。与白人移民相比，有色人种移民更容易遭到隔离，在劳动力市场和城市的居住场所都受到更多的限制。

由于文化差异，尤其是在价值观和记忆方面，是非显性的（至少对于流动人口接收国的感觉迟钝的人们来说是这样的），移民的特定地区差异没有被当地人民确认。来自都柏林和明斯特周边的人都被称为“爱尔兰人”。来自意大利各地的人，从伦巴底地区到卡拉布里亚区，都将自己视为“意大利人”以取得更大的政治或经济影响。来自中国各省和各聚居区的流动人口，都变成了“中国人”或“中国佬”。迁徙后，来自同一地区的不同民族的移民发生了“被民族化”的现象：来自德国境内不同文化的移民被称为“德国人”（或在特定时期被称为“德国佬”），德国周边地区来的移民被称为“波兰人”。从这点看，流动人口的生活是跨国的。他们并没有过分地感到缺憾、无根和流离失所，他们小心翼翼地在自己的祖国和接收国之间建立了某种联系以避免身份的迷失，他们知道如何在两个文化中进行生存。

来自不同文化地区的流动人口，依据不同的早期社会化和不同的文化亲和力组织了起来。在童年和上学期间所形成的地方性的和家族化的文化身份出现最早，而且几乎是在无意识的状态下出现的。这些共有的、无争议的、看似“自然的”规范和价值观决定了人一生的身份。青少年时期所经历的家庭经济状况和在当地劳动力市场工作的经历形成了第二阶段的社会化：青少年通过衡量自己在就业市场或农业中的机会，形成了地方性的身份。学校教师或许也讲授了一些地域文化差异的知识。在社会化过程中，国家的认同感是最后形成的。迁徙之后，流动人口形成了新的民族—地方性文化社区，国际政治格局和国家认同感变得不再重要。流动人口过着跨文化的生活，形成了跨文化的身份认同。尊重

① Dirk Hoerder, “From Migrants to Ethnics: Acculturation in a Societal Framework,” in Hoerder and Moch, eds., *European Migrants: Global and Local Perspectives* (Boston, 1996), 211-262, and Hoerder, “Segmented Macrosystems and Networking Individals: The Balancing Functions of Migration Processes,” in Lucassen and Lucassen, *Migration*, 73-84.

多重身份认同的社会变成了多元文化社会，而没有成为多民族社会。哈布斯堡王朝就是建立在多元文化基础上的。

随着时间的推移，北美和南美移民的后代不得不接受移民社会给他们塑造的刻板形象，不得不接受社会赋予他们的文化。即使在多元文化社会，活跃、复杂、微妙的日常生活方式也被简单化为各种视觉符号：带有刺绣的庆典服饰被视为日本文化的特点，啤酒节是德国文化的特色，彩色的复活节鸡蛋是乌克兰文化的标志。对于无洞察力的移民接收国民众和在移民接收国成长起来的移民的后代而言，这些文化特点已失去了宗教的、神圣的或节日的内涵。因此，移民所保留的民族文化不再是他们故土的原有文化。这种移民文化是一种混合物——他们离开故土时对于过去的记忆（在时间上是停滞的）被移民接收社会的生活经历（在社会经济压力之下）所改变，并以符号的形式被重新表达出来。民族文化变成了一种“象征文化”，有其自身特点，同时又是整个社会日常文化的一个组成部分。①

① Kathleen N. Conzen et al., "The Invention of Ethnicity: A Perspective from the USA," *Altreitalie* (Apr. 1990): 37-63; Werner Sollors, ed., *The Invention of Ethnicity* (New York, 1989).

第 14 章
亚洲合同劳工制(19 世纪 30 年代至 20 世纪 20 年代)与跨太平洋人口流动

欧洲人入侵印度贸易市场(见第 6 章),起初对劳工的需求状况改变不大,随后,在荷兰的殖民统治下,劳工需求有了较大改变;而在 19 世纪英国及其他帝国的殖民扩张政策下,这种需求发生了巨大变化。19 世纪 30 年代,蒸汽船开始投入使用;1869 年,苏伊士运河开通;自此,亚洲在世界经济中的地理地位发生改变。19 世纪 50 年代,英国、法国及德国的资本家将罗兹发展成为俄属波兰的纺织业中心;也就在此时,一个帕西人在孟买开办了棉纺厂,区域人口流动体系逐步形成,从而带动农民涌向工厂。远方的政治局势变革对本地经济产生影响。例如:美国内战期间,曼彻斯特工厂暂停从美国进口棉花而改用印度棉,在此阶段,印度的商品出口量是原先的 10 倍;但这种繁荣景象在 1866 年便宣告崩溃。就家庭经济而言,经济繁荣意味着无休止的工作时间,萧条则意味着营养不良;但无论是繁荣还是萧条,都意味着迁徙和混乱。1807 年至 19 世纪 70 年代,随着非洲奴隶人口流动体系的逐步废除,从爪哇至古巴的种植园主、马来亚和南非的矿主以及秘鲁的肥料池企业家,都需要以较低的再生产成本雇用到驯服的新劳工。然而,欧洲劳工却选择迁移到温带地区,因为那里有自由工资劳动和民主资本主义机构。

因此,殖民统治者对亚洲人强制实行了契约劳工制,又称为“第二奴隶制”。大西洋体系中,有自愿人口流动与自愿签订契约的人口流动;“亚洲的 5000 万流动人口”,包括少数自由流动人口和大量自愿签订契约的人口以及被强迫流动的人口。这一体制在 19 世纪 20 年代的英属印度非正式实行,在 1834～1917 年以法律的形式确定下来。在中国,人口流动开始得更早,持续时间也更长。[①] 对流动人口总数的估计也存在很大差异。就中国流动人口来说,有人估计,1800～1914 年,亚洲范围内有流动人口 250 万,另有 70 万迁移到其他洲。据另一项估

---

① Hugh Tinker, *A New System of Slavery: The Export of Indian Labour Overseas, 1830-1920* (London, 1974). David Northrup, *Indentured Labor in the Age of Imperialism, 1834-1922* (Cambridge, 1995), 5-7.

计，1876～1907年，流动人口数目高达675万。对于印度，金斯利·戴维斯估计，1834～1937年，有3020万人迁往国外，其中有2390万人返回国内。换言之，净移民数为630万。最新数据统计显示，1917年以前，流动人口数仅为900万。1900年后，印度人口流动持续增长。1901～1905年，2.81亿人中有140万人迁往国外；1926～1930年则有330万人迁往国外，但每8人中有7人返回了印度。大多数关于人口流动的估计不包括自由流动人口在内（见图3-17）。随着1937年日本侵华及1942年日本侵略缅甸，人口流动形式发生了决定性中断。1945年后，新的区域人口流动体系出现了（见第18章第5、6节）。[①]

无论是对白人资本家还是对工人阶级组织来说，“苦力”一词本身指那些自愿签订契约的劳工或被拐骗的劳工，但逐渐演变为廉价低贱的劳工。在汉语中，“苦力”意指“繁重的劳力”；在泰米尔语中，则指“做粗活所得的工资”。最初，“苦力”表示生活在库力部族的人，在古吉拉特语中这些人被称为“堕落卑贱的”。[②]尽管这些劳工被认为是农民出身，但他们更多来自于城市中的下层阶级。在印度，种姓地位较高者之所以签订契约，是因为工作性质在契约中被歪曲表述。同时，雇主强制实行暴力劳动制度，制定了各种细致的惩罚措施。“苦力”最终被运往亚洲的缅甸、泰国、马来亚（包括海峡殖民地）、太平洋上的一些岛屿及“白色亚洲”（澳大利亚及新西兰）。横渡印度洋的“苦力”被运到东非及南非，横渡太平洋

① 高估：W. Arthur Lewis, *Growth an Fluctuations, 1870-1913* (London, 1978), 181-188; Philip D. Curtin, “Migration in the Tropical World,” in Virginia Yans-Mclaughlin, ed., *Immigration Reconsidered: History, Sociology, and Politics* (New York, 1990), 21-36; Neville Bennett, “Japanese Emigration Policy, 1880-1941,” in Christine Inglis et al., eds., *Asians in Austrilia: The Dynamics of Migration and Settlement* (Singapore, 1992), 23. 低估：Colin Clarke, Ceri Peach, and Steven Vertovec, eds., *South Asians Overseas: Migration and Ethnicity* (Cambridge, 1990), 8-10; Northrup, *Indentured Labor*, 155-161. Mary F. Somers Heidhues, *Southeast Asia's Chinese Minorities* (Hawthorn, Vie., 1974), 16; Hugh Tinker, *Separate and Unequal: India and the Indians in the British Commonwealth, 1920-1950* (London, 1976), 36; A. J. H. Latham, “Southeast Asia: A Preliminary Survey, 1800-1914,” in Ira A. Glazier and Luigi De Rosa, eds., *Migration across Time and Nations: Population Mobility in Historical Contexts* (New York, 1986), 11-29; Kunniparampil Cunien Zachariah, *A Historical Study of Internal Migration in the Indian Subcontinent, 1901-1931* (New York, 1964), 2-3, 139; Kingsley Davis, *The Population of India and Pakistan* (New York, 1951), 99.

② Joan M. Jensen, *Passage from India: Asian Indian Immigrants in North America* (New Haven, 1988), 9; Jan Breman and E. Valentine Daniel, “The Making of a Coolie,” *Journal of Peasant Studies* 19, 3/4 (1992): 268-272.

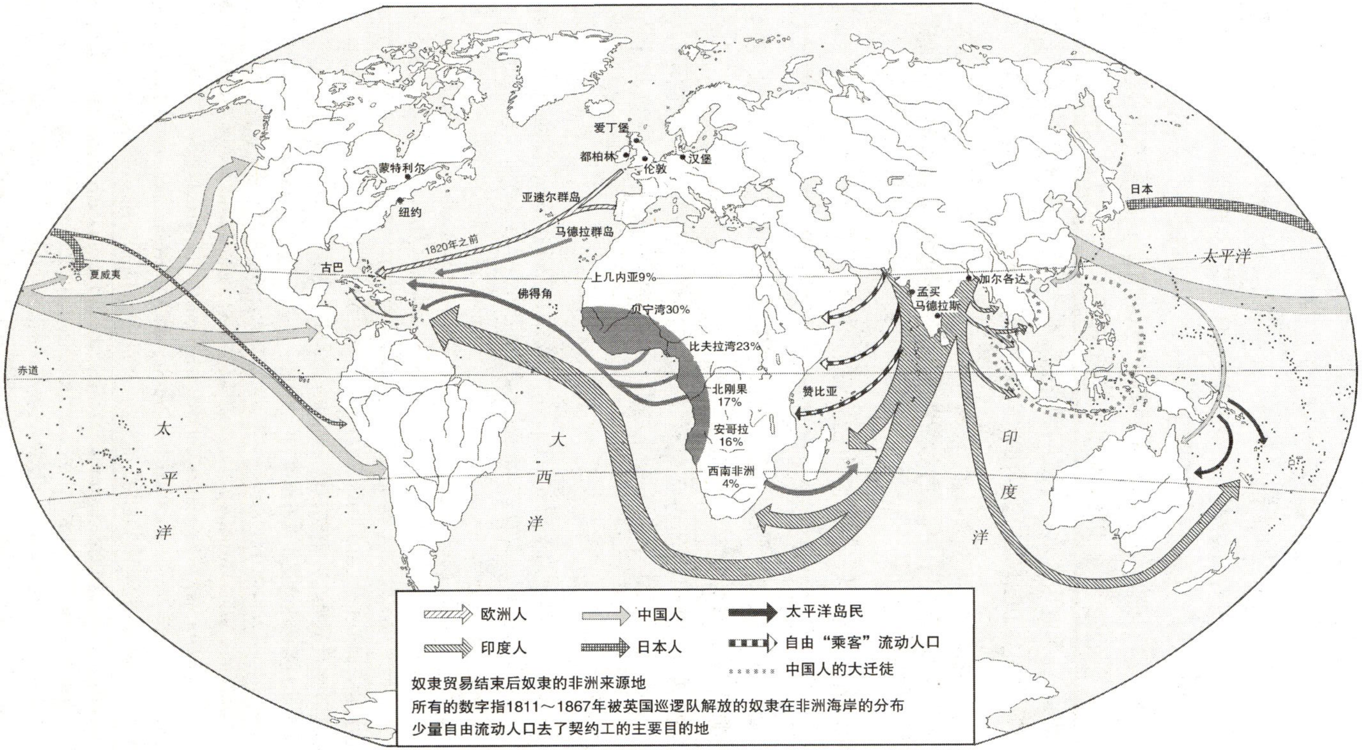

图3-17　19世纪30年代至1919年亚洲契约流动人口及自由流动人口向海外迁徙的主要路线

的“苦力”则被运到美洲的西海岸以及加勒比地区。[①]

这里涉及五个大的民族，每个大民族内部都存在多方面的民族差异。经过几个世纪的对外迁徙活动，中国的商人、资本家、工匠及工人都与殖民者的贸易中心和权力中心存在着各种联系。在印度，对外迁移或暂时性劳工迁移过去一直微不足道，但此时，英国政府制定了一种人口流动合同制度。[②] 在爪哇，荷兰像其他几个殖民列强在太平洋岛屿上那样进行招工。尽管殖民者数量不多，但他们对当地社会的影响却很大；在引入了印度合同劳工以后，他们的影响进一步深化。[③] 19 世纪 50 年代末，明治时期的日本人开始流动。最后，在菲律宾于 1898 年成为美国殖民地以后，菲律宾人便迁往了美国。

1. 传统奴役制与新奴役制

在许多亚洲社会，奴役制建立在家庭经济体制与等级制度的基础上——父母可以转让子女，同时也建立在允许贫困的社会群体从事苦役劳作的社会权力结构基础上。在印度的比哈尔，债务奴役制度向穷人提供贷款担保，但要求穷人及其子女提供劳务作为交换。穷人的后代仍作为债务雇农同土地一起被贩卖、租用、抵押和转让，直到将债务还清。在马德拉斯，当农民工与奴仆无力偿还贷款时，他们实际上就沦为了地主的农奴。此类制度在英国殖民统治下进一步发

① Breman and Daniel, “Making of a Coolie,” 272-291, and Breman, *Taming the Coolie Beast: Plantation Society and the Colonial Order in Southeast Asia* (Delhi, 1989), ix-74, and Breman, *Labour Migration and Rural Transformation in Colonial Asia* (Amsterdam, 1990), 60.

② Persia C. Campbell, *Chinese Coolie Emigration to Countries within the British Empire* (London, 1923; repr. London, 1971); Ta Chen, *Emigrant Communities in South China: A Study of Overseas Migration and Its Influence on Standards of Living and Social Change* (New York, 1940). 印度、中国和太平洋岛屿合同劳工是 Campbell (1923) 所作的早期研究的主题，20 世纪 40 年代的 Ta Chen、20 世纪 60 年代和 70 年代早期的几项研究，以及 Tinker 的大量研究 *New System of Slavery* (1974)。只有和东南亚国家独立相关的学术关注度有所提高。Breman and Daniel, “Making of a Coolie” (1992), and Breman, *Taming the Coolie Beast* (1989) 对于苦力的经历和身份所作的细致分析质量很高。

③ H. E. Maude, *Slaves in Paradise: The Peruvian Slave Trade in Polynesia, 1862-1864* (Canberra, 1981); Adrian Graves, “The Nature and Origins of the Pacific Islands Labour Migration to Queensland, 1863-1906,” in Shula Marks and Peter Richardson, eds., *International Labour Migration: Historical Perspectives* (London, 1984), 112-139. Kenneth Lowell Gillion, *Fiji's Indian Migrants: A History to the End of Indenture in 1920* (Melbourne, 1962); Terrence Loomis, *Pacific Migrant Labour, Class, and Racism in New Zealand: Fresh off the Boat* (Aldershot, U.K., 1990); Adrian Graves, “Colonialism and Indentured Labour Migration in the Western Pacific, 1840-1915,” in Piet C. Emmer, ed., *Colonialism and Migration: Indentured Labour before and after Slavery* (Dordrecht, 1986), 237-259.

展，一些作者认为，采邑制出现在靛蓝种植或茶叶种植园时期。[①]

在东南亚和印度尼西亚群岛，各地实行奴隶制、债务奴役制及强迫战俘劳动的传统做法因社会性质而异。在17世纪苏丹统治下的马塔兰和爪哇等国，封建贵族们依靠强迫平民百姓劳动以及对平民课税来生活。在伊斯兰沿海地区，望加锡人和松巴哇人占有大量奴隶。在西里伯斯岛中部山区，存在一种世袭的奴隶阶级。在北婆罗洲，非自由劳工出于自身利益耕种花园和土地，但要将自己从事贸易及手工业的所得收入分给主人。这些人都是人身自由受到约束的下层阶级而非奴隶。当统治者或统治阶级与欧洲商人建立起联系后，他们就会从欧商的贸易网中获得奴隶，例如从饱受饥荒的印度科罗曼德尔海岸。[②] 在满清时期的中国，尽管奴隶制在个别地区仍然存在，但中国北方的佃农已从劳作义务下解脱出来，结束了居住在地主规定的寄宿社的生活。这些中国农民要比欧洲农奴享有更大的个体独立性。[③]

最初，欧洲列强变化不大。列强及其合资的股票公司依靠奴役当地劳工与禁锢他们迁徙来获得利润（见第6章第4节）。但当地居民会拒绝充当工资或非自由劳工，并利用各种资源（如对环境的了解及来自社会网络的支持）来进行反抗。然而，从国外贩卖来的非自由劳工却没有这种反抗能力，因此在他们初到时，便更容易被控制和禁锢。虽然西班牙殖民者只从事从菲律宾至西属美洲的小范围内的奴隶贸易（见第6章第3节、第7章第4节），但荷属东印度公司会把反抗其独裁统治策略的当地居民变为奴隶来进行惩罚。奴役制的实施形式包括贩卖战俘并从中获利、种植园奴隶制、非自由的家政佣工以及利用奴仆显示自己的社会地位和权力。例如：巴达维亚总督的马车要由“几队衣着华丽的警卫护行”；科罗曼德尔海岸的官员出行时，“除了有12个荷兰士兵作为侍卫，还要有掌

---

① Kernial Sigh Sandhu, *Indians in Malaya: Some Aspects of Their Immigration and Settlement (1786-1957)* (Cambridge, 1969), 40-45; Tinker, *New System of Slavery*, 44, 53; Ranajit Das Gupta, “Plantation Labour in Colonial India,” *Journal of Peasant Studies* 19, 3/4 (1992): 173-198.

② Bruno Lasker, *Human Bondage in Southeast Asia* (Chapel Hill, 1950), 15-206; Widijojo Nitisastro, *Population Trends in Indonesia* (Ithaca, N.Y., 1970), 42-46; Ruth Thomas McVey, ed., *Indonesia* (New Haven, 1963), 61-75; Dharma Kumar, “Colonialism, Boundage and Caste in British India,” in Martin A. Klein, ed., *Breaking the Chains: Slavery, Bondage, and Emmancipation in Modern Africa and Asia* (Madison, 1993), 112-130.

③ Shi Zhihong, “Changes in Landlord Econcomy in the Early Qing Period of China, 1664-1840,” in A. J. H. Latham and H. Kawakatsu, eds., *The Evolving Structure of the East Asian Economic System since 1700: A Comparative Analysis* (Milan, 1994), 31-32; James I. Watson, “Chattel Slavery in Chinese Peasant Society: A Comparative Analysis,” *Ethnology* 15 (1976): 361-375, and Watson, ed., *Asian and African Systems of Slavery* (Oxford, 1980).

旗员、号兵、乐师、20个武装卫兵及大量苦力随从”。在荷兰的殖民地家庭里,奴隶女佣负责照顾孩子。荷兰男人因贪图西里伯斯岛布吉民族女人的美貌,而将其奴役起来作妾。生产能力较高的奴隶制包括在爪哇从事殖民农业生产的华工、海角殖民地的华工以及荷兰东印度公司所属的种植园体制下的华工。这种区域性强迫劳动制度由荷兰殖民者付诸实施,并在大英帝国的统治之下在世界范围内被广泛采用。继毛里求斯种植园主在印度招募合同劳工之后,英属加勒比地区的殖民者将此做法传入西印度群岛。欧洲的资本所有者及拥有权力的管理者所到之处,当地现行的人口流动体系都会进一步发展,或者产生新的人口流动体系。①

三个社会中人口流动产生的内因及殖民者施加的外因

19世纪50年代之前清王朝统治下的中国,国内社会经济衰败,政治局势动荡,民族相互敌视,人口急剧增长,自然灾害频发,而且随着欧洲列强在华势力的深入,各种危机进一步加深,这造成大量人口流离失所,也促使国民向海外迁移。首先,清政府加重税收,腐败的地方官吏滥用用于维修水利设施和道路的拨款。尽管民族之间的通婚已使族群间几乎无任何差异,但在19世纪40年代爆发的几次小规模起义、1850～1864年兴起的太平天国运动、1855～1873年的回族起义以及在对这些起义的镇压之中,仍然涉及被压迫者对“外来”满族的抵制、本地人对江西和其他省份的“客家人”定居者的抵制以及云南的汉族矿工对穆斯林回族矿工的抵制。其次,人口增长速度极快。1790年中国只有3亿人口,到了1850年便达到4.2亿人口,这使国民的生存问题变得更加严峻。四川的人口数量从840万增长到4420万(1776～1850年),湖北的人口数量则从1860万增长到3370万(1786～1850年)。1850年之前,作为主食的大米的价格增长了10倍;此后,由于国内战乱频繁发生,农业生产停滞。与此同时,通货膨胀导致收入减少,而清政府又强行下调铜(流通媒介)对银(缴纳赋税的手段)的比价,这就使农民的生活状况愈加不稳定。与当时欧洲的情况相同,在中国,“农民问题”仍得不到解决,更确切地说是农民仍然受到剥削,而反对压迫农民的改革者则遭到清政府的驱逐流放。在这样的背景下,中国社会存在大量潜在流动人口。

在对外文化交流方面,中国皇权思想观念将“天朝”置于世界的核心地位,而

---

① Charles R. Boxer, *The Dutch Seaborne Empire, 1600-1800* (London, 1965), 213, 225-228, 246-257, 268-273; Piet C. Emmer and Magnus Mörner, eds., *European Expansion and Migration: Essays on the Intercontinental Migration from African, Asia, and Europe* (New York, 1992).

将周围其他民族和国家置于次要地位。与中国毗邻的亚洲南部的一些民族和国家，如缅甸、泰国和越南，被视为中国的藩属国。清政府对中国北方的游牧民族和西北的边疆民族采取安抚政策。蒙古国的一些重要人物居住在北京城，皇帝的女儿远嫁给蒙古国的王子。朝廷对帝国境内外国人的行为有严格规定，允许外国商队和旅行商人进行易货贸易，但要求这些外国人必须在每个交易期结束时离开中国。

19 世纪，在欧洲列强和中国的交往中，双方均不借助于文化的中间人从中沟通关系。当时只有葡萄牙商人可以通过澳门这一通商口岸从事贸易活动，而英美两国商人仍不能在中国境内通商。清王朝的官僚们将由欧洲国家扶持的商人按“朝贡国”商人对待，只允许他们在广东通商。在此情况下，美国的利益集团开始在中国南方传教、从事医学工作和汉学研究，为其日后资本进入中国境内做预备工作。而英国人此时正处心积虑地想着树立“大英帝国作为世界强国的新尊严”(Spence)，他们通过唆使在华走私鸦片对中国进行渗透，并在 1839～1842 年发动了中英鸦片战争。鸦片战争结束后，欧洲列强攫取了中国境内五个港口的治外法权。英国殖民者强占了香港和九龙，并勒索战争“赔款”，从而进一步加重了中国农民的生活负担。此外，英国殖民者强行在中国出售其廉价纺织品，这就毁灭了中国农村的手工纺织业。1863 年，一队“妄自尊大”的英国代表团来到中国，他们认为，“开明绅士要听从亚洲蛮夷的指示，这简直极其荒谬”。当欧洲政府根据“优越”观念和“荣誉”观念提出了种族主义观念时，清朝当局认为这些外国人应该为中国国内某些人的造反行为负责。像众多文化一样，中国人对文化他者的构建是建立在性的基础上。义和团起义时期，有首歌谣是这样讽刺欧美人的：“欧美男人皆淫荡，欧美女人真肮脏。母子乱伦真见鬼，香火传递靠此方。”当时中国国内经济竞争激烈，上对下实行高压手段，而外国传教士的哄骗引起了社会上普遍的动乱和反抗。自由主义经济政策以及对廉价劳动力的需求，促使外国在华“飞地”的经济迅速发展和人口数量猛增。1842 年，当英国刚获得香港时，香港人口总数只有 4000；1845 年，人口数量便增长到 2.4 万；1854 年，达到 5.6 万；1866 年，达到 12.6 万；到 1900 年时，人口总数又翻了一番。①

从传统上来讲，中国的流动人口来自三邑或广东的四个地区(广东人和潮州

---

① Ping-ti Ho, *Studies on the Population of China, 1368-1953* (Cambridge, 1959), 153-158; Jonathan D. Spence, *The Research for Modern China* (New York, 1990), 201, quote on 232-233; Glenn Melancon, "Honour in Opium? The British Declaration of War on China, 1839-1840," *International History Review* 21 (1999): 855-874; Anne L. Foster, "Prohibition as Superiority: Policing Opium in South-East Asia, 1898-1925," *International History review* 22 (2000): 253-273.

人）、福建的厦门及周边地区（闽南人）、海南岛（海南岛人）以及客家人移民。这些地区与国内其他省份之间隔着山脉，不仅耕地贫瘠、资源匮乏，而且在1830～1910年屡遭自然灾害的侵袭。另一方面，这些地区人口增长速度极快，人口密度达到每1/4英亩有一个人。由于农民家庭无地可耕，当资本主义种植园经济及大英帝国的生意合伙人允许或实施超越传统范围的人口流动时，自由劳工队伍出现了（见第6章第1节）。自19世纪40年代起，中国自由男性和非自由男性的外迁规模越来越大（见图3-18、图3-19）。①

像所有对外迁徙活动一样，在连锁人口流动模式下，中国人按照原籍的划分，在三个主要的迁徙目的地的特定地区组建起了聚居地。这三个主要的迁徙目的地是东南亚（最便捷的迁移路线）、拉丁美洲（主要是古巴和秘鲁）以及美国和加拿大（路费最高的迁移地）。讲潮州话的汕头人和讲海南话的海南人迁入了泰国。广东的城市居民和说广东方言的人在各个目的地都形成了流动网络。

1860年，英国政府对华实行"自由移民"政策。1868年，清政府开始规范苦力贸易，并在国外设立领事馆，结束了它此前一直忽视对外移民和海外华人的政策。同时，清政府也试图与海外华商建立联系。西方列强通过与海外华商的联系，在贸易上获利很大；而在过去的几个世纪里，中国政府却一直避免与作为中间商的海外华商往来。大批迁徙到国外的华人纷纷给国内家属汇款，这就构成了所谓的"侨乡"，主要由妇女、儿童和老人组成。另外，海外富商也开始在华进行投资。然而，1909年的《国籍法》以父系血统为原则，重新将海外华人移民及其后代界定为中国公民，不论他们的出生地或现居住地。这一概念在日本采用得更早，在德国则于1913采用，它起到了构建单一的居住国与迁徙国的作用。

① Lynn Pan, ed., *The Encyclopedia of the Chinese Overseas* (Richmond, U.K., 1999), 20-71; Sing-wu Wang, *The Organization of Chinese Emigration, 1848-1888: With Special Reference to Chinese Emigration to Australia* (San Francisco, 1978); Walton Look Lai, *Indentured Labor, Caribbean Sugar: Chinese and Indian Migrants to the British West Indies, 1838-1918* (Baltimore, 1993), 37-41; Sucheng Chan, *This Bittersweet Soil: The Chinese in California Agriculture, 1860-1910* (Berkeley, 1986), 7-26; June Mei, "Socioeconomic Origins of Emigration: Guangdong to California, 1850-1882," in Lucie Cheng and Edna Bonacich, eds., *Labor Immigration under Capitalism: Asian Immigrant Workers in the United States before world War* Ⅱ (Berkeley, 1984), 219-247.

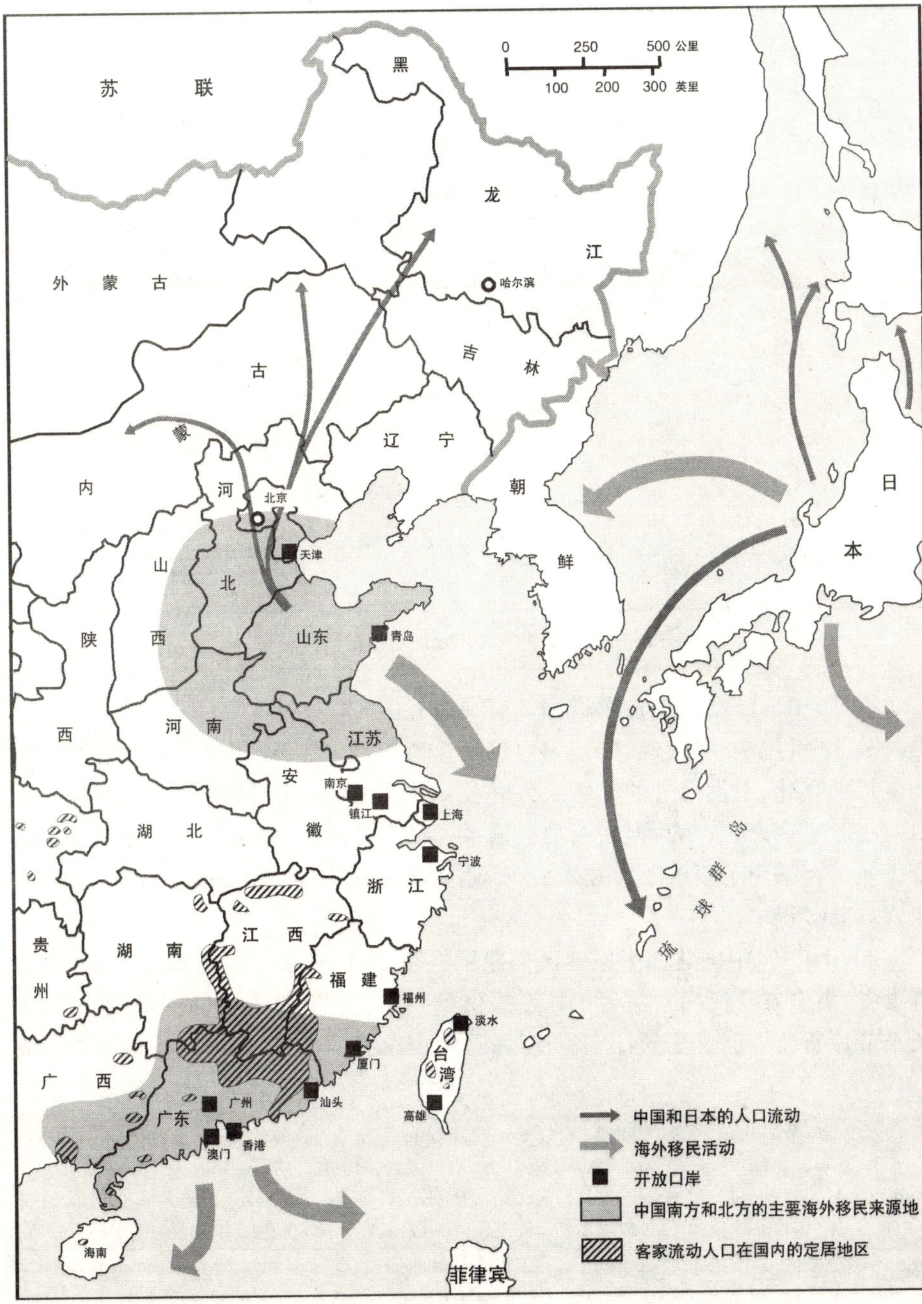

图3-18　东亚：19世纪40年代至20世纪20年代中国的国内迁徙及对外迁徙

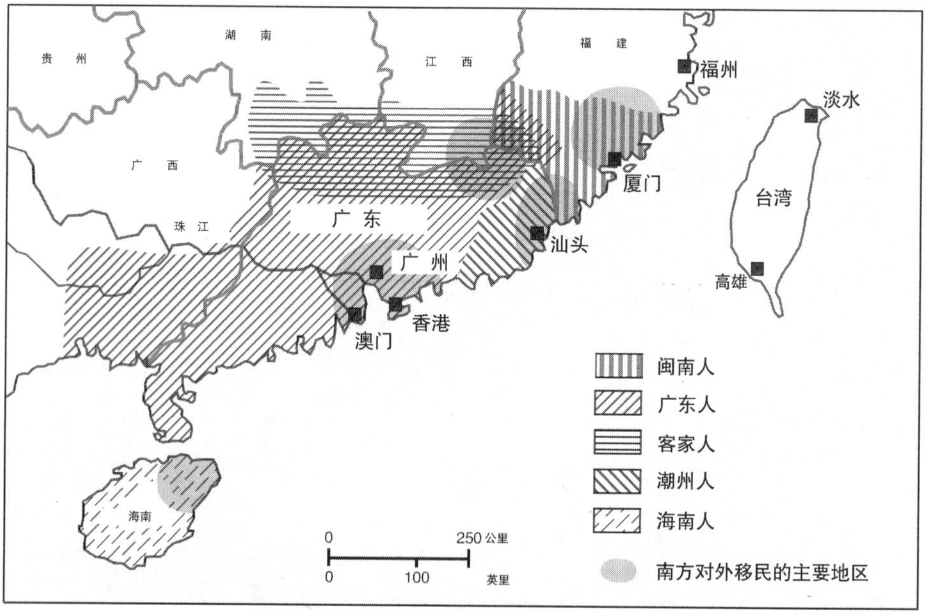

图3-19 中国南方对外迁徙省份的民族分布

因此，中国流动人口被东道国政府视为外国人。①

从19世纪70年代起，中国国内贸易量增加、煤矿产业规模扩大以及造船厂和工厂的兴建，引发海外的熟练工人和技术人员的回归。铁路和港口的修建也暂时吸收了剩余劳动力；但当新的运输系统投入使用后，搬运工人和驳船工人大量失业。在采用了蒸汽动力技术后，失业人口比过去畜力运输经济体制下的失业人口要多得多。

20世纪初，中国北部平原地区修建了铁路，从而加快了信息流通，同时也为直隶省、山东省及河南省的劳工外迁提供了条件。在直隶省，气候条件和作物生长季节短暂使人们无法预计庄稼产量；尽管山东省的自然条件稍好一些，却一直

① Edgar Wickberg, "The Chinese as Overseas Migrants," in Judith M. Brown and Rosemary Foot, eds., *Migration: The Asian Experience* (New York, 1994), 12-37; Victor Purcell, *The Chinese in Southeast Asia* (Oxford, 1951); Heidhues, *Chinese Minorities*, 13-14; Micheal R. Godley, "China's Policy Towards Migrants, 1842-1949," in Inglis et al., *Asians in Australia*, 1-21; Robert L. Irick, *Ch'ing Policy toward the Coolie Trade, 1847-1878* (San Francisco, 1982); Ching-huang Yen, *Coolies and Mandarins: China's Protection of Overseas Chinese during the Late Ch'ing Period (1851-1911)* (Singapore, 1985), 32-36, and Yen, "C'ing Changing Images of Overseas Chinese," *Modern Asian Studies* 15 (1981): 261-285.

受到洪水的威胁。据估计，1876～1879 年，有 900 万～1000 万人由于干旱和饥荒死亡或逃亡。《马关条约》(1895 年)的签订为欧洲及日本商品打开了中国北方的港口；廉价的机器纺织的进口棉布刺激了人们对现金的需求，而中国本土的棉布生产却备受打击。只有能支付得起首笔移民费用的人才有可能定期向国内亲属寄回汇款或把全家人接到海外生活。各个地区的情况都一样，最贫困的人不能够出国，学生可暂时出国，教师和新闻工作者加入了人口流动群体。①

在印度，南亚次大陆上有越来越多的地区沦为大英帝国的殖民地，使原本高度静止的劳动力开始流动。② 1793 年的"永久居住法案"对印度北部的孟加拉、比哈尔和奥里萨邦进行了重组。在 1812 年，印度南部地区也进行了重组。首先，英国政府制定了"柴明达尔制度"与"莱特瓦尔制度"等多种土地税收制度，并将征收田赋的工作承包给了当地的精英。印度的税款承包人享有类似于欧洲大地主的职权，对当地居民进行残酷剥削。其次，新法规中对私人土地所有权作了规定，允许土地转让，这样便出现了剥削型地主这一新阶层。新生的中间人阶级，包括放债者、税款承包人和大地主，仍依靠殖民地的领主，并与之结成同盟。③

通过两个例子可以说明农村人口流动与劳动力构成的新模式。在印度中西部的哥达瓦里区的部落地区，强加的税收制度与土地所有制引发当地农民的反抗。在这些反抗遭到镇压后，当地的希尔雷迪人和霍亚人被迫给来自平原的定居者让出土地，并迁移到土地贫瘠的地区。后来，税区拍卖给了一些商人，这些商人鼓励部落农民同劳工和奴仆一起伐木耕地。在印度东南部，农村纺织户独立于商人并且拥有土地，因而拥有两种收入来源。在市场行情不稳定的情况下，这种经典的风险分散与灵活的收入替代相结合的经营模式，既让纺织户可以随意地安排劳动，又使消费者能够享受低价。当欧洲人加入到购买群体后，纺织品的需求量随之增长。面对这种情况，纺织户的应对之策，便是通过延长每天纺织生产时间来增加收入，并让全家人都参与到纺织生产的工作中，而不再从事农业生产。购买食物和支付雇工工资需要大量现金，这使手工业—农业家庭进入了

---

① Spence, *Modern China*, 117-268, quote on 122; Pierre-étienne Will, *Bureaucratie at famine en China au 18e siècle* (Paris, 1980).

② 18 世纪和 19 世纪，几个地区发生的大规模饥荒造成上百万人死亡和更多的人流离失所。幸存者体质虚弱，而且缺乏人口流动传统和目的地的相关信息，他们通常不会选择流动。

③ Joseph E. Schwartzberg, ed., *A Historical Atlas of South Asia* (1978; 2ed rev. ed., Oxford, 1992), 211; Gail Omvedt, "Migration in Colonial India: The Articulation of Feudalism and Capitalism by the Colonial State," *Journal of Peasant studies* 7 (1980): 185-212.

债务人与债权人的关系。[①]

永久性定居法案实行仅仅 20 年后，致英国国会的第五次报告(1812 年)就该法案产生的影响指出，它不仅破坏了农村传统社会结构中脆弱的人口、农业及手工业之间的平衡，造成了更多的苦难、乞讨以及孟加拉地区土地所有权的巨大变化，这在其他地区都是不曾见到的。此外，从英国进口商品造成了印度国内的性别地位混乱。当地产的棉布"是当地各阶层妇女用线织成的"，这使得"每个妇女织布所得的收入除用于养家糊口之外还绰绰有余"(据 1835 年《孟加拉赫克鲁报》报道)。但是，从英国进口的纱线质更优、价更廉，因此当地妇女的劳动就变得多余，而其家庭也陷入了贫困。有钱出国的人仍然是少数，甚至连英国政府也指出，"这种贫困程度在贸易史上是罕见的。在印度平原上可以看到印度纺织工人的皑皑白骨"。贸易及关税政策对印度出口的手工艺品征收极高的关税，却允许英国商品自由进口到印度。1800 年之前，伦敦斯毕塔菲尔德的纺织工人一直受到印度廉价商品的冲击，但到了 1850 年，印度农村生产和地方自治制度就已经瓦解。这种对印度农村手工业的"去工业化"以及对土地所有权及田赋征收的"再封建化"，在某种程度上类似于欧洲农村手工业的终结，类似于欧洲贵族地主与资产阶级资本家的联盟。"农村人口逐步贫困化"产生了"农业无产阶级……他们愿意迁移到更好的地方去。"这正是毛里求斯的种植园主阶级及全英国的种植园主所希望的。[②]

旁遮普的发展状况说明了变化的程度，其中既包括积极的变化，也包括消极的破坏性的变化。因人口数量稳定且经济发展平衡，该地区成为英国殖民地辅助人员及北美劳工移民的主要输出地。"对外迁移始于 19 世纪 70 年代，大约在

---

① Sinnappah Arasaratnam, "Weavers, Merchats and Commerce: The handloom Industry in South-eastern India 1750-1790." In Arasaratnam, *Maritime Trade, Society and European Influence in Southern Asia, 1600-1800* (Aldershot, U. K., 1995), xvi; Beverley Lemire, *Fashion's Favourite: The Cotton Trade and the Cnsumer in Britain, 1600-1800* (New York, 1991), 3-42; Eric R. Wolf, *Europe and the People without History* (Berkeley, 1982), 267-295; K. N. Chaudhuri. *The Trading World of Asia and the English East India Company, 1660-1760* (Cambridge, 1978), 237-312, esp. 243-258.

② J. C. Jha, "Early Indian Immifration to Mauritius (1834-1842)," in U. Bissoondoyal and S. B. C. Sernansing, eds., *Indian Labour Immigration: Papers Presented at the International Conference on Labour Immigration* (23-27, October, 1984) Held at the Mahatma Gandhi Institute (Moka, Mauritius, 1986), 9-19, report of 1812 quoted on 10; governor quoted in Lai, *Indentured Labor*, 23-24; Basdeo Mangru, *Benevolent Neutrality: Indian Government Policy and Labour Migration to British Guiana, 1854-1884* (London, 1987), 53-78; M. S. A. Rao, "Migration, Agricultural Development, and Deprivation: A Case Study of a Tribal Situation in India," in Glazier and De Rosa, *Migration across Time and nations*, 58-75; Omvedt, "Migration in Colonial India."

英国对该地区全面进行殖民统治后的一代人的时间里。"新铁路建成后，廉价的工厂货物大量涌进当地市场，而当地劳动力纷纷迁移到了加尔各达，接着又从加尔各达迁至马来亚。灌溉系统的改进，耕地面积的扩大，农产品价格及土地价格的提高(英国政府将土地定义为"可转让的资产")，税赋现金化，迫使农民融入了新的货币经济。庄稼丰收会鼓励农民借款，而收成不好又迫使农民借款。能把握住机遇的中农需借款投资，1900 年后产生的抵押贷款"构成了猛增的农村债务的一大部分"。男人们为找到有工资的工作而迁徙漂泊，留下女人独自生活；既拥有土地又是少数民族的扎特锡克人尤其如此。同尼泊尔男人一样，锡克男人在英国军队中服兵役。"锡克男人在香港、新加坡和马来亚做警察、警卫和门卫，在马来亚做奶场男工、马车车夫和矿工。"也正是这样，锡克人逐渐对印度及大英帝国统治下的其他地方(如澳大利亚和加拿大)有了了解，并由此开始了自谋生计的迁徙。①

在鸦片战争打开了中国大门 10 年后，日本这个曾经在 17 世纪 40 年代实行闭关锁国政策的国家(见第 6 章第 1 节)，在美国舰队的武力威胁下向欧美商人开放了国门。不同于中国僵化的官僚体制，日本新天皇及天皇政府选择了一种新的发展策略，开始进行现代化改革(即"明治维新"，1868～1912 年)，为农业人口提供教育，但又通过征税强迫农业人口迁徙。到 19 世纪 90 年代，刚刚强盛起来的日本成功地废除了过去同外国列强签订的不平等条约中的治外法权条款，从此，在横滨通商的外国商人都要服从日本的管辖。以英国军官为顾问的由平民组成的军队代替了日本武士。美国工程师和传教士向日本提供技术援助，并为美国工业进入日本提供了路径；同时，他们还改进了日本的教育体制，帮助日本社会进行了西化。在咨询了曾在德国和美国哈佛大学受训的顾问后，日本政府受到种族优越主义及仇视外国人的本国至上主义的刺激，开始实行殖民扩张政策。一个排斥外国人的党派则引用了 18 世纪一些学者的观点，认为日本古代文化受到了外国佛教和儒家思想的腐蚀，日本民族的阳刚气魄优于中国人的邪恶与狡诈。②

---

① Hugh Johnston, *The East Indians in Canada* (Ottawa, 1984), quotes on 3-5.

② Ramon H. Myers and Mark R. Peattie, eds., *The Japanese Colonial Empire*, *1895-1945* (Princeton, 1984); Peter Nosco, *Remembering Paradise*: *Nativism and Nostalgia in Eighteenth-Century Japan* (Cambridge, Mass, 1990); H. D. Harootunian, *Things Seen and Unseen*: *Discourse and Ideology in Tokugawa Nativism* (Chicago, 1988); Edward Beauchamp and Akira Iriye, eds., *Foreign Employees in Nineteenth-Century Japan* (Boulder, 1990); Fumiko Fujita, *American Pioneers and the Japanese Frontier*: *American Experts in Nineteenth-Century Japan* (Westport, Conn., 1994).

在19世纪70年代,作为第一步,日本政府在人烟稀少而又寒冷的北海道岛以及位于亚热带地区人口稠密的琉球群岛,包括冲绳,建立了殖民地。1860年居住在北海道的日本人有6万,到了1920年人口数量增长到了240万。另一方面,少数冲绳人迁徙到了日本本土,随后又迁徙到了新获得的殖民地。群岛上的当地居民及日本殖民者从未被认为是“本土的日本人”,就像是北美殖民者从未被英国本土的人认为是地道的英国人一样。在19世纪70年代开始的第二步中,日本指向长期闭关锁国的朝鲜。1867年,西方的军队试图劫掠朝鲜皇陵,朝鲜皇陵据说是用金子建造的。即使到了工业化时代,这个关于黄金的神话仍旧很吸引人。另外,中国政府和俄国政府也试图在朝鲜获取影响力。1894年,朝鲜人民发动起义,抵制外国侵略者。

日本国内工业化的实现引发了大量的国内流动人口,尽管一直到1920年,除北海道的农业边疆地区,仍然有93%的农业人口是本土出生的。然而,大量人口短距离流动到了市镇及城市;在向国外迁徙的政策放宽以后,日本人便前往夏威夷及美洲的太平洋沿岸一带定居(见第14章第5节)。与早期的英、法两国的契约仆人一样,日本的合同劳工是从包括东京和横滨在内的城市中招募来的,而非来自农村。但是,向国外流动仍然受到限制:1937年,居住在亚洲其他国家(4万人)、夏威夷和北美(20.7万人)以及拉丁美洲(22.7万)的日本人还不到50万。日本政府试图保护国外的日本合同劳工。如果不可行的话,日本政府就会阻止其他公民作为合同劳工迁往国外。日本政府反对北美国家排斥亚洲人的种族主义,反对加利福尼亚1913年的排斥外国人的法规,反对美国1924年的排外行为。在1900年左右,日本的海外移民活动转向了秘鲁及巴西。

和世界其他国家一样,日本移民成为日本政府在国外扩张势力的组成部分:“(我们)应让本国人民迁徙到一个地方,并要利用他们的集体力量。”1910年后,日本选择在朝鲜和“满洲国”[①]实行其殖民政策。在日本国内,这种殖民政策平息了沦为平民阶级的前武士阶级的动乱。因此,日本民族的迁徙属于帝国主义政策组成部分,而并不是外国殖民者强迫的劳工迁徙(见第16章第4节)。[②]

① 所谓“满洲国”,是日本扶植溥仪成立的傀儡政权。——译者注

② Irene B. Taeuber, *The Population of Japan* (Rrinceton, 1958), 173-190; Bennett, “Japanese Emigration Policy,” 23-43; Marius B. Jansen, “Japanese Imperiaism: Late Meiji Perspectives,” in Myers and Peattie, *Japanese Colonial Empire*, 61-79, quote on 69, ef. p. 141.

2. 亚洲合同劳工制度

不管合同劳工的原籍地文化如何，合同劳工都是被以欺骗和胁迫的方式招收的：对目的地条件加以理想化描述；精心设计的债务奴役（迁徙到马来亚地区的印度劳工就是通过这种方式招收的）；在中国，则通过引诱参与赌博，进而导致人身抵债或引发家族争斗，最后将被捕获者贩卖出去。"被绑架当水手"通常是水手们用来描述被迫应征时使用的，它就是来自中国通过绑架而掳掠合同劳工的做法。在中国南部地区，私人中间商操控招工工作；在印度，英国殖民者招集流动人口，交由招工中间商和种植园园主进行虐待，之后给这些流动人口安排"保护人"；在日本，日本政府试图招募条件合适的劳工，同时也避免日本劳工受到类似于华人非自由劳工那样的剥削。[①]

劳工首先要完成使人疲惫不堪的徒步行程，接着乘坐火车，经常是数百公里，才能到达港口。招来的华工在特殊的小客栈里进食，并被安排住在港口城市中如监狱一般的仓库或猪圈里，以打击劳工的意志力，尤其是防止劳工"开小差"逃跑。在旅途中，乡村和家庭原有的社会关系被劳工中间商的控制所取代，劳工开始了另一种人生。与此同时，也开始了一个"去文化"过程，使人们脱离自己的原籍地文化，从而变成无差别的非自由劳工。对于幸存下来的人来说，这一过程也许还有解放的成分，因为在这样成分混杂的流动人口中，种姓、阶级以及习俗的划分已失去了效力。

平底中国式帆船将流动人口运到亚洲境内的目的地，而大帆船载着流动人口穿越大洋。从加尔各答到加勒比地区一般要 6 个月的时间。19 世纪 50 年代之前，乘坐英国及西班牙轮船前往美洲的中国劳工的死亡率达 12%。但随着法律规定的颁布（如英国政府 1855 年的《华人客运法案》）以及 1865 年越洋蒸汽船的投入使用，中国劳工死亡率降低了。船票价格相应下降和航行时间的缩短造

① Tinker, *New System of Slavery*, 66-69, 122-133; Ravindra K. Jain, "South Indian Labour in Malaya, 1840-1920: Asylum, Stability and Involution," in Kay Saunders, ed., *Indentured Labour in the British Empire, 1834-1920* (London, 1984), 168, 171; Brij V. Lal, " Labouring Men and Nothing More: Some problems of Indian Indenture in Fiji," ibid., 128; Graves, "Pacific Islands labour Migration," 114-120.

成人口流动猛增,但这种流动人口通常是自由的,并不受合同约束。[①]

将中国流动人口统称为"苦力"掩盖了他们成分的复杂性。19 世纪迁至亚洲境内其他地区的 250 万中国人中,只有不超过 11%~12%是严格意义上的契约劳工。另一批中国人是由"船票赊单制度"下的"自由"流动人口构成的——类似于欧洲的契约式迁徙,这些人将人身自由抵押给了为其垫付航行费用的亲友、以前的移民或商人。通过人口流动网络,自愿的人口流动可以选择迁徙目的地,但是选择范围会受到资金的限制。流动人口通常会迁往缅甸、马来亚、荷属东印度群岛、泰国、法属印度支那、菲律宾和太平洋岛屿地区。迁往亚洲以外的流动人口大约有 70 万:迁至澳大利亚的人口不到 10 万,迁至古巴、秘鲁和拉美经济体的人口有 27 万,迁至北美地区的人口有 33 万。其中多数人是自筹路费的,只有迁至古巴和秘鲁的合同劳工才沦为事实上的奴隶。

在大批印度越洋流动人口中[②],北方的流动人口来自从孟加拉、比哈尔、印度北方邦(联合省)一带,东南沿海的流动人口来自奥里萨邦、马德拉斯一带。一直到 19 世纪 50 年代中期,主要的招募对象是来自比哈尔南部的焦达讷格布尔地区的非印度族土著部族(德汉格人、柯尔人、希尔库里人)、港口地区的穷人(通常为最近迁徙来的人)以及生活在"奴隶或半奴隶状态下"的最低种姓的人群。在大英帝国统治下,那些无法再进入劳动力市场或获得社会地位的饥民成为劳动力蓄水池(见图 3-20)。多数人经加尔各答和马德拉斯离开。在孟买,当地对劳动力的需求和政府不支持对外迁徙的态度减少了对外人口流动。[③] 流动人口的宗教信仰多种多样:印度教徒、穆斯林教徒、锡克教徒、耆那教徒以及基督教徒(不考虑印度教徒的内部分支和他们缺乏统一的中央机构)。另外,他们的语言也不尽相同,有乌尔都语、印地语、孟加拉语、泰米尔语、泰卢固语、旁遮普语以及

---

① Sandhu, *Indians in Malaya*, 93; Mangru, *Benevolent Neutrality*, 130-135; G. William Skinner, *Chinese Society in Thailand*: *An Analytical History* (Ithaca, N. Y., 1957), 32, 48-55; Tinker, *New System of Slavery*, 94, 134-147, 156-172; Peter Richardson, *Chinese Mine Labour in the Transvaal* (London, 1982), 64, 124-125, 151-159; Watt Stewart, *Chinese Bondage in Peru*: *A History of the Chinese Coolie in Peru*, *1849-1874* (Durham, N. C., 1951), 18, 47-69; Lal, "Labouring Men," 131; Hubert Gerbeau, "Engagees and Coolies on Rebnion Island: Slavery's Masks and Freedom's Constraints," in Emmer, *Colonialism and Migration*, 209-236, esp. 224.

② 对英属印度来说,印度与锡兰和缅甸的人口流动属于内部流动,但是在文化意义上,这属于对外流动。

③ Lai, *Indentured Labor*, 29-32, quote on 30; Clarke, Peach, and Vertovec, South Asians Overseas, quote on 6; Sanderson Report, "Report of the Committee on Emigration from India to the Crown Colonies and Protectorates," British Parliamentary Papers, vol. 27, Cd. 5194 (1910); Lal, "Labouring Men," 130; and Jain, "South Indian Labour," 158-182.

古吉拉特语，因此有必要“创造一种南亚混合语或使用一种非南亚的通用语”，或者使流动人口融入某个地区最大的语言群体中去。

无论是雇主招募劳工，还是流动人口自愿应征从工，都要按照种姓地位和特定技能进行。

> (在缅甸)孟加拉人充当神职人员和技工，内洛尔人充当清洁工，印度北部的人充当信差和守门人，中等阶层的泰米尔人在铁路部门和政府部门做办事员。

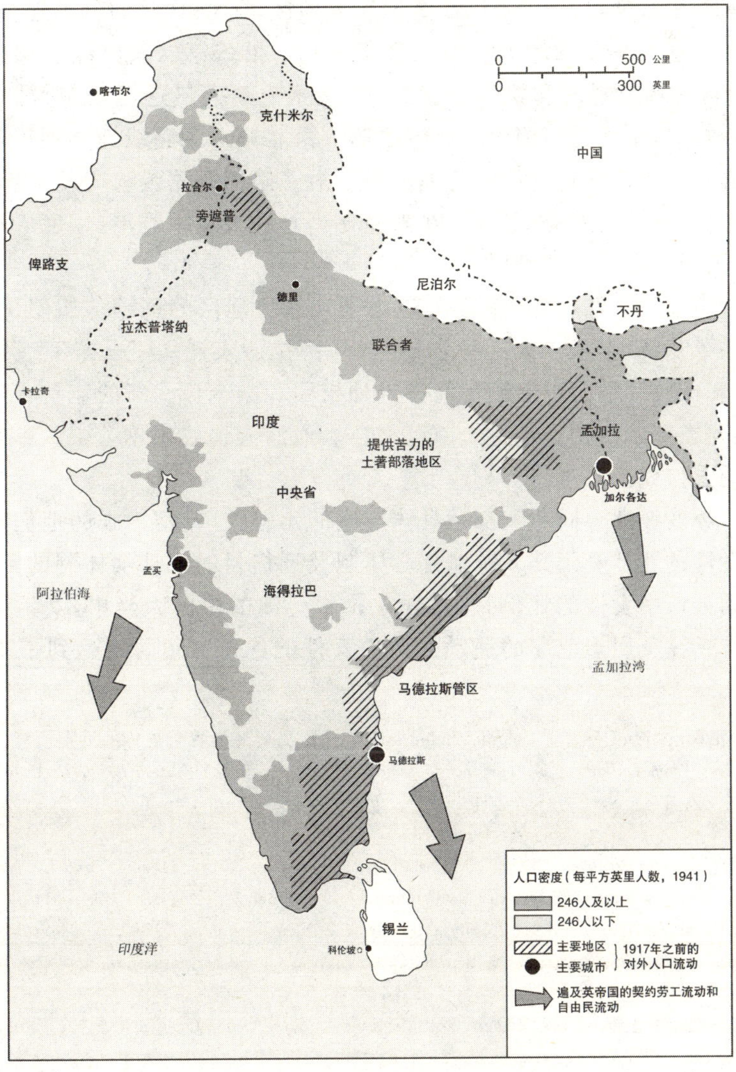

图3-20　南亚：人口密度及海外移民活动

> 科洛曼德尔海岸地区的大批泰卢固人,有的在磨粉厂和工厂里工作,有的做人力车车夫;甘亚姆的瑞亚人,有的做了铁路工人,有的从事其他工业性工作;而泰米尔的下层种姓从事农业生产或者在碾米厂工作。[①]

迁徙后,东南亚移民中形成了"某种程度的同质化",尤其是种姓不再起任何作用。[②]

在四条向境外迁徙的路线中,1834~1916 年,有 150 万合同劳工沿着第一条路线迁至亚洲境外(1811~1870 年,有 190 万奴隶被从非洲运往美洲):1/3 的劳工迁至毛里求斯,1/3 的劳工迁至加勒比地区,还有 10%的劳工迁至纳塔尔,其余的劳工迁至东非和印度洋或太平洋岛屿。沿着第二条路线迁移的移民有 600 万。在契约工制度和凯加奈制度下,这些流动人口迁至缅甸、马来亚和锡兰,而多数人后来又迁回国内。有少数商人沿着第三条路线迁移到东非传统的贸易中心和新的迁徙目的地。英国殖民者沿着第四条路线将印度人作为"帝国的辅助人员"运到马来亚(印度人在当地充当管理人员)、香港(印度人在香港充当警察)以及许多其他殖民地。

1870 年后,印度北部的流动人口去了加勒比地区的蔗糖种植殖民地,旁遮普人迁往了斐济,泰米尔人迁往了锡兰,马德拉斯人迁往了马来亚或锡兰的茶叶、咖啡和橡胶种植园以及缅甸的大米种植园和碾米厂。新的流动人口群体出现,包括阿杰梅尔的拉查普特人、瓜廖尔人、斋浦人和波帕尔劳工。种姓地位较高的流动人口充当监工。[③]

大多数的亚洲合同劳工都是身体健康的年轻人,年富力强的他们很有剥削价值。女性的迁徙受到其来源地社会体制及迁徙目的地社会体制的双重制约。中国流动人口中女性的比例最低:迁往拉丁美洲的中国人当中,女性平均只占 1%;只有迁往英属圭亚那的流动人口中女性的比例曾短暂地达到了 16%。但

---

① Omvedt, "Migration in Colonial India," 199. 从庶民研究的视角进行的近期研究包括 Marina Carter, *Voices from Indenture: experiences of Indian Migrants in the British Empire* (London, 1997),该研究是基于发自毛里求斯的移民信件;Patrick Peebles, *The Plantation Tamils of Ceylon* (London, 2001).

② Lai, *Indentured labor*, 25-28;K. N. Chaudhuri, *Asia before Europe: Economy and Civilization of the Indian Ocean from the Rise of Islam to 1750* (Cambridge, 1990), 368-372; Mangru, *Benevolent Neutrality*, 53-78; Clarke, Peach, and Vertovec, *South Asians Overseas*, 5-7; S. Arasaratnam, "The Evolution of Malasian Indian Society: Social and Cultural Aspectrs of Settlements," in Bissoondoyal and Servansing, *Indian Labor Immigration*, 152-153.

③ 这些数字是根据 Clarke, Peach, and Vertovec, *South Asians Overseas*, 8-10; Philip D. Curtin, *The Atlantic Slave Trade: A Census* (Madison, 1969), 234; Mangru, *Benevolent Neutrality*, 60-65.

无论采取什么措施，都未曾使女性的比例增长至 15%～20%。尽管印度政府将印度流动人口中女性的指标定为 25%，但女性比例还是从 31.6%(1891～1895年)下降到 13%(1921～1924 年)。所有亚洲社会都通过家庭价值观念、性别权力等级制度来限制女性的自由流动。在印度，以胁迫方式招募女性劳工，而且主要招募身陷极度困境的女性。在中国，穷困家庭将自家女儿卖给卖淫机构的传统做法发生了改变，把女儿以劳工移民的方式卖掉就意味着她们要充当性劳工。而另一方面，家庭希望儿子能够回国，为了能让儿子和家人生活在一起，父母便将儿媳留在国内。流动人口建立多个家庭是出于理性的经济考虑。当男子在迁移过程中组建起两个或更多家庭后，他们在各个居住地的妻子可以帮忙做生意或耕地。中国男性流动人口必须将妻儿留在其家族的籍贯地，因为按宗教规定，他们人死后，必须将尸骨和祖先的尸骨埋在一起，不管生前在哪里生活或在哪里死亡。

女工的招收取决于接收国对劳动力的需求情况。鼓励男性留下的地方将女性视为让男性留下的稳定因素。例如，特立尼达的地方当局就为妻子和丈夫团聚提供特殊津贴。另一方面，澳大利亚政府只想暂时留下男性流动人口，因此就禁止居住在太平洋岛屿上的女性和儿童迁入。许多迁移目的地只允许少数愿意被包养或以卖淫形式为男性提供性满足的女性迁入，据雇主讲，这样会使男工便于管理一些。总而言之，女性流动人口被认为是品行放荡的人。①

一些女性靠进取精神独自迁离家乡，而另一些女性，因受到所在群体的排斥，除了迁徙几乎没有其他选择，还有一些女性是为了摆脱作为童养媳或寡妇的低下的社会地位而流动。招募劳工涉及多方面因素，而且并不需要劳工自身有多少见识。澳大利亚政府官员从美拉尼亚招募男工从事农业生产，尽管在这些男工的家乡农业是女性的工作。另一方面，女性在年纪很小时就被运到澳大利亚做家庭佣人。为菲律宾人招收的中国女孩中，40%不满 14 岁，而只有 5%的男性会在这么小的年纪迁徙。充当家庭佣人的女性还经常做妾。在男性劳工愿意留下的海外移民社会中，女性移民的比例往往能够占到 10%～30%；20 世纪 20 年代末，在马来亚的印度移民和中国福建移民长期居住的地区，女性移民分别占 48%和 62%。契约劳工社区形成速度缓慢与女性的低迁入率和低定居率

① Skinner, *Chinese Society in Thailand*, 126; Tinker, *New System of Slavery*, 89-90; Breman and Daniel, "Making of a Coolie"; Imre Ferenczi and Walter F. Willcox, *International Migrations*, vol. Ⅰ: "statistics (New York, 1929), 303-309, 906; Donald Wood, *Trinidad in Transition: The Years after Slavery* (London, 1968), 162-164.

有关。[①]

3. 国内劳工流动:以英国殖民统治下的印度为例

同欧洲和北美相比,南亚各国国内的中途及长途的自由流动人口与合同流动人口的数量占总人口的比例仍然较小。1891 年的人口普查(不包括国际契约劳工)显示,有 89%的人口居住在他们出生的地区,97%的人口居住在他们出生的省。在 1881 年,从事工业生产的孟加拉移民比例甚至还不到 6900 万总人口的 1%。1931 年,有 3.6%的人口,即 3.53 亿人中有 1200 万人,居住在他们出生的省以外的地方。同英国间接控制的贵族统治下的小国相比,对英国直接统治下的印度的投资并没对流动人口产生什么吸引力。农业、农村手工业、种姓制度、早婚习俗、婚后在男方家庭生活、子孙土地继承等因素造成了当地人向外迁移的比例很低。

但是,在印度国内还是形成了四个主要的迁移体系:(1)东北方向的中距离迁移,迁往加尔各答地区的黄麻纤维工厂等工业区、孟加拉地区的煤矿区、阿萨姆地区的茶叶种植园及比哈尔地区的靛蓝种植园和工厂;(2)从周边方圆 300 公里内的地区迁往孟买的市镇地区;(3)从德里周边地区迁入德里,从联合省向西迁入旁遮普邦的新灌溉农业区;(4)从马德拉斯向北迁往迈索尔及海得拉巴,向西迁往高止山脉地区的庄园农业区。此外,南亚次大陆上还纵横交错着无数较小规模的迁移,另外一些人迁往了锡兰地区的种植园。[②]

女性有其特定的流动形式,有时会迁往有独立工作机会的纺织厂,但大多数女性的流动还是与婚姻有关。在联系紧密的印度社区中,同村人认为彼此之间

① Kay Saunders, "The Workers' Paradox: Indentured Labour in the Queensland Sugar Industry to 1920," in Saunders, *Indentured Labour*, 221-222; M. D. North-Coombes, "From Slavery to Indenture: Forced Labour in the Political Economy of Mauritius, 1834-1867," ibid., 98; Edgar Wickberg, *The Chinese in Philippine Life, 1850-1898* (New Haven, 1965), 175; Gillion, *Fiji's Indian Migrants*, 5; Sandhu, *Indians in Malaya*, 185.

② S. N. Agarwala, ed., *India's Population: Some Problems in the Perspective Planning* (Westport, Conn., 1960), 25; Davis, *Population*, 107-110, 123; Dietmar Rothermund, "A Survey of Rural Migration and land Reclamation in India, 1885," *Journal of Peasant Studies* 4 (1977): 230-242; Anand A. Young, " Peasants on the Move: A Study of Internal Migration in India," *Journal of Interdisciplinary History* 10 (1979): 37-58. M. D. Morris, *The Emergence of an Industrial Labour Force in India: A study of the Bombay Cotton Mills, 1854-1947* (Berkeley, 1965); Ranajit Das Gupta, "Factory Labour in Eastern India: Sources of Supply, 1855-1946," *Indian Economic and Social History Review* 13 (1976): 277-330.

都是准亲戚;此外,大多数社区中几乎不存在可供选择的配偶,因为当地人通常都与自己同种姓或和自己种姓接近的人结婚。与婚姻有关的流动还包括仆人随同出身富裕家庭的新娘一起迁徙。另外,如果新娘出身贫寒,她的一些女性穷亲友,如姑姨或(外)祖母,也会随同流动。生育迁徙——南亚很多文化中存在女性迁回娘家生第一个孩子的习俗——增加了人口流动性,加强了人与人之间联系的连续性。在一些情况下,女性的婚姻流动与男性劳工流动的形式相同。

在农业迁徙、矿业迁徙和向城市迁徙三种定居和劳工流动形式中,农民通常以家庭为单位迁徙到阿萨姆地区和运河地区殖民地。阿萨姆流域可提供有待开垦的肥沃土地。1900 年后,孟加拉农民,尤其是来自人口稠密的麦门辛区的农民,迁往了布拉马普特拉河流域;1911～1921 年,有约 20 万人迁到该地,此后 10 年又有更多的人来到该地。当地农民将这些人视为"外来者",而且彼此间的文化接受与文化适应的过程也进展缓慢。另外一些农民去了旁遮普邦,那里的杰纳布运河下游(1901 年)和三重运河工程(1920 年)使灌溉土地的面积扩大到了以前的 4 倍。宗教信仰和种姓相同的家庭住得较近。同时,年轻夫妻的迁入意味着较高的人口自然增长率。

庄园契约劳工去了茶叶、咖啡、橡胶和豆蔻种植园。[①] 规模最大的迁移目的地是阿萨姆邦的东北部、杰尔拜古里和大吉岭的庄园。这些庄园自 1840 年起就开始种植茶叶,自 19 世纪 50 年代起开始有劳工进入(见图 3-21)。当地农民不愿意在庄园工作,因此,庄园只能雇用少数没有土地的劳工。1911～1921 年,77 万苦力迁移到阿萨姆邦。1921 年,这些苦力进行罢工和起义,从而使工作条件得到了改善。20 世纪 20 年代初,俄国内战致使对俄出口减少,市场萧条,进而导致劳工数量减少。1930 年前后,有近 8 万移民劳工在马德拉斯、迈索尔和特拉凡哥尔一带的西南部庄园。

在凯加奈制度下,雇主让一名劳工回到农村从他相识的人中再雇一批新劳工。国内流动人口招募制度是毛里求斯和其他奴隶社会的专家制定的,不像对外流动人口的招工制度受到的监督多。在国内契约制度下,合同的有效期至少为 5 年,且合同中规定了最低的工资、住宿和伙食配给量。由于茶叶种植期要持续 10 个月,而橡胶或咖啡的种植期要持续 6～7 个月,所以种植园园主希望劳工回乡时间为 2～5 个月。家庭形式的劳工在咖啡和茶叶种植园工作,而单身男工在橡胶种植园工作。劳工们从日出一直工作到日落,而且经常受到体罚和性骚

① 孟加拉三角洲地区的靛蓝种植是一个特例。欧洲的资本家利用印度的土地持有和田赋征收制度迫使当地农民成为债务奴隶,由此消灭劳动力的流动。

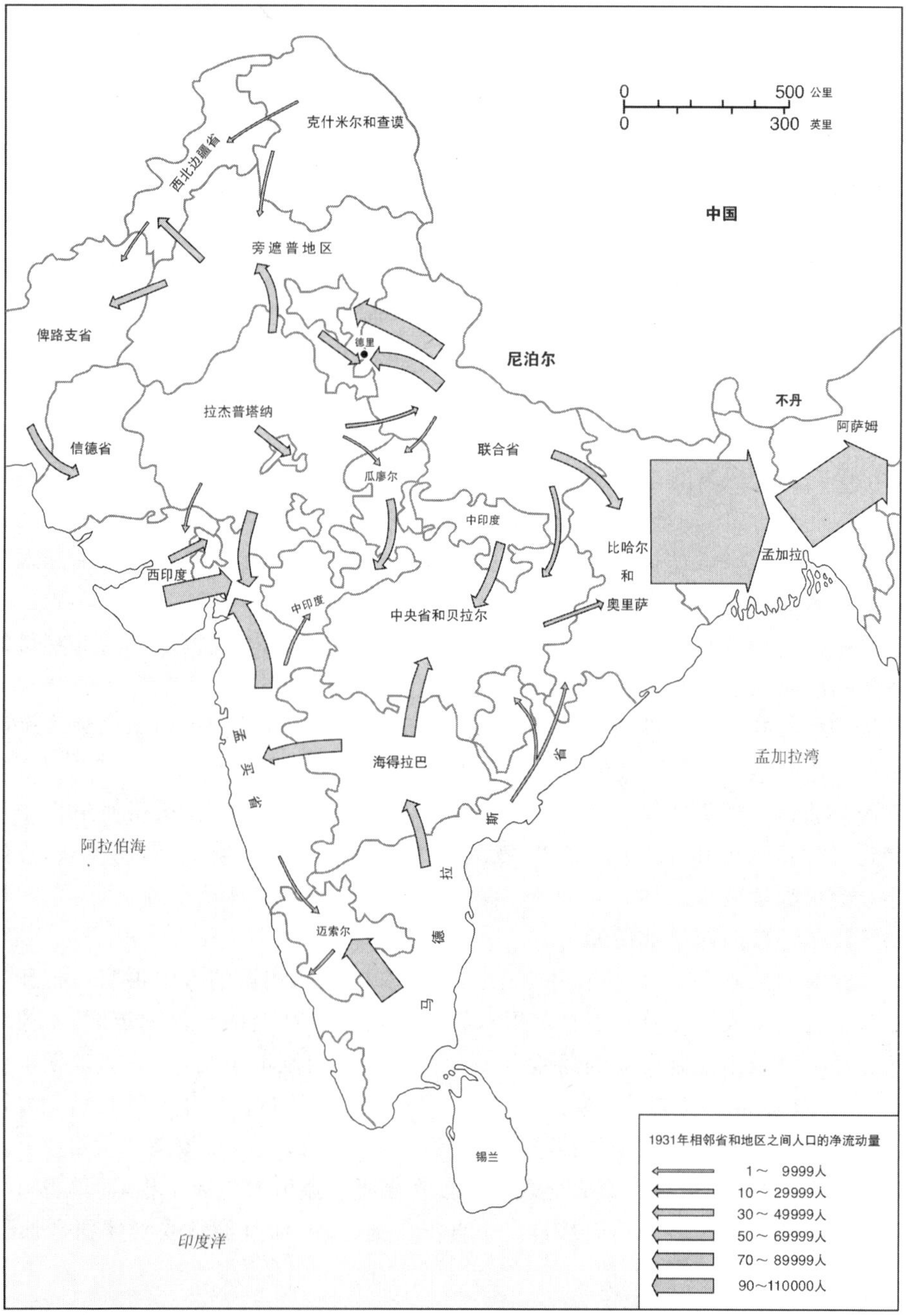

图3-21 南亚：1931年跨省迁徙路线图

扰。种植园主拘捕劳工的权力直到 1908 年才被废除。雇主有权强行拘捕"潜逃"的苦力。如果苦力欠下债务,就不发给苦力工资,而债权经常会从世袭地主转移到劳工中间商手中。种植园主为诱使苦力留下会赏赐给他小块土地,在这样的地方会形成一些小规模独立经营的农民家庭。对种植园主来说,这些农民家庭的形成就意味着获得女性劳工与童工。到 20 世纪 30 年代,阿萨姆邦有1/6人口是外来移民。①

自 19 世纪 70 年代起,西孟加拉的拉尼根杰采煤区便开始从周围的丘陵地区招募矿井工人。只要矿井招募女性劳工,全家人就会跟着迁徙。在英国柴明达尔制度下,大矿井的矿主获得了管理附近乡村的权力,并逼迫当地居民做矿井劳工。矿主创建了一种半封建劳工供应方式(诺卡尼制度),分给劳工土地并强迫劳工按规定天数在矿井工作。②

在整个南亚地区,1931 年的农村—城市人口流动几乎占国内人口流动的1/2,农村—城市流动的距离比农村—农村的流动更远。迁徙的人口中男女的比例为 1.5∶1。有平均 37%的城市居民是从农村迁徙来的,而孟买的比例最高,为 75%。住宅区依不同的来源地文化和语言而分成若干区域,而一些特定的工厂(如种植园和矿井)与一些特定的招工地区之间存在联系。由于村民都接受了依种姓而分的职业,而且不愿意流动,因此对劳工的需求就很高。大灾难的爆发,如 1911 年的流行性瘟疫,仍会使劳工立即迁回农村,即使只是暂时性迁回。到 20 世纪初,农村—城市流动将整个东北地区——比哈尔、孟加拉和阿拉干(孟买沿海地区)——"并入单一的彼此紧密联系的劳工流动体系中"(印度皇家劳工委员会,1931 年)。

加尔各答发展速度缓慢,1891 年 68 万人口中外来人口占 57%,1911 年近 90 万人口中外来人口占 64%。大约 1/2 的外来人口来自孟加拉,其余的来自更远的地方。工人们仍按照迁徙前的生活模式服从工厂的管理制度。来自周边区域的人时常会回农村探亲;来自北部农村的劳工会在炎热的季节离开工厂,因为这时正好是自己家乡气候宜人的季节。由于年工作时间较短,所以这些劳工们

---

① Davis, *Population*, 114-121; Tinker, *New System of Slavery*, 101-103; Das Gupta, "Plantation Labour in Colonial India," 173-198.

② Tinker, *New System of Slavery*, 51,135; C. P. Simmons, "Recruiting and Organizing an Induatrial Labour Force in Colonial India: The Case of the Coalmining Industry, C. 1880-1939," *Indian Economic and Social History Review* 13 (1976):455-485; Detlef Schwerin, "Control of Land and Labor in Chota Nagpur," in Dietmar Rothermund and D. C. Wadhwa, eds., *Zamindars, Mines, and Peasants: Studies in the History of an Indian Coalfield and Its Rural Hinterland* (New Delhi, 1978), 21-67.

希望每天工作时间长些，而定期工作的短途移民劳工则希望每天工作时间少一些。家中有土地的工人不必安于不称心的工作条件：农业生产中劳动力短缺，以及和其他国家相比从事农业生产可获得较高的收入，使劳工拥有多种选择。自由劳工取代了契约劳工，信息流动取代了受雇主支配的招工。上层阶级的迁徙包括柴明达尔的流动、柴明达尔子孙的流动和商人的流动。柴明达尔希望接近英国的管理部门，而其子孙希望在城市里上学。当流动精英家庭的奴仆成为下层种姓连锁迁徙的投奔对象时，上层阶级的迁徙与下层阶级的迁徙就交织在一起了。

国内人口流动与越洋人口流动同时进行，但又不相互联系，除非应征劳工在登船时被淘汰。这些遭淘汰的劳工将作为国内契约工被雇用。①

4. 亚洲内部及前往非洲的"苦力"和"自由乘客"

由印度洋和南中国海连接而成的世界，为人口流动活动提供了便利。在这一区域的西部，毛里求斯很早就开始招募印度契约工，在桑给巴尔存在一个自由民组成的商人社会，从东非经纳塔尔至好望角的殖民地成为自由和契约劳工的新目标。1900 年之后，中国人到达了南非，中国流动人口的来源地已由南方的传统输出省份转向北方各地。在东南亚，中国人在城市经济、矿山及农业方面的传统领地在继续扩大，而印度的契约工人来到了种植园，自由民也以各种方式迁徙而来。在马来亚半岛，一个由马来人、中国人和印度人组成的多民族社会已经形成，而缅甸的当地居民则受到印度商人和印度城市工人的欺压。

自由"乘客"依靠自身财力对外迁徙，他们也有自己的迁徙目标。他们寻求从事自主的经济活动的机会，帮助契约工同胞迁徙，并且吸收契约期满的劳工加入自由民的社群。契约期满的劳工很难在种植园地区形成自己的社群，他们的命运由各殖民地的政治经济状况决定：或在契约期满后留下来，或必须重新签订契约，或必须返回。契约劳工对雇主有依附关系，但具有较强的斗争精神，他们

① Davis, *Population*, 127-137; Arjan de Haan, "Migration on the Border of Free and Unfree Labor: Workers in Calcutta's Jute Industry, 1900-1990," in Jan Lucassen, eds., *Migration, Migration History, History: Old Paradigms and New Perspectives* (Bern, 1997), 197-222, Royal Commission cited on 198.

很难有机会在殖民地组建家庭。[①]

东非和南非的劳工和社会

18 世纪 90 年代,"由于奴隶反抗,安得列斯群岛的制糖业崩溃",毛里求斯的种植园主"利用了欧洲大陆此时出现的市场机遇",开始了强迫性的印度劳工迁徙活动。奴隶制解体后,解放了的奴隶家庭在小块土地上开始从事农业活动,种植园主控制的政府转向英帝国控制下的其他地区寻找招募机会。各类罪犯,包括参加印度"叛乱"的政治犯,被输送过来。自愿性质的契约劳工制度"公然变成了强迫劳工制",1834～1907 年,45 万印度劳工被强迫来到毛里求斯。返回的劳工不足 1/3,因为毛里求斯的税收政策迫使劳工不断续签契约,而且流浪罪和有关执照的规定降低了契约劳工在种植园外寻找机会的可能性。1867 年这种劳工体制以法律形式确定下来,一直延续到 1922 年,几乎没有进行过大的调整。但是,由于 1881 年后制糖业的集中化,很多劳工从种植园来到城镇。劳工的敌对行动会受到惩罚,在 1937 年前,劳工联盟一直被视为非法。[②]

毛里求斯的政治经济制度代表了新兴的西方资本主义种植园经济,但传统上的印度西部和东非之间的联系继续在桑给巴尔的印度商人社区存在(见第 5 章第 1 节)。1859 年,该社区有五六千印度教徒和穆斯林教徒,主要来自卡奇和贾姆讷格尔。由于当地人怀有敌意,印度商人们并没有和桑给巴尔人混居,而是从家乡带来了妻子。一个完整的社会出现了,但在种族和宗教方面,这个社会是割裂的:阿曼苏丹的俾路支人军队、来自巴基斯坦信德省的从事海洋运输和捕捞的梅蒙人、帕西人、印度教商人阶层(巴尼亚人、巴蒂亚人、洛哈那人)、什叶派穆斯林、达乌迪的博霍拉人、伊斯梅利的霍贾人、伊斯纳什特立人和果阿的天主教徒。印度教徒在积攒了足够的财富后便返回故土,而穆斯林则举家留了下来。返回的情况也受到世界经济的影响:美国布匹以比印度布匹更低的价格进行销售,英国在 1873 年后禁止了奴隶贸易,这些都促进了世界经济的发展。阿曼苏丹对"商业活动的先行者"进行了保护,但并没有意识到这些商人传播了英国的

---

① Keneth McPherson et al., "The Social Expansion of the Maritime World of the Indian Ocean: Pesenger Traffic and Community Building, 1815-1939," in Klaus Friedland, ed., *Maritime Aspects of Migration* (Cologne, 1989), 427-440.

② M. D. North-Coombes, "Indentured Labour in the Sugar Industries of Natal and Mauritius," in Surendra Bhana, ed., *Essays on Indentured Indians in Natal* (Leeds, 1990), 12-87, quotes on 18; Jha, "Indian Immigration, 9-19; J. Manrakhan, Examination of Certain Aspects of the Slavery-Indenture Continuum of Mauritius," in Bissoondoyal and Servansing, *Indian Labour Immigration*, 39.

影响,并帮助确立了英国的支配地位。在孟买,南亚的各民族宗教团体同英国人保持垂直的联系,这阻碍了当地社会进行横向的印度化进程;这种情况一直持续到孟买的商业扩张引发农村的古吉拉特人在印度内部的流动,古吉拉特语成为通用语。阿曼苏丹给移民提供的特权使移民没有"本地化",而是在东非"保留了一个印度飞地",而且在伊斯梅利的霍贾人领导下,这个印度飞地开始执行西方化的战略。①

在纳塔尔,印度移民在1860年之后建立了自己完备的社会。② 新兴的甘蔗种植业很难在当地招募到工人:非洲人拥有自己的土地,这阻碍了他们无产阶级化的进程,而欧洲人的偏见也妨碍了招募工作的进行。最初,英国执行分化政策:当地非洲人保持部落生活方式,英国人来控制经济,外来的半契约性质的印度劳工从事种植业和铁路修建。返回印度的劳工抱怨他们的待遇太差,劳工委员会视察了劳工的工作条件,1872年通过的一项法律为印度劳工设立了"印度移民保护官员",并改善了医疗条件。种植园主曾经短暂地雇用过桑给巴尔的自由民和奴隶,但他们更需要有经验的工人,在这种情况下,印度契约工人在1874年再次来到纳塔尔。印度的早期劳工来自马德拉斯,但19世纪70年代,大部分印度劳工是从加尔各答出发的。1860年来的劳工根据当地的劳工需求情况在沿海地区分布开来。劳工的人数由制糖业的经济周期、特定的铁路工程项目和总的经济景气状况决定。例如,1866～1874年发生的经济危机对劳工就有很大影响。③

印度劳工的来到"使纳塔尔出现了种植园文化,这和当年美国南部奴隶制时

---

① Michael Twaddle, "East African Asians through a Hundred Years," in Clarke, Peach, and Vertovec, *South Asians Overseas*, 149-163; Jagdish S. Gundara, "Fragments of Indian Society in Zanzibar: Conflict and Change in the 19th Century," *Africa Quarterly* 21, 2-4 (1981): 23-40, quotes on 25,37; Surendra Bhana and Joy B. Brain, *Setting Down Roots: Indian Migrants in South Africa, 1860-1911* (Johannesburg,1990), quote on 34.

② 在1824年,纳塔尔曾被定居者非正式地宣布为英国领土。19世纪30年代后期,纳塔尔被荷兰一布尔人和祖鲁人占据。在1843年,纳塔尔被正式宣布为英国领土,在1856年它变成了一块与其他南非殖民地分割开来的殖民地。

③ 在北美,对纳塔尔的印度人的研究和对欧洲的族群的研究一样深入,有时也带有同样的尊崇。Surendra Bhana, "A Historiography of the Indentured Indians in Natal: Review and Prospects," in Bissoondoyal and Servansing, *Indian Labour Immigration*, 309-328; Joy Brain, "Indentured and Free Indians in the Economy of Colonial Natal," in Bill Guest and John M. Sellers, eds., *Enterprise and Exploitation in a Victorian Colony: Aspects of the Economic and Social History of Colonial Natal* (Pietermaritzburg,1985), 210; Bridglal Pachai, *The International Aspects of the South African Indian Question, 1860-1971* (Cape Town, 1971), 3-5.

期的弗吉尼亚和南卡罗莱纳的种植园文明很像”，英国的制糖业统治集团在纳塔尔出现了。19 世纪 70 年代中期，1.3 万名甘蔗种植园劳工中有 42%是印度人，58%是非洲人。到了 1909 年，甘蔗种植园的工人增至 2.66 万非洲人、1.9 万名印度人（包括 1400 名自由民）和 1000 名欧洲人。流动劳工中有 30%是妇女，这并不符合种植园主的要求，因此，这些妇女仅能得到男人一半的工资和一半的口粮。童工的工资按照年龄确定。妇女不得不忍受各种虐待。妇女和儿童若不工作的话，种植园主就拒绝为他们提供食物，在 1895 年负责印度移民事务的保护官被前来寻求帮助的饥饿的妇女们包围着。妇女们经常受到雇主的性骚扰，或由于受到“玷污”而被丈夫杀死，或不堪忍受虐待而自杀。获得合法的婚姻需交纳 5 英镑的费用，这是契约工人无法支付的。1911 年，男女比例为 100∶66，但女性对于男伴的争夺，使她们在男性面前几乎没有什么讨价还价的权利，一些妇女以“开小差”的方式抵抗剥削——她们加入了当地非洲人社会。[①]

从 19 世纪 80 年代起，印度人就开始在纳塔尔的煤矿工作。1900 年后，他们占到矿工人数的 40%。很多矿工在契约期满后，以自由民的身份重新加入契约。妇女们在矿井外从事分捡工作，为了防止男工离开，矿山管理当局卖“妻子”给矿工们，她们中有的人被卖了多次。1906 年，矿山的工人举行了罢工。马德拉斯的移民保护官员认为矿工是最能闹事的工人。在修建从威特沃特斯兰德到纳塔尔沿岸的铁路时，妇女没有工作可做，因此没有任何食物分配给她们。由于缺乏食物，带着妻子的劳工不得不将女人们送回国，或与女人们断绝关系。铁路工人在当年南亚次大陆的铁路建设中获得了技术，他们来到这里修建铁路时已经有一定的技术水平；这条铁路的合同期满后，他们去了比利时的殖民地刚果和安哥拉。

与此同时，印度自由民作为商人来到纳塔尔，纳塔尔的英国商人对这些黄皮肤的竞争者感到几分害怕。但种植园主必须依靠印度商人为印度工人提供食品和衣物。印度商人分散居住在沿海城市、种植园营地、乡镇和农村。政府把没有劳力的人和政治活跃分子从移民社会中剔除出去。政府出钱将老弱病残送回印度以降低赡养负担，不服从劳工体制的人也被遣返以减少潜在的好斗行为。

在德班和彼得马金茨堡，包括自由女工在内的印度自由民以特有的方式挣

① Edgar H. Brookes and C. de B. Webb, *A History of Natal* (Pietermaritzburg, 1965), 92, quoted in North-Coombes, "Indentured Labour,"24; Bhana and Brain, *Setting Down Roots*, 28-42; Jo Beall "Women under Indenture in Clonial Natal 1860-1911," in Clarke, Peach, and Vertovec, *South Asians Overseas*, 57-74.

钱生存:同非洲人换取毛皮,从事侍者或仆人工作,当园丁或开商店。德班港的沙洲使船只难以进出,人们于是引进了拥有马苏拉船和筏子的马德拉斯船家。这样他们可以在任何天气下进出德班港的外围泊地。拥有自由民身份的印度机工、石匠、铁匠和木匠被从毛里求斯引进,从事技术和无需技术的工作。契约期满的仆人和有进取精神的移民家庭在德班附近从事蔬菜种植业,建立小规模的茶园和甘蔗种植园。印度和非洲的渔民垄断了德班的鲜鱼供应。印度的自由民和契约工人也受雇从事收入较低的市政服务工作。但德班的机会在减少,由于经济不景气和人为强加的苛税,返回的印度人带回家的钱越来越少。自由民社会受到了打击,重新加入契约的人在增加。①

在其他南非殖民地,在中国和印度合同工到来前的近一个世纪里,非洲劳工在不停地迁徙和定居。19 世纪 60 年代,印度劳工来到了好望角,但是他们被禁止进入罗德西亚。德兰士瓦的金矿企业得到了当地政府的支持,这种支持或许是出于理解,或许是出于顺从。金矿主很想给欧洲投资商适当的收益,但英国人和布尔人之间的战争(1899～1902 年)增加了金矿主的负担,破坏了基础设施,驱散了战前的劳动力队伍。金矿主还必须面对世界市场金价的骤降和金矿品位的不断下降。为了降低工资成本,资方拒绝向德兰士瓦劳动市场的非洲劳工提供具有吸引力的工资,而转向四个其他劳动力资源。包括葡属莫桑比克劳工在内的非洲劳工依旧数量不足。来自欧洲的罪犯劳工更为缺乏。白人无技术工人要求高工资,组织了工会,并要求资方增加在机器设备方面的投入以证明工资成本的合理性。这就导致了亚洲合同工人的引进。

根据 1903 年的《劳工输入法》和 1904 年的《英中劳工协议》,至 1906 年为止,有 6.4 万名中国苦力来到德兰士瓦。出发前严格的卫生检查确保了金矿主可以得到最健壮的劳工。劳工的招募工作包给了一家招募公司负责,该公司同时还为符拉迪沃斯托克提供苦力劳工,该公司的招募人员不讲中国北方话,尽管他们招募的劳工来自中国北方。他们招募工人到南非从事淘金工作,但之前并未告知劳工需下到矿井深处工作。一些劳工被训练成了监工。为了避免雇主争夺劳动力,也为了阻止劳工去寻找更好的就业机会,德兰士瓦的当地政府把中国劳工限制在矿山工作领域。一位金矿主的发言人曾说过:“英国当局对中国劳工的限制对金矿主有利。”当中国人被禁止独立从事种植业时,南非的农业资本默

① Bhana and Brain, *Setting Down Roots*, 43-62, 193; Brain, “Indentured and Free Indians in the Economy of Clonial Natal,” 199-233; Surendra Bhana, “Indian Trade and Trader in Clonial Natal,” in Guest and Sellers, *Enterprise and Exploitation*, 235-263.

许招募中国劳工从事农业劳动;按种族对技术行业进行划定的做法对当地工匠和工人具有安抚作用。为了将剥削最大化,政府宣布离职、怠工和低效率为犯罪行为。[①] 逃离这种强迫性劳动的劳工变成了非法劳工,不得不通过抢劫来谋生;结果,中国罪犯的刻板形象出现了。[②] 仅仅三年之后,种族主义就结束了招募中国劳工的活动,政府决定在合同期满后遣返所有中国苦力。

1860～1911 年,有 20 万南亚人口来到南非殖民地,大约 75%的人永久地留了下来,其中近 2/5 是女性。在 1911 年,尽管亚洲移民社会的 15 万成员中有 44%生于非洲,但仅有 1 万人进入了商业领域,仅有 729 人成为职业人士。1911 年后,同化迅速加快,来自"旧世界"的印度人不支持文化保留。

在东部非洲,除桑给巴尔和莫桑比克之外,欧洲人的渗透在 19 世纪 80 年代才开始,英、德两国展开了激烈竞争。东部非洲的人口在 1500 年时就呈现多种族状态(见第六章 6.2 节),到 1900 年仍保持多种族特色,但人口中欧洲和亚洲的移民很少。1896 年,从蒙巴萨到内罗毕的铁路动工修建时,建设营地有 107 名欧洲人、6000 名印度人和 1.74 万名操斯瓦希里语的非洲人。在欧洲人中,有两位德国商人、6 名希腊旅店的老板兼承包商、两名罗马尼亚旅店老板兼承包商和 4 名其他人。印度人包括 4800 名旁遮普邦的穆斯林苦力、300 名士兵、1100 名俾路支和阿拉伯商人。非洲人包括 1.46 万名自由民、2650 名奴隶和 150 名罪犯。在此后的几年中,约 3.5 万名契约工从坎贝湾沿岸与商业有关的城镇和农村进口到东非。只有几百印度人居住在德国和意大利控制下的东非地区。[③] 在英国控制的东非,从毛里求斯来的印度人加入到劳工队伍中,从事教学、传教和翻译工作,文员和店主也随着征服者进入了非洲内陆地区。印度人和操斯瓦希里语的非洲人之间的混血后代组成了"乔塔拉"社会(1909 年《桑德森报告》)。同桑给巴尔的伊斯玛仪派信徒不同,印度和非洲的逊尼派穆斯林很容易融合。到 1921 年,东非的亚洲移民已达 5.44 万人。由于无法获得土地,他们进入了商业领域。[④]

同东非人口相比,亚洲移民的数量很少(占人口的 1.5%),而欧洲人则更少

---

① Richardson, *Chinese Mine Labour*, 12-175, quotes on 14, 28, 30, 31, and Richardson, "Coolies, Peasants and Proletarians: The Origins of Chinese Indentured Labour in South Africa, 1904-1907," in Marks and Richardson, *International Labour Migration*, 167-185; Melanie Yap and Diane Leong Man, *Color, Confusion and Concessions: The History of the Chinese in South Africa* (Hong Kong,1996).

② 在 1945 年解放后的德国,相同的形象构建把被强制劳动的东欧工人变成了抢劫食物的罪犯。

③ 在 1920 年,德属东非被置于英国的控制之下。在 1925 年,暂时离开或被驱逐的德国定居者被允许返回东非。1885 年,意大利攫取了厄立特里亚,1889 年攫取了阿比西尼亚并占领了索马里的一部分。

④ Twaddle, "East African Asians," 149-163; M. F. Hill, *Permanent Way*, 2 vols. (Nairobi, 1950), vol. 1:"The Story of the Kenya and Uganda Railway," 146.

(占人口的0.5%)。为了增加白人的数量,英国政府主动把土地提供给南非战争的难民、来自英国的定居者和芬兰人,他们也把土地提供给犹太人以缓解巴勒斯坦的紧张局势(见第17章第2节)。但英国政府驳回了阿迦汗的请求,拒绝给已经西化了的伊斯玛仪派穆斯林取得肯尼亚肥沃的高原土地的权利。种族主义使欧洲人无法区分开印度人、毛里求斯人、阿拉伯人,更不必说那些信仰伊斯兰教的印度人。加拿大不列颠哥伦比亚曾经在1908年拒绝接收锡克教徒移民,当肯尼亚的白人定居者以同样的方式拒绝接纳有色人种时,英国的政策制定者在关于南亚人在英帝国中的地位问题上看法不一。一位伦敦的官员认为印度人为英帝国创造了机会,因此排挤印度人的做法是不恰当的。英国驻印度总督也支持印度人获得平等权的要求,但是英国殖民事务大臣拒绝给予印度人在肯尼亚拥有土地的权利。①

在西印度洋接收流动人口的地区,殖民经济和文化形态各不相同:从毛里求斯的单一文化到纳塔尔的多种文化并存;从英属肯尼亚的地主到法属毛里求斯的种植园主的多种经济形式并存。欧洲上层人士的生活方式同当地人和输入劳工的米饭加咸鱼的生活方式形成了鲜明的对比。欧洲的种植园主反对政府为培养工人支出费用,剥夺了契约工人子女受教育的权利;当自然灾害给他们的财产造成损失时,种植园主要求政府给予补贴,因此"印度移民就得承担殖民地政府为制糖业提供的补贴"。纺织业在根本上显示的是资本和劳动力——经常是移民劳动力——之间的关系,而制糖业则反映了在这个等级化的世界经济中流动资本和流动劳动力之间关系的发展状况。②

东南亚的自由流动人口、契约工和皇家的辅助人员

正如古吉拉特的商人几个世纪以来在东非从事贸易活动一样,来自马拉巴尔海岸的商人在暹罗和马来半岛的贸易活动也有1500年的历史。中国和印度的移民充分利用了马来半岛人口稀少但矿业和农业资源丰富的特点。在19世纪30年代,马来半岛的人口不足50万。1824年英国人将槟榔屿、新加坡和以前由荷兰人控制的马六甲合并为海峡殖民地(1867年前属于印度)。从19世纪

---

① Richa Nagar, "The South Asian Diaspora in Tanzania: A History Retold," *Comparative Studies of South Asia, Africa, and the Middle East* 16, 2 (1996): 62-80; Robert G. Gregory, *South Asians in East Africa: An Economic and Social History, 1890-1980* (Boulder, 1993); Lawrence William Hollingsworth, *The Asians of East Africa* (London, 1960); George Delf, *Asians in East Africa* (Oxford, 1963).

② North-Coombes, "Indentured Labour," 12-87, quote on 36.

70年代起，这一殖民地还间接统治了马来西部各州。在40年中，新加坡的人口从1.15万增长到了1864年的9.07万，其中5.8万是中国人，1.35万是马来人，1.27万是印度人。槟榔屿的人口在这40年中也从4.85万增长到12.7万，包括5.5万马来人、3.9万中国人、1.4万印度商人和泰米尔劳工。英国对该地区的渗透——也就是欧洲人所谓的建立受保护国——大多是通过谈判的方式达成的。当有战争时，英国控制下的印度军队负责作战，锡克军警充当占领军，罪犯修建道路和港口。

中国劳工自费到锡矿劳动，中国企业家则提供了资本。其他中国劳工开发了柔佛河谷用于种植经济作物。操不同方言、拥有不同文化习惯的中国劳工、商人、店主不得不进行相互交流。在当地出生的中国人不断增加并建立了组织以提供保障，但他们也甘愿忍受中国移民资本家的控制。以男性为主的中国移民比印度暂居者定居的时间早。在19世纪80年代，中国人每年前往槟榔屿和新加坡的数量由7.8万人增至14.7万人。每年有两万余人以“旅费未付”的契约工身份或借贷船票的“猪仔”身份前来。中国矿工的数量根据投资、需求和生产力的状况发生较大的波动。比如，中国矿工在霹雳州的数量在19世纪70年代曾一度降至9000人，但1877年后，在5年之内又增至5万人。合同迫使工人在一年内还清旅费，剩余时间所挣的钱则可装入自己的腰包。为期一年的合同、波动的需求以及大量的小雇主的存在，使中国工人有权依照自己的意愿寻找报酬最高的工作。在观察家看来，劳工是在“逃跑”，而劳工自己则认为他们是在“追求”更好的生活条件。在1900年前后，大多数矿工在露天矿山工作，没有投资进行地下开采的需要。1881～1915年，总计567万中国人来到海峡殖民地区，去马来亚联邦各州的人数很少。在1911年，中国人达到了90万，男女性别比为4∶1。男人带来了妻子，女性也进行独立迁徙。在1930年，英国人对中国男人进行名额控制，中国女人(已婚或单身)则不断来到，大多从事工资劳动。

南亚印度地区经过欧洲列强3个世纪的瓜分争夺之后，完全成了英国人的殖民地，低廉的劳动力成本促使资本家和政府官员将殖民核心区域——印度的人口向东南亚地区输出。1789年，英国确立了在槟榔屿的统治，此后仅一年，管理当局就要求从印度调派工匠，因为他们认为槟榔屿本地的劳动力成本太高。1840～1910年，劳工以契约的形式来到槟榔屿。此后，劳工在凯加奈制度下迁徙，直到1938年。自由民以独立劳工和商人的身份到来，他们或像讲泰米尔语的科罗曼德尔海岸印度教商人和银行家那样拥有经济资源，或曾受过培训和教育。90%的流动人口来自印度南部操泰米尔语的民族，其余来自马拉巴尔海岸的操泰卢固语的地区和操马拉雅拉姆语的地区。

欧洲种植园主最初想招募马来人做劳工。但马来人可以靠土地为生，拒绝为外国雇主从事有失尊严的工资劳动。一些英国殖民者(他们是当地统治者的主人)以重税相威胁来迫使马来人修路。尽管中国投资者可以在没有政府帮助的情况下吸引劳工，但欧洲资本家还是要求政府采取行动进口劳动力。印度契约工在咖啡、糖料、木薯、椰子种植园中劳动，1901 年他们的数量达 12 万人。1900 年后，橡胶种植园在 10 年内扩大至原先的 11 倍，油棕的种植也增加了，因此对劳动力的需求直线上升。爪哇人也迁往马来半岛，针对爪哇人的契约制法律一直延续到 1932 年。

1921 年，新加坡和马来亚的 330 万人口中包括 160 万马来人、120 万中国人、50 万印度人和 6 万其他民族的人。在这个多民族社会中，种族划分和世界其他地区一样普遍。马来人认为中国人是危险的，却将印度人视为弱小的民族。在第一次世界大战期间，迁徙活动曾短暂停滞过，但天然橡胶生产过剩和 1928～1929年的世界范围内的经济危机，迫使英国殖民当局在 1932 年将流入印度的人口控制在 2.7 万人;早在 1930 年返回的人口和被当局遣返的人口就达到了 10 万人。1934 年，种植园主的抗议迫使官方改变了立场，10.2 万名苦力被输入:劳工的输入由种植园主和管理当局在决策方面的力量对比决定。

在邻近的荷兰殖民地和独立但接受英国政策建议的暹罗(1949 年后称“泰国”)，人们沿数条线路进行小规模迁徙。在荷属东印度群岛，爪哇种植园主输入劳动力，但当局也强迫爪哇人迁往外围的岛屿和加勒比地区。在苏门答腊，苦力在烟草种植园劳动。1934 年，125 万中国移民中有一半以上居住在外围岛屿;在 25 万欧洲移民中，有 80%居住在爪哇，因为爪哇同欧洲大城市维持着较好的联系。[①]

---

① Maurice R. Davie, *World Immigration with Special Reference to the United States* (New York, 1963), 306-307;Jain, “ South Indian Labour,: 158-182; Sinnappah Arasaratnam, *Indians in Malaysia and Singapore* (rev. ed. , Kuala Lumpur,1979), 20-39, and Arasaratnam, “The Evolution of Malaysian Indian Society: Social and Cultural Aspects of Sttlement,” in Bissoondoyal and Servansing, *Indian Labour Immigration*,152-164; T. E. Smith, “Immigration and Permanent Settlement of Chinese and Indians in Malaya and the Future Growth of the Malay and Chinese Communities,”in C. D. Cowan, ed. , *The Economic Development of South-East Asia: Studies in Economic History and Political Economy* (London, 1964), 174-185; Rupert Emerson, *Malaysia: A Study in Direct and Indirect Rule* (Kuala Lumpur, 1964), 29-57; R. N. Jackson, *Immigrant Labour and the Development of Malaysia, 1786-1920* (Kuala Lumpur, 1961), 30-108; J. Norman Parmer, *Colonial Labor Policy and Administration: A History of in the Rubber Plantation Industry in Malaysia, c. 1910-1941* (Locust Valley, N. Y. , 1960), 2-31, 273; John Ingleson, “Life and Work in Colonial Cities: Harbour Workers in Java in the 1910s and 1920s,” *Modern Asian Studies* 17 (1983): 455-476.

19 世纪 50 年代之前，暹罗的泰人抵抗住了欧洲人的所谓“建议”，但在 19 世纪 50 年代，“法国鳄鱼”和“英国鲸”这两个列强引诱曾在欧洲接受教育的国王蒙固接受了西化政策。尽管暹罗同英国在 1855 年签署了一个条约，但它仍凭借经济实力拥有和日本那样的独立制定政策的权力。作为从湄公河三角洲到缅甸的产稻区的一个组成部分，暹罗出口的大米为英帝国各殖民地劳工提供了粮食。与(英属)缅甸的伊洛瓦底区和(法属)印度支那的湄公河三角洲的情况类似，暹罗中部大平原的商业种植业依赖劳动力的引进。暹罗的边远地区，尤其是东北部地区，从事口粮种植的农民成为大平原的季节性劳工。中国人也参与到出口贸易中。和其他地区的情形类似，资本主义—殖民地框架内的经济发展造成了地区性差异。[①] 运送劳工和货物的船只都由亚洲劳工驾驶。[②]

经过几次战争，缅甸成为英国控制下的印度的组成部分。印度军队作为主力参加了战斗，印度移民也成为英国在缅甸的代理人。南亚很多民族的“殖民地辅助人员”是英国在南亚进行统治和扩张不可或缺的组成部分。在 1891 年，有 25 万印度人生活在缅甸；在 1921 年，缅甸的 1320 万人口中有 100 万是印度人。1908～1929 年，有 650 万印度人曾经来到缅甸，而 1941 年缅甸的欧洲人和欧亚混血人仅为 3 万人。在缅甸人眼里，中国人是“兄弟”，尽管中国人在缅甸的数量很少，而印度人和英国人则被视为“魔鬼”。英国人将缅甸人视为“听天由命之人”，把他们称为“东方的爱尔兰人”。由于英国人的数量很少，印度人感觉到了缅甸国家崛起和民族主义的冲击。

缅甸人拥有自给自足的农业和能够保证食物供应的再分配体制，他们的生活水平比印度人高，因此不愿意为英国人劳作。结果，农业仍掌握在缅甸人手中，但外来人口可从事运输和码头作业。

下缅甸人口稀少、丛林和缓流遍布的地区，由于大米出口的增长而成为英国帝国经济的组成部分。印度士兵在战斗中发现了这里的机会，所以在 1805 年前后，大批的印度移民开始来到下缅甸；苏伊士运河开通后，大米的出口猛增。在 1885 年之后的 10 年中，水稻田的面积增长为原先的 5 倍，达到 500 万英亩。上缅甸的农民家庭也迁徙到下缅甸，以家庭为单位从事水稻种植。富裕的农民在收获季节雇用印度劳工。大磨坊主是欧洲人，中等规模的磨坊由印度人开办，小

---

① Chris Dixon and Michael J. G. Parnwell, “Thailand: The Legacy of Non-Colonial Development in Southeast Asia,” in Dixon and Michael Heffernan, eds., *Colonialism and Development in the Contemporary World* (London, 1991), 204-225.

② 中国水手开始在伦敦、汉堡以及荷兰的港口定居。Ng Kwee Choo, *The Chinese in London* (London, 1968); Frederik van Heek, *Chinese Immigranten in Nederland* (Leiden, 1936).

磨坊由缅甸人所有。在殖民制度下,缅甸人的经济地位相对下降了。

在19世纪20年代,作为英国控制下缅甸的第一个首都,毛淡棉的总人口中有2/3是印度人。1886年仰光被占领,缅甸人在该城人口中占主导地位,却被排挤到了郊区居住。到了20世纪20年代,仰光的人口中有2/3是印度人。劳动力市场有了明确的划分。来自科罗曼德尔海岸的泰卢固人充当工厂工人和脚夫,奥里萨人修路,从马德拉斯南部来的泰米尔人担任中产阶级文员工作或做无技术农业工人,从印度北部印度斯坦来的移民做小贩或守夜人。[①] 大多数孟加拉人担任了政府文员,移民人数较少的旁遮普人做工匠。一些奥里萨人和泰米尔人也加入了磨坊劳工队伍。在缅甸人眼里,印度来的各民族都是印度人,没有什么差别。外来人口的男女比为4∶1,很多人在当地成家并定居下来。印度男人和缅甸女人结婚或事实婚姻经常发生。由于大多数缅甸男人生命中会有一段时间在佛教寺庙度过,这种婚姻对男女双方都有好处。当印度男人返回印度时,他们通常把家庭扔在了缅甸。在寻找民族身份的过程中,缅甸的民族主义领袖认为缅甸民族已变成混血的民族,缅甸民族正在逐渐消失。

缅甸的教育和财政体系由外国人控制着。仰光大学的教师多为英国和印度学者,他们有权决定历史教学和文化教学的内容——教授英国历史即使是对加拿大和澳大利亚这些以白人为主的自治领地来说,也是一种灾难。这些教师缺乏世界性的眼光,却受过英国皇家的训练。银行业完全掌握在科罗曼德尔海岸印度教商人手中。缅甸水稻种植户向这些银行家借钱,在经济危机期间,如果缅甸农民无法还款,这些外国银行家便夺走了缅甸农民的土地。在1929年后发生的世界经济大危机中,当科罗曼德尔海岸印度教银行家夺取土地时,印度工人在1930年5月组织了反英总罢工来抗议英方拘捕甘地。缅甸工人拒绝加入罢工,罢工最后失败。英国人认为他们的爪牙比缅甸人强壮,解雇了破坏罢工者,随后大规模暴乱发生。7000名印度人逃离了仰光,3.3万人在一个月内返回了印度。在随后几年中,更大的暴乱时有发生。由于殖民地的各民族之间有着现实的或人为制造的身份等级,这使他们无法联合起来反抗英国统治者。缅甸的民族主义领袖表达了对印度文化,尤其是对甘地的尊敬,这是一种对遥远的、理想的印度人的尊敬。但他们在缅甸遇到的印度人,比如苦力、高利贷者、大米商人,都是

① 在阿拉伯语中,印度斯坦指的是印度;而在西方用法中,它指的是印度河以北的地区。

令人憎恶的。[①]

1930年后发生的出口危机，在缅甸农业家庭、印度工人和英国机构中产生了混乱。在经历了两次难民潮之后，印度人对缅甸失去了影响。1941年12月，日本军队侵入缅甸，在1942年3月占领了仰光，大约50万印度人逃离，可能有1万～5万人死在了逃亡的路上(见第16章第4节)。在20年后的1962年，缅甸军政府把所有外国人，包括教师、专家在内，列为对缅甸有害的人。到1964年5月，有30万官方确认的难民被迫扔下财产，逃到印度。[②] 10年后，东非的印度人也被迫逃亡。他们无法融入当地的黑人中，而缅甸的印度人则身穿缅甸服装，说缅甸语，和缅甸工人阶级一样从事低贱的工作，使自己完全消失在了缅甸人当中。

同南亚的殖民地雇员、自由流动人口和廉价的契约工人的大迁徙不同，中国人的大迁徙不是英帝国或其他殖民帝国殖民统治活动的有机组成部分。[③] 在传统的和新的迁徙目的地，商人是最先来到的人，工匠紧随其后。两者或许都鄙视苦力，而苦力却满足了二者的需要，增加了贸易量和利润。来自印度的流动人口没有大迁徙的经历，印度商人的迁徙发生在契约劳工迁徙之后，随后建立了社区。在殖民时代，中国人在东南亚的经历有很大差别：从巴达维亚和马尼拉的贫民窟，到通过通婚，中国人和菲律宾人的混血儿、中国和印尼人的混血儿的出现。当华人妇女增加之后，华人社区开始形成，东南亚再次开始了中国化，中国人把东南亚叫作“南洋”。中国人成为中间人，甚至完全控制了某些经济部门，这些不

---

① E. Sarkisyanz, *Buddhist Backgrounds of the Burmese Revolution* (The Hague, 1965), 98-127, 136-148; Hugh Tinker, “Indians in Southeast Asia: Imperial Auxilaries,” in Clarke, Peach, and Vertovec, *South Asians Overseas*, 39-55, citation on page 42; Michael Adas, “Immigrant Asians and the Economic Impact of European Imperialism: The Role of South Indian Chettiars in British Burma,” *Journal of Asian Studies* 33 (1974): 385-401.

② 在缅甸、孟加拉争端之后，1970年有额外的难民到来。由于土地短缺，孟加拉人迁徙到了阿萨姆邦和特里普拉邦，之后又进入缅甸的阿恰布地区。在阿恰布，孟加拉人酝酿了或被指责酝酿了一场分离主义运动。

③ 关于中国人，参见 Linda Y. C. Lim and L. A. Peter Gosling, eds., *The Chinese in South-east Asia*, 2 vols. (Singapore, 1983); Tsen-ming Huang, *The Legal Status of Chinese Abroad* (Taipei, 1954); Ong Siang Song, *One Hundred Years' History of the Chinese in Singapore* (Singapore, 1967); Donald Earl Willmott, *The Chinese of Semarang: A Changing Minority Community in Indonesia* (Ithaca, N. Y., 1960); Kenneth Perry Landon, *The Chinese in Thailand* (London, 1941); Arthur Huck, *The Chinese in Australia* (Melbourne, 1968); James C. Jackson, *Chinese in the West Borneo Goldfields: A Study in Cultural Geography* (Hull, 1970).

断引发反中国化活动和暴力。[①]

5. 第二阶段太平洋人口流动体系

从16世纪70年代到17世纪中叶,第一阶段的太平洋人口流动体系将菲律宾和新西班牙联系在了一起。此后,两地的商业往来还在继续,但在近两个世纪的时间里几乎没有发生人口流动(见第7章第4节)。在18世纪,自由流动人口和西班牙化的中国人参加了北美太平洋沿岸的殖民活动。在1821年,加州有4000～5000名定居者,他们靠北美印第安人提供食物,在定居者当中有中国人。为了和西班牙在从亚洲到墨西哥的联系活动中展开竞争,也为了对付哈德孙湾公司,英国的东印度公司在1788年派遣约70名中国广东的工匠和水手来到温哥华。英国人是暂居者,但很多中国人留了下来,并且和印第安人融合。在19世纪初期,作为尝试,首批契约劳工被派往加勒比地区。在1806年,200名中国人被从葡属澳门派往英属特立尼达;1810年,几百名契约工被派往葡属巴西。第二阶段的太平洋人口流动和亚洲内部人口流动有联系,这和大西洋人口流动体系的初期颇为相似。商人、探矿者和自由劳工在夏威夷和美洲太平洋沿岸建立了小规模社区。在19世纪40年代,中国和印度的契约工人来到了加勒比和南美洲;而去北美洲的首先是自由劳工,契约劳工是后来者。19世纪80年代以后,日本人、朝鲜人和菲律宾人也开始了向美洲迁徙。排外政策使第二阶段的太平洋人口流动缩短;第三阶段以北美为主,始于20世纪40年代(见第18章第5节)。

向夏威夷人口流动

波利尼西亚人定居的夏威夷群岛,中国人称为“檀香山”,地处太平洋中部,因此成为亚洲早期流动人口的目的地和前往美洲船只的中转站。1800年之前,中国的自由民就来到这里。当甘蔗引入时,中国的一位企业家,在1802年建立了第一家糖厂。中国和西方的移民带着资本在此建立种植园,但是在19世纪中叶,加州对糖的需求给了美国移民种植园主优势。他们利用自身的影响力削弱了夏威夷统治者和酋长的权力,并引入了西方的土地所有制,将中国种植园主边缘化。中国人开始种植水稻来作为经济支柱。

---

① Sandhu, *Indians in Malaya*, 117-121, 190; Godley, “China's Policy Towards Migrants,” 1-21, esp. 16-17.

进入19世纪70年代后，夏威夷人构成了劳动力的最大部分，但日益减少的夏威夷人无法满足对劳动力的需求。从1852年起，除了中国的契约劳工和仆人(包括约1500名妇女)之外，南洋岛民、日本人、挪威人和德国人也前来充当工人。1878年后，葡萄牙人从马德拉来到了夏威夷。由于工作条件恶劣，很多葡萄牙人进而前往加州的澳门—葡萄牙人或中国—葡萄牙人社区。在1898年美国兼并夏威夷之后，排外法案也在夏威夷生效；此时，夏威夷的两大社会已经形成。中国人，曾一度达到5.6万人，形成了一个2万～3万人的社会，拥有自己的机构和产业。通过当地男人和中国女人(1500人)通婚，中国男人同当地女人的通婚，混血的第二代人出现了，华人社会的经济也从水稻种植扩展到了经济作物种植。从19世纪50年代末日本人来到算起，日本人的社区发展到了6.1万人，并且在持续扩大。到了1930年，夏威夷人口40%是日本人(14万人)。独立的农业家庭出租土地，工人们聚居在欧美人种植园附近的村庄。在1909年，工人曾为获得好的工作条件而罢工，但不断涌入的中国、菲律宾和葡萄牙的工人阶级使罢工失去了作用(见第15章第5节)。1903～1907年，一个虚构的“地区移民局”在美国种植园主的支持下，引入了约7000名朝鲜移民(性别比为10∶1)。因此，在夏威夷出现了混血的劳动力队伍和管理阶层。①

加勒比和南美洲的合同劳工

在19世纪初，墨西哥、加勒比地区和南美洲各殖民地爆发了奴隶暴动，并取得了民族独立。但是大规模的自由迁徙是在1834年英帝国结束奴隶制后才发生的。19世纪中叶，英帝国各经济体的变化，尤其是取消了对从西印度进口的糖的保护性关税，使价格暴跌。1847～1848年英国发生的经济危机导致工资降低。于是旧的种植园体制和劳工体制结束了(见第7章)。

殖民地世界的种植园主害怕劳动力短缺，开始尝试着使用不同肤色、不同文化和顺从控制的劳工。在提高工资改善工作条件来吸引自由劳工、步调一致地

---

① Clarence E. Glick, *Sojourners and Settlers: Chinese Migrants in Hawai'i* (Honolulu, 1980); Bruno Lasker, *Filipino Immigration to Continental United States and to Hawai'i* (Chicago, 1931); John M. Liu, "Race, Ethnicity, and the Sugar Plantation System: Asian Labour in Hawai'i, 1850 to 1900," in Cheng and Bonacich, *Labor Immigration under Capitalism*, 186-209; Ronald Takaki, *Pau Hana: Plantation Life and Labor in Hawai'i, 1835-1920* (Honolulu, 1983); Alan Takeo Moriyama, *Imingaisha: Japanese Emigration Companies and Hawai'i, 1894-1908* (Honolulu, 1985); C. H. Lowe, *The Chinese in Hawai'i: A Bibliographical Survey* (Taipei, 1972); Mitsugi Matsuda, *The Japanese in Hawai'i: 1868-1967: A Bibliography of the First Hundred Years* (Honolulu, 1968).

提高价格来弥补不顺从的工人带来的高成本、使用新的恐吓形式三个可采用的策略中,前两个策略没受到太多关注。种植园体制,无论是帝国的,还是殖民地的,都选择了从充裕的劳动力蓄水池中挑选易控制、易剥削的劳工来补充由于运输、恶劣气候、过度劳作而死亡的较早进口的劳工。这样才能抑制加勒比地区自由黑人劳工正在上涨的工资。那些自诩为私人企业家的种植园主争相获得政府以资助路费的形式划拨的款项。这种资本和政府之间的勾结,往往被简单地归结为资本主义制度,可以更为详细地寻源至种植园主在殖民地立法机构里的影响和他们对宗主国管理机构的影响。如果殖民地经济由于缺乏劳动力而受到影响,伦敦的政府将面临殖民地税收减少,将被迫在国内征收更多的税负——而在国内一些纳税人已获得了选举权。

废除奴隶制的各岛的发展程度不一,这是由各岛是否有土地提供给获得解放的非洲裔加勒比家庭来决定的。种植园主尝试着继续奴役一些非洲裔加勒比劳工,同时也试着雇用自由的加勒比和非洲劳工。奴隶解放后,社会的"伟大试验"试图按照种植园主的思想将非洲奴隶和克里人奴隶变成的守法、节省、工作努力、皈依基督的工资工人。在这种"新教工作伦理"中,白人得到是伦理,黑人得到的是工作——现代化的成本转嫁到了工人身上。第二,种植园主努力地扩大黑人劳动力蓄水池,他们把获自由的非洲人变成了契约工,并从美国或非洲引入非洲人(见第 9 章第 4 节)。第三,1848～1861 年,总计不足 2000 人的尤卡坦的美洲印第安人战俘及其妻子,以及被大庄园主出售的印第安苦力,被带到了古巴。第四,欧洲的劳工受到了引诱,在政府资助下进行了迁徙。引入白人劳工的"实验"始于 19 世纪 30 年代中期,在 19 世纪 40 年代有了较大发展:1882 年之前,爱尔兰人、英国人、法国人、德国人、马耳他人和大约 4 万葡萄牙人到来。这些葡萄牙人中包括马德拉人、新教难民的后裔和来自亚速尔群岛的人。在当时普遍存在的劳动条件下,多民族的"葡萄牙人"会尽早摆脱种植园劳动,转向小买卖,往往和当地的非洲裔加勒比人竞争并发生冲突。[①]

1838 年,当 5 年期的南亚契约工被运往英属圭亚那时,宗主国公众的态度发生了改变,不再接受种植园主提出的更长的契约期:这和奴隶制的相似性太明

① Bridget Brereton, "Society and Culture in the Caribbean: The British and French West Indies, 1870-1980," in Franklin W. Knight and Colin A. Palmer, eds., *The Modern Caribbean* (Chapel Hill, 1989), 85-110, quote on 86; Francisco A. Scarano, "Labor and Society in the Nineteenth Century," ibid., 51-84; Carl H. Senior, "*Robert Kerr* Emigrants of 1840: Irish 'Slaves' for Jamaica," Jamaica Journal 42 (1978): 104-116; Lai, Indentured Labor, 1-18; K. O. Laurence, *Immigration into the West Indies in the 19th century* (St. Lawrence, Barbados, 1971).

显了。奴隶制废除10年后，一个新的帝国劳工分配体制发挥了作用。1847年，英属加勒比地区需要约两万名苦力，伦敦的贷款帮助支付了运输费用。[①] 1866年，英国、法国和中国政府的一次会议结束了中国劳工的征召，这样印度苦力构成了英属殖民地的劳动力供应主体。瓜德罗普岛、马提尼克岛和法属圭亚那的法国种植园主从法国控制的印度尼西亚输入了数百劳工。在一个名曰“清偿”的过程中，他们在1857～1862年买入了1.7万名刚果和东非的奴隶，这些奴隶必须劳作7年来清偿解放的费用。苏里南的荷兰人招募了3.3万名爪哇工人。1811～1916年，总计约有175万流动人口和奴隶劳工来到加勒比地区：或许有80万奴隶；有55万印度人，在这些印度人中返回的不足1/3。15万中国人被送到了西班牙属古巴和波多黎各。还有6万或不足这个数目的自由非洲人和20万欧洲人。[②]

在53.6万前往英国岛屿和大陆属地的流动人口中，80％来自印度，3.5％来自中国，其余的来自其他地方。英属圭亚那、特立尼达、牙买加（百分比分别为56％、29.5％、10％）是最大的接收地。有超过5％的流动人口拒绝劳动，因为他们是被中间人骗来的。第二次加入契约的流动人口（返回流动人口）在加勒比地区和其他英帝国地区的劳动力市场流动。根据1868年英国殖民地办公室设定的配额，在印度劳工中33％（后来40％）必须是妇女。由于妇女不愿迁徙，招募男人的订单并不能总是得到满足，于是出现了整个家庭一起迁徙的情况。契约工经常逃出种植园，但由于没有印度自由民社会的存在，他们几乎得不到支持。对工人进行剥削的合同，依靠国家的强制机构实施：民间的协议让位于刑事制

---

① Evelyn Hu-DeHart, “Latin America in Asia-Pacific Perspective,” in Arif Dirlik, ed., *What is in a Rim? Critical Perspective on the Pacific Region Idea* (1993; 2d ed., Lanham, Md., 1998), 251-282, and Hu-DeHart, “Coolies, Shopkeepers, Pioneers: The Chinese of Mexico and Peru, 1849-1930,” *Amerasia Journal* 15, 2 (1989): 91-116.

② John S. Furnivall, *Netherlands India: A Study of a Plural Economy* (Cambridge, 1944); Piet C. Emmer and A. J. Kuijpers, “The Coolies Ships: The Transportation of Indentured Labourers between Calcutta and Paramaribo 1873-1921,” in Friedland, *Maritime Aspects of Migration*, 403-426; Emmer, “Immigration into the Caribbean: The Introduction of Chinese and East Indian Indentured Labourers between 1839-1917,” in Emmer and Mörner, *European Expansion and Migration*, 245-276, esp. 245-247; David Eltis, “The Traffic in Slaves between the British West Indian Colonies, 1807-1833,” *Economic History Review* 25 (1972): 55-64; Franklin W. Knight, “Jamaican Migrants and Cuban Sugar Industry, 1900-1934,” in Manuel Moreno Fraginals, Frank Moya Pons, and Stanley L. Engerman, eds., *Between Slavery and Free Labor: The Spanish-Speaking Caribbean in the Nineteenth Century* (Baltimore, 1985), 94-117; I. M. Cumpston, *Indians Overseas in British Territories, 1834-1854* (London, 1953), 15-35; Mangru, *Benevolent Neutrality*, 13 passim; Curtin, “Migration in the Tropical World,” 32.

裁,这种混合的法律安排并不罕见,在私人雇主和公共机构之间建立。这一法律有些像欧洲现代社会初期的关于流浪罪的法律。合同工人反抗剥削,为争取更好的工作条件而进行罢工,以暴动来反抗工头,并击败了监工对女人们的性剥削。

来自马德拉斯的流动人口讲泰米尔语,而来自孟加拉的流动人口属于较高的种姓,他们说孟加拉语:他们之间通婚的较少。到了19世纪70年代,自由社会出现了;在第二代西印度群岛的东印度人当中,种姓的显著性下降。由于大量妇女的存在,印度劳工比中国劳工更容易形成社区。定居下来的南亚人成了拥有土地的农民,迁徙到委内瑞拉的可可种植园,或将小型农业和在种植园的短期工资劳动结合起来。经济活动的多样化产生了劳动力市场的分化。富有的城市精英出现了,他们从印度带来了家庭成员和新娘。到20世纪初,首批印度裔加勒比人被选入立法机构。[①]

从1847年起,中国劳工开始向古巴输入;从19世纪50年代中期,开始向牙买加输入。潮州人和闽南人来自农民家庭,而广东人来自工匠和城市下层。在特立尼达和几内亚,他们的工资不足以维持生活;与他们同来的妇女必须从事能挣到工资的劳动,其中一些妇女由于丈夫无力扶养而被休掉。招募者也送来一些犯罪分子,他们到达后形成了小的帮会,由此也产生了广为传播的负面的中国人的刻板形象。很多中国人再次加入契约,其他人则四散去寻找机会:或种菜、捕捞牡蛎,或搞零售。精英们建立了较大的贸易货站或拥有可可种植园。特立尼达华人社会在1900年曾减少至800人,在20世纪由于和加州华人的接触而复兴。在圭亚那,向上的社会移动较缓慢,但在19世纪80年代一些人变为了批发者,他们的孩子接受了高等教育。亚洲人口被吸收到欧洲—非洲—美洲印第安多元文化的过程,伴随着语言的逐渐改变、通婚、联盟以及一个混血社会的出现。[②]

在1860年,有60万奴隶在法属古巴劳作。1853～1874年,有约15万华人来到这里。法属古巴是当时缓慢文化同化模式的例外。从事非法奴隶贸易的西班牙商人,试图转向苦力贸易来降低损失。他们希望招募家庭,以便通过契约的约束而让孩子和妇女同奴隶们一起劳动,并忍受和奴隶一样的对待。这种贸易主要通过澳门进行,在1873年被葡萄牙叫停。当从事贸易的人要求补偿时——

① Lai, *Indentured Labor*, 19-70, 107-153, 217-264; Judith Ann Weller, *The East Indian Indenture in Trinidad* (Rio Piedras, Puerto Rico, 1968).

② Lai, *Indentured Labor*, 87-106, 188-216.

运输 900 名苦力花费成本 15 万比索，可收入 45 万——一个由中国人当主席的美、法国际委员会，经西班牙政府的允许，调查了古巴苦力的状况。经调查，大多数苦力是招募公司以武力掠走的，在出发前受到监禁，用"魔鬼船"进行运输；在到达哈瓦那后，购买者对苦力进行残酷的检查。8 年的合同和 12 小时的工作日保证了种植园主的低成本投入和劳动力流动的停滞。苦力受到肉体的惩罚，不经雇主同意不得结婚。根据种植园主的估计，苦力的死亡率是每年 10%，这包括据说是世界上最高的自杀率在内。其他来源给出的估计值会更高。由于无法得到返程路费，也没有足够的钱来贿赂官员以获得允许离开的护照，生存下来的人变成了永久合同工。该委员会指控欧洲和中国的贸易商人触犯了刑法，但也批评苦力的愚蠢和天真。到 1872 年，1.4 万名中国人设法获得了自由。他们在自己组成的劳动团体内做工，或成为边缘的贸易商、工匠和家政服务人员。在哈瓦那出现了一个中国社区，移民到此的美籍华人商人注入了资金；但到了 1900 年，居高不下的死亡率使中国社区的人口减少到 1.5 万人。有大约 3000 名中国人参加了独立战争。①

尽管西班牙政府害怕欧洲—克里奥尔人口的增加和他们的民族运动，铁路承包商还是从西班牙（加泰罗尼西亚和加利西亚）、美国和加那利群岛引入了他们认为的"白人"。1882～1895 年，8 万自由的西班牙人被招募来从事农业，但他们拒绝接受劳动条件，而去了城市。当美国在 1898 年控制古巴时，70%的农业人口是白人。

一些南美经济体，如秘鲁、尼加拉瓜和巴西，也招募广东、夏威夷和日本劳工。秘鲁吸引了英国、美国、德国和意大利投资者，那里的劳动条件与在古巴的类似。1854 年，2.5 万名非洲奴隶被解救之后，在种植园和国内建设项目中劳动以及挖鸟粪以供出口成为夏威夷人和日本人的命运。正如一位当时的评论家所说，"他们像苍蝇一样死去"（得以从受虐中"解脱"）。在 19 世纪 70 年代中期的经济危机中，苦力贸易终止，但自由民的迁徙仍在继续：在 1923 年前，秘鲁有日本人 1.78 万名，其中妇女约占到 1/3。对中国人的敌视转移到了日本人身上，但当日本人参加秘鲁军队，同厄瓜多尔就边界争端作战时，对日本人的敌视减少

① The Cuba Commission Report: *A Hidden History of the Chinese in Cuba: The Original English-Language Text of 1876*, introd. By Denise Helley (Baltimore, 1993), 3-30, dispatch of the commission discussed on 32-34; Duvon Clough Corbitt, *A Study of the Chinese in Cuba, 1847-1947* (Wilmore, Ky., 1971); Evelyn Hu-DeHart, "Chinese Labour in Cuba in theNineteenth Century: Free Labour or Slavery?" *Slavery and Abolition* 14, 1 (1993): 67-86.

了。繁荣的社区出现了。[①]

在19世纪末,殖民地的蔗糖和欧洲宗主国雇用欧洲边缘季节性劳工生产的甜菜糖展开了竞争。在1909年的桑德森报告记录了契约制度的罪恶后,伦敦的殖民办公室拒绝继续维持这一制度。如果种植园主愿意付足够的工资,他们可以得到充足的自由劳工。加勒比周边的国家日益受到美国的控制,美国资本引入了其他种植园作物,尤其是香蕉。这些岛国变成了多元社会,尽管在初期这种社会存在各种冲突。印度和中国的加勒比社区变成了等级社会,前者是由于移民活动和印度商人的积聚而建立的,后者则是由于加州华人商人的到来形成的。像奴隶社区一样,自由流动人口和契约期满的流动人口建立的社区构成了人口和美洲文化史的一部分。[②]

向北美的自由迁徙和非自由迁徙

18世纪80年代至19世纪40年代,中、美之间的跨大西洋贸易开始,一些中国男子开始来到北美,一位做中国服饰模特的女性也来到北美,此外来到北美的还包括一些大学生。由于美国的西部直到19世纪40年代才并入美国联邦版图,所以通过太平洋来到北美的中国流动人口并没有相关记载。一位中国女性的个人经历反映了当时经济上的限制、性别角色和个人的奋斗精神。当她得知家人将卖她为奴时,这位女性逃到了澳门,皈依了天主教,嫁给了一位葡萄牙水手。当她的丈夫一去不复返之后,她便为一位美国商人做事,并在1848年跟随这个美国人来到了旧金山。

中国南方各省人口的大规模迁移始于淘金热:淘金热于1848年始于美国加

① Stewart, *Chinese Bondage in Peru*, 3-24 passim; Peter Blanchard, *Slavery and Abolition in Early Republic Peru* (Wilmington, Del., 1992), and Blanchard, "Asian Immigrants in Peru, 1899-1923," *North/South* 9 (1979): 60-75; Toraje Irie, "History of Japanese Migration to Peru," trans. William Himel, *Hispanic American Historical Review* 21 (1951): 648-723; Michael J. Gonzales, *Plantation Agriculture and Social Control in Northern Peru, 1875-1933* (Austin, 1985), and Gonzales, "Chinese Plantation Workers and Social Conflict in Peru in the Late Nineteenth Century," *Journal of Latin American Studies* 21 (1989): 385-424, and Gonzales, "Capitalist Agriculture and Labour Contracting in Northern Peru, 188-1905," *Journal of Latin American Studies* 12 (1980): 291-315; Evelyn Hu-Dehart, "Coolies, Shopkeepers, Pioneers: The Chinese of Mexico and Peru, 1849-1930," *American Journal* 15, 2 (1989): 91-116; Teiiti Suzuki, *The Japanese Immigrant in Brazil*, 2 vols. (Tokyo, 1969).

② V. Shepherd, "Indians and Blacks in Jamaica in the Nineteenth and Early Twentieth Centuries: A Micro-Study of the Foundation of Race Antagonisms," *Immigrants and Minorities* 7 (1988): 95-112; Laurence, *Immigration into the West Indies*, 76-79.

州，1858年来到加拿大的大不列颠哥伦比亚省，此后波及阿拉斯加。[①] 和欧洲人一样，中国人对北美的巨大财富很着迷，将北美视为“金山”所在地。但是加州的淘金热在1852年便终结了，5.8万来自欧洲的淘金人深感失望，他们中的一些人便拿中国和墨西哥探矿人作替罪羊，诱使加州立法机构对这些“异国”矿工征收“外国矿工人头税”。中国移民向发现金矿的地方流动：俄勒冈州、爱达荷州和黑山。加州的自由华人探矿者、商人和服务行业工人加入到弗雷泽河谷的淘金热，一年之内香港和温哥华之间就开辟了直航航线。和有10年历史的加州淘金地区相比，这个新兴的地区存在更多的机会可以选择。在1860年，跨太平洋的航行需要30～60天。有1175名中国人居住在弗雷泽河谷；有3.5万中国人住在加州，其中包括1800名妇女。在初期，由于受孔子训诫的影响，中国妇女地位低下，她们经常做妓女，并受到奴役和剥削。在整个旧金山人口中，男女之比为7∶1。被迫或自愿的性工作者在所有人群中都很普遍。[②]

属于自由移民的企业家、冒险家和服务行业工人为合同工和提前给付船票的迁徙劳工提供了主要的帮助。这些劳工的法律地位同18世纪欧洲契约劳工类似，但其经济地位恰恰相反。他们没能像欧洲契约工那样形成独立的以家庭为单位的农业生产单位，却参加了不自由的跨越北美大陆铁路的群体劳动。当铁路修建结束后，很多劳工在铁路沿线的城市定居下来。另一些则迁到大城市的民族聚居区，即所谓的中国城。由于对廉价劳动力仍有很大需求，1868年的《蒲安臣条约》给予了中国人移民北美的权利。

中国人在加州和不列颠哥伦比亚省的工厂中劳动，从事经济作物种植或成为收益分成的佃农；在沿海和落基山脉地区当矿工、从事渔业生产或罐头加工；也有人从事鲍鱼捕捞等专业工作。1880年，加州的菜农中有1/3是中国人。一些中国人来到路易斯安那州沿海和墨西哥湾的渔场，从事渔业捕捞。1865年之后，一些中国人受雇到南方种植园劳动，以替代获得解放的奴隶；另一些人来到东部的工厂，但1873年的经济危机使他们大部分人失业。在新英格兰地区纺织工人的罢工中，工厂主雇用中国人来破坏罢工，因此当地居民对中国人的敌视情绪增加。加拿大的中国流动人口在矿区、草原城镇和安大略北部的伐木区开饭店。种族主义情绪和工作竞争导致了反对中国人和亚洲人的骚乱和暴动，比如，

---

① 1851年澳大利亚发现黄金之后，中国人也开始前往澳大利亚。1861年新西兰发现黄金，但仅引发了其国内人口流动，以及澳大利亚人和加州人向新西兰的流动。

② Judy Yung, *Chinese Women of America: A Pictorial History* (Seattle, 1986), 14ff., and Yung, *Unbound Feet: A Social History of Chinese Women in San Francisco* (Berkeley, 1995).

1877 年圣弗朗西斯科的暴动与田纳西州的工厂和农场对中国劳工的排斥。①

美国的华人社区有高度发达的文化和组织生活，像欧洲裔美国社区及任何其他地区的社区一样，华人社区呈现了一体化。中国人是多民族的，他们的各种方言、饮食习惯和其他地域特点在美国变得同质化了。中国人的组织建立在以地域为特点的会馆基础之上，类似于德国人的同乡会。西方人不懂中国方言，他们把中国人的自助组织称为“秘密协会”。在苦力贸易中，有钱的中国人占据了社区领袖和苦力贸易中间人的位置，通过社区组织，剥削可以得到进一步强化。然而，华人的社区也为华人提供了社会利益和保护，帮助他们对抗美国白人社会。1900～1901 年，在加州的中国人口达 4.58 万人，在不列颠哥伦比亚省有 1.49万人，但在其他州或省的中国移民一般不超过 3000 人。②

1890 年后，拥有 3000 人的日本人社区在美国迅速发展壮大。像华人一样，日本移民主要居住在加州和不列颠哥伦比亚省，从事农业、渔业、伐木、开矿、造船、蔬菜种植和仆佣工作。1907 年后，温哥华的反对亚洲人的暴乱和加州的种族主义造成了日本人迁徙的减少，阻止了日本男性工人的暂居和轮换。在农村的日本移民决定留下来，并将家人带到了北美。和北美反亚群体的政治意愿相反，日本移民社区更加稳定。工业组织不顾工会和政府的反对，继续支持移民活动。在不列颠哥伦比亚的渔场，日本人和印第安人海达部落进行合作；在罐头厂里，日本人、欧洲人和北美的印第安妇女并肩劳动。各民族的人开办了从寄宿舍到商店的各类行业。③

菲律宾人和(东)印度人也成为第二次太平洋人口流动的组成部分。这两个流动人口来源地通过新崛起的美国和老牌的大英帝国同北美联系了起来。1898 年，美国在支持古巴和菲律宾独立的伪装下，向西班牙发动战争，从而控制了古

① Gunther Paul Barth, *Bitter Strength: A History of Chinese in the United States, 1850-1870* (Cambridge, Mass., 1964), 117-120; Northrup, *Indentured Labor*, 7; Alexander Plaisted Saxon, *The Indispensable Enemy: Labor and the Anti-Chinese Movement in California* (Berkley, 1971); Elmer Clarence Sandmeyer, *The Anti-Chinese Movement in California* (Urbana, 1939); James W. Loewen, *The Mississippi Chinese: Between Black and White* (1971; 2d ed., Prospect Heights, Ill., 1988).

② H. M. Lai, "Chinese," in Stephan Thernstrom, Ann Orlov, and Oscar Handlin, eds., *Harvard Encyclopedia of American Ethnic Groups* (Cambridge, Mass., 1980), 217-234; Shih-Shan Henry Tsai, *The Chinese Experience in America* (Bloomington, 1986); Anthony B. Chan, *Gold Mountain: The Chinese in the New World* (Vancouver, 1983); Peter S. Li, *The Chinese in Canada* (Toronto, 1988), 11-40.

③ Harry H. L. Kitano, "Japanese," in Therstrom, Orlov, and Handlin, *Harvard Encyclopedia of American Ethnic Groups*, 561-571; W. Peter Ward, *The Japanese in Canada* (Ottawa, 1982); Ken Adachi, *The Enemy That Never Was: A History of the Japanese Canadians* (Toronto, 1976), 133-156.

巴，兼并了菲律宾。菲律宾人口组成复杂：19 世纪 50 年代，在菲律宾的华人人口达到 5 万～10 万之众（见第 6 章第 3 节）；此外，还有无技术的日本流动人口。在美国，菲律宾人无法获得独立地位和公民权，但他们不在排外法律的限制范围之内，于是菲律宾男子首先来到加州从事农业劳动。①

作为英帝国的一部分，加拿大成为南亚流动人口的目的地。锡克教雇佣军曾在加拿大全境服役，因此当部队于 1904 年在香港被解散后，他们又回到了加拿大——这和当年被解散的欧洲士兵选择在哈布斯堡—奥斯曼边境地区定居很相似。其他当时被称为"印度教徒"的锡克教徒也步其后尘来到加拿大，在伐木、锯木和农业中充当无技术劳工。1908 年，5000 人来到北美，其中半数去了美国，这时加拿大政府终止了英帝国"有色"属民的移民活动。1914 年，当"驹形丸"号客轮抵达温哥华时，船上的 376 名印度人被迫返航，这成为一个著名的事件。加拿大政府试图将早些时候到达的印度移民安置在英属洪都拉斯，但没有成功。在美国，南亚男子无法将妻室接来，许多人便和墨西哥女子通婚。②

1850～1920 年，从亚洲太平洋沿岸到达美国太平洋沿岸的移民中有 32 万中国人、24 万日本人、3 万其他亚洲人，此外，还有 1 万名太平洋岛民（另有 4.4 万人来自澳大利亚和新西兰）。这些数字是多次迁徙活动的统计。在加拿大 1921 年的人口普查中，有 3.96 万中国人，1.59 万日本人（他们在不列颠哥伦比亚的数字是 2.35 万和 1.51 万人），另有 1.05 万的"东印度人"。同欧洲通过大西洋向北美的人口流动相比，跨太平洋的人口流动的人数要少。当亚洲劳工受到排斥时，北美对廉价劳工的需求仍然很大，因此，在墨西哥招募拉美劳工的活动早在 1900 年前就开始了。

6. 种族主义和排外

中华帝国对移民活动并不热心，而英帝国对中国施行自由移民政策仅 20 年

① Norman G. Owen, "On the Margins of Asia: The Philippines since 1500," in Latham and Kawakatsu, *Evolving Structure*, 69-80; Lasker, *Filipino Immigration*. 在进入 20 世纪前后，"菲律宾人"这个词语才开始被用来指称来到这些岛屿的多民族群体。

② Hugh Johnston, *The Voyage of the Komagata Maru: The Sikh Challenge to Canada's Colour Bar* (Vancouver, 1989); Norman Buchignani, Doreen M. India, and Ram Srivastiva, *Continuous Journey: A Social History of South Asians in Canada* (Toronto, 1985), 12-70; N. Gerald Barrier and Verne A. Dusenbery, eds., *The Sikh Diaspora: Migration and Experience beyond Punjab* (Delhi, 1989); Karen Isaksen Leonard, *Making Ethnic Choices: California's Punjabi Mexican Americana* (Philadelphia, 1992).

后,从北美到澳大利亚种族主义的骚动就开始要求排斥亚洲移民,他们要求中国政府禁止向海外移民。19世纪80年代,北美通过了限制性移民法案。1900年前后,澳大利亚及东部非洲和南非也通过了类似法案,拉美则在20世纪20年代和30年代也通过了限制移民的法案。只有在亚洲内部的人口流动在继续,而且恢复到了经济大危机开始时的水平。

英国人将来自亚洲的移民劳工一律视为“东方人”。这些劳工由于拥有自助组织而被视为拉帮结派,因为吸食英帝国引入的鸦片而被认为涉嫌犯罪,又因为移民接收国居民不理解其语言而被认为是不可理解的。种族主义观念和经济利益有密切关系。白人工人害怕同这些廉价劳动力的竞争,白人中产者认为亚洲自由民以下层中产阶级的身份进入具有威胁性。中国人由于没有强大的国家后盾而首先受到排斥。由于日本政府相对强大,因此反对日本移民的措施需和日方协商通过。由于印度人具有英帝国的公民身份,限制起来很难;这是当初的英帝国决策者没想到的,当时他们认为有色的英帝国公民不会移民到英国或其他白人占多数的殖民地。

由于美国对华工的进入采取“调节、限制或暂停”政策,太平洋人口流动体系的第二个阶段被中止:1882年,美国通过排华法案;1884年通过排斥海外华人法案;1888年又进一步加强了限制。加拿大在1885年跨境铁路修建完毕后便立即通过第一个排华法案:华人移民必须交50美元的人头税,在1903年这一数目升到500美元,以进一步阻止华人来加拿大。基于1790年一项联邦法律关于限制给“自由白人”国籍的规定,1913年加州的一项法案剥夺了“无法获得公民身份”的外国人拥有农业财产的权利。但是如果在美华人的家人在美国拥有1000美元以上的财产,排华法允许其回中国后再次返回美国;中国商人可以带妻室儿女到美国,亚洲学生也可来美读大学。尽管华人受到排斥,但西方思想在华人中的传播及中美贸易继续发展。

为了对付移民接收国精心制定的排外措施,华人也运用了同样精心设计的“纸上儿女”来为移民活动创造合法的空隙。在19世纪90年代到20世纪30年代,每10年有1.4万～3万华人来到美国,而在美国出生的孩子则成为美国的事实公民。加拿大的亚裔族群也在壮大。只是在美国1924年的第二个配额法案和加拿大1923年的排华法案出台后,移民才出现了大幅减少。在美国的华人居住区,人们喊出了“向西进发,年轻人,越过太平洋,回中国去”的口号,这表达了华人在北美经历的情感创伤和中华文化的不屈的自豪感。①

尽管日本人在加州人口中的比例从未超过1%，在不列颠哥伦比亚省的人口比例更低，但本地居民保护主义者在限制华人移民北美后，便开始限制日本人。"白人主导"的美国向日本政府强加了"君子协定"，其实更准确地讲是"强盗、受害者之间的协议"。尽管每年来到北美西海岸的日本人还不及每天从东海岸进入北美的没有受过良好教育的欧洲人的数量多，但日本人必须接受识字水平测试。1905年的日俄战争以日本的胜利告终，更多的日本人，尤其是日本退伍兵，来到北美。美国在1907～1908年对日本移民进行了控制，随后加拿大对日本移民也实行了排外政策。② 由于排斥南亚人违反英帝国法律，加拿大政府从1908年开始执行规避措施，规定运送移民的船只在沿途不得停靠，以必须从来源国连续航行至加拿大作为接收条件。从印度出发的以煤为动力的船只不可能达到这一要求。一位英国观察家注意到了加拿大政府的两面性：锡克教徒当年作为帝国公民，曾英勇地为帝国而战；但现在在温哥华，他们必须面对"'高贵种族'无声的蔑视"。因此，在"排外"期间，流动人口在满足侮辱性规定的条件下，继续前往北美。③

20世纪90年代，北美的排外政策促使雄心勃勃的日本流动人口将巴西和秘鲁作为迁徙目的国。为了对付北美的种族主义，日本政府改善了同南美国家的贸易关系，并为移民提供帮助，以扶植商业先锋。1908～1934年，14.25万名日本人来到巴西，向巴西的迁徙一直持续到20世纪50年代；而秘鲁在1936年开始对日本人进行了限制（见第18章第6节）。④

在英国的殖民地体系中，对于亚洲"有色"移民活动的抵制运动始于19世纪

---

① Roger Daniels, *Coming to America: A History of Immigration and Ethnicity in American Life* (New York, 1990), 234-264, and Daniels, *Asian America: Chinese and Japanese in the United States since 1850* (Seattle, 1988), 91-93; K. Scott Wong and Sucheng Chan, eds., *Claiming America: Constructing Chinese American Identities during the Exclusion Era* (Philadelphia, 1998); Howard Palmer, *Patterns of Prejudice: A History of Nativism in Alberta* (Toronto, 1982), 17-60.

② Roy Lawrence Garis, *Immigration Restriction: A Study of the Opposition to and Regulation of Immigration into the United States* (New York, 1927), Robert C. Brown, "Full Partnership in the Fortunes and in the Future of the Nation," *Nationalism and Ethnic Politics* (fall 1995): 9-25; Bennett, "Japanese Emigration Policy, 1880-1941," 32.

③ C. F. J. Galloway, *The Call of the West: Letters from British Columbia* (London, 1916), 256-258, 276; M. Allendale Grainger, *Woodsmen of the West* (1908; repr., Toronto, 1964), 32, 79.

④ C. Harvey Gardiner, *The Japanese and Peru*, 1873-1973 (Albuquerque, 1975), 22-41. 在20世纪90年代，一位日裔秘鲁人成为秘鲁总统。Donald Hastings, "Japanese Emigration and Assimilation in Brazil," *International Migration Review* 3, 2 (1969): 32-53.

90年代。在澳洲的殖民地、塔斯马尼亚岛及新西兰，亚洲移民劳工在19世纪中叶后开始增长，并受到相关法律的保护，免受过度剥削。但是早在1861年昆士兰州的侨民法案规定，侨民只有在已婚、有妻子陪伴并且居住3年的条件下才能入籍，以此来阻止亚洲和非洲移民入籍。工人领袖指控中国人蔑视法律，并且抢走了当地人"赖以谋生的工作"。1880～1881年，澳大利亚殖民地大会试图通过对移民的限制措施，但昆士兰、南澳大利亚和塔斯马尼亚为了农业和矿山利益，并未关紧移民的大门。但1888年的殖民地大会排斥了华人。20世纪90年代开始移民澳洲的日本人，也在1901年遭到排斥。种族主义的"白人澳大利亚"政策开始决心对移民活动立法，1903年的一项法案禁止来自亚洲的移民入籍。①

1910年的南非法案创立了南非联邦，同时也将这几块殖民地的反亚洲人的情绪凝聚了起来。在纳塔尔省政府(1893年)和德兰士瓦省政府(1906年)成立后，纳塔尔的印度人被剥夺了选举权，德兰士瓦的印度人必须服从《亚洲人登记法案》。纳塔尔对印度人，尤其是自由民或非契约工，征收人头税以削弱其力量。四口之家必须以一个人的年收入来交纳人头税。德兰士瓦的印度商人只能在规定的地区和市场经商。1890年，奥兰治自由邦全面禁止印度人进入。英布战争后，一场持续到1910年的较大萧条、一次长期的干旱和1905年的洪水加剧了经济问题。1911年，南非议会通过限制亚洲移民输入的法案，1913年对在当地居住的印度人和中国人实施了控制。② 作为回应，印度人开始了一场被动的反抗，这种反抗同印度民族意识融合起来，运动中有一位名叫甘地的年轻律师。③

在东非，印度人在种族和职业地位上都高于非洲人，因而即使在经济大危机

---

① C. F. Yong, *The Gold Mountain: The Chinese in Australia 1901-1921* (Richmond, Austral., 1977); Andrew Markus, *Fear and Hatred: Purifying Australia and California, 1850-1901* (Sydney, 1979); A. T. Yarwood, *Asian Migration to Australia* (Melbourne, 1964); S. Chandrasekhar, ed., *From India to Australia: A Brief History of Immigration, the Dismantling of the "White Australian" Policy, Problems and Prospects of Assimilation* (La Jolla, Calif., 1992); C. Y. Choi, *Chinese Migration and Settlement in Australia* (Sydney, 1975); Charles A. Price, *The Great White Walls Are Built: Restrictive Immigration to North America and Australia 1836-1888* (Canberra, 1974), 41-48, 96-125, 167-168, quote on 165; Ann Curthoys and Andrew Markus, eds., *Who Are Our Enemies? Racism and the Australian Working Class* (Neutral Bay, Austral., 1978); A. C. Palfreeman, *The Administration of the White Australia Policy* (Melbourne, 1967); Robert A. Huttenback, *Racism and Empire: White Settlers and Colored Immigrants in the British Self-Governing Colonies, 1830-1910* (Ithaca, N. Y., 1976), 277-316.

② 到1911年，所有的中国合同矿工都被遣散，此时纳塔尔社会已经失去了经济基础。

③ Twaddle, "East African Asians," 149-163; Pachai, *South African Indian Questions*; Maureen Swan, *Gandhi: The South African Experience*, 1893-1914 (Johannesburg, 1985).

期间，印度的移民活动仍在继续。到 1939 年，约有 10 万印度人居住在东非；到 1960 年，这一数字增加到 35 万(见第 18 章第 8 节)。在印度契约工制度终结后，毛里求斯种植园主突然间愿意招募鹏多兰地区和莫桑比克的劳工——1939 年，这些劳工的数量约占到劳工总数的 40%。作为经济基础组成部分的廉价和充足的劳动力比肤色的意识形态观点更重要。

在欧洲和北美，种族主义将犹太人、波兰人和其他东欧人视为劣等的深色皮肤的种族。当波兰劳工到北美寻求更好的工作条件时，德国的贵族地主要求进口亚洲劳工到东易北河的地产上劳作。劳工运动和政治精英强烈地反对输入"劣等"的亚洲劳工，拒绝接收黄皮肤的种族。英国港口城市的亚洲海员和非洲流动人口面临日益增加的限制和被迫返乡的遭遇。在北美，由于害怕来自欧洲的"非纯种白人"，麦迪逊·格兰特在《伟大种族的消亡》(1916 年)一书中哀叹纯种的盎格鲁—撒克逊血统遭到致命破坏；10 年后，亨利·普拉特·费尔奇德在《大熔炉的错误》一书中发出了类似的警告。1917～1924 年，美国对南欧和东欧人的排斥减少了肤色难以分辨的民族的移民活动。对工业劳动力的持续需求通过美国南部向北部迁徙的非裔美国人满足，他们的种族背景允许美国实施社会经济限制。宗主国的和殖民地的白人社会之间存在分歧。工业和农业雇主需要廉价劳动力，对肤色并不关心。[①]

白人社会在进口劳动力时的种族主义和排外主义受到了非白人劳动力出口国正在兴起的国家意识的反击。日本政府为移民劳工提供了一些保护，但中国政府采取的措施收效甚微。在印度，作为英帝国所属的一个民族所受到的歧视和帝国的华丽言辞相违背，民族主义发展加快。印度领导人最初要求改善工作条件，但很快便要求废除"第二次奴隶制"。但英国只是在一战期间需要印度人支持时，才作出了反应。南亚各地为英国提供了 120 万战士和劳工，约有 10 万中国苦力在法国北部劳作。因此，契约制度在 1917 年废除，最后的契约合同于 1921 年终止。[②]

1922 年印度移民法案全面控制了受资助招募流动人口的活动，并为前往英

---

① John Higham, *Strangers in the Land: Patterns of American Nativism, 1860-1925* (New York, 1963); Klaus J. Bade, "Massenwanderung und Arbeitsmarkt im deutschen Nordosten von 1880 bis zum Ersten Weltkrieg," *Archiv für Sozialgeschichte* 20 (1980): 265-323, esp. 312.

② Sean Brawley, *White Peril: Foreign Relations and Asian Immigration to Australia and North America, 1919-1978* (Sydney, 1995); John Horne, "Immigrant Workers in France in during the World War Ⅰ," *French Historical Studies* 14 (1985): 57-88; Tyler Stovall, "Colour-Blind France? Colonial Workers during the First World War," *Race and Class* 35, 2 (1993): 35-55.

帝国其他地区的印度移民提供保护。在两次世界大战期间,中国劳工的迁徙仍在继续,对于新兴的北方移民输出省更是如此。但是改进的法律受到经济因素的阻碍。在经济大萧条期间,从美洲到日本的各国都爆发或加剧了反亚洲人的暴力活动。暹罗华人被称为"东方犹太人"。中国流动人口再遭重创,开始返回中国,仅 1933 年就有 25 万人之多。中国因内战无法给中国流动人口提供大规模的帮助。1937 年,日本发动的帝国战争使持续百年的亚洲人口流动永远终结。①

① 战后,大规模的人口回流开始,每月仅从英属马来亚回来的人就达 5000 人。国家在安徽省留出了荒地用来安置这些通常在城市居住的返回者。Godley, "China's Policy Towards Migrants," 17-18; Wu Paak-shing, "China's Diplomatic Relations with Mexico," *China Quarterly* 4 (1939): 439-459; Heidhues, *Chinese Minorities*, 30-44; Stephen Fitzgerald, *China and the Overseas Chinese: A Study of Peking's Changing Policy, 1949-1970* (Cambridge, 1972).

第 15 章
帝国的利益集团和低级群体的文化主张

从资本对劳动需求的观点和各肤色劳动者的观点来看，帝国主义是一个要比政治历史方法和经济分析方法所揭示的更为复杂的现象。白人民族使世界文明化的使命同将一无是处的人和无继承权的子孙送到殖民地的做法是怎样联系起来的？为什么为了帝国经济利益、政治或社会建设而进行的劳工流动没能给劳工带来公民地位？战死疆场可以得到公民身份，而死于鸟粪的挖掘却不可以。为什么研究一直回避由帝国男性和殖民地女性所生子女等所代表的文化融合问题？

到 19 世纪初期，殖民扩张已造成四种区域性人口流动形式和劳工体制：第一，在非洲、印度和东南亚，商人、水手、士兵和管理者通过各殖民地统治者使用了当地的劳动力大军。第二，在中美洲和南美安第斯地区，征服者、土地拥有者、管理者和商人直接控制了当地的劳动力，这与第一种情形形成了对比。第三，同样的群体在巴西、加勒比地区和北美东南部则进口了非洲奴隶。当英帝国势力和种植园经济遍布全球时，旧的种植园体系和非洲奴隶贸易都在走下坡路，而以“苦力”劳工为特色的亚洲区域性劳工体系开始走向全球。最后，在法、英控制的北美以及南非，殖民定居者赶走了土著居民，在欧洲契约仆佣的帮助下耕种土地或饲养牛群。殖民世界的统治者与下层民众形成的等级制度也全球化了。

当非洲社会丧失了为资本主义大生产提供农业劳动力的能力之后，在欧洲人看来，这块“黑暗的大陆”需要启蒙，19 世纪的帝国言论将非洲构建成一个需要帝国子民来进行文明教化的地方。早些年间，欧洲人对被称为“土耳其人”的非基督教徒和非欧洲血统的人持有刻板印象，如今，欧洲殖民者和欧洲—克里奥尔人殖民者把这种刻板看法转移到了亚洲人、非洲人和美洲人身上。为了证实这些观点，在每一次征服之后，欧洲人便挑选些“土著人”运到欧洲给朝堂上的决策者检查。在欧洲人控制的地区，土著人遭到大量屠杀，欧洲的理论家构建了“高尚的野蛮人”的形象，并将它作为欧洲商业化和拜金主义的对立面。随着 19 世纪末西方社会的民主化，来自异族的男女被展出供公众观赏，如 1893 年的芝加哥世界博览会、德国黑格贝克的动物园、野牛比尔的西大荒展览会及类似的华丽演出。[①]

在白人世界的展览会上,对于殖民地民族作为受害者的关注将观众的目光从殖民者的自我展示上移开,这是殖民者不曾想到的。一对20世纪初在尼日利亚旅行的英国夫妇,将自己视为理性的、文明的、白人世界的前哨:

> 每天晚上,我们靠泊在沙洲边,(身着晚餐礼服)然后就餐——我们找不到一个更不正式的词语来描述……我们两人遵守着我们的礼仪,维护着我们自己和我们国家的尊严……当你单独面对成千上万的未知的难以捉摸的人们,周围的陌生情景和声音使你眩晕,陌生的生活方式和思想使你茫然,你必须记住你是谁,你从哪里来,你的标准是什么。[②]

令人遗憾的是,没有一位非洲的民族学者留下任何对于白人展示异文化的评述。

在殖民地,自称来自北大西洋的"优越白人"要面对占人口主体的当地的下层民众,这些当地人并没有将自己及自己的文化视为低劣的。帝国的精英们还要面对下层的流动劳工,不管后者是自己来到殖民地的,还是被那些需要原始积累的人运送而来的。劳资的对立造成流动工人采取规避或战斗策略来避免和减少剥削,深色皮肤与浅色皮肤的对立导致反抗或争取独立的斗争。殖民地人民深切地明白强加于他们的控制与霸权主义。

当非洲各地被殖民化的时候,被贩卖到美洲的奴隶的后代建立了独特的文化圈,明确了自己的身份,逐步形成了大西洋非裔社群。加勒比海的非裔社会对大西洋黑人社群的创建作出了突出的贡献。由于安第斯山地区和南美大草原民族的迁徙而形成的多肤色社会为拉丁美洲文化作出了贡献。

对于下层文化和资本浸透的关注,使人们忽视了帝国主义的群体的生态。帝国的流动人口追求着家族和几代人的策略,并为性别之间的关系而斗争。

1. 非洲的殖民地空间

1800年非洲有人口7000万,约1000万居住在北非,其余的非洲人(除了

① Richard White and Patricia N. Limerick, *The Frontier in American Culture* (Berkeley, 1994), 17; Nigel T. Rothfels, "Bring'em Back Alive: Carl Hagenbeck and Exotic Animal and People Trade in Germany, 1848-1914" (Ph. D. diss., Harvard Univ. 1994); Fritz Kramer, *Verkehrte Welten: Zur imaginären Ethnographie des 19. Jahrhunderts*(Frankfurt/ Main, 1981).

② 引自 Margaret Strobel, *Gender, Sex, and Empire* (Washington, D. C., 1993), 21.

150 万马尔加什人之外)都居住在“黑非洲”。欧洲人统治的区域仍然为数不多：法属塞内加尔，英属黄金海岸，葡属安哥拉、莫桑比克及好望角。好望角是最大的欧洲人聚居区，居住着 1.6 万布尔人和数千英国人。前往未知区域探险的欧洲游客和入侵者需要依赖消息灵通的当地非洲导游。贸易和奢侈品的生产掌握在非洲人的手中，社会的形成和统治机构的构建也是如此。[①] 在沿地中海的非洲地区，奥斯曼帝国及其各民族的管理者(如土耳其人、马穆鲁克人、阿尔巴尼亚人、切尔卡西亚人等)的影响尽管顽固但也在逐渐减弱。

1830 年后，欧洲对非洲的直接干涉增加。1870 年后，欧洲人对非洲土地的要求迅速发展。在 1885 年的柏林会议上，各列强相互承认了在非洲的领地。在这半个世纪的干涉中，欧洲商人利用雇用的私人军队或欧洲国家的少量正规军，在非洲雇佣军的支持下，瓜分了非洲。在非洲北部出现了四个区域。埃及和阿曼对阿拉伯半岛施加影响。阿尔及利亚和突尼斯在 1830 年后成为法国征服的对象，摩洛哥在 1912 年前仍能保持独立。埃塞俄比亚曾是英、法垂涎的对象，但 1882 年后被意大利以武力吞并。尼罗河上的苏丹，作为奴隶资源库仍然是列强相互争夺的对象。(见图 3-22)

19 世纪 30 年代，法国的圣西门主义者和英法两国的企业家向埃及灌输了西方的“现代化”观念，并为苏伊士运河的修建筹集了资金。19 世纪中期，投资者和技术专家建立了资金流动、寻求工作及革新的联系网——中青年移民的事业网络。19 世纪 70 年代初，尼罗河上游的奴隶贸易被废除，大规模的基础设施建设项目和棉花种植导致工人流动。正在崛起的殖民地精英发动的民族主义运动和城市人口的反抗外国人的暴动，抵制了欧洲人强加于非洲的枷锁或者延缓了殖民地化的速度。和在印度的情形一样，英国霸权主义者低估了文化传统的力量和面向未来的争取独立的运动力量。[②]

在阿尔及利亚，沿海城市的贸易已落入欧洲—地中海商人手中，当地的居民进行了迁徙。阿尔及尔的人口也从 18 世纪初的 10 万人减少到 1830 年的 3 万人。作为突尼斯和撒哈拉贸易的枢纽的君士坦丁也有 3 万居民。来自山区的农业人口，由于无法提高其基本的生活保障，迁徙到平原地区去寻求季节性的工作。奥斯曼帝国在阿尔及利亚拥有行政管理者和约 1.5 万的土耳其军队，土耳其男子和阿尔及利亚女子的混血后代控制着经济，安达卢西亚的穆斯林难民的

① Donald H. Simpson, *Dark Companions: The African Contribution to the European Exploration of East Africa* (London, 1975); Roger D. Abrahams and John F. Szwed, *After Africa: Extracts from British Travel Accounts* (New Haven, 1983).

② Khaled Fahmy, *All the Pasha's Men: Mehmed Ali, His Army, and the Making of Modern Egypt* (New York, 1997).

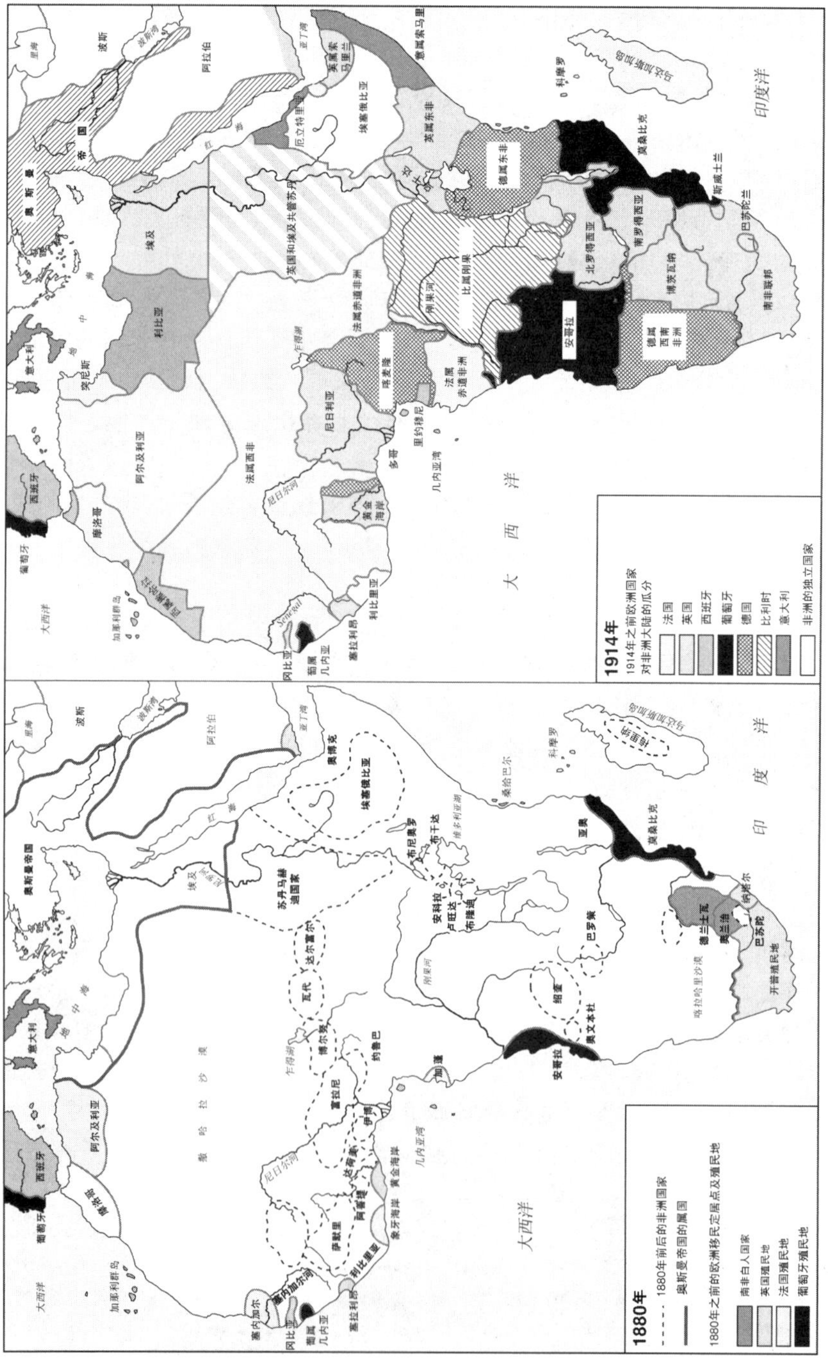

图3-22　1880年前后和1914年前后的非洲

后代居住在不同的地区。这些群体在商业上和文化上的城市特点受到正统教士的攻击。1800 年，人数仅有 2000 的白人基督教奴隶从事家政工作和管理政府开办的旅店，这些旅店是规避《古兰经》禁止饮酒的一种策略；还有数目差不多的黑人奴隶从事体力劳动。充满生机的非洲人社群从事需要技术的手工业劳动。聪明的自由非洲人从事技术性手工业。特尔人城市接纳了来自内地的移民：姆札卜人开办商店（见第 5 章第 2 节），比斯克拉人做挑水工和搬运工，卡比尔人从事无技术或半技术性的工作。这些“陌生人”因其宗教习惯和经济追求而特色鲜明。生活按照伊斯兰—奥斯曼风格的自给自足的民族分居和手工业分区进行。伊斯兰教和犹太教的个人卫生习惯及公共澡堂说明这一地区比欧洲城市的环境卫生状况要好。

犹太社区由 15 世纪末期来自西班牙和巴利阿里的难民的后代组成，他们非常贫穷。18 世纪的法国和意大利移民商人成为欧洲贸易的中间人，他们被称作“法国犹太人”——一种类似中世纪“基督教法兰克人”的称谓。当奥斯曼行政当局和当地精英的横征暴敛导致种植业者陷入危机并受到压迫时，犹太商人和银行家携家人从里窝那迁来。1805 年，一名土耳其士兵在一名乌理玛的允许下谋杀了一名犹太人，随后的一场阿尔及尔的暴乱导致 200 名犹太人被杀。[①]

1830 年法国开始征服阿尔及利亚时，阿尔及利亚的人口约有 300 万，由农村地主、收益分成的佃农、以柏柏人为主的无地劳工（约 50%）、游牧民族（44%）、城市居民（不到 6%）组成。在 19 世纪 40 年代，法国的资本和欧洲的定居者想将阿拉伯低产种植业变为丰产农业，于是印制了约 300 种技术书籍和小册子，转让了阿拉伯人居住的土地，镇压了阿尔及利亚的国内反抗，来为 11 万欧洲移民牟利。这些移民由法国人（43%）、西班牙人、意大利人、马耳他人、瑞士人、普鲁士人、巴伐利亚人和黑森人组成。在法国，农村社会结构的调整、运输的改善、全国市场的统一造成了大规模的农村向城市的人口流动。每年有 2.5 万到 3.5 万人涌入已有 100 万人口的巴黎。由于害怕这些来自农村的危险阶级，1848 年的革命政府计划运送他们中的约 10 万人去阿尔及利亚。在一年之内有 1.5万人在军队的监督下被送到了待建的阿尔及利亚农村，有 1/3 的人死亡，另有 1/3 逃回法国或阿尔及利亚的城市。

19 世纪 70 年代的土地重新划分降低了穆斯林的土地所有权，欧洲殖民农场主，包括法国的犹太人，来到阿尔及利亚。到 1901 年，有约 63 万欧洲人居住

① John D. Ruedy, *Modern Algeria: The Origins and Development of a Nation* (Bloomington, 1992), 22-29.

在阿尔及利亚。在迁往殖民地农场主的土地或城市的阿拉伯人和柏柏尔人中,包括一无所有的农民、游牧民族以及来自山地和绿洲的民族。当地的法律调控并限制地方性迁徙,以维护殖民者的利益。招募苏丹人和爱尔兰劳工的计划无果而终,瘟疫、饥饿和自然灾害导致了北非当地人的减少。

在北非的其他地区,突尼斯受到法国和意大利的共同影响,接受了意大利流动人口。1912 年,摩洛哥沦为法国的保护国。法国受到罗马帝国的启发,想把北非变成谷仓。他们剥夺了摩洛哥农民的土地,但只吸引来 6000 名移民,而不是大批的耕种者。只有摩洛哥的精英们从土地所有权的集中中获益。当小麦歉收之后,"加州风格"的柑橘种植和蔬菜农业成为新的良方。1930 年的欧洲观察家发现 125 万"欧洲人已成功地适应了摩洛哥的水土",却忽视了 19 世纪 30 年代的北非多种文化已经变得更加同一化了,准备要求获得平等权(见第 17 章第 3 节)。[①]

在非洲的另一端,好望角上荷兰的殖民地在 1806 年(见第 8 章第 5 节)变为英国的殖民地。与阿尔及利亚正在同质化的定居者形成对比的是好望角的英、荷两个群体保持敌对。尽管 1853 年的宪法不分肤色地赋予了具有一定财产或收入的男性英国臣民选举权,非洲各民族人民仍在欧洲各民族的监工监督之下工作。荷兰和英国的资本在为争夺资源而战,定居者则为劳动力大军的肤色和控制权而战。这种隔离的社会和拉丁美洲的种族进化形成了对比。

1866 年,在法尔河和奥兰治河之间发现了钻石,在 20 年之内价值 3900 万英镑的钻石被开采;1886 年,在德兰士瓦省南部的威特沃特斯兰德地区发现了黄金。少量的投资为母国创造了大量的资本,为荷兰—犹太钻石专家和阿姆斯特丹的钻石切割匠创造了生意。1871 年建立的金伯利在 1874 年有 1 万人口;约翰内斯堡在 1886 年还没有人居住,到 1899 年就拥有了来自南部非洲各地的 10 万人和 5 万欧洲人。为了防止非法的钻石贸易和避免工人受到城市奢侈生

① Neil MacMaster, "Labour Migration in French North Africa," in Robin Cohen, ed., *The Cambridge Survey of World Migration* (Cambridge, 1995), 190-195 Michael J. Heffernan, "The Parisian Poor and the Colonization of Algeria during the Second Empire," *French History* 3 (1989): 377-403; Heffernan and Keith Sutton, "The Landscape of Colonialism: The Impact of French Colonial Rule in the Algerian Rural Settlement Pattern, 1830-1987," in Chris Dixon and Heffernan, eds., *Colonialism and Development in the Contemporary World* (London, 1991), 121-152; Will D. Swearingen, *Moroccan Mirages: Agrarian Dreams and Deceptions, 1912-1986* (London, 1987), 20, 32, 186; Augustin Bernard, "Rural Colonization in North Africa," in W. L. G. Joerg, ed., *Pioneer Settlement: Cooperative Studies by 26 Authors* (New York, 1932), 221-235; Ursula K. Hart, *Two Ladies of Colonial Algeria: The Lives and Times of Aurélie Picard and Isabelle Eberhardt* (Athens, Ohio, 1987), xii-xvi.

活的诱惑，钻石矿主把工人安置在封闭的居住地。起初这样的做法帮助工人将工资带回家里，因此矿主可以自行招聘。

在农业方面，农民对科伊人进行了限制；1864 年之后，政府对当地人进行了隔离。科萨人的精神反抗运动导致了悲剧：为了从历史英雄或从超自然的力量中获得帮助，他们杀掉了牲畜，结果导致饥荒，有 2/3 的人口死亡。1860 年以后，殖民者从印度和中国北方输入了契约工人。在整个世纪，英国人和南非白人的竞争、欧洲人对祖鲁人的侵略及后者的反抗、非洲各民族之间的摩擦都导致了人口的迁徙。为了对抗已定居的白人，德兰士瓦的白人移民组建了外侨党。非洲人的好战和印度移民建立社区的活动更加剧了局面的复杂性。为了降低荷兰白人的影响，1896 年英国在德兰士瓦通过了《外侨驱逐法案》和《外侨移民限制法案》。作为回应，布尔人政府拒绝给居住不满 5 年的移民选举权，而这些移民恰恰主要是英国臣民。在随后的战争中，英国人动用了约 30 万军队，将 12 万南非白人驱逐到集中营。驱逐作为一个帝国策略曾经在 18 世纪 50 年代用来对付加拿大殖民地讲法语的阿卡迪亚人，在 20 世纪 50 年代用来对付东部非洲的吉库尤人和卡巴卡人统治者。1910 年南非联邦建立后，就排斥了来自亚洲的流动劳工（见第 14 章第 6 节）。

自 19 世纪 60 年代以来，来自莫桑比克和周边殖民地的非洲劳工就步行到矿区工作。当时葡属安哥拉和莫桑比克只有大约 3000 名欧洲移民，此后约 7500 名亚洲移民来到莫桑比克。一种混血的人口出现了。在非洲劳工流动的过程中，种族身份在互动中被重新确定，但男性文化和女性文化各自独立发展。矿山给 20 世纪 30 年代的 30 万流动工人带来了新的种族—阶级的互动，而不是把它变成一个“寄居机构”（见第 17 章第 4 节）。[①]

多样性也是东非和西非的特点。在东非，英国通过桑给巴尔渗透其影响，德国人和英国人在非洲大陆建立了定居点。在西非，1807 年后英国也进行了渗透。法国人作为后来者，受到了由 20 个左右部落组成的马林克国（1870～1898 年）的抵抗。1898 年后，法国依靠部落酋长并利用部落之间的竞争进行统治，而不是依赖一体化的伊斯兰宗教组织。而英国则花巨资从本土派驻了行政管理人

---

① Francis Wilson, *Migrant Labour in South Africa* (Johannesburg, 1972), 1-28; Jonathan Crush, Alan Jeeves, and David Yudelman, *South Africa's Labor Empire: A History of Black Migrancy to the Gold Mines* (Boulder, 1991); Patrick Harriers, *Work, Culture, and Identity: Migrant Laborers in Mozambique and South Africa, c. 1860-1910* (Portsmouth, N. H., 1994); Gervase Clarence-Smith, *The Third Portuguese Empire, 1825-1975: A Study in Economic Imperialism* (Manchester, 1985), 106, 134, 178.

员。二者都成功地将非洲人分化为讲法语和讲英语的精英、遵循传统的城市下层和外围地区居民。尽管来自欧洲，殖民地官员们按照自己所谓的文明标准，凡事尽显隆重壮观。官员巡视时带有大批随从，每位官员需要 15 名以上的搬运工来运送帐篷、食品和衣物，每个搬运工负载为 60 磅。①

在殖民者看来，没有财产的生活风格使得"非洲人"——各民族和文化的非洲男女——"低劣、无志向、闲散和懒惰"，他们"对于收入的要求可以随时改变，一旦达到预期的收入目标，再无需求"。由于难以招募到劳工，传教士前来宣讲劳动的价值，并为工匠和"听话"的家庭主妇们开办培训课。为了进行强制劳动，各帝国"支持酋长的权威"，在没有酋长的社会则"扶持一些代理人"。从黄金海岸到尼日利亚，英国殖民者要求 15～50 岁的男子和 15～45 岁的女性参加强制性劳动，具体情况因地而异。即使有工资的话，也很低。在西非，军队中的搬运工的工资比独立的农业劳动要少 25%，而东非的吉库尤人的工资只有他们农业劳动收入的 1/10。1907 年，肯尼亚的专员表达了英国国有工业集团的利益："只有让非洲人放弃他们（以牲畜作为交换媒介的）原则，并学会购买大量消耗品，他们才会年复一年地加倍工作来满足自己的需求，到那时他们才能取得进步。"②

索宁克人是讲曼丁哥语的西非部落，他们早期的迁徙表明流动的商贩在发现劳动力需求之后会将信息传给本族的其他成员。独立之后，执拗的索宁克人甚至想迁徙到法国。殖民者指定的部落首领将劳役强加在软弱的部落成员身上。在德国和葡萄牙控制的西南非洲地区，当地的统治者和他们的男性支持者在传统上靠劫掠弱小民族的牲畜为生，现在对殖民者敬而远之，成为殖民者的帮凶。他们抢劫村庄以获得劳力，把本族和邻近地区的人民带入了殖民地体系。

非洲的很多地区生态脆弱，那些由于干旱和其他自然灾害变得赤贫的人民

① Babacar Fall, *Le Travail forcé en Afrique occidentale française (1900-1945)* (Paris, 1993); Sheldon Gellar, *Structural Changes and Colonial Dependence: Senegal, 1885-1945* (Beverley Hills, 1976), 36-48; Jean Ganiage, *L'expansion coloniale de la France sous la Troisième République 1871-1914* (Paris, 1968); Peter M. Slowe, "Colonialism and the African Nation: The Case of Guinea," in Dixon and Heffernan, *Colonialism and Development*, 106-120; Ronald Robinson, John Gallagher, and Alice Denny, *Africa and the Victorians: The Official Mind of Imperialism* (1961; 2d ed., London, 1981); Walter I. Ofonagoro, "An Aspect of British Colonial Policy in Southern Nigeria: The Problems of Forced Labour and Slavery, 1895-1928," in Boniface I. Obichere, *Studies in Southern Nigerian History* (London, 1982), 219-243; Martin A. Klein, *Slavery and Colonial Rule in French West Africa* (New York, 1998).

② Sharon B. Stichter, *Migrant Labour in Keyna: Capitalism and African Response, 1895-1975* (Harlow, U.K., 1982), quotes on 32.

首先开始了迁徙。本地统治者会挪用这些迁徙者的工资，移民雇主会对其进行剥削，迁徙者就陷入了这样一张网中。到20世纪20年代，工人阶级的战斗性和集体行动出现，非洲人更愿意迁徙，迁徙的路程也更遥远。[①] 人们的观念改变了。一旦建立起来，劳动力迁徙就成为获得现金的方式之一，而不管这种迁移是出自实际需要还是被胁迫。亚洲移民和非洲内陆商人的到来使人们产生了新的期盼。市场的价值逐渐用现金来计算，而不再用山羊或绵羊作为媒介。离心力开始在社区和家庭中发挥影响。就个人而言，逃离家庭或社会压迫、拒绝不满意的婚姻、增加威望都成为外出的诱因。生命周期和家庭关系也发生了变化。男人们可以自己较早地独立地支付新娘的嫁妆。另一方面，由于迁徙是季节性的或多年度的，所以向心力仍然很大。女人和孩子们待在家里，农村的生活方式由于现金的流入而得以稳定。步行就可到达工作地点使迁徙活动在一定范围内进行。一些作家提出了迁徙的心理原因：作为替代男性成年仪式的一种标志，出于喜欢冒险而远行。非洲的劳动力迁徙和世界其他地方的迁徙很相似。[②]

区域性的劳工迁徙使奥万博人参与了西南非洲的港口和铁路的修建。在肯尼亚，1903年殖民地国家开始转让吉库尤人的土地时，流动劳工的人口为5000人，到1923年达12万人。有一些劳工流动是季节性的，每年迁移的实际数字至少应增加一倍。吉库尤人和其他民族的人种植咖啡等经济作物，建立了市场农业，但其耕种方式使这种经济达不到规模经济的程度。在传统的以市场为目标的经济中（例如塞内加尔的落花生种植），迁徙在殖民统治之前就存在，而且不受

① François Manchuelle, *Willing Migrants: Soninke Labor Diasporas, 1848-1960* (Athens, Ohio, 1997); Richard J. B. Moorson, "The Formation of the Contract Labour System in Namibia, 1900-1926," in Abebe Zegeye and Shubi Ishemo, eds., *Forced Labour and Migration: Patterns of Movement within Africa* (London, 1989), 55-108.

②. Tiyambe Zeleza, "Labour, Coercion and Migration in Early Colonial Kenya," in Zegeye and Ishemo, *Forced Labour and Migration*, 159-179; J. Clyde Mitchell, "The Causes of Labour Migration," ibid., 28-54; Shubi L. Ishemo, "Forced Labour, Mussoco (Taxation), Famine and Migration in Lower Zambézia, Mozambique, 1870-1915," ibid. 109-158; P. H. Gulliver, "Nyakyusa Labour Migration," *Rhodes-Livingstone Journal* 21 (1957): 32-63, and Gulliver, "Labour Migration in a Rural Economy," in the pamphlet series *East African Studies 6* (Kampala, 1955); Isaac Schapera, *Migrant Labour and Tribal Life: A Study of Conditions in the Bechuanaland Protectorate* (London, 1947); Nyasaland (=Malawi) Government, *Report of the Committee to Enquire into Emigrant Labour* ("*Lacey Report*") (Zomba, 1935); Margaret Read, "Migrant Labour in Africa and Its Effects on Tribal Life," *International Labour Review 45* (1942): 605-631; Audrey I. Richards, ed., *Economic Development and Tribal Change: A Study of Immigrant Labor in Buganda* (1954; rev. ed., Nairobi, 1973).

殖民统治的影响。[1] 依据性别决定的劳动分工(如在大湖地区恩戈尼族和恩贡德人社会)。使女性受到奴役,在 19 世纪 80 年代和 90 年代,本巴人的劫掠和"职业土匪"的出现,"使原本待在村中的妇女和儿童流动起来,但一直到市场对妇女和儿童也有了需要,可被用来交换货物时,对他们的处理方式才明确起来"(见第 5 章第 5 节)。但妇女们经常逃跑,试图回到家人中间或独立进行迁徙。

妇女作为独立劳工的地位受到传教士关于婚姻观点的削弱,但城市里流动人口好聚好散的同居生活加强了她们的独立地位。一些非洲妇女利用殖民地法庭和传教士宣扬的戒律来谋求从传统的束缚中解放出来。未婚同居被殖民者的言论守门人视为淫荡,却有很多的殖民地官员和非洲妇女同居,并在其任期结束后抛弃了这些妇女。追求自己兴趣的妇女被斥为"逃跑者",而男人逃离不满意的劳动关系则被视为抵抗行为。在男子外出务工比例较高的地区,男女比例为 1∶2。这意味着女人必须照顾好老人和小孩。为了使妇女安于现状,殖民地当局实行了针对女性的通行证法律,迫使她们携带结婚证或申请通行证。[2]

20 世纪初,欧洲在非洲的存在可概括为:政治上极其强大,经济上对劳动关系具有扰乱性,对殖民地的精英在文化上有一定的影响,但欧洲人数量较少。在阿尔及利亚,聚居有 75 万欧洲人(不到总人口的 14%),在南非和罗得西亚有 125 万(占 600 万人口的 22%),在安哥拉和莫桑比克有 2.4 万人。和外界接触使工人和士兵产生了民族—阶级意识。法属几内亚士兵到欧洲参加了一战,从欧洲带回了社会主义思想,参与了 1918 和 1919 年的科纳克里船厂工人罢工。讲法语的精英发展了非洲—法语文化和文学,已不再简单地提倡对黑人文化的自豪感,而是要求自治和独立。非洲的去殖民地化几十年后便发生了(见第 18 章第 8 节)。

① Stichter, *Migrant Labour in Kenya*, 25-68; Babacar Fall and Mohamed Mbodi, "Forced Labor and Migration in Senegal," and Fall, "Manifestations of Forced Labour in Senegal: As Exemplified by the Société des Salins du Sine-Saloum Kaolack 1943-1965," in Zegeye and Ishemo, *Forced Labour and Migration*, 255-288.

② Marcia Wright, *Strategies of Slaves and Women: Life-Stories from East/ Central Africa* (New York, 1993), quotes on 7, 29; Majorie Mbilinyi, "Women's Resistance to 'Customary Marriage: Tanzania's Runaway Wives," in Zegeye and Ishemo, *Forced Labour and Migration*, 211-254; Luise White, "Domestic Labor in a Colonial City: Prostitution in Nairobi, 1900-1952," in Sharon B. Stichter and Jane L. Parpart, eds, *Patriarchy and Class: African Women in the Home and the Workforce* (Boulder, 1988), 139-160.

2. 从非洲人的大迁徙到黑色大西洋世界

当非洲社会在外来统治和新经济关系的作用下被迫进行结构调整时，非洲—大西洋的下层流动人口已开始对劳工体制提出了质疑，并创造了自己的文化（见第 5 章第 2 节）。非洲人支持了美洲文化的发展：在美国，他们构成盎格鲁—非洲种植园的人口；在加勒比海地区文化、巴西的非洲—欧洲文化、中美洲和安第斯山区的美洲土著—非洲—欧洲文化中，他们占据大多数。奴隶建立的众多当地社区成为大的人口聚居区（见图 3-23）。[①]

"印第安人"（即美洲土著人）的出现促使欧洲人重新讨论了社会和国家的基础（见第 10 章第 1 节），同样，关于奴役和自由的辩论把个人权利和对利润的追求放到了一起。一种被伊尼克里和恩格曼称为"利润和权力政治"的政治经济出现了。鉴于军事占领的成本和殖民地实际的和潜在的人口数量，重商主义的国家和 19 世纪的资本主义民族国家不得不将自己视为一种白种人的统一体。直到 19 世纪 70 年代，"这种欧洲的团结对于奴隶贸易的成功是最基本的保障。毕竟，欧洲人都感到他们在非洲的统治很脆弱"[②]。

为了减少种植园经济中外部控制的成本，欧洲白人致力于让黑人进行自我约束。如果被剥削民族的社会组织和自尊被毁灭，他们就有可能被重新社会化，从而对商品感到渴望，对白皮肤表示羡慕。这个计划只获得了部分成功，白人和

---

① T. O. Ranger, ed., *Emerging Themes of African History* (Dar es Salaam, 1968); Engelbert Mveng, ed., *Perspectives nouvelles sur l'histoire africaine* (Paris, 1971). Benjamin Quarles, *The Negro in the Making of America* (New York, 1964); Roger Bastide, *African Civilizations in the New World* (New York, 1971); Martin L. Kilson and Robert I. Rotberg, eds., *The African Diaspora: Interpretive Essays* (Cambridge, Mass., 1976); Joseph E. Harris, ed., *Global Dimensions of the African Diaspora* (Washington, D. C., 1982), esp. Harris's "Introduction," 3-14, and Daniel L. Racine, "Concepts of Diaspora and Alienation as Privileged Themes in Négritude Literature," 94-105; Vincent Bakpetu Thompson, *The Making of the African Diaspora in the Americas, 1441-1900* (Harlow, U. K., 1987); Aubrey W. Bonnett and C. Llewellyn Watson, eds., *Emerging Perspectives on the Black Diaspora* (Lanham, Md., 1990); John Thornton, *Africa and Africans in the Making of the Atlantic World, 1400-1680* (Cambridge, 1992), 13-42; Paul Gilroy, *The Black Atlantic: Modernity and Double Consciousness* (Cambridge, Mass., 1993); Michael L. Conniff and Thomas J. Davis, *Africans in the Americas: A History of the Black Diaspora* (New York, 1994); Ronald Segal, *The Black Diaspora* (London, 1995).

② Nathan I. Huggins, *Black Odyssey: The Ordeal of Slavery in America* (1st ed., 1977; London, 1979), quote on 46; Paul Lovejoy and Nicholas Rogers, eds., *Unfree Labour in the Development of the Atlantic World* (London, 1994).

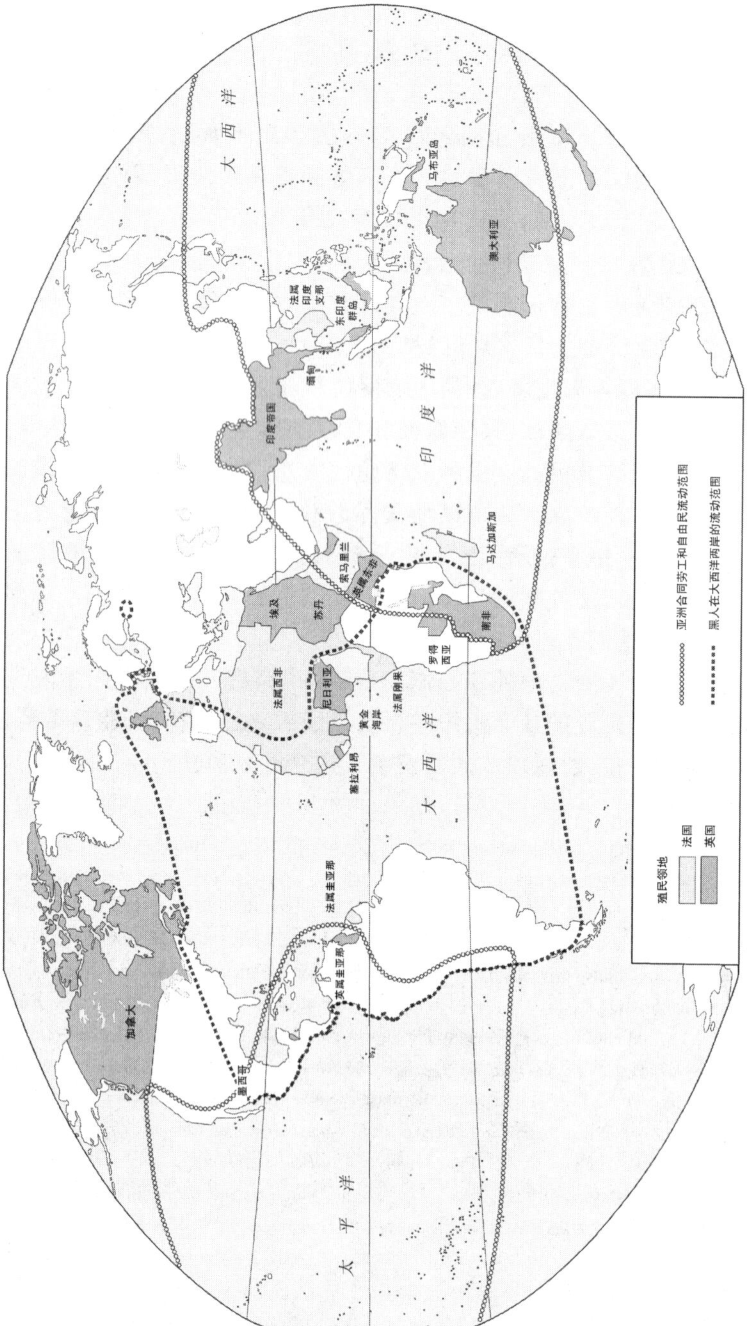
大西洋
马布亚岛
澳大利亚
法属印度支那
东印度群岛
缅甸
印度洋
印度帝国
马达加斯加
索马里兰
英属东非
埃及
苏丹
南非
罗得西亚
法属西非
尼日利亚
法属刚果
黄金海岸
塞拉利昂
大西洋
法属圭亚那
英属圭亚那
加拿大
墨西哥
太平洋
殖民领地
法国
英国
亚洲合同劳工和自由民流动范围
黑人在大西洋两岸的流动范围

图3-23 帝国和大迁徙

黑人的区分从来就没有被坚决地贯彻。欧洲男人和非洲女人结合，欧非混血的人口在非洲海岸、美洲尤其是加勒比海地区出现。被称为“黑皮肤葡萄牙人的”非洲人和混血的葡萄牙—非洲人，将商业知识、旅行经验和语言（作为南大西洋贸易世界的通用语的吉纳语）结合在一起，在大西洋沿岸地区成为了“中间人”、经纪人和独立商人。若他们被大西洋沿岸的欧洲血统的人抓住变成了奴隶，他们会影响奴隶文化，帮助建立黑人的印第安反叛奴隶的社会，影响新奥尔良文化（法国殖民时期）和新荷兰文化（荷兰人控制纽约时期）。在16世纪中叶的西南欧洲，在里斯本的1万名奴隶和塞维利亚的6000名奴隶中，有很多克里奥尔人。这些“民族的先驱们”在以种植园经济为特色的大规模的奴隶社会出现之前，居住在黑人和白人融合的有奴隶存在的商业社会。[①]

在非洲或伊比利亚半岛接受社会化的非洲人，以海员、征服者、自由或非自由劳工的身份来到美洲；进入19世纪后，跨过大西洋的非洲人比欧洲人要多。奴隶是受害者，他们受到残酷的对待和剥削。奴隶们为宗主国制造了消费品和剩余价值。奴隶们也带来了自己的文化。他们建立了奴隶主生活的世界。征服者、种植园主和投资者面临选择。他们可以和自由劳动者签合同，可以暂时雇用非自由工，或购买可终生乃至于几代人使用的劳动力，他们还可以在本民族或异民族中选择工人。他们优先选择作为商品的劳动力而不选择合同劳工，并利用国家——自启蒙以来被视为一个公共机构——以属于公法的刑法来执行私法性质的合同。

非洲、美洲之间作为商品的生产者（和再生产者）的贸易是英格兰资本积累的一个重要组成部分，尽管误导的投资、经济周期和精英们的消费方式使资本积累变得复杂起来。这为“大西洋各地的劳动分工发展提供了大量的机会”。各国劳动分工的专业化“把农民的手工产品和迅速替代这些产品的产品带到了市场”[②]。新英格兰的纺织业为人们了解奴隶制、资本积累和各种人口流动之间的内在关系提供了一个例子。最初的投资者——商人从和奴隶相关的海上贸易中积累了资本。区域优势、水力和民族国家参与其中的奴隶棉花种植业使开办工厂有利可图。种植园主为他们的奴隶购买工厂生产的纺织品和鞋子。为了在工

① Ira Berlin, “From Creole to African: Atlantic Creoles and the Origins of African-American Society in Mainland and North America,” *William and Mary Quarterly* 53 (1996): 251-288.

② Joseph E. Inikori and Stanley L. Engerman, “Introduction: Gainers and Losers in the Atlantic Slave Trade,” in Inikori and Engerman eds., *The Atlantic Slave Trade: Effects on Economics, Societies, and Peoples in Africa, the Americas, and Europe* (Durham, N. C., 1992), 7-9, quote on 7; Eric Williams, *Capitalism and Slavery* (Chapel Hill, 1944).

厂做工,妇女从衰败的农业区进行了短途迁徙。当她们抗议工作条件时,来自圣劳伦斯河谷大家庭的讲法语的加拿大人和饥荒后的爱尔兰人会替代她们。当这些工人反抗时,资本家就把生产转移到了南部各州,依靠严格控制之下的自由黑人和白人劳工。在整个美洲,下层的黑人自由劳工和黑人奴隶进行着艰苦的劳动。缺少获得资源和进入政治机构的途径,注定了他们的种族—阶级地位:"科学的种族主义用基因的术语解释了这些特点。"①

非洲人和他们的后代不仅建设了美洲各国的经济,还塑造了大西洋世界的文化。大西洋黑人文化的出现是非洲人自我同质化的结果,来自不同种族和文化的非洲人同化为具有地域特色的非裔美洲人,他们的众多语言也同化为美国黑人英语和克里奥尔—西班牙语。在最初的几代人中,来自某个特定区域的奴隶大批地集中在一个地区,这使他们能够重新组建移民之前的文化群体。家庭承担了迁徙前和迁徙后的文化传播任务。社会生活包括建立自发的组织、进行不规范的选举和其他仪式。被视为劣等和受到种族主义迫害的人们阐明并改变了自己的身份,想出了抵抗的策略,进而影响了白人文化。每次自发的行动都会迫使上层做出决定:或容忍下层民众的自我表达以换取劳工的满意,或耗费成本进行压迫从而引发潜在的反抗。奴隶主阶层必须随时提高警惕,以便和奴隶谈判、妥协或对社会进行军事化管理。②

19 世纪返回非洲的自由的和解放了的非裔美国人和非裔欧洲人,加强了美洲社会与西部非洲的文化和政治的接触。先前逃往英国的黑奴和居住在加拿大哈利法克斯的黑人返回了塞拉利昂,英国也把在牙买加无法控制的逃亡黑奴运到这里。新斯科舍人带来了美国的革命思想,而牙买加人则带来了加勒比的反抗理念。两者的思想都和当地的自治思想有关联,但两者也有可能发生对抗。英国人可以利用逃亡黑奴,或许是阿散蒂人,来对抗来自大西洋非洲文化的新斯科舍人。19 世纪 40 年代后,从非法贩运奴隶的船上截获的约 6 万名奴隶被送到了塞拉利昂,在弗里敦一个操克里奥尔语的多语言社会出现了。他们中的一些人想回到故乡,一些人在不信教的人中传教,另外一些人则像英国人那样居住

① Ronald Bailey, "The Slave(ry) Trade and the Development of Capitalism in the United States: The Textile Industry in New England," in Inokori and Engerman, *Atlantic Slave Trade*, 205-246; Inikori and Engerman, "Gainers and Losers," quote on 14; Jacqueline D. Hall et al., *Like a Family: The Making of a Southern Cotton Mill World* (Chapel Hill, 1987).

② Stephan Palmié, ed., *Slave Culture and the Cultures of Slavery* (Knoxville, 1995); Sidney W. Mintz, ed., *Slavery, Colonialism, and Racism* (New York, 1974); Thornton, *Africa and Africans*, 183-205.

生活。到了这个世纪中期,被解放的来自各种文化的1.6万名奴隶回到了或会被送回了非洲,在利比里亚定居下来。利比里亚是美国的"慈善机构"在1821年建立起来的。后来,巴西黑人到来,从事政治或组建商贸公司。[①]

在大西洋世界的黑人知识分子中,也可以找到像欧洲的思想家和革命家(见第11章第4节)那样四海为家的人。正如保罗·吉尔罗指出的那样,英国的激进分子包括黑人海员和克里奥尔海员,"他们在国家之间流动,他们乘坐现代交通工具跨越边境,成为语言和政治融合的一个缩影"。在革命的岁月里,大概有1/4的"英国海军是非洲人,奴隶的经历使他们很向往自由和正义的意识形态"。激进的罗伯特·文德波恩是一个奴隶贩子和女奴生的孩子,出生时就获得了自由,在牙买加金斯敦的奴隶世界和自由世界之间成长,后来去了伦敦。激进分子马丁·德拉尼出生在弗吉尼亚,是一个积极的废奴主义者,他到过利比里亚和欧洲,在加拿大过着流放的生活,直到美国内战结束才回到美国,积极投身于南卡罗来纳的政治。早在1852年,他就意识到无论肤色如何,"民族中还存在民族"的状况都有其相似性:美国有非洲人,沙皇俄国有波兰人,哈布斯堡王国有匈牙利人,英国有苏格兰人、爱尔兰人和威尔士人。他探索了文化根源和未来。白人激进分子走过了从四海为家到民族国家的人文之路,而黑人激进分子则走遍了三大洲的大西洋世界。他们的世界是团结的,浸润着劳动力价值观理论;尽管来自社会下层,但这是一个"大西洋主义者的激进主义"。[②]

就精神生活而言,非洲的流动人口没有放弃自己的信仰和宗教习惯。非洲和欧洲对于宗教在人类和精神世界之间的中介作用持截然相反的看法,相应的教会结构也完全不同:在非洲非穆斯林文化中,教会不稳固,它和国王或酋长结盟;在欧洲,基督教等级机构很强大,它和国家机器结盟。欧洲的流动人口把反抗的传统带到了美洲,而非洲的流动人口带来了各种各样的信仰,经过融合,等级制较弱的新教派出现了。看似铁板一块的天主教为了吸引非洲人,不得不作

① 马库斯·加维在北美和加勒比的世界黑人促进协会鼓励黑人返回非洲。Edwin S. Redkey, *Black Exodus: Black Nationalist and Back-to-Africa Movements, 1890-1910* (New Haven, 1969); Akintola J. G. Wyse, "The Sierra Leone Krios: A Reappraisal from the Perspective of the African Diaspora," in Harris, Global Dimensions, 309-337; S. Y. Boadi-Siaw, "Brazilian Returnees of West Africa," ibid., 291-307; Boubacar Barry, "Afro-Americans and Futa Djalon," ibid., 282-290.

② Gilroy, *Black Atlantic*, 5-28, quotes on 12-13; Iain McCalman, "Anti-Slavery and Ultra Radicalism in Early Nineteenth-Century England: The Case of Robert Wedderburn," *Slavery and Abolition* 7 (1986): 99-117; Peter Linebaugh, "All the Atlantic Mountains Shook," *Labour / Le Travailleur* 10 (1982): 87-121; James Clifford, "Traveling Cultures," in Lawrence Grossberg et al., eds., *Cultural Studies* (New York, 1992), 96-112.

出让步。新的宗教表达形式比如福音歌或伏都教派的礼拜,弥漫于整个社会。由于对宇宙观、教士作用和宗教事务中性别作用的理解不同,混合的宗教习惯出现了。[①]

在非洲大西洋流行文化的多种表现形式中,如在服饰、装饰物和美学原则方面,音乐和舞蹈的影响最大。白人种族主义者"守门人"贬低了非洲大西洋流行文化在音乐方面的贡献,将其称为"性感露骨"的、不和谐的"黑人音乐"。他们忽视了黑人奴隶生活本来就不和谐,忽视了白人男子向非白人女性露骨的性表达。18 世纪的欧洲一克里奥尔种植园主适应了非洲克里奥尔女性的文化世界。19 世纪后半叶的下层英裔美国人和下层欧洲人都乐意接受非洲一加勒比的音乐和"拉丁"舞。到了 20 世纪 30 年代,对于爵士乐和"下流"舞蹈的抵制已经没有了。在北美,来自新奥尔良和种植园的黑人音乐通过芝加哥的白人乐团介绍给了城市中的欧裔美国人。拉丁音乐融合了美洲印第安人的歌曲、具有非洲节奏的乐器和演奏欧洲一基督教赞美诗的乐器,流行于巴伊亚或马提尼克岛、布宜诺斯艾利斯或古巴、特立尼达或秘鲁。

流动人口将一些音乐和舞蹈的表现形式大西洋化了。据说,探戈最初出现在布宜诺斯艾利斯和蒙得维的亚的贫民区,流行于来自伊比利亚半岛或意大利的食品加工包装厂的移民工人中间及各文化背景的妓女中间。该音乐融合了那不勒斯和安达卢西亚关于留守妇女的爱情歌曲。其他人则强调了加乌乔牧人的影响、白人讽刺模仿剧中的黑人音乐和 19 世纪中叶哈瓦那水手的歌曲。下层流动人口中的嬉戏色彩的性意识发展了起来,它和殖民地管理者以权压人的性意识不同。面对面的跳舞变成了贴面舞,并在 19 世纪 90 年代成为时尚。跨文化的下层阶级的班多尼翁琴替代了笛子成为主要的乐器。这种下层民众的娱乐仍然没有被阿根廷的中上层集团所接受,但探戈和爵士乐已流入了欧洲和美国的城市。作为世界金融中心的伦敦是一个文化的混合物,20 世纪 10 年代和 20 年代的巴黎也是一个文化的混杂之地。探戈这种怪异的舞蹈由季节性旅行的阿根廷人文主义者——波西米亚人引入,并在大都市风靡一时;进而被反向输入布宜诺斯艾利斯的上层社会,天主教会的干预也无济于事。芝加哥的爵士乐也以同

① Thornton, *Africa and Africans*, 235-271; Melville J. Herskovits, *The Myth of the Negro Past* (1941; Boston, 1990), and Herskovits, *The New World Negro*, ed. Frances Herskovits (Bloomington, 1966); George E. Simpson, *Black Religions and the New World* (New York, 1978). 在教会试图控制欧洲各族群的时候,它也会吸收民间的信仰。Keith Thomas, *Religion and the Decline of Magic: Studies in Popular Belief in Sixteenth and Seventeenth Century England* (London, 1971); William Christian, *Local Religion in Sixteenth-Century Spain* (New York, 1981).

样的方式被重新引入新奥尔良。班图人的桑巴舞出现在里约热内卢的贫民区，后来进入了欧洲。里约热内卢的欧洲上层阶级和穆拉托的上层社会反对桑巴舞，并派警察控制处于下层的桑巴舞者。种族和阶级融合了，当局已无法控制多种族的下层阶级的思想。

文化之间、阶级之间和各大洲之间的文化传递都会涉及适应和变迁。音乐家和舞者到不同的民族中居住；民族文化会把不同的舞蹈风格融入自己的舞蹈之中，并使之民族化，有时会把本族化了的舞蹈输入该舞蹈的发源地或国际化的大西洋世界。交流首先随着廉价的跨大西洋的船票而加速，之后又受到廉价唱片的推动。交响乐团和大歌剧院同偏僻街道酒吧里的钢琴师以及奴隶或工人阶级的乐队竞争。这种文化的混合可以被贴上纯种族的标签，也可被视为室内音乐，但不可能被分解成民族、肤色或阶级的成分。装配线上和舞台上步调一致的大众将经济和文化联系在了一起，事实上将时间和动作的研究和编舞配成了一对：舞台上演员按时间做的动作反映了田地和工厂里劳工步调一致的动作。[①]

大西洋两岸的白人、黑人和美洲印第安人共同构建了由权力关系和肤色等级组成的世界。下层文化和霸权文化的对立包括了来自亚洲的贸易和商品。印度和中国的契约工和自由流动人口走出了他们的聚居地，加入了这个混合的世界。看似高贵和强大的流动殖民者也必须通过博弈来获得地位和进行互动。他们执行自己的策略，像殖民地世界的下层民众一样，根据需要，呈现出多样性或同质性。

3."白人"帝国人口流动的社会学

黑人大西洋世界的两个方面——艰辛地创造利润的劳动和建立文化和社区的活动，经常被分开来讨论。白人的世界帝国只从经济控制和剥削角度进行讨论。[②] 帝国的策略包括很多利益集团的人口流动计划。

---

① Thornton, *Africa and Africans*, 221-234; Gilroy, *Black Atlantic*, 72-110; Isabelle Leymarie, *Du Tango au reggae: Musiques noires d' Amérique latine et des Caraïbes* (Paris, 1996), and Leymarie, *La Musique sud-américain: Rythmes et danses d'un continent* (Paris, 1997); Donald R. Hill, *Calypso Calaloo: Early Carnival Music in Trinidad* (Gainesville, Fla., 1993); Robin Dale Moore, *Nationalizing Blackness: Afrocubanismo and Artistic Revolution in Havana, 1920-1940* (Pittsburgh, 1997).

② John A. Hobson, *Imperialism: A Study* (1902; 3d ed., London 1938); Vladimir I. Lenin, "Imperialism, the Highest Stage of Capitalism: A Popular Outline" (1917), in *Collected Works*, vol. 19 (New York, 1942).

要想从资本和利润的方面解释帝国主义，首先得从商业精英、管理阶层、文化守门人及他们的家庭利益和事业利益的社会学角度来展开。其次，帝国的扩张为关心国家人口发展的宗主国，尤其是英国，提供了机会来出口“剩余”的劳动力，并降低了人口再生产成本和来自社会下层的敌视情绪。第三，殖民地的军人、管理者及宗主国的人口政策的制定者认为宗主国的妇女人口过多而殖民地的白人女性数量不足。在反向迁徙中，那些在殖民地享受惯有色人种服务的官员返回了宗主国或去了英联邦自治领，如加拿大、澳大利亚和新西兰。殖民地精英的男孩子们并不把自己视为殖民地的人，他们返回宗主国接受教育。在宗主国他们学会了用殖民者的思维结构来说话。

从殖民地当地人的角度来看，较早迁徙而来的是东欧的“德意志人”、巴勒斯坦的“法兰克人”和美洲的“西班牙人”，骄傲狂妄的英国人、法国人、西班牙人和葡萄牙人的殖民者则在 19 世纪到来。权力体现在个人身份中和团体构建上。新来的殖民者希望殖民地的人民来适应他们。浸泡在至高无上的话语中并受到权力的保护，殖民者对于地域差异、当地的日常生活习惯或高雅艺术的成就一点都不感兴趣。殖民地的生活降低了他们的认知能力:他们没必要具有好的眼力。而下层的民族和移民则必须小心应对他们主人的心血来潮和种种意愿，以免遭到严厉的处罚。为了生存，他们必须具有敏锐的观察力和创造性。

在殖民地人民的身上，一场试验即将进行。戴维·利文斯通之类的英国人宣称扩张的目标就是“基督教、商业和文明”。工程师和投资者费迪南·莱瑟普之类的法国人认为，欧洲的流动人口是不发达社会的灵感源泉。亨利·斯坦利之类的美国人则狂妄地叫嚣征服“(殖民地的)人类社会，使其劳动力成为直接和现实的价值源泉。因为没有这一切，热带的鲜花、植物、树胶、苔藓和染料对于殖民地人来说仍然一文不值”。他们都认为欧洲和北美的工业和商业扩张对于殖民地民族和阶级来说是有益的。[①]

在商业、国家和文化方面的男性守门人精英

帝国的战略受到了白人国家男性的支持。19 世纪的英国和法国在非洲和亚洲进行扩张，作为后来者的德国在中欧扩张，美国在中美洲和加勒比海地区进

① Winfried Baumgart, *Imperialism: The Idea and Reality of British and French Colonial Expansion, 1880-1914* (Oxford, 1982), 14-24, quote on 14; William J. Samarin, *The Black Man's Burden: African Colonial Labor on the Congo and Ubangi Rivers, 1880-1900* (Boulder, 1989), Stanley quote on 1. See also David Hancock, *Citizens of the World: London Merchants and the Integration of the British Atlantic Community, 1735-1785* (Cambridge, 1995).

行扩张。在德、美两国(以及后来的苏联)工人阶级也接受了扩张的言论,自认为可以控制周边国家的工人阶级。[①] 在1900年左右,日本加入了帝国的行列(见第16章第4节)。总之,1870～1900年世界帝国主义国家取得了2590万平方公里和对1.5亿人口(占世界人口的1/10)的控制权。这些殖民地的人民被一小撮帝国主义流动人口和他们在当地的数不清的帮手所统治。例如,在1914年6万白人和15万当地士兵控制着南亚次大陆。[②]

国家和经济精英的关系将大西洋帝国主义和其他社会区分开来。印度洋的市场和豪萨人的贸易圈不受政治权力的干涉,汉萨同盟的商人建立了自己的权力基础。相比之下,在中国(和17世纪的西班牙一样)商人受到官僚机构的控制,日本的社会秩序则将商人放到了社会的最底层。一些社会依靠外来的商业集团:俄罗斯的德国人、东欧的犹太人和东南亚的中国人。在欧洲,1600年以后获得批准的大公司利用政府和国家的力量来实现商业扩张。权力和荣誉纠结在了一起。商业成功被构建成了国家的荣誉;在全球范围内,对商业利益的侵犯会遭到商业集团所在国的军事报复。

商业和军事力量的结合保证了高水平的积累。英国甘蔗种植园主的利润依靠帝国的保护性法律。1870～1883年,荷兰德里公司(爪哇)的资本增至原来的7倍,依靠苦力创造的价值,平均每年上交73%的利润。有人争辩:建立在使用价值上的交换(譬如,用念珠换毛皮)不涉及不平等交换,因为双方通过交换得到了最需要的东西。这种观点忽视了消费—积累的两分性,使得帝国商人能通过积累利润来剥削交换的另一方。鲍尔·肯尼迪强调强国的相对优势,亨利·布伦斯科韦格则直接指出:“自由贸易要获得利润的话,必须以一支强大的舰队和遍布全球航线上的供给点为前提了。”19世纪的大规模人口流动产生于这一力量,20世纪由于贫困而引发的人口流动也是在不平等的贸易条件下产生的(见第18、19章)。[③]

帝国主义经历了一个从商业资本、经过工业资本、再到投资资本的转变过

---

① 德国和美国几乎没有什么殖民地,而且在1918年德国丧失了它的全部殖民地。

② Franz Ansprenger, *The Dissolution of the Colonial Empires* (London, 1989), 136-137; Harrison M. Wright, *The "New Imperialism": Analysis of Late-Nineteenth-Century Expansion* (2d ed., Lexington, Mass., 1976), vii.

③ Henri Brunschwig, *French Colonialism, 1871-1914: Myths and Realities*, trans. William G. Brown (French orig., 1960; London, 1966), quote on 6 (emphasis added); Jan C. Breman, *Taming the Coolie Beast: Plantation Society and the Colonial Order in Southeast Asia* (Delhi, 1988), 24-36; Paul Kennedy, *The Rise and Fall of the Great Powers: Economic Change and Military Conflict from 1500 to 2000* (New York, 1987).

程。因此,它包括各国不同部门的经济精英之间的竞争,要想理解资本流动和人口流动就必须分析哪个社会群体在帝国的项目中获益。“当一位勇士将一群年轻未婚的男人变成一支军队”,国家便出现了。[①] 19 世纪的欧洲国家建立在王朝的权力机器和雇佣兵的基础之上,北美的国家建立在定居者及其民兵的基础之上,加勒比和南美国家建立在海盗和征服者的掠夺之上,非洲国家建立在奴隶贸易引发的权力重新结盟的基础之上。在崛起的中产阶级的影响之下,王朝的机构转变成为土地所有者的政治体制。在启蒙思想的影响之下,这些政治机构变成了公共机构,权力的基础来自居住地居民、人民。但是没有土地的男人和女人被排斥在公民权之外。

白人中产阶级和统治精英在内部是有区分的。进入国家行政机构的方式和具体的文化惯例具有国家的特点。由阶级和性别构成的等级制成为“民主”政体的内在组成部分,并被冠以“民族”、“祖国”、“宗主国”、“资本中心”等称呼。这种构建的同质性是为特定的集团服务的。“如果国家主义不以这种全体人民的面目出现,它就不可能为一小撮投机者牟取利益并通过增加国家预算来执行一项政策”,不论这些获益者是加勒比海的种植园主、巴西的奴隶主、阿尔及利亚的殖民者,还是宗主国的商人和金融家,“这一点毋庸置疑”。“这就是为什么殖民主义者不遗余力地重复(学术)地理协会的观点,鼓吹爱国主义。”“国家的利益”批准了对异族进行剥削,把他们视为被祖国宠坏的孩子。一位法国的帝国主义分子评价:“如果我们改变了现有的发,上百万的法国人将穷困潦倒。如果人性告诉我们应该提高黑人的境遇,理性则命令我们批准对他们的奴役。”身处他乡的帝国移民精英们对宗主国的社会秩序有影响。[②]

谁通过何种政治手段获得利益,由一个国家的社会传统和政治过程决定。英国的绅士和贵族无法满足年轻一代所渴求的生活风格,为了降低花费,将他们年轻的孩子送到殖民地去“自谋生路”,这笔费用由政府支付,但来自公共税收。他们的孩子充当殖民地官员,或在陆军和海军中担任军官,花钱大手大脚。一位

① Janet J. Ewald, *Soldiers, Traders and Slaves: State Formation and Economic Transformation in the Greater Nile Valley, 1700-1885* (Madison, 1990), and Ewald, “Slavery in the Africa and the Slave Trades from Africa” (review essay), *American Historical Review* 97 (1992): 465-485, quote on 479.

② Brunschwig, *French Colonialism*, 151-166, quote on 151; Robert L. Stein, *The French Slave Trade in the Eighteenth Century: An Old Regime Business* (Madison, 1979), quotes on 196, 200; Husselo S. Alatas, *The Myth of the Lazy Native: A Study of the Image of the Malays, Filipinos and Javanese from the 16th to the 20th Century and Its Function in the Ideology of Colonial Capitalism* (London, 1977).

当时的观察家说：殖民扩张"给宗主国提供了一个巨大的缓解国内压力的体系"。另一位观察家认为："在宗主国，有成千上万的男人不会做任何工作，因此无法养活自己。"最能干的人不会离开，会被他们的家人留在国内，正如俄国农民家庭通常把最不能干的孩子派去参军。在荷兰，辍学的人去了殖民地，"不适应社会的人和害群之马或被不幸驱使……或被家人……送到了殖民地"。被家庭抛弃，离开了童年生活的世界，生活在一个由男人组成的社会可能会引发精神疾病。当时的观察家承认"残忍、荒淫、肢体折磨、谋杀和狂妄自大的表现在殖民地很普遍"，却将这些归因于无法忍受的热带气候和当地人的生活。生活在殖民地的欧洲人尽力保留了他们的文化特点。"就开创新的生活而言，英国人比其他国家的人具有更大的优势。他们可以选择去六个以上气候不同的国家居住，并且能够随心所欲地选择生活方式并保持自己的英国人身份。"(Rowan)为了保持这种生活方式，白人自治领的学校教授孩子英国的地理和英国的机构，并不打算让孩子适应居住地的生活。[①]

在法国，军事精英和王朝精英的内部问题可以解释 19 世纪开始扩张的原因。占领阿尔及尔的目的是将人们的视线从遥遥欲坠的波旁王朝身上引开。[②] 19 世纪末，新的扩张是为了给 1870～1871 年被俾斯麦的德国击败来遮羞。"法国必须在欧洲社会重新树立威信……但这回地点选在了非洲而不是莱茵河畔。"这时，事业发展的机会出现了。法国的男性官员前往殖民地以获得提升或逃避监督。在边远地区，他们"产生了扩张的动力"，来满足他们自己的野心和扩大自己的影响。殖民地的官员将殖民地变成了自己的私人保留地。[③] 一位法国作家

---

① Brunschwig, *French Colonialism*, quote on 161; Baumgart, *Imperialism*, 97; John J. Rowan, *The Emigrant and Sportsman in Canada: Some Experiences of an Old Country Settler* (London, 1876), 1-3, quotes on 2 and 9. Lewis H. Gann and Peter Duignan, *The Rulers of British Africa, 1870-1914* (Stanford, 1978), uncritically placed "these pioneers among the creators of modern Africa. They were the new Romans who built the foundations" (ix); Breman, *Taming the Coolie Beast*, quotes on 198; Piet C. Emmer, "European Expansion and Migration: The European Colonial Past and International Migration-an Overview," in Emmer and Magnus Mörner, eds., *European Expansion and Migration: Essays on the International Migration from Africa, Asia, and Europe* (New York, 1992).

② 在 1763 年和 1803 年，法国不得不放弃了它在北美的第一个海外帝国；同时，海地在 1804 年获得解放之后，法国也丧失了对海地的控制。

③ Christopher M. Andrew and Alexander S. Kanya-Forstner, "Centre and Periphery in the Making of the Second French Colonial Empire, 1815-1920," *Journal of Imperial and Commonwealth History* 16, 3 (1988): 9-34, quote on 9; James J. Cooke, *New French Imperialism, 1880-1910: The Third Republic and Colonial Expansion* (Newton Abbot, U.K., 1973), quote on 11; Robert S. Lee, *France and the Exploitation of China: A Study in Economic Imperialism, 1885-1901* (Oxford, 1989).

认为,殖民统治内在的对立性“最终击败了顽固的当地抵抗组织,同时也击垮了殖民者的最为进步和人性化的一面”。这包括宗主国和殖民地双方“传统文化和社会解体”。[①]

法国的奴隶商人积聚了钱财,购买了办公室,接受了贵族的头衔。行为的准则从战斗和决斗变成了用信用来冒险。显示财富和铺张浪费成为获得中产阶级地位的投资,比如在乡间地产上生产葡萄酒。

中产阶级的教育界人士,如大学和中学教师,对其他文化显示出极大的兴趣,并将其作为学术课题,以此获得终身的教职。记者和作家提供并销售关于帝国远方的“占领地”的照片和文本。地理、历史、语言和测绘学方面的学者组成协会来为人们提供实用的知识。1902 年后,英国殖民地办公室组成了视觉教育委员会。为了显示他们的贡献,使自己变得不可或缺,很多学术守门人参与了“科学”种族主义的构建。“在充满想象的人种学中”,这些学者从欧洲文化的成见出发来看待其他文化,爱德华·萨义德认为这些学者在亚洲问题方面持“东方主义”的观点。[②]

最后,一些殖民地企业依靠宗主国涌入殖民地的大量流动人口提供劳动力。在各宗主国,人口的基础有差异,谁去殖民地由阶级和权力关系决定。法国的农民安心于土地并拥有选举权,迁徙的人口不多,这“使得法国缺少帝国殖民地的构建者”。英国地主的圈地政策“不计后果地为白人自治领”提供了殖民者。另一方面,工业雇主有不同的利益,他们反对对外移民以便保证可以接受低薪的劳动力大军的存在。在法国,殖民地的商业只构成帝国经济的一小部分,因此,“法国商人对殖民地的兴趣不大”,农民“也反对帝国主义,因为从殖民地进口的商品对本国生产形成了威胁”。在德国,潜在的流动人口并没有响应政府去经济前景暗淡的新殖民地定居的号召,他们去了工业化的美国而不是土地贫瘠的非洲。

---

① Martyn Lyons, *The Totem and Tricolour: A Short History of New Caledonia since 1774* (Kensington, Austral., 1986), quote on x-xi.

② Stein, *French Slave Trade*, quotes on 188-196; Brunschwig, *French Colonialism*, 24-30; Robert A. Huttenback, *Racism and Empire: White Settlers and Colored Immigrants in the British Self-Governing Colonies, 1830-1910* Ithaca, 1976); James R. Ryan, *Picturing Empire: Photography and the Visualization of the British* Empire (London, 1997), 175-210; David Spurr, *The Rhetoric of Empire: Colonial Discourse in Journalism, Travel Writing, and Imperial Administration* (Durham, N.C., 1993); Nancy Stepan, *The Idea of Race in Science: Great Britain, 1800-1960* (London, 1982). Syrine Chafic Hout, *Viewing Europe from the Outside: Cultural Encounters and Critiques in the Eighteenth-Century Pseudo-Oriental Travelogue and the Nineteenth-Century "Voyage en Orient"* (New York, 1997); Edward W. Said, *Orientalism* (London, 1978).

一战结束后，英国政府极力通过帝国定居计划来推卸对复员军人尤其是残疾军人的责任。在统治阶级中，作为民主政体基础的公民概念并没有确立。[①]

对于帝国人员流动的社会学研究可以揭示集团的利益和战略，这一巨大项目不仅为帝国创造了在全球的就业机会，也将穷人等帝国不需要的人驱赶出帝国。

殖民者的大男子主义

殖民者的“人类试验”包括野蛮的男性化。一位英国殖民地官员认为佛教的作用就是安慰弱者，他设计了一个“上帝给我们的美好世界”的教育项目：

> 我们有责任消灭那些胆小、效率低下和软弱的人，代之以强壮而有用的人。缅甸人的信仰太多……面对世界的打击他必须不退缩，不逃避，要走出去，勇敢地面对……他必须学会野蛮，如有必要，学会无所顾忌地毁灭、伤害、抛弃。他必须学会如何成为男人。

男人去加拿大的目的之一就是学会“成为男人”。同样，西非的法国男性官员和西南非的德国官员残忍地对待那些他们认为是软弱的人。富有攻击性的男人被认为是建设帝国的材料，帝国的男人在世界各地按照他们的标准重新塑造其他社会的男人。帝国主义包括一个特定的大男子主义意识形态。[②]

如果殖民地人民试图自己做主（“反叛”），就会遭到无情的镇压：英国镇压哗变的印度士兵，屠杀苏丹的德尔维希人；德国的商人和军官在西南非洲犯下暴行；多国部队在中国镇压了义和团。当充当劳工的民族拒绝工作时，他们将遭到

---

① Brunschwig, *French Colonialism*, introduction by R. E. Robinson, quotes on vii-viii; Hans-Christoph Schröder, *Sozialismus und Imperialsmus: Die Auseinandersetzung der deutschen Sozialdemokratie mit dem Imperialismus und der "Weltpolitik" vor 1914* (Hanover, Ger., 1968); Hugh J. M. Johnston, *British Emigration Policy 1815-1830: "Shovelling Out Paupers"* (Oxford, 1972); John A. Schultz, "Finding Homes Fit for Heroes: The Great War and Empire Settlement," *Canadian Journal of History* 18 (1983): 99-110; Stephen Constantine, ed., *Emigrants and Empire: British Settlement in the Dominions between the Wars* (Manchester, 1990); W. A. Carrothers, *Emigration from the British Isles* (London, 1929): Jacques Maeseille, *Empire colonial et capitalisme français: Histoire d'un divorce* (Paris, 1984).

② H. Fielding-Hall, *A People at School* (London, 1906), 150, quoted in E. Sarkiryanz, *Buddhist Backgrounds of the Burmese Revolution* (The Hague, 1965), 138-140; James H. Walker, *A Scotsman in Canada* (Toronto, 1935), 5 passim.

血腥的讨伐直至他们屈服。被男性殖民者的"日常暴力"杀死的人比殖民战争还多。但武力逐渐隐退到了对世界各民族进行界定和种族化的背后。转变信仰意味着强制性的屈服和身份的丧失。

1898 年,当殖民地社会中最为"共和"的美国派遣西奥多·罗斯福的"莽骑兵"征服古巴和菲律宾的西班牙—克里奥尔—土著军队时,白人政治家所鼓吹的弱国与强国之间的联系,以及肤色与白人民主理论的联系,遂大白于天下。古巴、波多黎各和菲律宾被剥夺了独立或成为美国联邦州的选择。"让西印度群岛的克里奥尔人和黑人、马来人、菲律宾的他加禄人参加联邦政府活动的想法(是)令人警惕的",卡尔·舒尔茨评论道,这令人难以接受。当菲律宾为自由而战的战士散发西班牙语的《独立宣言》时,美国军队没收了这些"煽动性的文件"。一位美国的议员将"人生而平等"的宣言视为"活生生的谎言"。一位反帝的记者用共和的人性观进行了回击:"这样的行为显示了公司的贪婪和军国主义给共和国带来的耻辱有多深……这是致命的危险……威胁到了自由的政府和人权。"毕竟是自由的人起草了《独立宣言》。①

殖民地的男人:帮手和精英

人数很少的殖民地官员、军官必须和当地的精英结成联盟以便把权力关系强加在殖民地民族身上。帝国的军队和警察在很大程度上也是由"殖民地的有色人种"组成(见第 14 章第 4 节)。英国在印度的军队是从廓尔喀人和其他本地人中招募的,英国的行政人员依靠泰米尔人组成的文职人员和锡克人组成的警察部队。1914 年,德国在东非的军队由 3500 名白人和 1.2 万名土著黑人组成。在欧洲殖民末期,1953～1954 年的法国驻奠边府的部队由法国人、北非人、黑非洲人和来自很多其他文化的雇佣军组成。如果没有殖民地的各类辅助人员和起中介作用的精英把帝国主义的成本转嫁到弱小民族、社会底层和妇女身上的话,欧洲的统治不可能达到世界的范围,甚至他们在某个特定区域也不能发号施令。

在西非,这块被认为是白人坟墓的地方,英国政府最初任用土著人当行政官员。但从 19 世纪 80 年代起,在不断高涨的帝国主义情绪和奎宁供给日益增加

① Christopher Lasch, "The Anti-Imperialists, the Philippines and the Inequality of Man," *Journal of Southern History* 24 (1958): 319-331, Schrz quote on 327; editorial, *Arena* 27 (May 1902): 538-539; David Hawke, *A Transaction of Free Men: The Birth and Course of the Declaration of Independence* (New York, 1964), 237-246, quotes of imperialists on 232, 234; Henry F. Graff, ed., *American Imperialism and the Philippine Insurrection* (Boston, 1969); David F. Healy, *U.S. Expansionism: The Imperialist Urge in the 1890s* (Madison, 1970).

的影响下，政府的高级职位优先考虑没有经验和资历的英国人，而不是经验丰富的非洲行政人员和教育家。1910 年，一位受过大学教育的阿尔及利亚督学表示："看到一位对当地情况不了解的年轻人被委任为我的领导来贬低了我的工作时，深感到耻辱。"怀有相同抱负的两个中产阶级群体由于资格和权力的不同，而成为对手。1900 年一位英国人自私地写道："无论西非的土著人多么小心谨慎，他们需花几代人的时间才能得到英国人与生俱来的性格力量，而这种性格力量有助于英国人在教会或国家机构中获得独立权威位置。"在欧洲的民主理论中，高贵的"出身"让位于人民的统治，但在为殖民统治进行辩护时，民主社会前的贵族与平民的关系变成了种族主义殖民者和殖民地人民的关系。①

种族主义态度是在各地通过较量形成的。在加尔各答，一种英国式的殖民地"种姓制度"实施了严格的种族隔离，但在孟买，犹太—印度人和印度教—印度人可以和英国人进行交往。英国人将患有精神病的白人隐藏在了精神病院，这样当地人就无法看到衰弱的白人，不会质疑英国人的优越地位，因此很多老态龙钟的英国军官可以继续统率军队。1919 年，一位英国军官，面对 6000～1 万人的印度群众集会来反抗他的命令时，命令他的士兵向人群开枪，造成了阿姆利则惨案。这场惨案造成 279 人死亡、1200 人受伤，但该军官没有实施任何的医疗救助。从遥远的伦敦来看，英国和印度的关系似乎包含着一种敬而远之的等级制，这种关系有时会受到一些"事件"的破坏；仔细观察，这种关系似乎是受到了无能的骄傲和残酷的剥削的引导。当印度人表达不满时，他们的英国主人无法理解，因为英国人从未学习过当地人的语言。②

和白人的自治领比较一下，就可以看出有效地进行自我表达在交流中的重要性。在阿姆利则惨案和尼日利亚法令时期，欧洲的高级官员作为游客到落基

① A. J. N. Tremearne, *Niger and the West Sudan* (London, 1900), 75, quoted in Obichere, *Southern Nigerian History*, 179. 1935 年和 1937 年，在西印度群岛因贫困和痛苦而引发暴乱之后，一个调查委员会提交的报告反映了种族主义竟如此黑暗，"以至于英国政府拒绝发表该报告，害怕它为纳粹德国提供宣传材料"。二战以及纳粹对殖民地的兴趣促使英国政府在 1940 年通过了《殖民地发展与福利法案》。Obichere, *Southern Nigerian History*, 186-187.

② Mrinalini Sinha, *Colonial Masculinity: The "Manly Englishmen" and the "Effeminate Bengali" in the 19th* Century (Manchester, 1995); Waltraud Ernst, *Mad Tales from the Raj: The European Insane in British India, 1800-1858* (London, 1991); Ansprenger, *Dissolution*, 38-39; Pendere Moon, *The British Conquest and Dominion of India* (London, 1989), 673-674; Hugh Tinker, *Separate and Unequal: India and Indians in the British Commonwealth, 1920-1950* (London, 1976). See also Catherine Hall, *White, Male, and Middle-Class: Explorations in Feminism and History* (London, 1991).

山访问——他们仍持有高人一等的观念。加拿大的装备提供者和装卸工对这些高官的做作不予理睬。“一位英国贵族，在出行的第一个晚上，冷冷地向加拿大人表示‘我不愿意和仆人们一起用餐’，但他被告知可以等到仆人们用餐完毕后他再用餐。”一位德国军官刚一开始对加拿大人发号施令，加拿大人认为他是精神错乱，让他立刻闭嘴。说相同语言的白人可以回嘴。因为在白人自治领内，精英和下层之间语言相通，英国人能听懂而且必须学会聆听。①

帝国主义强国把他们多余的子孙和无聊的官员派到殖民地，这些人的出身让他们无法平等地看待当地人，从而不能洞察殖民地的事物，而殖民地的精英却将他们最好的子孙送到了这些强国。一些殖民地的精英经过努力进入了殖民者的社会空间。1837 年，英语替代波斯语成为印度的记录和法庭用语，操英语的本地官员开始涉足政治权力及殖民地和帝国之间的资本流动。这一措施还使英国化的印度教精英取代了穆斯林精英的位置，引发垂直和平行的流动，并造成两派之间的冲突。在少数民族中，帕西人很快被英国化了。对于精英们的孩子来说，去英国成为教育的组成部分，正如几个世纪前英国人去意大利那样。作为英国和殖民地之间的中间人，受过教育的殖民地精英占据了欧洲人和地方经济之间的有利位置，但他们对于殖民地统治者的依赖使他们的很多抱负不能实现。整个印度的统一运动是在说英语的殖民地中产阶级中间首先酝酿起来的。②

法国的文化优越感涉及同化政策，即将非洲和亚洲的中产阶级通过教育、管理、服役和财政等手段变为法国人。这一计划是“乌托邦式的、男性至上主义的和种族主义的”(Aldrich/Connell)。随着时间的流逝，同化政策演变为同盟政策，“区别但平等地对当地男性精英以便有利于其发展，同时将妇女和大众置于

---

① Dirk Hoerder, *Creating Societies: Immigrant Lives in Canada* (Montreal, 1999), quote on 208.

② Hakim Adi, *West Africans in Britain, 1900-1960: Nationalism, Pan-Africanism and Communism* (London, 1998); Antoinette Burton, *At the Heart of Empire: Indians and the Colonial Encounter in Late Victorian Britain* (Berkley, 1998); Frederick Cooper and Ann Laura Stoler, eds., *Tensions of Empire: Colonial Cultures in a Bourgeois World* (Berkley, 1997).

法律平等和政治权力之外”[①]。在宗主国接受教育的殖民地新精英们要求独立，并为将来的事业做好了准备。

殖民地的新兴中产阶级四海为家。他们不仅在欧洲各国的首都受过教育，而且在欧洲政治活动的中心居住过或流放过。爱德华·萨义德回忆他曾经在巴勒斯坦和埃及度过童年，生活在英国人、法国人和希腊人中，生活在埃及、巴勒斯坦、意大利和英国的犹太人中，生活在有不同宗教信仰的穆斯林中。莫罕达斯·卡拉姆昌德·甘地生于1869年，19岁时离开印度到英国学习法律，然后到南非行业。由于对歧视的反感，他回到了印度，在1920年发起非暴力不合作运动，这场运动将英国人驱逐出了南亚。一个名叫胡志明的越南人在一艘法国轮船上当侍者，后来又在伦敦做厨房帮工。1919年，他向凡尔赛和会写了请愿书，要求越南独立。中国未来的领袖孙逸仙出生在广东的农村，到夏威夷投靠其兄，并在教会学校接受教育，接受了西方民主思想。当他来到香港的卫生学校后，英国人拒绝给他在自治领行医的资格，中国的高官也冷落了他。他后来成了中国民族主义的代言人。1945年，胡志明宣布越南民主共和国独立时，其独立宣言的开头引用了美国的革命文献和法国的《人权宣言》。平等权问题并不是出身高贵的人解决的。[②]

4. 帝国的人类学：性别、性和儿童

帝国和劳工的大迁徙的网络包括男人、妇女和儿童。帝国谋求利润最大化的男性战略家向外派遣男性，鼓励他们和当地女性结合，因为在医学上纳妾比嫖

---

① Brunschwig, *French Colonialism*, 160-161; Robert Aldrich, *Greater France: A History of French Overseas Expansion* (New York, 1996), and Aldrich and John Connell, *France's Overseas Frontier: Départements et territories d'outre-mer* (Cambridge, 1992), 12-61, quote on 41; Raymond F. Betts, *Assimilation and Association in French Colonial Theory, 1890-1914* (New York, 1961), vii. Mathew Burrows, "'Mission civilisatrice': French Culture Policy in the Middle East, 1860-1914," *Historical Journal* 29 (1986): 109-135; M. D. Lewis, "'One Hundred Million Frenchmen': The Assimilation Theory in French Colonial Policy," *Comparative Studies in Society and History* 4 (1961/ 62): 129-153; Raoul Girardet, *L'Idée coloniale en France de 1871 à 1962* (Paris, 1972), vii. 在英国，前往殖民地的青少年被告知殖民地的经历将使他们变成“男人”。James H. Walker, *A Scotsman in Canada* (Toronto, 1935), 5 passim.

② Edward W. Said, "Arabs and Jews," in Baha Abu-Laban and Ibrahim Abu-Lughod, eds., *Settler Regimes in Africa and the Arab World: The Illusion of Endurance* (Wilmette, Ill., 1974), 236; Bernald B. Fall, ed., *Ho Chi Minh on Revolution: Selected Writings, 1920-1966* (New York, 1967), v-xii, 141-143; Jonathan D. Spence, *The Search for Modern China* (New York, 1990), 227-228.

妓更为安全。人口规划者对外派出了“帝国母亲”和“过剩的女性”。如果英国输出年轻男性,会出现多余的年轻女性需要安置。在荷属巴达维亚和西属美洲,官员的妻子是官员权力展示的一部分。帝国的白人护士被派来照顾英国属地上患病的当地人。其他妇女则为自己的目的来到殖民地,而不顾帝国的战略安排。在帝国的经典研究中,人体、感官、性、生育、抚养和阶级定位并没有受到重视。当代的报道直截了当地讨论男性的性问题或以“欧洲人的淫秽幻想”间接讨论男性问题。① 女性的不断增加有助于流动劳工社区的形成,性别成了帝国代表和殖民地人之间种族划分的另一个标准。帝国的“人类学”包括分析如何从性和性行为的角度构建他者的形象,还包括契约劳工和自由劳工中的男女关系、帝国的男女关系、关于孩子的规定、混血儿童的划分、不同性别的教育和性别形成。

“帝国的女儿”或“帝国的母亲”

在19世纪后期的英国,帝国的思想家们强化了派遣有修养的女性和强壮的男性去殖民地,以便使殖民的英国移民优于其他文化的移民,同时为宗主国的年轻一代提供更多的机会。《帝国殖民者》和《联合帝国:皇家殖民研究所期刊》等杂志极力地倡导“剩余女性”担当文明化的角色和建设帝国角色;鉴于女性的传统领域和收入——我们应该说——这些女性在英国找不到丈夫,在国内也无法为国家创造财富。1911年的一份官方统计表明,联合王国的女性比男性多130万,而在自治领的男性比女性多80万。②

英国的女改革家们“希望用最健全、最理智和最道德的原则来决定国家未来的发展。对于她们来说,这些原则体现在维多利亚式的家庭中。国家就是家庭,家庭就是女性,最好的英国女性”。有道德的持家、民族性格和帝国扩张融合在

---

① Ann L. Stoler, “Making Empire Respectable: The Politics of Race and Sexual Morality in 20th-Century Colonial Cultures,” *American Ethnologist* 16 (1989): 634-660, quote on 635; Strobel, *Gender, Sex, and Empire*; Nupur Chaudhuri and Margaret Strobel, eds., *Western Women and Imperialism: Complicity and Resistance* (Bloomington, 1992); Linda Bryder, “Sex, Race, and Colonialism: An Historiographic Review,” *International History Review* 20 (1998): 806-822; Clare Midgley, ed., *Gender and Imperialism* (Manchester, 1998).

② Keith Williams, “‘A Way Out of Our Troubles’: The Politics of Empire Settlement,” in Constantine, *Emigrants and Empire*, 22-24; Arthur Gimble, “Women as Empire Builders,” *United Empire: The Royal Colonial Institute Journal* 13 (1922): 195-199; Dominions Royal Commission, *First Interim Report* (1912), quoted in Jean J. van Helten and Keith Williams, “The Crying Need of South Africa: The Emigration of Single British Women to the Transvaal, 1901-1910,” *Journal of Southern African Studies* 10 (1983): 17-38.

了一起——在家务中，也在床上。这种安排反对给家庭妇女提供工资的做法。在一些欧洲文化中，中产阶级的女性被视为不可侵犯的圣母玛利亚，但下层阶级中充当仆佣的女性则被视为男性家庭雇主可以猎取的目标。这种做法既模糊又加强了阶级区别。[①] 当有色人种女仆变成了妻妾并接受了这一角色之后，阶级和性、情感和经济融合在了一起。这使这些女性的地位高于一般仆人，提高了她们的个人或种族地位，但并没有使她们获得和白人一样平等的地位。她们的孩子得以继续向社会上层移动。但优生学运动贬低了有色人种女性。

英国妇女移民联合会等机构鼓励并协调年轻女性的流动，许诺提供上流的家庭地位和想当然的婚姻。生育问题几乎不被提及。中产阶级的女性担任家庭教师和护士，工人阶级的女性从事家政工作，她们将提高殖民地社会的文明程度。来自没落的中上阶层家庭的女孩可以获得生活道路的选择权。该协会打算为女性提供保护，帮助她们寻找工作，在文化上融入"欢迎之家"，在阶级和帝国任务的范围之内，但是对于她们的控制是最为重要的事。[②]

"帝国的女儿"必须是年轻的。在帝国的设想中，这些女性要做家庭女佣或做妻子，为提高帝国在自治领人口而生儿育女，因此对她们的生育年龄作了规定。事实上，低薪的家政工作或农场劳动正等待着移民。1909 年和 1911 年，两个受过教育的英国妇女来到加拿大以获取关于工作条件的第一手资料，她们便发现了这种情况。两人重申了关于阶级的成见：无产阶级女性没有能力，而中产阶级女性则大谈"幸福"的生活，更加喜欢这个"健康而忙碌的土地"，而不喜欢"巴黎和伦敦的繁忙生活"。像男人一样，一些妇女的帝国殖民观仍未超越过时的和浪漫主义的"未开发土地"和农业生活。[③]

"帝国母亲"的观念已在南非实施，那里的家庭满是黑人杂役，需要白人去填

---

① Babara Roberts, "A Work of Empire: Canadian Reformers and British Female Immigration," in Linda Kealey, ed., *A Not Unreasonable Claim: Women and Reform in Canada, 1880s-1920s* (Toronto, 1979), 185-201, quote on 201; John R. Gillis, "Servants, Sexual Relations, and the Risks of Illegitimacy in London, 1801-1900," *Feminist Studies* 5 (1979): 142-173.

② Janice Gothard, "'The Healthy, Wholesome British Domestic Girl': Single Female Migration and the Empire Settlement Act, 1922-1930," in Constantine, *Emigrants and Empire*, 72-95; Joanna Trollope, *Britannia's Daughters: Women of the British Empire* (London, 1983); Anthony J. Hammerton, *Emigrant Gentlewomen: Genteel Poverty and Female Emigration, 1830-1914* (London, 1979), 187-194; Patricia Clarke, *The Governesses: Letters from the Colonies, 1862-1882* (London, 1985).

③ Marion Cran, *A Woman in Canada* (Toronto, 1912), 10-28, 53 passim; Ella C. Sykes, *A Home Help in Canada* (London, 1912), vii-xv, 41 passim. See also Elizabeth K. Morris, *An Englishwoman in the Canadian West* (Bristol, 1913); Patrick A. Dunae, *Gentleman Emigrants: From the British Public Schools to the Canadian Frontier* (Vancouver, 1981).

充更多的空间。帝国的战略家甚至说需要英国妇女来阻止英国男人和荷兰布尔女人之间的通婚。阶级战略家要求为高位的男人招募出身高贵的妇女。“如果我们打算维持南非对英帝国的忠诚,我们需要将其英国化。这只有在国家的帮助下,通过妇女来实现。”根据计算,1902 年就需要 6.04 万名妇女。在家庭中,第一步是用白人代替黑人,用女孩代替男孩。妇女们作为“女士们的陪伴者”、“帮手”或“家庭朋友”被派往殖民地,似乎这些角色和金钱没有关系。但由于工资低,家庭劳动的女性化在事实上把黑人女性带入了家庭,和殖民者的初衷正好相反。白人女性做了家庭教师或为了获得较高的收入而从事卖淫。还有一些女人不顾种族观念,选择了自己的生活方式,和黑人杂役结合。父权社会观念和殖民思想都没有想到会出现这种类型的独立。①

妇女组织为移民构想了更为宽阔的活动空间,但“她们的女性主义,如果存在的话,从属于帝国主义和资产阶级的利益”。被选中的妇女具有坚强的性格和盎格鲁—撒克逊理想。根据优生学的观点,他们的后代将是健康的,他们将为英帝国的未来构建“家庭”。为此,帝国妇女组织需通过强制的政府登记和接待中心,以确保移民妇女不出现偏离贞节的倾向,避免她们得到太多的独立。“这些帝国的建设者的脑子里不再是大炮和黄油而是孩子——移民妇女的后代,移民妇女成为改革的目标。”这些“活跃的、有道德的”和爱国的妇女将妇女视为“建设帝国的材料”。先前那些作为帝国男人的支持者的有色人种妇女,逐渐地被认为发挥了堕落的影响。②

隐私生活和他者的构建

帝国的男人,不管是太平洋岛上的官员还是北方广阔地区的毛皮猎人,都以当地妇女为伴。白人和黑人的混血儿和欧亚混血儿出生后,有的被接受,有的则被抛弃。在寂寞的北方,在和其他民族的混居中,都有白人由于“过度寂寞”而发疯(官方把这叫作“失去冷静”)。③ 苦力发疯不是帝国和雇主的责任,但他们有责任控制苦力,根据常识,拥有性发泄途径的男人更为听话。种族主义的思想家

---

① Memorandum by Major General Sir John Ardagh, June 1902, quoted in van Helton and Williams, “The Crying Need of Africa,” cited on 24-25; Charles van Onselen, *Studies in the Social and Economic History of the Witwatersrand, 1886-1914*, 2 vols. (London, 1982), vol. 1: “New Babylon.”

② Roberts, “A Work of Empire,” 187-188, quote on 187, passim; Veronica Strong-Boag, *Parliament of Women: The National Council of Women of Canada 1893-1929* (Ottawa, 1976), 182, 194.

③ Arthur Grimble, “Women as Empire Builders,” *United Empire: The Royal Colonial Institute Journal* 13 (1922): 195-199, esp. 196-197.

将殖民地的男人构建为对白人妇女垂涎三尺的色魔。

对于他者的构建，不管是对少数民族还是对敌人，都经常提及性行为和不体面的行为。这一构建的目标是加强对妇女的控制，每个族群的男人都要捍卫他们对本族女人拥有的性权力。族群之间的攻击是相互的：欧洲人认为拉丁美洲的土著人的行为像畜生，中国人认为欧洲人的性行为不正常。基督教移民观察家认为其他社会的很多传统很下流。传教士对男女赤裸上身的行为大加评论，认为这不符合欧洲或中产阶级衣着观念。一些人热衷于给这样的妇女拍照，并把照片发回本国作为"未开化"生活方式的证据。日本男人将钱袋缠在腰间，在取钱时解开衣服的做法被认为是下流的。在夏威夷，中国劳工最初的时候被表扬为"安静、能干且积极肯干"，但当他们和当地妇女两厢情愿地生活在一起时，便被认为"对当地妇女产生了腐化的影响"。在关于排斥亚洲人的争辩中，所谓的非白种男人对白人妇女的威胁的说法发挥了相当的作用。在19世纪90年代中期的澳大利亚，有一个可怕故事：有一个华人社会由270个男人和两个女人组成。旧金山的学校董事会计划将日本男孩隔离在"东方学校"里，以"阻止他们侵害白人女孩"。白人男人经常幻想其他种族的男女之爱，而且对依附于他们的女性的身体很感兴趣。①

种族化的权力和利润的最大化决定了同居、归因和性关系。在马来亚，种植园主将男女不加区分地塞到简易的宿舍里。"这样安排的目的是降低劳动力成本，其借口是这符合这些劳工所谓的习惯和传统。"在全世界，非自由工的主人都幻想工人中存在乱交行为。在很多地方，合同劳工的高自杀率和对于合同劳工妇女的性攻击并没有被加入利润的计算和道德的评价。对于欧洲下层民众的性行为构建也遵循类似的方式，往往反映出以阶级为标志的生活安排。中产阶级的收入允许他们将家庭生活分布在几个房间内进行，性生活和生儿育女的事在夫妻的房间内进行。而其他阶级，尤其是少数族群，无力承担私密生活的费用，于是被标上了道德堕落的标签。但是，帝国总部没有给下层仆人或士兵提供生活私域。为了提高成本的效率，士兵不准结婚，但帝国为他们提供了妓女。在英军的要塞内，士兵的家属集中在大厅居住，在晚上的时候用毯子将大厅分割成房间。因此，不论阶级、民族或种族，作为他者的低级军官的半公开的性生活是人

---

① Neville Bennett, "Japanese Emigration Policy, 1880-1914," in Christine Inglis et al., eds., *Asians in Australia: The Dynamics of Migration and Settlement* (Singapore, 1992), 27-32; Clarence E. Glick, *Sojourners and Settlers: Chinese Migrants in Hawaii* (Honolulu, 1980), 7-9, quotes on 8 and 13.

为造成的,并受到诟病。①

在1947年加拿大众议院就结束排华法案和接受男性华人入籍的问题进行辩论时,议员们公开地讨论了妇女生育问题、子女问题和男子性生活问题。政府给出了结束排华的原因:(1)《联合国宪章》关于结束歧视的条款。(2)亚洲作为一个区域在经济上的崛起以及加拿大和美国之间的竞争。(3)中国在二战期间的配合。反对中国移民的种族主义者则讨论了男人的性冲动和女人的生育能力。不列颠哥伦比亚的英国性格要继续保留,但该省最初的精英是梅迪人,苏格兰商人和当地土著女人的孩子。国家的同质性将受到中国妇女生育能力的挑战。如果3万名中国妇女来到加拿大——根据法案8000人可以成行——中国男人对家庭的热衷将导致每对夫妇生育3个孩子,将会有9万孩子从母亲的子宫来到英属加拿大。男性的性冲动需要通过和妇女发生性行为来满足,但女性的生育将给国家带来危险。排斥女性的"生育条款"和针对男性的"死后追认公民身份的条款"正好相反。男子如果曾服过役,即使死后也可获得公民身份。②

帝国的男人,接近女人的方式,混血的孩子

和宗教机构中独身人士及充当苦力的劳工类似,帝国派往殖民地的大批管理者和士兵也生活在几乎清一色的男性世界中。家乡的社会和他们的家族并不希望他们返回,或许他们的返回已被制度性的安排变得不可能。纪律、换人的成本和返程的艰辛使得"服役期"不断被延长。而另一方面,包括劳工在内的自由流动人口在很大程度上可以返回家乡,对婚姻或配偶问题做出相应的安排。

很多帝国男性,尤其是军队中的男性,让"男孩"来承担家务劳动,而不使用女人。国家负责的兵役制是造成上述情况的经济原因,因为应征者没有工资。作为社会构建的一部分,帝国的"武装"或"兵役"被构建成为一个系统的并提供

① Douglass M. Peers, "Privates off Parade: Regimenting Sexuality in the 19th-Century Indian Empire," *International History Review* 20 (1998): 823-854; Ravindra K. Jain, "South Indian Labour in Malaya, 1840-1920: Asylum, Stability and Involution," in Kay Saunders, ed., *Indentured Labour in British Empire, 1834-1920* (London, 1984), 158-182; Brij V. Lal, "Labouring Men and Nothing More: Some Problems of Indian Indenture in Fiji," ibid., 126-157, esp. 149.

② 加拿大给予了来自很多国家的男性移民公民身份,因为他们在二战中为加拿大付出了生命。〔Canada〕, *Debates*, 1946, 502-517, 586-609, 685-726, 795-805 (Citizenship Act), and 1947, 307-345 passim (Immigration Act); R. Craig Brown," Full Partnership in the Fortunes and in the Future of the Nation," *Nationalism and Ethnic Politics* (fall 1995): 9-25; Reg Whitaker, *Canadian Immigration Policy Since Confederation* (Ottawa, 1991). See, in general, George L. Mosse, *Nationalism and Sexuality: Middle-Class Morality and Sexual Norms in Modern Europe* (Madison, 1985).

心理情感慰藉机构，这种构建拒绝反映在殖民地出现的生殖性社会结构中。但性生活仍是必要的，帝国的领导者也认识到强加于士兵、帝国殖民地官员和农场管理者的生活是不正常的。来自欧洲的种植园工人不受军队纪律和国家荣誉的制约，可以和为他们操持家务的殖民地女人生儿育女。私人企业不反对针对家庭佣人和女劳工的性剥削。和非白人妇女的性行为虽不符合“种族纯净”的概念，但符合男人需要性发泄的观点。当他们的殖民雇佣期结束时，男人们不得将他们的有色妻子或伴侣以及混血孩子带回，以此来保证宗主国社会种族的纯净性。

男性社会和权力等级决定了对当地女性性生活的构建。在种植园社会，对于被迫独身生活的男性——如果他们是异性恋者——当地妇女的出现会使他们受到诱惑。和天主教教士对欧洲妇女的性认识类似，独身男士性生活的缺失决定了他们对于殖民地妇女身体的认识——男性需要发泄他们的性欲，他们认为白人女性的身体神圣不可侵犯，但他们可以得到低贱的、殖民地的、有色的妇女的身体。克己或机构强加的独身生活状态(可能是性受虐)，或许能够解释为何会出现性欲极强的妇女形象以及对英属美洲女奴和荷属爪哇种植园女工的性虐待。在同那些被认为是原始的非欧洲社会的接触中，男性殖民者将其性幻想投射到其他阶级身上，民族化或种族化的群体身上，或投射到整体女性身上。①

在强迫之下，但更多是在爱与欲的驱使下，性行为的结果是孩子们的出生。不论孩子的父母是帝国的白人、混血人和还是流动劳工，男性组成的帝国政府都给予了注意。这些孩子能否充当帝国工作人员和劳工，要根据父母的混血程度、社会主导看法和阶级地位决定。人口规划者和道德训诲家们没有考虑过这些结合或许是充满爱的，或许权力和肤色不同的父母想要接纳这些孩子。他们简单地认为男人需要通过这些行为发泄性欲。而问题的另一方面却很复杂：女人的身体、她们的生育能力、复杂的种族界限和民族划分。混血孩子的归属不可能简单地通过一种类别就能划定。

在西方社会的意识和实践中，孩子的文化定位从属于他们的父亲，因为妻子如果在婚前和丈夫不属同一民族，婚后要归属于丈夫的民族。在殖民地，孩子的

① Ronald Hyam, *Empire and Sexuality: The British Experience* (Manchester, 1990)，以性解放为由讨论了帝国男性走出维多利亚英国的行为，而全然不顾妇女对这种解放的观点；Kenneth Ballhatchet, *Race, Sex and Class under the Raj: Imperial Attitudes and Policies and Their Critics, 1793-1905* (London, 1980); Breman, *Taming the Coolie Beast*, xiii passim; John D. Kelly, "Discourse about Sexuality and the End of Indenture in Fiji: The Making of Counter-Hegemonic Discourse," *History and Anthropology* 5 (1990): 19-61.

安排由权力关系以及孩子父母的亲属和他们所在文化群体决定。荷兰禁止东南亚殖民地的混血夫妻返回荷兰。在哈德孙湾活动的苏格兰的毛皮商人在返回苏格兰时，将他们的土著妻子撇在了北美。在所有情况下，白人男子和有色妻子结合产生的孩子都留在了殖民地，他们被荷兰的白人新教社会和英国社会定义为有色人种。在天主教拉丁裔的欧洲—克里奥尔社会，孩子的种族身份可以协商决定。"只有当一个渴望被同化的人被主流社会拒绝时，他的肤色才会成为他向社会上层移动的障碍。另一方面，如果有色人的亲属和朋友承认了他们之间的亲缘关系，肤色就不会成为一个大的问题。……成功是'纯净'血缘最有力的保障。"[①]

在奴隶的社会中，财产关系胜过了男性家系的传承。在那些母亲是奴隶主财产的地方，孩子也成为奴隶主的财产。种族观念的不一致性既保证了财产关系的神圣性，又确保了奴隶主在未来获得劳动力。那些依附于奴隶主的母亲，在她们的孩子出生前，孩子的劳动力和身体就有了归属。孩子父母所信奉的基督教以及西方社会人人生而平等的基本原则，并不能将孩子从奴役中解救出来。只有当孩子的父亲是奴隶主时，奴隶的个人解放才出现可能，但赐予奴隶自由还要看社会的规范和奴隶主父亲的态度。

和对孩子身份和父母情感的态度不同，劳动力再生产的成本受到了公开的讨论。当废奴行动改变了奴隶的财产属性，照顾老人和孩子的成本就从奴隶主转移到了工人阶级身上。同样，欧洲废除农奴制的成本通过农奴向地主割让土地的方式来承担。年老的奴隶先于壮年奴隶解放，女奴腹中的孩子先于他们的母亲解放。例如，在巴西，法律解放了未出生的孩子和 60 岁以上的老人。美国蓄奴州立法机构中的种植园主们讨论了奴隶的生命周期以确定解放奴隶的年龄段问题，以便使自己盈亏相抵，不至于蒙受经济损失。在获得解放之前，奴隶必须偿清奴隶主养育他们所耗费的"投资"。[②]

在家庭经济中，经济和权力关系也可以使孩子处于不利地位。在一些社会，孩子——通常是女孩子——在困难时期被卖为奴。在饥荒时期，这种买卖可以使她们生存下来。在非洲，妇女和儿童依附于男人，男人控制着他们的劳动力，可以将他们转送给亲属。在欧洲，当贫穷的父母无力抚养孩子时，就打发孩子去

---

① Kátia M. de Queirós Mattoso, *To Be a Slave in Brazil, 1550-1880*, trans., Arthur Goldhammer (French orig., 1979); 4th ed., New Brunswick, 1994), quote on 197.

② Stanley L. Engerman and Robert W. Fogel, *Time on the Cross: The Economics of American Negro Slavery* (New York, 1989), 29-37, 155-157.

自谋生路，或由慈善机构将他们赶到殖民地去。[①] 工匠家庭交换男孩来学习手艺，交换女孩来从事家务劳动。在已婚的男性自由迁徙之后，养育孩子的任务就交给了女人。一代一代的孩子在父亲不在家的情况下，或偶尔地季节性地在家的情况下，度过了社会化的过程。（在20世纪末，当女人外出从事家政劳动而男人待在家里时，孩子交由女方的亲属抚养长大。）

如果需要劳动力，农民妇女和工人阶级妇女就得去生孩子。种植园主开始了奴隶的再生产；其他人则给流动劳工提供小块土地引诱他们接来老婆和孩子，或将土地化分成小块以使童工也可获得工资。一位肯尼亚的地主简洁地概括了种族化的经济利益、按照生命周期进行的流动和按性别进行划分的领域："部落的人口越兴旺，人们对生活越满意，部落年轻男子向外迁移的必要性或倾向性越小。在农场主看来，理想的部落应该是劳动力的蓄水池，劳动力出来做工，偶尔回去繁衍下一代劳动力。"[②]和成年男女一样，孩子的身体也被分配来实现帝国的和私人的经济目标。

男女劳工的身体

种植园主和其他雇主雇用的不是作为人类的工人，而是工人的身体——"人手"和"短期合同工"。劳动力供应者把工人当作商品来收费，"烟草、葡萄牙劳工……木材"，或"帆布、日本劳工、通心粉和中国人"，或以字母顺序排列的"化肥和菲律宾人"。在巴西的咖啡种植园，家庭是根据一个家庭能够使用的"锄头"数量来雇用的，于是锄头成为具有劳动能力的工人的另一个称呼。雇主需要的是肌肉的力量，工人的身份被认为对雇主的利益有害。就女人而言，和女性劳工相比，殖民地更需特定的"妓女"和"姑娘"：为流动劳工生育后代，给中产阶级家庭持家，并为二者提供性服务。男孩子也可能被寄希望提供性服务，但同性恋的禁忌迫使这种

---

① A. G. Scholes, *Education for Empire Settlement*: *A Study of Juvenile Migration* (London, 1932); Joy Parr, *Labouring Children*: *British Immigrant Apprentices to Canada*, *1869-1924* (London, 1980); Gillian Wagner, *Children of the Empire* (London, 1982); Philip Bean and Joy Melville, *Lost Children of Empire* (London, 1989).

② R. L. Tignor, *The Colonial Transformation of Kenya*: *The Kambu*, *Kilkuyu*, *and Maasai from 1900-1939* (Princeton, 1976), 292, quoted in Robert Miles, *Racism* (London, 1989), 109.

关系处于秘密状态。对身份具有威胁性的工作不区分人和人的劳动力。[①]

流动劳工认识到了对他们身体的兴趣,有时用"人肉市场"这个词来指女性对肉体的出卖和男性对劳动力的出卖,尤其是当工人不得不沿街走动或到市井广场等候就业机会时。童工通过"儿童市场"或债务关系进行买卖。有依附关系的工作、自由工作和性工作交织在一起:作为动产的奴役、工资奴役和"对白人的奴役"(即白人妇女被迫进行的卖淫活动)。在某些情况下,雇主对男性工人实施羞辱性的对待,侵犯了他们的身份感,也被称为"强奸"。男人和女人都将自己视为具有身体和身份的人,他们都清楚自己是在出卖肉体,雇主只是对他们身体的不同部分感兴趣而已。

劳动力的低工资意味着再生产劳动力的低工资。自由流动的男性劳工不能在一对一的基础上供养女性再生产者。在俄罗斯的合作社和北美的寄宿舍,一个女人同时为几个男人准备食物和搞卫生,通常不包括性服务在内,而男人极少从事这种家庭劳动。拥有依附劳工的雇主对日常生活和再生产作出了安排,无论是为奴隶准备食物还是照顾合同劳工的营地生活,目的都是降低成本。东印度公司和其他类似机构的令人尊敬的主管们,像帝国的规划者一样,计算经济和政治成本,禁止"仆人们"结婚。选用殖民地女人进行再生产劳动的男人所得的工资可能较低,选用欧洲女人从事这一工作的男人的工资可能要高些。极不平衡的男女比例——可以用于解读"中国人好色"现象——是欧洲人经济谋略、政府策略和移民惯例的组成部分。

低工资造成了在男女关系上的性剥削。南亚的克灵人流动劳工"合股拥有"一个女人。纳塔尔省的白人矿主把印度女人卖给矿工。昆士兰州、纳塔尔省和南美洲的铁路和种植园的管理者们拒绝为从事家庭劳动和性服务的女性提供粮食。他们只给从事生产劳动的女性提供粮食,这样安排可以防止给生孩子的妇女分配口粮。合伙雇工的现象并不局限在有色工人身上。那些雇不起全职男仆的中产阶级的英裔加拿大人"分摊"一个中国人。[②]

帝国的战略家,例如 1846 年的英国殖民地秘书,探讨了类似印度合同劳工中发生的"道德秩序的难题"。这些问题的根源在于:"在大批男性工人中引入少

---

① Ronald Takaki, *Pau Hana: Plantation Life and Labor in Hawaii, 1835-1920* (Honolulu, 1983), 23-24, citing order receipts of 1889; June Mei, "Socioeconomic Origins of Emigration: Guangdong to California, 1850-1882," in Lucie Cheng and Edna Bonacich, eds., *Labor Immigration under Capitalism: Asian Workers in the United States before World War* Ⅱ (Berkeley, 1984), 219-247; Herbert S. Klein, "European and Asian Migration to Brazil," in Cohen, *Cambridge Survey*, 208-214.

② Breman, *Taming the Coolie Beast*, 192-194; Hoerder, *Creating Societies*, 224.

量女性的做法；以家庭为单位的迁徙活动的锐减；(和)……把男人和自然的家庭关系相分离的做法。"秘书的关切主要集中在合同的持久性以及资本对劳动力的需求和人性之间的矛盾，即男性的性需求。短期合同成本太高，过长的合同则会遭到工人的拒绝。男人可以离开妻子或推迟结婚几年，但将男人在长达几十年的时间内置于禁欲状态下的想法是不现实的。有女人陪伴的男人易于控制，但1∶1的男女比例会降低生产成本的竞争力。另一方面，帝国的道德家们认为1∶1以外的性关系和不稳定的性关系是不道德的。欧洲—基督教的道德观和欧洲—资本主义的利润底线相冲突。帝国事务办公室做了让步，1853年后在运往毛里求斯的印度工人中实行了"每三名男性中一名女性的最低限额"。1868年后，男女流动人口的比例定为3∶2。1908年，当一名日本领事试图说服放宽有关日本移民妻子入境的限制时，白人观察家承认"将丈夫和妻子分开是违反人性的"。但是，如果日本移民的妻子被接收的话，他们在澳大利亚出生的孩子将成为英国人。这些孩子会娶"白人妻子"或"从国外迎娶本民族血统的妻子"。排外似乎成为"保证种族生存的必要行为"。种族排外并非由性别本身造成，而是由生育可能产生的结果造成。

从印度来的妇女中，有1/3陪同丈夫；其他或试图逃避政治经济压迫，或是寡妇，或被丈夫遗弃，或主动离开她们的伴侣。她们中的大多数被认为有乱交行为，很多被迫卖淫。在中国的劳工和自由流动人口中，商人的妻子可以陪着丈夫，受奴役的妇女被带来从事卖淫业。当工人们安定下来，他们会自费把妻子弄来。当然，妻子也可自行前来。①

为了使利润最大化，雇主们拒绝承担照顾不从事生产活动的老人和孩子的费用和责任。由于只有适龄的健康男女才能进行迁徙，劳动力输出社会承担了养育小孩和照顾老人的成本。当流动劳工返回家乡进行短暂休整时，他们的生活费用也得由来源地的家庭、社区和社会来承担。玻利维亚的波托西的矿工就是如此。从马来亚送回印度的苦力被称为"吸光水分的橘子"。在经济危机期间，欧洲劳工从北美回到了家乡。②

在城市中，男性流动人口占很大比例，"卖淫"或许是流动人口从事的一种家政劳动，这和当年在罗马的教士中发生的情形类似。从妇女的角度进行的研究

---

① Kay Saunders, "The Workers' Paradox: Indentured Labour in the Queensland Sugar Industry to 1920," in Saunders, *Indentured Labour*, 221-222; David Northrup, *Indentured Labor in the Age of Imperialism, 1834-1922* (Cambridge, 1995), 75-77.

② Bennett, "Japanese Emigration Policy," 35.

不多,其中一项涉及了内罗毕的流动妓女的问题。她们的工作是“帮助男人进行休养生息——以某种组合的方式,发挥支持、滋养、使理想化、取悦、欣赏、加强、放松的作用”。帝国的官员需要“家的舒适”,劳工也有同样的需要。例如,吉库尤的年轻女性流动人口充当了自由职业者。不论是在大街上还是在家里,男女之间的互动不依赖于形式的选择而在于是否有房间——全球流动人口的一种稀缺资源。一些形式的“卖淫”模仿了临时性婚姻。这样的持家方式是工资和新的经济体制的直接结果。①

即使阶级地位、工资水平或经济地位允许生产和再生产劳动在一对一的基础上进行,经济上的考虑仍然是婚姻讨价还价的一部分。在妇女工作被视为不如男人工作有价值的地方,新娘或其父母必须为新郎或其家庭提供嫁妆来嫁掉新娘。在妇女的工作更有价值的社会,如在非洲,男人必须给女方彩礼以获得作为伴侣和工人的妻子。普通民众中的彩礼还可以为年轻夫妇和他们未来的孩子提供基本的家庭用品。日常的家用器皿由年轻女子在婚前外出打工获得,或婚后由男子外出打工来置办。收入能够养活一个再生产者的男性或选择结婚,或选择事实婚姻,或选择同居。在这些结合中,妇女发挥了文化经纪人的作用,给男人们提供了融入同志之情以外的社会网络的机会。她们教会男人如何克服他者的感觉,教他们当地的语言,她们出生的家庭成为男人的社会资源。伴侣关系涉及社会和人力资源的增长。

帝国传教士坚持的一夫一妻制忽视了婚姻所涉及的利益的多重性。欧洲的一夫一妻制是为了按一定的血脉传递头衔、职位和财产:它是以继承为目标的。在西班牙裔美国人中,寡妇具有继承权,但根据习俗女人必须改嫁,不论她们是否愿意。非洲的亲属安置制度意味着女人在丈夫或配偶死后,将和亲属生活在一起以获得保护和生活来源。在一些农业和贸易社会中,一夫多妻制成为经济上合理的安排。男人几乎无一例外地掌握着权力。但某些加勒比社会中的黑白混血女人和塞内加尔的做贸易的女人,可以从她们的欧洲血统的男性配偶那里争取相对的独立。

5. 全球的视角:下层民众的文化和按种族划分的人口流动

在宗主国和殖民地,对于劳工阶层的控制问题都是至关重要的。欧洲和美

① White, “Domestic Labor in a Colonial City,” 139-160, quote on 139; Janet M. Burja, “Women ‘Entrepreneurs’ of Early Nairobi,” in Colin Summer, ed., *Crime, Justice and Underdevelopment* (London, 1982), 122-161.

国的上层将国内的底层民众定义为“没有祖国的家伙”(德国)、“国内的剩余人口”(英国)、“3/5 没有选举权的奴隶”(美国)。在帝国官员的聚居区之下，是诸如海外华人和犹太人组成的非国民社区。自主或被迫迁徙的农民位于底层。多种族和肤色的劳动阶层的迁徙涉及农民、农村劳工、城市无技术工人、失业的工匠和技术工人。从 19 世纪 20 年代到 20 世纪 30 年代，一半以上的欧洲人口在欧洲内部进行了迁徙。成百万上千万的人在非洲内部进行了迁徙，在南美洲也有相当比例的人口迁徙，5000 万～5500 万人口在大西洋世界流动，大约 3000 万人在亚洲迁徙，200 多万人从非洲流动到了美洲。

奴隶的流动将大西洋两岸联系在了一起；合同劳工的迁徙将太平洋沿岸各大洲联系在了一起；在限定的经济范围内，自由流动的劳工将欧洲、美洲、南亚和东非联系在了一起。制度化的安排将主人与奴隶、帝国官员和种植园主与合同工人、实业家与多民族的工资劳工绑在了一起。当权者为了权力、利润和对劳工的控制而迁徙，独立的小人物为了获得“肥沃的未开垦的地；无权无势者和奴隶差不多……权力往往具有种族基础”[①]。在资产阶级大革命催生欧洲各民族国家之前，欧洲各民族人民已经在世界各地进行大规模的迁徙活动了。拥有地方和区域身份的流动男女参与了迁徙，如威尔士人和闽南人。在迁徙之后，他们被按民族笼统地称为“英国人”或按大洲称为“亚洲人”。

在流动人口接收社会的观察家眼里，新来者看上去没有什么差别，他们被重新划分成大的集团。来自非洲很多地方的民族被看作“奴隶”，伊博人或马萨伊人被统称为“非洲人”，来自亚洲各文化的男女变成了“苦力”或“吸食鸦片的商人”，泰米尔人和古吉拉特人被贴上了“印度人”的标签，来自亚平宁山脉沿线不同经济体和生活地域的流动人口变成了“意大利人”。在社会的各个层次，领地和政治归属或劳工体制划分被强加在迥异的种族文化身份之上。爪哇的种植园社会由种植园主、监工、非自由劳工组成。典型的种植园主被认为是荷兰人，但在 1884 年爪哇东海岸的一个地区的种植园主中，有 390 名荷兰人，123 名来自普鲁士、巴伐利亚及来自其他德意志公国的人，88 名英国人，40 名瑞士人，12 名法国人，11 名奥地利人，24 名来自其他 7 个国家的人。职员和监工包括海外华人、欧洲—中国人和爪哇本地出生的人(混血的)。工人除了本地各民族的人，还包括来自海陆丰、葛城(Keh 音译)或澳门的中国人，印度的克灵人和孟加拉人，来自多种族海峡殖民地的暹罗人、泰米尔人和马来人，来自苏门答腊的巴塔克人和马来的加约人、阿拉斯人和曼代林格人等，还有来自其他岛屿的俾温尼人和

① Bennett, “Japanese Emigration Policy,” 23-43, quote on 23.

班德杰瑞尼西人。殖民地社会是多文化的、等级化的。

等级社会上下层的交流受到傲慢、等级分层和不对话的阻碍。种植园主属于上流社会,职员是地位低下的工作人员,苦力则是"畜生"。当权者缺乏对当地语言的了解。比如,在爪哇作为精英的殖民者使用蹩脚的马来语,当苦力们误解其语句混乱的命令时,他们就责骂苦力们愚蠢。当一位荷兰的地区官员建议庄园主们提高沟通技巧时,他被告知庄园主们不和他们的马说话而是使用鞭子或马刺。庄园主们打算这样对待"他们的"苦力,他们事实上也是这样做的。殖民者拥有决定地位高低的权力,使他们可以骑在苦力的头上。①

新劳工和种族化的迁徙

单个种植园或工厂可以雇用几千名流动劳工。一个秘鲁沿海的种植园雇用了2000名工人;一个德国的机器和军械厂在1848年拥有72名工人,25年后,其工人发展到了1.2万人。这些19世纪资本主义生产制度下的"新劳工"(Eric Wolf),必须迁徙越来越远的路程去越来越大的工作地点,他们往往会被更加廉价和驯服的劳工所代替。布李曼认为,"官方过度积极参与对劳工的镇压"是"边缘地区资本主义制度"的一个主要特点。国家机器强化了工人的义务并支持雇主违反合同。在很多殖民地,种植园主担任法院法官;而在其他殖民地,他们就是国家。②

阶级划分同内化了的种族界限相呼应:白皮肤的工人也具有种族主义态度。守门人和工会领袖都是男性,因此性别也削弱了阶级的作用。在欧洲内部,边缘民族被划分了种族。一个英国人评论道:"不加区分地允许俄国人、加利西亚的犹太人、希腊人、德国人、荷兰人、波兰人、匈牙利人、意大利人,甚至叙利亚人和土耳其人等其他民族的人进入加拿大,会对帝国带来危险。"他将这些"人群"和英国人进行了对比。③

在大迁徙中工人们形成了社区,并联合了起来。大迁徙的特点是各群体之间、各群体和他们的来源社会之间继续着联系和互动。男女可在不同的群体之间流动,家庭的迁徙遍及各大洲。聚居区依据种族和肤色划分,但在空间上形成

① Breman, *Taming the Coolie Beast*, 23, 33, 60-63, 77, 197.

② Eric R. Wolf, *Europe and the People without History* (Berkeley, 1982), 354-383; Jan C. Breman, *Labour Migration and Rural Transformation in Colonial Asia* (Amsterdam, 1990), 54, quotes on 61, 64.

③ Basil Stewart, *The Land of the Maple Leaf: Or, Canada as I Saw It* (London, 1908), quotes on viii and 135; Angela Woollacott, "'All This Is the Empire, I Told Myself': Australian Women's Voyages 'Home' and the Articulation of Colonial Whiteness," *American Historical Review* 102 (1997): 1003-1029.

混居。在世界很多地区，包括工业化的北美，来自欧洲、拉丁美洲、非洲和亚洲的白种人、棕色人、黑人和黄种人相遇并相互竞争，除非他们被划分到劳动力市场的不同部分。由于内化了的肤色等级制，在竞争激烈的空间里便会发生带有种族特点的流动群体间的冲突。来自欧洲的劳工可迁徙至南非和澳大利亚，但在大西洋世界之外，他们的数量仍然很少。在英帝国，他们还必须面对英国人的自我优越感。前往新英格兰纺织厂工作的法裔加拿大人，被马萨诸塞州的官员认为"肮脏和低贱"，"是东部各州的中国人"。意大利人被视为"欧洲的中国人"。种族的界限是流动的，是按照文化定义者和工人的充当者来决定的。①

聚居区内部是分等级的。殖民地的监工和劳工招募人充当殖民者的同盟军。中国劳工的老板剥夺了中国劳工自我做决定的权利。印度的殖民者助手也这样对待其他民族的劳工。非洲人、马来人、缅甸人或特立尼达人或"把印度人看作是有权威的人"，或挑战"给他们产品称重的印度点货员"。"真正控制事物"的欧洲经理们始终藏在幕后。与此同时，印度的流动人口也被视为"贱民"，从事"最卑贱的工作"：城市保洁，"在码头和种植园流汗"，做那些本地有"土地的子民不愿亲自躬身的工作"。因此，印度流动人口可以分属于工人阶级、英帝国公民或接收社会的中产阶级。②

在富有的白人移民掌权的地方，如澳大利亚，他们操控着白人劳工的等级体系：永久雇佣工、长期契约工、流动合同工。几十年来，他们接纳中国不带女眷的劳工，并在 1883～1885 年从太平洋岛屿绑架了约 3000 名劳工。所有的人都被纳入了"大庄园里执行的严格的等级体系中"。种植园主"致力于建立一个自己位于最顶端的贵族社会"，政治阶级想要建立一个"由英国贵族和资产阶级组成的富有的小团体，来统治那些没有任何政治权利和民权的欧洲之外的契约奴组成的劳动力大军"。在种植园，"各个种族的群体……被指定从事特定的工作，并分开居住"。结果，群体间和种族间的敌对行为天天上演。③

---

① Massachusetts Bureau of the Statistics of Labor, *Twelfth Annual Report*, *1881*, quote on 469-470; Donna Gabaccia, "The 'Yellow Peril' and the 'Chinese of Europe': Global Perspectives on Race and Labor, 1815-1930," in Jan Lucassen and Leo Lucassen, eds., *Migrations, Migration History, History: Old Paradigms and New Perspectives* (Bern, 1997), 177-196; John H. M. Laslett, "Challenging American Exceptionalism: Overlapping Diasporas as a Model for Studying American Working Class Formation, 1810-1924," mimeographed, Chicago, 1987.

② Tinker, *Separate and Unequal*, 9.

③ Saunders, "The Workers' Paradox," 213-259, quotes on 225, 227-228, 231; Charles A. Price, *The Great White Walls Are Built: Restrictive Immigration to North America and Australia*, *1836-1888* (Canberra, 1974), 11-17, 40.

在北美洲,种族暴乱使白人和黑人为了社会空间相互争斗,拉丁美洲的外国佬被暴打。根据肤色和种族文化将流动人口社会进行隔离并不能阻碍流动人口在特定组织内部、工作地点或车间里的合作。文化方面的辩证关系不会受到种族主义和经济差异的完全控制。然而,肤色的标签不仅仅在个别社会存在。"让有色工人熟悉雇佣的责任"在宗主国看来是必要的,如20世纪20年代的底特律的汽车厂就是这样的情况。

劳工队伍的构成由雇主和流动人口共同确定。阿萨姆邦的种植园主试用中国工人,锡兰的种植园主讨论进口非洲的奴隶,法国在印度支那的橡胶种植园经理首先使用了爪哇的苦力。在夏威夷,当中国的劳工被驱逐之后,在1900年种植园主担心"日本佬"的人数越来越多,因此,他们要引入波多黎各人、意大利人、葡萄牙人和"(美国)南部的黑人"。"我们想让您在您方便时尽早地告诉我您所需劳工的国籍和数量",一位劳动力供应者向一位种植园主询问。资本家使用各种形式的(国家支持的)控制,但从不使用任何诱惑来增加劳工的数量。在雇主看来,允许劳工耕种小块土地(比如,阿萨姆地区茶叶种植园的流动劳工曾被给予小块土地)会吸引家庭的迁徙,从而扩大劳动力队伍。苏门答腊的种植园主有计划地使土地短缺。"(如果)孩子的出生导致人口增加,分给他们的土地将逐渐减少,以致无法维持劳工的生存。换言之,人口过多和贫困的发展会导致过剩的人口到庄园寻找工作,从而产生庄园主想要的结果——劳动力蓄水池的出现。"为了使劳动力市场按照他们的利益运转,雇主利用国家剥夺了人们生存所需的资源和按照自己意图迁徙所需的资源。资本主义的市场力量无法使劳动力流动起来,但武力做到了这一点。①

无产者的大迁徙和劳工的战斗精神

为了保护自己的身份不被破坏,男女劳工必须想出反抗的策略。在被迫接受的角色和现有权力等级制度下,因性别而异的生存策略、身份形成、文化上的自我主张得以显现。在这样的背景下,雇主同劳工建立了几乎接近全权主义的关系。从先前独立的生活进行转型,劳工会经历一个社会否定阶段。在这个阶段,去社会化和非人性化的男女劳工出现了,他们的主人将其视为非人类。奴隶离开他们的主人将无法生存,"苦力"、"被异化的工资工人"或"工资奴隶"这些概

① Ann L. Stoler, *Capitalism and Confrontation in Sumatra's Plantation Belt*, *1870-1979* (New Haven, 1985), Breman, *Labour Migration and Rural Transformation*, quote on 19, 46; Takaki, *Pau Hana*, quotes on 22, 25, 26; Stichter, *Migrant Labour in Kenya*, 1-68.

念也隐含着一种类似的完全依附关系。对工人身份的这种认识强调了权力和强加的方面,却忽视了劳工的自我生存的能力、重建自己的文化与社会的力量以及劳工的战斗性。

建立自我身份主张的第一步是具有相同或相似文化或相似工作经历的流动劳工进行合作并组成社区。相互帮助可以减少对主人或雇主的依附。这样的自我重新构建不是复制旧世界,如俄罗斯帝国、殖民化的爱尔兰、非洲的好战王国或印度的种姓制度。流动人口的行动受到接收社会和经济依附的限制,但不受他们原有文化的限制。

流动劳工家庭生活在独立的农业和工资劳动之间。一些家庭成员,尤其是男性,会长期不在家。如果不生活在大城市中,流动人口会在迁徙目的地从事一些农业来改善伙食补贴家用。这种策略使得劳工的战斗性很高,因为新来者不完全依赖工资生活。北美矿区小镇的流动人口在镇上养猪种菜,德国鲁尔工业区的流动人口养山羊,解放了的非洲裔古巴人来到小块土地上进行独立耕种。尽管存在法律上的限制,但自由劳工可以在行业或工业基础上组织起来。

自发的组织建设、跨文化的合作和劳工的战斗性受到内部分裂的影响。在美洲,早先逃亡的奴隶受雇去抓捕最近逃亡的奴隶;在爪哇,年轻的巴塔克人男人被派去抓捕逃跑的苦力。有技术的工人排斥无技术的流动人口,男人把女人排斥在行业工会之外。雇主们通过文化的方式鼓励分裂,故意将习惯和法律地位不同的流动人口混合在一起以防止工人们联合起来。国家支持资本,例如德兰士瓦省"恢复了企业决定工资的权力,这一工资低到了不足以养活劳工及其家眷的程度"。非洲人由于"雇主们的协调一致的工资和勉强糊口的农业产量"而依附于雇主,中国劳工被引入几年后就被赶走。全国性的和国际性的工人阶级的团结受到了影响。①

在欧洲流动人口社区,社会主义国际战士试图跨越国家之间的区别。在宗主国,美国提高了国内的购买力和消费力(福特主义的结果之一,即大规模的生产和自动化),德国采取了"社会帝国主义"(H. U. Wehler)。由于害怕社会革命,国家—工业联合体和支持他们的阶级利用帝国主义扩张"来获得经济繁荣并

① Peter Richardson, *Chinese Mine Labour in the Transvaal* (London, 1982), 1870 quote on 60; Basdeo Mangru, *A History of East Indian Resistance on the Guyana Sugar Estates, 1870-1950* (New York, 1996); Gary Y. Okihiro, ed., *In Resistance: Studies in African, Caribbean, and Afro-American History* (Amherst, 1986); H. Haraksingh, "Control and Resistance among Indian Workers: A Study of Labour on the Sugar Plantations of Trinidad, 1875-1917," in D. Dabydeen and B, Samaroo, eds., *India in the Caribbean* (London, 1987).

借此来维护现有的社会和政治地位并阻碍解放的进程”。因此,无论在宗主国,还是在殖民地,帝国主义都涉及阶级和控制。①

劳工体制,即管理劳工关系的制度性关系,包括镇压、对工会的法律保护、男女劳工的非正式文化和雇主的霸权主义文化。庄园主可以利用国家来实现他们的目的,但印度合同劳工的抱怨足以让殖民地官员代表的英帝国指定“移民保护官”。最简单的劳工敌对行为是逃离奴役去寻找自由的工作。美洲的逃亡黑奴社会、德兰士瓦逃亡的中国劳工、大西洋经济体之间自由工人的高流动性,都证明了对劳工体制的不满和劳工自发地实现自我目标的战略。下一个反抗的方式是自发的日常反抗或大罢工,如北美、夏威夷和马来西亚流动工人的罢工,在种植园或其他产业部门的罢工。共同的劳动环境产生了种族间的互助。多民族和多种族的战斗性在特定的工作地点或地方,而不是在国际层次上得以发展。在第三个层次上,如果霸权文化群体对工人实行了差别对待,歧视民族化或种族化的普通移民工人,那么有一定历史的组织可以将其内部工人的差别对待制度化。在 20 世纪到来之际,劳工组织在欧洲和北美的中产阶级国家取得了部分合法性。劳工组织在俄国也努力发挥着影响。但在殖民地世界,他们的力量很弱或根本就不存在。

在美国,1877 年发生的全国范围的铁路工人罢工导致了国家采取对抗手段。在最高法院关于私有财产的案件中,公司的律师指出了工人阶级民主的危险——“6000 万人游行”。在 1892 年宾夕法尼亚宅地罢工中,工人实行了自治,斯洛伐克工人则引用了 1848 年法国大革命的原则。在“两万女工的起义”中,纽约的犹太工人和意大利衬衣式连衣裙工人在 1909 年投票决定罢工:犹太工人将传统的犹太宗教做法和新工业秩序下的战斗性结合起来,西西里的移民工人同移民激进分子进行了合作。有个名为“世界产业工人”的组织几乎以流浪汉的形象代表人口流动,借此来反抗资本主义的秩序。作为流浪者和反抗者的基督成为他们效仿的对象。俄国革命后,美国政府在“赤色恐怖”期间摧毁了劳工组织。

---

① Baumgart *Imperialism*, 98-144, quote from Wehler, 143-144; Hans-Ulrich Wehler, *Bismarck und der Imperialismus* (Cologne, 1969), and Wehler, ed., *Imperialismus* (3d rev. ed., Königstein/Taunus, 1979); Michael Adas, "'High' Imperialism and the 'New' History," in Adas, ed., *Islamic and European Expansion*: *The Forging of a Global Order* (Philadelphia, 1993), 311-344. 当一些 19 世纪的摄影师把殖民地“野蛮人”的照片带回英国的时候,James Greenwood 拍摄了 *The Wilds of London* (1874) and *The Wild Man at Home* (London, n. d.). Ryan, *Picturing Empire*, 178.

这一时期被称为"白色恐怖"或许更为恰当。[①]

在夏威夷，亚洲的移民劳工同葡萄牙、挪威、墨西哥的劳工一起面对高压的劳工体制。尽管大家遭受了相同的苦难，但跨文化的团结在1920年之前并没有出现。最初的反抗仅仅是逃离种植园，吸食精神麻醉品(鸦片或酒精)，或对某个本民族的残忍工头的暴力反抗。一名中国人由于工头没有将他和应该受罚者分辨开来而误遭鞭打，"想要报复几乎到了要自杀的程度"。对身份的追求危及了生存。挪威劳工为了重获人身自由而"不遵守"合同，他们受到了和中国劳工、日本劳工一样的严厉惩罚。带手枪和鞭子的警察像驱赶骡子一样把他们带到法庭。当妇女反抗的时候，她们的丈夫会因丧失妻子的劳动而受到罚款。1909年，日本工人，往往是带家庭者，为了更高的工资进行罢工，并努力加入"夏威夷的身体政治"。他们被从住处驱逐，遭到逮捕，他们的工作被其他种族的劳工取代。一位种植园主坦白地说："他们完全能够成为智慧的公民，而不是劳工——但我们需要的是劳工。"但在1920年长达6个月的种族联合罢工中，劳工家庭更加成功，雇主无法破坏他们的团结。罢工者的联盟跨越种族，将阶级置于种族之上。当权者以国家和民族为托词维护自己的利益，将罢工者称为"反美的……外国煽动者"。[②]

在马来亚，工人的战斗性出现得较晚。英国资本使用被中国合同方严格控制的苦力作为"廉价的劳工控制手段"，这符合"中国和欧洲之间的种族差异——欧洲人不懂中国人的语言和习俗，并且希望这种情况继续下去"。劳工所受的奴役由于承包商销售的毒品和鸦片得到了加强。在英国橡胶种植园，工人们在皮鞭的驱赶下按规定的速度工作。劳工管理制度只是在20世纪30年代发生了变化，工资刺激代替了皮鞭，劳工争取合理工资的斗争开始了。长期的居住使流动劳工知道了如何获得地区和社区的支持。更多的人接受了教育，学会了读书写

---

① James R. Barrett, "Unity and Fragmentation: Class, Race, Ethnicity on Chicago's South Side, 1900-1922," in Dirk Hoerder, ed., *"Struggle a Hard Battle": Essays on Working-Class Immigrants* (Dekalb, Ill., 1986), 229-253, introduction 3-15, and essays by Bruce C. Levine, Donna Gabaccia, Paul Krause, Maxine S. Seller, and David Montgomery; Hoerder, "Immigrants, Labor and the Higher Courts from 1877 to the 1920s," *Storia Nordamericana* 4 (1987): 3-29; David R. Roediger, *The Wages of the Whiteness: Race and the Making of the American Working Class* (New York, 1991); Herbert G. Gutman, *Work, Culture, and Society in Industrializing America* (New York, 1976).

② Takaki, *Pau Hana*, 127-176, quotes on 127, 159; Ruth Akamine, "Class, Ethnicity, and the Transformation of Hawaii's Sugar Workers, 1920-1946," in Camille Guerin-Gonzales and Carl Strikwerda, eds., *The Politics of Immigrant Workers: Labor Activism and Migration in the World Economy since 1830* (New York, 1993), 175-195.

字。他们阅读的东西不是由当地的中上层阶级提供的,而是来自中国的"无产阶级文学运动"。马来亚出生的中国劳工仍旧迁徙,生产的变化需要技术和自我管理的能力。1930年后,中国妇女可以不受限制地进行迁徙。园艺和蔬菜种植增加了工资收入和家庭的独立性。不分来源地的普通工会发展了起来。1936~1941年,反抗通过不计其数的罢工来实现。人们在反抗中提及了"美好的过去",那是一种对更合理关系的历史建构。与此同时,无产阶级文化出现了,并支持了共产党的政府。[①]

在全球,工人和雇主共同居住的社会空间成为斗争的舞台。这个空间依据由肤色和性别所赋予的民族或种族性格和地位来划定。社会空间由各国的相关机构来监管,他们的工资由公共资金来承担,但他们却是在为某些阶层的利益服务。[②] 政治实体,无论是国家还是帝国,也是斗争的地方。主流文化群体的守门人选择特定文化背景的移民从事工资劳动或给予公民身份。在另一方面,政治经济体需要的是可以控制的流动劳工,而不顾及他们的肤色或文化背景。一位在肯尼亚定居的英国人明确地说:"白人"是"主人……而黑人必须永远是廉价的劳工和奴隶"。[③] 在劳资关系的二元对立之中,权力的关系是不平等的,但劳工并不是没有力量。肯尼亚的确在1963年取得了独立,但在20世纪90年代,他们仍然生活和工作在性别等级制之中,而且还要面对不平等的贸易和全球经济壁垒。

---

① Donald M. Nomini, "Popular Sources of Chinese Labor Militancy in Colonial Malaya, 1900-1941," in Guerin-Gonzales and Strikwerda, *Politics of Immigrant Workers*, 215-242. quote on 221; R. N. Jackson, *Immigrant Labour and the Development of Malaya*, *1786-1920* (Kuala Lumpur, 1961). 关于印度劳工的战斗性,参见 Sateeanund Peerthum, "Forms of Protest and Resistance of Indian Labourers," in U. Bissoondoyal and S. B. C. Servansing, eds., *Indian Labour Immigration* (Moka, Mauritius, 1986), 88-94, and Peerthum, "Resistance against Slavery," in Bissoondoyal and Servansing, eds., *Slavery in South West Indian Ocean* (Moka, Mauritius, 1989), 124-130; Kusha Haraksingh, "Culture, Religion and Resistance among Indians in the Caribbean," ibid., 223-237.

② 关于全球规模的劳工组织,参见 International Conference of the Historians of the Labor Movement, ed., *Proceedings*, 31 vols. (Linz, Aus., 1996-).

③ Miles, *Racism*, 102-104, quoting from M. P. K. Sorrenson, *Origins of European Settlement in Kenya* (Nairobi, 1968), 238, 242.

第四编

20 世纪的变化

在19世纪全球范围内自由的和有限制的“无产阶级人口大流动”低落之后，20世纪变成了“难民的世纪”。两次世界大战之间，大西洋人口流动系统失去了活力，到50年代终于瓦解了。俄罗斯—西伯利亚人口流动一直持续到20世纪20年代，然后变成了强制的人口流动，到了50年代也终止了。20年代和30年代仍然有大规模的定居流动，特别是中国人向中国东北部的流动。从30年代到50年代，犹太人先是开垦，随后是建国，人口会聚在巴勒斯坦，造成了穆斯林难民。

大英帝国强加的印度契约工系统在1917年终止，但是亚洲人口流动系统中的劳工流动直到30年代都在加紧进行。日本1905年战胜俄国，用当时的语言形容，就是黄种人战胜白种人；作为侵略扩张的一部分，它改变了亚洲人口流动的关键因素。德国第三帝国试图建立对东欧人民的统治，使数百万人沦为奴隶。混居民族的净化致使数百万人被迫转移他乡。

自从英国对中国的鸦片战争、美国对西班牙的战争和19世纪40年代欧洲民主革命失败以来，帝国主义对世界的重新瓜分在20世纪50年代随着去殖民化结束了。行政官员、定居者和殖民地公务员的反向人口流动引发了一个新的过程，即欧洲变成了多肤色的欧洲。在北美和澳洲，非白种人移民不再遭受排斥，这产生了新的太平洋和拉丁美洲人口流动模式。随着新人口流动模式的发展，《联合国宪章》禁止种族歧视。

北半球的军事的、中央集权的帝国统治被跨国资本的统治战略所取代。工业化国家和发展中国家之间的工资差别和生活选择的差异吸引人口流动到北半球。但是边缘国家的经济之间的不平衡又在新独立的国家中造成了更大的区域性人口流动。不管政治机构承认与否，多种肤色的人口流动过程使多元文化成为日常生活的现实。

在21世纪之交的全球化只不过是19世纪的投资模式和劳工流动模式的变种，只有交流和旅行的速度是不同的。在1900年左右，流动人口之间的自我调节的信息反馈以大约一年之差减慢或者加快新一轮流动人口动身的时间。在21世纪初，瞬间信息交流和飞机旅行能使迁徙的决定用很短的时间就可以做出、改变、或重新调整。至于劳动和财富之间的划分，19世纪末特殊形式的种族主义变成了全球性的种族隔离。

第16章
20世纪50年代之前北半球的强制劳工和难民

在自然权利观念、民众自决革命原则和区域文化的新意识的影响下，生活在由一种强势文化统治的帝国里的各个民族，1815～1914年的整个一百年中纷纷寻求民族自决。先是奥斯曼帝国的瓦解，然后是哈布斯堡王朝、霍亨索伦王朝和罗曼诺夫帝国的崩溃，以及与此相关的不自愿人口流动，致使大约6000万～7000万成人和儿童流离失所和重新定居。

1918年之后，新生的独立民族国家成了那些仍然生活在人为认定的国界之外的民族的人们回归故土的目的地。这些新独立的国家把具有不同生活方式的人驱逐出境。这种混居民族的重新分离有时叫作"种族净化"，好像混居是不清洁的。据Marrus说："现代民族国家的成长不仅意味着把一些民族叫作本民族的敌人，而且意味着驱逐国家不愿意或不能够对其承担责任的主要群体。随着第一次世界大战，这个过程全力加速。战争教育了国家机器的新主人：平民可能成为危险的敌人，正因为他们的存在，战斗才不能够停止；相反，当这些不需要的、有威胁的群体有可能削弱这个四面楚歌的国家的时候，把他们驱逐是最好的办法。"[①]为了加强民族的、帝国的经济，奴隶劳工的强制流动成了苏联、德国和日本的国家政策的一部分。民主国家或帝国的政府强化了劳工制度。

1914～1918年和1937～1945年的两次大战由军事和意识形态精英们发起，他们认为自己的种族优越，结果造成大约8000万人死亡，迫使男人、女人和儿童在敌军来到之前逃离。其他人，即所谓的劣等民族，被驱逐出境或拘禁在强迫劳动营里；不是在劳动营中被害，就是被就地暗杀。两次大战后，人口的转变

① 本章参考了 Michael R. Marrus, *The Unwanted: European Refugees in the Twentieth Century* (Oxford, 1985), quote on 51; *a survey in Andrew Bell-Fialkoff's Ethnic Cleansing* (New York, 1996), 7-49; Richard Marienstras, *être un people en diaspora* (Paris, 1975), 36-37; Franz Ansprenger, *The Dissolution of the Colonial Empires* (London, 1989); Ludger Kühnhardt, *Die Flüchtlingsfrag eals Weltordnungsproblem: Massenzwangswanderungen in Geschichte und Politik* (Vienna, 1984); Dusan Kecmanovic, *The Mass Psychology of Ethnonationalism* (New York, 1996); Dariusz Stola, "Forced Migrations in Central European History," *International Migration Review* 26 (1992): 324-341.

又让数百万人离开家园，以便为被政府的人口和文化决策者们认为更适合的、或被工业和国家经济学家认为更容易剥削的其他民族的人腾出空间。50 年代末法、英殖民帝国的死亡，日本 19 世纪帝国扩张的失败，加上美国对世界殖民地的渗透，使民族自决的斗争转到南半球，随着那里民族国家的形成，也大规模地驱逐人口。

1. 权力斗争和混居民族的回归

19 世纪的共和主义碰巧赶上波兰、意大利、德国人之中出现呼吁国家的统一。从帝国中创造出民族国家的过程，从正面说，意味着文化的自我坚持；从反面说，意味着文化和经济的压迫。在欧洲，解放和镇压之间的对立统一关系的第一个后果便是：每当帝国的权力结构占上风时（见第 11 章第 5 节、第 12 章第 5 节）民主党人或共和党人的逃亡。第二个结果是：当“国家”把下层阶级从积极的政治参与中排斥出去时政治和阶级的相互影响。1848～1914 年的无产阶级的大规模流动中的男女人口把北美国家选为目的地，因为那里除了工作机会还有更大的自由。在德国工人理事会中（1918 年），在 1919 年后的大西洋世界的罢工中，在喀琅施塔得（Kronstadt）起义中（1921 年）和西班牙内战中（20 世纪 30 年代），工人阶级的斗争继续着。1917～1918 年后，随着西欧和北美资本主义统治而失去选举权的并准备投身建立工人共和国的男人和女人，迁居到了苏联。[①] 第三个结果是：妇女采取移居的策略来改善她们的地位。民族国家剥夺了她们的政治权利以及保持独立民族文化身份的权利。当一个妇女嫁给一个外国人时，她的民族身份变成了丈夫的民族身份。民族根据男子的身份并且为（中产阶级的）财产提供保障。[②]

---

① 例子参见 Williams Preston Jr., *Aliens and Dissenters: Federal Suppression of Radicals, 1903-1933* (Cambridge, Mass., 1963); Reino Kero, "The Canadian Finns in Soviet Karelia in the 1930s," in Michael G. Karni, ed., *Finish Diaspora*, 2 vols. (Toronto, 1981), 1: 203-213.

② George Mosse, *Nationalism and Sexuality: Respectability and Abnormal Sexuality in Modern Europe* (New York, 1985); Donna Gabaccia, "Women of the Mass Migrations: From Minority to Majority, 1820-1930," in Dirk Hoerder and Leslie Page Moch, eds., *European Migrants: Global and Local Perspectives* (Boston, 1996), 90-111, and Gabaccia, *From the Other Side: Women, Gender and Immigrant Life in the U.S., 1820-1990* (Bloomington, 1994). Eric J. Hobsbawn and Terence Ranger, eds., *The Invention of Tradition* (Cambridge, 1983); Benedict Anderson, *Imagined Communities: Reflections on the Origin and Spread of Nationalism* (1983; 3d ed., London, 1986); Peter Alter, *Nationalism*, trans. Stuart McKinnon-Evans (German orig., 1985; London, 1989).

第四个结果是:划分出文化、民族和种族纯净的民族国家的做法,需要从民族混居的领土上驱逐全体“异族分子”。[1] 混居是边界地区的普通现象:从比利时到阿尔萨斯的罗曼语、日耳曼语混居地区,从巴尔干地区通过波兰、立陶宛、俄罗斯、德国地区到波兰、乌克兰、俄罗斯领土的中欧东部地区,和从巴尔干一直延伸到安纳托利亚(Anotolia)和高加索地区。十个多世纪以来,从这些领土出出进进的人口流动遗留下一个多民族群体混居的马赛克式的现实。试图把人口净化为主流民族的文化大一统的民族国,对境内少数民族和境外同族的同胞兼用包容和排斥的策略。政府常常以同族同胞居住在那里为借口来向邻国提出领土要求,但是那些领土上往往又蕴藏着珍贵的矿物资源。普鲁士王国反对奥地利、丹麦和法国的扩张以及国家统一的战争(1860～1871 年)使捷克人逃亡[2],在 1870 年使 8 万日耳曼人被逐出法国,而且当新德意志帝国在 1871 年吞并工业发达的阿尔萨斯—洛林地区时,又使 13 万人逃往法国。普鲁士在 1885 年驱逐了“外国的”波兰人。奥地利的哈布斯堡王朝、普鲁士的霍亨索伦王朝,还有 1918 年的波兰,都对具有重要战略性的煤矿、工业区的西里西亚提出了领土要求。对西里西亚人来说,“民族”不是一个概念。他们认为自己是德国人,但是说一种波兰人很难听懂的波兰方言。[3] 罗曼诺夫王朝的俄罗斯化政策把犹太人、门诺教徒、路德教徒和日耳曼天主教徒送上了西迁的征程(见第 12 章第 5～6 节、第 13 章第 1 节)。把某些群体定义为少数民族,把他们划分到缺少权利、缺少资源的社会地位上,强迫许多个人和家庭把移居国外作为一种选择来考虑。

被蛮横的官员剥夺了文化平等权利和政治参与权利的人们的大规模流动,在接收国造成了恐慌,人们害怕异族分子和无产阶级分子。德意志帝国在 1892 年对来自东面国境的移民暂时关闭了边界,美国加强了卫生检查制度——东欧人被看作是带菌者和不卫生的人。西欧犹太人出于真正的关心帮助来自东欧的暂居者,但目的是为了摆脱“落后的”异族分子,同时也是为了保护自己已经部分同化的社会身份不受潜在的反犹太思潮的损害。在长期以来一直接受被流放的

---

① 在美国,非裔向北的流动发生了骚乱等暴力事件,这些骚乱标志着白人和“黑人”之间的领土划分。在谁属于一个特定的“民族”这个问题上的斗争是个全球性的现象。Elliott Rudwick, *Race Riot at East St. Louis*, July 2, 1917 (1th ed., 1964; Boston, 1982).

② 普鲁士人最初是一个波罗的海民族,定居在后来变成普鲁士国的那片土地的东北方。

③ 二战时的德国占领军认为西里西亚人是劣等民族,1945 年后,波兰政府驱逐了西里西亚人。Piotr Wróblewski, “National Minorities in Poland and Mechanisms of Their Ethno-National Revival,” *Migracijske teme* (Zagreb) 12 (1996): 349-360; Zbigniew Kurcz, *Mniejszóác niemiecka w Polsce*〔波兰的日耳曼少数民族〕(Wroclaw, 1995). 我感谢 Piotr Wróblewski 在信息和翻译方面提供的帮助。

中产阶级知识分子的英国，1905 年通过的外侨法排斥工人大众——往往是信犹太教的人。有目击者说，难民们发现他们的"普通权利"被取消，他们被取消国籍，没收他们的"旅行文件"，在没有祖国的保护、也没有接收国保护的情况下保护自己。因此，国联的难民高级专员弗里乔夫·南森(Fridtjof Nansen)发明了当作非英国人旅行文件的"南森护照"，在 1922 年还得到了国际协议的批准。[①]

在此过程中，由不同民族的人构成政府的契约理论被人们遗忘了。到了 1914 年，即法国革命宣告人民主权论 1/4 世纪之后，四个欧洲帝国——霍亨索伦、哈布斯堡、罗曼诺夫和奥斯曼，仍然拒绝给境内的小民族群体以自治权，民族国的政府和决策者们一而再地制造民族。不同民族的人们被在"历史的"领土上迁来迁去，作为一种资本主义的策略，没有自由的劳工大众被送进了工厂。从艺术视角出发，广大民众被摄影机摄进了像弗里兹·朗(Fritz Lang)编导的《大都市》这样的电影里。

奥斯曼土耳其民族共处的结束

在奥斯曼帝国，不同民族、文化、宗教的群体，生活在特定的社会位置上(米尔，millet and malhalle)，他们之间通常并不混居、通婚或同化，在商品交换中又相互接触。主流社会的政府管理精英曾是从许多民族中间招募来的，使用主流社会的语言(见第 4 章第 1 节)。18 世纪以来，俄国势力进入奥斯曼帝国领域，大约 100 万～200 万各民族的穆斯林在 18 世纪 80 年代到 90 年代逃亡或迁居他乡。切尔克斯人(Circassians)和车臣人被重新安置到巴勒斯坦保卫军事前线，抵抗贝都因游牧民族的侵扰。19 世纪，奥斯曼帝国的疆域仍然从巴尔干经过巴勒斯坦、埃及和阿拉伯伸展到波斯的时候，欧洲列强把它称作"欧洲病夫"，以便实行他们的领土扩张计划。在巴尔干半岛，希腊在 1832 年取得了自治，此后直到 1914 年的 80 年中，英国、法国和奥匈帝国的干涉、日益增长的土耳其民族主义和帝国内许多民族的解放斗争瓦解了共处的传统。希俄斯岛(Chinos)的难民在伦敦定居下来，保加利亚的叛乱者和革命者逃到摩尔多瓦和瓦拉几亚(Wallachia)，波斯尼亚和黑斯哥维纳的农民迁到奥地利或者半独立的塞尔维亚。37 万马其顿基督徒在 1878 年后移居保加利亚。奥斯曼帝国在 19 世纪 70

---

① Alan M. Kraut, *Silent Travellers: Germs, Genes, and the "Immigrant Menace"* (New York, 1994); Bernard Gainer, *The Alien Invasion: The Origins of the Alien Act of 1905* (London, 1972); Marrus, *The Unwanted*, 14-39, 86-91, 158-166, 177-188; John H. Simpson, *The Refugee Question* (London, 1940), 3.

年代的撤退让巴尔干的穆斯林农民没有了保护,大约 17.7 万人逃到或迁到安纳托利亚。到达新地方并混居的不同信仰、不同民族的群体把愤怒发泄在更弱的群体身上。伊斯坦布尔多民族、多宗教的人口由于穆斯林难民的涌入而翻了一番。在 1912～1914 年的战争中,卡耐基基金会一个报告说:"战斗非常残酷,就好像最终目的就是相互灭绝。"当时还有几个条约专门对民族国之间的人口交换作了规定。上层精英们规定的一个民族的"祖国"的概念常常和普通人的经历有所矛盾,而民族冲突又迫使许多人把他们同族人居住的遥远的核心地区看作是他们唯一的安全的居住地。①

1900 年后的"青年土耳其"运动,与 19 世纪 30 年代西欧的民族青年运动类似,号召建立民族国家,否定了对所有民族和文化的地位在制度上分级和保护的概念。在新的土耳其国家,1919 年 9 月的"民族条约"肯定了少数民族的权利;但是两个民族,即亚美尼亚人和库尔德人,被拒绝了建立独立国家的权利。面对种族灭绝的威胁,大批无家可归的亚美尼亚人离家出走,在希腊—土耳其以及土耳其—保加利亚人口交换中也涌现出大批难民。第四次人口迁徙,犹太人向巴勒斯坦的移民只是在 20 世纪 20 年代时规模比较大(见第 17 章第 2 节)。

亚美尼亚人分成定居农民和做买卖的散居人口,在奥斯曼帝国作为指定的"忠诚的"基督教民族曾享受过他们自己部族制度下的文化自治(见第 6 章第 2 节)。在 1877 年和 1878 年俄国军队击败奥斯曼军队后,两国边界两侧都有他们居住。美国新教传教士怂恿他们改信新教,并建立了教育、社会和医疗服务。虽然住在城市的亚美尼亚上层人士从传教士那里寻求进步和基督教国家的保护,但土耳其政府却害怕他们自治的要求。1909 年,土耳其民族主义分子屠杀了 3 万亚美尼亚人。亚美尼亚人的一次起义使情况有所缓和,提供了移居国外的机会,但是在 1915 年土耳其政府重新开始把他们驱逐到叙利亚和美索不达米亚。驱逐的约 60 万亚美尼亚人中,只有 9 万人生存下来。1918 年,苏联的亚美尼亚共和国有 50 万难民涌动,不到一年时间里,全国人口的 1/10 死于饥饿和流

---

① Fikret Adanir and Hilmar Kaiser, "Migration, Deportation, and Nation-Building: The Case of the Ottoman Empire," in René Leboutte, ed., *Migrations and Migrants in Historical Perspective: Permanencies and Innovations* (Brussels, 2000), 273-292; Paul Dumont, "L'émigraion des Musulmants de Russie vers I'Empire Ottoman," in Georges Dupeux, ed., *Les migrations internationals de la fin du XVIIIe siècle à nos jours* (Paris, 1980), 212-218; Carnegie Report quoted in Marrus, *The Unwanted*, 45; Robert J. Donia, *Islam under the Double Eagle: The Muslims of Bosnia and Herzegovina, 1878-1914* (Boulder, 1981);关于 1900 年至 1945 年的逃亡方面的调查,参见 Kühnhardt, *Flüchtlingsfrage*,第 39～52 页。在 1922 年,伊斯坦布尔也居住着很多难民,包括 2.5 万俄罗斯人、7.5 万土耳其人和 15.5 万希腊人。

行病。到了 19 世纪 20 年代末，大约 22.5 万人非常分散地散居在这个地区的好几个国家：在大部分西欧国家，特别是法国，还有北美国家。①

希腊和土耳其之间的人口交换，按照 1923 年洛桑条约的规定，从土耳其遣返了 125 万希腊人，他们在这个贫困的国家没有得到任何帮助，只是以手工匠人和农民的身份增加了经济潜力。迁到土耳其的 40 万土耳其人，按照 1938 年的又一个遣返计划本应该增加到 100 万，但是计划没有被履行。1925 年的协议规定了土耳其人迁离保加利亚和保加利亚人迁离土耳其。在 20 世纪 30 年代中期，在保加利亚的东北地区，有 62 万祖籍土耳其的公民聚居，另有 6.5 万人居住在南部的多布罗加(Dobrudia)，该地区在 1940 年被罗马尼亚吞并。1928 年到 1939 年，12.5 万土耳其人离开保加利亚，动身前往土耳其；1950～1953 年，有 25 万人动身；1968～1976 年，又有 5 万人前往土耳其。大规模移民在 1989 年再次开始。②

1934 年，土耳其内政部长估计有 200 万土耳其人仍然居住在邻国，用他的话说，他们是"那些直接参与了土耳其数百年的征服、在被征服地区定居并在数百年中以主人身份居住的那里的人们的子孙"。虽然在多民族的奥斯曼帝国思想指导下，把成就构建为土耳其人的成就适合民族主义精英的胃口，但从外人看来，这些"成就"和压迫相联系，或被看成压迫。所有的脱离混居、回到故国的民族迁移都出自新的民族主义政府及其人口规划者们的计划，他们把由于民族文化不同或民族宗教不同而造成的不同生活方式看作是政治忠诚的符号。那些被迁来迁去的人们是数代移民定居者的后代，他们的被遣返意味着在一个陌生的

---

① Gérnard Chaliand and Yves Ternon, *Le génocide des Arméniens* (Brussels, 1980); James L. Barton, *The Story of Near East Relief (1915-1930): An Interpretation* (New York, 1930); Firuz Kazemadeh, *The Struggle for Transcaucasia (1917-1921)* (Oxford, 1951); Anaïs TerMinassian, "Migrations des Arméniens en Russie et en Union Soviétique aux XIXe and XXe siècles," in Dupeux, *Migrations*, 222-224; Vahakn N. Dadrian, *The History of the Armenian Genocide: Ethnic Conflict from the Balkans to Anatolia to the Caucasus* (Oxford, 1995); Frederick A. Norwood, *Strangers and Exiles: A History of Religious refugees*, 2 vols. (Nashville, Tenn., 1965-1969), 2: 265-268.

② Daniela Bobeva, "Emigration from and Immigration to Bulgaria," in Heinz Fassmann and Rainer Münz, eds., *European Migration in the Late Twentieth Century: Historical Patterns, Actual Trends, and Social Implications* (Aldershot, U.K., 1994), 221-237; Joseph B. Schechtman, *The Refugee in the World: Displacement and Integration* (New York, 1964), 54-67; Simpson, *Refugee Question*, 7-11; *André Wurfbain, L'échange Greco-bulgare des minorités ethniques* (Lausanne, 1930); Dimitri Kossev et al., "Bulgarie: Les Migrations bulgares de la fin du XVIIIe Siècle à la seconde guerre mondiale," in Dupeux, *Migrations*, 555-563; Stephen P. Lasad, *The Exchange of Minorities: Bulgaria, Greece and Turkey* (New York, 1932); Charles B. Eddey, *Greece and the Greek Refugees* (London, 1931).

社会环境中流离失所,无家可归。[①]

前奥斯曼帝国的另一块领土巴勒斯坦是根据国联的托管由英国政府管辖的。1917年11月的《贝尔福(Balfour)声明》许诺建立一个“不损害现存的非犹太社会公民权和宗教权的犹太人的民族家园”。德鲁斯人(Druse)、信基督教的亚述人和犹太人的人口流动,以及这一地区所有群体之间对建立自治政府和资源的竞争,使东地中海地区成了冲突敏感地区(见第17章第2节)。[②] 在北非,前奥斯曼帝国领域里的阿拉伯国家的重新结盟没有引起人口的流动。在阿拉伯半岛,一个教规严厉的穆斯林派别——瓦哈比教派(Wahabi)势力,在1926年建立了沙特阿拉伯。埃及在1914年被声称为英国的保护地,英国把埃及的民族主义精英分子驱逐到马耳他,以防止他们在1919年参加凡尔赛和平会议。英国战时攫取强迫劳工的做法曾煽起亲民族主义的情绪。在许多阿拉伯国家,反犹太主义成了阿拉伯民族主义者在边界构建和争取民族自决权斗争过程中的事业。

从里海到波斯湾,英国为了保护石油利益,试图重新获得影响力。英国人用“波斯—哥萨克旅”把土耳其人驱逐到苏联的巴库。在波斯(1935年后的伊朗),里萨·汗(Reza Khan)于1921年也依靠哥萨克人策划了一次政变。英国工程师和在当地动员的劳工在1939年建成了从里海到波斯湾的跨伊朗的铁路线。

新的南部斯拉夫,或南斯拉夫,统一了塞尔维亚人、黑山人、克罗地亚人、斯洛文尼亚人和达尔马提亚人。在12个世纪前由拉丁教会,或拜占庭教会建立的一个宗教部门里,信东正教的塞尔维亚人用西里尔文字与信罗马天主教的克罗地亚人用拉丁文字表达同一种语言。在罗马尼亚,于1919年解放了的犹太人面临着反犹太主义和暴力。阿尔巴尼亚南部穆斯林叛乱的时候(1937年),因为表面上反对政府关于妇女戴面纱的一个法令,实际是表达根深蒂固的不满情绪,意大利法西斯政府派兵干预并占领了这个国家。

前奥斯曼帝国的核心部分变成了少数民族众多的土耳其民族国家。这个过程使大约850万人沦为难民。文化现代化政策引进拉丁文字,从跨文化的土耳其语中清除了阿拉伯和波斯词汇。从德国纳粹统治下逃出来的难民在20世纪30年代成了乡村教师。土耳其的西化在60年代允许土耳其男子和女子移民去西欧找工作。由于文化和政治独立被拒绝,库尔德人被迫采取同样的路线去当

---

① 引用在 Schechtman, *The Refugee in the World*, 54.

② Norwood, *Strangers and Exiles*, 2:268-270, R. S. Stafford, *The Tragedy of the Assyrians* (London, 1935); Kemal H. Karpat, “Ottoman Immigration Policies and Settlement in Palestine,” in Baha Abu-Laban and Ibrahim Avu-Lughod, eds., *Settler Regimes in Africa and the Arab World: The Illusion of Endurance* (Wilmette, Ⅲ., 1974), 57-72, and essays by James J. Zogby and Famwaz Turki, ibid.

外国佣工或沦为难民，亚美尼亚人被迫在世界各地散居，现在主要集中在北美，在苏联境内有亚美尼亚的常住人口。

战争和驱逐：中欧和东欧

20 世纪的第一次欧洲内战，用欧美人的话说是“世界大战”，在 1914 年爆发，但是并不是像火山爆发那样突然，而是一场精心策划的战略行动。大约 6000 万男子被动员起来外出打仗，让妇女接替他们的工作；或让国内劳动市场国际化，不让外国工人离开；或面对压力的情况下，招收额外的劳工。例如，在法国，劳动大军由 23 万西班牙人和 13.5 万北非人、越南人、华人，或邻国比利时人，或遥远的马达加斯加人组成。1917 年后，非欧洲战区和交战国包括了交战双方的殖民地和美国。英国从欧洲以外动员了 20 万士兵，主要是印度兵；法国主要从北非和西非征来 60 万兵源；德国在战前就已经从东欧引进了以男子为主的劳动大军，从这时起，战争的目的中又包括了控制劳动资源。①

1914 年 8 月开战时，大约 500 万欧洲人不是生活在他们祖国。许多人的身份一夜之间从外来劳工、流动劳工、或移民，变成了“有敌意的外国人”，或“敌国公民”。他们中有 1/10 弱的人在某个时期内被拘禁过，其他人则被驱逐或遣返。英国发生了反德暴乱。法国对中立国公民实行拘禁，褫夺了在敌国出生的法国公民的公民权。德国对同盟国公民进行拘禁。这些都表明民族主义的恐外情绪由于军官和文职官员中的战争歇斯底里而加剧。②

战争期间，普通民众，开始是比利时人，然后波兰人、波罗的海各国人、俄国西部人以及东南欧人陷入了流离失所、饥饿和死亡的可怜境地。军队和无家可归的平民欺侮那些为生存而拼命挣扎的人们。德国发动进攻的 3 个月内，比利时 700 万人口中有大约 1/3 成了荷兰、法国和英国的难民。塞尔维亚 300 万人口中，也有 1/3 成了难民，1/10 去从军，另外 1/10 在匈牙利和保加利亚成了强迫劳工。斑疹伤寒导致 15 万人死亡。几十万人艰难跋涉到爱奥尼亚海岸，流散到地中海各个岛屿或到同盟国去。

第一，全欧洲各地的男人、妇女和儿童只身或携家眷逃离战火或远程大炮的

① Lothar Elsner, “Foreign Workers and Forced Labor in Germany during the First World War,” in Dirk Hoerder, ed., *Labor Migration in the Atlantic Economies: The European and North American Working Classes during the Period of Industrialization* (Westport, Conn., 1985), 189-222; John Home, *French Historical Studies* 14 (1985): 57-88.

② Richard B. Speed, Prisoners, *Diplomats, and the Great War: Study in the Diplomacy of Captivity* (New York, 1990), 141-153.

炮击。第二,军队和文职政府驱逐他们认为不忠的群体,比如,德国驱逐波兰人、说带依地语口音德语的犹太人和来自俄罗斯的日耳曼移民的后代。第三,为了延缓德军的推进速度,撤退的俄军采取坚壁清野的策略。到 1915 年 12 月,俄国有 270 万难民,半年后增加到 500 万。第四,随着停火的实施,开小差的、受伤的、生病的俄罗斯士兵返回家园,成千上万的复员军人寻找家人和住所。第五,20 世纪 20 年代初,大约 150 万失去父母的孤儿四处流浪,饥饿和严寒让他们生活在死亡的边缘。"近东地区美国救济委员会"仅在亚美尼亚境内就收容了 7.5 万孤儿和弃儿。第六,被强迫进入俄罗斯战争工业的人们被释放或自己逃离。从德占区被驱逐出境的人不得不自寻归路。第七,1917 年的俄罗斯十月革命遣送了一连串的政治流亡者、避难的贵族和资产阶级企业家到轴心国占领区——芬兰和波罗的海国家,然后再向西行进(见第 12 章第 6 节)。最后,战斗结束后,遣返战俘。比如从同盟国遣返的 200 万德国兵、第三帝国的强制劳工以及奥地利和德国的俄罗斯战俘。

战后,新独立的波罗的海国家和波兰成了战前移民、由于战争流离失所的人、居住在新边界以外的同族人归国的目的地。波兰在被俄罗斯、普鲁士和奥地利瓜分了一个半世纪后,又受到所有交战国军队的蹂躏。在 1920 年的一次单独的战争中,波兰曾为了扩大其南部和东南部边疆而战。流离失所的老百姓和复员军人返回了已经消失的村庄。根据政府的数字,1920 年时,125 万难民回到家乡;1923 年时,又有 70 万人被重新安置,而且另有 30 万人有望得到安置。匈牙利在其新的边界内从罗马尼亚(14 万)、捷克(5.7 万)、南斯拉夫(3.7 万)接收了少数民族的马扎尔人,与此同时却驱逐了德籍匈牙利人。和平条约确定的新边界迫使大约 500 万欧洲人改变了居住国。(见图 4-1)

苏联的内战牵连到效忠皇室分子、自由主义分子、布尔什维克人之间的斗争以及乌克兰和其他民族的解放运动,迫使打了败仗的军队和政治家携家北逃到芬兰和波罗的海国家,南逃到伊斯坦布尔、叙利亚和巴勒斯坦,西逃(特别是)到法国。不管难民到了哪里,都会有一些人定居下来,被当地同化或和当地人通婚,还有些人没有留下子嗣就故去。在东亚,首先是中国的哈尔滨,然后是上海,成了反布尔什维克的流亡人士的中心。根据国际救济组织的数字,他们大约有 6 万人。15 年后,这两个城市都给逃离纳粹德国的犹太人提供了保护所。在新

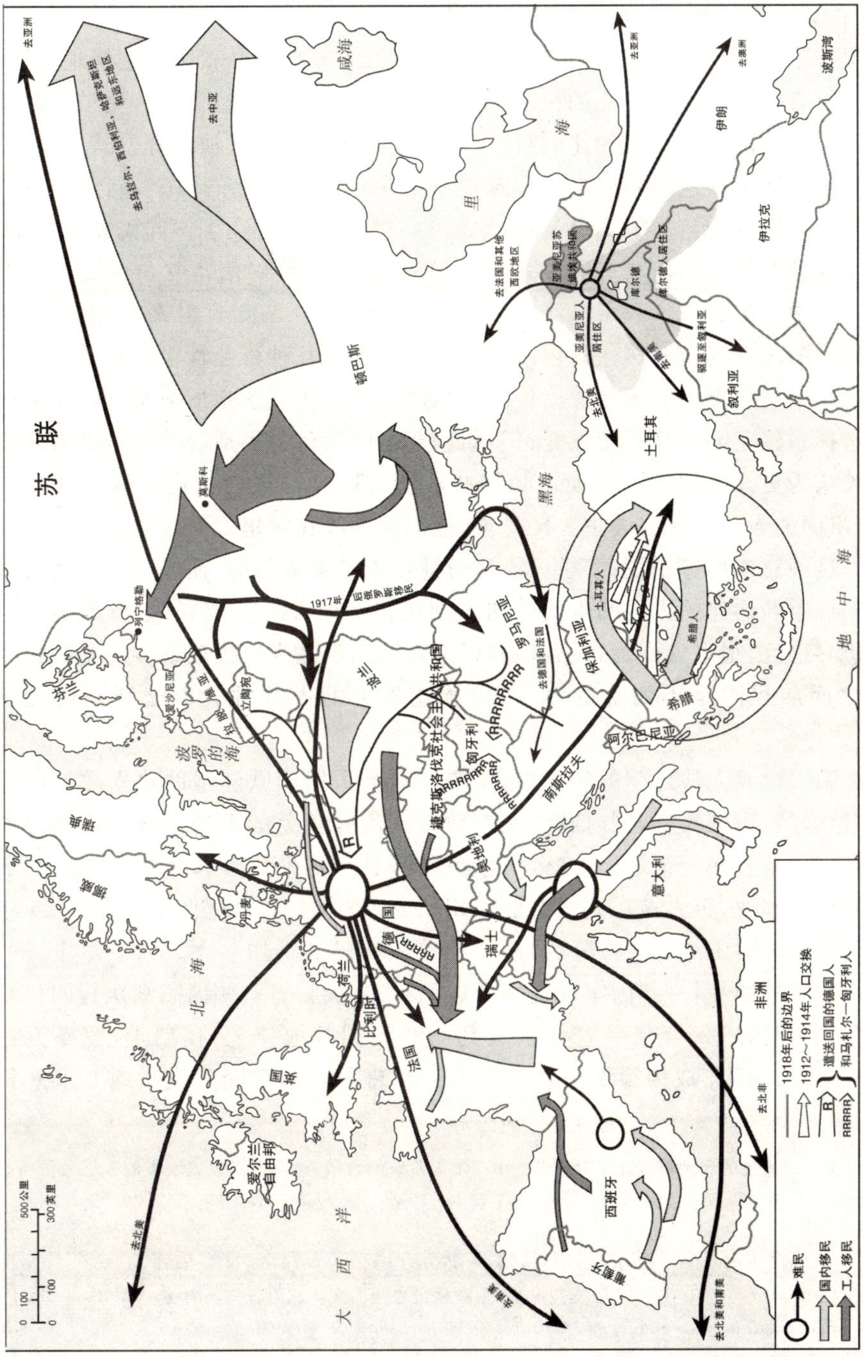

图4-1　1912～1939年欧洲的人口转移、流动和逃亡

疆、蒙古和"满洲"都有因政治原因逃亡国外人士的聚居地。[①]

奥匈帝国先前曾向北美出口大量的男女劳工,特别是从帝国的边缘地区,因为那里没有什么刺激工业化的投资(见第13章)。这些移民用资金、用被国内帝国政府所镇压的语言写成的印刷材料、用在华盛顿进行政治演说等方式支持东、中欧的独立运动。这些新成立的国家没有一个是单一文化的国家:划定边界并没有考虑多民族的定居模式;居住在原地的人发现自己住在了不同民族的国家。保护民族利益的人确信具有历史意义的民族领土,这种确信常常与所要得到的地区的自然资源有关。战后这些"民族国"的建立,使2000万男人、妇女和儿童住在他们的民族同胞所居住的国家以外的国家。有几种可能性决定这些人的命运:(1)小聚居并形成局部多数民族的"少数民族"可能试图定居下来;(2)小群体可能选择新建立的"祖国"而离开;(3)新构建的国家认为不适合的人可能被驱逐或与被认为更为合适的人交换;(4)那些被所有国家都认为不可接受的人成了"没有祖国的人",在哪里失去公民身份,他们就搁浅在哪里。对建立单一人种的民族国这种意识形态来说,多重民族身份被看成是有威胁的,而成立国家使这些文化上被重新构建的人们的生活更加复杂化。例如,波兰、俄罗斯、波罗的海国家的边界地区,很多人认为自己就是"当地人",而不是少数民族或者侨胞。民族群体之间的界限是不明确的,处在民族边界上的人常常会不流利地说几种语言。[②]

在两次世界大战之间的年代里,北美的数千人回到欧洲帮助建立政治机构和为"他们的"祖国投资,同时欧洲又有数万人离开荒芜的土地奔向北美洲。英国的人口规划者在一个最后的"帝国移民"计划中,把失业者和复员军人送到加拿大和澳大利亚,男人被送到贫瘠的农田,妇女被送去当家庭佣工。在1926年的英国全国总罢工的工人投降后,矿工的家属移民到了加拿大。为了防止进一步的少数民族冲突,一些国家改进了少数民族的权利,另一些国家则执行同化政策。在比利时,1922年佛兰芒语被放到与法语同等地位上;在瑞士,罗曼方言(Romansh)1937年成为第四个官方语言。西班牙的加泰隆人成功地要求并得

---

① 上海对难民的容纳程度高于对流动的中国工人阶级的容纳程度,后者被该城市的上层人士所歧视。Emily Honig, *Creating Chinese Ethnicity: Subei People in Shanghai, 1850-1980* (New Haven, 1992).

② Joseph Schechtman, *European Population Transfers, 1939-1945* (New York, 1946), 6; Marrus, *The Unwanted*, 68-70,178-179. 对加拿大、东欧移民之间的文化和语言交流问题,参见 Paul Migus, ed., *Sounds Canadian: Languages and Cultures in Multi-Ethnic Society* (Toronto, 1975), 32; Dirk Hoerder, *Creating Societies: Immigrant Lives in Canada* (Montreal, 1999), chaps. 18,19.

到了一些自主权。相反，意大利政府在前奥地利南部的蒂罗尔/特伦蒂诺(Tyrol/Trentino)地区坚持意大利化政策。在阿尔萨斯—洛林，说德语的人面临法兰西化政策，不断来到煤矿小镇的意大利劳工又增加了一种文化。两个新出现的多民族的城市——奥地利人、斯洛文尼亚人和意大利人定居的里耶卡(Fuime)[①]和波兰人与德国人定居的但泽/格但斯克市，仍然是邻国之间争夺的地方。在先前的帝国中，奥地利成了一个没有进一步政治意图的小国。德国和土耳其不得不紧缩，但是不甘心，还想重新崛起。[②]

第一次世界大战后东欧日耳曼民族各群体的迁居和定居在政治上引起很多麻烦，就像奥斯曼帝国垮台后的人口交换一样。用当时的官方话说，德国人被分成住在第三帝国本土的人(Reichsdeutsche)、住在第三帝国附近的德国人(Grenzdeutsche)和住在东面、东南面更远地方的德国人(Auslandsdeutsche 或 Volksdeutsche)，当然，还加上奥地利人和说德语的瑞士人。新德意志共和国的 6240 万人口中包括 150 万非日耳曼人，其中有 110 万波兰人，还有 130 万从东部被驱逐的日耳曼人后代和自愿离开阿尔萨斯、波兰和格但斯克/但泽的人。住在东面和东南面更远地方的德国人大批移民到美洲或更远的地方。住在第三帝国附近的德国人所居住的领土，往往吸引着有吞并意图的人的虎视眈眈的眼球。在 1938 年德国吞并了具有 800 万人口的奥地利之后，纳粹政府统计第三帝国以外的日耳曼人有 1000 万。当捷克的具有 350 万人口的苏德台区被扩进第三帝国后，波兰政府抓住机会夺取了捷克控制的捷申(Teschen)地区(24 万居民)，匈牙利政府占领了斯洛文尼亚南部地区(100 万居民)。1939 年 9 月 1 日，纳粹德国发动征服生存空间的战争，以便为它所认为的雅利安优秀人种和所谓劣等的、作为劳动力储备的斯拉夫人种夺取更大的生存空间。[③]

苏联的民族：帝国和自治

即使在苏联享有“面包篮子”之称的乌克兰，战时的破坏也造成了食品供应方面的灾难性的减少。在现代欧洲史无前例的饥荒中，饥饿引起了大规模的人

① 斯洛文尼亚城市，原名 Fiume，现改名为 Rijeta，即里耶卡。——译者注

② 法兰西和不列颠殖民帝国在二战后瓦解。爱尔兰，这个欧洲的唯一殖民地，1920～1922 年获得独立。

③ *Statistik des Deutschen Reichs*, vol. 401 (Berlin, 1930), 412-423, 491-492, 623-640; Marrus, *The Unwanted*, 52-56; Meir Buchsweiler, *Volksdeutsche in der Ukraine am Vorabend und Beginn des Zweiten Weltkriegs-ein Fall doppelter Loyalität*, trans. Ruth Achlama (Hebrew orig., 1980; Gerlingen, 1984).

口流动。粮食供应奇缺的城市里人去楼空,1918～1921 年,至少 500 万人死去。由于都市工人和农村同乡之间存在的持续的联系纽带,离家出走更加方便。在大饥荒之后,营养缺乏迫使人们从北方迁到南西伯利亚,再从那里西迁。由于交通的重新开通和 1921～1927 年新经济政策强征各种必需品供应到城市,农业生产增加了,人口流动又开始反向进行,工业生产重新开始了。但是在 1928 年之后,剥夺富农财产的行动破坏了农业生产,又发生了第二次饥饿大逃亡(见第 16 章第 2 节)。①

争取去殖民化的斗争和政府准许许多民族自治的做法,造成了复杂的自愿的和强迫的人口流动。苏联的许多民族都建立了自治社会主义共和国,其中之一是亚美尼亚共和国。苏联的阿塞拜疆成了犹太人的聚居地。从乌克兰到跨里海广大地区的去殖民化涉及非俄罗斯民族,比如乌兹别克人、吉尔吉斯人,他们利用沙俄战时失去控制的机会驱逐了俄罗斯移民。这些难民们转向由于饥饿被抛弃的土地。在哈萨克斯坦,沙皇政府支持的俄罗斯定居者先前赶走了游牧民族的人,共产主义政府减少了所能拥有的土地,哈萨克人和吉尔吉斯人又赶着羊群从中国返回了他们先前在 1916 年叛乱失败后逃离的土地。当新俄罗斯定居者"自发地"把官方向移民关闭的土地转让出去的时候,哈萨克苏维埃共和国限制俄罗斯人的土地所有权。苏联政府在 1928 年作出反应,把哈萨克斯坦向定居者开放,就像先前对待西伯利亚和远东一样。正如沙俄时代一样,俄罗斯民族的布尔什维克国家机器,即殖民局,统治着其他少数民族,把哈萨克人维护自己权利的行为视为"民族主义越轨行为"。游牧人口从 1927 年前的 200 万～300 万户,减少到 1935 年的 50 万户以下。失去家园的家庭屠宰他们的畜群的时候,食品短缺又增加了他们的死亡率,并减少了对城市人口的供应。1936 年的宪法重新划定边界,以便减少非俄罗斯民族的自决权。

在俄罗斯的远东地区,华人、朝鲜人和日本人移民与俄罗斯移民进行竞争造成物价下降,影响了农业经济(见第 17 章第 1 节)。因为俄罗斯移民远离自己的家园,中国商人和日本渔民掌有一些竞争优势。1915 年,被日本东部殖民局剥夺财产(以便为稻子种植园腾出土地)的大约 9 万朝鲜人来到了。1926 年人口统计表明有 16.8 万朝鲜人,其中一半已经有了俄罗斯公民身份(见第 16 章第 4 节)。其他记载把这个数字说成高达 25 万。俄罗斯远东人口的 1/5 是东亚人。

① Benjamin M. Weissman, *Herbert Hoover and Famine Relief to Sovet Russia*, *1921-1923* (Stanford, 1974); Eugene M. Kulischer, *Europe on the Move*: *War and Population Changes 1917-1947* (New York, 1948), 64-67, 94-99.

苏联人口于1917～1923年低落之后，又迅速增长。城乡间的大批人口流动改变了各少数民族的相对人口比例。犹太人由于不再被限制在专门管辖的区域内而开始扩散。在以农业为主的乌克兰，人口增长低于平均增长水平；在俄罗斯的工业城市和新工业区，人口增长远高于平均水平。1926～1939年，大约有500万人跨过乌拉尔山向东迁移，或向南流动到哈萨克斯坦和中亚的乌兹别克、塔吉克、土库曼和吉尔吉斯苏维埃社会主义共和国。这些流动人口中有1/6是农民定居者，其他人是迁向工业和矿业边疆的劳工。当这些工业就业机会导致伐木、挖炭、建筑方面劳动力短缺的时候，国家采取了强迫劳工制度（见第16章第2节）。①

纳粹统制下的政治移民和犹太逃亡

1914～1918年战争期间的难民还没有完全融合，几个国家的法西斯政府又造成了新的逃亡潮。民主政府被取代，迫使先前的社会上层分子和工人领袖走上流亡之路，但是全面专制集权政府目的是让全社会和臣服的人们在智力上窒息。逃亡的人几乎没有什么选择。甚至在法西斯上台之前，西方世界就已经出于对收容广大穷苦大众的恐惧和种族主义意识形态出发而竖起了阻止移民的障碍。伴随着1917年、1921年、1924年的限制移民的法律，美国只允许很小的东欧移民份额，并禁止任何可能引起公众指责的人入境。加拿大排斥激进分子和犹太人。除了20年代意大利流亡者之外，所有难民都进入了萧条的经济领域。在一段很长的时间内，他们反法西斯行动很受人们的同情，但是找不到工作；他们的暂居延长时，对他们的支持反而减少了。由于政治和知识的原因以及法西斯迫害的原因而逃亡的犹太人所能得到的帮助则更少。不断强大的德意志第三帝国给邻国政府施压，不让他们接受难民。②

法西斯政府把一批批政治反对者送上逃亡之路：意大利是1922年开始的，德国是1933年之后，西班牙从1936～1939年起，葡萄牙也是一样，奥地利是在1933年之后，然后是匈牙利、东南欧和被吞并的苏德台区和捷克。意大利的法西斯恐怖是20年代初上演的，自由派上层分子流亡者、富于战斗精神的工会、社会主义和无政府主义党派以及艺术家和知识分子都被蔑称为“外国家伙”（fuorusciti），就像德国社会主义者曾经被称为“没有祖国的家伙”（vaterlandslose Gesellen）一样。1926年前，150万意大利工人一直维持着战前的移民模式（见第

① Kulischer, *Europe on the Move*, 64-88, 99-128.

② Marrus, *The Unwanted*, 122-135; Norwood, *Strangers and Exiles*, 2:277-296.

13 章第 1 节),后来,意大利法西斯政府把未经允许移居国外的行为定为犯罪。政治流亡者可以加入在法国、瑞士、西班牙、比利时、阿根廷和北美散居的工人阶级。但是散居的著名人士往往支持法西斯。巴黎成了反法西斯主义者的中心:大约 90 万意大利人住在法国,一直到 1939 年后他们充满活力的文化被摧毁。①

在纳粹德国,1933 年 3 月的授权法(Ermächtigungsgesetz)开始抵制犹太人的商业和专业人士。大约一两万东欧犹太人被驱逐,大约 6.5 万犹太和信基督教的资产阶级贵族和文化领导人在 1933 年为躲避德国褐衫党的恐怖而逃亡。1935 年的德国纽伦堡法剥夺了德国犹太人的公民权。根据法律,"犹太人"被构建成父母双方都是犹太人的人,"半犹太人"被认为是父母有一方是犹太人的人,"四分之一犹太人"是指祖父辈有一人是犹太人的人。犹太人和雅利安人之间的通婚被禁止。在 1938 年 11 月 9 日的"集体迫害的水晶之夜"(Kristallnacht)之后,犹太人不能再维持生计。由于德国人口中只有 1%,即 60 万人,是"非亚利安人",德国种族主义被称为"反闪米特主义",而不专指犹太人。到 1938 年时,15 万犹太人和 5 万非犹太的男人、妇女和儿童逃亡。越来越严格的纳粹移民政策不准许转移财产。于是,难民到达接收国时都是一贫如洗,接收国不愿意养活他们,也养活不起。越来越多的人逃到海外,如果是犹太人,就逃到巴勒斯坦。②

在伊比利亚半岛,"西班牙军队的存在就是为了养活两万名军官"(Kulischer)。没有了殖民地,没有了敌人,但是为了寻找一个理由,驻摩洛哥的军官发动叛乱,让两部分西班牙人相互厮杀:正现代化的沿海和北部地区的人与保守、反动的农业地区的上层分子之间开战。法西斯将军们派非洲人("摩尔人")去打共和分子,于是,制造暴行的北非人的形象出现了。约 4.5 万来自欧洲各地和北美

① Nancy L. Green, Laura L. Frader, and Pierre Milza, "Paris: City of Light and Shadow," in Dirk Hoerder and Horst Rössler, eds., *Distant Magnets: Expectations and Realities in the Immigrant Experience, 1840-1930* (New York, 1993), 34-51; Marrus, *The Unwanted*, 124-128; Roberto A. Ventresca, "'To Right Past Wrongs': Fascism, Antifascism and the Politics of Ethnic Identity in Canada," paper given at the "For Us There Are No Frontiers" symposium, Tampa, Fla., Apr. 1996.

② Ruth Fabian and Corinna Coulmas, *Die deutsche Emigration in Frankreich nach 1993* (Munich, 1978); David Pike, *German Writers in Soviet Exile, 1993-1945* (Chapel Hill, N. C., 1982); Barbara Vormeier, "Dokumentation zur französischen Emigrantenpolitik (1933-1944)," in Hanna Schramm, ed., *Menschen in Gurs: Erinnerungen an ein französisches Internierungslager, 1940-1941* (Worms, 1977), 157-245; Jarrell C. Jackman and Carla M. Borden, eds., *The Muses Flee Hitler: Cultural Transfer and Adaptation, 1930-1945* (Washington, D. C., 1983), esp. Alan Beyerchen, "Anti-Intellectualism and the Cultural Decapitation of Germany under the Nazis," 29-44; Mitchell G. Ash and Alfons Söllner, eds., *Forced Migration and Scientific Change: Emigré German-Speaking Scientists and Scholars after 1933* (Cambridge, 1966).

的急进派和民主派以及来自苏联的顾问到西班牙保卫西班牙共和国。德国和意大利派出的“自愿军”支持叛乱分子。1938 年 8 月，来自法西斯控制地区的 200 万难民来到西班牙共和派地区。共和国垮台后，20 万士兵和约 25 万平民逃亡翻越比利牛斯山脉到法国，并在法国面对着思想、感情和经济上的歧视。法国当局把他们中处于参军年龄的男子又送回去，根据民族国的意识形态，他们属于“开小差的人”。法国人收容了来自纳粹德国及其占领区的 38.8 万难民，在 1939 年是西方世界难民最集中的国家，感到不堪重负，出于害怕做出反应。由于缺少资金和同情，难民被安置进临时凑付搭建的营地，食品短缺而且要接受信件检查。保守的法国政府为了把难民送回法西斯的西班牙，夺取了合法的西班牙共和国的黄金储备，并以接受难民为条件付给叛乱的法西斯分子。那些能避免返回的人加入了法国军队或抵抗组织，大约两万去了墨西哥；4000 共产党人流亡到苏联，还带着失去双亲的孤儿。在 1951 年，仍然有 11.2 万西班牙难民生活在法国。①

法国作为传统的移民国家在 20 年代曾吸引大批移民，以补偿战时人口的损失。1931 年，当 300 万波兰人、比利时人、意大利人和德籍波兰人居住在这个国家的时候，高涨的失业率使右翼势力展开了一场恐外排外运动。德国难民到来的时候，内政部长紧缩准入规定，在边界地区把难民赶回去，并驱逐入境的秘密组织成员。反对工人并把难民说成间谍的保守的达拉第政府在 1939 年时也不能阻挡潮流：流亡者从被占领的捷克来到法国，大约 4 万多德意志难民也来到法国。英国接受了 5 万从第三帝国逃亡的人和从捷克来的 6 万难民。瑞士曾经是 19 世纪政治流亡者的避难所，第一次世界大战期间接受过 11 万平民难民，但是在大萧条影响下，面对德国第三帝国的压力，在隐隐约约的反闪米特的沾沾自喜的情绪中，政府只允许犹太人去往其他永久性居住地而从瑞士过境。当大批的奥地利人在奥地利被吞并后到来的时候，自命不凡的官员拒绝吞并前（pre-AnschluB）的护照为有效护照。用其最高警官的话说，瑞士绝不能“满是犹太人”。

① Louis Stein, *Beyond Death and Exile: The Spanish Republicans in France, 1939-1955* (Cambridge, Mass., 1979); Kulischer, *Europe on the Move*, 227-247; Marrus, *The Unwanted*, 190-194.

被送回纳粹德国的难民常常被送到劳动营和死亡营。[①]

制造难民的法西斯国家四周都是拒绝难民的民主国家。这使苏联成了避难的国家。但是到达苏联的数千共产主义者和工会积极分子中有许多人最终在斯大林的清洗运动中丧命。于是，敞开的大门几乎关闭了。土耳其和一些东欧国家以及中国接受了一些难民。[②]

欧洲的犹太公民和德国官员魔爪下的吉普赛人及同性恋者所遭受的痛苦最大。解放之后，犹太人已经与各自生活的社会同化。"不受各种束缚，相信多元文化主张的资产阶级的德国人……认为他们在自己的故乡很安全"，富裕的西班牙和葡萄牙人与犹太人的后裔以及新近到达的阿什肯纳兹人(Ashkenazim)很好地融合进荷兰社会，法国的各种出身的犹太人也融合进了法国社会；但是，反闪米特分子仍然活跃：反动的法国军队的总参谋部挑起了德雷福斯事件(Dreyfus affairs)；英国政府在 1905 年通过了反侨民法。另一方面，大部分东欧犹太人生活在贫困中并被隔离。在俄国，一股集体迫害潮自从 19 世纪 80 年代以来一直受到东正教督察长的鼓励，他主张建立没有犹太人的国家：1/3 将皈依东正教，1/3 将移居国外，另外 1/3 将死去。在罗马尼亚，犹太手工匠人在 1900 年发出呼号："我们要像人一样生活，如果这里不可能，我们就去其他地方生活。自由和面包，我们两者都要！"为了让国际上了解他们的困境，数千人步行约 1500 公里到汉堡乘船远航北美。像过去的朝圣者一样，这些"犹太逃亡者"(fusgeyers)穿着凉鞋，拄着棍子，穿着特殊的衣服徒步前进。在波兰，公众舆论赞成"从经济

---

① Moshe Bejski, "The 'Righteous Among the Nations' and Their Part in the Rescue of Jews," in Yisrael Gutman and Efraim Zuroff, eds., *Rescue Attempts during the Holocaust: Proceedings of the Second Yad Vashem International Historical Conference*, trans. Moshe Gottlieb et al. (Jerusalem, 1974), 627-647; Alfred A. Häsler, *The Lifeboat Is Full: Switzerland and the Refugees, 1933-1945*, trans. Charles L. Markmann (German orig., 1967; New York, 1969); Helmut F. Pfanner, "The Role of Switzerland for the Refugees," in Jackman and Borden, *The Muses Flee Hitler*, 235-248; David S. Wyman, *Paper Walls: America and the Refugee Crisis 1938-1941* (Amherst, Mass., 1968); Marrus, *The Unwanted*, 145-158.

② Marrus, *The Unwanted*, 135-141; Frank Epp, *Mennonite Exodus: The Rescue and Resettlement of Russian Mennonites since the Communist Revolution* (Altona, Man., 1962); Harvey Dyck, "Collectivization, Depression, and Immigration, 1929-1930: A Chance Interpaly," in Dyke and H. Peter Krosby, eds., *Empire and Nations: Essays in Honour of Frederick H. Soward* (Toronto, 1969), 144-159; Jan Cremer and Horst Przytulla, *Exil Türkei: Deutschsprachige Emigranten in der Türkei 1933-1945* (2d ed., Munich, 1991).

生活中消灭犹太人"和"商业的波兰化"(见第 12 章第 5 节、第 13 章第 1 节)。[①] 在接受移民的北美国家,犹太人,就像东欧和南欧的移民一样,被看成劣等民族。当犹太男人、女儿和儿童处于极端困难和遭受极大屈辱但仍能离开纳粹德国的时候,美国在其限额立法的管理下只对 8600 人给予准入证,从 1929 年的 24.3 万人减少下来。加拿大移民当局对难民和流亡者关闭了国门,说:"一个也不要。"[②]

在 1930 年,犹太人有 330 万住在波兰,大约 75.7 万人住在罗马尼亚,44.5 万人住在匈牙利,300 万住在俄罗斯。德国有 52.5 万犹太人;在奥地利的 18 万犹太人中有 16.5 万住在维也纳。在 1938 年对犹太人的迫害加剧,德国军队在 1939 年向东、西两面进军时,发生了第二次逃亡潮。先前在邻国避难的人往更远的地方逃窜,去北美或土耳其。例如,一种新税种叫"离国税"(Reichsfluchtsteuer),强加给那些离开第三帝国的人,没收了德国犹太人的财产。一些援助犹太人的组织接受了这种不可避免的条件,在转移协议下(Ha'avara Agreement,希伯来语为"转移"),纳粹政府和其他国家签约,以犹太人换取外汇和进入国际市场的机会。德国中央银行建议准许 15 万犹太人移居国外换取资本转移。从 1838 年 4 月到 1939 年 8 月,12.65 万犹太人设法逃离了大德意志帝国。从奥地利和德国被驱逐的两万波兰犹太人被波兰政府剥夺了公民权,半法西斯的罗马尼亚政府剥夺了本国 1/3 信仰犹太教的公民的公民权。1938 年 8 月,意大利政府命令所有在 1919 年后移居意大利的犹太人在半年之内离境,并禁止犹太教师和学生进入学校,禁止意大利人和非雅利安人通婚。1939 年 5 月,匈牙利政府

---

① Jack Wertheimer, *Unwelcome Strangers: European Jews in Imperial Germany* (Oxford, 1987), quote on 3; Marrus, *The Unwanted*, quotes on 34, 144; Nancy Green, "Jewish Migrations to France in the 19th and 20th Centuries: Community or Communities?" *Studia Rosenthaliana* [special issue] 23 (fall 1989): 135-153, and Green, *The Pletzl of Paris: Jewish Immigrant Workers in the "Belle Epoque"* (French orig., 1985; New York, 1986); Trude Maurer, *Ostjuden in Deutschland, 1918-1933* (Hamburg, 1986); William J. Fishman, *East End Jewish Radicals, 1875-1914* (London, 1975); Ezra Mendelsohn, *The Jews of East Central Europe between the World Wars* (Bloomington, 1983); Lloyd P. Gartner, *The Jewish Immigrant in England, 1870-1914* (London, 1960); Steven E. Aschheim, *Brothers and Strangers: The East European Jew in German and German Jewish Consciousness, 1800-1823* (Madison, 1982).

② Irving Abella and Harold Troper, *None Is Too Many: Canada and the Jews of Europe, 1933-1948* (Toronto, 1983), Ⅸ; E. Thomas Wood and Stanislaw Jankowski, *Karski: How One Man Tried to Stop the Holocaust* (New York, 1994); Richard Breitman, "The Allied War Effort and the Jews, 1942-1943," *Journal of Contemporary History* 20 (1985), 135-156, 以及正在进行的对英国国家安全局最近公布的文件的研究。

禁止犹太人进入高级专业的职业和经商,并把他们开除出政府部门,命令他们在5年内移居国外。在荷兰,安妮·弗兰克(Anne Frank)和她的家人隐藏在阿姆斯特丹,被一个告密者揭发。①

虽然难民越来越多的趋势很明显,欧洲的政府却减缓了难民入境的速度,恪守准入的行政秩序。1938年在法国依云(Evian)举行的难民大会上,美国外交官坚持建立跨政府的难民委员会来商讨怎样结束驱逐造成的混乱,并建立财产转移的程序。财产转移可以抵消接收社会的援助开支。当1939年5月德国的圣·路易号船搭载930名难民抵达古巴时,管理部门拒绝接受先前批准的入境文件。拉丁美洲政府以及美国和加拿大政府都不准这些身处绝境的人们入境。其他难民决定了向东的航线,到了中国的哈尔滨和大上海。在上海的400万人口中,有10万日本人、俄罗斯人、英国人、德国人、奥地利人和美国人居住在国际居住区、法国街和小东京。上海的犹太社会主要是由在1917～1918年从波兰和俄罗斯到来的流亡者组成的。截至1939年,估计大约有18万难民,包括13.5万信犹太教的人,到达了上海。②

正如美国记者瓦尔特·李普曼在1939年所说,民主政府和纳粹政府都一致认为,犹太人应该被迁移到某个"现代意义上的有组织的社会生活还不存在的、无人居住的地方"。最经常被人们提到的目的地是热带的法属马达加斯加。那里有380万土著人和3.6万欧洲人。其他目的地包括北婆罗洲(提出这种主张的英国人在那里有经济利益)、多米尼加共和国、英属圭亚那、塞浦路斯、菲律宾、比属刚果、厄瓜多尔、海地、墨西哥、苏里南和埃塞俄比亚的西南部。根据Marrus所说:

① Raul Hilberg, *The Destruction of the European Jews* (Chicago, 1961); Herbert A. Strauss, "Jewish Emigration from Germany: Nazi Policies and Jewish Responses," *Yearbook of the Leo Back Institute* 25 (1980): 313-361, 26 (1981): 323-409; Juliane Wetzel, "Auswanderung aus Deutschland," in Wolfgang Benz, ed., *Die Juden in Deutschland, 1933-1945: Leben unter nationalsozialistischer Herrschaft* (Munich, 1988), 413-498; Marrus, *The Unwanted*, 61-68, 128-131, 166-177, 158-207, 212-219; Helmut Genschel, *Die Verdrängung der Juden aus der Wirtschaft des Dritten Reiches* (Göttingen, 1966); David Yisraeli, "The Third Reich and the Transfer Agreement," *Journal of Contemporary History* 6, 2 (1971): 129-148.

② Jacques Vernant, *The Refugee in the Post-War World* (London, 1953), 581-582, 在拉美发行受限制; David Kranzler, "The Jewish Refugee Community of Shanghai, 1938-1945," *Wiener Library Bulletin* 26, 3/4 (1972/73): 28-37; Renata Berg-Pan, "Shanghai Chronicle: Nazi Refugees in China," in Jackman and Borden, *The Muses Flee Hitler*, 283-290; Percy Finch, *Shanghai and Beyond* (New York, 1953); Felix Gruenberger, "The Jewish Refugees in Shanghai," *Jewish Social Studies* 12 (1950): 329-348.

> 政府领袖和雇员都迎合当时的偏见，喜欢想象这样的一幅图画：年轻的犹太人在阳光充足的遥远国度的土地上耕耘，并在此过程中极大地改进了自己的生活。实际上，德国犹太人中有3/4已经40岁以上，大部分住在大城市里，其中只有2%了解种地，而且一半以上从事贸易和商业。人们只能得出结论说，在设想这些计划时候，几乎没有清晰地考虑过犹太人的实际情况。

于是，巴勒斯坦依然是唯一的目的地。但是那里的阿拉伯人正在失去住所，这片土地的托管者英国人担心他们与阿拉伯政府的关系。在英国人1937年把移民减少到10.05万人以前，阿拉伯公民曾经发生过叛乱。甚至支持在巴勒斯坦复国的犹太人也表达了一种关切，即这个只有40万人的从事农耕和建国的社会会被逃离法西斯的大批难民淹没。“新复国主义者”明白他们是在立刻获救和死亡之间进行选择，于是提出在10年间把150万犹太人转移到巴勒斯坦的建议，但是没有成功。1938～1941年，去以色列的犹太移民运动（“Aliyah Bet”）和地下军事哈格纳（Haganah）私自贩运1.81万人到这些领土。

1939年9月后，德国的犹太人首先作为国内劳动力被运到波兰领土上。在第二阶段，重新安置区要变成纳粹御用犹太参议会：摩西教的人要被彻底清除。于是，被驱逐出境的人再次被驱逐出境，这次被赶到波兰城市的犹太贫民窟里。极端的拥挤和有计划的饥饿造成了流行病和大批死亡。第三次驱逐出境，或称“最后解决方法”，是把男人、妇女和孩子运送到专门的营地，他们要在由德国银行投资、由德国企业开办的军工厂里干活直到累死为止。用当时的话说，造成所谓的“自然减员”，以区别于死亡营中用毒气熏死和在党卫军、秘密警察别动队（Einsatzgruppen）和地方上的、波罗的海诸国或乌克兰的法西斯分子的刑场上丧生。在犹太人大屠杀中，有500万～600万人被屠杀。在奴隶工中，失去劳动能力的人也被送到毒气室。在基辅附近的一个叫巴比沟的沟壑，有3.3万多人被屠杀。100多万人在奥斯维辛被屠杀、焚尸——滑翔机运动利员甚至可以使用从那些高大烟囱上方上升的热空气。由于英国间谍机构在1942年破译了德国密码，所以盟军能够把从屠杀场发出的“成绩”报告记录下来。

在被占领的东欧，要逃生只能躲进占领军不能到达的树林和沼泽地。估计有20万～35万犹太人到达了未被占领的苏联。此外，有些相信人性、基督教责任或公认的体面行为比政府政策更重要的个别官员，为犹太人和政治难民提供了签证和逃跑路线，或对一些秘密援助组织的活动故意视而不见。大约10万人通过意大利、西班牙和葡萄牙辗转离开，那里的法西斯政府由于各种原因没有执行灭绝政策。西班牙政府实际上为西班牙和葡萄牙犹太裔提供了保护，因为他们是 1492 年被驱逐者的后代,由于某种思维逻辑,被看作是西班牙的"丢失的孩子"。中立国中,土耳其成了最重要的中转站,伊斯坦布尔居住着成千上万的难民。瑞典准许挪威难民和丹麦犹太人以及其他人入境,战时大约总共有 23.7 万人,瑞典政府代表的柏林之行是为了释放集中营被关押者进行谈判,并支持解救东欧犹太人的使命。① 最后,日耳曼语支中一个分支的代表,即说依地语的人,几乎被完全灭绝。②

2. 新的对劳动的严密监管

在 20 世纪的 20 年代和大萧条年代里,各国政府不断限制工人在北半球范围内地理上的流动性。移民限制减少了国际工人阶级的流动。在许多国家,失业的男子,有时是女子,被送进救济营。北美和西欧政府把工人活动积极分子和失业者驱逐出境。根据从 1880 年(美洲的非洲黑奴制度)到大约 1920 年(大英帝国的契约工制度)的大多数解释,强制劳工,不管是奴隶的形式、限制在营地的临时工形式,还是非自愿的契约工(苦力)形式,都结束了。但是,1890～1930 年,国际组织仍然用各种条约反对继续对劳工进行限制性的严密监管。比如禁止奴隶制的 1890 年布鲁塞尔条约、废除隐蔽形式的奴隶制的 1919 年圣—日耳曼条约、1926 年国联反奴隶制条约、1930～1931 年日内瓦的国际劳工处的强制劳工条约和 1936 年欺诈性招收本土工条约。③

在 20 世纪 20 年代的欧洲,民族主义的、阶级的、性别的和(半)法西斯的意识形态决定劳工的管理和流动。在经历了战后的萧条和暂时边境关闭之后,法国成为流动劳工最重要的目的地,大约有 200 万人来到法国。这种流动是得到鼓励的,因为 135 万法国士兵,成年男子的 1/10,在第一次世界大战中阵亡或在

① Marrus, *The Unwanted*, citing Lippman on 184, 246-267, 278-282; Léon Papeleux, *Les Silences de Pie XII* (Brussels, 1980); John F. Morley, *Vatican Diplomacy and the Jews during the Holocaust, 1939-1943* (New York, 1980); Leni Yahil, "Scandinavian Countries to the Rescue of Concentration Camp Prisoners," *Yad Vashem Studies* 6 (1967): 181-220.

② Hans-Heinrich Nolte, ed., *Deutsche Migrationen* (Münster, 1996), 指出了这种语言上的近亲关系。

③ 关于与刑法系统和兵役相关的强制劳工,参见 Paul Cornil, "Trends in Penal Methods with Special Reference to Prison Labor," in Marvin E. Wolfgang, ed., *Crime and Culture: Essays in Honor of Thorsten Sellin* (New York, 1968), 387-404; Robert Evans Jr., "The Military Draft as a Slave System: An Economic View," *Social Science Quarterly* 50 (1969): 535-543. 关于 20 世纪前将犯人驱逐出境问题,参见 chaps. 9.3, 9.5, 13.40。

战场上失踪。法国必须补充男子劳动力。另一方面，为了把民族的土地保留给“纯粹的”法兰西国家，民族主义者在 1926 年禁止意大利农民移民到法国西南部，那里土地的价格只是意大利北部平原土地价格的 1/10～1/5。意大利法西斯分子限制向国外移民，以避免“失去民族资格”，并命令怀孕的移居国外的妇女回国，在意大利国土上（即自己的祖国）生产婴儿。去非洲的移民是受鼓励的，以便让原住居民失去国籍。在埃塞俄比亚殖民地，不同民族父母的混血儿童，只要父亲是意大利人，就可被认为是意大利人：男人的精子和女人的子宫都是帝国计划的一部分。

为了减少按照阶级建立组织，法西斯的西班牙废除了工会和工人党派。在 20 年代，北部和东部地区的 20 万失业工人到了法国，特别是到比利牛斯省；然后，从内地粮食生产经济区到马德里和巴塞罗那等城市以及其他沿海工业区的国内流动减少了出境移民。法西斯主义及其对工人的控制一直持续到 1975 年，该制度才寿终正寝。在法国，雇主招募波兰工人，使他们没有转换工作的权利或为更好工作条件而迁徙的权利。①

在美洲，美国政府在 1917 年后把工人的组织者和激进分子，不管男女，驱逐到苏联，在 30 年代把墨西哥工人驱逐到墨西哥。劳役偿债制，即债务基础上的强制劳工，虽然在 1867 年后废除了，但仍然一直强加在美国黑人和美籍墨西哥工人头上。监狱农场的官员随意逮捕流动工人。在 30 年代，国会维克舍姆委员会不得不着手调查“执法中的无法无天行为”。有些州，例如佐治亚州，规定给被雇佣的仆人、种植工和农场工提供州外工作机会为非法。非自愿劳工的形式在美国殖民地也很普遍，比如菲律宾，或在美国势力范围控制区，比如古巴和危地马拉。② 在 20 年代的加拿大，男性收割工和女性家政仆人在警察护卫下被送到目的地，以劳动抵偿护送协议规定的费用。大萧条时期的由军事当局管理的失业者营地里，男子只得到最低的救济。移民因为害怕驱逐出境而不敢申请救济。

---

① Kulischer, *Europe on the Move*, 206-225 (Italy), 227-239 (Spain); Georges Mauco, *Les Etrangers en France: Leur rôle dans l'activité économique* (Paris, 1932); Robin Cohen, "Shaping the Nation, Excluding the Other: The Deportation of Migrants from Britain," in Jan Lucassen and Leo Lucassen, eds., *Migration, Migration History, History: Old Paradigms and New Perspectives* (Bern, 1997), 351-373.

② Walter Wilson, *Forced Labor in the United States* (New York, 1933), 28-49, 68-83 passim; Erskine Caldwell and Margaret Bourke-White, *You Have Seen Their Faces* (New York, 1937); Pete Daniel, *The Shadow of Slavery: Peonage in the South, 1901-1969* (Urbana, Ill., 1972), 21; Abraham Hoffman, "Stimulus to Repatriation: The 1931 Federal Deportation Drive and the Los Angeles Mexican Community," *Pacific Historical Review* 42 (1973): 205-219.

自由的移民工人没有组织起来要求提高工资或在穷愁潦倒的时候接受援助的自由。在南美洲内地，劳役偿债制就像奴隶制，地主拥有对"原住民"临时工的控制权。[①]

在好几个非洲国家，奴隶制继续存在。由于贸易商人经常以去麦加朝圣为伪装，为沙特阿拉伯招募黑奴和白奴，政府在1936年加强限制措施。从摩洛哥到阿富汗的大部分穆斯林国家在两次大战间歇的年代里废除了奴隶制，就像基督教的埃塞俄比亚一样，但是奴隶制实际上仍然在实行，这使国联在1938年建立了一个奴隶制咨询委员会。不同形式的契约工在刚果、塞拉利昂以及东南亚仍然活跃，买卖婴儿在中国还在继续。专家估计，在1930年全世界有300万工人仍处于枷锁之下。[②]

在自由的工人不愿意主动移民的地方，可能使用强制劳工。他们可能被政府或雇主或主人出于某种需要从一个地方移到另一个地方。因为他们必须修建自己的营地，所以没有必要为住宿做任何准备。在消费品供应不足的经济体里，营地劳工的增加减少了消费。如果人们都知道强制劳工的事，这个制度可以被用来恐吓自由的工人。但是从效率观点看，工作不令人满意的方面包括：奴隶工没有掌握（被教给使用）复杂机器的能力；由于被动抵制或饥饿而造成的生产力低下；进行控制付出高成本代价。巴西的城市奴隶制、沙俄的工业农奴和美国工业奴隶制的试验都很成功，因为刺激因素允许一些自主权、积蓄或许还有购买自由。私人奴隶是私有财产，并得到保护，而使用强制劳工的国家控制下的大批强制劳工却不代表任何经济价值。不管在苏联、纳粹德国，还是军国主义的日本，由于奴隶工可以容易地取代，他们被强迫劳动，直至累死（见第16章第4节）。南非发展了一种特别严酷的契约劳工制度，一直延续到20世纪80年代（见第

① Donald H. Avery, *Reluctant Host: Canada's Response to Immigrant Workers, 1896-1994* (Toronto, 1995), chaps. 4-5; Isaiah Bowman, *The Pioneer Fringe* (New York, 1931), 297, 314.

② Bernard Lewis, *Race and Slavery in the Middle East: An Historical Enquiry* (Oxford, 1990), 78-84, 167-169; Raymond L. Buell, *The Native Problem in Africa*, 2 vols. (London, 1928), 1:658-659; essays by Gareth Austin and by Martin A. Klein and Richard Roberts in Toyin Falola and Paul E. Lovejoy, eds., *Pawnship in Africa: Debt Bondage in Historical Perspective* (Boulder, 1994), 119-159, 303-320; Paul E. Lovejoy and Nicholas Rogers, eds., *Unfree Labour in the Development of the Atlantic World* (Ilford, U.K., 1994). Jonathan D. Spence, *The Search for Modern China* (New York, 1990), 14-15, 309, 373.

17 章第 4 节)。[1]

苏联的自由人口流动和强制劳工

在 1914 年国际和国内战争开始之前,俄国已经在世界工业强国中名列第四(见第 12 章第 5、6 节)。1917 年十月革命时,沙俄时代的遗产包括人们对农奴制、驱逐出境和士兵非自愿劳工的记忆。1914～1918 年战争时期的蹂躏、1917 年之后革命的混乱和持续到 1921 年的内战,可以解释为什么生产直到 1928 年才到达战前的水平。此外,苏联经济面临工业化问题,这个问题在 1914 年以前就在大西洋世界的经济体中困扰过常住工人和流动工人:对劳动力的高度需要,积累的高速度和相应的对劳动力的高水平剥削,投资优先于消费,激烈的国家竞争和在国际权力结构中的低下地位。可怜的劳动和生活条件增加了流动的倾向。

直到 1928 年,即斯大林所谓的"伟大转折"之前,人口流动是自愿的,这与几十年前易北河东的农村工人和一个世纪前英国纺织工人所受到的限制很相似。俄国的农村人口像跨大西洋的流动人口中的许多人一样,没有工业工作所需要的技术。雇主和国家都不赞成生产和再生产劳动力之间一对一的比例(见第 12 章第 3 节)。强制的集体化和工业化改变了俄罗斯—西伯利亚人口流动系统(见第 16 章第 1 节):农村向城市的流动规模空前绝后,1929～1942 年的几个五年计划使工业劳动力增加了 3 倍。1926 年前,每年有 100 万人流动到城市,1927～1930年,每年有 260 万人,而 1931 年有 430 万人。政府试图通过给留守家属施加压力的办法减缓流动速度。流动的人们对莫斯科和列宁格勒的人口拥挤做出反应:把流动目的地转向东部的新工业城市。1921～1939 年,城市人口翻了一番还多,并被"农村化":1/5 的人是最近 12 年中从农村进入城市的。这只是人口流动的五个时期中的第一个阶段。

在第二阶段,集体化没有把重点放在集体农庄(kolkhoz) 的连续性上,摧毁了农村的公社,鼓励个体化的劳动者。新集体农庄通过国税为城市人口提供食品而得不到奖赏和刺激,在没有培训机构的情况下为工业提供工人。在摧毁传统的农民经济过程中,富农离开去寻找新的土地,或逃走去从事工业工作,或被运到劳改营,并常常死在那里。人们由于 10 年中发生的第二次饥馑而逃亡,造

---

① Marcel van der Linden, "Forced Labour and Non-Capitalist Industrialization: The Case of Stalinism (ca. 1929-ca. 1956)," in Tom Brass et al., *Free and Unfree Labour* (Amsterdam, 1933), 19-30, and Brass and van der Linden, eds., *Free and Unfree Labour: The Debate Continues* (Bern, 1997).

成数百万人的死亡,特别是在乌克兰,城市中的食品短缺引起了又一次大逃亡。有经验的工人离开后,工业失去了训练有素的劳动力。人口流动政策也相互矛盾。集体化减少了对农村劳动力的需求,但是集体农庄负责人给有家属成员流动到城市的家庭分配较少的工作任务,从而减少了这些家庭的收入。这样做的理由是分散工作机会,结果却减缓了暂时的人口流动。关于城市生活条件的负面消息反馈回来,进一步减少了流动,城市官员禁止农村流动人员就业,以便防止"阶级敌人"向(思想上构建的)工人阶级内部渗透。

在第三阶段,即巩固阶段,1938 年以前,约 25 万工厂技术工人被派到农村采用机械化。乡村电器化工程可与美国的同样性质的项目相比。城市的行政管理人员被送进集体农庄从事管理工作。在一次大型识字和灌输新意识的运动中,共产党和教育干部从城市前往农村,那场运动与土耳其的现代化运动既相似又不同。数百万多余的农民作为熟练工迁往不断扩大的工业区,或作为挖土工从事公路、铁路建设。五年内,1250 万新工资工人被吸纳进都市劳动大军。为了缓解收获季节农村的劳动力短缺和转变思想,共青团员们被派往集体农庄,1933 年就有 24.1 万人。尽管农村重组的灾难让广大民众难以忘怀,但是苏联传媒舆论树立的主要形象是创造了新文化的青年运动。

离开村庄的移民不再只是出去打季节工的男性家长。各个年龄段的男女,特别是年轻人来到城市,并且不打算再回去。工人阶级的成分变了,从第二或第三代有技术的都市劳工家庭出身的人,变成了没有从事过工业工作和劳工组织的、年轻的、充满热情的人,常常是单身的男女。为了缓解对技术工人和技师的需求,人们从西方世界各地来到苏联寻求似乎是无穷无尽的机会(参见第 12 章第 6 节)。芬兰人、俄罗斯人、其他民族的人们以及先前犹太移民的孩子,都从美国归来了。由于受到共产主义影响而被政府监视的激进的美籍和加拿大籍芬兰人动身前往苏联的卡累利阿(Karelia,先前属于芬兰)地区从事伐木工作。技术专家从美国和德国来了,西雅图大罢工的、意大利菲亚特工会的、保加利亚的政治难民都来了。棉花种植被引进哈萨克斯坦而需要专家时,美国黑人离开种族主义猖獗、经济萧条的美国,来这里开始新的生活。当共产党决定允许外国工程师、工头和技术工人进入时,据说有 40 多万人申请,包括德国人、澳大利亚人、美国人、捷克人、意大利人、英国和法国人后裔、西班牙人、瑞典人,还有远东的日本人。在 4.25 万被允许入境的人中,芬兰人从事伐木,日本人从事渔业,大部分其他人在正在经历工业化的乌拉尔、乌克兰和库兹巴斯(Kuzbass)。在 20 世纪 30 年代末时,来自西班牙内战和德国的政治难民增加了。但是入境是有限制的,英国工程师被指控为搞破坏，移民的希望和政治信仰很快就粉碎了。①

劳动关系一直要遵照 1922 年的总劳动法规，但是自由迁徙和招工不能满足需要时，1930 年 2 月的一个命令终止了失业金，并允许分配工作时不看先前培训、工作条件或距离。1932 年开始了一种国内护照制度，以便控制 16 岁以上的都市男女工人的迁徙。虽然刑法一新条款规定工人终止合同可给予惩罚，但是雇主或国家的行政人员能够采用任何措施（大英帝国的亚洲契约工曾受到过类似的对待）。在 1936 年的宪法中，工作权利的条款规定保障生存是一项基本权利，但同时又把工作规定成公民责任。集政府和“经济喉舌”于一体的组织中，苏共创造了一个国家—工业联合体，严格地把工人禁锢在一个教条式的计划程序和一个朝三暮四的党的路线之中，遭受泰勒主义的科学管理意识形态和官僚主义的无能所带来的苦难。②

1930 年后，在劳工流动的第四阶段，从乡村地区的招工在继续，但是对工作地点的分配却混乱不堪。一些集体农庄董事会拒绝派人，另一些征收迁徙工人的部分工资，这对迁徙的个人和家庭都不合算。工厂和工业联合体招募了数千工人而又不给他们提供最低的舒适生活条件。有些谨慎的村民派人前去侦查招工者履行诺言的情况，常常有人警告说不要贸然前往。在工人中，亲身经历的实际工作条件和别的地方看到的情况差距很大。有些工厂里，一个月的补缺工人数达到 25%，于是一个“漂流的”劳动人口群出现了。

到 1931 年时，乡村招工和农业机械的供应关系以及特定的工业联合体和特定的集体农庄之间的关系都正常化了，集体农庄的工人即使不愿意也可以被派到工厂，工厂的机械师可以自愿或不自愿地被派到农庄去操作新机械，并对集体农庄工人进行培训。外国的移民工，常常是有阶级意识的、主张工人权利的人，和俄罗斯同志之间形成一种矛盾的关系。他们蔑视“懒散的”俄国人，后来才明白不勤劳是一种生存技巧。他们的工资使他们能享受较高的生活水平，能和投

① Reino Kero, “Canadian Finns,” 203-214; Lewis H. Siegelbaum and Ronald G. Suny, eds., *Making Workers Soviet: Power, Class, and Identity* (Ithaca, N. Y., 1994), 1-26; Kulischer, *Europe on the Move*, 88-93; Robert A. Lewis and Richard H. Rowland, *Population Redistribution in the USSR: Its Impact on Society, 1897-1977* (New York, 1979), 158-198; Andrea Graziosi, “Foreign Workers in Soviet Russia, 1920-1940: Their Experience and Their Legacy,” *International Labor and Working-Class History* 33 (1988): 38-59.

② Paul Barton, *L'Institution concentrationnaire en Russie, 1930-1957* (Paris, 1959); James Bunyan, *The Origin of Forced Labor in the Soviet State, 1917-1921: Documents and Materials* (Baltimore, 1967); Stanislaw Swianiewicz, *Forced Labour and Economic Development: An Enquiry into the Experience of Soviet Industrialization* (Oxford, 1965).

怀送抱的女伴、妓女或女佣同居。外国女人不能来当技术工人,只有极个别的是作为政治难民来的。所有这些男女移民都受到政治监视,很多最终成了身陷囹圄的政治犯或劳改营里的劳改犯。[①]

在20世纪30年代中期开始的第五阶段,劳工招募动员了都市男男女女和年轻人的资源来增加供应而又不需要提供额外的住房和食品。新型大食堂和育儿措施的安排减少了家务劳动,造成了吸引大量妇女参加工作的机会,她们的数量大大超过计划目标和资本主义社会里劳动力的参与。她们从事专门的女性的工作,也从事重工业和煤矿工作。少年劳动力的使用破坏了20世纪20年代禁用童工的规定,并缓解了青年失业率高所造成的压力。在20世纪30年代,青年男女不管愿意与否,都要接受职业培训和持续的就业。

马格尼托哥尔斯克钢铁联合企业(Magnitogorsk Giant)的修建,可以生动地反映斯大林时代的边疆精神、工业化、希望、大迁徙和恶劣的生活条件。1929年3月,25人的先头部队到达了南乌拉尔山以东约60公里的磁山,那里储藏着大量很容易开采的矿石。招工人员们充满希望,印刷标语,大胆许诺,传播到处破土动工、浇灌水泥的故事。三年半之后,25万俄罗斯工人和工程师及其家属、几百外国技术人员和欧洲政治难民生活在一个有足够饮水和食品供应的帐篷城市里。1931年5月,4万个用大篷车遣送来的富农家庭发现根本就没房子可住。很多人逃跑了。也有的人是自愿来到的,努力实现自己的愿望。

在1938年,政府当局加紧了护照制度的管理,采用了就业手册,工人必须在手册里记录下自己就业和被解雇的历史。工人们如果没有被正常解雇,就不允许迁徙,而雇主可以对解雇不予承认。1940年6月,8小时工作制和7天工作日被采纳,擅自迁徙成了犯罪行为,可能劳改。1940年10月,男青年工人的义务迁徙和义务职业培训开始了,技术工人、技术员、行政人员可以被派往任何需要的地方,包括西伯利亚东部。分配工作的权力从人民农业和劳动委员会转移到了内务委员会手中,也就是说,到了警察的手中。这种"对工人的军事动员",正

---

① Robert Conquest, *Kolyma: The Arctic Death Camps* (New York, 1978). 大量囚徒和强制劳工的回忆录已经出版,比如 Margarete BuberNeumann, *Under Two Dictators*, trans. Edward Fitzgerald (German orig., 1949; London, 1949); Elinor Lipper, *Eleven Years in Soviet Prison Camps*, trans. Richard and Clara Winston (German orig., 1950; Chicago, 1951); Red Goals [*memoirs of women in camps, 1923-1932*] (London, 1935); Vladimir Tchernavin, *I Speak for the Silent Prisoners of the Soviets*, trans. Nicholas M. Oushakoff (Russian orig., n. d.; Boston, 1935); Moshé Zalcman, *La véridique Histoire de Moshé: Ouvrier juif et communiste au temps de Staline*, trans. Halina Edelstein (Yiddish orig., 1970; Paris, 1977); Walter A. Rukeyser, *Working for the Soviets: An American Engineer in Russia* (New York, 1932).

如批评这个体制的一些作家们指出的那样，意图是当 1941 年德国军队进攻时保证这个国家的生存。①

二战期间，人口流动和工业向乌拉尔山以东迁移以及西伯利亚开发新矿山相关。西西伯利亚、东西伯利亚、苏联远东地区和哈萨克斯坦的人口从 1939 年的 2180 万增加到 1959 年的 3080 万人。这次工业的搬迁和扩大增加了对严寒北方的原料的需求，而那儿是自由劳动力不愿意的地方。于是，强制劳工被派去从事伐木工作和公路铁路建设。在德军到来前把工厂整个迁走，必须在荒无人烟的、毫无基础设施的地方建起城市。劳改营（古拉格）由警察总局（NKVD）控制。

这种制度的高峰期的强制劳工的大约数字在 1941 年时浮动到 230 万～2000 万（约为总劳动力的 10%）。1989 年之后的研究显示，1941 年有 290 万～350 万强制劳工，其中大约 1/10 是妇女，至少有 75 万波兰和其他国家被驱逐出境的人。其中还有些男人和女人是被合法驱逐的，但在此之前没有经过任何法律程序，也有些是街道上围捕的工人。虽然犯人只是少数，被打成“反对社会主义生活方式的违法分子”，包括腐败的官员，构成一个较大的群体。政治上的“违法分子”，包括农民，特别是乌克兰农民，或正在寻求独立的少数民族地区的农民，以及犹太人、西欧的共产党人难民和因宗教而被迫害的人士。劳改制度在被占领的波兰东部地区和波罗的海共和国里还能达到民族、政治目标。被驱逐出境的人（往往是整个家庭）面对极高的死亡率。大约 42 万男子被释放，条件是他们必须参军。在战争经济下，这个制度的经济方面的重要性提高了。根据一些研究，直到 20 世纪 40 年代后期生活水平才有所改进。这种制度在 1956 年被揭露的时候，劳改营在 18 个月内被废除了。一些幸存者回到家乡，另一些人的家乡已不复存在，少数人加入了移民大军。波兰的科杰尔家族在 1940 年被驱逐出境，在乘大篷车运送期间，在古拉格劳改期间，在 1947 年到达加拿大前的离境过

① Stephen Kotkin, *Magnetic Mountain: Stalinism as a Civilization* (Berkeley, 1995), 72-105; Arvid Brodersen, *The Soviet Worker: Labor and Government in Soviet Society* (New York, 1966), 40-117, quote on 79; Werner Hofmann, *Die Arbeitsverfassung der Sowjetunion* (Berlin, 1957); Solomon M. Schwarz, *Labor in the Soviet Union* (New York, 1952), 1-199; Donald Filtzer, *Soviet Workers and Stalinist Industrializaton: The Formation of Modern Soviet Production Relations, 1928-1941* (London, 1986); Mervyn Matthews, *The Passport Society: Controlling Movement in Russia and the USSR* (Boulder, 1993).

程中,死去 22 位成员。①

战时德国:从强制劳工到奴隶工

自从 19 世纪 80 年代以来,德意志第三帝国的劳工部门依靠国外招工,并配以国内严厉的控制措施。由于土地匮乏、为了应对制度变化出现越来越多的季节工、世界小麦市场价格下跌和工人社会地位低下,易北河以东的庄园面临大规模的劳工外流。1871～1900 年,270 万工人流往国外,流往国内其他地区的人更多。普鲁士占领的波兰地区成了东部农业和西部矿业、工业的劳动力来源。较高的工资待遇也把信仰天主教的俄罗斯和奥地利—波兰人吸引到这个国家(见图 3-13)。德国政府对天主教和波兰独立要求的敌视态度在 1885 年曾造成了驱逐 4 万名“外国波兰人”。被驱逐的人中也包括由于嫁给波兰男人而失去德国国籍的妇女。然而,厂主们要求重新引进廉价劳动力。主管部门拒绝了把华人苦力引进东普鲁士地区的建议,就像在先前自由主义的准入政策下,自由的意大利劳工移民(即“欧洲的华人”)被引进德国南部各州一样。当政府在 1890 年重新准许东部外来劳工进入时,尽管他们只能从事些季节工,但仍有 43.3 万人来到德国。第三帝国很快就成为第二大劳工进口国。俄罗斯人、奥地利占领地区的波兰人、乌克兰人、意大利人以及数量较小的其他国籍的工人来到德国:1910 年,有 126 万,其中 54.3 万人是妇女(占总数的 43%)。

东欧的工人要进入德国,必须有一份工作。1903 年之后,如果他们没有德国政府发的“合法通行证”,就可能被立刻驱逐。他们必须同意不更换工作,行为要守规矩(这个规定也被灵活地应用于来自北欧、西欧和瑞士的工人)。有些人定居下来并形成了居民区;也有些人,比如来自意大利的制砖工和建筑工,由于冬季要返回家园,一时不能形成居民区。德国大多数州只准许单身的持外国护

① David J. Dallin and Boris I. Nicolaevsky, *Forced Labor in Soviet Russia* (New Haven, 1947), 3-48; Steven Rosenfielde, “An Assessment of the Sources and Uses of Gulag Forced Labour 1929-1956,” *Soviet Studies* 33 (1981): 51-87, and 39 (1987): 292-313, with comments by Robert Conquest, 34 (1982): 434-439, and S. G. Wheatcroft 35 (1983): 223-237. 新近刚刚能够接触到的苏联文件显示,战时死亡人数比政府向人们承认的要高,而集中营的人数要低。Hans-Heinrich Nolte, “Eine sowjetische Liste der Personenverluste im Zweiten Weltkrieg von 1946,” *1999: Zeitschrift für Sozialgeschichte des 20. Jahrhunderts* 1 (1999): 126-133; Edwin Bacon, “Glasnost' and the Gulag: New Information on Soviet Forced Labour around World War Ⅱ,” *Soviet Studies* 44 (1992): 1069-1086, and Bacon, *The Gulag at War: Stalin's Forced Labour System in the Light of the Archives* (London, 1994); Apolonja M. Kojder and Barbara Glogowska, Marynia, Don't Cry: *Memoirs of Two Polish-Canadian Families* (Toronto, 1995), 1-138.

照的波兰男女工人入境，而不准许来自立陶宛和捷克的移民在多民族混居的边界省份工作。在俄国1905年革命后，俄国犹太人的迁徙受到限制。持外国护照的波兰移民，即来自俄国和奥地利的波兰人，在每年冬天的"边境关闭"期间被强制离境，这个规定有时让雇主能够拒发工资。所以，外国季节工在第三帝国时是不能流动的，而每年冬天，又不自愿地返回家园。第三帝国当局拒绝奥地利、匈牙利和俄罗斯政府提出的改善他们各自国家流动工人生活条件的任何要求。[①]

第一阶段持续了25年，建立起了基于民族主义意识形态和文化纯洁性原因而轮换劳动力的原则。第二阶段涉及强制劳动力问题。在1914年8月的收割季节宣战的时候，普鲁士战争部长禁止来自敌对国家的农业工人和工业界持敌对态度的外国人离境。虽然30万波兰籍俄罗斯人被迫留在德国，但是来自敌对的奥匈帝国的服役年龄的工人被送回国，意大利人被驱逐。开始时，强制劳工被当作敌对分子在收割季节后是要驱逐的，但是初期的败仗导致了与这个政策相反的做法。战前极权主义的劳工部门在战争期间成了强制劳工部门，强制的季节轮换工转变成了强制的不流动。另外，250万战俘中的90%被用作劳动储备军——"西方"战俘从事工业，"斯拉夫"战俘从事农业，矿业中两者都有。根据旨在"向不愿意劳动开战"的1916年10月政令，军队在被占领的东欧地区强迫50万～60万成年男女和儿童签署在第三帝国劳动的合同。"非德籍的工人阶级"只得到仅能维持在饥饿线上挣扎的定量食品，因为他们被认为剥夺了德国军队和人民的粮食。比利时人被从西边驱逐到第三帝国，其他人"自愿"前来。第三帝国发动战争的目的之一就是获取能长期为德国经济提供廉价的、顺从的劳动力的东部领土。战败时，强制劳动力又被遣返回国。[②]

其他欧洲国家也起用了战时劳工制度。法国在欧洲战争中依靠殖民地劳工和强迫服役的非洲士兵。英国也在殖民地人口中强行实行强制劳动，比如在乌

---

① Klaus J. Bade, "Massenwanderung and Arbeitsmarkt in deutschen Nordosten von 1880 bis zum Ersten Weltkrieg," *Archiv für Sozialgeschichte* 20 (1980): 265-323, and Bade, " 'Preußengänger' und 'Abwehrpolitik': Ausländerbeschäftigung, Ausländerpolitik und Ausländerkontrolle auf dem Arbeitsmarkt in Preußen vor dem Ersten Weltkrieg," *Archiv für Sozialgeschichte* 24 (1984): 91-283; Ulrich Herbert, *A History of Foreign Labor in Germany, 1880-1980: Seasonal Workers, Forced Labours, Guest Workers*, trans. William Templer (German orig., 1986; Ann Arbor, 1990, 9-119), Lothar Elsner and Joachim Leimann, *Ausländische Arbeiter unter dem deutschen imperialism, 1900 bis 1985* (Berlin, 1988); Frieda Wunderlich, *Farm Labor in Germany, 1800-1845: Its Historical Development within the Framework of Agricultural and Social Policy* (Princeton, 1961), 27-30, 159-355.

② Fritz Fischer, *Griff nach der Weltmacht: Die Kriegszielpolitik des kaiserlichen Deutschland 1914/1918* (Düsseldorf, 1961), 128-133.

干达的做法。来自越南和中国的苦力被送往英国和法国。[①]

在20世纪20年代,外国劳工的第三阶段涉及相对较少的人,在1928年的高峰期有2.36万人。魏玛共和国的劳动力市场"政府化"要求对本国人和外国人同工同酬,以及改善居住条件,但另一方面,它把外国人限制在德国人回避的工作上。在20世纪20年代的政治形势向右转时,德国工人中的"反社会"分子被送往集中营。魏玛共和国右翼的外国劳工专员在纳粹统治期间仍然在位,它的外国工人条例规定了集权的限制入境和控制政策,也得到纳粹官员的实施。

1933年之后的第四阶段,新的纳粹政府限制德国人的迁徙自由。"种族背景适合的"青年男女必须从事农业工作,这被官方叫作"自愿工作",而实际上,拒绝参加就意味着领不到失业补贴金,改换工作造成惩罚性的折扣工资。这个政策把劳动力分流到低工资和劳动条件差的领域,农场的食宿往往低于标准。起先,人们把这个"青年义务劳动军"(Arbeitsdienst)看作能够避免失业,认为一项公共事业的项目怎么也比领取可怜的救济强。但是就业机关转换成了劳动力分配机构,1936年后必须填写的工作手册对迁徙提供了完全的控制。快速公路(碰巧是向东面)的修建和军事工程对人力的需求超出了男子的数量,于是妇女也被迫登记工作手册,带孩子的任务被转给了市镇政府。

政治犯像犹太人一样也分配了强制性劳动,由于"种族背景不合适",犹太人在此之前就已经被排斥出大部分工作岗位。种族纯洁的思想概念事先就排除了引进外国劳工,但是经济利益压倒了意识形态。到1936年时,纳粹政府与波兰在谈判引进农业劳动力问题,因为那里的失业率高达40%。入境工人人数迅速增加,输出工人的国家也迅速增加。在1939年,大约有90万波兰人,3.7万意大利人,3.6万南斯拉夫人、匈牙利人、保加利亚人和荷兰人在德国农业系统工作。对奥地利的终止通话和1938年对捷克的吞并使德国又招募了20万工人。安全警察和"保护性的"拘留强制实施劳动的义务。德国劳动大军的军事化和对非日耳曼人分种族的包容,使德国从各阶级合作的制度不断发展成纳粹统治,从战前岁月发展到战争岁月。[②]

---

① Babacar Fall, *Le travail forcé en Afrique Occidentale française 1900-1945* (Paris, 1993), 126-145; Jean Suret-Canale, *French Colonialism in Tropical Africa, 1900-1945*, trans Till Gottheiner (French orig., 1964; London, 1971), 134-143. 殖民地的白人反对在当地人中征兵,原因是害怕受过训练的士兵在复员后转向反对殖民者。

② Herbert, *History of Foreign Labor*, 127-131; Wanderlich, *Farm Labor in German*, *292-336*; Cesare Bermani, Sergio Bologna, and Brunelle Mantelli, *Proletarier der "Achse": Sozialgeschichte der italienischen Fremdarbeiter in NS-Deutschland 1937 bis 1943* (Berlin, 1997).

1939年9月对波兰占领之后，德国劳工制度转变的第五阶段一开始，就有30万战俘和普通囚犯被运送到德国从事强迫性劳动，主要在农业领域。1940年初，波兰的德国总督强制招募100万名工人，其中一半是妇女。人们在街道上、在剧院里，女孩子在别人家当佣人时、在放学后，都可能被围捕。东欧的所谓“低等人”成了雅利安人战争经济所必需的。到1940年夏天时，大约有70万波兰人在第三帝国从事劳动，由衣服上一个“P”字母(Poland)符号明显地区别开来，他们住在营地里，伙食很差。他们不能乘公交车，不能在公共游泳池里游泳，也不能去教堂礼拜。他们被禁止改换工作或居住地。由于并不是所有德国人都同意种族化，对于友好表示、善意对待和同情流露的管制日益严厉。(见图4-2)

在西欧，法国战俘被招募从事劳动，一年之内就达到120万。如果他们的家庭或居住地区能送其他人顶替的话，他们也可以被释放。普通外国工人包括意大利人、比利时人和南斯拉夫人。这210万普通外国人和120万战俘占第三帝国在1941年时的劳动大军的9%。1941年6月进攻苏联之后，苏联公民被说成种族上低于其他民族。大约6000万俄罗斯人、白俄罗斯人、乌克兰人和许许多多其他民族的人被置于纳粹统治之下。就业被禁止。种族灭绝的战争在进行：“在这整个地区，数千万人已经变成多余的了，他们必须死，要不就迁移到西伯利亚。”在1941年底，335万苏联战俘中，60%死于饥饿和疾病，劳工部门对这个死亡损失表示惋惜。[①]

自封的雅利安实业家和人口计划者们先前曾预言在中欧和东欧迅速取胜，实现霸权，控制奴隶劳工资源，但是在1942年才认识到自己犯了自欺欺人的错误。因为长期的消耗战远远没有到头，他们采取了相反的政策。除了战俘以外，每周有4万苏联普通工人被运往德国，其中男女数目平等，最小的儿童只有12岁。他们住在铁丝网围起来的、有简单掩体的集中营里，按照性别隔离开，食物仅够维持生存，戴着“OST”(代表Ostarbeiter)标志，意思是劣等斯拉夫工人。不听话、怠工、逃跑或和德国人拉关系都有可能被处死。他们的活命是不重要的，因为新工人总是可以再抓捕来。

在向西运送奴隶劳工的同时，德国犹太人被送往东面的集中营，先是劳动，后来是走向灭绝。体弱多病的苏联奴隶工被送回去，犹太囚犯中的怀孕的妇女和儿童立刻被送进毒气室。

这样形成一个种族的等级制度：顶部是法国的平民工人，下面依次是其他西方工人、南欧盟国或附庸国的工人，再下面是捷克人和波兰人，最底下是可以牺

① 引用自 Herbert, *History of Foreign Labor*, 143.

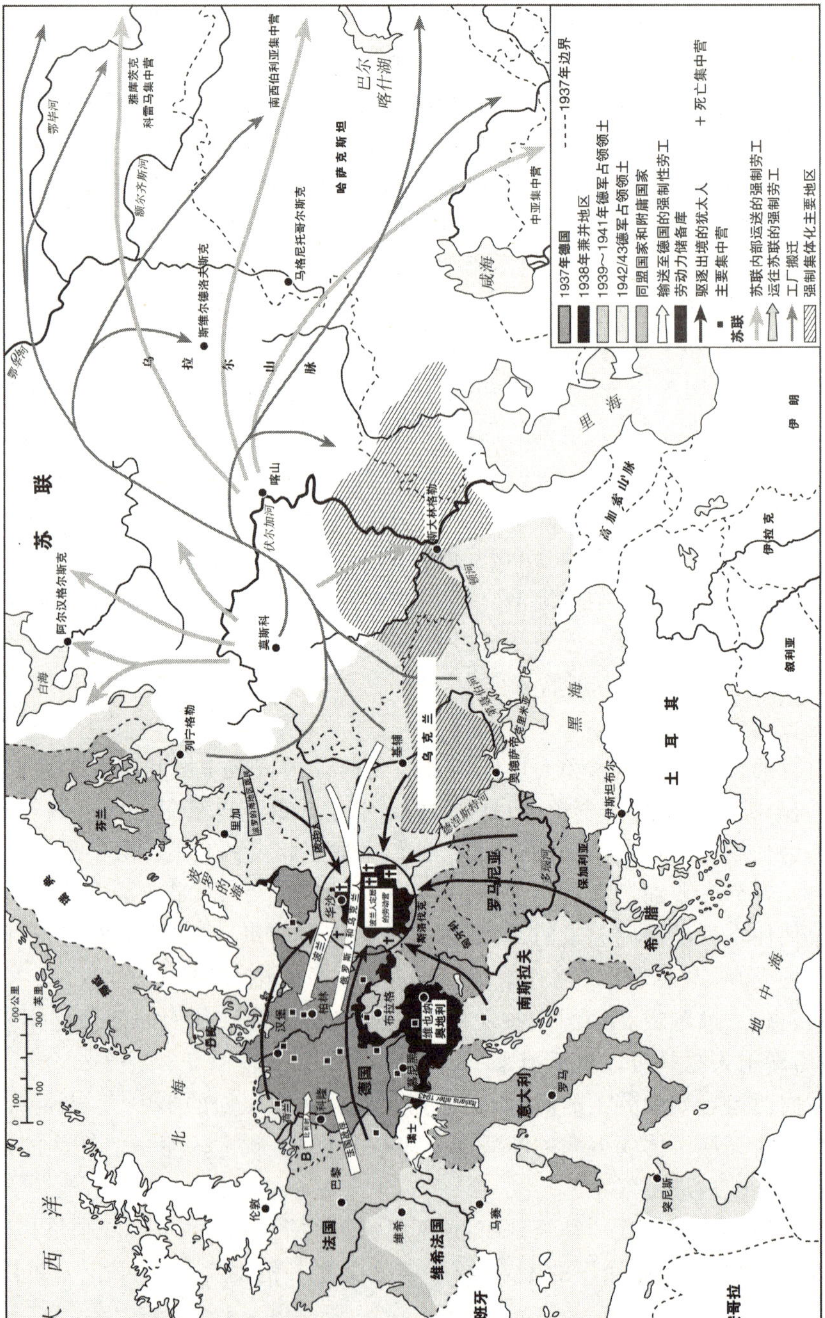

图4-2 德国和苏联的强制劳工

牲的苏联工人。在1943年墨索里尼倒台后，每月平均有3.3万外国工人逃跑。1945年5月，战争结束时，约190万战俘和570万普通外国工人，其中1/3是妇女，在德国当奴隶工，同时还有60万集中营的囚徒也被用作奴隶。这些加起来构成劳动力的20%。[①]

1945年5月，所谓德军优势处在废墟中，遣返开始了。法国人和西欧的其他人步行回家，许多东欧工人被运回毁灭了的家乡，在斯大林时代的苏联，回去的人还要受到叛国通敌的指控。还有的人可以迁居到英国、北美或澳大利亚，但也有人留在德国。几个月后，盟军的胜利结束了日本的强制劳工制度（参见图4-4）。

3. 人口转移，1939～1945年以后

在欧洲战争不到六年时间里，史无前例地发生了数百万人被迫逃亡或送进集中营的事件。亚洲的战争在1941年12月发生的珍珠港事件后、两场战争合二为一之前两年就爆发了。政府的人口策划者们，在国家纯洁性和忠诚的掩盖下，曾经把大批人口当作劳动力或多余人口转来转去，现在又把他们当作“人才”转来转去。人口储备的概念曾经是殖民者为北美、非洲和澳大利亚的土著人建构的，在1939年后又应用到了欧洲和亚洲。

在战时对国家的忠诚和责任这个特别的概念，即使在民主国家里，也能使持不同政见者与和平主义者成为受迫害的公民。以加拿大政府为例，第一次世界大战期间，它曾把有良心的反对者关进由军队治理的集中营。当法西斯国家开始他们的征服战争时，他们在国外的同胞，包括逃离法西斯主义的难民和移民的后代，都被打成外国敌人，许多被关进集中营，几乎不加以区别。例如英国军事法庭对政治难民、德国犹太人以及英籍日耳曼纳粹分子都不分青红皂白地等同

① Ulrich Herbert, "'Ausländer-Einsatz' in der deutschen Kriegswirtschaft, 1939-1945," in Klaus J. Bade, eds., *Deutsche im Ausland Fremde in Deutschland: Migration in Geschichte und Gegenwart* (Munich, 1992), 354-367; Herbert, *History of Foreign Labor*, 131-184; Edward L. Homze, *Foreign Labor in Nazi Germany* (Princeton, 1967); International Labour Office [John H. E. Fried], *The Exploitation of Foreign Labour by Germany* (Montreal, 1945); Hamburger Stiftung zur Förderung von Wissenschaft und Kulture, *"Deutsche Wirtschaft": Zwangsarbeit von KZ-Häftlingen für Industrie und Behörden* (Hamberger, 1991); Annekatrein Mendel, *Zwangsarbeit im Kinderzimmer: "Ostarbeiterinnen" in Deutschen Familien von 1939 bis 1945: Gespräche mit Pohnnen und Deutschen* (Frankfurt Main, 1994); Helga Bories-Sawala, *Franzosen im "Reichseinsatz": Deportation. Zwangsarbeit, Alltag: Erfahrungen und Erinnerungen von Kriegsgefangenen und Zivilarbeitern* (Frankfurt /Main, 1996).

对待。抓捕的人中的犹太人和纳粹分子被关押在同一个军营,结果他们中的3/4是真正的难民。①

在欧洲大陆,随着不予配合的大规模逃亡,造成了战时的流离失所。德国和苏联对波兰开始进攻后,数十万人逃离,起初是朝着华沙。"数十万"的数字很快就变成数百万,四面八方的逃亡距离越来越长。有些波兰人成功地跨过波罗的海,大约有 14 万穿过匈牙利或罗马尼亚,又通过中东英租借地被疏散到英国和法国。男子参加了流亡政府的波兰军团,和盟军一起战斗。德国占领者反犹太暴行的消息让犹太人跨过苏军前线逃亡。在纳粹—苏联条约签署之后,苏联政府把德国共产党流亡者送回第三帝国。当苏联进攻芬兰并在 1939 年 11 月占领卡累利阿时,42 万~45 万卡累利阿地区的芬兰人被驱逐到芬兰,芬兰人口的11%成了难民。在芬兰军队 1941 年重新夺回卡累利阿地区时,大约 26.5 万男人和女人返回家园,没有料到 1944 年苏军又发起进攻时,再次被迫逃亡。在法国,北部的纳粹政府和南部的维希政府围捕犹太人。维希政府把外国犹太人送进集中营,但是有些犹太人设法逃到葡萄牙,有些则逃到墨西哥。丹麦人在一个夜晚把 7500 名犹太人用渡船送到中立的瑞典。据国际红十字会估计,在西欧战争最初的几个月,在法国有 200 万法国人、200 万比利时人、70 万卢森堡人和 50 万荷兰难民处于绝望境地。数十万孤儿、弃儿和无家可归的孩子在街道和乡村流浪。②

1945 年以前的人口转移和战俘

根据德国纳粹的计划,劣等的西部斯拉夫人将要被赶到东边。他们的土地将变成德国雅利安人和北欧人种的生存空间。东部较远地区比较劣等的民族将为了他们的利益与第三帝国合作或被用作廉价劳动力。"东部总计划"命令波兰人口的 80%~85%、白俄罗斯人的 75%、乌克兰人的 65%、捷克人的 50%将在俄罗斯或西伯利亚重新定居。

---

① Francois Lafitte, *The Internment of Aliens* (London, 1988); Peter Gilman and Leni Gillman, "*Collar the Lot!*": *How Britain Expelled Its Wartime Refugees* (London, 1980); Miriam Kochan, *Britain's Internees in the Second World War* (London, 1983); Bernard Wasserstein, "Intellectual Emigrés in Britain, 1933-1939," in Jackman and Borden, *the Muses flee Hitler*, 249-256. 也见 Richard Bosworth and Romano Ugolini, eds., *War, Interment and Mass Migration: The Italo-Australian Experience, 1940-1990* (Rome, 1992).

② Schechtman, *European Population Transfers*; Grzegorz Frumkin, *Population Changes in Europe since 1939* (New York, 1951); Malcolm J. Proudfoot, *European Refugees 1939-1952: A Study of Forced Population Movement* (London, 1956); Marrus, *The Unwanted*, 174-175, 194-197, 200-204.

从一开始战线就拉得过长，德国军队需要“殖民地附庸”，并实施人口转移或对劳工进行当地军事化管理。把丹麦士兵和警察当作维持治安的特务送往欧洲其他地方的计划没有得到实施，但是波罗的海国家和乌克兰军队被利用或自愿去和其他民族作战，几个国家的政治机构中某些部门与纳粹德军进行了合作。在苏联，两次饥荒和农业集体化之后，大批乌克兰人把不断逼近的德军看作解放者。但是在纳粹计划中，乌克兰农民要为勾结纳粹的人(Herrenmenschen)生产粮食，城市人口被置于要饿死的境地。有些民族的人逃到苏联，是由于他们群体中的上层分子勾结德军，但是在苏联他们的利益受到了损害。他们被看成敌人，许多人被送到军营从事强制的劳动。数万人由于官僚和军队的惰性以及战时物品短缺和苦难而丧生。①

纳粹试图把邻国日耳曼人定居的领土扩张到战前波—德边界以东500公里的一条边界线。于是，被占领的波兰领土要被分成一个德国人定居的地区和一个波兰人定居的劳动营(Generalgouvernement)。坦嫩贝格行动以每天1万人的速度清除走75万波兰人。后来被赶走的人数增加到120万。被驱逐的人有许多是在1918年后从新的俄罗斯和乌克兰社会主义共和国领土迁出重新定居在这里的。按照釜底抽薪的概念，知识分子和政治领袖要送进集中营或被杀死。家庭常常分离：女人被送往东部，男人被送往西部的劳动营，孩子则被领走接受“日耳曼化”计划。在苏占波兰领土上，100多万，也许多达180万人，被驱逐到强制劳动营，在一年之内就死去一半人。战争结束时，波兰人口的18%，或几乎人口的1/5失去生命。②

作为处理“不令人满意的人”的垃圾场，波兰人定居的劳动营接受了约100万人，即第三帝国和奥地利的犹太人和被驱逐的波兰人。为了增加日耳曼人种，纳粹官员把波兰人口分成“潜在的日耳曼人”、劣等的斯拉夫人和生物学上有缺陷或政治上不需要的人。而后者要送进集中营。“潜在的日耳曼人”在接受了遗传学的、医学的、文化的检查后被分成四种人：第一种和第二种，约170万人，得到德国公民权。第三种人成为临时德国人，男子如果能同意参加德国军队而证

---

① Marrus, *The Unwanted*, 235-236; Alexander Dallin, *German Rule in Russia 1941-1945: A Study of Occupation Policies* (London, 1957); Karel Berkhoff, " 'They Must Die Off': The Nazi Campaign to Starve the Cities of Ukraine during World War II," research in progress, University of Toronto, April 1997.

② Norman Davis, *Heart of Europe: A Short History of Poland* (Oxford, 1986, 63-83; Hellmuth Hecker, *Die Umsiedlungsverträge des Deutschen Reiches während des Zweiten Weltkrieges* (Frankfurt/Main, 1971).

明自己的日耳曼品质，在填不饱肚子的情况下，能得到较多的食品，很多人这样做了。第四种人叫"波兰化的德国人"。

南欧和东欧的散居日耳曼人按计划要被重新安置在帝国本土区域(Reichsgaue)。过去数百年来，一些旅居国外的德国侨民，特别是那些在乡村聚居的德国人，一直把自己看成独特的群体，甚至认为与生活在他们周围的人相比文化上更优越。但是自19世纪80年代以来，在官员队伍合理化和民族化的制度下，他们的特殊身份没有了。一些人去了北美，留下来的人，不管是作为第三代还是第十代少数民族，仍然生活在一直保留着的移民前的文化传统和与现代主流社会经济融合之间的夹缝里。有些人，比如苏德台地区的日耳曼人中一部分吵吵嚷嚷的人，支持纳粹政府或受到引诱而这样做。1939年10月，第三帝国解除了立陶宛、拉脱维亚和爱沙尼亚的德裔侨民原有的公民权，并命令他们向西长途跋涉进入被吞并的波兰地区，重新定居开始了。在南方，说德语的南蒂罗尔人被迁到北蒂罗尔和卡尔尼奥拉(Carniola)，以便扩大奥德边境地区。在苏德台日耳曼纳粹分子吵嚷着要吞并之后，其他国家也急切地想摆脱潜在的分离主义分子。苏联同意了第三帝国的要求，允许德裔从其占领的波兰、白俄罗斯和乌克兰离境。虽然有些人愿意离境，但许多人是在苏联政府准许下，根据纳粹搬迁令(Umsiedlungskommandos)西进的。只有在南斯拉夫，纳粹德裔南斯拉夫人的观点成功地反对了"抽走宝贵的日耳曼血统"的做法，据说，他们需要日耳曼血统给这个地区劣等人提供一种高质量的标准。对这种种族纯洁性理念指导的人口规划有一个天大的讽刺：所谓"优秀的日耳曼血"统被命令步行或乘马车跋涉，而高效率的铁路修建起来把"不令人满意者"向东运往新定居地或死亡集中营。

一年之内，从波罗的海国家到比萨拉比亚(Bessarabia)的50万德裔定居者失去家园。次年，又有75万人向西艰难跋涉。大德意志帝国的政府对他们的终生命运表现得冷漠无情，就像对运送出去的"劣等民族"一样。在"日耳曼血统"中，只有50万人得到了重新安置，剩下的人一直住在营地里，而且这个计划最终是场灾难。当苏军1944年逼近帝国区域时，这些失去家园的德裔又开始了另一次的向西的跋涉，他们的行程经常被快速进军的苏军打断，然后又被驱逐回东面。①

苏联的官员对人们的命运同样漠不关心，认为许多非俄罗斯民族"不可靠"，

① Wolfgang Benz, *Fremde in der Heimat: Flucht-Vertreibung-Integration in Bade, Deutsche im Ausland*, 374-386; Marrus, *The Unwanted*, 219-230; Anthony Komjathy and Rebecca Stockwell, *German Minorities and the Third Reich: Ethnic Germans of East Central Europe between the World Wars* (New York, 1980); G. C. Paikert, *The Danube Swabians: German Populations in Hungary, Rumania and Yugoslavia and Hitler's Impact on Their Patterns* (The Hague, 1967).

因为他们群体中的上层分子死心塌地地效忠和同情纳粹，或因为他们是苏维埃帝国中的少数民族。许多人被驱逐到苏联内地和更远的东部地区，其中包括最新占领的波罗的海国家和波兰的少数民族，德军占领领土上的难民，在俄罗斯的140万德裔(根据1939年人口普查)，以及高加索地区、克里米亚地区、下高加索地区和里海草原地区的少数民族(参见图4-3)。

波兰被瓜分的时候，波兰流亡政府被准许招兵，这些士兵带着四万家属获准离开苏联。战后，他们重新定居在大英帝国地区：东非有1.6万人，3000人在罗得西亚(津巴布韦)，4000人在印度，7000人在中东。其他人定居英国或作为流离失所的人移民加拿大和美国。[①]

1941～1942年，在"伟大卫国战争"中，苏联把工业迁往乌拉尔山以东地区以自卫。但是重新定居的工人及其家属的工作条件更恶劣，生活条件更差，死亡率高。几乎没有什么选择：1941年8月，德军围困敖德萨之前必须疏散35万平民，数十万人在1941年10月政府疏散莫斯科人口时逃亡。德军围困列宁格勒17个月，将近300万人逃亡，几乎有100万人死去，只有50万人跨过冰冻的拉多加湖，而没有饿死。德军进行了争论，以便决定是把全部人口饿死，还是把幸存者送往苏联内地，还是为了宣传的目的而允许红十字会进行人道主义的援救，把这些人运往美国或其他什么地方。[②]

在南欧，第三帝国、意大利、匈牙利和保加利亚已经瓜分了南斯拉夫。在1941年，把来自奥地利人定居的南叙利亚的两万斯洛文尼亚人(斯拉夫人)，与来自克罗地亚的1.8万德裔进行交换。塞尔维亚人被从他们散居的地区驱逐到他们的核心地区，并受到了克罗地亚秘密警察的恐怖统治和屠杀。当保加利亚的军事当局把马其顿人驱逐或保加利亚化的时候，大约30万人逃亡了。罗马尼亚先前已经吞并了布科维纳(Bukovina)、比萨拉比亚以及南乌克兰，但是割让了多布罗加。有一个在被吞并地区重新安置来自遥远的散居乡村的纯罗马尼亚人和大约25万～30万的罗马尼亚和其他地区的犹太人的计划，但是当德国别动队解决了乌克兰犹太人之后来继续执行这种杀人把戏的时候，这个计划被搁浅了。战争后期，苏军的到来又意味着新的重新定居。

---

① Schechtman, *The Refugee in the World*, 47-55; Marrus, *The Unwanted*, 194-200, 245-252; Fred C. Koch, *The Volga Germans in Russia and the Americas, from 1763 to the Present* (University Park, Pa., 1997).

② Marrus, *The Unwanted*, 241-245; Harrison E. Salisbury, *The 900 Days: The Siege of Leningrad* (New York, 1969); Hans-Norbert Burkert and Hans-Jochen Markmann, *900 Tage Blockade Leningrad: Leiden und Wiederstand der Zivilbevölkerung im krieg*, 3 vols. (Berlin, 1991), 2:70.

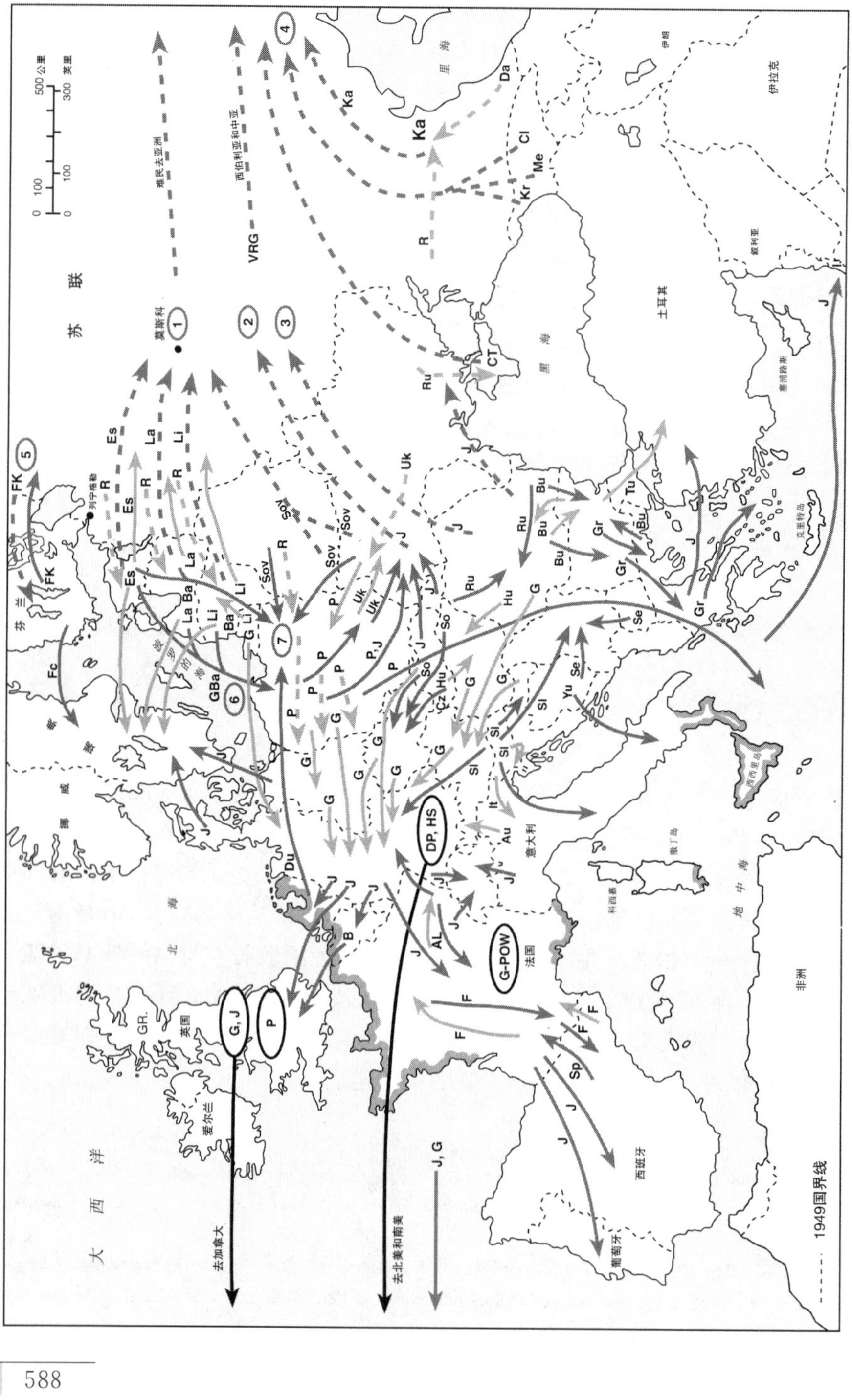

图4-3 1939~1949年，欧洲的人口逃亡、驱逐出境和重新定居（图示见下页）

1945 年之前中欧、西欧和东南欧的人口流动

▒ 平民人口被疏散离开的沿海地区

——> 难民、被驱逐出境者、被转移者和“被遣返者”

- - -> 1945 年之前东面的人口流动

① 逃亡的、被疏散的和被驱逐出境的爱沙尼亚人、拉脱维亚人、立陶宛人、波兰人和犹太人

② 从被占领的苏联领土上疏散的人和难民

③ 犹太难民

④ 被驱逐出境的高加索地区民族群体和其他民族的人

⑤ 被疏散的卡累利阿人

⑥ 在 1940 年根据苏德条约从波罗的海国家向西转移的日耳曼人

⑦ 德占领土上向西逃离斯大林政权的波罗的海国家公民和苏联公民

1945～1949 年的人口流动

——> 难民、被驱逐者、被转移者和“被遣返者”

- - -> 补充替代的流动人口

(DP, HS) DP——流离失所者；HS——犹太大屠杀的幸存者

(G-POW) 滞留在法国的德国战俘

(G, J) 作为敌对国家的人被监禁并被驱逐到加拿大的德国人和犹太人

(P) 复员的波兰军人

AL——阿尔萨斯—洛林人，Au——奥地利人，B——比利时人，Ba——波罗的海国家的人，Bu——保加利亚人，CI——车臣—印古什人，CT——克里米亚鞑靼人，Cz——捷克人，Da——达吉斯坦人，Du——荷兰人，Es——爱沙尼亚人，F——法国人，Fc——芬兰儿童，FK——芬兰—卡累利阿人，G——日耳曼人，GBa——波罗的海国家的日耳曼人，Gr——希腊人，Hu——匈牙利人(马扎尔人和其他民族)，J——犹太人，Ka——卡尔梅克人，Kr——卡拉柴人，La——拉脱维亚人，Li——立陶宛人，Me——梅斯赫季人，P——波兰人，R——少数民族俄罗斯人，Ru——罗马尼亚人，Se——塞尔维亚人，Sl——斯洛文尼亚人，Slo——斯洛伐克人，Soy——不分民族的苏联公民，Sp——西班牙人，Tu——土耳其人，Uk——乌克兰人，VRG——伏尔加地区的俄罗斯—日耳曼人，Yu——不分民族的南斯拉夫人

男子被动员参加本民族国家的军队,也被其他民族国家作为战俘而监禁,这些因素通常在分析人口转移时不被考虑到。然而在第二次世界大战中,动员和监禁涉及不自愿的迁移和交往。战俘被迫在俘虏他们的国家里的战争工业和农业中劳动,和当地民众有所交往。对“不同的人”的态度和刻板印象渐渐出现了。德国人在 1945 年前和强制劳工一起工作,但仅仅 10 年之后,又和外国移民工一起劳动,态度能否转移?德国平民和盟国的战俘们面对同样的空袭,当纳粹当局拒绝给外国人提供防空保护时,当地民众是如果作出反应的?许多民族的战俘分散在德国各地,在农业、矿山或工厂里劳动。德国战俘在法国和苏联劳动,战后,约 3 万人被分配到比利时煤矿,175 万被送到法国劳动。1947 年,他们可能回国时,法国的德国战俘中有 20%的人决定留下来。[①] 当听说盟国船队没有足够的吨位把欧洲的犹太人运出欧洲时,40 万德国战俘被运送到美国,大部分又返回国,也有些人后来选择了移民。

1943 年 2 月德军开始撤退时,来自乌克兰和其他民族的眼线和反苏维埃的哥萨克人逃走了。穿军服的民族败类和扛着军旗的雅利安人向西跋涉。苏军到达战前德国边界时,他们已经超越了数千万难民,还有好几百万人努力跑在他们前面。

战后欧洲的人口逃亡、驱逐和流动

在 1945 年,欧洲难民的总数估计有 3000 万,战争中已有 5500 万~6000 万人失去生命。但是在过去愿意转移多余人口的政府现在却不愿意接受需要帮助的难民。英国政府害怕外国移民“泛滥”,加拿大政府拒绝主办一次审理自由世界限制性移民政策的会议。难民问题跨国政府委员会又建立起来,但是没有实权。盟国承诺要创造条件,“让所有人,不管哪个民族的人,都能返回家园”,这实际是个托词,以避免公开承认人们应该被送回去(遣返的原则),这样难民就不能选择在什么地方重新开始新生活。[②]

在西进苏军的后方,大约有 250 万避难的波兰人和捷克人重返他们的家园。在苏军和西方军队分界线的前面,盟军开始从德国遣返以东欧奴隶工为主的 760 万人。这项工程与其说是出于同情,不如说是由于食物短缺和苏联提出的对“他们的”公民和人才的要求。被运送回去的俄罗斯人,常常是不自愿的,受到

① Johannes-Dieter Steinert, *Migration und Politik*: *Westdeutschland-Europa-übersee 1945-1961* (Osnabrück, 1995), 44-58.

② Proudfoot, *European Refugees*, 158-159.

潜在颠覆分子的对待,并被集中监禁起来。被遣返人员中有的是站在德国一边为自己民族独立而战的非俄罗斯人。

普通难民、强制劳工和死亡营的犹太幸存者被叫作“无家可归的人”,以区别于战俘、复员军人和落伍士兵。数十万人在1951年底之前在移民国家得到了重新安置,但是滞留在德国的大约20万“长期需要救济的人”被剥夺了国籍,而又没得到德国公民权,成了“没有祖国的”人。[①] 欧洲约100万幸存的犹太人(波兰330万人中有8万,或1/40)所受的待遇和其他无家可归的人一样,无人关心他们的特殊需求。巴勒斯坦向他们关闭大门,因为英国对阿拉伯人的敌意继续存在害怕心理。难民所遭受的感情伤害和身份丧失没有立刻被人们注意到。在波兰,根深蒂固的反闪米特情绪仍然猖獗。在1946年夏天,在250犹太人的凯尔采街区有40多人被住在附近的人预谋杀害。1946年底,17万东欧犹太幸存者逃到西方盟军管辖的领土上。他们去北美的希望由于名额的限制而破灭了,“遣返”到巴勒斯坦渐渐地成了选择。冷漠的英国人提出请求,让苏联人在他们远东的犹太自治区比罗比詹(Birobidzhan)安置些犹太人,而苏联方面的回答只是质问大英帝国内有多少空缺。

1945~1949年,东欧和旅外散居的、说不同德语方言的、各种不同背景的大约1250万难民和被驱逐者来到德国的4个被占领区。他们的突然“插入”,最初是和社会处于隔离状态,随着时间的推移,加上政府的压力,才渐渐融合。1949年后,联邦德国继续接受中欧东部和东欧的前几个世纪老日耳曼移民的后代的到来,他们的血统给他们赢得“日耳曼少数民族”这个法定名称,或日耳曼血统的人(Deutschstammige)。[②]

450万被德国占领军驱逐出家园、后来又从并入苏联的波兰东部逃亡的波

---

① Vernant, *The Refugee in the Post-War World*; G. J. van Heuven Goedhard, “People Adrift,” *Journal of International Affairs 7* (1953): 7-29; Wolfgang Jacobmeyer, *Vom Zwangsarbeiter zum heimatlosen Ausländer: Die Displaced Persons in Westdeutschland, 1945-1951* (Göttingen, 1985), tables on 60, 173, 225, and Jacobmeyer, “The ‘Displaced Persons’ in West Germany, 1945-1951,” in Göran Rystad, ed., *The Uprooted: Forced Migration as an International Problem in the Post-War Era* (Lund, Sweden, 1990), 271-288; Mark R. Elliott, *Pawns of Yalta: Soviet Refugees and America's Role in their Repatriation* (Urbana, Ill., 1982); Nicholas Bethell, *The Last Secret: Forcible Repatriation to Russia*, 1994-1997 (London, 1974).

② Hedwig Rudolph, “Dynamics of Immigration into a Nonimmigrant Country: Germany,” in Fassmann and Münz, *European Migration*, 113-126, and table 6.2; Marion Frantzioch, *Die Vertriebenen: Hemmnisse, Antriebskräfte und Wege ihrer Integration in der Bundesrepublik Deutschland* (Berlin, 1987).

兰人被安置在新德国边界东部。在波兰领土上,1939～1949 年有 2500 万人重新定居或被驱逐出境,其中很多人迁徙过不止一次。

在苏联南部,乌克兰和外高加索有部分人口重复第一次世界大战期间的做法,争取独立。苏维埃统治一旦确立,争取独立就成为叛变,克里米亚鞑靼、卡尔梅克、车臣和印古什自治共和国被取消了。大约有 60 万～100 万人被驱逐出境,其中包括中亚少数民族、格鲁吉亚人、亚美尼亚人、土耳其人、伏尔加和克里米亚鞑靼人、山地人、卡尔梅克人和哥萨克人。迁入的俄罗斯移民经济上得到好处,俄罗斯和乌克兰新农民迁进来开垦被抛弃的土地。在苏联获得的从(芬兰)卡累利阿沿着波兰、白俄罗斯、乌克兰边界到(罗马尼亚)比萨拉比亚一带的新土地上,逃亡和迁徙造成了部分人口的流失,由俄罗斯新移民来定居。在远东,从日本夺来的萨哈林岛南部由农民和渔民移入定居。大部分人口的迁徙都是政府强加的,但是人们看到的新的机遇和一场朝气蓬勃的青年运动也对各民族的重新定居有很大影响。

在欧洲东南部,当特兰西瓦尼亚(Transylvania)被并入重新规划的罗马尼亚时,匈牙利人逃亡了。1949 年秋,处在内战硝烟中的希腊,700 万人口中就有 70 万难民。南斯拉夫各民族的男人和女人纷纷逃离异族的骚扰。韦内齐亚—朱利亚(Venezia-Giulia)和的里亚斯特(Trieste)地区(意大利和南斯拉夫有争议的多民族聚居的一个地区)的部分人口也离开了。当意大利占领的达尔马提亚(Dalmatia)重新划入南斯拉夫时,90 万人口中的 30 万意大利少数民族离开了。突尼斯和埃塞俄比亚的意大利后裔从非洲回到了欧洲。难民救援工作开始时由联合国救济和康复机构负责,在 1946 年 12 月后,改由国际难民组织进行调解。[①]

战争的结果是中欧共产主义的建立,引起了难民流动,逃离贫困的经济状况和没有指望的生活前景,西欧和南欧人向北美的移民一直持续到 20 世纪 50 年代中期。荷兰政府由于害怕人口过剩而鼓励外出移民,而联邦德国政府为了保留劳动力重建国家而放缓对外移民。保守的意大利政府鼓励本国人离境,以便

---

① Robert Conquest, *The Nation-Killers: The Soviet Deportation of Nationalities* (New York, 1970); Kulischer, *Europe on the Move*, 298-301; John J. Stephan, *The Russian Far East: A History* (Cambridge, 1994); Davis, *Heart of Europe*, 82; Aleksandr M. Nekrich, *The Punished Peoples: The Deportation and Fate of Soviet Minorities at the End of the Second World War* (New York, 1978); Leszek A. Kosinski, "International Migration of Yugoslavs during and Immediately after World War II," *East European Quarterly 16* (1982): 183-198; Marrus, *The Unwanted*, 298-317; Schechtman, *The Refugee in the World*, 68-72.

摆脱激进的和失业的工人阶级选票。1946～1955年,欧洲向外移民达到450万人,包括由于战乱而逃离的人,其中大部分逃到加拿大、美国、南美洲(从南欧)和澳大利亚,还有的移民以色列。大部分人是以正常名额以外批准入境的。英国允许自愿前来的波兰和其他欧洲地区的工人定居。[①]

很多难民的流动是举家迁徙,常常以妇女为首,因为男子成了士兵、战俘或者阵亡者。一种特殊形式的战后妇女迁徙是战争新娘离开祖国。以美国这个战争新娘主要接受国为例,把1600万男子送往57个国家去参加战斗或与战争相关的活动。对敌对国人口的不友好政策很快被人情关系瓦解了。1942～1952年,大约有100万军人结婚,数十万战争新娘到达美国,只是偶然有一两个男子留在他妻子的国家。起初,日本妻子由于排日法案阻止她们移民美国,不可能指望持久的婚约。美国和加拿大公众舆论尽管有些持保留态度,还是接受了外国妇女。政治上所要求的民族等级制度由于日常接触或人性原则而瓦解了。战争新娘后来成了战后流动人口的少数民族核心。[②]

4. 亚洲的帝国主义、强制劳工和重新定居

在20世纪第二次欧洲大战之前就发生了1937年开始的日本帝国主义战争。从战争投入和政治联盟的观点看,这是一次“世界战争”,但是亚洲的人口流动仍然是地区性的。作为上层人口流动,自世纪之交以来,美国和欧洲的军事顾问就去过中国和日本。在这两个国家,保护国门的政府官员和知识分子就把他们自己和自己的人民构建为优等人。从19世纪末起,日本就能够凭借集中的兵力来支持自己的要求,而中国却在叛乱、军阀和腐败官僚的沉重包袱下喘不过气来。这两个国家都必须与北半球殖民强国强加的各种要求打交道。在1914～1918年的战争期间,南亚地区和殖民帝国的其他地方为同盟国提供了人力、物力,可是并没有得到政治上的好处。法国有8万越南人为他们劳动,英国在山东

① Frank G. Boudreau and Clyde V. Kiser, eds., *Selected Studies of Migration since World War II* (New York, 1958), 11-29; Anthony T. Bouscaren, *International Migrations since 1945* (New York, 1963), 2-93; Julius Isaac, *British Post-War Migration* (Cambridge, 1954); B. P. Hofstede, *Thwarted Exodus: Post-War Overseas Migration from the Netherlands* (The Hague, 1964); Steinert, *Migration und Politik*, 25-37.

② Elfrieda B. Shukert and Barbara S. Scibetta, *War Brides of World War II* (New York, 1988); Joyce Hibbert, *The War Brides* (Toronto, 1978); Yukiko Koshiro, *Trans-Pacific Racisms and the U. S. Occupation of Japan* (New York, 1993).

省招募了约10万工人。这10万人像牛一样被消毒,手腕子周围被钉上像狗牌子一样的序列号。大部分人在法国北部的危险的条件下劳动,在肮脏的居住环境中生活。作为给欧洲的同盟国军队提供军火的回报,日本得到了德国在中国占领的土地和南洋群岛。日本在1917年从中国方面夺得了对所谓"满洲"和内蒙古的特权。①

20世纪30年代前的日本帝国和内战困扰的中国

在俄罗斯帝国把远东并入它的版图时(见第12章第4节),萨哈林岛、朝鲜和"满洲"成了所谓"有争议的领土",这些地区都具有内部人口流动的潜力。为了得到它所认为的市场,日本向中国发起进攻,并在1895年吞并了台湾和澎湖列岛,"租借"了北部领土,包括旅顺港和大连。1905年,日本打败俄国,吞并了南萨哈林岛。朝鲜这个起初是"保护国"的地方,在1910年也被吞并。(参见图4-4)

就像朝鲜是日本的农业附属物一样,台湾成了日本改进农业、社会和财政的实验室。日本官员建立了土地所有制,和西方殖民主义者截然不同的是,并没有引进日本的生产方式。他们的政策有利于经济发展,台湾的中、小生产者从中得到了好处。相反,在朝鲜农业现代化成了"无情发展的休克",特点是强迫耕种出口作物,特别是出口日本的稻子,还有为日本定居者没收土地。当地人不得不重新种植大麦和谷子一类低等作物时,很多人移民到中国的"满洲"或俄罗斯的西伯利亚地区。朝鲜半岛人被看作种族上近似,被强加上了日本公民身份。人口在1905年前是相对稳定的,随着现代化,特别是由于医疗条件的改善,人口迅速增长。相形之下,南萨哈林岛是由于其自然资源和战略位置而受到重视的。1906年时这里的日本人口只有1.2万人,40年之后,增长到40万人。这里的日本人从事机器制造、商业和运输业。

"多余的人"是帝国上层人士公认的、无视文化背景的人口概念,这些人应该从日本迁徙到新近夺取的"生存空间"去,那里的人口密度被大大地低估了:200万要迁往台湾,1000万去朝鲜。迁徙的人不是强壮的农业先锋,而主要是帝国主义小册子作者、小商小贩、手工艺人、小店主和冒险商人。所有人都想去揩油,而不是去从事田间劳动,大部分人都被吸引到城市,一些人成了地主。人口的流动是一项中产阶级和下层中产阶级男子的迁徙计划。少数日本妇女作为妻子、接生婆和妓女去了国外。由于选择巴西、秘鲁、夏威夷、菲律宾为目的地,农业移民破坏了政府的农村定居计划。在南洋,日本政府引进了甘蔗种植、教育和现代化。

---

① Spence, *Modern China*, 291-292.

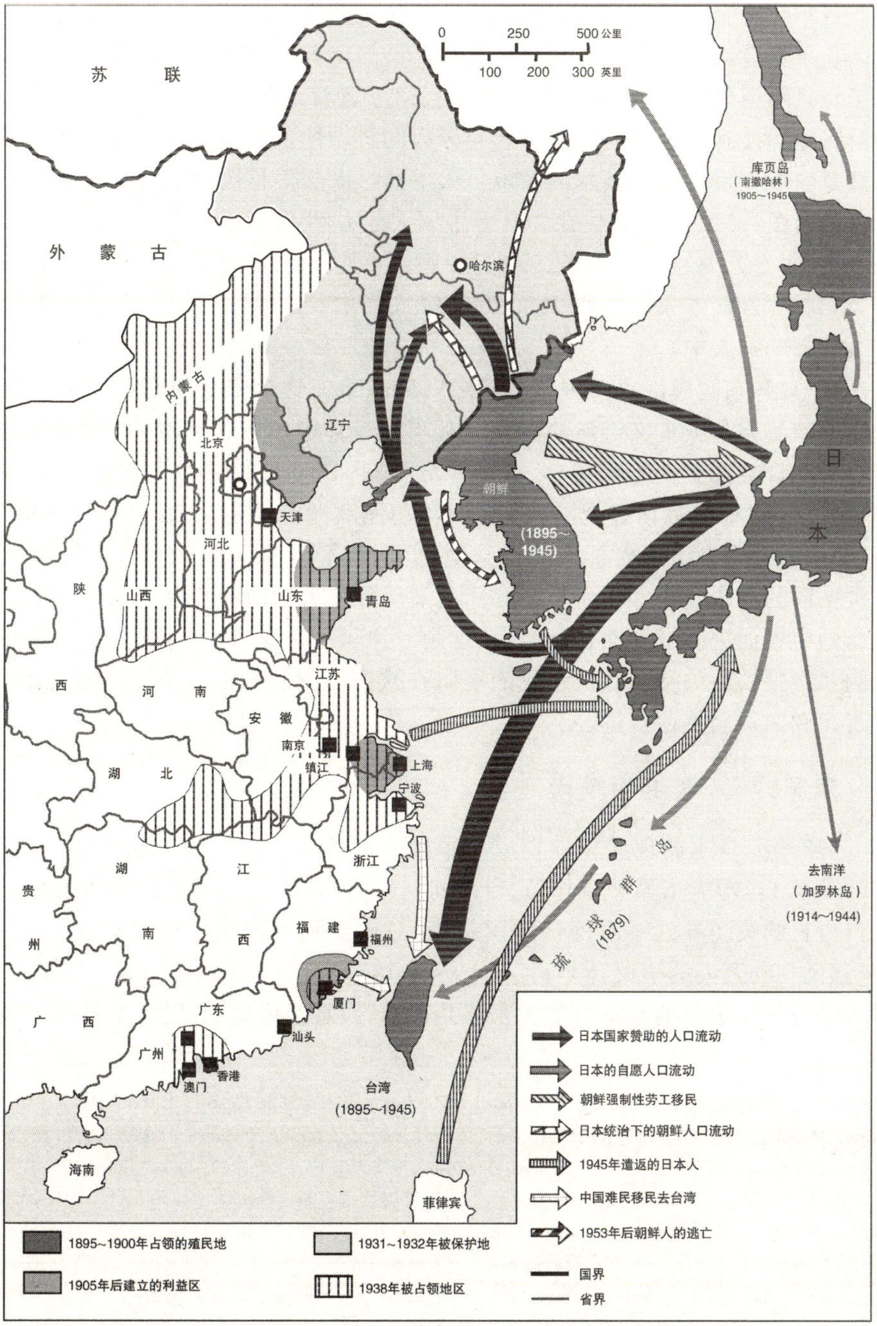

图4-4　东亚：日本的扩张、逃亡和强制劳工

日本化意味着殖民地人和殖民者之间建立的纽带。日本派往海外的管理人员防止了具有明显特殊利益的当地管理人员的出现。台湾和朝鲜的中产阶级利用了和日本帝国的联系,比如向日本的大学派遣留学生。一个得到日本鼓励的朝鲜青年运动利用了政府的差别和年轻人的机动性。但是殖民地人口的大多数仍然是农业人口和没有技术的城市工人。通过大规模移民实现日本化依然是计划者的蓝图。1920 年,居住在 350 万中国大陆人和 2.4 万台湾原住民中的日本人只有 16.5 万人(在 1940 年,550 万中国人中居住着 31.5 万日本人)。在 1925 年,不到 50 万日本人居住在 1950 万朝鲜人当中(在 1940 年,70 万日本人居住在 235 万朝鲜人中)。①

在中国,军阀混战以及国共两党之间的战争使这个饱受根深蒂固的官僚主义影响和西方帝国主义干涉的国家混乱不堪。孙中山曾在日本和欧洲流亡,蒋介石曾在日本接受训练。在孙、蒋的领导下,国民党请德国教官到它的军事学院,1927 年以前还邀请过俄国教官。日本仿照欧洲帝国主义渗透的模式,在"满洲"和内蒙古为自己建立了一种特殊地位,1919 年又接管了山东。美国采取了一种不同的方法,在 1924 年把义和团起义债务中未付的 600 万美元赔款转交给了新的中华促进教育和文化基金会,这是一种和平的渗透。在内战中,江西和福建的共产党领导的贫苦农民组成的军队在被国民党打败后走上了长征之路,穿过贵州和四川向陕西挺进。

强制劳工、战争和难民

1926 年,日本的现代化计划成了军国主义计划。这个国家在 1920 年只有 5600 万人口,却能依靠萨哈林岛、台湾和朝鲜的 2100 万人口的劳动而生存。对人口增长的关切导致了对外向中国扩张,对内实现面向出口的工业化。向"满洲"移民 500 万人的殖民计划再一次失败,1931～1939 年只吸引来 5 万人。为日本经济利益服务的政策,在"大东亚共荣圈"面具的掩盖下,建立了日本的势力

① Peter Duus, "Economic Dimensions of Meiji Imperialism: The Case of Korea, 1895-1910," in Ramon H. Myers and Mark R. Peattie, eds., *The Japanese Colonial Empire, 1895-1945* (Princeton, 1984), 128-171, and Peattie, "The Nan'yo: Japan in the South Pacific, 1885-1945," ibid., 194-198. 到 1935 年时, 5 万人住在南洋,只是在一些岛屿上原住民仍然占多数。Samuel Pao-San Ho, "Colonialism and Development: Korea, Taiwan, and Kwantung," ibid., 347-398; Chih-ming Ka, *Japanese Colonialism in Taiwan: Land Tenure, Development, and Dependency, 1895-1945* (Boulder, 1995); Gregory Henderson, "Japan's Chosen: Immigrants, Ruthlessness and Developmental Shock," in Andrew C. Nahm, ed., *Korea under Japanese Colonial Rule: Studies of the Policy and Techniques of Japanese Colonialism* (Kalamazoo, Mich., 1973), 261-269.

范围，其核心是日本本土，里面的主体民族的人民被要求保持血统的纯正，紧接着的外环居住着所谓友好的、种族上近似的民族，以及一个更远的外环，居住着所谓较为劣等的民族。[①]

日本帝国成了强制劳工的第三大地区，仅次于纳粹德国和斯大林主义的苏联。日本的工会很弱，而且他们和其他国家的联系最好的时候也是断断续续的。国家官僚和企业家组织决定劳工关系。自下而上的斗争精神由于工人和农村的剪不断的联系而受到限制。一直到大萧条之前，工人们一直依靠农村亲属的帮助，而不是诉诸罢工。民族精华协会与和谐化协会提倡劳资间的集体合作，近似法西斯的“新劳工会”和“工业爱国会”出现了，但由于战时福利立法，它没有造成很大影响。

殖民地被迫在“指手画脚的少数人”的控制下，用来自核心地区的资本生产工业和军事用品，这些人就是从日本派来的管理人员。朝鲜农民被迫离开家园，变成了城市工业的、低技术的、流动的无产阶级。朝鲜人口众多的、生产水稻的南方省份的人口，被强迫迁徙到其他地方或日本。1910 年时，日本的朝鲜人只有 800 人。朝鲜人被分配干日本人不愿意干的体力活儿。1923 年的反朝鲜骚乱进一步使他们边缘化。1917～1929 年，120 万朝鲜人来到日本，但 85 万人又返回了朝鲜。1940 年时，有 120 万朝鲜人生活在日本；1944 年时，由于强制劳工的到来，朝鲜人数增加到 190 万。截至 1945 年，朝鲜人口中有 1/10 以上在国外劳动，还有另外 20％被征到城市去干活儿，或由于其他原因而失去家园。朝鲜国内人力的缺乏的结果是不得不把一些朝鲜人提拔的中层岗位上，但是为了反对潜在的民主主义活动，对殖民地人们的镇压加强了。

对中国北部进行几次突袭后，由于市场对工业产品的需求，特别是纺织品，日本加速了对所谓“满洲”的军事扩张（1931～1932 年），“满洲”以所谓“满洲国”的名义变成了独立国家和日本的保护国。日本军队在“满洲”接近矿山的地方组织起了重工业，周围是由新移民维持的最基本的农业经济（参见第 17 章第 1 节）。高工资、经济萧条的环境和充足的劳动力供应导致了自由劳动力市场，只是按照民族分类的移民政策把中国移民保持在较低水平的同时，鼓励朝鲜和日本工人到来。到 1940 年时，从朝鲜北方引进 140 万工人。工厂缺乏受过培训的人员，原因是殖民者不愿发展教育。两级雇佣制度，即高报酬位置由日本人担

① Mark R. Peattie, “Japanese Attitudes toward Colonialism, 1895-1945,” in Myers and Peattie, *Japanese Colonial Empire*, 80-127; Irene B. Taeuber, *The Population of Japan* (Princeton, 1958), 123-170, 198-203; International Labour Office, *Industrial Labour in Japan* (Geneva, 1933).

任,低报酬、肮脏工作由其他民族的移民工人干,在军事机器为战争而发动时,造成人员调换率高和生产短缺的结果。

1937年,日本军队占领上海并夺取了中国大片地方,全面战争开始了。在1937年12月,国民党的首都南京陷落之后,数十万中国人被屠杀,很多妇女被强奸,该城市受到劫掠,部分地被摧毁了。农民在焦土战役中逃离家乡。到1939年时,大约1200万难民到了西部的云南、贵州和四川省。国际难民组织把欧洲人从中国疏散走,但是犹太难民不断涌来。中国在战争中动员了1300万军人,遭受了2700万人(据日本发表数字)伤亡,或1700万人(据中国发表数字)伤亡。

日本的政策制定者根据军事优先的次序分配劳动力,一方面实行更加严酷的控制,另一方面,作出不可靠的许诺,保证生活条件不会恶化。从1941年开始,劳动力储备由国家统一管理。1942年,技术工人和技术人员被禁止改换工作,雇主被禁止用薪金刺激为诱饵从别的工厂"盗窃"技术人员。① 在被占领的领土上,强征平民和战俘劳工。例如,一支由英国、澳大利亚、荷兰、泰米尔和印度俘虏组成的"血汗军"被强迫修建暹罗铁路或"死亡"铁路。② 根据一组估计的数字,仅仅在印度人中间,强征劳工就死去6万人,华人叛乱了至少有一次。另一种毁灭人类尊严的行径是强迫朝鲜妇女去慰安所给日本兵当慰安妇。受到牵连的妇女人数估计超过了10万~20万人。③

1941年12月,日本进攻夏威夷珍珠港的美国舰队,同时还攻击了位于菲律

---

① Louise Young, *Japan's Total Empire: Manchuria and the Culture of Wartime Imperialism* (Berkeley, 1998), 307-411; Joseph B. Schechtman, *Population Transfers in Asia* (New York, 1949); Taeuber, *Population of Japan*, 173-190; Narihiko Ito, "Eine Skizze über Kolonialherrschaft, Invasionskrieg und Arbeiterbewegung unter dem japanischen Imperialismus," in Hans Hautmann, ed., *Internationale Tagung der Historiker der Arbeiterbewegung: 20. Linzer Konferenz 1984* (Vienna, 1989), 436-441; Ehud Harari, *The Politics of Labor Legislation in Japan: National-International Interaction* (Berkeley, 1973), 10-50; Andrew Gordon, *Labor and Imperial Democracy in Prewar Japan* (Berkeley, 1991), 302-342; Ramon H. Myers, *The Japanese Economic Development of Manchuria, 1932 to 1945* (New York, 1982), 158-200.

② 中国军队通过715英里长的跨山的滇缅公路和英占印度联系起来。数十万男子、妇女和儿童人工修建了这条路。应征服役劳工的死亡率很高。Spence, *Modern China*, 458; Sinnappah Arasaratnam, *Indians in Malaysia and Singapore* (rev. ed., Kuala Lumpur, 1979), 30-31.

③ George Hicks, *The Comfort Women: Sex Slaves of the Japanese Imperial Forces* (St. Leonards, Austral., 1995); Ustinia Dolgopol and Snehal Paranjape, *Comfort Women, an unfinished Ordeal: Report of a Mission* (Geneva, 1994); Keith Howard, ed., *True Stories of the Korean Comfort Women: Testimonies* (London, 1995).

宾的美军基地和香港及马来亚的英国军队。截至1942年，日本已经占领了中国的大片领土、法属印度支那、英属缅甸、荷属印度尼西亚和大部分太平洋上的岛屿。印度的自由流动人口、劳工和英国的殖民地附庸都大批逃离缅甸（见第14章第4节）。日机的轰炸造成城市里的逃亡，远及加尔各答。日本的城市居民得到命令迁到乡村以躲避盟军的空袭并生产粮食。西方盟军和中国在1942年中期之后迫使日军慢慢后撤，1945年美军在冲绳岛登陆，同年8月在广岛和长崎扔下原子弹，结束了战争，炸死了这几个城市的人，包括数十万朝鲜强迫劳工。

对驻扎国外的650万日本军队的监禁和遣返开始了。南萨哈林人口中有93%是日本人。南洋群岛的13.2万人口中，有8.1万日本人。在中国军队占领的地区的日本人很少，有20万人在租借地；在台湾640万居民中，日本人占6%；在朝鲜2640万人口中，日本人占2.9%（1942年统计数字）。截至1946年底，日本人的遣返结束。[①] 一百多万男人、妇女和儿童从日本遣返到了韩国，朝鲜政府遣返运动又把10万人带回国。剩下的人被称作“第三国的人”，既不是日本人，也不是盟国公民。他们必须掩盖自己的民族身份，原因是无止境的歧视。很多人和外族人结了婚。日本在1958年的官方数字列出61.11万朝鲜人——一个混合群体，包括流离失所者、打工者、移民和老移民的后代。1965年“日韩条约”给予他们永久居留身份，但是附带一个污辱性条件：他们必须登记指纹和持有身份文件。[②]

先前属于日本居民的一个群体在另一个大陆遭受了苦难。当日本国攻击珍珠港时，在美国和加拿大的日本移民，有些已经成了这两国的公民，在那里被一些人看作军事威胁。在种族主义者推动下，常常是为了他们欧洲裔白人邻居的利益，加拿大政府强迫居住地距离海岸线160公里以内的所有日本移民和加籍日本人搬迁到内地居住。尽管政府作出了许诺，他们的财产被一个联邦专门机构没收、变卖。在美国和夏威夷分别有12.5万和15万日本出生的人或日本人的后裔，其中有11万被关押进了荒凉的集中营。根据40年后美国政府的报告，这项决定不是由于军事必要性作出的，而是由于“种族歧视、战争歇斯底里和政

① Bruno Lasker, *Asia on the Move: Population Pressure, Migration, and Resettlement in Eastern Asia under the Influence of Want and War* (New York, 1945).

② Simpson, *Refugee Question*, 26; Geoffrey Tyson, *Forgotten Frontier* (Delhi, 1992); Spence, *Modern China*, 448-469; Edward I-te Chen, "The Attempt to Integrate the Empire: Legal Perspectives," in Myers and Peattie, *Japanese Colonial Empire*, 269-274.

治领导失误作出的”。[①]

在战后的亚洲，欧美好战的殖民强国对印度（1940年）、缅甸（1945年）、菲律宾（1946年）和其他国家许诺各种形式的伙伴关系或独立。像战后欧洲那样，新国家的出现往往伴随着强国和弱国之间的权力斗争以及大量人口的驱逐和逃亡。在许多国家里，会出现民族主义者或改革者的反叛，常常有农民大众参加，也会出现穆斯林和其他信仰的人之间的冲突。西方的冷战意识形态将这些人贴上“受共产党煽动”的标签。一场新的、后殖民时代的亚洲内部人口流动出现了，这场人口流动取决于工业化的程度和对劳动力需要的程度。

在战后朝鲜，一群战前温和的上层通敌分子反对从地下抵抗运动和流亡中返回国内的反殖民主义的左翼上层分子。前者是年长的、保守的，而后者年轻而且朝气蓬勃。对通敌分子的起诉意味着部分上层分子将被取代。国家一分为二：一个是有900万人口的北方政体，另一个是有2100万人口的南方政体。在1950年6月朝鲜战争爆发前，就有180万人逃到南方。在1960年，来自朝鲜北方的400万难民构成了南方人口的1/10强。[②]

中国的内战在1949年结束，国民党军队和政府大约总共200万人撤退到了台湾。这种到来部分地毁灭了这个岛屿上的经济体系。大约有34万中国难民，特别是地主和学生，去了相邻的国家，几乎有一半去了缅甸。几千人去了北部的老挝，1.4万人去了葡属的澳门。进入英属香港的中国难民人数最多，1931～1941年那里的人口总数增加了一倍，达到164万人；在1961年人口再次翻番，达到320万人。到达东南亚国家的人得到当地华侨的帮助，一般情况下，得到远房亲戚的帮助。在1953年中期，东南亚16个国家或华人聚居地区的“海外华人”人数达到1340万人，另外还有30万华人居住在南美、北美、大洋洲、非洲和

① Commission on Wartime Relocation and Internment of Civilians, Personal Justice Denied (Washington, D. C., 1982), quote on 18. Ken Adachi, *The Enemy that Never Was: A History of the Japanese Canadians* (Toronto, 1976), 193-277; Donald Avery, “Canada's Response to European Refugees, 1939-1945: The Security Dimension,” in Norman Hillmer, Bohdan Kordan, and Lubomyr Luciuk, eds., *On Guard for Thee: War, Ethnicity, and the Canadian State, 1939-1945* (Ottawa, 1988), 179-216. Roger Daniels, *Concentration Camps USA: Japanese Americans and World War II* (New York, 1972), and Daniels, ed., *American Concentration Camps*, 9 vols. (New York, 1989), and Daniels, Sandra C. Taylor, and Harry H. L. Kitano, eds., *Japanese Americans: From Relocation to Redress* (1986; rev. ed., Seattle, 1982).

② Bouscaren, *International Migrations*, 122-127; Schechtman, *The Refugee in the World*, 172-181.

欧洲。[①]

在南亚,印度教徒、穆斯林关系涉及社会经济等级制度。随着初期独立运动一定程度的成功,相互斗争的领袖们努力地构建工业化的未来,紧张关系加剧了。英国、印度教徒、穆斯林在1947年的三方谈判把这个国家分解成(印度教的)印度和"纯穆斯林的土地",即东、西巴基斯坦。[②] 这个次大陆上的3.89亿人说15种官方语言、24种地区性语言和23种当地土语,还有700种方言。"印度人"作为民族和文化的描写仍然是外部观察者构建的概念。文化身份是根据民族、语言、宗教、社会等级以及其他的因素决定的,这些因素在不同地区具有不同重要性。孟加拉少数民族,不管是穆斯林还是印度教徒,超越宗教界限的话,和帕坦人中的穆斯林或泰米尔人中的印度教徒更有共同点。宗教身份——印度教徒、穆斯林、锡克教徒、佛教徒、耆那教徒或基督徒,指生活方式和社会等级,指居住的社会特点,而不指信条。穆斯林的大部分,即整个人口的22%,是从事农业的人,占人口68%的印度教徒是店主、放贷人或在织布厂和其他工厂工作。

次大陆的分裂造成了400万人有计划地从一地到另一地迁徙。1947年10月,80万印度教徒和锡克教徒排成70公里长的队伍从巴基斯坦向印度艰难跋涉。虚虚实实的迫害、强奸和谋杀增加了人们的恐惧和逃亡。在旁遮普邦,穆斯林、锡克教徒和印度教徒混居在一起,大屠杀和暴行发生了。在长期没有部落间暴力行为的卡拉奇,几乎有1/3的人口离开了,主要是经商的印度教徒。在东、西孟加拉(东巴基斯坦和印度)的交换中,在2000万印度教徒和800万穆斯林的总人口中有120万人东迁,同时在3200万穆斯林和1000万印度教徒总人口中有480万人西迁。政府和军队最初不愿意支持人口交换,后来开始加速东迁和西迁的速度,以防止瘟疫的发生和能够及时重新安顿这些人去耕种和收获,减少饥馑的威胁。很多人迁到有亲朋好友的地方,印度一个救济和康复部负责难民安置。到1947年末,730万人已经在这两个以宗教为基础的国家间进行了交换。长途跋涉中有许多人丧生。妇女特别容易受到攻击和抢劫,因为她们携带

① Schechtman, *The Refugee in the world*, 310-336; Edvard Hambro, *The Problem of Chinese Refugees in Hong Kong, report submitted to the UNHCR* (Leyden, 1955), 190.

② 分离的想法最初由剑桥大学的穆斯林学生提出,特别是他们的上层策划者,他们后来并没有参加逃亡。

着传统的珠宝和金饰嫁妆。到了 1951 年,难民人数达到了 1450 万人。[①] 1961 年时,人口的分布与 1931 年时相比的话,地区性人口的宗教更一致了。但是文化的、语言的复杂性仍然存在。在 5.48 亿的总人口中,只有 3.7 亿人按照宪法规定说印度 15 种语言之中的一种语言。[②]

在缅甸,1948 年取得了独立,中国技术人员填补了 1942 年英国雇用的印度人逃亡后留出的空缺。他们面临谣传中的中华人民共和国支持缅甸"少数民族"而引起的骚乱。在多民族人口中,东中部地区的克伦人(Karen)在 20 世纪 40 年代末试图分离建立国家的努力没有成功,孟族人在 20 世纪 50 年代反对中央政府。在马来西亚,英国军队在 20 世纪 50 年代平息了一次民族主义—共产党组织的起义。大约 50 万华人农民被强迫迁徙,以便把起义者饿死。暹罗(泰国)作为日本的盟国在 1945 年前没有被占领,在 20 世纪 60 年代的越南战争中,变成了接受难民的国家。

法国在印度支那(后来的柬埔寨、老挝和越南)重新建立殖民统治之后,一场独立战争拉开了序幕。1945 年停火把越南分成:民族主义—共产党统治的北方,佛教和天主教的、依附于美国的南方。1955 年 5 月前,14 万平民选择迁往北越,当时的人口是 1600 万人;而 86 万人迁向南方,当时人口是 1150 万人。南越的绝大部分人是天主教徒(71%),剩下的人中大部分是佛教徒,其余的是部落人,比如越南壮族人。[③]

荷属东印度群岛在日本投降两天后宣告独立。英国和荷兰军队被派去监禁

① 具体数字有所不同,取决于是哪一方统计的。学者们估计难民数字高达 1500 万人。William Henderson, "The Refugees in India and Pakistan" *Journal of International Affairs* 7 (1953): 57-65; C. Emdad Haque, "The Dilemma of Nationhood and Religion: A 'State of the Art' Review of Research on Population Displacement Resulting from the Partition of the Subcontinent," mimeographed, York University, Toronto, Center for Refugee Studies, n. d. [copyright 1986]; Stephen L. Keller, *Uprooting and Social Change: The Role of Refugees in Development* (Delhi, 1975), 1-16; Kanti B. Pakrasi, *The Uprooted: A Sociological Study of the Refugees of West Bengal, India* (Calcutta, 1971); R. N. Saksena, *Refugees: A Study in Changing Attitudes* (Bombay, 1961); Norwood, *Strangers and Exiles*, 2:357-368; Victor Kiernan, "The Separation of India and Pakistan," in Robin Cohen, ed., *The Cambridge Survey of World Migration* (Cambridge, 1995), 356-359; Sarah Ansari, "The Movement of Indian Muslims to West Pakistan after 1947," in Judith M. Brown and Rosemary Foot, *Migration: The Asian Experience* (New York, 1994), 149-168; Urvashi Butalia, *The Other Side of Silence: Voices from the Partition of India* (Durham, N. C., 2000).

② Joseph E. Schwartzberg, ed., *A Historical Atlas of South Asia* (Chicago, 1978; 2d rev. ed., Oxford, 1992), 92, 231; Schechtman, *The Refugee in the World*, 89-160.

③ Schechtman, *The Refugee in the World*, 161-171.

日本军队，却去打印度尼西亚人民军，然而印度尼西亚在 1949 年取得了独立。在 24 万来自欧洲的居民中，4/5 以上是荷兰人（1930 年的数字）。“欧洲人”的标签掩盖了另一个侧面，即亚洲人成分，因为他们中有 70％的人是“印度人种”，即不同种族人通婚的后代。社会最上层的家族在独立前就离开了，独立后，大约有 15％的“印度人种”选择印度尼西亚公民身份。同时有 10 万殖民地附庸、中层官员、军人及其家属被疏散到荷兰。他们大多数人先前从来没有到过荷兰，一些人根本不会荷兰语，而且大部分人[比如安汶人（Ambonese）]不是白人。1957 年，印度尼西亚驱逐了剩下的荷兰人，并把荷兰农业资产重新收归国有。[①]

日本建立殖民帝国的努力、盟国的干涉，加上欧洲内部的战争，使殖民制度支离破碎。法国、荷兰和美国试图建立殖民统治或势力范围，拖长了人们流离失所的过程。独立之后，新的民族主义者上层人士面对多民族人口，寻求建立一个文化群体处于独霸地位的国家模式。工业增长，乡村往城市的人口流动，或大规模工人出走，常常是做家务佣人的妇女的出走，成了 20 世纪 60 年代之后几十年的特点。流动人口把经历殖民主义后生存下来的亚洲文化带到了大都市（见第 18 章第 5、6 节）。

① Schechtman, *The Refugee in the World*, 301-309.

第17章
新旧之间:20世纪20年代到50年代

在两次世界大战之间,地区性的人口流动体系,特别是在亚洲,继续发挥作用。从印度到东非、缅甸和马来半岛,以及从中国到马来亚的人口流动继续进行。继续就意味着社会变得稳定。流动人口中有越来越多的妇女,与新来者相对而言的,当地出生的“少数民族”越来越多。东南亚流动人口的支系在1937年随着日本的入侵终止了,印度—非洲支系在东非国家获得独立后也停止了(见第14章第4节、第16章第5节)。

从20世纪20年代到50年代的特点是有四个主要的人口流动:(1)寻找土地的农民迁到围绕北半球的一个“定居带”或“先锋边区”。白人农民迁往非洲和拉丁美洲的一些孤立的定居点,数量大得多的中国农民迁往中国东北。同时,严重旱灾把粮田变成沙地,人们逃离家园。(2)犹太人大规模迁往巴勒斯坦,最终到达以色列,建立一个把定居和建国结合起来的新社会,这个过程中产生了巴勒斯坦难民。(3)大部分殖民地民族中强化了的民族意识,以及1937～1945年大西洋和太平洋地区的战争,使欧洲国家和美国的帝国地位摇摇欲坠。去殖民化运动引起了白人定居者的后代和投资者们的反向人口流动,又回到他们祖先居住的国家,也就是说,殖民地管理人员、士兵的回归和殖民地非白人附庸的逃亡。在不平等贸易的掩盖下,帝国主义生存下来。(4)从20世纪20年代到40年代,南非的强制性重新定居和临时人口流动体系通过机构化而建立起了基础结构。

在大西洋人口流动体系中,1945年后从战火纷飞的欧洲国家的出逃,造成了奔赴北美的最后一次流动高潮。随着50年代中期欧洲经济的复苏,人口流动几乎停止了,只有意大利人和葡萄牙人例外。取而代之的是出现了两个跨大陆的南北人口流动体系(见第18章第2、3节)。俄国—西伯利亚人口流动体系,在苏联的工业化和都市化期间曾发生深刻的变化,在20世纪50年代终结了。但在1989年前,社会主义地区和资本主义地区是分离的(见第18章第9节)。在排斥政策和世界范围的危机的影响下,太平洋人口流动体系仍然仅限于商人和数量不大的其他流动人口。

1. 从加拿大到“满洲”:农民的定居

截至20世纪的头十年,全球大部分农业可用的土地都已经有欧洲移民或区域性流动人口定居了。在某些地区,比如印度的阿萨姆邦,仍有可供定居的肥沃土地。但是一般来说,定居者不得不满足于越来越差的土地和与市场脆弱的联系。比如,加拿大的和平河地区与有人定居的地区之间被240~320公里宽的沼泽和森林地带所隔离。在1930年,这里只有4万人,分得土地定居者的日记显示了他们必须忍受不间断的艰苦劳作和寂寞。苟活或生活无着的真实经历和加拿大诗人对金色麦浪的赞美形成了鲜明的对照。但是,在20世纪20年代和30年代对土地和好收成的追求继续着:农业科学研制着适合北方较短夏季的新谷物品种和新旱地农作技术。

新定居的5个区域包括:从得克萨斯狭长地带经过蒙大拿到阿尔伯达,再向西延伸到俄勒冈中部的高原区;从加拿大的平原、和平河地区以及南阿拉斯加经过中国东北的低缓平原和蒙古到西伯利亚的环球北方长形地带;拉丁美洲沿着安第斯山东坡的南北带状地区;非洲沿着从德兰士瓦到肯尼亚的气候凉爽的亚热带高原延伸的一条类似的带状地区;澳大利亚、塔斯马尼亚和新西兰的部分地区。“定居先锋研究”的学者们狂热地描写全球“先锋边区”的男人和女人们以及自给自足的生活:“犁下开垦着处女地,为定居先锋家属们建造遮掩风雨的房屋,编织着边区文明的网络。”但是这项研究成果在大萧条开始之后3年才发表。(见图4-5)

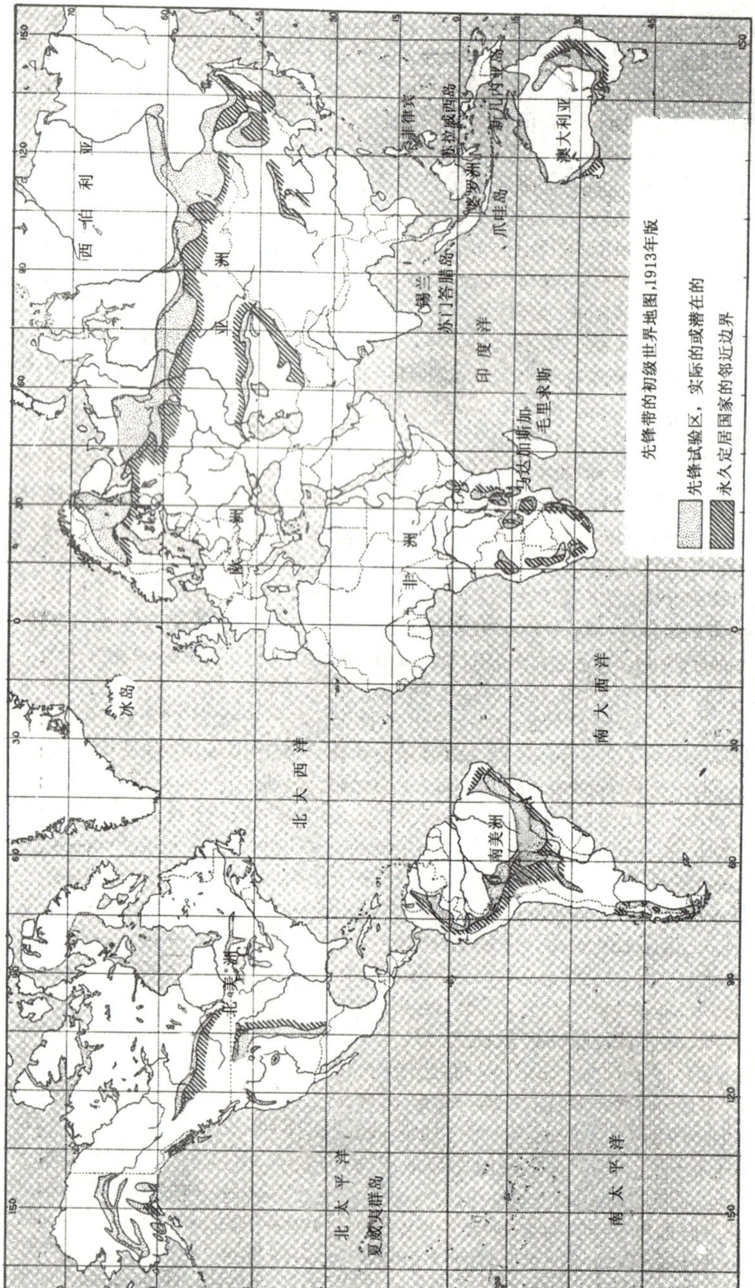

图4-5　20世纪30年代的先锋边区

根据20世纪20年代到50年代的欧美学者的观点看来，定居涉及种族和男性气质问题。他们为欧洲白人定居者探索气候温和的地区，并且寻找健壮的、健康的男子。他们说，"懒散的"劳动者和"病人（特别是女人）"易于夭折（Joerg），这种思想反映了优生学运动的影响。在澳大利亚，对亚洲人的排斥使土地无人耕种，这意味着这个国家的经济潜力不能挖掘出来。但是一项研究认为，澳大利亚的领导人认识到权力和种族的意义：如果吸引"另一个民族的人"来开垦土地，这些无人耕种的土地会变成一种危险的源泉。一项白色澳大利亚政策明确规定了政治目标，如果说这个目标是长远目标的话，那么它也有最高领导层的社会目标。①

在技术先进的社会，战后萧条岁月和1929年之后的失业之间短短的20世纪20年代的确提供了一些机会。美国和苏联的农民和工人的期望值随着电器化的发展而不断提高。无线电、电话，甚至汽车，把孤立的定居者与最近的都市中心联系起来，但是只在引进新作物或有铁路连接大市场的地方，行之有效的经济才会发展起来。大多数定居者不得不在条件不佳的环境中构建生活。反复的干旱、沙尘暴和经济萧条迫使满怀希望的人们到别的地方去做季节工。沙化过程后果更恶劣：失去过去的富饶、繁荣地方之后，"人们不是前进，而是逃跑"。由于先前的定居者和流动人口砍伐树木，破坏了森林，戈壁沙滩扩大着。在北美，长期遭受尘暴和干旱地区的家庭长途跋涉，跨过大陆到加利福尼亚和不列颠哥伦比亚去当低工资的季节性的收获期帮工。斯旦贝克的《愤怒的葡萄》、多洛西·朗格和玛格丽特·伯克一怀特的照片，真实地记录了那些垂头丧气的人的跋涉和他们破灭的希望与未来。中国东北的定居由于山东省的严重干旱而加速

---

① Isaiah Bowman, *The Pioneer Fringe* (New York, 1931), Ⅴ-Ⅶ, 102, quote on 200; W. L. G. Joerg, ed., *Pioneer Settlement: Cooperative Studies by 26 Authors* (New York, 1932), v, 107, quote on 362-363. Joerg在书中对盎格鲁先锋进行了研究，同样，在"乡村殖民化代表大会"会议记录中也有对法兰西先锋的研究，26-29 mai 1930, 4 vols. (Algiers, 1931). Vol. 4, titled "La colonisation rurale dans les principaux pays de peuplement,"提供了可比较的内容. See also J. B. Condliffe, ed., *Problems of the Pacific*, 1929: *Proceedings of the Third Conference of the Institute of Pacific Relations*, *Kyoto*, 1929 (Chicago, 1930). Donald Denoon, "The Political Economy of Labour Migration to Settler Societies: Australasia, Southern Africa, and Southern South America, between 1890 and 1914," in Shula Marks and Peter Richardson, eds., *International Labour Migration: Historical Perspectives* (London, 1984), 186-205. 在澳大利亚，在1910年1500万只羊和1500万头牛死于大旱时，一连串的牧羊场主和牧民的流动终止了，最后农民的流动都结束了。

了。爱特玛托夫描写了苏联的亚洲内陆地区的不同而又相似的人生经历。①

1929 年萧条开始时,对未来的希望变成了对过去的怀念。住在定居地带边缘的家庭,种族主义的理论家们称作"先锋",就像住在城市边缘的家庭一样(常被称作"下贱人"),辛苦地劳动着;对他们来说,生存就是成就,成功不是选择。当土壤和额外收入用尽时,他们必须去寻找另外的生存方式,农村的定居者必须和打零工的人一样机动。"邻居离开时,你也倾向于离开,那是一个自我激励的过程。"在 20 世纪 50 年代的北美,那些 20 世纪 20 年代的男女先锋又漂泊回能提供舒适的城市,他们的孩子们也一样,被城市里的社会生活、消遣和工作吸引回去。②

在非洲,从摩洛哥到埃及的北部地区有 100 多万白人定居者,而非洲南端有 170 万。第三个地区,即从德兰士瓦到肯尼亚,在两次大战间吸引来欧洲的定居者。在气候温和、土地肥沃的高原区,市场和"黑人劳动力近便"(鲍曼),掌握资本的白人定居者要生产原料,并从核心地区买回农机和其他用品。印度的自由流动人口和先前的契约工在沿海城市与内陆白人定居者之间进行贸易联系。根据白人人口规划者的说法,发展和革新是"白人土地使用制度"的特点;而在南罗得西亚,"土著居民可以在他们目前的文化系统下,依靠他们领土的 37% 就够了"。然而,在白人定居者的孩子们中进一步划分土地,模糊了黑人和白人之间的经济差别和明显的区别,"穷白人"的生活水平和土著家庭的生活水平几乎一样。

在按照种族分工的制度下,比如在肯尼亚,欧洲政府把土地卖给定居者,然后把原住民贴上"擅自占地者"的标签。白人地主在原住民中选择一些户作为他们的劳动力,并把不要的人赶走。被赶走的人不得不迁往另一个地主的土地上,或在保留地找一个地方,或奔赴都市地区。在 1913 年后的南非,土著佃户必须和白人地主签一个协议,根据这个协议,佃户必须给地主白做 3 个月的工,以换取在该地主的农场居住的权利。其他人呢,白人学者辩解说,"都市的时髦生活"和"就业的优越条件"鼓励他们向城市流动。劳工分析家提倡工业和矿业中的契约关系,这是一种改善了的主仆关系,在这种关系下,白人定居者会渐渐地同意非洲工人提高生活和教育水平的要求。但是南非定居者控制的政治制度在

---

① Walter J. Stein, *California and the Dust Bowl Migration* (Westport, Conn., 1973); Anne Marie Low, *Dust Bowl Diary* (Lincoln, Nebr., 1984); Charles J. Shindo, *Dust Bowl Migrants in the American Imagination* (Lawrence, Kans., 1997); James N. Gregory, *American Exodus: The Dust Bowl Migration and Okie Culture in California* (New York, 1989).

② Bowman, *Pioneer Fringe*, 4, 29.

1948 年强行实行种族隔离制度(见第 17 章第 4 节)。相反,在尼日利亚,“空置的土地很多”而天气又不是白人喜欢的,于是发生了内部的人口流动,从尼日尔河和贝努埃河以南较发达地区流向两河北面的中心地区。非洲人自愿的迁徙只局限于白人最不感兴趣的地区。[①]

在拉丁美洲,东安第斯山边的峡谷和玻利维亚高原提供不了多少机会。定居者不能容易地得到劳动力,距离市场也远。在 19 世纪,他们面临的是衰退,原因是距离矿山或政府机关较近的密集型农业区的人口都去了新的经济中心区。比如,从哥伦比亚的亚诺什(Ilanos)地区和水草丰美的、奥里诺科河哺育的平原区,养牛业转移到了沿海地区。独立的和雇佣的工人在 1872～1887 年迁徙去从事收集奎宁树皮的经济活动,在后来的 1887～1912 年,去从事收集橡胶的工作。在 1912 年市场崩溃时,大规模的外出移民成了唯一的选择。数千名男子先前就已经从秘鲁北方的莫约班巴(Moyobamha)地区迁出,期望在亚马逊森林地区发财。但是在经济腾飞过后,主要城镇的 1.2 万人口中少了 7000 人。从阿根廷到巴西,马托格罗索(Matto Grosso)和查科(Gran Chaco)地区曾经从在圣保罗开辟肉类加工厂中获利:国内流动人口来到了,日本移民定居下来,俄罗斯的门诺人建立了公社。当地人抵制白人进入及他们对强制劳工的“偶尔的要求”。巴西咖啡经济的垮台迫使乡村人口的流动。不愿跟随奔赴城市的主要流动大军的人,迁徙到了圣保罗西边的巴拉那(Parana)高原和其他边疆农区,在 1940 年代和 50 年代大约有 1200 人选择了这条路。智利南部的巴塔哥尼亚(Patagonia)地区和阿根廷在此前数十年,也就是说在 1879～1884 年的军事行动征服了土著居民后,就已经被定居了。流动人口从南美大草原向南聚集,从篷塔阿雷纳斯(Punta Arenas)向北,从智利向东聚集。此外,威尔士移民也已经来了。在秘鲁沿海的峡谷地区,为数不多的一个地主阶级出现了。很多地区的人口流动与其说是为了寻找机会,倒不如说是为了逃避经济衰退。一项 20 世纪 20 年代的评价报告把拉丁美洲评为“未来的土地”,实际上与事实不符。[②]

---

① Ibid., quotes on 200-212; essays by John H. Wellington, C. T. Loram, Ethel T. Jollie, and H. Clifford Darby in Joerg, *Pioneer Settlement*, 146-220; Leslie Green, “Migration, Urbanization, and National Development in Nigeria,” in Samir Amin, eds., *Modern Migrations in Western Africa* (London, 1974), 281-304, esp. 283-285.

② Essays by Raye R. Platt, W. L. Schurz, and Wellington D. Jones in Joerg, *Pioneer Settlement*, 80-145; Otto Nordenskj ld, *Südamerika: Ein Zukunftsland der Menschheit* (Stuttgart, 1927); George Martine, “Brazil,” in Charles B. Nam, William J. Serow, and David F. Sly, eds., *International Handbook in Internal Migration* (New York, 1990), 31-46, esp. 36-37.

在亚洲,日本在 19 世纪末就在其吞并的附近岛屿上定居了。帝国主义军事扩张所刺激的人口流动只是少量的农民定居者。行政管理人员们剥削或驱逐当地居民,特别是在朝鲜(见图 4-4)。在荷属的印度尼西亚,荷兰人把爪哇岛和其他岛上的 23 万人重新安置到苏门答腊南半部当农民。这个计划后来被独立的印度尼西亚政府继续执行(参见第 18 章第 6 节)。

在两次大战之间各种各样的农民流动中,中国人向北方的流动最为重要。南方省份的人传统上向海外移民。黑龙江以北,定居的俄罗斯人和原住民就已经有了长期的交往(见第 6 章第 1 节、第 12 章第 4 节)。中国迅速增长的人口中有 10%是 50 多个少数民族的人:从维吾尔人到中亚的哈萨克人等说突厥语的穆斯林,蒙古[①]和喜马拉雅山地区的蒙古人和藏族人,北部的朝鲜人和满族人。北京居住着一些通过海上过来的阿拉伯穆斯林商人和从撒马尔罕来的说突厥语的穆斯林以及游牧的蒙古商人,他们是季节性的经商人口,形成小聚居区。商业关系远远深入到内地,比如内蒙古的锡林浩特地区的穆斯林就为英国的美国烟草公司种植烟草。

在西方帝国主义渗透的冲击下,中国北部省份的巨大劳动力储备都离开了原来居住地。在 20 世纪 20 年代,中国政府支持向内蒙古地区移民。农民家庭中年龄较小的儿子到来了,在新的村庄里,"长者"是 30 多岁的男子。妇女可能随丈夫迁过去,也可能种下第一茬庄稼之后再带孩子过去。由于手头紧,男人们常常季节性地出远门去打工挣钱。例如,1929~1931 年内蒙古萨拉齐(又名土默特右旗)南部的灌溉工程,按照季节的不同,需要 1000~5000 名流动劳动力。但是男子和当地妇女建立起临时家庭:孩子如果跟随母亲,长大就是蒙古族;如果加入移民群体,长大就是汉族。穷人的孩子不再被卖掉,而是雇出去在蒙古族村落里帮人放羊。长成少年后,他们再回到自己的家,但是缺乏朋友。流动的经历和说两种语言的能力使很多人跑到城里当翻译。汉族商人组织的牛贩把晒在屋顶上的肉运到新的火车站,去北京或其他地方出售,于是游牧和垦边经济与核心地区连接起来。[②]

向东北的人口流动规模要大得多。到 19 世纪中期的时候,中国北方省份的人先是迁往辽河流域,然后又迁到沈阳北面,沿着松花江到哈尔滨地区。很多人

① 当时蒙古是中国领土。——译者注

② Owen Lattimore, "Chinese Colonization in Inner Mongolia: Its History and Present Development," in Joerg, *Pioneer Settlement*, 288-312; L. H. Dudley Buxton, "Present Conditions in Inner Mongolia," *Geographical Journal* 61 (1923): 393-413, and Buxton, *The Eastern Road* (London, 1924).

先前由于太平天国运动和回民的起义而失去家园。更多的人到来是因为人口增长、经济不景气和官僚腐败。从北京向东到绥远和向北到哈尔滨的铁路的修建，为大规模流动提供了运输条件。然而，一贫如洗的家庭不得不步行数百公里，"用土砖和土打墙盖起简陋房舍，用苒泥盖屋顶。通常只有两间屋子和一个灶台。木材奇缺，只有房梁和门窗是木头的"[①]。在北美草原地区，早年定居时的房子也同样很小。

东北的人口1911～1931年翻了一番。[②] 20世纪20年代前，中国政府鼓励并帮助人口流动，私人公司或管理机构掌握和出卖土地。1925年前，50万季节工中的3/4的人每年要回到山东或直隶与家庭团聚。1927～1939年，铁路刺激的出关人口流动达到平均每年100万人次。只有2/5的人还是季节性地到来，而且妇女和儿童人数激增。大部分移民是从山东自愿迁徙的，原因是连续的干旱、饥馑和内战。向所谓"满洲国"（1931～1932年后日本统治下这个地区的名字）的大规模流动为日本人开办的煤矿、铁路修建和城市提供了熟练劳动力。

在蒙古，文化交流是正常的，可是在东北，关内汉族移民的数量就把满族淹没了。截至1926年，大约30万朝鲜种稻子的农民由于日本帝国主义的渗透而到了这里。但是在国民党统治下的中国社会只能依赖维持生存的农业水平，中国人形成了传统的都市移民社会，同乡或同地区的家庭聚居在一起，建立了互助会，在边疆生活的条件下联合起来维护治安，并建立借贷服务，防止放贷人。新铁路、银行和买卖农作物为人口流动提供了方便，但是传统的孔孟家庭观念、与故土相联系的祖宗观念以及儿女职责的观念都延缓了社会的变化。[③]

到1940年时，东北4320万人口当中有3680万汉人、270万满人、110万蒙古人、145万朝鲜人、85万日本人以及少数俄罗斯人和其他民族的人。内蒙古人口是500万，但是其中只有1/5是蒙古人（据拉铁摩尔估计）。外蒙古仍然是蒙

① George B. Cressey, "Chinese Colonization in Mongolia: A General Survey," in Joerg, *Pioneer Settlement*, 277.

② 这个地区由好几个独特的定居区组成，由于篇幅所限，这里就不加以详细区分了。

③ Robert H. G. Lee, *The Manchurian Frontier in Ch'ing History* (Cambridge, Mass., 1970), esp. chap. 5 "The Sinicization of the Manchurian Frontier," 78-115; C. Walter Young, "Chinese Immigration and Colonization in Manchuria," in Joerg, *Pioneer Settlement*, 330-59, and Young, "Chinese Labor Migration to Manchuria," *Chinese Economic Journal* I (1972): 613-33; Owen Lattimore, "Chinese Colonization in Manchuria," *Geographical Review* 22 (1932): 177-195; Tim A. Wright, "A Method of Evading Management-Contract Labor in Chinese Coal Mines before 1937," *Comparative Studies in Society and History* 23 (1981): 656-678; Hoon K. Lee, "Korean Migrants in Manchuria," *Geographical Review* 22 (1932): 196-204.

古人占多数,只有少数俄罗斯人。中国的新疆居住着维吾尔人、回族人、满族人和更小的民族。史称中国居住着四亿五千万人,还有4500万人居住在西部少数民族地区。在任何地方民族身份都是人为构建的:定居的蒙古人是汉人,流动的汉族商人成了蒙古人。权威的人口规划者估计,蒙古仍然可以吸收100万移民,东北仍可以接纳3000万人。①

全球的农民殖民者,不管是单身的还是拉家带口的,都希望过独立的生活,但是无法克服的挑战迫使他们放弃。观察家们把殖民计划描写成男人的世界,一个学者认为孤独给妇女造成的悲剧不在少数。他同时还说:"很多年长的妇女(在罗得西亚和尼亚萨兰)在丈夫死后孤独地活下去。在英国一个支持妇女选举权的论点是一个女人保持了棉花每英亩产量的纪录……但是,尽管这些在妇女问题上的新的关注,很多妇女暂时还不能过这样的生活。"②在北美孤独的农场,中国人口密集的村庄、非洲的庄园之间妇女角色的模式当然是不同的,但是任何地方的农民殖民都不只是男人的行动范畴。

2. 海外到祖国,祖国到海外:犹太流动人口,阿拉伯难民

自1880年以来,俄国犹太人从沙俄帝国的大规模出走把俄罗斯西伯利亚和大西洋人口流动系统联系起来(见第12章第5节、第13章第1节)。随着大西洋世界反闪米特主义和民族主义的增长,西奥多·赫茨尔在1903年与埃及(当时在英国控制下)就在西奈半岛租借地为犹太人定居问题进行谈判。奥斯曼帝国在1918年崩溃之后,英国政府作为国联在巴勒斯坦的托管国,保证了犹太移民的定居和阿拉伯居民土地所有权的安全。但是在1914年之前,全世界275万犹太人中只有6万人去了巴勒斯坦;在两场大战之间,只有为数不多的犹太难民决定去那里定居。犹太人去巴勒斯坦的流动是两次大战之间农业定居人口流动的一部分,当地穆斯林农民向城市流动,一些人外出移民远至加拿大草原地区。

① Irene B. Taeuber, *The Population of Japan* (Princeton, 1958), 192-195; Owen Lattimore, *Inner Asian Frontiers of China* (1940; Boston, 1962), 10-15; Chu Hsiao, "Manchuria: A Statistical Survey of Its Resources, Industries, Trade, Railways and Immigration," in Condliffe, *Problems of the Pacific*, 380-422; Ching-ch'ao Wu, "Chinese Immigration in the Pacific Area," *Chinese Social and Political Science Review* 12 (1928): 534-560.

② H. Clifford Darby, "Pioneer Problems in Rhodesia and Nyasaland," in Joerg, *Pioneer Settlement*, 217-218.

1919～1939年，34.5万犹太人移民到巴勒斯坦；1940～1944年，作为纳粹主义迫害者的难民又来了4.5万人。奔赴巴勒斯坦的道路是走向圣地的过程，是一项精神工程。

联合国1947年11月对巴勒斯坦的分割就提出建立一个包括阿拉伯少数民族在内的犹太国家，其中阿拉伯人口是40万，占总人口的42.5%。[①] 周边的阿拉伯国家立即反对，用阿拉伯联盟秘书长的话说：这是“一场种族灭绝的战争”。然而，这个抨击失败了。1948年，以色列建国公告和几次阿拉伯和以色列之间的军事行动引起了进一步的难民潮：25万阿拉伯居民逃离沿海的沙伦(Sharon)平原，雅法市(Jaffa)空了。停战谈判失败后，海法的阿拉伯人一天之内就跑没了。在一些地方，只剩下了几千名信仰基督教的阿拉伯人，总共有14.2万阿拉伯人留了下来。

1948年，联合国斡旋人估计难民总数是33万人，包括以色列控制区的5万人。当其他地方逃来的穷人加入救济大军和重新定居计划的时候，联合国的巴勒斯坦难民救济工作机构(UNRWA)的难民营里的人增长了3倍，大约90万～120万人。以色列同意安置10万难民之后，这个国家的阿拉伯人数增加到25万人。阿拉伯政府希望政治形势能完全转变过来，不愿意安置巴勒斯坦难民，难民成了阿拉伯与以色列权力斗争中的牺牲品。1950年，联合国巴勒斯坦难民救济工作机构报告说，他们的工作遭到破坏。

对难民来说，唯一的选择就是迁离了。到1952年时，大约两万人已经被科威特和沙特阿拉伯接收为技术专家，在政府部门或沙特国家石油公司(Aramco)工作。其他难民在联合国巴勒斯坦难民救济工作机构的培训计划或小额创业资金的支持下，由从利比亚到波斯湾地区的各个国家接收。还有些难民逃亡到指定的保留地，比如加沙地带。只有约旦给难民以公民身份。在许多难民得到培训或凭自己的勤劳能在经济上自立时，约旦开始了一项农业定居计划。在叙利亚，巴勒斯坦人开始在半荒芜、需要灌溉的土地上定居。到了1961年，14万人被黎巴嫩接收，11.9万人在叙利亚定居，6000人在伊拉克，63.1万人在约旦定居，26.1万人在加沙地带定居，总共加起来是120万人。为了重新获得一定程度的自决权，越来越多的巴勒斯坦阿拉伯难民变成了流动工人，远远超越了阿拉

① 关于分割计划的顺序，参见 Rafic Bustani and Philippe Fargues, *The Atlas of the Arab World: Geopolitics and Society* (New York, 1990), 22. Essays by Stephen Halbrook, Walter Lehn, Kemal H. Karpat, and Adnan Abu-Ghazaleh in Baha Abu-Laban and Ibrahim Abu-lughod, eds., *Settler Regimes in Africa and the Arab World: The Illusion of Endurance* (Wilmette, Ill., 1974), 20-95. Benny Morris, *Righteous Victims: A History of the Zionist-Arab Conflict, 1881-1999* (New York, 1999).

伯国家地区，很多人把教育上取得成就看作逃离难民营的手段，具有斗争性的巴勒斯坦团体在1970年试图在约旦夺取政权，在1975年后试图在黎巴嫩夺取政权，但是都没有成功。（参见第18章第7节）

与阿拉伯人大批出走同时进行的，是来自很多国家和文化背景的犹太人填充土地的大规模流动（见图4-6）。1945～1960年，所有犹太流动人口的3/4选择巴勒斯坦或以色列为目的地。从比较的观点来说，1949年在每1000人口中就有266个新居民，1950年在每1000人口中有154个新居民，1951年在每1000人口中有133个新居民。相比之下，在美国移民的高峰年——1907年，在每1000人口中的外国出生的人只有15个。在1913年的加拿大和阿根廷，在每1000人口中有38个外国出生的人。在1947年印度的难民危机中，在每1000人口中有22个这样的人。① 以色列的回归法规定：每一个犹太人一旦到达即获公民权。文化多样性导致了犹太人内部的冲突：51%来自穆斯林国家，41%来自东欧和中欧，只有8%（8.8万人）来自西方国家。新居民像雹子般从32个国家突然落下，同时巴勒斯坦阿拉伯人却散布到了同样多的国家。

截至1948年底，第一批难民潮带来的主要是从纳粹大屠杀逃生的人：8万来自波兰，从罗马尼亚和保加利亚各自来了3.8万人，从捷克和匈牙利来的只有5000人，还有2.4万从集中营出来的人，这些人先前为了逃离法西斯主义，而后又被英国在塞浦路斯作为"非法移民"关押。在这15万信仰犹太教的欧洲人中，第二波移民潮又加入了20万人（各种估计数字有所不同），分别来自北美、阿拉伯半岛和伊拉克。这些人文化背景也是非常不同的。比如伊拉克的犹太人，主要是经纪人和城市人，而也门的犹太人过的是与世隔绝的、落后的生活。第三次移民潮是1950～1951年从东欧来的人，共42.5万人。经过三年的间歇后，摩洛哥和利比亚的犹太人尽管没有丢掉生命和财产的危险，但开始充满忧虑。事实上，在先前作为摩洛哥保护国主人的法国维希政府把犹太人交给德国军队的时候，摩洛哥国王曾保护了犹太群体。学校制度的阿拉伯化对熟悉法兰西语言和文化的犹太人是个威胁，具有高雅文化的"卡萨布兰卡都市人"和山区的"较原始的"犹太人开始离开。虽然政府在1956年6月禁止犹太人离开，原因是技术和

---

① Joseph B. Schechtman, *The Refugee in the World: Displacement and Integration* (New York, 1964), 182-261, quote on 184; Lucille w. Pevsner, "The Arab Refugees," *Journal of International Affairs* 7 (1953): 42-50; Aristide Zolberg, Astri Suhrke, and Sergio Aguayo, *Escape from Violence: Conflict and the Refugee Crisis in the Developing World* (Oxford, 1989); Ilja M. Dijour, "Jewish Migration in the Post-War Period," *Jewish Journal of Sociology* 4 (1962): 72-81; Frederick A. Norwood, *Strangers and Exiles: A History of Religious Refugees*, 2 vols. (Nashville, 1965-1969), 2:334-356.

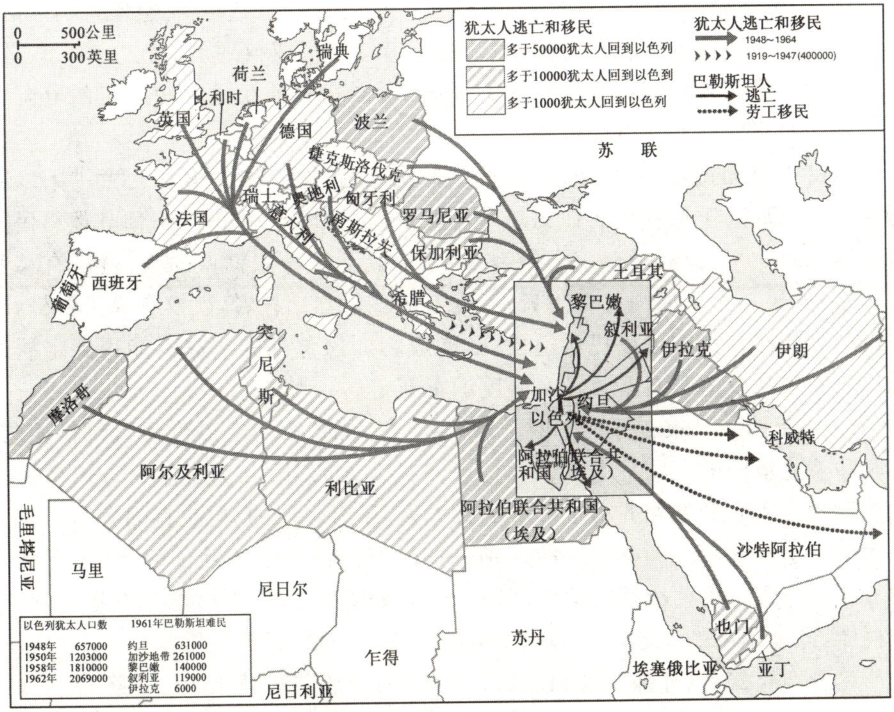

图4-6　1964年以前犹太人和巴勒斯坦人的逃亡和人口流动

资本大量流失会引起经济问题，但是30万人还是在次年离开了摩洛哥。紧随在1956年英法侵略苏伊士运河地区之后，在北非（从阿尔及利亚到埃及）发生了大规模的人口逃亡，与匈牙利的难民危机遥相呼应。阿尔及利亚的犹太人口在1963年从13.5万人一下降到了仅仅1万人。这次人口出走结束了持续长达450年的共处时期，450年前从伊比利亚驱逐阿拉伯人造成了大批人口来到北非（见第3章）。[①]

以色列像所有具有极高逃亡人数的其他国家一样，夺取了被抛弃的财产，为新定居者提供方便。由于缺乏对财产从逃离国家向逃亡目的地国家转移的机制，西方观察家们提出了对这个问题的关切。他们的观点是从财产安全的抽象观念出发的，而不是从对自己决定自己命运的关切出发。如果从以人为本的态度出发，至少应该探讨在目的地国家对启动资本和家庭用品的需要。以色列移

① Schechtman, *The Refugee in the World*, 265-268; Jean-Claude Lasry and Claude Tapia, *Les Juifs du Maghreb: Diasporas contemporaines* (Paris, 1989).

入的难民,像阿拉伯国家的巴勒斯坦人一样,不管在哪里,只要有空间,就在那里的帐篷聚居区得到庇护,不管是否可能进入劳动市场或得到土地。结果,每一波新到来的移民都被挤到社会生活的边缘,由不同背景的犹太人做雇主的分配工作机构所忽视的那些人也是一样。

经过10年的移民大批涌入,所有信仰犹太教的男人、女人和儿童进入以色列的权利只局限于那些在居住国随时可能失去生命和自由的人。像其他移民国家一样,如果一个家庭没有一个年龄在45岁以下的养家糊口的人,就没有移民的资格;如果一个家庭内有智障者、残废者或感染肺结核者,就没有移民资格,除非以色列的医疗设施可以提供空位;可能成为国家包袱的家庭不能得到定居的准许。政策从及时援救变成了有限度的重新定居。

1964年的一个报告并列了两个以色列:白人的"第一个以色列",包括德国、苏联和波兰境内的东欧犹太人;非洲、亚洲犹太人的"第二个以色列",包括从伊比利亚犹太人后裔到北非和土耳其的犹太人,还有也门的、伊拉克的和其他东方犹太人。这也是白人和有色人的区别。这两个族群缺乏相互了解,也不愿意努力去相互尊重。这两个移民群体间很少有通婚情况,到了20世纪90年代,第三个群体,即新到来的前苏联信仰东正教的犹太人,只实行族内婚。

尽管两年战乱、外部敌视和内部歧视,来自全世界的犹太人一直不停地到以色列定居。在1972年,犹太总人口中只有8.5%的人是在以色列出生的,44%出生在欧洲、美洲或大洋洲,24.5%出生在亚洲,23%出生在非洲。赫茨尔在1900年曾预见的以色列民族国,包括了阿拉伯穆斯林人口,结果却成为一个多元化的国家,包含了不同的地域来源、不同风俗习惯和不同的宗教传统。[①]

3. 去殖民化和反向人口流动

在殖民地世界的很多地方,自治运动在两次大战间加速了。在东地中海—红海—波斯湾地区,英国分别在1922年、1930年准予埃及和伊拉克正式独立。另一方面,法国在1925年通过对叛乱者轰炸而结束了保护国叙利亚的德鲁斯人起义。意大利在1935年入侵埃塞俄比亚。第二次世界大战后,殖民地政权垮台了,于是带来了以下状况:(1)殖民政府人员和定居者后代的反向流动;(2)面临遭到先前被统治者报复的殖民地附庸或"合作者"流动到核心国家;(3)先前殖民

① Schechtman, *The Refugee in the World*, 262-309; Eliezer Ben-Rafael, *The Emergence of Ethnicity: Cultural Groups and Social Conflict in Israel* (New York, 1982), 21-80, 232.

统治下的人被赶到心理和地理上隔离的"保留地",现在形成扇形扩散之势,流动去填补被抛弃的土地和都市的工作岗位。

对殖民地的欧洲人所做的一项调查显示,尽管欧洲人掌握着经济和政治权力,但他们的人数却有限。到1914年时,德国在西南非洲只有1500名定居者,在东非则更少。在20世纪20年代,英国有16.4万人生活在印度,其中4.5万人是妇女。在1930年,葡属安哥拉和莫桑比克分别只有4万和1.8万欧洲人。[①]到1938年时,不愿意迁徙的利比亚(包括黎波里塔尼亚,Tripolitania)和昔兰尼加(Cyrenaica)的意大利人,在非洲新殖民地只有不到3万人。经纳粹动员又向非洲派去9万人,并计划把索马里高地变成500万意大利人的家园。计划没有实施就被打败了。在1945年,英属中非的殖民地有30万欧洲人,在1930年,法属摩洛哥、阿尔及利亚和突尼斯有125万欧洲人,另有很少的人居住在西非。在1951年,南非1270万人口中的白人人数达到260万人。[②]

去殖民化首先结束了向被剥削的殖民地派遣行政官员和士兵的任务,其次结束了在殖民地长期定居的家庭的特权地位。就像1776年美国独立战争开始之后的"保皇党"一样,很多人移居国外;有些人立刻逃亡,其他人会在一定时期后逃走。他们看到他们的政治权力崩溃,经济利益垮台,生活方式消失,看到他们的下属劳苦大众站起来获得公民权。大多数人是当地出生的(克里奥尔人),并且从来就不了解祖先的国度。第三,殖民政府附庸人员必须离开,不管他们是像法属阿尔及利亚那样在当地招募的,或是像锡克人那样散布在帝国各地,还是像印度支那的苗族人(Hmong)一样被置于和大多数人作对的地位。他们先前维持治安的角色让他们易于受到刚获得主权的人们的报复和惩罚。第四,混血的男人、女人和儿童和文化上亲近宗主国的社会上层分子发现自己处于脆弱的境地。掌握资本、技术和知识的精英们的撤退可能给新的经济造成混乱。[③]

独立战争或向独立的过渡造成多重难民流。第一,处于防卫的殖民者转移人口。在20世纪50年代,英国政府在马来亚重新安置了50万华人,安置了从内罗毕来的数十万基库尤人(Kikuyu),以及来自布干达(Buganda)统治阶层的

---

① 在葡萄牙,半法西斯的萨拉查政权在1945年之后继续向安哥拉的人口流动计划。

② Bureau of Census and Statistics, *Union Statistics for Fifty Years, 1910-1960* (Pretoria, 1960), table A-3; Harrison M. Wright, *The "New Imperialism": Analysis of Late-Nineteenth Century Expansion* (Lexington, Mass., 1976), Ⅶ.

③ Marc Michel, *Decolonisations et mergence du tiers monde* (Paris, 1993); "Repatriates and Colonial Auxiliaries" (section) in Robin Cohen, eds., *The Cambridge Survey of World Migration* (Cambridge, 1995), 321-352.

卡巴卡长老。法国政府则把阿尔及利亚农民驱逐出家园。第二,战争使整个地区的人口流离失所。例如,1974 年独立前,10 万人逃离葡属几内亚—比绍去塞内加尔和几内亚—科纳克里。第三,在独立后的社会里,像在安哥拉和莫桑比克那样不同政治群体之间的派别斗争,或像在越南和朝鲜那样分裂的国土和社会使数百万人流离失所。超级大国或前宗主国的干涉使冲突恶化,造成最高的死亡数字和最大的难民流动。

在一些新独立的国家,主流社会大多数人把常住的或移民的少数民族驱离家园。东非的南亚人在 20 世纪 70 年代初不得不离开肯尼亚和乌干达。男人对女人控制这个问题又一次被提出来了。来自印度的移民男子,自从早期移民开始,一直与非洲女人通婚;独立后,移民的印度妇女被一些东非的政客卖给非洲男人。① 长期的移民少数民族的自决权问题破坏了新国家机构霸权的基础。锡兰/斯里兰卡的泰米尔人被僧伽罗多数民族视作威胁,要求自治并开始了武装斗争。很多泰米尔人是在过去一个半世纪里从印度移民来的,根据他们与印度的一个协议,大约 52.5 万人在 1964 年被遣返回印度,数十万人将能得到斯里兰卡公民身份。克伦人离开缅甸。第三个问题涉及社会地位或阶级和阶级意识,而不是民族。比如在中国和越南,地主被驱逐出境。这种从意识形态出发的社会重组也有一个经济的理由:制度改革和机械化有利于较大的农业单位,迫使所有地方的有土地的家庭放弃他们的土地。在资本主义社会,放任自流的自由主义让许多家庭背起行装;在社会民主主义社会,财政刺激允许向都市生活的过渡。在前殖民地地区,乡村与都市间的人口流动开始得晚,一直持续到现在。这些紧接着去殖民化之后的地区内和地区间的人口流动,比从殖民地到核心国家的反向流动人数多得多。

在大都市里,这些反向流动的人受到带着敌意的注视。这些新到来的人在 1975 年前有 550 万~850 万意大利人、法国人、英国人、比利时人、荷兰人和其他前殖民地的白人以及和殖民者合作的非白人。住在大都市的人们觉得没有理由把自己所付的税用来养活海外归来的定居者和殖民者,混血家庭和他们的孩子还在面临着种族歧视,"有色的"殖民地合作者常常是最后落脚在难民营或低于标准的住房里。宗主国政府往往认为作为难民的前殖民地合作者只是暂时逗

① Richa Nagar, "The South Asian Diaspora in Tanzania: A History Retold," *Comparative Studies of South Asia, Africa and the Middle East* 16, 2 (1996): 62-80; P. G. Powesland, "History of the Migration in Uganda," in Audrey I. Richards, ed., *Economic Development and Tribal Change: A Study of Immigrant Labour in Buganda* (rev. ed., Nairobi, 1973).

留，一旦他们祖国的条件允许，他们就会回国。但是在大多数情况下，他们从来不选择归国，他们也要待在核心国家。肤色问题从一个遥远的殖民地问题变成了国内直接面临的问题。“帝国又杀回来了”，殖民主义的批评家们高兴地写道。

欧洲的殖民国家没有抓住日本帝国主义失败所提供的机会来为结束它们自己的帝国主义举行谈判。独立战争在亚洲人口众多的殖民地荷属印度尼西亚和法属印度支那开始。到了20世纪60年代，英国、法国、荷兰、意大利和比利时已经放弃了它们在全世界的殖民地，葡萄牙则坚持到20世纪70年代中期。葡萄牙在印度和东亚地区的“小飞地”只有很少的欧洲人。另一方面，葡属非洲地区虽然仅仅在20世纪40年代才移来“较多的”人口，在1970年时，在安哥拉有大约40万欧洲人（占总人口的7%），在莫桑比克有20万（占总人口的3%）。在1975年事后批准安哥拉和莫桑比克的独立后，50万葡萄牙人被遣返回国。更晚时候在英属罗得西亚/津巴布韦（1965～1980年）和纳米比亚（1990年）落实独立时，分别造成了25万和43万人反向人口流动。在英属的和其他的殖民地，流动人口也在殖民地之间迁徙。比如，从独立后的前比属刚果向仍然处在英国统治下的肯尼亚迁徙，从印度向东非，从很多非白人居住的殖民地向白人居住的澳大利亚自治领、新西兰或加拿大流动。这样的失去家园的定居者感到他们失去了合法的家园，丢下了艰苦劳动的成果。但是，通过出走，他们也摆脱了对肯尼亚的基库尤人那样的被剥削、被夺去财产的“原住民”的依赖。这个层面的意义，虽然没有成为白人记忆的一部分，但是形成了那些从殖民者枷锁下解放出来的人民的民族意识的基础。①

荷兰具有从欧洲邻国接受自由移民的传统，同时又限制和外国人通婚的荷兰人的回归（见第6章第4节、第11章第2节）。荷兰政府拒绝接受在日本占领军被打败之后印度尼西亚解放运动领导人单方面宣布的独立，在1949年被迫接受了去殖民化。1946～1962年，大约30万出生于欧洲的或欧亚混血的荷兰公民“返回”他们大部分人从来没有居住过的地方。他们获得了公民权并和大社会融合。此外，1.25万马鲁古（Moluccan）士兵被疏散，他们住在专门建筑内，仍然生活在社会的边缘。当一个独立的马鲁古共和国没有发展起来的时候，也就是说不可能回家的时候，第二代“暂居者”为更好的生活条件而举行暴力抗议。作

① William Mintner, “The Ideological Foundation of Settler Regimes: The Portuguese in Africa,” in Abu-Laban and Abu-Lughod, *Settler Regimes*, 31-42; David Simon, “The Ties That Bind: Decolonization and Neo-Colonialism in Southern Africa,” in Chris Dixon and Michael J. Heffernan, eds., *Colonialism and Development in the Contemporary World* (London, 1991), 21-45.

为自我批评的姿态,荷兰政府和社会做出主动的反应。随着苏里南的独立(1973～1975 年)和安的列斯/阿鲁巴岛的政治变化,到 1992 年时,分别有大约 24 万和 8 万殖民地的人迁徙到了荷兰。他们也融入了大社会,尽管关系仍紧张。①

在英联邦,公民权授予了殖民地的所有居民,但是除了水手之外,在第二次世界大战前几乎没有人持久地移民到英国。复员的牙买加士兵,由于在牙买加找不到工作,在 1948 年来到英国;失去家园的印度教、锡克教和穆斯林难民也在不久之后从印度和巴基斯坦来到英国,其他西印度群岛的流动人口也是如此。到 1961 年时,大约有 33.6 万非白人移民居住在联合王国。政府在 1961 年 11 月通过了一项限制性议案把公民权和移民权利分离之后,几乎有 10 万英联邦居民抢在这个法案于 1962 年 7 月生效之前来到英国。这个法案阻止了流动人口的增加,但是没阻止人口的流动。接下来的连续两个 10 年中,每个 10 年都有大约 45 万人到来,他们的成分从单身男子变成了拖家带口的人。在 1968 年通过的第二个限制性议案,对持英国护照的居住在东非的亚洲人加以限制,英国的种族主义政治家伊诺克·鲍威尔(Enoch Powell)发表了臭名昭著的题为"鲜血的河流"的讲演,代表了欧洲新种族主义反对他们过去剥削了数百年的各民族人民的基调(参见第 9 章、14 章、15 章)。非白种英国公民来到"祖国"的每一波都会引起进一步的限制,但是,一个多民族社会还是出现了——尽管这个社会是个种族的等级社会。②

法属阿尔及利亚在 1954～1962 年的战争中赢得了独立,可以作为一例子,说明去殖民化引起的逃亡、人口转移和流动。法国自从 19 世纪以来就是难民的避难所和移民国家,它还有一个向非洲和印度支那的精英传播法兰西语言和文化的计划,从其殖民地吸引学生到法国学习。劳动者移民和小企业家虽然不是法国想要的,但 1921～1936 年,也有少数人到来,包括 4.9 万东非人和西非人。在此后的 3 年里,2.5 万人用各种对策绕过官方的限制。他们的人数在 1939 年是 10 万人,这些人构成了为 20 世纪 50 年代和 60 年代新移民提供帮助的网络。

---

① Jan Lucassen and Rinus Penninx, *Newcomers: Immigrants and Their Descendants in the Netherlands 1550-1995*, trans. Michael Wintle (Dutch orig., 1985; rev. ed., Amsterdam, 1997); Herman Obedijn, "Vers les bords de la mer du Nord: Les Retours aux Pays-Bas induits par la d colonisation," in Colette Dubois and Jean L. Mi ge, eds., *L'Europe retrouv e: Les Migrations de la d colonisation* (Paris, 1994), 49-74.

② Julius Isaac, *British Post-War Migration* (Cambridge, 1954); Muhammad Anwar, "New Commonwealth' Migration to the UK," in Cohen, *Cambridge Survey*, 274-278, and Vaughan Robinson, "The Migration of East African Asians to the UK," ibid., 331-336; Ceri Peach, *West Indian Migration to Britain: A Social Geography* (Oxford, 1968), 论述了 20 世纪五六十年代。

在20世纪50年代初，那些在正式独立和官方遣返开始实施前离开的殖民地遣返人员大批来到法国。法兰西殖民帝国的崩溃，随着1954年在越南的失败开始，7万男人、女人和儿童回到法国。几内亚从法兰西共同体分离出去的时候，1万人到了法国。到1962年时，分别有3.1万和4.5万法国公民从先前的保护国突尼斯和摩洛哥回到法国，这两个国家都在1956年独立。1956年，英、法侵略苏伊士之后，1.5万人从埃及逃亡或被驱逐。一个遣返秘书处负责安置了这些所谓的难民同胞。难民中很多是犹太人：从1956年开始，从摩洛哥来了约2.5万人，从突尼斯来了3万人，从阿尔及利亚来了10万人，包括3000名说阿拉伯语的撒哈拉犹太人。[①]

随着阿尔及利亚独立，100万欧洲的少数民族，其中80%是阿尔及利亚出生的，被夹在中间。一方面是秘密军事组织阻止他们大批逃亡，另一方面是法国人蔑视地称他们为"黑脚"。他们在1962年前缓慢地离开，之后又大批逃亡，到1963年3月时，85万人到了法国。早期反向流动的人可能转移财产，1975年美国在越南的战争失败前离开的越南中产阶级家庭就是如此。大约有90%在阿尔及利亚的法国人有亲戚帮助。1962年之后，主要是"穷白人"逃亡，所以政府的大规模援助和劳工市场计划成了必需的。难民常常停留在拥挤的马赛，即他们入境的港口，抱着错误的想法，误认为会很快返回家园。数千人拒绝码头工作，他们认为这个活儿是阿拉伯人的工作。一些人害怕遭受法国北方"西伯利亚"式的天气条件，不愿意遵守政府强加的地区分配计划而逃离。其他人习惯了阿拉伯人的伺候和服务，现在静静地等待政府的服务和帮助。另有一些人主动采取行动，去西班牙和其他地方碰运气。大都会的法兰西和阿尔及利亚的法兰西之间的关系紧张起来。文化上，阿尔及利亚的欧洲人背景很复杂：有西班牙的、意大利的，还有马耳他的。1962年，在法国的30万阿尔及利亚穆斯林在6个月里又有10万人加入，主要是哈尔基人，他们先前给法国当局当警察、政治代理人和士兵。他们中只有6000人是正式疏散来的，但是到了1963年中期，那些留在阿尔及利亚的人以每天5000人的速度逃跑了。

在另一边，独立的阿尔及利亚不得不直面的问题，让法国面对的问题相形见绌。野蛮的战争摧毁了乡村，使350万人，即农村人口的一半，流离失所。在农民支持游击队的地方，法国军队可以随意开枪，把村庄变成一片焦土。被驱逐的家庭集中在军队修建的救援中心，设施陈旧，管理极差。法国市政机关在1959

① Schechtman, *The Refugee in the World*, 73-86; Eugene M. Kulischer, *Europe on the Move: War and Population Changes, 1917-1947* (New York, 1948), 247.

年实施了“新千村”计划,提供市政建设工程师设计的预制板搭建的简陋房屋。穆斯林的生活方式根本就不被考虑,定居点旁边的棚屋区住着其他难民。大约25万阿尔及利亚人在摩洛哥和突尼斯,在1962年中,他们才开始回国。

独立后的政府实行新政策,建立新的村庄并为老游击队员们创建自行管理的合作社,取代了乡村居民。但是许多战时的大院和村庄成了长期居民点。经济问题造成大批人口逃往城市。由于阿尔及利亚法国主人的逃亡,被废弃的工厂、商业公司和农场都被没收了。一项新计划准备从法国招募新的教育和管理人员来取代那些成了难民的专家,结果也胎死腹中,因为法国专家们“一遭被蛇咬,十年怕井绳”。

在20世纪70和80年代,建设社会主义村庄的计划提供了水电和服务。这项计划像世界上其他地方在人口稀少地区搞有计划的重新定居一样,目的是让社会服务机构到达群众并能够切实可行,其社会工程的性质受到一些批评。阿尔及利亚村庄和都市的社区向法国派去越来越多的劳务人员,从事多年的劳务。寄回国内的汇款让那些经济上得不到补助就不再有活力的贫困地区能够生存下来。[①]

全球范围内,殖民者塑造了殖民地的社会空间,这是不可抹杀的;但是最终的样子从性质上说,并不仅仅是法国的、英国的或荷兰的样子,最终的结果必须得到当地居民的认可,或被他们接受,或被他们拒绝,或被他们改变。殖民统治下的人民也调整他们的生活方式、现金经济和政治观点。流动人口和难民把殖民地生活经验和想法带到了大都市社会。当不是白皮肤的人和混血的(有些欧洲血统)反向流动人口到达了白肤色的欧洲,东道主社会,特别是法国、荷兰和英国,不情愿地变成了多种肤色的社会。白肤色的法国和英国试图用限制性立法来削减流动人口,而荷兰和瑞典人则通过一个有意识的而又不无对立面的变化过程来重新建构自己的国家。这两个国家过去就一直是移民国家,采取了与北美和澳洲国家相似的政策。北美和澳洲国家在20世纪60年代废除了排挤亚洲人的政策,减少了种族歧视。自从20世纪60年代以来,尽管白人优越论的顽固

① Raymond F. Betts, *France and Decolonisation, 1900-1960* (London, 1991), 78-114; Andr Dirlik, "The Algerian Response to Settlement," in Abu-Laban and Abu-Lughod, *Settler Regimes*, 73-80; Michael J. Heffernan and Keith Sutton, "The Landscape of Colonialism: The Impact of French Colonial Rule in the Algerian Rural Settlement Pattern, 1830-1987," in Dixon and Heffernan, *Colonialism and Development*, 121-152, esp. 135-143; Ammar Bouhouche, "The Return of Algerian Refugees Following Independence in 1962," in Tim Allen and Hubert Morsink, eds., *When Refugees Go Home: African Experiences* (London, 1994), 71-77.

态度在北半球社会某些领域里仍然甚嚣尘上，但是种族主义的意识形态已经不再是铁板一块。白肤色的欧洲和有欧洲血统的北美社会被经济上窘迫、克服重重困难的多种肤色的移民改变了模样。

4. 是善后还是继续：南非种族化的劳工流动性

在20世纪50年代，联合国加强了国联1926年反奴隶制的决议，它在日内瓦的强制劳工委员会举行了关于美国南方、东欧国家、苏联、主要西方国家殖民地和世界上其他地区的听证会。南非的劳工实践和立法是对流动劳工进行强迫的最赤裸裸的案例。[①]

1902～1940年，南非越来越采取干涉态度的白人社会首先驱逐了华人契约工，并对印度契约工加以限制（见第14章第4节），然后，实行了劳工控制制度并通过了关于非洲人的法律。1913年以来把非洲人限制到保留地、"故乡"或"班图人土地"的做法，在1959年的班图自治法中得到巩固，使200万～300万人被迫离开白人领土而重新定居。在1948年，一定程度上是出于对劳工的斗争做出反应，人口登记法从"白人优越论"信条出发把种族隔离制度化：体力劳动之上的社会阶层不能有班图人的位置。生活的方方面面都种族化了：跨族婚姻被禁止（1949年），跨种族的性接触被取缔（1950年），身份检查规定开始了（1952年）。通行证法规定土著人必须携带个人信息的小本，记录着身体特点、出生地和就业状况。

对劳工资源严密管理的三个要素，包括国家在强制和管理方面强有力的参与和劳动市场的官僚机构化，在整个次大陆范围不断扩大招募劳工的范围，以及劳动力供应国的官员和上层人士的利益。这些因素使这种制度永久化。劳务机关强迫非洲人为白人雇主工作，季节性地流动或长期地流动，并且撇下家人，住在营地里。根据政府规定，只有1%的非洲男性工人可以得到准许携带家属，并住家属房。于是，资金雄厚的矿业核心地区从贫穷的农村吸引劳动力，公用事业公司也常常采取相似的策略。国家保障工业的劳工制度。（见图4-7）

---

① International Labour Office, *Ad Hoc Committee on Forced Labour*, *Report on Forced Labour* (Geneva, 1953); Murray Gordon, *Slavery in the Arab World* (French orig., 1987; New York, 1989); Abebe Zegeye and Shubi I. Ishemo, eds., *Forced Labour and Migration: Patterns of Movement within Africa* (London, 1989).

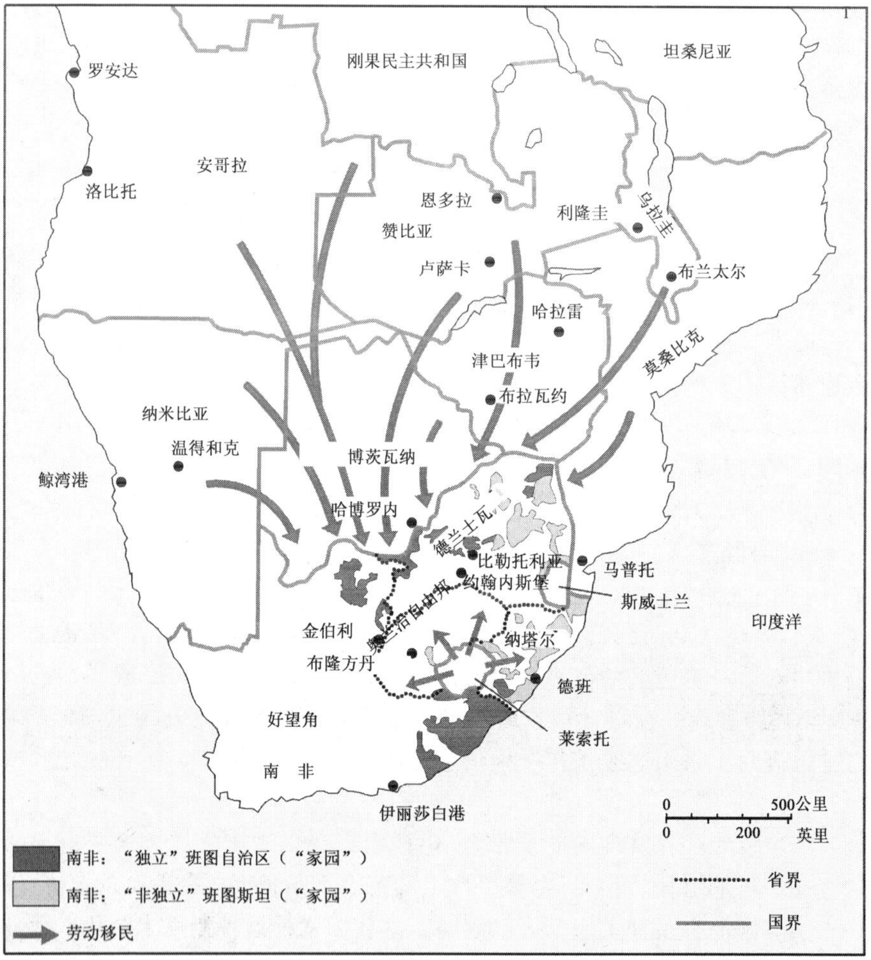

图4-7 20世纪70年代南非的劳工隔离和奔向南非的流动人口

在1960年,莫桑比克、马拉维、津巴布韦、赞比亚、坦桑尼亚和安哥拉提供了15.5万工人。从南非以北招募的劳工在1936年为金矿提供了28.9%的劳动力,在1972年提供了53.6%的劳动力。相邻的殖民地,随后是独立国家政府,默许了临时人口流动,但是禁止长期出国,目的是把流动人口寄回家的部分汇款据为己有。劳工合同经常只有几个月的期限,可以立刻续约。在1969年62.7万矿业劳动力中,白人工人,即总数的10%,占据所有监督和行政管理岗位。

在农场劳工和家政服务方面,1969年的170万工人当中,90万人是季节性流动工人。流动工人中一半以上是妇女,有自己出来的,也有随全家出来的。在正规雇员中，只有 1/6 是妇女。为了减缓由于对流动性的限制而引起的劳动力短缺，农场主可以修建监狱并得到分配来的长期监禁的（黑人）囚犯。法律制度是只局限于惩罚违法者呢，还是不管那些被迫劳动的人是否犯法，力图保障经常地提供劳动力呢？

强加给非洲人的可以常住或必须离去的义务随地区经济而不同。在西海角农村地区，种族隔离制度把非洲人分成四类："第十条班图人"属第一类，指出生在该地并在那里居住了 15 年或为同一个雇主工作 10 年的人，他们有权常住下来。居住两年或两年以上的"长期班图人"如果失业，就会全家一起被送回"老家"，他们属于第二类。轮换劳动力，即"12 月男工"和"4～8 月季节工"，构成第三和第四类。农场主们反对政府规定的"12 月男工"的轮换做法，因为熟悉一个特定的农场需要时间，培训他们可能需要必要的投资。争议围绕着性和女人的身体：农场主们提出，男人必须得到准许回家，因为"他们是男人"。为了避免回家所失去的时间，他们应该得到允许带上他们的家属。政府在反驳这项要求时提出，女人是"劳动力孵化器"和生孩子的人，如果孩子出生在这些男人工作的地方，就会得到永久居留的权利。①

对都市劳工来说，寄宿宿舍可以提供多人住宿的条件，那里的床是石板，地是光秃秃的地。波纹铁搭的帐篷作为简单的住所。有的地方的政府控制移民流，但仍允许全家到来，但是如果养家糊口的人被解雇、主动辞职或死于工作事故的话，全家人就失去住房的权利。男人和女人被隔离住在各自的区域，无权进入异性的工作区。像约翰内斯堡索韦托区那样的近郊地区和分开管理的亚历山大市，由于人口拥挤而变成了贫民窟。索韦托的近郊住户由于不能再建更多的房子而情况恶化了，但是在寄宿宿舍里等待住处的越来越多的新移民必须作为房客得到住处。在亚历山大市，白人政府决定把所有人口迁移到一个新建的城镇而违反了黑人户主的财产权。在 10 年的搬迁和把妇女隔离进寄宿宿舍的整

① Jonathan Crush, Alan Jeeves, and David Yudelman, *South Africa's Labor Empire: A History of Black Migrancy to the Gold Mines* (Boulder, 1991); Francis Wilson, *Migrant Labour in South Africa* (Johannesburg, 1972), 4-22, and Wilson, *Labour in the South African Gold Mines 1911-1969* (Cambridge, 1972); Martin Legassick and Francine de Clerq, "Capitalism and Migrant Labour in Southern Africa: The Origins and Nature of the System," in Marks and Richardson, *International Labour Migration*, 140-166; Jonathan Crush, "The Chains of Migrancy and the Southern African Labour Commission," in Dixon and Heffernan, *Colonialism and Development*, 46-71; Julia Wells, "Passes and Bypasses: Freedom of Movement for African Women under the Urban Areas Act of South Africa," in Margret J. Hay and Marcia Wright, eds., *African Women and the law: Historical Perspectives* (Boston, 1982), 126-150; Colin Murray, *Families Divided: The Impact of Migrant Labour in Lesotho* (Cambridge, 1981).

个过程之后,亚历山大市人口从6万增长到了8万~10万人。

非洲的劳工和强制劳工一样廉价:他们修建自己的房屋,在对获得土地有限制的情况下,住房变得越来越拥挤不堪。由于可识别的肤色,他们不需要戴上"OST"或犹太人黄色六角星那样的标志。1974~1976年(即葡属殖民地向独立过渡的年代)爆发的跨边界劳工流动,由于国内动员大约30万非洲工人而得到抵消。警察组成的行刑队从远至坦桑尼亚和赞比亚,到马拉维和葡属莫桑比克,对国际化的劳工力量实行恐怖行动。①

南非社会分为欧洲人(1994年时是14%);有色人种和混血人种少数民族,其中包括少数华人和印度契约工和自由流动人口的后裔(12%);祖鲁人、聪加人(Tsonga)、梭托人(Sotho)、科萨人(Xhosa)、姆庞多人(Mpondo)、文达人(Venda)、茨瓦纳人(Tswana)、恩德贝莱人(Ndebele)或赫雷罗人(Herero)等民族的非洲人。按照语言人数排列,许多母语包括祖鲁语、南非公用语、北梭托语、英语、五种其他非洲语言以及五种南亚语言。在20世纪初,印度人社会曾反对隔离制度。在1973年,黑人工人广泛的抗议和工业行动,以1976年的索韦托起义为顶点,预示了改变。非洲人全国代表大会和共产党(二者都是地下的和流亡的)组织了国内抵抗运动。1980年,邻国的《卢萨卡宣言》和国际上对南非产品的抵制从外部支持了解放运动。在1986年,通行证法废除了,种族隔离制度在1989~1994年寿终正寝。有尊严地生活的意志最终推翻了这个制度,新形式的人口流动渐渐出现。②

① Wilson, *Migrant Labour*, 29-119. 比如,在国际人口流动方面的许多出版物中,参见R. Christiansen and J. Kydd., "The Return of Malawian Labour from South Afria and Zimbabwe," *Journal of Modern African Studies* 21 (1983): 111-126; Duncan Clarke, *Foreign Migrant Labour in Southern Africa: Studies on Accumulation in the Labour Reserves, Demand Determinants and Supply Relationships* (Geneva, 1977); T. Dunbar Moodie, with Vivienne Ndatshe, *Going for Gold: Men, Mines, and Migration* (Berkeley, 1994)。若要比较西伯利亚和南非,参见F. Johnstone, "Rand and Kolyma: Afro-Siberian Hamlet," *South African Sociological Review I* (1989): 1-45.

② Paul Drechsel and Bettina Schmidt, *Südafrika: Chancen für eine pluralistische Gesellschaftsordnung: Geschichte und Perspektiven* (Opladen, 1995),提供了历史上和自从结束种族隔离政策以来的种族关系(或无关系)方面一个很好的调查,并且在第232页上有语言统计数字。

第 18 章
20 世纪 60 年代后新的人口流动系统

从 20 世纪 60 年代开始，劳工采取了新形式的局域性流动和洲际流动，产生难民的情况从欧洲转到了拉丁美洲、非洲和亚洲，以才能为标准的准入制度鼓励高素质的人流动，家庭团聚成了政策制定上的主要考虑。相互交往和通婚在一些社会里减少了种族化现象，同时在其他社会，排外主义却加强了。欧洲和北美关于新移民的轰动性报道不断地围绕着犯罪现象：拉丁美洲的贩毒组织、苏联的毒枭、华人的三合会，或贩卖武器的阿尔巴尼亚人。过去欧洲和北美商人从非洲掠夺人口和当前在发展中国家里对 44 亿人的劳动进行掠夺的贸易条款，也是盗窃和不顾财产安全的行为，可是这从来就没有报道过。[①]

后殖民时代的世界可以解释为“全球的种族隔离”，这种隔离把低工资的工作和低水平的生活分给了北美、欧洲和澳洲之外的人民。于是，肤色的障碍，这个在北美移民申请程序中被废除的、在欧洲由于殖民地反向人口流动而弱化了的事物，随着全球范围的种族化又出现了。后帝国主义时代世界的特点是由资本主义的财政市场和机构决定经济权力结构。规模越来越大的多国公司的营业范围超出了政治边界，因而对它们不能有效地控制。结果，每年有 200 万男人、女人，有时带着孩子，流动到更富裕的国家，不管它是尼日利亚，还是日本、欧洲或北美（见第 18 章第 1 节）。

在 20 世纪 60 年代，殖民地反向人口流动和劳工流动又把西欧和中欧西部与北非的地中海地区以及亚洲的土耳其联系起来。南、北美洲，美国、加拿大、委内瑞拉和阿根廷这些具有吸引力的核心地区，逐渐连成一个半球范围的人口流动区。在亚洲，传统的四个地区，即南亚、东南亚、东亚和日本，在人口流动方面仍然互不相干。散居海外的华人感受到来自祖国的民族主义的压力。从北非马

① 除了下面引用的学术文献之外，本章还得益于从 1990 年至 1998 年 8 月德国、加拿大、美国和法国出版的资料。Gerald L. Posner, *Warlords of Crime: Chinese Secret Societies-the New Mafia* (New York, 1988); *UN Development Programme*, *Human Development Report* [annual] (New York, 1990-).

格里布(Maghreh)到阿拉伯,再到伊朗高原这个地区,形成了一个支离破碎的西亚—阿拉伯—伊斯兰世界,其西部通过劳工流动与欧洲相联系,其东部与波斯湾的石油经济体相联系。下撒哈拉非洲的局域性人口流动系统包括乡村到城市的重新定居、独立后和内战后的重新定居以及大规模的难民流动。社会主义制度的崩溃把东欧和前苏联重新融合进全世界范围的人口流动中。没有总的解释适用于所有的形式、所有的地区、所有的文化群体和所有的经济制度(见第 18 章第 2、9 节)。

1. 流动的策略和根本原因

自愿流动人口试图通过自己做的决定建构自己的人生,而人数日益增长的逃离战争、环境灾难和因发展造成流离失所的难民能做出的选择却极其有限。安东尼·里士满(Anthony Richmond)对把自愿和非自愿流动人口并列的做法提出质疑,并提出了一个以主动和被动为两极的横轴分析法。主动流动人口处在对出走有潜在诱惑力的情况下,一旦能够作出选择即可动身;被动流动人口则在没有选择的情况下逃离。主动的难民把财产从生活水平低的社会转移到生活水平高的社会,他们不重视财产,这种变成难民前就为经济目的而流动的人口,常常遭受身份下降的经历,从中产阶级降到自己创业或自负盈亏的地位。由于日内瓦公约的避难法只承认被动的流动人口,主动流动的人提出的要求在接收国常被贬作"到处寻求避难"。在自己祖国找不到较好的生活选择,也不被任何国家接受的男人和女人,可能不经允许就移民出走,于是成了无证件的或在移民官员眼中的非法移民。

难民构成仅次于劳工流动人口的第二大人口流动群。技术和人才流动人数较少,但是影响较大。难民产生的形式和劳工市场需求造成了流动人口的女性化。在几个国家,人道主义思想导致了符合特殊条款的家庭团聚。由于人口增长引起的两代之间的不平衡,迫使年轻人离开不发达国家。另一方面,工业化国家往往实行限制性的移民政策,而不再能够自然增长和由此产生的老龄化人口可能不久就需要招揽年轻的移民，以便在他们的社会保险制度中有人跨代埋单。①

自愿流动人口

吸引自愿的劳工流动人口的核心已经增加到四个主要地区：西欧、北美、波斯湾以及几个东南亚、南亚经济体。较小的局域性流动系统包括阿根廷、委内瑞拉、南非和扎伊尔/刚果，此外还有些其他地区（见图 4-8）。这些政治经济体中的一些国家在经济萧条时就抛弃流动工人或移民，而其他经济体，比如日本，实行严格的排外政策。三个主要的劳工出口地区包括地中海地区、东南亚地区和加勒比/中美洲地区的国家。所以，不发达地区以“一种穷国给富国的发展援助的形式”（Castles and Kosack），为高度发达的地区抚养和教育劳动者。男、女移民储蓄的汇款可以部分地抵消人力资本的流动。②

在早期工业体系中，原料和半成品被运到乡下的掌有必要工具和机器的生产者那里；现在就像那时一样，生产正在转移到国外。以服装工业为例，转移到了美国边界以南、墨西哥的马基拉朵腊（maquiladora）区，到了中国南方省份，或到了突尼斯的小纺织厂里。然而，生产者不再拥有生产手段；相反，所谓的自由企业区保护资本不受风险损害，不受由于工人阶级的斗争或国家强制执行的为社会保险制度作贡献而造成的利润损失。

---

① Anthony H. Richmond, "Reactive Migration: Sociological Aspects of Refugee Movements," *Journal of Refugee Studies* 6, I (1993): 7-24, and Richmond, *Global Apartheid: Refugees, Racism, and the New World Order* (Toronto, 1994); Art Hansen and Anthony Oliver-Smith, eds., *Involuntary Migration and Resettlement: The Problems and Responses of Dislocated People* (Boulder, 1982); Jos Alvarado and John Creedy, *Population Ageing, Migration, and Social Expenditure* (Cheltenham, U.K., 1998).

② Stephen Castles and Godula Kosack, *Immigrant Workers and Class Structure in Western Europe* (Oxford, 1973), 478; Samir Amin, ed., *Modern Migrations in Western Africa* (London, 1974), 98-110; Mike Parnwell, *Population Movements and the Third World* (London, 1993); B. Singh Bolaria and Rosemary von Elling Bolaria, eds., *International Labour Migrations* (New York, 1997).

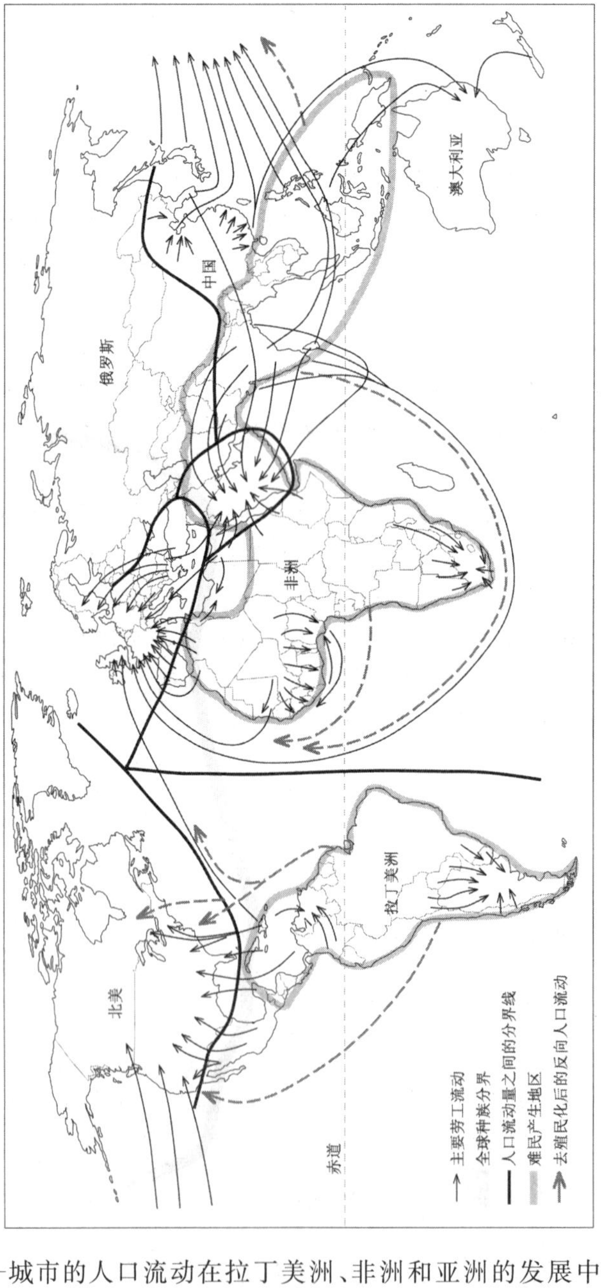

图4-8 20世纪60~90年代主要的劳工和难民流动

乡村—城市的人口流动在拉丁美洲、非洲和亚洲的发展中国家加速了。在工业化国家，已经可以看到以大规模市郊化和在大城市外建立工业园区为形式的部分的反向流动。比如在美国南方或东南亚这样的地区，资方常常把生产设备建立在以工会运动和劳工斗争性低而闻名的地区。接受移民的经济体继续以有地区差异的、等级化的劳工市场为特点。例如，以石油为基础的经济体从大西洋地区吸引技术和行政管理人员，从巴勒斯坦、埃及和印度吸引男性技术劳动力和非技术劳动力，从东南亚吸引女性家政服务工。

一种新型的人口流动，是从低工资国家的中产阶级临时流向高工资国家的工人阶级。比如，波兰和墨西哥教师季节性地流动到西欧或北美从事收割工作，在那里他们能够在几个星期的时间里挣到本国需要干几个月才能赚到的工资，同时还能继续享受自己国家的低生活消费。不同国家间短途往返只要不受入境规定的限制就越来越容易、快捷，全球经济体之间的不平等加大了。

各种形式的劳工流动方面的限制和受约束的劳工被迫流动继续存在。南非的劳工制度是最明显的例子（见第 17 章第 4 节）。尽管沙特阿拉伯在 1962 年和毛里塔尼亚在 1981 年就废除了奴隶制，但在尼罗河流域苏丹地区，还在抓捕奴隶，再从那里卖到别的地方。在南亚，债务的约束使劳动力不能流动。尽管印度在 1976 年就通过了废除法案，但是 200 万农业劳工（占农业劳动力的 5%），其中大部分人是低等种姓的人和山区部落的人，在 1978 年还仍然受着契约的约束。在 20 世纪 90 年代，亚洲的童工仍然存在被运往地毯厂和制砖厂的情况。[①] 有记录记载着在中美洲多国食品公司的种植园里、在巴西的大庄园里、在多米尼加共和国的甘蔗园里（也涉及杜瓦利埃家族送来的海地人）都使用强制劳工。就像在奴隶制下一样，逃亡成了劳工自己解放自己的手段。[②] 最后，来自低工资国家的妇女被强迫运到外地从事性服务业。[③]

人才流动曾经属于商人、工程师和高技术手工艺人的领域，现在变成了高级

---

① Jonathan Derrick, *Africa's Slaves Today* (London, 1975); Gandhi Peace Foundation and National Labour Institute, *National Survey on the Incidence of Bonded Labour: Preliminary Report* (New Delhi, 1979), 1-30; J. L. Hamilpurker, *Changing Aspects of Bonded Labour in India* (Bombay, 1989); Anti-Slavery International, *Children in Bondage: Slaves of the Subcontinent* (London, 1991). 鉴于世界范围内有 2.5 亿童工，国际劳工组织于 1999 年 6 月在日内瓦通过了一项反雇佣童工公约。Kevin Bales, *Disposable People: New Slavery in the Global Economy* (Berkeley, 1999).

② Jemera Rone, *The Struggle for Land in Brazil: Rural Violence Continues* (New York, 1992), and Rone, "Forced Labor in Brazil Re-Visited," *Human Rights Watch Short Report* 5, 12 (Nov. 1993); Mary Jane Camejo, *Harvesting Oppression: Forced Haitian Labor in the Dominican Sugar Industry* (New York, 1990); Maurice Lemoine, *Bitter Sugar: Slaves Today in the Caribean*, trans. Andrea Johnston (French orig., Paris, 1981; London, 1985).

③ Human Rights Watch/Asia and Women's Rights Project, *A Modern Form of Slavery: Trafficking of Burmese Women and Girls into Brothels in Thailand* (New York, 1993).

技术人员和受过大学教育的年青人的流动。早期经常提到的、不太重要的一个小例子是1945年5月后纳粹德国的火箭科学家的逃跑。另一方面,第三世界的学生到第一世界大学读书和寻求就业机会的"人才流失"而造成的流动,成了从贫穷的经济体夺取专业人才的普遍现象。北美移民改革,即20世纪60年代的打分制,强调教育——正规学校教育的年头、专业培训的年头和语言能力,并加强了这些先进国家的技术和科研优势。①

人道主义反对这样的选择性,因为家庭团聚的意义用打分制是解释不了的。在19世纪,有链条似关系的家庭曾从印度和欧洲移民出走。1945年之前,欧洲的逃亡使家人分离,但是联系一直保持着;在20世纪90年代,分离的家属仍然在试图借助寻人机构实现团聚。20世纪90年代的难民一直面临同样的困境。一些定居国家的准入规定允许家属先后移民团聚。于是,对适合接收国劳动市场标准的难民的选择被家属移民所抵消,家属移民不受打分制分数的限制。对人才流动而言,家属可以一起得到入境准许。

没有证件的流动人口的人数常常由于恐外症被大大夸大,他们无视禁止他们前来发展的准入规定。在20世纪70年代,受经济萧条打击的移民接收国加紧入境限制的时候,他们的人数增加了。这个问题涉及面之广,可以从下面的措施反映出来:1987～1989年在阿根廷、法国、意大利和美国的正规化计划,石油出口国的政策,欧盟对外部边界控制的加强。各国政府尝试一些措施,比如提供允许契约工人、受训人员和学生短期入境的项目,试图在流动人口的利益和移民目标国家的利益之间寻求妥协和平衡。然而,在政治关系紧张时,比如像1990～1991年波斯湾战争或1983年尼日利亚经济萧条时发生的那样,政府驱逐或者取缔正规的流动人口。不管在什么政治体制下,没有证件的流动家庭常常在不正规的经济领域工作,因而给移民接收国的国民生产总值作贡献。②

进口劳工的工业化国家和出口劳工的低工资国家之间的核心——边缘二分法,掩盖了劳工流动和经济制度的复杂性。不管是在菲律宾岛、印度泰米尔人地

---

① Reginald Appleyard, ed., *The Impact of International Migration on Developing Countries* (Paris, 1989); Jeffrey Henderson and Manuel Castells, eds., *Global Restructuring and Territorial Development* (London, 1987); Allan M. Findlay, "Skilled Transients: The Invisible Phenomenon?" in Robin Cohen, ed., *The Cambridge Survey of World Migration* (Cambridge, 1995), 515-522; Chan Kwok Bun and Ong Jin Hui, "The Many Faces of Immigrant Entrepreneurship," ibid., 523-531; John Salt, "Highly Skilled Migrants, Careers and International Labor Markets," *Geoforum* 19 (1988): 387-399.

② Mark J. Miller, "Illegal Migration," in Cohen, *Cambridge Survey*, 537-540; Bimal Ghosh, *Huddled Masses and Uncertain Shores: Insights into Irregular Migration* (The Hague, 1998).

区、意大利乡村，还是在哥伦比亚城市，流动人口在独特的亚文化群体里做出决定。男人和女人根据经济联系、信息流通和文化亲密关系而流动。阿尔及利亚人几乎不可能选择英国或南亚为目的地，同样，南亚人也不太可能把法国选为目的地，因为殖民地的遗产、人力资本和文化行为把法语和英语作为一种重要的语言和制度分别提供给了阿尔及利亚人和南亚人。在 20 世纪 50 年代，有技术的菲律宾流动人口加入了美国的菲裔社区，而不是在他们不熟悉的社会里建立新的菲裔社区。资本家、国家政治精英和文化的政策制定者们，与按照文化和经济背景分类的移民群体打交道，又要与家庭经济中的个人打交道，这些交流都是在一个多重利益、多重理性、多重策略和多重身份的框架内发生的。[①]

难民及产生的根本原因

除了内战和国与国之间的战争之外，产生难民的根本原因包括以下几种：地缘政治的、阶级的、民族的、宗教的和性别的紧张关系，全球的权力分配，在资源分布和劳工市场需求方面全球经济的不平衡，自然的、或从女性观点来说的（男人）人为的灾害，人口增长，以及迫使弱势群体流离失所的发展政策。在 1995 年，据联合国难民高级专署（UNHCR）统计，有 2740 万“难民和其他需要关注的人”；据非政府组织估计，不在联合国难民高级专署权限范围内，但是由于环境、社会政治或其他原因被迫流动的人数大约有 8000 万；据世界银行估计，“发展引

① Castles and Kosack, *Immigrant Workers and Class Structure*; Saskia Sassen-Koob, *The Mobility of Labour and Capital: A Study of International Investment and Labour Flow* (London, 1988); Rosalind E. Boyd, Robin Cohen, and Peter C. W. Gutkind, eds., *International Labour and the Third World: The Making of a New Working Class* (Aldershot, U. K., 1987); Robin Cohen, *The New Helots: Migrants in the International Division of Labour* (Aldershot, U. K., 1987); Lydia Potts, *The World Labour Market: A History of Migration*, trans. Terry Bond (German orig., n. d.; London, 1990); Nigel Harris, *The New Untouchables: Immigration and the New World Worker* (New York, 1995); Christian Mercier, *Les D racin s du capital: Immigration et accumulation* (Lyon, 1977).

起的流离失所”的人数在10年内有9000万至1亿人(参见第19章第2节)。[①]

20世纪由于扩张战争和民族间的排挤而引起的大规模难民潮开始于欧洲,在日本帝国主义统治下扩大到东亚。1945年后,由于印度教徒和穆斯林之间的紧张关系,又扩大到南亚。20世纪50年代时,在国内冲突和超级大国之间的冲突中,难民潮开始转移到亚洲和非洲新独立的国家以及拉丁美洲右翼政府的国家。在20世纪90年代初期,随着南斯拉夫的解体,又转回了欧洲(参见图4-9)。[②]

大多数难民仍然处在他们出生地所属的大区域内。发达国家所提供的、或难民凭借个人能力得到的重新定居机会,为极少数人扩大了目的地范围。欧洲难民定居在各自的同胞民族的国家(根据“民族的概念”),或者在美洲和澳洲的“白肤色的”欧洲混血人的国家重新定居。在冷战时期,西方的好战分子接收从东半球逃亡出来的男人和女人。但是在全球种族隔离的制度下,来自不发达国家的难民入境在20世纪80年代中期受到限制,他们跨过边界去了富裕国家,同时也跨过了肤色界线。欧洲避难的申请从1983年的6万件增加到1992年的70万件。作为回应的措施,运送没有护照的难民的航空公司受到了惩罚。在欧洲,波兰和捷克共和国由于西面邻国建立了一条封锁线而付出了代价。在北美,一条铁丝障碍封锁了美、墨边界。[③]

由政策产生的难民,即那些“由于是种族、宗教、民族或某特定群体成员、或政治观点而受到迫害的”人,根据1951年《日内瓦公约》和1967年条约的条款有

---

① Louise W. Holborn, *Refugees, a Problem of our Time: The Work of the United Nations High Commissioner for Refugees, 1951-1972*, 2 vols. (Metuchen, N.J., 1975); Ludger K hnhardt, *Die Fl chtlingsfrage als Weltordnungsproblem: Massenzwangswanderungen in Geschichte und Politik* (Vienna, 1984); Peter J. Opitz, ed., *Das Weltflüchtlingsproblem: Ursachen und Folgen* (Munich, 1988), and, Opitz, ed., *Der globale Marsch: Flucht und Migration als Weltproblem* (Munich, 1997); *UNHCR, The State of the World's Refugees*, 1995: *In Search of Solutions* (Oxford, 1995), 19-23, 224-227; U.S. Central Intelligence Agency, Geographic Resources Division, *The Challenge of Ethnic Conflict to National and International Order in the 1990s: Geographic Perspectives* (Washington, D.C., 1995); Christopher McDowell, ed., *Understanding Impoverishment: The Consequences of Development-Induced Displacement* (Providence, 1996), 1-3, citing World Bank on 2; *Winning the Human Race? The Report of the Independence Commission on International Humanitarian Issues* (1988; London, 1998).

② Paul Tabori, *The Anatomy of Exile: A Semantic and Historical Study* (London, 1972); Aristide Zolberg, Astri Suhrke, and Sergio Aguayo, *Escape from Violence: Conflict and Refugee Crisis in the Developing World* (Oxford, 1989), 3-33; Andrew Bell-Fialkoff, *Ethnic Cleansing* (New York, 1996), 119-209.

③ Alan Dowty, *Closed Borders: The Contemporary Assault on Freedom of Movement* (New Haven, 1987); Dani le Joly and Robin Cohen, eds., *Reluctant Hosts: Europe and Its Refugees* (Aldershot, U.K., 1989); Peter H. Koehn, *Refugees from Revolution: U.S. Policy and Third Word Migration* (Boulder, 1991); Gerald Dirks, *Canada's Refugee Policy: Indifference or Opportunism?* (Montreal, 1977).

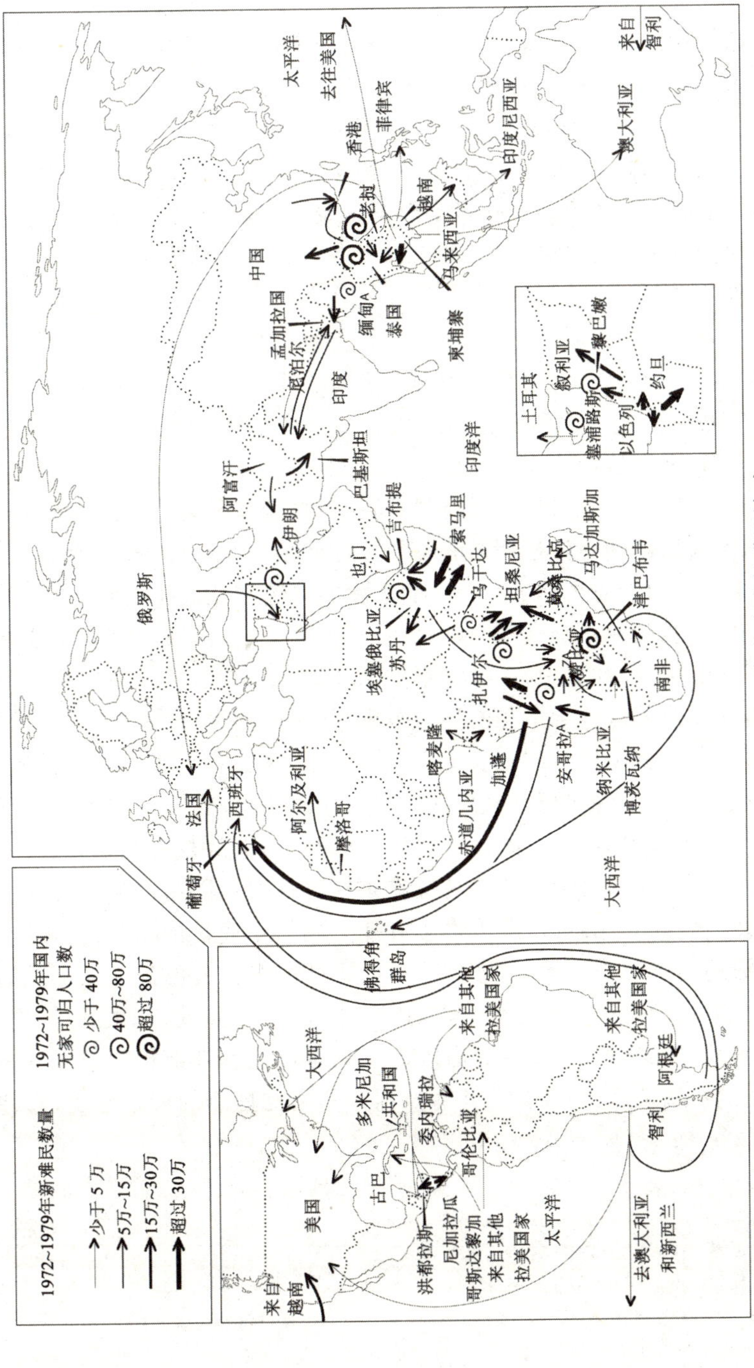

图4-9　20世纪70年代主要的难民流动

权获得避难。在1990年又加上了由于性别受迫害的条款。这个根据主权国家的政治理论下的定义不包括内战和独裁统治时期,因为在这样的时期内,整个国家机器失去了本国领土上居住的全体人民的信任。由政策引起的几次主要难民流动可以从以下七个方面来总结:(1)建立新社会的同时取代宗教的、民族的、政治上的"敌人",比如巴勒斯坦与以色列的情况就是如此。(2)由于去殖民化引起的宗主国的定居者和殖民地合作者的反向流动;难民跨过由殖民者确定的政治边界线的迁徙;通过核心国家强加的出口经济造成的资源枯竭。(3)去殖民化之后原住民内部对立的上层集团,在维护社会秩序的口号下发生的武装冲突,比如莫桑比克和安哥拉的情况,或者像在索马里那样的由超级大国支持的军阀之间的武装冲突,或像越南那样两种意识形态之间的冲突,或者像在扎伊尔、海地、尼日利亚发生的那样与一个霸权主义的核心国家和多国资本的利益相联系的斗争。(4)非经选举的统治集团,可以进一步分为个人的、家族的、群体的"盗窃集团"(Zucker and Zucker),比如菲律宾的马科斯政府和海地的杜瓦利埃政府就是如此。(5)像柬埔寨和卢旺达那样的种族灭绝政府,以及像在埃塞俄比亚、苏丹那样的由于政治而加重的饥荒。(6)原教旨主义统治或袭击,伊斯兰教的阿富汗、伊朗和阿尔及利亚就是这样。(7)像很多拉丁美洲国家那样的右翼上层小集团的统治。在这样的冲突中,一种特定的利益,比如宗教的纯洁性、男尊女卑的传统、资本主义或苏联社会主义的势力范围、统治阶层的经济利益等,被强说成公共利益,同时减少了机会或威胁了生存。于是,难民可能来自少数民族,也可能来自多数民族,制度的限制使他们得不到政府帮助、政治权力和经济资源。①

拉丁美洲的大多数冲突都与以阶级为基础的右翼政权有关,有些政权让白人混血后裔与印第安人作对,危地马拉就是这种情况。因为产生难民和接收难民的国家政府之间互相结盟,政治难民可能受到给予庇护国家的排挤。所以萨尔瓦多和海地的难民被美国拒之门外,而巴蒂斯塔时代古巴的老战士难民和资产阶级就免遭这种待遇。在亚洲,有人逃离越南、柬埔寨、老挝、缅甸、斯里兰卡、伊朗和阿富汗。在非洲,由于政府原因产生的难民也和外部指挥的资本主义利益相关,扎伊尔就是这样的例子;有塞拉利昂和利比里亚的派系斗争;有西撒哈

① Aristide Zolberg, "The Formation of New States as a Refugee-Generating Process," *Annals of the American Academy of Political and Social Science* 467 (1983): 24-38; Naomi F. Zucker and Norman L. Zucker, "U. S. Admission Policies towards Cuban and Haitian Migrants," in Cohen, *Cambridge Survey*, 447; U. S. Committee for Refugees, *World Refugee Survey* [*annual*] (New York, 1980-); Michael S. Teitelbaum and Myron Weiner, eds., *Threatened Peoples, Threatened Borders: World Migration and U. S. Policy* (New York, 1995), 13-38.

拉地区那样的领土和矿物资源之争；有在苏丹、厄立特里亚、埃塞俄比亚和索马里那样的民族、宗教纷争，它常常由于干旱和军阀混战而恶化；有像在卢旺达和布隆迪那样的由法国和美国利益支持的社会民族冲突；还有像安哥拉和莫桑比克那样的意识形态的纷争。地中海东边，拒绝承认库尔德人民和亚美尼亚人民的国家身份、黎巴嫩的派别斗争和塞浦路斯的民族政治斗争迫使人们选择逃亡之路。在前苏联解体和紧随其后的南部领土的去殖民化过程中，150 万亚美尼亚人、阿塞拜疆人和格鲁吉亚人流离失所，那些中亚国家也是如此。多民族的南斯拉夫解体成多个国家，造成了大约 400 万难民，其中有 2/3 来自传统上混居的波斯尼亚和黑塞哥维那。[①] 在 1995 年，各洲的难民分布是：非洲有 53.2%，亚洲有 28.4%，欧洲有 9.8%，北美有 3.7%，前苏联地区有 3.5%，拉丁美洲有 1.1%。

经济自由主义理论家构思的贸易条款中所反映出来的全球经济权力的不平衡，并没有一个对经济难民准入政策方面相应的自由主义理论相匹配。联合国 1995 年的人类发展报告说，全世界人口中最富的 20%比最贫穷的 20%人口几乎富 60 倍，这个差距自从 1960 年以来加大 1 倍，并且在继续加大。虽然根据世界银行的数据，在 1993 年低收入国家的年人均国民生产总值(GNP)为 380 美元，而相比之下，高收入经济体中的美国却是 23090 美元，但是因为文化因素，“收入和发展差异与国际人口流动之间不存在直接的相关性”。南非的国民生产总值比莫桑比克高 33 倍，马来西亚比孟加拉高 14 倍，阿根廷比玻利维亚高 10 倍，但是人民并没有大规律出走。根据世界银行的估计，工业化国家实行的进口限制，使不发达国家的国民生产总值下降的幅度超过了它们所接受的发展援助。

---

① Opitz, *Das Weltfüchtlingsproblem*, 66-217; UNHCR, *The State of the World's Refugees*, 1995, 12-13, 24-96; Fran ois Jean, ed., *Populations in Danger* (London, 1992); Ronald Skeldon, *Migration and Development: A Global Perspective* (Essex, U.K., 1997).

20 世纪 90 年代中期,从穷国向富国的净资本转移是得到官方的证明的。[①] 按照人头来计算,每天有 4 万人死于饥饿,但同时却有 50 万美元转移到富裕国家。工业化国家的宠物比穷国的孩子吃得还好。数百年来,家长们在类似的情况下选择迁徙。[②]

自然气候的变化、人为的污染和温室效应、人口增长和超越土地"承载能力"的使用,造成了生态恶化。在 1995 年,环境原因造成的人口流动达到约 2500 万人,1.35 亿人受到严重沙化的威胁,5.5 亿人遭受长期水源短缺的困扰。全球变暖,由于个人和集体工业活动的排放而加剧,最终造成海平面升高,使数千万人流离失所。在众多人为造成的流离失所的令人瞩目的事件中,法国和美国在太平洋岛屿上的核试验和前苏联切尔诺贝利的核灾难就是鲜明的例子。[③]

作为影响人口流动的因素,人口增长和营养缺乏或极度饥饿,与文化因素、国内阶级等级制度和国际贸易条款是紧密相连的。截至 2000 年的世界 60 亿人口尽管增长速度减慢了,但还在继续增加。为了减小由饥饿引起的潜在的人口流动,"白人"国家的人口政策制定者提倡计划生育;自从 16 世纪以来,这些国家一直向全球各地派出流动人口和作为统治者的投资者。为了避免在提倡这种措施中存在的虚伪,对超越当地"承载能力"的"人口负担"所进行的研究,需要配以

① Michael P. Todaro, *Internal Migration in Developing Countries: A Review of Theory, Evidence, Methodology and Research Priorities* (Geneva, 1976); UN Economic and Social Commission for Asia and the Pacific, *Migration and Urbanization in Asia and the Pacific: Interrelationships with Socio-Economic Development and Evolving Policy Issues* (New York, 1992), 9, 表明来自日本、韩国和中国台湾的企业家在 20 世纪 90 年代初不断离开泰国,去"劳动力廉价的国家,因为劳动力价格增长和基础设施恶劣"。World Bank, *World Development Report* 1995: *Workers in an Integrating World* (Oxford, 1995); UN Development Programme, *Human Development Report* [annual] (New York, 1990-); Reinhard Lohrmann, "International Migration Dynamics and Immigration Policy in Europe: An International Perspective," in Albrecht Weber, ed., *Einwanderungsland Bundesrepublik Deutschland in der Europ ischen Union: Gestaltungsauftrag und Regelungsm glichkeiten* (Osnabr ck, 1997), 31-43, quote on 35-36; Dieter Nohlen and Franz Nuscheler, ed., *Handbuch der Dritten Welt*, 8 vols. (2d rev. ed., Hamburg, 1982-1983).

② 根据声援不发达国家提出的解除它们债务负担的要求的一些和尚尼姑的说法。Frankfurter Rundschau, 10 Oct. 1992. 在世界贸易组织 1999 年的西雅图峰会上,非政府组织和第三世界国家群起反对"富人的议事日程"。Le Monde diplomatique, Jan. 2000.

③ Norman Myers and Jennifer Kent, *Environmental Exodus: An Emergent Crisis in the Global Arena* (Washington, D.C., 1995); "Environmental Refugees," *special issue of Refugee* 12, 1 (June 1992); Arthur H. Westing, "Population, Desertification, and Migration," *Environmental Conservation* 21 (1994): 110-114; Gerald O. Barney et al., *The Global* 2000 *Report to the President: Entering the* 21*st Century*, 2 vols. (Washington, D.C., 1980).

在工业化国家实行节俭生活方式的政治战略。

全世界有 8 亿多人，或每 7 个人中就有一个，“患有长期营养不足症，所吃的食物太少，以致不够维持最低的能量需要。还有数百万人在过渡的、或季节性的食品短缺期间患有急性营养不良”。不受饥饿之苦的人把缺乏主动性归咎于 20 世纪 90 年代的饥饿，实际上这个问题过去和现在都不是内在的问题，也不是特定阶级的问题，而是来源于营养缺乏。在全球范围内，“平均每人每天摄入大约 2700 大卡热量的食物，也就是说能满足一个人的能量需求”，是可以做到的，但是世界市场的价格，以及由于多国资本的要求而推行的用出口作物取代基本生存作物的做法，提高了当地的食品价格，让穷人望而却步。东亚地区营养不足人口的水平在迅速下降。在北非和中东一直保持稳定在总人口的 10％的水平。在拉丁美洲是 14％，南亚是 18％。但是在下撒哈拉的非洲地区，这个数字已经激增到 41％，因为 20 世纪 80 年代的干旱迫使 1000 万农民抛弃了土地，每人平均的食品生产自从 20 世纪 70 年代以来就不停地下降。[①]

当水坝、水库、露天采矿和交通运输网这样的基础建设项目由经济计划者们、政府或国际代理人强加给密集居住地区的人们的时候，或者当城郊区域迅速扩大到周边乡村地区的时候，由发展引起的流离失所就发生了。从这些常常出于良好愿望的工程中受益的人口，通常比被排挤的人们享受到更多的资源，实际上，后者被更加边缘化了。据世界银行的报道，失去住所的现象和现场的抵制行动非常严重，而且代价巨大。发展工业而又没有适当的安全标准在全世界，不管是在意大利塞韦索(Seveso)，还是在印度博帕尔(Bhopal)，或在前苏联(切尔诺贝利)，都打乱了人们正常生活的秩序。[②]

环境灾难造成的难民人数正在增加，提供粮食的“绿色革命”正在由于多国

---

① Michael S. Teitelbaum and Jay Winter, *A Question of Numbers: High Migration, Low Fertility, and the Politics of National Identity* (New York, 1998); Tony Loftas and Jane Ross, eds., *Dimensions of Need: An Atlas of Food and Agriculture* (Rome, 1995), 14-19; Joni Seager, *The New State of the Earth Atlas* (New York, 1995), maps 2, 3, 6, 15, 18; Michael Kidron and Dan Smith, *The New State of War and Peace: An International Atlas* (New York, 1991); Dan Morgan, *Merchants of Grain* (New York, 1979); Susan George, *How the Other Half Dies: The Real Reasons for World Hunger* (Harmondsworth, 1976); David L. L. Shields, ed., *The Color of Hunger: Race and Hunger in National and International Perspective* (Lanham, Md., 1995); Carrying Capacity Network, *The Carrying Capacity Briefing Book*, 2 vols. (Washington, D.C., 1996); Joel E. Cohen, *How Many People Can the Earth Support?* (New York, 1995).

② Essays by Anthony Oliver-Smith, Andrew Gray, and Darrell A. Posey, in McDowell, *Understanding Impoverishment*, 77-135; Jeremy Seabrook, *Victims of Development: Resistance and Alternatives* (London, 1993).

公司控制种子培育而受到破坏。虽然对“可持续发展”、生态保持、惩罚反人类罪行和简化难民准入政策的呼吁成倍增加,但是对许多人来说,在目前盛行的国内和全球权力关系下,流动仍然是唯一的直接补救办法。①

人口流动的女性化

从最严格的字面意义上来说,妇女常常逃离“(男人)人为的”战争,逃离社会的等级制度,逃离错误的农业计划,逃离常常由政治精英们鼓励的青年男子的暴力文化。停滞的经济和第一次世界大战的武器销售使失业的青年男子很容易地得到轻武器,甚至重型武器。原教旨主义或右翼政权,不管是皮诺切克统治下的智利,塔利班统治下的阿富汗,还是独立前的波斯尼亚、黑塞哥维那,都限制妇女的权利和个人尊严。妇女受到的其他暴力形式各种各样,包括残害女孩的生殖器、家庭内部的男性统治和在公共领域中对妇女参与的结构排斥。作为对西方压力的反应,保守的原教旨主义和右翼政权打着文化和民族身份的旗号,美化妇女被压迫的地位。如果有家室的男子逃亡了,留下来的女人和孩子常常要面对暴力的惩罚;逃亡的妇女由于要维持家庭成员在一起,所以受到种种限制;在难民营里,妇女的安全格外脆弱。在 20 世纪 80 年代中期,欧洲议会和联合国人权专署承认妇女是“一个特殊的社会群体”的时候,在索马里的埃塞俄比亚难民中有 90%是 15 岁以下的儿童和妇女,泰国边界上的柬埔寨难民家庭中有 80%是以女人为首,一半以上的巴勒斯坦流亡家庭以女人为首,在墨西哥的危地马拉人和在尼加拉瓜的萨尔瓦多人的家庭也多是以女人为首。②

潜在的流动工人在被运往远方去加入非技术劳动大军之前,要在“人体市场”接受健康和体力检查。尽管有联合国公约,但这个措施一直还有一个补充措施,那就是把廉价的、顺从的妻子和性工作者作为筹码交易进去,并强迫她们迁

---

① 1998 年 7 月,国际刑事法庭完成了起诉种族灭绝、反人类罪(包括强制怀孕)和战争罪的协议的起草工作。

② Lucy Bonnerjea, *Shaming the World : The Needs of Women Refugees* (London, 1985), 6; Jacqueline Bhabha, Francesca Klug, and Sue Shutter, *Worlds Apart: Women under Immigration and Nationality Law* (London, 1985); Anders B. Johnsson, "The International Protection of Women Refugees: A Summary of Principal Problems and Issues," *International Journal of Refugee Law* 1, 2 (1989): 221-231; Diana Cammack, "Development and Forced Migration: The Case of Afghan Refugee Women in Pakistan," in Cohen, *Cambridge Survey*, 461-466. Dutch Refugee Association, *International Seminar on Refugee Women* (Amsterdam, 1986); C. E. J. de Neef and S. J. de Ruiter, *Sexual Violence against Women Refugees* (The Hague, 1984); Beatrice N. Hackett, *Pray God and Keep Walking: Stories of Women Refugees* (Jefferson, N.C., 1996).

徙。可以用于移植的人体器官也可以作为交易筹码。[①] 首先，来自低收入国家的妇女，比如菲律宾、斯里兰卡、波兰和俄罗斯的妇女，向国外移民，或被国际婚介机构出口，去国民生产总值较高的国家，比如日本和德国，因为那里本国出生的女人迁离乡村和贫穷地区造成了廉价劳动力的缺乏，而且留下从事农业的男子难找配偶。欧洲的邮购新娘和19世纪时奔赴北美的亚洲照片新娘反映了这种情况。[②] 第二，在帝国主义制度下(见第15章第4节)，"国际权力关系是由女人的身体来表达的"。在过去，美国通过一个小规模的"白奴贸易"出卖欧洲妇女去从事性服务；在旧中国，卖女还债、纳妾和殖民者剥削是司空见惯的事。然而，妇女也有出于自己的意志移民的。[③] 在日本，南部社会底层的妇女被带走当作妓女，送到东南亚的殖民地和中国，在帝国各地的日本军队在慰安所蹂躏朝鲜妇女。20世纪60～70年代，随着美军介入东南亚，对妇女的虐待在继续；在泰国的美军基地相邻的一个"娱乐区"，人口在10年时间里从4万增加到了7万，妓女的人数增加了5倍。妇女作为"招待员"从乡村来到此地，或被带到此地。美军离开后，城里留下3000美国与亚洲混血儿童。一个涂鸦画表达了纠缠不清的个人和全球经济的关系以及移民梦："美国佬要回家……但是把我也带上。"东南亚的招募资源库包括：贫穷家庭的长女，因为家人指望她们挣钱养家和教育弟妹；离婚妇女，特别是信仰天主教的菲律宾妇女；带孩子的未婚女人，因为她们在自己的社会里遭人唾骂。"另类人"这个概念的构建把东南亚妇女的总的形象变

---

① 第三世界的妇女被用来测试新研制的避孕药丸的副作用，然后，器官移植和采血企业也把目光投向第三世界国家。UN Department of Economic and Social Affairs, *Study on Traffic in Persons and Prostitution* (New York, 1959). 10年之后，这个公约只有25个签署国，其中没有一个西方工业国家。

② Kate Young, Carol Wolkowitz, and Roslyn McCullagh, eds., *Of Marriage and the Market: Women's Subordination Internationally and Its Lessons* (London, 1981); Kunio Sato, "Wives for Farmers: A Critical Import," *Japan Quarterly* 35 (1988): 253-259; Ilse Lenz, "Die unsichtbare weibliche Seite des japanischen Aufstiegs: Das Verhöltnis von geschlechtlicher Arbeitsteilung und kapitalistischer Entwicklung," in Ulrich Menzel, ed., *Im Schatten des Siegers: Japan*, 4 vols. (Frankfurt/Main, 1989), 3:227-271.

③ 参见下面作者的论文：Frank Costigliola, Linda Bryder, Douglas M. Peers, Eileen P. Scully, and Sonya O. Rose in "Sex, Race, and Diplomacy," Thematic Issue of *International History Review*, 20, 4 (Dec. 1998): 789-919.

成了妓女,但是开办性业务的西方移民企业家们不被称作"皮条客"。[①]

劳工流动把妇女当作医院里的护士、护理员和保姆带进了劳动市场的低收入的、工作时间不规则的领域。1973年之后的全球萧条使青年男子——这个劳工流动人口中的传统的人力资源,不能进入当地或远方的劳动市场。[②] 进入家政服务和护理工作的人口流动,面向那些本国妇女参加工作能够提高工资和社会地位而又无须在两性之间重新分配住房和家务劳动的国家。特殊的准入规定吸引家政工作者到北美、新加坡和波斯湾国家,但是也把她们置于一个没有法律保护的地位。欧洲的社会经济也朝着相似的方向发展,但是肤色障碍一直阻止招募非白人的护理员。然而,东欧妇女一直是招募或迁徙的资源,以北美为目的地的拉丁美洲妇女也是如此。[③] 雇用移民妇女从事儿童护理,改变了通过母亲给孩子灌输民族美德的国家战略。事实上,儿童护理工作给单身移民妇女开辟

① Kamala Kempadoo and Jo Doezema, eds., *Global Sex Workers: Rights, Resistance, and Redefinition* (London, 1998); Sletske Altink, *Stolen Lives: Trading Women into Sex and Slavery* (London, 1995); Ilse Lenz, "Zwischen fremden Spiegeln Zur Figur der wandernden Prostituierten in ostasiatischen Gesellschaften," *Peripherie* 27 (1987): 51-72, quote on 69; Berit Latza, *Sextourismus in Südostasien* [Philippines and Thailand] (Frankfurt/Main, 1987), 66-89, 233-279; Etsuko Kaji and Jean Inglis, "Sisters against Slavery: A Look at Anti-Prostitution Movements in Japan," *AMPO* [Japanese Asia Quarterly Review] 6, 2 (1974): 19-23; Katharine H. S. Moon, *Sex among Allies: Military Prostitution in U. S.-Korea Relations* (New York, 1997).

② Annie Phizacklea, ed., *One-Way Ticket: Migration and Female Labour* (London, 1983), and Phizacklea, "Migration and Globalization: A Feminist Perspective," in Khalid Koser and Helma Lutz, eds., *The New Migration in Europe: Social Constructions and Social Realities* (London, 1998), 21-38; Vivian Lin, "Women Electronics Workers in Southeast Asia: The Emergence of a Working Class," in Henderson and Castells, *Global Restructuring*, 112-133; Fred Arnold and Suwanlee Piampiti, "Female Migration in Thailand," and Piampiti, "Female Migrants in Bangkok Metropolis," in James T. Fawcett, Siew-Ean Khoo, and Peter C. Smith, eds., *Women in the Cities of Asia: Migration and Urban Adaptation* (Boulder, 1984), 143-164, 227-246.

③ European Trade Union Confederation, *Women at Work: White Paper on Working Women in Europe* (Brussels, 1976); Ekkehard Launer and Renate Wilke-Launer, eds., *Zum Beispiel: Dienstm dchen* (G ttingen, 1995); Noeleen Heyzer, Geertje Lycklama Nijehold, and Nedra Weerakoon, eds., *The Trade in Domestic Workers: Causes, Mechanisms, and Consequences of International Migration* (Kuala Lumpur, 1994); Nicky Gregson and Michelle Lowe, *Servicing the Middle Classes: Class, Gender and Waged Domestic Labour in Contemporary Britain* (London, 1994); Patricia M. Daenzer, *Regulating Class Privilege: Immigrant Servants in Canada*, 1940s-1990s (Toronto, 1993).

了获得公民身份的道路，但是不一定是经济上的提高。① 妇女人口流动的特殊路线，即从事工业劳动或作为家庭流动的一部分的流动，将在下文中探讨。

2. 西欧和南欧：外来务工者身份和外国人身份的劳工流动

西欧的人口在第二次世界大战中减少了数千万人，在数百万东欧日耳曼难民和被驱逐者来到西欧的同时，流离失所的波兰和乌克兰的“欧洲自愿工人”在英国定居。② 几百万反向流动人口从殖民地回到法国、英国、比利时、荷兰和20世纪70年代中期的葡萄牙（见第16章、第17章第3节），欧洲人口又开始增加。在几个后殖民时代的独立国家里，国内冲突导致更多的居住在殖民地的欧洲人离开。欧洲内部的难民迁徙在20世纪50年代早期就结束了，在20世纪60年代，各个政府对来自前殖民地的男人和女人的入境实行了严格的限制。然而在向海外人口流动方面，欧洲流动人口在20世纪50年代有2700万人的逆差，在20世纪60年代达到平衡，在20世纪70年代后变成了顺差。从20世纪60年代起，西欧流动人口的经历就是劳工流动的经历。

只有战后的重建，但由于国内经济和多国公司对劳动力的需求不能满足个人的期望值，欧洲人向境外的流动继续着。尽管政策制定者构建了一个对重建国家具有道德约束力的“命运社会”的概念，但德国人还是纷纷离开被摧毁的、背上犹太大屠杀臭名的国家。在联邦德国，无孔不入的人口计划者们的确允许多余的妇女和民主德国避难的农民离境。战时的杀戮之后，找不到丈夫的妇女和失去土地的农民可能形成潜在的抗议力量。葡萄牙奉行阶级合作主义的政府鼓励本国“多余的”人口到非洲殖民地定居。直到20世纪80年代早期之前，离开英国的人要比入境的移民多，在撒切尔的经济重组计划的保守党执政末期，1/3的不列颠人准备离开。③

---

① Wenona Giles and Sedef Arat-Ko, eds., *Maid in the Market: Women's Paid Domestic Labour* (Halifax, 1994); Abigail B. Bakan and Daiva Stasiulis, eds., *Not One of the Family: Foreign Domestic Workers in Canada* (Toronto, 1997), esp. essays by Sedef Arat-Ko, "From Mothers of the Nation' to Migrant Workers," 53-79, and Patricia M. Daenzer, "An Affair between Nations: International Relations and the Movement of Household Service Workers," 81-118.

② 法国为自愿留下的德国战俘提供定居条件。

③ "Isle of Despair," *Time*, 15 Mar. 1993, 20-27. Johannes-Dieter Steinert, *Migration und Politik: Westdeutschland-Europa-übersee, 1945-1961* (Osnabrück, 1995), 28-37, 125-143, 175-189. 沉浸在19世纪概念中的人口策划者们考虑通过把离境移民集中聚居的办法来形成一个日耳曼人飞地。

欧洲内部的劳工流动继续着。从传统上的劳工出口的边缘地区,爱尔兰人仍然向英国流动,意大利人向法国流动,西班牙人向法国和德国流动。但是在北欧,瑞典开始吸引劳工,芬兰人特别是瑞典籍的芬兰人来到瑞典。东欧被“铁幕”隔离,德国内部从东向西的人口流动在 1961 年随着柏林墙的修建停止了。波兰的出境规定比较宽松,匈牙利的规定要紧一些;两个欧洲,除了南斯拉夫之外,直到 1989 年一直处于隔离状态。于是,沿地中海的欧洲地区成了剩下的唯一的劳动力资源库。在 20 世纪 50 年代,意大利的保守党政府出台一个劳工流动计划,以便摆脱失业者,并剥夺社会主义党和共产党的潜在的选票。来自伊比利亚半岛、意大利、南斯拉夫和希腊,还有土耳其的男人和女人移民到西北欧。在法国,他们和来自北非殖民地的流动人口混居一起。南北向的迁徙,由政府间的协议所鼓励和管理,按照能不能找到工作、能不能形成文化团体、亲属随后能不能前来团聚的传统模式进行。历史上的联系——文化的、经济的、政治的联系和权力关系影响目的地的选择。来自前殖民地的流动人口奔向宗主国,日耳曼少数民族奔向德国,芬兰人奔向瑞典,爱尔兰人奔向英国。此外,意大利和葡萄牙的男人和女人继续跨过大西洋去加入他们在北美的侨民社会(见图 4-10)。[①]

接收国家招募政策的目的是在劳工短缺时尽快得到临时工人,在经济萧条时再把他们打发回去,这样可以在经济高涨时避免工资的提高,在经济下降时避免失业率过高,达到“缓冲”经济周期的效果。为了避免使用纳粹德国使用过的“外国工人”的名称,也要避免使用“移民”这个意味着授予权利的名称,新入境的人被称为“外来务工人员”。起初,他们填补了工业领域里技术和半技术工人的短缺,然后他们在服务业领域添补短缺。随着持续的经济增长,本土工人由于不满意工资和工作条件,而不愿接受某些就业机会,流动人口成了制度上不可缺少的事物。

还有一个政策的理由是,认为这对送出人口的国家的好处会自然增长。没有技术的流动人口会接受培训,一旦归国,会把这些新学会的技术转移回来,或把存款投资到小型业务里。然而,早在 1973 年,鲍西斯就说过,技术工人正在离开南斯拉夫,使其经济流失了训练有素的劳动力。他们在挣较高工资的过程中,

---

① Steinert, *Migration und Politik*, 87-101, 220-38; Castles and Kosack, *Immigrant Workers and Class Structure*; Russell King, ed., *Mass Migration in Europe: The Legacy and the Future* (Chichester, U.K., 1993); David Pinder, ed., *The New Europe: Economy, Society, and Environment* (Chichester, U.K., 1998); Maria A. Roque, ed., *Human Movements in the Western Mediterranean* (Barcelona, 1989). 一项德国与摩洛哥招工协定由于 1973 年后对劳动力需求的减少而未得到实施。

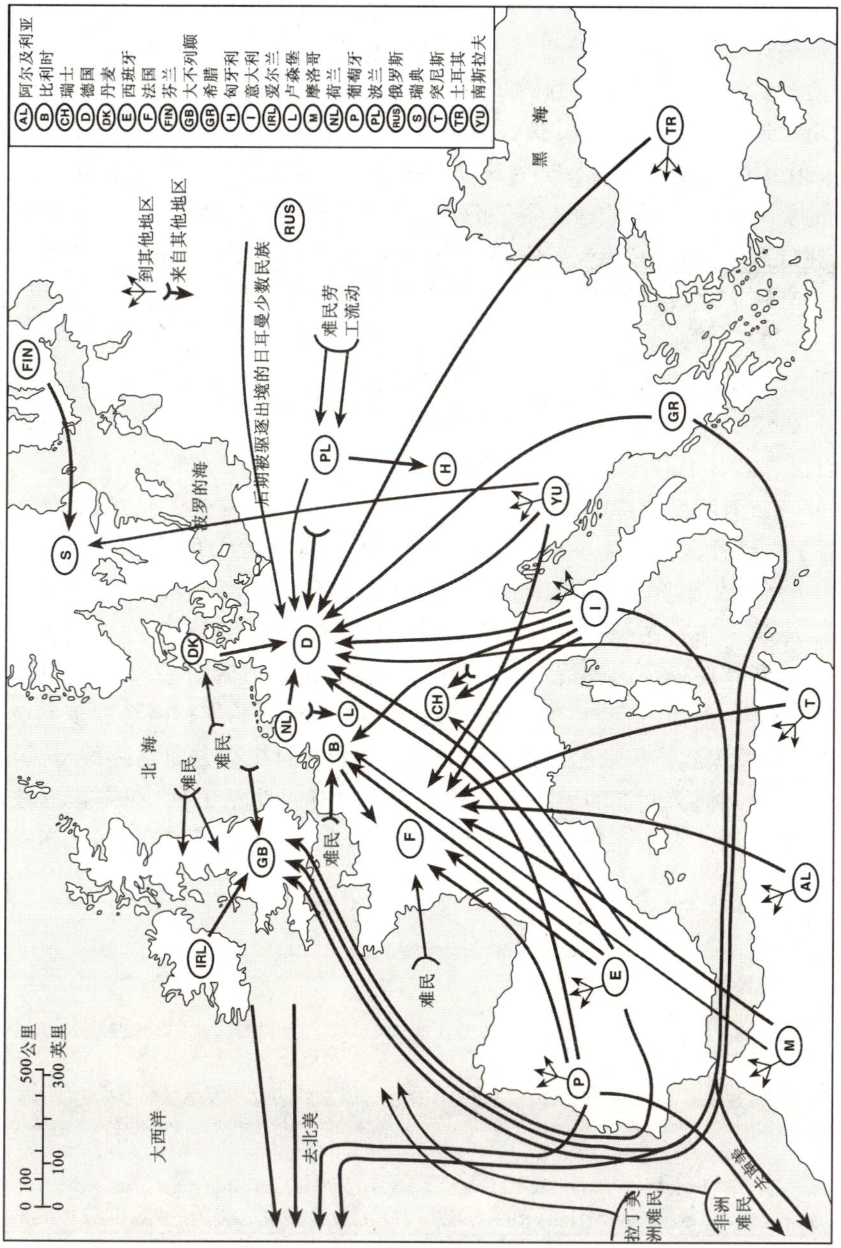

图4-10　欧洲和跨大西洋的人口流动

失去了技术,归国之后,既没有转移技术,也没有转移资本去投资。[①] 在1973年石油价格震荡之后政府鼓励的招工计划结束的时候,流动工人开始了一个家庭团聚的阶段,这与管理者们预测的回国潮恰恰相反。对流动工人来说,回到危机四伏的出发地毫无意义。移民接收国的人道主义不许实行不自愿的遣返。与20世纪30年代北美经济萧条时的流动工人相比,西欧的结构差异正在发生身份地位的变化:通过在西欧挣工资的劳动,流动工人参加了社会保险。由于有权享受福利待遇,他们不必依赖留守的家属的支持,事实上,哪里是家已经变得模糊不清。有跨文化技巧的流动工人加入劳工运动,参加罢工;在某些行业里,他们参加工会的比例甚至比本土工人还高。自从20世纪70年代末期开始,大约1400万~1500万"外国人"已经居住在西欧国家里。在1989年时,他们在英国占总人口的3.3%;在法国、德国和比利时,他们占总人口的6.5%~9%;在瑞士,他们在总人口中的比例高达16%。

在欧洲政府不愿意接收移民而设立障碍的时候,移民建立了社区,送孩子上学,发展了自己社区内的企业,在不少劳动市场领域成为不可缺少人。在大约1910年时的夏威夷,殖民者按照移民分类说,亚洲移民能当工人,但不能当公民(见第15章第5节);在1980年,几个欧洲政府持有同样的观点。政府的政客们强力推行刺激移民返国的政策,光头青年从事反移民暴力活动,头发花白的老人形成排外团体。然而,荷兰和瑞典政府转向政治革新,开始推行融合和多元文化政策;法国和英国政府采取循序渐进的措施,尽管它们在这方面实际做得太少,也太晚。德国和澳大利亚的城市里体验了多元文化的生活方式,但是国家政府拒绝实施新政策。入籍在奥地利比在德国容易,这可能反映了奥地利是多民族

---

① Hans C. Buechler and Judith M. Buechler, eds., *Migrants in Europe: The Role of Family, Labor, and Politics* (New York, 1987); Colin Holmes, ed., *Migration in European History*, 2 vols. (Cheltenham, U. K., 1996); Ivo Bauŏiŏ, "Yugoslavia as a Country of Emigration," *Options méditerranéennes* 5, 22 (1973): 55-66; Nermin Abadan-Unat, "Turkish Migration to Europe," in Cohen, *Cambridge Survey*, 279-284; Daniel Kubat, ed., *The Politics of Return: International Return Migration in Europe* (Rome, 1984); Mirjana Morokvasic, "Cash in Hand for the First Time: The Case of Yugoslav Immigrant Women in Europe,"and Czarina Wilpert, "Migrant Women and Their Daughters: Two Generations of Turkish Women in the Federal Republic of Germany,"in Reginald T. Appleyard and Charles Stahl, eds., *International Migration Today*, 2 vols. (Paris, 1988), 2:155-167, 168-186.

国家的历史。瑞士坚持轮换政策。[①]

通过饮食方式的文化交往(见第10章)仍然是重要的,与19世纪的北美的文化同化模式不同,当时美国移民把他们"旧世界"的做饭方式隐藏在私人家中。现在,主流社会的男人和女人常常惠顾少数民族的饭店,起初仅仅是因为移民店主让利,价格低廉。在联邦德国,意大利务工人员叫"嚼通心粉的人",土耳其人叫"嚼大蒜的人",意大利通心粉和大蒜变成了标准烹调的一部分。接受外国的吃饭习惯与权力等级制度是有联系的:美国士兵引进了康氏番茄酱而不被叫做"番茄酱大鼻子"。相互交流的饮食方式引起了男人和女人之间的技术调整。德国妇女使用康氏番茄酱感到她们做番茄酱的技术没有用了,但是把意大利食品成分引进了德国烹调里。少数民族厨师和本土出生的顾客相互磨合:粤菜和川菜在瑞士、德国和法国变成了最普通的中餐。这样的变化虽然常常看上去肤浅,但是引起了人们对国家日常的文化某些方面的重新认识。此类贡献一旦适应了环境,就不再被认为是移民的了,而是成了欧洲人自己的一部分。[②]

在20世纪80年代中期,难民和无证件的移民,特别是来自非洲的人,数量大增,这时西欧流动人口的模式改变了。先前只有西非人和安的列斯群岛人把法国包括进他们人口流动的路线里,就像牙买加人和南亚人把英国包括进流动路线里一样。在南欧,雇主宁愿雇用无证件的北非移民,也不愿雇用本土出生的人或正规移民,目的是躲避交纳社会保险金。种族主义的反应来自民族阵线一类的政党。在经过50年间歇之后,从东到西的人口流动常常以季节工的形式或打着培训计划的幌子,在1989年重新开始了。以德国为基地的多国建筑联合企业雇用无证件的东欧工人。一些重新建立联系的东欧派遣国家接下去又变成了

---

① Christoph Butterwegge and Siegfried J ger, eds., *Europa gegen den Rest der Welt? Flüchtlingsbewegungen, Einwanderung, Asylpolitik* (Cologne, 1993), and Butterwegge and J ger, eds., *Rassismus in Europa* (Cologne, 1992); Phil Cohen and Harwant S. Bains, eds., *MultiRacist Britain* (London, 1988); James Donald and Ali Rattansi, eds., *"Race," Culture, and Difference* (London, 1992), 62-103; Rattansi and Sallie Westwood, eds., *Racism, Modernity and Identity* (Cambridge, 1994); Alec G. Hargreaves, *Immigration, "Race" and Ethnicity in Contemporary France* (London, 1995); Maxim Silverman, *Deconstructing the Nation: Immigration, Racism, and Citizenship in Modern France* (London, 1992); John Rex, *Ethnic Minorities in the Modern Nation State* (London, 1996); Ian R. G. Spencer, *British Immigration Policy since 1939: The Making of Multi-Racial Britain* (London, 1997); Hans-Joachim Hoffmann Nowotny, *Soziologie des Fremdarbeiterproblems: Eine theoretische und empirische Analyse am Beispiel der Schweiz* (Stuttgart, 1973); Didier Lapeyronnie, ed., *Immigrés en Europe: Politiques locales d'intégration* (*Paris*, 1992).

② Nor North America, 参见 Donna Gabaccia, *We Are What We Eat: Ethnic Food and the Making of Americans* (Cambridge, Mass, 1998).

来自更远东部的劳工和商人流动人口的接收国(见第 18 章第 9 节)。①

在 20 世纪 90 年代,在西欧和南欧的、流向或流出西欧和南欧的多重流动人口包括欧洲内部从南到北、从东到西的流动,以及来自文化上亲近的非洲、南亚和印度支那国家的移民流。南斯拉夫难民在 20 世纪 90 年代初期也来到了。把"城堡欧洲"和北美相区别的是欧盟没有积极的政策作为回应,包括限制性的 1985 年的《申根协定》和 1990 年的《都柏林公约》。在 1988～1991 年的流动人口和难民到达高峰时期,作为主要目的地的德国平均每 1000 人口所接受的流动人口还赶不上加拿大在几乎 10 年里正常接受的移民人数。欧盟内部的流动人口,摆脱了 1993 年的《马斯特里赫特条约》的限制,但并没有实质性的增加。②

3. 奔向北美的多文化的和多肤色的移民

欧洲移民在 1917 年之前曾经给北美经济提供了非技术劳动力。在两次世界大战间隔期间,美国通过定额立法减少了移民,而加拿大继续吸引着移民。1945～1952 年,美国批准了不到 45 万流离失所的人和 19 万其他难民入境,加拿大吸纳了 18.6 万移民,他们几乎全是欧洲人。这些移民和北美大陆各地的社区都有关系,而亚洲移民与太平洋沿岸各州的大萧条之前定居的移民社区有关系,或得到战争新娘的资助。③ 来自意大利和葡萄牙的两股主要自愿移民流中,有很多人到加拿大东部城市从事建筑工作。英国人继续来到加拿大,东欧难民

---

① Heinz Fassmann and Rainer M nz, eds., *European Migration in the Late Twentieth Century: Historical Pattern. Actual Trends and Social Implications* (Aldershot, U.K. 1994); Ronald E. ed. *International Labor Migration in Europe* (New York, 1979).

② Philip Rees et al. eds. *Population Migration in the European Union* (Chichester, U.K., 1996) Maria B. Rocha-Trindade, *Recent Migration Trends in Europe: Europe's New Architecture* (Lisbon, 1993); Robert Miles and Dietrich Thränhardt, eds., *Migration an European Integration: The Dynamics of Inclusion and Exclusion* (London, 1995); silvio Ronzani, *Arbeirskraftewanderung und gesellschaftliche Entwicklung: Erfahrungen in Italien, in der Schweiz und in der bundesrepublik Deutschland* (Königestein/Taunus 1980); Russell King and Richard Black, eds., *Southern Europe and the New Immigrations* (Brighton, U.K. 1997); Manuel Castells, "Immigration Workers and Class Struggles in Advanced Capitalism: The Western Eutopean Experience," *Politics and Society* 5 (1975):33-66.

③ 美国的配额立法把世界分成东、西两个半球,现在仍然对这两部分采取不同的态度。Hania Zlotmik, "Policies and Migration Trends in the North American System," in Simmons, *The Impact of Free Trades*, 81-103, George J. Borjas, and Richard B. Freeman, eds. *Immigration and the Work Force: Economic Consequences for the United States and Source Areas* (Chicago, 1992); Michael C. Thornton, "The Quiet Immigration: Foreign Spouses of U.S. Citizens, 1945-1985,"in Maria P. P. Root, ed. *Racially Mixed People in American* Newbury Park, Calif, 1992):64-76.

也由于苏联占领区的几次起义来到了这里(见第 16 章第 9 节)。加拿大还接收了 1956 年苏伊士运河危机期间出于政治动机而来的英国移民和越南战争期间的 50 万美国人。加拿大也有工人和专业人员受高工资的吸引流动到美国。非英语的欧洲移民群体为争取平等权利与掌握权力的英语群体进行的斗争,使移民的结构融合非常缓慢。与欧洲相反,北美国家移民能够获得公民权和政治职位,因而他们也能参与决策机构和政策的进程。非白人移民群体通向公民身份的障碍一旦解除,他们也为同样的权利而斗争。①

美国和加拿大在 20 世纪 40 年代改变了移民政策,结束了排华政策,但是实施了微小的定额。不可能预料出现太平洋人口流动系统的第三个时期。在其他方面,政策仍然是传统的:美国转向墨西哥劳工来缓解战时劳动力短缺;加拿大政府虽然在 1947 年承认需要进一步的移民和出台一个全面的政策,但是想依赖传统的盎格鲁—欧洲人力资源库。半球范围的以及太平洋地区的人口流动模式的巨大变化,使这两个国家在 20 世纪 60 年代改革了它们的法律框架。两国不仅废除了移民来源地区的最惠待遇,而且在国内采取了多元文化政策。流动人口凭借技术、作为高素质的专业人员或商业投资者,借助家庭团聚计划或出于人道主义原因作为难民而移民入境。这些标准符合第三世界派遣国家里受过教育的、有技术的年轻人的期望,在亚洲、拉丁美洲和非洲造成了人才流失。从世界范围权力等级制度的观点来说,移民来源国提出的赔偿要求,虽然在总部设在日内瓦的国际劳工组织讨论过,结果却是不了了之,这一点也不奇怪。总之,新法律导致了北美移民中的根本变化。美国的欧洲移民人数在 1961 年减少到不到总移民人数的 1/2;1975～1979 年,加拿大的欧洲移民人数也减少到不到总移民人数的 1/2。这个数字在 1970 年在美国又减少到不到 1/3;1985～1989 年在加拿大也减少到 1/3 以下;在 20 世纪 80 年代,在美国又进一步减少到 1/8 以下。

关于劳工流动,美国和墨西哥的关系与中欧西部和波兰的关系不尽相同。波兰早在 1795 年就被瓜分,而墨西哥的部分领土在 1826～1852 年被分离出去。日耳曼—斯拉夫文化边界线与从得克萨斯到加利福尼亚的盎格鲁—西班牙语地区有相

① Stanley Lieberson and Mary C. Waters, *From Many Strands: Ethnic and Racial Groups in Contemporary America* (New York, 1988); Teitelbaum and Weiner, *Threatened Peoples* (New York, 1995); Rubén G. Rumbaut, "Origins and Destinies: Immigration to the United States since World War Ⅱ," *Sociological Forum* 9(1994):58-621; Frank D. Bean, Robert G. Cushing, and Charles W. Haynes, "The Changing Demography of U. S. Immigration Glows: Patterns, Projections, and Contexts,"in Klaus J. Bade and Myron Weiner, eds. *Migration past, Migration future: Germany and the United States* (Providence, R. I/, 1997),121-152.

似之处。像波兰人一样,墨西哥人来当临时工:"虽然他们不容易同化,但是他们大多数人要回国,所以这没有什么大不了的。在墨西哥人看来,他们作为公民不受欢迎,作为劳动力却很受欢迎。"(代灵汉姆委员会,1911 年)西南部的"种植者",等同于殖民时期的种植园主或易北河东部的容克,招募季节性的墨西哥农业工人,免于 1917 年对所有移民实行的文化考试。在 20 世纪 20 年代,墨西哥人只能在离境时在边境上拿到他们 1/5 的季节性工资。在萧条的 30 年代,很多人被驱逐出境,或用官方报告的话说,"被遣返"。随着下一次大战爆发,下一次招工开始了:1942～1964 年,大约 500 万墨西哥工人来美国打工。像 19 世纪英国统治下的印度一样,政府机构同意了种植园主和牧场主们的要求,包括不时地搜捕"非法的"墨西哥人,在反墨西哥非法流动工人行动中把他们驱逐出境。政府的招工一结束,工人和种植园主的关系继续着,流动人口——有证件的或无证件的——继续来到并受到雇用。和世界上其他地方一样,劳动者为更好的工作条件而斗争。①

到了 20 世纪 70 年代末和 80 年代初期,墨西哥和加勒比海地区成为美国合法移民的最大来源地。大多数人从事季节性的田间劳动,但是越来越多的人进入全国各地城市里的少数民族聚居区(见第 13 章第 2 节)。

加勒比海岛屿成了加拿大城市流动人口的一个来源,说英语的人奔向安大略,说法语的海地人奔向蒙特利尔。奔向美国的流动人口中有 1/5 的人来时具备白领工作的技术,但是两国也准许妇女入境从事家政和儿童护理工作。在 1980 年,美国的加勒比海地区人口迅速增长到 31.5 万人,加拿大的增加到 21 万人。美国准许古巴难民入境,但是在远海上堵截海地人。古巴难民从 1959～1994 年分成四个难民潮来到美国,包括 1980 年一次合法乘船出逃的 12.5 万"马里亚瑙船民"(Marielitos),总数超过 100 万人。② 在波多黎各这个美国控制的地区,中产阶级开始离开,随后是工人阶级,因为工业化战略试图减轻失业,过分动员劳动者而超过了半殖民地经济的限度。到了 1980 年时,200 多万波多黎

① Aristide Zolberg, "The Main Gate and the Back Door: The Politics of American Immigration Policy, 1950-1976", paper presented at the council on Foreign Relations, Washington, D.C., Apr. 1978; Kitty Calavita, "Mexican Immigration to the USA: the Contradictions of Border Control," in Cohen, *Cambridge Survey*, 236-244, Dillingham Commission quote on 236.

② 这些数字不可靠:来自前英国属地的移民可能把自己说成英国人;加勒比海地区的人主要是非洲人,但也包括亚洲出生的人和来自欧洲的人。Zucker and Zucker, "Cuban and Haitian Migrants," 447-451; Doris M. Meisssner, "Political Asylum, Sanctuary and Humanitrian Policy," in Bruce Nichols and Gil Loescher, eds., *The Moral nation: Humanitariasm and U.S. Foreign Policy Today* (Notre Dame, 1989), 123-143. Sindney W. Mintz, *Worker in the Cane: A Puerto Rican Life History* (1960; rev. ed. New York, 1974).

各人已经流动到了美国。说西班牙语的古巴人聚居在佛罗里达，而波多黎各人聚居在纽约市一带，这两个群体都为双语教育和双语机构而进行斗争。这两个地区在某种程度上被西班牙语化了。纽约制造业领域的变化、波多黎各的发展以及美国其他地方的经济机会，导致了波多黎各人的回流和向其他地方的扩散。但是，古巴人仍然高度集中在佛罗里达，因为逃离卡斯特罗主义统治的难民得到官方的支持。里根政府时一项新外来务工人员项目打破了美、墨之间越来越警戒森严的边界。虽然拉丁美洲流动人口的存在，甚至无证件流动人口的存在，迫使各种机构（比如学校和医院）自下而上地进行改革，但是新移民在工资水平和结构融合方面还没有取得和其他移民群体的平衡。转包工程一类的发展增加了对来自拉丁美洲中产阶级的小移民企业的需求，但是又把它们限制在经济上脆弱的地位。当 1986 年的美国移民改革和控制法允许无证件流动人口合法化的时候，300 万人提出了申请，其中 2/3 以上是墨西哥人。在 20 世纪 90 年代，边界控制和排外主义主张，包括把流动人员的孩子排斥在学校之外，占了上风。①

在审批难民入境方面，两国超越了《日内瓦公约》的定义，从人道主义原因批准难民入境。作为一个重新定居的国家，加拿大选择具有高度适应能力的个人。他们一旦生活稳定下来，就可以资助亲属，无论有无经济适应能力，都可以前来，还可以帮助朋友前来移民。美国在越南、索马里和拉丁美洲的介入，导致大量有色人种根据经济担保条款作为难民到美国来。加拿大也招募加勒比地区和东南亚地区的女性临时工从事家政工作和儿童护理工。随后的立法准许她们把身份转变成移民。移民从事的服务业的大部分职位仍然属于没有发展前途的工作，就像先前各个时代的情况一样，全球种族隔离的状态把这些移民来源国的人都打入到没有发展前景的经济领域里。结果，从第三世界国家到加拿大的移民从 20 世纪 60 年代初期占移民总数的 8% 增加到 1975 年时的占移民总数的一半。②

在 20 世纪 90 年代初，加拿大每年批准的移民人数达到 25 万人，按照总人

---

① Constance R. Sutton and Elsa M. Chaney, eds., *Caribbean Life in New York City: Socio-cultural Dimensions* (New York, 1992), Anthony H. Richmond, *Caribbean Immigrants: A Demo-Economic Analysis* (Ottawa, 1989).

② Anthony H. Richmond, *Post-War Immigrants in Canada* (Toronto, 1967), and Richmond and Lawrence Lam, "Migration to Canada in the Post-War Period," in Cohen, *Cambridge Survey*, 263-270; D. Chuenyan Lai, "Emigration to Canada: Its Dimensions and Impact on Hong Kong," in Jean Burnet et al., eds. *Migration and the Transformation of Cultures* (Toronto, 1992), 241-252; C. Michael Lanphier, *A Study of Third-World Immigrants* (Ottawa, 1979).

口平均每1000人中的移民计算,进入加拿大的移民人数要比美国多。加拿大1991年时总人口的16%(430万人)是外国出生的。大规模的非欧洲移民改变了北美社会的肤色组成。因为按照肤色的分类越来越难以维持,美国在人口统计表里采用了一个新类别——"所有种族中出身于拉丁美洲的人","多重民族"类别包括不同肤色人通婚的后代。有人发出批评的声音,警告美国的"深肤色化"或"亚洲化",但是舆论调查显示这种变化被广泛接受。年轻人决定和异族人通婚,在2000年时多伦多人口中非欧洲人占多数。在20世纪90年代的美国,总人口中有20%属于欧洲人以外的"种族",9%是拉丁美洲人。北美大陆在一定程度上融为一个半球范围的人口流动区,但是1992年签署的北美自由贸易协定再一次改变了人口流动的因素和对廉价劳动力的需求,迫使家庭调整他们的赚钱和情感的策略。这个协定与欧盟的跨国公约相反,不允许人们自由迁徙。[①]

美国的移民立法总把一项官方政策和一个获得廉价劳动力的"后门"相结合(Zolberg),"资本显然总是在控制"(Papademetriou)。[②] 然而,在19世纪,亚洲的个人也通过后门入境,自从20世纪60年代以来的太平洋人口流动系统的第三阶段已经转到前门,已经涉及大量的中产阶级流动人口(见图4-11)。

---

① G. Reginald Daniel, "Beyond Black and White: The New Multiracial Consciousness," in Root, *Racially Mixed People in America*, 333-341; Reynolds Farley, ed. *State of the Union: America in the 1990s*, 2 vols. (New York, 1995): essays by Roderick J. Harrison and Claudette E. Bennett, William H. Frey, Barry R. Chiswick and Teresa A. Sullivan, 2:141-336; Richard D. Alba, *Ethnic Identity: The transformation of White America* (New Haven, 1990); Mary C. Waters, *Ethnic Options: Choosing Identities in America* (Berkeley, 1990); Sharon M. Lee, "Racial Classification in the U.S. Census: 1890-1990," *Ethnic and Racial Studies* 16, I (Jan. 1993): 75-94; Angus Reid Group, *Multiculturalism and Canadians: National Attitude Study*, 1991, (Ottawa, 1991); Jeffrey G. Reitz and Raymond Breton, *the Illusion of Difference: Realities of Ethnicity in Canada and the United States* (Toronto, 1994); Philip L. Martin, "Trade and Migration: The Case of NAFTA," *Asian and Pacific Migration Journal* 2 (1993): 329-367.

② Zolberg, "The Main Gate and Back Door"; Demetrios G. Papdemetriou, "International Migration in North America and Western Europe: Trends and Consequences," in Appleyard and Stahl, *International Migration Today*, 311-379, quote on 320; U.S. President's Commission on Migratory Labor, *Report on Migratory Labor in Agriculture* (Washington, D.C., 1951); Alan B. Simmons, ed., *International Migration, Refugee Flows and Human Rights in North America: The Impact of Free Trade and Restructuring* (New York, 1996), esp. essay by Kathryn Kopinak, "Household, Gender and Migration in Mexican Maquiladoras: The case of Nogales," 214-228.

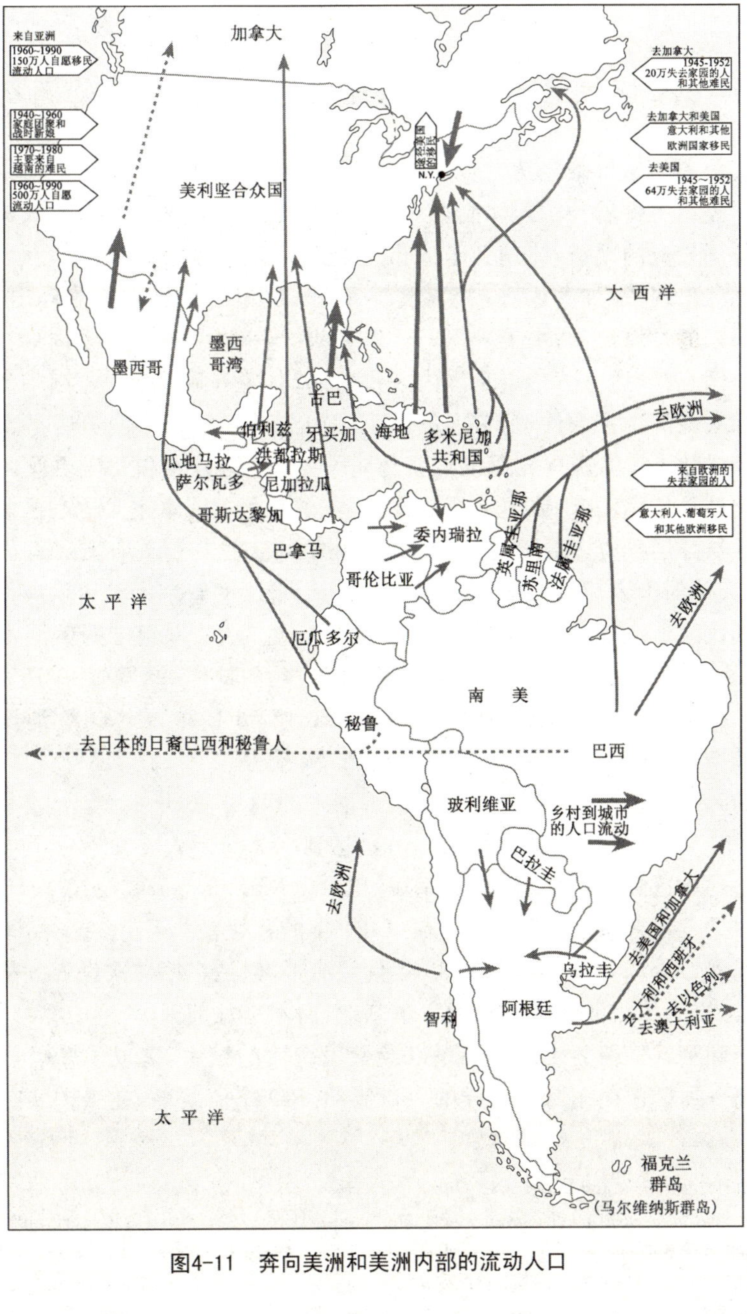

图4-11 奔向美洲和美洲内部的流动人口

4. 来自依赖性经济体的及依赖性经济体内部的人口流动：加勒比海地区、中美洲和南美洲

拉丁美洲的出口型经济一直处在资本主义经济发展的边缘。在一些国家，多国食品公司支持着种植园体制，而另一些国家里，无地的和少地的农村人受到本国和外国投资的动员，流动到了城市。数百万人逃离独裁制度。六个明显的人口流动区出现了：加勒比海地区；墨西哥——这里的人口向北流动出境，同时有更南面来的过境流动；中美洲——这里有些产生难民的国家；委内瑞拉——吸引移民的国家；巴西——特点是国内人口的流动；还有阿根廷——南端的核心国家。用社会经济学家的话说，穷人倾向于国内流动，技术工人、随后是大都市和小城镇的非技术工人流向相邻的经济体，中产阶级的男人和女人更倾向于奔向海外欧洲核心殖民国家，或更可能的情况下，奔赴北美资本主义核心国家。这些人都常常被外国投资者弄得失去家园，因为外国投资人在政府上层官员的支持下，开发廉价的国内流动劳动力，同时带来他们自己的管理人员和供应网络。①

加勒比海地区，欧洲殖民强国的卫星地区，也是19世纪末的美国投资战略地区，在奴隶制结束后，变成了各岛屿间劳工流动的地区（参见第13章第2节）。荷兰的库拉索岛（Curacao）和阿鲁巴岛在1918年和1929年修建炼油厂的时候吸引来流动人口。1880年前，向北的人口流动是有限的，那时每10年里有9000～14000人流动人口到达美国。在接下来的两个10年中，这个数字增加到3倍；1911～1920年，又一次增加到3倍，达到1.235万人。在下一个10年里，最早的流动人口到达了加拿大，马库斯·加维（Marcus Garvey）在1916年把世界黑人促进会从牙买加搬到了美国。1924年的移民法把移民减少到很少。各岛屿间的人口流动在经济萧条的30年代停滞了，但是在第二次世界大战期间又继续进行，流动的目的地是美国的军事基地，而不是甘蔗田。

由于和英、法、荷兰帝国的关系以及殖民统治的结束，造成了20世纪60年代的非洲—加勒比向东跨大西洋的人口流动。1961年之前，在美国实行实际上

① Mary M. Kritz, and Douglas T. Gurak, eds. *International Migration in Latin America*, *special issue of International Migration Review*, vol. 13 (New York, 1979); Aristide Zolberg and Robert C. Smith, *Migration Systems in Comparative Perspective: An Analysis of the Inter-American Migration System with Comparative Reference to the Mediterranean European System* (Washington, D.C. 1996); Jorge Balán, "International Migration in Latin America: Trends and Consequences," in Appleyard and Stahl, *International Migration Today*, I:210-263.

的排外政策期间，230 万～280 万非白肤色的加勒比地区的人到达英国，给战后经济重建提供了劳动力，也使岛屿经济的技术工人流失，特别是在建筑业行业里。有少数妇女独立流动。当 1962 年英联邦移民（排外）法限制来自非白肤色国家的流动人口的时候，流动人口选择家庭团聚和社区稳定。作为 20 世纪 50 年代末期法属安的列斯岛人和法属圭亚那人及 20 世纪 70～80 年代来自马提尼克岛和瓜德罗普岛很多人的目的地，法国在 1982 年统计有 19 万加勒比地区出生的居民（人口统计数字）。来自大陆荷属苏里南的人口流动，特别是印度人和日本人后裔的流动，自 1975 年独立之后就开始了。大约 20 万苏里南人和 30 万荷属安的列斯人在 1990 年时居住在荷兰。在所有三个接受流动人口的国家里，劳工市场融合程度很低，居住的种族隔离程度很高，种族主义明显。

在 1965 年向美国的人口流动又变成合法之后，加勒比地区流动劳工的各肤色群体和难民建立起了居住区。除了古巴难民和波多黎各流动人口外，还有大约 80 万人离开或者逃离了多米尼加共和国，另有 60 万人从英属西印度群岛，特别是从牙买加，来到美国。在自愿迁徙方面，比如来自多米尼加共和国的人，先驱的中产阶级流动人口首先离开；然后低等阶层才离开，他们经常是没有证件的流民。来自海地独裁统治下的难民不受欢迎，但可能有 80 万人之多是秘密地来美国的。其他人迁徙到说法语的加拿大，特别是到蒙特利尔，他们在那里可能与第二次世界大战前就扎根的群体取得联系。在 20 世纪 90 年代初期，有大约 35 万来自加勒比地区的人居住在加拿大。

各个岛屿间的季节性的劳工流动奔向甘蔗生产区，长期流动人口奔向这个地区的各石油生产地区和工业区。妇女作为家政工人流动到石油生产地区，也到美国和加拿大。在建筑工程高峰期结束而男工的工作机会下降时，女性家政劳工仍然是新中产阶级所需求的。工业和旅游业的发展吸引了古巴人和多米尼加人来到波多黎各，海地劳动力到多米尼加的流动也在继续。牙买加的家政工人和西方金融洗钱贩子流动到鳄鱼岛，他们在那里作为白人专家或黑人劳动者只能争得一个不稳定的地位。流动人口的汇款提高了岛屿经济的消费一面。在一些地区，非洲和亚洲出身的居民之间的竞争明显；在其他地区，比如在牙买加和特立尼达，黑人权力运动和起源于印第安人的运动都产生了影响。从文化层次来说，这些岛屿作为黑人的大西洋地区生机勃勃的一部分，向四面八方扩大影响,但是从经济角度来说,这个地区仍然处于美国的影响之下。①

墨西哥在数百年来通过移民和季节性流动人口与美国有千丝万缕的联系,1886年的一项全面的移民法确立了自由出入境的权利。虽然只有不多的定居者去了北部乡村地区,但这个国家上层人士中的外国人发挥的作用是1910年墨西哥革命的原因之一。1917年的民族主义宪法规定了外国人的入境和本国人的出境。鼓励从美国回国服务的政策和入境移民政策都不成功。然而,在1929~1930年的经济萧条打击下,50万人回国了。墨西哥过去和现在都是一个避难国家,1917年之后吸引了左翼俄罗斯流亡者、逃离法西斯的西班牙共和派、麦卡锡主义下的美国流亡者、逃离军人政权的智利人和阿根廷人,以及最近逃离右翼政权的危地马拉人、萨尔瓦多人和洪都拉斯人。这种在美国影子下提供庇护的作用几乎没有被人们认识到。劳工流动人口作为季节性农业工人从危地马拉来到墨西哥,少数移民从西班牙和美国也来到墨西哥。当然,来自美国的移民可能是出生在墨西哥的人,或具有西班牙语文化背景的人。

在奔向美国的流动劳工方面,美国在1954年没有征得墨西哥政府的同意就招募农场工人。在1964年招募结束时,流动人口没有证件也继续前来,他们的流动性"与其说受移民立法的影响,还不如说受国际劳工市场供需关系的影响"。都市出生的、受过良好教育的、女性的、奔向美国大城市的流动人口增加了,这反映了对劳工的需要和流动人口的兴趣和策略都发生了变化。在1980年,大约250万墨西哥出生的男人、女人和儿童居住在美国(人口统计数字),但是只有

① Alan B. Simmons and Jean Guengnat, "Caribbean Exodus and the World System," in Mary M. Kritz, Lin L. Lim, and Hania Zlotnik, eds. *International Migration Systems: A Global Approach* (Oxford, 1992), 94-114; Bonham C. Richardson, *The Caribbean in the Wider World, 1492-1992: A Regional Geography* (Cambridge, 1992), 142-157; Ransford W. Palmer, ed. *U. S. Caribbean Relation: Their Impact on Peoples and Culture* (Westport, Conn. 1998); Robert A. Pastor, ed. *Migration and Development in the Caribbean: The Unexplored Connection* (Boulder, 1985); Ceri Peach, *West Indian Migration to Britain: A Social Geography* (Oxford, 1986); Margaret Byron, *Post-War Caribbean Migration to Britain: The Unfinished Cycle* (Aldershot, U. K. 1994) Stuart Hall, "Migration from the English-Speaking Caribbean to the United Kingdom, 1950-1980," in Appleyard and Stahl, *International Migration Today*, I:264-310; Nancy Foner, "West Indians in New York City and London," in Sutton and Chaney, *Caribbean Life*, 108-120; Silvia Pedraza, "Review of Research: Cuba's Revolution and Exodus," *Journal of the International Institute* 5, 2 (winter, 1998):8-9; Jean E. Hernández-Cruz, "Migratory Trends in Puerto Rico: 1950 to the Present," in Cohen, *Cambridge Survey*, 248-252, and Ceri Peach, "Anglophone Caribbean Migration to the USA and Canada," ibid, 245-247; Paula L. Aymer, *Uprooted Women: Migrant Domestics in the Caribbean* (Westport, Conn., 1997); Elsa Chaney and Maria G. eds. *Muchachas No More: Household Workers in Latin America and the Caribbean* (Philadelphia, 1989).

3100 人在加拿大。然而必须注意到，墨西哥奔赴北方的流动人口的比率不像 20 世纪初期时欧洲的出境流那么大。①

在南美，欧洲移民在两次大战间歇期间和经济萧条期间停滞了。在 1945 年后，一些国家接受来自欧洲的难民，或庇护一些没有证件的人，包括逃亡的法西斯分子和战争罪犯。在战后最初几年，对人口流动援助，帮助一些欧洲流离失所的人到南美，直到欧洲经济复苏结束并吸引人们回国为止。在 20 世纪 60 年代，只有意大利人继续移民到阿根廷，就像他们流动到加拿大和北欧一样。

在巴西这个有时被认为是强大的资本主义的二级中心的国家，在 1942～1963 年有 81 万移民从葡萄牙(40.6%)、西班牙(14.9%)、意大利(14.2%)、日本(6.7%)和其他国家来到。同时，本土出生的无技术的劳动力流动到城市，这次流动人口占农村人口的 10%；换句话说，20 世纪 40 年代的净人数为 300 万人，20 世纪 50 年代的净人数为 700 万人。他们不断地满足了需求。左翼政府(1955～1961 年)和保守政府(包括 1964 年的军事政变)都赞成工业发展，农业机械化和改进交通运输设施，结果是越来越多的人自动长途迁徙和城市周边棚屋区的出现。流动的男人、女人和儿童掌握一定的人力资本，并不是过着贫穷的、受迫害的生活，比起那些早已住在大都市里的工人阶级来说，更能适应经济的变化，他们建立起初具规模的第三产业或非正式的产业。从乡村到乡村的人口流动指向巴拿马高原或中央地区(见第 17 章第 1 节)，在 20 世纪 70 年代，奔向亚马逊地区的人口流动依然是有限的。但是，大肆砍伐森林的做法消灭了与世隔绝的印第安人，毁灭了生态系统。从里约热内卢到巴西利亚的道路建设和动迁动员了数十万男子，都市服务业甚至吸引了大量的妇女。起初，很多人在乡

① Evelyn Hu-Dehart, "Coolies, Shopkeepers, Pioneers: The Chinese of Mexico and Peru, 1849-1930," *America Journey* 15, 2(1989), 91-116; Jacques Vernant, *The Refugee in the Post-War world* (London, 1953), 579-678; Manuel Garciay Griego, John R. Weeks, and Roberto H. Chande, "Mexico," in William J. Serow et al. eds., *Handbook on International Migration* (New York, 1990), 205-220, quote on 209; Jorge A. Bustamante, "The Historical Context of the Undocumented Immigration from Mexico to the United States," *Aztlan* 3(1972), 257-282; Alejandro Portes, ed. "Illegal Mexican Immigrants to the U.S.," special issue of *International Migration Review* 12(1978); Julian Samora, with Jorge Bustamante and Gillbert Cardenas, *Los Mojados: The Wetback Story* (Notre Dame, 1971).

村和城市劳动之间往返奔波。[①]

委内瑞拉以石油为基础的经济创造了一个新的区域性劳工流动系统,主要参与的是哥伦比亚人,还有少数的多米尼加人和牙买加人。登记在册的外国人口在1950～1971年增加了两倍,达到60万人,可能还可以加上很多没有证件的人。来自南部锥形地区的受政治压制的难民也来到这里。很少有人能在石油工业中找到工作,大多数人从事由于税收增加而繁荣的建筑工作。对技术的选择性把特定的来源地区和目的地特定的劳动市场联系起来:"非正式的、支离破碎的信息被大多数不识字的群众察觉,再拼凑成连贯的、对实际情况比较准确的评估。"在哥伦比亚,政府通过有计划的"国内发展"来降低出境移民的必要性。高原地区家庭调整他们的人生策略,以适应长期的经济和文化变化,国内的人口流动在1950～1980年把2∶1的乡村与城市的人口比例颠倒过来。在20世纪70年代,都市专业人员流动人口,其中包括很多妇女,动身前往佛罗里达和纽约。1983年,委内瑞拉的经济危机把移民工人,特别是无证件的,推到更加边缘化的地位上。[②]

阿根廷变成了第二个新劳工流动系统的中心。它20世纪30年代之前的"慷慨政策"曾经"旨在把公民融入国家的大社会,并且不仅仅把工人融入经济",但是在两次大战间歇的20年里,亲本土主义的政策取代了开放的态度。巴斯克人和犹太人,这两个没有国家支持的民族,以及波兰人,受到排挤。在1947年之后,巴拉圭政治难民来到了。战后的欧洲移民,包括50万意大利人,在20世纪50年代被一次经济萧条截止了。结果,邻国巴拉圭、玻利维亚和智利成了主要提供劳动力的国家,起初是非正式的,然后是依据双边协议。流动人口在传统上

① Teiiti Suzuki, *The Japanese Immigrant in Brazil*, 2 vols. (Tokyo, 1969), 2:11-18; George Martine, "Brazil," in Charles B. Nam, William J. Serow, and David F. eds. *International Handbook on Internal Migration*(New York, 1990),31-46; Fernando Bastos de Avila, "Immigration, Development and Industrial Expansion in Brazil," *Migration I*:3(1961): 21-32. Herbert S. Klein, "European and Asian Migration to Brazil," in Cohen, *Cambridge Survey*, 208-214, 厄瓜多尔的发展和巴西的相似,主要是面向城市流动,流向非正式领域。Diego Palacios, "Ecuador," in *International Handbook on Internal Migration*, 85-101.

② Alan B. Simmons, *Sergio Diaz-Briquets*, and Aprodicio A. Laquian, *Social Change and Internal Migration: A Review of Research Findings from Africa, Asia, and Latin America* (Ottawa, 1977), 89-92, quote on 79; Simmons, "The Emergence of Planning Orientations in a Modernizing community: Migration, Adaptation, and Family Planning in Highland Colombia" (Ph. D. diss., Cornell Univ., 1970); Gabriel M. Gastao, "Effects of Emigration and Return on Sending Countries: The Case of Colombia"; Luz Marina Daz, "The Migration of Labour in Colombia," in Cohen, *Cambridge Survey*, 223-225.

先是国内流动，然后跨越边界进入相邻地区；到20世纪60年代时，他们在整个阿根廷境内寻找机会。阿根廷、乌拉圭和巴西沿海城市的居民根据区域经济的表现进行城市间的循环流动。国内流动汇聚在布宜诺斯艾利斯。根据人口统计的结果，截至20世纪70年代，巴拉圭250万人口中有10%居住在阿根廷（根据学者估计，总人口的1/5居住在阿根廷）。大多数流动人口所受的教育高于平均水平或有技术，流动人口的性别比例平衡，回国率高。乌拉圭在20世纪60年代初成了由于政治和经济原因输出移民的国家。不断重复的正常化计划使阿根廷的移民政策与流动家庭的人生策略一致起来。

在整个拉丁美洲，从乡村到城市的流动人口中女人比男人多，在城市较少的国家，比如秘鲁，妇女构成了长途流动人口的大多数。在阿根廷，移民妇女在挣工资的劳动大军中的参加率因文化群体、流动顺序和劳工市场机会的不同而不同。来自玻利维亚的妇女，大多数人跟随丈夫迁徙，劳动参与率低，即使她们参加工作的情况下，也常常从事的是不起眼的行业。对大多数其他移民妇女来说，家政服务是主要的就业领域。国内流动的阿根廷妇女也从事工厂工作。妇女的劳动市场参与率可能被低估，在人口统计数据中可能低于实际数字，原因是"妇女在小本农业中发挥的作用实际上没有得到承认"[①]。按照先后顺序流动的家庭、移民后或回国后再成家的单身男子以及女子单独的但经常是平行的流动和长期的离别，都需要具有高度适应性的家庭结构和家庭内部灵活的劳动分工。[②]

有些人口流动涉及印第安人的民族聚居，比如墨西哥城的蒂兰托基诺（Tilantoqueño）印第安人、危地马拉农业区的印第安人、玻利维亚政府赞助的定居计划中的爱马拉（Aymara）印第安人就是如此。在危地马拉，19世纪强迫高地印第安人去做季节性的种植园劳工的传统一直延续到20世纪末。为了对付革命活动进行的军人重新定居计划，使总人口的10%以上的人失去家园，特别是高地印第安人。由于政治压制和暴力，也由于发展缓慢，拉丁美洲在20世纪60年代变成了输出移民的地区。[③]

---

① Elsa M. Chaney and Martha W. Lewis, *Women, Migration and the Decline of Smallholder Agriculture* (Washington D. C., 1980), quote on 36, cited in Balán, "Latin America," quotes on 118, 232.

② Balán, "Latin America," 221-227, and Balán, "The Role of Migration Policies and Social Networks in the Development of a Migration System in the Southern Cone," in Kritz et al. *International Migration Systems*, 115-130; Michael Micklin, *Guatemala*, in *International Handbook on Internal Migration*, 163-187.

③ Balán, "Latin America," 248-256; Simmons et al. *Social Change and Internal Migration*, 86-88.

政治难民是又一个没有固定居住地的群体。由于面对右翼的枪杀队和政府的暴力,这类难民在1947年后离开了巴拉圭,在1964年后离开了巴西,在1973～1976年及之后离开了智利、乌拉圭和阿根廷。来自智利的难民有大约20万人,在20世纪80年代被赶出圣萨尔瓦多、尼加拉瓜和危地马拉的难民人数在180万～280万人。另一方面,洪都拉斯失去家园的人不算多。政府间的合作常常禁止逃离右翼分子恐怖行为的难民进入美国,直到1980年的难民法准许给予"临时庇护身份"。加拿大接受难民,帮助他们定居,随后而来的流动人口扩大了这些群体。大多数难民逗留在邻国,而1973年的智利政变造成的流亡者却散布到世界各地。

在一些内战中,少数民族群体面临流离失所的危险,尼加拉瓜的米斯基托(Miskita)印第安人就遭遇到这种情况;有时腐败的官员逃亡国外,古巴革命后就发生过这种情况;有时妇女受到专门的虐待,在智利妇女的权利受到限制的时候,在阿根廷监狱中怀孕的嫌疑犯生完孩子后被军政府秘密杀害的时候,都发生过这种情况。作为母亲或祖母的妇女,组织了声势浩大的抗议活动。[①]

截至20世纪90年代,遣返难民和持续不断的自愿的向北的人口流动,成了拉丁美洲大部分地区的特点。加勒比海地区多重人口流动,包括从北美的回流和从岛屿间迁徙的回流,导致了加勒比人共同文化身份形成。哥伦比亚人在委内瑞拉的集中和玻利维亚人在阿根廷的集中,可能造成人们对民族意识形态和跨国习俗的看法的改变。

5. 从亚洲向外:太平洋人口流动的第三阶段

在亚洲,日本帝国主义的战败(见第16章第4节),欧洲人建立的大部分殖民地的独立,以及在朝鲜和越南的战争,改变了影响人口流动的因素。随后日本和韩国的工业化、中华人民共和国对离境移民高度限制性政策、印度中产阶级的教育成就和东南亚国家缺乏就业机会也有影响。发展和都市化标志着所有国家的特点,尽管这些发展在越南姗姗来迟,在柬埔寨由于国内种族灭绝行为而流产。

---

① 引自下面的研究:Simmons et al. *Social Change and Internal Migration*, 80-81; Elizabeth G. Ferris, *The Central American Refugees* (New York, 1987); Jaime Llambies-Wolff, "Chile's Exiles and Their Return: Two Faces of Expatriation," in Cohen, *Cambridge Survey*, 229-231, *The State of the World's Refugees*, 1995, 50-51; Zolberg, Suhrke, and Aguayo, *Escape from Violence*. 180-224.

在接受流动人口方面，除了巴西之外，南美洲在20世纪40年代之后的阶段中没有吸引流动人口。日本到巴西的流动在20世纪90年代变成了反向流动，因为很多人返回日本(见第18章第6节)。随着战时和中国结成抗日同盟，随着预见到战后在亚洲的投资机会，随着国内敌视亚洲人的种族主义的消退，北美在态度和政策方面发生了决定性的改变。但是，法律框架方面的变化缓慢。从1943年开始，华人按照每年仅105人的名额被法律准许进入美国；从1947年开始，华人可以在名额允许范围内进入加拿大。排华政策之后是20年的小名额控制规定①，直到1965年的美国移民法和1967年的加拿大移民法，才发生了根本性的变化。从那时以来，跨太平洋流动人口的绝大多数，包括太平洋岛国的居民，移民目的地一直指向北美。然而，一个新的移民目的地地区随着以澳大利亚为先导的南太平洋地区的经济腾飞而出现了。②

正如我们所见，由西班牙殖民主义利益推动的最初阶段和以自由劳工和契约劳工流动为特点的第二阶段之后，随之而来的是跨太平洋人口流动的第三阶段。排华法废除之后奔向北美的跨太平洋人口流动可以分成三个阶段：(1)20世纪60年代中期之前的家庭团聚和受豁免的人口流动；(2)来自中国和海外散居华人以及来自在朝鲜、越南、老挝和柬埔寨冷战时期冲突的难民流动；(3)随之而来的自愿的大规模人口流动。

家庭团聚策略主要涉及华人的流动，因为日本男人早在1907年至20世纪20年代限制日本移民的早期阶段就已经把妻子接出。美国的军事介入，从第二次世界大战的解放者角色到它后来扩张势力，造成了第二种类型的家庭流动。6000名中国的战争新娘在1945年到达美国；1952～1962年，4.8万日本人、1.6

---

① Gloria H. Chun, "Go West to China: Chinese American Identity in 1930s," in K. Scott Wong and Sucheng Chan, eds. *Claiming America: Constructing Chinese American Identities during the Exclusion Era* (Philadelphia, 1998), 165-190. 1952年的美国移民法维持了种族歧视的标准，原因是它包括一个从印度到日本，再到太平洋地区的亚太三角地带，这个地带的总配额只有2000人。

② Evelyn Hu-Dehart, "Latin America in Asia-Pacific Perspective," in Arif Dirlik, ed. *What Is in a Rim? Critical Perspectives on the Pacific Region Idea* (1993; 2d ed. Lanham, Md. 1998), 251-282; Stephen Fitzgerald, *China and the Overseas Chinese: A Study of Peking's Changing Policy*, 1949-1970 (Cambridge, 1972); James T. Fawcett and Benjamin V. Cariño, eds. *Pacific Bridges: The New Immigration from Asian and the Pacific Islands* (Staten Island, N. Y. 1987); Daniel Kubat, "Asian Immigrants to Canada," ibid. 29-45, table on 233; Fred Arnold, Urmil Minocha, and James T. Fawcett, "The Changing Face of Asian Migration to the United States," ibid. 105-152; Bill O. Hing, *Making and Remaking Asian America through Immigration Policy, 1850-1990* (Stanford, 1993) table on 48; Sean Brawley, *The White Peril: Foreign Relations and Asian Immigration to Australasia and North America*, 1919-1978 (Sydney, 1995).

万菲律宾人和8000朝鲜人作为军人妻子到达美国。根据家庭经济担保条款,他们可以帮助近亲移民到美国。在上述的数十年中,由于亚洲的战后重建能提供就业机会,几乎没有技术劳工流动人口。

美国的文化计划要达到的目的是发展亚洲国家的教育制度,这涉及接受学生到美国大学学习。毕业回归的学生会把美国的理念、教材和意识形态介绍给熟人和学生,达到加倍影响的效果。文化和经济关系的加强,伴随着以美国为中心的、吸引受过良好教育的中产阶级个人和家庭的移民战略。①

在难民方面,只有1.85万印度支那人(包括嫁给美国兵的越南新娘),在1945～1974年定居美国;在法国这个早期的殖民强国,一个越南人小社会已经牢牢扎根。紧跟在美军1975年撤离之后,是到达美国的难民的第一个高峰期。第二个更高的高峰期是1979～1982年"船民"的到来。根据1975年印度支那人口流动和难民援助法以及1980年难民法,大约76万难民(占难民总数的一半)重新安置在美国定居,一起定居的还有同一时期的4.3万移民。澳大利亚、加拿大和法国各自接受了约10万难民。在美国,来自越南和邻国的难民被按照行政区划分布到全国不同地方,但是流动人口的局部聚居显现出来,比如加利福尼亚的越南人社会和明尼阿波利斯的老挝高原部落人社会。在20世纪80年代初期,来自亚洲的难民源源不断地来到,原因是不请自来。"船民"的涌入正好赶上美国对古巴难民的"船运"和越来越多的人乘船逃离海地;同时,美国当局担心逃离中美洲右翼政府的潜在的数量巨大的"脚民"(指那些不是乘船,而是徒步跨过陆地边境的难民)的到来。作为应对手段,它采用了严格的甄别措施。②

自愿的人口流动在1965年之后猛增,到1990年时,亚洲移民占每年移民总数一半稍低一点。到了1998年,500多万亚洲新移民已经到了美国,150多万亚洲移民已经到了加拿大。由于独立流动的策略、家庭团聚条款和劳动市场需求,

① John M. Liu, "A Comparative View of Asian Immigration to the USA," in Cohen, *Cambridge Survey*, 253-259, John M. Liu, Paul M. Ong, and Carolyn Rosenstein, "Dual Chain Migration: Post-1965, Filipino Immigration to the United States," *International Migration Review* 25(1991): 487-515.

② Linda W. Gordon, "Southeast Asian Refugee Migration to the United States," in Fawcett and Cariño, *Pacific Bridges*, 153-173, Bruce Grant, *The Boat People: An "Age" Investigation* (New York, 1980); William Liu, Maryanne Lamanna, and Alice Murata, *Transition to Nowhere: Vietnamese Refugees in America* (Nashville, 1979); Astri Suhrke, "Indochinese Refugees: The Law and Politics of First Asylum," *Annals of the American Academy of Political and Social Science* 467 (1983): 102-115; Jacqueline Desbarats, "Indochinese Resettlement in the United States," *Annals of the Association of American Geographers* 75(1985): 522-528; an Kwok Bun, "The Vietnamese Boat People in Hong Kong," in Cohen, *Cambridge Survey*, 380-385.

自从1945年以来，进入北美的亚洲移民中的女性人数稍稍过半。美国在菲律宾、韩国和越南的后殖民时代或军事介入的结果，造成1992年之前有110万菲律宾人来到美国，还有70万朝鲜人、相同数量的越南人和55万老挝人、柬埔寨人和泰国人（包括难民）来到美国。此外，还应该加上90万华人和55万印度人。来自日本的人口流动，由于其1998年之前的经济是健康的，依然是小小的因素。1961～1983年，南太平洋岛屿和中太平洋岛屿的流动人口有11万人，主要来自夏威夷（在1959年成为美国一个州）、关岛和萨摩亚地区。在加拿大，1991年之前，稍稍低于100万的东亚和东南亚流动人口来到了，稍稍低于50万的南亚人也来到了。加利福尼亚和多伦多吸引的亚洲移民最多。以中产阶级和受过良好教育的人为主的流动人口进入经济领域的各个部分，开办小型和中型公司的家庭具有跨国的机动性，他们的孩子接受中、上等的大学教育。[①]

向澳大利西亚（指澳大利亚和马来群岛）的人口流动，在19世纪时属于从亚洲向"白肤色"国家流动人口的一部分，现在在南太平洋地区发生了，这个地区自从20世纪40年代中期以来作为经济强劲力量出现。澳大利亚和新西兰是正在发展的地区，为了成为亚洲经济体的一部分，正努力取得一种既不依赖于与英国传统的纽带，也不依赖于近代与北美的纽带的地位。[②] 澳、新两国在1949年之后修改了入境政策，澳大利亚准许中国难民和随后的亚洲的英裔入境。澳大利亚移民的转变反映了经济关系和文化态度的变化。第二次世界大战结束后，欧洲流离失所的人员占绝大多数，西北欧人在20世纪50年代是主移民流的一部分，南欧人在20世纪50年代和60年代占大多数。但是在20世纪70年代初，当"白肤色"政策和对欧洲人的优待政策被废除以后，来自亚洲的自愿流动人口

---

① Ronald T. Takaki, *Strangers from a Different Shore: A History of Asian Americans* (Boston, 1989), 357-491; Sucheng Chan, *Asian Americans: An Interpretative History* (Boston, 1991); Donna Gabaccia, "Women of the Mass Migrations: From Minority to Majority, 1820-1930," in Dirk Hoerder and Leslie P. Moch, eds. *European Migrants: Global and Local Perspectives* (Boston, 1996), 30-111; Monica Boyd, "Female Migrant Labor in North America: Trends and Issues for the 1990s," in Simmons, *Impact of Free Trade*, 193-213, and Boyd, "Immigrant Women in Canada," in Rita J. Simon and Caroline B. Brettell, eds. *International Migration: The Female Experience* (Totowa, N. J. 1986), 45-61; Paul W. Kuznets, "Koreans in America: Recent Migration from South Korea to the United States," in Sidney Klein, ed. *The Economics of Mass Migration in the Twentieth Century* (New York, 1987), 41-69; Elliott R. Barkan, *Asian and Pacific Islander Migration to the United States: A Model of New Global Patterns* (Westport, Conn, 1992); Cathy A. Small, *Voyages: From Tongan Villages to American Suburbs* (Ithaca, 1997).

② Sally M. Miller, A. J. H. Latham, and Dennis O. Flynn, eds. *Studies in the Economic History of the Pacific Rim* (London, 1998); Drilik, *What Is in a Rim?*

增加了。①

澳大利亚在去殖民化过程中一直是欧亚间流动人口的首选目的地,这一点凸显它处于白肤色西方社会和亚洲社会之间的中间地位:1976 年,在 1.78 万常住的亚洲出生的移民人口中,将近一半人属于亚裔。又过了 5 年,这个数量增加了,民族平衡改变了:在 30.3 万亚洲出生的新移民中,2/3 是亚裔。为了回应产生难民的冲突,比如 1975 年的印度尼西亚、帝汶危机和乌干达对亚裔的驱逐,澳大利亚敞开了国门。在强行招募南太平洋地区契约工一个世纪之后,汤加人、斐济人和萨摩亚人作为自愿劳工流动人口到来了,并形成了南太平洋散居侨民。反过来,澳大利亚和新西兰的专业技术人员充当了这些岛国的行政和管理人员。这个新的南太平洋人口流动系统和欧洲只保持了松散的联系。②

中国香港也处于一种中间的位置。它在 1930 年以前飞速发展(见第 14 章第 1 节),在日本占领期间,它的 160 万人口中有一半流失了,在 1949 年国民党被打败后,数十万中国大陆难民来到香港,香港又发展起来。由于和老金融中心伦敦的联系,以及和纽约的新金融中心越来越紧密的联系,后来和东京中心的联系,它的经济扩大了。然而,当越南船民来到的时候,因为工厂生产正在转向相邻的中国大陆省份,劳工不再短缺。船民被安置在难民营,然后被遣返。英国对香港的租借在 1997 年期满,由于对未来的恐慌,多国公司的雇员和中产阶级家庭的独立移民大规模出走。他们向南太平洋地区或北美的流动是为了保持跨国的纽带。香港仍然是经济上的基地,同时,澳、新、加、美诸国提供护照和为他们的部分家庭成员提供生活的基地。用圆滑的、现代主义的话说,他们是"空中飞

① Constance Lever-Tracy and Michael Quinlan, *A Divided Working Class: Ethnic Segmentation and Industrial Conflict in Australia* (1960s-1970s) (London, 1988); Werner Senn and Giovanna Capone, eds. *The Making of a Pluralist Australia, 1950-1990: Selected Papers from the Inaugural EASA Conference, 1991* (Bern, 1992); Stephen Castles et al. *Mistaken Identity: Multiculturalism and the Demise of Nationalism in Australia* (Sydney, 1990); Christine Inglis et al. eds. *Asians in Australia: The Dynamics of Migration and Settlement* (Singapore, 1992); Laksiri Jayasuriya, "Immigration Policies and Ethnic Relations in Australia," in O. P. Dwivedi et al. *Canada* 2000: *Race Relations and Public Policy* (Guelph, 1989).

② Richard Bedford, "International Migration in the South Pacific Region," in Kritz et al. *International Migration Systems*, 41-62; Epeli Hau'ofa, "The New South Pacific Social: Integration and Independence," in Anthony Hooper et al. *Class and Cultural in the South Pacific* (Suva, Fiji, 1987) 1-16; G. Lakshmana Rao, Anthony H. Richmond, and Jerzy Zubrzycki, *Immigrations in Canada and Australia* (Toronto, 1984); Huw R. Jones, "Immigration Policy and the New World Order: The Case of Australia," in Gould and Findlay, *Population Migration*, 161-172; Charles A. Price, "The Asian and Pacific Island Peoples of Australia," in Fawcett et al. *Pacific Bridges*, 175-197; Andrew D. Trlin, "New Zealand's Admission of Asian and Pacific Islanders," ibid, 199-227.

人”,他们的生命线围绕着原出生地的轨道,他们的孩子空降到北美或外国的私立学校学习。从分析的观点看,流动家庭的传统做法是在远距离流动的同时保留一个根基,孩子被送到远离祖国的地方去接受教育和培训。新情况不仅是转移的资金数量,也是太平洋地区的经济一体化。

在后殖民时代几次战争期间,向西的跨太平洋人口流动和旅游把商人带到中国香港、新加坡、马尼拉和日本,数百万美国的、澳大利亚的和其他西方国家的男人驻扎在亚洲。和平的后果是产生新的混血群体——美泰、美越、美菲儿童以及其他有部分亚洲血统的儿童,一些妇女作为妻子移民,一些男人作为丈夫定居下来。这种感情的转换可以看成帝国主义制度下经济和权力亲密关系的自愿延伸。另一方面,西方男人对性奴隶的消费能力产生了“帝国子女和民族皮条客”的跨国经济,妇女的就业形式和性骚扰结合在一起(见第 15 章第 4 节、第 18 章第 1 节)。全球的权力关系继续反映在人际关系中。[①]

在经济方面,在 1984 年跨洋商业的平衡倒向太平洋时,向太平洋地区的转变就已经表现出来了。在文化方面,这种转变在 20 世纪 80 年代在北美很明显。先前的主要的欧洲殖民国家,如法国、英国和荷兰,通过越南周边地区、南亚移民聚居区和印度尼西亚餐饮相互联系。太平洋的人口流动导致了文明间的交流和转换,这使太平洋地区可与 20 世纪的地中海和 19 世纪的大西洋地区相媲美。

阿里夫·德里克(Arif Dirlik)认为,新的“环太平洋”概念,如果不把亚洲人和澳大利亚人将南、北美洲看作大洋沿岸的观点包容进来,实际上是一种西方的东方学学者的观点,一种欧美人看待亚洲的观点。19 世纪英帝国时代的诗人拉迪亚德·吉卜林(Rudyard Kipling)狂热地吟诵道:“东方是东方,西方是西方,二者不同没商量。”这种断言尽管含有虚伪的全球观点,但是像任何过于绝对的言词一样,属于具体主义的、狭隘的观点。一个美籍夏威夷华裔诗人 Wing Tek Lum 的诗句就反映了这种多重观点的复杂性:

> 啊,
> 东方是东方,

---

① A. J. H. Latham, “The Reconstruction of Hong Kong Nineteenth-Century Pacific Trade Statistics: The Emergence of Asian Dynamism,” in Miller, Latham, and Flynn, *Pacific Rim*, 155-171; Neferti Xina M. Tadiar, “Sexual Economies in the Asia-Pacific Community,” in Drilik, *Critical Perspectives*, 219-248; Leon F. Bouvier and Anthony J. Agresta, “The Future Asian Population of the United States,” in Fawcett et al. *Pacific Bridges*, 285-301; Ronald Skeldon, “East Asian Migration and the Changing World Order,” in Gould and Findlay, *Population Migration*, 173-193, esp. 182.

西方是西方，
但是，
我从来就不
明白：
为什么
在地理课上，
东方是西方，
西方是东方，
而且从来
没有人
在乎
这不同的方向。①

只要大西洋是全球政治、经济和知识分配的核心，霸权主义的知识掌门人就很清楚东方和西方在哪里。但是，知识掌门人的民族文化成分正在改变。

6. 亚洲内部的人口流动和散居人口

在亚洲，1945 年之后的难民流动发生在新形式的劳工流动之前(见图 4-12)。殖民地人员的反向流动造成了专家的流失，并为新的中产阶级提供了机会。主要的经济区域或国家仍然是分离的，人口流动继续是内部流动(见第 14 章、第 16 章第 4 节、第 17 章第 1、3 节)。在战后重建快速发展期间，几乎不存在离境移民的需要，但是像 19 世纪的欧洲一样，"民族国家"的重建把有资格讨价还价的群体变成了没有公民权的人。新的移民控制措施排挤那些可能加强内部"少数民族"力量的流动人口。②

---

① Essays by Drilik, Alexander Woodside, Bruce Cumings, and Donald M. Nonini in Drilik, *Critical Perspectives*, 3-96; Wing Tek Lum, "East/West Poem,"(1980), repr. in Rob Wilson, *Blue Hawaii: Bamboo Ridge as Critical Regionalism*, ibid. 325-326.

② Ronald Skeldon, "International Migration within and from the East and Southeast Asian Region: A Review Essay,"*Asian and Pacific Migration Journal* (1992): 19-63; Charles W. Stahl, Reginald T. Appleyard, and Toshikazu, eds. *International Manpower Flows and Foreign Investment in Asia*, special issues of *Asian and Pacific Migration Journey* 3-4(1992), esp. Stahl and Appleyard, "International Manpower Flows in Asia: An Overview,"417-476, Appleyard, "Asia and the Pacific,"91.

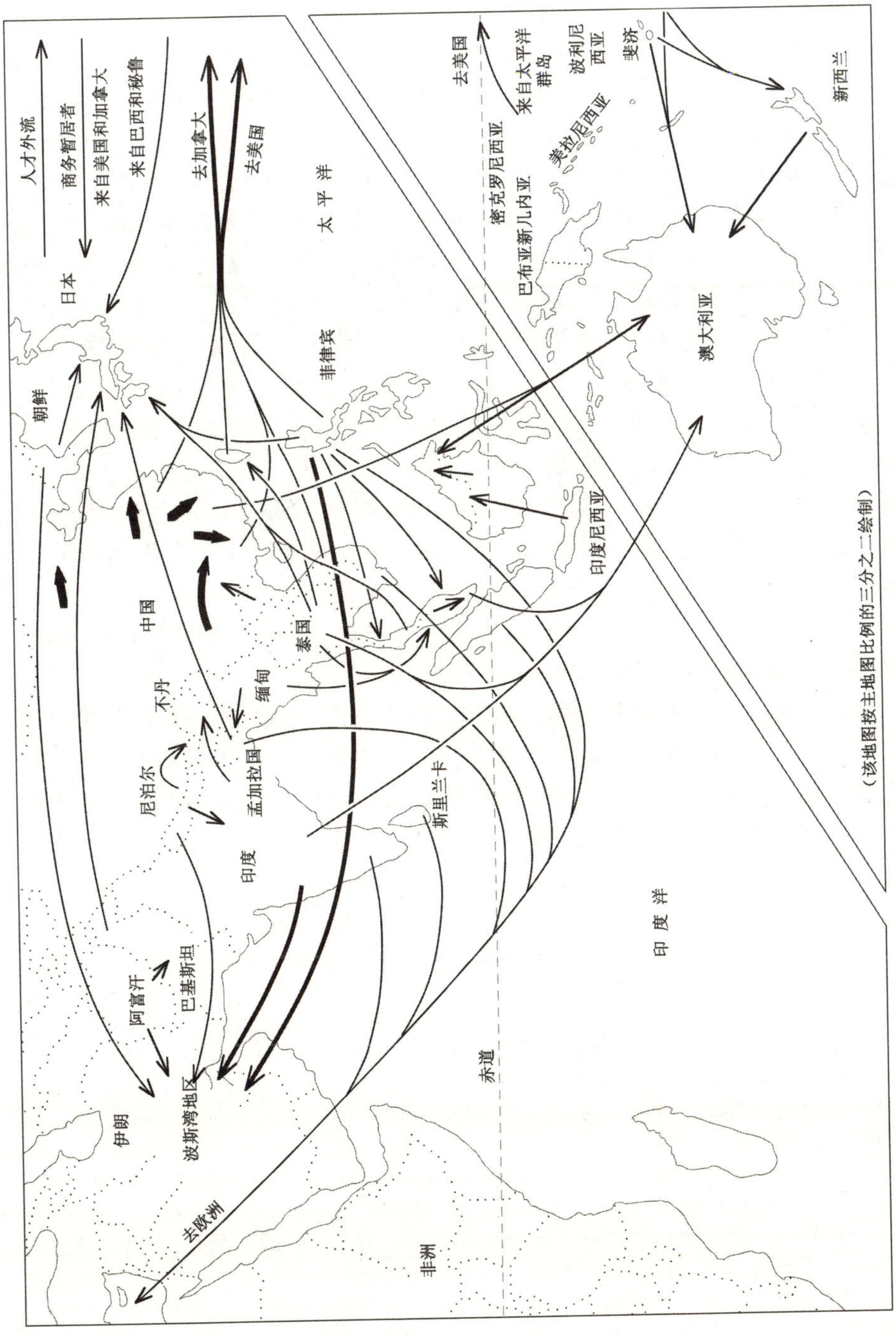

图4-12 亚洲内部、南太平洋和跨太平洋的人口流动

（该地图按主地图比例的三分之二绘制）

在几种散居人口中，大部分印度契约工和殖民地附庸返回国内，一些人作为公民在新国家定居。日本帝国流动人口已经被同盟国运回国内，一些印度和日本战前的侨民留了下来。在1962年时有1600万华侨，他们经历了战争和去殖民化引起的经济变化而生存下来，结果却发现他们成了新国家强势群体中间的少数民族：泰国380万人，印度尼西亚250万人，马来亚240万人，新加坡130万人，越南100万人，还有其他国家。在新加坡，华人构成了多数民族；在马来亚和夏威夷，他们构成"大少数民族群体"；在亚洲的大多数国家和南、北美洲的很多国家，华人属于"少数民族"。[①] 他们占据经济精英的地位，或担当上层精英和普通人之间的中间人的角色。部分由于勤劳的文化传统，部分由于做买卖的关系和技巧，他们在物质和教育方面的进展遭人忌妒和猜疑，也使他们掌握着超越当地人的经济实力。于是，民族冲突发生了，并被上层政客所利用。特别是中国政府鼓励华人参加社会革命活动之后，有些和西方联盟的国家认为华人是共产党特务。作为个人或集体，华人明确自己的位置的时候，必须认清他们与新国家之间的关系，与经济本土化政策的关系，以及与中华人民共和国的关系；而在这个过程中，台湾仍然起不了多大作用。他们可以做如下选择：加入多元文化的社会；认同法律规定的少数民族地位，开始像印度尼西亚化那样的同化过程；回归祖国。[②]

亚洲国家的离境移民随着奔赴美国的"人才流失"开始，作为军人新娘的妇女离境不被看作人才流失。在20世纪70年代，北美、澳大利亚及新西兰和石油输出的西亚及阿拉伯国家成为三个主要的目的地，而英国、法国和其他地区仍然是次要的移民接收地区。到20世纪70年代中期时，每年有50万以上流动人口

---

① Edger Wickberg, "The Chinese as Overseas Migrants," in Judith M. Brown and Rosemary Foot, eds. *Migration: The Asian Experience* (New York, 1994), 12-27, 根据官方数字，估计1989年的海外华人人数高达3000万人。Leo Suryadinata, ed. *The Ethnic Chinese in the Asean States: Bibliographical Essay* (Singapore, 1989), and Suryadinata, ed. *Political Thinking of the Indonesian Chinese, 1990-1995: A Sourcebook* (2nd, Singapore, 1997); Lamgen Leon, *Asian in Latin America and the Caribbean: A Bibliography* (Flushing, N. Y. 1990) Donald Willmott, "The National States of the Chinese in Indonesia" (Mimeographed; Indira Ramanathan, *China and the Ethnic Chinese in Makaysia and Indonesia, 1949-1992*, (New Delhi, 1994).

② T. Hayase, "Overseas Chinese in Southeast Asia," *Oriental Economist* (Tokyo) 33, 660 (1965): 580-584, Cited in Reginald T. Appleyard, "International Migration in Asia and the Pacific," in Appleyard and Stahl, *International Migration Today*, 89-167; Wang Gungwu, "Sojourning: The Chinese Experience in Southeast Asia," unpublished Jennifer Cushman Manorial Lecture, 1992, 该文在与暂居和移民相关的概念方面提供了最好的阐述。Daniel Chirot and Anthony Reid, eds. *Essential Outsiders Chinese and Jews in the Modern Transformation of Southeast Asia and Central Europe* (Seattle, 1997).

到达美国、加拿大、澳大利亚和新西兰。人口流动的策略和涉及的人数取决于经济发展。例如，韩国在送出离境移民20年后，在20世纪80年代变成了移民接收国家。奔赴北美的流动人口来自经济富裕的和（或）教育程度较高的社会阶层。在相反的流动方向上，来自投资者国家的短期专家和经商人士流动到亚洲新近工业化的国家。①

在朝鲜和越南的国内冲突、超级大国角力引起的冲突以及1975年在帝汶的非当地人的统治，都产生了难民。不平等的内部权力分配（比如东、西巴基斯坦），损害少数民族利益的投资和文化战略（比如缅甸），或内部动乱（比如中国的“大跃进”和“文革”），也会产生难民。② 担当中间人角色的少数民族、革命者和被怀疑是亲共的人士被驱逐出境，比如1965～1966年，220万华人之中的大约20万华人被强迫离开印度尼西亚，或逃亡，就像1975年后在越南和柬埔寨的华裔商人大量逃亡那样。③ 大规模发展规划让弱势者流离失所。比如在印度，被“国家的”发展项目损害的2300万人中的大约40%的人是“部落人”，他们仅仅占总人口的8%。在20世纪90年代末期，纳巴达（Narmada）河谷大坝工程有可能使数千万人失去家园。④

乡村定居或劳工流动已经减缓了。印度尼西亚政府鼓励农民从“人口过剩”的爪哇迁移到苏门达腊的“开阔空间”（见第17章第1节）。苏门答腊多巴湖（Toba）萨莫西尔岛（Samosir）上的巴塔克人（Batak）已经迁徙到了周边岛屿的农区。这些人口流动和宗教—经济的、基督徒—穆斯林的紧张关系在20世纪90年代引起了当地的冲突。在贫困地区，“残留的动迁移民社会”出现了，那里大多数人是上了年纪的人，出生率下降了，代沟扩大了。已婚男子撇下家室流动出走会改变以男方为主的居住模式，被撇下的妻子更愿意回娘家住。如果这些

---

① Paul M. Ong, Lucie Cheng, and Leslie Evans, “Migration of Highly Educated Asians and Global Dynamics,” *Asian and Pacific Migration JournalI* (1992): 543-567; Liisa Cormode, “Japanese Foreign Direct Investment and the Circulation of Personnel from Japan to Canada,” in W. T. S. Gould and A. M. Findlay, eds. *Population Migration and the Changing World Order* (Chichester, U. K. 1994), 67-89; John Salt, “Highly Skilled International Migrants, Careers and International Labor Markets,” *Geoforum* 19 (1988): 387-399; Appleyard, “Asian and the Pacific,” 91-93; Sheldon, “East Asian Migration,” 187-188.

② “大跃进”运动（1958～1961）造成了大饥荒，其间大约有2000万人从城市下放农村。“文化大革命”中，数十万归国华侨被指控有资产阶级思想。很多人逃到香港或澳门。

③ 在1998年，印尼华人，特别雅加达的华人，在反苏哈托政权的暴乱中成了替罪羊。官方默许的暴力事件中有侵犯妇女的事件发生。

④ McDowell, *Understanding Improvement* 4; Appleyard, “Asian and the Pacific,” 99-100.

妇女的兄弟也已经移民海外的话,这种选择会得到父母的鼓励,因为老人们失去了照顾他们安度晚年的儿媳妇。婚龄妇女向城市迁徙后,有人从邻近更贫困的国家进口"替代妇女"。①

大规模的乡村向城市的人口流动改变了所有亚洲国家。在1980年,人口的1/4住在城市,在1990年这个比例是1/3,而到了2000年成了41%。全球经济战略,不管需要建立电子工厂、服装厂,还是需要电子通信办公,都提供了就业机会。尽管工资低、工作条件差,这些工作常常由独立流动的妇女担任。20世纪70年代,在泰国、菲律宾和韩国,流动到城市的妇女多于男子。而在日本、新加坡、马来西亚和伊朗,男人是流动人口的主力。流动的动力在佛教和伊斯兰教社会,依妇女的角色不同而有所不同,还取决于目的地的劳动市场情况和教育机会。在西亚,特别是伊朗和阿富汗,好战的宗教人士加强对妇女迁徙的限制。像欧洲和俄罗斯人口流动历史一样,亚洲向城市流动的最初阶段,需要在乡村和城市间作短途往返奔波。在拉丁美洲和非洲,大多数流动人口都进入都市经济的非正式领域,一位联合国专家认为,这是"纠正社会的、经济的不平等的绝无仅有的过程"②。

亚洲内部的人口流动不管是发生在社会主义国家、资本主义国家,还是发生在各阶级合作的国家,都涉及从以农业为主的生产转向以工业为主的生产,转向多国公司为寻求廉价的、没有工会组织的劳动力去投资的结构调整。政府为国际流动资本提供剩余的劳动力储备,而对他们的权利,至多也只能提供有限的保护。

在中国,农村生产的公社制度和1958年的出入境审批制度,限制甚至阻止了国内的人口流动。③ 1978年,84.2%的劳动力居住在农村的时候,改革开放政

---

① Muriel Charras and Marc Pain eds. *Spontaneous Settlements in Indonesia: Agricultural Pioneers in Southern Sumatra* (Paris, 1993) 16-37 passim; Clark E. Cunningham, *The Post-war Migration of the ToBa-Bataks in East Sumatra* (New Haven, 1958); essays by Judith Strauch, Veena N. Thadani/ Michael Fodaro, Peter C. Smith/Siew-Ean Khoo, and Stella B. Go in Fawcett et al. *Women in the Cities of Asia*, 15-77.

② Philip M. Hauser, Daniel B. Suits and Naohiro Owgawa, eds. *Urbanization and Migration in ASEAN Development* (Tokyo, 1985), UN. *Migration and Urbanization*, 1-9, 25, quote on Lee On-Jook, *Urban-to-Rural Retract Migration in Korea* (Seoul, 1984); Ashok K. Dutt et al. eds., *The Asian City: Processes of Development, Characteristics, and Planning* (Dordrecht, 1994) 279-352; Dean K. Forbes, *Asian Metropolis: Urbanization and the Southeast Asian City* (Melbourne, 1996), 14-26.

③ 在1949年到20世纪70年代,数百万城市居民由于意识形态或饥荒的原因,陆续地被强迫下放到农村。1968年之后,大约有1700万城市知识青年上山下乡。

策继续把土地所有权交给公社，但是把生产决定权和剩余产品销售权留给私人家庭。1984 年，市场机制加强了。1988 年，人口流动限制取消，假如农民能够养活自己，并有足够的资本自主经营，就可以迁入城市。东部城市郊区不断增加的农业收入与山区和西部贫瘠地区停滞的收入之间的差异，刺激了人口的流动。迁徙的成本很高，家庭丧失了土地所有权和土地带来的收入，他们没有能力得到启动资金来抵消旅费和经济启动费用。

在中国，政府资助乡镇企业的建立，减少了人口长途进城流动。但是在 20 世纪 80 年代，流动临时工开始大批进入都市劳工市场，城市里住房非常短缺。他们利用和下乡知青建立的关系和信息流通传播新思想。春节回家探亲然后返回城市工作岗位的传统，让交通运输系统疲惫不堪，并导致工厂和私人雇主中临时劳动力的短缺。这个传统在 1992 年就涉及 5000 万人。在 1992 年，根据官方的数字，总流动人口有 6000 万人，也有可能高达 1 亿人。另外，据估计在 1995 年农村的剩余人口达到 2.7 亿人。然而，中国的农村生产力和人口保持了同步增长。[①]

人口流动主要是自西向东，从西藏到四川，从四川到北京、上海和广州。沿海城市被人数越来越多的流动连接起来。广东经济特区数世纪以来都是离境移民区，到 1994 年时，已经吸引来 1000 万流动人口。北京在 1984 年时的临时居住者人数达到 90 万，其中有 1/4 从事建筑业，1/4 寻求就业机会，还有 5%的人从事家政服务。到了 1994 年，他们的人数达到 500 万。流动人口按照民族聚集，如果是汉人，按方言和籍贯聚集，他们从事专门的行业，居住在有鲜明特点的街区。人口中大约有 6.7%(5500 万人)属于“少数民族”，汉人除了说普通话之外，说多种方言。“北京唐人街”出现了，那里的人说奇怪方言，有异族情调的市场、不同特色的饭馆和饮食习惯。据预测，人口流动将加速：中国东北长期干旱使农村的问题恶化了，长江三峡大坝工程将使 130 万农民失去家园，大型国有企业的减少将引起城市工人家庭的失业。在这种情况下，无证件的工人跑到中国

① G. J. R. Linge and D. K. Forbes, eds, *China's Spatial Economy: Recent Developments and Reforms* (Hong Kong, 1990), 129-143, 181-192; Hu Zhenliang and Ye Qingfeng, "Migration of Farm Labor in Today's China: Features, Problems and Policies," paper given at Thirty-first Linz Conference, Sept, 1995; Dennis T. Yang, "Rural-Urban Migration Issues in Contemporary China," paper given at Capitalist Restructuring and Labor: Asia and Americas" Symposium, Duke University, Feb, 1995. Ashwani Saith, *The Re-emergence of the Chinese Peasantry: Aspects of Rural Decollectivisation* (London, 1987), 65-71; Graham E. Clarke, "The Movement of Population to the West of China: Tibet and Qinghai," in Brown and Foot, *Asian Experience*, 221-257.

台湾和北美,他们经常受到合同的约束,给新的雇主免费打工以偿还旅费。合法流动人口奔向四面八方。1989 年之后,有少数体力劳动者和企业家流动到俄罗斯,特别是去莫斯科。[①]

在日本,1984 年的法律框架规定,所有常住的非日本人或移民都是“外国人”,只准许严格控制下的、必须持有强制颁发的“外国人登记证”的迁徙。这个规定仍然是 1951 年移民控制法的一部分,但是在 1990 年经历了大刀阔斧的改革。这些规定适用于在 1895 年吞并中国台湾之后和在 20 世纪 20 年代到达日本的华人、菲律宾流动人口和日本帝国招募劳工期间招募的朝鲜工人。至于后者,在 1950 年时,仍然有大约 60 万人,而大约 8 万人被遣返回到朝鲜。在 1990 年,在 1.23 亿日本人口中,只有不到 1%是“外国人”,包括 83 万第二代、第三代朝鲜人。

在 20 世纪 60 年代高增长率期间,学校毕业生从乡村向城市的国内流动是受到鼓励的。至于来自国外的流动人口,官方“不要外国打工者”政策早在 20 世纪 60 年代就被违背了,它从韩国、新加坡和菲律宾招募护士;自从 70 年代以来,东南亚妇女不断到处寻找服务业和娱乐业的工作。相对于 1990 年波斯湾战争之后向石油生产经济体的人口流动的减缓而言,来自东南亚的流入人口是增加了。日本在 1988 年的人均国民生产总值是 21020 美元,吸引着来自低收入亚洲国家的男男女女,比如韩国(人均国民生产总值是 3600 美元)、菲律宾(630 美元,或等于日本的 3%),孟加拉国(170 美元,不到日本的 1%)。自从 20 世纪 80 年代中期以来,“工作旅游者”(估计在 1993 年有大约 30 万人)从泰国、韩国、中国、菲律宾、马来西亚、孟加拉国、中国台湾地区、巴基斯坦和缅甸以及从伊朗和秘鲁纷纷到来,而且逗留时间超过了他们的护照期限。他们中间有 1/5 是女性。流动人口的策略反映国际金融战略:在 1985 年为了帮助停滞的美国经济,日元

① 关于民族群体分布:Population Census Office of the State Council of the People's Republic of China and the Institute of Geography of the Chinese Academy of Sciences, *The Population Atlas of China* (Hong Kong, 1987), 26-39; Aihwa Ong and Donald M. Nonini, eds, *Ungrounded Empires: The Cultural Politics of Modern Chinese Trannationalism* (London, 1997). 关于中国的民族,参见 Nicole Constable, ed. *Guest People: Hakka Identity in China and Abroad* (Seattle, 1996); Colin Mackerras, *China's Minority Cultures: Identities and Integration since* 1912 (New York, 1995); Frank Dikötter, ed., *The Construction of Racial Identities in China and Japan: Historical and Contemporary Perspectives* (London, 1997); Leo J. Moser, *The Chinese Mosaic: The Peoples and Provinces of China* (Boulder, 1985).

被准许浮动和对美元升值后，汇出的工资款额在1987年翻了一番。①

1990年的护照法准许日本侨民的后代作为公民回国。准许“有日本血统的少数民族”入境的目的，是不借助雇用外国工人来解决劳动力短缺。在120万巴西籍日本人、8万秘鲁籍日本人和12万其他拉丁美洲籍日本人中(1990年数字)，像新闻工作者们所说的，这种日经指数的U型人口流动在1993年涉及16万巴西人和2.8万秘鲁人。由于和巴西人的跨族婚姻使归国者在身体相貌上明显不同，种族主义的雇佣做法使他们的地位低于日本人。在20世纪90年代末期，日本人民族中心思想的批评家要求对无证件移民实行特赦，并面向“开放型国家”修改政策，规定准许外国打工者入境。在1999年，政府经济计划机构注意到，按照目前的出生率，如果不引进移民，日本的1.26亿人口将逐年减少60万人。②

在马来西亚和新加坡(见第14章第4节)，到20世纪30年代时，移民及其子女的人数超过了马来人。1941年，印度人和印度尼西亚人各占人口的14%，华人占大约40%。勤劳的、永久定居的华人在当地积累起了财富，而暂居的印度人把储蓄寄回国内，因而不显富裕。在1957年独立之后国家形成的时候，回国的人口流动使印度人减少了。自从1949年以来，对大多数华人来说，回国不再是一个选择。但是出于对傲慢的西方人的反感，当地出生的中产阶级华人坚持华人的民族主义，反对在英国受过教育的上层马来人及其构建的民族观念。作为多民族国家成立的马来西亚联邦在1965年完全独立的时候，为了民族、文化霸权的目的，请华人占据优势的新加坡撤出联邦。虽然华人和马来人之间的骚乱频频发生，民族、经济的等级制度顽固地存在，但是新加坡社会一直到1990年都是民族融合的样板。教育的成就导致国内和国外的人口流动，社会地位的

① Edward W. Wagner, “The Korean Minority in Japan, 1904-1950” (mimeographed; New York: Institute of Pacific Relations, 1951); Richard H. Mitchchell, The Korean Minority in Japan (Berkeley, 1967); Wolfgang Herbert, *Foreign Workers and Law Enforcement in Japan* (London, 1996), 3-39; Takashi Oka, *Prying Open the Door: Foreign Workers in Japan* (Washington, D.C., 1994) 1-10 Hiroshi Komai, *Migrant Workers in Japan*, trans. Jen Wilkinson (Japanese orig, n.d.; London, 1995); Yoshio kawashina, “Japanese Laws and Practices on Indo-Chinese Refugees,” *Osaka University Law Review* 38, 2 (1991): 1-12; Toshikan Nagayama, “Clandestine Migrant Workers in Japan, ”*Asian an Pacific Migration Journal I* (1992): 417-476; Yoko Sellek, “Illegal Foreign Migrant Workers in Japan: Change and Challenge to Japanese Society,” in Brown and Foot, *Asian Experience*, 169-201; Hiromi Mori, *Immigration Policy and Foreign Workers in Japan* (New York, 1997).

② Mori, *Immigration Policy and Foreign Workers*; Haruo Shimada, *Japan's “Guest Workers”: Issues and Public Policies*, trans. Poger Northridge (Japanese orig. n.d. Tokyo, 1994).

提高、迅速的工业化和农场里恶劣的工作条件,使国家不得不引进印度尼西亚工人和泰国南部和菲律宾南部的无证件劳工。[①]

新加坡的工业化一直到20世纪60年代吸引着马来西亚的工人,但是在20世纪80年代又向马来西亚输出技术工人和专业人员。新加坡1983年的人口包括华人(76%)、马来人(15%)和印度人(6%),于是,新加坡的国家身份变得与马来西亚人的意识相反:本来的华人侨民群体中的一部分变成了一个城市国家。当组成上层和中产阶级的华人的出生率降低的时候,作为工人阶级的马来人人口却继续增长,作为国父和总理的李光耀在1983年庆祝国庆时要求受过教育的妇女恢复多生孩子的做法。

1998年,新加坡有钱的资产阶级,因为其中有很多女性从事高级的专业性强的职业,雇用了10万女佣,主要来自菲律宾和印度尼西亚,也有些来自缅甸和斯里兰卡。雇主们试验选择工人的方法:浅肤色仆人优于深肤色的;中介机构做广告说,家政工人要"顺从",有些人不准许有公休,以防她们相互串联,组织起来。移民妇女,常常把丈夫和孩子撇在国内,受到合同的约束,没有具体规定的工时,并且"经常由于怀孕和性病或其他病症被筛选出去"。在20世纪90年代末期,新加坡的劳动力中有15%是外国人,流动人口被限制在外国打工者的身份上。国家已经制定了政策以最大限度地增加外国工人的利益,同时又最大幅度地减少国家和社会的经济成本。[②]

在1987年的一年里,菲律宾的出国移民有45万人去80个国家干临时工,另外还有11.3万人永久地移了民(官方数字)。在1998年,600万菲律宾人在120个国家里工作。由于意识到无法控制气候条件和世界市场驱动产品价格,乡村的家庭冒着多种风险把他们的亲人送到附近省城去当挣工资的工人或跨岛

① Wang Gungwu, "Migration Patterns in History: Malaysia and the Region," *Journal of the Malaysian Branch of the Royal Asian Society* 58 (1985): 43-57; Graeme J. Hugo, "Indonesian Labor Migration to Malaysia: Trend and Policy Implications," *Southern Asian Journal of Social Science* 21 (1993): 36-70; Siew-Ean Khoo and Peter Price, "Female Rural-to-Urban Migration in Peninsular Malaysia," and Jamilah Ariffin, "Migration of Women Works in Peninsular Malaysia: Impact and Implications," in Fawcett et al. *Women in the Cities of Asia*, 125-142, 213-226; James Nayagam, "Migrant Labor Absorption in Malaysia," *Asian and Pacific Migration Journal I* (1992): 477-494; Aihwa Ong, *Sprites of Resistance and Capitalist Discipline: Factory Women in Malaysia* (Albany, 1987).

② Pang Eng Fong, "Absorbing Temporary Foreign Workers: The Experience of Singapore," *Asian and Pacific Migration Journal I* (1992): 495-509, quote on 495; Jasmina, Kuzmanovic, "Singapore's Foreign Maids," *Toronto Globe and Mail*, 30 July 1998, quotes; Geraldine Heng and Janadas Devan, "State Fatherhood: The Politics of Nationalism, Sexuality and Race in Singapore," in Andrew Parker et al. eds., *Nationalism and Sexualities* (New York, 1992), 343-364.

流动，常常奔赴遥远的马尼拉，或到包括从美国到波斯湾国家的海外经济体去就业。区域性发展增加了人口流动的倾向（比如，从吕宋岛最北部地区外出）。因为期望值提高了，为生存而流动变成了为提高经济地位而流动。流动人口仍然是散布各地的家庭经济体的一部分。例如，流动中的孩子要推迟结婚，因为他们的家庭还依赖他们的工资生活。他们的身份变成了跨城乡界限的跨文化身份：流动的女推销员既不是城市里的农民，在回家探亲时也不是女推销员。[①]

在许多亚洲国家，国际人口流动是由政府监督管理的。菲律宾海外就业管理局把家庭生活、国际投资和国内劳工开发相联系。马来西亚进口管理局在1997年宣布，它要减少对菲律宾女佣的雇用，而转向更廉价的斯里兰卡和孟加拉妇女。菲律宾政府是发展中国家中愿意把低成本劳动力派遣到多国公司，而又不承担社会责任的例子。在20世纪50年代朝鲜战争后的经济蓬勃发展之后，政府为廉价劳动力创办了一个用铁丝网围起来的“出口加工区”。官员们想让男子从事外国的工作，而工厂的经理们却雇用国内流动的妇女，因为她们被认为不愿意参加工会。然而，恶劣的工作条件和低于基本生存条件的劳动，加强了工人的斗争精神。这“并不是出于权利观念”，而是出于尊严的丧失、道德经济的要求和养家的需要。这种剥削表明，在全球压力下对于家庭经济的限制，不同于自愿流动到国际上遥远的劳动市场的选择。作为对劳工斗争的回应，公司可以很容易地把装配线迁移到其他与菲律宾竞争的新殖民地区，比如朝鲜和巴西。“遣返”利润的国际资本撇开“重分量、低价值的商品”（对原料的经典的称呼），而转向“像计算机芯片那样的、可以廉价空运到半个地球以外地方的、分量轻的货

---

① Sun-Hee Lee, *Why People Intend to Move: Individual and Community-Level Factors of Out-Migration in the Philippines* (Boulder, 1985); Sally E. Findley, *Rural Development and Migration: A Study of Family Choices in the Philippines* (Boulder, 1987); Lillian Trager, *The City Connection: Migration and Family Interdependence in the Philippines* (Ann Arbor, 1988); Cynthia H. Enloe, "Women Textile Workers in the Militarization of Southeast Asia," in June Nash and Maria P. Fernández-Kelly, eds. *Women, Men and the International Division of Labor* (Albany, 1983) 407-425.

物”。当地的中产阶级常常至少短时期内从多国公司投资战略中得利。[①]

在南亚,在独立和分治后的人口交换之后,人口组成仍然是多元化的,因为国家边界与文化边界并不相符,语言区之间的人口流动增加了人口的混杂性(见第14章第3节、第16章第4节)。妇女的婚姻流动仍很高,学生上学流动增加了,特殊少数民族的流动[比如旁遮普邦锡克人参加印度军队的流动]仍然在继续。定居的流动奔向新开垦的荒地、新近灌溉的旱地、通过蚊蝇控制措施而开放的疟疾流行区以及非法砍伐的林地。农村“有迁徙自由的劳工”仍然受到新的限制。季节性的人口流入[比如在苏拉特(Surat)东面的巴尔托利(Bardoli)地区就可能有15万劳工],导致了由地主、当地劳工和在巴尔托利地区雇主请来的“巴基斯坦信德族”强人控制下的外来流动人口组成的三层等级制度。越来越多的贫穷妇女离开村庄,去城市从事家政工作或在联合企业当纺织工人。在这个多民族、低收入的社会里,人口流动在20世纪60年代和70年代增加了:一个“低技术的劳动大军”从乡村流动到城市,或从一个城市地区流动到另一个城市地区。

城市间的流动涉及寻求就业的中产阶级分子和向政府工程项目或市场机会流动的企业人员。“在印度最大的城市里,主要的工厂企业几乎全部是‘外人’所有,不是欧洲人,而是拉贾斯坦邦的马尔瓦人(Marwaris)、孟买的袄教徒以及古吉拉特人(Gujaratiis)、旁遮普人和信德人。”办公人员“在他们所工作的地区也是外来户”。

印度的每一个城镇都布满了流动人口出身的、发挥明细经济分工功能的少数民族聚居区。在马杜赖(Madurai),编织工来自孟买的苏拉什特哈(Saurashtra),城市的牛奶由来自北方邦的流动人口运送,海港搬运工人来自安德拉邦,

---

① Norman G. Owen, “On the Margins of Asia: The Philippines since 1500,” in A. J. H. Latham and H. Kawakatsu, eds., *The Evolving Structure of the East Asian Economic System since 1700: A Comparative Analysis* (Milan 1994), 69-80, quote on 77; Elizabeth U. Eviota and Peter C. Smith, “The Migration of Women in the Philippines,” in Fawcett et al. *Women in the Cities of Asia*, 165-190; Nicole Constable, *Maid to Order in Hong Kong: Stories of Filipina Workers* (Ithaca, N. Y. 1997), Nona Grandea, *Uneven Gains: Filipina Domestic Workers in Canada* (Ottawa, 1996), Jane A. Margold, “From Assembly Line to Front Line: Transnational Capital and Factory Women in the Philippines,” unpublished paper, Duke University, Feb. 1995, quotes on 5, 17; Gary Y. Okihiro, “Comparing Colonialisms and Migrations, Puerto Rico and the Philippines,” unpublished paper, Duck University, Feb. 1995; Irene Fernandez, “Multinationals and Women,” in Women's International Solidarity Affair in the Philippines, *The Culture of Foreign Domination: Women's Issues, Alternatives and Initiatives* (Manila, 1992) 99-102; Joaquin L. Gonzalez, *Philippines Labor Migration: Critical Dimensions of Public Policy* (Singapore, 1998).

文书人员来自泰米尔的纳杜(Nadu),建筑工来自拉贾斯坦。在著名的旧德里的姗蒂(Chandhi Chauk)市场里,每一个专业分工区[一个卖金饰,第二个卖瓦拉纳西(Banaras)绸缎,第三个卖铜器,第四个卖婚礼饰品,第五个卖皮货]由一个种姓等级负责。种姓的成员来自印度北部城镇里的其他市场,并和那里继续保持千丝万缕的联系。

印度的城市不遵循熔炉模式:"它们是多语种的中心,那里的流动人口和本地人中都有很多人已经互相学会了对方的语言,并学会通过第三语言交流。"①

多元化由于都市的多种语言的统一而抵消。在孟买1960年时的420万居民中,43.8%的人说纳瓦特尔语(Marathi),19.1%的人说古吉拉特语;在德里的240万人中,有74.7%的人说印地语,有13.3%的人说旁遮普语;在加尔各答的290万人中,有63.8%的人说孟加拉语,有19.3%的人说印地语;在马德拉市(Madras Chennai)的170万人中,有71%的人说泰米尔语,有14.1%说泰卢固语(Telugu)。在1971年,1.086亿城市总人口中,几乎有40%的人不是本地的,常常是各邦间的流动人口。这个百分比低于19世纪欧洲城市相应的百分比。劳工流动人口不得不把他们居住地的语言加进他们出生地的语言中去。中产阶级的流动人口需要印地语作为他们语言群体间的文化纽带,需要英语作为他们的技术和学术的语言。在熟练工人中,种姓的重要性下降了,而民族的凝聚力对招工网络却很重要。

在20世纪60年代,对土地和工作的竞争在东北部的阿萨姆邦、安德拉邦的西部、比哈尔邦的最南部地区以及孟买和班加罗尔(Bangalore)都引起了反移民运动。当地出生的"土生子",不管是农民还是有教养的城市人,一致要求排斥民族文化背景不同的公民。米伦·威纳(Myron Weiner)探讨了原住民使用政治

---

① Myron Weiner, *Sons of the Soil: Migration and Ethnic Conflict in India* (Princeton, 1978) quotes on 3, 40-52, migration by ethnic group on 62-74; Lok R. Baral, *Regional Migrations, Ethnicity and Security: The South Asian Case* (New Delhi, 1990); Jan C. Breman, *Of Peasants, Migrants, and Paupers: Rural Labor Circulation and Capitalist Production in West India* (Delhi, 1985) 404-406, 424-425, and Breman and Studipto Mundle, *Rural Transformation in Asia* (Delhi, 1992) and Breman, Footloose Labor: Working in India's Informal Economy (Cambridge, 1997) 49-83, 264, A. M. Shah. "The Rural-Urban Networks in India," *South Asia* Ⅱ, 2 (Dec. 1988): 1-27; Andrea M. Singh. "Rural-to-Urban Migration of Women in India: Patterns and Implications," and Nasra M. Shah, "The Female Migrant in Pakistan," in Fawcett et al. *Women in the Cities of Asia*, 81-107, 108-124; Haraprasad Chattto-padhtyaya, *Internal Migration in India: A Case Study in Bernal* (Calcutta, 1987); Mbjid Husain and M. Hasseena Hashia, *Seasonal Migration of Kashmini Labor: A Spatio-Temporal Analysis* (New Delhi, 1989).

权力来“克服他们对经济失败和对更有进取精神的、更有技术的、接受过更良好教育的流动人口的文化征服的恐惧”①。

随着大英帝国崩溃后(多民族的)印度少数民族的回归,随着中国西藏人、比哈尔邦的穆斯林和斯里兰卡的泰米尔难民的到来,人口流动开始了。在巴基斯坦,“难民勇士”、战争受害者和妇女从阿富汗来到了。先是逃离苏联的干涉,然后逃离原教旨主义的战争,在 20 世纪 90 年代初总数达到 300 万。伊朗难民也定居了。比哈尔邦和北方邦的穆斯林在 1947 年两国分治后就迁徙去了东巴基斯坦。但是在 1971 年孟加拉独立后他们又选择了西巴基斯坦。大约 30 万人集合在营地等待“遣返”,但是两国政府从来就没有对人口转移达成一致意见。劳工流动人口从尼泊尔、不丹,从巴基斯坦和孟加拉,从斯里兰卡来到印度。尼泊尔自从 19 世纪以来一直出口平原农产品和山区人力资源。有些人在英国军队中服役(廓尔喀人),而另一些人流动到阿萨姆邦、锡金、不丹和印度的城市。1961 年时,印度有 100 万说尼泊尔语和山地语言的人。不丹在 1988 年决定长期的和新近的说尼泊尔语的移民为非法。他们在 20 世纪 60 年代被招来从事修路和建筑,被强迫使用不丹的官方语言,虽然居住在温暖的平原地带,却被强迫穿着山地人的厚厚的衣服,这种衣服被称为“民族服装”。到了 1994 年,8.5 万人居住在联合国高级难民专署负责的难民营里。②

1953 年,斯里兰卡的 810 万多民族、多宗教人口,是由低地僧伽罗人(350 万)、康提僧伽罗人(220 万)、印度泰米尔人(100 万)、锡兰泰米尔人(90 万)、锡兰穆斯林或“摩尔人”(50 万)和其他人组成。1981 年,斯里兰卡和印度泰米尔人聚居在北部,分别占总人口的 12.6% 和 5.6%,穆斯林和其他人占总人口的 7.8%。最初的泰米尔人已经居住了 200 多年,其他人是自从 19 世纪 20 年代后来到英国人所有的农场做契约工的。受过教育的泰米尔人在行政管理和商业领域比例很高。在独立后的斯里兰卡,高涨的泰米尔民族主义和僧伽罗人提出的行政管理职务方面平等代表权利的要求发生冲突。起义和民族暴乱引发了泰米尔人涌向印度及全球的难民流动。1964 年的一项协议规定遣返 52.5 万印度出生的居民(1968~1979 年),并给予 30 万其他在印度出生的居民公民身份。在随之而来的年代,泰米尔语被给予特殊地位,进一步的遣返协议涉及泰米尔农场

① Weiner, *Sons of the Soil*, 19-21, quote on 17; Ashok R. Rasu, “Urban Squatters in South Asia,” in R. C. Sharma, ed. *South Asian Urban Experience* (New Delhi, 1988) 111-126.

② Baral, *Regional Migration*, 31-33; Zolberg, Suhrke, Aguayo, *Escape from Violence*, 105-179; David Seddon, “Migration: Nepal and India,” in Cohen, *Cambridge Survey*, 367-370; *Newsweek*, 13 June 1994; *Frankfurter Rundschau*, 6 June 1994.

工人。到1995年，大约150万人已经离开，20万到达欧洲，10万或更多的人到达北美，还有大约1万人到达了东南亚和澳大利亚。出于人道主义原因，也因为旅店和餐饮业出现劳动力短缺，瑞士在20世纪80年代接受了4.2万泰米尔人，泰米尔难民流入持续到20世纪90年代初。这时，经济渐渐萧条，而南斯拉夫、中东和非洲难民增加了。①

分治之后从印度、巴基斯坦和孟加拉的离境移民中包括奔向英国"正在衰落"的行业的半技术和无技术工人及奔向英国、北美和澳大利亚的专业技术人员。在英国，1962年的英联邦移民(限制)法结束了这种"公民流动"(Gilani)，但是群体社区已经建立起来。因为家庭团聚，整个南亚人群体在1981年在英国达到75万人，在其他西欧国家达到8万人。其次，20世纪70年代中期的"外来务工者流动"被导向了西亚和阿拉伯半岛的石油输出国。印度商人在这个地区从事贸易已经有数百年，流动的俾路支(Baluchi)雇佣兵已经定居。在20世纪30年代，印度人就已经流动到了英国托管下的最早的石油开采地区。在1981年，120万巴基斯坦人、80万印度人、16万孟加拉人和13万斯里兰卡人在这些经济体居住，通常都有两年可续的契约。在20世纪80年代，流动人口每年向家里汇去30亿美元，这个数目足以抵消全部印度贸易平衡的赤字。第三，在20世纪60年代中期已经立足的北美移民群体，在80年代和90年代由于招募计算机软件专家而壮大。印度的离境移民总数在1976年还很少，只有区区4200人；在20世纪80年代初稳定在每年24万人，这个数字仍然低于菲律宾和华人移民数字。②

在整个亚洲地区，在日本和新工业化的国家和地区，像韩国、中国台湾、中国

---

① Baral, *Regional Migration*, 6-7, 25-30; Christopher McDowell, *A Tamil Asylum Diaspora: Sri Lankan Migration, Settlement and Politics in Switzerland* (Providence, R. I. 1996) 15-23, 69-115; H. P. Chattopadhyaya, *Ethnic Unrest in Modern Sri Lanka: An Account of Tamil-Sinhalese Race Relations* (New Delhi, 1994); Sinnappah Arasaratnam, *Sri Lanka after Independence: Nationalism, Communalism, and Nation Building* (Madras, 1986); Chelvadurai Manogaran, *Ethnic Conflict and Reconciliation in Sri Lanka* (Honolulu, 1987).

② Applryard, "Asia and the Pacific," 110-114: Balan, "International Migration," 249; Colin Clarke, Ceri Peach, and Steven Vertovec, eds. *South Asian Overseas: Migration and Ethnicity* (Cambridge, 1990),17-23; Milton Israel and N. K. Wagle, eds., *Ethnicity, Identity, Migration: The South Asian Context* (Toronto, 1993), Ijaz S. Gilani, *Citizens, Slaves, Guest-Workers: The Dynamics of Labor Migration from South Asia* (Islamabad, 1985) 20-23; Deepak Nayyar, "International Labor Migration from India: A Macro-Economic Analysis," in Rashid Amjad, ed., *To the Gulf and Black: Studies on the Economic Impact of Asian Labor Migration* (New Delhi, 1989) 95-142, 98, Hassan, N. Gardezi, *The Political Economy of International Labor Migration* (Montreal, 1995).

香港和新加坡,在20世纪80年代成了劳动力进口的地区。菲律宾、南亚国家和伊朗仍然是劳动力出口国。亚洲的劳工流动人口在地位上低于当地出生的工人阶级。几个国家和海外华侨中的中产阶级送出的教育程度高的流动人口,能够在更高的层次上进入移民接收国。无证件的男人不得不接受所谓的"3D"工作——危险的(dangerous)、艰难的(difficult)、肮脏(dirty)的工作,而妇女被导入"3S"工作——缝纫业(sewing)、第三产业(service)、性服务业(sex)。旅行成本和"费用"根据债务契约的条款必须用劳动来偿还,比如像有人在纽约的血汗工厂里发现的那样。大部分人口流动是为了脱离低生活水平,而伊朗人是为了脱离在压迫性的宗教政权重压下喘息的经济,而阿富汗人则是为了逃离被武装的男性宗教领导毁灭了的国家。①

7. 向波斯湾石油经济体的劳工流动

从西方观点看叫"近东",从另一个观点看叫"中东"的这个地区,是指横贯东北非、阿拉伯半岛、西亚和欧亚之间的桥梁国家,包括黎巴嫩、叙利亚和约旦。根据民族、宗教的归属而定义的来自各种不同信仰的许多民族群体,包括多种穆斯林教派,东正教的、自由主义的和世俗的犹太聚居区以及多种基督教群体,以犬牙交错的方式定居。这种定居以现代形式继续着奥斯曼帝国的"米尔"(millet)那样的状况。这个地区曾经是地中海和印度语地区的接合部,从苏丹、东非和中亚接收奴隶(见第1章、第5章第4节)。数百年来,捞珍珠的潜水者季节性地流动到波斯湾。在20世纪20年代末期日本人工培育的珍珠泛滥市场的时候,他们到逐渐扩张的石油生产和加工业中寻找就业机会。到1950年时,法国、英国托管国的人员和意大利法西斯时期的人员已经撤离,而希腊、意大利和南亚的商

---

① Constance Level-Tracy et al. *Asian Entrepreneurs in Australia: Ethnic Small Business in the Chinese and Indian Communities of Brisbane and Sydney* (Canberra, 1991); Melanie Knights, "Migration as Networkers: The Economics of Bangladeshi Migration to Rome," in King and Black, *Southern Europe and the New Immigrations*, 113-137; R. A. Mahmood, "Bangladeshi Immigrants in the United Kingdom," *Bangladeshi Public Administration Journal* 4, 2 (1990): 75-98. Graeme Hugo, "Illegal International Migration in Asia," in Cohen, *Cambridge Survey*, 397-402; Anchalee Singhanetra-Renard, "The Mobilization of Labor Migrants in Thailand: Personal Links and Facilitating Network," in Kritz et al. *International Migration Systems*, 190-220; Chung-tong Wu and Christine Inglis, "Illegal Immigration to Hong Kong," *Asian and Pacific Migration Journal* I (1992): 601-622; Charles W. Stahl, "Labor Migration amongst the ASEAN Countries," in Hauser, Suits, and Ogawa, *Urbanization and Migration*, 109-129; Asian Population and Development Association, *Labor Migration in Asia* (Tokyo, 1992).

人仍然留在城市里。

在20世纪80年代，朝圣每年把大约100万男人和女人带到麦加和麦地那。在利比亚、黎巴嫩、约旦和也门的伊斯兰人口中，每100人中就大约有1个人每年跋涉来朝圣，来自亚洲遥远地区和下撒哈拉地区的信徒参加的较少。这个地区的穆斯林分成逊尼派（至1990年时有1.85亿人）、什叶派（在伊拉克、黎巴嫩、科威特和巴林有1100万人）、扎伊德派（Zaydis，在也门北部有400万人）以及一些小群体。德鲁斯是较远的穆斯林派系，现在被认为与伊斯兰教不同。耶西迪教派（Yazidis）在伊拉克北部形成了他们自己的一个宗教文化群体。权力斗争和国家资源等级式的分配，导致教派之间和各教派内部的战争，在黎巴嫩、伊拉克南部和科威特产生了难民。也有散居的亚美尼亚人、库尔德人、巴勒斯坦人和黎巴嫩人，而且散布到这个地区之外，而散居的犹太人缩减了，现在集中在以色列国。[①]

尽管最近石油经济占绝对主导地位，但这个地区和北非的离境移民和人口流动总的来说奔向各个方向（见图4-13）。黎巴嫩的离境移民追溯到1860年的马龙瓜——德鲁斯教派（Maronite-Druse）战争和养蚕危机。到了1914年时，大约30万黎巴嫩人或叙利亚人已经到达了南、北美洲；1975～1976年内战后，黎巴嫩侨民散布到南美洲（75万人）、北美洲（50万人）、海湾国家（30万人）、非洲（15万人）、澳大利亚（6万人）和欧洲（5万人）。20世纪50年代以来，巴勒斯坦人散布到各阿拉伯国家，并进入东南亚，形成一个不自愿的散居群体。他们的文化水平高于当地人口的文化水平，只是在黎巴嫩、以色列和约旦除外。教育为脱离难民营提供了机会（见第17章第2节）。北非的散居侨民集中在法国（1989年以前200万人）和伊朗（140万人），接下去是美国（70万人）和土耳其（70万人），以及在其他地方还有较小的群体。寄居国家给他们"阿拉伯人"的称呼掩盖了各种人口的混杂性，这些人口中包括山地柏柏尔人和贝都因游牧人，定居的农民和大都市商人。拥有资本的商人离开黎巴嫩，技术工人和专业技术人员开始从埃及离境出走，接着在20世纪70年代中期以后出走的是非技术工人。[②]

---

① Ian J. Seccombe, "International Migration in the Middle East: Historical Trends, Contemporary Patterns and Consequences," in Appleyard and Stahl, *International Migration Today*, 180-209, esp. 180-196; Günter Meyer, "Labor Migration into the Gulf Region and the Impact of the Latest Gulf War," *Applied Geography and Development* 39 (1992): 106-225; Gilani, *Citizens*, 25; Rafic Boustani and Philippe Fargues, *The Atlas of the Arab World: Geopolitics and Society* (New York, 1990), 28-30; Mordechai Nisan, Nisan, *Minorities in the Middle East: A History of Struggle and Self-Expression* (London, 1991).

② Boustani and Fargues, *Arab World*, 103-104, 106, 118-119.

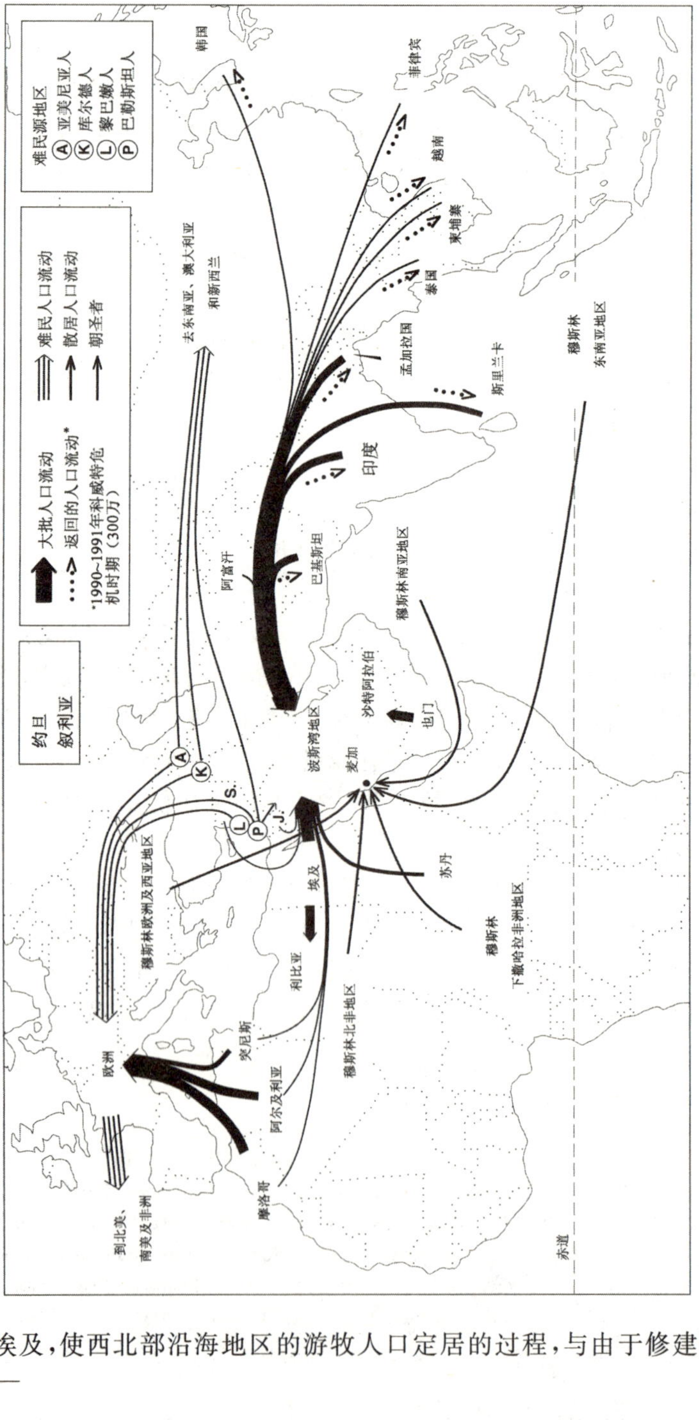

图4-13 北非和波斯湾的人口流动

在埃及,使西北部沿海地区的游牧人口定居的过程,与由于修建阿斯旺大坝被泛滥地区的农业人口失去家园而出走形成反差。政府赞助的埃及农民家庭向“盛产石油的、农业资源开发不足的伊拉克”的人口流动，在1977年被伊拉克政府出于政治原因叫停了。因为他们的不同的宗教生活方式，这些按照原地区聚居的流动人口认为其他埃及人是“陌生人”，并且认为邻近居住的伊拉克人为外国人。在新的庄稼、对避孕的新态度和家长按传统控制子女择偶等因素的强烈影响下，家庭经济、性别角色和两代人之间的关系改变了。文化水平不影响家庭的收成，因为农业技术和家庭策略的发展从来不取决于读和写的能力。很多不识字的流动人口算账的能力很强。[①]

在海湾经济体中，政府和西方石油公司签订的契约规定要雇用当地的劳动力。在1950年，石油业14万雇员中有不到1/6的人来自这个地区以外，包括英国、美国的技术人员和印度的职员、熟练工人和工匠。地区间的人口流动迅速增加，起初来自亚丁(Aden)、阿斯马拉(Asmara)、苏丹和波斯，然后来自黎巴嫩、埃及、叙利和南也门。具有高教育资本的巴勒斯坦人定居下来并把家属带来。到1972年时，来自没有矿物资源国家的大约65万工人来从事基础设施的改进和公共服务。1973年，石油价格的震荡和国内没有劳动力储备情况下的扩张，使海湾石油经济体变成继北美和西欧之后的第三大劳动力进口地区：1975年这里雇用了170万外来务工人员，1980年有300万。由于这个地区的人口众多的国家中动员工作比工业扩张要慢，所以3万机动性强的南亚人和东南亚人在1975年抓住了就业机会。在1985年，800万外国工人(劳动力的51%)中，有370万人来自阿拉伯国家，220万来自印度和巴基斯坦，220万人来自其他地区，主要是东南亚国家。来自亚洲国家的人口流动在1983年后减缓了。那一年，离开韩国的流动工人中的93%和离开菲律宾的流动工人中的85%奔向海湾地区。20世纪80年代石油价格暴跌期间，沙特阿拉伯用来自南亚和东亚并已经散居

① Laila El-Hamamsy and Jeannie Garrison, eds. *Hunan Settlements on New Lands: Their Design and Development* (Cairo, 1979), 75-113, quote on 370, Camillia Fawzi El-Solh, "Egyptian Peasant Women in Iraq: Adapting to Migration," in Abebe Zegeye and Shubi Ishemo, eds., *Forced Labor and Migration: Patterns of Movement within Africa* (London, 1989), 370-402, Eare L. Sullivan and Kariana Korayem, "Women and Karina Korayem, Women and Work in the Arab World," *Cairo Papers in Social Science* (1981); Mona Abaza, "The Changing Image of Women in Rural Egypt," *Cairo Papers in Social Science* (1987).

巴勒斯坦的技术人员取代了高工资的西方专家。[①]

埃及成了区域性劳工出口的最大的国家,大学毕业生、教师、工程师和技术工人首先出国。然后是非技术工人迁徙到利比亚,但是当政治紧张局势和驱逐限制了选择的时候,大多数人转向伊拉克,在1980年那里大约有100万埃及人长期居住。在漫长的两伊战争期间,军事当局从枯竭了的国内男劳动力中征兵。尽管埃及人由于伊、埃两国在阿拉伯国家对以色列政策问题上存在分歧,而不得不绕道中立的约旦去伊拉克,但伊拉克政府还是取消了护照和工作许可证规定。埃及人尽管国内劳动力短缺情况越来越严重,但还是继续着跨国流动,于是,从人口稠密的尼罗河谷地区向开罗大都市的人口流动减少了。在埃及,工作水平提高了,寄回国内的汇款改进了生活水平,机灌方面的投资增加了农业产量。留守在家的妇女们管理家庭经济,包括财政事务。归国的流动人口投资办起当地的小商业公司、运输公司和手工艺品店,在居住稠密地区这些都是成长型的企业。

在北也门情况相反,不同社会、宗教准则和流动劳工的收入共同限制了妇女的角色。在英帝国统治下,男性也门工人就迁徙到亚丁和东非;在1962年推翻伊斯兰伊玛目政权后,男人大批地离开这个极端贫困的国家。到了1980年时,也门阿拉伯共和国受雇的、工资丰厚的男性人口中的1/3在沙特阿拉伯工作,另外1/3是从国外返回的打工者。汇款很快提高了生活水平,让农业生产从劳动密集型的庄稼转向了高等的产品。结果,农业中的妇女劳力结束了;煤气炉淘汰了砍柴烧火,饲养牲口让位于购买进口食品;新的自来水管减少了挑水时和其他妇女一起耽误的时间。妇女"大门不出,二门不迈"的新习惯增加了一个家庭宗教虔诚的名誉,提高了社会地位。[②]

东南亚妇女越来越多地在海湾国家当佣人。需要寄居的职业要求佣人突然

① J. S. Birks and C. A. Sinclair, *International Migration and Development in the Arab Region* (Geneva, 1980), and Birks et al., "Who Is Migration Where? An Overview of International Labor Migration in the Arab World," in Alan Richards and Philip L. Martin, eds, *Migration, Mechanization, and Agricultural Labor Markets in Egypt* (Cairo, 1983), 103-116, and Birks et al, "The Demand for Egyptian Labor Abroad," ibid, 117-134; Gilani, *Citizens*, 24-30; Godfrey Gunatilleke, ed., *Migration of Asian Workers to the Arab World* (Tokyo, 1986); Amjad, *To the Gulf and Back*; Myron Weiner, "International Migration and Development: Indians in the Persian Gulf," *Population and Development Review* 8 (1982): 1-36; *Labor Migration in Asia*, 14-15, 25-29; Appleyard, "Asia and the Pacific." 101-105; Meyer, "Labor Migration," 114; Onn Winckler, *Population Growth and Migration in Jordan, 1950-1994* (Brighton, U.K. 1997).

② Meyer, "Labor Migration," 110-118; Gilani, Citizens, 69-70.

进入不同文化中的私人领域，没有严格限制的工作条件造成高度的疲劳。例如接受过良好教育的菲律宾基督徒不得不适应穆斯林家庭的生活，服从于不识字的科威特穆斯林妇女。妇女也作为受过训练的人员流动，比如作为护士或从事其他社会服务。在流动人口派遣国，社会关系在变化。在孟加拉，寄回来的汇款被投资来雇用女帮工，于是妇女挣工资的机会多了。在巴基斯坦，受人尊重的知识分子的工作、政府官员和职员的收入比不上海湾国家的体力劳动者，中产阶级还比不上依赖国外汇款的工人阶级炫耀的消费水平。①

流动人口的招募工作是由政府部门或有规章制约的私人机构来负责，虽然也存在不正规的或使用敲诈手段的雇佣，以及不正常的超期滞留。正式的招工允许劳动者享受东道主的社会保险福利，菲律宾就是例子；或像韩国那样，认真地挑选合格的劳动者。这样的制度以流动者回归为前提条件。然而，在接收国有可能在社会经济方面取得进展，或来源国的经济状况仍然不适宜回国的时候，外国劳务人员的身份倾向于获得永久居留权。接踵而来的移民和永久定居平衡了男女的比例：科威特的巴勒斯坦人的男女比例是 50∶50；在沙特阿拉伯的埃及人的男女比例是 60∶40；但是在沙特阿拉伯的也门人的男女比例只有 80∶20。在大多数海湾国家，高工资的流动人口可以得到准许，一开始就携带家属前来，印度人就发展了成熟的社会生活，原因是他们有长期稳定的聚居区，而且他们有高学历的专业流动人口。②

在 1990 年 8 月伊拉克统治者派军队侵略科威特时，这个人口流动系统陷入极度混乱。80 万～90 万流动人口逃亡了，还有 50 万人在 1991 年 1 月盟军干涉之后也逃走了。沙特阿拉伯驱逐了几乎 100 万也门人，原因是统一后的也门的亲伊拉克态度；当埃及加入盟国时，伊拉克驱逐了大约 70 万埃及工人。伊拉克被打败后，在北部对库尔德人和在南部对什叶派发动的内战中，又产生了 300 万难民。阿明在个人生活方面，外国务工人员难民中的大多数人都失去了全部财

① Muinul Islam, "Bangladeshi Migration: An Impact Study," in Cohen, *Cambridge Survey*, 360-366; Weiner, "Indians in the Persian Gulf," 7; Edita A. Tan and Dante B. Canlas B. Canlas, "Migrant's Saving Remittances and Labor Supply Behavior: The Philippines Case," in Amjad, *To the Gulf and Back*, 223-254, F. R. Aricinas, "The Philippines," in Gunatilleke, *Migration of Asian Workers*, 259-305, 294-298; Ijaz S. Gilani, "Effects of Emigration and Return on Sending Countries: The Case of Pakistan," in Applyard and Stahl, *International Migration Today*, 2: 204-216. 护士通常移民到欧洲、美国和中国香港。

② Boustanis and Fragues, *Arab World*, 98, 105; Meyer, "Labor Migration," 120-123; Arcinas, "The Philippines," 282-285; the Asian Population and Development Association's 对出境项目做了调查。Weiner, "Indians in the Persian Gulf," 6, 18-22 ,passim.

产,在难民营里度过好几个月。不久前刚刚到达的流动人口还没来得及偿还旅费和各种费用,就又背负上了不可偿还的债务,除非他们能够再去别的地方,而在这个迁徙过程中,债务又会翻番。在派遣国方面,因为国际上缺乏具有约束力的保护性立法,政府认识到他们的公民变成在外国打工者后易受侵害的脆弱性,在旅外流动人口的汇款急剧减少时,国内经济也面临着吸收归国者的需求。

在 1991 年末,人口流动又开始了,但是流动方式改变了。招工的相对数量的转变有出于政治原因的,比如对约旦的敌视态度,原因是它的过境经济驱动的亲伊拉克立场;也有出于经济原因的,比如用教育程度和工资要求程度较低的孟加拉人取代菲律宾人。另一方面,高学历个人的流动在继续,且势头不减,原因是海湾国家的创造社会服务机构而又不雇用当地人员的政策。因为培训需要妇女参加,会改变性别关系,学校、医院和市政服务的雇员主要是外国移民。海湾国家在经济所有领域里都依赖流动人口,这成了一种制度。①

8. 非洲内部的劳工和难民流动

在 20 世纪 60 年代的去殖民化条件下,由殖民统治形成的边界造成了不顾“正式”边界线的人口流动,人口组成被新政府“民族化”了,土地再分配意味着人口重新分配,都市化在继续,部落统治、独裁统治、民族—社会对抗情绪以及先前殖民国家和新超级大国的干涉造成了数百万难民。阿明(Amin)认为,像在欧洲一样,非洲的政治家和行政官员变成了专业的主张中央集权下统治经济的人,他们维护殖民者遗留下来的机构和领土状况,尽管它与文化边界毫不相干,经济上也不可行。这些新国家重复欧洲的模式,把一个特定的文化提升到能够对人口中其他群体实施民族霸权的地位(见第 16 章第 1 节)。以英国为例,这个过程涉及英国和雇佣军对苏格兰人、爱尔兰人和威尔士人发动的数百年的战争。非洲劳工流动系统从各地区极为不平衡的经济发展中演变而来(见图 4-14)。

紧跟着殖民者的撤退,140 万非穆斯林公民就离开了从摩洛哥到利比亚的北非国家,他们包括法裔阿尔及利亚人、犹太裔—法裔阿尔及利亚人、摩洛哥犹太人、意大利人和非洲出生的意大利人。根据埃及的国有化政策,一个公司雇员

① Allan, M. Findlay, “Return to Yemen: The End of the Old Migration Order in the Arab World,” in Gould and Findlay, *Population Migration*, 205-223; Nicholas van Hear, “Displaced People after the Gulf Crisis,” in Cohen, *Cambridge Survey*, 424-430; John Connell and Jenny Wang, “Distant Victims? The Impact of the Gulf War on International Migration to the Middle East from Asia,” in Kattalai S. Ramachandran, ed. *Gulf War and Environmental Problems* (New Delhi, 1991), 275-318.

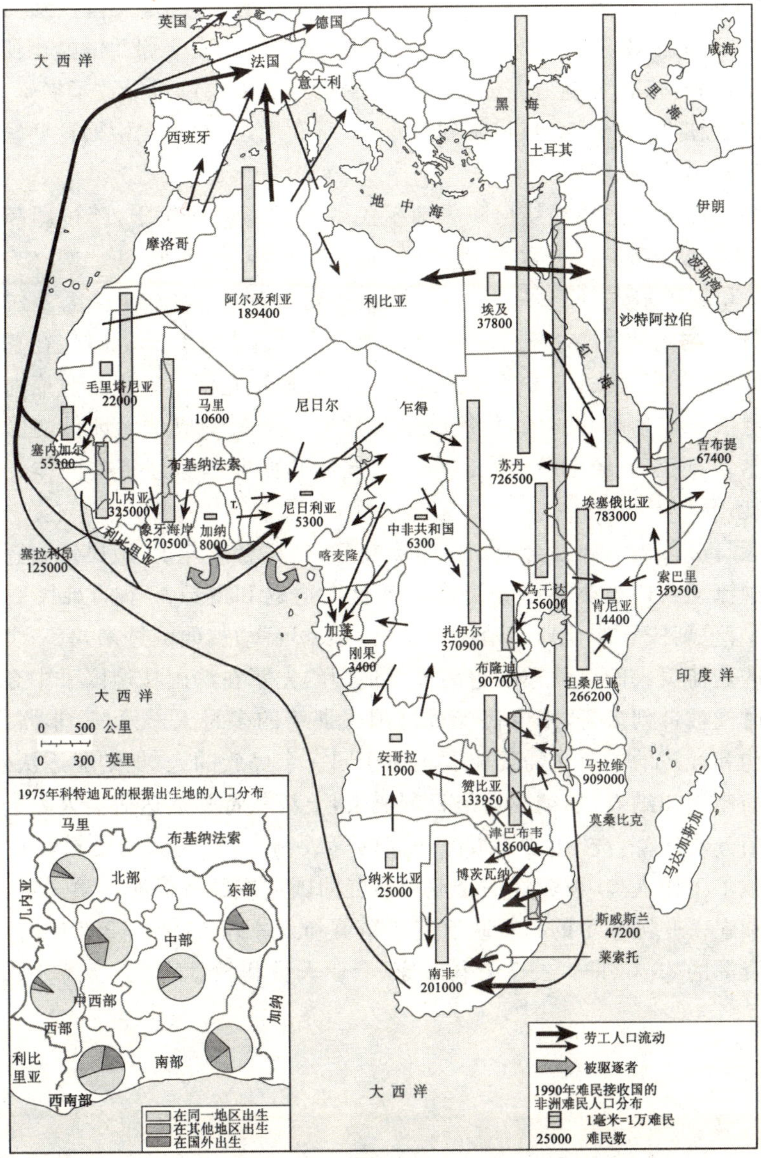

图4-14 非洲内部劳工和难民流动系统

中的外国人不能超过 1/10,这项政策把长期扎根的、繁荣的希腊和塞浦路斯群体的大约 14 万人送上了离境移民的归途。1961～1962 年,卢旺达和布隆迪的独立和从事农业的说班图语的胡图人的一次起义有关,胡图人占总人口的

84%,他们起义反抗游牧的图西族人组成的统治阶层。数万人逃亡到乌干达和坦噶尼喀。而在1968年,卢旺达又成了逃离刚果的白人雇佣兵的避难所。在葡萄牙的殖民地,依赖强制劳工的棉花和糖生产中的一次危机导致了撤资,政府鼓励的定居者在20世纪50年代来到这里,不料发现在70年代中期这些国家获得独立后还得离开。[①]

因为非洲国家的边界线反映先前殖民者立桩标明的领土,跨过国际边界的季节工和短期流动工人常常仍然处在自己的文化空间里。例如,门德人(Mende)和克帕尔人(Kpelle)在利比里亚和塞拉利昂都有,约鲁巴人住在尼日利亚和贝宁,埃维人(Ewe)住在多哥和加纳,马贡达人(Makonde)住在莫桑比克和坦桑尼亚,卡克瓦人(Kakwa)住在乌干达、苏丹和扎伊尔。当新政府对边界线和人口组成强加控制的时候,传统的季节性的流动就变成了无证件的国家间的流动。结果,现在已经不复存在的东非共同体和西非国家经济共同体开始恢复自由迁徙。

民族自决首先需要社会上层的重新构建:殖民者离开了,殖民地附庸和独立的英帝国流动人口被驱逐了。当流亡者自发遣返和解放战争的难民回国的时候,必须有重新安置的计划。殖民者鼓励的人口流动被颠倒过来,有一个例子是说法语的达荷美人的后裔被强迫离境。他们的先辈在法国从德国手中夺过该殖民地的时候被带到多哥,来取代受过德国人训练的多哥人。第二,非洲化之后,官僚机构和经济的国有化需要驱逐不属于同一个民族的人:加纳驱逐沃尔特人,塞拉利昂驱逐加纳人,加纳驱逐尼日利亚人,上沃尔特驱逐达荷美人。这种民族主义上层分子的"清洗"瓦解了根深蒂固的等级制度,但是新的受过培训人员的短缺削减了工作人员,被驱逐的企业家撤资回国造成经济停滞。第三,恶劣的生活条件和在一些国家里的独裁政府造成精英和人才外流。到1987年时,高级技术人力资源的30%,即大约7万科学家、专业人员和教育家,已经离开了下撒哈

① Amin, *Modern Migrations*, 115-119; Aderanti Adepoju, "Migration in Africa: An Overview," in Jonathan Baker and Tade A. Aina, eds. *The Migration Experience in Africa* (Uppsala, 1995), 87-108; Joseph B. Schechtman, *The Refugee in the World: Displacement and Integration* (New York, 1964) 329-347; Shubi L. Ishemo, "Force Labor and Migration in Portugal's African Colonies," in Cohen, *Cambridge Survey*, 162-165.

拉非洲地区。[①]

后殖民时代迅速的都市化把大批的农村青年流动人口带到城市，而又不能给他们提供住房和舒适条件。他们不能进入正式企业，而是从事盖房、当临时工，或从事非正式领域的工作。这种现象对于他们原来生活的地区产生了一系列的后果，包括经济停滞、持续的城乡联系、通过回乡流动造成精英的替换和经济的变化，以及通过“改善生活同盟会”对汇款的分配而实施的发展规划。最近几十年中，城市间的人口流动增加了。[②]

非洲妇女是“独立的流动人口”，而不是“陪伴的流动人口”，她们的迁徙是为了通过教育、进入劳动市场或自负盈亏开业，来取得“对她们的生产资源更好的控制”。各种规定或把妇女限制在土地上，或把她们挤出农村的现金经济，这取决于政府和社会上层的利益。在肯尼亚，未婚的女性户主和无后的已婚妇女不能拥有土地，南非的劳工招募制度已经使小农田主女性化了。在莱索托的一些地区，3/4 的农户是女性当家，在赞比亚北方是 50％～70％，在肯尼亚中央省是 90％。“男人常年不在”，土地质量下降和越来越多的种植经济作物迫使妇女离开了土地。在西非，做买卖的妇女继续着她们传统的独立流动。受过培训和教育的城市妇女可以进行远距离流动。比如，沙特阿拉伯在驱逐了也门劳工之后，在尼日利亚的哈科斯特港（Port Harcourt）招募了 5000 名护士和接生员以及 260 名医生。[③]

非洲虚弱生态中的干旱和环境恶化造成农业和牧业人口流离失所。生态系

---

① G. O. Olusanya，“The Nigerian Civil Service in the Colonial Era：A Study of Imperial Reactions to Changing Circumstances，” in Bonnice I. Obihere，ed.，*Studies in Southern Nigerian History*（London，1982），175-200；Vaughin Robinson，“The Migration of East African Asians to the UK，” in Cohen，*Cambridge Survey*，331-336；Krishna Ahooja-Patel，“Rogulations Governing the Employment of Non-Nationals in West Africa，” in Amin，*Modern Migrations*，170-190；Anthony I. Asiwaju，ed. *Partitioned Africans：Ethnic Relations across Africa's International Boundaries，1884-1984*（London，1984).

② 参见下面的论文：Aderanti Adepoju，A. Ahianyo-Akakpo，and J. Bugnicournt in Amin，*Modern Migrations*，127-137，138-155，191-214. William J. Hanna and Judith L. Hanna，*Urban Dynamics in Black Africa：An Interdisciplinary Approach*（Chicago，1971），27-73，107-143，Kenneth Little，*Urbanization as a Social Process：An Essay on Movement and Change in Contemporary Africa*（London，1974），7-19，40-54，and Little，*West African Urbanization：A Study of Voluntary Associations in Social Change*（Cambridge，1965）；Josef Gugler and William G. Flanagan，*Urbanization and Social Change in West African*（Cambridge，1978）；50-73；Helmuth Heisler，*Urbanization and the Government of Migration：The Interrelation of Urban and Rural Life in Zambia*（New York，1974).

③ Adepoju，“Migration in Africa，” 94-97；Catherine Coquery-Vidrovithch，*African Women：A Modern History*，trans. Beth G. Raps（French orig. 1994；Boulder，1997）；essays on women in Baker and Aina，*Migration Experience in Africa*，257-338.

统的天然脆弱性由于生态灭绝的做法而恶化了，比如焚烧庄稼、毁田开矿和屠杀动物。一些人“非常及时地”离开而避免了贫困化，一些人逃离了饥馑。长期的降雨量下降使西非沙漠地区(Mahelian,20 世纪 60 年代后期)的人们、埃塞俄比亚(1984～1985 年)的人们和苏丹(1988 年和 1998 年)的人们失去家园。在一些国家，比如在埃塞俄比亚和苏丹，干旱由于政府政策和内战而严重了。而在其他地区，新国家里各派别之间的内战，即掌握民兵的军阀或政府和军队上层人物制造的战争，造成本国人民的流离失所。在私有化的国家里发生的权力争斗中，人民只是任人摆布的工具。在 1988 年，苏丹 2400 万总人口中有 150 万～200 万人被迫逃离战争和饥荒。在喀土穆和东部的亚的斯亚贝巴周围和西部的努瓦克肖特，大型难民营和棚户区涌现出来。“全世界最穷的地区”的被干旱、执政当局和派别战争驱赶出家园的人们，“在这个地区的同样贫困的国家里寻求避难”: 1987 年有 340 万流离失所的平民，在 1995 年有 670 万人(根据联合国人权专署的定义)，在 1993 年有 1680 万人。难民中大约有 60%的人投奔亲友或本民族同胞，于是，养活他们的负担落在家属和邻居身上。在非洲西部，大多数产生难民的国家也是接收难民的国家。在西非的塞拉利昂和利比里亚，邻国的维和部队努力地减少流血事件，并在此过程中保护他们自己的流动的同胞。[①] 比如，自从 20 世纪 80 年代末重新建立稳定的政府以来，难民已经返回了乌干达、埃塞俄比亚、津巴布韦、纳米比亚和莫桑比克。[②]

从局部观点看，从埃及和突尼斯那里接收工人的利比亚，把这个大陆的北部分成两部分:与波斯湾劳动市场相联系的东部地区和与欧洲相联系的西部地区。下撒哈拉地区包括西非和南非劳工流动系统、以肯尼亚和马拉维为中心的小流动系统，以及先前的葡萄牙语地带的安哥拉和莫桑比克和从卢旺达或布隆迪到苏丹的产生难民的政府管辖的地区。

在从利比亚到毛里塔尼亚的北非国家里，人数众多的柏柏尔少数民族在 6000 万(1990 年)总人口中占 1400 万人，包括阿尔及利亚的穆扎博人(Mzab)

---

① 在 1995 年，几乎 80 万利比里亚人和 24 万塞拉利昂人逃到邻国。另外，两国分别有 80 万人和 30 万人在国内流离失所。*State of the World's Refugees*, quote on 114.

② Art Hansen and Della E. McMillan, eds., *Food in Sub-Saharan Africa* (London, 1896), Jonathan Bascom, "The New Nomads: An Overview of Involuntary Migration in Africa," in Baker and Aina, *Migration Experience in Africa*, *Migration Experience in Africa*, 197-219, esp. 200-201; Boustani and Fargues, *Arab World*, 81, Peter Kohn, "Repatriation of African Exiles: The Decision to Return," in Cohen, *Cambridge Survey*, 346-352, Tim Allen and Hubert Morsink, eds. *When Refugees Go Home: African Experiences* (Geneva, 1994), esp. editor's introduction and essays by John R. Rogge and Barry N. Stein, 1-70; Adepoju, "Migration in Africa," 101-104.

（见第 5 章第 2 节、第 15 章第 1 节）和南部的图阿雷格人（Tuaregs）。他们许多人从山区的居住地流动到以阿拉伯人为主的城市里需求机会，他们的孩子上阿拉伯语学校。利比亚、突尼斯和阿尔及利亚以及中东的农业机械化使他们离开家庭农场出走。农村的收入仍然很低，妇女们，特别是突尼斯的妇女，用从欧洲人开办的乡村纺织厂挣来的工作补充农业收入。农村到城市的流动增加了，从北非西部到法国和其他欧洲目的地的跨地中海劳工流动也增加了。1990 年，欧洲的 250 万阿拉伯人和柏柏尔人形成了社会底层，与此同时，从北非东部到波斯湾经济体的流动人口（见第 18 章第 7 节）形成了一个新的工人阶级，处于游牧的贝都因人和常住的富裕的阿拉伯人之间。在 20 世纪 70 年代欧洲政府减少了劳工的招募时，短途奔走的流动被家庭团聚和社区稳定取代了。丹吉尔市和其他北非港口变成了无证件流动人口的登船出发地。①

在西非（见第 15 章第 1 节），19 世纪中叶与落花生贸易相关的人口流动，使内陆来的移民农民变成了在多余土地上劳作并以谷物交租的佃农。流动人口的数量随着出口型可可和咖啡的种植增加了，流动模式在殖民者投资和强制动员的制度下改变了。来自毛里塔尼亚西南部、马里东部和塞内加尔西部的索宁克人（Soninke）百年来的劳工流动系统，在 20 世纪 30 年代转变成了农村到城市的人口流动，通过在离开达喀尔的船上当水手再去法国。在马赛，他们参加水手的工会，并且作为文化—经济的一招，对抗来自亚丁的“英语阿拉伯人”，但是默许雇用来自法属索马里海岸（吉布提）的水手。在更近一段时期，萨拉科尔人（Sarakole）流动到法国汽车厂当工人。从内陆国家，如布基纳法索、马里、尼日尔和乍得，向沿海地区的加速的区域性人口流动，继续着传统的模式，向西一直到塞内加尔和冈比亚，向南到加纳和象牙海岸。季节性流动人口的定居转变了热带草原和沿海地区的人口比例，从 50∶50 变成了 34∶66，使沿海城市的人口在 1920～1970 年从 20 万人增加到 450 万人（包括自然增长）。后来，来自干旱

① Boustani and Fargues, *Arab World*, maps on 98, 102, *Le Monde*, 12 June 1996.

的西非沙漠地区的人口流动增加了人口的涌入。①

在尼日利亚,多重流动人流把南部沿海地区、中央农业区和人口稠密的北部地区联系起来。奔向新土地定居的农村人口流动是1950年之前人口流动的主要原因(见第17章第1节);然后,技术工人从南方到北方的流动,成了都市化和无产阶级化过程的一部分。约鲁巴人和豪萨人(Hausa)作为商人流动,后者也有当熟练工的,而伊博人(Ibo)流动则是从事技术工、矿工和家政服务。受过良好教育的流动人口(比如伊博人)的到来,开始激发对抗情绪,导致了大规模的暴力行为和内战。在教育制度、教育成就和自由资产阶级政策诸方面的地区差异和民族差异加重了传统的不平等。

人口流动到一个地方之后,各民族群体,不管是伊博人、约鲁巴人,还是伊贾人(Ijaw)或伊比比奥人(Ibibio),要建立自己的社团,一般由中产阶级的专业人员和商人发起。这些社团组织负责提供反歧视的报刊,当欧洲人所有的银行拒绝贷款的时候,他们提供信贷,并努力改进本族群体的社会地位。社团在拉各斯、哈科斯特港等城市和移民的老家之间建立了联系。常常在与传统的部落酋长的竞争中,他们坚持政治和文化的诉求,以便把部落的、村庄的和氏族的身份认同结合为更强大的民族身份认同;他们在非现金交易的生活方式方面,加上一个"现代文化";他们改进道路、医院、电力和邮递服务。妇女社团为妇幼福利卫生所提供支持。这些社团首先建立起使用自己的语言教学的教育机构,并且在独立后的政治生活中为选举自己同胞领袖而组织选民方面也发挥作用。政治的竞争培植民族群体间的对立情绪,这些社团就变成了"扩大个人和地区势力的工

① Amin, "Migrations in Contemporary Africa: A Retrospective View," in Baker and Aine, *Migration Experience in Africa*, 20-40; Aderanti Adepoju, "International Migration in Africa South of the Sahara," in Appleyard and Stahl, *International Migration Today*, I: 17-88, esp. 60-78; Paulina Makinwa-Adebusoye, "The West African Migration System," in Kritz Lim, Zlotnik, *International Migration Systems*, 63-79; Elisabeth N'Doye, "Migration des pionniers Mourid wolof vers les terres neuves: Rôle de l'economie et du religieux," and Elizabeth Dussauze Ingrand, "L'Émigration Sarakollaise du Guidimake vers la France," in Ami *Modern Migrations*, 239-257, 371-383; Dennis D. Cordell, Joel W. Gregory, and Victor Pich , *Hoe and Wage: A Social History of a Circular Migration System in West Africa* (Boulder, 1996); Manchuelle, *Soninke Labor Diasporas*, 179-211; Michel Samuel, *LeProlé tariat africain noiréen France: Témoignages* (Pairs, 1978).

具”①。

在1975年时，大约有280万男人和女人在不属于自己民族的西非国家里工作。在加纳，83万流动人口构成了总人口的12.3%。当1969～1970年落花生价格急剧下跌时，这个国家驱逐了21.4万外国人。1975～1983年，在石油业蓬勃发展的影响下，200万～300万男性流动人口从加纳、乍得、喀麦隆、多哥和贝宁来到尼日利亚，其中包括教师、专业人员和技术人员构成的“流失人才”。在1983年石油价格下跌后，政府驱逐了100万～200万人。政府挑起的或容忍的对下层流动人口的歧视，在造成国内暴乱的时候，可能搬起石头砸自己的脚。改革者们提出在多民族的城市社会中采取一个泛西非观点和不歧视政策的建议，根据这项建议，到1970年时，这个地区的10种主要语言已经变成了90%人口的通用语言。②

中非通过劳工外流和尼日利亚联系起来，并通过人口内流和渔民的半永久定居和加纳发生了关系。朝圣者从北部穆斯林地区旅行去麦加和麦地那，在飞机旅行还没有普及的时候，朝圣者中途必须停留打工，为下一段旅行挣够费用。矿产丰富的加蓬和扎伊尔(刚果)吸引来自法国、葡萄牙和美国的投资，圣多美和普林西比的农庄经济由外国人所有。投资者派来欧洲和北美的管理人员，他们的流动常常与先前的殖民统治有经济和文化上的联系。独立的流动人口包括印度、巴基斯坦和黎巴嫩血统的批发商人，西非从事贸易的民族的小商贩和暂时逗留的非技术工人。以男性为主的非技术工人的流动，在派出国和接收国里都造成了性别比例失调。只是在扎伊尔，家属团聚和独立女性人口的流动，使性别比例保持了平衡。③

在南非(见第15章第1节、第17章第4节)，先前葡萄牙殖民地安哥拉和莫桑比克相互斗争的上层集团和意识形态集团之间，由两个超级大国武装起来进行的内战，到1990年时，在每一个国家内部都使200万平民失去家园，还有人逃

---

① Moriba Touré and T. O. Fadayomi, eds., *Migrations, Development and Urbanization Policies in Sub-Saharan Africa* (Dakar, 1992), 7-152; Leslie Green, “Migration, Urbanization, and National Development in Nigeria,” in Amin, *Modern Migrations*, 281-304; Austin M. Ahanotu, “The Role of Ethnic Unions in the Development of southern Nigeria,” in Obichere, *Southern Nigerian History*, 155-174.

② Hilda Kuper, ed. *Urbanization and Migration in West Africa* (Berkely, 1965); Adomako Sarfoh, “The Effects of Expulsion of Migrant Workers on Ghana's Economy,” in Amin, *Modern Migrations*, 138-155.

③ Adepoju, “Africa South of the Sahara,” 22-36; Laurent Monnier, *Ethnie et intégration régionale au Congo: Le Kongo Central, 1962-1965* (Pairs, 1968).

到南非、马拉维和津巴布韦。1992 年 10 月达成和平协议，到 1995 年时，170 万难民已经从邻国返回莫桑比克。但是在安哥拉，冲突在 1998 年中期又重新升级的时候，国内、国外的遣返工作中止了。在南非，流动工人的住所和营地成了组织抵抗的中心，而资本家不是切断整个地区的就业机会，就是为了减少招工成本而招募绕过入境移民控制前来打工的工人。越来越多的男性工人、单身女人和家庭设法避免依附在故乡的土地上。在 1986 年，政府取消了入境移民控制法，这个迫使非洲劳动人口的 1/3 维持临时流动者身份的法律框架崩溃了。种族隔离制度中止后，南非社会面临着来自邻国大批入境移民的压力，因为南非有较高的生活水平，尽管它的失业率也很高。所以，这个地区性的人口流动系统在变化的同时，继续发挥着作用。①

在东非，殖民者曾经依靠流动劳工(见第 14 章第 4 节、第 15 章第 1 节)，并在此过程中改变了按性别分配工作的做法。道路维护分配给非洲人，非洲人中当工匠的男人把工作派给传统上从事耕作的女人。1904 年之后大规模的棉花种植，需要动员农场劳动的女性劳动力和男性长途搬运工。这种强制性的流动，变成了向城市的漂泊，这种早期的金钱经济增加了对挣工资工作的需求。非货币农业中的妇女要求分享她们丈夫现金工资的一份，男人们也修正了对农业收入的态度，当面向世界市场的棉花、橡胶和咖啡种植能支付工资的时候，就督促妇女们出去工作。拥有土地的干达人(Ganda)，由于是具有多重目的的独立生产者，面对世界市场价格的浮动，比起那些大型的、主人在外地的、投资大的、只追求利润单一目标的单位来，反应要快得多。所以，他们能够从殖民者控制的劳工市场撤出来，或只是季节性地近距离流动。非土地拥有的民族群体的劳工流动深入到卢旺达、坦噶尼喀和刚果。

当肯尼亚、坦桑尼亚和乌干达在 1961～1963 年独立的时候，内部和外部人口流动的模式改变了。非洲人去先前为欧洲人保留的“计划地区”重新定居仍然是有限的，而“在贫瘠的、缺乏土地的边远地区和迅速发展的都市地区及商业农场之间”流动的人数非常多。在 1960 年，乌干达仅仅不足 1700 万人口中包括大约 1.1 万欧洲移民和 7 万亚洲移民。非洲工人阶级是，或者必须是，高度机动性的。坎帕拉(1960 年总人口是 4.7 万人)的劳动力中只有 1/5 的人在这个城

① *State of the world's Refugees*, 174-175; K. B. Wilson, "Refugees, Displaced People and Returnees in Southern Africa," in Cohen, *Cambridge Survey*, 434-440; Jonathan Crush, "Cheap Gold: Mine Labor in Southern Africa," ibid, 172-177; Alan H. Jeeves, "Migrant Labor and the State under Apartheid, 1948-1989," ibid. 178-182.

市居住 5 年或 5 年以上。季节性的人口流动模式取决于庄稼的种植：庄稼需要经常照料时，妇女就留在家里；因为田间劳动只局限于种和收，男人和女人有机会就都离开谷物种植地区。工资和储蓄的积累取决于文化传统和经济地位。常住的干达人的大多数每月能挣 150 先令，但是很多流动工人挣不到 70 先令。干达工人的目的是自负盈亏开业或教育，但是炫耀身份的消费支出不容易导致资本的积累。东非国家中没发生过工业生产的跨国变迁，所以殖民时期的劳工进口中心仍然是后殖民时代的核心地区。①

东非的独立运动一直得到印度的强大支持，但是印裔东非人并不怎么支持。第三世界的民族是建立在英帝国或后殖民时代种族—阶级等级制度基础上的。英国策划的种族化社会让东非的印度人成为公务员、贸易家和商人，但是促进非洲人利益的"本土化"政策反其道而行之。在桑给巴尔，非洲人在 1964 年推翻了阿拉伯人的政府。亚裔和阿拉伯移民和少数民族面临财产被没收的威胁；伊斯梅利亚人在风俗习惯方面非常独特，成了施暴的目标。1967 年推进非洲自立的《阿鲁沙宣言》(*Arusha Declaration*)颁布之后，印度人拥有的银行和公司被国有化了，少数民族群体得不到做买卖的执照。为了推进多种族社会，把婚姻模式中的民族——种族等级制度颠倒过来，阿拉伯和印度男子不准娶非洲女人，同时女人们被告知要嫁给非洲男子。东非的亚裔难民先是在当地或在本地区内从乡村流到市镇和港口城市，从桑给巴尔到达累斯萨拉姆，从坦桑尼亚到肯尼亚。遇到进一步的限制之后，没什么财产的家庭回到印度，有钱的家庭离境移民到英国和北美。印度人在英帝国时期的中产阶级地位和重视高等教育的文化传统，在逃亡和重新融入一个新环境过程中证明是有用的人力资本。比如，乌干达的宾蒂家族分布在前大英帝国各地，只有祖母留守在印度的一个村子里，一个女儿在英国。这个家庭的技术能力，在 1972 年被排斥的时期，符合加拿大难民入境的标准。后来散居各地的人际关系都发挥了作用，包括娶了肯尼亚亚裔女子为妻的

---

① P. G. Powesland, "History if the Migration in Uganda," in Audrey I. Richards, ed. *Economic Development and Tribal*: *A Study of Immigrant Labor in Buganda* (rev. ed. Nairobi, 1973), 17-51; Walter Elkan, *Migrants and Proletarians*: *Urban Labor in the Economic Development of Uganda* (London, 1960), 21-47; W. T. S. Gould, "Mission and Migration in Colonial Kenya," in Chris Dixon and Michael J. Heffernan, eds. *Colonialism and Development in the Contemporary World* (London, 1991), 92-105, quote on 102; Sharon B. Stichter, *Migrant Labor in Kenya*: *Capitalism and African Response*, *1895-1975* (London, 1982); C. M. F. Lwoga, "From Long-Term to Seasonal Labor: Migration in Iringa Region, Tanzania: A Legacy of the Colonial Forced Labor System," in Zegeye and Ishemo, *Forced Labor and Migration*, 180-210.

一个儿子和从英国朋友那里得到的、支持他们在加拿大开业的一笔启动贷款。①

1979年,阿明政权被乌干达解放军推翻了。国外的25万乌干达难民中许多人在苏丹已经牢牢地扎根了。如果不是苏丹内战中难民成为攻击目标的话,这些人本来是不会立刻返回国的。乌干达的权力斗争和由此而来的经济崩溃、坦桑尼亚的行政权力下放和对农业的改造,以及在驱逐亚洲人之后从乌干达驱逐外国非洲人,中断了传统的区域性流动模式。民族主义和少数民族—阶级斗争结束了和印度的传统联系。在所有三个国家里,以男性流动人口为主的情况受到女性的挑战,肯尼亚上流社会的妇女"把英国模式和伊斯兰目标相结合,建立机构和社团,使自己具备她们认为在变化了的蒙巴萨生活所必需的技巧"②。新的民族和性别关系、都市化和远距离、奔向南非的人口流动以及尼亚萨兰或马拉维作为劳工进口经济体的出现,都成了当代劳工流动的特点。政治结构和政府鼓励的资本流动也是其特点。解放了的乌干达经济从先前被驱逐的东非印度后裔那里得到资本,政府的经济政策取得了高增长率。而肯尼亚独裁者丹尼尔·阿拉普·莫伊却把人民置于贫困的境地。

在苏丹、埃塞俄比亚、厄立特里亚和非洲之角,在长期干旱、生态恶化、埃塞俄比亚僵化的政权、厄立特里亚的分离主义政府、索马里的军阀混战、苏丹的阿拉伯与非洲人之间和穆斯林与天主教徒之间以及各少数民族之间的对抗,再加上在卢旺达和布隆迪的上层图西人和胡图人之间政治和阶级的对抗这些因素的共同影响下,大规模的难民潮产生了。上层人物和部落领袖们让军队互相打仗,劳苦大众逃亡。干旱使亲戚不能帮忙,除非国际机构提供食品,不然就是饿殍遍野。在1994年极端主义的胡图人起义中,大约有100万图西人和温和的胡图人被杀死。在苏丹,小规模的奴隶贸易至今存在,南方和北方之间、穆斯林和天主

① J. S. Mangat, *A History of the Asians in East Africa*, *c*. 1886 *to* 1945 (Oxford, 1969), 132-178; Richa Nagar, "The South Asian Diaspora in Tanzania: A History Retold," *Comparative Studies of South Asia, Africa and the Middle East* 16, 2(1996): 62-80; Milly Charon, *Between Two World: The Canadian Immigrant Experience* (1983, rev. ed. Montreal, 1988), 303-313; See also the personal account in Thomas P. Melady and Margaret B. Melady, *Uganda: The Asian Exiles* (Maryknoll, N. Y. 1976).

② Allen and Morsink, *When Refugees Go Home*, 50-54, 96-104; W. T. S. Gould, "Regional Labor Migration Systems in East Africa: Continuity and Change," in Cohen, *Cambridge Survey*, 183-189, and Gould, "Migration and Recent Economic and Environmental Change in East Africa," in Baker and Asian, *Migration Experience in Africa*, 122-145, Adepoju, "Afria South if the Sahara," 36-46; Milline J. Mbonile, "Migration and Urban Development in Tanzania: Internal Responses to Structural Adjustment," in Gould and Findlay, *Population Migration*, 249-271; Margaret Strobel, *Muslim Women in Mombasa 1890-1975* (New Haven, 1979), quote on 220.

教徒之间的对抗，造成了部分的种族灭绝。这个国家的 19 个民族文化群体说大约 100 种语言，阿拉伯人占人口的大多数（截至 1989 年是 950 万人），其后是弗尔人（Fur，320 万）和丁卡人（Dinka，300 万）。历史上，这个地区一直是基督徒、穆斯林、犹太教徒和泛灵论者共处的。基督教人口一度获得国家地位，并包括一个犹太人群体。通过埃塞俄比亚的商业交往和通过波斯湾的路线并存。①

目前，尽管世界范围内不平等贸易条款造成发展滞后和贫困，离开下撒哈拉非洲地区的人口流动仍然是有限的，其中包括：去法国的有限的西非人口流动；从东非去英国的人数更少的流动；去北美的很小的人流；通过关系去葡萄牙和超期滞留的，或难民的去西欧的流动；去苏联的"国际主义交流"流动。移民限制规定阻止不断的劳工和商人流动。只是在 20 世纪 90 年代，难民群体，比如从索马里来的难民，才在北美建立了小社会；陆陆续续的、常常是无证件的难民流动人口，才在法国和英国以外的欧洲地区定居；无证件的难民才进入地中海沿岸的欧洲地区。在北美，美国非洲裔黑人文化与以加勒比海为中心的大西洋地区黑人文化不同，后者至今还没和来自非洲的新移民的生活方式携手联合，或与现代多民族的非洲文化发生关系。②

9. 东欧：内部人口流动和 1989 年之后的变化

紧接着与第二次世界大战相关的大规模流离失所和冷战时期强制劳工制度（见第 16 章第 2 节）之后，中欧东部和苏联（1991 年开始的独联体）的人口流动分成两个阶段：各国之间不尽相同的边界关闭阶段和 1989 年开始的开放阶段。1989 年之后，先前拥护迁徙自由的西方政府限制作为流动劳工的东欧人入境，而不限制逃离压迫的东欧难民。1989 年，人们沿着西方与东方之间的"铁幕"奋力捣毁的篱笆又被重新修建起来，以阻挡流动人口的进入。

---

① Jonathan Bascom, "The Dynamics of Refugee Repatriation: The Case of the Eritreans in Eastern Sudan," in Gould and Findlay, *Population Migration*, 225-248; Bruce Nichols, "Rescuing Ethiopia's Black Jews," in Nichols and Loescher, *Moral Nation*, 288-310; Abebe Zegeye, "Hunger, War, and Flight: The Horn of Africa," in Cohen, *Cambridge Survey*, 441-446; Boustani and Fargues, *Arab World*, 34-36.

② Aderanti Adepoju, "Links between Internal and International Migration: The African Situation," in Appleyard and Stahl, *International Migration Today*, 2:24-45; Laura Bigman, "Con temporary Migration from Africa to the USA," in Cohen, *Cambridge Survey*, 260-262; Robinson, " Migration of East African Asian to the UK," ibid., 331-336; R. Mansell Prothero and Murray Chapman, eds. *Circulation in Third World Countries* (London, 1985).

在闭关锁国制度下,能够秘密出境的或者从有些国家合法出境的流动人口相对较少。大规模从德意志民主共和国出境的最后可能性在1961年由于柏林墙的修建而没有了。1956年的匈牙利人起义、1968年的"布拉格之春"和1981年的波兰政变期间及其后,可能这几个国家中每一个国家都有大约20万以上的流动人口离开。苏联在20世纪70年代驱逐了少数持不同政见者,并准许犹太人离境。保加利亚的少数民族土耳其人离境出走,或被迫移民,罗马尼亚的德国人和犹太人离境或被迫移民。从20世纪70年代中期起,波兰和苏联准许少数德裔出国移民,例如一些技术人员由政府资助流动到埃及或古巴去从事建筑工程工作(见图4-15)。

南斯拉夫属于这个模式的例外,它在铁托的领导下执行自己独特的社会主义和民族融合路线。就人口流动而言,在20世纪50年代初期之后就准许流动劳工自由出境,这使南斯拉夫实际上成为欧洲南部地区的一部分,而不是社会主义阵营的一部分。在欧洲的南斯拉夫工人人数在1973年增加到85万人,在20世纪70年代中期之后的经济萧条期间,仍然有50万人以上。虽然起初出国的人比回国的多,但后来往返的和回国的人很多。南斯拉夫对更东边的国家的人来说,比如希腊人,成了外出打工者的中转国。[①]

奔赴东欧的移民少得微不足道:只是19世纪流动劳工的后代群体中有极少数人返回(见第13章第2节)。波兰1956年的自由时期结束后,只有大约一两万散居国外的劳工中的退休人员每年回国享受硬通货养老金,加上低廉的生活费用。亚美尼亚人返回他们在苏联的定居地区,俄罗斯难民从中国返回。在社会主义的国际主义原则下,来自第三世界的,比如来自古巴、安哥拉和莫桑比克的工人或受训人员,形成一种与外界隔离的打工者群体,来自非洲和亚洲的学生接受到奖学金和资助。

① Janez Malacic, "Labor Migration from Former Yugoslavia," in Fassmann and Münz, *European Migration*, 207-219; Vladimir Grecic, "Former Yugoslavia," in Solon Ardittis, ed., *The Politics of East-West Migration* (New York, 1994) 126-135.

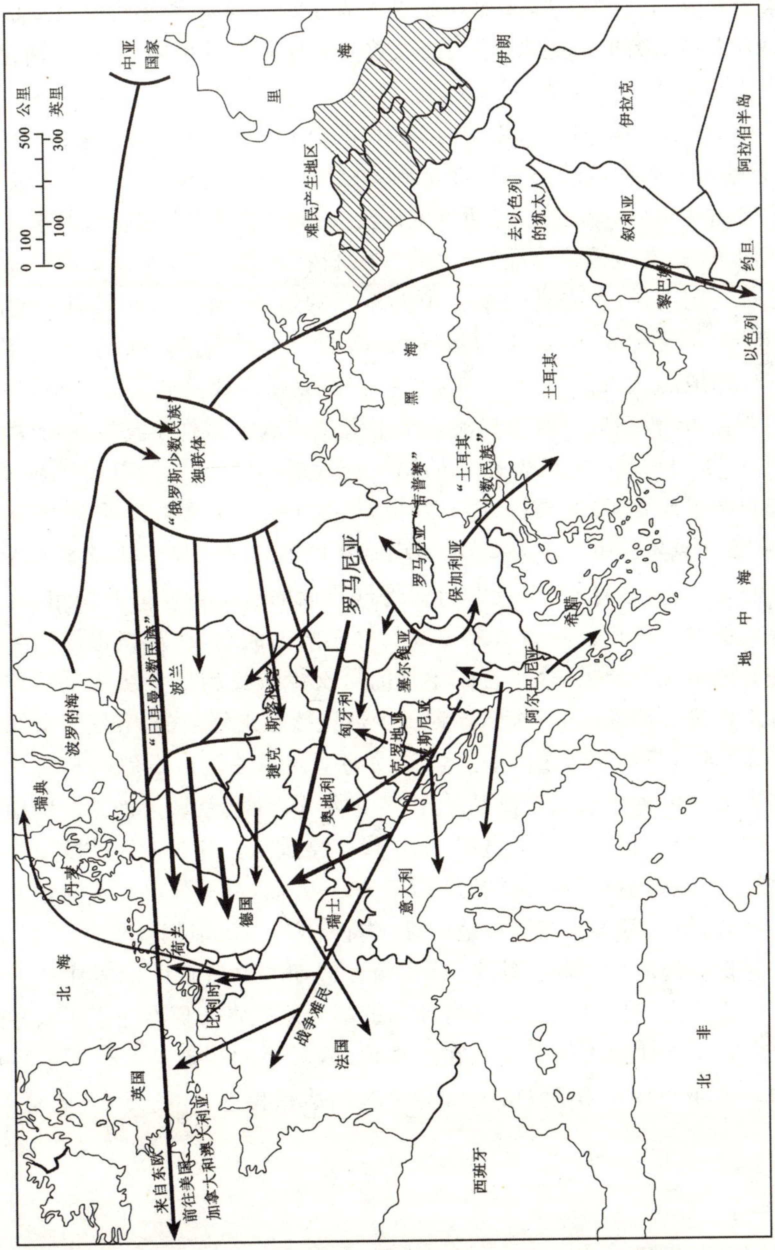

图4-15　东欧的人口流动，特别是1989年以后的流动

东欧国家间的人口流动数量也很少。民主德国的人口由于1961年之前的逃亡和出生率下降，吸引来匈牙利和捷克的工人。后来，波兰人、斯洛伐克人和

其他国家的人流动到匈牙利,保加利亚工人去了苏联。但是这些小股的流动只涉及约两万人。所有的加起来,他们的人数绝对比不上外出务工的、石油经济体的或季节性的流动。

战后重建时期的国内人口流动直到20世纪60年代末之前是政府调控的。后来,大量的地区间的流动——常常是从乡村到城市的流动出现了,原因是经济发展的不平衡和个人的意愿。与西方人广泛的揣测相反,“在经济和社会政策提供的框架内,比如新城镇的选址、住房的提供和农业政策等,个人基本上是自由地做出迁徙决定的”。在先进的东欧中部地区的经济体中,国内人口流动从20世纪50年代(截至1955年,400万流动人口)到70年代初期(截至1970年,210万人)下降了,或降到人口的20‰~30‰。在捷克斯洛伐克和民主德国,战前就实现了工业化,乡村到城市的人口流动水平仍然较低。但是在波兰,小农场仍然属于私人,然而因为政府对产品价格的调控仍然是不可行的,所以农村到城市的流动继续保持了高水平,一直持续到20世纪80年代。大多数流动是中、短距离的,只有华沙和克拉科夫(Krakow)能吸引来跨国的流动人口。非技术工人流动到工业中心,而受过教育的、有技术的或受过培训的流动人口离开城市,去较小的城镇寻找新的发展机会。婚姻常常涉及村庄间的流动,或从城市返回乡村的流动。在其他多民族国家,处于就业年龄的男女少数民族成员从传统居住地区向其他有工作机会的地区的流动,导致了少数民族在地域上的扩散。①

在苏联,各加盟共和国之间的人口流动的平衡随着经济发展的相对状况而改变。向东去西伯利亚的人口流动早在20世纪70年代就反过来了。向南去非俄罗斯人地区的流动只是在20世纪90年代才反过来。刺激措施鼓励国内的流动,以便增加或维持不发达地区的劳动力。另一方面,流动人口被免除债务或义务上交的公粮,他们可以待在原住地区而保持贫穷状态,他们被免除服军役,可享受人员和物资的低价运输。补充工资、额外假期和路费资助使居住在这个帝国的边远地区变得可以忍受。青年运动和道德劝诫把青年男女送上了去西伯利亚和其他地方充当建设者的征途。在中央地区,城市间的流动取代了乡村向城市的流动。1926~1970年,城市人口的净增长达到将近6000万人,截至20世

① Paul Compton, “Migration in Eastern Europe,” in John Salt and High Clout, eds., *Migration in Post-War Europe: Geographical Essays* (Oxford, 1976), 168-219, quote on 168 Leszek A. Kosinski, “Urbanization in East-Central Europe after World War Ⅱ,” *Eastern European Quarterly* (1974): 130-153.

纪 60 年代时,进入城市的流动人口的 60%～65%来自其他城市。[①]

1989 年后,人口流动的模式变了,变化最大的时期是到 1992 年之前的 4 年。根据阿蒂提斯(Ardittes)的分析,自东向西的人口流动呈现了五大类型:(1)经济改革和失业率升高引起的劳工流动(临时的或永久性质的,合法的或非法的);(2)民族关系紧张、内战和分离主义战争引起的难民流动;(3)少数民族出国移民流动,特别是先前数世纪中的日耳曼移民的后代和信仰犹太教的公民的离境流动;(4)返回原住加盟共和国和文化区的回归流动,多为先前失去特权地位的俄罗斯人的回归流动;(5)去西欧、北美和其他地方的临时流动或离境移民流动。[②]

在波兰,1989 年政策改变之前出国移民就自由化了。旅居美国的波兰侨民(见第 13 章第 1 节)提供关系网支持,联邦德国提供季节性工作机会。20 世纪 80 年代,大约有 100 万人离开了,往往是临时的和反复的流动。例如在 1988 年,共发生 170 万人次的流动。(相形之下,因为政治、利益和社会地位的不同,1956 年匈牙利的难民就不能和旅外的移民群体取得联系)据波兰的民意调查,大规模的临时性人口流动将会继续,特别是具有中等教育程度的人的流动。反过来,波兰正在成为来自独联体的流动商人和建筑工人的目的地。

少数民族的脱离和经济改善的希望促使波兰、俄罗斯和罗马尼亚的德裔流向国外。在任何地方,民族归属感都是人为构建的概念,真正移民的机会到来时,把自己说成是符合入德移民条件的俄罗斯—日耳曼人的人数增加了。1950～1987 年,140 万人来到了。此后,行政手段把入境人数减少到每年 22.5 万人。时间转到 21 世纪时,被认为是日耳曼少数民族的移民几乎都不会说德语

---

① Andrei Rogers, *Migration and Settlement: A Multicultural Comparative Study* (Dordrecht, 1986), *Svetlana Soboleva on the the Soviet Union*, 284-304; Anatoli Vishnevsky and Zhanna ZAyonchkovshaya, "Emigration from the Soviet Union: The Fourth Wave," in Fassmann and Münz, *European Migration*, 239-259; Alexei Polyakov and Igor Ushkalov, "Migrations in Socialist and Post-Socialist Russia," in Cohen, *Cambridge Survey*, 490-495; Tanya Basok and Alexander Benifand, *Soviet Jewish Emigration*, ibid, 502-506; Robert H. Rowland, "The Soviet Union," *in International Handbook on Internal Migrations*, 323-443.

② Solon Ardittis, "East-West Migration: An Overview of Trends and Issues," in Adreittis, *Politics of East-West Migration*, 3-46; and essays in Fassmann and Münz, *European Migration*. 1989 年之后,"如何自己动手干"的各种研究在西方出现,目标是如何不让流动人口进来或至少对他们入境进行管控。例子请参见 Council of Europe, *People on the Move: New Migration Flows in Europe* (Strasbourg, 1992), Bernd Knabe, "Bilanz und Prognosen der Migration aus der bisherigen Sowjetunion und aus demübrigen Osteuropa in den Western," in Andreas Demuth, ed, *Neue Ost-West-Wanderungen nach dem Fall des Eisernen Vorhanges* (Münster, 1994) 73-96.

了,在德国邻居中间对"俄罗斯人"的仇视进一步造成入境移民的减少。

罗马尼亚的匈牙利少数民族在不太情愿的情况下返回匈牙利,特别是从特兰西瓦尼亚地区,这个地区在1918年以前曾经是匈牙利的一部分,当时匈牙利的民族等级制度把马扎尔人置于罗马尼亚人之上。1989～1992年,几乎35万土耳其少数民族离开政治动荡的保加利亚,返回土耳其。保加利亚人也开始向西欧流动。南斯拉夫瓦解造成的难民,逃亡到东欧中部地区和西欧。到1993年时,即科索沃暴力事件之前,大约5万人已经失去了家园。[①](主动出走的流动人口,即武装冲突或驱逐真正开始之前离开的那些人,通常是寻求更好的生活道路的年轻人。)

来自前苏联的和独联体内部的少数民族人口流动自从1989年以来规模巨大。除了德裔人口离开之外,大约33万犹太人动身前往以色列。在最初四年里,又有12万人去了美国。在高加索地区和俄罗斯南部边远的中亚地区,当地的战争造成了民族分离和难民潮。苏联的联盟结构和赋予少数民族的权利,在1989年之后没能阻止争取独立的斗争,因为实质性的权力再分配没有实现。俄罗斯本土生活着1.2亿少数民族,其本土之外2500万享有特权的俄罗斯移民及其子女中,有许多人在1989年之后开始离开他们的居住地。反向人口流动来自新独立的波罗的海国家,那里的生活水平高而出生率低,还有的来自高加索地区的亚美尼亚、格鲁吉亚和阿塞拜疆。在中亚的联盟国家里,俄罗斯移民从事工业工作,而当地的人喜欢传统的乡村或田园式的农业生活方式。然而,沙皇的定居政策和布尔什维克的集体化从很多人手中夺走了肥沃的良田(见第12章第2节、第16章第2节)。非俄罗斯土地上的受过教育的俄罗斯人除了回归故乡之外没有什么选择,因为和乌克兰人、波兰人相比,他们不能够依靠世界各地的侨民帮助他们在外国居住。他们也许可以被比作20世纪60年代时西欧的从殖民

① Dövényi and Gabriella Vukovich, "Hungary and International Migration," in Fassmann and Münz, *European Migration*, 187-205, esp. 194-195; Daniela Bobeva, "Emigration from and Immigration to Bulgaria," ibid. 221-237. 在1970年,德国红十字会估计,在波兰大约有29万德裔滞留;但是到1993年时,大约有85万德裔离境出走,44万仍住在波兰(参见第十七章17.3节) Piotr Korcelli, "Emigration from Poland after 1945," idib, 171-185.

地回国的反向流动人口。[①]

民族脱离、"净化"或"民族清洗"把数百年来的混居状态又反过来，民族混居有时由犹太经纪人、中国商人或德国的手工艺工匠做中间人。这种倾向的理由包括从投资模式和生活方式选择中以及民族或国家精英决定的文化品质中发展而来的民族等级制度。生活方式的选择指对工作的态度，特别是对消费的态度；民族或国家精英作为文化的守护人，在决定文化品质的过程中强化了他们自己的地位。"清洗"这个词意味着文化交往必须净化。把民族或宗教群体从社会权力结构内部传统的或被配给的地位上解放出来，并允许个人或群体机动性的社会经济变化，涉及另一个变化，即从等级制度化的共存向依赖竞争的社会进步（或退步）的变化。像苏格兰的权力下放和泰米尔人与僧伽罗人的对抗那样的发展，说明文化、经济自决权在20世纪末及其随后年代的冲突中是一种潜在的力量。这样的冲突被认为是一个群体试图从另一个占统治地位的群体的压迫下获得解放时所提出的价码。但是民族救星一旦拥有了自决权和权力，他们常常对同一地区或同一政体内部的更弱小、独特的民族与文化群体也拒绝赋予权利。尽管多肤色的移民已经被接受进入了白人社会，尽管出现了一个美国黑人中产阶级和毛利人权利和政治参与的授权，但是常住的非白种人口（不管是美国的黑人公民，还是澳大利亚的原住民，新西兰的毛利人，还是加拿大的印第安人）还都没有获得完全的平等。新季节性人口流动涉及全球大众化的导游业，这造成了当地人向服务岗位的流动和文化的旅游业化、新的终身的机动性以及富裕的退休人员向气候宜人的地区的流动。[②]

① Table 14.5 in Cohen, *Cambridge Survey*, 492 Cristiano Codagnone, "The New Migration in Russian in the 1990s," in Koser and Lutz, *New Migration in Europe*, 39-59; Lothar Meetens, *Alija: Die Emigration der Juden aus der Juden aus der UdSSR/GUS* (2nd rev. ed., Bochum, 1993); Dina Siegel, *The Great Immigration: Russian Jews in Isreal* (New York, 1998); Lilia Shevtsova, "Psot-Soviet Emigration Today and Tomorrow," *International Migration Review* 16 (1998): 241-257; Stephan Kux, "Soviet Federalism," in Rachel Denber, ed., *The Soviet Nationality Reader: The Disintegration in Context* (Boulder, 1992), 597-613.

② Russell King et al. "International Retirement Migration in Europe," *International Journal of Population Geography* 4, 2 (1998): 91-111; Simone Abram et al. eds., *Tourists and Tourism: Identity with People and Places* (Oxford, 1997), 51-70.

第19章
20世纪90年代的跨文化策略和关闭国门

"迁徙是人类特有的现象，迁徙的结果取决于参与其中的迁徙者及其家庭的反应。"(Gunatilleke)微观的决策产生于劳工提供国和难民产生国的政策框架、机构及接收国的入境规定。数百年来，在不同社会里"有多少历史环境，就有多少人口流动"(Manchuelle)。这说明了为什么所有的"人口流动规律"仍然毫无意义，甚至一个试图解释的总框架都难以产生。以旅外侨民的汇款为例，19世纪跨大西洋流动人口寄回国内的汇款对他们出生的国家所产生的影响是微不足道的，而20世纪后期海湾国家工人的汇款却正在改变着当地的经济和社会结构。看到用经济理由对人口流动所做的解释后，一位学者吹响了"人重于金钱的嘹亮号角"，他下结论说："汇款大量流入，但是为金钱而辛勤劳动的人应该在关于人口流动的任何政策中处于中心地位。"[①]这项研究中所提出的把"系统法"和人的能动性结合起来的方法，试图把国家和大洲的层次，通过流动者出发和寻求进入的地区这个中间层次，与流动者家庭和个人联系起来。

这个任务的范围可以通过对人口流动量的某些方面作一个简短总结来说明。在20世纪90年代中期，大约有1.25亿人，或世界总人口的2%的人，居住在国外，这个数字还应加上取得外国国籍的流动者、没有记录的流动者、多次流动者，还有像中国这样大的国家里内部流动者的人数。在一些国家，1/3的居民是在外国出生的，甚至这样的净数字也隐藏了大量的我们观察不到的迁徙。[②]

---

① Godfrey Gunatilleke, ed., *Migration of Asian Workers to the Arab Worlds* (Tokyo, 1986), quote on 21; Fran ois Manchuelle, *Willing Migrants: Sominke Labor Diasporas, 1848-1960* (Athens, Ohio, 1997), quote on 226; Muinul Islam, "Bangladeshi Migration: An Impact Study," in Robin Cohen, ed., *The Cambridge Survey of World Migration* (Cambridge, 1995), 360-366, quote on 366; Ijaz S. Gilani, *Citizens, Slaves, Guest-Workers: The Dynamics of Labor Migration from South Asia* (Islamabad, 1985), "Evaluating the Consequences of a Migration Movement," 61-70.

② 外国出生的人口，在阿拉伯联合酋长国有90.0%，在科威特有71.6%，在中国香港有39.9%，在卢森堡有31.5%，在以色列有30.9%。Reinhard Lohrmann, "International Migration Dynamics and Immigration Policy in Europe: An International Perspective," in Albrecht Weber, ed., *Einwanderungsland Bundesrepublik Deutschland in der Europ ischen Union: Gestaltungeaufrag und Regelungsm glichkeiten* (Osnabrück, 1997) 31-43, esp. 33.

从20世纪60年代以来，数千万流动劳工去了欧洲、北美和海湾国家。大约2500万难民和其他联合国难民事务高级专署“所关注的人”生活在过渡状况。仅仅10年之内，发展中国家里9000万到1亿男人、女人和儿童由于“正常的”基础建设而失去家园。数亿人在受到生态威胁的环境中，处在随时都可能不得不迁徙的状态。[①]

大多数流离失所的人和还没有失去家园的人，因太穷而不能长途迁徙。对于造成他们失去家园的政府和机构，他们缺乏通过政治程序提出异议的能力。1998年7月，苏丹南部240万饥民只能想法跑到附近的食物分发中心。有些经济能力的人经过长途跋涉迁到新的地区居住。多伦多有两个泰米尔兄弟，一个通过蒙特利尔迁过去的，另一个通过在德国南部一个工厂干活过去的。因为能流利使用泰米尔语、英语、法语和德语，弟兄俩做起了一家小本买卖。中产阶级和上层的流动者可以容易地接触信息资源。根据信息的流通和与熟人及亲属的关系，中产阶级的索马里难民能够选择不同的目的地，比如法国、加拿大、意大利或美国。“猎头”或“代客寻才的人”把有才华的人带到国外，比如从印度去美国的计算机专家。大多数人能有所发展，有些则中途倒下。索马里的第一位女爵士乐歌唱家玛丽亚姆·穆尔萨尔(Maryam Mursal)就是只身携带5个子女逃亡，并在沙漠中跋涉数月后，终于在1992年到达丹麦的。足智多谋的乔伊丝·弗雷泽(Joyce Fraser)在20世纪70年代从圭亚那到达加拿大，开始时护照过期而超期滞留，但终于能够使自己的身份合法化，并把自己孩子也带到了那里。

为了确定一个视点来研究流离失所现象和特许的跨国流动现象，首先需要重新追溯一下过去数百年来人在国家中的地位和不断变化的流动者身份。其次，我们要从经济和政治权力的角度探讨当代劳工和难民的流动，并简要说明防止让人们流离失所的方法。再次，我们要检查实际的入境规定以及种族隔离式的驱逐。最后，我们要再次集中探讨流动人口的身份和策略。政府对待“管理多元化”、“难民分流”和“入境控制”的态度对流动人口的生活有影响，但是不能明确地阐明此事所涉及的男人、女人和儿童的复杂的情感、精神和物质生活。

---

① Phililp Martin and Jonas Widgren, *International Migration: A Global Chanllenge* (Washington, D. C. 1996); World Bank, *Resettlement and Development: The Bankwide Review of Projects Involving Involuntary Resettlement, 1986-1993* (Washington, D. C. 1994), 引自 Christopher McDowell, ed., *Understanding Impoverishment: The Consequences of Development-Induced Displacement* (Providence, 1996), 2; Fredric Jameson and Masao Miyoshi, eds., *The Cultures of Globalization* (Durham, N. C. 1998); Tomas Hammar, Grete Brochmann, Kristof Tamas, and Thomas Faist, eds., *International Migration, Immobility and Development: Multidisciplinary Perspectives* (Oxford, 1997).

1. 从多民族政体到通过民族净化而形成民族国家和去殖民化

任何时候,任何地方,不管文化是根据宗教、民族、家族,还是根据血统来定义,社会和文化都是交融的。文化内部又存在地位、阶级和性别的差异,可能只有些小部落是例外。12 世纪的地中海世界涉及三大洲和六个文明;15 世纪的中国和印加国包括很多民族处在中央集权统治之下;在印度语世界里,国家和贸易行会同时存在;就像在欧洲,汉萨同盟、乌班教皇时期的意大利贸易区和荷兰贸易区都是和各个王朝共存的。文明、贸易区和国家包括了多种宗教信仰、语言和文化。

国家官员、商业集团和宗教上层人士确定交往模式。这些模式,比如对常住人口的管理,即使是分成社会等级的,也必须建立在大家的共识之上,这样既有利,成本又低。统治者高兴的时候,根据他们的利益可以迁就一下流动人口:来自不同文化的商人可能被授予一些特权,农民移民可能被安置到人口稀少的土地上。流动人口可能得到常住邻居的支持,也可能受到他们的敌视。民族间的依存关系,就像民族内部的等级制度一样,包括进贡和服劳役。

追求权力和财富的,或寻求对邻国人口或教派控制的军事扩张,造成了高度的流动性。指向巴勒斯坦的基督教十字军东征与西亚和南亚穆斯林的改宗就是一个例子。一个信仰内部或不同信仰之间在信条方面的分歧也可能造成大规模逃亡。在欧洲的拉丁基督教世界①,16 世纪宗教改革之后的战争消灭了这个地区各民族人口的 1/3。各个信仰系统、王朝和商业区争夺霸权和人口资源。人民根据宗教来定义,比如穆斯林、基督徒或犹太教徒;或根据出生地和文化习惯来定义,比如日耳曼人、文德人或法兰克人。

下撒哈拉非洲地区跨文化接触的模式通过人口流动、统治和通婚,以及通过将处于从属地位的人作为工具或奴隶把不同民族混合起来。在中国,1644 年之后满族征服者和常住的汉人不得不互相妥协,满人和汉人都与其他民族的人作出一定的让步。海外华人和印度洋贸易区的商人与当地统治者就地位、自治管理和跨文化中间人业务问题进行讨价还价。然而,任何谈判的计划都可能通过

① Press reports and oral information, 1992-1998; Joyce C. Fraser, *Cry of the Illegal Immigration* (Toronto, 1980); Beatrice N. Hackett, *Pray God and Keep Walking*: *Stories of Women Refugees* (Jefferson, N.C. 1996).

使用权力施压被单方面中止,伊比利亚国家排斥犹太人和西班牙摩尔人,东南亚国家排斥华商就是这样的例子。驱逐发挥中间人作用的少数民族往往意味着接收国经济发展的极度混乱。

在16世纪,全球的权力等级结构改变了。欧洲的国家和商人以及西非产金国和亚洲奢侈品生产国的欧洲客户抛弃了谈判手段,而改为施加压力的手段。他们开始对他们的供应商采取居高临下的姿态,并这样给对方下定义:根据宗教定义为非基督徒;根据肤色定义为黑种人、红种人和黄种人;或根据统治定义为商业敌人、王朝的敌人或宗教的敌人。16世纪欧洲上升到优势地位和19世纪北半球上升到优势地位,一直到现在都影响着人口流动的模式。

一个政治实体的上层社会各集团之间和上层社会与大众之间的关系的决定性变化,是国家这个概念的转化。国家由一个王朝的家族封地变成了一个领土单位。根据特定王朝的权力和家族政治建立起来的或分裂的国家,根据《威斯特伐利亚和约》(1648年)确定的模式,变成了明确的领土实体。按照霍布斯的理论,居住在这样的实体里的居民会自发地产生暴力和无政府状态,于是就需要一个明确的机构,即国家,来强加秩序。这种秩序的管理者能够保护各个不同的群体,比如犹太人,或驱逐和消灭人口中不中意的群体。从肯定人性的观点出发,洛克提出了共和的概念,即政治上分成联邦,并授予"非基督徒、伊斯兰教徒和犹太教徒"公民权。但是,威斯特伐利亚模式只准许持异议者离境,而不准许迫害。[①]

世界上其他地方的国家在更早的时候就出现过共处的模式,常常由于出现强大的统治者、当地的强人或霸道的外来者而中断。从东南欧经过巴勒斯坦到北非的伊斯兰世界里,奥斯曼官员构建起一种政治制度,把《圣经》提到的三个宗教,即伊斯兰教、犹太教和基督教,置于一种虽然是分等级的,但非冲突状态的关系之中,根据宽容和经济利益的概念来运作。他们准许流动人口入境,比如伊比利亚的犹太人。当帝国的经济和本地区人口从中获益时,他们命令商人和农业生产者重新定居。

在欧洲,商业区、宗教机构和政治统治在地理上变得一致了,但是人口仍然是混杂的。在重商主义的信条下,这些国家的政治经济是以早期的现代阶级合作的城镇、城市世界以及流动的犹太人和伦巴底金融家的法律和经济习俗为基础的。在1776~1849年的革命时代,南、北美洲殖民地和欧洲波旁国家的人民

① 阿尔比派成名和战胜拜占庭基督徒之后,其他基督教派别的势力一直很弱。后来,东正基督教的重要性才重新提升。

大众重新把自己定义为主权民族,而不是臣民,并且履行治理的责任。有些文化中,话语强调男人的作用(英语的 Englismen);其他文化中,话语似乎是性别中立的(英语的 Americans);另外一些文化中,两性都是强调的(法语的 citoyens 和 citoyennes)。新的"国家"概念使人们成了一个文化或血统的单位,而不是像中世纪时的 natio(局限性种群)那样的一个模糊的共同地域概念。很多文化中人口的同一化把一些人置于少数民族的地位上,享有较少的政治、经济和文化权利。这些"人为构建的"少数民族的个人和家庭常常决定离境移民,去寻找更好的生存条件。民族国的概念直到现在一直影响着流动人口的地位。

这些新的重商主义的领土单位和后来的民族国,在过去和现在都被认为以三个相互冲突的原则为前提条件,每一个原则都只具有有限的分析价值:国家的原则、民族的原则和政治经济的原则。人民大众,不管是常住的还是流动的,出现在重商主义概念中的意思是生产者,在民族国概念中的意思是统一的神话,国家要求它们的公民要忠诚。不同文化的群体,如果被认为不忠,可能并且能够被驱逐,20 世纪的民族净化就是例子。虽然欧洲、北美对殖民地世界的统治结束了,但是其政治思想继续行使着霸权。1648 年威斯特伐利亚的国家模式、1789 年的民族国概念和 20 世纪的官僚统治被全球化了,伴随着它构建出一个民族的纯粹的起源和其他民族的颠覆角色。

在实际发展过程中,"国家"既不指民族,也不指文化。国家机器中的官僚首先根据王朝和贵族获得的变化不定的地盘明确划定了领土边境线,后来又根据殖民地的形成,而不顾及文化区,或换句话说,根据民族的原则划定边境线。这样的边境线在某种程度上,在某个武断的历史时间点,被教会、被传统和血统、被控制领土的纯粹权力或被对不同王朝对同一块领土提出要求而引发的破坏性战争的恐惧而合法化了。

刚刚强大起来的中产阶级,即政府官员、知识分子、商人或企业家,必须和跨欧洲的贵族(后来和殖民地管理人员)保持距离,负责知识把关的上层知识分子把区域性大众文化构建成了"真正的"国家起源,并明确规定了哪个文化群体是一个民族的一部分,哪个群体应赋予少数民族地位。行政管理人员建立了流动人口的出入境规则,为处于控制地位和处于从属地位的居民立法,保障享受不同资源的等级制度;他们根据性别、阶级、年龄或文化决定谁可以选举,谁被排斥在政治参与之外。中产阶级中经商的和拥有资本的那部分人用国家机器来保护自己的利益,国内防止下层社会的反对,国外防止殖民地被征服人民的反抗。当代统治者和外交家意识到这些暗含的意义。1815 年维也纳大会在批准了相邻的帝国对波兰的瓜分之后,加上了一项明确地把波兰人看作少数民族的保护性条款，但帝国内部经济边缘化在19世纪末迫使波兰人走上出于经济原因而迁徙的道路。通过共同的法律框架（在学校、军队等等），通过妇女负责抚养儿童的角色的规定，多元文化的人口被同一化了。不同文化背景的人们在市场上和住地附近相互交往。从19世纪末开始，国家授权的社会保障系统为流动人口享受服务提供了立法保障。①

领土意义上的国家的第三个前提，即它作为政治经济的内聚力，在重商主义时期把王朝的臣民变成了纳税的、为国创造财富和财产的生产者。这些臣民通过继承可以被看成外国人。在个人具体的依赖关系中，根据是作为服劳役和纳什一税的居民还是流动人口，也可以看作是外国人。有生产能力的人和根据领土划分的经济联系起来；不生产的士兵是从低工资的外国人中雇用的，尼德兰和瑞典就是这样的例子。中国的清朝、奥斯曼和哈布斯堡王朝在有争议的边疆地区屯兵，这些自给自足的士兵来自国内流动人口或外国移民，目的是消减国家的支出。在民族国里，服兵役是成年男子的国家义务。国家和经济一致的新概念，在寻求本国领土上所得不到的原料和产品过程中，用国家权力取代了商人的中间人身份。一批批生产者或商人有时候根据国家的或朝廷的利益被重新安置到国内其他地方。新的人口流动政策刺激人们提高生产能力，禁止具备必需技术的人向国外移民。

从重商主义向自由资本主义和工业生产的转化，把劳动人口的身份变成了生产的一个要素，在供大于求的时候，又变成了多余的人口。国家仍然禁止经济人才移居国外，比如专业化的机械工人或工厂的工人；但是将那些被视为负担的人送往国外，比如把指定的罪犯运往澳大利亚，把穷人作为契约奴运往北美。国内被认定的多余的人在其他地方可能变成有用的。经准许进入一个国家的流动者不再处在一个特定的身份上，就像欧洲的胡格特信徒或印度洋港口城市里的商人群体那样。新流动人口有望作为个人慢慢适应这个国家的习惯、行为和价值观，否则只能作为临时工入境。

19世纪末，在帝国主义和大国沙文主义的影响下，对从属的殖民地民族的包容和对民族国家内部少数民族的排斥又呈现了新的重要性。在国家或帝国中被排斥在平等参与之外的所有人，必须在自愿离境出走和由于经济情况而被迫

① Stephen D. Krasener and Daniel T. Froats, "The Westphalian Model and Minority-Rights Guarantees in Europe," In IIS working Paper, 2/96 (University of Bremen, 1996); Art I of the Final Act of the 1648 peace conference. 有关具体情况，参见上述第4章第1节和第2节，第10章第1节以及第13章第3节。David Held, *Democracy and the Global Order: From the Modern State to Cosmopolitan Governance* (Stanford, 1995) 29-140.

出走之间做出选择。首先,借助改进了的运输设施,新的工业无产阶级有了国际范围的机动性。他们出生的国家限制他们进入机构、享受他们生产的剩余价值,或进入中产阶级的民族文化。其次,区域性的所谓少数民族人口在文化上和经济上被边缘化。对于远离市场和货币关系的人来说,地理的和职业的机动性常常很低,较大市场网络的渗透或扩张引起了地区发展的变化,并为生存提供了新的前景,或强加了新的限制。在流动到新的地方之后,一些国家的工人阶级移民(现在和过去)发现自己处在权利更少的位置上。另一方面,从 19 世纪末叶开始,国际资本和多国公司开始避开国家控制。

优势民族距离市场和金钱经济较近,并能够和世界上其他地方接触。殖民国家从商业飞地向种植园地区的扩张需要派出行政管理人员、定居者和劳动者。殖民地人民被定义为从属的、随时可以剥削的,这常常是在当地社会上层阶级的帮助下完成的。当地劳工被强迫到别的地方去种庄稼或为出口而采矿。一旦到达,有些流动劳工就被奴隶制度或契约工制度剥夺了流动的自由。美国对殖民地领土的掠夺,由于美国的政治精英们许诺不重复欧洲的模式,在被吞并的波多黎各和菲律宾人民的殖民地人身份和公民身份问题上,引起了公众的争论。单色欧洲精英们的种族主义意识形态在南、北美洲成了争论的竞技场。[①]

在欧洲,自我标榜为民族的优势文化群体和要求自治的少数民族之间的斗争在 1918 年结束,帝国被分成了在某种程度上武断地建立起来的民族区域,这种做法即使出于最善良的意图,对于混居的人民来说,也绝不是公正的。这个过程在世界其他地方在去殖民化之后又发生了。住在新划定边界之外的人们被重新定居,马赛克式的混居通过驱逐出境的方式来“净化”。虽然《凡尔赛和约》包括保护欧洲少数民族的条款,但是殖民地人民对自决权的要求被拒绝了。在南、北美洲,原住民的后代继续被限制在北部的保留地和南部的山地。关于民族自

---

① Anthony D. Smith, *National Identity* (Reno, 1991) 14, and Smith, *The Ethnic Origins of Nations* (Oxford, 1986); Miroslav Hroch, *Social Preconditions of National Revival in Europe*, trans. Ben Fowkes (Czech Orig. n. d. Cambridge, 1985); Eric Hobsbawm and Terence Ranger, eds., *The Invention of Tradition* (Cambridge, 1983); Benedict Anderson, *Imagined Communities: Reflections on the Origin and Spread of Nationalism* (1983, 3d ed. London, 1986) Floya Anthias and Nira Yuval-Davis, eds., *Woman, Nation, State* (London, 1989); Theodor Schieder and Otto Dann, eds., *Nationale Bewegung und soziale Organization* (Munich, 1978); Peter Alter, *Nationalism*, trans. Stewart McKinnon-Evans, (German orig. 1985; London, 1989); Dirk Hoerder and Inge Black, "Ethnic and National Consciousness from the Enlightenment to the 1880s," in Hoerder and Blank, eds., *Roots of the Transplanted*, 2 vols. (New York, 1994), 2:37-109; Robin Cohen, "Fuzzy Frontiers of Identity: The British Case," *Social Identities I* (1995):35-62.

决权的争论只是在20世纪70年代在“红肤色政权”的口号下才开始。在印度，占据统治地位的文化群体把土著少数民族群体置于“部落”的地位。

国家、政治经济、地域、民族和文化的合并，排除了就地位问题进行讨价还价的可能性。正如1914～1918年欧洲战争后发生的一样，殖民地的人民在去殖民化之后被“净化”，以适合领土分割的情况。多种文化、多种宗教的常住居民被分类进入或强迫离开某些区域：穆斯林进入巴基斯坦，印度教徒进入印度，加纳人离开尼日利亚，塞内加尔人离开加纳，华人进入印度尼西亚成为少数民族，印度人离开东非。不能或者不愿意迁徙的群体遭到集体屠杀。大多数流动和散居人口可能就效忠问题进行讨价还价，有的的确这样做了。只有一部分人在当地和更大规模的冲突中转向反对居住国，支持遥远的祖国。在19世纪和20世纪的国家形成过程中，大部分文化群体没有得到独立国家的地位；在20世纪90年代，大约5000个民族与文化群体居住在190个国家。政治哲学家和政治理论家，社会科学家或人口计划者，从来都没有能够给民族下一个定义。[①]

在后殖民时代国家，国家同一化和民族净化包括北非的柏柏尔民族对阿拉伯化的抵抗和西非男人和女人秘密进入把他们视为异族的国家的迁徙。审视传统上多元文化的马来西亚时，一个学者写道：

> 建国过程基本上是由少数知识分子策划的一个综合过程。作为殖民化直接结果的国家强加给了各个民族。一旦独立，他们的领袖接收的是一个国家的基础结构，但不是统一的民族……民族国的形成为民族化的进程提供了方便条件。在开放的、竞争的政治制度中，民族身份成了政治集团形成的基础。[②]

在经济方面，新的国际分工再次改变了国家对流动人口的态度。肤色界限

① Theodore W. Allen, *The Invention of the White Race*, 2 vols. (New York, 1997); Matthew Frye Jacobson, *Whiteness of a Different Color*: *European Immigrants and the Alchemy of Race* (Cambridge, Mass. 1998); Gary Y. Okihiro, "Comparing Colonialism and Migrations, Puerto Rico and the Philippines," Duke University, unpublished paper, Feb. 1995.

② Minority Rights Group International, *World Directory of Minorities* (London, 1997); David Levinson, ed. *Encyclopedia of World Cultures*, 10 vols. (Boston, 1991-1996). The Literature on minorities is legion; see, for example, A. C. Hepburn, ed., *Minorities in History* (New York, 1979); Antony Alcock, Brian Taylor, and John Welton, eds., *The Future of Cultural Minorities* (London, 1979); Hugh Miall, ed., *Minority Rights in Europe* (London, 1994); Ulrich Schneckener and Dieter Senghaas, "Aufder Suche nach friedlicher Koexistenz: Modeller zur," Bearbeitung ethno-nationaler Konflikte in Europa," In IIS working paper, 8/97 (University of Bremen, 1997).

先前被从殖民地回宗主国的反向人口流动违反了,当不适合国际资本投资战略、不适合白肤色的北半球中产阶级对廉价家政女佣的需求时,此界限瓦解了。当核心国家的(白肤色)妇女被允许进入薪酬较高的劳动市场领域的时候,她们"自然的"、因而也是没有报酬地抚养孩子的角色,就下放给(或移交给)了来自廉价劳动力国家的有色妇女。从好的方面来说,对种族、不歧视、难民入境准许和流动家庭形成等问题上的新态度,在一些前殖民国家和北美导致了入境规定的变化。它们准许有色人种入境。在像英国那样的对开放式入境限制的国家,机动的流动者群体稳定下来;在入境限制仍然是首要措施的地方,流动者作为非法工人入境的越来越多。全世界范围内,自由迁徙的人权原则从来没有落实过。在任何地方,入境的权利从来就比不上出境的权利。①

一百多年来,资本离开了领土边界的限制并建起了国家利益。在 20 世纪的下半叶,资本的一个部分,即多国公司,巩固了它们的全球投资战略,并把从一个特定社会的工人劳动那里赚来的利润转移到投资回报更好的任何地方。这种战略的结果是,过去的工业化区,比如美国东北部地区,随着很多人移居国外,变成了"生锈地带",而菲律宾或中国南方的"自由经济区"却变成了移民地区。②

在一些国家里,自下而上的斗争,开明的政策或公众舆论导致了从单一文化向多元化或多元文化的社会结构重建。由于没有驱逐政策和种族灭绝政策,多种文化成分的各民族成员不可能被送回某个神话的、"纯粹的"过去,或被抛进决策人指定的民族文化环境中。然而,边界仍然可以对人类关闭,以防"有色的"第三世界移民或其他移民入境。在欧洲、日本、印度部分地区和其他地方,限制移民的情绪很强。自 1500 年以来,7500 万欧洲人已经散布到世界各地;自 19 世

① Lian Kwen Fee, "Migration and the Formation of Malaysia and Singapore," in Cohen, *Cambridge Survey*, quote on 392.

② Alan Dowty, *Closed Borders: The Contemporary Assault on Freedom of Movement* (New Haven, 1987); Bertand Badie and Catherine Wihtol de Wenden, eds., *Le Défi migratoire: Questions de relations internationals* (Pairs, 1993); Myron Weiner, "On International Migration and International Relations," *Population and Development Review* Ⅱ (1985): 441-455; José D. Inglés, *Study of Discrimination in Respect of the Right of Everyone to Leave Any Country, Including His Own, and to Return to His Country*, UN. Economic and Social Council, Commission on Human Rights, Subcommission on Prevention of Discrimination and Protection of Minorities (E/CN. 4/sub. 2/229/Rev. I, 1963); Hurst Hannum, *The Right to Leave and Return in International Law and Practice* (Washington, D.C. 1987) Nino Falchi, *International Migration Pressure: Challenges, Policy, Response and Operational Measures: An Outlines of the Main Features, International Organization for Migration* (Genva, 1995). 在 1979 年中美谈判中,暴露了西方自由迁徙政策的两重性;面对美方提出的从中国自由离境政策的要求,中方谈判人员主动提出美方要几百万给几百万。Roger Daniels, "Changes in Immigration Law and Nativism since 1924," *American Jewish History* 76 (1986): 159-180, esp. 176.

纪末期开始，数十万日本人也散布到了世界各地。不自愿的接收国家都不能够排除这些流动人口。[①] 在20世纪90年代，从南半球到欧洲的人口流动与过去数百年中走出欧洲的人口流动不同：这些新流动人口没有带来火药、资本和优越感情结。“我们在这儿，因为你们在那儿”，是在前宗主国门口敲门的后殖民时代流动人口的反驳。数个世纪之前，全球化就发生了。

根据共和与民主理论，人生来是平等的，但是通过社会化过程，进入了当地文化和地区文化，进入不平等的权力关系，进入特定的政体。他们是否停留在生来赋予他们的社会、地理空间，取决于当地生存的可能性、信息流通和人口流动传统、进入其他经济或政体的选择性以及对流动的情感成本、文化传统和文化关系的丢失、接收国的开放程度等诸方面所作的考量。

2. 经济权力还是全球正义：现代人口流动[②]

20世纪最后30多年里的主要大迁徙，包括劳工和难民从穷国向富国的，或在不太发达国家之间的流动。有人根据针对流动根源的社会经济方法（参见第18章第1节），根据针对产生难民的政府的政策法，根据针对全球正义的理论—哲学方法，对这些人口流动作了分析。在北半球的政治中，这样的流动人口一旦到达希思罗机场或芝加哥奥黑尔机场、地中海的海滩、美国的格兰德河、澳大利亚的一些目的地，就被贴上“难民问题”的标签。在不发达国家，人们把他们作为住在城市边缘的居民看成一个问题。贝兰（Balán）说：“看上去好像是控制穷苦的、没受过教育的流动人口流入首都（和整个社会）的流动人口政策，实际上只不过是保护少数特权人们的生活方式的一个机制，这与对劳工的需求是相悖的。”[③]

权力关系和获得资本方面全球的不平等，被公认是引发流动的因素，但是对纠正这些不平衡状况，却没有采取什么措施。工业化国家的经济长期以来一直

① Karl Polanyi, *The Great Transformation* (New York, 1944)；欧洲向外移民的数字估计在6000万～8000万。Aaron Segal, *An Atlas of International Migration*. (London, 1993), 10-21.

② Ronald Skeldon, *Migration and Development: A Global Perspective* (Essex, U. K. 1997); *Winning the Human Race? The Report of the Independent Commission on International Humanitarian Issues* (1st ed. 1998; London, 1998).

③ Cornelis D. de Jong, "The Root Causes Approach," paper given at the conference "Organizing Diversity," Berg-en-Dal, Netherlands, Nov. 1995; Jorge Balán, "International Migration in Latin America: Trends and Consequences," in Reginald T. Appleyard, ed. *International Migration Today*, 2 vols. (Pairs, 1988), 210-263, quote on 247.

从每一个种植园劳工所生产的剩余价值中和殖民地自然财富中得到发展援助。现在工业化国家对不发达国家按照低于联合国提倡的国民生产总值的1%的最低比率水平提供援助。付息和援助的附带条件在20世纪90年代造成净资本从穷国转移到富国。作为纠正不平等的措施的“自由贸易”这个灵丹妙药,轻易地绕过了全球经济关系中的权力因素,不管是超级大国、资本主义核心国家行使的权力,还是多国公司行使的权力,都是如此。如帝国主义的分析家所表明的,自由贸易有利于把海军部署在世界各大洋的国家。亚当·斯密在二百多年前从理论上分析,经济自由主义是早期制造业和都市社会的前提,在那里劳动、资本、企业家和商人处于相对平等的地位,在平等权利、综合信息和合理的自身利益基础上在市场上互相交往。斯密的设想既没有亲资本主义倾向,也没有社会达尔文主义的倾向,而是反官僚主义的。[①]

分析离开低工资国家的根源的第一种方法是针对经济权力和投机的国际转移款项,或换句话说,支持当地的经济和生活方式。经济学家詹姆斯·托宾建议实施针对国际资本转移征收0.5%的税收。这会终结在金融强盗统治下资本的“到处流浪”。用20世纪90年代末期的术语表达,金融强盗们把少数人利益,即“股东价值”,置于大众的生活之上,即“有利害关系者价值”。非政府组织暗示,估计每天约18亿美元的税收应该由国际机构投资到不发达国家里。另一方面,詹姆斯·哥尔斯密说,资本的流动和人的流动都不能被国家成功地控制,但产品的运输总是被控制的。货物应该在生产的地区出售,以便强迫投资者注意当地的生活水平、文化习惯和政治框架。这种“公有社会的偏向”会加强当地经济增长,而《关税和贸易总协定》(GATT)以权力为基础的自由市场思想却增加了全球的不平等。[②]

第二种方法是针对政体和和平的方法,目标是国内和国际的产生难民的暴力冲突以及武器销售。虽然对国际战争或内战的习惯性议论暗示,社会或人民处于战争状态,战争是“爆发”的,但是政治精英们却以国家的名义宣战,或在国

---

① Gunnar Myrdal, *The Challenge of World Poverty: A World Anti-Poverty Program in Outline* (New York, 1970); McDowell, *Understanding Impoverishment*; *Adam Smith*, *An Inquiry into the Nature and Causes of the Wealth Of Nations* (1776), ed., R. H. Campbell, A. S. Skinner, and W. B. Todd (Oxford, 1976) 72-81, 376-380, 411-427.

② “托宾税”本来有可能每年获得大约1.6万亿美元进账,在1999年12月世界贸易组织的西雅图峰会上,非政府组织又提出这个税的问题。James Goldsmith, *The Trap* (French orig. 1993; New York, 1994) and Goldsmith, *La Réponse à la Commission européenne et aux libre-échanists*, *premiers responsables du chôamage*, *du decline de la nation et de l'Europe* (Pairs, 1995).

家内部互相开战。重点放在“难民产生”问题上就能对政治因素进行分析，而对“难民潮”的研究却集中在这个过程的最末段。预防性的外交、警察或军事维和行动，针对掠夺成性的或单一民族成员构成的上层人物的政府、家族或没有被大众意愿合法化的独裁者，这可能减少人类的苦难和大规模逃亡。但是，非军事的经济制裁会增加全体人民的负担，军事干预的实施可能是出于一个或多个参与干涉的国家的利益。“西方”在对盛产石油的科威特和对资源匮乏的波斯尼亚的侵略问题上所做出的反应说明了这个问题。再有，生产和提供武器的第一世界国家被请求签署对某种或任何一种武器的不扩散条约。这将涉及武器生产国的政治经济领域的巨大改变。以政体为中心的方法突出了政治理论的缺陷，并提出了几个有争议的问题：在干涉的情况下，谁是应该得到尊重的统治者——是一个民族，特定的阶级，一个国家机器，还是一个特定的政府？（人们察觉的）压迫能不能说明少数民族有权从国家分离出去？作为财产安全前提的国家可不可以取缔武器生产和贸易？和平、保护以及一个政体的所有成员，无论其性别、年龄、阶级和肤色，对权力和物质资源都平等地享用，这些问题都是值得争论的。[①]

被征服的人民反对宗主国而进行的资源分配的战争和解放战争，即“跨国内战”，常常得到劳工和流亡侨民（例如泰米尔人、巴勒斯坦人或库尔德人）的支持。在过去，德意志社会民主能从1878～1890年的俾斯麦压迫下生存下来，就是因为北美德裔侨民的财政支持；中欧东部民族能从沙俄、奥斯曼、霍亨索伦和哈布斯堡帝国统治下得到解放，部分原因是在1918～1919年凡尔赛和约会议期间海外侨民对美国政策施加的影响力。侨民的祖国发生的解放运动和斗争也能从侨民的斡旋能力中获益，去殖民化期间，住在以巴黎为中心的法语侨民区的殖民地上层人士就是个例子。政治上被排斥和经济上被边缘化的群体就不能充当中间

---

① Ernst-Otto Czempiel, *Welrtplitik im Umbruch: Das internationale System nach dem Ende des Ost-West-Konflikts* (Munich, 1993) Brian Barry, "Nationalism, Intervention and Redistribution," paper given at the conference "Citizenship and Exclusion," Amsterdam, Apr. 1996; Jonathan Glover, "State Terrorism," in R. G. Frey and Christopher W. Morris, eds. *Violence, Terrorism, and Justice* (Cambridge, 1991), 256-275; Harry Beran, "A Liberal Theory of Secession," *Political Studies* 32 (1984): 21-31; U. S. Central Intelligence Agency, *The Challenge of Ethnic Conflict to National and International Order in the 1990s: Geographic Perspectives: A Conference Report* (Washington, D. C. 1995); Michael Kidron and Dan Smith, *The New State of War and Peace: An International Atlas* (New York, 1991). 据美国国会研究服务处的一个报告称，1990～1998年，最大的武器贸易机构使这种买卖成了美国外交政策的“一个合法工具”。*Toronto Globe and Mail*, 5 Aug. 1998, and Duncan L. Clarke, Daniel B. O' Connor, and Jason D. Ellis, *Send Guns and Money: Security Assistance and U. S. Foreign Policy* (West-port, Conn. 1997).

人的角色,1900 年左右南非的印度移民和 20 世纪 90 年代在欧洲的库尔德人就是这样的例子。具有政治力量和发言权的群体能够对具体问题的解决发挥影响力,而被排斥在政治进程以外的群体会转向提供武器的角色。

分析人口流动根源的第三种方法是生态学方法,关注的是发达国家中生活方式的变化和不发达国家中污染型经济成长方式的变化。然而,1992 年巴西世界生态大会的建议一直没有落实。第四种方法针对人口发展。发展中国家人口的快速增长和工业化国家人口的逐渐减少都是要关注的。为了减缓增长率,联合国提倡以妇女为中心的战略,妇女是这个世界上"浪费了的财富",这个战略通过教育、参加工作和计划生育信息增加她们的权利。[①]

为了改进侨民社会的生活条件,自下而上的战略,而不是自上而下的规划,证明是成功的。世界银行贷款和其他类似的贷款直接到达高层、享有权力的机构和能够接触到它们的其他群体,是以资本为中心的战略。联合国发展计划采取一种针对基层的、以人为中心的方法,重点是为自主创业提供种子基金,特别是为妇女和社区组织。例如,孟加拉的德意志银行为农业和商业领域创业的妇女提供小额贷款。当地需求可能涉及全球的关系:拥有一部手机的村民可以和远在马来西亚或迪拜当劳工的亲戚保持联系,或和当地市场保持联系。在亚洲、非洲和拉丁美洲,小额融资也帮助从农村到城市的流动者,特别是那些不去从事产业工作,而是非正规领域的自主创业者。这样的自下而上的战略加强了新国家经济的灵活的、富有成果的第三产业,并避免了自上而下的大项目造成的大规模迁徙。[②] 全球正义理论要求落实每一个个人的人权和正义。它把民主政治理

① World Commission on Environment and Development (Gro Helen Brundtland, chair), *Our Common Future* (Oxford, 1987); UN Population Fund, *Annual Report*, 1992.

② UN Development Programme, *Human Development Report* [annual] (New York, 1993)84-99, Mayra Buvini'c, Catherine Gwin, and Lisa M. Bates, *Investing in Women: Progress and Prospects for the World Bank* (Washington, D.C. 1996). 例如,巴勒斯坦自治地区的妇女组织提出从军队中遣散男童的要求。Chris Rolfe, Clare Rolfe, and Malcolm Harper, *Refugees Enterprise: It Can Be Done* (London, 1987).

论、平等政治权利和法律面前人人平等的原则扩展到阶级和经济地位。[①] 相反，局域化的“集体的”方法提倡集体的自决权，规定了特权集体排斥来自弱势社会的新移民的权利，而不保护受剥削的群体免遭强势群体的渗透。[②] 全球正义的概念虽然是建立在源于欧洲的政治思想和人权信念之上，但已经被联合国所有成员国所接受，并被用来批评资本主义世界的权力和剥削战略。这些概念可能依赖大多数基层社会中发展起来的道德经济，即使在对内在的遵从模式和等级制度有质疑的时候也是如此。在不同文化的社会中落实人权的时候，在价值观、风俗习惯和法律规定等方面，不得不调整，做些妥协。

只要在各洲、各国之间存在机会和结果的分配不均，有头脑的男人和女人就会通过迁徙(或内部改革或反叛)寻求改善他们及其子女的生活的机会。1900年左右的时候，从意大利南部去美国的一位移民说，假如他不采取利用远离家乡的工作机会和资源的策略的话，他会对不起他的家人。自由主义思想局限于经济学，而自由主义理论却对流动者改进自己的和自己孩子的人生的策略做出解释。他们改换地方的决定需要主动性、自力更生和企业家精神，即唯意志论和自由的进取精神。他们理性的决策要考虑多重因素：经济问题、跨代改善问题和改变性别限制问题。在最坏的情况下，人口流动也可以被看作一种生存策略，但是更经常发生的是，它可以是在终生计划中增加人力资本和社会资本的投资策略。

---

① Veit Bader, ed. *Citizenship and Exclusion* (London, 1997); Verena Stolcke, “Taking Culture: New Boundaries, New Rhetorics of Exclusion in Europe,” *Current Anthropology* 36 (1995): 1-24; Will Kymlicka, *Multicultural Citizenship: A Liberal Theory of Minority Rights* (Oxford, 1995), is based on Candian experience only; Joseph H. Carens, “Who Belongs? Theoretical and Legal Questions about Birthright Citizenship in the United States,” *University of Toronto Law Journal* 27 (413-443), and Carens, “Migration and Morality: A Liberal Egalitarian Perspective,” in Brian Barry and Robert E. Goodin, eds. *Free Movement: Ethical Issues in the Transnational Migration of People and of Money* (New York, 1992) 25-47.

② Michael Walzer, *Spheres of Justice: A Defense of Pluralism and Equality* (New York, 1983); Veit Baker, “Replay to Michael Walzer,” and “Citizenship and Exclusion: Radical Democracy Community and, Justice, or What Is Wrong with Communication?” *Political Theory* 23 (1995): 211-246, 250-252.

3. 后国家世界的公民身份和全球种族隔离[①]

把流动的“他者”包容进民族国的政治制度中,一直是个有争议的领域。在准入和排斥之间,侨民身份在跨越好几代的时间里,可以按照惯例受到包容,或经过部分的磨合而受到包容,这其中包括一些商人群体,像华侨、豪萨人(Hausa)、阿姆斯特丹的葡萄牙犹太人。像加拿大和澳大利亚那样的移民国家,在得到居留权以后可以很容易地获得公民身份。其他国家准许外国人作为临时工入境,比如19世纪80年代后的欧洲,或自20世纪60年代以来的非洲;作为按种族分工的契约工入境,比如过去的大英帝国,或现在的新加坡;作为临时“客居者”入境,比如20世纪90年代的欧洲和海湾国家。非移民国家竖起了获得公民身份的障碍,申请程序中有很多灵活处理权,最低居住年限可以延长至12年。

在20世纪90年代关于移民和难民准入制度以及文化同一性或文化多样性的辩论,仍然以民族国的概念和法律面前人人平等的概念为前提。对少数民族群体的承认,被有些人说成违背了民主理论的人类普遍性的“首要原则”。文化群体的区别,或“多样性”,是所有人类社会的一个必要组成部分,但它并不是由流动人口从外面带进来的,尽管他们常常被扣上分裂社会的污名。公民的平等不断地受到社会上的排斥行为和利益集团自动拉帮结派的挑战。风俗、阶级和地位分裂了一个政体里的居民,使他们享有不公平的社会资源,比如教育机会、劳动市场、资本资源、法庭或立法机构等。根据法律规定和公众的看法,公民被置于不同的位置上,作为男人、女人或儿童,或作为商业社团的成员,或工会会员。地位稳固的掌权的群体利用他们的话语权把社会分成等级:白人在黑人之上,富人在社会底层人员之上,图西贵族在地位低下的胡图多数群体之上,卖官鬻爵制度中享有特权的人在普通工人之上。群体可以自己下定义,或被群体之外的人根据文化行为来下定义。

作为民主样板的瑞士和作为国家样板的英国各包容了四个地区性的少数民族文化。20世纪80年代亚洲的多元文化样板国家马来西亚包容了许多民族。在一个国家内部,比如印度,政治边界包括数百种语言和方言群体,或者把语言

① 1995～1996年举行的三次国际研讨会的讨论和论文对这一部分有影响:“Organizing Diversity: Migration and Refugees: Canada and Europe,” Nijmegen, Nov. 1995; “Becoming American/American Becoming: International Migration to the United States,” U.S. Social Science Research Council, Sanibel Island, Fla. Jan. 1996; “Citizenship and Exclusion,” Amsterdam, Apr. 1996 (发表在 Bader, *Exclusion and Citizenship*).

群体分开。居住在同一领土上的群体被降到“少数民族”的地位上，比如日本的北海道人，或法国的巴斯克人、布列塔尼人和阿尔萨斯人。这样的占有领土的群体通常集中在一个特定的区域，在那里形成当地人口的多数。相形之下，没有领土的群体，比如吉普赛人、犹太人、海外华人、非洲商人群体和移民少数民族群体。受到歧视的群体做出的反应可能是在体制内部进行斗争，采取反叛，或迁徙去另一个国家，或去他们认为能过更好的文化、经济生活的地方。民族区域自治的要求表明，尽管在全国范围内有法律和机构的陪衬，但占统治地位的群体为了建立大一统的国家，没有容忍文化多样性。结果，流动人口没有一个“国家的”模式去融入。在某些国家，多样性通过宪法在联邦的概念里被神圣化了，而且宽容融进了多元化或多元文化主义的概念里。

授予政治权利的难易程度可以用一个横轴来表示：从融合—多元文化型（根据儿童出生地决定国籍的惯例，开放的国籍准入制度），通过融合—同化型（有文化同一性的要求），到排外型（根据儿童国籍由父母国籍决定的惯例，或血统原则，出身决定民族文化身份，几乎没有“归化”的可能）排列。“归化”[①]的概念是表明了政治制度的成员身份中不合理的或生物学因素的例子：没有公民身份的人就不自然吗？血统概念来自部落的习俗，或一个特定历史阶段一个（贵族）阶级的地位，这个概念已经被一些中产阶级国家接受来为一个所谓的纯粹民族辩护。封建王朝国家的臣子地位是由居住的领土和对一个主人的忠诚所决定的；公民地位，根据法国革命中给出的定义，既根据居住地，也根据一个共和制度的接受与否。所以，很多国家要求有几年的居住期、与接收国的机构打交道的能力以及使用接收国官方语言的能力。从流动者的人权观点和民主政治理论的观点来看，批准公民身份的标准必须或多或少是全人类一致的。

把公民资格与一种民族文化的成员身份相结合、或与一个血统群体相结合的国家拒绝承认双重或多重公民资格，因此，歧视他们常常需要招来做工的跨国流动人口。多重公民资格把活跃的公民身份和不活跃的公民身份相区别：流动人口（但不包括观光客或其他短期旅行者）可能持有一个以上的公民身份，在一个特定地方的常住决定了哪一个公民身份是起主要作用的。发挥作用的公民身份需要履行像纳税、守法行为和服兵役那样的义务。多重公民资格的规定反映

① “归化”的英语是 naturalization，另一个意思是“自然化”。——译者注

了高度流动性时代国家和社会的后国家时代的概念。[①]

在历史上,作为计时工的工匠写一些旅行笔记,列出中途停留的地方、工作的时间段和临时的福利等(见第 2 章第 3 节)。这种自我管理在本国政府的福利之外可获得更大的灵活性。适应了现代护照制度之后,一个选择长期居留的流动者也可以选择同时应尽的义务和享受的福利。他(或她)可以把应享的福利权利转移到另外一个国家,不管在哪里居住,都必须完成个人的义务,比如为未成年子女提供生活费用的义务。[②] 可以享受不同的社会保险制度的多重公民,将会结束在跨国流动人口的福利和义务方面各国各自为政的状况。

在有社会保险制度的国家,流动人口不再必须依赖自力更生、少数民族社团和工人阶级互助团体,合法进入劳动市场就应该享受失业保险、医疗保险和养老金等。持有合法证件的流动者与本国出生的工人和雇员享有同等地位。这种制度保护本国出生的人口免受有人用降低生活水平从事不正当经济竞争带来的损害,同时也保护流动人口不受剥削。如果这种包容伴随着政治参与方面的排斥,流动人口所获得的不是公民资格,而是外籍公民资格,在许多国家,这种身份只提供了不牢靠的居住权。[③]

流动者在多大程度上会寻求取得公民身份,这个问题需要进一步研究和评价。从 19 世纪 30 年代到 20 世纪 20 年代,加拿大的移民对公民身份几乎不感什么兴趣,因为他们对移民国家的制度感到满意,愿意选择经济上的融合。他们不要加拿大国家身份,而要所选择居住的地区身份,或工作的行业身份,他们的孩子一出生就是加拿大公民。移民证件说明,家庭关系的继续和叶落归根的选择,即跨国身份,比政治参与更重要。后国家时代的国家里的流动人口需要公民资格来反对歧视或积极参与政治活动,他们要进入劳动市场和享受社会保险并不需要公民资格。在经济萧条的时候,公民身份是一种保护,可以免于失去身

---

① Rainer Bauböck, ed. *From Aliens to Citizens: Redefining the Legal Status of Immigrants* (Aldershot, U.K. 1994) and Bauböck, *Transnational Citizenship: Membership and Rights in International Migration* (Aldershot, U.K. 1994); Yasemin N. Soysal, *Limited of Citizenship: Migrants and Postnuptial Membership in Europe* (Chicago, 1994); Stephen Castles and Mark J. Miller, *The Age of Migration: International Population Movements in the Modern World* (New York, 1993), 195-230.

② 双元文化或多元文化协议准许社会保险金的转移,通常要通过非常复杂、花钱、耗时的官方程序。

③ Tomas Hammar, *Democracy and the Nation State: Aliens, Denizens, and Citizens in a World of International Migration* (Aldershot, U.K. 1990).

份，西非国家对外国人的驱逐就说明了这一点。[①]

20 世纪 90 年代，一些移民国家就包容问题所做的辩论，被传统卫道士的花言巧语所掩盖了，他们大肆谈论不令人满意者的到来和社会的分裂，这些言论只是建立在对未来移民潮的假想上。独特异族文化群体的幽灵在北半球被一些人唤醒了，他们的灵感来自很多方面，比如来自第三世界的经济和生态难民，假想的逃离不平等的俄罗斯民众，或从南斯拉夫内战中真正逃亡的巴尔干少数民族。[②]“土生子组织”的歧视涉及阿萨姆邦、安德拉邦和比哈尔邦的外来移民，日本人对朝鲜流动劳工有同样的敌视态度。加拿大保守主义者攻击多元文化政策，美国的保守主义者把美国社会遇到的所有问题都怪罪到多元文化思想上。在法国，民族阵线使北非移民成了人们害怕和讨厌的对象。在德国，“恐外症者”向所有“他者”找茬儿。[③] 意识形态的上层建筑，从荣誉感到种族优越感，常常导致排外的敌意、歧视和暴力。毒打一个移民容易，打败经济萧条难；把新移民驱逐出境容易，把利用民族争斗来生存的政客赶下台难。如果一个国家的所谓优等多数民族的文化和道德被认为由于一个数量小得多的移民群体的存在而受到了威胁，比如白肤色男人受到有色妇女的威胁，那么这个价值观体系肯定是脆弱的。种族主义的经济学和病理学以及把自己所害怕的短处投射到别人身上的心理学就需要研究者们注意了。

要更好地理解反移民的敌意和政府的排外政策，最好借用经济学家约翰·盖尔勃瑞斯的“满足文化”这一概念：富裕的国家对他们中间的贫穷是不关心的；对不愁吃、不愁穿的人来说，工业化国家已经实现了民主，已经满足了，对不发达

---

① Christiane Harzig, "Immigration Policy and the Creation of the Modern Citizen: A German Perspective," paper given at the annual meeting of the Social Science History Association, Washington, D. C. Oct. 1997; Dirk Hoerder, *Creating Societies: Immigrant Lives in Canada* (Montreal, 1999); studies on Overseas Chinese in Southeast Asia cited in chap. 19, nn. 55, 65, 66 and 86.

② 在 1989 年，估计大约 2000 万潜在的“俄罗斯”人要到西欧四处流动，尽管俄罗斯人并没有先前的移民网络。而人们却没有注意到，据民意测验结果，在撒切尔首相的政策付诸实施之后，1/3 的英国人准备离开他们的国家。Bernd Knabe, "Bilanz und Prognosen der Migrationen aus der bisherigen Sowjetunion und aus dem übrigen Osteuropa in den Western," in Andreas Demuth, ed. *New Ost-West-Wanderungen nach dem Fall des Eisernen Vorhangs*. (Münster, 1994), 73-96; "Isle of Despair," *Time* 15 Mar. 1993, 30-27.

③ Yasmeen Abu-Laban and Davia Stasiulis, "Ethnic Pluralism under Siege: Popular and Partisan Opposition to Multiculturalism, "*Canadian Public Policy* 18 (1992): 365-386; Christoph Butterwegge and Siegfried Jäger, eds. *Rassismus in Europa* (Cologne, 1992), and Butterwegge and Jäger, eds., Europa *gegen den Rest der Welt: Flächtlingsbewegungen-Einwanderung-Asylpolitik* (Cologen, 1993); Klaus I. Bade, ed. *Das Manifest der 60: Deutschland und die Einwanderung* (Munich, 1994).

国家的人们既不同情,也不愿意伸出援助之手。安东尼·里士满诠释世界范围的剥削关系时,用了"全球种族隔离"的概念(见第19章第1节)。看透文化面具背后的经济利益的移民,以绕开限制性措施和非法越境的方法做出回应。他们试图通过个人努力去获得平等的生活机会。"非法的"移民对合法化的不平等和全球种族隔离的道德提出了质疑。[①]

4. 多重文化身份和跨文化日常生活

流动人口离开他们复杂的社会和剪不断的家庭关系,去策划自己独立的生命航程。影响他们做出离国出走决定的原因也影响着他们与接收国的关系,不管他们把它视作煽动推翻国内压迫性政权的临时避难所,还是视作长期的工作环境,或视作成家立业的永久居住地。流动者如果不是在小时候被父母带到国外的话,他们把他们的生活方式随身带走,就像是"文化行李"一样。流动者根据这个第一次社会化的常规和行为框架,在第二次社会化过程中去适应东道主社会。[②]

从民族文化的观点看,从这种互动关系中产生的是一种双重的、或带连词符的文化身份:美籍华人或澳籍意大利人,或者如果心理距离更远的话,日本的朝鲜人、乌干达的亚洲人、德国的土耳其人。除了像门诺(Mennonites)人那样的一些自愿隔离的例外情况,经过两三代人的时间,文化适应会把新移民或少数民族改变成接收国主流社会的成员。在德国的胡格特人和在特立尼达的印度人的经历就是如此。接收国主流社会也发生变化:在马来西亚,常住的马来人和华人移民就演变出了一个新社会;在西伯利亚,俄罗斯和当地原住民混合文化出现了;

---

① John K. Galbraith, *The Culture of Contentment* (Boston, 1992). 在1998年,挪威政府任命了一个价值观问题的委员会(主席是 Hanne Sophie Greve),专门讨论挪威社会中的物质享受思想。Anthony Richmond, *Global Apartheid: Refugees, Racism, and the New World Order* (Toronto, 1994).

② Dirk Hoerder, "From Migrants to Ethnics: Acculturation in a Societal Framework," in Hoerder and Leslie P. Moch, eds. *European Migrants: Global and Local Perspectives* (Boston, 1985), 211-262, and Hoerder, "Segmented Microsystems and Networking Individuals: The Balancing Functions of Migrations Processes," in Jan Lucassen and Leo Lucassen, eds. Migrations, *Migration History, History: Old paradigms and New Perspectives* (Bern, 1997), 73-84, and Hoerder, "Labor Market-Community-Family: A Gendered Anslysis of the Process of Insertion and Acculturation," in Wsevolod Isajiw, ed. *Multiculturalism in North America and Europe: Comparative Perspectives on Interethnic Relations and Social Incorporation* (Toronto, 1997), 155-183. Richard Alba 最近提出了维护同化概念;"The Assimilation of Immigrant Groups: Concept, Theory and Evidence," paper presented at the "Becoming American/American Becoming" conference, Sanibel Island, Fla. Jan. 1996.

在19世纪末叶的美国，非技术工人移民的到来给泰勒式生产管理提供了原动力，建立了新工厂生产方式；在中国的东北，移民和工业化吞没了当地的居民。

流动者"同时生活在祖国和东道主社会里"：他们过着跨文化的生活。[①] 19世纪的劳工和定居的侨民，比如太平洋沿岸地区的黑人、海外华人和北美及南俄罗斯的农民移民，在哪里扎根，就在哪里重建家园，建立小社会。他们生活在洲际关系网里，而不是悬在由边界划分的两国之间。虽然资产阶级的世界主义和工人阶级的国际主义的概念，可能过分强调超越国家和民族界限的阶级文化和阶级团结，但"文化休克"的概念过分强调了精神崩溃。流动人口试图在接收国里选择与他们技术和兴趣匹配的社会空间。问题来自种族主义，而不是来自人口流动。20世纪90年代居住在伦敦种族主义严重的多格斯岛(Isle of Dogs)的一个孟加拉移民说："我能在互联网上漫游世界，我在美国和澳大利亚的家属能打电话给我，但是在库比特区(Cubitt Town)，我却不敢走出家门。"[②]散居人口之间的交流随着飞机旅行和电信的普及加速了，但这不是新现象。"地球村"概念和"移民是单向旅程，没有回头路"的想法忽视了流动者脑子里的文化特性和对过去的记忆。[③] 流动者一般并不是干脆就丢失了家园，他们采取的是灵活适应的策略，他们是带着个人的世界观、价值观和习惯到达他们目的地的。

流动者在接收国家的第一步是进入劳动市场的一个领域或另一种经济活动。由于接收国不愿意提供帮助，而同胞朋友即使愿意给予财政支持，也常常能力有限，流动者个人和家属需要马上有经济收入，以便生存。在20世纪第二次欧洲战争、日本帝国主义的扩张和印巴分治之后，经济上找到落脚点是难民经历的一部分。只是随着非洲和亚洲难民的产生，难民营的生活才成了常态，原因是定居地区缺乏就业机会，而且工业化社会拒绝准许流离失所的人们入境。缩小

---

① 即使流动者最初的社会化和移民后的社会联系在地域上是有限的，"跨国"这个术语还是保留了民族国理念。在结构层次上，这个术语强调"超越一个特定国家的边界的，但是被几个国家的社会行为所直接造成的政治、经济、社会和文化的过程"。Nina Glick Schiller, "Who Are These Guys? A Transnational Reading of the U. S. Immigrant Experience," unpublished paper presented at the "Becoming American/American Becoming" conference, quote on 2; Nina Glick Schiller, Linda Basch, and Cristina Blanc-Szanton, *Towards a Transnational Perspective on Migration: Race, Class, Ethnicity and Nationalism Reconsidered* (New York, 1992), esp. editors' introduction, 1-24.

② Phil Cohen et al. Proposal for a research project at East London University, "Finding the Way Home: Young People's Models of Community Safety and Racial Danger," (Jan. 1996) quote on 1-2.

③ Iain Chambers,, Migrancy, *Cultural, Identity* (London, 1994); James Clifford, "Travelling cultures," in Lawrence Grossberg, Cary Nelson, and Paula Treichler, eds. *Cultural Studies* (London, 1992); Stuart Hall, "Minimal Selves," in L. Appignanesi, ed. *Identity: The Real Me: Post-Modernism and the Question of Identity* (London, 1987), 44.

的就业机会或充分的参与取决于经济周期、劳动市场的开放还是隔离以及移民的社交技巧和工作技术。不管是对过去的流动人口来说,还是对现在地中海地区的、加勒比地区的、波兰的或是菲律宾的“客居打工者”和“客居家政佣工”来说,都是如此。

作为19世纪劳工运动的成就而制定的关于进入劳动市场的规定和政府强制的许多工作的专业化,使流动人口面对更高的门槛。而他们的经济参与在传统上依赖于灵活性,而不看正规的就业资格,依赖于接受低薪工作的意愿和独立的家庭劳动力。在有保护性劳动和安全立法的国家,流动人口缺乏低水平入境的渠道及个人和家庭自主创业的“权利”;对消费者的保护可能把小型业务的启动投资额和一般生产成本提高到让新移民畏葸不前的水平。于是,有些人选择非法入境和不受法律管束的低下工作。还有些人被走私贩带进非法经济领域,在20世纪90年代被带到纽约纺织厂的华人契约工就是这样的例子。[①] 在欧洲、加拿大和澳大利亚,高薪工作对高生产能力和操纵昂贵机器的技术提出了要求。

流动者一旦有了经济基础,他们就转向文化再生产。他们同时面对具有共同准则和共同机构的国家宏观文化以及具有巨大地区和阶级差异的亚文化,而这一切又经历着不断的变化。文化是一种不断变化的过程,而不是处于静止的状态,它是在互动中发展的。由于文化身份是在跨文化互动中人为构建的,所以有多重的表达方式,随着时间发展而不断重新定义。根据交流的对象,一个带孩子的穆斯林女性移民可以根据民族、宗教、母亲身份、性别、单亲家长身份、年龄、传统文化或移民后的国籍来给自己的身份定位。

流动人口常常聚居在少数民族聚居区来缓解所感受的文化变化,中世纪时在中国的欧洲商人、在荷兰的葡萄牙犹太人、在北美平原地区或中国东北的定居农民和20世纪末在非洲城市里的临时工都是这么做的。反对少数民族群体凝聚力的接收国的居民,同时也给自己群体以外的人构建各种称谓——“女人”、“骗领低保的人”、“土耳其人”、“亚洲人”(或“东方人”)。称呼把社会分化,迫使流动人口和弱势的当地居民同样都龟缩进自己的群体或各自的政治组织里寻求保护。

民族文化群体的形成和对根深蒂固的文化传统的保护,能使人自己决定在向新的社会日常生活过渡的同时又不损害文化身份。集体的社会构建和自由的

---

① Peter Kwong, *Forbidden Workers: Illegal Chinese Immigrants and American Labor* (New York, 1998); Newsweek, international ed. 21 June 1993, 21-24.

社会构建之间，以及个人权利和群体权利之间的理论矛盾，通过社会多元化和个人选择，在亲身经历中消失了。主流社会的多数民族成员和少数民族成员也可能离开他们有生归属的群体，在两种文化身份之间选择，或从一个信条皈依另一个信条。当男人、女人和儿童个人决定他们的归属和文化身份的时候，人类普遍性原则战胜了群体构建和群体凝聚力。

文化身份是发生在一个家庭、城市街区或村庄，一个地区、国家，一种宗教、或其他超国家实体里面的个人的和群体的过程。文化环境把人定义成孟加拉人或旁遮普人，定义成加利福尼亚人或波士顿人。跨越地区界线的国家的构建和人口同一性把这些群体变成了印度人或美国人，他们具有约定俗成的和他人定义的文化身份，具有复杂的、多层次的忠诚。文化身份在和他人的交往中构建和发展的时候，强调的是相似性和各自之间的界限，把具有不同行为、习惯、准则和价值观的群体放到一起，或划分开来。自我定义的力量是身份创造的一部分，但是把定义强加给他人的力量常常被当作歧视的工具。①

21 世纪初多元文化生活模式的分裂特性受到普遍关注，其具体反映是，把他人构建为外国人或危险的人。文化差异要被社会上层或邻居间的利益集团所利用，前南斯拉夫或卢旺达和布隆迪的例子说明了这一点。多元文化的传统不能防止种族主义的表达，加利福尼亚州或阿萨姆邦人口中的一部分人表现出来的反移民态度就说明了这个道理。1972 年发生的驱逐乌干达人和其他非洲亚裔人，以及非俄罗斯民族从独联体国家中分离出去，说明了文化差异和经济等级制度继续成为冲突的动力。

严重的冲突能载入历史文本，而日常交流的模式却很难分类。因为不得不跨越文化差异去进行贸易和讨价还价，或去并肩工作和交换想法，当地人和新移民相互迁就各自的生活方式、习惯和准则，至少要容忍到一定程度，使交流对双方都有益处。五百年前的外国商人，被困在自己的行业里，决定留在当地开业，他们爱上当地妇女并娶她们为妻。中世纪贵族的儿女们到远方去订婚，新人见面之后，学会相敬如宾和使用一种共同语言，它不一定非得是双方中某一方的母

---

① Wesvolod W. Isajiw, "Definitions and Dimensions of Ethnicity: A Theoretical Framework," *in Challenges of Meaning an Ethnic World: Science, Politics and Reality: Proceedings of the Joint Canada-United States Conference on the Measurement of Ethnicity*, April 1-3, 1992 (Ottawa, 1992), 407-427, Danielle Juteau, "The Production of Ethnicity: Material and Ideal Dimensions," papers given at the annual meeting of the American Sociological Association, Cincinnati, Aug. 1991; Dirk, Hoerder, "Ethnic Cultures under Multiculturalism: Retention or Change?" in Hans Braun and Wolfgang Klooss, eds. *Multiculturalism in North America and Europe: Social Practices, Literary Visions* (Trier, 1994) 82-102.

语;嫁过来的新娘或入赘的新郎带来他(她)的仆人、顾问和密友,在宫廷里形成外国人的小集团——一个少数民族群体。尽管19世纪时弥漫着反犹太气氛,德国人和犹太人还是相互通婚,20世纪的信仰东正教的塞尔维亚人和波斯尼亚穆斯林也是如此。移民的模式、文化的交流或皈依以及跨族婚姻创造了新文化和新民族,过去和现在都是这样,北美民族的“棕色化”反映了这种现象。为了明确突出歧视并通过优惠政策,加拿大采用了明显少数民族的概念,但是对教育程度较高的华人移民来说,这有些多余:这个群体的成员不认为自己是明显的,也就是说,没有明显不同的,别人也不认为他们有明显的不同。[①]

日常生活中的“横向的”文化调整,不管是在私人领域还是在公共领域,一定伴随着在经济和制度领域里“纵向的”或社会结构方面的文化调整,从而进入商业和政府领域各个层次的位置上。社会结构方面的文化调整不仅反映了移民群体的适应性,也反映接收国接收移民以及改变自己的开放性。歧视性的社会把新移民(或常住居民)锁进特定的社会阶层,不管这种社会阶层是以阶级为基础,还是以种姓为基础。用加拿大的术语来说,一个“垂直的马赛克”出现了,这种形容也可以应用于新加坡,那里的移民群体在社会等级制度里不能够翻身。[②]

虽然未来启示录的某些预言家设想大规模人口流动将“淹没”富裕社会,但是潜在的流动者迁徙的决定不仅仅是因为工资的差异或消费者的选择。人们被早期灌输的生活方式、被亲缘关系和朋友网、被有限的经济能力束缚在出生的地方。他们作为少年人一旦准备好了出去闯荡人生,或作为成年人由于政治制度、经济萧条或环境恶化而被迫出走的时候,他们对各种选择进行评价。提供生存机会和选择的或允许他们过上更好日子的社会,不管是在附近的都市地区,还是远在天边,对他们都是具有吸引力的,但是对他们的文化认同也是有威胁的。男人和女人离家出走,去寻求现金收入和较宽松的社会准则。货币化常常被批评为把价值观商品化,但是它为决定如何获得可支配收入提供了选择。维持现状还是改变现状在个人的头脑里、在家庭经济中、在社会群体中进行着斗争。看到持不同见解的邻居过上了更好的日子,或看到远方富裕国家的形象,而固守一个特定的精神文化,这要求个人做出放弃物质利益的决定。同样,作为母亲的妇女

① “明显少数民族”这个概念的想法是,白人的肤色是看不见的,而其他肤色是看得见的。J. Paul Grayson, with Tammy Chi and Darla Rhyne, “The Social Construction of ‘Visible Minority’ for Students of Chinese Origin” (mimeographed, York University, Toronto, 1994).

② 在有多民族、多文化群体常住居民的国家,高度的结构融合并不能阻止强势群体重新利用过去的文化差异,其目的是把当前的一些社会群体从政府高位或某些地域排挤出去,甚至剥夺他们的生存机会,南斯拉夫解体后相继出现的国家、卢旺达和布隆迪的战争和大屠杀就证明了这一点。

应该抚养孩子并给他们灌输民族美德呢，还是应该参加工作并请一个外国佣上照顾孩子呢？这个问题会把亲人关系、家庭等级制度和社会化过程变成一种文化。这个问题让持传统观念者和持现代观念者对立起来。斯托尔克(Stolcke)认为，“只有在社会和政治制度足够民主和平等，能使人们抵制歧视(作为移民、外国人、妇女、黑人)和发展差异的同时，又不损害自己以及自己群体的团结，对文化多样性的宽容才能真正繁荣，同时又不造成弱势群体”①。

研究一直集中在适应能力、人力资本和社会资本上。这些对于成功过渡、取得多重身份和跨文化生活模式是必需的。迁徙和文化适应被公认为是人类的基本的状态。现在可以提出这样一个问题了：为什么有的人既不能接受别人的流动性，又不能应付文化多元化呢？他们死板的文化，在灵活的、跨文化的流动者面前相形见绌。

一个海外华人家庭在马来西亚的槟榔屿(Pennang)开业，但是像其他侨民一样，离开了自己祖先的土地，把民族和国家概念撇在身后。当他们迁到新西兰的奥克兰时，他们决定持有新西兰和马来西亚双重国籍。父母为了培养三个孩子中的两个上大学，减少了在吉隆坡的物质财产。这两个孩子通过学习英语和高等教育所获得的人力资本，将为他们进入其他经济体和社会空间，特别是进入美国，开辟了一条路。这两口儿保持他们的马来西亚公民身份，这位父亲在解释原因的时候说：“一个能走两条路的人为什么要抛弃一条，而只给自己留下一条路呢？如果那唯一的一条也被切断了，那可怎么办呢？”②

---

① Stolcke, “Talking Culture,” quote on 13.

② Mr. Ang. cited in Donald M. Nonini, “Shifting Identities, Positioned Imaginaries: Transnational Traversal and Reversals by Malaysian Chinese,” in Aihwa Ong. and Donald M. Nonini, eds. *Ungrounded Empires: The Cultural Politics of Modern Chinese Tran nationalism* (London, 1997), 203-227, quoet on 211.

附　录
7～13 世纪中国、亚洲内陆和中亚地区的人口流动*

东地中海周边跨三大洲地区(包括西亚)的文化和俄罗斯的欧洲部分的民族文化不同于遥远的东亚文化,但二者之间又存在一定联系。地中海地区的奴隶曾包括一部分中亚的妇女;“丝绸之路”的贸易把热那亚、威尼斯的商人和盛产精美产品的波斯帝国、南亚社会及当时全世界最大的国家——中国联系起来(见第1章第2节)。从西面看,人们要穿越库赫鲁德—扎格罗斯山脉(Kūhhāye-Zagros)和厄尔布尔士山脉(El-Burz)才能到达贸易和文化中心伊斯法罕(Isfahan)和布哈拉(Buchara)以及撒马尔罕和塔什干。此外,兴都库什山(Hiducush)把中亚与印度隔离开来,而帕米尔山脉(Pamir)把中亚与亚洲内陆和中国隔离开来。

秦统一中国的公元前221年,是中国的鼎盛时期。当时秦帝国的疆域北起长城,南至南中国海。在其北部和西部,它与亚洲内陆的三个不同生态带相邻。西部的西藏高原和北部的沙漠和草原组成由城市、城镇和绿洲构成的“有人居住的岛屿”,既居住着草原的流动部落,也有游牧民族,这些游牧民族为“丝绸之路”提供驿站。在今新疆的塔里木盆地(Tarim)和准噶尔盆地(Dzungaria),顺山坡而下的融雪形成水流,为定居农耕方式提供了条件。这可以为过往商队,甚至城市提供粮食,并出口棉花远至内地。北部的蒙古地区,遍布荒漠,居民生活艰苦,是蒙古族主要的栖息地。中国东北地区,农业居民主要定居在黑龙江南部的平原和大兴安岭(the Great Khingan Mountains)东部,契丹(Khitans)、女真(Jurchens)以及其他许多游牧民族流动性强,半定居或定居在这片土地上。在中国,人口最多的民族是汉族,主要定居在黄河以北,以农耕为生。

综观土地辽阔的国家的历史特点,基本上是游牧或高度流动部落和定居居

* 感谢中国人民大学的刘后滨和亚利桑那州立大学的 Hoyt Tillman、Stephen Mac Kinnon 和 Aaron Moore,他们帮助我找到相关文献,进行了大量的讨论,提供了中文翻译。我没有搜索到葛剑雄、吴松弟等著的《中国移民史》(*Migration History of China*,福建人民出版社 1997 年版)。

民的融合与冲突。游牧民族带着牧群随气候和季节四处放牧。高度流动的民族，等级制度森严，往往依赖于骑马狩猎、突袭和迁徙，并建立了城市中心。农耕定居的居民依赖肥沃的土地，也面临来自流动部落的侵袭。这常常引起大规模逃亡，但是大规模的人口流动主要是由于人口增长。自然条件，比如干旱、洪水或地震，也会引发大批难民流动。长达几个世纪的扩张和防御战争，在时强时弱的中原王朝、许多周边部族和短命的帝国中发生，这也造成了成千上万人口的流动。他们或许穿越地理隔离带以及打猎放牧和定居农耕的限制。这种高度流动性涉及生活方式的改变，并最终导致社会及政治组织的改变。“中国”在这段期间不是一个强大的实体：在内部，它的人口基数从北方到长江流域，再到南方，依次改变；对外则是一个拥有平等地位的城邦。北部的汉人统治者鼓励跨族婚姻和文化上兼容并蓄，但并不是汉人，尽管后来官方的御用史官往往把他们说成汉人，但是这些官方史学往往有美化功能。王赓武(Wang Gungwu)曾说，宋朝是一个“弱小王朝”，但其内部疆土的改变使其在一个相互联系又不统一的世界中成为一股强大的力量。①

600～1300年，中国封建帝国的发展，与同一时期的欧洲和南亚大不相同，它包括：(1)唐代时期的集权制阶段(618～907年)；(2)五代十国时期各民族和各小国的再次融合(907～960年)；(3)竞争的要求和在北方出现契丹辽帝国统治(始于10世纪)，西夏国家的出现(自11世纪)和女真帝国的南下扩张(始于12世纪)；(4)宋代时期的再次集权制(960～1279年)。蒙古人的统治(13世纪60年代至1368年)、1330年初的自然灾害和1330年末的大瘟疫是一个中断。长达6个世纪的汉族农业家庭的迁徙，从黄河丘陵、河谷北部的首次南下，至扬子江流域的东部平原，随后迁往西部上游，最终到达南部沿海地区的珠江流域。这次南迁的主要原因，是来自北方高度流动的部落向黄河流域以南扩张。他们由北向南迁徙到黄河流域，引起常年混战。

所有东亚和亚洲内陆的人民跨越不断变化的边界，通过人口流动、贸易和文化交流互通往来。亚洲内陆流动和游牧民族使用的语言隶属于阿尔泰语系，尽管不能相互理解，但仍可以相互学习语言。他们中大多数种族群体接受宗教多元化：他们的萨满教(shamanic)与南亚的佛教、波斯袄教(Zoroastrian)和摩尼教(Manichaean)以及在公元700年时由阿拉伯商人和军队引入的伊斯兰教同时并

① In Morris Rossabi, ed., *China among Equals: the Middle Kingdom and Its Neighbors, 10th-14th Centuries* (Berkeley, Cal., 1983), several authors speak of a “multi-state system.” Citation Gungwu p. 47.

存。8世纪中期,犹太教成为里海地区(Khazar)统治者的信仰,景教和基督教信仰和生活方式传至中国的港口城市。中国和亚洲内陆的城市和乡村,通过中亚与印度、波斯和西亚、东地中海—黑海和地中海地区的贸易通道与西方连接。每个个人及整个民族都成了文化传播者。定居的汉人,多数是道教徒或佛教徒,也在接受其他宗教信仰,并在其领土的不断变化的边境地区,与其他民族相互交往。

一、唐朝时期的中国:农村人口的迁徙与世界大都市

从6世纪到9世纪,全国范围内修建重要的基础设施,使粮食更加容易流动及运输到朝廷和城市。在唐朝,帝国的核心权力从陕西西北内陆地区,向东转移到河南黄河平原。这两个地区,特别是西部,依赖于南方生产的粮食。大规模的建设动员了徭役工,修建从首都洛阳[①]附近至杭州的大运河,并于7世纪完工,使航道相连。驳船需要大量的纤夫和搬运工。朝廷迁都,形成了新的首都,新城市建设涉及贵族、士兵和城市建筑者的迁徙。先前的首都,即西部的长安(西安),由于潼关山口隔断了与东部运河系的通航,所以很难得到粮食。大约750年时,长安作为丝绸之路的东部起点,拥有的人口相当于一个国际大都会,估计高达100万。[②] 其后是东部的洛阳(汴梁),成为行政中心,后来成为北宋的首都,坐落在肥沃的渭河河谷。[③] 长安一直就是防御北方蛮族军事行动的补给站,311年被攻占后导致了三次大规模的南迁。这些早期的迁徙者,后来的汉族移民称他们为“客家”。

唐朝的皇室有部分的中亚血统,因此它是中国封建王朝两千多年中最具世界性的时期。向北向东扩张至亚洲内陆的企图涉及一系列文化的碰撞和人口的迁徙,除此之外,还有士兵、军官和行政人员的流动。直到15世纪,欧洲才发明了印刷术,这进一步传播了思想和知识,于是宗教文本、官方史书可以在较大范围内发行。手工匠人可能是农村来的学徒,他们在城市间流动,也可能应召而

① 作者有误,当时的首都应为西安。——译者注

② 中华帝国时期的人口资料主要根据户数收集,有的有具体家庭成员统计,有的则没有,忽视了不纳税的群体,比如妇女、儿童和失去劳动能力的老人。所以,所有数字取决于具体时期、具体地区和具体经济活动。

③ 中国历史上的王朝常常有一个首都和几个陪都。(有误。洛阳与汴梁是两个不同的城市,后者也并不在渭河河谷——译者注。)

来，负责印刷宫廷的重要书籍。751 年，向西进军的唐朝军队和突厥联盟，在怛逻斯(Talas)战役中被阿拉伯—伊斯兰部队击败，被俘工匠被迫向西迁徙到撒马尔罕去造纸，当时入侵的阿拉伯人还不知道这项技术。粟特(Sogdian)商人在整个伊斯兰区域传播了新的书写材料，取代了昂贵的莎草纸和羊皮纸，迫使制造它们的手工匠失去了工作。650 年后，阿拉伯—伊斯兰军队到来，强迫人们改变信仰，并开启了东行的宗教难民潮。除了管理人员和驻军，唐朝管辖权的西扩并不鼓励汉人到突厥人中去定居。在一个发展变化而有序的世界里，这种流动模式后来被数十年的北部五代和南部十国所打破。①

北部地区的人口增长以及中国中东部长江流域以南的肥沃土地和充足的降雨，吸引农村汉人家庭向南迁徙。这次迁徙始于 4 世纪入侵，土壤衰竭、气候条件不断恶化、边境战事等不安全因素加速了迁徙进程。流动人口沿途穿越淮河小麦和水稻种植区的分界线，调整他们的农业技术和生活方式。他们首先沿长江定居在东部平原之后西行到内地。迁徙过程中与当地早已扎根落户的农村家庭有所冲突，但相对于北部边境地区，并没有出现周期长、破坏性强的战争。大多数家庭都拥有自己的土地，可以将剩余产品销往当地或较远的市场。国家可以要求差役从成年起投身于基建工程和城市建设，并往往要求他们到遥远的地方。农村和城镇之间迁徙非常容易。②

900 年左右时的唐朝末期，中国的人口增长至世界总人口的 1/3。这时作为边防哨所的“长城”，就像 311 年时一样，不能完全阻止北方民族的入侵。研究中国历史的军事和政治方法侧重强调这些民族的侵略性及随之产生的难民所造成的破坏。第一，农户的自愿迁徙大大超过了任何难民流动。第二，入侵造成破坏，但也形成了混居和并行或相互影响的双重社会和政治结构，以及有关文明素质优劣的“蛮人”的说法。这种汉人的说法需要进一步研究：唐王朝的统治阶级多是汉族与北面和西面迁来者跨族通婚的后代，所以易于接受外部影响并融合多种族文化理念。虽然实行的是多元化和多种族政策，但意识形态已向汉族方面倾斜，同化为一体。另一些人或是番人，或是来自中亚的胡人，但是术语称谓从来没统一过。此外，汉朝(公元前 206 年～公元 220 年)时就已经出现佛教学者，即印度来的和尚。他们属于劣等“蛮人”，还是属于来自其他独特的高等文

① Mark Elvin, *The Pattern of the Chinese Past* (Stanford: Stanford, 1973)是一部关于物质文化和社会历史的县志。

② 参见 Elvin《中国过去的模式》(*Pattern of the Chinese Past*) 第 6 章关于没有封建制度的庄园制度的发展和第 9 章关于农耕的变迁。

明?这一点也不清楚。大概在700年,一名前波斯贵族,作为长安非汉族群体的代言人,被接纳为社会的一部分。唐朝御用文人承认了在一种泛亚洲多元主义框架下其他文明中心的存在,而基于老子思想的道教坚持本土主义的立场。以自我为中心、自恃优越的汉族作家永远不会承认这一点:根据等级结构和二元论,中国在塔里木盆地的角色需要入侵的"番人"统治常住的各民族人民。而一些当代人看出了"蛮人"与"我们"两分法的矛盾:反抗朝廷的汉人是"汉人"还是"蛮人"?或反过来,亚洲内陆地区支持朝廷的当地人是"蛮人"还是"汉人"?有些当代学者对这个问题提出了质疑。①

二、11世纪前亚洲内陆的民族和政体:流动性,远方扩张和定居

隶属于阿尔泰语系的亚洲内陆民族最早出现于贝加尔湖以南、蒙古北部和"满洲"。通过观察语言变异,我们可以了解整个民族的早期迁徙过程。该语系的三个分支中,讲突厥语的人西迁到中亚和俄罗斯南部,建立了奥斯曼帝国(见第4章第1节)。然而其他民族,也就是在9世纪时从蒙古中部被逐出家园的人,来到新疆定居。这次大迁徙导致了突厥人从中国东部迁居到伊斯坦布尔。讲蒙古语的人以前(和现在)都集中在蒙古,但有一些向东迁徙到"满洲"。同时,其他人西迁进入阿富汗北部。在几乎一个世纪的时间内,"蒙古人"统治了中国、亚洲内陆和中亚,甚至远达东欧中部地区(见第1章第2节、第6章第1节)。讲通古斯语言这一分支仍然居住在亚洲内陆的东部地区,包括居住在黑龙江畔的女真族,这个民族有时喜欢定居生活,有时又向南扩张,是后来在17世纪统治中国的"满族"的前身。另一个分支,分布在东北的环渤海地区,将草原流动性与农业结合在一起。相对于组织松散的游牧牧民,这些高度流动、相对发达的民族建立了复杂的统治结构,并可能威胁到定居在西部绿洲或中国内地和朝鲜人居住的肥沃地区东部的农耕人民。一些"高度流动"民族建立了城市,其中一部分成为商人。有的还吸纳农耕移民加入到他们的游牧文化。

7世纪,唐朝宗主权扩大到对西部的突厥民族的统治,将游牧与适宜地方定

① Frederick W. Mote, *Imperial China, 900-1800* (Cambridge, Mass., 1999), 4-30; Owen Lattimore, *Inner Asian Frontiers of China* (London, 1940; many re-editions); Marc S. Abramson, *Ethnic Identity in Tang China* (Philadelphia, 2008); Tao Jing-Shen, "Barbarians or Northerners: Northern Sung Images of the Khitans," in Rossabi, *China among Equals*, 66-86.

居的农耕生产结合起来，因此，使他们可以不依靠掠夺而维持生存。城市中的汉人，特别是那些拥有游牧社会中无人匹敌的技术的工匠们，向西迁徙到突厥城市。唐朝的统治既没有涉及定居移民，也没涉及强制的改宗。宗教信仰的改变来自西方，首先是通过波斯商人，然后是通过中亚伊斯兰商人。来自东、西方的商人和唐朝的戍边军队对该地区的物质文化具有深远的影响。[①]

8世纪，回鹘雇佣军为统治塔里木盆地的唐朝军队作战，并帮助唐朝打败了汉族的叛将安禄山(755～763年)。安禄山像大部分宫廷贵族一样，是混血者的后代。反过来，回鹘人收到衰落的唐朝赠与的大量丝绸。这次"外援"为草原民族带来了连绵不断的财富。回鹘人成为各民族中最富有的群体，粟特商人向更西部的地区去从事丝绸贸易，丝绸贸易涉及复杂的流动和交换。回鹘人从汉族城市的工匠手中购买手工产品，反过来，为唐朝提供军需马匹。从8世纪中叶开始，伊斯兰教的扩张使双方来往密切，对来自伊斯兰教的粟特摩尼教难民也给予热情款待。公元840年，在自然灾害引起的饥荒和臣服人民的叛乱等内部纠纷的作用下，回鹘政权瓦解了。叛乱队伍中的一支，吉尔吉斯人(后来迁徙到中亚)以10万大军掠夺并摧毁了都城。随着环城农业带遭到破坏，城市没有了活力。两大回鹘难民群，估计有好几万，向东逃往当时唐朝境内，并要求"借用"一座城市作为临时住所。汉人了解难民的军事实力，因此考虑将他们作为戍边士兵，同时决定瓦解这个群体，然后重新安置幸存者。

"具有重要历史意义的"回鹘人的第三支群体向西迁徙到塔里木盆地的绿洲城市(今新疆)。他们建立了一个新的定居社会，其文化结合了源于波斯的摩尼教与来自中亚城市国家的印欧粟特人的文字。他们引入农业人口，并定居在这里以供养城市。文人们搬到了喀什(Kashgar)，或远去巴格达和其他地方。苏菲神秘主义者(Sufi mystics)来传教，并离开这个世界归隐，进入大山。另一方面，附近的和阗国仍然信仰佛教。布哈拉、梅尔夫(Merv)和撒马尔罕，是跨大陆东西贸易的中转站。其贸易路线连接黑海、地中海以及洛阳。伊斯兰教传播以前，由雅利安移民建立的布哈拉，是来自萨珊波斯的难民的中心。他们的摩尼教和景教信仰先前被禁止。粟特商人和伊斯兰难民通过塔里木盆地，沿着"丝绸之路"的两个主要分支向中国内地迁徙。没有国家的保护，他们逐步屈服于不管那个掌握政权的、能决定组织结构和风俗习惯的民族。新来的"在历史上有重要意义的"回鹘人，与伊朗人、托克汗人(Tokharian)、突厥人、蒙古人和汉族人通婚。

---

① Thomas J. Barfield, *The Perilous Frontier. Nomadic Empires and China* (Cambridge: Blackwell, 1989), 131-228.

在这个语言和遗传基因混合的过程中,伊斯兰维吾尔族出现了,并成为该地区最大的民族文化群体。在这个过程中,他们得益于粟特人的贸易网,在从流动到定居生活的过渡期间,借用了粟特人的统治结构。后来他们成为其他民族的“知识提供者”。这些“现代”维吾尔族人构成了当今中国最大的穆斯林群体之一。①

在中国的封建王朝中叶数百年中,与这些民族的交流是当时的潮流,当时的中国不得不依靠“蛮族”提供军队来保卫力量薄弱的国家边界,但其统治仍然遇到了挑战。中国北部的“蛮族”统治者从广袤的亚洲内陆北部带着他们的人民来到中国内地。例如让沙陀突厥人担任边防军,解决有争议的边界地区问题。这一现象在世界许多地区出现,并多次令新来的军事领袖提高自己的地位,成为统治者。许多沙陀和其他非汉族领袖成为汉族重要军政人物中的一部分,统治和权力凌驾于文化之上。一些部落已经发展炼铁业,这是发生接触之前发明的工作技术,因此并不依赖中国内地的工匠和贸易。然而,封建王朝时期的中国,人们的普遍铭记和随后的御用史官强调的,不是他们的支持和贡献,而是朝代和统治者的“蛮族身份”。

反过来,北部民族的统治精英,从 10 世纪开始结成联盟或同盟,以“分享”国家的财富,比如食品、丝绸、白银等,而且还统治了更小的邻国。(到了 13 世纪,蒙古不再需要依靠联盟)西夏,通过各种联盟北移,并于 900 年左右,控制了黄河巨大的马蹄形弯道以南地区,也就是“鄂尔多斯河曲地区”(Ordos oxbow),并于 11 世纪成立了西夏帝国。维吾尔游僧和带着大量随从的汉族公主常是西夏宫廷的一部分。契丹居住在大兴安岭以东,汉族的长城以北,并于约 925 年建立辽国。像所有的“马背民族”的流动民族一样,契丹人很少积累物质财富。因此,定居民族可以创造财富的优势似乎很有吸引力。当这些简朴的士兵进入内地,无论是作为边防将士,还是作为征服者,他们通常选择定居汉人那样更舒适的生活方式。这种主动汉化的过程,使其原有的生活方式让步,并可能导致文化特性的丧失。文化上的保守群体可能挑起叛乱,以反对这种变化。反过来,汉人相信自己的优势,称这些半同化的蛮人为“假汉人”,或附上标签,例如汉化朝鲜人。

---

① Michael R. Drompp, *Tang China and the Collapse of the Uighur Empire. A Documentary History* (Leiden, 2005); Edwin G. Pulleyblank, “A Sogdian Colony in Inner Mongolia,” essay Ⅶ in same, *Essays on Tang and pre-Tang China* (Aldershot, 2001); Thomas T. Allsen, “The Y an Dynasty and the Uighurs of Turfan in the 13th Century,” in Rossabi, *China among Equals*, 243-280; James A. Millward, *Eurasian Crossroads: A History of Xinjiang* (New York, 2007), 30-60; Naomi Standen, *Unbounded Loyalty. Frontier Crossing in Liao China* (Honolulu, 2007); Barfield, *Perilous Frontier*, 150-163; Mote, *Imperial China*, 31-91.

契丹士兵人数达7万。然而，后唐汉人统治者的士兵有5万人，在大战役中，多达30万人。在夺得一个城市之后，契丹统治者要抓捕人口的一部分，他们对技术饶有兴趣，送往专门集中汉人的作为手工匠中心的地方。比如，在902年，转移了9.5万人和10万牲畜。契丹的最新都城是由汉人顾问设计的，由囚禁的汉人劳工建成。五个地区的环形都城是新建的，其人口主要来自东北沿海地区被迫移民的汉族人口。需要汉人俘虏的劳动、技能和关系的地方，就会有专门为他们建立的小城市：采盐，挖铁矿石，建立远距离贸易，或为当地市场生产工艺产品。汉人陶工被招募到辽国境内，在契丹官员的监督下，汉人自治。同时，契丹工艺生产继续进行，这大部分工作都是妇女来做的。军事设备，像马鞍和笼头，都是由来自马背文化的相邻政权的工匠提供的。在每年的某段时间内，契丹人都在夏都和东都之间往返迁徙。①

辽国利用臣服的汉族、朝鲜族和环渤海地区人民的行政管理做法和行政官员，从而减少了外族统治的影响，同时也降低了反抗的风险和占领的费用。一方面，双重行政当局以(前)唐中央集权的官僚做法为蓝本，以适合定居的人民，尤其是汉人。汉语成为通用语，佛教成为最常见的宗教。另一方面，帝国保留了传统的首领会议，以免使契丹头领陷入汉族等级制度中。其他的社会习俗(例如，与汉族相比，契丹妇女有更大的自由)没有改变。与横跨欧亚大陆，甚至远达西欧地区的习俗一样，王室里有被征服的统治首领的公主，她们分别是辽皇帝和他的兄弟或儿子的妻子，还有来自遥远的盟邦的人质。按照这种等级制度，如果这些非自愿的外来人带来自己的随从，并坚持按照自己的习俗生活，他们就将宫廷本身变成了文化交流的空间。另一方面，契丹企图扩展土地，占据汉人定居的农村地区，引起了抵抗和叛乱。二元体制导致了权力等级制度和冲突。

12世纪20～50年代，另外一批来自黑龙江地区的女真扩张者，在“大迁徙”中来到这里。第一批防卫军队据说由大约70万士兵组成，令从事农业的男子少到极限，将大部分的工作留给了妇女和儿童。女真的一些政治家已经认识到军事国家的这种问题。新的女真金朝几乎将全部人口先迁到被征服的辽国领土，然后到中国内地。契丹被迫与女真生活在一起，并时有反抗，后失去马匹，从而沦为农耕人民。女真胜利者离开了开封，带走了天文台、图书馆、天文学家、数以百计的官员及其家人以及数以千计的工匠家庭。据估计，300万人(其中有一半被征服，部分被奴役)在传统的女真“家庭—社会—军事”单位“谋克”(mouke)

① Elvin, *Pattern of the Chinese Past*, Chap. 7 “Iron, Gunpowder and the Mongols”. 可参考关于制铁业和武器工业的转变。

和大一些的“猛安”(meng’an)重新定居。他们成为永久的军事和民事行政力量。这些单位打算自给自足,不得不在分配的土地上进行农耕。但是这些土地往往既没有肥沃的土壤,气候也不适宜。为了提高军事实力,汉族被纳入猛安系统中,这既违背了他们的意愿,也违背了许多女真人的意愿。当大多数的女真上层人士和平民越来越适应这个被征服的、更富裕的汉人社会时,12 世纪 60 年代,出现了一个本土化的反应。然而,该反应也受到了汉文化影响:如果它排斥封建王朝的盛况,重视学识,作为参考,应回到最初汉族早期简朴农民的生活方式。在这种本土文化保护主义的影响下,社会单位再次根据种族文化被分开,女真谋克重新安置到更富饶的土地,并恢复移民前的社区生活方式。像契丹人一样,女真将牧民习俗与汉人政府的行政体制特点相结合,正像通古斯的例子中所表现的那样。他们是第一个企图越过长江,进入中国南部的北方民族,但马上战争不适应种植水稻的湿地。①

草原民族与变化了的北方汉人交往或通婚,带来了双重帝国机构。该机构是混合型的机构,混合的文字文化在日常生活中有多种文化适应。如果像互动的双重统治一样机构化,这种制度对“他者”并非总是有充分的理解。这种统治,也就是汉人朝廷御用史官所说的“蛮族统治”,有利于瓦解亚洲内陆和东亚之间的社会文化边界。

五代十国期间,战乱消灭了传统的北部大家族。一支新的精锐部队出现了,那就是 960 年在北方建立统治的宋朝。但是在 1126 年开封沦陷时,宋朝被迫撤退。南宋的统治持续到 1279 年。② 在 10 世纪这个过渡期内,国家间的不断冲突和内战导致人口向南迁徙。五代地区的难民沿着既定的移民路线来到十国地区。因此,北方与国防和军队联系起来,从远方招募流动的男子,也与有着城乡产业的中部和南部地区建立联系。这两个地区由于移民和自然增长,以家庭为基础的人口密度不断增加。

---

① Barfield, *Perilous Frontier*, 164-186; Mote, *Imperial China*, 224-225, 236-243; Hoyt C. Tillman and Stephen H. West, eds., *China under Jurchen Rule: Essays on Chin Intellectual and Cultural History* (Albany, 1995); Jing-shen Tao, *The Jurchen in Twelfth-Century China. A Study of Sinicization* (Seattle, 1976).

② Mote, *Imperial China*, 49-91, 394.

三、960～1279年宋朝时期的中国：农村向城市的人口流动和大批民众南迁

在北宋统治下，重建统一帝国之后和女真摧毁辽、征服华北之后，南宋统治期间，民众继续大规模向南迁徙。在渭河地区这个唐代早期的中心，能灌溉的土地面积已下降到汉朝时面积的5%。8世纪中叶时，长江流域和南部更远地区有40%～45%的中国人口居住，到13世纪后期，这个比例已增加到85%～90%。两条迁徙路线以渭河和黄河为起点发展起来：一条内陆路线是从长安南下四川。在四川，农业和手工业很发达，与西部塔里木盆地的跨沙漠贸易城市的接触刺激了经济生活。另外一条沿海路线是从开封到长江平原，并从那里，向西逆流而上去四川，并从10～13世纪，向南延伸。那里的流动人口不是均匀分布，而是集中在从江苏经过浙江及毗邻的江西到福建。最后，继续大规模迁徙到广东。[①] 这些地区以前人口稀少，北方人民曾在公元前7世纪到达这里。非汉族人通过融合和跨族通婚，像北部的流动人口一样被汉化。从广东向西的迁徙过程中，汉族流动人口开始与越南和泰国人民接触。在13世纪70年代末，也就是宋朝与蒙古元朝的更替期，中国总人口比唐初的数字翻了一番，达到1.2亿～1.4亿人。[②]

人口迁徙和人口增长与农业有着密切的关系，南部的所有目的地都有丰富的水资源。由于普通农户的努力，育种技术的专业化以及农业和贸易联系的深远影响，每亩和每年的产量大量增长。移民和本地农民寻求早熟和抗干旱的水稻品种。根据官方记载，在一千多年前，中国就从印度支那中部的占城（Champa）和印度分别引入了早熟品种和高产绿扁豆。农民家庭把水田里的“占城株”的成熟期从100天减少到60天。一旦平原地区已经完全占满，随着逐渐向更高海拔地区的流动，农户不得不改进他们的技术：灌溉必须以不同的方式进行，或改为高产旱作慢熟品种。移民家庭的人力资本是他们的农业知识，只要在这类

---

① Dieter Kuhn, *Die Song-Dynastie* (960 bis 1279). *Eine neue Gesellschaft im Spiegel ihrer* [materiellen] *Kultur* [The Song-Dynasty (960-1279): A New Society as Mirrored in Its (Material) Culture] (Weinheim, 1987), 81-89. 在宋朝和后来的明朝统治时期，中国人口的一半集中在六个沿海省份；在1330年时，2/3的纳税人集中在那儿。Lo Jung-pang, “The Emergence of China as a Sea Power during the Late Sung and Early Yüan Periods,” *Far Eastern Quarterly* 14 (1954-1955), 489-503.

② 后来从元朝（1279～1368年）到清朝（1644～1911年）晚期，人口从人口密集的濒临东海的东部平原向西，沿着长江平缓的路线流动到湖南和湖北，再进入四川人烟稀少的地区。除去明初强制的人口流动以外，人口流动是无序的，因而统计数字缺乏，不过家谱记录可能帮助重新构建流动的情况。

地区技能仍然有效,并能适应变化的环境,他们就会移居到那个地方。农业家庭和其他农业从业者占总人口的95%。[①]

在宋代之前的数十年过渡期内,大家族被破坏之后,广泛的土地所有权是土地拥有模式的特点。这一点与欧洲形成鲜明的对比,封建主义结束了,家庭成员在自己的土地上劳作[②],可以出售和遗赠土地,可租用额外的土地,或出租自己的劳动力以换取现金或实物形式的工资。但是,平均主义的模式在宋代演变得越来越阶级分化,并导致大土地拥有者的增多。按照拥有土地的大小,农村社会分为五个等级。前三等级共占人口的10%~30%,他们为本县府或远方市场生产;第四等级的家庭可以自给自足;第五等,也是人数最多的等级,半自给自足。有地农民与无地农民的比例随着地域和时间发生变化,但平均是2∶1。家庭成员被较富裕的农民或地主雇用,然后收到数额不等的报酬。在南部定居过程的几个世纪内,由于缺乏劳动力,这些劳工可以获得良好的薪酬。如果不满意,他们可能进一步南下或迁徙到城镇。农村家庭是流动的,因此,经济上有弹性。当较大的土地所有权出现,没有土地的农民的比例增长了。新的"庄园"允许生产出口产品,特别是茶叶和大米。[③]

生产力提高,环城地带的蔬菜种植、家畜养殖呈现专业化,这些因素都支持了不断增长的城市人口。北宋都城开封,南宋都城杭州,最辉煌时曾各能容纳150余万人口——可能城区本身有将近100万人,加上郊区部分60万人。也可能低于城市与郊区的人口总和160万。在加上郊区一级城市之下,学者们还察觉到人口为50万左右的二级城市、人口为10万~40万的三级城市、人口为1.5万左右人的四级城市,以及人口仅为1000~5000人的小县城,还有两个更低等的中心地区。大约在1100年,三级到五级城市分别有30个、60个和400个。有些学者认为,至1135年时,又有4个城市的人口突破了百万大关。不断发展的东南港口城市不断吸引了大批从农村到城市的流动人口,并且通过海运大米和远洋运输,与东南亚及印度洋联系起来。城市扩张和缩小取决于流动人口,有些流动是政府批准的。例如,宋朝统治者夺权的时候,四川成为丝绸生产的主要省份。随后,朝廷命令带花图案丝绸的生产者和家属举家迁往都城的新生产制

---

① Elvin, *Pattern of the Chinese Past*, 113-130.

② 孔子思想认为国家拥有所有土地。土地税支撑着国家,同时商业和制造业的税支撑皇帝。

③ Mote, *Imperial China*, 351-354; E. A. Kracke, Jr., "Sung Society: Change within Tradition," *Far Eastern Quarterly* 14 (1954-1955), 479-488; Ho Ping-ti [He Bingdi], "Early-ripening Rice in Chinese History," *Economic History Review* 9 (*1956-1957*), 200-216.

造中心。15 年后，一个新规定出台，几乎结束了四川丝绸纺织业。[①]

到 11 世纪中叶，都市社会的活力结束了由行政强加的、由城墙分割区域、夜间关闭城门的做法。越来越多的市场(包括夜市)涌现出来。农民出售本地市场园艺产品，商人出售远方进口的商品。在北部，女真的占领破坏了城市生活，使人们无家可归。汉人迅速重新确立了繁华的贸易，文人发展了跨文化交流的表达方式。在大家族被摧毁后，新的城市精英从长江和南方发展中的都市中心迅速脱颖而出。都城吸引了无数参加科举考试者，一些人也带来了家属或仆人。1000 年左右，参加一试的人大约有 1 万～3 万人；一个世纪以后，有 8 万人，其中 2.2 万人赴首都参加了最高等级的考试。有志者可能来自各个阶层，只是最低阶层的除外，也就是所谓的“不懂礼数的人”[②]。但是，参试的人需要吃过寒窗之苦和具有赴京考试的经济能力。成功者的百分比很小，他们将永久移居都城或被派往地方就职，任期三年，可以续任一期，这样他们不至于发展持久的当地人事关系。此后，在一种官员巡回调任模式下，他们将携带家眷(如果有家眷的话)调任其他地方，那些帝国边缘地方的职务被看成是“流放”。城市为以下的人提供住所：外面迁入的候任的官员、军官以及来自帝国各地的学者官员中的精英。这些都是些有学问的、才华横溢的人，包括诗人、画家、文人、科学家、医学专家、技术人员、建筑师和造船家。特别是造船家，要和商人、制造业主及船东密切联系。城市吸引了那些奢侈品贸易中的手工匠人和家眷以及地位低下的戏子和“花儿”(名妓和妓女)。这些人数以千计。

逐渐增长的城市规模造成越来越细的专业分工、城市间的工匠流动和更远、更频繁的贸易关系。海滨港口吸引来各种工匠，就像沿江的驳船建造中心，需要大量的船舶木匠。建筑业和其他行业的普通劳工和工匠每天早上聚集在市场、桥边和其他地方，等待附近的雇主来雇用。农村男子可以暂时迁徙到城镇去挣钱，妇女——她们在研究资料中很少提及——来到丝绸加工厂。[③] 城市中心的消费需求需要高功能基础设施。为了提供食品给开封、杭州，数以百计的由人力驱动的驳船每天都按时驶来，需要大量的搬运工把货物分运到各个地方。运河、桥梁、道路需要修建和维护——一些劳动力是从当地农民中征集来的。娱乐区

---

① 城市的人口统计数字，和总人口数字一样，仍然问题重重。到 1135 年，杭州都市人口估计为 150 万，可能截至 14 世纪初时，增加到了 200 万。Kracke，“Sung Society.”

② 这个群体，大约占总人口的 1/5，包括娱乐业的人，从演员到妓女，以及理发师；有时根据佛教对神圣和对饮食习惯的概念，还包括屠夫。

③ 虽然资料中对妇女只字不提，因为她们不在纳税人名单中，但是手工艺画工，特别是在高度知名的丝织业中，妇女纺织工得到了描写。

提供剧院、木偶剧和其他娱乐项目以及卖淫活动。特色餐馆迎合了各地流动人口的口味,例如北方的开封有南方官员和学者。娱乐场所是人们经常光顾的地方,当然其中有乡村来的人和远离亲朋和家乡的官员。①

商人,本是社会下等群体,但自从他们发明了信用借贷,即"飞钱",8 世纪时与宫廷和政府的财政密切联系起来,地位也得到了提高。他们流动到有商机的地方,在宋朝的支持下,能够跨洋到达彼岸。崇尚技术的有学问的官员、船主、船长、水手和船舶木匠研制了其他任何地方都无可匹敌的轮船。由此而产生的规模经济能使他们从阿拉伯商人那里夺过进口贸易,因为阿拉伯人虽然有较好的远距离联系和航海的专业知识,但是船只太小。中国人的船长不断把阿拉伯和印度的发明应用于天文、地理以及航海方面,航海技能成为跨文化的了。② 金、元以及明初时期继续鼓励与海外国家进行贸易往来,而且为了建立天朝所渴望的等级制度,还与遥远国家的统治者建立了"朝贡"关系。事实证明,其代价也是高昂的:因为这样的"保护国"要求中国为长途贸易提供方便,比如说,保护远洋船队免受海盗掠夺,保护亚洲内陆的马帮免受游牧民族或土匪的骚扰。朝贡制度将贸易交到了各地区各国家的商人手中,但置于帝国的监督之下——这又是一种作为权力和贸易的宏观区域体系的二元制或跨文化制。"对于中亚,与中国的关系意味着贸易;对于中国而言,贸易的基础就是朝贡"——这又是一个更有创意,也许是有意的误解。从这时起,中国商人、手工艺人和运输工人从南部沿海港口向外迁徙,到东南亚定居。正是在这个过程中,海外华侨出现了(见第 6 章第 3 节)。③

经济需要大量的技术工人和非技术工人、自愿的和强征的差役。生产丝绸、瓷器和铁的以人力为动力而不是以机器为动力的制造厂这样的工业,像盐井、焦

---

① Elvin, *Pattern of the Chinese Past*, 164-178; Kuhn, *Song-Dynastie*, 7-9, 211-285; Mote, *Imperial China*, 270, 351-370.

② Elvin, *Pattern of the Chinese Past*, Chap. 10 "The Revolution Water Transport," Chap. 11 "The Revolution in money and Credit," and Chap. 13 "The Revolution in Science and Technology."

③ Shiba Yoshinobu, "Sung Foreign Trade: Its Scope and Organization," "in Rossabi, *China among Equals*, 89-115; Joseph F. Fletcher, "China and Central Asia, 1368-1884," in John K. Fairbank ed., *The Chinese World Order* (Cambridge, Mass.: Harvard, 1968), 206-224, esp. 207-208; Takeshi Hamashita, "From Tribute Trade to Migration Center: The Ryukyu and Hong Kong Maritime Networks within the East and South China Seas in a Long-Term Perspective," in Donna Gabaccia and Dirk Hoerder, eds., *Connecting Seas and Connected Ocean Rims: Indian, Atlantic, and Pacific Oceans and China Seas Migrations from the 1830s to the 1930s* (Leiden, forthcoming 2010).

炭厂、金属和煤矿那样的开采行业一样，还有茶园，动员了数万劳动者。[①] 技术工人都需要在当地培训，但也可在生产中心之间迁徙，或根据朝廷命令转移，能够随意转移工作地点。非技术工人通常被称为“流浪者”——这个词或许在20世纪泛指同一群体的“盲流”这个汉语词中得到反映（见第19章第6节）。这些人来自士兵和农民，他们离家出走是因为交不起税、被新的地主逐出家园、饥荒或其他原因。[②] 迁徙之后，许多人为了避免上税而没有去做居民登记，但重获土地和重新融入乡村生活就成了问题。流动劳工在四川盐厂和淮河流域的铸铁厂干活儿。有些工作可能允许在农业和焦炭厂或铸造厂之间进行季节性的循环流动。“盲流”和他们的流动性是经济发展所不可缺少的。[③]

手工业和工业以各种形式雇用工人，例如按天计算的日工、长工或短工等等。那些为市场服务的手工业作坊在需求增加时雇用额外的工人，大型企业家和政府的制造厂雇用数百名工人从事纺织和铸铁、捕鱼或运送大米。在主要的行业中，私有铁矿和冶炼主要集中在福建、四川、湖北、湖南、广东、江西、安徽、江苏和浙江，到处都需要失去土地的农村男子。在11世纪时，中国的铁产量就如欧洲在18世纪初的产量一样。金属用来制造钱币、农具或比竹容器能生产更纯净的盐的铁锅。对木炭的需要增加了对工人的需求，当山上变得光秃秃的了，煤矿就招募流动工人，山西矿工在山西开发出了第一座炼铁炉。哪里的地质情况能提供原料，哪里就有石器和瓷器厂建立起来。某些地方甚至集中出现了数百个瓷窖。

由于帝国内部和跨洲或海外市场不断扩大的需求，制造瓷器方面雇用的工人数到达25万～50万人。福建港口负责处理出口贸易，这需要有技术的货运箱制造工和其他运输工人。第三种产业是盐业生产，主要集中在四川西部。私人拥有的5000口井，每口井需要雇用20～50名劳工。这些工人来自各个省份，工作条件既不受行会控制，也不受政府控制。产品需要运输，以广东省为例，驳船厂在北江沿岸应运而生。北江是连接南北方路线的一部分。

流动工可以自由迁徙，而契约工要继续在地主家和军事驻地服徭役。负责

---

① Kuhn, *Song-Dynastie*, map. 87, 146, 155, 170，指示出了主要生产地区，即流动劳工的目的地。

② 简言之，可以这样说，宋朝军队是雇佣军制度，而唐朝依赖兵役制度。

③ Denis Twitchett, *Land Tenure and the Social Order in T'ang and Sung China* (London, 1962); K'o Ch'ang-Chi, "The Problem of Hired Labor," in James T. C. Liu and Peter J. Golas, eds., *Change in Sung China. Innovation or Revolution*? (Lexington, Mass., 1969), 44-51, and Wolfram Eberhard, "A Sung Entrepreneur: Wang Ko," ibid., 52-54.

从建筑物到所有基础设施方面的公共工程的朝廷工部,使用徭役登记簿来抽调男丁(属第1类到第4类别的农民)。该部也控制国家的艺术品、工艺品、丝绸及其印染、剪裁和刺绣。徭役工也在本地干活,如存货入库、警卫和送信差事。此外,卖儿卖女的习俗中,卖身奴仆开始出现了,还有比较少见的是遇到饥荒或其他困难而无力养活全家的家庭把大人卖去伺候别人。卖身伺候别人保障了生存。大部分人能够干活赎身,但被送进烟花巷的女孩们却难以赎身。[①]

有些人口流动,包括跨文化流动,涉及少数专家。来自北印度的佛教僧人学者自3世纪以来,将梵文经典带到中国并进行翻译。到了10世纪,外来的印度学者和中国学者准备了文本的印刷版本,他们需要许多工匠雕刻印刷模板和装订书册。这种宗教被广大民众及其他亚洲社会广泛接受,使其成为一个多国的、与流动相联系的精神实践。随着穆斯林征服和摧毁印度的佛教中心,向中国的迁徙于11世纪中止了。为了学习,日本和尚前往中国的天目山中的寺庙,在那里制作了一种特殊的石器。而高级精美的编织方式可能是从维吾尔织工那里学来的。从印度引进茶叶种植时,外来的种植专家和种植工可能教过当地的人们。用出口的茶叶换取亚洲内陆民族的马匹,马夫也随马迁徙并留在了中国内地。[②]外来艺人、来自远方民族的普通雇用兵、马夫和其他人,虽然是"下贱人",却是城市社会有机的一部分。他们的地位的前提是差异——没有任何中国人愿意或能干这些活儿,没有他们,某些经济领域的小空当就找不到合适的人选。

在中国这个10世纪后在欧、亚、非三大洲中最容易文化渗透的国家里,人口流动的特点是没有了封建关系,却有大片人口稀少的可耕地。南部地区的定居涉及数千万人,也是19世纪以前的世界最大规模的人口流动。虽然宋朝在那时在欧亚大陆上经济发展最快,科技最先进,却没有任何商业或工业经济的腾飞。不断变换地方官员阻碍了政策的连续性,在某些时期,助长了中饱私囊之风。来自首都的中央官僚控制,可能起到鼓励创新的作用,如对丝织的类型和海上贸易,但是也可能扼杀了地方和地区的主动性。受到社会上官场优越感的影响,商人将钱用来炫耀排场,而不是再投资获利。只有在福建、广东等地,由于山高皇帝远,商人们克服了各种限制,并在东南亚贸易中投资,这就是早期的资本主义。中国的发展被称为"有水分的"商业革命。在后来蒙古统治的元朝,世界性交流

① 关于瓷器、贵重金属、铜器和漆器、丝织包括地毯编织和刺绣参见 Kuhn, Song-Dynastie, 287-392; Robert Hartwell, "A Revolution in the Chinese Iron and Coal Industries during the Northern Sung, 960-1126 A.D.," *Journal of Asian Studies* 21 (1961-1962), 153-162.

② Mote, *Imperial China*, 160-163; Kuhn, *Song-Dynastie*, 305, 382.

的确在港口和内陆城市中继续着。接受孔子学说的元朝分裂成了改革派和保守派。人口流动的方向颠倒过来：中亚和亚洲内陆地区的官员、商人、技术人员和工匠流动到中国内地。从15世纪中叶起，新王朝停止了海外商业拓展，南方各省却继续无视圣旨，这导致向境外的移民和华侨社会的形成（见第6章第1节）。后来在清朝，17世纪和18世纪的疆土扩张和人口迁徙向西转向亚欧大陆中部地区。①

① Fletcher, "China and Central Asia"; John W. Dardess, *Conquerors and Confucians. Aspects of Political Change in Late Yüan China* (New York: Columbia UP, 1973), 2-3; Mote, *Imperial China*, 375-399; Peter C. Perdue, *China Marches West: The Qing Conquest of Central Eurasia* (Cambridge, Mass., 2005).

致 谢

我作为学生幸运地经历了激动人心的20世纪60年代和70年代，那时人们不断提出新的问题，“弱势群体”或“工人阶级”成了人们关注的中心。我像其他求知若渴的青年一样，在后来才认识到妇女在男人编撰的史书中不见了。在我整个学术生涯中，学术界的女性不断提出问题，不断改进我对这个以性别划分的世界的看法，我指导的研究生中给我做助教的女生把普通的男性语言变成了中性的措词，毫不含糊。爱德华·萨义德对东方学的批评和想象的民族学概念，以及他关于外人如何看待西方的研究，帮助我明白了知识生产的过程。我从所有这些经历中获益匪浅。

我为了这项研究进行了广泛的阅读，但是我的语言只局限于德文、英文和法文。朋友和同事不时地在西班牙文、葡萄牙文、意大利文、瑞典文和荷兰文方面帮助我。其他国家的学者给我提供他们的研究作品的英文和法文摘要，这有利于我接触其他国家的学术讨论，就像从事劳工流动国际合作研究项目的其他同事们一样。我要特别感谢我在迪克大学的同事，他们给我提供了令人激动的学术氛围。多伦多的同行们——加籍意大利人、乌克兰人和其他民族的同行，我一到那个令人欣喜的城市去做研究，他们就对我伸出欢迎的双臂。我的加拿大移民自传的研究补充了他们那里的全球视点。我感谢在约克大学、多伦多大学和迪克大学的学生，感谢他们活跃的探讨，感谢不来梅的学生们，他们让我分享了他们自己迁徙的亲身经历。

我感谢不来梅大学准许我的请假，感谢德意志基金会和加拿大理事会对此项目提供的部分支持。此项目尽管规模宏大，但是没有得到主要的研究经费和研究人员方面的支持，部分原因是由于这是一项个人的事业。谁也不能在真空中工作。Marion Schulz、Camilla Sledz、Gabriele Intemann、Deborah Allen，还有其他人帮助我搜索参考书目。Paul Betz 帮助编辑，Irina Schmitt 和 Annika

McPherson 帮忙校对。通过在北美和欧洲的好几所大学讲演，我检验了我的研究方法，社会科学史学会的会议对我研究中的发现进行了讨论。

本书所引用的不同论点不得不浓缩成几行。书中的日期，即使标准作品中的日期，在每个文本中可能略有偏差。我发现过不一致的日期，但是很可能还有未发现的。我的几个同事逐章读过，就我对遥远的文化和人口流动系统的理解提出意见，他们是：Nancy Green 和 Jack Veugelers，Lewis H. Siegelbaum 和 Donna R. Gabaccia，Steve Hochstadt，还有好几个我在注释中适当地方提到的其他人。Martin Klein、Sucheta Mazumdar、Martin Franzbach、Gabrele Scardellato、Robert E. Johnson 和 Leslie Page Moch 读了某几章，指出很多错误，两个匿名评论人和丛书编辑也指出了一些错误。以上所有提到的人对我的一些想法提出过疑问，对我的解释进行了改进，当这个宏大的课题要打垮我的时候，他们给我打气。我对所有人表示深深的谢意——至于书中仍然存在的错误，应该由我个人承担。

我要专门对我妻子 Christiane Harzig 表示感谢，她本人就是流动人口研究方面卓有成就的历史学家，感谢她和我进行的激烈讨论。我们的女儿 Anna 通常耐住性子聆听我对自己生平的讲述。有一次，我去搞研究、做讲演的长途旅行之后，她用她特有的犀利的眼神迎接我。“这种情况如果再发生，我就打算移民了。(停顿)我还要写一些移民的通信：然后，你就又有东西搞了。(又停顿一下)但是我要从其他移民的书里面抄一部分。(犀利的目光更犀利了)然后，就把你搞糊涂了！”我谨以此书献给她们两人。

狄克·赫德

(Dirk Hoerder)

给中文版的致谢

我衷心感谢陈启能先生（中国社会科学院荣誉学部委员、中国社会科学院世界历史研究所研究员），他的慧眼发现了我这本书的价值，提出了把它翻译成汉语出版的想法。他组织的世界比较文明论坛为我们交流思想提供了平台。我还要感谢王禺教授（辽宁师范大学外国语学院教授），他在履行许多职责之余，百忙之中主持了此书的策划和翻译工作，而且他本人负责翻译了其中的好几章以及全书总撰工作。同时我要感谢刘健女士（中国社会科学院世界历史研究所研究员）、古俊伟老师和张辂老师（辽宁师范大学外国语学院教师）参加本书的翻译工作。我不能为他们作出对等的贡献，所以要特别对他们表示我的谢意。通过相关文献、多次讨论，参考刘后滨教授（中国人民大学教授）的作品、霍伊特·特尔曼、斯蒂芬·麦基农（两人都来自亚利桑纳大学）翻译的汉语作品，我才有可能在原书基础上加进7～13世纪中亚和中国的人口流动那部分（本书附录）。特别值得一提的是，陈启能教授和王禺教授在多次交往中和我成了知心朋友。我希望这样惬意的国际合作将会渐渐成为惯例。从以上我提及的所有人那里得到这么多的支持，我感到非常荣幸。

狄克·赫德

2012年12月

图书在版编目(CIP)数据

交往中的文化:第二个千年的世界人口流动史/(德)赫德著;王昺等译.
—济南:山东大学出版社,2013.4
(人文前沿丛书/陈启能主编)
ISBN 978-7-5607-4761-3

Ⅰ.①交… Ⅱ.①赫… ②王… Ⅲ.①人口流动—历史—世界
Ⅳ.①C922.1

中国版本图书馆 CIP 数据核字(2013)第 060494 号

责任编辑:武迎新
封面设计:牛 钧

出版发行:山东大学出版社
社 址 山东省济南市山大南路 20 号
邮 编 250100
电 话 市场部(0531)88364466
经 销:山东省新华书店
印 刷:山东新华印刷厂印刷
规 格:720 毫米×1000 毫米 1/16
48 印张 856 千字
版 次:2013 年 4 月第 1 版
印 次:2013 年 4 月第 1 次印刷
定 价:100.00 元(上、下册)

人文前沿丛书

主编 陈启能

副主编 王学典 孔令栋 姜芃

交往中的文化：第二个千年的世界人口流动史

（上卷）

Cultures in Contact: World Migrations in the Second Millennium

[德]狄克·赫德（Dirk Hoerder）著
王昺 刘健 古俊伟 张铭 译

山东大学出版社

本书为"国际工人阶级比较历史丛书"之一

总主编

安德鲁·戈登(Andrew Gordon)	哈佛大学
丹尼尔·詹姆斯(Daniel James)	印第安纳大学
亚历山大·吉萨尔(Alexander Keyssar)	哈佛大学

人文前沿丛书

The Frontiers of Huma

主　编　陈启能

副主编　王学典　孔令栋　姜　芃

顾　问　(以姓氏的英文字母为序)

Carlos Antonio AGUIRRE ROJAS

卡洛斯·安东尼奥·阿居雷·罗哈其

Jerry BENTLEY

杰里·本特莱,美国

Peter BURKE

彼得·伯克,英国

Charles BURTON

查尔斯·伯顿,加拿大

Alexander Oganovich CHUBARIA

亚历山大·奥加诺维奇·丘巴里扬

Brian L. EVANS

布赖恩·埃文斯,加拿大

Usha GEORGE

乌莎·乔治,加拿大

Carlos GINZBERG

卡洛斯·金兹伯格,意大利

Yvonne HEBERT

伊万尼·赫伯特,加拿大

给中文版读者的序言

世界历史常从大西洋地区开始写，从狭义上说，从欧洲开始写。我写此书是从地中海地区开始，该地区在10世纪的时候是横亘三大洲的、多文化、多宗教的地区。丝绸之路把它与中亚和中国连接起来，经过霍尔木兹海峡的阿拉伯商人把它与印度洋地区连接起来。但是，为什么不从许多亚洲的和印度洋地区的国家开始？因为那里的历史更久远，社会和物质生活更文明，或许在某种程度上，对普通人来说是这样。我开始写的时候，想这么做，但是想到我的大多数读者都是大西洋地区的人，那样做的话，他们对我的内容会理解不了：从中国人的视点看，俄罗斯在西边，北美在东边。那样的话，学生们都不会明白我的地理坐标。自从本书英文版在2002年面世以来的几年里，我遇到一些场合能够探讨以陆地为中心的中国和中亚的人口流动、跨过东印度洋的人口流动、东南亚岛屿之间的人口流动和印度洋沿岸地区的人口流动。在很多朋友的帮助下，我才能够考虑其他起点。我在中文版中插入了一篇关于7～13世纪中国和中亚地区的人口流动，给本书至少增加了一个侧面。由多纳·加波西亚和马塞尔·冯·德林顿共同组织的、由华盛顿德国历史研究所赞助的一个关于19世纪30年代至20世纪30年代的跨洋人口流动学术会议资助了我所有的海上行程以及先前和随后的陆上行程。加拿大的好几个亚洲移民写的自传让我窥测了他们的艰难人生，他们的人性，他们在两个跨洋地区之间的联系，他们对各种选择、性别和代沟冲突的掂量。从19世纪80年代起，跨越太平洋的流动人口的后代们穿过北美政府官僚树立的种族主义排外法案的纸墙——这是一个动人的故事。我希望今天的流动人口,包括男人、女人和儿童,在维护他们作人的尊严方面将面对更少的障碍,尽管每天新闻中仍然会听到骚扰、继续着的排斥和暴力事件。相形之下,普通男人和女人在他们各自的目的地的文化融合过程,证明了他们的智慧、能力、网络和对生活蕴藏着深厚情感的选择。在他们所处的具体情况下,他们做出了尽可能广泛的证明。这样的故事也适用于中国和亚洲其他国家,同样也适用于非洲、拉丁美洲和阿拉伯世界。如果在19世纪和20世纪上半叶,大约5500万欧洲人离开他们的故土,去别的地方寻求更好的生活,在19世纪80年代到20世纪30年代之间,4800万中国华北的人北上东北地区的话,我们应该把今天的流动人口看作“他们自己生活的主人”,看作要在尽可能有利的环境下使用自己的人力资本和社会资本的人。生态学家强调可持续发展,流动人口则想要在他们所选择的社会里可持续地生活。

狄克·赫德

2012年12月

历史的环境

——给英文版读者的序言

人口的流动曾经被定义为国家间的越境行为，现在我们把它理解成一种社会过程，人类社会的一种基本状态。流动开始于离开父母去独立生活，从距离上说，有可能等于跨越大洲、远涉重洋的迁徙，一个男人或女人一次迁徙都可能走这么远的路。另一方面，从一个村庄嫁到另一个村庄所需要的适应可能比从一个社会迁徙到另一个大陆的移民聚居区所需要的适应还要多。饥荒和战争造成的流离失所可能导致死亡，或去附近或远方索食，或沦落到很远的地方。在中世纪和现代初期，商人旅行、军人国外服役、政治流亡和学生流动给后来成了永久移民的人提供了信息。本调查研究中对人口的机动性和流动虽然勾勒出一些明显的差别，但是没有采纳任何限定性定义。

这里选择的综合方法，即把经济区、社会界、政治体、迁徙家庭这几个因素，通过中间诱因和到达目的地之后重新谋划人生道路的障碍联系起来的方法，要求对整个社会和特定男人和女人们的能动性两者进行分析。从个人的观点来看，社会由地区经济和文化以及流动之后的宗教、行业或少数民族网络所组成。我尽力反映了自愿流动人口所感到的他们拥有的选择范围和强制流动人口面临的限制。

这样大篇幅的任何一部作品，如果不是几笔写个总结的话，在逻辑组织方面有较大难度。我选择了时间顺序、题材、空间顺序相结合的视点。为了便于对世界某个特定地区感兴趣的读者,或对某个特定题材感兴趣的读者自己翻阅,本书每页下的注释可以引导读者找到继续某个地区或话题的讨论的章节。例如,俄罗斯/苏联/独联体人口流动史从欧洲都市化和地区性农业定居(第 11 章)的一部分开始,分离出独特的系统(第 12 章),然后变成了几个强制劳工系统之一(第 16 章),在 1989 年之后再次开始(第 18 章第 9 节)。同样,强制劳工在地中海奴隶流动系统中出现,扩展成亚洲奴工、非洲人质和欧洲契约工,在非洲奴隶制和亚洲"苦力"劳工部分继续有论述,又延伸进 20 世纪德国、俄国和日本的强制劳工部分。我多次指出不同文化中人口流动过程的相似性,比如像波兰领土对德国经济,墨西哥人民对美国经济提供的廉价劳动力库。这样的比较只是一种启发性的手段,帮助接触遥远的、"外国的"事情时,能放在熟悉的框架内加以理解。这些比较不能充分反映特定的迁徙和流动之间的差别。

19 世纪前国家的常规定义,像"法国"和"英国",或"印度"和"中国",给连共同语言都没有的多样化的地区文化强加了一个国家主义的概念。由于缺乏一个更好的名词,本研究也不得不依赖这种有缺陷的术语。同样,对社会制度的常规定义也使人误解。比如,农奴制暗示了在主人统治下的定居生活方式。当土壤变得极其贫瘠的时候,儿童需要土地的时候,或流行病夺走大多数邻居生命的时候,沦为农奴的家庭作出何种反应?农奴即使不是他们自己生活的完全的主人,那他们是不是自己生活的主人?对美洲的奴隶和中国的车夫和船夫,也有人问过同一个问题。生活在任何一个历史时期的人口中总有一半人通过婚姻变动而改变过居住地。许多人为了寻求机会、为了自己的以及孩子的人生而迁往另一个地方。如果亲友关系的断裂带来的情感成本抵不上预想的物质好处的话,这么做就得不偿失。进行量化分析的人在处理这些多重量表时都会遇到困难,但是每一个流动者都会掂量他(她)的家庭的选择,并算出总数,即决定一生的计划。

在人口流动研究领域,我的一个同事愤怒地简化了他的表格和地图中的数据,因为不这样的话,纷乱的数据就会像一碗意大利面条一样杂乱无章。我们不妨把人类的迁徙比作米袋里的米粒。某种程度上,意大利面和米袋容易研究,但流动人口相反,他们有自己的头脑和未来的计划。成千上万次空间的迁徙是出于男人和女人构筑自己人生的意志。被迫流动的人的生存取决于自己重新构建自己身份的意志和重新掌控自己的价值观、情感和关系的企图。相形之下，整个历史进程中，统治者和官员，种植园主和资本家，种族理论家和人口计划制定者，都在把人的流动性简化成便于他们制定政策的图表，并把成人和儿童简化为人力资源。与面临武装的西班牙和葡萄牙殖民者的南美土著家庭需要作出的复杂选择相比，或与没有足够土地的中国农民家庭需要作出的复杂选择相比，或与被裹挟进20世纪流动劳工洪流的土耳其家庭需要作出的复杂选择相比，他们的上述想法在过去和现在都可谓简单得可怜。在许多国家和政治经济的宏伟计划中，米粒比人类受到更认真的对待。

我自己的文化世界，属于欧洲—北美文化世界，它限定了我的视野。它帮助我超越民族历史，并把许多具体民族群体的多种流动包括进了大西洋人口流动系统。但是作为把世界范围的人口流动、文化交往和冲突综合起来的一种努力，这种大西洋视野有井底之蛙之嫌。我未打算去论述印度语世界的文化含义或撒哈拉以南非洲文化，我在各章里不断改变术语和观点，目的是脱离以大西洋为中心的视点。我希望这种全球方法将启发进一步的辩论，希望文化背景和我不一样的学者将扩展和修正我的论点。

对多种文化的探讨需要许许多多相反的和相互冲突的视点(参见图0-1)。哪里是东方，哪里是西方？从欧洲看来，美国属于西方文化；从太平洋对面来看，它又属于东方文化。地图包含模糊的意思，地图学在数百年来都是以欧洲为中心。Harley和Woodward说："认识到地图在意识形态、宗教和象征方面的含义，特别是联想到出于政治和实用目的对地图进行更传统的评价的时候，大大地强化了一个断言，即地图学完全有资格被看作一种图像语言。"早期的地图叫作"想象的空间的唤起"。但是，一张20世纪末出版的17世纪印度洋和东亚贸易的西方地图，上面仅仅绘出了欧洲殖民者的航行路线，这张图算不算超出了地图本身的形象，而成了一种权力工具呢？在拉丁基督教的2000年开始的时候，科普特基督教徒仍然生活在1716年，犹太教世界已经进入到5760年。而泰米尔年历标为2029年，佛教年历是2543年，锡克教则是301年。或者说，纪年不应该根据宗教，而是应该根据到达一片疆土的时间计算?那么,澳大利亚的原住民可能把这一年看作4.2万年。

谁是"他者"?中世纪的"宗教异端",像20世纪的"逃避服兵役者"(draft-dodgers)一样,所信奉的道德准则、政治信仰和情感世界,与那些有权下定义、影响公众舆论的人不同。一个文化里的出境移民,到目的地之后是入境移民,或许是两种文化中间的漂泊者。"农民卖掉了他的粮食"这样一句无关痛痒的话,可能掩盖了家庭劳动和迁徙的意思。

重新创建全新的术语、编年史和人口流动的概念是不可能的,但是我尽力在运用中做到谨慎。不同的人类生活方式,不管是小群体(部落),在有限的文化领域内(民族),还是在大的实体里(国家、帝国),或在大洲或跨洲范围内(文明),都是同样有效的文化表现形式。美洲印第安人的撤退和欧美人的扩张都是人口流动,两者通过权力关系联系起来。民族文化是人类历史和社会物质生活中的新近的现象,处在不停的演变和转化之中。"种族"和"肤色"是人为构建的概念,其隐含的意思随时间和文化而不同,白人、有色人的二分法认为白人没有肤色,像"印第安人"或"黑人问题"那样的说法是白人为了掩盖白人种族主义问题而转移视线的策略。称呼的使用也随时间和文化不同而不同。"白人"也叫作"高加索人"(Caucasians),但是高加索地区的人现在不一定被认为是白人。欧洲人和美国的欧洲后裔认为自己是白人,美国人口普查把北非人和亚洲西南部的人定义为白人,然而19世纪末的盎格鲁—撒克逊和北欧种族主义思想则认为东欧人、南欧人、爱尔兰人和犹太人不是白人。这样人为构建的概念数不胜数,再说,白肤色和其他肤色一样存在很多不同的色度。

在本研究中,我论述的是离家出走的男女大众,或者用另一种强调语气——是披荆斩棘、朝着新方向奋勇向前的男女大众。他们生活在人为构建的肤色和文化概念下,但是他们要根据自己的参照系去评价损失、选择和机遇。我要把重点放在他们的人生、文化表现形式和能动性上面,不仅仅放在流动大众的"溪"、"流"或"潮"上。

目　录

上　册

总 论
变动的世界与交融的文化

历史学家研究的是人，包括男人和女人，对妇女的研究只是近年才出现的，妇女也留下了历史记录，而不是像沙漠中的道路一样被湮没无痕。但是，历史学却并未过多地关注人口流动，虽然人口的移动、男女性别的作用不断地改变着社会，各种因素的作用也在不断改变。这里，我叙述和探讨的首要目标是从地方性的到洲际的乃至全球性的人口流动。其次，我将讨论人口流动所造成的各种后果。具有侵略性的武装人口流动摧毁了现有社会。农民与劳动者迁徙的目的是成为主流社会的一员。在迁徙途中以及在到达目的地后，他们必须为生存而奋斗，并建立新社会。他们会享受爱情，生儿育女，尽快将他们自身的文化习俗与新的环境相融合，并建立崭新的经济基础。最后，我将关注流动人口在进入新社会后进行的自我调整。他们并没有破坏既定的文化。事实上，稳定社会也面临着人口流失的问题，有些人离开去寻找更富挑战性的机会，获得更有保障的生活。

1. 流动的人们：10 个世纪的变迁

我们的研究将从地中海向外扩展，探索其与东亚和撒哈拉沙漠以南非洲的关系。我们也将以同样的视角关注中国或波斯湾—印度洋世界。在欧洲，包括西哥特人、条顿人、斯拉夫人在内的人口迁徙运动在 11 世纪就已经全部结束，这些流动人口永久地定居下来，性别关系可能在这个时期有所改变。[①] 而在中亚和非洲，迁徙运动持续了许多个世纪。在讨论 16 世纪欧洲殖民者开始与所有大洋沿岸地区居民进行的贸易活动之前，我们将简要回顾其他文明地区历史上的迁徙运动。殖民者在自己与他人之间建立了白色人种与有色人种的界限，却掩

---

① David Herlihy 研究了 10 世纪以来欧洲性别关系的变化，重新审视了男女之间的权力和财产关系。*Medieval Households* (Cambridge, Mass., 1985), 79-111.

盖了因殖民而出现的人口融合现象,最终造成人种的变化。有人认为构成种族对立的因素之一是文化等级以及固有的种族优越感,其中的差别是文化的差别。

对于这部分血缘关系复杂的人群,19 世纪欧洲中心论的卫道士们强行将之归入与他们民族文化相似的民族国家——但是在这之中,中国文化的优越感仍然存在,与日本人所鼓吹的他们民族的英勇行为相似。在几个世纪时间里,来自亚洲、非洲和欧洲三大洲的流动人口在从黎凡特到南海的广阔区域内相互影响。印度洋或美洲的尚不知名的各种文化相互影响,并随着时间的流逝发生着改变。地中海、中国和印度的商人在全球范围内沿海岸线建立了各种融合的社会。奴隶是被迫流动的人口,农民则是自觉流动的人口。他们普遍与当地居民通婚或联姻。从遗传学的角度看,"纯粹的"或文化独立的民族只是一个神话,而历史久远的文化延续性也仅是民族认同暂时的自我建构行为。20 世纪 90 年代流行的民族多元性与文化多样性特点在历史上已经真正经历过社会实践。

人口流动、文化的相互作用以及变迁已经是人类生活、社会结构、商贸交换活动中不可或缺的要素。对自我和他人的认识曾经往往是(并仍然是)自我的。拉丁人基督徒破坏拜占庭基督教世界并消灭反对者的理由,据说是中亚和伊斯兰教的"突厥人"可能威胁基督教统治的欧洲。单从等级关系来说,17 世纪伊斯兰奥斯曼人统治时,多个民族与宗教共同存在,与此同时,神圣罗马帝国的基督教势力通过宗教劝诫和强权摧毁了中北部欧洲的 1/3 的人口。当前,第三世界的难民在工业化社会泛滥的同时,第一世界的资本也向全球的各个角落渗透,深刻影响着当地居民。外来者、他人身份的确定有赖于权力关系、当代的卫道士和历史学家的反思。

我们将剖析五个人口流动频繁的时代及其文化变迁。首先是拥有丰富文明的地中海和黑海世界,生活着信仰基督教的拉丁人和拜占庭人、伊斯兰教什叶派和逊尼派以及各个犹太人团体,地域囊括西亚、南欧和北非。跨越撒哈拉沙漠商路的行商将东地中海与黑非洲联系起来。13 世纪末,被蒙古人中断的跨越亚洲的商路在蒙古和平时期重新恢复。地中海世界的核心从多元文化的亚历山大里亚—君士坦丁堡新月地带转移到拉丁人基督教控制的意大利城市。阿尔卑斯山脉以北的欧洲在 15 世纪以前仍然是偏远地带,尽管商人们已经穿越北部山脉到达过尼德兰城市布鲁日的市集。但是,北方无休无止的封建战争阻断了意大利城市的商人乘船向西到达伊比利亚的商路。14 世纪,以巴尔干为中心的汉萨同盟建立了独立的北方"共同市场",但它在一个世纪内失去了向北海荷兰扩展的机会。1500 年后,贸易和商业中心向大西洋沿岸、伊比利亚和荷兰转移。在东地中海地区,正在兴起的奥斯曼帝国改变了穆斯林国家的形势,改变了土耳其人与阿拉伯人之间的关系。热那亚商人与伊斯兰阿拉伯商人建立了贸易关系，并通过他们与印度建立起贸易关系。贸易范围超越了国境，商业联系和生产者的流动将各个文明连接起来，但也带来了权力冲突与斗争。

地中海地区的奴隶贸易体系将来自中亚、北非和黑非洲的男女奴隶带到南部欧洲，并将欧洲人带到北非。基督徒的十字军东侵运动制造了大量流动人口，但始终没有带来统一。拉丁人、拜占庭人、科普特人、聂斯托利人以及其他各门各派与各种各样的犹太教徒、伊斯兰教徒、印度教徒和东亚的佛教徒互相影响。定居在巴勒斯坦地区的法兰克人皈依阿拉伯伊斯兰教，诺曼人沿大西洋海岸及西西里岛定居，农民流动人口在中欧地区建立了散落的斯拉夫人和日耳曼人居住区。世界各地的城市和城镇都需要流动人口维持基本的人口基数。14 世纪的气候变化与瘟疫导致亚欧大陆 1/3 的人口死亡，社会发展基本停滞，人口数量的恢复及经济的复苏就消耗了一个半世纪的时间。在阿尔卑斯山以北的欧洲，战争、统治者家族间与其国家机器、与僵化教条的宗教卫道士间的争斗阻碍了流动人口的迁徙。直到 1648 年《威斯特伐里亚和约》签署后，新的国家体制和人口流动才得以继续发展。

15 世纪时，“欧洲”成为一个概念，拉丁人的基督教已经确认了排他的目标，特别是针对犹太人。伊斯兰世界已经被奥斯曼家族统一，其疆域北起巴尔干半岛和黑海，以安那托利亚地区为中心，南抵北非和霍尔木兹海峡。新的理性的官僚体系与传统的帝国和宗教特权发生冲突。在基督教和伊斯兰世界，1570～1650 年的“困难时期”造成大量人口流失。[①] 这个时期，在民族和宗教范畴内，排他性观念将世界人口归化为几个大的类别，比如匈奴人、突厥人、法兰克人和日耳曼人。从认知的角度看，这个过程把杂乱无章的人口集团用一个简化的认知方法组织起来。从社会关系的角度看，这个过程划分了界限，保证了集体的团结。从权力关系的角度看，这个过程完全孤立了外来人口。

肇始于 15 世纪中期的第二个人口迁徙运动把来自地中海西部地区的商人和士兵带到其他发达的文明社会中。西非成为阿拉伯—地中海贸易体系的一个组成部分，它们自身的人口流动和文化交流体系也得以发展。美洲文明的特点是劳动力人口流动和因战争造成人口流失。在印度洋世界，来自商业中心的商人从东非流动到暹罗，从古吉拉特的城市流动到南部中国。欧洲人开始参与到迁徙运动中，虽然开始时只是零星的人口流动，却造成了巨大灾难，他们给美洲带来病菌和毁灭，通过跨越大西洋的奴隶贸易给非洲造成浩劫，在亚洲沿海地区建立了小块殖

① William H. McNeill, *Europe's Steppe Frontier*, *1500-1800* (Chicago, 1964), 56-59.

民地。在亚洲或非洲的人口流动和定居行动必然导致通婚、联姻和强奸行为。混合了各种文化背景的婴儿出生了，新的人群出现了。与欧洲人接触后，和平的人口迁徙运动和军事征服行动造成人群的重组；现代人创造并重新创造了他们自己：阿根廷的西班牙人—意大利人—土著人，开普殖民地的荷兰人—非洲人—英格兰人—印度人，马来西亚半岛的土著人—中国人—其他人。但是在欧洲，伊比利亚国家却驱逐了重新在北非和阿姆斯特丹一线建立贸易关系的犹太人和摩里斯克人（小摩尔人）。封建秩序阻碍了商业和重体力行业的发展。

对于人口流动的跨文明的比较研究有一个共同的基础。管理者与唯利是图者、传教士与朝圣者、商人们、农民和劳动者、游民与边缘人群在全球范围内迁移，或被派遣到遥远的地方，或远离不尽如人意的生活环境。在统治者或宗教领袖建立的各个宫廷、要塞、寺院中以及教堂里，都有迁移而来的工匠或艺术家安居。迁徙而来的劳动者在中国和安第斯山脉修建了道路和桥梁。泰姬陵的建筑师、沙特尔大教堂的建筑师以及特诺奇蒂特兰人需要来自其他地区的高级工匠从事建筑工作，需要妇女来服侍他们。除去文化意义，妇女控制着纺织品制造业和制衣业，而服务行业的从业者则是迁徙而来的单身妇女。流动人口中的武士群体深入其他地区，他们定居、杀戮、融合，并适应新的社会和自然环境。这类人口流动汲汲营营于寻找机遇；所有人，包括后来创造了典型社会模式的北美西部的定居者，都参与到驱逐原住民的行动中。边缘地区社会的特点是缺少政治组织，缺少有实力的都城和严格的阶级结构以及社会统治。进入当地社会的机会相对来说比较多。相关经济集团的每个变化都会在社会生活中的各个层面造成大规模的人口流动。①

在全球范围内，人口流动对每一个社会都是独特的现象，表现在经济活动、社会结构、权力关系以及迁移权力、性别等级和儿童地位等各个领域内。各社会之间通过投资策略和剥削维持联系。来自核心地区的资金提供了原动力。这些新面孔通过贸易和转运给大庄园带来了大批的奴隶或签署临时契约的劳动力。劳动者仰仗肥沃的土地、矿产资源或气候环境获得财富。殖民人口和流动人口的劳动所得又回馈到核心区的宗主手中。这导致边缘地区的男女劳动者更加贫困，流动更加频繁，从而改变了大城市的劳动力需求状况。

来自欧洲的流动人口向两个方向流动：多数来自农民阶层，他们在气候温和的地方建立农业殖民点；少数有财力、有权力的流动人口或他们的代理人则向热带地区流动。他们自私地认为，无论是加勒比地区还是亚洲的土著居民，都会为

---

① Robert Bartlett and Angus Mackay, eds., *Medieval Frontier Societies* (Oxford, 1989).

他们这些外来的欧洲人工作。但他们的幻想化为了泡影,欧洲的下层人士当然也不能很轻易地长途跋涉来这些地区工作。气候温和地区的居民选择预付急于还债的劳动者旅费的方式,热带地区的大庄园主们则依赖于用暴力掠夺终身性的奴隶从事劳动。宗教信仰和肤色差别成为等级划分和剥削的标准。

在第三个时期,大西洋核心区的工业化和生产集中化需要从农村向城市转移劳动力。工匠与熟练工人携家带口迁徙而来。在不列颠、美国(美洲)、欧洲的俄国或德国,通过铁路运输和铁壳汽船航运,想象中的机会真正地、轻易地实现了。那些赤贫的人,即使最低廉的跨海航行费用也无法负担,就只能待在家里,或在本地或邻近地区步行迁移。商业国家里的劳动者阶级在自由国家的新工业经济秩序下成为多余的人,成为国际流动无产者。但是,在19世纪末,俄罗斯—西伯利亚体系仍然保持着其特殊性。

在亚洲殖民体系中,中国华侨商人与外国人殖民地建立了联系,当地居民或被迫迁移到遥远的大庄园,或被束缚在当地以生产用于出口的农作物。非洲黑奴向美洲的第一次大规模流动被第二次迁徙浪潮代替,他们是来自亚洲的契约劳动者,但他们的劳动往往是奴役性的。与欧洲农奴相似,非洲黑奴和亚洲苦力在日复一日地反抗与文化再创造过程中,在约束体制中,争取哪怕很少一点自我生存的空间。契约性的亚洲劳动者可以有机会选择回家,也可以再次签约或组建独立的移民社会。在东南非的纳塔尔等地,多样的、有组织的印度人团体的数量,与北美城市中同等规模的外来人口数量一样众多。

19世纪,某些国家各自独立的殖民体系统一在帝国主义秩序之下。迅速增长的欧洲人口向世界范围内扩散定居,欧洲资产阶级与他们的北美后裔一起严格控制着全球资源。无论投资何时获得收益,招募各种族与性别的劳动者都经过精打细算。各阶级间以及核心区与殖民地间的权力关系决定了谁被迁移到哪里,或谁有可能依自己的意愿流动。高回报的投资与低收入的劳动成正比。有色人种与白人相比,所获得的收入较低,劳动受到更严格限制,性别、等级与阶级差异也是如此。对于自愿迁移的工人而言,国际劳动市场给他们提供了机会。比如说,易北河东部的农民选择在柏林与芝加哥之间的地区工作,印度南部的泰米尔人选择在锡兰、其他亚洲地区和东非地区工作。但是他们的迁移路线很特殊,是一个依靠他们在国外的同村的乡亲、同事或亲属建立的交流网络。太平洋人口流动体系开始补充大西洋体系,直到北美国家排斥亚洲人口时速度才放缓。这个过程在欧美地区持续到1914～1918年,在亚洲则一直持续到1937年。

第四个时期为20世纪的前半叶,其特点是:欧洲出现大批难民,亚洲人口流动加速,大西洋人口流动体系发展停滞(但开始转向中北美地区)。在资产阶级革命时期,政治放逐者和难民越过边境,一些积极参与经济活动的市民和受过良好教育的市民创造了民间文化,他们创造了融合的民族认同观念,追求文化上的统一,可能受到匈牙利人影响,也可能是受美国人的影响。被一些封闭的民族国家视为少数民族的人口开始向外流动,那些迁移到所谓文化同一国家的人口成为外侨,他们努力获得文化上的认同。在民主化的民族主义势力下,通过几代人的努力,他们被迫融入了当地文化。

北美的两个国家,在19世纪80年代,对亚洲的外来人口关闭边境,转而在1917年后向东部和南部欧洲流动人口开放。美国对外来人口采取种族歧视政策,加拿大则仍然接收外来流动人口,因此,东欧人家族成为稳定的农耕者。在经济中心从西欧转向美国,无限制的投机买卖在20世纪30年代经济萧条中被终止时,跨越大西洋的人口流动转向低潮。在美国内部,大量非洲裔美国流动人口从南部的小佃农庄园和大庄园经济区来到北部工业区,补充劳动力的不足。法裔加拿大人向东北部地区流动,墨西哥的短期合同工(braceros)向西南地区流动。

在欧洲和亚洲北部,俄罗斯—西伯利亚体系中从农村到城市的流动人口日渐增加,在斯大林统治时期,出现了强制劳动。纳粹德国强制转移劳动力,重新安置民族人口。在两次大战之后,几千万人出逃或被驱逐,但多与之前几个世纪的人口流动方向相反。

拉丁美洲、北非以及撒哈拉以南的非洲经历了从农村向城市的内部人口流动浪潮。加勒比海内陆地区的人口向北部美国和加拿大的城市流动。在非洲,直到殖民统治时,内部的流动人口数量才开始上升。劳动力的再分配并非由我们再三提及的经济学家创建的"市场中看不见的手"控制,而是家族金融收益的利益、经济活动的多样性提供了新机遇。

在亚洲,契约式的劳动持续存在至20世纪30年代。在中国,劳动力招募的范围遍及南北各省;印度人口则相对固定,仅仅是农村间的移动以及向矿山和工厂的流动人口数量有所提高。在中国,成千上万的农民向北方边境的农业地区迁移,这里是殖民冒险的主要地区之一。日本开始向朝鲜、中国派遣殖民者,推行帝国主义侵略政策。第二次世界大战结束以及殖民地的独立也同样伴随着宗教的冲突与人口的迁徙。

在各个殖民地,殖民者开始幻想建立一种英国化的或法国化的文化。通过设立"附属殖民地",通过诸如过路的印度流动人口或跨海而来的中国人的商业经纪人行为,通过唯一的大英帝国全球公民权观念或法国的黑人文化的作用,这种转化暂时地实现了。但是,在殖民地或在核心区大学中受过教育的流动人口与本地文化相融合,创造了个人和社会财富,开始向殖民统治和白人特权发起挑战。当权力关系出现变化时，人口向欧洲回流。无论是在阿尔及利亚、缅甸，还是在印度尼西亚，独立往往与大规模的人口增长，特别是附属殖民地人口的飞速增长相伴。

最后，在1950年之后的几十年中，人口流动出现了新的形式：跨越太平洋的人口流动出现，前殖民地人口回流，各类工作移民、难民以及第三世界国家出现了各种地区性的工作移民体系。

在后殖民时期，来自第三世界的流动人口数量迅速上升。国际化的非白人下层阶级开始进入那些国际化的、白人和有色人种中产阶级生活稳定的地区。20世纪60年代中期时，纯粹的白人社会已经转变为多种族社会，与此同时，欧洲宗主国采取了限制措施，北美国家也提出了种族移民的限额。在美国，亚洲和太平洋岛国移民的比例在20世纪60年代占全国人口的13%，到80年代则提高50%以上。在加拿大，亚太移民的数量同样超越了欧洲裔移民。跨越太平洋的移民同时伴随着南亚、东南亚和东亚的更大规模的内部移民运动。

当北美洲成为大西洋和太平洋经济圈中的一个组成部分时，跨越大西洋的人口流动体系出现分裂。在这个地区，南北两个独立的人口流动体系参与到从加勒比—墨西哥地区向北美，以及从地中海（仍然包括北非地区在内）向阿尔卑斯山以北欧洲的移民活动之中。阿拉伯国家石油生产的迅速发展在埃及和巴勒斯坦地区形成了第三个人口流动体系，给东南亚的妇女提供了从事家务劳动的机会，也给来自欧洲和北美的专业人士提供了工作机会。在亚洲，印度和中国则经历了大规模的内部人口流动过程。东南亚的妇女向北美和中东（英国对于东地中海和霍尔木兹海峡文化的称呼）地区流动，从事家庭服务劳动。经济快速发展的地区，如亚太地区，也吸引着流动人口。对此，日本采取了阻止外来人口的政策，而欧洲国家则试图阻止外来工人的文化入侵。

进入21世纪，全球三个世界——大西洋北部核心区（第一世界）、分裂的前社会主义者地区（第二世界）以及边缘的第三世界——的划分，开始被重新组合的投资和移民类型中心所代替。新的地区性的和洲际的移民体系出现，它与此前几个世纪的人口流动方式全然不同。

这些全球性的人口流动具有独特之处，但在形式上并无明显变化。中世纪的人口流动就曾穿越当时所知的世界，在全球多数地区进行过殖民性的人口迁徙，自由或不自由的无产者的流动足迹遍布全球。20世纪晚期的人口流动与早期有所不同，流动人口的绝对数量，即每千人中的流动比例增加。在自身社会和移民社会之间不断的往返流动、移民与家人之间的远程联系使得流动人口可以在不同的文化氛围内转换，吸收跨民族的、跨文化的精华。新的人口流动体系形成于资本主义国家与其殖民统治地区脱离后，也关系到国际化的劳动力市场在

"全球性的种族隔离"结构中流动人口的抉择。①

对流动人口的长时段研究受到传统观念的挑战。首先,流动人口到目前为止仍是普遍存在的现象。侧重于制度、政治和定居地文化的研究关注的是居民,而非流动人口。其次,它展现了居民与流动人口之间文化的相互影响、通婚或战争。多数流动人口逐渐融入到当地文化和社会之中,不再具有明显"外国人"的痕迹和差异,因为一旦被接受,对于自身的改造及本地化过程就开始了。他们的下一代就已经表现出地方文化特性。

2. 不断变化的范例与新的研究方法

进入20世纪60年代,对欧洲和北美流动人口历史的研究以大西洋为中心,强调农民的西向流动及定居浪潮,却忽视了对工人和妇女的流动、回流人口和多方向交叉流动人口的研究。向民主社会——美国的自由移民,符合当时欧美人的世界观。跨越太平洋的以及边缘地区的人口流动导致全球权力关系发生的变化,以及流动人口所导致的全球投资战略的变化都很少受到关注,还有早期研究曾经呼吁的新的研究方法、亚洲契约工人以及拉丁美洲流动人口的研究也都没有受到足够重视。对于非洲强制流动人口的研究比较充分,但仍属于奴隶史研究的一个孤立的组成部分;而在其他大洲,如拉丁美洲,流动人口的繁衍问题仍然是地区史研究的一部分。流动人口研究仍然在白人历史中占据主导地位。关于流动人口历史的比较研究方法还没有出现。② 至于流动人口社会中文化的相互关系,仅有芝加哥社会学院的20世纪早期人口流动观点以及弥尔顿·戈登于

---

① Nina Glick Schiller, Linda Basch, and Cristina Blanc-Szanton, *Towards a Transnational Perspective on Migration: Race, Class, Ethnicity and Nationalism Reconsidered* (New York, 1992), 1-24; Anthony H. Richmond, *Global Apartheid: Refugees, Racism and the New World Order* (Toronto, 1994).

② Frank Thistlethwaite, "Migration from Europe Overseas in the Nineteenth and Twentieth Centureis," Ⅺ *Congrès International des Sciences Historiques, Rapports*, vol. 5 (Stockholm, 1960), 32-60; Rolando Mellafe, "The Importance of Migration in the Viceroyalty of Peru," in Paul Deprez, ed., *Population and Economics: Proceedings of Section V of the Fourth Congress of the International Economic History Association* (Winnipeg, 1970), 303-313; Samir Amin, "Migrations in Contemporary Africa: A Retrospective View," in Jonathan Baker and Tade A. Aina, eds., *The Migration Experience in Africa* (Uppsala, 1995), 29-40; Charles Tilly, "Migration in Modern European History," in William H. McNeill and Ruth S. Adams, eds., *Human Migration: Patters and Politics* (Bloomington, 1978), 48-72; Klaus J. Bade, *Europa in Bewegung: Migration vom späten 18. Jahrhundert bis zur Gegenwart* (München, 2000).

1964 年提出的美国同化模式有所涉猎。20 世纪 40 年代晚期发表的对社会单一文化模式观点的修正，建立在加拿大的英法二元论基础之上，但并未摆脱主流研究的局限。[①] 只是在 20 世纪 90 年代中期，安东尼·理查蒙德提出了新的理论研究和探索的综合方法论，提供了一个几十年来迫切需要的框架，为流动人口研究创造出更微观的、更广泛的研究方法。[②]

回顾近年来关于流动人口研究的理论方法，特别是对 19～20 世纪的工作流动人口问题，我们发现，我们对于新古典经济学理论和历史学家对一般推动与阻碍因素的讨论并不充分。二者都仅关注劳动力与资源供给与需求地区的地理环境差别，指出各个社会、国家和地区在微观层次存在差别。[③] 更细致的微观经济理论研究区分名义上的工资与实际工资和预期工资水平的差别，并与生活标准进行比较。[④] 由于多数流动人口只有少量甚至没有生活资料，他们迫切需要马上进入劳动力市场，工作机会是最具吸引力的要素，工资高低反而是次要的。在经济衰退时，工作机会减少，流动人口数量会有所下降；但在时间上表现出滞后的特点：一方面是由于信息传递需要一段时间；另一方面，裁员计划的制定和执行也需要一个过程。政治观念研究也同样从微观层次入手，假定“美洲”自由运动具有推动力，认为在历史发展过程中，甚至边缘社会也可获得机会。同样，只有这样微观层次的研究才能够确定特定的供需地区之间在约束力和机遇上的差别，也才可以获得结论。19 世纪的政治难民选择法国、瑞士、英国和美国作为避

---

① 关于芝加哥学派，Robert E. Park，William I. Thomas、Florian Znaniecki 以及 Ernst W. Burgess 的研究比较中肯。女性身份与这条思想线索的关系比较密切，社会改革者和作家 Edith & Grace Abbott，Jane Addams，Sophonisba P. Breckenridge，Margaret Byington，Frances A. Kellor 以及其他人的研究也值得关注。参见 Stow Persons，*Ethnic Studies at Chicago*，*1905-1945* (Chicago，1987)；Milton M. Gordon，*Assimilation in American Life*：*The Role of Race*，*Religion*，*and National Origins* (New York，1964)；Everett C. Hughes，“The Study of Ethnic Relations，” *Dalhousie Review* 24 (1948)：477-482；and Hughes and Helen MacGill Hughes，*Where peoples Meet*：*Racial and Ethnic Frontiers* (Glencoe，Ill.，1952)；and Fredrik Barth，ed.，*Ethnic Groups and Boundaries*：*The Social Organization of Culture Difference* (Boston，1969).

② Richmond，*Global Apartheid*，3-116.

③ Douglas S. Massey et al.，“Theories of International Migration：Review and Appraisal，” *Population and Development Review* 19 (Sept. 1993)：431-466，and “International Migration Theory：The North American Case，” *Population and Development Review* 20 (Dec. 1994)：699-752；Dirk Hoerder，“Changing Paradigms in Migration History：From ‘To America’ to Worldwide Systems，” *Canadian Review of American Studies* 24，2 (spring 1994)：105-126.

④ 例见 Peter R. Shergold，*Working-Class Life*：*The “American Standard” in Comparative Perspective*，*1899-1913* (Pittsburgh，1982).

难地。20世纪殖民地的学生则选择到曾经的宗主国的大学中学习。[①]

在流动人口新经济论的研究中,"家族、家庭或其他生产单位、消费和儿童抚养都是可行的研究领域"[②]。人口的流动提供了获得稀有资源的门径,比如工作、工资、小买卖的资金以及消费选择。来自农耕社会的流动人口努力扩大土地占有量,或者努力通过肆意挥霍来提高他在原来社会中的地位。当机械化水平提高、劳动技能需求降低、养家糊口的能力下降时,技术工人可能向仍然依靠手工技能的边远经济区流动。妇女的流动原因是寻找更多的、性别差异较小的就业机会。不断增长的土地之外的收入可以改变家族劳动力的分配:妇女和儿童在家务农,季节性的或常年的劳动人口的流动则主要是成人和青年男性。人口流动可以分担风险,因为潜在的歉收或不充分就业可以通过境外劳务收入以及从农业上的食品生产获得的微薄收入来解决和化解。

分割的劳动力市场理论研究进入主流社会的中观过程。因为人口流动信息存在于亲朋好友等非正规途径中,获取就业机会的信息也仅限于他们自己的圈子。特定的人口流动政策目的同样是解决一些部门的劳动力短缺问题。流动人口市场主要是当地居民中不愿从事的、低层次的劳动力。在发达的工业化国家,如果本地工人拒绝从事重复的传送带式的劳动,那么流动人口会集中在这样一些工资高、收入稳定的工厂里。而当流动人口与当地工人争夺相同的劳动力市场,劳动收益有所差异时,换言之,当新来者瓜分既定的工资比例时,冲突就会产生。另外一个可能性是,当流动人口向他所流动的社会中一些已经停滞不前的部门注入革新思想和技术发明时,冲突也会产生。[③]

世界体系理论和从属理论曾经错误地使用单一的资产阶级发展的欧洲或大西洋中心模式,分析不平等势力之间的关系。首先,在殖民地的投资资本,通过工资激励、行政强制或军事手段迫使大种植园和矿山的劳动力转移。其次,该理论有助于我们理解人口流动的内在关联。比如,曼彻斯特的制衣业与新英格兰、孟买和罗兹的工厂竞争,它还与美国南部、埃及和乌干达的大棉花种植园产生联

---

① Bartlett and MacKay, *Medieval Frontier Societies*; Walter Nugent, *Crossings: The Great Transatlantic Migrations, 1870-1914* (Bloomington, Ind., 1992); Dirk Hoerder, "Labour Migrants' Views of 'America'", *Renaissance and Modern Studies* 35 (1992): 1-17.

② Massey et al., "Theories," 439.

③ Edna Bonacich, "A Theory of Ethnic Antagonism: The Split Labor Market," *American Sociological Review* 37 (1972): 547-559; Clark Kerr, *Markets and Other Essays* (Berkeley, 1977); Michaeol J. Piore, *Birds of Passage: Migrant Labor and Industrial Societies* (New York, 1979); Walter Licht, "Labor Economics and the Labor Historian," *International Labor and Working Class History* 21 (1982): 52-62.

系。这些都是劳动人口流动的目的地，但生活水平与工资收入并不相同。第三，全球化的研究强调流动的多向性，避免了双边流动人口研究的局限。第四，世界体系理论认为，投资（资本渗透）并非单向地流向不发达国家（LDCS），而是通过不平等的贸易从不发达的国家或经济区榨取资本，这有助于我们解释为什么当前这些国家出现大批的流动人口。但这个理论并没有解释劳动人口流动的目标，或者说他或她所选择的流动方向。①

社会和人口投资理论将微观的个人和家族与中间层次的经济地区和全球流动人口的选择联系起来研究流动人口。在流动人口的新范例中、在流动参数的复杂概念中，表现出人口中介及更大规模的关系的特点。

新范例

20 世纪 60 年代，对民族文化合法性的社会认同、新独立的第三世界国家的冲击、亚洲经济的增长等因素都促使人口流动规则出现变化，出现新的研究方法。加拿大学者的跨学科研究、美国的民族社会史研究、欧洲的新农村研究、南亚的侨民研究、流动人口文化观念以及全球资本移动研究等代替了狭隘地强调在北美根除欧洲人研究的观念。亚洲契约劳动研究强调社会的构成。非洲殖民地时期和后殖民地时期流动人口研究重新评价自愿人口与强迫人口流动，并重新开始研究奴隶贸易。但是，流动人口研究仍然限于地区史研究范畴，而非研究全球范围内的人口流动。多民族学者参与的讨论和新的多边国际性研究计划已经制定。比如，在荷兰和瑞典，多民族的流动人口刺激了观念的更新；在纳塔尔和印度，新的自我意识改变了苦力劳动被动的形象，成为积极的流动人口和流动

---

① Janet L. Abu-Lughod, *Before European Hegemony: The World System A. D. 1250-1350* (New York, 1989); Alan K. Smith, *Creating a World Economy: Merchant Capital, Colonialism, and World Trade, 1400-1825* (Boulder, 1991); Immanuel M. Wallerstein, *The Modern World-System*, 3 vols. (New York and San Diego, 1974-1989); Andre G. Frank and Barry K. Gills, eds., *The World Systems: Five Hundred Years or Five Thousand?* (London, 1993); Eric R. Wolf, *Europe and the People without History* (Berkeley, 1982); Philip D. Curtin, *Cross-Cultural Trade in World History* (New York, 1984).

人口家族。[①]

再来看北半球。农业人口向未知的"美洲"移动的单一方向观念扩展为两个19世纪洲际流动人口体系:俄罗斯—西伯利亚体系和大西洋经济体系。合作研究计划结合了宗主国文化与新文化的特点。[②] 新范例主要关注欧洲和北美内部流动人口以及在英美、拉丁美洲或欧洲三个海外目的地的选择,即返乡(见图0-1)。对于边缘社会及流动人口流入社会的对比研究弱化了美国的特有地位,而将其作为众多例证之一。加拿大、巴西、阿根廷,以及西半球之外的西伯利亚、澳大利亚,可能还有南非,在19世纪都是边缘社会。[③]

---

① John Berry et al., eds., *State of the Art Review of Research on Canada's Multicultural Society* (Ottawa, 1993); Rudolph J. Vecoli, "The Contadini in Chicago: A Critique of (Handlin's) The Uprooted," *Journal of American History* 51 (1964): 404-417. Lucie Cheng and Edna Bonacich, eds., *Labor Migration under Capitalism: Asian Workders in the United States before World War II* (Berkeley, 1984); Camille Guerin-Gonzales and Carl Strikwerda, eds., *The Politics of Immigrant Worders: Labor Activism and Migration in the World Economy since* 1830 (New York, 1993). Paul E. Lovejoy, ed., *Africans in Bondage: Studies in Slavery and the Slave Trade* (Madison, 1986); Lovejoy and Nicholas Rogers, eds., *Unfree Labour in the Development of the Atlantic World* (Ilford, 1994); Joseph Inkori and Stanley L. Engerman, eds., *The Atlantic Slave Trade: Effects on Economies, Societies, and Peoples in Africa, the Americas, and Europe* (Durham, N.C., 1992); Joseph E. Harris, ed., *Global dimensions of the African Diaspora* (Washington, D.C., 1982).

② Dirk Hoerder, ed., *Labor Migration in the Atlantic Economies: The European and North American Working Classes during the Period of Industrialization* (Westport, Conn., 1985); Leslie P. Moch, *Moving Europeans: Migration in Western Europe since 1650* (Bloomington, Ind., 1992); Barbara A. Anderson, *Internal Migration during Modernization in Late Nineteenth-Century Russia* (Princeton, 1980); Donald w. Treadgold, *The Great Siberian Migration: Government and Peasant in Resettlement from Emancipation to the First World War* (Princeton, 1957).

③ Mark Wyman, *Round-Trip to America: The Immigrants Return to Europe, 1880-1930* (Ithaca, 1993); Samuel L. Baily, "Cross-Cultural Comparison and the Writing of Migration History: Some Thoughts on How to Study Italians in the New World," in Virginia Yans-McLaughlin, ed., *Immigration Reconsidered: History, Sociology, and Politics* (New York, 1990), 241-253; Nugent, *Crossings*. 综述文章包括:Ira Glazier and Luigi de Rosa, eds., *Migration across Time and Nations: Population Mobility in Historical Contexts* (New York, 1986); Yans-McLaughlin, *Immigration Reconsidered* (1990); Rudolph J. Vecoli and Suzanne M. Sinke, eds., *A Century of Europe Migratiions, 1830-1930* (Urbana, Ill., 1991); Dirk Hoerder and Leslie P. Moch, eds., *European Migrants: Global and Local Perspectives* (Boston, 1996); Jan Lucassen and Leo Lucassen, eds., *Migration, Migration History, History: Old Paradigms and New Perspectives* (Bern, 1997).

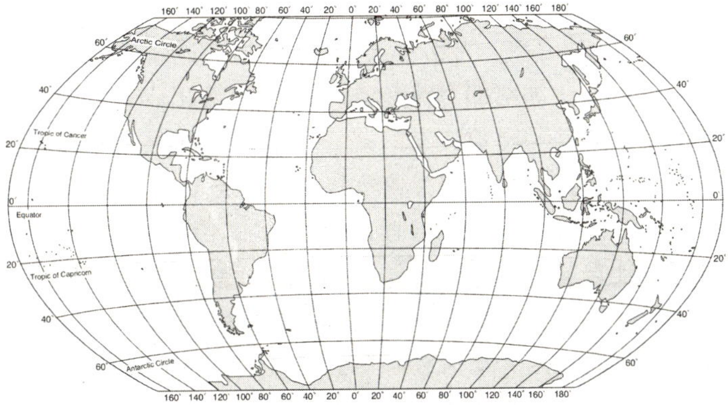

欧洲中心观

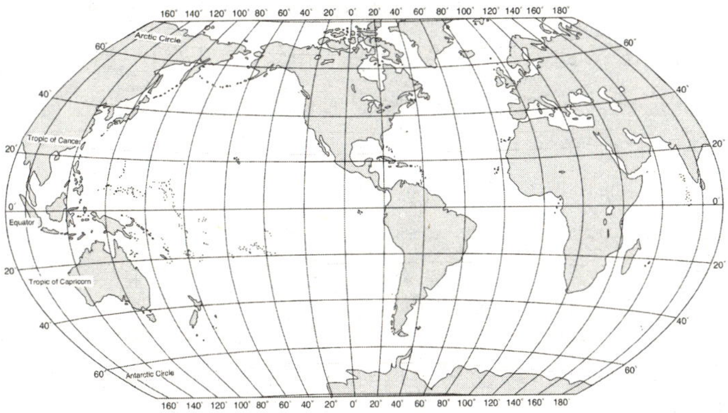

北美中心观

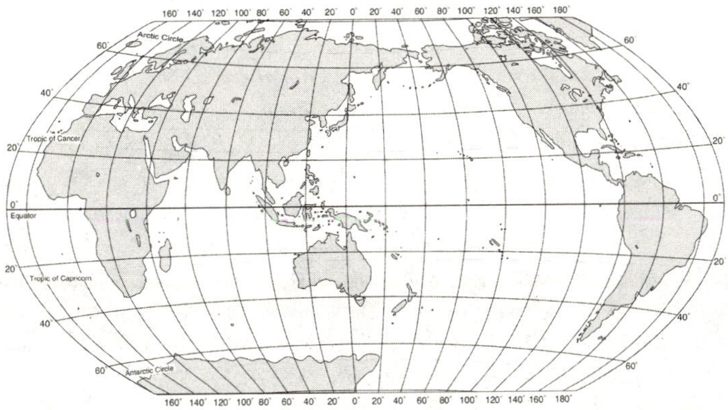

亚太中心观

图0-1 视点:以欧洲、美洲、亚太为中心

苦力人口和排亚运动在亚洲太平洋人口流动体系中得到重新定义。研究视野向经济区域观念、自由和非自由流动人口的相互关系、劳动力市场和种族化等领域扩展。从印度和中国南部等流动人口输出区输出人口的原因也得到研究：英国人强加的税收体制和土地占有形式、种姓制度、传统的印度商人活动；中国帝制的弊端及反抗、人口膨胀、自然灾害以及殖民渗透。最独特的新视角是研究人口流入社会的国际劳动力的需求，研究旅行者和苦力的内在联系，研究自由和不自由的人口流动现象。①

单纯关注 19 世纪工业化世界（白人）的研究受到（有色人种）跨界流动研究的挑战。大量的亚洲契约劳动力在各殖民地流动。非洲和拉丁美洲的内部人口流动形式与地方局势和核心区的干预有关。大种植园的流动劳动力与服从于帝国统治的流动人口不同。同样，与其他形式的流动人口也存在相似性：投资与获利中心地区吸引着劳动力与仆役；女性流动人口的流动区域通常较小，男性的流动区域则更加广阔。流动人口的家庭构成蕴涵着更多的变数，流动人口或返回原籍，或结伴继续迁移，或在婚后流动。②

关于阶级，劳动史学家受英国新左派史学关于劳动者文化与道德经济观点的影响，开始认识到劳动者的阶级构成具有多民族、国际化的特点，并重新审视 19 世纪无产阶级的大规模流动。③ 卡斯特尔斯、科亨、塞森—库伯以及波茨等人指出，在发达和欠发达地区，劳动力分配有所变化，资本流向也有其特点。自由经济论和马克思主义经济理论都假设资本主义经济条件下，自由劳动取代了任何形式的契约劳动、农村妇女的劳动和奴隶劳动。他们认为强迫劳动与自由劳

① Cheng and Bonacich, *Labor Migration under Capitalism*; Colin Clarke, Ceri peach, and Steven Vertovec, eds., *South Asians Overseas: Migration and Ethnicity* (Cambridge, 1990), esp. Hugh Tinker, "Indians in Southeast Asia: Imperial Auxiliaries," 39-56; Michael Adas, ed., *Islamic and European Expansion: The Forging of a Global Order* (Philadelphia, 1993); Surendra Bhana and Joy B. Brain, *Setting Down Roots: Indian Migrants in South Africa, 1860-1911* (Johannesburg, 1990); U. Bissoondoyal and S. B. C. Servansing, eds., *Indian Labor Immigration* (Moka, Mauritius, 1986).

② Guerin-Gonzales and Strikwerda, *Politics of Immigrant Workers*; Sinnappah Arasaratnam, *Indians in Malaysia and Singapore* (rev. ed., Kuala Lumpur, 1979); N. Gerald Barrier and Verne A. Dusenbery, eds., *The Sikh Diaspora: Migration and Experience beyond Punjab* (Delhi, 1989); Piet C. Emmer, ed., *Colonialism and Migration: Indentured Labor before and after Slavery* (Dordrecht, 1986).

③ Walter F. Willcox and Imre Ferenczi, eds., *International Migrations*, 2 vols. (New York, 1929 and 1931); E. P. Thompson, "The Moral Economy of the English Crowd," *Past and Present* 50 (Feb. 1971): 76-135; Dirk Hoerder, ed., *"Struggle a Hard Battle"—Essays on Working Class Immigrants* (DeKalb, Ⅲ, 1986). 劳动力经济研究领域与移民有关的研究成果由日内瓦国际劳工协会出版。

动共同存在的条件取决于权力关系及生产方式（"劳动体制"）的发展水平。在这些学者中，古埃林—贡扎莱斯和斯特里克维尔达又提出了边缘经济社会中出现的流动劳动者的战斗精神问题。特定民族集团的劳动力在世界范围内大规模流动造成的后果是，中国人、意大利人、波兰人以及巴勒斯坦人等在全球范围内侨居。①

民族学研究因各集团对自身功绩的褒扬而失去其经典的、极具价值的特点。在欧洲各国吸收来自原有殖民地国家的流动人口之后，学者们提出了民族国家与种族构成的问题，而且新独立国家的学者也开始探讨这个问题。"关注渴望"的讨论将矛头指向 20 世纪 90 年代早期旨在分裂社会的丑陋的美国多元主义或加拿大的多元文化论以及欧洲右翼政党为了排挤非白人移民而策动的公决。在印度，各地的"土地之子"组织抵制流动人口定居者。② 众多有关民族文化的论著都在讨论自我与他人，我们将不述及"我们"与"外来者"的问题。许多反对流动人口的人仍然坚持认为，纵观古今流动人口国家和多民族国家的民族认同原则及多重认同的各种模式，民族性与民族国家是集体认同的最稳固的决定因素。关于民族性与民族主义之间的关系，史密斯在其持续发展理论研究中有所归纳，民族意识建构与民族主义研究者霍布斯鲍姆和兰格尔则研究了相对价值问题。③

性别研究者关注性别的工作分配及流动人口的选择问题。历史上，妇女很少有能力支付迁移费用，妇女独自旅行也是被禁止的。当妇女拥有独立收入的时候，妇女流动人口网络得以独立发展。提利和斯克特的家庭经济理论对流动人口研究有很大影响。女性学者是接受新理论的先锋。西蒙和布里特尔研究了

---

① Saskia Sassen-Koob, *The Mobility of Labor and Capital* (London, 1988); Robin Cohen, *The New Helots: Migrations in the International Division of Labor* (Aldershot, 1987); Lydia Potts, *The World Labor Market: A History of Migration* (German orig., 1988; London, 1990); Stephen Castles and Mark J. Miller, *The Age of Migration: International Population Movements in the Modern World* (New York, 1993); Guerin-Gonzales and Strikwerda, *The Politics of Immigrant Workers*.

② Arthur M. Schlesinger Jr., *The Disuniting of America: Reflections on a Multicultural Society* (New York, 1991); Christoph Butterwegge and Siegfried Jäger, eds., *Europa gegen den Rest der Welt: Flüchtlingsbewegungen-Einwanderung-Asylpolitik* (Cologne, 1993); Myron Weiner, *Sons of the Soil: Migration and Ethnic Conflict in India* (Princeton, 1978); Robert Miles, *Racism* (London, 1950; 2d ed., 1989).

③ Anthony D. Smith, *National Identity* (Reno, 1991) and *The Ethnic Origins of Nations* (Oxford, 1987); Eric Hobsbawm and Terence Ranger, eds., *The Invention of Tradition* (Cambridge, 1983). 另参见 Benedict Anderson, *Imagined Communities: Reflections on the Origin and Spread of Nationalism* (1983; 3d ed., London, 1986).

在不考虑其本土文化的前提下,女性参与人口流动后世界政治经济形势发生的结构性障碍。锡克教妇女、哥伦比亚和阿尔及利亚女仆、越南和土耳其的女工、苏联犹太教女性家庭流动人口以及在德国、加拿大或美国的葡萄牙妇女,都有过诸如有薪或无薪劳动、家庭流动和家庭重组及性别等级差别的遭遇。在东南亚地区,在女性优先政策的支持下,女性流动人口从事家务劳动,而把男人与子女留下养活自己或在亲属帮助下生活。当已婚妇女供养丈夫的倾向出现时,就出现了关于性别等级的复杂的较量,因为妇女既是养家糊口的人,也是引领家人进入新社会环境的向导。①

文化同化过程中的生育问题研究肇始于妇女在潜在的或者真正的文化冲突环境下生育的独特经历。在由妇女养育子女的社会中,第二代流动人口由妇女制造。生活周期研究证明,流动人口结婚的平均年龄发生变化,通常缓慢上升,这给予妇女更多的自由空间,也给夫妻双方更多的时间积累财产。但在一些流动人口中,来自父母的约束及土地继承的压力导致婚育年龄下降。财产构成不再依赖夫妻双方的聘礼和彩礼,而更多依赖于赚钱的手段和策略。最后,赡养老人特别是父母的义务留给在家的兄弟姐妹。人口流动提高了输出地区赡养与被赡养的比例和社会消费水平,但降低了人口流动目的地相关消费的比例。妇女流动人口进入劳动力市场的比率较高,她们的生活周期发生变化——这种变化源自生育次数减少,逃离其长辈控制的地域环境——使她们对劳动力分配的性别差异有了新的看法,也造成第二代流动人口的家庭结构出现新变化。

流动的参数和人口流动

要走多远的距离,要跨越什么样的文化界限,要作出什么样的决定才能够使一次"迁徙"叫作"人口流动"? 一个妇女,跨越了教会堂区界限,成为其丈夫家庭的一个成员——这是一个进入与被接受的过程——也可能被视为人口流动。19世纪,跨越村庄界限所产生的复杂问题是在国际疆界人口流动中不曾出现的。短距离的婚姻人口流动——不考虑独身的情况——会造成半数人口的流动,也是社会流动的一种形式。有研究者引用了这样一个故事:一个瑞典农民哀叹他从未离开过他的村庄,从未亲眼见识过比远处有尖顶的教堂更远的地方,但他最

① Louise A. Tilly and Joan W. Scott, *Women, Work and Family* (New York, 1978); Rita J. Simon and Caroline B. Brettell, *International Migration: The Female Experience* (Totowa, N. J., 1986); Jean Burnet, ed., *Looking into My Sister's Eyes: An Exploration in Women's History* (Toronto, 1986); Barbara Bush, *Slave Women in Caribbean Society, 1650-1838* (Bloomington, Ind., 1990); Claire C. Robertson and Martin A. Klein, eds., *Women and Slavery in Africa* (Madison, 1983).

后一句话是“除了我在美洲的那些年”。以获取利益为目的的流动人口穿越大洲大洋,可能只是从一个有同胞的小社会转向另一个小社会,他们的生活并未发生明显的变化。

在理论上,地方的人口流动与跨越政治疆域或者经济区域的人口流动以及与远距离的跨界人口流动都是不同的。但是,相比随心所欲地跨越政治边界的流动,在经济区域或阶段的文化变化与流动更需要流动人口进行自我调整。在19世纪,一个波兰家庭穿越德国和沙皇俄国之间的边境后,仍然在相同的民族文化区域内生活,尽管波兰人在普鲁士境内从东部波兰民族区域向西部矿区的流动并没有进入新的文化区域,但是从农业村庄进入到工业城市区域。12世纪,阿拉伯商人从霍尔木兹海峡到东南亚地区沿途发现了其他阿拉伯商人建立的社会,如同中国人在东南亚地区的分布一样。地理距离是相对的。1900年的意大利流动人口越过大西洋在阿根廷从事季节性的收割大麦的工作时,精神和文化上的差异并不大,他们的工作状态也没有什么变化,花费甚至比坐火车从阿尔卑斯山脉到易北河东部大麦产区的费用还低,但必须考虑精神距离。

人口流动有始必有终。不断地流动是一种生活方式,可能是一种有目的的旅行,也可能是漫无目的的游荡。旅行是因为某种目的而对一个遥远文化的暂时性访问。人口流动可能发生在一段长期移动的某个阶段中。它可以是循环的,流动人口可能会返回家乡。每年有几次有目的的离开是允许的,甚至几年或整个工作岁月的离开都是有可能的。外来流动人口的意图是永久移民,但是由于流入地的生活状态不尽如人意,也可能出现二次流动或者流动人口返乡的情况。欧洲异教徒或印度侨商会在机遇减少时选择再次流动。当某个流动人口决定“明年”回家,却客死异乡时,流动人口可能会无意识地成为永久流动人口;或者当流亡者因为家乡的敌对势力仍然高涨而被终身抛弃时,他不得不被迫成为永久流动人口。人口流动是一个从旅行到永久移民的连贯过程。

人口流动分为自愿流动、胁迫流动和强制流动几种形式。只有在限制宽泛的输出地区、法律规范的接受地区,并且是在有能力承受流动人口的“风险投资”的前提下,人口迁移的决定才是“自由的”。从个人的微观层次讲,流动人口独立自主地做出离开的决定,他们或是在某种民族文化背景下作出的决定,或是某个年龄段的漫游癖,或是出于某种意图,为了脱离墨守成规的朋友圈子,寻求发展。塞缪尔·白利注重研究地方人口流动中的个人,他比较了一些意大利村庄的输出人口,比较他们所选择的流动目的地的差别,并对影响流动选择的各种个人的、家庭的和村庄的经济因素进行了一系列复杂的分析。书信往来和口头采访证明这些遍布各大洲的家庭保持着密切的友好联系,他还从经济保障和情感得失等方面讨论人口流动的利弊。"自由"选择局限在交流网络、信息交换以及可以认知的社会经济观念中。①

不自愿的人口流动特指不平等的权力关系下的人口流动。强制流动,无论是非洲奴隶,还是欧洲的战争劳工,全部都是被俘的男人和女人。日复一日的抵抗与逃亡遭到残酷的惩罚,甚至处死。救赎却依赖于与他们的占有者具有完全不同文化特色的人,这些人使他们重生。② 胁迫流动仅限于离开的选择是被迫的,但在到达目的地后则有部分选择自由。比如说难民可以在一定范围内,在政策允许的条件下选择流动目的地。当永久的驻地或赖以生存的难民津贴被有意的,或因为某种政治因素被迫中止时,他们必须进入当地劳动力市场以维持生计。

研究人口流动和文化融合必须考虑到各种各样的流动方式。往返旅行者、朝圣者和士兵都可提供人口流动目的地的情况。交通的进步为人口流动提供了便利。巡行、流浪和季节性的流动削弱了植根于土地或地方传统的游牧文化的内涵。

3. 流动人口的角色与系统研究方法

在新范例和各种卓有见地的研究的基础上,我将尝试一种以人为本的流动人口研究,包括各个社会的结构研究。作为自己的主人,男性、女性以及他们的子女不仅渴求物质上的安逸,而且也要求情感上、精神上和知识上的保障。除了隐士,我们很少发现有精神保障而没有物质支持的情况。因此,维持基本的生活需要是首要目标,同时在思想上有一些中间目标。佛罗伦萨的土地登记官(catasto)区分"大脑"和"嘴",可能还需加上"心脏"。可接受的最低保障线与团体本身的历史发展有关。人口流动的前提是,人口流动目的地的条件更好,而且风险投资的资本——失去亲属、政变威胁与未知世界、实际的花费——比预期收

① R. Paul Shaw, *Migration Theory and Fact: A Review and Bibliography of Current Literature* (Philadelphia, 1975); Samuel L. Baily, "The Village-Outward Approach to the Study of Social Netwroks: A Case Study of the Agnonesi Diaspora Abroad, 1885-1989," *Studi Emigrazione* (Rome) 19, 105 (mar. 1992): 43-67. 从个人视角进行的研究还有 Caroline B. Brettell, *We Have Already Cried Many Tears: The Stories of Three Portuguese Migrant Women* (Cambridge, Mass., 1982).

② Philip D. Curtin, *The Atlantic Slave Trade: A Census* (Madison, 1969); Willemina Kloosterboer, *Involuntary Labour since the Abolition of Slavery: A Survey of Compulsory Labour throughout the World* (Leiden, 1960); Tom Bass and Marcel van der Linden, eds., *Free and Unfree Labour: The Debate Continues* (Bern, 1997).

益要低。迁移决定取决于输出社会一定的政治、社会和经济结构的限制，是在故乡一段特殊的经历。大批潜在的流动人口都考虑过家庭经济、亲属关系、长幼顺序、朋友关系等问题，除非他是被社会驱逐的人、被社会抛弃的人或是由于人为因素或自然灾难逃亡的人。

理解各个社会特殊的文化内涵需要进行比较研究。首先，不同文化背景的流动人口可能在社会文化与经济背景、流动人口经历、文化融合过程等各个层面、各个性别的分析中表现出不同特点。其次，流动人口输出与输入社会在重新定位与毁灭以及延续性上也各不相同。第三，外来流动人口与其他种类人口，如内部流动人口，也需要进行对比研究。但在这些研究中，阶级、性别和民族性问题开始与人口和生活周期相结合，融入包罗万象的系统研究中。

人口流动体系:综合的理论视角

明确的流动人口体系研究需要关注流动人口个体的离开、旅行、进入等各方面问题，还要关注各种方向的流动人口及目的地。[①] 将一个流动人口体系放在地理范畴内观察，是人口流动链条中的一环，流动人口在起始地与目的地之间的旅行需要持续一段时间，与那些无明确方向的、不成体系的流动不同。这类人口流动的标准是范围大、数量多、持续时间长、每千人流动人口比率高。从宏观上讲，流动人口体系连接着两个社会，每个社会都有其工业化和城市化程度、政治结构及当前政策、特定的教育价值观和信仰体系、民族构成、人口因素(年龄结构、婚姻形态、依附关系比率)以及内部流动人口、中程流动人口和返乡人口的传

---

① 这部分研究受到 Nancy Green and Franoçis Weil, *École des Hautes Études en Sciences Sociales*, Paris, and Jack Veugelers, *University of Toronto* 观点的启发。James H. Jackson Jr., and Leslie P. Moch, "Migration and the Social History of Modern Europe," *Historical Methods* 22 (1989): 27-36; Mary M. Kritz, Lin L. Lim, and Hania Zlotnik, eds., *International Migration Systems: a Global Approach* (Oxford, 1992), 1-16; Robert J. Kleiner et al., "International Migration and Internal Migration: a Comprehensive Theoretical Approach," in Glazier and de Rosa, *Migration*, 305-317; Ronald Skeldon, *Population Mobility in Developing Countries: A Reinterpretation* (New York 1990), 27-46; A. L. Mabogunje, "Systems Approach to a Theory of Rural-Urban Migration," *Geographical Analysis* 2, 1 (1970): 1-18; J. J. Mangolam and H. K. Schwarzweller, "General Theory in the Study of Migration: Current needs and difficulties," *International Migration Review* 3 (1968): 3-18; M. P. Todaro, *Internal Migration in Developing Countries: A Review of Theory, Evidence, Methodology and Research Priorities* (Geneva, 1976); James T. Fawcett and Fred Arnold, "Explaining Diversity: Asian and pacific Immigration Systems," in Fawcett and Benjamin V. Cariño, eds., *Pacific Bridges: The New Immigration from Asia and the Pacific Islands* (Staten Island, N. Y., 1987), 453-473; J. A. Jackson, ed., *Migration* (Cambridge, 1969); Mike Parnwell, *Population Movements and the Third World* (London, 1993).

统等多方面的特点。在此基础上来研究普遍的双重因素和国家政策允许的问题。

人口迁移的决定在地区经济的中层发生，经济的停滞和增长以及对生产资料的占有由于国家形态不同而有所不同。地区性社会经济结构对生存机会和生活规划观念的影响比大一些的社会更直接。在此基础上研究人口流动的动因和特点。同样，进入新社会也发生在特定地区背景下，发生在特殊劳动力市场分布情况下，以及对于儿童来说，地区教育体系这样的中间层次。在这里，应进行利益、价值和传统习俗的研究。

对于个人投资的微观研究，应从心理学角度研究流动人口习性及获得社会资本的能力。真正决定是在当地的亲属关系、村庄和邻里经济环境中做出的。中层经济和社会准则的许多因素都在个人做决定时发挥极其重要的作用，包括满足无论是留下的人还是离开的人的物质和非物质利益的要求。[①]

因为，最早的自愿（或胁迫）流动必须要在人口流动地（拯救经济）建立经济基础，人口流动将劳动力、技能和资本相对富余，但资源（比如土地）缺乏的地区与需求劳动力、技能或资源的地区连接起来。但这并非这些因素“有意识”地表现出来的，而存在于流动人口的思想意识中，影响着流动人口的决定。人口流入地至少部分地表现出国际化特点，并且通过信息交流与招募地区有所联系。一些因素，如高工资和良好的工作环境的改变、未开发的劳动力资源的转移以及工作或退休年龄的变化，可能与输出地区的工作要求与接受社会的劳动力需求一拍即合。如封建土地所有制的分工可能提供土地资源，因此降低了无地农民外出的需求。当前，有大量未定居人群由于基础结构的发展而未能进入预期的社会，仅少数人能够进入。根据世界银行的调查，未定居人口比例达到每年1000万人。其他后果也是显而易见的。在现存的权力等级关系中，权力等级对于这个后果的顾虑比流动人口的改变更大。[②]

在宏观控制体系中，人口流动是自我约束的过程，他们对个人利益、地区供求变化及大经济圈的反映非常灵活。信息交流可能始于自上而下的积极招募活动，也可能来自底层人士之间的简单接触。在典型的劳动力和聚落人口流动体系中，信息交流带来大量人口；土地价格的涨伏通过信件、口口相传，或通过现代

① 这些过程在Dirk Hoerder, “From Migrants to Ethnics: Acculturation in a Societal Framework,” in Hoerder and Moch, *European Migrants*, 211-262 中有过深入探讨。

② Christopher McDowell, ed., *Understanding Impoverishment: The Consequences of Development-Induced Displacement* (Providence, 1996), 1-9.

的电报，向准备流动的人传递着生存环境恶劣的信息，或者在扩张时期，传递着可以进行经济介入的信息。在某个国家对劳动力供给地区实施统治的时候，出现了强制流动体系。同样，内部压迫严重的国家可能成为难民滋生的地区。

早期流动人口的文化融合、创造的工作机会集中在一定的民族集团中。由于流动人口/民族集团存在社会地位的差别，需要进一步区分劳动力市场及其他资源，社会/集团内部的劳动力市场出现。国家政府、工业部门或某些雇主可能对体系的进出规则或自主招募产生影响。由于微观利益、宏观规定可能因非法的、偷渡的方式进行规避。

最初进入新环境的行为往往并非有意为之，并非有意识地要进入一个有不同社会体制的、资本主义经济环境的或者实行民主政治地方。流动人口更主要的目的是进入一个劳动力市场，进入一个有廉价土地的地区，进入一个贸易或其他产业部门大于输出地的社会。流动人口在国际劳动力市场以及跨国农业产业中的经历证明，他们仍然在相同工作环境中从事相同的工作，只是文化环境发生了改变。最初阶段，他们往往能够抛弃许多旧传统，很快适应居留地生活。农村人口进入城市中生活，他们抛弃传统习俗的速度令人吃惊，这是适应工业社会环境、养家糊口的需要。只有在强制环境改变后，在经济基础建立后，文化融合过程才是自主的，民族印记则减轻了主流社会的压力。①

无论城市还是农村，定居的过程（文化融合的过程）都发生在狭小地域中，依托于个人或单个家庭的劳动能力。流动人口的来往书信表明，建立和扩展新经济实力比情感纽带的维系更加迫在眉睫。在亲朋好友提供路费的前提下，最早到达的总是最迫切需要工作的人。获得报酬的男性往往再召唤其他人，因此增加了他所进入的劳动力市场获得报酬的人数或力量。妇女的人数一般较少，每个妇女可以照顾几个男性，在宿舍中打扫、做饭。从事家务劳动的单个妇女又带来其他妇女从事相同工作，她们可以立即自给自足。在农场以至庄园，出现了整个家庭迁移的情况，因为农业劳动力分工状况需要两种性别的劳动力（当然，劳动分工也是变化的）。因此，人口流动出现了家庭经济和邻里关系网络，表现出通过临时生活环境的个人投资，到重建长期家庭发展规划的社会投资以及进入可提供资源的网络的发展轨迹。

在可以获取独立收入的时候，进入新社会的进程上升到一个新层次。也就是说，子女，少数情况下包括父母，可以加入到家庭和社会中来。父母流动人口

① Christiane Harzig, ed., *Peasant Maids, City Women: From the European Countryside to Chicago* (Ithaca, 1997).

加入到当地的社会经济环境,为自己以及子女的未来打下良好基础。在这个过程中,流动人口社会开始出现民族痕迹和新的社会构成,输出地及接受地社会也因投资的变化而发生变化。获得物质利益的迫切愿望表明在短暂的夫妻、父母子女为了最终移民的目的而分离后,重新团聚的家庭没有"多余"时间调整家庭关系,适应新环境。工作与情感关系只能立即确定,马上发挥作用。他们不可能缓慢地、稳妥地重新建立相互关系。原来社会中绝对的传统性别地位差异以及父母子女关系首先发生改变。变化是在突变后或在积聚了一段时间后发生,并且表现出个人适应新生活的趋势。

因此,系统的流动人口研究将人口输出地在全球秩序中的地位、社会结构、地区特点、流动人口去留选择与自我选择权、人口流动过程的研究,与(在接受社会中)进入部分国际化的劳动力市场、民族构成与文化交流、与新社会价值规范的相互关系的研究结合起来。类似的例子很多,其中既有中世纪中欧的旅行人口流动,也有20世纪70年代以来向石油国家的工业和服务劳动力流动;既涉及大西洋流动人口体系,也涉及亚洲流动人口体系。自我调节的例子也很多,比如20世纪30年代大萧条时期的人口流动减缓,比如土地资源减少、价格上涨时期农业流动人口减少。

在分析流动人口与文化融合问题时,研究规划生活的连续性比强调文化所产生的矛盾冲突更有益。依此方法,政治因素可以忽略不计,虽然一些学者,如阿里斯泰德·佐尔贝格,讨论了国家的决定性作用。布兰克特认为,现代化理论或工业化以及城市化理论坚持的流动人口影响已被清除的观点过于含糊,甚至是极端错误的;即使是人口变化理论和人口爆炸论认为的推动性因素,曾经颇有影响力,也已经被推翻、被重新认识,其原因是欧洲流动人口中仅有少数是跨海流动人口。① 个人生活道路以及家庭与社会体系的相互关系是地区经济、民族地区的中层次问题,其特点是特殊的方言、共同的价值观、宗教观及日常生活方式。②

① Aristide Zolberg, "International Migration Policies in a Changing World System," in McNeill and Adams, *Human Migration*, 241-286; Nugent, *Crossings*, 7-10; essays in Lucassen and Lucassen, *Migration History*.

② Nancy L. Green, "The Comparative Method and Poststructural Structuralism: New Perspectives for Migration Studies," in Lucassen and Lucassen, *Migration History*, 57-72; Dirk Hoerder, "Segmented Macrosystems and Networking Individuals: The Balancing Functions of Migration Processes," in ibid., 73-84.

4. 对流动者所作决策的中观研究

中间层次是这样一个舞台，在这里，潜在流动人口接受了社会化影响，如融入更大的社会经济势力之中。以一个社会或家庭成员的身份生活、行动、感知；在这里，流动人口将愿望和价值观念付诸行动，遵循传统或选择新的发展目标。[①] 这个层次首先包含家庭经济和亲朋关系，在他们之间信息得以传播，有助于决策以及衡量团体成员的利益，以便从思想上达到一致。这个谈判或讨论的过程依赖于性别与辈分的权力等级。他们的目的不是制造均衡或平等的权利与利益，而是在社会身份、性别与辈分权力关系的网络中，为满足地方经济道德的需要而对个人利益做出妥协。其次，在区域经济中，潜在流动人口必须寻找到维持生计的手段。为此，他们寻找工作机会，期望从家庭中独立，并且还期望建立自己的家庭。因此，家庭规划与区域劳动力市场紧密交织在一起。家庭和个人的目标不仅是单纯地、最大限度地获取经济收入，还包括寻求"独立"，以及在一个价值规范体系中获得人格尊严。[②] 第三，潜在目的地信息的传播将中层经济区域联系起来，早期流动人口充当了信息传播员。历史上，来自亲朋好友的信息——流动人口的信件、同乡或商贩间的通信——对流动人口的刺激比政府机构或用人单位招募"外来者"更大。但是通过信件传递的消息的真实性在输出地文化传统观念下需要仔细甄别，比如，对传说中的"亚美利加"或其他目的地的印象。[③]

家庭经济观点，包括协商过程中不可估量的情感或精神因素在内，避免了仅关注工资差别的简单化研究的弊端。对影响流动人口选择的各种因素都作出可信的研究。家庭经济论将所有家庭成员的收入能力与再生产需求(比如照顾依

---

① 该部分以下文为基础："Labour Markets, Community, Family: A Gendered Analysis of the Process of Insertion and Acculturation," in Wsevolod Isajiw, ed., *Multiculturalism in North America and Europe: Comparative Perspectives on Interethnic Relations and Social Incorporation* (Toronto, 1997), 155-183。该文西班牙文本发表在 *Estudios Migratorios Latinoamericanos*, 30 (1995): 249-276.

② Leslie P. Moch, *Moving Europeans: Migration in Europe since* 1650 (Bloomington, 1992) 关注那些生活在区域性社会之外的农村人口。Samuel Baily 的"Village-outward"研究社会化重建以及分居家庭的选择权。Donna R. Gabaccia 从这个角度总结了欧洲、亚洲以及拉丁美洲妇女的流动。参见 *From the Other Side: Women, Gender and Immigrant Life in the U. S., 1820-1990* (Bloomington, 1994).

③ 流动人口往来信件中所描绘的瑰丽景色并未引起严肃的学术研究者的重视。受到成功故事激励的流动人口在到达目的地后期望获得写信者的帮助——这是避免早期流动人口自我吹嘘的固定模式。Walter D. Kamphoefner, Wolfgang Helbich, and Ulrike Sommer, eds., *News from the Land of Freedom: German Immigrant Write Home*, trans. Susan C. Vogel (German orig., 1988; Ithaca, 1991), introduction.

附者,无论是儿童还是老人)与根据传统模式所能得到的最好的可能结果的消费方式相结合。资源的分配有赖于家庭生活水平、个人生活道路以及性别与辈分的权力差异。所有成员的时间分配、劳动能力以及技术水平必须考虑每个人最大限度的收益——收入或闲暇时光,照顾子女或外出工作、儿童的教育或有薪工作、传统的工作关系和个人与团体的分离。[①]

整体的物质情感研究自下而上地关注个人对潜在机遇的有意识的抉择。对于生活道路、生活水平以及渴望美好事物的决定,关乎各种传统文化模式与实践,关乎切实的情感和精神需求,关乎根本的经济原因。妇女流动人口渴望"面包与玫瑰同在"——朋友团体比金钱重要。这导致一个方法论的问题:失去亲属、悲伤、恋家,包括想念子女以及与亲朋好友失去联络(比如幸福感和社会交往),无法像工资那样给出量化指标。

至于那些留在家里的人,挚爱之人的离去带来了情感上的失落:对于上了年纪的老人来说,可分担工作的年轻的家庭成员离开了;对于妇女、儿童来说,工作压力增强了,并往往受到其他男性家庭成员或团体成员的控制。流动人口经济收益的高低以及返乡行为影响着其在邻里中的地位。地位的丧失可能源于在家乡社会的工作状况、社会需求以及不同的文化模式,这可能导致男女流动人口将自己陷于不被同乡或未流动人口亲属接受的境地。这种疏离表现在返乡者不被家庭认同,或返乡者不喜欢"家乡",而再次离开,永不回乡。

经济与情感因素的细微关系体现在离乡时间的选择上。在家乡物质地位下降或在接收社会机遇减少以及在家庭关系中情感的"丧失"都影响着离开的时间。众所周知的宏观经济论指出,接收社会的倒退伴随着流动人口人数的下降,而输出社会的衰落并不会马上导致外出流动人口的上升,其原因是情感纽带具有维系作用。同样,家庭内部关系的变化(比如父母中有人去世,特别是母亲,或因再婚出现新家庭成员,特别是继母)都可能导致流动人口上升。当一个家庭单位情感关系发生变化时,不易察觉的人口流动推动力已经形成,人口流动就是很

① 关于这个问题最经典的研究参见 Tilly and Scott, *Women, Work and Family*, 12ff.; Hoerder, "From Migrations to Ethnics," 211-262.

自然的选择了。①

整体物质情感研究同样有助于我们理解文化融合过程。流动人口，无论是商业流动人口、农业流动人口还是工资流动人口，都必须在接收社会为自己所要实现的目标定位。在接受社会，必须要迅速融合（同化），这也是新流动人口的利益所在。暂时抛弃自己的文化背景，目的是改进生活方式。但是，如果对未来经济利益的追求以丧失生活质量为代价，流动人口实现目的的代价就未免太高了，其所获得的利益几乎可以忽略不计。这样，人口流动的时间会推迟，出现流动人口回流，流动模式可能重新调整。② 人口流动后，原有的文化或体制经验在流动人口输入地会成为自我行为的准则（natio, Landsmannschaften）。不平等的权力关系、体制约束以及重新建立人际关系都属于社会的中间层次。

在成熟的中间层次社会，流动人口不仅创建了自己的人际关系，也创造了社会资本，并对自己积累的情感、物质和精神收获有所评价，对他的亲属们规划的生活道路有所评论。这些生活道路的规划浓缩在几个世纪的地区范围和全球的人口流动中。

---

① "From Lithuania to the Chicago Stockyards-An Autobiography: Antanas Kaztauskis," first published in 1904, repr. In David M. Katzman and William M. Tuttle Jr., eds., *Plain Folk: The Life Stories of Undistinguished Americans* (Urbana, 1982), 104-105; Donna R. Gabaccia, *Militants and Migrants: Rural Sicilians Become American Workers* (New Brunswick, 1988), 80. Hasia R. Diner 描绘了这个过程。他还讨论了饥荒后爱尔兰人向外地迁徙，重新安置家庭的过程。参见 *Erin's Daughters in America: Irish Immigrant Women in the Nineteenth Century* (Baltimore, 1983), 31-32.

② Hoerder, "From Migrants to Ethnics"; Harzig, *Peasant Maids, City Women*.

第一编

1500 年以前
犹太教—基督教—伊斯兰教时期的地中海及亚欧世界

11 世纪，亚非欧世界内存在 7 个文明，这些文明将游走的商人、他们的职员、挑夫、奴仆或奴隶、妓女，少数时候还包括他们的妻子们连接在一起。那些“美洲人”——后来出现的名词——仍然与世隔绝。中国、印度、穆斯林和拜占庭文明的势力范围非常广阔。5 世纪，拉丁基督教王国控制着地中海地区以及处于欧洲边缘的阿尔卑斯山区；6 世纪，犹太人失去了他们的发源地——犹地亚，成为在文化意义上和经济意义上的流散民族；7 世纪，撒哈拉以南非洲的各个文化区通过贸易路线联系起来（见图 1-1）。各文明的商人、知识分子和宗教思想家相互影响，如同贸易道路沿线的人口小集团散布全球，分布在各文明接壤的广阔边境地区（见第 1 章第 1、2 节）。

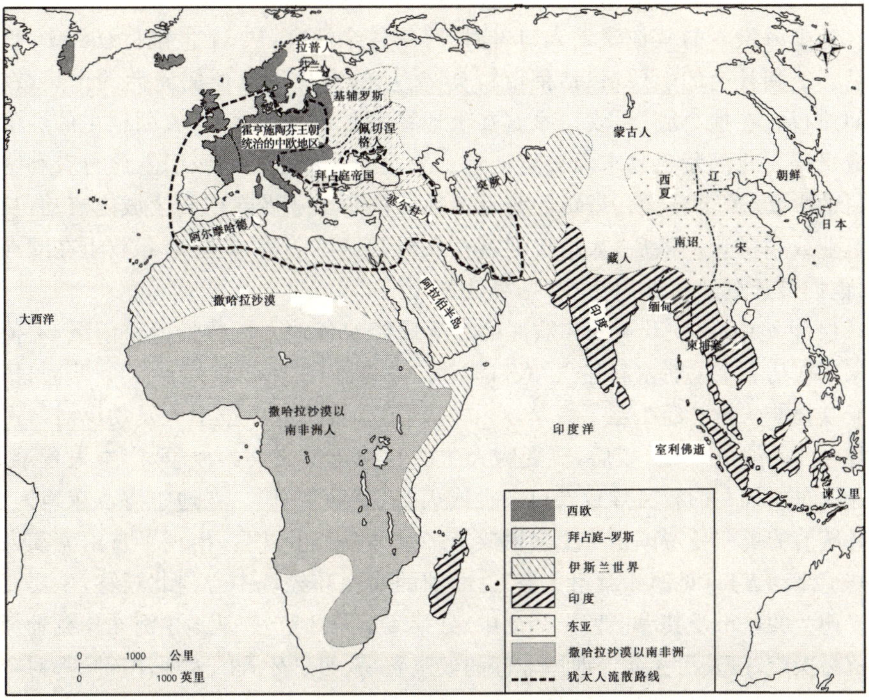

图1-1　12世纪的文化区域

在地中海世界，以地中海为中心的北非地区、南欧地区以及西亚地区，特定区域和特定阶段出现了多种大规模的、远距离的人口流动方式。地中海地区的奴隶制体系中出现了来自北非、中亚西部以及撒哈拉以南非洲的男性奴隶，但很长一段时间内,主要是女奴。诺曼人侵略者和斯堪的纳维亚的开拓者向南迁徙到大西洋沿岸,最远到达西西里、斯拉夫东南部和拜占庭。男性流动人口与当地妇女通婚,形成了具有不同文化背景的新社会。穆斯林军队在伊比利亚半岛建立了复杂的,由犹太教、基督教、伊斯兰教多种文化中心组成的社会。基督教侵略者,即十字军,跨越欧洲中部和东南部到达巴勒斯坦地区,随军带有大批妇女。人口迁移运动及十字军行动将大批西欧流动人口和军人带到斯拉夫人生活的地区(见第 1 章第 3 节)。

欧亚世界东部核心区以及中国或东南亚地区的研究,应强调在特定区域和特定阶段其他大规模的、长期的人口流动,包括蒙古人的扩张及建国、中国满族人的渗透、中国汉族人向南方的迁徙及客家人的内部流动、东南亚地区的华侨流动人口。南亚地区的研究应当关注印度洋沿岸庞大的商业联系网络、宫廷间的大都市上层人士以及伊斯兰教与印度教的相互影响。

地中海世界的其他流动人口,同样跨越各个社会,从 11 世纪持续到 16 世纪之后。王朝社会的上层,包括都市精英、流动的官员以及他们雇佣的士兵,在大陆间旅行。在社会底层,农民家庭在土地稀缺时选择迁移,或者因地主的经济利益或贵族文化的紧急需求而被迫流动。城市商业和制造业吸引着旅行者和附近农村的少女,城市权贵在城镇间流动。熟练的手工业者在广阔区域内流动,从事建筑业或采矿业。最后,大批流浪者在农村和城市游荡,朝圣者和教士在欧洲流动,他们最远到达过耶路撒冷(见第 2 章)。

14 世纪中叶,殃及亚洲和欧洲的黑死病导致各地人口数量严重削减,迫使众多家庭在劫后余生后重新建立,人口流动出现停滞(见第 1 章第 4 节)。当时,伊比利亚基督徒队伍已经驱逐了穆斯林,并开始迫害犹太人。拉丁人发动反对拜占庭基督教廷的战争,1517 年后,转变为天主教与路德教之间的战争,产生大量难民。教廷颁布的统一的教义导致人口逃亡或灭绝(见第 3 章)。在地中海以东地区,穆斯林统治的奥斯曼帝国是一个多民族与多宗教并存的社会,出现了自由流动人口和被迫流动人口(见第 4 章第 1 节)。欧洲的文化和经济中心向北迁移,主要表现在尼德兰的城市及其海上贸易活动中(见第 4 章第 2 节)。从地中海东岸到葡萄牙的贸易探险,以及沿大西洋西岸非洲的奴隶贸易、西班牙人的大西洋探险都对定居居民产生至关重要的影响,并且开辟了新的人口流动方向(见第 4 章第 3 节)。

第1章
先行者：地中海亚洲地区的人口流动及变化

从文化与经济的角度进行研究，有助于我们认识地中海、亚洲地区间相互作用的和平与冲突特点。根据杰瑞·本特利的观点，文明间的联系可以导致“转化”，可以造成文化的交换，转化与交换通过自觉的联合，通过政治、社会或经济的压力，通过同化来实现。亚内特·阿布—鲁贡德对伊曼纽尔·沃勒斯坦的世界经济体系理论进行扩展，亦与之有所差别。以1250年——综合经济增长和文化繁荣的时代——为起点，以全球视角理解经济发展脉络，但是仍需关注地区性研究来区分各种发展特征，如印度洋的伊斯兰世界与撒哈拉以南非洲以游牧和矿业文化为特征的万物有灵的世界有明显差别。以日用品和资金流向为目标的研究需要考察贸易路线上的人口流动、殖民化的家族或个人流动、奴隶、被迫或自由工人的流动等作为补充。但转化理论和世界体系理论都没有充分研究王朝统治或教会政治，或普通人的抉择。

我们的视角首先研究不同的文明和经济体系，它们通过商业网络联系起来，但因文化差异而各自独立，往往表现在宗教信仰、行为方式的差别中。体系的发展经历了很长时间（持续时间长），但其过程却表现为无数的个人在其短暂的人生中做出的无数的决定。这所有的决定都基于个人利益、集团之间的权力关系，都与物质和情感利益、经济和观念环境相关联。这些决定在一定的经济文化结构框架内（它决定了一个人的价值观念和风俗习惯）以及在由商人和消费者利益驱动的贸易体系内作出。文化与商业相互影响，日常生活中物质、精神和情感等诸方面因素影响着旅行、人口流动以及文化融合的过程。

有观点认为，无论是在幼发拉底河，还是在罗纳河流域，文化与贸易的飞速发展对农村人的生活影响不大。上层贵族的移动与被束缚在土地上的农民和城市中下层人口的流动并行不悖。这种二元社会模式不能与多社会阶层、地区间流动和文化的产生相提并论。借用布罗代尔的话说，物质生活、商业和世界范围内的金融交易必须与家族内、农村和城市邻里不断调和的情感生活联系起来。①

1. 亚非欧世界

拜占庭、阿拉伯、西亚是洲际贸易、宗教接触和文化交流的核心地区,其地域范围从巴格达和特拉比松延伸到波斯湾和黑海沿岸,从君士坦丁堡延伸到塞浦路斯及亚历山大里亚,其联系地域甚至扩展到阿马尔菲诸城市和威尼斯。跨越阿尔卑斯山的道路将意大利城市和北欧连接起来,跨越撒哈拉沙漠的驼路连接了黑非洲,而东方的跨洋人口流动是"常年控制季风的成果之一"。

阿拉伯学者汲取印度和中国的知识。科学和哲学在阿拔斯时期巴格达的"智慧宫"(9～11 世纪)、在开罗的"科学宫"(建于 995 年)、在倭马亚王朝阿卜杜·拉曼三世(912～961 年在位)统治时期的科尔多瓦,孕育发展。在巴格达,学者们将希腊语、叙利亚语、波斯语和梵语文献翻译成阿拉伯文。印度数字和计算方法被阿拉伯世界接受,经威尼斯商人和伊比利亚学者传到欧洲。亚里士多德的主要著作仅在阿拉伯语文献中保存下来;基督教学者随着十字军来到这里,将其从阿拉伯文翻译为拉丁文。阿拉伯科学包括天文学、医药学、光学和化学。这些学科的研究成果用于医疗,并在一部自然科学史百科全书中进行了简要介绍,还被应用于新技术之中。西化的阿拉伯学者姓名表明他们对欧洲造成了深刻影响。

阿拉伯文化、商业活动连同来自沙漠半岛和贫瘠的波斯湾北岸的居民抵达"[东非]沿岸的小港口和渔村,正是这些新来者与来访商人的不断渗透,确立了海岸社会的伊斯兰教思想信仰"。对于他们来说,东非是"一个经济上肥沃的、水源丰富的地方,也是一个从饥饿、饥荒、人口膨胀和战争中解放的地方"。从塔什干远来的居民在 13 世纪到达摩加迪沙,男人们"很快与当地妇女结婚或纳妾,因此弥合了任何可能导致种族分裂的迹象"。在印度次大陆,土耳其、阿富汗、波斯

① Jerry H. Bentley, *Old World Encounters*: *Cross-Cultural contacts and Exhanges in Pre-Modern times* (New York, 1993), 9; Janet L. Abu-Lughod, *Before European Hegemony*: *The World System A.D. 1250-1350* (New York, 1989), 3-40. Abu-Lughod 很重视政治的作用,她对支持贸易活动的国家与限制贸易活动的国家进行了对比研究。Andre G. Frank 将世界体系形成的时间推回到公元 1000 年。Frank and Barry K. Gills, eds., *The World System*: *Five Hundred Years or Five Thousand*? (London, 1993); Peter Gran, *Islamic Roots of Capitalism*: *Egypt*, 1760-1840 (Syracuse, 1998); Fernand Braudel, *Civilization matérielle*, *économie*, *et capitalisme*, *XVe-XVIIIe siècle*, 3 vols. (Paris, 1979); *English*: *Civilization and Capitalism*, *15th to 18th Century*, 3 vols., trans. Siân Reynolds (New York, 1981-1984), introduction.

和阿拉伯移民组成新的统治集团，并开始了长期持久的向印度文化的转化与相互影响过程，而农村人口则仍然保持着原来的宗教信仰。大约在1330年，又一批流动人口到达，苏丹决定在一些行政和司法职位中使用这些远来者。安全保障和厚赠吸引了许多旅行者，包括一些名人，如伊本·白图泰。①

根据阿布—鲁贡德的观点，商业活动涉及8个贸易区域，此外，还必须加入波罗的海、北海以及撒哈拉沙漠以南地区的那些贸易区域(见图1-2)。大洲间长途贸易的飞速发展、生产中心发挥的更加重要的作用以及权力关系的变化，极大地影响着处于日益扩大的和日益集约化的交易底层的小农和小手工业家族的利益，影响到他们所能获得食品的数量。在波罗的海，由于汉萨同盟、丹麦人及海盗间发生战争，来自著名的斯科讷鱼产品市场的出口量下降；穷人们发现，在1000公里的有效航程内，来自当地的鲱鱼价格提高了10倍。在德意志南部，15世纪早期，生产力的变化及政治的分裂导致一些从事布匹生产的城镇对棉花的需求量增加，从而促进了“叙利亚棉花种植面积大幅提高”。如果原材料供应不足，家族的一部分——即使不是全部——成员就不得不向外迁移。其他一些家族扩大生产，雇用来自海外的男女工人。基本的食物，如谷物、调味品(盐和糖)，在主要商道沿途的普通人之间流通，进而扩散到河谷和内陆地区。尽管十分缓慢，食品结构在发生改变。至于洲际贸易中的一个核心内容，即香料消费，则局限于上流社会。位于易北河以东、多瑙河以北的斯拉夫人地区曾经与地中海商业有所接触，但并不频繁，直到军事骑士团被驱逐出巴勒斯坦地区，向巴尔干地区沿海移民，两地才开始频繁贸易。并且，贸易网络向东扩展到了基辅。②

---

① S. D. Goitein, *A Mediterranean Society*: *The jewish Communities of the Arab World as Portrayed in the Documents of the Cairo Geniza*, 5 vols. (Berkeley, 1967-1993); Edward Burman, *The World before Columbus*, *1100-1492* (London, 1989); Martin Bernal, *Black Athena*: *The Afroasiatic Roots of Classical Civilization* (New Brunswick, 1987); Ross E. Dunn, *The Adventures of Ibn Battuta*: *A Muslim Traveler of the 14th Century* (Berkeley, 1986), quotes on 124-125, 188-189; H. A. R. Gibb, ed. and trans., *The Travels of Ibn Battūta*, *A. D. 1325-1354*, sev. Vols. (Cambridge: Hakluyt Society, since 1958).

② Thomas A. Brady Jr., Heiko A. Oberman, and James D. Tracy, eds., *Handbook of European History*, *1400 -1600*: *Late Middle Ages*, *Renaissance*, *and Reformation*, 2 vols. (Leiden, 1994), 1:155, 159; Mathias Puhle, *Die vitalienbrüder*: *Klaus Störtebeker und die Seeräuber der Hansezeit* (Frankfurt/Main, 1994), 65-67.

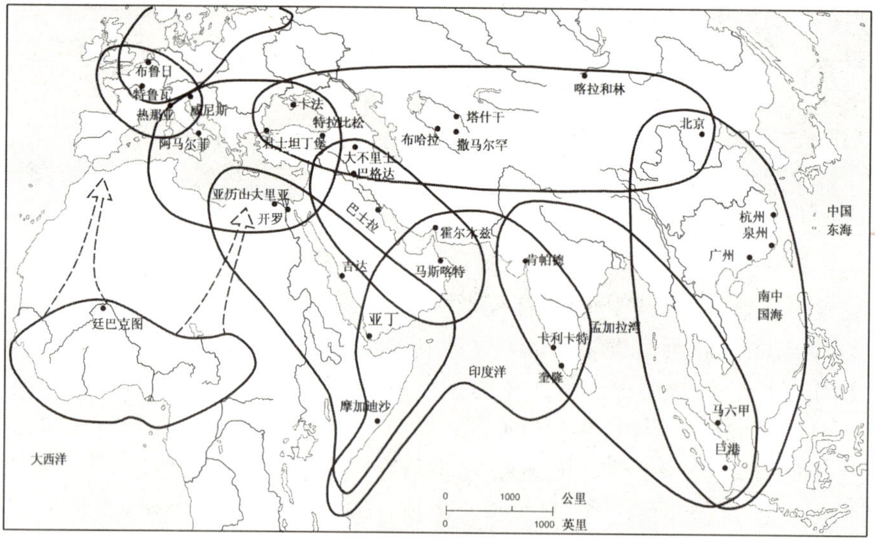

图1-2 13世纪世界体系概览

商业活动与王朝统治之间互相影响主要表现在三个方面:第一,商人与专制统治者、官员及地方领主制定的法令法规之间的斗争,与是否忠诚于"条约必须遵守"(pacta sun servanda)国际惯例的斗争。没有约定就不能成其为贸易。第二,政治斗争会造成长期交往中断、原材料枯竭、贸易交换成本提高。第三,城乡劳动力必须融入其所生活的政治体系之中,因此造成大量原材料消耗在对他们的统治和剥削中。

关于术语、观念和时代划分等敏感话题,阿布—鲁贡德提出,坚实的理论并不能准确评价复杂的历史发展进程。在运用沃勒斯坦、韦伯和马克思的杰出的经济学研究成果时,她把渐进的变化与地区发展的差别联系起来。人口因素也需要考虑在内。人口的增长对数以百万计劳动者的再生产活动所造成的影响是渐进的,人口灾难,无论是自然的还是人为的(更多的是人为的)带来的变化是巨大的,比如1348~1351年的黑死病、1492年以后从欧亚大陆带到美洲的细菌、1618~1648年的三十年战争等。

根据阿布—鲁贡德的观点,世界贸易中心之间的联系纽带对实力不强、依附性地区的发展有一个长期缓慢的影响过程。西方的兴起借助于对世界范围内原材料利润的积累(这些原材料包括自然资源、劳动力资源、技术资源和智力资源)而非借助于赫赫战功。侵略性的征服和殖民活动导致交换关系更加不平等,在长途贸易中,掠夺代替了交换。

从北非经欧亚大陆南部地带到达中国的长途交往，建立在共同的货币价值观念的基础上（无论是金、银还是铜），也建立在共同的贸易语言之上（包括意大利语、阿拉伯语、希腊语、希伯来语、中世纪各种拉丁语以及汉语），还建立在观念的交换以及精神准则的转变上。

> 距离，以时间计算，最好以周或月计，但往往需要几年时间才完成一个循环。以此，货物得以运输、价格得以确定、兑换率得以认同、合同得以签署、基金或他地的货物信用得以确立、伙伴关系得以形成，而且显然记录得以保存，合约诚信得以建立。

在贸易路线上，许多人为生计奔忙：无数的水手、运输工人、协助他们的妇女或者在农田耕作的妇女、大量矿工家庭和手工业者家庭、大批家庭手工劳动者和纺织者从事生产活动，并且在家庭或客栈从事再生产劳动。受资本积累和巨额经济利益驱使的世界体系（沃勒斯坦、弗兰克），也被国家、文化和商业贸易圈分割成不同区域（阿布—鲁贡德），这是无数个体选择生活方式的结果。贸易路线成为文化的高速公路，形成融合和群体认同的空间。[1]

2. 穿越大洲与大洋：跨文化的碰撞

航运网络将地中海与中国、非洲东海岸、印度和东南亚诸岛连接起来。12世纪，随着贸易活动的兴起，一些洲际陆路贸易网络，有些可追溯至罗马帝国统治时期，重新确立并有所发展。来自北非阿拉伯地区、西班牙犹太人区和具有意大利基督教背景的驿站管理人、商人、伙计和学者撰写了洲际旅行指南。日用品、劳动力和金银货币沿着这些商路流通。他们带动了帝国间政治文化的交流以及精神朝圣的需求，他们成为展示自我和他人形象的媒介（见图1-3、图1-4）。[2]

---

① Abu-Lughod, *Before European Hegemony*, quote on 8-9, 58-59, 352-364; UNESCO, *The Silk Roads: Highways of Culture and Commerce*, ed. Vadime Elisseef (New York, 1999).

② Robert S. Lopez and Irving W. Raymond, eds., *Medieval Trade in the Mediterranean World: Illustrated Documents Translated with Introductions and Notes* (New York, 1955), 29-38, 51-54.

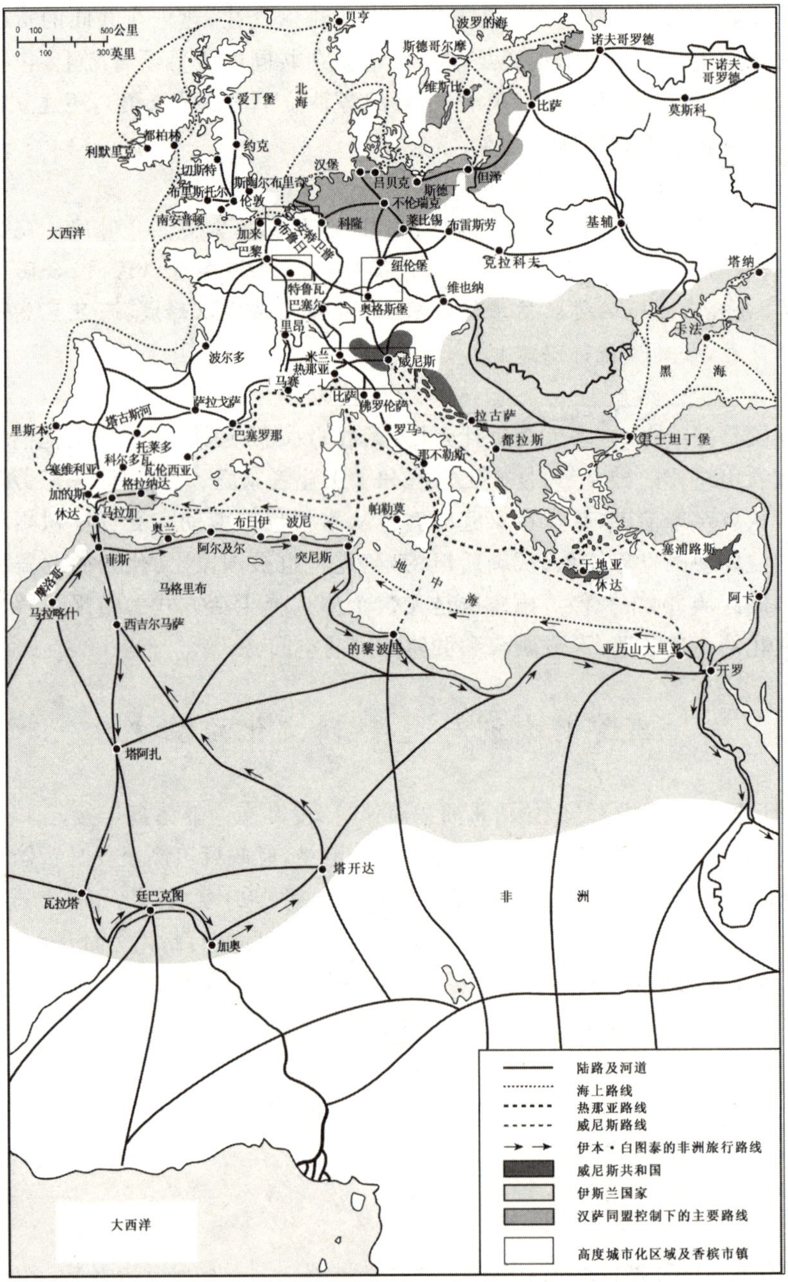

图1-3 12～15世纪非洲—亚欧贸易路线（一）

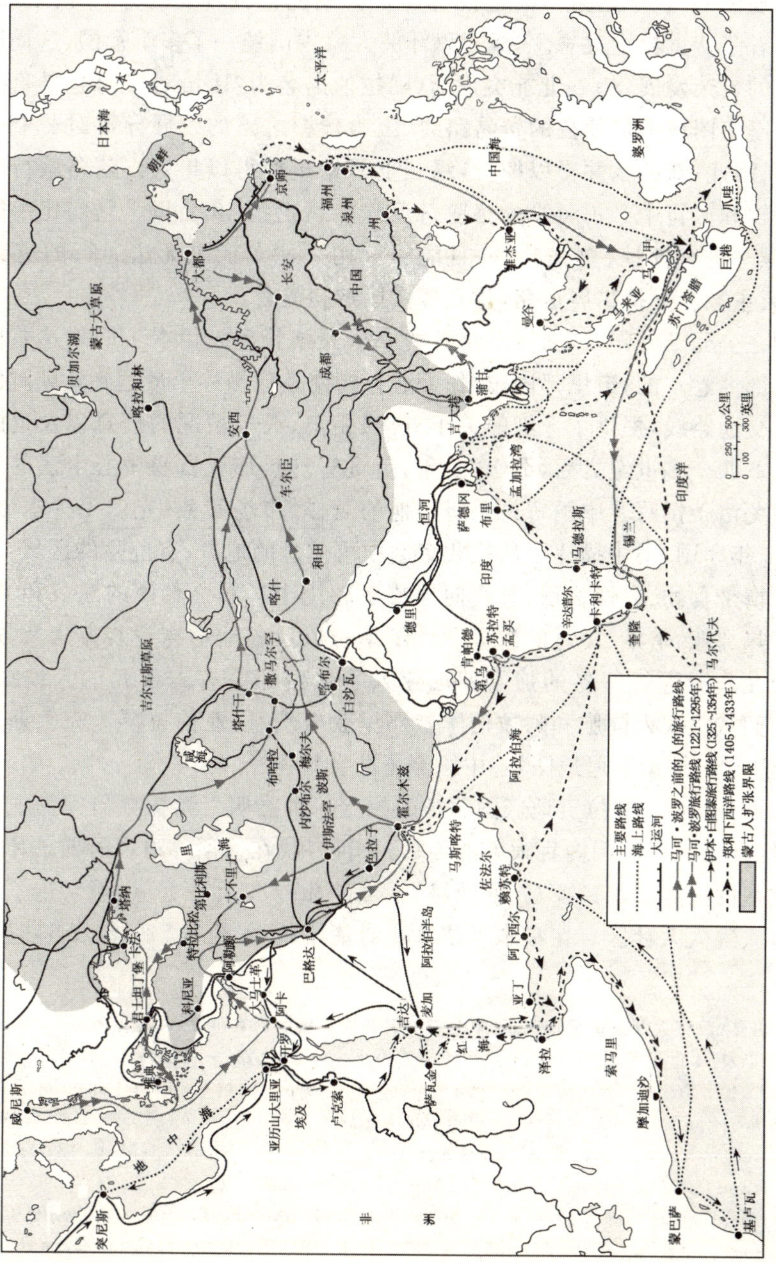

图1-4　12～15世纪非洲—亚欧贸易路线（二）

跨越亚洲的“丝绸之路”，沿途设有许多驿站提供各种支持。13 世纪，由于蒙古统治者坚持世界主义观念，成吉思汗的大蒙古国统一了多个帝国，这促进了丝绸之路的繁荣发展。[①] 在北非突尼斯(阿拉伯语名为“Ifriqiya”)跨越撒哈拉沙漠抵达廷巴克图或阿加德兹的贸易路线，因为丝绸之路的发展导致对黄金的需求量增加;因此，新的水井得以挖掘，绿洲上驿站规模得以扩大。陆路旅行耗时甚多。运输和旅行中必不可少的骆驼每天只能行走约 40 公里。它们比牛能力更强，比骡马更有韧性、更强壮，并且能够利用一些车辆也无法通行的道路。[②] 在欧洲，天主教会支持扩展道路，建立客栈接纳朝圣者。

大约在公元 900 年，波斯贾巴尔省的一个驿站管理人伊本·胡尔达兹比赫编纂了一部 8 卷本的《道里邦国志》作为通行指南。他描述了最远到达朝鲜的陆路和海上交通路线，提供了详细的关于方向、距离、天气情况的信息以及道路安全的信息。四个多世纪之后，约 1355 年，负责管理热那亚贸易中心卡法的佛罗伦萨人佩戈洛蒂撰写了中国贸易手册。他的著作《市场实务》先以手抄本流行，后于 1766 年印刷，书中描述了前往北京途中可休息的地方、有危险的区域，并提供了关于携带食物、兑换货币、寻找向导或者聘用土耳其语翻译的建议和方法。他列举了热那亚、塔纳、契丹的重量和计量单位以及各地货物包装方法及数量。一本关于在非洲进行贸易的加泰罗尼亚人手册由那些有志于此的人编撰、传抄——他们从犹太人同胞和阿拉伯学者那里获得信息，亚伯拉罕·克莱斯克在 1375 年出版的《加泰罗尼地图集》中绘制了非洲地图。[③]

1160～1173 年，阿拉贡地区图德拉的拉比·本杰明开始探寻研究商业贸易道路，他统计了世界范围内犹太人的人数，并且寻找在穆斯林迫害时西班牙犹太人可能逃往的地点。经过罗马、塞浦路斯、耶路撒冷和大马士革，他到达了巴格达的 4 万人犹太人社区。在霍尔木兹海峡的基什岛，大约有 500 名来自印度、波

---

① 1259 年，蒙哥大汗去世后，统一国家分裂。但是人口流动仍在继续，只有帖木儿(1370～1405 年)统治时期以及 14 世纪贸易衰落时期，旅行活动才停止。“丝绸之路”一词出现于 1877 年。L. Carrington Goodrich, “Trade Routes to China from Ancient time to the Age of European Expansion,” in Jean Labatut and Wheaton Lane, eds., *Highways in Our National Life* (Princeton, 1950), 16-32; Stephan Conermann and Jan Kusber, eds., *Die Mongolen in Asien und Europa* (Frankfurt/Main, 1997); Reuven Amitai-Preiss and David O. Morgan, eds., *The Mongol Empire and Its Legacy* (Leiden, 1999).

② Michael Brett, “Ifriqiya as a market for Saharan Trade from the Tenth to the Twelfth Century A. D.,” *Journal of African History* 10 (1969): 347-364; Richard W. Bulliet, *The Camel and the Wheel* (Cambridge, Mass., 1975).

③ Burman, *The World before Columbus*, 18-23, 103-130; Bernad Lewis, *The Muslim Discovery of Europe* (New York, 1982), 185.

斯和也门的犹太人和商人交换丝绸、香料、棉花、大麻、食物和木材。在途经各有1万人的伊斯法罕和色拉子波斯犹太人社区后，本杰明到达了印度的马拉巴尔海岸，这里是阿拉伯商人和中国商人交汇的地方。他又继续向埃塞俄比亚和埃及旅行，经俄罗斯、波希米亚和德意志回到巴黎。①

在商业联系和文化交流中，威尼斯的波罗家族堪称典范。尼科罗和马菲奥兄弟1255～1266年完成了前往中国的旅行。在回程中，尼科罗得知他的妻子去世，他的儿子马可由他的姐姐弗劳拉抚养的消息。1271年，由17岁的马可陪伴，兄弟二人开始经由阿卡到达大都(意为“王城”，后称“北京”)的行程。这时蒙古统治者已经灭亡宋朝，建立了一个“真正的世界性帝国”：帝国的士兵和行商来自中亚，一些管理者、商人、使节和外交官员则来自欧洲。外国宗教得到承认，穆斯林商人在边防城镇可以生活在自己的区域里。连接京师(后称“杭州”)和北京的千里大运河已经开通——不知有多少工人参与其中。14世纪早期，向东方的旅行“已经是太平常的事了，东西方的贸易开始流行”。在欧洲人的印象中，刚刚于1295年经爪哇、苏门答腊、印度和阿拉伯地区回来的马可·波罗所撰写的游记只不过是一个摘要，因为犹太商人甚至他们的阿拉伯同行旅行的距离更远，也都留下了大量的旅行见闻作品，即游记文学。②

从1245年开始，为了与蒙古统治者“建立联盟而进行根本的政治斗争”，教皇派遣使团加强文化影响力，一些使团向印度和东南亚地区旅行。圣方济会修道士卢布鲁克的威廉于1253～1255年生活在蒙古人的首都大都，他遇到了阿兰族人(现代奥塞梯人的祖先)——大约有3万人，他们制造兵器，担任警卫——以及格鲁吉亚人、亚美尼亚人、波斯人、土耳其人以及中国人。他还遇见了斯拉夫人、匈牙利人、希腊人、德意志人、法兰西人，包括一个雕塑家，以及不止一个的英

---

① *The Itinerary of Benjamin of Tudela*, trans. and ed. M. N. Adler (New York, 1907). George F. Hourani, *Arab Seafaring in the Indian Ocean in Ancient and Early Medieval Times* (Princeton, 1951); Louis I. Rabinowitz, *Jewish Merchant Adventurers: A Study of the Radanites* (London, 1948). 4个多世纪后，即1588～1593年，奥地利人乔治·克里斯托弗·费恩博格(Georg Christoph Fernberger)沿相同路线旅行，他阅读并借鉴图德拉的本杰明的记录，以及他对于君士坦丁堡与勃固间多元城市文化及其人口的描述。*Reisetagebuch (1588-1593): Sinai, Babylon, Indien, Heiliges land, Osteuropa*, trans. and ed. Ronald Burger and Robert Wallisch (Frankfurt/Main, 1999), 90.

② Henry H. Hart, *Marco Polo: Venetian Adventurer* (Norman, Okla., 1967), 43; Marco Polo, *The Travels of marco Polo* (London, 1908); Louis Hambis, "Le Voyage de marco Polo en Haute Asie," in E. Balazs et al., *Oriente Poliano: Studi e conferenze tenute all'És. M. E. O. in occasione del VII centenario della nascita di Marco Polo, 1254-1954* (Rome, 1957), 173-191; Leonardo Olschki, *Marco Polo's Precursors* (Baltimore, 1943), and Olschki, *Marco Polo's Asia* (Berkeley, 1960); Dunn, *Ibn Battuta*, 1-12; Abu-Lughod, *Before European Hegemony*, 28-30, 163-167, 316-351.

格兰人。罗马天主教徒、聂斯托利派教徒和佛教徒生活在首都和蒙古人统治的中国,犹太人、亚美尼亚基督徒和穆斯林生活在广州这一中国南方主要的贸易中心。许多妇女也参与到人口流动活动中,比如,一个富裕的亚美尼亚妇女和一个意大利商人的女儿。[①] 一个中国人描述了多文化背景下人们的生活:

> (洎)于世祖皇帝,四海为家,声教渐被,无此疆彼界,朔南名利之相往来,适千里者,如在户庭,之万里者,如出邻家,于是西域之仕于中朝,学于南下,乐江湖而忘乡国者众矣。岁久家成,日暮途远,尚何屑屑首丘之义乎!呜呼,一视同仁,未有盛于今日也![②]

在宋朝(960~1279 年),中国商人和使节向西旅行,他们的水手使用指南针,这比欧洲航海者早了几百年。他们沿着非洲海岸线从索马里到达马达加斯加,他们与当地妇女生育的孩子被特奥巴尔多·菲莱西称为"半种姓孩子的典范"。13 世纪中叶,一名维吾尔族的聂斯托利派教士经巴格达、君士坦丁堡到达亚美尼亚、意大利、巴黎和德意志。中国海外交往鼎盛时期的标志是太监郑和率领的 7 次航海壮举。他领导的航海活动始于 1405 年,到达过印度、锡兰和亚丁。中国船只可以容纳 1000 人,船上设施装备足以保障他们的生活,郑和的船队每次都有 2.7 万人以上。出于资金问题以及阻止过多的文化输入的考虑,中国王室在 1435 年下令停止探险活动,但是私人的商业冒险活动仍在继续,在西方葡萄牙人到达之前,中国人已经在东南亚地区出没。[③]

在北非,13 世纪 50 年代中期,突尼斯的伊斯兰统治者允许天主教廷开设学校向传教士教授阿拉伯语。旅行者、商人和使团人员来自欧洲,而埃塞俄比亚人和其他非洲使节则前往威尼斯。阿拉伯—犹太地理学家易卜拉欣·雅古比于 10 世纪中叶(穆斯林历 4 世纪中叶)环游欧洲,他的旅程从爱尔兰到波兰,从萨

---

① Bentley, *Old World Encounters*, 152-160, 156. RenéGrousset, *The Empire of the Steppes: A History of Central Asia*, trans. N. Walford (French orig., New Brunswick, 1970); Abu-Lughod, *Before European Hegemony*, 153-184.

② 转引自陈垣《元西域人汉化考》(Chen Yüan, *Western and Central Asians in China under the Mongols: Their Transformation into Chinese* , Los Angeles, 1966).

③ Teobaldo Filesi, *China and Africa in the Middle Ages*, trans. D.L. Morison (London, 1972), quote on 1-2, 8-65; Jeannette Mirsky, ed., *The Great Chinese Travelers: An Anthology* (Chicago, 1974), 175-202, 242; Louise Levathes, *When China Ruled the Seas: The Treasure Fleet of the Dragon Throne, 1405-1433* (New York, 1995); Bentley, *Old World Encounters* , 158-163; Abu-Lughod, *Before European Hegemony*, 172-173.

克森到西西里，他撰写的游记在几世纪之后还在被引用。正统学者伊本·白图泰（1304～1368年）在游览过安那托利亚、阿拉伯地区和亚洲后，于1351～1354年在撒哈拉沙漠以南的塔阿扎盐矿区游览。途经西吉尔马萨时，他借住在一个居民家中，该居民的一个亲戚是他在中国遇见过的一个熟人。从塔撒拉哈拉到瓦拉塔之间艰苦的沙漠道路，维护得像蒙古道路和拉丁朝圣道路一样好。旅行者可以找到宿营地，来自瓦拉塔的商队可以在驿站中获得新鲜的饮水。前桑海帝国的首都加奥也是一个大城市，伊本·白图泰观察到常见的盐交换场景，也发现了贝壳交易现象，他认为这证明贸易网络已经延伸到东海岸。与其他旅行者一样，多次结婚的伊本·白图泰也在长途旅行中有妻子相伴——他也延续中国商人的习惯，在前往中国的途中有数个女佣随行。男人在考虑旅行中存在的风险和乏味的旅途时，他们的伴侣也在旅行期间怀孕和生育。①

在地中海，主要的交易中心是伊斯兰人控制下的亚历山大里亚和拜占庭人统治的君士坦丁堡。拜占庭王室崇尚华服的传统提高了手工艺人的艺术鉴赏力，吸引了外来流动人口。这些拥有高超技艺的手工艺人也随之被远方的城市和首都所需要。威尼斯人、阿马尔菲人、比萨人和热那亚人居住在特定的区域里。丰富的自然资源、高度发达的城市制造品、城市间的内部人口流动帮助东部基督教文明自给自足。然而13世纪君士坦丁堡的产品和其位于海运中心的地理位置，使得它成为一个延伸到诺夫哥罗德和基辅、特拉比松、波斯和埃及的贸易网络的中心。热那亚商人利用他们在卡法和克里米亚半岛的殖民地从他们的拜占庭对手手中获得了与基辅罗斯人以及中亚商人贸易的权力。经过撒马尔罕，他们与中国的商人和车队建立了联系（参见第6章第1节）。②

亚历山大里亚将穆斯林世界与西方的突尼斯、西西里、安达卢西亚和大西洋的摩洛哥、塞维利亚和里斯本连接起来。来自马里和加纳帝国的商队将黄金和白银运到突尼斯。前往特拉比松的北向路线将阿拉伯商人和亚洲商人衔接。东向道路跟随南方传教士的路线进入阿拉伯半岛，或者经过波斯到达撒马尔罕，这是土耳其斯坦和中国的联结点。经过色拉子和克尔曼，亚历山大里亚的商人抵

① André Miquel, "L'Âurope occidentale dans la relation arabe d'Ébrāh îm b. Yacub (Xe s.)," *Annales: Économies, sociétés, civilizations* 21 (1966): *1048-1061*; Dunn, *Ibn Battuta*, 39, 207-227, 295-307. 游记文学中很少提及女性。

② Baron von Meyendorff, "Trade and Communication in Eastern Europe, A. D. 800-1200," in Arthur P. Newton, ed., *Travel and Travellers of the Middle Ages* (London, 1926); Archibald R. Lewis, *Nomads and Crusaders, A. D. 1000-1368* (Bloomington, 1988), 56-58; Jonathan Riley-Smith, ed. *The Atlas of the Crusades* (London, 1991), 84-85, 100-101.

达印度次大陆。印度商人在东南亚诸岛十分活跃。阿拉伯和印度商人在中国边境城市成家立业,来自波斯和印度的犹太人家族参与了棉花贸易。最早的印度茶种植园满足着日益增长的中国市场的需求。①

许多旅行见闻,包括一些信息和一些歪曲的记录,都产生了深远的影响。托钵修士奥多里克于1324～1328年在亚洲旅行,他的旅行见闻有70个手抄版本保存下来,后来被印刷出版,并且成为约翰·曼德维尔爵士(1377年)的主要资料来源,1589年在理查德·哈克路特的《英格兰民族的主要航海、游历和发现》中再版。② 在他们的叙述中,旅行者的选择、分类和偏见将文化接触掺杂到已经确立的"假想的民族学"研究中,因此观察者可以事先预想他人形象,并以此作为经验主义的证据。对于宝石规模和黄金数量的报告以及对于一些奇特民族裸体和吃人习俗的记录构成了他们对他人最初的印象,但是存在猎奇的倾向。对于远方民族的描述,无论他们是高度繁荣富庶的,还是极端颓废落后的,都是对文明"使者"发出的邀请,将可能被拯救的灵魂、死亡的躯体和财富统统握在"传教士开拓者"手中。③

在拉丁世界里,描述前往圣地亚哥·德孔波斯特拉旅途的著作《朝圣指南》提出了自我与他人平等的观点。作者指出,大约在12世纪,有一个僧侣,他富庶的家乡普瓦图省的居民精力十分旺盛。但是在相邻的波尔多,人们言辞粗鲁,土地荒芜。再远处,加斯科涅的居民,则"言语轻狂、多嘴、爱嘲弄人、生活放荡、酗酒、嗜美食、衣衫褴褛、身无分文",他们并不诚心帮助传教士。弗里德里克·雅梅森将类似的叙述归结为"转变的过程",指的是那些未开化的地区和那里的居民是"被改造者",直到他们被作者心目中的"古老的价值体系瓦解和同化",这些价值体系是普瓦图省的、《圣经》的或者是拉丁人欧洲文化的价值体系。外来者必须经过"中和化"的过程,新的、未知的东西必须融入到已知的框架内,融入到

---

① Abu-Lughod, *Before European Hegemony*, 175-182, 189-197; Philip D. Curtin, *Cross-Cultural Trade in World History* (Cambridge, 1984), chaps. 5-6; Lewis, *Nomads and Crusaders*, 22-26, 110-112, 121, 134.

② Malcolm Letts, *Sir John Mandeville*: *The Man and His Book* (London, 1949), and Letts, ed., *Mandeville's Travels*, 2 vols. (London, 1953). 另见乔叟的《坎特伯雷故事集》,其旅行记录(尽管有杜撰成分)具有深远影响;理查德·哈克路特的《英格兰民族的主要航海、游历和发现》(1589年); David B. Quinn, ed., *The Hakluyt Handbook* (London, 1974). 1154年,西西里的罗杰二世曾经下令阿拉伯语专家访问朝圣者和商人,将他们的故事编撰成书,即 *Book of Roger, or the Delight of Whose Loves to Make the Circuit of the World*.

③ Fritz Kramer, *Verkehrte Welten*: *Zur imaginären Ethnographie des 19. Jahrhunderts* (2d ed., Frankfurt/ Main, 1981); Burman, *The World before Columbus*, 59-61.

旅行见闻作者及读者的文化价值体系内。这种“中和”是单向的，来自拉丁人西方社会，来自东方旅行者的描述证实了这个过程具有普遍性。①

通过这个几乎涵盖全球的商业贸易网络，无数的奢侈品和大宗货物（比如木材和铁）得以流动，奴隶得以运输，劳动力得以流通。食物，比如来自北非的大麦和橄榄油，叙利亚的酒，大西洋沿岸的鲔鱼，西班牙、西西里、叙利亚和其他地区的糖，进入了欧洲市场，影响了欧洲人的饮食习惯。马匹，无论是阿拉伯马还是土耳其小马，都是用于休闲娱乐的，如同波斯湾的珍珠、红海的珊瑚、染料和香水一样。巴格达市场的商人交换来自俄罗斯的毛皮、蜂蜜和蜡，来自印度的香料、宝石和铁，来自东非的黄金和象牙。亚历山大里亚的手工艺人加工产自伊比利亚的木材。奴隶商人通过阿拉伯贸易网络贩卖东非的男女奴隶，或通过意大利人在黑海的领土贩卖斯拉夫和土耳其奴隶。② 来自南洋的香料经过多少人的手才最终进入欧洲人的家庭？有多少妇女通过劳动力流通网络进入家庭、酒馆和驿站做饭和洗衣？

洲际贸易指南中“没有关于欧洲的记录，来自那里的出口品太少了，也太不重要了，不值得关注，尽管有些是被列入到拜占庭的货品清单中了”。从经济富裕程度看，北欧地区是供应不足的地区，甚至是落后地区。对于桑海帝国和加纳的居民来说，显然撒哈拉以北的地区永远是缺乏黄金的地方。中国商人和旅行者惊骇于欧洲的落后。但是 11 世纪以后，意大利城市开始与穆斯林和犹太商人抗衡。他们迅速吸收犹太人、阿拉伯人、印度人的记账方法和航海知识。曾经最远到达法兰西的叙利亚商人和小贩也逐渐被意大利商人取代。日益城市化的意大利崛起于阿尔卑斯山以北的欧洲与阿拉伯和亚洲之间。③

---

① 译文引自 Jeanne Vielliard, ed., *Le guide du Pèlerin de Saint-Jacques de Compostelle* (3d ed., Mâcon, 1963), in Alan Kendall, *Medieval Pilgrims* (London, 1970), 43, see also 51-58, 107; Sidney Heath, *In the Steps of Pilgrims* (1st ed., 1911; rev. and enlarged ed., New York, 1951), 134; Fredric Jameson, "Of Island and Trenches: Neutralization and the Production of Utopian Discourse," Diacritics 7, 2 (June 1977), quote on 16.

② Lewis, *Nomads and Crusaders*, 35-38; Goitein, *A Mediterranean Society*, 1:273-352. 朝圣者曾经描述塞浦路斯存在多种商业语言通用的状况。

③ Lewis, *The Muslim Discovery of Europe*, quote on 185. 史学方法论在 Brady et al., *Handbook of European History* 有所总结。

11～16世纪,拉丁人欧洲的贸易地位有所改变,其原因有很多。[①] 基督教会在伊比利亚半岛的主要城市中建立自己的势力,与伊斯兰人的相互影响较小,威尼斯通过1204年的第三次十字军东征削弱了拜占庭基督教会的势力。当蒙古人的扩张暂时切断了通往亚洲的陆路交通时,以阿拉伯商人为中介,经过亚历山大里亚的海上交通路线仍在运行。穆斯林国家的重新组合,即土耳其人和阿拉伯人被纳入奥斯曼土耳其帝国和埃及马木路克王国统治,改变了权力关系。1359年,罗马教皇发出的禁止与马木路克王国贸易的禁令阻碍了欧洲与亚洲的贸易,但是许多基督教商人仍然与其保持着贸易关系。君士坦丁堡在这个时期已经是一个贫穷的、人口稀少的城市,1453年它被奥斯曼军队占领(参见第4章第1节)。[②]

商业空间因政权界限划分,欧洲被划分为四个贸易区域。"城市化的意大利",即意大利北部平原诸城市以及南部的阿马尔菲、那不勒斯和帕勒莫控制了地中海地区——虽然它们自己内部也有所划分,与拜占庭和阿拉伯商人互相影响。第二个区域是环波罗的海区域,1150～1250年出现的松散的汉萨同盟城市在13～15世纪控制着这个区域,其范围分别抵达伦敦和诺夫哥罗德,向南沿莱茵河到达科隆。在欧洲的西部边缘,伦敦和英格兰内陆地区开始进入贸易网络。第三个区域包括一系列市集,从意大利城市经日内瓦和里昂到达圣丹尼斯(11世纪)、到达香槟(12～13世纪)、到达布鲁日和正在兴起的尼德兰城市(14世纪中期以后)。各王朝间不断争斗(比如1338～1453年的百年战争),导致阿尔卑斯山以北地区社会发展进程长期滞后,其原因在于高昂的、难以承受的贸易活动成本。14世纪后期,第四个中心,奥格斯堡和纽伦堡(约两万人口)的商业资产阶级家族福格尔和韦尔瑟将他们的贸易和信用网络扩展到匈牙利和西班牙。"这些地区创造了最发达的市场体系,运输成本低、公共管理效率高。"这样的贸易可以称为"国际的",既非国家间的也非王朝经济的,它将四个区域连接起来形成了跨越欧洲的贸易网络。[③]

---

① 拜占庭和罗马基督教会的分裂发生在1054年。其他教派包括聂斯托利不来梅派、迦勒底派、马龙派、二世党人或叙利亚派、科普特派和亚美尼亚派。

② Subhi Y. Labib, *Handelsgeschichte Ägyptens im Spätmittelalter* (*1171-1517*) (Weisbaden, 1965), 1-121.

③ Abu-Lughod, *Before European Hegemony*, 78-134, Armando Sapori, *The Italian Merchant in the Middle Ages*, trans. Patricia A. Kennen (French orig.; New York, 1970), 71-91; *The Cambridge Economic History of Europe*, vol. 3: M. M. Postan, E. E. Rich, Edward Miller, eds., "Economic Organization and Policies in the Middle Ages," (Cambridge, 1963), 3-41; Thomas W. Robisheaux, "The World of the Village," in Brady Jr., Heiko A. Oberman, and James D. Tracy, eds., *Handbook of European History*, quote on 1:83.

11世纪,伊比利亚半岛北部城市莱昂的王室市场向我们展示了地区的自然状况与跨欧洲的商队之间的相互关系。手工业和粮食供应者来自周边的城镇,每个人都有一项专业技能,或生产某种手工产品,或生产某种食品。他们把自己生产的产品卖给中间商,他们把托罗酒、萨莫拉油、卡斯蒂利亚盐以及阿斯图里亚斯苹果酒带到本地市场,这些中间商又与来自穆斯林统治下的伊比利亚和拜占庭的长途贸易商争夺贸易空间。[①] 在地方、地区间和洲际贸易交换中,信用活动参与其中,硬币的知名度越来越高,并在长途贸易中使用。伦巴底家族和犹太商人从阿拉伯文化中引进了来自印度文化的数字,以阿拉伯数字代替罗马数字,并创造出银行系统,在欧洲范围内施行。这些新的财务交易形式的出现表明欧洲经济发展出现变化:封建统治和庄园农业开始被商业资本主义代替。

3. 黑死病之前地中海与阿尔卑斯山以北欧洲的人口流动

10～13世纪,地中海地区和阿尔卑斯山以北地区出现了7次移民浪潮,移民原因包括流散、殖民和建国。[②] 其中,流散人口包括:(1)被迫流动人口,比如地中海奴隶贸易。(2)主要是自愿流动人口,例如这个时期的犹太人。犹太移民,即使在家庭单位或不同文化氛围里,都在各大洲创造了彼此相互联系的社团。来自各种文化的奴隶对他们自身固有的文化进行了最适宜的整合。(3)参与到建国的流动人口,其中最重要的是伊斯兰人向西西里、意大利南部和西班牙的扩张。(4)诺曼人从布列塔尼经英格兰到西西里,以及向东进入斯拉夫人区域的人口流动。(5)十字军中的士兵传教士的定居者(1099～1187年)。(6)还有两股流动人口参与到殖民活动中,即在9世纪和约1125～约1410年,从中欧西部地区到易北河东部斯拉夫人地区的流动人口。(7)伊比利亚半岛最北端的基督教家庭的流动。(见图1-5)此外,东方人的入侵,首先是10世纪来自多瑙河平原的匈牙利人,之后是13世纪的蒙古人,他们并没有在中欧西部留下多少痕迹,只留下一些嗜血的东方游牧民的形象。蒙古人并没有破坏以巴格达为中心的穆斯林文化,他们在1258年和1393年摧毁了巴格达,但他们并没有占领安那托利亚地区穆斯林统治的奥斯曼帝国。

---

① *Cambridge Economic History*, 3: 119-153, esp. 123.

② 其他文明区域的人口流动活动参见本书第6～9章。

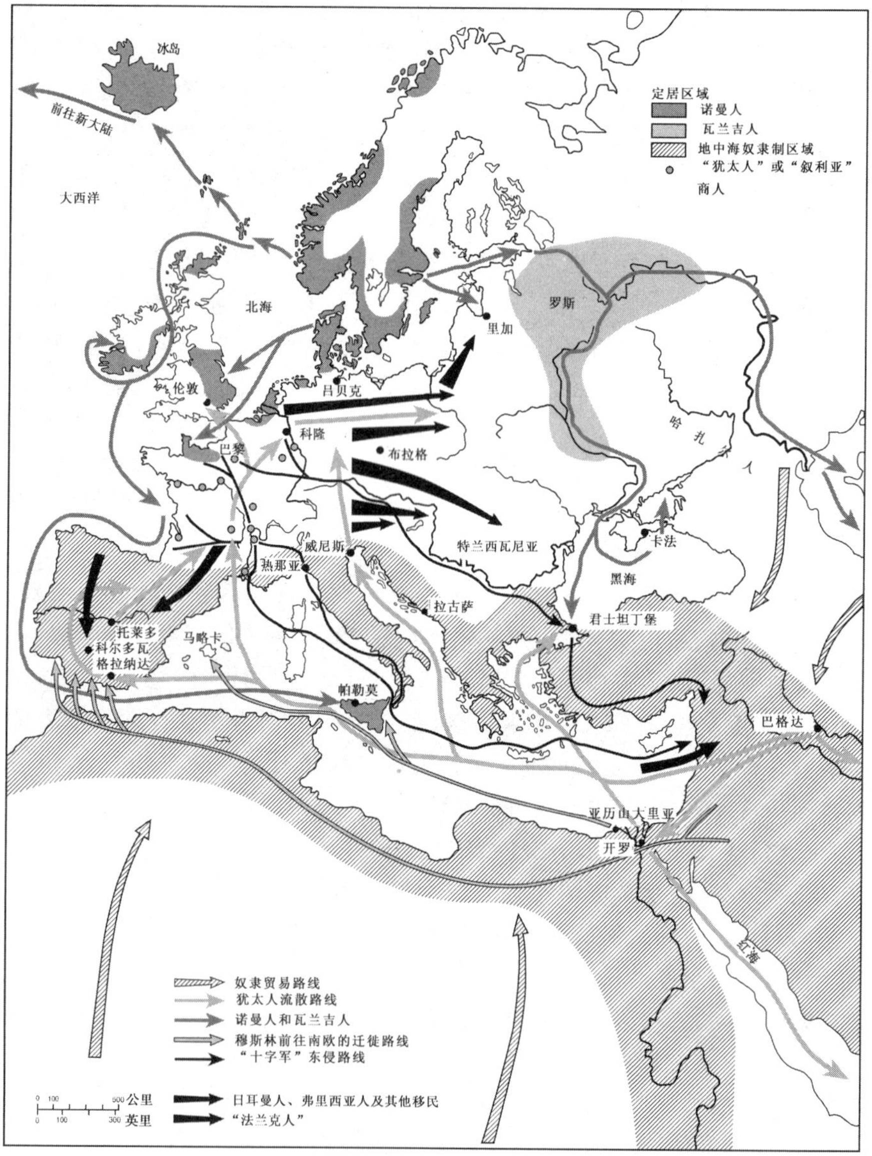

图1-5　1347年以前流散、建国和殖民活动

人口因素和继承制度赋予流动人口军事侵略和扩张的目的。贵族特别是低级贵族的幼子，被派出参与新领土征服行动，这使家族摆脱了特别难以驾驭的因素，减少了家族内部的继承斗争。跟随着或多或少的武装骑士，他们以十字军的名义进入巴勒斯坦、伊比利亚半岛和波兰—普鲁士地区；后来，他们还"征服"了阿兹特克和印加帝国。农民家庭的幼子和幼女通过殖民活动进入他们国家或产业内无人居住的地区，或在东进运动中定居，或在卡斯蒂利亚定居。商人家庭的幼子向远方的海岸迁徙，建立贸易联系。没有妇女的参与，所有这些殖民和安置活动都无法持续，这些流动人口也建立组织代替士兵统治当地的原住民。

地中海地区的奴隶制

在地中海地区，伊斯兰人、犹太人、拜占庭人和拉丁人基督徒都推行国家奴隶制度(行政奴隶、军事奴隶或财政奴隶)和私人奴隶制度(从事制造、商业或家务劳动)。没有任何一类工作是专由某一个民族集团或某一种肤色的人从事。反之，某个人或被侵略者没为奴隶(战俘)，或由于贫穷自卖或被亲属卖为奴隶。战俘有可能被赎回，因此欧洲统治者会出资赎回一些在战争中被穆斯林俘虏的水手或军官。他们往往以犹太人为中间人，因为他们之间存在跨文化的家族关系。主要的奴隶贸易路线有三条：沿着德意志、斯拉夫边境(9 世纪由德意志统治者征服)到穆斯林统治的科尔多瓦的路线；从黑海到地中海地区的路线；13 世纪从罗斯南部到埃及的路线。

11 世纪，在农业、手工业或矿山使用奴隶的劳动在美索不达米亚地区已近尾声，但是在意大利南部、西西里和西班牙，农业特别是甘蔗种植，仍然依靠奴隶劳动。国家奴隶制，在奥斯曼帝国和阿拉伯—穆斯林世界仍然存在，他们往往参与军事行动。穆斯林军队中的职业奴隶士兵，特别是在摩洛哥阿尔摩哈德王朝和突尼斯的哈夫西德王朝中的奴隶士兵，被补充到主要来自西班牙的基督教雇佣兵队伍中。9 世纪开始，阿拔斯王朝的哈里发使用土耳其的奴隶"马木路克"(源自阿拉伯语 mamluk，意为"拥有"，但在历史上特指白人，即土耳其或中亚的男性奴隶)。12 世纪，埃及军队由担任骑兵的柏柏尔自由人、马木路克骑兵和黑皮肤的苏丹步兵组成。1250 年之久，马木路克人的政治地位提高，在埃及和叙利亚建立奴隶寡头统治达 250 年。后来，土耳其苏丹的禁卫军——从被征服人口中招募的精英军队——在奥斯曼帝国中也拥有崇高地位(参见第 4 章第 1 节)。在欧洲，自治市和统治者租赁国家奴隶给私人担任工人(财政奴隶)，以此充实国库。在所有这些社会里，家务奴隶一直存在。[①]

奴隶来源地区包括高加索地区、阿拉伯北非地区、撒哈拉沙漠以南的黑非洲以及一些基督徒和穆斯林战争区域。在争夺伊比利亚半岛的斗争中，每一种势力都把他人的领土当作奴隶的宝库。东欧和亚洲的奴隶来自伏尔加河和第聂伯河[②]之间的地区和中亚地区，根据丰尔兰当(Verlinden)的研究，其中包括 70 个不同的民族。希腊—拜占庭人、高加索和克里米亚人、罗斯人、保加利亚人、吉卜赛人以及土耳其人最远被贩卖到马格里布和伊比利亚地区。非洲的奴隶包括来自东非海岸和中非的“黑奴”以及柏柏尔人和阿拉伯人。在 1100 年前后，苏丹和几内亚的伊斯兰化进程将这些地区与贸易路线连接起来。[③] 由于黑死病造成严重的破坏，斯拉夫人和塔塔尔人为了生存而卖儿鬻女。

热那亚商人通过他们在卡法殖民地的贸易活动，控制了东地中海地区的奴隶贸易，东非和中非的贸易则控制在阿拉伯商人手中。奴隶零售现象在地中海几乎所有的港口都存在。奥斯曼帝国兴起后，来自东方的奴隶主要在其边境地区使用，仍有少量斯拉夫人女奴经过亚得里亚海港口进入东方。北非的奴隶供应体系仍然在运行，但是在 12 世纪，奴隶贸易规模已经减小。1440 年以后，新的大西洋奴隶贸易体系兴起，葡萄牙商人以及之后的西班牙商人开始将西非的奴隶运送到里斯本和塞维利亚奴隶市场，并将他们送到大西洋岛屿种植园中从事劳动(参见第 4 章第 3 节)。

在欧洲，奴隶使用已经从伊比利亚半岛经意大利传到巴尔干半岛。在安达卢西亚，8 世纪的穆斯林征服者已经将来自非洲各民族的奴隶以及来自西亚(最远来自波斯)的奴隶运送到这里。基督教征服后，这些奴隶仍然没有获得自由，被俘的穆斯林被补充到奴隶队伍中；尽管人数减少，但来自北非市场的奴隶也到达这里。基督教军队在 1229 年征服马略卡岛之后，在 1300 年卢切拉的俘虏事件中，在 1470～1492 年格拉纳达陷落后，大量穆斯林沦为奴隶。那不勒斯王国的卢切拉事件充分展现了统治者的自私和对经济利益的追逐。1269 年，阿拉伯—穆斯林城市居民投降安茹州的查理。为了在城镇中建立基督教殖民地，国

① 最全面的总结见 Charles Verlinden, *L'esclavage dans l'Europe médiévale*, 2 vols. (Bruges, 1955-1977), and Jacques Heers, *Esclaves et domestiques au Moyen Âge dans le monde méditerranéen* (Paris, 1989). 关于伊斯兰的奴隶制，参见 Bernard Lewis, *Race and Slavery in the Middle East: An Historical Enquiry* (New York, 1990). Goitein, *Mediterranean Society*, 1: 130-147.

② 这些地区人口因为克里米亚塔塔尔人的到来而有所下降，导致他们在 18 世纪被迫在沙皇俄国内部再次迁徙(参见第 12 章第 2 节)。

③ 当前，部分依肤色确定民族属性的研究将北非人归为白人，将撒哈拉以南的非洲人归为黑人。

王邀请普罗旺斯人在此定居。由于缺少财政和物质支持，只有部分家族接受了邀请，因为需要金钱和劳动力，查理王在1300年俘虏了城镇里的穆斯林居民。开始，他强迫这些人在王室土地上从事农业劳动，之后他将大约9800名幸存的男女老幼投入奴隶市场。[①]

考虑到社会融合和性别因素的作用，奴隶劳动力中男性奴隶的比例提高。刺激劳动的动力是酬劳，而非惩罚。逃奴现象并不普遍，只有部分水手奴隶能够自由逃离。在那些无法控制的城市里，比如拉古萨(杜布罗夫尼克)，一半的逃奴是男性，实际上男性奴隶在当地的奴隶人口中仅占10%。从事家庭劳动的男性奴隶很少从事仆人的家务劳动。他们中的多数人经过精心挑选，受过教育，并被商业伙伴视若亲子。有许多人可以独立经商，积累自己的产业。有些人，特别是在犹太人大流散时期，在远方的城市中担任代理人。某些社会视家务劳动为女人的事务，因此对家务杂事奴隶的需要增加。因此，奴隶身份出现女性化趋势。1300年左右，在奴隶市场上，女性奴隶与男性奴隶的比例为2∶1。1460年，97%的热那亚奴隶为女性。因此，女奴的身价高于男奴。

在不同时期，地中海商业中心的奴隶人口占全部人口的比例为5%～15%，是“劳动人口中的主要力量”。由于需要照顾孩子，女性被认为比男性更容易管理。控制奴隶的手段包括宵禁令和禁止聚众集会。基督徒主人强迫女奴与之发生性行为，虽然这种做法受到教会法的谴责和惩罚，但仍然比较普遍。但是在拉古萨，女奴可以在法庭上控诉强奸者。[②]

家内奴隶制对城市经济发展和贵族的生活方式都产生了影响。性别差异和“个性化”的抚养将一般的家务劳动改变为在一段时间内对某个个人进行护理和照顾，其结果是奴隶获得了可信任和依靠的地位。他们从边缘人逐渐融入家庭生活，成为其中的一分子。在一些遗嘱中，他们可能被释放，或被留给其他的家庭成员，并规定不得转卖。在犹太人社会，奴隶获释意味着他获得了在宗教社团中的正式成员身份以及结婚的权利。在开罗的犹太人社区，在伊比利亚半岛的基督教奴隶主手中，奴隶身份的转换非常普遍。

---

① Stephen P. Bensch, “From Prizes of War to Domestic Merchandise: The Changing Face of Slavery in Catalonia and Aragon, 1000-1300,” *Viator* 25 (1994): 63-93; Philip K. Hitti, *History of the Arabs* (8th ed.; London, 1963), 514; Verlinden, *L'esclavage*, 286-288; Aziz Ahmad, *A History of Islamic Sicily* (Edinburgh, 1975), 105-106; Ian F. Hancock, *The Pariah Syndrome: An Account of Gypsy Slavery and Persecution* (2d rev. ed., Ann Arbor, 1987).

② 伊斯兰法律并不保障女奴权利。参见Goitein, *Mediterranean Society*, 1: 130-147; Lewis, *Race and Slavery*, 38-39.

1380 年,在热那亚,6 万人口中有 5000 名奴隶,在切尔克斯人和北非人女奴中,"社会融合"和"跨文化交流"往往表现为与家庭中的一个男性两厢情愿的姘居关系。原则上,这样的姘居关系中生育的子女会被父亲收养,或得到父亲的赠与。在锡耶纳,父亲必须支付女奴生育子女的费用。尽管拥有一半的家族地位,但是 15 世纪仍然有 10%的热那亚奴隶每年被投入贸易市场。在拉古萨,奴隶往往受到培训,然后被卖到威尼斯,以获得更高的利润。奴隶的出现是"满足城镇所有者的愿望,是出现差异和发财致富的诱因"①。

犹太侨民

8 世纪,在罗马人统治时期被驱逐的犹太人有 90%生活在倭马亚王朝和阿拔斯哈里发(661～约 1100 年)统治下的阿拉伯地区,并且能够自由流动。巴格达成为宗教文化中心。② 在被迫流动和自愿流动的人口中,出现了大流散现象,这是一个民族宗教集团早期的全球化过程。阿拉伯国家的社会经济结构孕育出犹太人生活的城市化特点。犹太商人与阿拉伯商人合作成为长途贸易和洲际贸易中的主要力量,这种现象持续到基督教十字军占领耶路撒冷以及蒙古铁骑攻占巴格达,带给他们浩劫为止。当犹太人与东方阿拉伯诸帝国的关系不再契合、不再得到保护的时候,伊比利亚半岛的犹太人社区就成为犹太人大流散的中心。③

与基督教社会不同,多样性的穆斯林社会允许少数民族宗教存在,他们拥有"保护民"的身份,必须缴纳一种特殊的人头税,但对自身事务拥有自治权。流散的犹太人社团自身和谐并存,并且与其他社团和平共处,他们将犹太法典编纂成

---

① Benjamin Z. Kedar, "The Genoese Notaries of 1382: The Anatomy of an Urban Occupational Group," in Harry Miskimin, David Herlihy, and A. L. Udovitch, eds., *The Medieval City* (New Haven 1977), 75, 92-95; Heers, *Esclaves et domestiques*, 286-287 (quote translated by D. H.); Susan M. Stuard, *A State of Deference: Ragusa/ Dubrovnik in the Medieval Centuries* (Philadelphia, 1992), 118-153; Verlinden, *L'esclavage*, 394, 519; Lewis, *Race and Slavery*, 37-49.

② Agus 认为乡村犹太人没有被驱逐,而被驱逐的权贵在迫害过程中组成一个拥有独特技能的幸存者团体。Irving A. Agus, *Urban Civilization in Pre-Crusade Europe: A Study of Organized Town-Life in Northwestern Europe during the Tenth and Eleventh Centuries Based on the Responsa Literature*, 2 vols. (New York, 1965), 1: 11-15. 犹太人居住在伊斯兰教逊尼派区域,什叶派信众比较敌视犹太人。H. Ben-Sasson et al., eds., *A History of the Jewish People* (Hebrew orig., 1969; Cambridge, Mass., 1976), 385-560.

③ 对穆斯林社会中犹太人状况研究的最杰出成果为:Bernard Lewis, *Cultures in Conflict: Christians, Muslims, and Jews in the Age of Discovery* (New York, 1995);另参见 Mark R. Cohen, *Under Crescent and Cross: The Jews in the Middle Ages* (Princeton, 1994)。

密西拿经典，将司法宗教教义的发展记录下来，编纂成《塔木德》，使用共同的语言。他们的迁徙以家族为单位，或与邻里共同行动到达新的目的地，这样组成的团体更快地稳定下来，例如来自意大利城市的临时的、单一性别的商人。[①] 拉比的《答问》提出了关于旅行以及他们与自己的家乡社团保持联系的建议——用现代术语说，就是文化适应。根据1301年的建议，外来移民需要“时刻观察已经稳定下来的市民”，这样他们子女的行为举止才能像当地人一样。[②]

11世纪，犹太商人和阿拉伯商人从开罗出发，他们的足迹跨越大海，到达阿拉伯半岛、东非海岸、印度和中国。犹太人社团（Radhanit）在法兰西的南部港口建立家园，并在罗纳河与阿拉伯地区间建立了贸易联系。手工业者为了经济利益在穆斯林村庄中流动，成为流动手工艺人。其他人则被哈里发下令迁移到需要他们的地方，但仍有一些人由于待遇太差而逃离。繁荣发展的开罗社团吸引着那些前来寻求帮助的人，他们或陷入某种困境，或遭遇到不幸。学者们跨越地中海学习各种知识，寻求获得更好的身份地位，或寻找更容易生存的环境。女性随行丈夫，或在地区跨度不断扩大的亲属家庭间独自旅行。他们的旅行目的是朝圣或做生意。单身的外来移民往往与家乡社团的女性结婚，以获得社会和经济联系的晋身之阶。他们的儿子会被送到远方的亲戚家中接受教育，希望扩展贸易联系的家族则通过“商业婚姻”交换子女，在盘根错节的地中海犹太社会建立值得信赖的关系网络。[③]

在穆斯林的统治下，伊比利亚的犹太人早在8世纪就进入了“黄金时代”。但从12世纪40年代中期开始，北非的阿尔摩哈德人推行纯粹的伊斯兰政策，他们迫害犹太人和“不洁”的穆斯林，数千人被迫逃离。[④] 在这些迫害活动之后，在基督徒从北方渗透之后，卡斯蒂利亚王国的中心城市托莱多在阿方索六世和七

① 现代语言对于犹太人居住区的特有称呼“ghetto”，源于1516年威尼斯的部分犹太人团体迁入getto（意思是“铸造厂”）区域，它是一种只有一个出口的堡垒式建筑，主要用于夜间防卫。Brian Pullan, *Rich and Poor in Renaissance Venice: The Social Institutions of a Catholic State, to 1620* (Oxford, 1971), 476-509.

② 参见Ben-Sasson et al., *Jewish People* 第463页的注释。同时，请关注文化融合过程中出现一代人时间延迟的现象。Agus, *Urban Civilization*, 1: 30.

③ Harry C. Schnur, “Jüdische Ehe und Familie im Mittelalter,” in Willy van Hoecke and Andries Welkenhuysen, eds., *Love and Marriage in the Twelfth Century* (Leuven, 1981), 88-101. 根据Schnue的观点，妇女通常与她们的丈夫一起迁徙，但并不会被强迫迁移到语言不通的国家（见上书第89页）。Goitein, *Mediterranean Society*, 1: 45-59, 273-352, 3: 336-341.

④ 一个关于距离和文化障碍的例证是专业人士迈蒙尼德（Moses Maimonides, 1138～1204年）的生活。他的家庭首先逃亡到摩洛哥的非斯，可能伪装成皈依者；之后他逃亡到十字军控制的巴勒斯坦地区，但当地人对犹太人十分冷淡；之后他到达穆斯林人控制的埃及。

世统治时期(1072～1157年在位)，迫害活动仍然在继续。来自三个不同宗教领域和文明区域的学者联合起来，在基督教控制下的托莱多和在穆斯林控制下的科尔多瓦，继续遵循巴格达的习俗，将希腊—阿拉伯哲学著作翻译成西方世界使用的语言。犹太人在人烟稀少地区进行再殖民，成为地主，在法庭中获取高级职位，偶尔有人能成为军队统帅。尽管有一些反犹言论，但1247年犹太人在阿拉贡王国获得了保护，并且在伊比利亚多信仰的社会中拥有崇高的地位，直到1348年大规模暴动发生。①

在西部欧洲，犹太人在10世纪和11世纪迁徙到莱茵河流域，他们在科隆、美因兹和法兰克福等地建立社团。1066年以后，小部分法兰西的犹太人向英格兰移民。13世纪，有些人迁往波兰和立陶宛。1264年，一个波兰王子授予他们宪章。这里的犹太人同样集中在城镇中，但是他们也参与农村殖民和森林砍伐活动。在中欧的犹太人中，意第绪语(以中世纪德语为基础)代替希伯来语成为社会下层日常交易和洲际联系的语言。封建制度迫使犹太家庭迁往小城镇，有些城市经济规章禁止犹太人拥有土地，但也有例外，特别是在斯拉夫人居住地区。

犹太人社会并不支持犹太人建立武装集团或者担任神圣的、与众不同的教士。其权力结构既非建立在土地所有的基础上，也非依赖于武力或军事强权。社团的自我管理机制在移民过程中进行有效的调节。社团内部也在每次迁徙或逃亡之后形成社会经济等级，包括富裕的领导者集团、中间阶层和底层的穷人。家族网络是日常生活的组成部分，它能够在政治上层建筑并无制约力量的情况下组织长途联系。地中海地区在这个时期之后进入“黑暗时代”，在整个欧洲充斥着迫害和暗杀行动(参见第3章第2节)。②

诺曼人社会

9～12世纪，斯堪的纳维亚半岛的“古代人”开始移民，他们以“维京人”入侵

① Angus Mackay, *Spain in the Middle Ages: From Frontier to Empire, 1000-1500* (London, 1977), 79-94; Ben-Sasson et al., *Jewish People*, 466-467, 488.

② 在黑海和里海之间地区，哈扎尔王国统治者接受犹太教。Ben-Sasson et al., *Jewish People*, 462-463; Kenneth R. Stow, *Alienated Minority: The Jews of Medieval Latin Europe* (Cambridge, Mass., 1992), 2.

者[①]和"诺曼人"职业军队的身份向西南方向迁移进入英格兰，向东南方向经波罗的海进入东欧的移民被称作"瓦兰吉人"或"罗斯人"（东欧的这个地区也因此被称为"俄罗斯"）。有些诺曼人贵族对家乡社会组织结构不满，以侵略者的身份定居下来，并在欧洲边境地区建立国家：10世纪中期在法兰西西北部地区（"诺曼底"），1066年之后在英格兰和威尔士，1103～1194年在西西里和意大利南部，都出现了国家。他们统治当地居民，并逐渐与地方贵族融合或取而代之。冒险者与定居者移民与当地人通婚，接受当地语言，形成了新的民族。作为统治者，他们通过改革传统的税收体系和行政管理体系，降低农民负担等措施改进政治结构。

入侵英格兰的是6000名武士及他们的家庭，诺曼文化向威尔士和爱尔兰地区渗透，并且影响了苏格兰贵族。诺曼人通过引进长子继承制，征服者家族的幼子、幼女与当地非贵族家庭联姻等措施，融入到当地文化中。[②]

从827年开始，西西里处于穆斯林统治下，这里成为诺曼人前往圣地的中转站。1072年，他们控制了这个地区，建立了西西里王国，并征服了当时属于拜占庭帝国的意大利南部地区。拜占庭、伊斯兰阿拉伯地区和斯堪的纳维亚之间的相互作用和文化联系改变了地方习俗。西西里的穆斯林和基督徒交织生活在一起。与罗马教廷规定相反，新的统治者不强迫穆斯林皈依，但是他们在新移民中推广基督教。有30万人口的帕勒莫是阿拉伯人和柏柏尔人、希腊人和伦巴底人、犹太人、波斯人、土耳其人和非洲黑人的故乡。外国水手和商人居住在城市中的斯拉夫区。罗杰二世国王强迫希腊纺织工和绣工迁往帕勒莫，他们在那里引进了桑蚕种植养殖技术，并向意大利北部推广。

西西里的农业得益于穆斯林利用波斯专门技术人员推广罗马灌溉技术。他们从黎凡特引进了蔗糖。1150年之后，西西里人遭到穆斯林镇压时，许多人迁往北非。1222～1224年西西里人起义后，大约1.6万人被放逐到意大利南部的卢切拉地区。[③] 来自法兰西诺曼底和伦巴底的流动人口填补了他们留下的空档。与穆斯林控制下的伊比利亚半岛一样，西西里地区虽然面积小，但其文化也

---

① 维京人的入侵阻止了北海、大西洋沿岸及河口内陆地区人口的发展进程。维京人是第一个建立北方贸易体系的民族。其他人口集团向冰岛、格陵兰岛和纽芬兰岛迁徙。他们的居住地点具有临时性特征，格陵兰岛村庄因为气候恶化最终被废弃。

② Lucien Musset, "L'aristocratie normande au XIe siècle," in Philippe Contamine, ed., *La noblesse au Moyen Âge XIe-XVe siècles: Essais à la mémoire de Robert Boutruche* (Paris, 1976), 71-96; David Walker, *The Normans in Britain* (Oxford, 1995).

③ 关于他们随后进行的猎奴运动，参见本章上文"地中海奴隶制度"部分。

融合了伊斯兰文化、基督教文化和犹太文化因素,之后又加入了拜占庭基督教文化因素。大法官在法庭使用双语,即阿拉伯语和拉丁语处理事务,有些文件则用希腊语书写。诺曼人国王罗杰二世(1103～1154 年在位)和霍亨施陶芬王朝的弗里德里克二世(1212～1250 年在位)的宫廷是文化交流的中心。弗里德里克的母亲是诺曼人,父亲是德意志人,他自己在西西里——当时属于"神圣罗马帝国"意大利区——接受教育,他创建了那不勒斯大学和萨勒诺医学院。他与阿拉贡人康斯坦丝结婚,通过与她随行的阿拉贡骑士、宫廷贵妇和行吟诗人,新的文化因素加入进来。但是,下一个王朝——法兰西的安茹王朝有不一样的目标。为了把西西里和那不勒斯纳入新的强大的拜占庭帝国的核心,他们推行粗暴的财政政策。这导致文化融合过程(convivencia)戛然而止。1282 年,由于一些安茹王朝士兵强奸一名年轻的西西里已婚妇女而引发了血腥的冲突,在冲突中,许多法兰西官员被杀害。[①]

十字军与"法兰克"人在巴勒斯坦地区的定居

11 世纪,受克吕尼派复兴的鼓动,超过 100 个传教士团前往圣地。[②] 真正的十字军(1096～1291 年)的流动更加频繁,有时整个村庄都走得空无一人。十字军是由什么样的人组成的?有多少人跨越大洲迁徙?对于 1096～1099 年的第一次十字军,有这样的描述:大群手无寸铁的移民……秉持着掠夺和反犹的信条,大约有 4.2 万人(根据其他资料,多达 13 万人)出发。1201 年,威尼斯得到

---

① Ahmad, *Islamic Sicily*, 37-41, 52-75, 82-96; David Abulafia, *Frederick Ⅱ: A Medieval Emperor* (London, 1988), 25-53, 144-171; Norman Daniel, *The Arabs and Mediaeval Europe* (1975; 2d ed., London, 1975), 142-168; Clifford R. Backman, *The Deline and Fall of Medieval Sicily: Politics, Religion, and Economy in the Reign of Frederick Ⅲ, 1296-1337* (Cambridge, 1995); Steven Runciman, *The Sicilian Vespers: A History of the Mediterranean World in the Later Thirteenth Century* (1st ed., 1985; repr. Cambridge, 1982). 1266 年,在争夺安茹王朝的战争中,撒拉逊人射手、德意志骑士和意大利雇佣兵并肩战斗。Ibid., 92-93.

② "十字军时代"一般仅指征服巴勒斯坦地区。但十字军同时参与了反对基督教不同政见者的斗争。比如法兰西南部的阿比尔派教徒,对抗基督教世俗势力,还对抗斯拉夫人或其他"异端"人口,甚至 15 世纪葡萄牙人对非洲的扩张也被视为十字军运动。Norman Housley, *The Italian Crusades: The Papal-Angevin Alliance and the Crusades against Christian Lay Powers, 1254-1343* (Oxford, 1982); Pierre Belperron, *La croisade contre les albigeois et l'union du Languedoc à la France (1209-1249)* (Paris, 1945); Michaeol Costen, *The Cathars and the Albigensian Crusade* (Manchester, 1997). 广泛的研究参见 Riley-Smith, *Atlas of the Crusades*, and in Kenneth m. Setton, ed., *A History of the Crusades*, 6 vols. (Madison, 1955-1989)。关于史学方法论,参见 Christopher Tyerman, *The Invention of the Crusades* (Toronto, 1998).

水路运输4.5万名骑士、9000名侍从和两万名步兵的合同。教廷下令招募儿童、牧人和其他人加入十字军,遍及从诺曼底、荷兰各省到莱茵河流域的广大地区,因此1212～1230年的十字军被称作"普通人的十字军"。到达巴勒斯坦后,这些来自西欧的人口被统称为"法兰克人",归属为统一民族。①

在东征过程中,出现了文化的交融,其中包括各种社会层次的冲突。10万名据称来自德意志南部雷根斯堡的人口,沿多瑙河航行过程中途经了多个文化区域。② 在第一次十字军中,有3万名武装传教士曾在君士坦丁堡留宿,在那里他们遇见了意大利商人、土耳其水手和罗斯行商。抵制外国人的骚乱不断爆发。1204年,突尼斯人首先利用十字军侵袭君士坦丁堡,这使威尼斯摆脱了一个经济上的对手,它之后又要求教皇号召"西方所有等级、所有性别的居民"到这个城市生活。③

一些贵族的妻子、女儿也拿起武器加入到十字军中,数以万计的妻子、修女、仆役和妓女长途跋涉跟随在军队之后,而更多的人落在后面。法兰西朝圣者的遗孀建立了一个女修道会,英格兰朝圣者的遗孀则遭到劫掠,因为这些人觊觎她们过世的丈夫留下的财产。在两代人中,来自人口过剩地区的封建领主的幼子和小贵族希冀获得收入和财富。各时代的记录对性生活、性别作用以及性生活与他人的关系进行了特殊的文化解读。在1097～1098年攻克安条克的战斗中,穆斯林守卫者驱逐了男性基督徒,因为他们可能成为入侵者潜在的帮手,却对留在后方的妇女儿童提供保护。在基督徒这边,几千名跟随进攻部队的妇女被遣散,并非出于保护妇女的原因,而是他们的精神领袖极端厌恶性生活。阿拉伯和土耳其士兵被美丽的基督徒妇女所吸引,导致叛变,但是一名著作等身的基督教

---

① William L. Langer, ed., *An Encyclopedia of World History* (London, 1987), quote on 274. *Raum und Bevölkerung in der Weltgeschichte* (Bevölkerungs-Ploetz), 2 vols. (1955),指出离开欧洲的人数为110万,到达巴勒斯坦的人数为50万(2:18)。Josiah C. Russell, "The Population of the Crusader States," in Setton, *Crusades*, 5: 295-314. 关于十字军对于社会影响的研究很少,参见Simon Lloyd, *English Society and the Crusades, 1216-1307* (Oxford, 1988)。

② 尽管只有男性被着意提出,但是妇女必然参与其中。参见Schiffahrts-Museum, Regensburg. Fernand Braudel, *The Mediterranean and the Mediterranean World in the Age of Philip* Ⅱ, 2 vols, trans. Siân Reynolds (French orig., 1949; 2d rev. ed., Paris, 1966; New York, 1972), 1: 146-147, 2: 1081.

③ Edwin Pears, *The Fall of Constantinople: Being the Story of the Fourth Crusade* (1885; repr., New York, 1975), 380; Lewis, *Nomads and Crusaders*, 127; Riley-Smith, *Atlas of the Crusades*, 84-85; Abu-Lughod, *Before European Hegemony*, 109-111.

年代纪编者也记载,拉丁士兵沉迷于拜占庭妇女,并因此也沉迷于拜占庭男孩。[①]

威尼斯人攻克君士坦丁堡证明,激发十字军的因素是其自身的目标而非宗教。比如,军事骑士团原来是保护传教士的组织,现在已成为军队建制。他们积聚了大量财富,先是来自遗产,后来有了固定收入,最后是占领"异教徒"的土地。有些人经历了民族化过程,因此多民族因素的条顿士兵自身经历了"日耳曼化"过程,并不再允许其他背景的人加入。[②]

1099 年,耶路撒冷陷落,遭到基督教士兵的劫掠。他们杀害穆斯林,烧毁犹太会堂,城市中的所有犹太人被迫逃亡,他们还驱逐了非拉丁人的基督徒。为了使城市恢复生机,巴尔德温一世国王(1100～1118 年在位)鼓励幸存者留下来,并邀请叙利亚的马龙派基督徒,"带着他们的妻子儿女,带着牛羊牲畜和所有的家当",从各地农村经约旦来这里。他们并没有获得与基督徒征服者平等的地位。农村人口由来自法兰西南部,小部分来自意大利和伊比利亚半岛(大约有 14 万人)的流动人口充实,总人数大约达到 50 万。[③]

1099～1187 年,十字军国家的人口文化背景不同,权力和等级也不相同。一些学者认为这是"法兰克—叙利亚国家形成的证据",他们强调居民之间相互通婚,并保持着友好的关系。而其他学者则关注冲突,认为通婚意味着男性胜利者视女性为战争的胜利品。在市政厅,一个法兰克官员与两个法兰克陪审员和四个叙利亚陪审员共同工作。在下列情况下,文化交流程度提高:(1)武装传教

① Riley-Smith, *Atlas of the Crusades*, 82, 88; Philippe Contamine, *War in the Middle Ages*, trans. Michael Jones (French orig., 1980; Oxford, 1984), 74-77; Lewis, *Nomads and Crusaders*, 101-106, 126; James A. Brundage, "Prostitution, Miscegenatio, and Sexual Purity in the First Crusade," in Peter W. Edbury, ed., *Crusade and Settlement: Papers Read at the First Conference of the Society for the Study of Crusades and the Latin East and Presented to R. C. Smail* (Cardiff, 1985), 57-65; Régine Pernoud, *La femme au temps des croisades* (Paris, 1990); Amin Maalouf, *The Crusades through Arab Eyes*, trans. Jon Rothschild (French orig., Paris, 1983; London, 1984), 19.

② 征服者与被征服者、剥削者和被剥削者在 Joshua Prawer, *The Latin Kingdom of Jerusalem: European Colonialism in the Middle Ages* (London, 1972)第 506 页中有所对比; Carlo M. Cipolla, *Before the Industrial Revolution: European Society and Economy, 1000-1700* (2d ed., New York, 1980), 206; Abu-Lughod, *Before European Hegemony*, 105-108.

③ Prawer, *Latin Kingdom*, 48-63, 68-70, 233-251; Maalouf, *Crusades through Arab Eyes*, 50-51, 196-200; Riley-Smith, *Atlas of the Crusades*, 29-30, 40-41; Burman, *World before Columbus*, quote on 28; William of Tyre, *A History of Deeds Done beyond the Sea*, trans. from the French by Emily A. Babcock and A. C. Krey, 2 vols. (Latin orig.; New York, 1943), 1: 507-508; Meron Benvenisti, *The Crusaders in the Holy Land*, trans. Pamela Fitton (Hebrew orig.; Jerusalem, 1970), 17-21. 1113 年和1182～1183 年,农民起义反抗法兰克人。

士和他们的子女接受当地的生活方式；(2)本地出生的第二代基督徒数量超过外来流动人口数量；(3)有学问的传教士专研阿拉伯文化，在阿拉伯人保存的希腊经典的基础上创造出新的跨文化的学术成果。文化交流与文化融合也可能会激化潜在的矛盾，比如欧洲人将他们的武器与阿拉伯人和土耳其人的战法相结合。新移民有不同的文化背景，有的甚至来自遥远的挪威和罗斯，而且人数众多，这使得耶路撒冷的本地人开始抱怨这些"陌生人"。①

阿克的拉丁主教严惩第二代和第三代移民的文化融合行为，认为他们太过纵容自己，他如此写道："洗浴、华服、性与巫术，他们发现这些比打仗重要。进而他们与阿拉伯人交朋友，接受他们的观念，整个人变得软弱、娇气。"一个耶路撒冷的年代纪编者指出，仅仅在法兰克人到达之后的30年时间里，"上帝把西方变成了东方，因为我们来自东方的人现在成为东方人：曾经是罗马人和法兰克人的人在这片土地上成为加利利人或巴勒斯坦人，曾经的兰斯人或沙特尔人已经成为推罗人或安条克人"。对于新来者，东方化的过程意味着他们向比自己原本的文化更高级的文化攀登。②

简要回顾麦加的穆斯林朝圣者，我们会发现这些人之间的差别与耶路撒冷人一样大。"阿塞拜疆的土耳其人与西部苏丹的马林凯人走在一起，北非的柏柏尔人和古吉拉特的印度人走在一起……四个大的合法派别的追随者，与什叶派、沙伊德派、伊巴底斯派以及其他派别的信徒一起祷告。"伊本·白图泰以旅居者和朝圣者的身份在麦加居住了三年，依靠救济与睿智资助人的资助生活。③

随着土耳其军队取得胜利，以及来自库尔德斯坦的统治者萨拉丁在1187年重新占领耶路撒冷，基督教军队和实业家重新开疆拓土。他们首先在地中海诸

---

① Aziz S. Atiya, *Crusade, Commerce and Culture* (Bloomignton, Ind., 1962); Vladimir P. Goss and Christine V. Bornstein, eds., *The Meeting of Two Worlds: Cultural Exchange between East and West during the Period of the Crusades* (Kalamazoo, Mich., 1986); R. C. Smail, *Crusading Warfare (1097-1193)* (Cambridge, 1956), chap. 3. 关于文化融合，在威廉的著作中有所论述。他生于1130年，从1175年开始担任推罗大主教，能够说法语、拉丁语、希腊语、阿拉伯语，可能还包括希伯来语和波斯语。他运用阿拉伯史料研究叙利亚历史，并且熟知伊斯兰风俗与宗教。Burman, *World before Columbus*, 28-29. Hans E. Mayer, ed., *Die Kreuzfahrerstaaten als multikulturelle Gesellschaft: Einwanderer und Minderheiten im 12. und 13. Jahrhundert* (Munich, 1997).

② Burman, *World before Columbus*, quote on 30-31; Prawer, *Latin Kingdom*, 513; Labib, Handelsgeschichte Ägyptens, 64-121.

③ F. E. Peters, *Jerusalem and Mecca: The Typology of the Holy City in the Near East* (New York, 1986), 44-45 (quoting a Muslin account); D. J. Hall, *English Mediaeval Pilgrimage* (London, 1965), 17; Heath, *In the Steps*, 26; Burman, *World before Columbus*, 28; Dunn, *Ibn Battuta*, 70-71, 106.

岛安定下来,之后又分别向伊比利亚半岛或波罗的海地区进军,以十字军扩张者的名义征服穆斯林、斯拉夫人以及波罗的海民族。意大利的商人投资者通过奴隶劳动生产食糖供应欧洲。他们首先在塞浦路斯、克里特和爱琴海岛屿建立种植园,12 世纪伊比利亚十字军取得胜利后,又在安达卢西亚建立了种植园。运输贸易以及"在圣地定居给予欧洲人与东方生产部门相互接触的机会,并大幅度提高了法兰西和意大利人对香料、香木、染料、丝绸和瓷器的需求",这些商品多数由外来人口提供。十字军的大量外出以及幸存者的高回归率产生了"示范效应",他们把新的饮食习惯带回家乡。"东方人从食物上入侵了欧洲。"香料和调味品(比如柠檬、糖、糖浆、果子露、咖啡、茉莉、藏红花)的引进,"极大地改变了西欧人(先是贵族,后来是普通大众)的烹饪习惯"。包括樟脑、鸦片酊、香油、芦荟和明矾在内的药物也被引进欧洲。在十字军和传教活动逐渐较少、外来人口迁移活动停止的时候,土耳其—穆斯林统治者仍然将圣地的大门向基督教朝圣者开放(参见第 2 章第 4 节)。[①]

安达卢西亚的穆斯林

穆斯林商人在欧洲的贸易活动已有几百年历史:叙利亚人定期光顾法兰西市集,一个比萨教士曾经抱怨意大利市场上的土耳其人、利比亚人、帕尔特人和迦勒底人。穆斯林奴隶成为整个欧洲社会的组成部分,自由的穆斯林沿着地中海的北部沿海建立了自己的社区。欧洲与北非在地理上的接壤起着重要作用。西西里一直向南就是突尼斯的北部海岸,伊比利亚半岛与摩洛哥之间仅隔着一道狭窄的海峡。8~16 世纪,穆斯林统治着许多地中海岛屿,管辖着地中海北部海岸和欧洲的三个较大地区。13 世纪蒙古人入侵,在从伏尔加河到克里米亚的广大区域内留下了穆斯林人口。14 世纪,在巴尔干半岛,土耳其穆斯林在奥斯曼帝国的统治下(参见第 4 章第 1 节)。在伊比利亚半岛的安达卢西亚,穆斯林的统治从公元 711 年(伊斯兰历 92 年)一直延续到 11 世纪,在格拉纳达一直到

① Riley-Smith, *Atlas of the Crusades*, 54, 74, 102; Burman, *World before Columbus*, 32-33; Lewis, *Muslim Discovery of Europe*, 195-198. 关于地中海的其他角落,参见 David Waines, "The Culinary Culture of al-Andalus," in Salma K. Jayyusi, ed., *The Legacy of Muslim Spain*, 2 vols. (2d ed., Leiden, 1994), 2: 725-738.

1492 年（伊斯兰历 897 年），穆斯林也在基督教世界生活，直到 1614 年遭到迫害。[①]

因为《古兰经》规定要尊重其他的一神教“宗教典籍”（如《圣经》和《塔木德》），所以，穆斯林能够与犹太人和基督徒和平共处。三大宗教的学者之间密切合作，商人们接纳各种不同信仰，互相通商。但在战争年代，比如在拜占庭帝国后期，强迫被征服民族皈依的情况也会出现。在和平时代，从叙利亚到美索不达米亚地区，自觉皈依的现象也存在。阿拉伯人在征服过程中——除了战争掠夺——也会保证各地居民安全无恙。

711～712 年（伊斯兰历 92～93 年），2.5 万人组成的穆斯林军队入侵伊比利亚半岛，打败了基督教化的西哥特军队。当地的犹太人从 612 年开始被迫接受洗礼——他们十分欢迎穆斯林，视他们为解放者；还有一些基督教领主也加入他们的军队。犹太人打开格拉纳达和托莱多的大门迎接军队，依照伊斯兰法律，军队保护居民免于掠夺和死亡。在 30 万名俘虏中，1/10 属于哈里发，他们从陆路被运送到大马士革。在接下来的几个世纪里，与基督徒断断续续的战争以及穆斯林教派间的争斗将其他军队和大量柏柏尔雇佣兵带到安达卢西亚地区。[②]

基督徒向基督教领土逃亡或迁移，从加泰罗尼亚岛邻近的瓦伦西亚，或马略卡岛屿、西西里和撒丁岛，最远到达希腊。穆斯林士兵定居下来：最初柏柏尔人主要集中在山区，阿拉伯人主要生活在城市里。742 年（伊斯兰历 124 年），1.2 万名“叙利亚”士兵以家乡为单位被分配到新占领的土地中：来自大马士革的士兵在艾尔维拉（格拉纳达），约旦人在马略卡（Rayya），巴勒斯坦人在西顿（麦地那·西顿），哈穆斯人（Hamus）人在塞维利亚，卡斯纳林人（Qasnarin）人在哈恩，埃及人在贝雅，其他人在穆尔西亚（Todmir）。在这些人口中，由于利益分配的冲突，又分为先来者与后来者，来自同一民族的流动人口因到来时间的先后而形成两代划分。在和平时期，伊斯兰流动人口成为城市中的手工业者，并带来了他们高超的农业种植技术。除了在瓜达尔基维尔河下游沿岸有少数诺曼人居住外，很少有其他民族的外来人口。1100 年时，因为外来人口、宗教皈依和自然增

① Iris Origo, “The Domestic Enemy: Eastern Slaves in Tuscany in the Fourteenth and Fifteenth Centuries,” *Speculum* 30 (1955): 321-366, quote on 325; P. Lambrechts, “Le commerce des Syriens en Gaule,” *L'antiquité classique* 6 (1937): 35-62; *Yves Lequin, ed., La mosaïque France: Histoire des étrangers et de l'immigration* (Paris, 1988), 104; Jayyusi, *Legacy*, 1: 3-87, 2: 679-708, 2: 741-758.

② Lee Anne Durham Seminario, *The History of the Blacks, the Jews and the Moors in Spain* (Madrid, 1975), 73-78; Evariste Lévi-Proverçal, *La civilization arabe en Espagne* (3d edition, Paris, 1961).

长因素，穆斯林的人数超越了基督徒人口。之后，由于战争和北方基督徒流动人口到来，这种均衡被打破。[①]

征服过程以及和平融合创造了各民族宗教集团和谐共存的图景。新移民，包括利比亚人、叙利亚人和埃及的科普特人以及奴隶士兵，被称为“摩尔人”。该词来源于罗马人对毛里塔尼亚居民的称呼“mauro”，基督徒用这个词汇指称社会下层。犹太人则仍然生活在自己的社区里。混合的民族宗教集团被称为“莫扎拉布”，指生活在穆斯林统治区的基督徒；“穆迪扎尔”，指生活在基督徒统治区的穆斯林。“摩里斯科”指从伊斯兰教皈依基督教者及他们的后代，“穆拉迪”则指从基督教皈依伊斯兰教者。他们通常生活在不同区域内，信仰各自的宗教，管理自己的行政事务，根据他们自己的传统行使司法程序。无论出于信仰因素，还是出于经济考虑，基督徒多皈依伊斯兰教。皈依者不需交纳非穆斯林必须交纳的人头税，但他们往往被他们原来的同胞视为叛徒（renegados）。随着时间的流逝，这些词汇已经特指那些边缘集团，方便分辨区分。[②]

各个宗教间以及各宗教内部，王朝与宗教冲突一直存在。被征服的穆斯林被基督教领主没为农奴或从事家务奴隶劳动，在穆斯林推进过程中，基督徒的命运也是如此。在征服战争后，进口而来的奴隶有可能得到自由。撒哈拉沙漠以南的黑奴侍卫被称为“哑巴侍卫”，因为他们不会说阿拉伯语。同样，斯拉夫人称他们的日耳曼邻居为“nemec”（哑巴），因为他们之间不能交流。与其他穆斯林统治者一样，阿卜杜·拉曼三世（912～961 年在位）采用一种非民族化的行政管理制度，管理来自黑海地区的奴隶以及被贩卖的法兰克、日耳曼、伦巴底和加勒比儿童，他们被称作“clientela”，大约有 1.5 万人。一旦他们受过教育，他们就有机会担任高级内务职员、在军队中任职或者担任宫廷宦官及王室守卫。[③]

由于与其他伊斯兰地区保持良好关系、起义与战争、基督徒或穆斯林军队的进攻等原因，产生了很多自愿的或者被迫的流动人口。当更狭隘的伊斯兰派别占统治地位的时候，许多生活在穆斯林统治区的基督徒逃往杜罗河和埃布罗河

---

① Hermann Kellenbenz, ed., *Handbuch der europäischen Wirtschafts- und Sozialgeschichte*, 6 vols. (Stuttgart, 1980), 2: 342; Jayyusi, *Legacy*, 1: 14-15, and Expiración García Sánchez, "Agriculture in Muslim Spain," in Jayyusi, *Legacy*, 2: 987-99; L. P. Harvey, *Islamic Spain, 1250 to 1500* (Chicago, 1990), 5-14. Jayyusi, *Legacy*, 1: 149-234.

② Harvey, *Islamic Spain*, 1-5; Mikel de Epalza, Margarita López Gómez, L. P. Harvey, and Raymond P. Scheindlin in Jayyusi, *Legacy*, 1:149-234. 跨宗教的政治和军事联盟有可能出现，反抗穆斯林哈里发的穆斯林官员请求查理大帝帮助时，就已经出现类似的联盟组织。

③ María J. Viguera, "On the Social Status of Andalusi Women," in Jayyusi, *Legacy*, 2:709-724; Durham Seminario, *Blacks, Jews and Moors*, 79-80.

以北的基督徒统治地区。在一场起义后，1.5 万名生活在基督徒统治区的穆斯林和他们的家庭被驱逐[①]，逃往非斯、亚历山大里亚和东地中海岛屿。在非斯需要建筑工人的时候，几千个安达卢西亚的农民家庭进入到地方手工业者领域。尽管信仰同一种宗教，但他们的文化不同、生活区域不同，每个区域都以一座清真寺为中心。

倭马亚王朝的首都科尔多瓦在 10 世纪时大约有 50 万居民。[②] 这里聚集了医学院、数学院、哲学院和诗歌学院，与巴格达和拜占庭并称为知识和文学中心。在大学任教的教授中，绝大多数是双语或多语学者。在物质上，知识交流和积累的基础是纸的生产，这种技术产生于中国，后传到撒马尔罕，之后大约在 750 年被美索不达米亚的阿拉伯人接受。流动的手工业者又把这种技术传播到开罗。科尔多瓦大型造纸厂的产品在 12 世纪供应欧洲，换回了昂贵的日用品。10 世纪埃及人已经掌握的印刷术并没有传播到欧洲。在 15 世纪中期，谷腾堡重新发明印刷术之前，它只是传播知识的一种手段。

在科尔多瓦，大约有 1.3 万名纺织匠，许多人来自北非，他们辛勤劳动，或经商，或在一个皮革工厂工作，生产出精美的"科尔多瓦"和"摩洛哥"产品，在欧洲宫廷里获得崇高声望。来自东方的音乐家和女奴在宫廷中演奏和歌唱。斯拉夫人奴隶总数达到 1.4 万人。来自拜占庭的手工业者装饰清真寺内部和王宫，铺设了街道，有些街道晚上还有火把照明。具有外来人口（包括拜占庭人、阿拉伯人和北非手工业者）特色的建筑和装饰与本地工匠的工艺相结合，形成了西班牙穆斯林建筑风格。[③]

各宗教信仰者与各种文化间的联姻存在于社会各个阶层。王室妇女，包括苏丹的妻子和母亲，来自各个民族，包括巴斯克人和西哥特人。她们中的许多人受过教育，有些还能够做诗；然而在欧洲其他地方，妇女很难有机会学习读写。在征服活动的早期，侵略者的性别比例十分不均衡，有结婚意愿的穆斯林士兵不得不迎娶本地妇女为妻。可能是对他人、对异国情调的情欲促进了人与人之间

---

① 其他文献中提到 2.3 万个家庭。

② 这个数字可能包括城市外的农民家庭。1226 年基督徒征服后，这个城市几乎成为空城。1530 年，大约有 1.5 万名居民。John Edwards, *Christian Córdoba: The City and Its Region in the Late Middle Ages* (Cambridge, 1982), 6-10.

③ Robert Hillenbrand, "'The Ornament of the World': Medieval Córdoba as a Cultural Center," in Jayyusi, *Legacy*, 1: 112-135, "Art and Architecture," in Jayyusi, *Legacy*, 2: 583-676; Daniel, *Arabs and Mediaeval Europe*, 80-112. 早在 11 世纪，柏柏尔人的入侵大大削弱了其庄严神圣性。Kellenbenz, *Handbuch*, 2: 24-30.

的融合,如果当前的报告不仅仅反映归属心和嫉妒心,那么南方的男性认为北方女性的金发很吸引人,而北方男性则喜欢黑发的女性。1100 年,各集团之间的差别缩小了,但某些相对集中的集团在半岛范围内仍然与众不同。第三代移民中的多数人,无论他们原来是阿拉伯人还是西班牙基督徒,都懂得双语。一种用阿拉伯字母书写的克里奥尔语罗曼斯方言口语出现并广泛使用。①

伊比利亚半岛的征服和重新定居

1000 年,穆斯林统治下的伊比利亚地区已经是一个城市社会。然而,在基督徒统治的伊比利亚地区还只有一座城市,即莱昂,欧洲其他地区则还没有进入城市社会。之后,由于穆斯林的势力、生活方式和高等级文化开始衰落,基督徒十字军开始进攻。从战场的角度看,基督教学者将这场战争描述为再征服战争(reconquista)。但是,前穆斯林人口中已经囊括了西哥特统治者、西哥特人、早期罗马入侵者和他们的奴隶混合而成的人口、进口的奴隶和本地人。征服行动后,人口总数在黑死病之前达到了 600 万~700 万(哈维),其中有超过 100 万的穆斯林,大约 30 万犹太人;在格拉纳达,大约有 30 万穆斯林和生活在穆斯林统治区的基督徒。②

两个世纪的征服可以用惨烈的战争与共荣共存来形容。托莱多早在 1085 年(伊斯兰历 478 年)就已经陷落,科尔多瓦和塞维利亚分别在 1236 年(伊斯兰历 633 年)和 1248 年(伊斯兰历 646 年)失守。1216 年(伊斯兰历 609 年),基督徒在图鲁兹战斗中取得决定性胜利,它强化了宗教的排他性和他人观念中的教条主义。大批穆斯林在教会的坚持下被杀害,没有被转移安置或没为奴隶。柏柏尔人中的伊斯兰教徒号召支持穆斯林统治者,与犹太人和基督徒以及城市中支持宗教共存的阿拉伯人(这是一种新的不容忍观点)作斗争。③ 拉丁教会迫使穆斯林皈依或成为奴隶,并且撕毁了以信仰的名义签署的合约。但是此时,他们还没有取得控制权。比如,卡斯蒂利亚的阿方索六世就是有两种信仰的国王,他赋予包括基督教皈依者在内的穆斯林释奴、财产拥有、自我司法管理、免征新税和自由崇拜的权利。④

12 世纪,在托莱多,智慧者阿方索的宫廷将阿拉伯语和希腊语著作翻译成希伯来语和拉丁语。这个被称作"12 世纪文艺复兴"的文化调和行动最优秀的

---

① Pierre Guichard, "The Social History of Muslim Spain," in Jayyusi, *Legacy*, 2: 679-708.

② 有些统计数字比较夸张,8 世纪高达 110 万,10 世纪高达 150 万。Harvey, *Islamic Spain*, 5-9, 14.

③ 阿尔摩拉维德人于 11 世纪末期到达,阿尔摩哈德人于 12 世纪中期到达。

④ 反对该项政策的人中有阿芳索的妻子康斯坦斯女王以及贝纳德大主教。他们二人都是法兰西移民,正如时人以轻蔑的口吻所说的,宗教及其他冲突是民族的冲突。

典范是穆斯林最杰出的学者伊本·路世德(约1126～1198年),西方人称之为阿威罗伊,他后来成为基督教大师。12世纪中期至13世纪,在英格兰金雀花王朝宫廷里,拉丁人基督徒、阿拉伯人和犹太人之间的学术合作仍在进行。巴斯人阿德拉德曾经生活在托莱多,他将花剌子模的天文学和三角学著作翻译成拉丁文,英格兰切斯特人罗伯特又翻译了他的几何著作。[①]

1238～1492年(伊斯兰历636～897年),格拉纳达仍然是独立的伊斯兰国家,许多留下来的基督徒开始向山区逃亡,他们或者向北,或者作为基督教入侵者的潜在支持者前往北非;反之,穆斯林从基督教统治区向南渗透,寻求没有限制的宗教自由。格拉纳达地区也由于这些优秀的农业和手工业家庭的流入而繁荣起来。多元化社会逐渐向阿拉伯化社会发展,当地的罗曼斯语逐渐被废止;在认同观念上,出现"极端不同的认同标准:衣着、饮食、睡眠、洗浴、谈吐、歌唱、祷告、行为方式等"[②]。

基督教军队中的多民族因素与穆斯林军队一样多,包括卡斯蒂利亚人、阿拉贡人、莱昂人、加利西亚人、阿斯图里亚斯人、纳瓦拉人、巴斯克人以及法兰克人、德意志人和意大利人。一些人是雇佣兵,另外一些人参军是由于虔诚的信仰——但是所有人的目标都是掠夺。地中海所有的"十字军"活动都侵袭了富裕的农业和城市手工业地区,也造就了军事化人员、没有职业的流浪者和士兵行乞者。[③] 在征服后,穆斯林人口马上被驱逐,坚持不走的则被卖为奴隶。其他人向北非迁移。从被征服城市,如哈恩、科尔多瓦和塞维利亚,逃亡出来的大批人潮导致城市手工业衰落,不熟练的劳动力充斥这些城市。但是北非地区的许多穆斯林统治者并不欢迎这些逃亡者,因为这些人文化背景和风俗习惯都不同,但摩洛哥和突尼斯的城镇则从这些涌入的手工匠人那里获得了巨大的经济利润。在一些城镇,逃亡者的后代在12世纪时仍然掌握着他们祖先的特殊工艺。

投降基督徒的穆斯林可以继续从事他们的职业,并缴纳臣服税。穆斯林的政策继续执行,对不公开信仰的宗教提供保护。即使有诸多限制,有些人仍然留下来,并且得到善待,因为他们的技术是有市场的。他们的待遇因为社会和政治地位的差异而有所不同。穆斯林贵族和学者能够获得许可来去自由。1238年,瓦伦西亚陷落时,穆斯林统治者和贵族接受了安全管理。多数穆斯林和他们的

① Charles H. Haskins, "The Renaissance of the Twelfth Century," in Archibald R. Lewis, ed., *The Islamic World and the West, A. D. 622-1492* (New York, 1970), 78-86; Burman, *World before Columbus*, 26, 38-41; Abu-Lughod, *Before European Hegemony*, 20-24.

② Harvey, *Islamic Spain*, 14-15. 关于格拉纳达城市,参见 James Dickie, "Granada: A Case Study of Arab Urbanism in Muslim Spain," in Jayyusi, *Legacy*, 1: 88-111.

③ MacKay, *Spain in the Middle Ages*, 15-18, 45-47, 211.

奴隶选择留下来，成为基督教西班牙地区仅有的伊斯兰团体，并继续使用阿拉伯语。有些基督徒贵族违反教会的政策，鼓励穆斯林外来人口建立新的居住区，以弥补农村劳动力的不足，并利用穆斯林手工业者的技术。[①] 尽管反抗新统治者的起义时有发生，但是其他地区的多数穆斯林（穆迪扎尔）接受了新的语言、风俗习惯和宗教信仰，成为“新伊斯兰人”，《古兰经》被翻译成本国语言。“13 世纪中期的西班牙伊斯兰地区……发展成为……多个完全不同的集团，每个集团都有自己的历史，没有组织，甚至没有宗教组织，这让他们能够接受统一现实。”对于他们来说，“幸存并非成就”[②]。

基督徒向南迁徙，在边境定居，他们有的清空这些地区，有的则没有，与留下来的穆斯林、生活在穆斯林统治区的基督徒和犹太人融合，“因时间和地区不同产生根本（kleidoscopic）差别”。基督教社会成为一个与以前的穆斯林社会完全不同的社会。为了充实人口，统治者对定居者采取了优惠政策，麦凯（MacKay）称之为一股“自由的旋风”[③]：免税、免徭役和特殊费用，可以在无教会祝福的情况下缔结类似婚姻的同居关系——适用于未被暴力侵犯的妇女。其结果是，在欧洲西北部地区，典型的封建束缚并未在这个时期出现。法兰西人和佛莱芒人到达这个地区，被赶出巴勒斯坦的医院骑士团同样到达了这个地区。到 14 世纪时，所有人都被归类完毕。在葡萄牙，基督徒的定居活动在 12 世纪下半叶已经到达塔古斯河流域，在 13 世纪到达阿尔加维地区。开始，这样的移民活动缓解了北部地区的人口压力，但是后来，管理者发现了边境地区有更好的机会，转而认为他们是不受欢迎的人口。外来人口也充斥着城镇。大约有 2.4 万名成人和儿童在原来的居民逃亡后迁移到塞维利亚，逃亡者中包括 1.6 万名非常熟练的手摇纺织机工人，他们曾经生产出织锦、细棉布和天鹅绒等产品。商人，特别是

① John D. Latham, “Towards a Study of Andalusian Immigration and Its Place in Tunisian History,” *Cahiers de Tunisie* 5 (1957): 203-252; Harvey, *Islamic Spain*, 55-63, 118-137; Robert I. Burns, “The Language Barrier: The Problem of Bilingualism and Muslim-Christian Interchange in the Medieval Kingdom of Valencia,” in Mario Vassallo, ed., *Contributions to Mediterranean Studies* (Valletta, Malta, 1977), 116-136, and Burns, “Societies in Symbiosis: The Mujedar-Crusader Experience in Thirteenth-Century Spain,” *International History Review* 2 (1980): 349-385, and Burns, “Immigrants from Islam: The Crusaders' Use of Muslims as Settlers in Thirteenth-Century Spain,” *American Historical Review* 80 (1975): 21-42; Thomas P. Glick and Oriol P. Sunyer, “Acculturation as an Explanatory Concept in Spanish History,” *Comparative Studies in Society and History* 11 (1969): 136-153; Braudel, *The Mediterranean*, 2: 780-792; MacKay, *Spain in the Middle Ages*, 36-45.

② Harvey, *Islamic Spain*, 15-16.

③ MacKay, *Spain in the Middle Ages*, 40.

意大利商人，拥有特权地位，住在特定区域里，同时法兰克人生活在郊区（参见第4章第3节）。还有其他人，特别是热那亚人，在这个地区投资。①

在基督教内部，在圣地亚哥—德孔波斯特拉成为三个主要的朝圣目的地之后，文化交流增加了（见第2章第4节）；但是宗教内部的敌视情绪导致1492年驱逐犹太人（见第3章第2节），1609～1614年驱逐摩洛哥人事件（见第3章第1节）。从撒哈拉以南非洲进口的奴隶以及大规模地向美洲迁徙导致人口构成出现新变化（见第4章第3节）。

“温德族”斯拉夫人领土上的定居

9～13世纪，在欧洲的东北部出现了新的农业边境。根据19世纪的解释，它吸引“德意志人”进入人烟稀少的斯拉夫人居住区。但是，人口迁移运动更加复杂，就像流动人口的民族构成一样。在权力的层次上，拉丁教会的利益和所谓的神圣罗马帝国联合起来向东部派遣使团和军事官员。983年和1066年，在这个地区发生的大规模的斯拉夫人起义阻碍了巩固统治的进程。从流动人口及其文化背景上看，东西向的流动人口中包括许多民族成分，特别是从北海海岸迁移的佛莱芒人。首先，佛莱芒人被招募而来从事清理德意志北部沼泽的工作。在第二个阶段，德意志人和佛莱芒人继续向东方迁移。9世纪，他们进入易北河和奥得河之间的地区。这些流动人口被总称为“德意志人”，许多斯拉夫人集团则被称为“温德人”。考虑到这个地区的文化边界及其相互作用，我们称之为“汉萨东北部”，由外来人口建立的德语城镇称为“温德区”。②

12世纪早期，在许多日耳曼民族集团中，农业人口压力日益增长，通过内部殖民或者向城镇流动，这个矛盾得到缓解。12世纪中期至14世纪早期，许多因素吸引着各个阶层的人进入中欧地区。斯拉夫统治者因为与邻近地区的斗争需要得到日耳曼领主的军事支持。西多会的殖民活动到达这些地区。在早期，中

---

① MacKay, *Spain in the Middle Ages*, 36-45, 58-70; Michael R. Weisser, *The Peasants of the Montes: The Roots of Rural Rebellion in Spain* (Chicago, 1976), 4-5; Hermann Kellenbenz, ed., *Fremde Kaufleute auf der bellion in Spain* (Chicago, 1976), 4-5; Hermann Kellenbenz, ed., *FremdeKaufleute auf der iberischen Halbinsel* (Cologne, 1970). 分配（Repartimiento）法令评估受损程度，允许部分地恢复人口流动。

② Walter Schlesinger讨论东方迁徙民族研究的史学方法中与观念构成有关的问题。“Die geschichtliche Stellung der mittelalterlichen deutschen Ostbewegung,” *Historische Zeitschrift* 183 (1957): 517-542. Walter kuhn, “Die deutsche Ostsiedlung vom Mittelalter bis zum 18. Jahrhundert” in Göttinger Arbeitskreis, ed., *Dasöstliche Deutschland: Ein Handbuch* (Würzburg, 1959), 165-283; Charles Higounet, *Die deutsche Ostsiedlung im Mittelalter* (Berlin, 1986).

欧“神圣罗马帝国”的皇帝很少参与其中——当时他们将主要精力放在意大利半岛和西西里，但在13世纪，他们的努力以失败告终。其主要原因是从圣地逃来的军人。仅仅在1198年之后出现的日耳曼军队——条顿骑士，最先在威尼斯定居，之后又向特兰西瓦尼亚山脉（南喀尔巴阡山脉）迁移。“条顿人”的名字和身份，依照西西里的模式，以及1226年在弗里德里克二世皇帝的影响下成立的骑士团在整个欧洲行动。波兰大公、马索维亚的康拉德邀请他们与“北方的撒拉逊人”、波罗的海人作战。他们携带着教皇的敕令和长矛，征服了波罗的海的普鲁士人（1231～1288年），并建立了一个军事征服者王国。民族、领土和国家扭曲在一起造成的另外一个结果是后来的普鲁士国家以及来自波罗的海的一个民族成为德意志人的标志，即“普鲁士人”。骑士统治持续了一个世纪，直到1410年，他们在坦嫩贝格战斗中被打败。后来，没有得到报酬的雇佣军将骑士团的财产卖给了波兰国王。①

12世纪50年代至14世纪40年代，东北部地区的流动人口来自布列塔尼岛易北河沿岸地区，他们中有高卢人、佛莱芒人、萨克森人和其他日耳曼民族。在东北部地区，他们向沼泽地区及其他不适宜耕种的地区迁移，他们还向骑士团统治下的从事农业生产的波罗的海人和斯拉夫人居住的地区流动。在早期，流动人口来自人口稠密的莱茵河和佛兰德地区。之后，掌握低地抽水技术的专家通常在原地佛兰德人区（ius flandricum）定居，其间又有荷兰人和泽兰人加入。丹麦人移民的原因是梅克伦堡统治者和北欧国家统治者之间签署了政治结盟协议。②

在东北部地区，外来人口家庭——往往有许多儿童从事清扫、排水等工作——在温德地区定居，这里在很久之后成为民主德国的一部分；之后，他们又向波兰迁移，最后在立陶宛定居。在中部地区，新流动人口进入匈牙利西部地区；在南部地区，流动人口进入奥地利定居。在东南端，特兰西瓦尼亚地区被来自摩泽尔地区、卢森堡、佛兰德和下萨克森地区的移民占据进行殖民活动。1224

① Michaeol Bruleigh, *Prussian Society and the German Order: An Aristocratic Corporation in Crisis, 1410-1466* (Cambridge, 1984); Eric Christiansen, *The Northern Crusades: The Baltic and Catholic Frontier, 1100-1525* (London, 1980); Helen Nicholson, *Templars, Hospitallers, and Teutonic Knights: Images of the Military Orders, 1128-1291* (Leicester, N. Y., 1993); Werner Paravicini, "L'Ïrder teutonique et les courants migratioires en Europe centrale, XIIe-XIVe siècles," in Simonetta Cavaciocchi, ed., *Le migrazioni in Europa secc. XIII-XVIII* (Florence, 1994), 311-324.

② Jacques Le Goff, *Das Hochmittelalter* (*Fischer Weltgeschichte*, vol. 11; Frankfurt/ Main, 1965), 56-59. 1600年以后，在巴尔干南部、俄罗斯平原上，向东方迁徙活动与奥斯曼帝国的衰退有关（见第12章第2节）。

年法令给予他们"匈牙利萨克森国家"的称号。在多瑙河沿岸,"萨克森"或"斯瓦比亚人"(而非"德意志人")的称号成为来自西方的流动人口的统称。除去战争死亡人口,当地人口数量没有变化,并且随着时间的推移,流动人口和原住民融合。一些流动人口集团建立了组织严密的殖民地,比如在特兰西瓦尼亚地区,各个民族集团都严格地执行内部同族通婚的习俗。直到今天,劳济茨地区的索布族斯拉夫人仍然是德意志人或日耳曼化民族中一个独立的民族集团。[①]

受地方统治者或征服者委托,当地人招募、指导、安置各个地区的流动人口,确立对农民的管理权。几千个村庄和几百个城镇建立起来。有吸引力的、有合同保障的岗位吸引着失地农民的儿子、媳妇和孩子来到这里,也引诱着奴隶家庭逃离他们的主人。在向伊比利亚迁移的过程中,流动人口的特权地位差异很大。随着时间的流逝,新旧流动人口之间已没有任何差别。同时,手工艺人和行商、商人以及贵族向已存在的城镇流动,或者建立新城镇,如 1201 年建立的城市里加。他们带来了各种日耳曼城市法律,这些法律被错误地归属于条顿人。相较于帝国的重要性和日耳曼特色,反而是地区法更适应商人和贵族的利益,他们更普遍地遵从马格德堡城市法。这些流动人口受到汉萨地区的温德城市的支持,特别是新建的城市吕贝克,这座城市刚刚在 1158 年由莱茵河人和威斯特伐利亚流动人口建立。流向城市的人口被地方统治者赐予自由民身份,这些地方统治者需要非奴隶身份的从事生产劳动的公民,因为农奴只为他们的主人劳动。城市的政治结构、长途贸易和手工业生产都遵循着日耳曼城镇法律,德语成为城市和商业通用语言。这个过程将城市人口划分为地方农民和长期居留的贵族。[②]

波兰人、波希米亚人和匈牙利人国家的政治实体仍然是分裂的,仅匈牙利曾

① 因新民族构成成分不同,土地衡量标准分别采用法兰克人或佛莱芒人的胡符(Hufen)。关于佛莱芒人的人口流动,参见 Jan A. van Houtte, *An Economic History of the Low Countries, 800-1800* (London, 1977), 61. Klaus J. Bade, ed., *Deutsche im Ausland – Fremde in Deutschland: Migration in Geschichte und Gegenwart* (Munich, 1992), 29ff.; Carl Göllner, ed., *Geschichte der Deutschen auf dem Gebiete Rumäniens*, vol, 1: 12. *Jahrhundert bis* 1848 (Bucharest, 1979); Ernst Wagner, *Geschichte der Siebenbürger Sachsen: Einûberlick* (3d ed., Innsbruck, 1963); Immo Eberl, ed., *Die Donauschwaben: Deutsche Siedlungen in Südosteuropa* (Stuttgart, 1983). 更多研究成果,参见 Bade, *Deutsche*, 466ff.

② *Cambridge Economic History of Europe*, vol. 1; M. M. Postan and H. J. Habakkuk, eds., *The Agrarian Life of the Middle Ages* (2d, Cambridge, 1966), 449-486; Kellenbenz, *Handbuch*, 2: 27-28, 510-515. 第三个新人口集团是矿工,他们主要集中在苏台德地区以及喀尔巴阡山脉、北匈牙利(斯洛文尼亚)和南匈牙利的矿山城镇中(见第 2 章第 3 节)。民族冲突表现为 15 世纪开始的捷克人和德意志人之间的胡斯战争(见第 3 章)。德意志人的影响持续到 19 世纪。Dirk Hoerder with Inge Blank, "Ethnic and National Consciousness from the Enlightenment to the 1880s," in Hoerder and Blank, eds., *Roots of the Transplanted*, 2 vols. (New York, 1994), 1: 37-110.

经短期从属于神圣罗马帝国。迁徙活动后，占统治地位的日耳曼人居住区已经跨越奥得河抵达东北部的里加。波希米亚和摩拉维亚仍然是捷克人地区，奥地利南部则纳入德意志领土。多数地区，包括奥得河西部，已经是多民族居住地区。在波兰—立陶宛和罗斯，城市人口是来自西欧和中欧的说德语的市民的"岛屿居民"。因此，在中东欧的多数地区，农村和城市人口(包括领主和农民)的民族成分都不同。人口流动表现出人口增长的特点。14 世纪早期的农业歉收和 14 世纪中期的黑死病耗尽了流动人口储备，当欧洲人口下降时，人口迁移活动骤然停止，大部分殖民地区被荒废。

4. 人口的涨伏

农业的扩张和人口的增加同时发生。快速的人口增长始于 10 世纪意大利北部地区，不久遍及欧洲中部、西部和北部地区，1150～1300 年的"漫长世纪"里，人口增长达到顶峰。在这些地区人口以 3 倍级数增长的时候，东欧人口的增长却非常缓慢。重组家庭的研究证明，人口流动，至少是短途的人口流动，在当时是十分普遍的。[①] 欧洲人口占世界人口的 1/7，他们参与了大规模的迁徙活动，如十字军，如在伊比利亚、法兰西南部和东部地区的人口迁移。[②] 在未参与迁移到人口中，持续增长的人口密度导致地方农民和贵族之间爆发冲突。贵族为了保证狩猎特权反对砍伐森林，但是农民对土地的需求增加，森林面积在逐渐缩小。

13 世纪的商业扩张促进了城市的发展。平均有 7%～8%的欧洲人口生活在城市里，在欧洲城市集中区(意大利北部、尼德兰和穆斯林居住的安达卢西亚地区)比率更高，在欧洲北部和东部，则比率较低。到 1300 年，22 个意大利地区拥有超过两万居民，在阿尔卑斯山以北的欧洲，仅有巴黎、伦敦、科隆和布拉格几座城市。1600 年，两个地中海半岛——意大利半岛和伊比利亚半岛——"城市中居住着 17%的人口，至少 5000 名居民"。由于疾病和恶劣的生活环境，城市

---

① 从人口史的角度看，"欧洲"不包括 1945 年以后的俄罗斯，因前苏联的西方边界无法确定。

② 因为整个欧洲的人口记录还未出现，所有关于人口的数字都来自于本地或区域性资料。Jan de Vries, "Population," in Brady et al., *Handbook of European History*, 1: 1-50. J. C. Russell, "Population in Europe 500-1500," in Carlo M. Cipolla, ed., *The Fontana Economic History of Europe*, 6 vols. (London, 1972), 1: 40, 45, 50; David B. Grigg, *Population Growth and Agrarian Change: An Historical Perspective* (Cambridge, 1980), 54-61; Thomas McKeown, *The Modern Rise of Population* (New York, 1976), 1-5.

里的人口不能生产产品，形成了“城市墓地效应”，因此依赖于持续不断的外来人口。城市的发展意味着流动人口的增长。[①]

在从农村向城市迁移的人口中，从事服务劳动的年轻妇女占据较大比例，并且形成了循环效应，因为许多人返回家乡结婚生子(参见第 2 章第 3 节)。最近的研究表明，夫妻们的生育活动受到一些限制，无论是合法夫妻还是非法夫妻。比如，在不同文化中，母乳喂养在生育和保证婴儿成活中发挥着重要作用。[②] 一般来说，家庭构成形式是人口增长的动力，而不是死亡危机。在离开生养家庭到组成生育家庭之间，存在一个流动的阶段，将青春期的孩子和年轻人送到其他家庭从事服务劳动和接受教育造成结婚年龄的推迟。

让我们认识一下四种不同的家庭构成形式和四种下一代对土地和工作的需求。第一种和第二种可以在东欧(大概在东正教地区)和西北欧地区发现：晚婚(妇女平均结婚年龄在 23～27 岁，男性则更晚)，年轻人普遍独身，或者从事依附的、单身的或住在雇主家里的工作。在西北欧，婚约只有在生活有保障之后才能履行，或者是有嫁妆的保障，或者是土地继承的保障。这种核心家庭的模式从第三种形式——一种主流家庭模式中得到补充。这种形式存在于南方。在这种家庭中，儿子结婚后成为一个扩展家族的领袖[法兰西南部、德意志南部和克罗地亚的扎德鲁加(zadruga)核心家庭]。第四种核心家庭是在西班牙南部和意大利南部占统治地位的早婚模式。儿童数量的下降似乎伴随着因一代人时间的延长而造成不动产指数变化。移民中的性别成分源自 20～40 岁妇女的高死亡率，其死亡原因是生育和艰难的生活。13 世纪，她们低下的地位有所提高，在圣母玛利亚崇拜开始的时候，她们更多地参与到朝圣活动中。因“意大利和法兰西对财产越来越严格的父系继承制度”，妇女的地位下降，她们参与流动的可能性丧失，妇女被慢慢剥夺参与手工制品贸易活动的权利。[③]

在三个世纪的人口增长和迁移活动后，1300～1500 年，气候变坏，此即小冰川期。在 1303 年和 1306～1307 年的冬季，波罗的海封冻，已经进入山区生活的人们饱受寒冷的侵袭。1315～1316 年的湿冷气候导致饥荒和痢疾。主要粮食作物的产量减产 50%以上。饥饿迫使大量人口流向城市寻找储备的谷物和其他食物，但是人口的聚集又加速了传染性疾病的传播。在布鲁日，仅 1316 年的几个月，就有

---

① Brady et al., *Handbook of European History*, 1: 15-17, 342.

② Russell, “Population,” 18-37. 从生物学和医药学角度看，母乳喂养的作用还没有确定。空间对于儿童生存的影响是显而易见的，因为每个婴儿都应该得到妥善照顾。

③ Merry E. Wiesner, “Family, Household, and Community,” in Brady et al., *Handbook of European History*, 1: 55-68; Edith Ennen, *Frauen im Mittelalter* (Munich, 1984).

3000人死亡。在农业生产分布网络比较合理的地方，死亡率相对较低。①

一年的饥荒往往导致接下来一年食品的短缺，无论是由于种子的消费，还是由于土地劳动力水平的下降。严重的营养不良或食品匮乏导致人民生产热情下降，普遍表现为被动劳动——领主们形容他们管辖下的农民“懒惰”。任何饥荒或饥荒的威胁都驱使人们向境况较好的地区，或他们认为境况较好的地区流动。饥饿威胁着所有家庭成员，因此所有人不得不参与迁移。然而长期的营养不良削弱了决定和实施迁移行动的能力。②

在这样不稳定的形势下，黑死病爆发了。这种由老鼠和跳蚤带来的传染病，从亚洲的克里米亚和黎凡特开始蔓延，在1346～1347年到达欧洲；或者根据其他资料的解释，它原来是食肉人口的一种地方病，由于饥荒造成人的免疫能力降低，这种疾病大规模爆发。1348～1349年，它导致西欧1/3人口死亡——在干燥地区，比率稍低，而在有些地方则达到50%。1385年，更严重的传染病又导致20%人口死亡，在接下来的几十年，更多人死亡(死亡率已经无法与出生率持平)。欧洲大多数地区，山区及其他边缘地区以及所有的村庄，在一个世纪或更长的时间里，都荒无人烟。幸存者向外迁徙，进行人口重组，或流动到可生存的经济地区。领主们努力召回他们的附庸，或者通过保障收入(至少从他们自己的财产中支出)等措施吸引流动人口。1400～1460年，人口涨幅保持稳定。干燥一些的地区，特别是西班牙和小亚细亚，受黑死病影响较小，这成为他们向未来的西班牙哈布斯堡王朝以及奥斯曼帝国扩张的人口基础。③

导致权力关系构成、人口流动类型和经济影响的主要因素有许多。黑死病的影响遍及整个欧亚大陆。它导致中国社会和经济在1325年以及1345年出现

① Russell, “Population,” 40-41, 51-54. 无害咒语(比如，1200年左右)允许在英格兰种植橄榄树，在德意志种植无花果树，但他们也允许疟疾进入法兰西。“小冰期”的观念由G. Utterström提出，受到Emmanuel Le Roy Ladurie (*Histoire du climat depuis l'Ün mil*, Paris, 1967)的批判，他曾经研究1215～1350年、1590～1850年的寒冷阶段。Patrick R. Galloway, “Long-Term Fluctuations in Climate and Population in the Preindustrial Era,” *Population and Development Review* 12, 1 (1986): 1-24.

② John Walter and Roger Schofield, eds., *Famine, Disease and the Social Order in Early Modern Society* (Cambridge, 1989), 27-28, 123-124; Brian Pullan, “Wage Earners and the Venetian Economy, 1550-1630,” *Economic History Review*, 2d ser., 16 (1964), reprinted in Pullan, ed., *Crisis and Change in the Venetian Economy in the Sixteenth and Seventeenth Centuries* (London, 1968), 146-174, esp. 161.

③ David Herlihy, *The Black Death and the Transformation of the West*, ed. Samuel K. Cohn Jr. (Cambridge, Mass., 1997). 关于法兰西的情况，参见 essays by Henri Dubois, “La depression (XIVe et Xve siècles),” and by Arlette Higounet-Nadal, “Le relèvement,” in Jacques Dupâquier et al., *Histoire de la population franaçaise*, vol. I: *Des origins à la Renaissance* (Paris, 1988), 313-420; Russell, “Population,” 41, 55.

图1-6　700～1800年欧洲人口统计

停滞。当蒙古帝国灭亡，宽容的蒙古统治者和他们的臣属离开中国时，一些东方基督教与他们一起离开，其他人则融入了中国社会。1368 年，明朝进一步减少与外国的接触。同时，来自亚洲和欧洲的蒙古游牧民在跛足帖木儿(1336～1405 年)统治时期隔断了贸易路线，柏柏尔人也进入阿拉伯半岛沿海地区阻断交通。因为 1204 年威尼斯人的入侵而日益衰落的拜占庭文明，正面临着日益兴起的土耳其—穆斯林奥斯曼帝国的威胁。欧洲人口的变化和流动在整个历史时期都受到许多因素的制约(参见第 2 章)。拉丁教会日益教条化，迫使非基督徒以及不受欢迎的基督徒逃亡(参见第 3 章)。东南部地区奥斯曼帝国的兴起以及西南部地区葡萄牙和西班牙哈布斯堡王朝对大西洋的扩张带来了新的人口流动方式(参见第 4 章)。普通人必须顺应经济、政治和宗教思想的发展而规划自己的生活。那些希望流动的人必须面对来自上层的鼓励或者必须克服强权加之于他们的限制。

第2章
连续性：11～16世纪的流动性和人口流动

在中世纪和近代早期，以依附于土地为标志的农民流动处于高峰期。一生都在路上的男人、女人以超然的姿态，成为中世纪文学思想作品的传统主题："旅行者走在人生道路上。这句话代表了方向、奉献、运动以及对边境的漠视。"[①]精英们跨越大洲，管理者从一个领地到另一个领地，多民族背景的雇佣军在他们所经之处留下废墟。商人在欧洲大陆及各文明间经商。土地殖民化需要农村家庭的流动人口，城镇人口需要未婚的农村男女充实。特殊的义务与风俗决定了流动的形式以及如何选择可以流动的人。朝圣者需要离开几个星期，商人的颠簸则每次都要数年，贵族家庭保持着将家族中的幼子送到远方从事宗教或军事服务的传统。如果什么地方仅对男性劳力有需求，男人就必须决定是独自迁移、保持禁欲，还是带着妻子儿女一同流动，抑或是与当地妇女结合。每个过程都影响着再生产劳动中的性别成分，从事这些再生产劳动的人口可能是社会下层的奴仆或殖民地人口。迁徙后生育的儿童，无论生育他们的人是外来流动人口还是本地妇女，无论是妻子还是情妇，都成为当地人口的一个组成部分。[②]

在西部基督教王国，人们认为旅行是世间的苦难，对道路桥梁的养护是宗教义务。修道院有责任开拓道路，教会应当"支付"劳动报酬，其来源仅仅是忏悔个人所犯罪行时缴纳的费用。地方政府在遇到较艰难的建筑工程时，会从海外聘请专家。比如，一个法兰西教士曾在1200年监督建造伦敦桥。即将旅行的宫廷官员下令改善道路，渴望朝圣者的教会修建道路，设立路标，建立客栈系统。

---

① *Viator*：*Medieval and Renaissance Studies* 1（1970）。中世纪时期人口流动的主要著作，主要有 Gerhard Jaritz and Albert Müller, eds., *Migration in der Feudalgesellschaft* (Frankfurt/Main, 1988), and Simonetta Cavaciocchi, ed., *Le Migrazioni in Europa secc. XIII-XVIII* (Florence, 1994).

② Ernst Schubert, "Fremde im mittelalterlichen Deutschland," *IMIS-Beiträge* (Univ. Osnabrück) 7 (1998): 7-33; Peter Laslett, Karla Osterveen, and Richard M. Smith, eds., *Bastardy and Its Comparative History* (Cambridge, Mass., 1980); Archibald R. Lewis, *Nomads and Crusaders, A.D. 1000-1368* (Bloomington, Ind., 1988), 113-193.

中世纪旅行者的形象经常出现在文学作品和艺术作品中，说明旅行者在社会中，至少是在人们心目中，拥有崇高地位。刚刚开始旅行的人，至少是普通人，在住宿地交换信息，他们仅仅是口口相传。对于特殊事件的传播速度异常的快。在一个小客栈里，来自佛兰德斯的商人可能与农村的农民交谈，朝圣者可能很得意地讲述他的经历，小商贩可能赞美他们携带的、送到附近庄园的货物——一般是来自远方的香料、葡萄干或酒。①

有语言障碍的交流是必要的，即使是购买日常食品也必须交流，这个问题被沿街叫卖的小商贩解决了，他们实行"自助服务"，将货物摆在公开场所，不需要一句话就可以完成买卖。好奇心，非敌视的心，决定了他人的态度。

1. 王朝社会鼎盛时期的对外交往

来自不同文化背景的欧洲贵族通过联姻和长途流动自由融合。各种宗教的、各种等级的人拥有众多的民族身份。确定一个人地位的标准是身份，而不是其民族属性。由于行政管理体制并不能覆盖整个国家，因此出现了巡回官员，他们征收税款、掌管法庭。战争必然导致武装人员和辅助人员聚集。

大都市的贵族及其家族

贵族在各地旅行进行政治谈判，发动战争，缔结婚姻，也许仅仅是为了生存。没有一种地方农业经济可以长期供养宫廷。在韦尔夫王朝和霍亨斯陶芬王朝统治中欧和意大利(神圣罗马)帝国的两百多年里，这个家族与西到英格兰、西南到阿拉贡和卡斯蒂利亚、东南到拜占庭、东到基辅的广大区域的 14 个王朝缔结过婚姻。因为婚姻意味着对家族土地的控制权，因此妇女代表了王朝利益，成为政治工具。在女性世系

① Antoni Maczak, *Travel in Early Modern Europe*, trans. Ursula Phillips (Polish orig., 1980; Oxford, 1994); J. J. Jusserand, *English Wayfaring Life in the Middle Ages (XIVth Century)*, trans. Lucy T. Smith (London, 1889; 2d ed., 1920), 24-138; Norbert Ohler, *The Medieval Traveller*, trans. Caroline Hillier (German orig., 1986; Woodbridge, U. K., 1989); Margaret W. Labarge, *Medieval Travellers: The Rich and Restless* (London, 1982); Xenja von Ertzdorff and Dieter Neukirch, eds., *Reisen und Reiseliteratur im Mittelalter und in der frühen Neuzeit* (Amsterdam, 1992); Lorenzo Camusso, *Travel Guide to Europe* 1492: *Ten Itineraries in the Old World*, trans., Jay Hyams and Sarah Hilditch (Italian orig., 1990; New York, 1992); Irene Erfen and Karl-Heinz Spieß, eds., *Fremdheit und Reisen im Mittelalter* (Stuttgart, 1997); Christopher Dyer, *Standards of Living in the Later Middle Ages: Social change in England c. 1200-1520* (Cambridge, 1989), 54, 73; J. R. Hale, *Renaissance Europe: Individual and Society, 1480-1520* (1st ed., 1971; Berkeley, 1977), 115.

和继承制度完备的地方,没有继承权的王子将会在他的新娘领地内重新定居。在婚礼、比赛和其他节日庆祝活动中,都会有来自海外的贵族家庭及他们的侍从出席。在英格兰,14 世纪早期贵族家庭包括 12 个到超过 200 个奴仆,多数人员都因居住地的改变而发生变化。当管理者居住在领主领地时,这样的家族更加稳定,新市场通过买卖得到充足供应。[①]

在欧洲的许多地区,贵族的民族文化与中产阶级(如果存在)或农民阶层不同。外来的贵族人口对自己人征税,例如日耳曼骑士在 1200 年后对波罗的海人征税,17 世纪奥地利贵族对波希米亚人征税。大都市的贵族或有嗜血倾向的贵族,通过剥夺他人土地而积聚领土。用 12 世纪晚期的流行语来说,领地是家族最关心的事情,是要巧取豪夺的。

各个差异巨大的地区与王朝实体的结合也涉及各个社会阶层复杂的文化融合。卡佩王朝于 987～1328 年统治今天法国所在区域,其文化与北方的佛兰德斯文化及南方的普罗旺斯文化都不相同。它与来自基辅、荷兰、布拉班特、卡斯蒂利亚、阿拉贡、纳瓦拉和梅拉诺的贵族通婚,并将子女送往佛兰德斯、布拉班特、英格兰、安条克和西西里。国王向不毛之地的殖民者颁布法令,在北方建立新城,在南方建造防御堡垒。普通人以家庭为单位或独自向新地区或正在扩大的城镇移动。为十字军招募的士兵在这个地区时断时续地旅行,几万人被派遣到小亚细亚地区。觊觎欧洲大陆领土的金雀花王朝统治者携不列颠岛的外国军队参与其中,他们雇用了黎凡特战船及来自整个欧洲的雇佣兵。之后,"英格兰人"取得胜利,巴黎的官员接受他们为领主,因为与被统治者相比,统治者在自己人中拥有更多的共性。共同生活并未造成双方特性的遗失。在卡佩王朝社会的中层,香槟的市集吸引着来自整个欧洲的商人,来自欧洲许多地区的学者在巴黎大学里授课,来自阿基坦盆地的克吕尼修道院的教士向法兰西北部、洛林和西欧的其他地区流动。来自佛兰德斯的艺术家在巴黎定居,在勃艮第宫廷供职,他们带来了新的装饰材料和风格。来自各地的艺术家和学者创造的文艺复兴文化从巴黎向外传播。[②]

第二个例证来自意大利半岛,表明文化影响和流动人口涵盖着更广阔的范围。在南方,来自北非的穆斯林统治者和农业生产者与来自斯堪的纳维亚的外来贵族人口融合,并于阿普利亚和卡拉布里亚的拜占庭官员达成谈判协议。在

---

① Shulamith Shahar, *The Fourth Estate: A History of Women in the Middle Ages*, trans. Chaya Galai (Hebrew orig., 1981; London, 1983), 126-173; Dyer, *Standards of Living*, 50-54, 99; Labarge, *Medieval Travellers*, 52-67.

② 在百年战争(1338～1453 年)中,1346 年诺曼底人入侵的军队人数达到 10 万人。"英法战争"一词超越王朝国家范围,开启了民族国家的时代。Guy Llewelyn Thompson, *Paris and Its People under English Rule: The Anglo-Burgundian Regime, 1420-1436* (Oxford, 1991), 206-224.

中部，德意志和法兰西主教及他们的顾问晋身为拉丁教会的首脑，还有外来的高级妓女陪伴在侧。在北方，日耳曼—西西里的霍亨斯陶芬王朝摇摆不定。地中海文明中的任何统治都表现出临时移动或稳定流动的特点，而融合的结果是合作、创新或者摆脱冲突和破坏。

巡回官员

在欧洲城市中，管理机构已经成为中心。但是在欧洲农村，人口稀少，统治者和管理者在农村流动，部分原因在于贸易活动不普及，供应运输网络不发达，部分原因是为了保障对属民的行政和司法控制。他们带着大批扈从，在非常广大的区域内旅行，并接触了许多文化。哈布斯堡王朝(1459～1519 年)的马克西米利安一世在孩童时说德语，学习过拉丁语，与妻子用法语交谈；他给臣属写信用温德斯语和波希米亚语，而用佛莱芒语、西班牙语、意大利语和英语处理外交和军事事务。仅在 1299～1300 年，英格兰的爱德华一世就 75 次改变他的住处，平均 5 天一次(而那些所谓的无能的下层人所进行这样的往来运动，则被称为“流浪”)。国王行动时，有 6 个或更多的高级官员以及众多的卫士、奴仆、贴身男仆和车夫随行。根据关注性别作用的现代读者的猜测，为了减少随行人员人数，他们的妻子受命待在家中。在每次停驻时，他们都要接见各地参与行政事务和司法事务的官员。其间还夹杂着小偷和妓女。爱德华三世(1327～1377 年在位)随行 1000 人，花费了两年时间游历低地国家，游览莱茵河。中层官员、王室法官和治安官以及收租人每半年或每季度旅行一次完成职责或开设法庭(因此产生现代术语“巡回法官”)。[①]

教会的旅行者，尽管受到教皇的阻挠，仍然利用其公开身份炫耀财富。赫里福德主教的随从中有 40 名武装弓箭手，瓦莱绨(办事人员、货车夫、挑夫、放鹰者、马车夫和信差)厨房仆役、一名面包匠，还有小听差。各等级的人在宗教场所规定的区域内一本正经地参拜。交换的修道院人员必须上路旅行，化缘的男女修道士在途中工作或乞讨。性别成为问题，主教下令照顾病患和穷人的修女必须严格与世隔绝。[②]

巡回官员在地方民众中引起恐慌，因为他们必须支付这些人的吃住费用。英格

---

① John W. Bernhardt, *Itinerant Kingship and Royal Monasteries in Early Medieval Germany*, *c. 936-1075* (Cambridge, 1993); Elsbeth Andre, *Ein Königshof auf Reisen*: *Der Kontinentalaufenthalt Eduards* Ⅲ. *von England 1338-1340* (Vienna, 1996); Antonio Rumeu de Armas, *Itinerario de los Reyes Católicos 1474-1516* (Madrid, 1974). 曾经访问维也纳的王子和主教，参见 Ferdinand Opll, *Nachrichten aus dem mittelalterlichen Wien*: *Zeitgenossen berichten* (Vienna, 1995). Labarge, *Medieval Travellers*, 33-51.

② Carol Neel, “The Origins of the Beguines,” in Judith M. Bennett et al., eds., *Sisters and Workers in the Middle Ages* (Chicago, 1989), 240-260; C. H. Lawrence, *The Friars*: *The Impact of the Early Mendicant Movement on Western Society* (London, 1994).

兰国王的王室采买官有权力在旅行途中向方圆 50 公里的居民征收食物。他们往往不支付费用,冒名顶替者同样从来不支付任何费用。入侵者需要的是马和车,特别是在收获季节,这会给农民家庭造成长远影响,影响到他们所能储备的、自己生活所需的粮食的数量。修道院向旅行的贵族和教士、富裕的捐赠人和穷人免费提供夜间住宿。金钱经济下的人们,无论他们是商人、小土地所有者还是下贱的挑夫,都可以住在客栈里,支付吃住费用。

在意大利城市稳定的行政管理体制中,稳定下来的流动人口充实了官僚队伍。1343～1382 年,热那亚 65%的公证人来自近期迁徙定居的家庭。1382 年,在 171 名公证人中,至少有 11 人在海外行使他们的职责,还有 11 人因为其他能力在海外工作。类似"德……"和"奥尔特莱玛里尼"(Oltremarini)的家族姓氏代表他们是移民,带有"内格雷"(Negri)和"莫罗"(Moro)的姓氏则表明该家族受到穆斯林统治的非洲的影响。欧洲社会中的上层和中层的流动率非常高。[①]

战争雇佣兵

在中世纪流动人口中,军事人员是一个更深层的因素,这也造成欧洲与外国的生活方式发生碰撞。在战争中,他们驱逐本地居民。返回家乡后,他们会给家人带回不同世界的信息,或者更确切地说,给家人讲故事。意大利的城市国家既不能设计当地居民的生活,他们的商人气质也无法接受懒惰和不事生产的驻军的费用。他们从其他地方雇佣士兵。企业首脑和各团体的人们自行签署合同(意大利语为 condotta)作为合同工人(condottieri)。在整个欧洲,步兵取代了骑士,即骑兵。他们使用新型武器,并因地区不同突出各自的优势技能:英格兰射手和十字弓箭手、瑞士人长矛手、佛莱芒人市民武装,后来出现了意大利枪手或被驱逐的阿尔巴尼亚和希腊轻骑兵(stradioti,源自意大利语 strada,意为街道)。雇佣军受到"军事企业"的雇佣,但是只有在有工作时才能够获得报酬。1300 年,领土国家的统治者开始从所有附庸中招募军队,包括所有适合从军的人、可以任意行动的男人、可以随军行动的女人,无论他们的社会地位如何。这种军事上的民主化表明当时地理流动性在不断增加,但这种流动往往不是自愿的,目的地也不是自己能够决定的。士兵们通常在失去作战能力或不被需要时就地安

① Benjamin Z. Kedar, "The Genoese Notaries of 1382: The Anatomy of an Urban Occupational Group," in Harry A. Miskimin, David Herlihy, and A. L. Udovitch, eds., *The Medieval City* (New Haven, 1977), 73-94.

置，成为各个地方人口中的组成部分。[①]

由于专业人员需要培训，由于长期征召农民破坏了国家的食物供应体系，专业的雇佣军和海上的武装民船组织起来形成 100～250 名战士的连队，称"结队抢劫的士兵"(routiers)或"支队"(Haufen)。他们的头领一般来自下层贵族，通常由于经济原因、兄弟排行或政治因素失去地位。他们的部属地位低下，他们是负债的农民、边远地区的农夫、从事军事服务赎罪的犯人、旧病复发的教士和迫于生计的小偷——因此法兰西人称雇佣兵为"为了生计不得不死的人"。成为雇佣兵的农民开始效仿那些破坏他们家园的人的行为。

在男权势力下，妇女顺从于地区的封建制度所规定的继承权利，成为武装妇女或者管理合同工人企业。少数人成为女英雄，其代表人物是贞德。有些妻子跟随着当兵的丈夫，另有大批低等级的未婚妇女跟随部队行动，担任厨子、奴仆、粮食供应商和妓女。1646 年，一支 480 人的步兵部队后面有 74 名奴仆、3 名随军小贩、341 名妇女儿童和 160 匹马随行。由 481 名骑兵组成的骑兵部队，随行有 236 名奴仆、9 个随军小贩、102 名妇女儿童和 912 匹马。所有这些人畜在所经之处都必须有食宿供应。[②]

流动的专业军人来自人口过剩的地区。瑞士中部的山区各州出产长矛兵。15 世纪，有 5 万名青少年离开山谷；16～18 世纪，每百年平均人数达到 25 万人。在法兰西，边境的高地或土地贫瘠的地区装备了大量士兵：普罗旺斯、比利牛斯山谷，人口稠密的布拉班特、佛兰德斯和埃诺地区。苏格兰和日耳曼地区装备了雇佣兵(Landsknechte)，意大利贵族家庭教育出合同工人首领，他们在整个欧洲形成了

---

① 关于百年战争中的强迫性流动人口，参见 Jacques Dupâquier et al., *Histoire de la population française*, vol., 1: *Des origins à la Renaissance* (Paris, 1988), 407-409; Christopher Allmand, *The Hundred Years War: England and France at War c. 1300-c. 1450* (Cambridge, 1988), 58, 73; Nicholas Wright, *Knights and Peasants: The Hundred Years War in the French Countryside* (Woodbridge, U. K., 1998); Michael Mallett, *Mercenaries and Their Masters: Warfare in Renaissance Italy* (London, 1974), 207-230.

② Fritz Redlich 对雇佣兵的早期"土生形式"，即按时回家的雇佣兵，与 16 世纪"斩草除根式"的模式进行对比。*The German Military Enterpriser and His Work Force: A Study in European Economic and Social History*, 2 vols. (Wiesbaden, 1964-1965), 1: 115-141; 454-532, 2: 170-277; Richard A. Preston, Alex Roland, and Sydney F. Wise, *Men in Arms: A History of Warfare and Its Interrelationships with Western Society* (5th ed., Fort Worth, 1991), 92; Philippe Contamine, *War in the Middle Ages*, trans. Michael Jones (French org., 1980; Oxford, 1984), 239-242; Fernand Braudel, *The Mediterranean and the Mediterranean World in the Age of Philip* Ⅱ, 2 vols., trans. Siân Reynolds (French orig., 1949; 2nd rev. French ed., 1966; New York, 1972), 1: 1051. 梅克伦堡低级贵族中无继承权的男嗣成为波罗的海海盗，骚扰汉萨同盟商人。André Corvisier, *Armies and Societies in Eruope, 1494-1789*, trans. Abigail T. Siddall (French orig., 1976; Bloomington, Ind., 1979), 143-148, 174-176, 讨论招募活动中性别、阶级和地区来源形态。

一个大规模的"纯粹依赖商业合同的商人阶级"。雇佣兵在各宗教区与文明区出卖服务。罗斯人出现在拜占庭部队中,基督徒为摩洛哥人服务,撒拉逊[①]射手在意大利南部部队服役,英格兰人在波斯军队中任职。在不被雇佣时,这些具有多民族背景的团体或单一民族的流氓"国家"就去掠夺他们发现的任意地方的居民。当地居民开始将这些粗暴行径与某个特定民族联系起来。根据意大利人的说法,英格兰人是人间的魔鬼;各种德语方言中"雇佣兵"一词,在中欧多数地方具有不光彩的含义。这种持续的敌视会导致具有负面效果的民族性特征吗?[②]

15 世纪,雇佣兵被常备军取代,军人的生活更加稳定。统治者鼓励外国专门的军事手工艺人流动。在伦敦,日耳曼的军械士、米兰的铸工、法兰西的熟练技师和摩拉维亚人的专家居住在兵工厂周围。在瑞典,法兰西企业使用流动人口劳动力生产武器。来自各地的军队摆渡过海——英吉利海峡、波罗的海或地中海,这需要大批各个民族的手工匠人建造渡船。军队中仍然充斥着各种文化元素。16 世纪早期,在英格兰统治者发动的法兰西战役中,来自威尔士、英格兰、康沃尔郡、爱尔兰、马恩岛和苏格兰的士兵并肩作战,还有 1/3 的士兵是西班牙人、加斯科涅人、葡萄牙人、意大利人、阿尔巴尼亚人、希腊人、土耳其人、塔塔尔人、阿勒曼人、日耳曼人、勃艮第人以及佛莱芒人。在 17 世纪上半叶的战争中,坚持全民服役(levée en masse)的瑞典吸收爱尔兰人和苏格兰人进入军队,并通过向盟国征税、占领土地等手段,加强军队实力。在古斯塔夫的 14 万名士兵中,有 1/10 是临时的瑞典人士兵。1567 年之后的一个世纪,佛兰德斯的西班牙军队中包含了 6 种不同民族成分的士兵,西班牙士兵通常来自意大利的卫戍部队。[③]

---

① 阿拉伯人的古称。——译者注

② *Raum und Bevölkerung in der Weltgeschichte* (Bevölkerungs-Ploetz), 4 vols. (Würzburg, 1965-1968), 2: 42-43. 瑞士人口从 1500 年的 80 万,提高到 1700 年的 120 万。瑞士山民离开家乡,担任长矛兵的传统至今仍然可以在梵蒂冈的瑞士卫兵中发现痕迹。Walter Schaufelberger, *Der alte Schweizer und sein Krieg: Studien zur Kriegsführung vornehmlich im 15. Jahrhundert* (Zurich, 1952); Contamine, *War in the Middle Ages*, 135, 158-161, 242-249; Preston et al., *Men in Arms*, 75-82, 90-91; Michael Howard, *War in European History* (London, 1976), 38-41; Thompson, *Paris and Its People under English Rule*, 206-224.

③ Gilbert J. Millar, *Tudor Mercenaries and Auxiliaries, 1485-1547* (Charlottesville, 1980), 19-20, 45-47, 193, quote on 145; Jonathan Israel, *The Dutch Republic: Its Rise, Greatness, and Fall, 1477-1806* (Oxford, 1995), 265-271; Robert C. Davis, *Shipbuilders of the Venetian Arsenal: Workers and Workplace in the Preindustrial City* (Baltimore, 1991), 89, 109; Geoffrey Parker, *The Army of Flanders and the Spanish Road, 1567-1659: The Logistics of Spanish Victory and Defeat in the Low Countries' Wars* (Cambridge, 1972), 25-59, 84-85, 197; Gráinne Henry, *The Irish Military Community in Spanish Flanders, 1586-1621* (Dublin, 1992); John McGurk, "Wild Geese: The Irish in European Armies (16th to 18th Centuries)," in Patrick O'sullivan, ed., *The Irish World Wide: History, Heritage, Identity*, 6 vols., vol. 1: *Patterns of Migration* (London, 1992), 36-62.

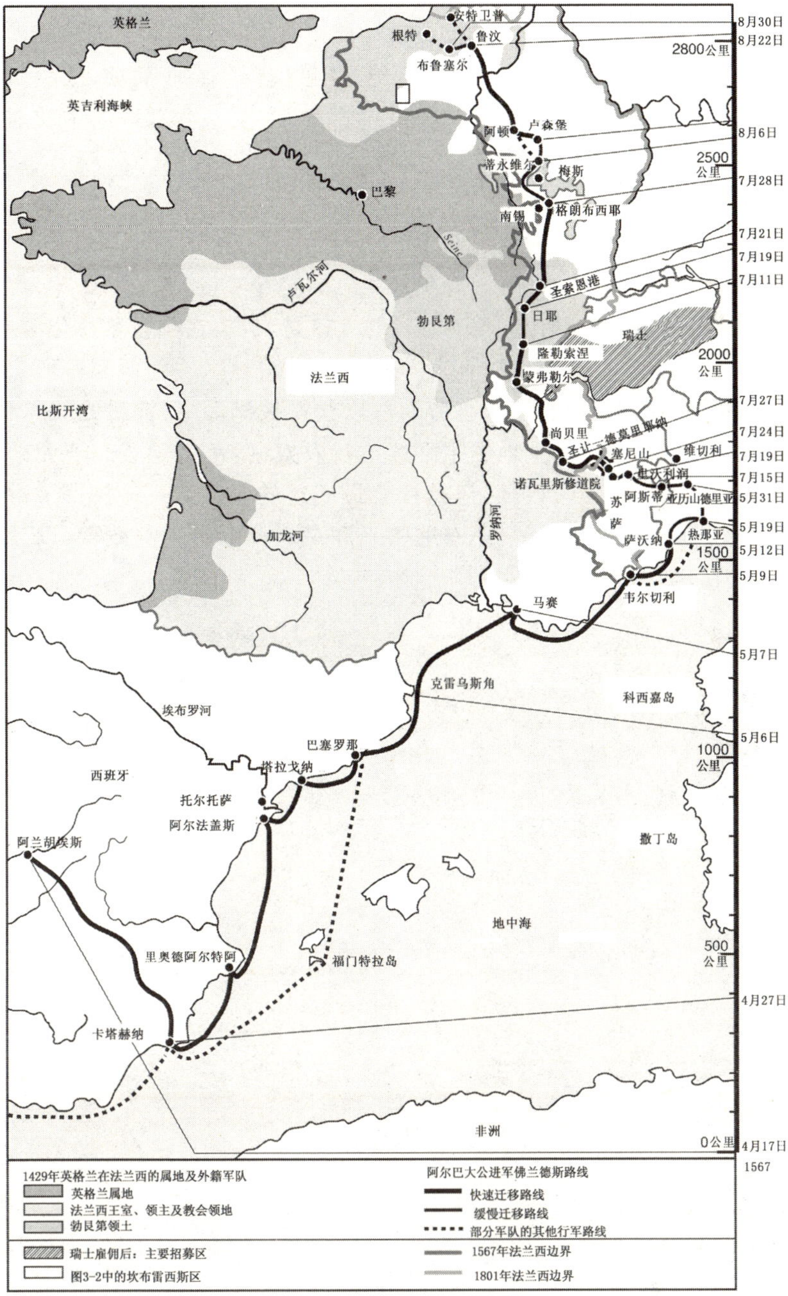

图1-7 流动雇佣兵和军队

总之,在掌握权力的阶级,在中层的管理者和雇佣兵中,我们发现了一个运动的世界。不同民族通婚、战斗、统治或对外族进行文化侵略。大规模的战争导致农村人口的高死亡率、高安置率。15 世纪 50 年代百年战争后期,法兰西的大部分地区必须重新安置移民。1648 年三十年战争后,受战争蹂躏的中欧地区有 1/3 的人口死亡。人口再增长需要大量流动人口。

2. 农村人口和奴仆的流动

由于地域不同,在欧洲有 65%～95%的人口是农民;在少数城市化区域,仅有 55%人口是农民。直到 13～14 世纪,农奴制在英格兰、法兰西和德意志的多数地区仍然占有统治地位,农奴从事劳动可以获得报酬,并可能最终获得释放。从 16 世纪早期开始,东方的土地领主继续推行农奴制。[①] 普通人——无论他们是农民、农村劳动者、小城镇奴仆,还是社会最底层的旅行者——获得了对于世界的模糊认识,除了自己的见闻,还有朝圣者和调料商贩带来的故事,以及对来自上邦和强国的旅行者的观察。

① Hermann Kellenbenz, ed., *Handbuch der europäischen Wirtschafts-und Sozialgeschichte*, 6 vols. (Stuttgart, 1980), 2: 106-118; Carlo M. Cipolla, *Before the Industrial Revolution: European society and Economy, 1000-1700* (2nd ed., New York, 1980), 75-78; *Cambridge Economic History of Europe*, vol. 1: M. M. Postan, ed., *The Agrarian Life of the Middle Ages* (2nd ed., Cambridge, 1966), 334-339 (后人引用 Postan 的著作,参见 vol. 1 of *Cambridge Economic History*).

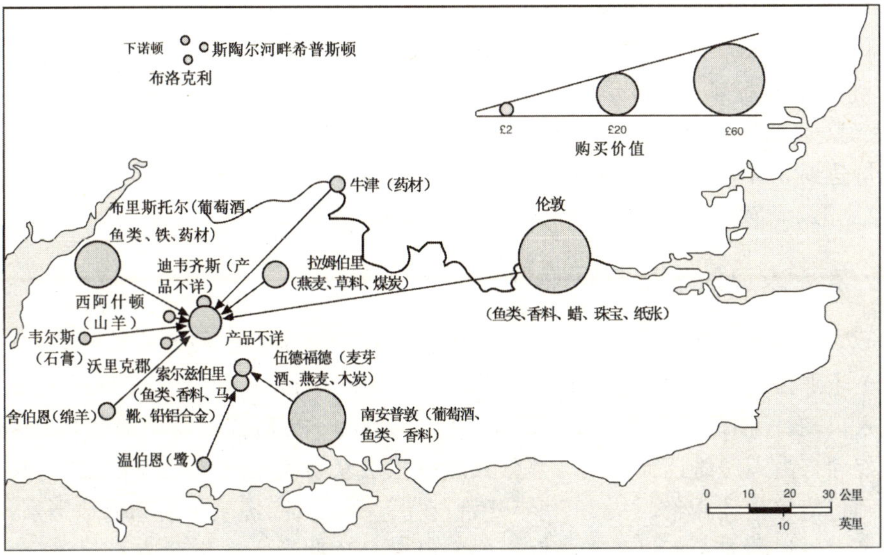

1406～1407年索尔兹伯里主教购置（估价）品

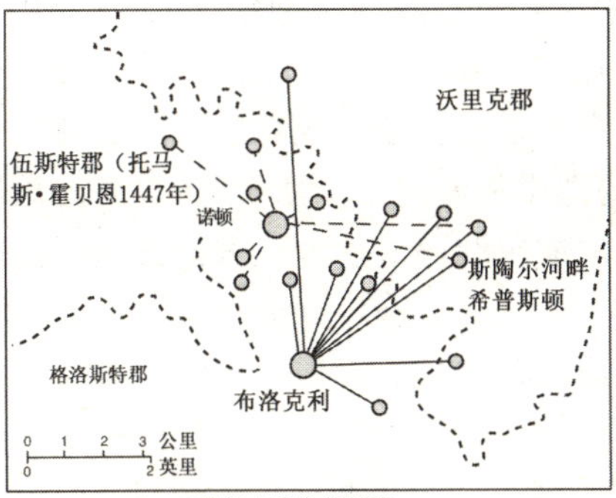

15、16世纪农民负债情况

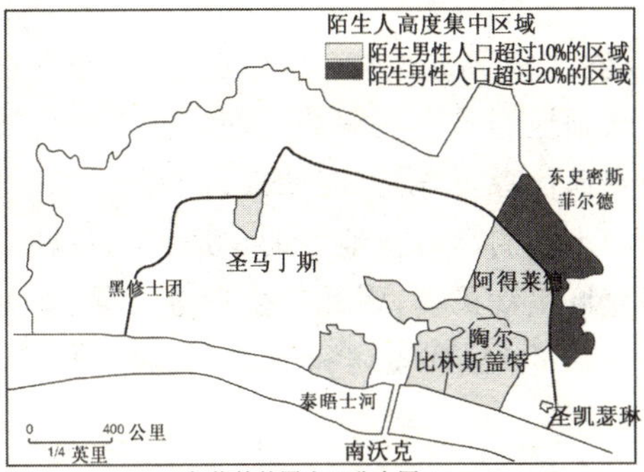

1550年伦敦外国人口分布图

图1-8　农民的流动与市场的联系

对稳定的欧洲的印象来自于自上而下的地方贵族及其农奴的政治发展史。为经济、人口和生活方式的研究提供了更多视角。世俗领主和宗教领主从自由农民、农奴及二者之间的众多等级人口的手中争夺收入。“劳动力供应通常在新老耕地之间重新分配”，在或强或弱的领主间分配。每一个有两个孩子以上的农民家庭都需要为下一代准备额外土地。年轻一代的农民家庭需要土地，以脱离父母的控制。在被战争破坏的地区，14 世纪 40 年代以前，流动人口及当地日益增长的人口迫切需要更多的耕地；14 世纪人口危机之后，从前位于边缘高地的耕地成为放牧场，地区市集的重要性超过了大的欧洲市场，地方市集对牧区和低地谷物生产区的产品进行再分配。在接下来的两个世纪，中间商的地区流动逐渐频繁，长途流动重新出现。在农业和商业之间、在季节性牲畜流动和贸易之间的空隙中，商人和牧人每年迁徙。16 世纪，从苏格兰到英格兰每年迁徙的牲畜数量达到 6 万头，从丹麦和中欧东部到汉堡和荷兰城市的牲畜迁徙数量则更多（参见第 11 章第 2 节）。[①]

农业人口的流动与再安置

农民及其家庭就是有价值的财产。教会和骑士争夺他们的劳动，他们必须从王子那里为自己的领地争取剩余人口（licentia populandi）。为了吸引外来流动人口，农民的法律地位被固定下来，并且他们的子孙后代可以继承财产。这样农奴和自由人纷纷迁徙而来。部分人通过租赁获得可继承的土地使用权，其他人则仅能够租种几年。从 1050 年开始，在法兰西北部、佛兰德斯和低地国家，出现了有组织的安置人口。有进取心的农民又从这些地方向下萨克森沼泽、萨克森和温德北部地区流动。1112 年，西多会将殖民作为自己的使命，仅仅 40 年后，就已经建立了 330 个修道院，分布在从威尔士山区和英格兰荒野，经法兰西贵族领地到霍亨斯陶芬王朝统治下的斯拉夫人领土。这次成功的行动迫使世俗领主砍伐森林，安置流动人口。在德意志的黑山林和阿尔卑斯山区，更多远离城镇和市场的高海拔地区的土地得到耕种。与城镇共同发展的地方的或地区的市场允许粮食买卖，因此产生现金交易。

12 世纪，在短途和中途人口流动占统治地位的时候，出现了长途殖民的需

① George Duby, "Medieval Agriculture, 900-1500," in Carlo M. Cipolla, ed., *The Fontana Economic History of Europe*, 6 vols. (Hassocks, U. K, 1976), 1: 175-220; Werner Rösener, *The Peasantry of Europe*, trans. Thomas M. Barker (german ori., 1993; Oxford, 1994), and Rösernr, *Peasants in the Middle Ages*, trans. Alexander Stützer (German ori., 1985; Urbana, Ill, 1992); Aaron J. Gurjewitsch, *Stumme Zeugen des Mittelalters: Weltbild und Kultur der einfachen Menschen*, trans. Ulrike Fromm (Russian orig., n. d.; Vienna, 1997); Wilhelm Abel, *Agricultural Fluctuations in Europe: From the Thirteenth to the Twentieth Centuries*, trans. Olive Ordish (3rd rev. German ed., 1978; London, 1980), 111-112; J. A. Chartres, *Internal Trade in England 1500-1700* (London, 1977), 20ff.; Zs. P. Pach, "The Shifting of International Trade Routes in the 15th-17th Centuries," *Acta Historica Academiae Scientarium Hungaricae*, 302-308; *Cambridge Economic History*, 1: 48; *Cambridge Economic History*, vol. 2: M. M. Postan and Edward Miller, eds., *Trade and Industry in the Middle Ages*, (2nd ed., Cambridge, 1987), 357; *Cambridge Economic History*, vol. 3: M. M. Postan, E. E. rich, and Edward Miller, eds., *Economic Organization and Policies in the Middle Ages* (Cambridge, 1963), 101-108; N. J. G. Pounds, *An Historical Geography of Europe* (Cambridge, 1990), 233.

求。在法兰西，外来霍斯佩斯人口带来了新的农民家族。为了充实诺曼底，最远至斯堪的纳维亚半岛的人口被招募至此。在马克东部以及多瑙河沿岸地区，出现了来自阿尔卑斯山区的斯拉夫人和来自德意志东部的自由移民；后来，佛莱芒和其他地区的居民瓜分了土地，招募定居民，通常称为“村庄首脑”。在西班牙沼泽地区，当地人及邻近地区居民在此定居。在巴勒斯坦，长途而来的流动人口充满了被征服领土。他们通过通婚融合在一起，接受了当地的语言和风俗。[①]

因为需要投入更多劳动以获得长期的好收成，更加独立的农民发挥了重要作用。在莱茵河沿岸，强迫劳役和什一税减少了，农民家庭“可以依自己的意愿耕种土地”。而强权人物迫使或强逼许多农民出卖他们祖传的土地，向其他地方移民。农民不断斗争争取开垦森林，或自行开垦，而领主则墨守社会观念，即他们在大森林中狩猎的权利。领主们还担心，如果农民都向新垦区流动，他们就不会精心管理已经部分枯竭的土地。

西多会的殖民活动是同一时期规模最大的行动，并且成为一个典范。它吸引了无地农民家庭、遭战争破坏地区的居民、粗暴领主的附属以及其他地区定居者的后代。通过签署契约，外来人口获得了房屋和场院、一小块可耕地以及直到土地收获后的租期。作为回报，他们需要缴纳每年收成中的固定份额。虽然定居者被绑缚在这些为修道院所尽的义务上，但是他们是自由的村民，没有必要为更大的经济单位——庄园私有土地主定期服劳役。规模更大的、有市场的村庄(bourgs)也依照同样的契约关系建立。

在法兰西，路易六世(1108～1137 年在位)仿效西多会的做法。在他新建的各个城市中，外来的农民没有劳役和兵役负担。同样，西班牙的流动人口，依照政府法令和移民法，也不用服类似的役务。但是，在靠近领主领地的地区，即使是新移民或是重新安置不久的居民，被奴役或被迫服役的现象也非常普遍。佃农的地位介于农奴和自由农民之间，他们在领地边缘地区定居，没有安全保障，在农忙季节从事雇佣劳动，或被没为农奴，或成为西多会的劳动力。社会地位的不同也导致多样性的选择或者获得更好待遇的机会。在英格兰，诺曼人入侵后，依附于封建庄园的农奴居住的地方与领主迁移而来的自由农民的住地相距不远。在斯堪的纳维亚的外来人口和本地居民中，“个体农业”十分普遍。世俗和宗教领主对现金劳动更有兴趣，因此更欣赏勤劳的农民。那些不事生产的人则

① Jonathan Riley-Smith, *Atlas of the Crusades* (London, 1991), 32-33, 40-41; *Cambridge Economic History*, 1: 294-296.

被赶出土地。①

争取更多土地的农民家庭同样为赢得更少的义务而努力。农民必须将自己耕种土地的收成奉献给庄园,家庭粮食出现短缺,二者之间的矛盾更加尖锐。领主和农民的利润,无论反映在劳动力上还是反映在劳动性质上,都越来越多地使用现金付账,被称为“免役税”。这种发展并非个别的,它在整个欧洲几乎同时出现,同一个领主可能采用不同的劳动方式,因地区传统、农民人口的供应以及利益不同而有所差别。终生役务逐渐被一定年限的租赁形式代替。这种租赁形式可能意味着通过协商租赁者能够获得更好的收益,但也有可能导致失地或被迫离开。领主们开始从事获利更加丰厚的畜牧业,逐渐淡出土地耕种产业。1300年,有一半的英格兰农民家庭生活依赖于外出从事季节性劳动的工资收入。法兰西农村的情形也是如此。在《乌托邦》(1516 年)里,托马斯·莫尔爵士将地主描写为“贪婪的人”,他们驱逐“男女、夫妻、孤寡、母子和所有的雇工”。这些受到强权迫害的家庭成了流浪者。②

在意大利北部,由于人口增长,农业家庭增加数倍,土地所有权分散。发展与殖民计划重新规划了森林和沼泽的所有权,修建了水渠、堤防和灌溉系统,在阿尔卑斯山上坡出现了居民(“高地人口”)。在城市发展中,城镇的规模显著扩大——1300 年时,有些城镇人口已达 10 万人,其主要原因在于城镇向农村的拓展,农村人口内部流动的野蛮行动(inurbamento)是有所选择的。米兰的两座大型水渠建于 1177~1229 年。当农村人口的减少影响到城市粮食供应时,就会出现限制人口外出流动的规定,但是总体来说限制很少。利古里亚的农业工人流动的范围达到科西嘉岛甚至巴勒斯坦。③

中世纪晚期,欧洲中东部和东部的城镇和城市吸引着农村的外来人口,以至于流动人口村落的家族契约成为一纸空文。在匈牙利历史上,从 1300 年开始,农奴只要一次性支付他们的领主一笔钱(terragium)就可以离开;如果没有获准离开,农民将被领主绑缚在土地上。这些领主希望农民定居或者从事需要他们

① *Cambridge Economic History*, 1: 66-91; Michel Mollat, *Les pauvres au Moyen Âge: étude sociale* (Paris, 1978), 205-208; Ian D. Whyte, "Migration in Early-Modern Scotland and England: A Comparative Perspective," in Colin G. Pooley and Whyte, eds., *Migrants, Emigrants, and Immigrants: A Social History of Migration* (London, 1991), 87-105.

② *Cambridge Economic History*, 1: 308-309, 322-334. Sir Thomas More, *Utopia* (Harmondsworth, 1965), 44-47.

③ David Herlihy and Christiane Klapisch-Zuber, *Tuscans and Their Families: A Study of the Florentine Catasto of 1427* (French orig., 1978; New Haven, 1985), 115-220; *Cambridge Economic History*, 1: 342-348, 353-361; Braudel, *Mediterranean*, 1: 416.

的劳动。向更强大的领主或向有市场的城镇流动可以改变家庭的生活状况。但是再婚的寡妇必须将她已经可以工作的儿子留在领主的土地上，未成年的儿子则可以带走，但必须在成年后归还。贵族对农民残酷剥削，赋税快速提高——马提亚·科尔维努斯（1458～1490 年在位）反抗奥斯曼人入侵时，税率已达 500%，这导致人口流亡以及 1514 年的起义。统治者镇压了起义，农民的自由身份被剥夺。

在整个欧洲，如同戴尔（Dyer）所观察到的英格兰的情形一样，"农奴的流动十分频繁，这与不自由的禁令相矛盾"。领主"总在寻找制止人口流动、保留村庄的方法，但是有时还要从已荒芜的地区迁移居民"。但是，由于严格的控制以及忽视耕种土地，农民"往往是造成居住地区衰落、延续或者废弃的决定性力量"。领主和农民都重视比较肥沃的耕地、市场距离较近以及价格便宜的土地的收益。由于权力关系的原因，在中世纪经济中，上层家庭之间的竞争、农民和工人的供应之争、男人和女人之间的竞争，并非单纯地依赖风俗和法律的纽带解决。反之，他们会有所抉择、衡量机遇费用、在家中或在迁移途中展望社会经济的发展前景，然后作出决定。①

计算经济收益可以获得一个家庭可接受的生活标准，或者衡量廉价劳动力的价值，这导致 14 世纪下半叶到 16 世纪前 25 年间发生频繁的阶级斗争。在农民起义中，下层阶级希望通过积极的参与来提高社会地位，但由于许多因素所制约，最终的结果往往是更高的租金、更重的役务和对农奴身份更严格的限制。在德意志东部、波罗的海地区、斯拉夫地区，特别是在匈牙利，贵族制定严格的准则限制对外人口流动，从城市抓捕逃奴，严厉惩罚逃亡者。16 世纪中期，出现了"第二次农奴制"。这个过程一直持续到 19 世纪 50 年代，才再次出现流动人口——这次是跨越大西洋。②

---

① Christopher Dyer, *Everday Life in Medieval England* (London, 1994), 2-42, 78, quotes on XIII-XIV. 另见 R. H. Hilton, *Bond Men Made Free: Medieval Peasant Movements and the English Rising of 1381* (London, 1973); John A. F. Thomson, *The Transformation of Medieval England, 1370-1529* (London, 1983), 40-46; E. Le Roy Ladurie, *Montaillou: Village Occitan de* 1294 *à* 1324 (Paris, 1975). 关于农民因小土地占有制度的限制、社会价值观和市场压力所作的决定，参见 Aleksandr V. Chayanov, *The Theory of Peasant Economy*, ed. Daniel Thorner, Basile kerblay, and R. E. F. Smith (Russian orig., 1925; Homewood, Ⅲ., 1966), and Witold Kula, *An Economic Theory of the Feudal System: Towards a Model of the Polish Economy, 1500-1800*, trans. Lawrence Garner (Polish orig., 1962; London, 1976). Georges Duby, *Rural Economy and Country Life in the Medieval West*, trans. Cynthia Postan (French orig., 1962; Columbia, S.C., 1968); Shahar, *The Fourth Estate*, 220-250.

② Braudel, *Mediterranean*, 2:734-739; *Cambridge Economic History*, 1:695-740.

劳动者和奴仆

失地的村民马上就会将自己出租给农民，或者向城市、城镇流动，有些是临时的，有些则是永久的。“城市的空气让人自由”的说法指那些逃跑的农奴，除非他们的领主在一年零一天内宣告所有权，否则他们将获得自由。

在匈牙利，布达（首都）和佩斯（中产阶级和下层阶级居住的城镇）的移民来自邻近的乡村，或者来自那些步行不超过两天的小城镇，或者来自多瑙河以南那些没有城市的农村地区。希望学习经商的农民的儿子必须迁移到城市中，获得领主同意离开的人可能需要签署一个声明，保证学成之后回到领主的领地。流动人口中来自偏远地区的人数不超过一半。在全部人口中，52%的布达流动人口和43%的佩斯流动人口来自城镇和小的贸易中心；旅行距离越远，城市人口的比率就越高。由于城乡间存在民族差异，流动人口的到来改变了城镇中的民族构成。因此，在塞克什白堡（Székesfehévár），在13世纪有瓦龙人，在15世纪有匈牙利人。同时，来自农村的流动人口在当地居民中寻找伴侣，中产阶级的新婚夫妇则往往来自偏远城镇。[①]

在整个欧洲，14世纪中叶人口数量下降后，村民与城市工资收入人口的地位发生了巨大变化。劳动力及奴仆供求关系不平衡导致贵族与掌握着国家强制权力的中产阶级之间发生了持久的利益斗争。比如，在英格兰，拒绝工作、增长工资的要求非常普遍。1349年6月，甚至在第一次黑死病爆发后的议会召开前，王室就已经颁布法令试图完成劳动力征召任务。该法令成为1351年《劳动者法令》的基础：

> 任何男人或女人，在英格兰领土内，无论处于何种状况，是自由人还是农奴，身体健康，年龄在60岁以下，无产业、无固定作坊、无亲属、无可耕地、非任何人的奴仆，若他要求一个他身份许可的工作，可安排他为需要他的人服务。[②]

他/她[③]被禁止离开家庭居住区或者接受比黑死病前更高的工资，但是日常生活支出却在不断提高。

---

① Andraés Kubinyi, “Horizontale Mobilität im spätmittelalterilichen Königriech Ungarn,” in Jaritz and Müller, *Migration*, 113-139, esp. 120-131.

② Jusserand, *Wayfaring*, quote on 265.

③ “Rolls of Parliament,” Ⅱ. 340, C. E. 1376, quoted in Jusserand, *Wayfaring*, 269.

在接下来的半个世纪，阶级斗争不断。英格兰下院将所有提高工资的呼声归结为“奴仆们蓄意为之的行动”，目的是要求“不可容忍的”或“过分”的工资。劳动者要求现金工资，而非名义上的，要求日薪而非签署整年的合同。他们已经准备好迁徙了。“一旦他们的老板敢于给予他们很低的待遇，或者根据以前的法令支付他们劳动报酬，他们就将马上抛弃他们的工作，离开他们自己的居住区……（去）那些不知道他们老板的地方。”就单个人而言，地主可以提高雇佣劳动力工资保证收成；就集体而言，他们试图通过流浪法重新获得控制权。在1381年农民大起义过程中，大约有10万人到达伦敦，被俘的起义者证实了流浪者传播消息的能量。

因为迁徙行动意味着反抗，所以统治阶级努力稳定劳动者。1387年，伦敦一项法令禁止雇用学徒，除非他们发誓生而自由。1388年，下层阶级的旅行者，包括回家的学生，都需要在每个区镇获得由一个“好人”担保的通行凭证。[①] 禁止流动的禁令在整个欧洲范围内执行。在瑞典和挪威，由于人们没有固定住所，加之后来所有贫困社会因素的作用，所以他们被迫无条件接受任何工作和役务。1352年法兰西的《大敕令》(*Grand Ordonnance*)与意大利法律一样，试图将劳动力固定在一定地域范围、一定社会和经济地位。德意志北部的城市1354年通过的《劳工法》(*Knechteordnungen*)、1349年和1352年的提洛尔人法规要求手工业者、日工和男女仆役依照黑死病之前的标准领取工资；同时，他们禁止自行离开，其他地方的劳动力和手工业者接受邀请来到这里，赚取劳动工资。在黑死病之后的一个世纪里，统治者重新获得了统治权。[②]

流浪者

从社会上层的角度看，下层人需要主人。但是，战争贵族的破坏性以及由于

① A. L. Beier, “Vagrants and the Social Order in Eizabethan England,” *Past and Present* 64 (Aug. 1974): 14-17. 关于欧洲大陆，参见 E. Perroy, “Wage Labour in France in the Later Middle Ages,” and F. Graus, “The Late Medieval Poor in Town and Countryside,” in Sylvia L. Thrupp, ed., *Change in Medieval Society: Europe North of the Alps, 1050-1500* (New York, 1964), 237-247 and 314-324; *Cambridge Economic History*, 1: 654, 732; Abel, *Agricultural Fluctuations in Europe*, 156.

② 相关研究成果数量众多：Robert Vivier, “La grande ordonnance de Fevrier 1352: Les measures anticorporatives et al liberté du travail,” *Revue historique* 46 (1921): 201-214; Helen Robbins, “A Comparison of the Effects of the Black Death on the Economic Organization of France and England,” *Journal of Political Economy* 36 (1928): 447-479; Jacques Le Goff, “Le temps du travail dans la crise du XIVe siècle,” *Moyen Âge* 69 (1963): 597-613; William M. Bowsky, “The Impact of the Black Death upon Sienese (Italy) Government and Society,” *Speculum* 39 (1964): 1-34, esp. 24.

圈地而导致的土地荒废问题还没有得到深入研究，反而有观点认为"无主"的人对社会是危险的。圣方济会提出的将贫穷与不忠诚联系起来的观点被否定了：穷人是不虔诚的。在英格兰都铎王朝统治时期，家长式的社会思潮被新的商业主义代替；在威尼斯，针对乞丐的规定加强了。[①] 英格兰《惩治流浪者法案》对可疑人物进行了宽泛的界定："在本王国任何乡村到处流浪的、所有懒惰的人，运用狡猾的手段和非法的把戏和娱乐，他们中有些人自称有相面和看手相的技能，还有所有篱笆修建者、养熊人，不属于本王国任何贵族、以幕间剧演员和音乐诗为业的普通演剧者，所有玩杂耍的人、流动小贩、修补匠以及牛津、剑桥大学学者中那些游荡乞讨者，还有所有伪装遭遇海难的海员。"

黑死病之后禁止移民的法令法规在1495～1610年发展成为济贫法，并且在19世纪应用于产业工人。[②]

流浪成为当时文学作品中的主题。1463年，被驱逐出巴黎的弗朗索瓦·维永创作了著名的《流浪者之歌》，朗格兰的《耕者皮尔斯》描写了流浪的劳动者；乔叟的《坎特伯雷故事集》则描写了朝圣者。

流浪人口中还有退役老兵，他们往往被征召入伍，被迫离开自己的行业，离开家人，离开家乡文化。在日耳曼人中有一个典型的例子：一个被丈夫抛弃的妇女独自一人离开家乡，成为护士。之后她遇到一个失业的、居无定所的流浪雇佣兵。她跟着他一次又一次地沦为奴仆。但是每当她想重归稳定生活时，他就会变得很粗暴，而她"因为害怕"就一直跟着他流浪，直到他们被逮捕。赤贫的零工、出现婚姻问题的男女、有性行为不当或性虐待前科的人、有侵犯他人前科的人、带着非婚生子女的妇女、女性性奴——这些人都离开家园，被迫迁移。农民起义和其他所有形式的反抗都消失了。[③]

14世纪的欧洲，贫穷是结构性的，并非某种灾难（比如饥荒、传染病或战争）造成的。流浪"是极端的社会混乱的产物——日益严重的贫穷问题、灾难性的经济

① Robert W. Scribner, "Mobility: Voluntary or Enforced? Vagrants in Württemberg in the Sixteenth Century," in Jaritz and Müller, *Migration*, 65-88; A. L. Beier, *Masterless Men: The Vagrancy Problem in England, 1560-1640* (London, 1985), 3-13 (Beier 的研究同样关注"无主的妇女"); John Pound, *Poverty and Vagrancy in Tudor England* (1971; 2nd ed., London, 1986), 42-55. Brian Pullan, *Rich and Poor in Renaissance Venice: The Social Institutions of a Catholic State, to 1620* (Oxford, 1971), 239-326; Duby, *Rural Economy*, 293-311.

② 14 Eliz. Ch. V. "Statues," vol. Ⅳ. Part Ⅰ. 590ff., quoted in Jusserand, *Wayfaring*, 236. Paul Slack, *The English Poor Law, 1531-1782* (Cambridge, 1995).

③ Scribner, "Mobility," 67-69. 另见 Bernd Roeck, *Außenseiter, Randgruppen, Minderheiten: Fremde im Deutschland der fühen Neuzeit* (Göttingen, 1993), 66-80, 119-131; Beier, *Masterless Men*, 123-145.

发展和人口增长及大规模移民"[①]。圈地导致农民失地、农业生产成为临时性工作、贵族减少仆役人数、学徒体系出现缺口、不定期的雇佣劳动将劳动者送上旅途。近期对1560～1640年的研究证明，20%～30%的英格兰人口处于赤贫状态，这个比率偶尔能够达到50%。大约半数的流浪者是单身男性，大约有1/4为单身女性，其余的是夫妻，通常还有他们的子女。他们大多数是或者曾经是劳动者、奴仆或织布工人。许多人迁移的目的是寻找工作机会，但是有些人只是出于好奇心。虽然这些人几乎每天都在变换他们的居所，客栈成为他们实际的家。[②]

对于小贩、修补匠及相似的商人来说，往返各地在他们的生活中无可避免。有些人驮带趸来的货物，多数人则出卖他们自己制作的产品。为了兜售货物，他们要走很长的路；其他人比如鱼贩，在较短的线路上定期往返叫卖。妇女也"兜售"她们的技能，受雇充当乳母。在道路旁还有出售健康者，或者出售死亡者——牙医、草药医生、药剂师，所有人都宣称自己来自外国。许多人是骗子，为了挣钱，但是聪明的妇女和医生在固定地点行医，在这些地方他们的技能已经得到承认。他们都是信息源，明智的贵族一次又一次努力规范道路，限制流浪者到某些特殊地区。[③]

小贩们带着商品旅行，而商人们带着娱乐者，比如游吟诗人、玩杂技的、玩杂耍的和唱歌的，他们只拥有技能，可能是一种乐器，也可能是一头会表演的熊。有些人来自遥远的地方，比如意大利杂耍艺人的技艺出现在了15世纪的纽伦堡。音乐家，包括行吟诗人，处于流动艺人的上层，他们会受邀在贵族后代的婚礼上或在比赛中表演。但是当他们的诗歌被认为具有破坏性时，他们的地位会急剧下降，英格兰人就认为威尔士的游吟诗人在煽动叛乱。他们的诗歌具有讽刺意味，向骄傲的贵族权威挑战，向教皇等教士的权威挑战。[④]

大量人口被迫踏上旅途，尽管他们并没有犯下任何罪行，尽管他们缺乏旅行的经验。许多大户人家的家臣和仆役在他们的保护者或主人去世后被解散。他

---

① Beier, *Masterless Men*, quote on 3, 14-28. Esther Cohen, "Le vagabondage à Paris au XIVe siècle," Moyen Âge 88 (1982): 293-313. 关于里昂穷人的流动活动，参见 Natalie Zemon Davis, *Society and Culture in Early Modern France: Eight Essays* (Stanford, 1975), 49-51.

② Pound, *Poverty and Vagrancy*, 1-22，还讨论通货膨胀、歉收和修道院关闭等因素。Patrick Fitzgerald, "'Like Crickets to the Crevice of a Brew-house': Poor Irish Migrants in England, 1560-1640," in O'sullivan, *The Irish World Wide*, 1: 13-35.

③ Braudel, *Mediterranean*, 2: 739-743; Beier, *Masterless Men*, 29-48. Noah Gordon 的小说 *The Physician* (New York, 1986) 描写了游医的生活。

④ Tessa Watt, *Cheap Print and Popular Piety, 1550-1640* (Cambridge, 1991), 11-23; Beier, *Masterless Men*, 86-106; Gerald Strauss, *Neremberg in the Sixteenth Century* (New York, 1966), 210.

们没有适应市场需求的技能,因此他们迅速贫困,成为流浪者中的一员。其他人流浪的原因包括动荡的形势、贫穷以及对新生活的向往(例如牛津和剑桥的学生)。欠债人可能穿上朝圣者的斗篷以隐藏身份,妓女通常来自远方,并且继续走向远方。走方僧侣获得生计的方式与流浪者有所不同。穷人通常被赶出小的生活空间,背井离乡,但也仅是到另外一个城镇去乞讨。逃犯(被描述为住在森林中劫富济贫的人)与吉卜赛人都被视为流动人口。多数流浪者在家乡周边地区流动,尽管有些人最远能到达王国的偏远地区。与朝圣者不同,他们没有特定的目的地,但是他们沿途受到盘查。①

总之,农村人口——虽然部分是农奴或依附民——都为了获得更好的生活状况而迁移,可能是合法的,也有可能没有获得允许。奴仆的流动目的是获得工作合同——每年一次的、几年的或者是终生的合同。劳动者通过频繁的流动提高成功率。多数从农村到城市的人口流动距离都不遥远,最多需要一个星期的旅程。农村家庭的组成及重组形式包括:生老病死、内部和外部婚姻流动人口、仆役身份的变化、亲属(包括后代)之间的来往。再婚通常不仅意味着新伴侣的到来,也包括婚前所生的子女。但是流动的方式在各个地区有所不同。在法兰西,百年战争末期人口重新安置后,农村人口相对稳定,但城市人口流动非常频繁。但是在斯堪的纳维亚,研究表明:"我们发现,没有什么地方的稳定与前工业社会的农业社会有关联,我们发现没有什么地方精神界限与堂区和城镇边界吻合。"②

---

① Beier, "Vagrants," 18-19; Bronislaw Geremek, *The Margins of Society in Late Medieval Paris*, trans. Jean Birrell (Polish orig., 1971; New York, 1987), 29-43, 135-160, 242-255. 关于之后几个世纪的研究,参见 Arlette Farge, *Vivre dans la rue à Paris au XⅧe siècle* (Paris, 1979); Robert Jütte, *Poverty and Deviance in Early Modern Europe* (Cambridge, 1994), 146-150.

② Peter Laslett, *Family Life and illicit Love in Earlier Generations: Essays in Historical Sociology* (Cambridge, 1977), 68-83, 98-101; Robert Fossier, *La terre et les homes en Picardie jusqu'àla fin du XIIIe siècle*, 2 vols. (Paris, 1968), 1: 275-296, 2: 571-602; Jean-Marie Constant, *Nobles et paysans en Beauce aux XⅥe et XⅦe siècles* (Lille, 1981), 74-103; Kellenbenz, *Wirtschafts-und Sozialgeschichte*, 2: 26-27. 威尼斯不熟练的工人来自贝加莫省,他们走了大约 200 公里的路程,辗转抵达这里。Brian Pullan, "Wage Earners and the Venetian Economy, 1550-1630," (1964), repr. In Pullan, ed. *Crisis and Change in the Venetian Economy in the Sixteenth and Seventeenth Centuries* (London, 1968), 159; Jean P. Poussou, "De l'Ĥntérêt de l'étude historique des mouvements migratoires européens du milieu du Moyen Âge à la fin du XIXe siècle," in Cavaciocchi, *Migrazioni in Europa*, 33; Sune â kerman, Hans C. Johansen, and Robert Ostergren, "Long-Distance Migration in Scandinavia, 1500-1900," *paper for the 17th International Congress of the Historical Sciences* (Madrid, 1990), quote on 53.

3. 商业和生产的城市

城市中各阶层的流动都非常频繁,城市人口的增长往往被战争、饥荒和传染病打断,发展从来都不是一帆风顺的。在同一个城镇或城市,很少有家庭能追溯超过三代的历史。在勃艮第的乌热,14 世纪的前 75 年损失了 30%的家庭;在 25 年的和平时期有所发展,趋于稳定;但在 30 年的战争中,又损失了将近 4/5 的家庭。

但是,除了一时的灾难,城市中恶劣的卫生条件对于每个人和人口增长都是最大的威胁。疾病造成的人口流失非常严重,这导致城市需要不断流动以保证稳定的人口数量。事实上,许多城市由于没有农村人口补充而消亡。在匈牙利首都,每个家庭仅有一两个孩子幸存(平均 1.4 个)。下层的城市流动人口有的来自周边地区,与城市有悠久的迁移关系,有的则来自经济纽带维系的边远地区。相互之间的联系提供了选择信息——尽管他们可能出于好意绝口不提死亡率。

14 世纪中期,米兰、威尼斯、那不勒斯和佛罗伦萨这四个意大利城市的人口接近 10 万;在热那亚、博洛尼亚、罗马以及北部的巴黎和根特,人口上升到 5 万。科隆、布鲁日、布鲁塞尔和伦敦人口则在 3.5 万～5 万;伊比利亚半岛上的城市科尔多瓦、格拉纳达、巴塞罗那和塞维利亚,在经过穆斯林统治末期的人口过度下降阶段之后,也发展到相同水平。16 世纪,由于大西洋沿岸贸易的崛起,意大利城市丧失了它们的统治地位,尼德兰的城市取得了贸易和(资产阶级)艺术上的领先地位——它们吸引了来自各个民族的流动人口。相反,中欧地区失去了中心地位。“神圣罗马帝国”(962 年之后称“罗马帝国”,1157 年之后称“神圣帝国”)在文化上各异,在地理上聚集了众多国家和采邑。1250 年霍亨斯陶芬王朝的弗里德里克二世去世后,国家开始衰落。之后,诸多小王朝瓜分了帝国的政治版图。但是这个地区的城市人口成为向东欧城市流动的基础,德意志南部核心城市以及汉萨北部城市仍然保持其影响力。

家庭战略成为城市和城市资产阶级兴起和形成的一部分。意大利城市贵族派他们的子女经商,荷兰市民克服了奢华的生活,二者都雇用来自海外的廉价士兵,再投资获得利润。与其他地方的公司联姻、建立伙伴关系,达到了商业扩张的目的,因此交易费用保持在较低的水平。相反,地方贵族则支持子女在不事生产的军队服役或者送他们去修道院。流动手工业者,特别是泥瓦匠,穿梭往来于欧洲各地区,在动荡中独自生活。[①]

商路与商人的定居

12世纪,商业联系和道路网络将欧洲城市连接起来(见图1-3)。其轴心从意大利城市经过一系列市集,特别是香槟,延伸到荷兰城市。从以科隆为中心的莱茵河流域,向东经过法兰克福或美因和莱比锡的市集到达克拉科夫,从这里可以到达整个中东欧的市场。[②] 商人们临时居住在远方的港口或者市场城镇,或者在那些地方派遣可信赖的并且可以融入当地风俗的职员驻留。在十字军国家,这样的居住区"构成了城市的全部,包括小果园和耕地"。在北非港口,欧洲商人仅仅建立小型的"管理完善的基地"。意大利城市与西北欧的联系扩展到伦巴底商人曾经开拓的地区。1229年,威尼斯人为德意志商人建立了德意志人区(fondaco dei tedeschi),位置靠近犹太人区,为达尔马提亚人、拉古萨人以及其他东南部地区的商人建立斯拉夫人区(curia slavorum)。1500年前后,大约300名来自纽伦堡、奥格斯堡和斯特拉斯堡的商人与他们的职员生活在德意志人区。一个自豪的热那亚诗人写道:"这么多的热那亚人散布在世界各地——他们在所居住的任何地方建立了另外一个热那亚。"[③]

边远城镇的商人的活动区域拘囿于一座大型建筑里,比如外国人区(fondaco,源自阿拉伯语funduq),或者仅在几条街或一个区域内活动。其准外国领土地位有的是法令规定的,有的则仅仅是得到默许。在一些文化中,主流社会官员可能划定一个区域在夜间对外界关闭。在其中,自助的和内部的商业团体进行内部交易,遵从自己的宗教,遵守家乡的法律规范,并选举自己的官员。地方行

① Paul M. Hohenberg and Lynn Hollen Lees, *The Making of urban Europe, 1000-1950* (Cambridge, Mass., 1985), 74-98; Pounds, *Historical Geography*, 220-228; Robert S. Lopez, *The Commercial Revolution of the Middle Ages, 950-1350* (London, 1971), 60-136; Pach, "International Trade Routes," 287-321; *Cambridge Economic History*, vol. 3, esp., R. de Roover, "The Organization of Trade"; O. verlinden, "Markets and Fairs"; and Sylvia Thrupp, "The Guilds"; Cipolla, *Fontana Economic History of Europe*, 1: 32-34.

② 一个里昂的贵族妇女所购买的产品来自整个欧亚经济网络。Hale, *Renaissance Europe*, 35-36. 莱比锡商人与整个大陆的商人建立贸易往来关系。Fritz Lendenmann, *Schweizer Handelsleute in Leipzig* (Bern, 1978), 3-18; Nils Brübach, *Die Reichsmessen von Frankfurt am Main, Leipzig und Braunschweig (14. bis 18. Jahrhundet)* (Stuttgart, 1994); F. W. Carter, *Trade and Urban Development in Poland: An Economic Geography of Cracow, from Its Origins to 1795* (Cambridge, 1994), 53-55, 126-128.

③ Susan M. Stuard, *A State of Deference: Ragusa / Bubrovnik in the Medieval Centuries* (Philadelphia, 1992), 172-173; Riccardo Calimani, *The Ghetto of Venice*, trans. K. S. Wolfthal (Italian orig., 1985; New York 1987); *Cambridge Economic History*, quotes on 2: 347.

政官员仅在主流社会和其他文化的商人之间发生冲突时才出面调停。这种现象在 14 世纪早期达到鼎盛，吸引着外来的手工业者、收税者和劳动者。①

商人，特别是那些急于获得经验和资本的年轻人，往往循环流动，在某个地方待上几个月或几年。丹特描述了“为了法兰西”和前往其他世界(oltremonte)或其他海域(oltremare)的流动人口将妻子们留在家里哀怨地生活。但是远方的商人通常呼唤他们的妻子前来团聚、组成家庭，并且融入当地风俗。在商人大都市世界，他们融入了地方精英的生活，当他们的第二代出生后，他们成为社会的核心。但是，联姻和文化融合可能意味着他们中间人作用和特权阶层地位的丧失。

因为“意大利”商人——主流社会的归类——起源自独立的城邦，他们的殖民地组织的发展并没有统一模式。威尼斯人在他们的殖民地中排斥外来人，但是热那亚人在他们黑海的殖民地却欣然给予流动的拉丁人、希腊人、亚美尼亚人、土耳其人和犹太人政治和商业地位。商业领地和殖民地可能比主流社会更强大。威尼斯控制了矿业和农业领地，并在各地领主的帮助下在整个地中海岛屿中殖民，或者雇佣劳动力。在黎凡特，威尼斯商人强迫供应商从事规模化生产，或者模仿他们的技术，将产品运往意大利；有时还将一些产品，例如纺织品，返销回原产地。每次产品转移都意味着流动人口劳动力的减少或增加，或者依性别或年龄重新分配劳动力。在意大利城市，流动人口劳动力被吸引到大的生产场所——大作坊(botteghe)，但是多数工作都分配给居住在小城镇的手工业家庭，流动者仅限于运货的马车夫。②

汉萨商人仅在东方的诺夫哥罗德、北方的卑尔根、西方的布鲁日和伦敦建立了租界。这些业务分支机构(Kontore)或者驻地(Höfe)的管理者由三个有选举权的地区：莱茵、温德斯和波罗的海—利沃尼亚选拔产生。这些地方聚集了一批说德语的手工艺人，他们中的多数人仅在这里工作一个季度或几年，极少数人携妻带子而来。这种单身男人的生活方式及其饮食习惯将这些寄居者和当地人区分开来，并时而引发矛盾。只有在瑞典南部的鲱鱼市场，妇女帮助商人打包，或

① Jacques Le Goff, “The Town as an Agent of Civilization, 1200-1500,” in Cipolla, *Fontana Economic History of Europe*, 1: 76-79; Frédéric Mauro, “Merchant Communities, *1350-1750*,” in James D. Tracy, ed., *The Rise of Merchant Empires: Long-Distance Trade in the Early Modern World, 1350-1750* (Cambridge, 1990), 255-286; J. A. Goris, *Étude sur les colonies marchandes méridionales à Anvers, 1477-1567* (Louvain, 1925); Subhi Y. Labib, *Handels-geschichte Ägyptens im Spätmittelalter (1171-1517)* (Wiesbaden, 1965), 163-233, 286-336.

② *Cambridge Economic History*, 2: 351; Janet L. Abu-Lughod, *Before Eruopean Hegemony: The World System A.D. 1250-1350* (New York, 1989), 108-109.

者用盐腌制上万桶的鱼。从各个业务机构向外延伸,挪威商人的贸易活动范围达到法罗群岛、冰岛和格陵兰岛,同时,日耳曼商人的脚步向东延伸到里加湾和条顿骑士团的城镇。他们经布鲁日或科隆与地中海建立了联系。①

沿着西北向的伦巴底、佛兰德斯贸易路线,意大利商人与犹太商人、荷兰商人和德意志商人相互融合。他们全部都要向各地统治者缴纳安全保障费。为了保护商业这个经济来源,香槟公爵决定在撤回保护前发布为时三个月的公告,让商人有足够时间带着货物撤离。13 世纪中期,商人们组成了自治管理的商业协会(universitates mercatorum)。在特定的商业贸易环境下,新的地区性的组织不断出现。②

与西北向贸易路线相对应的是东北向路线,即经君士坦丁堡和黑海向北到达俄罗斯的第聂伯河和顿河的贸易路线。沿着多瑙河,希腊商人、犹太商人、匈牙利商人和德意志商人经维也纳到达波希米亚,经雷根斯堡到达德意志南部城市。14 世纪早期,在君士坦丁堡聚集了马赛人、蒙彼利埃人、纳尔旁人、巴塞罗那人、安科纳人、佛罗伦萨人和拉古萨人的租界,以及来自伦敦和德意志的商人。当地的拜占庭人和希腊裔的商人丧失了他们对于佩拉城郊的热那亚人的绝对控制权,这些热那亚人来自热那亚在卡法的克里米亚殖民地,是第二次移民活动的后果,他们曾 15 次经商,其数量与城市本身的数量一样多(参见第 4 章第 1 节)。③

在伊比利亚半岛,来自热那亚、皮亚琴察、卢卡、科莫和马赛的商人,同葡萄牙、英格兰、法兰西和日耳曼商人一样,在塞维利亚开设了分支机构。“有特权的外国商人建立了特有的街道和新郊区(barrio)。”13 世纪 70 年代,热那亚特有的狭长船从马略卡港口到达大西洋,并向北沿海岸线到达伦敦和尼德兰城市。此后,经济势力集中在大西洋的海外帝国。④

---

① Klasu Friedland, *Die Hanse* (Stuttgart, 1991); Philippe Dollinger, *La hanse* (*XIIIe-XVIIe siècles*) (Paris, 1964); Volker Henn and Arnved Nedkvitne, eds., *Norwegen und die Hanse* (Frankfurt/ Main, 1994); T. H. Lloyd, *England and the German Hanse, 1157-1611* (Cambridge, 1991); Wilhelm Koppe, *Lübeck-Stockholmer Handelsgeschichte im 14. Jahrhundert* (Neumünster, 1933), 104-108, 242-264.

② S. R. Epstein, "Regional Fairs, Institutional Innovation, and Economic Growth in late medieval Europe," *Economic History Review* 47 (1994): 459-483; *Cambridge Economic History*, 2: 357, 3: 101-105, 108.

③ Baron von Meyendorff, "Trade and Communication in Eastern Europe, A. D. 800-1200," in Arthur P. Newton, ed., *Travel and Travellers of the Middle Ages* (London, 1926); Paul Bushkovitch, *The Merchants of Moscow, 1580-1680* (Cambridge, 1980), 6-69; Henrik Birnbaum, "On Some Evidence of Jewish Life and Anti-Jewish Sentiments in Medieval Russia," *Viator* 4 (1973): 225-255.

④ *Cambridge Economic History*, 3: 119-153; Abu-Lughod, *Before Eruopean Hegemony*, 55-75. 15～16 世纪西班牙状况,参见 Hermann Kellenbenz, ed., *Fremde Kaufleute auf der iberischen Halbinsel* (Cologne, 1970).

商业活动需要货款，因此，与商人同行的有放债者，他们或来自都灵附近的基耶里，或来自法兰西南部的卡奥尔。他们可能是犹太人，因为他们没有可靠的社会地位，所以他们不得不将目光转向落后地区。他们对地方人口施加财政影响，在财务合同执行期间，债务人和债权人的关系转化为种族关系。用“伦巴底人”称呼钱币兑换人证明了意大利人参与货币流通的广泛性，强硬的反犹主义者则强调犹太债权人的顽固。14～15世纪，佛罗伦萨的美第奇家族、德意志的福格尔家族和韦尔瑟家族参与到金融活动中，成为早期资产阶级家族。

商人必须随着货物移动。商人的生活越来越动荡，他们在附近农村的外来人口中雇用仆役。在经营活动中，他们雇用专业的挑夫，意大利商人家族一般雇用托斯卡纳人，马赛商人一般雇用多芬人。在沿海贸易中，意大利狭长船的船员人数为175～200人，偶尔达到300人。有些人，比如法兰西的胡格诺人，是在宗教战争中被俘的奴隶。许多人招募自利古里亚沿岸的渔民和水手家庭。来自达尔马提亚、阿尔巴尼亚，最远来自匈牙利的船员和劳动力被雇用为划桨手。到达伦敦后，这些船员与当地的码头工人相遇，他们在一起吵闹、喝酒。船员中有人逃跑，有人生病，一些德意志人和佛莱芒人在回程中受到雇用。陆路上，旅行者为快运挑夫、教会或王室信使以及大批货运马车夫，他们向各个方向扩散。由于早期投资小于沿海贸易的投资，参与者为资本较少的家族；由于零售商的活动，贫穷的家庭可以买得起或者至少看得到来自海外的货物。①

英格兰和中东欧参与洲际贸易活动的时间较晚。1290年英格兰宫廷驱逐“外国”投资者时，新来的外国人——意大利人——代替了犹太人的位置。海外贸易也主要掌握在流动人口手里。英格兰人控制了30%的麻布出口量，意大利人控制了24%，其余的由佛莱芒人和其他商人控制。伦敦的英格兰商人来自城市，即所谓的“家乡”，一段时间之后扩展到英格兰全境。一些威尔士人和爱尔兰人也加入进来。英格兰各省商人的寡妇向伦敦迁移，嫁给城市人。外国人，主要是意大利人和少数法兰西人，短途贸易中的日耳曼人和佛莱芒人，大多在迎娶英格兰妇女后获得了公民身份。但是也有一些暴力事件发生。在莎士比亚的《托马斯·莫尔先生》中有一个场景，描写了1517年迫害外国旅行者事件后，“不幸的陌生人，背着婴儿，带着破旧的行李，缓步走向港口和运输海岸”。伦敦的商人

① *Cambridge Economic History*, 3: 72, 98, 100-101, 357-359; Michael E. Mallett, *The Florentine Galleys in the Fifteenth Century* (Oxford, 1967), 29-57; *Cambridge Economic History*, 2: 354.

阶级,按照西尔维亚·施鲁普的说法,成为一个"熔炉"。①

匈牙利首都是城市发展相对较晚的地区人口流动与联姻的典型范例。布达的上层阶级从有商业联系的城镇选择新娘。在维也纳和布达之间,形成了婚姻伙伴关系;其他的来自遥远的圣高尔(瑞士)、纽伦堡、布雷斯劳(波兰西南部城市弗罗茨瓦夫)和克拉科夫,少数人来自早期外来人口瓦龙人和德意志人家庭。对于小一点的城镇来说,婚姻市场相对较小,但是外来人口伴侣的比率并不一定低。一些匈牙利城市的布鲁日精英与当地贵族联姻,新娘来自后来的国家。国家界限与选择伴侣无关。②

城市或王朝的政策决定了流动人口的构成。英格兰依赖于外来人口,但是意大利殖民地范围内的城镇人口则向外流动,拉古萨的城邦决定控制人口增长。执政官员严密监控外来人口,但是为了经济的增长和扩张,仍然允许妇女参与到各领域的活动。③ 因此,由商人家庭构成的欧洲——由挑夫、码头工人和生产者支撑——组成一个与远方密切联系的世界。

普通人的婚姻与流动

短途流动人口弥补着城市中女性仆役和劳动力以及男性不熟练工人的不足。流动人口趋向于低龄化,特别是妇女,她们通常还想回到家乡结婚。其他年龄较大的女性,比如寡妇,如果负担得起,将利用城市的人际关系;如果贫困,则利用城市救济体制。城市的资本与农村的劳动力密切结合。尽管外出工作和家庭生产的关系尽人皆知,但是城市近郊的农产品生产者与城市市场的关系也值得注意。佛罗伦萨城市中拥有土地的市民付给他们的佃农租金以此把他们固定在土地上。此举可以阻止他们为了获得更好的生活而流失,但是却促使他们为了躲避无法负担的债务而逃亡。④

---

① George D. Ramsay, *English Overseas Trade during the Centuries of Emergence* (London, 1957); Kenneth R. Andrews, *Trade, Plunder and Settlement: Maritime Enterprise and the Genesis of the British Empire, 1480-1630* (Cambridge, 1984), 41-100; Mary Prior, "*Women and the Urban Economy: Oxford 1500-1800*," in Prior, ed., *Women in English Society, 1500-1800* (London, 1985), 98-105; quote from Mary Ashraf, ed., *Political Verse and Song from Britain and Ireland* (Berlin, 1975), 40; Sylvia L. Thrupp, *The Merchant Class of Medieval London, 1300-1500* (Chicago, 1948), quote 208.

② Kubinyi, *Horizontale Mobilität*, 120-131.

③ Stuard, *Ragusa / Dubrovnik*, 102-103.

④ Herlihy and Klapisch-Zuber, *Tuscans*, 108-120, 136, 151-157, 201, 224. Linda Martz, *Poverty and Welfare in Habsburg Spain: The Example of Toledo* (Cambridge, 1983), 4-5, 12-13; Michael R. Weisser, *The Peasants of the Montes: The Roots of Rural Rebellion in Spain* (Chicago, 1976), 78-80.

进入意大利城市的自由人口——他们可能与来自中亚和北非的城市奴隶互相影响——建立了以他们家乡生活方式为基础的居住方式，将他们的城市邻里当作“特定城市的自然延伸”。在热那亚，新来者可以很容易地获得公民权，他们散发礼物，继续占有土地，并且拜访他们家乡的亲属。在佛罗伦萨，流动的手工艺人主要来自当地人口，尽管它与其他意大利城市不同，对外国手工匠人没有限制。当外来人口与上层人士通婚，贵族之间的密切联系抵消了流动人口的亲属关系。贵族家庭鼓励自己的女儿下嫁，因为贵族之间仍然保持着家族支付嫁妆的传统。[①]

根据布罗代尔的观点，地中海地区某些城市的流动人口主要来自于一个或两个民族—宗教集团：马赛的科西嘉人；塞维利亚的安达卢西亚摩洛哥人；阿尔及尔的基督徒和柏柏尔人；里斯本的非洲奴隶。在威尼斯，来自邻近城镇的流动人口与威尼斯控制的遥远地区的流动人口融合，其中包括阿尔巴尼亚人、希腊人、波斯人和土耳其人，仅少部分民族名称保留了下来。如布罗代尔所说，“这些外来人口并非全部是不熟练的劳动者，也非愚蠢的人。他们通常拥有新技术，这对于城市生活来说，也是不可或缺的”[②]。为了躲避城市的拥堵，贵族和资产阶级会向相反方向流动，他们会在某些季节离开城镇去寻找新鲜空气、果园和田野。他们的男女仆役跟随他们。一些外来人口在城市中生活多年后会返回家乡，将城市的生活方式带到了农村。

匈牙利小镇佩奇，在1620年拥有5000人，突出地表现出多民族和文化之间的融合、互相影响和冲突的特点：1000年时，城镇人口为匈牙利人。11世纪的城堡受到意大利经典建筑师和法兰西雕塑家的影响——外来的石匠开设了作坊，第一个法兰西主教和德意志人几乎同时到达。16世纪，土耳其军队到达并占领了150年，城镇开始表现出“东方化”风格——穆斯林和奥斯曼人的风格，原始居民被驱赶到边缘地区。在历史文献中，先后出现了希腊商人、波斯尼亚制革工人、塞尔维亚的掠夺者、塔塔尔军人和犹太定居者。当各个基督教派别为了争夺教堂的使用权而发生冲突时，奥斯曼管理者就会作出妥协。[③]

---

① Diane O. Hughes, “Kinsmen and Neighbors in Medieval Genoa,” in Miskimin et al., *Medieval City*, 95-111; Richard A. Goldthwaite, *The Building of Renaissance Florence: An Economic and Social History* (Baltimore, 1980), 242-286, 363, 386.

② Braudel, *Mediterranean*, 1: 334-341, quote 336.

③ 18世纪，手工艺人和商人一般是德意志人，工人和边缘手工业者来自波斯尼亚。19世纪的工业化过程创造出摩拉维亚人、波希米亚人、卡尼奥拉人、施蒂里亚人、塞尔维亚人、克罗地亚人、蒂罗尔人、卡林迪亚人、意大利人和德意志人工人。克罗地亚的波斯尼亚天主教徒、伏伊伏丁那的本季奇（*Bunjeci*）人和士瓦本的德意志人在附近的农村殖民地居住。Győző Bezerédy, *Pécs* (Pécs, 1986).

与农村家庭一样,在城镇家庭中流动人口和临时居民导致家族不断地重建。"共同居住的家族(事实上是城市的所有人口)都有极强的流动性。仆役被雇用或被辞退,儿子们离家或返家。"婴儿由乳母抚养,有些再也没有回到自己的家。未婚的女儿在年幼时就被送到女修道院,其他人婚后在男方家生活。贫穷家庭的女儿必须离家从事服务劳动以赚取嫁妆,在某些文化中,她们收到了代替婚姻嫁妆的工资。[①]

流浪者到达了赤贫的、人口波动很大的城市和城镇。在巴塞尔,多数外来的穷人来自邻近地区,当然有些人是长途跋涉而来。13、14 世纪,欧洲城市中,35%～40%的居民是穷人:他们中的一半人是没有积蓄的穷苦劳动者;约 1/4 的人是小业主,他们的境况很不稳定;另外 1/4 的人依靠救济。14 世纪上半叶,法兰西劳动者的工资不足以养活一个家庭。法兰西农民在收获前的几个月向外国借贷者借贷,支付高利贷利率,因此经常会丧失土地。流浪和依赖于城市救济往往成为这些家庭的唯一选择。15 世纪,德意志各邦中,从个人到地方的救济措施中掺杂了确定"真正穷人"的程序,禁止其他人进入作坊,并且质疑乞讨行为。一份官方文件《流浪者法规》(*Liber Vagantorum*)成为辨别流浪者的手册,1510～1530 年再版了 32 次。16 世纪中期,意大利城市开设了妓女救济院,为孤儿、穷人家的女孩以及有婚姻问题的妇女设立收容所。威尼斯通过了一条法律,规定乞丐可以被送回家乡。[②]

城市妇女一般看管店铺或在手工作坊贩卖丈夫制作的产品,或在市场中批发零售农产品及其他产品。但是她们很少离开城镇,游商一般都是男性。女性公民只有在其伴侣是外来移民的条件下才有机会分享其他文化。

旅行者及乡下女仆

14 世纪,商人开始稳定下来。与此相反,流动的手工业者的生活越来越动荡,或是因为好奇心,或是为了获得教育和更好的经济环境,或是为了独立。"逃跑"也是一种抗议的方式,旨在提醒领主和城镇官员,城市经济只有在生产者能

① Herlihy and Klapisch-Zuber, *Tuscans*, 13,136,151-152.

② Mollat, *Les pauvres au Moyen Âge*, 205-220; Robert A. Schneider, *Public Life in Toulouse, 1463-1789: From Municipal Republic to Consmopolitan City* (Ithaca, 1989), 296-297; Erich Machke and Jürgen Sydow, eds., *Gesellschaftliche unterschichten in den südwestdeutschen Städten* (Stuttgart, 1967), 1-74; Thomas Fischer, *Städtische Armut und Armenfürsorge im 15. und 16. Jahrhundert* (Göttingen, 1979), 155-175; Sherrill Cohen, "Asylums for Women in Counter-Reformation Italy," in Sherrin Marshall, ed., *Women in Reformation and Counter-Reformation Europe: Private and Public Worlds* (Bloomington, 1989), 166-188. Pullan, *Rich and Poor*, 243-248.

够获得合法的社会地位时才可能顺利运转。与自由流动人口和农奴一样，旅行者在他们自己的生活领域里也是见多识广的人物。雇主勉强提高工资以保证劳动力供给。造成这些变化的先决性结构条件是城市劳动力市场与晚婚的关系。参与人口流动的人中有学徒、旅行者和领主。学徒一般首先从村庄到城镇，这是必经阶段。年轻的农村妇女在城市家庭内接受训练，付出廉价劳动。①

学徒和女仆都住在雇主家里。社会风俗如同今天一样规定了妇女的劳动——准备食物、制作衣服、抚养孩子，比起在手工作坊的劳动，更不具有技巧性。② 住家的安排在经济上是很重要的，同时也牵涉到情感关系。领主和他们的妻子往往将儿子送去学习经商以获得更高的社会地位，或将他们送到教会机构，他们也可能用"替代的儿子"担任学徒，以此填补家族内由此产生的空缺。另一方面，旅行者的学识也往往突出了其消极的一面。例如控制他们的行为、工作时间长、食品质量差或者数量少。男性歌曲中对领主妻子和女儿的性暗示也牵涉到经济因素：与领主的女儿结婚意味着晋身商界。关于这种关系的性别研究必然提出一个问题：为什么女仆不是领主儿子合适的结婚对象，反而如意大利的女奴一样，成为家族中男性泄欲的工具。与热那亚人接受女奴所生的孩子不同，在欧洲其他地方，主人与仆人所生育的子女仅仅是母亲的责任，她们往往因此而失去赖以为生的工作，她们的孩子也因此没有了"家"。③

在多数贸易活动中，领主雇用的旅行者一般是一个，通常不超过两个，所以独立作坊里的人数较多，因为有结婚的可能，他们的伴侣也可能分担一些工作。

---

① Wilfried Reininghaus 的著作非常有助于我们了解这个问题，见 *Die Entstehung der Gesellengilden im Spät-mittelalter*（Wiesbaden，1981）。另参见该作者的论文，Jaritz and Müller，*Migration*，179-215，"Die Migration der handwerksgesellen，" *Vierteljahrschrift für Sozial- und Wirtschaftsgeschichte* 68（1981）：1-21. Kurt Wesoly，*Lehrlinge und Handwerksgesellen am Mittelrhein*（Frankfurt/ Main，1985）；Knut Schulz，*Handwerksgesellen und Lohnarbeiter*（Sigmaringen，1985）；Helmut Bräuer，"Probleme der Migration von Handwerkern und Gesellen während des Spätmittelalters und in der frühen Neuzeit，" *Beiträge zur historischen Sozialforschung* 19（1989）：78-84；Rainer S. Elkar，ed.，*Deutsches Handwerk in Spätmittelalter und Früher Neuzeit*（Göttingen，1983）；Alfred Doren，*Deutsche handwerker und handwerkerbruderschaften im mittelalterlichen Italien*（Berlin，1903），85.

② 唯一不变的观点似乎仍然认为，无论妇女在特定时间段内发生什么变化，她们的劳动均非技能性工作。Merry E. Wiesner，"Guide，Male Bonding and Women's Work in Early Modern Germany，" *Gender and History* 1（1989）：125-137，and Wiesner，"Wandervogels and Women：Journeymen's Concept of Masculinity in Early Modern Germany，" *Journal of Social History* 24（1990）：767-782.

③ J. C. Russell，"Population in Europe，500-1500，" in Cipolla，*Fontana Economic History of Europe*，1：50. Susan Bridgen，"Youth and English Reformation，" and Steven R. Smith，"The London Apprentices as Seventeenth-Century Adolescents，" in Paul Slack，ed.，*Rebellion，Popular Protest and the Social Order in Early Modern England*（Cambridge，1984），83-87 and 219-231.

许多地方允许寡妇经营作坊。1444年,斯特拉斯堡11%的行会成员是女性。工资标准一般由城市权力机构确定,但是妇女的工资固定的是男性工资的一半。在巴塞尔,工资差距相同。在科隆的丝织产业,女师傅接受女性学徒。她们来自70公里以内的城市、城镇,或者远一些的、能够通航的地方,有些人甚至来自安特卫普和吕贝克。劳动力市场建立的时候,生产领域的妇女开始被边缘化,但仍然活跃在产品销售领域。一般来说,"在16世纪,对于劳动妇女以及生活在男性家族控制之外的妇女的限制增强了"。手工业者夫妇一起外出经商,有时被迫暂时或者被迫迁移至没有行会的农村,来到全部由男性组成的行商组织。①

与持续了几个世纪的女奴住家传统不同,行商可能暂时将自己雇佣给军队,不仅因为报酬较高,而且因为地方的战争持续时间短、危险性小。自给自足的农村手工艺人不受行会管理,他们从事季节性工作,农忙季节在农村,冬天到城市工作,但是城市行会不断驱赶农村人口。无法支撑自己的领主继续迁移,定居的领主将他们的儿子派往其他城镇担任学徒。与个人职业无关的长途迁移仅仅在有某些特殊机遇时才偶尔出现。14世纪20～80年代,大量德意志手工业者分别在斯堪的纳维亚半岛从事鲱鱼生产或在意大利工作。行会越来越严格地控制和规定多年期的、中途或长途的流动人口。16世纪晚期开始,中欧德语区的流动人口开始承担役务;在西部,法国之旅制度(tour de France,一种行商学徒制度)开始实行——这种制度在德意志存在至19世纪。② 行商中的人口流动模式开始表现出规律性特点,其中包括在目的地建立保护性组织,比如14世纪伦敦、约克和佛罗伦萨的佛莱芒人和布拉班特纺织工人组织。地方行会或手工业行会(compagnonnages)欢迎行商到来,获得新信息,提供工作机会,杜绝去报酬微薄的领主那里工作。没有工作的时候,行会会提供一个临时性的工作,一般是两周,为他们下一次的旅程做准备。托钵修士特别是圣方济会修士的生活方式和

① Margret Wensky, *Die Stellung der Frau in der stadtkölnischen Wirtschaft im Spätmittelalter* (Vienna, 1980), 113-162; Schulz, *Handwerksgesellen*, 39, 45, 282; Reininghaus, *Entstehung*, 218-222, 225; Grethe Jacobsen, "Female Migration in the Late Medieval Town," in Jaritz and Müller, *Migration*, 43-55, quote on 52; Kurt Wesoly, "Der weibliche Bevölkerungsanteil in spätmittelalterlichen und frühneuzeitlichen Städten und die Betätigung von Frauen im zünftigen Handwerk," *Zeitschrift für die Geschichte des Oberrheins* 128 (1980): 69-117. 另参见 Perroy, "Wage labour in France," 237-247.

② 后来,流动人口的役务固定下来。劳动力的过度供应导致人口流动,行商被禁止定居,亦被禁止与行会组织的领主竞争。

旅行经验与行商文化相似，他们提供的是宗教服务。①

性别关系体现在行商的性生活和他们的歌咏中，这在人口迁移活动中发挥了重要作用。许多人临时生活在一起，其他人则经常狎妓，而后者还没有像后来一样受到蔑视。在中世纪拉丁语中，妓女被称为“meretrix”，指维持生计和获得“额外”报酬的人。一个学者曾经将与上层人士往来的妓女称为“娼妓艺术”，因此将性劳动纳入手工业者“适宜的手艺”中。许多人也是流动人口，比如在15世纪法兰西南部的来自北方战争破坏地区的人口。② 行商歌咏反映的传统主题是破裂的人际关系以及离开父母、兄弟姐妹和“爱人”（这是最主要的）的悲哀之情。③ 偶尔还会加上安慰性的歌词：在旅行的目的地有一个女人在等待，留在家里的女人则会从一个远道而来的行商那里得到安慰。英格兰水手之歌的内容有所不同：留在后方的、恋爱中的女人穿上男人的衣服，加入到爱人的海外航行中。④

长途旅行可能是充实的。15世纪40年代莱茵河上游地区的城镇中，40%的行商流动的范围在51～150公里（3～6天的行程），其他30%的人流动范围在151～300公里（最多两周的行程）。中等城市吸引了需要2～14天行程的流动人口，城市越大，所吸引的流动人口来源地越遥远。超过300公里流动人口来自波罗的海地区、波兰、波希米亚和奥地利——可能来自德语区的城市居民。德语成为手工业者的通用语言，流动的行商在临近德语区的地方建立了殖民地。除了距离与城市规模外，贸易特点也决定了人口流动方式。需要特殊的城市手工业训练的人迁移距离较远，从事日常手工业劳动的人能够在村庄中学习技能，因

---

① Jan A. van Houtte, *An Economic History of the Low Countries, 800-1800* (London, 1977), 61; *Reininghaus, Entstehung*, 49-50, 108-112, 158-161; Davis, *Society and Culture*, 21, 69; Cynthia M. Truant, “Solidarity and Symbolism among Journeymen Artisans: The Case of Compagnonnage,” *Comparative Studies in Society and History* 21 (1979): 214-226.

② 相反，拉丁语 prostituere 指公开奉献自己的人。Jacques Rossiaud, “Prostitution, jeunesse et société dans les villes du Sud-Est au XVe siècle,” *Annales: Économies, sociétés, civilization* 31 (1976): 303; Shahar, *The Fourth Estate*, 205-110.

③ 多数歌曲流传的时间在18～19世纪，少数可以追溯到16世纪。Oskar Schade, ed., *Deutsche Handwerkslieder* (Leipzig, 1865; repr., Wiesbaden, 1970), 105-188; Wolfgang Steinitz, ed., *Deutsche Volkslieder demokratischen Charakters aus sechs Jahrhunderten*, 2 vols. (Berlin, 1955-1962), 1: 191-225.

④ John Ashton, ed., *Real Sailor Songs* (London, 1891; repr., 1973), 31-32, 39, 55-56, 60. 这些歌曲描述被强行征召在航海旅行的流动人口（见上书第30～31页）。有一首歌曲表现了人口的频繁流动、外人的构成观念以及女仆嫁妆等主题。Suzanne J. Stark, *Female Tars: Women Aboard Ship in the Age of Sail* (London, 1998); Margaret S. Creighton and Lisa Norling, eds., *Iron Men, Wooden Women: Gender and Seafaring in the Atlantic World, 1700-1920* (Baltimore, 1996).

此流动距离较近。女仆一般来源于城市周边地区，这里很少有男人外出。[①]

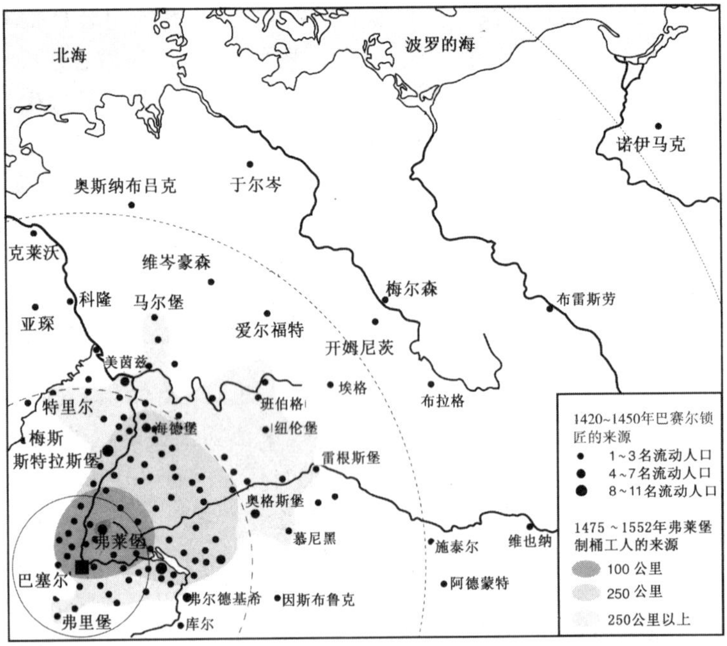

图1-9 15世纪部分手工艺人的人口流动

在德语流动人口区外，“16世纪的手工业组织中也包含着多个种族，很少是本地人”。14世纪，佛罗伦萨手工业者雇用来自佛兰德斯和布拉班特的工人；但是，1561年的维罗纳，没有一个生产黑布料的工艺大师是本地人。在布雷西亚，兵工厂“不断向周围地区扩张建厂，不断有工人向周围城镇流失，又再被召回……经过长途或短途旅行的流动劳动力一直满足着各种各样的需求”。英格兰的兵工厂亦是如此。[②] 在莱茵河上游，德意志和法兰西文化的边境地区，当城镇开始发布命令禁止“法兰西人、萨瓦人和洛林人（Lotharingian）”工作的时候，文化间的相互影响与竞争显现出来。地方妇女可能并不持相同态度。男性统治者排斥外国人的原因是他们“狡猾并且隐秘地”迎娶了当地市民的女儿和寡妇。

① Reininghaus, “Migration,” 9-14; Schulz, *Handwerksgesellen*, 282-286. 由于目前资料无法确定旅行路线，这里提到的所有距离都不确定。我们还不清楚行商是否在中途停留工作，或者分阶段流动。

② Braudel, *Mediterranean*, 433-435; George Unwin, *The Guilds and Companies of London* (London, 1908; repr., 1963), 2-5, 32-34, 243-255; Steven A. Epstein, *Wage Labor and Guilds in Medieval Europe* (Chapel Hill, 1991), 163-172, 232-247.

他们哀叹没有女性留下来嫁给当地贵族的儿子。他们偏执地认为,如果这些夫妻“增加”(再生产)了人口,当地的年轻男性很快就会背井离乡。[①]

从16世纪开始,行商的旅行范围扩展到巴黎和伦敦,斯堪的纳维亚地区的行商跨越欧洲,说德语的手工业者和法兰西工人向瑞典流动。许多人生活的地方远离他出生和学习的地方。妇女的迁移距离仍然较短,但是婚姻往往将妇女与一个遥远地方的男性联系起来,当然,前提是双方身份相当。

泥瓦匠区和矿区的人口流动

在大型工程中,有两种高技能的行业,熟练的泥瓦匠和矿工一般从其他地方招募。19世纪末期欧洲矿业开始发展,1460～1520年矿业生产达到繁荣时期,这都导致熟练劳动力需求上升,他们对于其他地方的技术进步知之甚详。12世纪大教堂、修道院以及城堡和防御工事显示着宗教和世俗的权力。类似的工程需要大量的泥瓦匠、小工以及相关工种的人,比如木匠、铁匠、管工、玻璃工和泥水匠。技术最熟练的泥瓦匠以及负责垒砌石头的瓦工被称为“共济会”。在劳动力短缺时,妇女也偶尔在建筑工地中受雇承担一些非技术性的工作。[②]

最初,熟练的泥瓦匠也是建筑师。但是由于建筑越来越复杂,并发展成为专门技术,拥有特殊建筑和装饰才能的人必须来自远方。工人和挑夫通常来自于当地人口。在宗教工程中,他们往往自愿地从事一些无酬劳的工作。熟练的建筑工人主要来自其他地区。哥特式建筑的核心要素,即尖顶,来源于阿拉伯,可能由十字军带回欧洲。1196年在诺曼底建造的坚固城堡使用了400名泥瓦匠和1200名工人,融合了巴勒斯坦城堡的风格。彩色玻璃窗户必须从遥远的专业作坊中购买。熟练的泥瓦匠又将哥特式建筑风格带到波兰,拜占庭人中的熟练技师又将他们的风格传播到罗斯。[③]

---

① Schulz, *Handwerksgesellen*, 42, 357-361.

② 工艺的秘密(即专门技术)以及入门仪式展示了共济会的学识。苏格兰的泥瓦匠区是历史上最早的专门区域;英格兰区有过传奇的产业发展经历,即“Old Charges”。来自中产阶级的男性改变了共济会的特点,并向其他国家扩展。

③ 举例说,熟练的泥瓦匠在大教堂建筑中所表现出来的数学知识超过牛津或其他大学学生的水平。Reinhard Bentmann and Heinrich Lickes, *Kirchen des Mittelalters* (Wiesbaden, 1978), 60-114; Martin Warnke, *Bau und überbau*: *Soziologie der mittelalterlichen Architektur* (Frankfurt/ Main, 1976), 20-62; Georges Duby, *Le temps des cathedrals*: *L'Ürt et la société*, *980-1420* (Paris, 1976); Jean Gimpel, *The Cathedral Builders*, trans. Teresa Waugh (Frech orig., 1980; Engl. Ed., 1988); Frances Gies and Joseph Gies, *Cathedral*, *Forge*, *and Waterwheel*: *Technology and Invention in the Middle Ages* (New York, 1994), 82-104, 论述了亚洲和阿拉伯技术的关系。

建筑产业与遥远且快速的流通网络相连。比如,1493 年,德意志南部乌尔姆教堂的塔楼岌岌可危,117 名泥瓦匠在一周内被召集到此,进行抢险救援。这个网络遍及整个大洲:1175 年,伦巴底的泥瓦匠在加泰罗尼亚工作;1287 年,法兰西的泥瓦匠在瑞典的乌普萨拉工作。跨越欧洲的宗教骑士也依靠这些建筑师和熟练技师在法兰西或匈牙利承担建筑工程。13 世纪,建筑师维拉尔·德·奥内库尔在康布雷、拉昂、兰斯、莫和沙特尔工作,他甚至还在匈牙利工作过。德意志的石匠在大型建筑工地建立了自己的组织(或称"Hütten"),分享住处和食物。他们建立了一个切割石头的工场,即 Bauhütten,因此他们可以一直工作到每年寒冷的季节以求获取工资收入。在荷兰与德意志的边境城市克桑滕的一个石匠组织中,有来自法兰西的佛兰德斯、荷兰、安特卫普和布鲁塞尔、威斯特伐利亚和莱茵河流域城市的流动人口,他们所有人都在当地人的帮助下获得工作机会。1459 年,这些流动人口因良好的技术和虔敬的行为获得了跨越地区界限工作的荣誉。①

长途迁移的矿工在某种程度上得益于农民因人口增长向山区进行短途流动的行动。他们在迁移过程中偶然间发现了表面矿脉,因此对银、盐、煤和石材的需求增强,并进而扩大了劳动力需求。金属、矿物和盐进入长途贸易网络。黄金仍然来自撒哈拉沙漠以南地区。中欧最重要的银矿集中在德意志哈尔茨山区以及波希米亚的库腾贝格镇周边。熟练工人从这里向东阿尔卑斯山区、孚日山区和侏罗山区,向法兰西西南部,向波希米亚和斯洛伐克新矿区附近的城镇流动。英格兰的锡矿区和瑞典的贝里斯拉根地区同样吸引着外来人口。为了提高收入,同样对矿业和先进技术知之甚详的宾根女修道院院长海德加(Hildegard)和不伦瑞克女公爵鼓励投资和移民。领主们给予矿工与农业殖民者和共济会泥瓦匠相同的权利:人身自由、来去自由以及探矿自由。

当矿山可以保证长期雇佣合同时,外来人口阖家迁移而来。但是矿藏往往迅速枯竭,这些家庭面临着继续迁移的境遇。很少有书面文献记载矿山中的女性,但是 15 世纪的文献记录了妇女和儿童在分拣和分解矿石中的工作。与流动的手工艺人一样,当矿主或遥控的城市资本家仅提供恶劣的工作环境时,矿工将全体离开。当灾难降临、矿山停产时,工人将被迫离开。专业人员和投资人口提

① *Cambridge Economic History*, 2: 768-887; R. A. Leeson, *Travelling Brothers: The Six Centuries'Road from Craft Fellowship to Trade Unionism* (London, 1979), 23-57, 74; Nicola Coldstream, *Masons and Sculptors* (Toronto, 1991), 15-20. 对于某个地区的个案研究,参见 Donald Woodward, *Men at Work: Labourers and Building Craftsmen in the Towns of Northern England, 1450-1750* (Cambridge, 1995).

供了技术和资本。在瑞典，瓦尔德马王(1250～1275 年在位)对德意志矿工非常器重，因此导致德意志资本和商人接踵而至，并在 13 世纪后期取得了统治地位。1444 年，一个英格兰矿主到达萨克森。1528 年，一个奥格斯堡商人雇用德意志矿工在英格兰、威尔士和爱尔兰探矿。16 世纪 60 年代，英格兰矿主招募中欧的矿工。[①]

采矿和冶炼业促使流动人口参与到相关产业之中。木炭需要烧制并运送到冶炼场，金属块需要运送到市场。芬兰农民和木炭工人向瑞典中部的矿区流动。14 世纪早期，施蒂里亚每年生产的 2000 吨铁矿需要多少人力和马匹？新型的矿山城镇吸引着商人、店主、手工业者、独身妇女、矿工的妻子和家务劳动者。在多数地方，说德语的矿工占据主导地位，劳动力的民族构成则是多样的。13 世纪，在库腾贝格，德意志和波希米亚矿工似乎生活在不同区域里。他们的工作遵守由意大利法学家用拉丁语书写的规则。表面矿床的枯竭以及 14 世纪人口的下降延缓了矿业生产的速度。采矿成为农村居民的临时职业，职业矿工必须通过农业生产补充收入的不足。

大量矿工的流动对政治和战争产生影响。战争期间，熟练的矿业工人被派遣去破坏防御工事。因为奥斯曼人的扩张，福西亚的拜占庭—热那亚矾矿被废弃，3000 名矿工失业；但是在意大利中部发现矾矿时，有 6000 人被短期雇用。但是，一般而言，奥斯曼人的统治隔绝了矿业组织的联系，导致它们根据现存的习俗自行制定规则。[②] 15 世纪 60 年代至 16 世纪 20 年代的繁荣时期，受到新技术进步和需求增长的影响，大约 10 万名矿工在哈布斯堡王朝统治下的奥地利和西班牙工作。当王朝得到德意志南部资本家的支持将拉丁美洲纳入王国版图时，一部分工人被派遣到殖民地的矿山。1546 年后，他们与被征服民族中的奴

---

① *Cambridge Economic History*, 2: 691-676. 最全面的综述为 Karl-Heinz Ludwig & Rafaelo Vergani, "Mobilität und Migrationen der Bergleute vom 13. bis zum 17. Jahrhundert," in Cavaciocchi, *Migrazioni in Europa*, 595-596. 另参见插图简介，Helmut Wilsdorf, *Kulturgeschichte des Bergbaus: Ein illustrierter Streifzug durch Zeiten und Kontinente* (Essen, 1987), 105, 161, plates 60-61. 关于不列颠群岛，参见 Bryan Earl, *Cornish Mining* (London, 1968), and Raphaeol Samuel, *Miners, Quarrymen, and Saltworkers* (London, 1977); Hans-Joachim Braun, *Technologische Beziehungen zweischen Deutschland und England von der Mitte des 17. bis zum Ausgang des 18. Jahrhunderts* (Düsseldorf, 1974), 14-16; Susan C. Karant-Nunn, "The Women of the Saxon Silver Mines," in Marshall, *Women in Reformation and Counter-Reformation Europe*, 29-46; Israel, *The Dutch Republic*, 271-275.

② Constantin J. Jirecek, *Die Handelsstraßen und Bergwerke von Serbien und Bosnien während des Mittelalters* (Prague, 1879), 43-61; G. Baudisch, "Deutsche Bergbausiedlungen auf dem Balkan," *Südostdeutsches Archiv* 12 (1969): 32-61.

隶一起工作,银矿生产量大幅度提高。因此引起的价格下降导致欧洲矿工家庭失业,陷入贫困。之后三十年战争导致中欧大多数地区的矿山停止生产。[①]

4. 奉献心和好奇心驱动下的朝圣和传教活动

拉丁教会组织和信徒参与到中世纪人口流动中。其跨越欧洲的行政统治提供了必需的旅行条件(参见第 2 章第 1 节)。为了进入女修道院或修道院,有志于此的人必须离开家乡,或是出于自愿,或是因父母之命,不可以结婚的女儿和没有继承权的儿子因教士独身制度而被父母安置于此。劝导"无信仰者"皈依的目标促使传教士长途旅行,并且与远在中国的佛教徒产生文化碰撞(参见第 1 章第 2 节)。在十字军的武装朝圣者中,成千上万的人跨越了欧洲和黎凡特文化。基督教迫害"异端"、穆斯林和犹太人的行动导致更多的逃亡和人口迁徙行动(参见第 2 章第 3、4 节)。对于许多宗教来说,前往精神沉静、信仰治疗和悔罪的地方是很普遍的行为。[②] 拉丁基督教王国朝圣的"黄金时代"是 11～14 世纪,因 1517 年开始的宗教改革和内部批判而衰落并终止。

作出朝圣的决定从思想上反映了一种在特定圣地祈祷的虔诚愿望。其他的情况包括被特权势力强迫的悔罪之旅,或从其他角度看,是驱逐抵抗者。朝圣也可以被看作是一次逃避、一次娱乐或一次猎奇。能够负担旅费的虔诚的或悔罪的人派遣"职业朝圣者"代替自己。维克托·透纳将朝圣活动分为三个阶段:从神圣的出发阶段,到第二个"阈限阶段"(来自拉丁语 limen,即开端),再到旅行和祭拜阶段。在这个过程中,普通人的社会结构被平等的"团体"所代替。有所

---

① 例如,在德意志中部的曼斯菲尔德地区,矿工人数从 2000 人下降到 26 人。

② 根据早期的、大流散前的传统,犹太人在逾越节、七七节和住棚节期间应到耶路撒冷朝圣,穆斯林则一生中必须到麦加朝圣一次。Surinder M. Bhardwaj and Gisbert Rinschede, eds., *Pilgrimage in World Religions* (Berlin, 1988); Dale F. Eickelman and James Piscatori, eds., *Muslin Travellers: Pilgrimage, Migration, and the Religious Imagination* (Berkeley, 1990); Susan Naquin and Chün-fang Yü, eds., *Pilgrims and Sacred Sites in China* (Berkeley, 1992); E. Alan Morinis, *Pilgrimage in the Hindu Tradition: A Case Study of West Bengal* (Delhi, 1984); Carol Iancu, "Les pèlerinages dans le judaïsme après 70 et dans Israel aujourd'Ĝui," in Jean Chélini and Henry Branthomme, eds., *Les Chemins de Dieu: Histoire des pèleringages chrétiens des origins à nos jours* (Paris, 1982), 345-364.

变化的朝圣者重新回到家乡社会。这些暂时的游历牵涉到身份构成、自我认识和社会融合问题，它们反映了生活本身、旅行生活（vita peregrina）和在生与死之间的身心变化。[①] 来自各个社会阶层的男男女女都在旅行。尽管纯男性的教会权力机构警告妇女不要参与其中，但是妇女参与朝圣的仍然在33%～50%。[②]

在三个重点游历（Peregrinations maiores）目的地中，耶路撒冷一直排在首位，直到1187年穆斯林重新统治开始收取安全保障费为止。之后，罗马因为拥有安葬圣徒彼得和保罗的墓地而成为新的中心。1300年，教皇卜尼法斯八世发出第一道通谕，允许所有朝圣者自由地在罗马朝圣。这极大地促进了罗马城市的发展。西班牙的圣地亚哥—德孔波斯特拉拥有圣詹姆斯墓，也因此成为欧洲大陆第三个重要的朝圣中心——16世纪，每年约有1.8万名英格兰人到这里朝圣。而英格兰的坎特伯雷仅仅吸引了少数来自大陆的朝圣者。从重点游历地到次要中心的流动是中等距离的。当教会开始支持特殊的圣徒崇拜时，并且因玛丽亚崇拜而恢复妇女的地位时，圣地的数量因此而增加；仅仅需要几天行程的朝圣（Wallfahrten）导致成千上万的人的流动。类似的短途朝圣使更多的贫困人口参与进来，他们也向当地教会有所贡献。[③]

---

① Victor W. Turner, "Pilgrimages as Social Processes," in Turner, ed., *Dramas, Fields, and Metaphors: Symbolic Action in Human Society* (Ithaca, 1974), 166-230; Victor W. Turner and Edith Turner, *Image and Pilgrimage in Christian Culture: Anthropological Perspectives* (New York, 1978). Mircea Eliade, *The Sacred and the Profane: The Nature of Religion, trans. Willard R. Trask* (French orig.; New York, 1959). Christian K. Zacher, *Curiosity and Pilgrimage: The Literature of Discovery in Fourteenth-Century England* (Baltimore, 1976).

② Ludwig Schmugge, "Kollektive und individuelle Motivstrukturen im mittelalterlichen Pilgerwesen," in Jaritz and Müller, *Migration*, 268-269; Alan Kendall, *Medieval Pilgrims* (London, 1970), 12-15; F. E. Peters, *Jerusalem and Mecca: The Typology of the Holy City in the Near East* (New York, 1986), 40-41.

③ Hedwig Röckelein, Claudia Opitz, and Dieter R. Bauer, eds., *Maria, Abbild oder Vorbild? Zur Sozialgeschichte mittelalterlicher Marienverehrung* (Tübingen, 1990), 12-15; Peter Brown, *The Cult of the Saints: Its Rise and Function in Latin Christianity* (Chicago, 1981); Werner Freitag, *Volks- und Elitenfrömmigkeit in der frühen Neuzeit: Marienwallfahrten im Fürstbistum Münster* (Paderborn, 1991), 260; D. J. Hall, *English Mediaeval Pilgrimage* (London, 1965), 6-10.

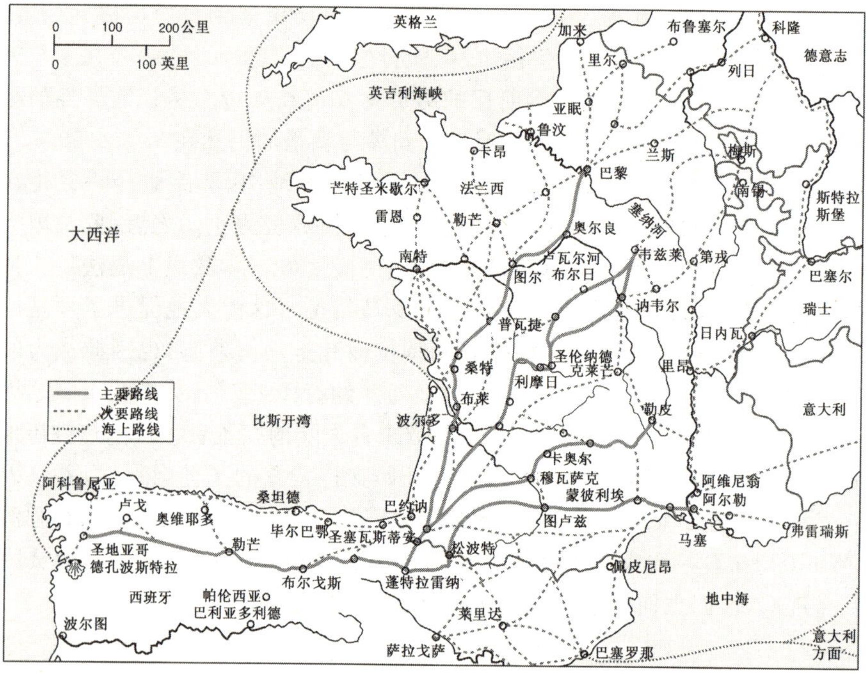

图1-10　15~16世纪前往圣地亚哥德孔波斯特拉的长途朝圣者

吸引朝圣者的遗物需求量很大，拉丁人十字军在1204年掠夺了拜占庭的君士坦丁堡，为市场提供了新货品来源。在早期的广告中，地方教士编纂圣迹名录以使“他们的”圣地吸引更多的信徒。圣城因“崇拜收入”而繁荣，因为其吸引力将朝圣者从传统的网络中召唤来，并且在世俗领域中，他们可以利用现存的道路体系和商业关系。因为聚集了大量朝圣者，基础设施得到改善：在伊斯兰麦加朝圣道路上，建立了蓄水池、水塔和路标。拉丁教会向朝圣者发出和平信号，同他们向前往市集的商人发出的信息一样。①

朝圣交通已经形成规模。1300年后，每年有300～500人离开威尼斯前往耶路撒冷。罗马的人口在1500年时为5万人，根据教会记录，朝圣者人口更多。

① 对于耶路撒冷来说，朝圣交通仍然是其支柱，而麦加的地位则是“（曾经连接着）东方的生产者和地中海城市市场中的罗马消费者的一条主要的陆路贸易路线”。Peters, *Jerusalem and Mecca*, 31-32, 48, 52-55. A.-M. Armelin, “*Pèlerins de Saint-Jacques*,” in R. de la Coste-Messelière, ed., *Pèlerins et chemins de St. Jacques en France et en Europe du Xe siècle à nos jours* (Paris, 1965), 71-84; Ludwig Schmugge, “Die Entstehung des organisierten Pilgerverkehrs,” *Quellen und Froschungen aus italienischen Archiven und Bibiliotheken* 64 (1984): 1-83.

1300 年，卜尼法斯八世颁布自由朝圣通谕时，朝圣人口据说达到 3 万人。14 世纪，仍然有超过 10 万人每年朝圣。15 世纪 30 年代，英格兰每年有 3000 名朝圣者出发前往罗马、圣地亚哥—德孔波斯特拉，在 30 年的一代人中则大约有 9 万人，几乎等于英格兰总人口的 1/3。①

朝圣活动除了精神目的之外，也包括许多内容，这与 19 世纪大规模的人口流失以及 20 世纪的背包旅行者相似。② 前往耶路撒冷的朝圣者在马赛、热那亚或者威尼斯集结，往返路程大约需要四个月。有一个多明我会的托钵修士，名叫菲利克斯·法布里，在 1480～1483 年经由威尼斯进行了一次旅行，他描述了旅途中的登记经历③：在圣马可教堂建立前的广场上，“飘扬着两面贵重的旗帜，悬挂在高高的旗杆上，白色，绣着红色十字”。这是登记处的标志。威尼斯政府委托两名参议员“照料朝圣者”，他们的奴仆“站在旗帜旁，盛情邀请朝圣者搭乘他们主人的船只”。朝圣者们很快意识到在一两天之内离开的许诺明显是不可信的，等待四周的时间是正常的。合同规定了船长的责任，并且列出了食品供应清单。像法布里这样的朝圣者必须自己准备被褥，在旅途结束后再卖出去。为了吃得更好，他们可能养一只鸡。在从耶路撒冷到约旦的这段旅途中，他们被告知要背着酒、水、鸡蛋和奶酪，因为途中没有商铺。④ 船长通过航行为自己增加收

---

① F. Rapp, “Les Pèleringages dans la vie religieuse de l'Ẑccident medieval aux XIVe et XVe siècles,” in F. Rapha Él et al., *Les Pèleringages de l'Üntiquité biblique et classique à l'Ẑccident medieval* (Paris, 1973), 117-160, 120ff.; George B. Parks, *The English Traveller to Italy* (Rome, 1954); *New Catholic Encyclopedia*, 18 vols., (New York, 1967-1979), 11: 362; Kendall, *Pilgrims*, 54-58; Sara Warneke, *Images of the Educational Traveller in Early Modern England* (Leiden, 1995), 18-19.

② 19 世纪移民对于前往美洲表现出不实际的渴望，表现出“世俗化倾向”。Dirk Hoerder, “Labour Migrants' Views of ‘America’,” *Renaissance and Modern Studies* 35 (1992): 1-17.

③ 法布里的经历就是一部典型的地理迁移史：他于 1434 年出生于苏黎世，父亲去世后他随同母亲迁到沙夫豪森附近的一个村庄，之后又迁往温特图尔。1452 年，他进入巴塞尔的一个修道院，之后又转往德意志乌尔姆修道院，又游历普福尔茨海姆(1457 年)、艾克斯拉查珀尔(1467 年)以及罗马(1476 年)。他先后两次前往耶路撒冷朝圣，分别耗时 7 个月和 9 个月。在第二次朝圣途中，他又加入一个商队前往埃及，这个商队由 45 名雇员组成，另有 7 名骆驼夫和 6 名驴夫、两名阿拉伯向导、两名翻译和 1 名埃塞俄比亚奴隶。*Voyage en Égypte de Felix Fabri*, 1483, trans. Jacques Masson (Cairo, 1975), introduction; *The Book of the Wanderings of Brother Felix Fabri*, trans. A. Stewart (London, 1892), Werner Paravicini, ed., *Europäische Reiseberichte des späten Mittelalters: eine analytische Bibiliographie*, Teil I (Part I): “Deutsche Reiseberichte,” ed. Christian Halm (Frankfurt/ Main, 1994), 210-220.

④ *Informacion for Pylgrymes* (c. 1498; repr., 151; 3d ed., 1524), quoted in Sidney Heath, *In the Steps of th Pilgrims* (1911; rev. and enlarged ed., New York, 1951), 138-140; Michel Balard, “Les transports vers les colonies du Levant au Moyen Âge,” 3-26, and Jean Richard, “Le transport outre-mer des croisés et des pèlerins,” in Klaus Friedland, ed., *Maritime Aspects of Migration* (Cologne, 1989), 27-44.

入,他在朝圣者船舱储存货物,在计划外的港口停靠以延长航行时间。在耶路撒冷,能够满足各种信仰和各个民族习惯的客栈提供了充足的食宿条件,商铺贩卖玫瑰花坛、十字架、装圣土的盒子和其他纪念品。能够到耶路撒冷朝圣是非常有意义的事情,因此,12 世纪记录基督教皇帝生平的查理曼皇帝(742～841 年)的传记,就有伪造皇帝的朝圣经历的记载,用来粉饰君主的功绩。①

托钵修士法布里的记述给我们提供了一点线索,帮助我们了解为什么史学家对于女性朝圣者知之甚少。在他第一旅行过程中,他并没有注意到船上的妇女,直到男人因为晕船而受到妇女的照料时才发现。在他的第二次旅行中,他有些抱怨地说有一个妇女总是喋喋不休地问一些在他看来非常无聊的事情。在克里特,因为过于贪恋景色,她误了船,于是她搭乘了另一艘船,并在五天后赶上他们。在圣地,他记录中出现的妇女都做着她们日常的事情:意大利家族贵妇满足朝圣者的需要。宗教女性,例如神秘的肯普(约 1373～约 1439 年),也来到耶路撒冷。她曾经是一个啤酒制造商,共生育了 14 个子女,后来成为歌唱先知。她曾经到达过英格兰的圣地、圣地(1414～1418 年)、圣地亚哥—德孔波斯特拉(1417～1418 年)、挪威和但泽(1433～1434 年)。②

到达了圣地的旅行者"回来时带了大量的圣物,以及当地特产——珠宝、丝绸、香水和香料"。一个德意志商人在爱琴海岛屿观察棉花的生长,在塞浦路斯参观盐的生产,在罗得岛观察珍奇鸟类和动物。他对于拥有无上权力的教会的看法改变了。不仅基督教朝圣者被迫接受巴勒斯坦"异端"的保护,在耶路撒冷,不同的基督教派别分别祈祷,互相争斗。在港口,他惊诧于"如此多的来自各国的派别和信众"③。

第二重要的朝圣目的地罗马同样必须为经商的教士准备大量的食宿条件。例如,1215 年第四次拉特兰宗教会议有 400 名主教、800 名修道士和隐修士参加。他们每个人都有随侍教士和仆役。如果 1200 个官员每人携带 10 名随

---

① Stefan Baumgartner, *Reise zum Heiligen Grab* 1498 *mit Herzog Heinrich dem Frommen von Sachsen*, ed. Thomas Kraus (Göppingen, 1986); Riley-Smith, *Atlas of the Crusades*, 44.

② *The Book of Margery Kempe*, ed. W. Butler-Bowden (New York, 1944)是非常生动的口述记录. Ellen Ross, "Diversities of Divine Presence: Women's Geography in Christian Tradition," in Jamie Scott and Paul Simpson-Housley, eds., *Sacred Places and Profane Spaces: Essays in the Geographics of Judaism, Christianity and Islam* (New York, 1991), 93-114; H. F. M. Prescott, *Le voyage de Jérusalem au XVe siècle* (Paris, 1959), 79, 117-123, 152.

③ Baumgartner, *Reise*, 5, quote on 24; Freitag, *Marienwallfahrten*, 221; Hall, *Pilgrimage*, 7; Heath, *In the Steps*, quote on 13.

从——这是很保守的估计——就需要为1.3万人安排住处。[①] 朝圣者从英格兰出发单程需要5～9周，从法兰西出发则少一周。他们将在朝圣地停留数日，一方面完成宗教义务，一方面还要游山玩水。他们受到警告要小心“陌生人”，要学会兑换货币，要离家大约三个月。表面上看，控制花费无法阻止普通人：在英格兰，客栈中3/4的客人是皮匠、织工、啤酒制造者、制革工和农村人。客栈中居住的朝圣者和教士根据民族属性安排：法兰克人、弗里斯兰人（*Frisian*）、伦巴底人、爱尔兰人、盎格鲁—萨克森人。他们往往与教会或学习机构（scholae）[②]有关系。许多语言可以用于沟通，旅游指南符合宗教和世俗需要。“到罗马去”成为生活中一种很平常的内容，这也反映在日常用语中：动词“to roam”进入英语，勒默尔（Römer）和罗梅（Romée）出现在德语和法语姓氏中。

罗马是欧洲唯一一个人口过剩的城市，包括居民、流动人口、游方教士以及罗马教廷中的外国使节。因此造成妓女向罗马流动，最远的来自西班牙。她们中绝大多数来自下层或中下层阶级。但是，她们的社会等级也很宽泛，既有来自贫穷家庭的母亲培养的稚妓，也有经过投资评价和知识技能培养的女性。男人被限制在宗教体制内，被剥夺了与女性发生性关系的自由，也被剥夺了了解妇女文化的权利。“高级妓女”一词源自意大利语cortigiana（宫廷妇女），指受过教育、知识渊博，有音乐才能，游走于出身良好的人士中间的女人。除了结婚、进入修道院之外，与教会男性结交成为妇女人生中的第三种选择，可以使其与家务劳动者和手工艺人一样获得独立收入。她们中的许多人受到尊重并且结婚。而另一方面，狂热的教士除了街头的流莺之外看不到其他任何事。根据他们的统计，1528年有3.9万名妓女，而当时城市全部人口为5.5万人。[③]

1300年后，自发的朝圣人数增长，每个圣地每年有几百人到来，在大一些的地方有几千人。为了控制人口流动，教会告诫僧侣：“你们的房间就是你们的耶路撒冷”；同时劝解一般信众：“经常流浪的人少有神圣者。”离开家乡，脱离社会控制，朝圣开始的地方并不一定能够到达上帝的王国，因为他们的行为往往是世俗性的，甚至是淫乱的。在人们因为灵感或恐惧而冲动地开始旅行的途中，可以看到各种各样的宗教游历行为。13～15世纪，“舞者”、“苦修者”和其他流浪的

---

① 根据当时的记录，康斯坦斯会议（1414～1418年）有72460名教士、世俗统治者、法学博士及他们的随从、仆役出席。其他资料记载的数目稍少，但仍然在五位数。

② 例如德意志人，Clifford W. Maas, *The German Community in Renaissance Rome, 1378-1523* (Madison, 1971).

③ Monica Kurzel-Runtscheiner, *Töchter der Venus: Die Kurtisanen Roms im 16. Jahrhundert* (Munich, 1995), 9-35, 259-261.

狂热分子跨越法兰西、意大利和德意志。在中世纪文学作品、雕塑和图画中频繁出现的朝圣者和其他旅行者,证明他们在构建跨地区的世界中发挥着重要作用。

许多并不重要的教士旅行次数多、范围大。那些被称为“卖赦罪符者”常常被提及,但并不受欢迎,他们从事出卖教会赎罪符的买卖。更重要的人士是托钵修士和修女,他们努力将富裕的、腐败的教会纳入穷人的生活轨迹,并将热心布道与社会工作相结合。旅行是具有特定规则、拥有特定范围、地区性的或洲际的。10～12 世纪,本笃会的势力已经进入多个基督教民族中,包括北方的丹麦人、瑞典人、挪威人,东方的匈牙利人、斯拉夫人和波罗的海居民。在伊比利亚半岛,他们还与殖民者合作,将向被征服的穆斯林人口布道的行动与商人和军事骑士团的行动交织在一起。在北海沿岸的沼泽里,1106 年不来梅大主教签署命令引进荷兰定居者,并建立堂区。在圣地的使团因为十字军国家的灭亡失去支持,但是他们依靠新兴的意大利商人社会,为他们充当翻译。①

随着书写和印刷资料的增加,流动人口在获取远方国家、其他文化、新的手工技术的知识以及迁移选择等方面的重要性下降。商人利用文字指南,熟练手工艺人从产业手册中学习工艺和技术。尽管贵族仍然控制整个欧洲,教会人员仍然在流动,但是新的排他主义者对于拉丁教会势力的宗教观念和精神性的研究产生重大飞跃。相反,穆斯林世界在奥斯曼帝国的统治下,有目的地发展出共存以及为了经济发展由国家组织人口流动的模式(见第 3 章)。与人口流动有关的人与人之间的联系、国家经济与政策在欧洲只是在重商主义环境下才得到发展(见第 4 章)。

---

① Rapp, “Pèleringages,” 140; Kendall, *Pilgrims*, 12; Schmugge, “Motivstrukturen,” 276-277; *Cambridge Economic History of Europe*, 1:75; *New Catholic Encyclopedia*, 9: 924-974.

第3章 文明之间交往的结束与宗教驱逐的经济意义

在三大经典宗教犹太教、基督教、伊斯兰教的信众里，精神崇拜往往体现在地区跨度巨大的朝圣活动中。拉丁基督教会中央集权的政治结构使得以管理和传教为目的的旅行和人口流动变得非常必要。在文明接壤地区以及地中海的多重信仰社会里，文化共存与相互作用表现在不同信仰人们的日常生活中，他们因循各自的习俗、价值观和法律而生活在相邻的独立区域内。国家不能强迫他们趋向一致，但是允许他们合作处理各自的事务，有时支付统治者"保护费"，但是往往因他们对于经济和税收的贡献而不征收额外费用。在穆斯林统治的伊比利亚地区和穆斯林统治的奥斯曼帝国，《古兰经》占据统治地位，这一点同其在整个地中海世界的情形相同。

狂热分子——通常如柏柏尔人一样具有多民族特征——不时破坏这种共存状况。以"纯洁化"为名的军事征服行动迫使教徒流亡，甚至因为不纯洁而被杀害。在基督教国家，11 世纪，拉丁教皇更加积极地倡导宗教优越感并且排斥宗教多样性。威尼斯统治者从教会争取到运输十字军的专运权，从中牟利，并且借此打败了竞争者——拜占庭的东正教徒。另一方面，基督教商人并未遵守教皇发布的一系列的禁止与穆斯林经商的规定，比如 1291 年诏令。

11 世纪的教皇西尔维斯特二世(945～1003 年在位)出生于法兰西，学习过数学，虽然使用阿拉伯语，却是一个狭隘的拉丁教会人士。他先是降低穆斯林和犹太人的地位，之后又驱逐穆斯林，并且骚扰、驱逐、杀害犹太人。这个时期，基督教释经选择和改革运动的典型特征是异教徒和迫害。在宗教改革运动最终分裂之前，教会的顽固和腐败、严格的修道院规则以及高级教士和牧师富有煽动性的布道迫使大批教徒流离失所。[①] 驱逐杀害穆斯林、犹太人和"异教徒"导致经济衰落。它为进行自我规划的真正的信徒控制经营手工作坊和其他信仰者拥有土地提供了条件。但是长期破坏对经济生活的影响是剧烈的,因此他们请求被驱逐的犹太人返乡,宽容穆斯林。在这样的情况下,他们的宗教仪式局限在私人生活中。同样,强大的基督教改革教派,比如胡格诺派,可以在天主教社会通过协商获得安全保障。

1. 共存时代的结束:驱逐穆斯林

13 世纪,伊比利亚半岛主要的基督教国家,如阿拉贡、卡斯蒂利亚和葡萄牙,已经将穆斯林人口局限在格拉纳达哈里发统治下的穆斯林王国。他们容忍并依赖穆斯林人口,赐予他们宗教自由,如果穆斯林投资产业则保障他们的财产安全(参见第 1 章第 3 节)。城市的穆斯林是地区经济的支柱,他们被勒令离开城市中心区,在城市边缘地区居住。在小城镇和农村的穆斯林手工艺人和农民仍然保持着良好的居住状况,因为他们拥有技能,只有他们能够掌握复杂的园艺、葡萄栽培和农业生产灌溉技术。基督徒和穆斯林在日常生活中仍然相互影响,并在婚礼或葬礼等方面有共同之处。[②]

基督教入侵者冀望获得战利品,快速致富,他们轻视工业劳动力。勤勉刻苦是边缘化人口的特点。社会的中层阶层中,是武士而不是商人占据主导地位。尽管存在共同的经济利益、社会融合和几个世纪的相互影响和文化融合,教会仍然不希望和平共存的状态继续存在下去。大主教敦促政治统治者驱逐所有的穆斯林,比如,1337 年的塔拉贡纳事件。15 世纪 40 年代,在瓦伦西亚,离开的日期已经确定了,但又取消了——这是一种斩草除根的心态在发挥作用。自治机构颁布了限制命令,比如对穆斯林出卖土地的限制。因为穆斯林仍然拥有收成良好的灌溉土地,驱逐他们可以让基督教领主获得他们的资产。

1380 年,新颁布的限制法令将各自独立的区域打散。基督教势力规划出穆

① Benjamin Z. Kedar, "Expulsion as an Issue of World History," *Journal of World History* 7 (1996): 165-180, 指出驱逐的类型,阐述欧洲中世纪历史特点。Jean P. Poussou, "De l'Ĥntérêt de l'ude historique des mouvements migratoires européens du milieu du Moyen Âge *à* la fin du XIXe siècle," and Jacques Dupâquier, "Macro-migrations en Europe (*XVIe-XVIIIe* siècles)," in Simonetta Cavaciocchi, ed., *Le migrazioni in Europa secc.XIII-XVIII* (Florence, 1994), 21-46, 65-90.

② Hermann Kellenbenz, ed., *Handbuch der europäischen Wirtschafts- und Sozialgeschichte*, 6 vols. (Stuggart, 1980), 2: 355, 374.

斯林摩尔人区域(morerías),同他们以前规划的犹太人区域(juderías)类似。该法令强迫穆斯林在8日内迁到新居,否则将没收全部财产。但是和平共存和相互影响已经过于深入,很难一蹴而就。收到教会教士的邀请,摩尔人监工和基督徒泥瓦匠共同建造教堂。穆斯林在基督教军队中服役,基督徒在穆斯林队中服役。君主们在长达一个多世纪的时间里,“极有远见地违背”(利埃)教会的要求。但是1480年,卡斯蒂利亚和阿拉贡的天主教统治者费迪南德和伊莎贝拉继续执行残酷的限制令,并且于1482年发动了对格拉纳达的侵略战争。

为了阻止穆斯林与基督徒通过联姻而联合,为了宣告基督教男人的权利,基督教妇女被禁止进入摩尔人区域。15世纪90年代,对于性行为的规定和对妇女的限制扩展到生育和生活领域。基督教妇女禁止雇用穆斯林乳母。并且,中世纪的《着装法》除了规定性别、年龄、家庭和等级等外在标志外,添加了分辨宗教与民族属性的内容,因为二者仅从外表上很难区分。[①]

1492年,格拉纳达被基督教十字军占领,这些来自法兰西、英格兰、爱尔兰、德意志、波兰,当然还有瑞士的十字军,获得了恣意与异教徒斗争的权力。奈斯尔王朝统治者和6000名追随者逃往北非。外迁的家庭获准带上他们变卖财产所得。有条件服从的穆斯林和选择留下来的穆斯林可以得到生命保护、财产保护,拥有自治管理和信仰自由的权利。但是基督徒流入人口则被禁止参加由穆斯林手工业者控制的宗教性职业行会。“服从者如果完全忠诚,就有可能建立一个在基督教和伊斯兰教对立状态中完全中立的国家。”但是教会参与了野蛮受洗和性暴力活动:“我看见贵族妇女,无论是寡妇还是已婚妇女,被当众嘲笑,我还看见300多名少女被公开拍卖。”被俘的男人戴着镣铐,畏缩在自己的排泄物上。传统的穆斯林服饰和风俗被视为非法。穆斯林发动了第一次反抗尊严受到侵犯的起义(1499～1501年),旋即被镇压,之后伊斯兰教在格拉纳达地区再也不是一个公开的宗教。[②]

1502年,卡斯蒂利亚和莱昂王国的穆斯林被迫“选择”向遥远的比斯开湾港口迁移或者“自愿”接受洗礼。只有在阿拉贡,穆斯林仍然得到保护。瓦伦西亚

---

① Henry C. Lea, *The Moriscos of Spain: Their Conversion and Expulsion* (Philadelphia, 1901; repr., New York, 1968), 1-24; L. P. *Harvey*, *Islamic Spain*, *1250 to 1500* (Chicago, 1990), 329; Julio Caro Baroja, *Los Moriscos del reino de Grannadoa: Ensayo de historia social* (Madrid, 1957); Anwar G. Chejne, *Islam and the West: The Moriscos, a Cultural and Social History* (Albany, 1983); Antonio Dominguez Ortiz and Bernard Vincent, *Historia de los Moriscos* (Madrid, 1978).

② Harvey, *Islamic Spain*, 331-335, quote on 338; Lea, *Moriscos of Spain*, 25-26, 82-110, 213-70. See also Peggy K. Liss, *Isabel the Queen: Life and Times* (New York, 1992), 149-233.

的权力机构认识到长期的文化转化，以及新认同观念的出现，因此给予穆斯林40年的荣耀——其代价是5万达克特。但是，教会及其宗教裁判所（成立于1478年）再一次参与其中。骑士团用3年时间学习西班牙语，即使在日常生活中他们也避免使用阿拉伯语，他们烧毁了阿拉伯文书籍，文化的独立性遭到破坏。对格拉纳达丝织业征收的抑制税以及没收财产措施断绝了穆斯林的经济生活来源。从16世纪50年代开始，禁止去浴池的命令（如今已经成为穆斯林或犹太人的一种标志性的、声讨性的仪式）颠覆了日常生活中的宗教内容，并且影响到日常卫生习惯。宗教裁判所不仅向穆斯林强征"保护税"，而且强迫他们遵从基督徒的生活方式。如果一些基督教贵族因为需要穆斯林的劳动和技术而保护穆斯林工人和农民，宗教裁判所也会加以惩罚。为了满足经济活动和劳动力的需要，教会禁止摩尔人向外迁移，迫使他们皈依。在前格拉纳达领土的第二次起义失败后，15万多名穆斯林被驱逐到卡斯蒂利亚农村，大约有3万人死在前往新住所的饥寒旅程中。[①] 基督教殖民者被招募来充实荒废的土地，而贩卖土地的收入属于王室。16世纪成为一个规模庞大的、非自愿人口流动的世纪。

基督教征服300年后，格拉纳达陷落100年后，新的外来流动人口和旧的基督徒已经成为半岛的居民，但是如今这片土地已经非常贫困。幸存下来的摩尔人仍然拥有丰腴的土地。因为家族规模很大，他们人口增长的速度比基督教人口更快。因此，1609～1614年，摩尔人最终被驱逐出西班牙。在瓦伦西亚，尽管他们已经与基督教人口非常亲密地生活在一起，但他们也仅获得三天时间准备登船；在其他地方，他们有数周时间准备，并且获许可以携带他们的动产。瓦伦西亚丧失了1/3的人口，其他地区则更多。被驱逐的人必须自己支付前往北非的费用。在葡萄牙，在1497年驱逐后，仍有一部分穆斯林留下来成为奴隶。1621年，他们不被准许继续生活在这个地区。1641年，在葡萄牙的其他地区穆斯林也被全部驱逐。被驱逐人口在27万～50万人。驱逐如此大规模的熟练工人对西班牙农业和手工制造业的破坏性是持久的。威尼斯使节反复提到，基督教人口"厌恶劳动，因为当时观念认为那不光彩"。获取劳动力成为伊比利亚人跨海进行殖民征服的主要任务。[②]

① 军事行动被推迟，因为西班牙军队大都正在与尼德兰作战，从意大利调运的军队则需要经过海上运输。

② Lea, *Moriscos of Spain*, 126-129, 187-188, 379-380; James Casey, "Moriscos and the Depopulation of Valencia," *Past and present* 50 (1971): 19-40; Chejne, *Islam and the West*, 1-30; a. C. de C. M. Saunders, *A Social History of Black Slaves and Freedom in Portugal, 1441-1555* (Cambridge, 1982), 42; Henri Lapeye, *Géographie de l'Âspagne morisque* (Paris, 1959).

北非社会从逃亡者的技艺中获益良多。13 世纪(伊斯兰历 7 世纪),突尼斯大部分居民来自安达卢西亚,阿尔及尔、突尼斯和凯万的主要居民来自西西里。1530 年,奥斯曼帝国的希腊裔海军司令海雷丁·帕夏从西班牙撤出穆斯林。1600～1610 年,3 万名摩尔人自愿从阿格德和郎格多克到达。大约有 4.8 万名安达卢西亚难民在突尼斯创建新郊区和村庄。他们自认为高当地人一等,因此不与当地人通婚,继续使用西班牙语和加泰罗尼亚语,保持语言独立。他们发展农业,建造灌溉设施,甚至聘请荷兰工程师出谋划策。城市的 10 人议事会中有 8 人是安达卢西亚人后代。但是难民也必须面对来自当地人的敌视和迫害,因

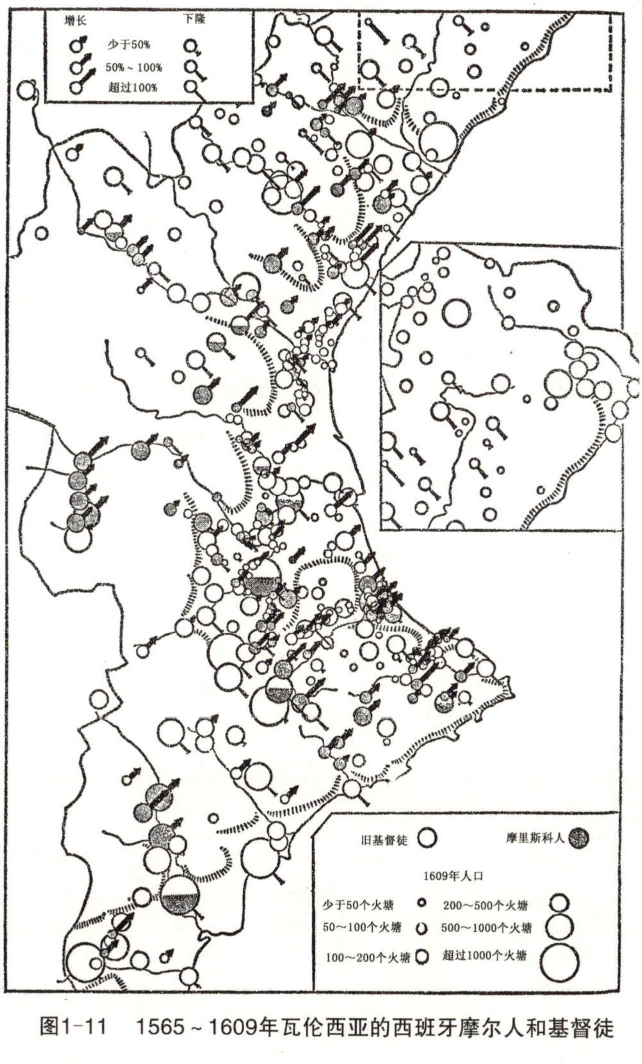

图1-11　1565～1609年瓦伦西亚的西班牙摩尔人和基督徒

为他们的西班牙风格的宗教文化行为被认为是异端。[1]

2. 迫害继续:反犹的集体迫害和驱逐行动

拉丁教会限制犹太人的社会经济和政治地位,1078 年教皇敕令以及 1179 年、1215 年宗教会议制定更严格的措施。在地中海地区,各文明间、经济活动中以及学术上根深蒂固的相互影响首先削弱了这些限制命令的作用。但是西北欧地区情形则完全不同:1096 年后,十字军对犹太人进行大屠杀;13 世纪开始,各国驱逐所有犹太人团体;14 世纪的黑死病期间,迫害行动扩大到整个欧洲。相当一部分塞法迪犹太人逃亡到奥斯曼帝国,阿什肯纳兹犹太人逃到波兰、立陶宛地区。吉卜赛人也受到迫害,遭到屠杀(参见第 4 章)。[2]

统治者、执政官和教士对犹太人的地位进行规范和限制。教会下令犹太人不得在基督教国家中担任重要官职,犹太人的地位不得高于基督徒。犹太人为"王之奴仆"的说法禁绝了犹太人拿起武器自卫的可能性,他们不得不被保护或受到协议关系制约。他们在任何情形下都必须付费,因此,在部分国家,他们处于财政控制之下,类似于财政奴隶。在管理层面上,"合宜居住"的学说给予城镇批准新流动人口的司法权力。权贵集团获得鼓励,无权无势的人必须支付居住费用,其他人则被排除在外。他们强迫犹太人佩戴标志,卡斯蒂利亚的穆斯林曾经有过相似的遭遇,这将传统的明显的身份标志和人生地位转变为有意识的直接的排斥。区分标志也被称为"丑恶标志"。

---

① Lea, *Moriscos of Spain*, 292-365; Andrew C. Hess, *The Forgotten Frontier: A History of the Sixteenth-Century Ibero-African Frontier* (Chicago, 1978), 174.

② Paloma Díaz-Mas, *Sephardim: The Jews from Spain*, trans. George K. zucker (Spanish orig., 1986; Chicago, 1992) 概述塞法迪人 20 世纪之前的历史和迁徙活动。Gérard Chaliand and Jean-Pierre Rageau, *The Penguin Atlas of Diasporas*, trans. A. M. Berrett (French orig., Paris, 1991; New York, 1995), 1-71.

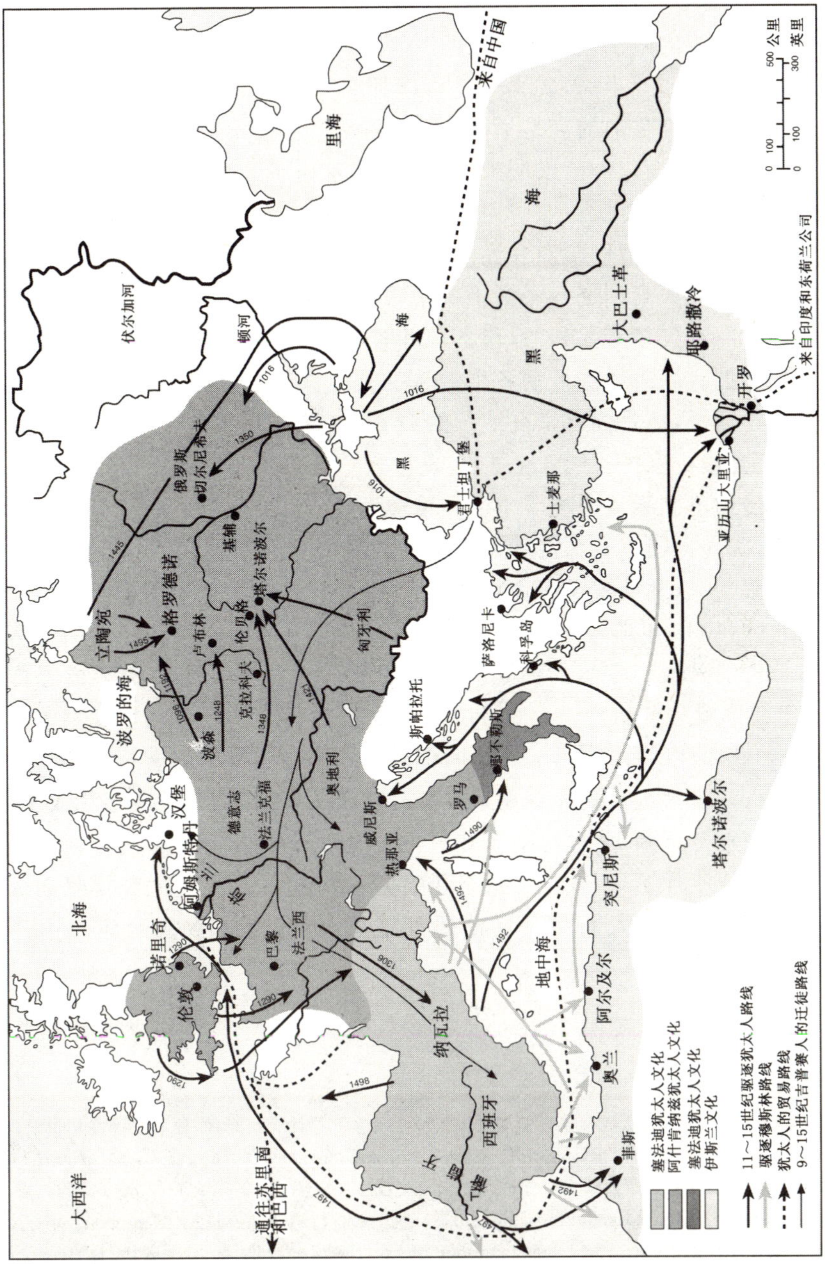

图1-12　11～15世纪驱逐犹太人，9～15世纪吉卜赛人的迁徙

在经济生活中,行会被认为是宗教组织,不允许非基督徒加入。犹太人进入城市从事某种职业的限制很严格。在西欧,犹太人不允许拥有土地,但是在早些时候的东欧和伊比利亚半岛,犹太人是可以拥有土地的。基督徒以及穆斯林禁止参与以获取利益为目的的交易活动,因此出现了金融家。某些基督教民族区域集团,特别是迁移而来的伦巴底人、卡奥尔人和基耶里人,早有参与财务管理的传统,他们继续从事传统行业。但是信犹太教的男人,偶尔也有女人,成为欧洲主要的财务代理人,他们既向农民小额放贷,也向宫廷支付巨额预付款。关于高利贷的争论将犹太高利贷商人置于一个很不稳定的位置,他们受到的迫害或杀害可能源自所有欠债者的利益,包括那些授权进行此野蛮行为的君主。西欧的犹太人曾经拥有涵盖经济行动各个领域的文化。他们被限制参与贸易,无论他是贫穷的小商贩,还是拥有崇高地位的商人;也被限制参与金融借贷,无论他是典当商,还是银行家。[①]

反犹宣传的范围涵盖了物质生活和精神生活的方方面面。有人甚至说犹太妇女吮吸猪;犹太人团体有杀害基督教儿童的嗜好;他们被指控"削刮钱币",即刮掉边缘的银子,以此欺骗没有食物的穷人;他们还被控侮辱圣餐面包。

在西北欧,1096 年那些"手持十字架"的人在从莱茵河向东的旅途中杀害了几千名阿什肯纳兹人。零星的但是周期性的暴行在犹太人团体中造成恐怖气氛;1144 年在挪威和英格兰,1241 年在法兰克福、美因,1298 年在罗廷根和巴伐利亚,出现了破坏性的大屠杀,但是能叫出名字的地方很少。迫害行动终止于部分幸存者逃亡。国家组织的大规模迫害行动始于 1290 年英格兰驱逐犹太人,这次驱逐行动一直持续到 17 世纪下半叶。大约有 1.6 万名难民逃往法兰西。在法兰西,从 1230 年开始,宗教容忍状态开始出现裂痕。1306 年大规模驱逐行动发生。尽管 1315 年犹太人受到邀请回到这里,但仅有少数人响应;后来,在

① 根据 Stow 的观点,犹太人并未因依附于国王或生活在下层社会而衰亡,他们反而在中世纪社会中保持着重要的法律和宪法地位。Kenneth R. Stow, *Alienated Minority: The Jews of Medieval Latin Europe* (Cambridge, Mass., 1992), 3-4. John Edwards, ed., *The Jews in Western Europe, 1400-1600* (Manchester, 1994); Jeremy Cohen, *The Friars and the Jews: The Evolution of Medieval Anti-Judaism* (Ithaca, 1982), and, Cohen, "Recent Historiography on the Medieval Church and the Decline of European Jewry," in James R. Sweeney and Stanley Chodorow, *Popes, Teachers, and Canon Law in the Middle Ages* (Ithaca, 1982), 251-262; Haim H. Ben-Sasson, ed., *A History of the Jewish People* (Hebrew orig., 1969; Cambridge, Mass., 1976), 482, 485-486, 505.

1394 年,他们全部被驱逐。[①] 在意大利南部和西西里,弗里德里克二世(1194～1250 年)曾经邀请犹太手工业者和农业专家定居。但是从 1290～1293 年,那不勒斯的犹太人团体被破坏,同时意大利北部城市开始驱逐犹太人。地方大屠杀的恐怖活动在 1298～1348 年的"恐怖的半个世纪"非常频繁,这为与黑死病相关的大屠杀准备了条件,它仅在德意志就造成 350 个犹太人团体被毁灭,其范围从基督教控制的西班牙到波兰—立陶宛。难民和返乡者主要是寡妇和儿童,仅有少数幸存的成年男人。寡妇为人洗衣服、做衣服,有些人甚至获准参与手工业劳动。[②]

由国家主导的驱逐行动的地区经济环境也不同。时间的选择一般在犹太金融家和借贷者的重要性下降之时,这可能反映了民族宗教斗争。比如,当伦巴底人进入金融借贷市场时,法兰西统治者也曾经驱逐伦巴底人。在占据统治地位的民族中兴起的官僚集团可能进入税收和国家财政领域,比如英格兰。当犹太人(或其他任何人)的金融借贷者无意识地增强了一个团体的实力(比如,一段时期内,强大的土地所有者执行封闭政策时,小土地所有者的境遇)就出现了社会经济冲突。因此,驱逐金融家(犹太人)而导致的无资金可以借贷的情形,就会迫使赤贫的小土地所有者离开。被迫害的犹太人的流散形成了一种对驱逐经历的回忆,小土地所有者"消失"在流浪者、城市贫民和农民无产者中。因为环境的驱

---

① Robert Chazan, *European Jewry and the First Crusade* (Berkeley, 1987); Peter Elman, "The Economic Causes of the Expulsion of the Jews in 1290," *Economic History Review*, ser. 1, 7 (1937): 145-52; David S. Katz, *Philosemitism and the Readmission of the Jews into England, 1603-1655* (Oxford, 1982); Simon Schwarzfuchs, "The Expulsion of the Jews from France (1306)," in Abraham A. Neuman and Soloman Zeitlin, eds., *Seventy-Fifth Anniversary of the Jewish Quarterly Review* (Philadelphia, 1967), 482-489.

② Alfred Haverkamp, "Zur Geschichte der Juden im Deutschland des späten Mittelalters und der frühen Neuzeit," in Haverkamp, ed., *Zur Geschichte der Juden im Deutschland des späten Mittelalters und der frühen Neuzeit* (Stuttgart, 1981), 27-93; Elman, "Economic Causes of the Expulsion of the Jews," 145-152; Markus J. Wenniger, *Man bedarf keener Juden mehr: Ursachen und Hintergründe ihrer Vertreibung aus den deutschen Reichsstädten im 15. Jahrhundert* (Cologne, 1981); Ben-Sasson, *History of the Jewish People*, 462-693; Robert (Roberto) Bonfil, *Jewish Life in Renaissance Italy*, trans. Antomy Oldcorn (Italian orig., n.d.; Berkeley, 1994), and Bonfil, "Aliens Within: The Jews and Antijudaism," in Thomas A. Brady Jr., Heiko A. Oberman, and James D. Tracy, eds., *Handbook of European History, 1400-1600: Late Middle Ages, Renaissance, and Reformation*, 2 vols. (Leiden, 1994), 1: 263-302; Brians S. Pullan, *The Jews of Europe and the Inquisition of Venice, 1550-1670* (New York, 1983); Benjamin Ravid, "The Socio-Economic Background of the Expulsion and Readmission of the Venetian Jews, 1571-1573," in Frances Malino, ed., *Essays in Modern Jewish History: A Tribute to Ben Halpern* (Rutherford, 1982).

使,犹太人的流散——特别是在波兰—立陶宛——为英格兰的犹太人流亡者提供了保护场所,但是失地的英格兰小土地所有者的后代却是在向北美移民后才在遥远的地方获得机会。

阿什肯纳兹犹太人向波兰的迁移早在第一次十字军时就已经开始,虽然有些人转向了奥斯曼统治下的巴尔干和希腊城市。波兰统治者从1264年开始赐予阿什肯纳兹人社会身份以及自治和经商自由的权利,以发展国家经济。但是14世纪下半叶大量流动人口涌来,与当地城市的商人和手工艺人居民(他们自己是早期德语移民的后代)形成竞争,这导致冲突,犹太隔离区瓦解。犹太人的宗教经典和学校教育使得他们成为中东欧地区最有文化教养的人。在克拉科夫这样的城市,犹太人和意大利文艺复兴时代的建筑家、德意志和佛莱芒艺术家以及许多民族文化背景的学者融合在一起。在宗教容忍的"波兰黄金时代",在亚盖沃王朝最后几个王统治时期,自我管理的社会在1551年获得持久的支持,在近两个世纪的时间里,中东欧地区成为犹太人文化的中心。但是阿什肯纳兹人介于受奴役的农村人口和城市市场之间,类似中间人的地位使得他们成为一个非常重要的,也是最易受到攻击的集团:永久定居和买卖不动产的限制从1503年开始保障基辅的基督徒商人;1648年哥萨克起义期间爆发了大屠杀;1667年基辅被俄罗斯征服时,犹太人的地位下降为奴仆;最终,俄罗斯东正教会充满敌意的反犹主义产生(参见第11章第1节、第12章第5节)。

在13世纪的伊比利亚地区,犹太人仍然可以担任高级官职,而且尽管与教会法的规定相悖,犹太人仍然可以建设犹太会堂。但是犹太人中坚分子在税收上发挥的重要作用以及卖弄财富的行为影响了他们与基督教徒之间的关系。低级僧侣和高级教士富有煽动性的布道增强了基督徒的暴力倾向。1391年,塞维利亚几千名犹太人被屠杀,幸存的妇女儿童被卖为奴隶。饥饿暴乱、打击强盗、法兰西商人和贵族,在从科尔多瓦,经马德里到阿拉贡的广大地区,造成广泛的社会动荡。①

在卡斯蒂利亚,14世纪开始,犹太人被强迫皈依,并征收高额赎金。受过高等教育的皈依者(conversos),还有一个更贬义的称呼——"猪"(marranos),他们仍然占据着高级官员的位置,而且他们已经与西班牙贵族通婚。宗教裁判所

① John Edwards, *Christian Córdoba: The City and Its Region in the Late Middle Ages* (Cambridge, 182), 182-188; Philippe Wolf, "The 1391 Pogrom in Spain: Social Crisis or Not?" *Past and Present* 50 (Feb. 1971): 4-18; Angus MacKay, "Popular Movements and Pogroms in Fifteenth-Century Castile," *Past and Present* 55 (May 1972): 33-67.

迫害犹太人、穆斯林，同样迫害皈依者。在皈依者中，有些人仍然私下里秘密信仰他们原来的宗教，其他人仅是反对此种行为；许多所谓的犹太人被宗教裁判所下令活活烧死。15世纪80年代，许多城市将犹太人规划到单独区域，然后，塞维利亚、科尔多瓦和加的斯的主教区政府将他们全部驱逐，上万人被迫离开。尽管犹太金融家曾经支持费迪南德和伊莎贝拉的政策，并且曾经资助他们发动对格拉纳达的穆斯林的战争，但在教士的强迫下，1492年3月30日天主教君主下令所有犹太人必须在3个月内离开。难民人数从4.1万到8万人不等。最新的学术研究证明，难民人数为15万～16.5万，此外还有5万人接受了洗礼，另有2万人死在逃亡途中。大约有2/3的西班牙犹太人到达葡萄牙，但在1496～1497年他们也被迫接受洗礼或被驱逐。①

伊比利亚的犹太人散布在整个地中海地区。在穆斯林控制的北非地区，非斯、塞提夫和突尼斯以及开罗和亚历山大里亚，根据难民来源地划分了各民族居住区域。其他犹太人在巴勒斯坦和叙利亚定居，在这里他们与当地具有相同宗教信仰的人有所不同，因为他们不严格遵守宗教禁令，因此遭受偏见和敌视。在奥斯曼帝国，爱琴海沿岸犹太人社团居住的城镇别具魅力。约9万名难民到达后，苏丹巴耶塞特二世（1447～1512年在位）如此评价他们："你们称费迪南德为睿智的君王，他让他的国家陷入贫困，却养富了我们。"他们收获了奖励，并且在贫困时得到帮助（参见第4章第1节）。继波兰—立陶宛之后，奥斯曼帝国成为

① Jane S. Gerber, *The Jews of Spain: A History of the Sephardic Experience* (New York, 1992)，对此后的历史及人口流动特征进行了总结。Isidore Loeb, "Le nombre des Juifs de Castille et d'Âspagne," *Revue des études juives* 14 (1887): 162-183; Cecil Roth, *A History of the Marranos* (Philadelphia, 1932); Benzion Netanyahu, *The Marranos of Spain, from the Late XIVth to the Early XVIth Century* (New York, 1973); Yitzhak Baer, *A History of the Jews in Christian Spain*, trans. Louis Schoffman, 2 vols. (Hebrew orig., Philadelphia, 1961-1966); Henry Kamen, "The Mediterranean and the Expulsion of Spanish Jews in 1492," *Past and Present* 119 (1988): 3-55. Kamen认为难民人数更少。尽管他的许多论述有细微差别，但是他认为1492年的驱逐只是一个"无痛的外科手术"的观点十分无情。另见Antonio Domínguez Ortiz, *Los judeoconversos en Espanay América* (Madrid, 1971); Liss, *Isabel the Queen*, 263-278, 165，主要讨论"天主教君主"的犹太人祖先。

第二个犹太文化和商业中心。二者的政治统治都在 17 世纪末被主流国家瓦解。[①]

拉丁基督教的欧洲因此丧失了其在经济领域最活跃的人口，与犹太文化和学者的交流因此停滞。经过八个世纪的文化共存(convivencia)，伊比利亚文化发展在 15 世纪晚期终止。仅有伦巴底和那不勒斯王国接受了部分难民，一部分葡萄牙犹太人在阿姆斯特丹聚集。他们繁荣的商业组织在荷兰经济发展中发挥了积极作用，其影响力一直持续到第二次世界大战德意志占领时。直到今天，这种与犹太人和穆斯林文化共存的景象再也没有重现。

15 世纪西班牙的发展开启了驱逐的模式，并成为他人建构中的主要内容。宗教裁判所用一种新观念，即基督徒纯正血统(limpieza de sangre)，来支持控制生活的各个方面的斗争。纯净的血缘或者所谓的"种族"成为进入军队、获得行政管理职位、在大学教书的先决条件。具有讽刺意味的是，在这样的统治下，来自皈依者家族的"天主教君主"也不能获得加冕。在西班牙社会的底层，以性别和宗教区分人群的做法非常普遍。1647 年一个临时工曾经这样描述"不洁"的血缘:"我为马丁工作了六个月，他还没有付给我应得的报酬。他是一个戴绿帽子的人，也是一个秘密的犹太人，他的妻子是一个摩尔人的私生女。"[②]验证血统成为宗教裁判所和旧基督徒与社会其他阶层权力斗争的工具。因为几代人的通婚，明确区分血统已经不可能，"纯正血统"成为控制和掠夺手段，而不是现在术语中的种族理论。作为证明机构，宗教裁判所已经"不再忠诚信仰、热心救赎，而是贪恋财富"——这是 1482 年一个教皇的评论。在某种程度上，它延续了基督教征服者大肆掠夺战利品的策略。但是，从长远看，它有助于清除社会中以与众不同为特点的资产阶级因素。当他们与非洲和美洲人的联系越来越密切之后，"纯正血统"观念也成为当时新的种族构成的依据。地中海地区的商人不可能再

---

① John D. Latham, "Towards a Study of Andalusian Immigration and Its Place in Tunisian History," *Cahiers deTtunisie* 5 (1957): 203-252; Jacques Berque, "Des '*Marranos'musulmans à Fès?*" *in Mélanges en l'Ĝonneur de Fernand Braudel*, 2 vols. (Toulouse, 1973), 1: 123-135. 另见 docu-fiction by Amin Maalouf, *Léon l'Āfricain* (Paris, 1986). Mark A. Epstein, *The Ottoman Jewish Communities and Their Role in the Fifteenth and Sixteenth Centureis* (Freiburg, 1980); Avigdor Levy, *The Sephardim in the Ottoman Empire* (Princeton, 1992); Esther Benbassa, *Juifs des Balkans: Espaces judéo-ibériques, XIVe-XXe siècles* (Paris, 1993); Stanford J. Shaw, *The Jews of the Ottoman Empire and the Turkish Republic* (New York, 1991), quote on 33-34.

② Benzion Netanyahu 认为种族，而非宗教，才是宗教裁判所存在的根源。*The Origins of the Inquisition in Fifeteenth-Century Spain* (New York, 1995). Michael R. Weisser, *The Peasants of the Montes: The Roots of Rural Rebellion in Spain* (Chicago, 1976), quote on 82.

无视肤色和宗教，在多重文明中交易并从中获利。政治家和殖民者开始觊觎蛮荒之地，以及黑色和棕色皮肤的劳动力。[①]

3. 基督徒之间自相残杀的斗争

驱逐、逃亡、人口流动以及破坏和屠杀也是拉丁基督教国家内部发展史的组成部分。从 10 世纪开始，僧侣改革势力和所谓的异端运动传播各种思想。异端的拥护者遭到迫害，被迫逃亡。僧侣改革的拥护者跨越大洲，传教布道。14、15 世纪的英格兰人罗拉德派和波希米亚的胡斯派将经济剥削与宗教差别联系起来，导致许多人逃亡。伴随着 16 世纪早期的宗教改革以及随后的抵制改革运动，大批英格兰的清教徒、荷兰的新教徒和法兰西的胡格诺教徒在欧洲范围内逃亡，并且从 17 世纪 20 年代开始向北美逃亡。考虑到中产阶级手工业者、制造商和商人的经济潜力，欧洲国家为他们提供了避难所。在北美，彭威廉接纳了不同信仰者，这一方面出于宗教原因，另一方面也是为充实殖民地人口。当宗教难民跨越国境时，他们就已经成为经济移民。

对于宗教的其他研究涉及无力承担迁移费用的农村和城市贫民阶层。流动的布道者和非幽禁的宗教妇女负责照顾这些人。强调个人宗教经历提高了妇女的宗教地位，但也造成迫害行动同样具有性别特征。妇女几乎不可能独自迁移。根据 1484 年教皇敕令，不遵守传统宗教的妇女等同于女巫，这导致一场持续到 18 世纪的狂热活动，大约有 100 万名妇女被杀害。对穷人颇有吸引力的宗教迁移的结果很难确定。起义被镇压后是否有农民迁徙，是否有妇女向迫害较少的社会流动？

① Lea, *Moriscos of Spain*, 134-135.

此外,不同民族的统治者及其经济特点显然也与之前的人口流动有关,并且反映在宗教中:在西班牙,一个"法兰西"王后和大主教取消了宽容敕令;一个"意大利"王后下令迫害法兰西的胡格诺教徒;一个"外国"教士在英格兰遭到批判;多民族的"神圣罗马帝国"内自我建构的"德意志国家"反抗"外国人",即意大利人、法兰西人和其他外国教士,并控诉他们恣意买卖教职等腐败行为。高级阶层对其他人的民族化过程暗含着相同文化来源的较低等级的其他人。迫害可能源自民族性,而不是社会地位。①

对于大规模的异端运动拥护者的流动人口,相关研究较多。1208～1229 年的一次内部十字军运动打击了法兰西南部与保加利亚东部教会融合的阿比尔派教徒,但主要是下层阶级人口;同时打击了韦尔多派教徒,其名称源自里昂商人。幸存的人口将他们的思想带到了意大利北部和中欧地区。②

宗教改革者用本国语言传教,翻译拉丁文《圣经》,因此信仰更加民主化。牛津的布道者约翰·威克里夫(约 1330～1384 年)翻译的第一部英语《圣经》对 14 世纪晚期罗拉德派大规模的宗教运动产生了重大影响,之后他们的活动转入地下。1382 年,里查二世与波希米亚—卢森堡的安妮结婚时,迁往英格兰大学的波希米亚学生将威克里夫的教义带回波希米亚,一些随侍新的英格兰王后的贵族也带回了相同的教义。

在波希米亚,捷克的胡斯运动兴起反抗德语教会、城市中产阶级和统治者。胡斯(约 1369～1415 年)是布拉格大学的教师,因用捷克本国语传教而闻名,1409 年,布拉格的德语教授迁往莱比锡之后,他在康斯坦斯宗教会议上为自己的观点做辩护。尽管获得安全许诺,但胡斯仍然被绑在树桩上烧死。1420～1433 年,宗教战争破坏了波希米亚大部分地区。胡斯运动流亡者加入韦尔多派教徒和清洁派教徒流亡者中,并在 1467 年组成一个集团加入波希米亚的兄弟会,1500 年其信众人数达到 10 万人。16 世纪 40 年代以来,多数家庭被迫离开家乡加入迁徙行列;但是有时波希米亚兄弟会的全体成员向西里西亚、波兰或匈牙利迁移。其他人在萨克森、亲岑道夫公爵领地(他的黑恩胡特领地)和柏林定居。"我和妻子,我们离开了。我将我的小女儿卡特琳放在柳条筐里背着。在六天时间里,我们昼伏夜出……有一次,我的女儿从我头上的筐里掉出来——有

① Frederick A. Norwood, *Strangers and Exiles: A History of Religious Refugees*, 2 vols. (Nashville, 1965-1969); Margaret Spufford, ed., *The World of Rural Dissenters*, 1520-1725 (Cambridge, 1995).

② Kathryn M. Karrer, *Millennial Activities in Late Thirteenth-Century Albi*, *France* (New York, 1996).

时，我们在雪地里找不到她。"1620 年，哈布斯堡的反宗教改革运动和新日耳曼化运动迫使更多人离开。但是，大规模的驱逐不可能实现，因为大约有 3/4 人同情兄弟会，在此后四十多年时间里，战争和人口流失导致波希米亚人口从 170 万人下降到 90 万人。人口外迁活动持续到 18 世纪早期，最终，一些团体迁移到北美地区。他们带去了用勤勉的劳动取悦上帝的新思想，带去了被称作"新教道德"的中产阶级观念。①

宗教改革运动对于拉丁教会的批判在萨克森（路德，1517 年）、苏黎世和日内瓦（茨温利和加尔文）、苏格兰（诺克斯）最为活跃。② 除了茨温利，其他改革者一生中都至少有过一次逃离迫害的经历。③ 反过来，改革者也迫使他们自己等级内的异教徒逃亡。一些教派或狂热者，像再洗礼派、哈特派、门诺派和孟诺派中的严紧派以及浸洗会和贵格会信徒遭到了无情的迫害。幸存者跨越各个政权和大洲流亡，在波希米亚、普鲁士、俄罗斯定居，最后在北美定居。④

德意志、英格兰及其爱尔兰殖民地、法兰西和尼德兰的大规模新教人口⑤经历了强制迁移，并造成了持久的影响。拥有经济技能的难民在一些接受难民的国家定居，获得了崇高地位，并因此需要面对当地居民的敌意。教士或牧师被投入监狱，被迫改宗或离开。荷兰天主教徒贿赂官员，不执行驱逐法，这种行为很

---

① Jarold K. Zeman, *The Anabaptists and the Czech Brethren in Moravia*, *1526-1628*: *A Study of Origins and Contacts* (The Hague, 1969), esp. 72-82; Karl Bosl ed., *Handbuch der Geschichte der böhmischen Länder*, 4 vols. (Stuttgart, 1967-1974), 1: 498-536; Rudolf Rícan, *The History of the Unity of Brethren*: *A Protestant Hussite Church in Bohemia and Moravia*, trans. C. D. Crews (Czech org., 1957; Bethlehem, Pa., 1992); Eduard Winter, *Die tschechische und slowakische Emigration in Deutschland im 17. und 18. Jahrhundert* (Berlin, 1955); Tobias Giretschek quoted in *Dem Kelch zuliebe Exulant*: *250 Jahre Böhmisches Dorf in Berlin-Neukölln* (Berlin, 1987), 14 (trans. D. H.). 18 世纪 80 年代，柏林 6 万人口中有 4500 名波希米亚兄弟会成员。

② 天主教会内部的改革发生在特伦特宗教会议上（1545～1563 年）。

③ 茨温利曾经有过正常的家庭和职业迁徙经历（巴塞尔、波恩、格拉鲁斯、艾因西德伦、苏黎世），并多次参加军事斗争，曾经到过意大利。在天主教神学家中，由于与宗教裁判所的矛盾，也有些人迁往他处。具有改革思想的罗耀拉的依纳爵（1491～1556 年），曾经在萨拉曼卡研究神学，曾被迫前往巴黎的索邦神学院。他还曾经去耶路撒冷朝圣。在天主教改革者中最杰出的女性是具有传奇色彩的作家阿维拉的德肋撒，其流动的地域范围限于加尔默罗会皈依者生活的地区。

④ Jacques Le Goff, ed., *Hérésies et sociétés dans l'Âurope pré-industrielle*, 114-118*e siècles* (Paris, 1968). 这些集团在文学作品中被称为"军团"(legion)。见 Bernd G. Längin, *Die Hutterer*: *Gefangene der Vergangenheit*, *Pilger der Gegenwart*, *Propheten der Zukunft* (Hamburg, 1986); Lee C. Hopple, "Religious-Geographical History of the Hutterian Brethren in Europe and Russa, 1523-1879," *Pennsylvanian Folklife* 42, 3 (Spring 1993): 135-145.

⑤ 在施派尔第二次会议（1529 年）上，新教国家抗议天主教会的主张，因此得名"新教徒"。

快被定义为“识别费”。这种费用与伊斯兰国家的非穆斯林缴纳的费用类似。服从者必须接受当地统治者的宗教。这表明,每当统治者皈依,或当不同教派的统治者即位时,就伴随着大规模的皈依行动。1648 年,《威斯特伐里亚条约》规定流动人口有权选择流向相邻地区。[①]

在英格兰,议会确认了 1534 年建立的英国国教教会。1534~1539 年,在现代英国史上最大规模的财产转移行动中,天主教会的大批财产被卖给有土地的贵族和城市资产阶级。修道院的衰落迫使修士和修女再次迁徙,他们或返回家乡,或迁往他处。已婚的英国国教教士和主教依赖于某个女王或国王的改革和婚姻维持自己的地位。他们被迫逃往大陆,或者送走他们的妻子儿女——若被召回,就再逃亡,或者在结婚惩罚命令下达前被迫迁移。而来自大陆的改革者携妻带子在英格兰寻求避难。英格兰天主教会在海外秘密训练和任命牧师,英格兰妇女中希望成为修女或世俗姐妹的人向大陆迁移。世俗的英国妇女拒绝与世隔绝的生活,逃亡到爱尔兰、法兰西、德意志、匈牙利和意大利姐妹那里,她们提出的独立管理、不与世隔绝的要求为男性统治的天主教等级规范所不容。[②]

在爱尔兰,英国王室推行的反天主教的标准成为对“当地人”殖民招募的一个组成部分。英国统治者没收教会财产,安置流动人口,向亲信赠予土地。英国—爱尔兰人(“旧英国人”)、新英格兰人、阿尔斯特苏格兰人成为文化或民族团体。由英国政府安置在爱尔兰的士兵征服者给其他定居者提供了信息。1602 年镇压最后一次大规模的爱尔兰人起义,以及五年后天主教伯爵逃亡,给予新教流动人口更多的获得土地的机会。阿尔斯特的种植园接受了几万名苏格兰和英格兰新教徒。17 世纪晚期,3/4 的爱尔兰农田控制在英格兰、苏格兰、英国—爱尔兰新教人口手中。从 18 世纪开始,他们的后代又与赤贫的爱尔兰农民一起向北美殖民地迁移,20 世纪北爱尔兰的新教—天主教阶级的冲突就肇始于 17 世

---

① Frederick A. Norwood, *The Reformation Refugees as an Economic Force* (Chicago, 1942), 78-82, 108-112; Charles R. Boxer, *The Dutch Seaborne Empire, 1600-1800* (London, 1965), 137-139.

② Mary Prior, “Reviled and Crucified Marriage: The Position of Tudor Bishops'Wives,” and Marie B. Rowlands, “Recusant Women, 1560-1640,” in Prior, ed., *Women in English Society, 1500-1800* (London, 1985), 118-148, 149-180; *Patrick McGrath, Papists and Puritans under Elizabeth I* (London, 1967). 1610 年,天罚会的修女被迫接受男性教会提出的与世隔绝的要求,乌尔苏拉会的修女在 1612 年、巴黎圣母院的修女在 1615 年先后接受这个命令。1631 年,10 个团体的英国姐妹进入幽禁地,300 名妇女被送回她们的家乡。

纪早期的这些宗教殖民活动。①

英格兰这些大规模的、不同信仰的集团希望进一步纯洁英国国教教会。这些"清教徒"(又分为独立派、长老教派和公理会)出于自愿或遭到迫害后向荷兰城市迁移,之后又迁往北美地区。朝圣的"牧师"与他们的母亲、子女和奴仆一道,在1620年建立了普利茅斯种植园,在17世纪30年代建立了马萨诸塞湾殖民地。他们确立了北美地区最重要的一种文化的基础——同穆斯林难民在北非、犹太人难民在波兰一立陶宛类似。1608年,普利茅斯人首先到达阿姆斯特丹,次年到达莱顿。他们在荷兰享受宗教自由,但是被排除在行会之外。他们害怕失去与英国语言文化的联系,特别是他们的子女。仅仅在马萨诸塞定居10年后,学说分裂和性别作用的冲突就驱使罗杰·威廉斯、安妮·哈钦森和其他人向外迁移。前往北美的宗教人口受到商业探险者的资助,这些探险者希望以此获得投资回报。②

在法兰西,胡格诺教徒实行宗教改革,颇具野心的吉斯王朝将之发展成为一个政党。在与王室谈判中以及在宗教内战中,妇女发挥了重要的宗教外交和军事作用。在第二次战争中,胡格诺牧师被命令离开这个国家。大约有两万名不同性别、不同年龄的胡格诺教徒于1572年8月24日夜在圣巴塞洛缪被杀害。1598年《南特法令》规定,在法兰西政治和文化生活中应保持容忍和融合。但是,1628年战争再次爆发,1685年《南特法令》被撤销,导致20万人向瑞士、荷兰、英格兰、爱尔兰以及德意志新教徒自治区,特别是布兰登堡—普鲁士地区迁移。③ 早期人口迁移行动已经把胡格诺教徒带到了阿尔萨斯,特别是斯特拉斯

---

① Andrew N. Porter, ed., *Atlas of British Overseas Expansion* (London, 1991), 22-24; Michael Perceval-Maxwell, *The Scottish Migration to Ulster in the Reign of James I* (London, 1973); Karl S. Bottigheimer, *English Money and Irish Land: The "Adventurers" in the Cromwellian Settlement of Ireland* (Oxford, 1971), and, Bottigheimer, "Kingdom and Colony: Ireland in the Westward Enterprise, 1536-1660," in K. R. Andrews et al., eds., *The Westward Enterprise: English Activities in Ireland, the Atlantic and America, 1480-1650* (Liverpool, 1978), 45-64; C. E. J. Caldicott et al., eds., *The Huguenots and Ireland: anatomy of an Emigration* (Dublin, 1987); James E. Handley, *The Irish in Scotland, 1798-1845* (Cork, 1943).

② Jeremy D. Bangs, ed., *The Pilgrims in the Netherlands: Recent Research* (Leiden, 1985); Keith L. Sprunger, *Dutch Puritanism: A History of English and Scottish Churches of the Netherlands in the Sxiteenth and Seventeenth Centuries* (Leiden, 1982). 关于新英格兰的清教徒,可参见 Virginia D. Anderson, *New England's Generation: The Great Migration and the Formation of Society and Culture in the Seventeenth Century* (Cambridge, 1991)中提供的例证。Allen French, *Charles I and the Puritan Upheaval: A Study of the Causes of the Great Migration* (London, 1955).

③ 目前普遍认为,传统的约50万名难民的统计数字过高。

堡,后来他们又直接或途径英格兰前往北美。有些人可以携带自己的动产,但是其他人则一无所有。[①] 从法兰西出发遭到禁止时,那些试图逃离的人被捕后往往成为苦力,因此与土耳其战俘奴隶产生接触。相反,胡格诺教徒也偶尔从他们所占领的领土中驱逐天主教徒。这些难民中的部分人在塞维利亚定居。[②]

在基督教世界中,胡格诺教徒是最大规模的难民集团,他们的流动给当地经济带来了大量资金。在坎特伯雷,16 世纪 40 年代至 18 世纪早期,出现了三次人口迁移浪潮,它向我们展示了来自主流社会的社会构成、经济活动和宗教压力。1590～1644 年登记在册的人口中有 2100 名英格兰本地出生者,有大约 1350 名外国人,他们来自佛兰德斯(41.8%)、埃诺(13%)、阿图瓦(8.1%),其他人则来自荷兰各省。因此,在这个地区,居民来自不同地区,说不同语言,有不同辈分。在坎特伯雷,"瓦龙堂区"与其他"外国教会"一样得到命令,允许在纺织业("佛兰德斯风格")进行经济革新,但是禁止他们与本地纺织工业竞争。命令还规定了他们的社会政治地位。17 世纪 40 年代,强硬的英国国教大主教劳德成功地禁止外国出生者拥有宗教信仰自由。经过强烈的抗议活动,这些外国出生的移民妥协了,第二代移民开始信奉英国国教。但是有些人则选择再次迁移。

① Liliane Mottu-Weber, *Économie et refuge à Genève au siècle de la Réforme: La draperie et la soierie (1540-1630)* (Geneva, 1987); Walter Bodmer, *Der Einflußde Refugianteneinwanderung von 1550-1700 auf die schweizerische Wirtschaft* (Zurich, 1946). J. A. H. Bots and G. H. M. Posthumus Meyjes, *La Révocation de l'Âdit de Nantes et les Provinces-Unies, 1685* (Amsterdam, 1986). Irene Scouloudi, ed., *Huguenots in Britain and Their French Background, 1550-1800* (London, 1987); Bernard Cottret, *The Huguenots in England: Immigration and Settlement, c.* 1550-1700, trans. Peregrine and Adriana Stevenson (French orig., 1985; Cambridge, 1991); Robin D. Gwynn, *Huguenot Heritage: The History and Contribution of the Huguenots in Britain* (London, 1985). Ingrid Mittenzwei, ed., *Hugenotten in Brandenburg-Preußen* (Berlin, 1987); Thomas Klingebiel, *Weserfranzosen: Studien zur Geschichte der Hugenottengemeinschaft in Hameln (1690-1757)* (Göttingen, 1992); Heinz Schilling, *Niederländische Exulanten im* 16. *Jahrhundert: Ihre Stellung im Sozialgefüge und im religiösen Leben deutscher und englischer Städte* (Gütersloh, 1972); Jon Butler, *The Huguenots in America: A Refugee People in New World Society* (Cambridge, Mass., 1983); Abraham D. Lavender, *French Huguenots: From Mediterranean Catholics to White Anglo-Saxon Protestants* (New York, 1990); Charles W. Baird, *History of the Huguenot Emigration to America*, 2 vols. (New York, 1885; repr., Baltimore, 1966).

② Gaston Tournier, *Les galères de France et les galériens protestants des XVIIe et XVIIIe siècles*, 2 vols. (Paris, 1943-1949), I: 57-218. *Albert Girard*, *Le commerce françis a Séville te Cadix aux temps des Habsbourg* (Paris, 1932), 547-548.

总之，不可否认，难民促进了英格兰制造业的发展。①

在尼德兰，西班牙哈布斯堡王朝统治的时代，1477～1543 年，不同集团的人口纷至沓来，他们中有南方地区的说法语的瓦龙人，在荷兰北部各省，有他们强大的城市。1568～1648 年的独立战争中，几千名北方的荷兰清教徒逃往法兰克福/美因和汉堡，加入由天主教西班牙人组成的多民族雇佣兵军队，其他新教徒逃亡到德意志城镇和伦敦。1500～1600 年，在荷兰各省，有 6 万～8 万人向北迁移，躲避西班牙天主教徒的迫害。在接下来的经济衰退时期，更多人流亡。他们说法语，或说荷兰北部地区不同的方言。尼德兰城市中的新教徒依靠自己的技能、手艺和移民势力，在 17 世纪所谓的“荷兰黄金时代”，使荷兰成为欧洲最著名的商业和制造业中心(参见第 11 章第 3 节)。②

路德于 1517 年宣布进行宗教改革后，关于他向宗教挑战的消息不胫而走。他居住的维腾贝格镇吸引了来自意大利、法兰西、葡萄牙、不列颠、苏格兰、波兰、匈牙利、芬兰的教士以及斯拉夫和巴尔干南部地区的居民。一个世纪后，1618～1648 年的三十年战争导致拉丁基督教世界改革与分裂的战争终止：多种民族背景的雇佣兵穿梭往来于中欧地区，其中 1/3 被杀害或死于战争，几十万人逃往重新天主教化的地方。宗教驱逐和逃亡又持续了一个世纪以上(参见第 11 章第 4 节)。在俄国，俄国女皇伊丽莎白·彼得罗夫娜(1708～1762 年)终止宗教容忍政策，强迫穆斯林和犹太人改宗。在西方，商业统治者执行人口再安置政策，这些成为接下来 50 年历史发展的特点。

---

① Beate Magen, *Die Wallonengemeinde in Canterbury von ihrer Gründung bis zum Jahre 1635* (Frankfurt/ Main, 1973), 31-58, 171-181; Andrew Pettegree, *Foreign Protestant Communities in Sixteenth-Century London* (Oxford, 1986), 77-214; Ronald Mayo, *The Huguenots in Bristol* (Bristol, 1985); Ole P. Grell, *Dutch Calvinists in Early Stuart London* (Leiden, 1989); Laura H. Yungblut, "*Strangers Settled Here amongst Us*": *Policies, Perceptions, and the Presence of Aliens in Elizabethan England* (London, 1996).

② Andrew Pettegree, *Emden and the Dutch Revolt*: *Exile and the Development of Reformed Protestantism* (New York, 1992). 埃姆登是德意志、荷兰边境的一个小镇，16 世纪中期后，它是荷兰改革派、再洗礼派以及英格兰和法兰西改革教会成员居住的地方。Herman Van der Wee and Jan Materné, "Antwerp as a World Market in the Sixteenth and Seventeenth Centuries," in Jan Van der Stock, ed., *Antwerp, Story of a Metropolis*: *16th-17th Century* (Ghent, 1993), 19-31; J. Briels, *Zuid-nederlanders in de Republiek 1572-1630*: *Een demografische en cultuurhistorische studie* (Saint-Niklaas, 1985); Sherrin Marshall, "Protestant, Catholic, and Jewish Women in the Early Modern Netherlands," in Marshall, ed., *Women in Reformation and Counter-Reformation Europe*: *Private and public Worlds* (Bloomington, 1989), 120-139.

第4章
奥斯曼社会、欧洲以及殖民交流的开端

从1400年开始，各种文化、政治和社会变革开始改变着欧洲和伊斯兰世界，有些变化在某个阶段是显而易见的。在东南方，奥斯曼帝国逐步扩张势力，并形成了多民族共存的社会结构，这种现象曾经在地中海地区普遍存在，但并未形成定式。在西北地区，王朝分裂，并伴之以"universitas"观念，即欧洲统一观念。在纽伦堡，学者和商人联合编纂了一部全球编年史，即关于他们所知的全球贸易和城市生活的历史。10年后，即1493年，这部名为《纽伦堡纪事》(*Schedelsche Weltchronik*)的巨著用拉丁语出版——其编者、印刷者和绘图者全都生活在同一条街上。1508年，在邻近的奥格斯堡，著名的丢勒描写了一个在商栈中担任职员的"埃塞俄比亚"人。作为世界贸易的中心，城市社会飞速发展。首都的政治生活、稳定的宫廷以及正在发展的管理体制改变了国家的功能；在经济生活中，国家支持的商业探险者组织代替了跨越多个政权的大的商业区域网络。从西南地区，从伊比利亚半岛向外，旧的贸易和文化交换(回扣)的相互作用模式转变为强权控制下的贸易模式。国家商人渗透到不发达地区，包括那些经济发达但政治权力落后的地区。

在某种程度上讲，东北部欧洲已经成为新的统一欧洲的一部分。克拉科夫很早以前就已经是商业和文化交换繁荣的城市，知识中心布拉格则是向外传播观念的城市。这个地区的城市构成结构也继续影响着德意志城镇，但是农奴制的发展和贵族的强权地位延缓了资产阶级社会的产生和商业的高度繁荣。"军事阶级的地方寄生性"(麦克尼尔)阻碍了农民和手工业者对自身利益的认识。再向东方，沙皇俄国经过波罗的海与北欧建立了商业联系，并延续着以前的经黑海与地中海的贸易联系。[①]

在文艺复兴时期，拉丁基督教国家与其他文明脱离，它将伊斯兰文化视为异

① Bennassar and Pierre Chaunu, eds., *L'ouverture du monde, XIVe-XVIe siècles* (Paris, 1977), 175ff.; William McNeil, *Europe's Steppe Frontier, 1500-1800* (Chicago, 1964), 33-36.

类，与其代表性的政治势力奥斯曼帝国敌对。奥斯曼苏丹也接受了逊尼派正统教派的主张，迫害异教徒。其结果是，伊斯兰学者不再与其他人交换观念与知识。犹太文化独立于东欧文化之外，并繁荣发展，直到经济衰落时期为止。与非洲和亚洲的文化联系仅限于奴隶和香料的进口。好奇心曾经是 12 世纪商品交换的动力，目前已经被利润率和控制欲代替。

认识异类开始造就一种新的生活方式，即吉卜赛人[①]的生活方式。吉卜赛人可能来自印度西北部，9～10 世纪因阿拉伯统治者的压迫向外迁徙，在 11 世纪到达巴尔干地区，15 世纪到达西欧。他们人数较少，从事流动的手工业劳动或者提供娱乐服务，因而他们对于政治、商业和学术的影响极小。欧洲认同观念的卫道士针对这个少数民族提出一种新的、极具破坏性的理论。吉卜赛人和其他与他们相似的人被视为异类，没有存在的权利。与吉卜赛人无辜被杀相比，犹太人也受到了迫害，但仍保持了一部分经济和文化生活，非洲人被卖为奴隶，但仍保留了部分劳动力。[②]

1. 奥斯曼社会的民族共存

在大西洋沿岸，具有等级差异的不同民族社会集团之间的共存模式曾经被诺曼人所采用并发展，也被十字军移民在巴勒斯坦地区采用过，商人在他们的波罗的海、地中海或黑海的殖民地也采用了这种模式。商人的殖民地和犹太社团自己管理内部事务。不迫使改宗以及认可不同事物是各种共存形式的基础。在土耳其—阿拉伯—伊斯兰世界，奥斯曼国家颁布法律承认民族共存的时候，拉丁教会破坏了其统治区域内和平的民族宗教联系。

小亚细亚在希腊人统治下经过了希腊化过程，在拜占庭统治下经历了基督教化过程，它展现出多种自愿或不自愿的人口流动、多种民族因素共存的场景，包括来自阿拉伯地区的基督徒难民，希腊塞浦路斯人，具有法兰克人、俄罗斯人、英格兰人、诺曼人、德意志人、保加利亚人、撒拉逊人或阿尔巴尼亚人背景的复原

---

① “吉卜赛”一词（应指来自埃及的人）曾经广受指责，因为其蕴涵着贬损和种族歧视的意味。但是目前还没有一个得到普遍认可的新名词。这里我们用来称呼一个民族，包括多种文化关系集团，比如罗姆人（Roma）和辛提人（Sinti）。

② 1496～1497 年，神圣罗马帝国法令被全体欧洲人接受。Angus Fraser, *The Gypsies* (Oxford, 1992); Reimar Gilsenbach, *Weltchronik der Zigeuner*, 1 *vol.* to date (Frankfurt/ Main, 1994); Andreas Hundsalz, *Stand der Forschung über Zigeuner und Landfahrer: Eine Literaturanalyse* (Stuggart, 1978), 24-27, 84-89. 后续发展参见第 11 章第 1 节。

士兵;还有库尔德人、格鲁吉亚人、叙利亚人和亚美尼亚人。[①] 东部教会的基督徒与来自中亚的土耳其游牧民的接触始于11世纪,当时塞尔柱军队进军巴勒斯坦,土耳其人向安那托利亚地区迁移。最初受到拜占庭皇帝邀请的土耳其军队征服了安那托利亚大部分地区。这些新来的游牧民定居下来,由他们所建立的公国发展而来的奥斯曼帝国[②]产生了。

虽然取得了战争的胜利,奥斯曼国家却在思想斗争中失败了,这是拉丁教会和封建领主为了回应征服者的种族灭绝而形成的观念。为了筹集反抗"土耳其人"的资金,普通基督徒需要交纳"土耳其税"。因此,"土耳其人"似乎降低了每个人的生活标准。西方学者顺应封建基督徒的观点,将"土耳其人"描述为破坏基督教欧洲文明的人。[③] 爱德华·萨义德曾经指出,"东方"一词反映了欧洲世界的思想,具有极端西方化的知识结构特征。旅行者和观察家带着"内部结构信息"不断离开,这些信息左右着(并仍然左右着)他们的经历和视角。在第一次从被俘者的描述中听到"土耳其人"一词时,它在西欧人心目中并没有确切的含义(如同后来的美洲殖民者听到"印度人"一词时一样),但是"土耳其人"逐渐演变成为残忍、贪婪、放荡、贪食、傲慢、做作、怯懦、有欺骗性、有流氓行为,并且好色的代名词。奥斯曼人并未向高层人士以外的战俘要求赎金,因此在基督教国家中并未出现攻击俘虏的记录。奥斯曼国家多民族的战俘在基督教国家成为奴隶、仆役和工人。在文学作品中,他们以顺从的私人奴隶的形象出现,他们传递情书,他们是浪漫的,具有东方异域特色。西方传奇故事作者混淆了地中海的异族、土耳其人和摩尔人之间的差别。[④] 但是在抗议性的流行歌曲中,反面形象扭转了,地方权力机构的行为更加糟糕:

---

① Speros Vryonis Jr., *The Decline of Medieval Hellenism in Asia Minor and the Process of Islamization from the Eleventh through the Fifteenth Century* (Berkeley, 1971), 25-30, 42-65; 另见 Peter Charanis, *Studies on the Demography of the Byzantine Empire: Collected Studies* (London, 1972), essays 1-7.

② 国名来自土耳其公国在安那托利亚的统治者奥斯曼(约1290～1326年在位)。

③ 新观点参见 Halil Berktay and Suraiya Faroqhi, eds., *New Approaches to State and Peasants in Ottoman History* (London, 1992); Halil Inalcik, *The Ottoman Empire: The Classical Age, 1300-1600*, trans. Colin Imber and Norman Itzkowitz (Turkish org., n. d.; London, 1973); Inalcik and Donald Quataert, eds., *An Economic and Social History of the Ottoman Empire, 1300-1914* (Cambridge, 1994).

④ Edward Said, *Orientalism* (London, 1978); Albert Mas, *Les Turcs dans la literature espagnole du siècle or*, 2 vols. (Paris, 1967), 1:11, 109, 2: 295-300, 416-468; Kiril Petkov, *Infidels, Turks and Women: The South Slavs in the German Mind, ca. 1400-1600* (New York,1997); Rosario Villari, *The Revolt of Naples*, trans. James Newell (Italian orig., 1967; Oxford, 1993), quote on 31.

你是用绞索杀了我们的人，
你是喜欢用火红的烙铁虐待人的人，
你是让我们饥饿致死的人，
你是让土耳其人恐惧逃亡的人。

16 世纪 80 年代，在那不勒斯，当食品短缺、任何抗议活动都被镇压的时候，类似的讽刺歌曲在大街小巷传唱。

人口流动与帝国的民族

当“土耳其人”活跃在欧洲文学作品中的时候，现实社会中的奥斯曼帝国也在向西扩张。14 世纪 50 年代，帝国在巴尔干地区建立了立足点——巴尔干，土耳其语直译为“山林地区”，并在 14 世纪 70 年代至 15 世纪 40 年代征服了塞尔维亚、波斯尼亚、保加利亚领土。因此，当地人口的民族构成在土耳其人到来之后发生了变化，他们成为穆斯林军队中的奴隶士兵。1526 年，在莫哈奇战役后，多数匈牙利人成为奥斯曼帝国统治下的臣民；特兰西瓦尼亚的三个“民族”——马札尔人（今天匈牙利人的主要组成部分）、捷克人和德意志人以及当时还没有形成民族的罗马尼亚人，在 1540 年共同组成一个属国。但是两次成为奥斯曼人攻击目标的维也纳则成功地抵制了多民族雇佣兵的进攻。匈牙利作为奥斯曼帝国的一个组成部分长达一个半世纪之久，巴尔干则超过四个世纪，但是当地人口并没有出现大的增长。来自战争破坏地区的农民却向其他村庄迁移加入能够维持生计的社会；那些分配给奥斯曼武士的人逃亡到国有土地上，这里的状况则要好很多。

在东方，意大利人在地中海东岸地区和黑海沿岸建立的殖民地于 1463 年后失去独立地位，卡法于 1475 年被征服。在南方，帝国向波斯边境和阿尔及尔扩张。1516～1517 年，帝国打败了敌对的叙利亚和埃及的马木路克帝国。[①]

① 1400～1420 年，帖木儿统治时期，蒙古人暂时延缓扩张步伐。Halil Inalcik，“The Policy of Mehmed II toward the Greek Population of Istanbul and the Byzantine Buildings of the City，” *Dumbarton Oaks Papers* 23/24（1965/70）：229-249；Leften S. Stavrianos，*The Balkans since 1453*（New York，1958），96-115，171-177；Peter F. Sugar，*South-eastern Europe under Ottoman Rule，1354-1804*（Seattle，1977）；Jonathan Riley-Smith，ed.，*Atlas of the Crusades*（London，1991），150，166；McNeil，*Europe's Steppe Frontier*，43-44.

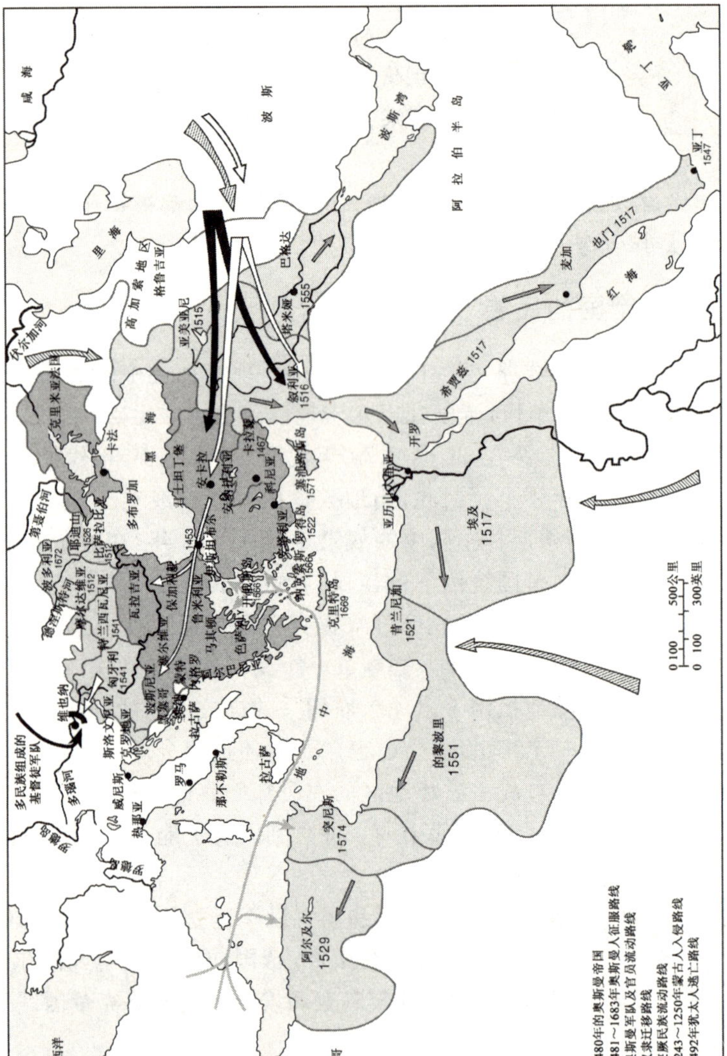

图1-13 1300～1683年奥斯曼帝国时期的人口流动

为了统治被征服地区人口、巩固帝国统治，奥斯曼政权采取放逐（sürgün）制度或强制迁移政策：在其他民族中安插土耳其人，比如巴尔干人；或者在统治相对巩固的地区安置起义人口。为了保证留在传统地区居住人口服从统治，他们中的一部分人会被安置在伊斯坦布尔城市或周边地区，或者这些地区统治者的儿子被送到宫廷充当人质。这样国家既节省了设置常备军的支出，也免除了强迫当地人建立军事组织的负担。此外，商人、艺术家和其他臣属也被安置在那些可以随时接受帝国官吏召唤、从事劳务的地方。执政官在熟练的手工业者和商人家族中选择一些家族，这些人后来成为他们的亲属。因此，放逐制度下的安置活动可以让这些非自愿流动人口从中获得好处，因为他们将在目的地获得更好的机会。[①]

在征服战争中，那些不战而降的城镇居民可以不受干扰地继续他们的生活和经济活动。另一方面，那些曾经抵抗的城镇居民或被迁移或被没为奴隶。他们的动产落入士兵掠夺者手中，他们的房屋、园林被赐予从安那托利亚地区招募来的流动人口，或者赐予来自基督教控制的欧洲，逃避迫害的犹太难民。摩尔人大规模到来。[②]

尽管帝国的领土征服被美化为扩展伊斯兰势力的圣战，但是非穆斯林人口也获得了保护民的身份(dhimmis 或 zimmis)。米利特(Millet)制度允许各民族和民族宗教集团在奥斯曼统治者可接受的领导人领导下进行自我管理。这些领导人选拔自高等级人士，他们将自己的儿子送到伊斯坦布尔作为人质。但是很多时候，传统的宗教领袖代替世俗统治者成为代表人物。有些情况下，在消灭了本地贵族后，土耳其军阀和收税官以及他们的骑兵部队成为新建税收区的管理官员。

不与临时领主瓜分权力的那些精神上的中坚力量支持苏丹，平民也一样，他们可以毫无困扰地继续遵从传统的习俗和信仰。但是有两种情形对非穆斯林是特殊的：一是他们必须缴纳一种特殊的税——保护费(hara)；二是基督徒要服“聚集青年”(devsirme)义务，这是一种男孩参与国家服务的徭役。其实还有第三种情形：对于犹太人和基督徒着装有明确的法律规定，包括禁止穿华丽的服饰和丝绸。只是富裕的犹太人对此规定置之不理。

由于对基督本质认识不同，各自遵从的宗教仪式也是差别极大，基督徒被划分为许多派别。一方面，对于希腊拜占庭人和俄罗斯东正教徒来说，在经历了拉丁教会和十字军的剥削压迫后，奥斯曼的统治是一次解放。另一方面，拉丁基督徒希望来自罗马的解放，却被视为造反，或被视为侵略势力的潜在支持者。其他的东部教会基督徒——埃及的聂斯托利教徒或基督一性论者科普特人、叙利亚

① Ömer L. Barkan, “Les deportations comme méthode de peuplement et de colonization dans l'empire ottoman,” *Revue de la Faculté des Sciences Economiques de l'Ōniversité d'Éstanbul* 11 (1946): 524-569, 13 (1948): 56-79, 15 (1950): 209-329.

② Vryonis, *Decline of Medieval Hellenism*, 30-33.

的二世党人、亚美尼亚信徒或黎巴嫩的马龙派信徒——早已被教皇和希腊教会视为分裂论者。在奥斯曼统治者统治下,他们获得了自由的、有保障的生活。[①]

犹太人的法律地位高于基督教欧洲任何一个国家的犹太人。他们有宗教信仰的自由,可以从事任何一种职业。他们也因此忠诚于王室,并且在16世纪获得了政治上的高等级地位。他们获赠一块在加利利附近太巴列湖的土地以安置来自意大利的犹太人难民。尽管有伊斯兰禁令,犹太人还是建立了新的犹太会堂。阿什肯纳兹人、塞法迪人以及来自前拜占庭地区、说希腊语的罗马时代的犹太人组成了一个活跃的、内部统一的社团,只要基督徒征服了新领土,就有被解放的犹太人加入这个社团。社团需要的犹太人手工业者和商人被邀请或通过放逐制度在这里定居。与多数港口城镇一样,布尔萨和埃迪尔内都出现了特大规模的犹太人社团。鉴于西班牙犹太人遭到的迫害(大约有10万人被送到救济所)、遍及欧洲的大屠杀以及阿拉伯哈里发的分裂活动,奥斯曼帝国与波兰—立陶宛领土上的阿什肯纳兹社团一样,成为犹太文化和经济生活的中心。1534年巴格达被占领时,残留的阿拉伯—犹太人社团也被吞并。[②]

由于威尼斯商人和拉丁宗教势力的敌视态度,君士坦丁堡的希腊—拜占庭裔和意大利裔居民的人数已经缩减到三四万。一些"法兰克人",即英格兰人、荷兰人、威尼斯人和法兰西人,仍然居住在城市及其郊区佩拉。1453年君士坦丁堡被占领,更名为伊斯坦布尔,经过几个世纪的衰落,土耳其苏丹为了充实城市人口,又邀请已经逃回家乡的基督徒返回。热那亚商人和威尼斯商人随同希腊人和亚美尼亚人到来,并在所有犹太人以前居住过的区域、城镇定居。其次,苏丹赐给一些基督徒战俘房屋,并允许他们用自己的所得赎身。第三,安那托利亚和鲁梅尼亚省的统治者必须向城市输送4000户人口,这些人将得到住处和工

---

① Kemal H. Karpat, "Millets and Nationality: The Roots of the Incongruity of Nation and State in the Post-Ottoman Era," in Benjamin Braude and Bernard Lewis, eds., *Christians and Jews in the Ottoman Empire: The Functioning of a Plural Society*, 2 vols. (London, 1982), 1:141-169;另见Braude的短文(*Christians and Jews*, 69-88),对米利特制度的标准解释提出质疑;Vryonis, *Decline of Medieval Hellenism*, 143-350.

② 每个逃避大屠杀的地方团体都建立了自己的犹太会堂,他们的成员继续保持亲密关系。Mark A. Epstein, *The Ottoman Jewish Communities and Their Role in the Fifteenth and Sixteenth Centuries* (Freiburg, 1980), 28. Stanford J. Shaw, *The Jews of the Ottoman Empire and the Turkish Republic* (New York, 1991), 25-108. 1250年后,阿拉伯伊斯兰中世纪时期,犹太人地位恶化,奥斯曼人的征服成为一次解放契机。奥斯曼社会中犹太人的地位在1600年后帝国衰落时也随之下降(Shaw, *The Jews of the Ottoman Empire*, 109-146). Norman A. Stillman, *The Jews of Arab Lands: A History and Sourcebook* (Philadelphia, 1979). 关于犹太人特殊遭遇的研究不可胜数。

作。第四，在接下来的几十年，来自新征服城市的家庭被命令前往伊斯坦布尔。一旦稳定下来后，这些非自愿的流动人口往往成为招待朋友的主人，他们以前的邻里也随后成为自愿流动人口。新人口充实了伊斯坦布尔。不久，黑海西岸的多布罗加地区繁荣起来，新建了几百个村庄，充实了港口城镇人口，修建了供应首都的仓库。在巴尔干地区和多布罗加地区，大约有 100 万土耳其族农民。在首都附近的农村，大约有 3 万农民，主要是塞尔维亚人，生产粮食作物。

1477 年，在解放或征服 25 年后，伊斯坦布尔人口达到 10 万人。他们中多数人是穆斯林，大约有 1/3 为希腊东正教基督徒，15%为犹太人，其余人是亚美尼亚人、卡拉曼的希腊人、卡法的非穆斯林、吉卜赛人和其他欧洲人。埃及手工艺人作为专家从事制瓷业和制陶业。人口流动导致 16 世纪上半叶人口增长到 40 万人，在世纪末再次翻番。伊斯坦布尔成为当时欧洲最大的城市，这是伊比利亚穆斯林城市在几个世纪前曾拥有的殊荣。水供应的难题迫使政府发出禁止向首都迁移的命令。①

安那托利亚和奥斯曼统治下的巴尔干地区是贸易网络往来交织的地区。它包括古老的东方商道、麦加的朝圣道路以及新建的贸易路线。在这个网络区域，建造了客栈和桥梁，开设了商队旅舍。土库曼游牧民和屯兵在监督下开垦周边农村地区。此外，具有半宗教特征的兄弟会、苦修僧人(与基督教僧侣类似的宗教人士)以及外来人口出于自身的目的建立了庇护所，自行组织出租公会驿站(zaviyes)以保证旅行者的安全，提供食宿。在类似的由政府发起的或私人建立的核心地区周围，城镇发展起来。14～15 世纪，安那托利亚和巴尔干地区的这些出租地多数发展成为村庄。苏丹利用扎维依(zaviye)制度重新恢复了 16 世纪波斯战争中被摧毁的村庄。

商路运输中需要的骆驼、马匹和骡马从土耳其东部和阿拉伯南部游牧民中雇佣。驭手与运货的马车夫与牲口随行。在 1521 年与贝尔格莱德的战役中，动用了 3 万匹骆驼、1 万辆车驮载来自富裕的多瑙河下游的补给。蒙古帝国开通前往中国的贸易路线后，贸易规模大幅度增长，布尔萨成为主要的交换中心。意大利商人从中国进口瓷器，阿拉伯商人从印度进口货物。奥斯曼帝国的臣属——卡法的亚美尼亚人、犹太人、希腊人和土耳其穆斯林逐渐取代了意大利商

① Robert Mantran, *La vie quotidienne à Constantinople au siècle de Soliman le Magnifique* (Paris, 1965), 60-74, 158-189, and Mantran, "Foreign Merchants and the Minorities in Istanbul during the Sixteenth and Seventeenth Centuries," in Braude and Lewis, *Christians and Jews*, 1:127-137; Inalcik, *Ottoman Empire*, 140-145; Paul M. Strässle, *Der internationale Schwarzmeerhandel und Konstantinopel 1261-1484 im Spiegel der sowjetischen Forschung* (Bern, 1990).

人的地位。与亚洲的贸易仍然蓬勃发展,但是根据当时基督教欧洲的宣传和史学记载,这条路线已经被苏丹割断。①

多民族帝国的非民族结构特点

奥斯曼统治者一般采取消灭被征服贵族、废除封建权利和强制劳动等措施。改变异常剧烈。比如,塞尔维亚农民曾经每周为他们的塞尔维亚主人工作两天,但是作为奥斯曼臣属,每年仅需为他们的新主人工作三天代缴赋税。因此,农民往往视他们的新统治者为解放者。根据伊那尔西克记载:

> 伊斯兰国家的保护性管理以及宗教法和容忍保障,成功地击退了游牧的军阀(gâzîs)的恐怖袭击。并且,保护农民以维持国家税收收入是近东国家的传统政策……奥斯曼帝国因此成为一个真正的"边境帝国",一个世界性国家,对所有宗教信徒和种族(民族)一视同仁,将东正教基督徒的巴尔干地区和穆斯林的安那托利亚地区统一为一个国家。

大多事务由社团执政官员管理,中央集权的管理在地方的代表是卡迪(kadis),在他面前,地主与农民平等。在1600年前的两个世纪里,这个组织有权调节冲突、查处滥用权力行为。②

城镇被划分为行政区域,这样的划分又以清真寺、犹太会堂或教堂为中心区分出不同的文化区域(malhalle)。宗教机构负责居民的社会和文化福利。作为各区域的领袖,伊玛目、拉比或牧师受到世俗官员的支持。外来人口与相同宗教民族背景者比邻而居,有时是在城市防御体系之外。穆斯林和非穆斯林之间的通婚是允许的,而且一个穆斯林男人的非穆斯林新娘不一定皈依伊斯兰教,但他们的子女必须以穆斯林的身份接受抚养和教育。各个民族宗教集团也经常从事

---

① Inalcik, *Ottoman Empire*, 121-139, 146-150; Gilles Veinstein, "Some Vies on Provisioning in the Hungarian Campaings of Suleyman the Magnificent," and Michael Rogers, "Ottoman Luxury Trades and Their Regulation," in Hans G. Majer, ed., *Osmanistische Studien zur Wirtschafts- und Sozialgeschichte*(Wiesbaden,1986),177-185 and 133-155. 根据 Rogers 的观点,在布尔萨从事丝绸纺织业的奴隶和战俘中,还有以下民族:波斯尼亚人、罗斯人、希腊人、意大利人、瓦拉几人、切鲁开斯人、阿尔巴尼亚人、匈牙利人和克罗地亚人(142)。Andrew C. Hess, "The Evolution of the Ottoman Seaborne Empire in the Age of the Oceanic Discoveries, 1453-1525," *American Historical Review* 75 (1970): 1882-1919.

② Inalcik, *Ottoman Empire*, 13, 35-52, 66-68, 70-73, quote on 7; Sugar, *Southeastern Europe*, 274-275. Michael R. Hickok, *Ottoman Military Administration in Eighteenth-Century Bosnia* (Leiden, 1997).

特殊的手工行业，甚至他们的工作也仅限于他所在的团体。他们通过行会和市场建立关系。

在帝国的顶层，无民族差别的贵族以及非民族性的自创语言——lingua nullius，阻碍了具有霸权地位的民族出现。在奥斯曼帝国之前的伊斯兰世界，阿拉伯语已经成为从东地中海到波斯湾沿岸地区的通用宗教和商业语言，在日常生活中，各民族仍然使用自己的民族语言。奥斯曼时期，土耳其语成为安那托利亚与中亚之间区域商业和地方管理语言。为了避免民族宗教霸权产生，中央政府和伊斯坦布尔高层文化界使用自创语言，即土耳其语、阿拉伯语、土耳其书面语。但是诏令和文学作品仍然使用日常土耳其语。在奥斯曼文化发展鼎盛时期，即穆罕默德二世（1451～1481 年在位）统治时期，欧洲学者和艺术家向苏丹宫廷迁移。[①]

为了避免在内部服务和军事服务中出现民族化趋势和裙带关系，土耳其穆斯林的儿子被排除在公共官僚体系之外。他们形成具有不特定民族特色的王室贵族阶层，在官僚机构、军事机构和再生产机构担任官职。一个特殊的男性种姓出现，即国家“奴隶”（kul），他们部分来自战俘，这些战俘中的 1/5 在法律上属于苏丹，还有部分奴隶购买自公共市场。17 世纪，大约每年有两万人到达伊斯坦布尔。最初，战俘担任步兵，后来他们成为帝国的中坚力量——禁卫军。自由的穆斯林组成了骑兵（sipâhǐs）。14 世纪晚期开始，王宫中最重要的一股势力是“聚集的青年”（devsirme），他们是从非土耳其人的基督徒人口中招募的儿童。城市家庭以及农村或小镇中只有一个儿子的家庭被排除在外。父亲与他的儿子们必须不定期地出现在帝国官员面前，这些官员从中选择适宜从事服务工作的男孩，将他们派往伊斯坦布尔。由于拥有升迁的机会，有些家庭，特别是穷人家庭，自愿将儿子送入宫廷；有些人，包括穆斯林，努力贿赂官员将自己的孩子纳入国家奴隶制范畴。在“聚集的青年”得势的 200 多年间，政府大约征召了 20 万名男孩。[②]

这些男性儿童“奴隶”皈依伊斯兰教，常年接受教育。在经过第二次甄选后，他们根据各自特点继续接受王宫、官僚机构或军队的专业教育。他们充实了最

---

① Inalcik, *Ottoman Empire*, 150-162; Sugar, *Southeastern Europe*, 75; Armin Hetzer, “Gesellschaftliche Modernisierung und Sprachreform,” *Balkan-Archiv*, n. s., 17/18 (1992/1993): 255-416.

② B. D. Papoulia, *Ursprung und Wesen der “Knabenlese” im osmanischen Rieich* (Munich, 1963); Inalcik, *Ottoman Empire*, 78-79; Sugar, *Southeastern Europe*, 56-59; Suriya Faroqhi, “Political Initiatives ‘From the Bottom Up’ in the Sixteenth- and Seventeenth-Century Ottoman Empire,” in Majer, *Osmanistische Studien*, 24-33.

高等级的官职,包括维吉尔、大维吉尔(部长和首相)。因此,国家官员由民族性较弱的人担任,他们来自依附于苏丹的被保护民,没有积聚财产的能力,但拥有天赋。他们可以被称作"职业的奥斯曼人"。在当时的其他社会,没有出现类似的皈依者的流动。在西班牙,犹太人皈依者的地位并不稳定,拉丁基督教会仅仅向那些出身良好的基督徒年轻男性提供教育机会。①

宫廷妇女来自女性战俘,来自奴隶市场,或来自整个帝国。她们也受教育,受技能培训,受品位风度的训练。民族性较弱的女性从事各种服务工作,掌管财产,参与慈善和文化事务,比如捐助基金会。许多人成为听差或管理官员的妻子。② 伊斯兰法律允许苏丹最多拥有四个妻子以及众多的妾,她们来自于宫廷妇女。比如,苏莱曼一世(1520～1566 年在位)的妻子罗克塞拉娜曾经是俄罗斯战俘。这个政策避免了奥斯曼帝国与其他王朝缔结婚姻协定,也避免了财产和权力的交易。对于这些儿童,通过限制出生率达到控制职位竞争的目的。为了减少各代之间的冲突,王子住在王宫中,受到控制。妇女可以获得一定的政治权力,特别是执政苏丹(vâlide sultan)的母亲和拥有崇高地位的苏丹长子的母亲。她们的公共作用在孩子们即将成年时有所提高,她们公开行使并控制权力,扩展势力,积聚财富。③

在法律上,穆斯林不可以成为奴隶,因此多数奴隶来自其他民族宗教集团。他们通常能够改宗或被释放。在穆斯林家族,一个生育了子女的穆斯林奴隶妾室有机会提升自己的法律和社会地位。她不可以被出售,也不可以被家族疏远,在主人即孩子的父亲去世时可以获得自由。如果孩子的父亲想娶她,他必须首先给予她自由。他们的子女与自由人妻子所生子女拥有同等地位。奴隶贸易的主要市场是安塔利亚,来自亚洲和非洲的战俘在这里出售。在 16 世纪中期,来自北方的、经过卡法到达的奴隶达到每年 2.5 万名。奥斯曼帝国的奴隶制度是地中海奴隶体系的延续(参见第 1 章第 3 节)。奴隶可以赎身,可以充当主人的商贸职员,也经常会被释放。奴隶精英造就了奥斯曼文化生活,因为苏丹和有教

① Sugar, *Southeastern Europe*, 273。在 16 世纪最后 25 年,奴隶制度开始瓦解。帝国的衰落与民族派别出现有关,与禁卫军的政治影响有关,与苏丹贵族中的宠臣有关,但是与掌握权力的人无关。

② Leslie P. Peirce, *The Imperial Harem: Women and Sovereignty in the Ottoman Empire* (Oxford,1993), 3-12, 30-31. 扭转了西方基督徒对于后宫的两种传统观念:其一,后宫是苏丹放荡生活的根据地;其二,后宫妇女牝鸡司晨,导致帝国灭亡。

③ 与基督教会一样,限制妇女作用的命令大多来自纯男性的宗教机构毛拉(ulemas)。王宫里的性别地位依据社会等级区分。下层阶级妇女参与日常的室外劳动。这里并未讨论性别作用的历史变迁。参见 Inalcik, *Ottoman Empire*, 85-87。另见 Gavin R. G. Hambly, ed., *Women in the Medieval Islamic World: Power, Patronage and Piety* (New York, 1998).

养的家庭的老师以及艺术家和建筑师都来自这个奴隶群体。作为束缚宽松的服务力量，他们的身份与欧洲殖民地中奴隶劳动力的身份截然不同。

16 世纪，帝国人口在农村增长了 40%，在城市则增长了 1 倍。在安那托利亚地区，富裕的征税者确立了大土地所有制度。他们建立了农产品贸易流通体系，并迁移了部分农民。这两种行为导致无地年轻人数量增加，他们加入流动集团，或者成为强盗。在土耳其语中，“levend”一词既有无地之人的意思，也有强盗的含义。为此，1570～1571 年，政府占领塞浦路斯后，迁移了安那托利亚地区的农民和无地人口。其他人则自行逃往高加索地区。向人口过剩的城市流动受到禁止，但是仍然有许多人迁移。16 世纪末期，无地的年轻男性接受招募，参加付酬的军队。因此，禁卫军精英不再是唯一的武装力量。一旦这些士兵得不到报酬，他们就聚集起来掠夺安那托利亚农村，与几个世纪以来欧洲的无业雇佣兵的行为如出一辙。①

约 1400 年以后，奥斯曼帝国对欧洲人、伊斯兰人、波斯人和印度人事务的影响长达三个世纪。16 世纪早期宗教改革时期，奥斯曼外交家建议与新教徒势力结盟，但是谈判无果而终。军事倒退始于 1683 年，到了 1699 年，哈布斯堡—奥地利国兴起，其势力扩展到匈牙利，巴尔干北部领土的人口迁移政策确立（参见第二章第 2 节）。在 18 世纪衰落前，奥斯曼社会融合了多种因素，保持着文化、市场的相互影响以及在通婚、政治结构等方面的非民族性特征，并拥有先进文化。人口流动，甚至是不自愿的放逐制度，都给个人和家庭提供了机遇，地区或帝国经济从中获利。

2. 欧洲的多样文化复兴

从地中海伊斯兰和犹太文化的视角看拉丁基督教欧洲统治的比利牛斯山脉和阿尔卑斯山脉以北地区，落后、粗俗是其特点。仅仅在 14 世纪，欧洲地域界限被打破后，这个地区才开始摆脱边缘地位。这样一个牵扯到与周边文明的边界构建和自我认识的过程建立在经济发展的基础上，并且建立在重新确立王朝统治者与他们政权的关系的基础上。外来知识分子在这个变革过程中发挥了重要作用。

---

① Berktay and Faroqhi, *New Approaches*; M. A. Cook, *Population Pressure in Rural Anatolia, 1450-1600* (London, 1972), 37-41; Leila Erder, “The Measurement of Preindustrial Population Changes: The Ottoman Empire from the 15th to the 17th Century,” *Middle Eastern Studies* 11 (1975): 284-301, and Erder and Suraiya Faroqhi, “Population Rise and Fall in Anatolia, 1550-1620,” *Middle Eastern Studies* 15 (1979): 322-345; Inalcik, *Ottoman Empire*, 145.

学者和艺术家的跨欧洲流动

对于伊斯兰、犹太、亚洲和欧洲学者、商人和艺术家之间跨文明成就的记忆曾经造就了欧洲人的生活,但是在拉丁教会的"思想清洗饬令"(布尔曼)限制下,这种记忆被掩藏起来,并且在宗教裁判所"骇人听闻的无知"思想影响下达到顶点。[①] 在朝臣和商人的生活日益稳定时,社会中坚力量中知识分子的生活仍然动荡。学者们必须从一个学习中心向又一个中心流动。12～13 世纪,大学数量很少,且相距遥远;14 世纪,大学构成学习网络。拉丁语成为通用语言,大学发展成为同样的学习机构,一个全欧洲的学术朝圣体系(peregrinatio academica)形成。学者社会(universitas)形成,并且在希腊和罗马学者论述的基础上创建了各种哲学体系(因此出现了文艺复兴或古典社会的再生)。

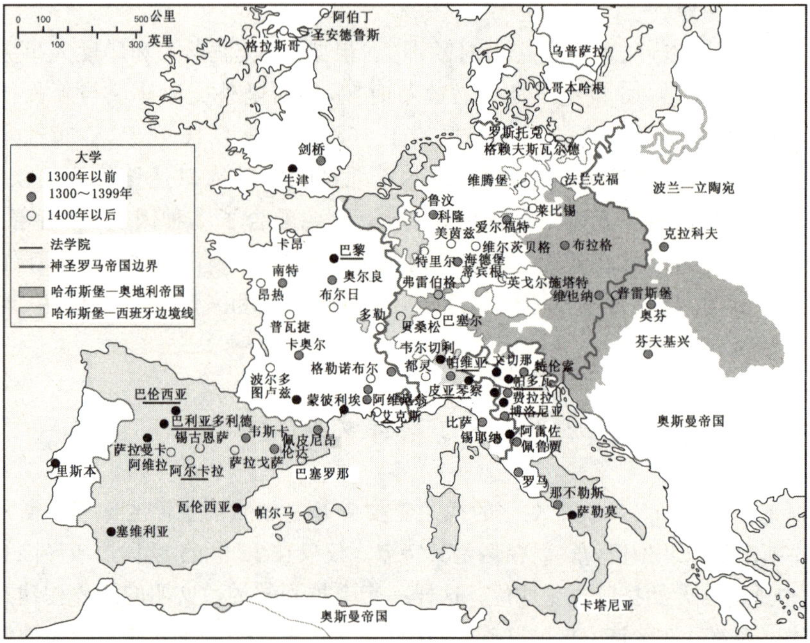

图1-14 欧洲:大学,13～15世纪以及1550年主要的政治区划

① Norman Daniel, *Islam and the West: The Making of an Image* (Edinburgh, 1960), and Daniel, *The Arabs and Mediaeval Europe* (1975; 2n ed., London, 1979), 267-302. Edward Burman, *The World before Columbus, 1100-1492* (London, 1989), 15-17; S. D. Goitein, *A Mediterranean Society: The Jewish Communities of the Arab World as Portrayed in the Documents of the Cairo Geniza*, 5 vols. (Berkeley, 1967-1993), I: 51-56.

密集分布的大学聚集了大量学生，多数人来自内部流动人口。16 世纪最后 25 年，在法兰西南部的 4 所大学中，6200 名学生中的 13.5% 来自法兰西以外的其他地区，主要来自邻近的伊比利亚各国。大学学生最初主要来自大城市里的贵族家庭，这个时期，来自小城镇的学生人数在逐渐上升。依靠劳动或资助维持生活的穷学生可能经过长途旅行，在一个比较繁荣的城镇学习，在这里可以获得更好的工作机会，也更容易得到资助。贵族学生带着奴仆上学，或者在当地雇用奴仆。大学是一个纯男性组成的社会，但是至少有一个女性穿着男装跨越波兰到克拉科夫的大学里学习。"外国"学生的比率在上升。莱顿大学于 1575 年建立，前 25 年，2725 名学生中的 41%来自联合省之外；但是到了 17 世纪中期，52%的学生来自匈牙利、德意志、波兰、奥斯曼帝国和不列颠群岛等远方地区。[①]

强权人士试图限制大学教师的流动，以避免提高工资，这与 14 世纪中期市政当局控制手工艺人工资的做法极其类似。教师和学生的集体流动导致学术和经济危机。学者之间以及学生之间政见不同可能造成辞退现象，向大学的流动考虑更多的是适合心意，或者考虑驱逐"异端"。学生与城镇居民之间的紧张关系和战争也可能导致驱逐事件，昂贵的食宿费用迫使一些人离开寻找更好的生活环境。另外一个流动的原因是不同地区的教师与学生之间的冲突，用现代术语说，通过民族归属组成"外围集团"。大学故事往往被大书特书。[②]

与学术界相同，艺术家也在各个文化中心之间流动。由于主要依靠富裕的资助人维持生活，他们在拥有财富的各个王朝间变换目的地。12 世纪，圣阿尔班成为欧洲的艺术中心；欧洲大陆的手工艺人，特别是法兰西手工艺人，大批前往英格兰的大教堂镇。14 世纪开始，意大利城市和教堂吸引着参观者，同时意

---

① Jacques Verger, "Noblesse et savoir: Étudiants nobles aux universities d'Āvrignon, Cahors, Montpellier et Toulouse (fin du XIVe siècle)," in Philippe Contamine, ed., *La noblesse au Moyen Âge, XIe-Xve siècles* (Paris, 1976), 289-314; Michael H. Shank, "A Female University Student in Late Medieval Crakow," in Sherrin Marshall, ed., *Women in Reformation and Counter-Reformation Europe: Private and Public Worlds* (Bloomington, 1989), 190-197; Charles R. Boxer, *The Dutch Seaborne Empire, 1600-1800* (London, 1965), 176-177.

② 最详尽的论述是 Hilde de Ridder-Symoens 在其编纂的著作 *A History of the University in Europe*, vol. 1 的文章"流动"(Cambridge, 1992), 280-285, and Ridder-Symoens, "La migration académique des homes et des idées en Europe, XIIIe-XVIIIe siècles," *Université et cité: A la recherché du passé* (Geneva, 1983), 69-78; Sven Bagge, "Nordic Students at Foreign universities until 1660," *Scandinavian Journal of History* 9 (1983): 287-318; Rainer C. Schwinges, *Deutsche Universitätsbesucher im* 14. *und* 15. *Jahrhundert* (Wiesbaden, 1986); Norbert Ohler, *The Medieval Traveller*, trans. Caroline Hillier (German orig., 1986; Woolbridge, U.K., 1989), 223-225; Hein Retter, comp., *Fahrende Schüler zu Beginn der Neuzeit: Selbstzeugnisse aus dem* 16. *Jahrhundert* (Heidenheim, 1972).

大利艺术家、建筑师和知识分子向欧洲和奥斯曼帝国的宫廷、建筑工地和其他能够发挥才能的地方流动。来自尼德兰城市的佛莱芒人出现在许多地方，人数仅次于意大利人。来自第三个城市文化，即西班牙文化的少数艺术家和手工艺人向北迁移，而穆斯林和犹太人则被驱赶向南方。

15～16 世纪，艺术家的流动更加频繁。大约有 1/4 的意大利移民向法兰西流动；他们中的 50%又继续向欧洲其他地区迁移，其余的 25%流向其他大洲。15 世纪晚期，在克拉科夫，意大利学者教授法律，意大利石匠建筑大教堂。还有一些人在莫斯科为克里姆林宫雕塑、建造艺术品，还有些人在西班牙找到雇佣岗位。流动人口的民族归属可能非常复杂。克里特的多米尼科·狄奥托科普洛(1541～1614 年)在成为著名的“西班牙”艺术家格列柯之前曾经在意大利学习。学者、艺术家、高级手工艺人和其他专家的流动往往互有关联或有先后顺序。艺术和建筑史中处处可见与意大利学院、法兰西因素和佛莱芒织物的联系。荷兰画家向意大利流动，荷兰人的画作从 15 世纪上半叶开始被卖给意大利资助人。城堡建筑、内部装饰、学习用品与艺术品收藏需要不同领域的专家。他们之间的联系反映在实用的、机械的、装饰的和自由主义的艺术的名称上。中世纪和近代早期关于矿业技术和水利技术的词汇是“Künste”，直译为“艺术”，或“艺术家”，那些拥有这些技术的人也在迁移。[①]

沿着朝圣者和学生的足迹，英格兰绅士旅行者因为教育原因向大陆流动。从 16 世纪晚期开始，许多人到巴黎或博洛尼亚学习。其他人则带着仆役到处寻欢作乐，臭名昭著。在英格兰，人们认为他们是“意大利式的人”——无神论者，道德败坏，有欺诈行为。积极的一面是，那些游历各地探索人文知识的人在回乡后希望获得有报酬的职位，因为国家不需要很多的士兵，却需要更多的管理者。[②]

中世纪和前近代的“民族”的概念

欧洲学者的流动和商业联系曾经被称为“国际的”联系，19 世纪关于民族国

---

① In grid Matshinegg, “Ausländer in Italien: überlegungen zu den Italienbesuchern im 15. und 16. Jahrhundert,” *Beiträge zur historischen Sozialforschung* 19 (1989): 73-77. 关于意大利移民问题，笔者感谢 Donna Gabaccia 提供的帮助，她正在进行的研究是 *Italy's Many Diasporas* (London, 2000). Fernand Braudel, *The Mediterranean and the Mediterranean World in the Age of Philip* II, 2 vols., trans. Siân Reynolds (French orig., 1949; 2d rev. French ed., 1966; New York, 1972), I: 201, 222; J. R. Hale, *Renaissance Europe: Individual and Society, 1480-1520* (1st ed., 1971; Berkeley, 1977), 38-39.

② Sara Warneke, *Images of the Educational Traveller in Early Modern England* (Leiden, 1995); Malcolm Letts, “Some Sixteenth-Century Travellers in Naples,” *English Historical Review* 33 (1918): 176-196.

家的研究曾经试图将现代国家的历史追溯到巩固的英格兰和法兰西国家。但是，中世纪拉丁语词汇“natio”仅仅指普通的地区和文化渊源。伦敦的意大利商人依其来源城市被分为四个“nationes”。他们在需要时共同行动，例如，1457 年伦敦爆发反外来者骚乱后，他们被迫逃往温切斯特。另一方面，香槟市集的意大利商人组成了 universitas mercatorum，即商人同盟。

在学校和教会，合作组织依照民族构成进行区分，一般分为英格兰人、法兰西人、意大利人和德意志人四个集团，他们之间的界限“有些奇怪，极度模糊”。一旦表现出差别，来自新文化集团的外来人口就被纳入既有的民族集团之中。在巴黎大学，其中一个民族仅由来自法兰西岛的学者组成，其他的民族则结合了所有英格兰和德意志的学者。一般来说，意大利民族是地中海人的集团，包括伊比利亚学者和教士；德意志民族则通常是包容一切的团体，可能包括波希米亚人、斯堪的纳维亚人和尼德兰人。在任何一个由不同人群组成的民族中，他们自身的共性比其他民族集团要多，但是必然认同拉丁语为通用语言。①

民族观念反映了各个政权的差异。诸如“法兰西”和“英格兰”这样的王朝国家——既小于帝国，又大于公国的单位——结合了许多独立地区和侯国。一个君主仅仅拥有一部分领土，对其他部分领土则仅拥有统治权。多数法兰西和英格兰王子、公爵和男爵“也拥有土地，在王国以外获取利益”，他们希望国家政权能够将各个组成部分统一起来。意大利半岛拥有伦巴底、为数众多互相竞争的意大利城邦、威尼斯及其属地、教皇国、那不勒斯王国等等。“绝对君主国”一词表明了某种一致性，但是日常的君主管理制度中包含了与地方贵族和城市贵族谈判、与各种地方风俗相和谐统一、融合多种多样的组成部分、忠诚于统治王朝或某个特定君主的内容。②

同样，在王朝区域内，人口没有明显的“民族”共同性。英格兰的“当地人”结合了诺曼人和西多会修士、德意志和意大利商人、来自意大利半岛和其他地方的教士的因素。在欧洲精英势力之下是地方文化，包括威尔士、苏格兰和康沃尔人文化以及英格兰文化。加上爱尔兰流动人口和爱尔兰的英格兰化进程，共同结合在一起。当荷兰出生的威廉三世（1689～1702 年在位）受到名为“外国人”的

---

① *Cambridge Economic History of Europe*, vol. 3: M. M. Postan, E. E. Rich, and Edward Miller, eds., *Economic Organization and Policies in the Middle Ages* (Cambridge, 1963), 102; Ridder-Symoens, “Mobility,” 280-282.

② Bernard Chevalier, “France from Charles VII to Henry IV,” in Thomas A. Brady Jr., Heiko A. Oberman, and James D. Tracy, eds., *Handbook of European History*, *1400-1600*: *Late Middle Ages*, *Renaissance*, *and Reformation*, 2 vols. (Leiden, 1994), 1: 371, 385.

诗歌攻击的时候,笛福用讽刺诗《真正的英格兰人》与之回应:[①]

> 他们是蔑视荷兰人的英雄,
> 他们无时无刻不在抱怨新来的外国人;
> 他们忘记了他们自己也是出身于
> 曾经的最无赖无耻的种族……
> 是皮克特人、多样的不列颠人、背信弃义的苏格兰人,
> 他们带来了饥饿、偷窃、抢劫;
> 挪威海盗、丹麦海盗,
> 他们的红发后代遍及各地:
> 他们与法兰西诺曼人融合
> 因此产生了纯正的英格兰人……
> 从此出现了混种民族,
> 他们没有姓名,没有民族,没有语言,没有历史,
> 真正的英格兰人就是一团散沙,
> 语言是讽刺的,行为是虚构的。
> 他们是流浪者永远的避难所……
> 荷兰人、瓦龙人、佛莱芒人、爱尔兰人、苏格兰人、
> 瓦乌度瓦人、瓦勒度林人和胡格诺教徒、
> 法国厨师、苏格兰小贩、意大利娼妓、
> 都是制造者,都是议员们的祖先。
> 他们的子女在长大之后会发现……
> 他们自称为英格兰人,他们是他们所轻视的外国人。

在法兰西,1208～1213年阿比尔派十字军摧毁了早期东南部地区的各种文化,但是布里多尼人、巴斯克人和科西嘉人仍然保持着少数民族文化特色。最近关于"法兰西民族"的"纯洁性"研究(《中世纪晚期高卢人的"熔炉"》)发现,在高卢—罗马人的源头之外,还有日耳曼人(哥特人、法兰克人、阿勒曼人和勃艮第人)、凯尔特岛屿的布里多尼人、来自比利牛斯山脉的加斯科涅人、斯堪的纳维亚半岛的诺曼人等因素。法兰西领土上的其他民族包括犹太人、少数叙利亚人和希腊人以及来自萨克森、伊比利亚和爱尔兰地区的小民族集团。具有鲜明地区

① James T. Boulton, ed., *Selected Writings of Daniel Defoe* (Cambridge, 1975), 51-81.

特征的文化及民族诞生——勃艮第人、诺曼底人、阿基坦人、加斯科涅人和佛兰德斯人,仅有小部分民族的名称留存下来。外来人口迅速成为地方文化的一个组成部分,但是各个地区的方言和语言仍然存在差别。[①]

在地中海沿岸,不同民族的男女结婚是很常见的现象,因此西班牙人、意大利人、希腊人、阿拉伯人、柏柏尔人、犹太人和拜占庭人血缘互相融合。在中东欧地区,来自德意志和佛莱芒地区的流动人口与斯拉夫人和波罗的海人融合。德意志本土以及法兰西有雇佣兵团体、流动的商人和车夫、教士和朝圣者、少女、妓女和游动的手工艺人穿梭往来。所有人都留下了子女,定居,再流动,通婚,互相影响。在血缘上"纯粹"的、与邻近的北非人或巴勒斯坦人相区分的欧洲人的构成,在中世纪现实生活中并不存在。

这些融合的文化表现在语言上,多种语言源流和不同的社会习俗并存。没有任何一种普遍的"高等"语言为社会各个阶层使用,而且地方方言也并不必互相理解。在英格兰,法语—诺曼语占据主要地位。直到 3 个世纪后,即 14 世纪 70 年代,本国的英语才成为"官方"语言,在语法学校使用,1399 年议会第一次用英语致开幕词。15 世纪 60 年代,在英语中的外来语中,55%的词汇来自法语。16 世纪开始,以巴黎法语为基础的"民族"语言在教育领域和政治领域形成并使用。普通民众中,地方方言直到 20 世纪早期还在使用。[②]

从王国到领土国家:中央集权与地方主义

欧洲"高级"文化学者及其精英势力努力在"皈依"或文化融合的过程中调和差别。文艺复兴时期欧洲的高层权贵维持着统一的欧洲人的阶级地位。法兰西的弗朗西斯二世(1559~1560 年在位)与苏格兰女王玛丽结婚时,随侍她的苏格兰随从人数众多。西班牙查理一世的父母是西班牙人,他本人在佛兰德斯接受教育,他到伊比利亚半岛加冕为"神圣罗马"中欧帝国的查理五世皇帝时,他的扈从是佛兰德斯人,他们对西班牙等级集团的蔑视成为各城市公社起义的诱因之一。

强势君主或城市贵族的集权统治仅在欧洲部分地区发生。领土国家——其

① Robert-Henri Bautier, "Le 'Melting Pot' de la Gaule du Haut Moyen Âge," in Jacques Dupâquier et al., *Histoire de la population français*: *Histoire de l'Ȇmmigration XIXe-XXe siècles* (Paris, 1988), English: *The French Melting Pot*: *Immigration*, *Citizenship*, *and National identity*, trans. Geoffroy de Laforcade (Minneapolis, 1996).

② Richard Wermser, *Statistische Studien zur Entwicklung des englischen Wortschatzes* (Bern, 1976), 56-70; Karl Brunner, *Die englische Sprache*: *Ihre geschichtliche Entwicklung*, 2 vols. (1950. 51; rev. ed. Tübingen, 1960/62).

政治和经济结构比统治者个人和王朝存在的时间更长久——出现,其男性或女性统治者将有决断潜力的贵族笼络在中央权力下,纳入官僚制度,并与资产阶级中的一部分人融合。在这个过程中,可能会有贵族被安置在首都,培养管理人员的大学出现,偶尔有学生游学。在贵族势力占统治地位的地方,比如西班牙和葡萄牙,或者在由多股分散势力结合在一起的地方,比如中欧帝国,这种发展将会延缓。

商业利益以及那些在广阔领土以及统一律法统治中获利的人,比如政府管理人员、商人、手工业者,开始在国家范围内发挥作用,因此他们之间的跨地区合作终止。王朝与商业利益的结合在商业主义的政治经济环境中发展到顶点。西欧或西南欧地区这样的资本政治核心区与权力较弱的或者较偏远地区之间的联系加强。个人"投机者",比如早期的男爵强盗,出海成为强盗、海盗和企业主,他们希望得到国家或者王室的支持。这种私人性质的、为了获得金钱利益而进行的战斗,与小封建贵族为扩展领土而发动的战斗相似。但是多数商人自发组成公司进行探险活动,他们积累资金,建立联系,积累阅历。1555 年,英格兰商业冒险者协会(或称"俄罗斯公司")成立,与俄罗斯建立贸易关系。英格兰东印度公司成立于 1600 年,于 1616 年开始建立经苏拉特与波斯湾的贸易关系。荷兰和法兰西商人也以同样的方式扩展长途贸易关系。

14 世纪晚期,意大利北部城邦巩固对毗邻农村的统治。荷兰和泽兰的城镇于 1557 年起义反抗西班牙哈布斯堡王朝的统治,1579 年,它们与其他各省组成了乌特勒支联盟。城市统治者允许居民扩展对外商业活动。在伊比利亚半岛,卡斯蒂利亚和阿拉贡联合王朝通过联姻组成了后来的西班牙国家,它与葡萄牙相似,成为一个王朝性的领土国家。但是这两个国家都没有商业资产阶级,因此它们对尼德兰城市及其商人,包括被驱逐的犹太人,有所依赖。

16 世纪的德意志没有出现集权统治。市政当局和小王朝都以"惊人的消费量"彰显它们的地位,表现在华丽的文艺复兴城堡建筑上,也表现在庞大的宫廷体制中,这种体制成为"社会权力和统治"的源头,但没有生产功能。通过改革,各个王朝统治日益稳定,哈布斯堡王朝过度的帝国扩张以及由此而产生的外部事务都导致了"不充分的官僚"统治。查理五世认为他 40 年的统治就像"一次长途旅行",其间他 9 次到其德意志领地,6 次到西班牙领地,7 次到意大利,10 次到尼德兰,两次到英格兰和非洲——在当时,巡视统治已经成为一个时代性错误的标志。

在中东欧地区,同样没有出现集权君主。在波兰,只有贵族(szlachta)组成的"国家",因为农民是他们的财产。在这些地区,经济环境仍然适合于庄园和宫廷获得最大利益,国家缺乏纳税的主体。其结果是,没有任何一个大小统治者投资兴建基础设施,他们也没有积聚属民的经济实力。这个地区因此成为劳动力流动人口的源头。

受过训练的管理者——一些来自贵族国家，一些来自新兴的资产阶级——成为"职业国家管理者"，与东南部地区从事服务的"职业奥斯曼"人如出一辙。他们在王朝更迭或战争中可能失去自己的地位，他们或者转投他人或者留在原位。作为受过教育的中坚力量中一个有权益保障的组成部分，管理者成为19世纪推动民族国家意识和民族国家发展的重要社会因素。在教会中，只有男性可以参与国家管理。受贿行为以及官位继承制度影响了婚姻规则和再生产秩序的建立。男性立法者重新规划了家庭体系，减少婚外生育子女的继承权利，改革婚姻离异制度。例如，法兰西法律规定，有通奸行为的妻子不适于担任家族世袭的官职，控告她的丈夫可以取而代之。在秘密的婚外孕案件中，地位较高、可以清晰阐明事实的妇女可以获准与产婆接触；若遭受不公正控告，她们可以用公开的告示回击。来自社会底层的"失德"妇女则一定被驱离。[①]

但是大多数的民族都与某个地方或区域有关系，说本国语言或方言。对德意志南部霍亨劳赫地区的研究表明，在农村，人口的内外流动出现在承担相互义务的道德经济环境下，以及"非基督徒"市场经济需要强势人物的情况下。为了留在当地，不向外迁移，农民明确提出他们的利益。1597年，他们被强迫放弃谷物种植土地，改种有市场需求的果园，他们拒绝了。"(一个地方官员报告)他们害怕他们不能养活他们的孩子。"农民们因此发动起义，即1524～1525年的农民战争，以及1560～1660年的多次小的起义浪潮。1450～1560年地区经济发展时期，以及16世纪60年代至17世纪40年代经济飞速发展时期，农业与市场的联系增加了，农民开始计算农业生产的价格，而不再考虑彼此义务。1570～1683年，霍亨劳赫的朗根贝格地区的农民经历了25年的饥荒。尽管当地供应不足，但是来自遥远地区的商人(来自意大利北部，或来自荷兰城市)仍然在这个区域搜刮产品。那些仅仅能够维持自己生存的人也有着痛苦经历，为了购买粮食，他们必须从临时性流动劳动中获得现金收入，或者在农村从事手工劳动，来补充收入的不足。如果他们没有可纳税的收入，他们就将被剥夺财产，被迫走上流亡之路。其他人则将从其他地方迁移而来，在他们的土地上获得机会。1588年，一个负债的村民恳求借贷给他的主人："可怜可怜我的妻子和幼小无依的孩子，我会赚到钱，不要赶我们走，发发慈悲，让我们留下来。"根据罗宾绍的观点，"德意

---

① Guy Llewelyn Thompson, *Paris and Its People under English Rule: The Anglo-Burgundian Regime, 1420-1436* (Oxford, 1991), 47-145; Sarah Hanley, "Engendering the State: Family Formation and State Building in Early Modern France," *French Historical Studies* 16 (1989): 4-27.

志农村无产阶级在1560年以后达到了饥饿、恐惧和绝望的顶点”。只有那些拥有生活来源的人才可能有目的地流动,多数社会人口只能一直流浪。德意志西南部地区从17世纪开始成为大规模人口外流的主要地区,那里单亲家庭的儿童成为遗产分配的主体。[①]

商人企业与国家官僚机构联合、商业主义政策观念的确立意味着重商主义适合国家的地理条件。一般来说,拥有技能的人或者有纳税能力的人外出流动受到控制,而来自远方的,例如拥有宗教技能的难民,有可能被鼓励迁移过来,以拓展国家的经济潜力。“Ubi populus, ibi obulus”(意译为“哪里有人,哪里就有统治者的钱”)成为“哪里有人,制造业和商业就繁荣”。因为没有同民族人口可以依靠,君主们只能制定特殊规则安置流动人口,或者在某个特定时间内租用商人,或者赐予某种特权,比如针对熟练手工艺人。精英们的国家观念和少数人的迁移决定相互影响。边界更像是职业的国家创立者人为规划出来的,而非由宗教机构的官僚规划,区域性的“种族”文化对这类边界的划分很难产生影响。“德意志人”对于西欧人、“法兰克人”对于伊比利亚半岛的西北欧人以及“温德人”对于所有斯拉夫人的血统意义都被统一的领土含义代替了。例如,在法兰西或西班牙,拥有不同文化背景的居民因此被归划为法兰西人和西班牙人。

3. 从伊比利亚半岛到撒哈拉以南的非洲以及跨越大西洋的活动

欧洲作为亚洲的贫穷的邻居,继续从非洲进口黄金,黄金也是其亚洲贸易伙伴感兴趣的产品。从欧洲经济的角度看,富产黄金的非洲以及制造奢侈品的亚洲是其获取利润的征服目标;从思想观念的角度说,十字军精神是伊比利亚宗教性的组成部分[②];从政治角度看,控制贸易的需求是各商业王朝之间权力斗争的组成部分。因为既没有商品可以输出,也没有文化可以输出,他们的信仰也仅是与其他宗教信仰体系处于平等竞争状态,欧洲通过派出使团改造异端,更重要的

① Thomas Robisheaux, *Rural Society and the Search for Order in Early Modern Germany* (Cambridge, 1989), 147ff., quotes on 161, 170.

② 宗教推动力之外还增加了寻找(神话传说中)祭司王约翰在南方某地的基督教王国的活动。1494年发现埃塞俄比亚基督教王国的时候,人们认为它的教义有差异(更类似科普特人,而非拉丁教会的教义),而且它既不富裕,也不强大。

是，通过强大武装力量扭转劣势。[①]

葡萄牙王室热衷于商业贸易活动，但是必须首先面对内部发展的障碍——其农村是遍布岩石的荒芜之地。因为无法与地中海地区的阿拉伯商人、奥斯曼商人和意大利城市商人抗衡，它的政治商业决策层开始寻找经过非洲到达亚洲的通道。大西洋的盛行风向和水流对葡萄牙的港口十分有利，被称作“航海家”的亨利王子和贵族中的军事狂热分子共同寻找能够推动商业活动的方式。寻找新的到达西非的路线所承担的经济风险很小，因为从 14 世纪到 15 世纪早期，经过撒哈拉沙漠的黄金路线的价格上涨，直航显然可以获得丰厚的利润。卡斯蒂利亚和阿拉贡(1479 年因联姻而统一为一个国家)因为内战而无力支付竞争费用。只是在格拉纳达(1483～1492 年)被毁后，西班牙城市和农村土地所有者等权贵才开始将注意力从地中海转向大西洋，从内部殖民转向海外殖民。多民族构成的社会，在经过武力融合或驱逐之后共同发展，这可能影响了西班牙对于海外殖民地“土著人”的态度。而葡萄牙人的沿海港口和贸易商栈与传统的殖民地、地中海和黑海沿岸的租界更相似。

葡萄牙渔民已经远航到大西洋捕获金枪鱼和鳕鱼。他们先后到达了马德拉群岛(1419 年)、加那利群岛(1419 年)、亚速尔群岛(1431 年)和佛得角群岛(1445 年)。探险者们引进了蔗糖、葡萄和谷物的种植技术。在佛得角群岛，当地的古安切人被杀害，或被充作奴隶运往伊比利亚半岛，佛莱芒农民和商人则前往亚速尔群岛定居。[②] 葡萄牙于 1415 年从摩洛哥手中夺取了休达，但是其进一步征服北非的行动遭到阿拉伯人的抵抗。当时向南推进的最大障碍是心理上的：当时人们深信(平面)世界的尽头是博亚尔多角。当 1434 年环游世界的壮举最终完成时，贸易活动开始陷入低迷，直到来自塞内加尔河上游、尼日尔河上游以及“黄金海岸”(今加纳)的黄金开始进入交换体系，情况才有所变化。这种交换提高了黑非洲统治者的交易权力，他们可以在阿拉伯或葡萄牙商人之中选择交易对象，同时也提高了葡萄牙在欧洲的经济地位。为了将撒哈拉贸易路线纳入自己的网络，葡萄牙人在 1481 年派出木匠、泥瓦匠和他们无处不在的士兵修建米那(El Mina)要塞。在葡萄人到达后的十年里，撒哈拉以南的非洲、大西洋奴隶贸易开始了。

---

① 枪炮由中国人发明，但是欧洲人创造了能在船上使用的枪炮。C. G. F. Simkin, *The Traditional Trade of Asia* (Oxford, 1968), 260-262.

② 1479 年条约中，卡斯蒂利亚和葡萄牙瓜分了大西洋岛屿。亚速尔群岛和马德拉群岛成为葡萄牙殖民地，卡斯蒂利亚则占据了加那利群岛。

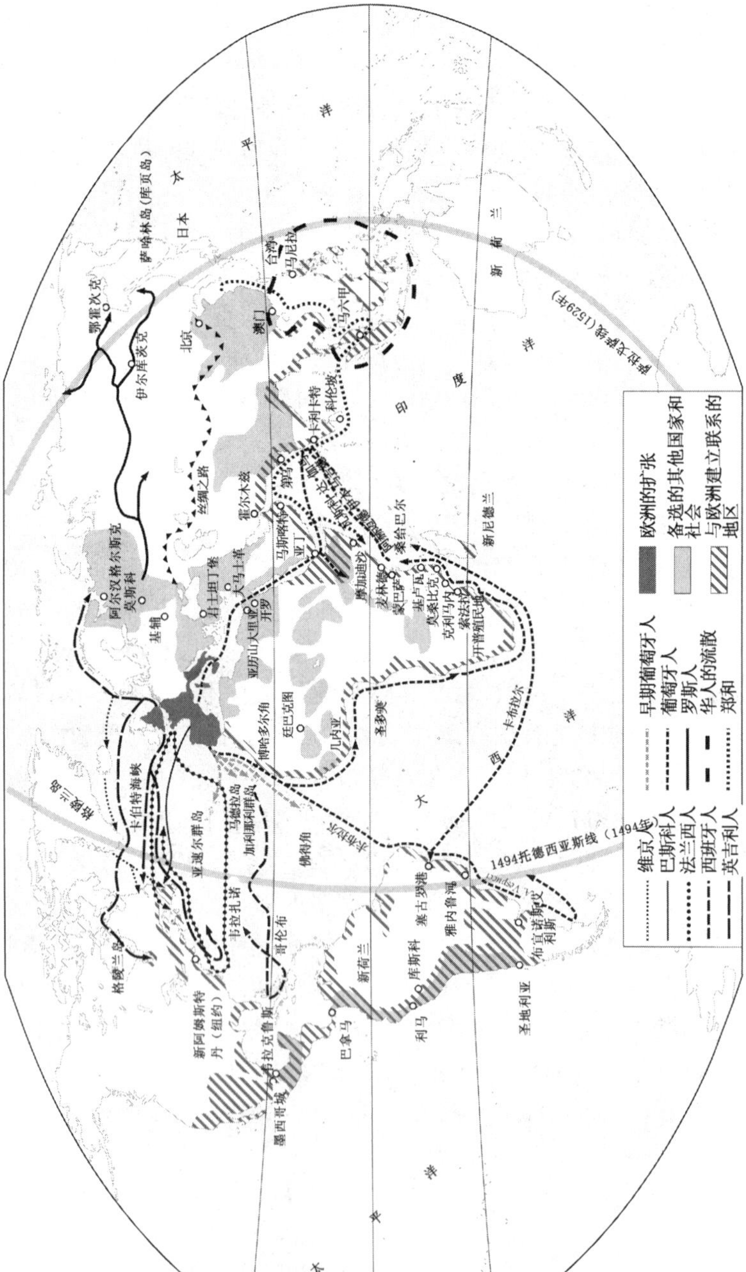

图1－15　15～16世纪早期“欧洲人寻找更大的世界”

欧洲的非洲奴隶

当大量来自加那利群岛的黑人被运到葡萄牙的时候，当15世纪40年代投资人和王室官员组成团队到非洲抓捕奴隶的时候，地中海的奴隶（参见第1章第3节）不再重要了。一个世纪以后，非洲黑人完全代替阿拉伯“摩尔人”成为奴隶。葡萄牙的垄断地位持续了150年，尽管在15世纪70年代受到（西班牙）塞维利亚的挑战，但并未成功，直到荷兰和英格兰商人参与进来。[①] 奴隶中有的是葡萄牙人的分遣队捕获的，有的则是从穆斯林或非洲商人手里买来的；当地人成为翻译或海员。多数人被运到里斯本或塞维利亚的市场上出售。据估计，1451～1600年，大约有4.88万名非洲人被卖到欧洲成为奴隶。另有人估计，甚至在1500年以前，就有15万名被卖为奴隶，其中还不包括被杀害的或死在路途中的非洲人。1519～1520年，男女奴隶比例为58∶42。从价格上看，男女奴隶价格基本持平。16世纪中期以后，进口数量下降，1600年之后基本停止，原因是美洲的竞争压力增强，内部劳动力储备增加。多余的奴隶又被卖回西班牙。[②]

非洲与欧洲的奴隶贸易改变了地中海奴隶制中发展出来的剥削、劳动与释放模式。在新的体系中，奴隶首先成为富裕的城市家庭地位的象征。投资人购买男性奴隶是第二种模式，他们受雇于各种行业，但很少用在农业中。因为多数行会拒绝奴隶成为行会成员，他们成为最廉价的劳动力。这些奴隶必须将收入的一部分交给投资人，但是他们可以保留其余收入，甚至可以自己赎身获得自由。第三种，也是最严苛的情形是王室奴隶，他们在公共工程、矿山或军舰上劳动。教条的民族观念将非洲奴隶归入驯良的、容易改造的人，而将阿拉伯人和柏柏尔人纳入恶毒人的范畴。奴隶符号普遍采用，施加于奴隶身上的残酷的惩罚措施是文学作品中经常出现的内容。[③]

---

① 约翰·霍金斯(John Hawkins)爵士开启了英格兰参与奴隶贸易的先河。从16世纪90年代开始，荷兰海上势力介入贸易活动，到17世纪30年代，荷兰人已经控制了西非海岸葡萄牙人的许多贸易口岸。

② Philip D. Curtin, *The Atlantic Slave Trade: A Census* (Madison, 1969), 18, and, Curtin, “Major Trends,” in Eugene D. Genovese, ed., *The Slave Economies*, 2 vols. (New York, 1973), 1: 73-80；更高的数字在 A. C. de C. M. Saunders(*A Social History of Black Slaves and Freedmen in Portugal, 1441-1555*, Cambridge, 1982, 11-27, 47-61)的统计中。

③ Antonio Domínguez Ortiz, *The Golden Age of Spain, 1516-1669*, trans. James Casey (Spanish orig., n. d., London, 1971), 164. 另见 José Antonio Saco, *Historia de la esclavitud desde los tiempos más remotos hasta nuestros días*, 5 vols. (2d ed., Havana, 1937); Saunders, *Black Slaves and Freedmen*, 52-88, 113-137.

至于奴隶进口是否导致葡萄牙人丧失工作、工资降低或是否弥补了葡萄牙男人外出所导致的劳动力缺乏状况,一种与众不同的研究发现,在北方出现了人口过剩,但是在南方出现了人口短缺、地主残酷剥削劳动者的情况。南方劳动者迁移到里斯本和其他城市,他们往往不进入劳动力市场,导致人口流动过程中止。"因为雇佣劳力状况不好,奴隶所从事的劳动是流动人口拒绝从事的工作。"1500 年以后,一些自由的非洲人的后代向美洲迁徙。

15 世纪末期,葡萄牙集中了大约 100 万黑人,是欧洲社会中黑人人数最多的地方;但是尽管如此,奴隶人口仍然只是北方人口的 1/2、南方人口的 5%、里斯本人口的 10%。被释放的和自我赎身的非洲人人数达到 1%。西班牙总人口为 900 万,其中奴隶人口是 10 万,集中在塞维利亚。1564 年,大约有 7%的居民为奴隶,包括一些白人奴隶,自由的黑人也居住在这里。在塞维利亚大主教区,奴隶人口下降到 3%。一些白人害怕有色人口聚集。1535 年,一名游学的佛莱芒人文学者在笔记中说:"被俘的黑人和摩尔人做所有的工作,葡萄牙人与这些人拥挤地生活在一起。我相信,在里斯本,男女奴隶的数量比自由的葡萄牙人多……在埃武拉,我觉得我到了一个妖魔鬼怪的城市:到处可以看见我所厌恶的黑人。"这种观点表达了恐惧的心态,营造了"正常人"与其他人的界限,而非实际的城市奴隶聚集现象。①

非洲人创造出他们自己的日常文化生活。他们组成了慈善的联合会,主要与同为奴隶的同民族者建立联系,但是限制自由劳动者。与葡萄牙人和西班牙人通婚是允许的,这样的婚姻生育的子女被称为"穆莱托人";如果肤色很深,则被称为"劳罗斯人"(loros)或"劳拉斯人"(loras)。他们通过自己的努力或者在富裕的主人的支持下接受训练或教育,有些人从前是奴隶,通常是这种民族间通婚生育的子女,他们在文学作品中享有盛誉,在其他领域中也取得卓尔不凡的成就。随着时间的推移,他们与"自由民邻居融合……丧失了自身的民族特性",在肤色、文化或社会地位上没有差别。但是在 17 世纪早期,男性立法者禁止葡萄牙妇女与男性奴隶建立家庭,男人则不限制与女奴发生性关系。②

向撒哈拉以南非洲和亚洲的扩张

伊比利亚人的继续扩张得益于托勒密的《地理学》被重新发现、13 世纪旅行

---

① Saunders, *Black Slaves and Freedmen*, 47-50, 50-61, 134-148, quote on 1; Lee Anne Durham Seminario, *The History of the Blacks, the Jews, and the Moors in Spain* (Madrid, 1975); 26-28.

② Saunders, *Black Slaves and Freedmen*, 89-112; Basil Davidson, *Black Mother: The Years of the African Slave Trade* (Toronto, 1961), 203; Seminario, *History*, 29-34.

者的游记以及犹太商人在《加泰罗尼地图集》中记载的知识（参见第 1 章第 2 节）。葡萄牙担负起沉重的远征花费，因为单个商人无法承担这样的花销，而商业公司还未形成。那些远方的、没有殖民地同胞存在的口岸也需要政治支持，况且新领土需要王室宣布认可，心灵改造的任务则留给了教会。在意大利城市，因为城邦缺乏权力，军舰并不适合于海上航行，因此，他们还无法参与类似的探险。但是意大利城市提供了航海专家，并从在里斯本和塞维利亚设立的食宿机构中获利。热那亚、佛莱芒和日耳曼商人在向伊比利亚地区迁移中寻找机遇。①

扩张行动有利于欧洲，主要有利于各文明间的技术交流。汉萨同盟的小船和地中海的军舰技术结合创造出伊比利亚人的小吨位轻快帆船，运输用的大帆船的吨位也从 400 吨发展到 1500 年的 1000 吨。阿拉伯三角帆船的索具功能提高，亚洲人和阿拉伯人的航海辅助工具（包括指南针和天文观测仪）保证了船长通过观察太阳与星辰的位置来确定自己的位置。东非的阿拉伯人领航员引领欧洲船员到达了那些他们认为是自己发现的地方。1498 年，瓦斯科·达·伽马绕过非洲角后惊奇地发现，在莫桑比克的克利马内有一个繁荣的城镇，从这里沿着海岸可以到达马达加斯加和阿拉伯半岛，经过海上通道，可以与印度建立贸易关系。达·伽马雇用了阿赫迈德·伊本·马吉德，因为他熟识季风，依照他的印度—阿拉伯海图，可以引领船只和船员从马林迪港到达印度西南部的卡利卡特。尽管葡萄牙人花费了 80 年的时间控制了从休达到好望角的非洲海岸，但他们仍然需要 15 年的时间到达中国，因为他们要仰仗于阿拉伯人、印度人和中国人的经验。新航路的探险又一次展示了欧洲人、犹太人、阿拉伯人、亚洲人的科学成就和航海经验，尽管拉丁教会对这类文化相互影响持敌视态度，他们不公开承认这一点。同样，因为这个时期欧洲人控制了印刷媒体，对于其他人的贡献，他们并未广为传播。

伴随着葡萄牙人的征服活动，非洲人流动和迁徙模式发生了变化。人力消耗巨大的、跨越大西洋的强制奴隶流动还未开始的时候，因为新航路的开通，贸易活动已经密集起来，出现了新的贸易商品，比如象牙和马拉盖塔胡椒。当葡萄牙人得知津巴布韦存在金矿的时候，他们迅速停止和平贸易活动，转而开始武力争夺矿山。但是，矿工逃亡了，矿山仍然不能开采，因为在当地和欧洲都找不到熟练工人。

---

① Frédéric Mauco, "Merchant Communities, 1350-1750," and Irfan Habib, "Merchant Communities in Precolonial India," in James D. Tracy, ed., *The Rise of Merchant Empires: Long-Distance Trade in the Early Modern World, 1350-1750* (Cambridge, 1990), 278-279 and 371-399.

东印度洋沿岸港口划分为各种民族商业贸易中心（见图 1-2），印度南部的维查雅瓦达、北部的莫卧儿帝国以及远东的中国明王朝，都曾试图阻止葡萄牙人的扩张。由于装备精良，葡萄牙人在各地建立了战略要地——1498 年在东非海岸莫桑比克和蒙巴萨，1510 年和 1515 年在霍尔木兹和果阿，1511 年在马来半岛的马六甲，1557 年在中国的澳门，1570 年在日本长崎。多数贸易城市的特色都是多民族共存。在卡利卡特，来自马拉巴尔沿海的商人与孟加拉人、德干人、切蒂人、阿拉伯人、波斯人、土耳其人、索马里人和马格里布人做生意。马六甲商人团体中有古吉拉特的穆斯林和泰米尔印度教徒。爪哇商人、吕宋商人和中国商人居住在特殊区域里，在那里保持自己的风俗习惯，并与某些区域保持贸易关系。与当地妇女的通婚现象很普遍，葡萄牙人也接受了这种形式。

为了将从印度和马来半岛获得的货物经好望角转运到里斯本，葡萄牙舰队努力截断阿拉伯商人在红海港口与奥斯曼和意大利城市商人的贸易。1500 年，在里斯本，胡椒的价格已经下降到威尼斯价格的 1/5，埃及—威尼斯贸易路线衰落。奥斯曼苏丹曾经鼓励从亚洲经奥斯曼帝国到西欧的运输贸易，他保障新近迁徙而来的英格兰人的利益，使得他们的贸易收入成倍增加。但是，葡萄牙人引进了非葡萄牙船只的通行证制度，进行强制管理，收缴税款，排除竞争者。南亚各国的统治者并没有获得商业利益和政治利益，也缺乏航海积极性，他们因此接纳葡萄牙人担任中间人控制贸易，例如让其担任与霍尔木兹的阿拉伯商人贸易的中间商。[①]

仅有少数葡萄牙人向东方迁徙，包括在各个亚洲港口担任流动的水手、传教士和耶稣会成员以及行政管理者。在他们居住的地方，成年男性的总人数从未超过 1.2 万～1.4 万人，其中还包括欧洲其他地区的教士，这些人认为自己已经是葡萄牙人。一个来自马拉巴尔海岸的阿拉伯作家这样描写这些新来者：

> 人类部落中的妖魔一族来到了马拉巴尔，他们的习俗习惯很肮脏，他们

① Wolfgang Reinhard, *Geschichte der europäischen Expansion*, 4 vols. (Stuttgart, 1983-1990); Eberhard Schmitt, *Die Anfänge der europäischen Expansion* (Idstein, Ger., 1991); Janet L. Abu-Lughod, *Before European Hegemony: The World System, A. D. 1250-1350* (New York, 1989), 19-20; Inalcik, *Ottoman Empire*, 38, 51-52; Subhi Y. Labib, *Handelsgeschichte Ägyptens im Spätmittelalter 1171-1517* (Wiesbaden, 1965), 441-480; Helmut Wilsdorf, *Kulturgeschichte des Bergbaus* (Essen, 1987), 143-144, 201-204; Mauco, "Merchant Communities," 276-277; Salihözbaran, "The Ottoman Turks and the Portuguese in the Persian Gulf, 1534-1581," *Journal of Asian History* 6 (1972): 45-87.

> 是安拉和他的先知的敌人，他们被称作法兰克人；他们崇拜木制的神像，在石头像面前下跪。他们的体形和他们的面貌显示出他们卑劣的特性。他们的眼睛是蓝色的，就像沙漠里的妖怪；他们像狗一样撒尿，他们强迫人们放弃自己的宗教……他们欺骗、误导人，他们伪装成商人。他们自己需要胡椒和姜，却只给别人留下可可豆。①

这篇文章反映了人们对于他们自视过高的态度的反感，那些人没有理由自认低人一等。他接下来描绘了商业活动中出现的从大洲间的互信向枪炮掩护的欺骗的转变。

除获取利润外，欧洲在亚洲贸易中仍然处于边缘地位。85%的香料贸易仍然在亚洲范围内进行，来自苏门答腊和印度西南部的姜和胡椒、来自锡兰的肉桂、来自班达群岛的肉豆蔻以及来自摩鹿加群岛的丁香中，仅有14%被卖往欧洲，1%卖往美洲。② 在欧洲，葡萄牙人和西班牙人在资本积累、投资和长途商业贸易关系等新型发展中被边缘化了。来往亚洲的旅行耗时甚长：从里斯本到果阿需要6个月，往返澳门则需要18个月以上。资金雄厚的荷兰商人，在1602年组成荷兰东印度公司，在16世纪90年代以后已经开始控制众多葡萄牙人的贸易驿站。伊比利亚国家及其贵族对商业活动和商人阶层的蔑视态度导致他们开始丧失从进口贸易中获取的利润，尽管他们仍然控制着与亚洲的剥削贸易。里斯本市场的香料经过西班牙—哈布斯堡统治下的尼德兰销售而来。从西班牙统治下独立后，荷兰商人家族（包括被驱逐的伊比利亚犹太人）继续获取利润。经济权力与政治权力之间不平等的关系突出表现在1477～1568年荷兰人向西班牙哈布斯堡王朝缴纳的税款是同时期从传说中的南美白银舰队获得收入的7倍。

与南北美洲的早期接触

许多水手来自日益萧条的意大利城市，其中有一人前往葡萄牙寻找工作机会，与葡萄牙妇女结婚，并且游历了欧洲宫廷，最后，他在西班牙获得冒险所需的经费支持：克里斯托弗·哥伦布带着3条船向西出发寻找前往印度的通道。首先必须指出的是，他最大的一条船仅有40米长，可容纳100名水手。半个多世纪以前，中国人郑和已经率船队跨越了印度洋，他最大的一艘船长140米，可以

① Schmitt, *Anfänge*, quote on 56-57 (trans. D. H.).

② Schmitt, *Anfänge*, quote on, 60-73 (trans. D. H.).

容纳1000名水手、士兵和奴仆。其次，值得注意的是，如同达·伽马曾经得到一个阿拉伯领航员的帮助一样，也有一个名叫内格罗的人，可能是非洲裔，担任哥伦布船队的领航员。第三，应该说明，巴斯克渔民曾经向圣地亚哥的朝圣者供应了大量补给，他们从未向竞争者隐瞒他们所提供的鳕鱼的来源可能就是新大陆海岸。当然，挪威人、维京人几个世纪以前已经经过格陵兰岛到达"新世界"，并建立了定居点。[①]

1492年，哥伦布抵达"印度"，即加勒比海的"西印度群岛"。另外一个意大利移民乔瓦尼·科博特得到英格兰王室的允许，以约翰·科博特的名字开始探险活动。1497年，他可能到达了美洲北部海岸。两年后，即1499年，葡萄牙人很侥幸地到达了巴西海岸。为了避免昂贵的竞争花费，葡萄牙和西班牙请求教皇为他们瓜分可预期的"新发现"（或战利品）。双方都没有意识到，1493～1494年划分的分界线在未来导致巴西划归葡萄牙统治。[②] 相较于绕过非洲到达亚洲所需的几个月时间，从伊比利亚到巴西仅需要三四周的时间。早在16世纪20年代，西行的船只数量已经超过东行前往亚洲船只的数量。1504～1650年，大约有1.06万艘注册的塞维利亚船只穿越大西洋。里斯本和塞维利亚的多民族商人团体（主要是塞维利亚热那亚人），是扩张运动的主要执行者。伊比利亚贸易机构成为海洋探险的贸易驿站。参与俄罗斯和东印度贸易的商人来自英格兰公司，他们与伊比利亚人保持着密切的关系。[③]

征服美洲后，流动人口与定居人口的发展趋势与亚洲的情况相反。在非洲与亚洲的扩张过程中，气候与疾病导致欧洲入侵者损失惨重；在美洲，反而是当地人损失惨重，因为他们缺乏对入侵者携带病毒的免疫力。之后，征服者大肆破坏当地文化，贪婪地掠夺黄金，却并不注重控制贸易。在亚洲，欧洲人曾经与亚

---

① Mark Kurlansky, *Cod: A Biography of the Fish That Changed the World* (Toronto, 1997), 19-153.

② John Merson, *Straßen nach Xanadu* (English orig., 1989; Hamburg, 1989); Laurette Séjourné, *Altamerikanische Kulturen* (Frankfurt/ Main, 1971), 19; Watts, *West Indies*, 79-80; St. Clair Drake, "Diaspora Studies and pan-Africanism," in Joseph E. Harris, *Global Dimensions of the African Diaspora* (Washington, D.C., 1982), 372. 最新研究成果同样证明早期中国人与美洲之间存在联系，参见 Jim Bailey, *Sailing to Paradise: The Discovery of the Americas by 7000 B.C.* (New York, 1996).

③ Ruth Pike, *Enterprise and Adventure: The Genoese in Seville and the Opening of the New World* (Ithaca, 1966); Edmundo O'Āorman, *The Invention of America: An Inquiry into the Historical Nature of the New World and the Meaning of History* (Bloomington, 1961); Huguette Chaunu and Pierre Chaunu, *Seville et l'Ātlantique, 1504-1560*, 8 vols. (Paris, 1955-1959), cited in Schmitt, *Anfânge*, 67.

洲商人谈判;在非洲,他们需要普通劳动者。同基督徒征服伊比利亚半岛时一样,扩张者的思想是精神掠夺,渴望夺取领土,寻找男性争斗与冒险的极限。

欧洲人携带的病菌导致美洲人口急剧下降,与此同时,欧洲人口开始显现出强势增长的势头。人口的增长导致食品结构发生变化,因此欧洲人开始了解中南美地区。物质生活在一个世纪内改变了普通人的日常生活(参见第 10 章第 2 节)。

欧洲人对"新世界"(仍然用这个词语)的成就导致几个世纪中出现了自我赞美的出版物。埃博哈德·施密特是欧洲扩张行动中最有权力的人之一,他从跨越文明的角度创造了一个传统的解释。哥伦布的"计划并非最早的:他的计算与观点是草率的、完全错误的,他对黄金和香料的需要是强迫性的。他认为他是上帝眷顾的工具的想法使 20 世纪的观察家战栗。……他的单向思维使他成为西方进入世界历史的完美标志"[①]。哥伦布一直不承认他发现的是西印度群岛,而非印度。25 年后,即 1519 年,在西班牙王室服务的葡萄牙人费迪南德·麦哲伦环球航行到达了美洲最南端,他不承认太平洋的面积大于原来所估计的面积。因为没有准备足够的食物,他的水手几乎全军覆没。

15 世纪扩张造成一系列后果,首先是以欧洲为中心建立了跨越世界的殖民地网络。其次,16 世纪的殖民地里,出现了两种模式:一种是逃避入侵者的人,另一种是向投资中心强制的、被迫的或自由流动的劳动力人口。大庄园农业需要流动劳动力,不论是自愿的还是非自愿的,向大都市的粮食进口必然适应家乡劳动力的需要(参见第 5~8 章)。再次,在非洲统治者的帮助下,阿拉伯人、欧洲人和欧美商人迫使非洲奴隶人口大规模向美洲迁徙(见第 9 章)。等级关系作用的结果是,世界观和食品结构发生变化,新民族产生(见第 10 章)。

---

① Schmitt, *Anfânge*, quote on 35; William H. McNeil, "The Age of Gunpowder Empires, 1450-1800," in Michael Adas, ed., *Islamic and European Expansion: The Forging of a Global Order* (Philadelphia, 1993), 103-139; Tzvetan Todorov, *The Conquest of America: The Question of the Other*, trans. by Richard Howard (French orig., Paris, 1982; New York, 1985), 14-50.

第二编

18 世纪欧洲及其他地区的殖民主义

15 世纪 70 年代至 16 世纪中叶，欧洲出现繁荣发展、经济扩张和人口增长景象。葡萄牙对非洲和亚洲的早期拓展仅局限在沿海贸易口岸，因此它所控制的文化区域与国家并没有连成一体。在印度，17 世纪荷兰人的渗透致使贸易控制发展成为领土征服。当地人沦为以欧洲为中心的各个帝国的附庸。其他大陆也成为欧洲商业冒险者、王室支持的冒险掠夺者以及一小部分由水手、士兵、代理人和奴仆组成的乌合之众掠夺的目标。在与当地人口的相互影响过程中，形成了 4 种区域模式。

在撒哈拉以南非洲，欧洲列强将大批人运往美洲，成为奴隶，以此扩张势力；这导致了一种新的约束方式出现——奴役制度。他们同时运输货物和金块。多数实质的猎奴行动，如同多数矿山开采和生产一样，是由非洲权贵及其国家实施的。穿越撒哈拉沙漠的非洲穆斯林商人将这些经济区域与地中海贸易连接起来，并且经过大草原，连接了从塞内甘比亚到埃塞俄比亚的道路。其他商人在奴隶海岸和中非地区往来。由于欧洲国家的能力有限，建立沿海贸易口岸符合经济效益。控制洲际商业活动需要大批军队进行征服和统治。1450 年以后，南大西洋贸易体系形成。自由人和奴隶人口的流动非常频繁（参见第 5 章第 3 节），北方和东方奴隶贸易仍在继续（参见第 5 章第 4 节），非洲奴隶制范围进一步扩大（参见第 5 章第 5 节）。在美洲出现了以奴隶劳动为基础的社会（参见第 9 章）。

在亚洲，连接多个文明的海上贸易网络（"商业贸易中心"）已经在印度洋、东南亚岛屿以及中国南海和东海三个区域内存在了几千年。与之对应，以陆地为中心的朝觐活动和独立的商业贸易活动将各个地区连接起来，但是文化交流则十分有限。这种长途贸易甚至给普通人提供了日用品，比如盐。向农村的短途供应促进了流动和接触，但是仍然局限在区域文化范围之内。南亚、东亚、东南亚以及日本都经历过大规模的人口安置过程，并尝试过军事征服。1435 年，中华帝国的海上贸易停止，商人团体流散到其他地方从事商业活动。葡萄牙人的到来"并非和平的运动，而是为了夺取外部世界的产品而进行的一次掠夺"（安德鲁斯）。葡萄牙人控制传统的贸易口岸和海上贸易中心的行动之后，17 世纪末期，荷兰人开始夺取大庄园；18 世纪，英格兰人开始向外扩张，并且建立了帝国。但是，西班牙人和法兰西人的行动还很有限。欧洲人对亚洲领土的侵略与非洲不同，后者因奴隶贸易而导致人口锐减，但是欧洲列强的代表和自由的欧洲掠夺者渴望在亚洲获得的利润则通过显而易见的掠夺廉价劳动力获取（见第 6 章）。

大庄园的强制劳动成为一种新的人口流动类型,并且应欧洲资本的需求,强迫“进行思想皈依”。

在美洲,领土被征服,国家被摧毁,土地荒无人烟。气候因素以及早期社会组织因素造成两种不同的人口流动模式。在热带地区,欧洲入侵者不亲自参与劳动,他们强迫当地人从事不自由的劳动,因此又面临着幸存的当地人的抵抗,所以他们被迫大量进口来自非洲热带地区的奴隶(参见第 7 章)。在温带地区,欧洲农民家庭和大土地所有者的流动人口定居活动淹没了当地幸存者(参见第 8 章)。19 世纪,大量自由人口补充着流动劳动力的需求(参见第 13 章)。

17～18 世纪,这些强迫或自由迁移与定居模式在全球范围内出现。在南非、澳大利亚和其他地方都出现了定居农民。以奴隶劳动为基础的大庄园经济在整个“南半球”出现,这原本是源自赤道以北的一种欧洲—北美的经济形式,它将地中海以南地区、喜马拉雅山脉以及北美切萨皮克以南地区的庄园连成一片。

在地中海和印度洋地区,“外来人团体可以获得由地方权力机构直接控制的自治权力”(克尔廷)的传统观点完全被欧洲人颠覆了,他们征服领土,剥夺了当地居民及权贵的自治权力。由于地区差异,几个世纪以前的商人已经在香槟地区的市集、在伦敦、在汉萨同盟地区、在基辅和俄罗斯国家获得了特许身份。在主流社会,商人们独立居住,自身文化的完整性得以保持。如果没有这种制约,他们将会在联姻及文化融合中“消失”,将会丧失多元文化经纪人的竞争优势。在撒哈拉以南的非洲地区,通过联姻或多方联姻,取得同样成果:男性商人在妇女管理的各个据点间穿梭往来。在一些社会里,混合多种文化的新人类成为经纪人,有些城镇将商人与本地人隔绝。语言的混杂保证了文化间的交流,比如,在西非,克里奥尔语成为通用语言。在印度洋贸易中,瓦斯科·达·伽马率领葡萄牙人到达之前,斯瓦希里语已经得到充分发展。19～20 世纪,在东非的内陆地区,斯瓦希里语成为通用语言,而在沿海地区,仍然使用各种方言。

在大西洋,从西南欧洲到中南美洲(参见第 7 章),从西北欧洲到北美(参见第 8 章),两个人口流动体系同时形成并发展。因此,在美洲产生两种文化:一个是拉丁文化,另一个则以英格兰文化为主。在加勒比地区,消亡的国家和原有的文化只能通过海盗和掠夺其他岛屿维持相互联系。在北美的南部地区,在沿海庄园经济中,在中南部和西南部墨西哥和美国文化混合地带,两种文化和经济体系相互作用。19 世纪早期,拉丁国家在政治上宣布独立,但是在经济上仍然依赖于资本主义核心地区。从 19 世纪 40 年代中期开始,美国或多或少地控制着拉丁美洲的部分地区。在 19 世纪末,南北美洲均出现了两个人口流动过程,主要是意大利人的流散。以欧洲人和北美人主导的南大西洋奴隶贸易体系将非洲与美洲联系起来，在几个世纪里，通过这个体系带到美洲的人数超过了欧洲的自由人口和契约人口的总数。

在太平洋，西班牙人建立了新西班牙/墨西哥与菲律宾的贸易联系。这条路线上相对少量的流动人口构成了太平洋流动人口体系的第一个阶段（参见第7章第5节、第14章第5节）。劳动力需求增长的地方，当地居民将被迫成为殖民经济的出口劳动力，或者边远地区的人口被迫大规模迁移，包括奴隶人口，他们的目的地是核心区资本有工人需求的地方（参见第9章、第14章）。在所有自由的、强制的或武力的人口流动中，欧洲人介入了各地的权力统治，努力用他们的手段达到他们的目标，在其他文明中推行自己的文化。在很长时间里，他们的帝国观念只是对自身权力的空想和狂想。

第5章 非洲与奴隶贸易体系

各大洲与各文明间的人口流动和贸易体系将北非纳入地中海世界，将东非纳入印度洋世界，同时，它们又与撒哈拉以南地区经济连成一体。从文化的角度看，非洲可以分为撒拉哈以南和东非的伊斯兰地区、大西洋地区的非洲多神教区以及更南方的班图语地区。16 世纪的非洲人口流动大体可分为四个方向：(1)从阿拉伯半岛向西经埃及到摩洛哥；(2)沿尼罗河上溯，继续向南经中非东部的大湖区或向西进入大草原；(3)从大西洋沿岸的富尔贝地区向西进入大草原；(4)南方的殖民地。多数人口流动的目的都是寻找良好的生态环境，或者到大草原寻求更好的牧场。[①] 其他因素包括政治变迁、商人与手工艺人的流动，在社会底层，主要是妇女儿童被抵押或沦为奴隶。

埃及与巴格达的阿拉伯国家哈里发及其继承者之间的关系一直维持到 13 世纪，至马木路克切尔克斯奴隶王朝统治时期，这种关系才终止；16 世纪，埃及被并入奥斯曼帝国版图。在摩洛哥，来自欧洲的汪达尔人、来自东方的阿拉伯人与来自北非山区的柏柏尔人融合。这批穆斯林向北渗透到欧洲(参见第 1 章第 3 节)。在南方，撒哈拉沙漠的屏障中穿插着三条主要的商道：向西从加纳到马里、尼日尔河上游桑海、中部加奈姆。伊斯兰国家沿着这些道路和西部沿海低地，与撒哈拉以南居民建立联系。宗教皈依与性别权力和财产关系交织在一起：物质与精神相互作用。在母系社会以及父系母系混合的社会里，皈依伊斯兰教意味着向男性世系继承模式的飞跃。撒哈拉以南非洲人在接受伊斯兰教时就将伊斯兰教非洲化了。

1050 年以后，大约有 25 万苏莱米和伊拉里贝都因人沿着地中海向西迁移到的黎波里塔尼亚。再往西，桑哈迦柏柏尔人和阿尔摩拉维德人建立了国家。之后的人口流动就是因王朝斗争，以及因修道院形式的边防军(ribats)中狭隘的骑士僧侣，而产生的强迫流动人口。到麦加的朝圣者有几万人。马木路克人从北方进口奴隶士兵，从南方进口矿山奴隶。14 世纪早期，1 万名马木路克人统治

① 大草原地区曾被称为“苏丹”，意思是“黑人的土地”。因此，历史上的苏丹，与今天的苏丹国家不同，包括尼罗河流域、中部和西部苏丹。

着四五百万埃及人。尽管赋税沉重，农民家庭(fellahin)仍然不允许离开农村到城市中生活，无力缴纳赋税时，他们就将被驱逐。为地主和公共工程出劳力的义务劳动者中有一些临时的劳动力流动人口。15 世纪，葡萄牙商人和法兰西商人或侵略者在摩洛哥和突尼斯建立了沿海租界。

在葡萄牙人以及随之而来的欧洲人扩张海上利益的时候，各大洲的四方社会空间划分仍然是完整的：北方地中海与霍尔木兹海峡的关系；西方的黄金、铁以及与苏丹地区的贸易，在赤道森林地带将之与南方分割开来；东非地区向北与埃及和阿拉伯半岛，向南与赞比西河上游地区的矿山建立经济联系，但是与印度洋贸易中心的交往更加密切。在三个沿海地带，以大城市为中心的社会生活逐渐稳定，政治结构日益复杂。在第四个地区，内陆的游牧人口继续迁移，传染性疾病阻碍了外国人进入这个地区。在赤道森林以南，有三个小一些的地区(安哥拉人居住区、无人的喀拉哈里沙漠区以及开普的克瓦文化区)横亘东西，仍然孤立于世界经济之外。大的内陆地区经过尼日尔河、贝宁河、赞比西河和尼罗河都可以进入，由于居住模式的关系，很少有人经刚果河进入内陆地区。①

1. 16 世纪以前下撒哈拉非洲的人口流动与民族混合

从语言学角度看，撒哈拉沙漠以南非洲地区的居民属于亚非语族、尼罗河—撒哈拉语族、尼日尔—刚果语族和克瓦桑语族。对此有不同的解释与定义。尼日尔—刚果班图人主要是农民、牧民、铜匠或铁匠。他们分布在尼日尔河沿岸向南，跨越森林的地区。在班图人到来的时候，当地居民散居各地，他们的村落成为文化中心，他们的语言占据优势。联姻造就了新民族，“文化间的借鉴”造就了新的生活方式。

① Kevin Shillington, *History of Africa* (New York, 1989), 157-164; Yvan Debbasch, *La nation franζaise en Tnisie, 1577-1835* (Paris, 1957); Kenneth R. Andrews, *Trade, Plunder and Settlement: Maritime Enterprise and the Genesis of the British Empire, 1480-1630* (Cambridge, 1984), 5; Pierre Chaunu, *Gonquète et exploitation des Nouveaux Mondes, XVI e siècle* (Paris, 1969); Philip D. Curtin, *Cross-Cultural Trade in World History* (Cambridge, 1984), 132, 38-39; Alan K. Smith, *Creating a World Economy: Merchant Capital, Colonialism, and World Trade, 1400-1825* (Boulder, 1991).

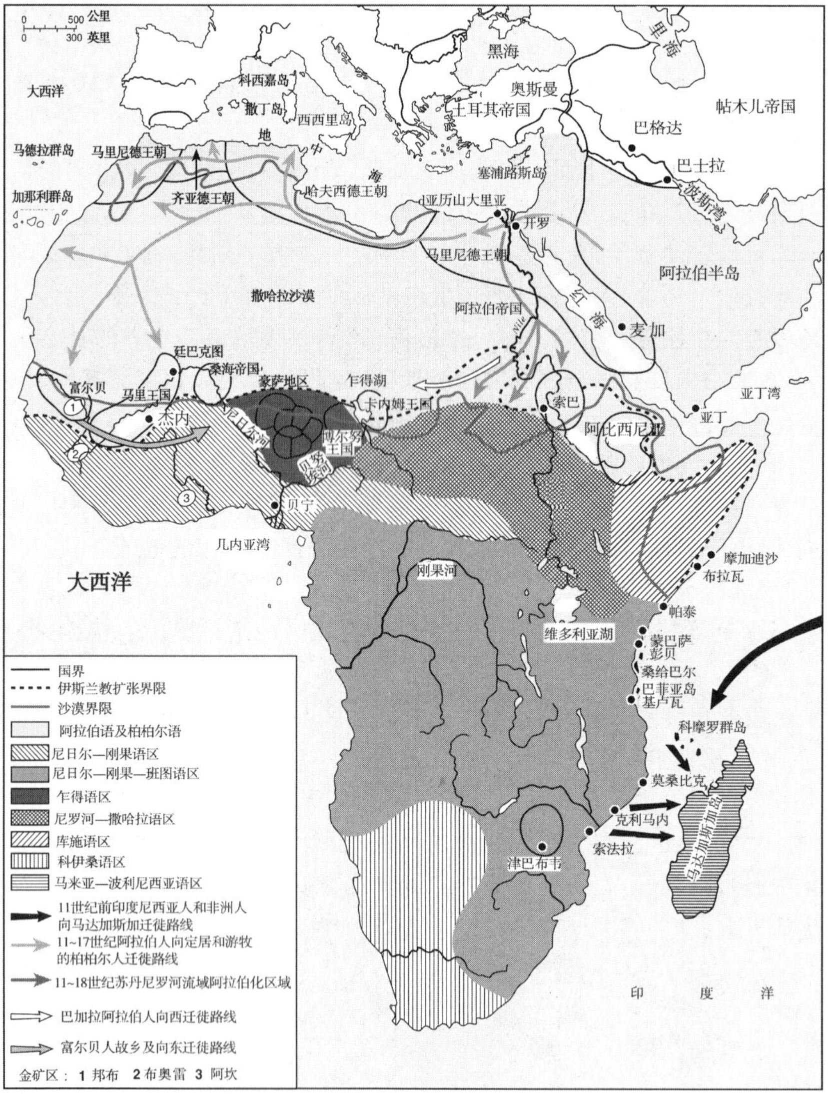

图2-1 1400年的非洲人

从尼罗河到大湖区的广阔地域范围内,各个民族文化继续向南迁移,奴隶及文化影响也继续向北扩展。11～18 世纪,这种流动导致尼罗河地区的苏丹阿拉伯化。其他民族中,由于人口压力,居住在祖哈那的阿拉伯人从马木路克埃及向尼罗河努比亚地区流动,玛戴人和卡兰津人游牧民向肯尼亚高原迁移,巴加拉阿拉伯人从白尼罗河向西进入撒哈拉沙漠以南的农业区。北方人口迫使塔纳河流域文化继续向南迁移。16 世纪，红海沿岸的阿拉伯人向内陆迁移到喀土穆南部。阿达尔和阿比西尼亚的穆斯林及基督教统治者之间的战争导致小股难民潮。农民迁移的目的是寻求生计，很少出现武力占领土地的行为。当流动人口定居并且互相联姻时，民族形成或者重组。地方语言继续使用，新来者的语言被接受，混合语言出现了。当牧民和土地耕种者互相融合的时候，通常会出现等级差别关系。对食物需求的增加以及人口的增长导致进一步的人口流动。在苏丹地区的各个国家里，从 10 世纪的加纳，到 13、14 世纪的马里，再到 16 世纪的桑海，征服战争、掠夺和社会分化导致逃亡、战俘人口和政治驱逐。比如，从加奈姆被驱逐一个世纪后，赛法瓦统治者及其追随者建立了博尔诺。①

在贸易路线上，出现了运往邻近地区或者远方社会的奴隶和自由人，出现了各种文化形式与各种物资，以金属为主。伊斯兰商人将西部加纳附近的历史悠久的班布克和布雷的黄金产地、阿散蒂或阿坎的黄金产地与地中海地区联系起来，威尼斯商人从地中海向亚洲扩展黄金贸易。1300 年，津巴布韦的班图族绍纳人开始开采非洲高原南部的金矿。从津巴布韦向北到后来被称为维多利亚湖的地区，出现了冶铁中心，并建立了出口网络。在中部地区，加丹加铜矿区居民参与到长途贸易中。西方和中西方贸易网络的基础是手工制造业和地区以及区域的需求。商人从金匠、铁匠和铁工艺人(包括其他金属匠)以及多民族的陶工，具有性别特点的织工手中进口货物。农产品在区域内销售，有时通过河流运输，来自撒哈拉的富含咖啡因的可乐果、一些香料和盐则进入长途贸易网络。农民和手工业者生产足够的剩余产品养活不事生产的贵族和官员以及穆斯林—非洲人的长途贸易商。在市场中，当地妇女与远来的商人争抢生意。与中世纪欧洲一样，少量的、来自世界其他地区的进口商品与本地产品放在一起出售(参见第 2 章第 3 节)。

类似杰内的城市文化需要进口食品，养活消耗奢侈品的商业资产阶级，吸引大量运输工人担任挑夫，赶骆驼，撑独木舟。在杰内的东北方，一队或更多的骆驼商队将食盐运送到廷巴克图。这是撒哈拉地区一个重要的贸易中心，一个“吸引着数不清民族”的国际化都市，有桑海人、阿拉伯人和塔马奇克人。16 世纪，

---

① William y. Adams, *Nubia: Corridor to Africa* (Princeton, 1977); Basil Davidson, *A History of East and Central Africa to the Late Nineteenth Century* (Garden City, N. Y., 1969), 34ff.; Paul Bohannan and Philip Curtin, *Africa and Africans* (4th ed., Prospect Heights, Ill., 1995), 165-178. 关于与埃及北部与亚洲的社会文化差别，参见 Graham W. Irwin, ed., *Africans Abroad: A Documentary History of the Black Diaspora in Asia, Latin America, and the Caribbean during the Age of Slavery* (New York, 1977), 3-176.

廷巴克图的著名学者教授着 4000~5000 名外来学生(总人口大约为 5 万人),城市成为一个图书贸易中心。①

东非海岸地区参与到海洋商业人口流动和交换活动中,并以此构成社会特色。② 当地居民面临着来自戴伯尔商人的贸易竞争,它是 711 年阿拉伯侵略者在印度西北建立的港口。海洋贸易对社会的影响堪比 1066 年诺曼人对英格兰地区的影响(戴维森)。桑给巴尔的外来人口最初来自波斯湾沿岸。1200 年或更早一些,一个被称作"色拉子"(来自波斯的色拉子)的民族沿着东部海岸到达这里,但是他们——他们不是波斯人——可能是与早期"叙利亚"商人融合的、来自北方的非洲人。由于伊斯兰教的教派差异,东非的什叶派教徒向南逃亡,伊斯兰的改宗行动带来了新阿拉伯流动人口。③ 1415 年,位于今肯尼亚东南部的海港马林迪向中华帝国派出使者,15 世纪二三十年代,中国的郑和船队到达东非。与科摩罗一样,马达加斯加已经有来自远方的人口定居:东部海岸的穆斯林印度尼西亚人,西部海岸的班图人。部分早期居民向内陆移民,其他人互相联姻,因此,安塔劳人和亚拉尼亚人产生,他们说马来亚—波利尼西亚语。今天的马达加斯加人就是在这种融合中发展形成的。④

长途需求和供应改变了地方文化和人口流动模式。当阿拉伯商人、印度商人,偶尔有中国商人,增加象牙的需求量,换取印度棉花和手工制品时,保卫长途贸易的安全成为东非人首领要面临的主要问题。商人与酋长之间的关系往往通过联姻得到加强。当地人与水手和其他来自阿拉伯半岛和印度的人口通婚,斯瓦西里(来自阿拉伯语 sahil,意为海岸)文化形成,其宗教和文化是伊斯兰教的,民族传统和语言是非洲的。通过婚姻的维系与影响,当地妇女靠近新面孔,塑造自我。与这种文化改造并行的,是驱逐来自内陆的战俘,他们被运往巴格达哈里

---

① J. H. Greenberg, *Languages of Africa* (The Hague, 1963); "L'Afrique noire avant la traite," in Bartolomé Bennassar and Pierre Chaunu, eds., *L'ouverture du monde, XIVe-XVIe siècles* (Paris, 1977), 76-84; Joseph Ki-Zerbo, *Histoire de l'Afrique noire d'hier à demain* (Paris, 1978), 129-196; Pierre Alexandre, *Les Africains: initiation à une longue histoire et à de vieilles civilizations* (Paris, 1981), 234-413; Philip Curtin, Steven Feierman, Leonard Thompson, and Jan Vansina, *African History* (Boston, 1978), 26-29, 95-101; Elias N. Saad, *Social History of Timbuktu: The Role of Muslim Scholars and Notables, 1400-1900* (Cambridge, 1983), 3.

② 1 世纪时,曾经出现一部塔纳河阿扎尼亚文化和贸易指南,用希腊文书写。

③ H. Neville Chittick, "The 'Shirazi' Colonization of East Africa," *Journal of African History* 6 (1965): 275-294.

④ 印度尼西亚人一定在 400 年以前到达,因为在马达加斯加语中没有发现梵语词汇,这证明人口流动出现在印度人进入印度尼西亚之前。它与某种婆罗洲语言极其相似。

发宫廷中，在巴士拉的盐矿和霍尔木兹海峡沿岸的大种植园中成为生产奴隶。

由于类似的贸易活动和人口流动，1400 年，从摩加迪沙到南方的索法拉沿线分布着 37 个贸易城镇。其中主要城镇，如马林迪、蒙巴萨、基尔瓦，可与威尼斯和热那亚相媲美。基尔瓦与威尼斯类似，都控制着周边沿海地区，但并未控制内陆居民。当地铸造的钱币和来自马尔代夫群岛的贝壳成为流通货币。1331 年，伊本·白图泰对当地人的描述是"诚恳、朴素、善良"，并且认为大清真寺使得基尔瓦成为"世界上最美丽的、规划最好的城镇之一"。[①] 因为海上贸易控制在阿拉伯人手中，1200～1450 年，非洲商人转而发展与内陆地区和津巴布韦矿区的关系，矿区劳动以强迫劳动为主，甚至在有些很狭窄的地方使用女孩劳动。津巴布韦的统治者和军队中有外来人口，但是工人是当地人。15 世纪时，矿脉枯竭，人口流动再次出现。沿海的城市社会出现等级结构划分，穆斯林权贵控制着政治和商业生活，手工业者、海员、制珠和制棉工匠主要由非洲人口组成，来自内陆的奴隶人口通常不是穆斯林。人口流动经过漫长的旅途，来自遥远地区。

15 世纪，在西非，富尔贝移民与大草原的多数游牧民融合。欧洲人对于这个地区的影响不大。15 世纪 80 年代早期葡萄牙人到达贝宁时，"他们发现这是一个规模可观的帝国的强大首都"，有防御工事、城门、大型王宫和宽阔的街道。一个荷兰来访者比较了这个首都和尼德兰的城市，发现这里规模更加庞大。铁矿石、已完成的器皿以及铁工大师制造的工艺品在市场上出售。统治者经过钦点的代理商与欧洲人做生意。但是葡萄牙人对周边封建国家的屠杀和战争导致了贝宁的衰落。在刚果河口，15 世纪 80 年代以后，由于葡萄牙人的奴隶需求，刚果王国的手工制造业、农业剩余产品经济和地区贸易被破坏。葡萄牙人在马德拉群岛定居(该岛在 1550 年有两万名居民，包括 3000 名奴隶)，在亚速尔群岛安置人口，在佛得角群岛建立港口，与好望角、巴西和西班牙统治的西印度群岛进行贸易活动。圣多美成为武装的葡萄牙人—犹太人殖民地，在 4000 名居民中，有一半人是农业奴隶。此外，几千名奴隶出口到美洲。此前，伊斯兰商人已经建立了跨越撒哈拉沙漠的奴隶贸易通道，在非洲奴隶制成为一种"可接受的制度"，它通过将人群纳入亲属集团、村庄或社会，改变了人口构成。

在中非的内陆地区，人口流动在继续，新文化技术得以传播，农业、狩猎和捕鱼工具从陶制变为铁制。尽管有限的经纪人及他们的伙计可以调整手工制品的传播途径，但是班图语的传播需要"使用者长期、亲密的接触"。在赞比西河北

---

① Basil Davidson, ed., *The African Past: Chronicles from Antiquity to Modern Times* (London, 1964), 116-117; Shillington, *Africa*, 122-130, 146-153.

方,许多地区性的王国产生:卢巴—隆达诸邦位于基萨尔湖附近,其他王国分布在马拉维湖南方。根据传统,建立了新国家的外来狩猎者与当地统治者的女儿结婚。权力争夺失利的卢巴酋长可能混迹在流动人口中,在隆达确立统治权。赞比西以南的畜牧社会是男性统治的社会。动物买卖积攒着购买新娘的费用。因为妇女耕种土地,一个男人越富裕,他能购买的工人新娘就越多。所有的畜牧社会都容易受遭到过度放牧和干旱的影响,最终放弃整个地区,比如博茨瓦纳东部的杜特卢韦。伊费将所有16世纪前的流动人口统称为"殖民开拓者"。[①]

1498年,在瓦斯科·达·伽马的率领下,葡萄牙人和法兰克人从他们的岛屿和西非海岸基地出发,绕过了好望角。其他人在非洲基督王及其财富传说的鼓噪下,从伊比利亚半岛出发,取道地中海航线,向阿比西尼亚迁移。传说中这个东非基督教王国的统治者是所罗门王和示巴女王的后代,因此他们给予自身的迁移行为一个合法的借口。与此前的地中海商人一样,葡萄牙人从两个方向到达了东非城镇。这个对他们来说崭新的世界在250年前就已经由一名中国海关官员介绍过,再早一个世纪,地理学家伊德里希也描述过。基尔瓦的一名年代纪作者指出,葡萄牙人"是腐败的、不诚实的,他们窥视土地的目的是为了夺取土地"。但是城市间的贸易竞争和王朝争端阻碍了任何正常的行动。破坏达·伽马船只的行动流产了,在马林迪,他获得了一名前往印度的领航员和一批物资,根据基尔瓦年代纪的记载,这些物资是受到诅咒的。在沿海城镇,葡萄牙人发现"许多漂亮的石头房子,用灰泥抹砌,有几层高,窗户很多,屋顶平滑"。街道"规划整齐",贸易繁荣、收益颇丰。印度商人和他们的妻子炫耀着他们的财富,贸易商人家族将内陆的农民、象牙捕获者和矿工与印度次大陆联系在一起。这是一个"国际化的世界"。[②]

---

① Shillington, *Africa*, 138-146; Curtin et al., *African History*, 118; John Iliffe, *Africans: The History of a Continent* (Cmbridge, 1995).

② Basil Davidson, *Black Mother: The Years of the African Slave Trade* (Toronto, 1961), 229-237; Davidson, *East and Central Africa*, 34-72, quotes on 100, 108; Kilwa Chronicle cited in Davidson, *African Past*, 119; H. Neville Chittick, "East Africa and the Orient: Ports and Trade before the Arrival of the Portuguese," in UNESCO, *Historical Relations across the Indian Ocean* (Paris, 1980), 13-22; Chittick and Robert I. Rotberg, eds., *East Africa and the Orient* (New York, 1975); Vitorino Magalhäes-Godinho, "Portuguese Emigration from the Fifteenth to the Twentieth Century: Constant and Changes," in Piet C. Emmer and Magnus Mörner, eds., *European Expansion and Migration: Essays on the Intercontinental Migration from Africa, Asia, and Europe* (New York, 1992), 23-25; Robert W. July, *A History of the African People* (New York, 1970), 76-100.

2. 商人团体与民族血统

1600 年，北部非洲人口达到 500 万～600 万，埃及和尼罗河国家为 1200 万～1300 万，喀拉哈里沙漠以北地区为 2400 万，东非和中非为 1300 万。撒哈拉沙漠以南奴隶来源地人口在 17 世纪 30 年代以后也迅速增长。1700 年左右，葡萄牙商人和奥斯曼商人开始向非洲人出售火器，目的是增加奴隶和象牙的供应量。整个非洲的政治和军事剧变与雇佣兵和文化冲突有关。例如，摩洛哥统治者在 16 世纪晚期向撒哈拉沙漠以南地区出兵，博尔诺统治者雇佣了土耳其雇佣兵。基督教阿比西尼亚国家——葡萄牙人的支持微不足道——在周边奥斯曼帝国支持的穆斯林统治者的进攻中失利。游牧的奥罗莫人和加拉人向阿比西尼亚南部流动。首先是青年男性开发牧场，之后全家或整个部落都跟随过去。他们向当地人征税，破坏高地，并且成为阿比西尼亚人的雇佣兵。

17 世纪中叶，在海洋交往中，里斯本仍然处在权力和商业等级的顶端，果阿仍然是印度洋地区中心。但是印度的中心都市仍然很强大，仍然向东非城镇输送商人、银行家和资金。阿拉伯商人建立了以苏拉特为基地的商业组织，其范围从印度西北部地区延伸到阿曼。再向南，赞比西—果阿贸易路线与连接基尔瓦和阿曼的贸易路线互相竞争。[①]

① Curtin, *Cross-Cultural Trade*, 24-37; Bohannan and Curtin, *Africa and Africans*, 175-176; Bennassar and Chaunu, *L'ouverture du monde*, 71-89.

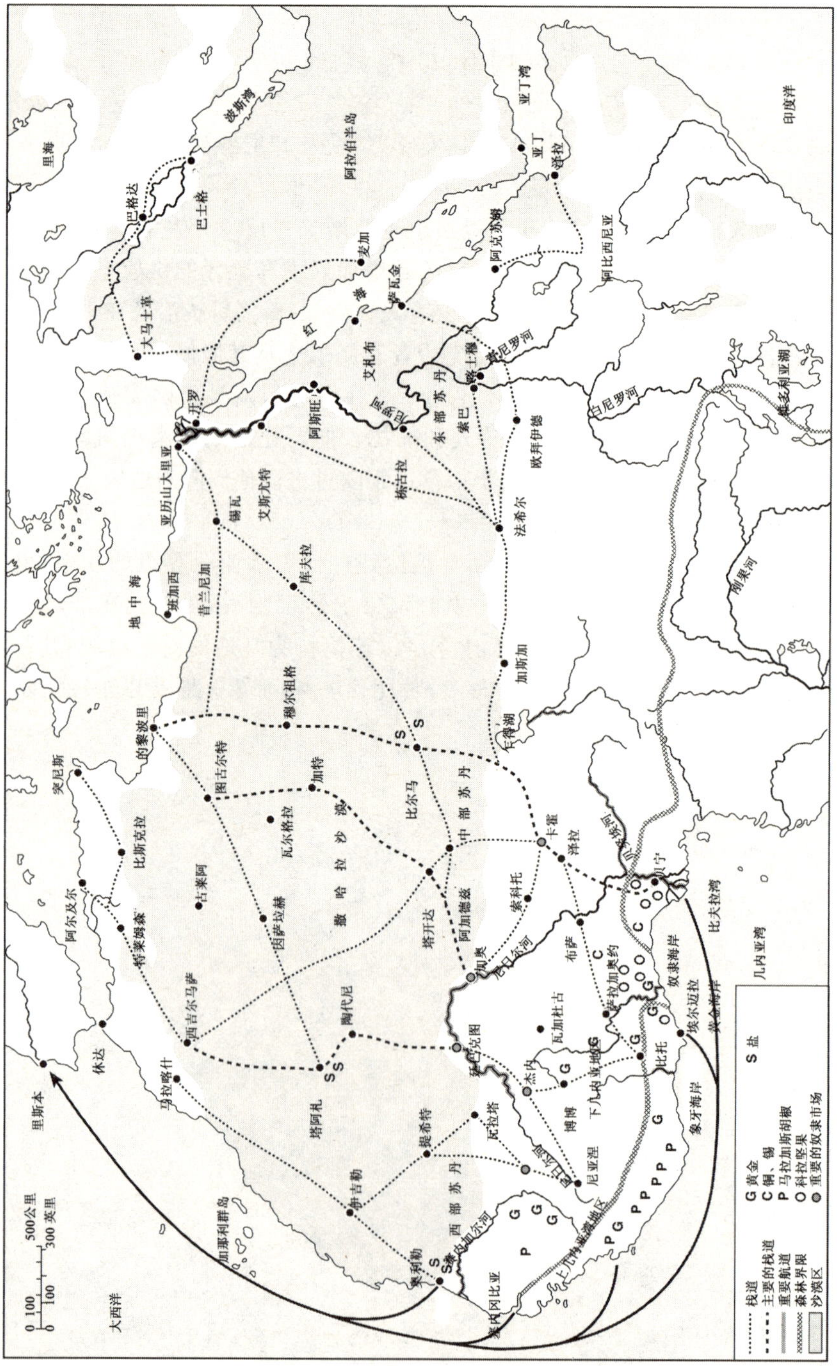

图2-2　15世纪末期的贸易路线

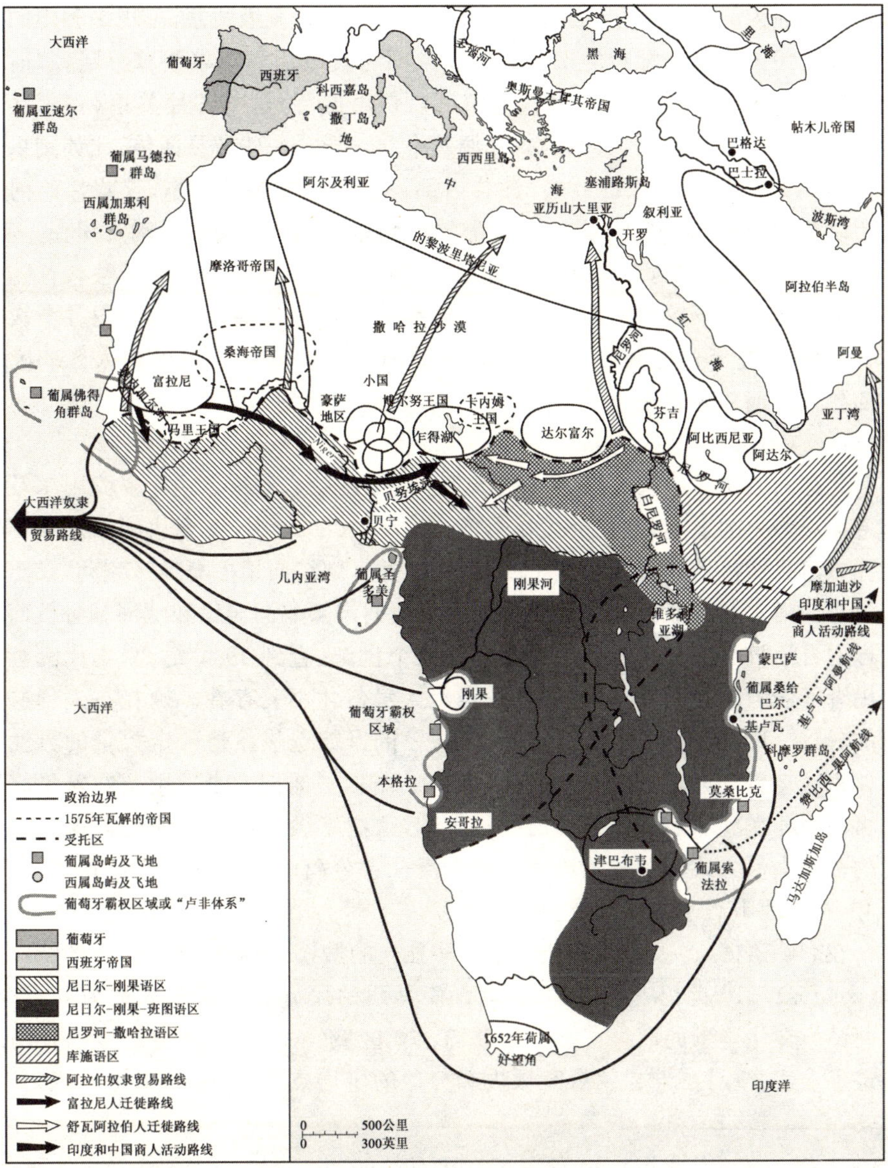

图2-3　1600年左右的非洲贸易和人口流动

在非洲内陆贸易兴起之时,由于人口流动与民族血缘关系,出现多种不同形式的商人团体。非洲社会的宗教和商业氛围与其政治和军事领域分隔。“商人教士”与欧洲的“商人武士”不同,他们可以自由旅行,建立各种关系(克尔廷)。索宁克商人创造了和平主义原则,强调其中立立场。一些贸易团体,比如刚果人的 Nzabi,组成了无国家的社会,社会内部通过假想的亲属关系、仪式性的同志友谊以及契约伙伴关系维系。在伊斯兰社会,宗教同样与商业活动交织在一起:“穆斯林”往往就是“商人”的同义词。经过阿拉伯商人的传播,伊斯兰教首先被塞内加尔岛上的桑给巴尔商人接受(又继续向菲律宾传播),他们接纳各个教派的穆斯林,无论是逊尼派还是什叶派。[①] 这种模式与地中海的外国人区和晚近葡萄牙人的葡萄牙式堡垒(feitorias)不同,在后两个地区,商人有自己独立的区域,行使自治管理。

北部商人团体伊巴底斯派遵从伊斯兰教的哈拉吉制度。由于受到阿尔及利亚逊尼派势力的迫害,他们逃往瓦尔格拉绿洲;1000 年后,又到达阿尔及利亚的姆扎布河谷。他们在那里建立了农业基地,并且继续向地中海地区流动,参与零售贸易。阿尔及利亚的奥斯曼统治者授予他们与黑非洲居民和欧洲基督教商人同样的自治权力。这个民族集团存在了几个世纪,直到 19 世纪 30 年代法兰西殖民者征服阿尔及利亚,他们的文化经纪人身份才不复存在。姆扎布人创造出新的、被认可的流动方式。五个姆扎布城镇的家族选拔派遣一定数量的男性后代作为流动劳动力,并鼓励他们在出发前结婚——他们的妻子则留在家里。城市男性团体受到家乡宗教领袖的严格管理,这些宗教领袖努力使他们保持清教徒的传统生活方式和柏柏尔语言。与主流社会分离的生活一直持续到 20 世纪中叶,有效地阻碍了文化融合。[②]

在豪萨语区,商人们或者建立了一些独立的城镇,或居住在城镇中的特殊区域(zongos)。10 世纪中叶,阿散蒂首都库马西的民族贸易团体数量为 6 万个。不同民族文化背景的商人占据了相邻的独立区域。民族性、社会地位以及阅历决定了谁适合旅行,谁在贸易区域内和分散的定居点生活,担任地主—经纪人。

---

① 后来,在 18～19 世纪,清教徒(有些是穆斯林游牧民族派别)在势力增强或者改宗时,大肆破坏富裕商人团体;在势力衰弱或寻求生计时,则置身于商业活动中。

② Curtin, *Cross-Cultural Trade*, 49-53; Donald C. Holsinger, "Migration, Commerce and community: The Mīzābīs in Eighteenth-and Nineteenth-Century Algeria," *Journal of African History* 21 (1980): 61-74; L. Vigourous, "L'émigration mazabite dans les villes du Tell algérien," *Travaux de l'institut de recherches sahariennes* 3 (1945): 87-102. 同样,19 世纪 40 年代以后,塞努西教团操纵和控制着起自昔兰尼加(利比亚东部)经撒哈拉沙漠的驼道贸易。

那些流动的人属于一个特殊的阿萨利人团体，通常同样来自遥远地方，同族通婚。有三个特别重要的、来自豪萨地区北部的阿萨利人团体，其中有两个奴隶组成的团体，从他们的亲属和文化团体中分离形成豪萨人。这种流动在从佛得角到乍得湖的区域内建立了普遍的大草原贸易文化。在通往沃尔特河盆地（今加纳）的可乐果贸易路线上，这种民族区隔一直延续到 20 世纪。[①]

在东非，多民族的游牧集团，比如津巴人，在 16 世纪大肆掠夺沿海城镇。一些城镇与奥斯曼特使结盟，但并没有得到进一步的支持。葡萄牙人和奥斯曼帝国的制衡局势延缓了霍尔木兹海峡与红海贸易路线的发展。1650 年后，这种冲突给予地方阿拉伯统治者维持阿曼独立地位的机会，并在许多东非城市建立统治权。他们向这些商业中心派遣了官员。

葡萄牙人对于无防御的东非城镇的破坏令人发指，他们“以在非洲前所未闻的破坏性进行破坏、掠夺、焚烧”。1505 年，两名圣方济会的修道士在基尔瓦竖立了十字架，而他们在船队司令祈祷后掠夺并烧毁了这个城镇。在蒙巴萨“除了幼童，无论是男女，所有未能逃脱者都被杀死、烧死”。商人和统治者仍然行使独立统治权的那些城镇不断遭到袭击，城市人口被迫逃亡。为了增强舰队实力，葡萄牙舰队司令在索法拉、莫桑比克岛、基尔瓦和蒙巴萨建立防御体系。但是受形势所迫，也由于缺少定居者和女性流动人口，葡萄牙人将他们自己的传统与本地文化模式融合。如同他们之前的商人一样，葡萄牙商人与当地人联姻。留在后方的经纪人在船只出发后，与非洲经纪人建立了与内陆的贸易联系。得到葡萄牙王室的允许后，他们建立了私人的防御性庄园——普拉佐（prazos）。果阿人来自葡萄牙人在印度的租界，非洲葡萄牙儿童和非洲印度儿童在此出生长大。一些非洲葡萄牙人只是“单纯地选择接受葡萄牙人身份”。“普拉佐成为跨文化的团体，逐渐转变成为非洲人，而不是欧洲人。”因此，葡萄牙人并没有造成深远的影响。斯瓦希里语在阿拉伯语影响下开始用阿拉伯字母书写，它仅仅从葡萄牙语中吸收了 60 个新词汇（比如，戴维森认为“扑克牌”的称呼来自葡萄牙语）。建筑仍然是非洲式的，斯瓦希里文化从衰落中复兴。葡萄牙人能够“摧毁旧有的

---

① Enid Schildkraut, *People of the Zongo: The Transformation of Ethnic Identities in Ghana* (Cambridge, 1978); Abner Cohen, *Custom and Politics in Urban Africa: A Study of Hausa Migrants in Yoruba Towns* (Berkeley, 1969); Ralph A. Austen and Jonathan Derrick, *Middlemen of the Cameroons Rivers: The Duala and Their Hinterland, c. 1600-c. 1960* (New York, 1999). 关于后来的人口迁移活动，参见 Harold Olofson, "The Hausa Wanderer and Structural Outsiderhood (1970-1971): An Emic and Etic Analysis," in R. Mansell Prothero and Murray Chapman, eds., *Circulation in Third World Countries* (London, 1985), 55-74.

商业类型,但是无力制造一些显而易见的改变”。具有讽刺意味的是,“葡萄牙人最重要的贡献”可能是“促进沿海文明脱离阿拉伯文化影响,加速其非洲化进程”[①]。

3.19 世纪之前大西洋奴隶贸易的变迁

在亚洲成为奢侈品供应地、美洲成为大种植园产品供应地的时候,非洲成为强迫劳动者的供应地。[②] 奴隶制和债务奴役,即人身权利的控制,在许多非洲社会比较普遍。为了偿还债务,人们将自己典当给债主,或者更普遍的是,典当孩子或其他亲戚(主要是女性)。典当者通过劳动偿还利息,但不包括本金。典当者一般住在自己家附近,但债主迁移时,他也必须随从迁移。债务奴役与奴隶制之间的界限很模糊,典当者可能被卖为奴隶。典当劳动发挥着社会和家族功能,它可以帮助债主娶妻(通过偿还父母的债务交换女儿)、纳妾,因此获得更多的子女和劳动力;它也导致男性债务人和债权人更严格地控制他们的妻子。最终,它发展成为一种女性化的、一般限于成年女性和女童的行为。典当制度持续到 20 世纪,在 20 世纪 30 年代的萧条时期发挥了重要作用。[③]

战争与掠夺(更常见的方式)的猎奴行为导致大量人口失去生命,村庄被毁,侥幸逃脱的人则面临饥饿的威胁。战争中整个村庄的人口都迁移或被迫向军队、权贵提供食品。非洲社会的奴隶制度将战俘置于新的社会关系中,尽管有强迫性因素,却是可融合、可接受的。在生产奴隶制接近末路的时候,阿拉伯和印

① Curtin, *Cross-Cultural Trade*, quotes on 33, 53-59; Allen F. Isaacman, *Mozambique: The Africanization of a European Institution; The Zambezi Prazos, 1750-1902* (Madison, 1972); Bohannan and Curtin, *Africa and Africans*, quotes on 176, 178; Davidson, *East and Central Africa*, quotes on 100, 108; Michael N. Peearson, *Port Cities and Intruders: The Swahili Coast, India, and Portugal in the Early Modern Era* (Baltimore, 1998). 20 世纪中叶,有 3000 万人使用斯瓦希里语。

② 奴隶制的研究大多可以追溯至美国。David B. Davis 的对比研究和拉丁美洲历史学家的著作表明这个研究视角存在局限性。而且,很少有英语系历史学家注意到法语著作,无论是法国人的还是非洲人的。Martin A. Klein 曾经指出,“来自塞内加尔和法国历史学家的热烈反响”与 Philip D. Curtin 的研究同样杰出。当前研究角度多样,道德污点与奴隶制以及非洲经济持续落后研究相结合。Martin A. Klein, “The Impact of the Atlantic Slave Trade on the Societies of the Western Sudan,” in Joseph E. Inikori and Stanley L. Engerman, *The Atlantic Slave Trade: Effects on Economies, Societies, and Peoples in Africa, the Americas, and Europe* (Durham, N. C., 1992), 25-47.

③ Toyin Falola and Paul E. Lovejoy, “Pawnship in Historical Perspective,” in Falola and Lovejoy, eds., *Pawnship in Africa: Debt Bondage in Historical Perspective* (Boulder, 1994), 1-26, 以及 Fred Morton, Robin Law, Gareth Austin, Martin A. Klein, and Richard Roberts 的文章,出处同上。

度洋世界开始限制奴隶劳动，包括家务劳动、商业劳动和政府劳动。在限制人身权利（伊斯兰或多神教的）的奴隶制中，战俘加入家族或组织，拥有有限的法律地位。相反，在大西洋贸易的财产（基督教的）奴隶制中，人成为物品（财产），首先是在地中海岛屿，之后是在非洲沿岸，再往后是在美洲（以及印度洋的一些岛屿）大庄园。人身权利奴隶制中，妇女价值很高，因为她们具有劳动能力和生养能力。而在大西洋析产奴隶制度下，则男人更为重要。

在非洲，奴隶制度在合恩和大草原地区比较普及，在东部沿海地区稍差。但是在长达两千年的时间里，奴隶从东非向北销售（参见第 5 章第 4 节）。这个地区首先很难与大西洋贸易有关联，除葡萄牙人从马林迪和莫桑比克出口非洲人外，有些人甚至在 1600 年以前就到达了墨西哥。欧洲人的大种植园奴隶制度很早就在毛里求斯实行，在那里，当地的非洲人和非洲印度人口不足以支撑蔗糖种植劳动（蔗糖种植技术 1714 年由法兰西流动人口引进）。1767 年，毛里求斯有 1.5 万名奴隶，1808 年增长到 4.9 万人。留尼汪岛的发展如出一辙。欧洲人统治的印度洋岛屿的经济就是圣多美和大西洋岛屿模式的拓展。

15 世纪 40 年代至 19 世纪 80 年代，当大西洋种植园（克尔廷）对奴隶的需求与内陆和东部地区的需求叠加在一起的时候，几百万人——主要是年轻人和儿童——被强行从他们的村庄和家庭剥离。"单独的一个人就是无。自我必然与他人相对。一个人是儿子、女儿、父母或祖父母，在一个村子里有住处，或大或小。他是什么人或者他被认为是什么人取决于他人的态度。"每个人都有过与奥兰达·厄奎亚诺类似的经历：他 11 岁，有一个有伤疤的姐妹。他于 1745 出生在贝宁一个富裕家庭里。当大人们在地里干活的时候，他在家里玩耍，之后他的家被占领了。几乎是一瞬间，有两个男人和一个女人爬上院子的围墙，抓住两个孩子，带走了他们。他们被绑着、塞住嘴，走了两天，在泪水和恳求中，两个孩子被分开了。奥兰达被多次转手，最后送上独木舟。跨越大西洋的旅行对他来说是新鲜的，也是恐惧的，这种心情与那些自愿迁徙的欧洲人一样。前往隆达帝国的奴隶行走距离为 1650 公里，来自同一地区、相同民族的、向东运输的奴隶需要行走 1150 公里到达海岸。[①] 在西非，当欧美人对奴隶劳动力需求增加时，奴隶贸

① Nathan I. Huggins, *Black Odyssey: The Afro-American Ordeal in Slavery* (1st ed., 1977; NewYork, 1979), quote on 5; *The Interesting Narrative of the Life of Olaudah Equiano, or Gustavus Vasa, the African* (6th ed., London, 1793), 节选自 David Northrup, ed., *The Atlantic Slave Trade* (Lexington, Mass., 1994), 74-80; Claude Meillassoux, *Anthropologie de l'esclavage: Le ventre de fer et d'argent* (Paris, 1986), 对人口减少的各个方面因素都有涉猎，而 Orlando Patterson, *Slavery and Social Death* (Cambridge, 1982)则忽视了性别的作用。

易以及周边民族的相互掠夺就将更加频繁。传统社会体系的核心，即人身权利，转变为维持生计的基本原理（参见第 4 章第 3 节）。欧洲核心区发起的资本主义化过程，在西班牙、荷兰、英格兰、法属加勒比地区的种植园体系，16 世纪 30 年代以前在巴西，16 世纪 30 年代以后在北美，也得到发展。这些人贪得无厌地剥削奴隶劳动，利用他们制造蔗糖，为核心区赚取利润。人类生存不可或缺的盐曾经催生了法国大革命，因为当时政府征收盐税（gabelle）；同样，糖也成为人类不可或缺的主要食品，征收高糖税也导致奴隶起义，最重要的起义就是圣多米尼克起义。在全球范围内，日常食品供应、贸易模式和剥削强制劳动息息相关。

17 世纪上半叶，西非向美洲地区的奴隶出口数量大约达到 1 万人。之后的 50 年，贸易数量超过 1 倍以上，18 世纪规模则更大，尽管有奴隶贸易的禁令，19 世纪上半叶也只是缓慢下降，但随后就陡然下降。[①] 根据勒弗卓伊的研究，克尔廷的"人口统计"实际上仅是大西洋奴隶贸易数量，他完全颠覆了传统观点坚持的 1500 万非洲人被驱赶的数字。1170 万人被捕获，980 万人到达美洲，其余人在路途中流失。如果统计全体人数，我们必须加上在掠夺中和向海边押运途中死亡的人口。根据克尔廷的观点，1450～1600 年，12.5 万名奴隶到达美洲；下个世纪，达到 130 万（平均每年的人数从 7500 人增长到 2.41 万人），1701～1810 年为 600 万（1740 年前每年为 4 万人，之后大约为 6 万人）；从法律禁止奴隶贸易开始到 1870 年，人数为 190 万（到 1850 年时平均每年为 4 万人）。这些人中包括葡萄牙人绕过好望角运输的东非人。1807～1815 年，欧洲各国禁止奴隶贸易后，拿破仑战争的秘密需求、古巴蔗糖种植园的繁荣、巴西咖啡种植园的崛起，都刺激着大规模的"黑市"买卖活动。在这个时期，大约有 1/3 的强迫流动人口是女性。[②]

奴隶贸易的三个阶段——抓捕和运输到海边的地牢、海上航行以及到达后

---

① Paul E. Lovejoy, *Transformations in Slavery: A History in Africa* (Cambridge, 1983); Michèle Duchet, "Reactions to the Problem of the Slave Trade: An Historical and ideological Study," in UNESCO, *The African Slave Trade from the Fifteenth to Nineteenth Century* (Paris, 1979), 31-54.

② Philip D. Curtin, *The Atlantic slave Trade: A Census* (Madison, 1969), 119, 216, 235. Curtin 的错误在 15%范围内。Paul E. Lovejoy, "The Volume of the Atlantic slave Trade: A Synthesis," *Journal of African History* 23 (1982): 473-502. 关于这个问题的各种研究，仅见于 Joseph E. Inikori, "Discussion: Measuring the Atlantic Slave Trade," *Journal of African History*, 595-627, 它提出更大的人数值（154 万人出口，134 万人进口）；Inikori and Engerman, "Introduction: Gainers and Losers in the *Atlantic Slave Trade*," in Inikori and Engerman, *Atlantic Slave Trade*, 5-6; A. M. H. Sheriff, "The Slave Mode of Production along the East African Coast, 1810-1873," in John R. Willis, ed., *Slaves and Slavery in Muslim Africa*, 2 vols. (London, 1985), 2: 161-181.

的“季节性周期变化”，都对参与其中的社会造成影响。非洲社会和国家适应了奴隶贸易；大西洋通道的利润聚集在葡萄牙、不列颠、法兰西、荷兰和其他商业中心，影响着商业关系和劳动力人口的流动；接收社会在经济、人口和文化上都发生了变化。

从领土角度看，欧洲商业势力仍然局限在沿海贸易口岸、葡萄牙人控制的少数区域和小块荷兰殖民地。西方世界的基督徒优越感和欧洲人高人一等的观念在非洲人的日常商业活动中几乎没有反映。欧洲人必须与地区或区域性的国家进行协调，通过纳贡、缴费或承担一些义务等方式获得权利；只在很偶然的情况下，他们才使用武力。除了最初的几十年，商人们很少亲自参加猎奴行动，这些行动的执行者都是非洲人。这样的行动耗资甚巨，欧洲人没有足够的人力，对内陆和地方风俗也不了解，战斗经验也不丰富。15 世纪 90 年代，葡萄牙传教士、教师和手工业者短暂停止了与刚果王国的奴隶贸易，因为当地统治者接受了基督教。但是对利润的贪欲压倒了精神规范——奴隶贸易很快恢复。

欧洲的武装帝国向地方势力提供强制劳动力，因此催生了一批区域性武装国家。非洲政治和社会结构适应了商业。15 世纪，非洲大草原国家被沿海商业中心国家代替，这些沿海国家与欧洲人建立联系，充当内陆奴隶贸易的中转站。在贝宁湾，类似需求造就了一些王国，首先是贝宁，之后是达荷美，最后是奥约，它们成为重要的奴隶贸易国家。再向南，卡桑杰和马坦巴国家成为前往安哥拉海岸的中间站。各个社会和各种政治制度中出现等级化分，出现了弱小的供应社会、男性武士的抢劫社会、独立的贸易网络和奴隶输出国家等不同形式。为了加入贸易活动，非洲国家需要一种“适宜的政治和商业组织”。因为地区间存在差异，这需要“军事权力、经济资源和机构引进的充分结合才能将欧洲人的货物运到内陆地区”，才能在回程中看管奴隶。内陆社会——无论国家、商业集团和家族——必须一方面提高掠夺奴隶数量，一方面提高押运俘虏的能力。因此，货物运输网络中某些非国家的民族宗教集团加入进来，在 18 世纪补充并取代了国家支持的武装力量，向国王或他在地方的代表所服的义务或缴纳的贡赋成为这些武装力量的人员和经费的来源。早在 17 世纪末，在沃洛夫—卡约尔国家，奴隶武士数量增加，法兰西人建立了贸易商栈后，塞内加尔河上游地区军事化程度加深。18 世纪早期，塞古的班巴拉国家已经转化为“一个庞大的奴隶制造机器”。[①] 1721 年的一份不列颠人的报告指出，非洲国王“在内陆制造了大浩劫”。

① Jean Bazin, “Etat guerrier et guerres d'état,” in Bazin and Emmanuel Terray, eds., *Guerres de lignages et guerres d'états en Afrique* (Paris, 1982), 319-374, quote on 362.

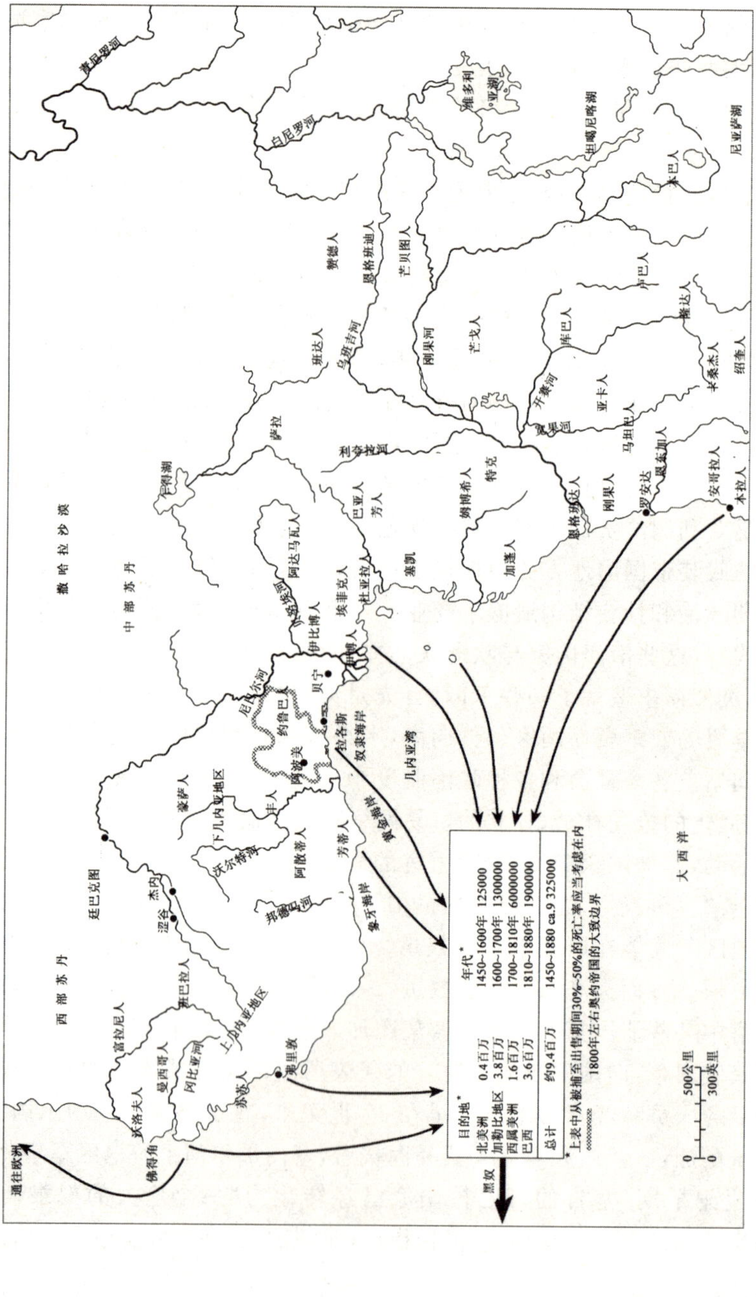

图2-4 从多民族到一般的析产奴隶

首先，沿海居民被劫为奴隶。例如，富拉尼人、曼丁哥人、来自塞内甘比亚和伊格博的沃洛夫人、伊比比奥人、埃菲克人和来自贝宁湾和尼日尔三角洲的摩科人。约鲁巴和阿雅人之间的争斗也制造了战俘。18世纪，遥远内陆地区卢巴—隆达诸邦之间的战争也导致大量战俘沦为奴隶。一段时间后，因为男女、儿童供应，从达荷美到刚果王国再到安哥拉的所有国家和人口数量都在减少，虽然北方的猎奴行动逐步减少，但在葡萄牙人控制的南方，此类行动却在增加。因为美洲需要具有特殊技能者——受过教育的城市奴隶、金矿产地的矿工、熟练的牧民和牧马人——因此影响了猎奴区域的选择。强调种植园劳动以及对于"不说话的黑人"的描述掩盖了奴隶制度的这个侧面。来自不同民族国家战俘的相互影响以及密集的长途贸易导致通用语言出现，比如约鲁巴语。[①]

在西非各国中，欧洲霸权以完全不同的形式或者伤害或者施惠于各个社会阶层。在等级结构面前，公社因素退居其后。作为约束制度的传统方式，典当制度和战俘被猎奴战争、掠夺行动代替，司法程序中引进了定罪与出售判决（法官、国王从中受惠）、被强势的亲属或监护人出售的判决，最后出现抵债出售或者在饥荒时出售以避免饥饿的判决。

1700年，除去已计算在内的西非的大约250万人口，每年大约有4万人被驱赶，12年中，这个数字接近50万。再往南，刚果到安哥拉高原在奴隶贸易顶峰时期出口的数量更多。非洲人口流失的这段时间正是欧洲、亚洲和美洲人口迅速增长的时候。战俘在其有生之年中最年富力强的时候，被强行分离，男人向西跨越大西洋，多数被俘妇女被留在非洲奴隶社会。种植园对男性劳动力的需求导致性别比例失调。曼宁曾经指出，奴隶贸易限制了1750年以前西非人口的增长，导致1750～1850年人口下降，并且造成整个大洲人口发展停滞。其他学者，比如马丁·克莱恩，研究了极高的人口损耗率，指出原因在于战争，在被毁坏的村庄里，幸存者遭遇生活困境，运输中也有"损耗"，生育率下降也是因素之一。后来的研究关注1850年以前150年间人口下降趋势、之后的人口停滞现象以及

① John Thornton, *Africa and Africans in the Making of the Atlantic World, 1400-1680* (Cambridge, 1992), 184-192; Philip D. Curtin, *Economic Change in Precolonial Africa: Senegambia in the Era of the Slave Trade*, 2 vols. (Madison, 1975); Boubacar Barry, *La Sénégambie du dix-cinquième au dix-neuvième siècle: Traite négrière, Islam et conquête coloniale* (Paris, 1988).

因为欧洲人的领土需要19世纪的最后三年成为非洲历史上最血腥时期的事实。①

学者们很难确知这种现象对于个人的破坏程度。事实证明，与欧洲有同样人口密度的地区无法支撑更多的人口；通过新的粮食出口活动建立的与大西洋的关系，提高了奴隶生产地区的生活标准；在“文明化”进程中，部落或区域性的社会得到发展和加强，形成“统一的领土政治权力”，与精细的欧洲政治结构和民族国家机构类似。类似辩护式的推测没有注意到一个事实，即个人、地区团体以及整个社会对于变化，对于由于人口增长而产生的问题，都有多种反应和选择。西非人口下降的原因在于欧洲和非洲之间以及非洲社会内部各阶级之间存在不平等的权力关系。较弱的、分裂的社会在这个过程中被清除，社会稳定性下降，性别关系发生改变。选拔出来的酋长成为权贵。②

非洲中间商国家不再像过去的商人那样担任文化传播者。那些参与运送奴隶到海边的国家对于大种植园体系没有概念。只有在海岸仓库，欧洲人才开始以商人或船员的身份参与进来。后来，一些欧洲商人在内陆地区定居。为了获得部分贸易收益或者控制贸易，他们与当地的统治者建立了密切关系，往往表现为通婚。这种人来自欧洲许多民族——拥有少量资金的爱尔兰人，与当地重要家族结婚的英格兰人，与远方关系密切的荷兰人——拥有欧洲—非洲背景的人建立了一个多妻、多子、多奴隶的权力中心。

在海岸奴隶交换过程中，战俘被投入地牢，或者被关在露天的待贩运奴隶的临时禁闭处。海岸的海拔必然很低，因此造成食物匮乏。奴隶在分类、挑拣和处理过程中，完全被当作货物(“人形财产”)，只需保证不毁坏，在出售前能使用。“我们将他们视为可买卖品。”成为货物的人被强迫脱去衣服，不论性别，裸体接

① Parick Manning, *Slavery and African Life: Occidental, Oriental, and African Slave Trades* (Cambridge, 1990), 170-171, and review by Martin Klein, “Simulating the African Slave Trade,” *Canadian Journal of African Studies* 28 (1994): 296-299, and Klein, “The Demography of Slavery in Western Sudan: The Late Nineteenth Century,” in Dennis Cordell and Joel Gregory, eds., *African Population and Capitalism: Historic Perspectives* (Boulder, 1987), 50-61.

② Roger Anstey, *The Atlantic Slave Trade and British Abolition, 1760-1810* (London, 1975), 60-86; Joseph C. Miller, “The Significance of Drought, Disease, and Famine in the Agriculturally Marginal Zones of West-Central Africa,” *Journal of African History* 23 (1982): 17-61, and Miller, *Way of Death: Merchant Capitalism and the Angolan Slave Trade, 1730-1830* (Madison, 1988); John Fage, “Slavery and the Slave Trade in the Context of West African History,” *Journal African History* 10 (1969): 393-404; Northrup, *Atlantic Slave Trade*, 80-95; Walter Rodney, *A History of the Upper Guinea Coast, 1545-1800* (Oxford, 1970), 275-278; Klein, “The Impact,” 32-41.

受健康和劳动能力检查，“甚至针对数量极少的人，没有任何差别和礼遇”[①]。如果货物质量发生变化，比如奥兰达·厄奎亚诺拒绝进食，他或她就会被捆绑遭受鞭打。但是，如果货物质量持续变差，无法复原，货物就会被扔在路途中，或被扔下船。具体损耗数字是统计的内容，但是并不意味着贸易利润降低。

析产奴隶制无可避免地破坏了亲属和邻里关系。长者并未受到尊重，因为他们无法工作，以致被挑出处死。通过社会认同关系划分的男人和女人成为市场中的货物类别。与其他货物俘虏之间的交流可能依赖于手势语言，因为各民族集团存在语言差异。因为新世界是外国，幸存者需要新的交流方式，需要整体行为的改变。通过有意识地消除认同感，让人感到奴隶不再是人。

在船上，多民族的非洲人与同样来自多种文化背景的欧洲船员融合。奴隶船成为“疾病丛生之地”（塞里丹）。奴隶被严密地囚禁在船里——这种经历某种程度上也发生在到英格兰地区的那些从事季节性劳动的、被殖民的爱尔兰人身上，也发生在魁北克饥荒时代的“棺材船”上。戴着枷锁的奴隶与自己的屎尿为伍，但是他们的生活很有规律。食品很少。厄奎亚诺说过，船员们宁可把没吃的鱼扔下船，也不给饥饿的奴隶吃。因为船上无法携带足够量的饮用水，脱水导致奴隶健康状况下降。船员在女性奴隶身上发泄兽欲。疾病、绝望和死亡是通过赤道线“中间通道”时的特点。为了躲避侮辱、避免尊严被践踏，自杀现象非常普遍。任何违规行为都将受到严酷惩罚，包括拒绝进食和企图自杀，对于自由船员的惩罚也同样。1788年，一条不列颠法令限制奴隶运输，规定每艘载重量两吨、中间甲板高度不超过两英寸的船只仅允许运送3名奴隶。对于个人来说，向欧洲人提供语言和性服务可能保证人身自由——尽管被害人可能因为致命的暴力行为受到伤害。这样的妥协也不能保证自己能够支配自己的命运：翻译和其他性服务者往往与他人一样被卖掉。如同给一个绝望的国家以利益刺激一样，一个绝望的奴隶努力解放自己（“造反”），这是保持自由尊严的基本方式。

从非洲最西部口岸到巴西最东部海岸的旅程仅需要三周时间，但是从安哥拉到弗吉尼亚则需要三个月时间，从莫桑比克绕过开普的路途则需要更长的时间。1451～1870年，海上幸存者中，绝大多数人前往巴西，其次是英属加勒比地区、法属加勒比地区和西（西班牙）属美洲。少部分去了荷兰和丹麦人控制的加

---

① William (Willem) Bosman, *A New and Accurate Description of the Coast of Guinea, Divided into the Gold, the Slave, and the Ivory Coasts* (Dutch orig.; 2d ed., London, 1721), quoted in Northrup, *Atlantic Slave Trade*, 71-74; Anstey, *Atlantic Slave Trade*, 17-21.

勒比地区以及英属北美殖民地，最终，还有人到达了大西洋岛屿和欧洲。[1]

980万奴隶和几百万强制劳动者或自由流动人口进入各级劳动市场，参与奴隶劳动、债务劳动或自由劳动。代理程度以及与权力的关系不同，如同死亡率一样。有些种植园主接受了多年期的"季节性"的轻微劳动和卫生保健。其他人马上派遣新奴隶从事砍伐森林等艰苦劳动。根据当代种植园主的报告，即使在种植园主看来条件较好的种植园里，1/4～1/2的新奴隶在最初的几年里死亡。在多数以奴隶劳动为基础的大西洋社会中，经济基础基本上掌握在个人手中。有些人生活富足、食物丰富，比如荷兰派画家笔下描绘的市民；有些人则遭受苦难，受到惩罚，以至死亡。健康的工人有与众不同的标志——用烧红的烙铁打上公司的标志。美洲的货物劳动者在重新获得哪怕很少的家当之前，必须重新确立个人的身份以及人际关系。尽管如此，他们的生命保障以及他们的稳定生活仍然受制于他们的主人。

从全球经济的角度看，非洲人的中间商作用，无论是全国性的，还是某些权力集团的，都向欧洲商人提供了制造财富的劳动力，得到的回报是消费品或者是掠夺性武器，比如枪炮。在买卖过程中，在"人身权利"领域，被当作货物的人口的交换价值代替了人的价值。有些经济学家驳斥埃里克·威廉姆斯关于奴隶劳动获得的利润对英国工业化作出了重要贡献的观点。除了布里斯托尔和利物浦商人的年利润保持在投资数的10%以下，多数奴隶贸易商人的投资回报率都很低。奴隶贸易终极的利润本质因此必须从特定贸易关系的特定旅途的利润率中衡量。但是，经济统计往往明显超出事实。传统观点认为，非洲奴隶向大种植园经济和欧洲种植园资本提供了劳动力，在初期阶段，这是正确的。这之后，奴隶贸易创造的价值保证了体系的扩展。不管英格兰人或其他资产阶级获利能力如何，奴隶劳动力的销售和生产力极大地改变了非洲社会，并且在整个美洲建立了新社会。经济联系的范围十分广阔：美国造船厂生产的奴隶快船在19世纪进行非法奴隶贸易，其容量超过不列颠舰队的任何一种船只，欧洲列强的商人在大西洋范围内买卖奴隶生产的蔗糖和咖啡。大种植园体系参与到强制劳动中，包括控制工人的工余时间，控制无法养活自己的劳动力，控制大资本家出口大宗农产品，控制食品服装进口，控制生产、社会以及来自遥远核心社会的全球投资。在

① Richard B. Sheridan, "Slave Demography in the British West Indies and the Abolition of the Slave Trade," in David Eltis and James Walvin, eds., *The Abolition of the Atlantic Slave Trade: Origins and Effects in Europe, Africa, and the Americas* (Madison, 1981), quote on 262; Curtin, *Atlantic Slave Trade*, 268, table on 77; Northrup, *Atlantic Slave Trade*, table on 45。

大西洋核心区复杂的资本积累过程中，多边的奴隶贸易是最重要的因素之一。根据克尔廷的观点，“奴隶经济模式是一种入室抢劫行为，而非生产活动。用经济学词汇来说，奴隶的价值不是真实的花费，而是一种‘投机花费’”[①]。

在全球体系中，受益者颇多。“在18世纪商业发展的顶峰时期，仅伯明翰的枪炮制造者每年向非洲出口步枪的数量就在10万～15万支。据传一支伯明翰步枪的价格可以买一名黑奴。”换言之，人与人的国际商业贸易联系激励人们向伯明翰迁移，或者激励当地居民进入步枪贸易领域或加入国际水手劳动力市场（荷兰的情况参见第6章第4节）。因此，欧洲全部人口都参与进来：奴隶船的拥有者、三边贸易（或更复杂的多边贸易）商品的供应者、奴隶生产的食糖的消费者。[②]

4. 伊斯兰世界和亚洲奴隶制的延续

一则来自中国12世纪的资料记载了东非奴隶在中国出现的情况。记录中指出，他们很容易被抓获，并且“再未回到家乡”。非洲人，无论是奴隶还是自由人，多在东南亚和东亚担任水手。这些地区的统治者以出口被俘的非洲人来显示自己的身份与地位。在南亚宫廷里，黑奴参与家务劳动，也发挥政治作用。在埃及和奥斯曼帝国，非洲奴隶加入军队，并且掌握了实权。与20世纪60年代所有的学者一样，戴维森也认为“在（非洲）东海岸，迄今所知资料指出，奴隶仍然是贸易活动中的次要角色，甚至是不存在的”。之后，研究表明伊斯兰阿拉伯人是

---

① Philip D. Curtin, *The Tropical Atlantic in the Age of the Slave Trade* (Washington, D. C., 1991), 2-4, quote on 13; Eric E. Williams, *Capitalism and Slavery* (1964; Chapel Hill, N. C., 1994); Barbara J. Solow, *Slavery and the Rise of the Atlantic System* (Cambridge, Mass., 1991); Inikori and Engerman, "Gainers and Losers," 8-10; Paul E. Lovejoy and David Richardson, "Trust, pawnship, and Atlantic History: The Institutional Foundations of the Old Calabar Slave Trade," *American Historical Review* 104 (1999): 333-355.

② Davidson, *East and Central Africa*, 162-164, 194-196, 220-280; Davidson, *Black Mother*, 238-255, quote on 242; Anstey, *Atlantic Slave Trade*, 57; Edward A. Alpers, *Ivory and Slaves in East Central Africa: Changing Patterns of International Trade to the Later Nineteenth Century* (London, 1975); Robert L. Stein, *The French Slave Trade in the Eighteenth Century: An Old Regime Business* (Madison, 1979); Johannes M. Postma, *The Dutch in the Atlantic Slave Trade* (Cambridge, 1990).

“主要的奴隶贩子”,他们贩卖奴隶的路线和规模超过了欧洲人。①

跨越撒哈拉、红海和印度洋的贸易从650年持续到1900年,它们向北非和阿拉伯半岛运送了数量众多的战俘,少量战俘运达印度,再往东方的奴隶数量几乎可以忽略不计。1500年以前,每年奴隶出口的数量在1000～6000人。《古兰经》允许将非穆斯林没为奴隶,奴隶制的基础是以“不信仰”者为奴,而非肤色。但是信仰者与不信仰者之间的界限很模糊。对于掠夺者和商人来说,无论战俘是异教徒还是穆斯林,利润是一样的。尽管根据教规,只有圣战(jihad)中的俘虏、奴隶父母的子女才具有奴隶身份,而在实践中,抢劫的目的也是如此。

奴隶生产仅在美索不达米亚、波斯、伊拉克南部农耕区比较普遍。9世纪以来,奴隶在巴士拉的种植园以及波斯湾沿岸的小庄园中使用。巴士拉,戈登称之为“印度洋的枢纽”,“在奴隶的协助下建立起一个资本主义的世界体系,同沃勒斯坦定义的以大西洋为中心的欧洲霸权一样”。1200年以后,熟练奴隶在波斯湾潜水采集珍珠。这种危险的贸易活动事故发生率很高,工人寿命很短,仅有少数人能够获得收入。自由采珠者和奴隶采珠者共同劳动。②

一般来说,东方的奴隶参与国家服务和家务劳动。阿拉伯统治者利用奴隶士兵参与特殊的军事行动,担任常备军,或者担任宫廷保卫。奴隶士兵一般来源于不同地区和多种文化背景:他们可能是非洲人、土耳其人或切尔克斯人。向统治者纳贡的物品中也包括奴隶。在行政管理领域,奴隶可能获得高职位,比如印度宫廷(参见第6章第1节)、奥斯曼帝国(参见第4章第1节),或者埃及。在商人“家庭”,男女奴隶成为一种无血缘关系的亲戚,在不同的领域劳动:担任家务奴仆,从事商业活动,在阿拉伯沿海贸易的独桅帆船上担任水手,或者受培训后成为职员。他们有的在陆路旅途中跋山涉水,有的成为印度洋贸易中的船员。他们可能监视其他奴隶,也可能头顶肩扛搬运货物。家务奴隶仍然是社会上层人物的奢侈品,而以女奴为主的劳动者进入富裕家庭、王子或公主的随从队伍以及统治者的宫廷中。依附性的关系严格限制着买卖行为。奴隶制成为日常社会生活的组成部分,并非独立的生活范畴。

因为奴隶基本不可能回到他们的家乡,也因为奴隶制相对良性的结构,再加

① Davidson, *Black Mother*, 180 (Chinese report); Basil Davidson, *Africa in History: Themes and Outlines* (1st ed., 1966; rev. ed., New York, 1991), 206; John Laffin, *The Arabs as Master Slavers* (Englewood, N.J., 1982); Bernard Lewis, *Race and Slavery in the Middle East: An Historical Enquiry* (Oxford, 1990); Murray Gordon, *Slavery in the Arab World* (French orig., 1987; New York, 1989).

② Gordon, *Slavery in the Arab World*, 18-47.

上《古兰经》的规定将奴隶制合法化，所以奴隶逃亡和起义的很少，废除奴隶制度的运动也未能兴起。[①] 由于地区差异，奴隶、自由人与安拉的关系是一致的。有主人的允许，他们可以结婚，嫁给自由人的女奴可以从主人处获得嫁妆。女奴不可以与自己的子女分开。野蛮的惩罚措施受到禁止。在契约性劳动（mukataba）中，奴隶可以获得部分收入，成功者还可以拥有自己的奴隶，成为真正的财产所有者，并且赎回自由身份。根据伊斯兰法律，释放奴隶是奴隶主人对于自己罪行和过失的救赎，同时也是财富和仁慈的象征，通常体现在主人临终遗愿和遗言中。

在生产奴隶制度存在的末期，奴隶人口以妇女、儿童为主。《古兰经》允许男人——如果他们能够支付聘礼，并且养活得起——最多可以娶四个妻子，女奴可以成为等级较低的妾。主人或自由父亲的子女可以获得身份，与自由妻子的子女享有同等地位。他们的奴隶母亲可以获得特殊身份，不再允许出售或被主人丈夫抛弃。与不同民族（非洲人、土耳其人或斯拉夫人）的男性国家奴隶相同，非洲、格鲁吉亚和切尔克斯女奴可以融合在相同的家族或宫廷中。后者的来源地同样供应了伊斯坦布尔、拉古萨和意大利城市。因此出现了民族描述：社会上的评价，使得年轻貌美的阿比西尼亚、加拉女孩的价值高于其他非洲民族，切尔克斯女性的价值高于其他高加索地区的妇女。

将妇女局限在女性区域、后宫以及禁止女性与其他男性来往的规定，导致男性奴隶仆从日益中性化。因此，在俘虏中，或者在家生男孩奴隶中，出现了宦官——一种死亡率极高的职业。他们成为宫廷家族的一部分，可以获得有影响力的职位，可以拥有财产。富人的奴隶妻妾可以拥有女性仆役，仆役的数量是身份地位的标志。丧失了自己血统的而沦为奴隶的男女儿童融入主人的世界，唯一能够保留的是改变小一些。[②]

东方的奴隶贸易人数少于大西洋，到达人烟稀少的阿拉伯半岛和北非地区的人相对较多。在美洲，奴隶通常与其他奴隶结婚（尽管由于妇女人数很少，许多男性奴隶无法结婚），他们的子女因此也有非洲血统，并且仍然拥有奴隶身份。而在东方，情况则不同，自由人与奴隶通婚，阿拉伯人、波斯人、印度人和非洲人

---

① 19世纪晚期，阿拉伯和印度穆斯林知识分子领袖和改革者强调平等，指出《古兰经》中存在部分释奴条款。

② Willis, *Slave and Slavery*, 1:4.

相互通婚,他们所生育的子女拥有“混合血统”,往往拥有自由人身份。①

在一些非洲穆斯林社会,特别是在西部苏丹地区的奥马尼人中,奴隶制在国家和欧洲—大西洋析产奴隶制之间站稳脚跟。当资本主义的生产模式侵入东非时,桑给巴尔的奥马尼沿海统治者建立大种植园,从非洲内陆引入奴隶生产并出口丁香。在色拉子人居住的岛屿,中产阶级从贸易活动中获益,但是种植园经济排挤了农民。统治者成为非洲人聚集区与中东需求中心之间强有力的中间商。他们向阿拉伯和葡萄牙出售奴隶。1750 年之前,每年的奴隶贸易人数为 1000~2000 人;1750 年之后,贸易额迅速增长,非洲聚集区经过中非向刚果(扎伊尔)河扩展。尽管经过非洲东海岸葡萄牙人口岸出售的奴隶最远到达巴西,但是东方体系和大西洋体系仍然有所不同。②

根据奥斯坦的研究③,1700~1900 年,跨越撒哈拉沙漠的贸易从苏丹的尼罗河地区向埃及供应了大约 80 万名奴隶,从西部苏丹向利比亚、突尼斯、阿尔及利亚和摩洛哥供应了大约 95 万名奴隶。东非沿海贸易向红海沿岸输出了 120 万名奴隶,沿斯瓦西里海岸输出了 110 万人。在奴隶人口中,5%被留在沙漠边缘地区,20%死于路途中。19 世纪,贸易规模扩大了 4~6 倍。在 1500 年间,“错综复杂的网络兴起、衰落,有时复兴”——表明东方体系的多面性,这与仅仅连接非洲与美洲的单一体系形成鲜明对比。④

---

① Ralph A. Austen, “From the Atlantic to the Indian Ocean: European Abolition, the African Slave Trade, and Asian Economic Structures,” in Eltis and Walvin, *Abolition*, 199-200; Patrick Manning, “The Slave Trade: The Formal Demography of a Global System,” in Inikori and Engerman, *Atlantic Slave Trade*, 121, and *Manning*, *Slavery and African Life*; Lewis, *Race and Slavery in the Middle East*, quote on 101.

② Abdul Sheriff, *Slave, Spices and Ivory in Zanzibar* (Athéns, Ohio, 1987).

③ Lovejoy, *Transformations*, 25, 44 passim; Manning, *Slavery and African Life*, *and* “*Slave Trade*,” 117-141, esp. 118-120, 指出在非洲大陆贸易中死亡率为 15%,在两大洋领域内为 30%。多数学者认为大约在 15%~20%。Ralph A. Austen 根据少量资料证据,提出奴隶贸易人数为 170 万。“The Trans-Saharan Slave Trade: A Tentative Census,” in Henry A. Gemery and Jan S. Hogendorn, eds., *The Uncommon Market: Essays in the Economic History of the Atlantic Slave Trade* (New York, 1979), 23-76, and Austen, “From the Atlantic to the Indian Ocean,” 117-139; Raymond W. Beachey, *The Slave Trade of Eastern Africa* (London, 1976); W. Gervase Clarence-Smith, *The Economics of the Indian ocean Slave Trade in the Nineteenth Century* (London, 1989); Janet J. Ewald, “Slavery in Africa and the Slave Trades from Africa,” *American Historical Review* 97 (1992): 465-485, quote on 467.

④ Lovejoy, *Transformations*, 1-22, 66-87; Martin A. Klein, “The Study of Slavery in Africa: A Review Article,” *Journal of African History* 19 (1978): 599-609; Suzanne Miers and Igor Kopytoff, eds., *Slavery in Africa: Historical and Anthropological Perspectives* (Madison, 1977).

5. 大西洋地区和穆斯林统治的非洲奴隶制的转变

密集的向外国的强迫出售和迁移行动，以及19世纪种植园经济侵入西部苏丹，改变了非洲各个地区传统的典当制度和猎奴行动。因为没有亲属、不了解当地地理和风俗习惯的奴隶更容易控制，非洲范围内的猎奴行动也昭示着强迫迁移和出售行为，尽管向大洲之外运输并非目标。“改变”是勒夫卓伊奴隶制研究的题目，他所说的改变涉及两种外部影响：穆斯林的商业经济基础和基督徒的资本主义。非洲国家更加积极参加到猎奴活动中，其政治和社会结构更快地向男性武士社会转变。政治分裂和自然灾难，比如干旱和饥荒，也发挥了作用。在非洲内部奴隶制发展的三个时期——1350～1600年、1600～1800年以及19世纪，更深刻的影响是性别关系和家庭经济。[①]

在第一个时期，内部奴隶制首先表现为剥夺身份和自我管理权利。重新进入社会后，奴隶拥有从属的身份，在主人的命令下工作。这种边缘化过程中牵涉到新的结合，包括两种感觉，即“结合”和“束缚”。单个的战俘在多数社会中不能被买卖，他们在从属地位的限制中创造自己的人生。奴隶的子女仍然是奴隶，但是在形成新的亲属团体和社会的过程中，他们与其自由的伙伴的差别小于与生养他们的父母的差别。[②]

在第二个时期，欧洲的工资劳动力增加，但是非洲奴隶制范围扩大，并产生新形式。奴隶在向海边口岸或沙漠边缘集合点行军和运输的过程中经过多次买卖，“在每次交易中，都会出现是留下该名奴隶还是再次转卖的选择”。桀骜不驯的、起义的奴隶被卖往远方，一般是海外，因此削弱了反抗的可能性。至于性别问题，大西洋奴隶贸易补充了内部奴隶制的不足。在出口贸易中，以男性为主，男女比率为2∶1。在苏丹和大草原贸易区，以买卖妇女为主，多余的男性俘虏往往被杀害。留下任何一个奴隶都意味着增加武士社会的生存压力。同样，商人企业从家族或亲属集团扩展为大奴隶集团。

关于家族的规模，奴隶制的发展和财富的增长可以支付众多妻子的聘礼。因此女性和儿童工人数量增加，进而为家族首领创造财富。女性比男性的价值

① Miers and Kopytoff, *Slavery in Africa*, 12-39; Claude Meillassoux, ed., *Esclavage en Afrique précoloniale* (Paris, 1975).

② Klein, "The Impact," quote on 33; Davidson, *Africa in History*, 212; Huggins, *Black Odyssey*, 8-21.

更高,因为她们与儿童一样,易于捕获,易于运送,在目的地易于控制。在多数非洲社会,她们从事传统的农业劳动,她们是优秀的工人,并且她们的生育能力可以增加家族劳动力人口数量。

政治权贵们受到权力和财富欲望的驱使,将大西洋奴隶贸易中必须承担的奴隶风险转嫁给他们的属地,他们自己则通过增加依附劳动者的数量来提高自身的经济地位。同样,商人也增加自己的奴隶人数,为此他们往往给予长途贸易中的利益分配一定的自由度。对于穆斯林宗教人士来说,身份地位建立在拥有奴隶劳动者随从的基础上。这"导致一股势力形成,它既不依赖于商业,与统治者的联系也很有限"。与欧洲奴隶主势力相呼应的是,这三种权贵势力——精神的、商业的和政治的——阻碍了非洲奴隶制抵制运动的发展,尽管也有有识之士指出早期贸易造成了破坏性后果。那些赐给葡萄牙人家用奴隶以期建立贸易联系的统治者早在1526年就已经抱怨过有太多人被带走了。17世纪70年代,具有改革思想的统治者开始站在反对奴隶制的立场上。半个世纪之后,一个达荷美的统治者向欧洲人提供土地,支持他们建立大种植园,以此遏制人口出口。①

与欧洲中世纪君主一样,通过掠夺和奴隶买卖获得权力的新型领导者,将政治权力与财富积累结合在一起。欧洲的奴隶商人势力(以及人数相对较少的美洲势力)积累了进一步投资的资本,新非洲权贵——类似于欧洲封建贵族——为了身份与战争积累财富。尽管欧洲贵族屈从于商人的经济实力,建立了中央权力,非洲商人却无法获得超越政治统治者的地位。在帝国的政治经济等级以及海上出口贸易中,只有基督教欧洲商人和伊斯兰教阿拉伯商人能够集聚高额资本。新非洲权贵并不在自己的社会中投资,而社会间野蛮的掠夺严重阻碍了内部的细微发展——这种倾向类似于在欧洲百年战争等王朝战争中衰落的地区。日益依靠奴隶工人劳动的情形类似于伊比利亚人,当他们可以依赖穆斯林奴隶时,他们对手工劳动不屑一顾。这种利用"使用价值"的社会需要忠诚,需要炫耀财富,以此控制对于权力和身份的舆论,但是在资本主义世界,交换价值主导着政治经济领域。

在东方体系发展的第三个时期,生产奴隶制进入西部苏丹地区的农业生产

① Martin Klein, "The Demography of Slavery in Western Sudan," 50-61; Claire C. Robertson and Martin A. Klein, eds., *Women and Slavery in Africa* (Madison, 1983), quote on 3; "Foreword" by Suzanne Miers, ix; Klein, "Women in Slavery in Western Sudan"; and Marcia Wright, "Bwanikwa: Consciousness and Protest among Slave Women in Central Africa, 1886-1911," in Robertson and Klein, *Women and Slavery*, 67-92, 246-267. Orlando Patterson, "On Slavery and Slave Formations," *New Left Review* 117 (1979): 31-67.

领域，奴隶占有程度越来越高。19 世纪晚期，在某些地区，奴隶人口超过了自由人口。约 1900 年，在上塞内加尔—尼日尔地区的 400 万人口中，18%为奴隶人口；在几内亚的 140 万人口中，奴隶人口占 35%。低出生率意味着奴隶人口仍然面临着被继续掠夺的危险。在有些社会中，奴隶人口占总人口数的 10%以下，奴隶制处于从属地位；但在奴隶人口超过 1/3 的地方，奴隶制则成为社会的核心。在这些地区中，商人经纪人被士兵取代，“他们成为骚乱的寄生虫”，从掠夺战利品中获利，在这种情况下，被迫从事农业劳动的妇女成为最重要的生产者。美国学者曾经从“人格丧失”的角度研究过美国南部的奴隶制，有些学者也试图从相同角度研究非洲在猎奴行动开始后文化的变化。但是，在非洲，面对侵略和外族统治，就是对于人的重新定义。关于奴隶制文化影响的讨论，可能从人的社会身份的丧失、霸权、道德经济利润和人际关系的角度讨论更合适。变化的关系和权力等级牵涉到男女两个性别：“多数奴隶拥有者是男性，但是使用者多数是女性，所有者和使用者的权力关系非常重要。”①

非法贸易停止之后(参见第 9 章第 5 节)，猎奴行动基本停止，释奴情况增多，但是曾经处于“社会边缘”的内部奴隶贸易继续在“生产中占据主导地位”②。因此，非洲的人口流动历史十分久远，并且伴随着国家的形成和巩固在 12～16 世纪继续发展。从 17 世纪晚期开始，因猎奴、强迫人口流动和出口导致传统政治社会结构分裂，在拥有同样殖民经历的世界中，非洲人的作用下降(参见第 16 章第 2 节)。

与被动驱逐同时，17～19 世纪，在大湖区以及非洲大陆最南端，人口流动和民族集团的重组继续。1500 年以后，从事畜牧业的马赛人入侵今肯尼亚和坦桑尼亚南部，并且在 18 世纪继续向南挺进。他们控制了进出内陆的商道，并且收取保护费。其他向南流动的民族包括卢奥人和部分索马里人。直到 19 世纪，这部分游牧民和农民才直接受到入侵的欧洲人的影响(参见第 8 章第 5 节、第 15 章第 1 节)。在西非部分地区，饥荒从 16 世纪晚期持续到 17 世纪，王朝间的战争削弱了当地社会的发展。人口流动和建国不像之前的几个世纪那样自主自由。

在整个欧洲，跨越大西洋的交换活动同时引进了新的农作物，改变了食品结构。玉米和树薯有利于人口增长，进而造成侵略和进一步人口流动。在美洲，以欧洲为中心的政治经济生活中，强迫流动人口为资本积累作出贡献。强迫流动人口造成了非洲人的流散，也造就了大西洋黑人文化。

---

① Manning, “Slave Trade,” 138-139; Suzanne Miers and Richard Roberts, eds., *The End of Slavery in Africa* (Madison, 1988).

② Ewald, “Slavery in Africa,” 470-471.

第6章
印度洋地区的贸易口岸与殖民地

印度洋、波斯湾和东地中海的贸易中心与中世纪欧洲的经济区一样，与政治统治关系不大。跨越亚洲的商道也是一样，但是由于战争和政治灾难，商道会出现中断（见图1-2）。在“合作伙伴时代”（Das Gupta）的贸易中心，商业交换以经纪人为中介，以信誉为根本。在这些世纪里，四个主要的文化中心区域有所差别。[①] 在印度洋，南亚商人最具影响力，印度的影响在650～1650年扩展到第二个地区，即东南亚地区。中国的发展以陆路为中心，向西与中亚相连，16～17世纪，中国商人开始向东南亚发展。另外，日本商人的活动范围基本局限在日本列岛，很少向遥远地区流动。从全球的角度看，亚洲资产阶级的发展与欧洲不同，但有关联。只有当欧洲商人在国家的支持下发挥了更重要的作用时，印度洋世界和南中国海才失去了凝聚力——尽管它们仍然保持着活跃的商业地位。[②]

① 四个亚洲地区人口流动历史研究中还没有从地区性或洲际角度进行的研究，仅有部分关注特定城市。本章多数资料精选自成熟的、关于贸易中心的经济史记载。只有19世纪的历史记录数量较多，也比较精确，特别是关于契约劳动人口流动的记录。

② Ashin Das Gupta, *Merchants of Maritime India, 1500-1800* (Aldershot, U. K., 1994), 7: 153; Edi Sedyawati, "'Fremdes' und 'Eigenes' in Kunst und Kultur Indonesiens," *Versunkene Königreiche Indonesiens* (*Mainz*, 1995), 193-204.

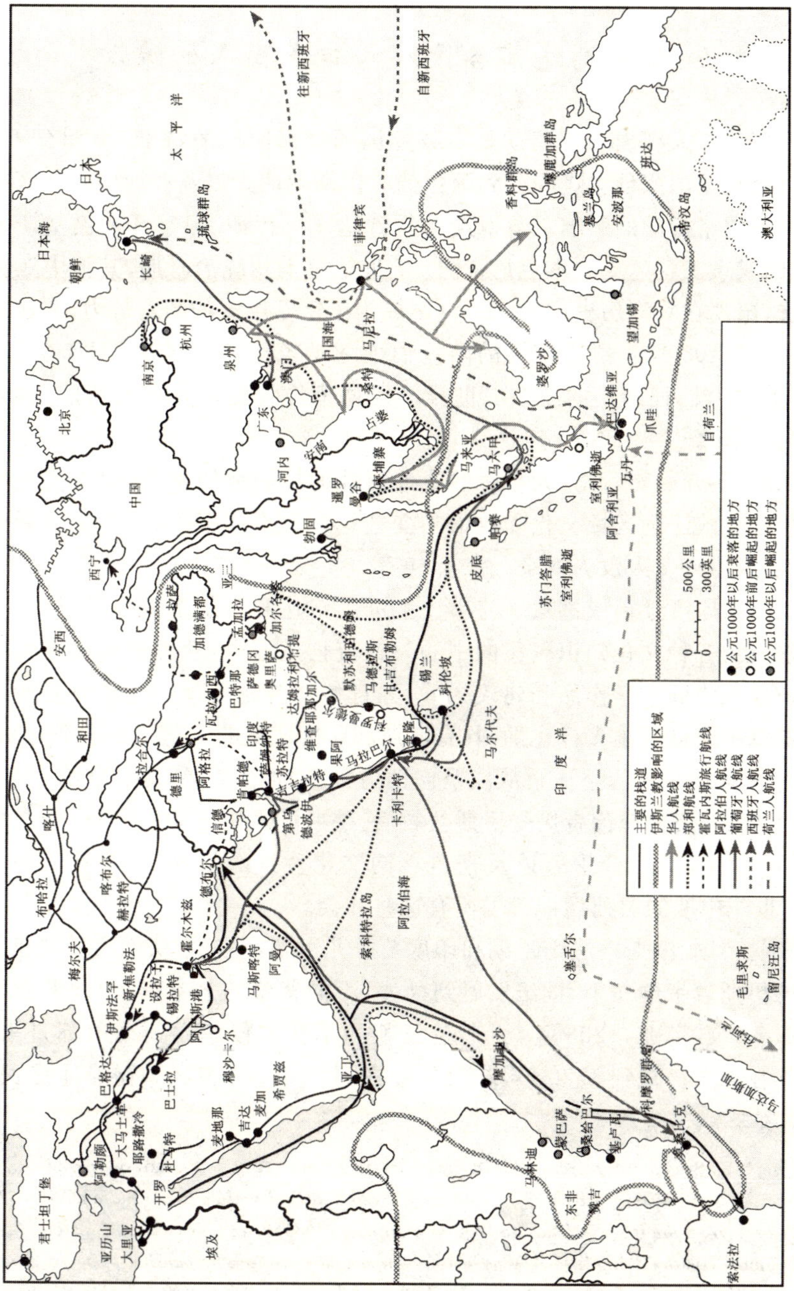

图2-5 1000～1600年印度洋的贸易中心

1.欧洲人到达前各民族人口和商人的流动

文化变迁与大规模人口流动是多数亚洲国家最明显的特点。8 世纪开始,内部人口流动及国家创立进程受到阿拉伯—伊斯兰商人以及亚洲内陆地区突厥人和蒙古人侵略行动的影响。与伊斯兰教到达今天伊朗、阿富汗和巴基斯坦同时,突厥的奴隶王朝建立了伽色尼帝国。7 世纪唐王朝统治时期,其他中亚突厥向西推进,出现在欧洲历史中,在 11 世纪成为十字军国家的敌对势力,并建立了奥斯曼帝国。1050 年,精通梵语的阿拉伯地理学家比鲁尼编纂了《印度志》一书。12 世纪中叶,西西里的罗杰二世派遣伊德里希收集东方世界的信息(参见第 1 章第 2 节)。[①]

从 1200 年开始,东西方人自愿的或冲突性的接触愈加密切,阿拉伯人和蒙古人的扩张导致遥远区域文化和政治的变迁。在军事征服中,蒙古统治者屠杀了许多人,或将许多人没为奴隶。波斯、美索不达米亚和阿富汗的学者、作家、艺术家和工匠向印度迁徙或逃亡。与历史上的巴格达和科尔多瓦一样,恒河上游的勒克瑙成为各种文化知识聚集的中心。在流亡过程中,学者们创造出融合了印度和波斯风格的文学作品和建筑样式,并且传播着波斯预言。琐罗亚斯德教徒中的熟练工匠创造出多样化的、具有波斯和印度风格的工艺品。这个时期,吉卜赛人和罗曼人可能已经开始从埃及向西方的欧洲迁移(参见本章第 5 节、第 11 章第 1 节)。蒙古统治者接受伊斯兰教后,穆斯林人口与旅行、商业和文化交换结合,吸引了诗人、音乐家以及来自不同文化背景的学者(参见第 1 章第 2 节)。14 世纪中期的黑死病摧毁了所有这些社会。[②]

奥斯曼帝国、波斯塞法维王朝和印度莫卧儿王朝,这三个从安那托利亚到南亚地区的伊斯兰帝国在 16 世纪发展到鼎盛,不同背景的艺术家、非洲的奴隶在宫廷中服务。在南亚,1206 年,伊斯兰王朝和军队入侵建立了德里苏丹王朝。这个王朝在北方存在到 1526 年,在南方存在到 1605 年,其人口融合了多民族、

---

① Joseph E. Schwarzberg, ed., *A Historical Atlas of South Asia* (Chicago, 1978; 2d rev. ed., Oxford, 1992), 33-35, 191-199; Kirti N. Chaudhuri, *Trade and Civilization in the Indian Ocean: An Economic History from the Rise of Islam to 1750* (Cambridge, 1985), 9-62; Richard M. Eaton, "Islamic History as Global History," in Michael Adas, ed., *Islamic and European Expansion: The Forging of a Global Order* (Philadelphia, 1993), 1-36; Jamal Malik, *Islamische Gelehrtenkultur in Nordindien: Entwicklungsgeschichte und Tendenzen am Beispiel von Lucknow* (Leiden, 1997).

② Schwarzberg, *Atlas of South Asia*, 196, 199-200.

多宗教因素，统治者是土耳其人。之后，莫卧儿帝国（1526～1858 年）的权贵和知识阶层融合了印度、波斯和土耳其文化。穆斯林苏菲派传教人员在 11～16 世纪往来各地，之后被迫流散，原因在于他们消极默许伊斯兰教君主的政策。来自北方维查耶那加尔（胜利城）的自耕农—武士，在泰米尔语区建立泰卢固语区。13 世纪早期，在阿萨姆的布拉马普特拉河流域，来自缅甸北部掸人的一支——阿霍姆人形成。普通人的流动范围有限，高等文化很难深入普通人的生活，但是新统治者的人口流动、扩张行动以及宗教改变却很容易影响他们的生活。

在土耳其和阿富汗势力所及地区，相对平等的伊斯兰教信仰向以种姓制度为基础的印度社会等级秩序发出挑战。当地反种姓的社会运动蓬勃兴起。阶层等级兴起，他们将自己置于以前的统治种姓之上。皈依伊斯兰教者通常来自低级种姓或者身份较低的阶层。穆斯林男性与印度教妇女结婚后，他们的子女以穆斯林的身份被抚养长大（19 世纪不列颠人口统计中称他们为“印度教穆罕默德人”）。宗教容忍还包括 1564 年之后的一个多世纪，废除了强迫非穆斯林纳税的规定。[①] 犹太人和亚美尼亚人、阿拉伯人和中国人、穆斯林和基督徒、来自古吉拉特的印度教徒和耆那教徒、土耳其人和帕西人、阿比尼西亚人和马拉巴尔海岸南部居民，都居住在商业中心里，例如多种文化并存的巴特那。[②]

① 1669 年，重新征税以及禁止信仰印度教的规定导致大规模起义和骚乱。

② Philip D. Curtin, *Cross-Cultural Trade in World History* (Cambridge, 1984), chap. 6; Schwartzberg, *Atlas of South Asia*, 194; C. G. F. Simkin, *The Traditional Trade of Asia* (Oxford, 1968), 168-170; Jagadish N. Sarkar, *Studies in Economic Life in Mughal India* (Delhi, 1975), 204-229, 230-257; Kirti N. Chaudhuri, *Asia Before Europe: Economy and Civilization of the Indian Ocean from the Rise of Islam to 1750* (Cambridge, 1990); Judith Tucker, "Gender and Islamic History," in Adas, *Islamic and European Expansion*, 37-73.

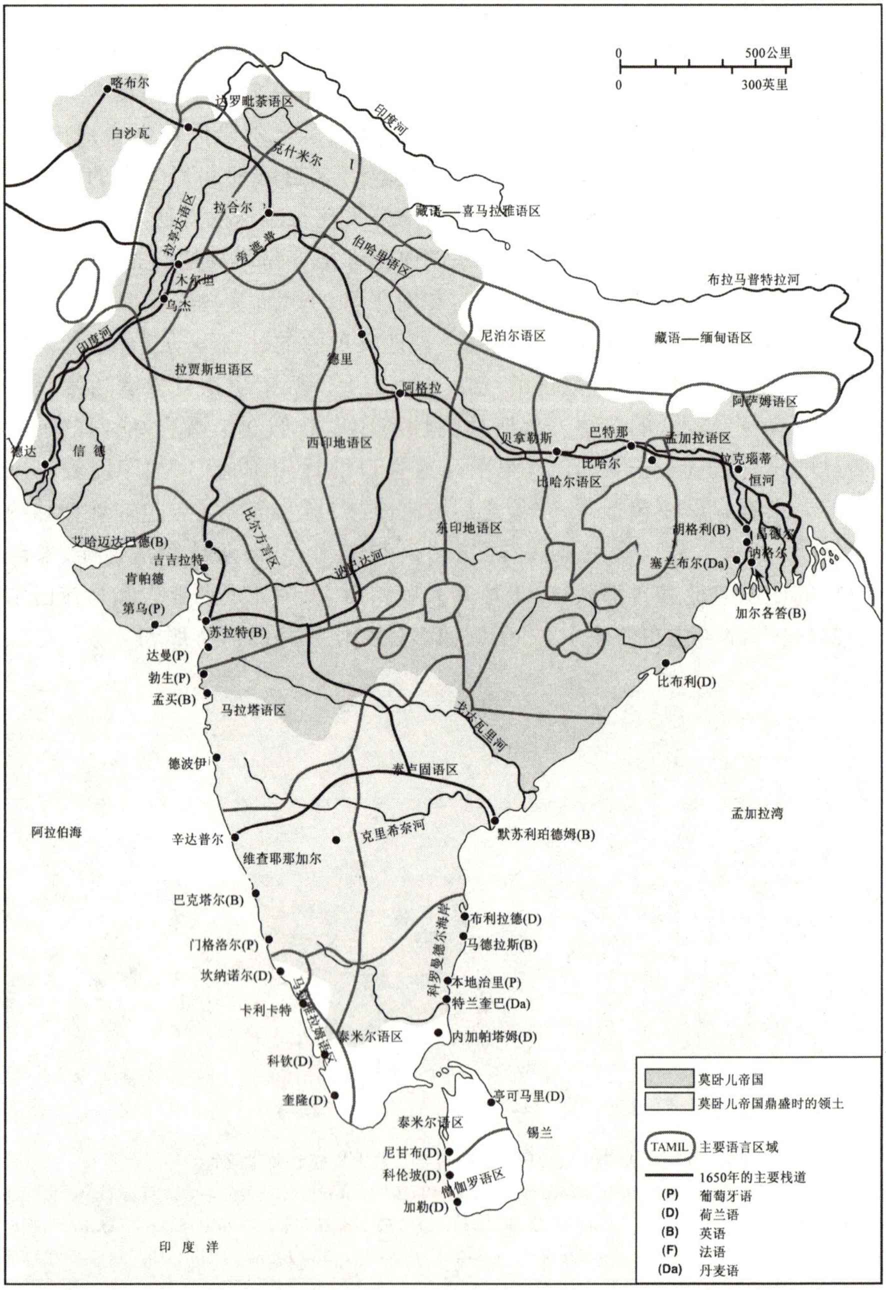

图2-6　印度次大陆的文化

在东南亚地区，缅甸人、越南人和泰国人向南迁移到达他们今天居住的地区。在爪哇的马塔兰帝国，佛教徒和印度教徒和平共处，但是10世纪，默拉皮火山喷发破坏了这一切，幸存者们从爪哇中部迁往东部。7～13世纪，佛教室利佛逝帝国控制了马来海峡的海岸线，南亚和东亚商人在这里买卖货物，波斯和阿拉伯商人带着地中海货物来到这里，印度尼西亚群岛的产品也在这里交易。阿拉伯商人将伊斯兰教引进这个地区。爪哇人的贸易团队到达中华帝国宫廷，可能带去了教皇特使(参见第1章第2节)。14世纪，逃避马来半岛、爪哇其他岛屿战争的难民建立了淡马锡城(即今天的新加坡)。中国人在苏门答腊的巨港定居，来自印度南部的商人来这里购买胡椒。13～14世纪，大量古吉拉特商人和孟加拉商人加入进来。进入15世纪，中国商品的影响在马来半岛东部持续提高。室利佛逝帝国覆灭后，有实力而无国家支持的集团或“海盗”活动频繁(包括日本逃亡者、中国逃犯以及从葡萄牙人控制的澳门和其他马来半岛的岛屿城镇逃亡的非洲奴隶)，致使贸易活动安全无法得到保障，直到16世纪70年代日本国加强管理后才有所好转。这反映了欧洲海盗的“贸易与掠夺”原则。[①]

16世纪，印度尼西亚群岛内部及群岛间的人口流动非常频繁，马六甲港口获得了商业统治地位。海岸居民西利伯斯人提供船只、水手及航海技术。苏丹官员在四类外国商人中挑选工头和船长(shabandars)。他们不需要承担很大的责任，但需要缴纳特殊税款。第一类人，即古吉拉特商人，约有1000人，管理着5000名临时水手。第二类人包括科罗曼德尔海岸的克零人、孟加拉人、勃固人和帕西亚人。第三类人是来自爪哇、摩鹿加群岛、班达海岛屿、巨港、婆罗洲和菲律宾的商人。第四类人由中国人和琉球列岛人组成。马来语成为群岛的通用语言，马六甲在苏丹统治时期成为“国际性区域各民族的熔炉”。

在帕赛和皮底这些小港口，来自南亚多个港口、暹罗和马来半岛的商人聚集在一起。伊斯兰教在各个岛屿传播。14世纪，中国商人与多个岛屿建立了直接贸易关系。商人们买卖中国的手工制品、印度的布匹和风味食品，统治者与外国商人签署合约。水手和商人可以逗留很长时间。班达人与马来人、中国人和爪哇人通婚。马来商人和爪哇商人穿梭于海洋之间。统治者，有些人是中国人的后裔，雇用士兵扩展领土，征服周边居民，沿海岸线贩卖奴隶。熟练的造船工匠制造出大型舢板，船长们绘制出岛屿间航行的海图。这些造就了精神上的多样

---

① Maria A. P. Meilink-Roelofsz, *Asian Trade and European Influence in the Indonesian Archipelago between 1500 and about 1630* (The Hague, 1962), 13-26, 89-115.

性特点——从物质文化的角度说,造就了国际化社会。①

在太平洋的许多岛屿,人们利用双体船航行。库克船长在塔希提岛旅行三年(1768～1770 年),邂逅了图派亚,后者曾经到过许多个岛屿,至少知道 130 个岛屿。传教士和探险者惊异于塔希提人渊博的知识和见解。一个西班牙船长雇用一个名叫普库罗的人去利马,结果普库罗发现波利尼西亚人可以利用星辰、风向和海潮变化航行,其精确度与“文明国家最专业的航海者”的计算如出一辙。此外,他们“对天气的预测”从未失败,欧洲宇宙学者对此则完全无能为力。当他们知道指南针时,他们毫不犹豫地接受并使用。但是,其他人,比如马克萨斯人和汤加人,拥有的知识却非常有限。航行的目的是贸易、战争和获得食物。频繁爆发的内战和经济衰退导致岛屿内人口流动频繁。②

中国南部省份开始参与印度洋贸易,并将贸易范围延伸到东非城镇。首先,长途贸易以外国商人殖民地为中介(据说 878 年有 12 万名外国商人生活在广州),但是,从 11 世纪早期开始,地方商人和造船工匠广泛参与到长途贸易活动中。这些沿着航路参与贸易活动的人先是寄居者,他们停留的时间取决于 8 个月季风季节的长短,之后成为永久定居者。长期的“前客家人”,比如阿瑜陀耶王朝(1350～1767 年)统治下的暹罗,期望从暂短的共同居住者中获得尊重。在回乡前,他们往往安排一个“新客家人”,他们提高交通费用,用金钱束缚他们。连续的人口流动确立了社会的亲属关系。1435 年,明王朝发布禁海令后,商人们在马六甲、马尼拉和巴达维亚建立了永久的华侨团体,与整个东南亚地区进行贸易活动,中国人称之为“南洋”。

---

① Meilink-Roelofsz, *Asian Trade*, 36-59, quote on 59, 67; Simkin, *Traditional Trade*, 163-167; Curtin, *Cross-Cultural Trade*, 128-135; Das Gupta, *Merchants of Maritime India*, essay Ⅶ: 152-155; K. A. Nilakanta Sastri, *South Indian Influences in the Far East* (Bombay, 1949); Widjojo Nitisastro, *Population Trends in Indonesia* (Ithaca, N. Y., 1970), 10, 38-40, 87-90; Ruth T. McVey, ed., *Indonesia* (New Haven, 1963), 20-23.

② G. M. Dening, "The Geographical Knowledge of the Polynesians and the Nature of Inter-Island Contact," in Jack Golson, ed., *Polynesian Navigation* (3d ed., Wellington, N. Z., 1972), 102-153, 103,112-113。

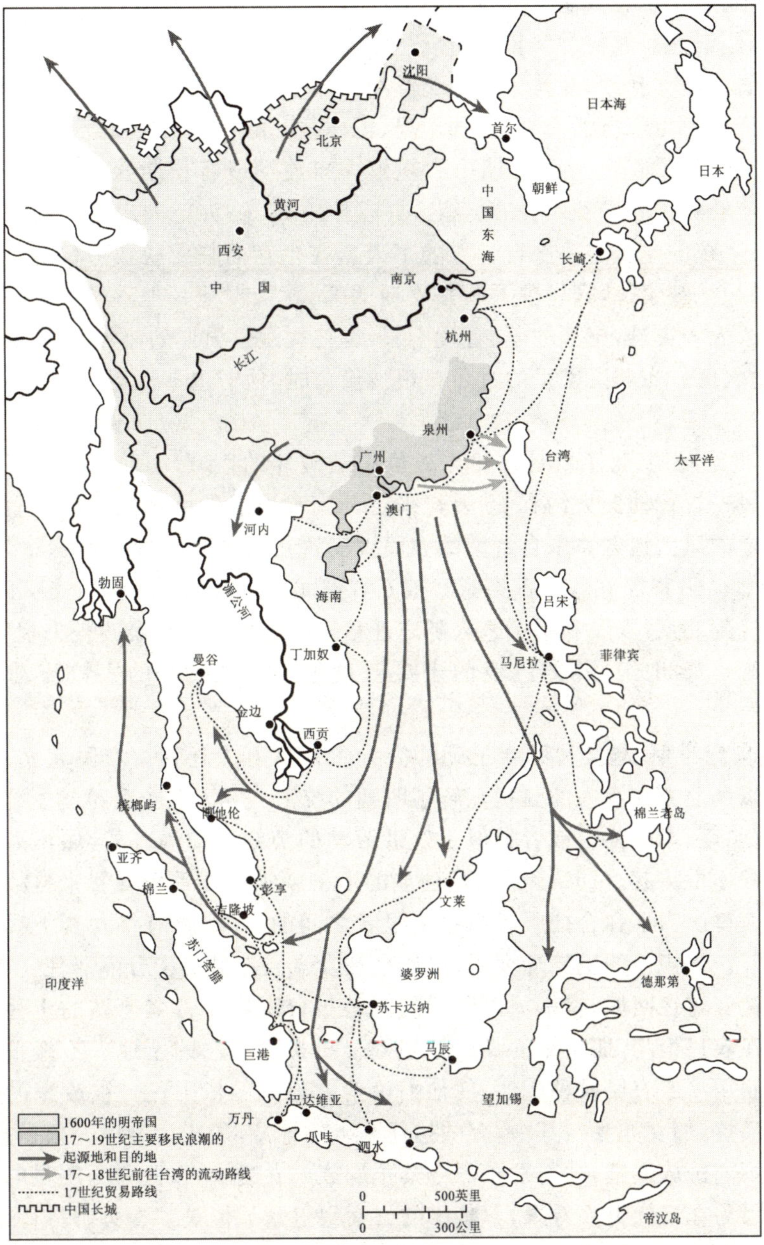

图2-7　华人的流动和华侨

在中国，手工艺人制造的奢侈品流向宫廷和富人家庭，城市居民向遥远的城市流动，经纪人在农村中穿梭，奴仆跟随主人到达新的居住地。来自首都的官员在遥远省份建立驿站，并且为了避免滥用家族势力，中央政府禁止官员在自己家乡省份任职。由于自然灾害，比如干旱、洪水、饥荒，或者长期的营养失调（比如17世纪的“小冰期”），导致短期内大规模人口流动或者长期的屯民活动。文化与人口流动相关联导致大批搬运工人、运输工人、码头工人出现。在农业生产中，灌溉系统的建造需要来自远方的工人。在生存面临威胁或者债务危机的时候，女孩往往被卖掉，家里少了一张吃饭的嘴，就能保证其他孩子存活下来。自然灾害或人为灾难，比如战争、管理不善，也往往激发男性的血性，他们在村中游荡，抢劫农民。当农民家里的过冬口粮被偷窃时，他们也不得不到更遥远的地方谋生。

14世纪晚期，为了恢复在北方战争中被破坏的区域，明政府实施了六次大规模移民安置行动。大约有15万户来自苏南和浙北的无地农户被安置到皖北淮河沿岸的凤阳地区。来自晋南的农民被安置在冀鲁豫平原地区。为了加强北方的防御，7万户汉族和蒙古族家庭被安置到北京以北地区。1421年，王朝首都从南京迁到北京，农民和手工艺人随之迁移。4.5万个贵族家族丧失权利，受到严密监视。15世纪，北方边境的士兵就地屯垦。非政府的人口流动也同时进行。①

17世纪早期，起义和民族王朝冲突导致几百万人迁移。农民起义、地方官僚叛乱以及北方女真人的骚扰瓦解了明朝的统治。几万名士兵抢劫了北方的城镇，通过驱逐、军队征召或者类似于奴隶劳动的契约劳动等方式，城市人口和农村家庭被连根拔起。1644年后，新建立的清王朝吸引并重新安置来自战争破坏地区的人口。为了弥合征服者与被征服者之间的隔阂，政府将女真士兵与汉族人分隔开。大规模的民族冲突后，汉族人和女真人在城市中分隔居住。在北京，汉族人被安置在南城，首都周围肥沃的土地被分配给4万名忠诚的士兵。失地的农民在农村抢劫，而富裕的汉族地主则借机扩大自己的土地。不擅长农耕的女真人雇用汉族农民耕种土地，使他们沦为农奴式的依附民。被废黜的汉族贵族不断反抗，妇女亦参与其中，有的担任军事领袖，有的成为难民。根据报告，为了避免不同民族通婚，政府发布命令禁止满族妇女裹脚，以此作为明显的区分标志——因为在汉族男人看来，不裹脚的妇女很丑陋。但是，“裹脚、封口”是20世纪初西方人根据中国史学家的记载臆想出来的。在中国的许多地方，妇女从不

① Ping-ti Ho, *Studies on the Population of China, 1368-1953* (Cambridge, Mass., 1959), 136-139.

裹脚。根据儒家思想的“三从四德”观念，奴隶与劳动妇女以及农妇与仆役的生活是不同的。17世纪，流动的女性“内廷教师”传播知识和文化。在较发达地区，例如江苏，妇女在缫丝厂以及城市其他部门工作。[①]

清朝官吏与学术领域中的高级职位同时由满族和汉族人担任，蒙古族人也担任地方官员。因此，在王朝统治的顶层，出现了多民族权贵，并使用双语。在民族等级的最高层是满族，其次是受过教育的汉族人和蒙古族人，在底层是普通的汉族人。文化变化反映在各个层面：发式的变化在民谣中有所反映，即“留发不留头，留头不留发”。因为汉族人口占所有人口的绝大部分，管理者人数相对较少，汉语仍然是标准语言，满族人也逐渐接受了汉语。

与过去一样，大规模的农民流动人口成为17世纪及以后世纪的鲜明特点。首先，客家人继续向南迁移，从4世纪到清朝经过五次大移民，逐渐取代了当地人口。由于北方人的侵袭，他们必须不断向南迁移，在最南端的省份定居；在这里，他们加入了19世纪的海外迁移运动。1653年之后的200年，人烟稀少的四川成为自愿流动人口的目的地，他们多来自邻近的湖北和陕西。其次，长江上游地区在湖北和湖南流动人口的努力下迅速发展。18世纪早期，来自东南沿海省份的穷人，通常是未婚男子，开始在山区定居，成为“小室人”。他们砍伐森林，经过多年砍伐，造成水土流失，长达百年的土壤沙化过程开始。当地的失地民族苗族起义反抗，但是遭到军事镇压。第三，甘肃、陕西、湖北、河南各省的黄河流经区出现了定居居民。持续的耕种破坏了土壤质量。18世纪晚期，陕南人口中本地人大约占10%，湖北、安徽和江苏人大约占50%，江西、山西、河南、四川和广西人大约占30%，来自其他省份的流动人口大约占10%。19世纪中期，流动更加频繁(参见第14章第4、5节)。[②]

在帝国的边疆地区，海南岛和台湾(1683年)、蒙古、西藏和喀什(1751～1759年)；在对缅甸实施的宗主统治中，人口流动和军事征讨交织在一起。西部的“新领土”由两万屯兵驻守，此外还有10万依附民。在北方，俄罗斯人在黑龙江探险(1643～1646年)。1689年和1727年，两个帝国签署了边境条约——部分原因在于中国政府戒惧俄罗斯的盟友，以及剽悍的准噶尔部落游牧民的势力。在中亚，由于中华帝国的扩张和蒙古人统治的松弛，加之恶劣自然环境下形成的游牧的生活方式等因素，人口流动持续到18世纪(参见第12章第1节)。中国

① Dorothy Ko, *Teachers of the Inner Chambers: Women and Culture in Seventeenth-Century China* (Stanford, 1994).

② Ho, *Population of China*, 139-153.

商人和劳动力很少向相邻的俄国流动。17 世纪中叶,荷兰东印度公司(1624～1662 年)统治下的台湾(葡萄牙人称为“福尔摩沙”,意为美丽的岛屿)有超过 10 万名清朝难民。难民领袖郑成功,欧洲人称“国姓爷”,本人身上就鲜明地表现出文化融合的特点。他的父亲是中国人,母亲是日本人。他与黑人逃奴有过接触,并且拜访过长崎、澳门商人和荷兰殖民者。清政府征服台湾,并派遣 8000 名士兵驻守之后,台湾成为真正的边疆地区。原住民仍然生活在山区,保持自身的特色。在战争期间,沿海陆地居民因为被怀疑支持起义者,而被迁移安置他处。[①]

伊斯兰教在中国占据了一席之地,聂斯托利基督教衰落了。耶稣会的影响很难上达宫廷。1705～1706 年,他们尝试详细阐述教皇的教义,却被驱逐。佛教的发展具有浓厚的中国特色。沿海商业社会仍然具有国际性特点,他们与旅居在外的华侨和日本长崎的商人保持秘密的、密切的联系。在西部,喇嘛教的传播经历了扩张、驱逐、逃亡、和平皈依的过程。中国是“多语言并存的社会,是一个大熔炉,经过数个世纪的卓有成效的努力创造出多样的文明”[②]。

1573 年中国人口为 1.5 亿,因为满族的征服和社会内部矛盾,17 世纪中叶人口下降了 2/3,之后开始迅速回升,1751 年达到 1.8 亿,1790 年达到 3 亿。18 世纪伊始,帝国政府解放社会底层的依附人口和被驱逐人口,比如陕西和山西的红白喜事吹鼓手、安徽的世袭奴仆、沿海的船工、采蚝者和采珠者等等。正在形成的经济特区,主要是长江中游地区,吸收了大量流动人口;他们仍然保持着原来的农耕生活方式,沿着长江和汉江向上游迁徙,在满洲南部,人口流向森林地带。与遥远的美洲建立的联系将日常食用的甜薯、玉米和其他农作物带到中国。罂粟开始扩散,但这时欧洲人还未参与进来。17 世纪中叶,人口开始向北流动到蒙古等地,但是 19 世纪 50 年代前,人口流动规模仍然不大(见第 17 章第 1 节)。[③]

19 世纪,外出人口主要是矿工、商人、手工艺人和朝圣者,多数来自汉江三角洲。矿工向南从海上到达泰国南部和马来半岛的锡矿山工作,或前往婆罗洲

---

① John R. Shephard, *Statecraft and Political Economy on the Taiwan Frontier, 1600-1800* (Stanford, 1993). 对待原住民的态度,参见 Government of Fromosa, *Report on the Control of Aborigines in Formosa* (Taihoku, 1911), and Janet B. M. McGovern, *Among the Head-Hunters of Formosa* (London, 1922)。甚至在 1930 年,台湾中部山区原住民的幸存者还发动起义反抗日本军队(雾社起义)。

② Michaeol R. Godley, “China's Policy Towards Migrants, 1842-1949,” in Christine Inglis et al., eds., *Asians in Australia: The Dynamics of Migration and Settlement* (Singapore, 1992), 1-21.

③ Jonathan D. Spence, *The Search for Modern China* (New York, 1990), 12-116; Ho, *Population of China*, 187-192, 281-282. 所有的人口统计都只是大概数字。

采金。向北前往俄国的人口数量仍然有限。“海外华人”形成的第一个阶段从15世纪持续到1850年。[①] 19世纪帝国主义时期，欧洲殖民势力以这些人为中介改变着权力间的关系。

日本利用与中国的文化亲和力，通过对朝鲜的军事统治，建立与周边民族的关系。蒙古人最早在1274年入侵日本，之后是1281年，侵略兵力为15万名士兵以及朝鲜和中国水手。1592年，丰臣秀吉出兵20万报复性地摧毁朝鲜，他的目的可能是转嫁与武士的矛盾。日本商人在镰仓时代(1185～1333年)开始进行海外贸易。在之后的南北朝时代，外国贸易增加，出现了宗教性的商业行会，手工业和工场繁荣发展。16世纪30年代至17世纪40年代，与欧洲商人建立联系100年后，顽固的耶稣会首先被驱逐，之后是西方商人。日本商人在社会等级中的地位为第四等级，也是最低等级，在农民和手工业者之下。1636年，他们被禁止出海，政府停止参与贸易中心的活动。对外贸易控制在中国人和朝鲜人手中，在长崎，还残留少数荷兰商人进行对外贸易。17世纪晚期，在日本文化中心，生活着一些被驱逐的中国学者。在德川时期(1600～1868年)，江户(今东京)建城，吸引了大量流动人口，城市迅速发展。与中世纪的欧洲一样，贵族在宫廷中留下人质，在其一生中也必须在宫廷中生活一段时间。18世纪，从农村向城市流动的农民家庭增加。在闭关锁国的225年间，政府仍然引进了西方作品，比如通过荷兰人引进的伽利略的著作。因此为1853年后的腾飞储备了动力。[②]

亚洲的人口流动，无论是内部的还是跨越国界的，都与其他大洲的人口流动类似。首先，在国际化的政权统治下，素质较高的外国人能够获得有影响力的地位。在印度的莫卧儿王朝，德干人和非洲人以及他们联姻产生的后代、穆瓦莱敦人(通过皈依或亲属关系获得自由的人)不满他们对新移民的依赖，因此爆发了排他的暴力活动。其次，男性充当雇佣兵，在任何地方赚取生活费用，于是中国士兵出现在锡兰人军队中(13世纪晚期)，欧洲和奥斯曼炮兵出现在印度(14世纪)，土耳其、蒙古、波斯和阿拉伯骑兵射手出现在德里苏丹王国(15世纪20年代)。[③] 第三，奢侈品贸易中的手工艺人向大大小小的宫廷流动。王朝的更替、贸易中心和新圣地的兴起，都迫使男性和他们的家庭流动，同样，新首都、神庙和

① “海外华人”的概念仅仅在19世纪下半叶才开始使用。

② Charles R. Boxer, *The Christian Century in Japan, 1549-1650* (Berkeley, 1951), 101 passim.

③ 15世纪中期，葡萄牙人与穆斯林共同在维贾亚纳加尔(Vijayanagaran)军队中担任雇佣兵，带来了先进的火器和战马知识。

墓葬的建设同样造成流动。[①] 城镇与农村相互影响,城镇对于食物的需求促使农业生产密集化;反之,又提高了劳动力需求。城市服务业发展造成的劳动力需求缺口由外来人口填补。在整个亚洲,饥荒迫使人口流亡,幸存者的流动范围十分广阔,如17世纪30年代的古吉拉特人。饥荒中的受害者可能被出售或自我卖身,其子女为生存被卖为奴隶。季风季节无法航行对贸易活动造成影响,妨碍了每年舰队航行及到达后的供应。由此引起的财政危机和每年供应品的匮乏导致人口流失。[②]

在四个文化区域中,仅有中国南方出现了大规模的流动人口(参见第1章第2节)。17世纪20年代之后,一些日本人迁移到菲律宾、柬埔寨和暹罗,但是仅仅20年后,德川时期的流动人口减少。1435年,中华帝国宫廷禁止海外贸易,沿海地区临时居住的商人、手工艺人和劳动力成为永久侨民。在接下来的几个世纪里,"海外华人"在广州和东南亚岛屿之间建立了贸易网络,在马尼拉、万丹和马六甲定居。荷兰人从巴达维亚和其他殖民地掠夺中国苦力的时候,这些殖民地居民被迫继续流亡。第二个华侨网络位于中国、日本和朝鲜之间的"西洋"。第三个则位于"东洋",17世纪王室垄断时期,约1万名中国人接受暹罗统治者邀请,担任外国商人。在阿瑜陀耶王朝首都,中国人和西方穆斯林获许居住在城市中的特定区域,他们的房屋往往十分豪华。其他外国人像葡萄牙人、爪哇人、马来人、望加锡人和勃固人(沿海的缅甸人),则居住在城外,每个民族集团都由他们自己选择的领袖管理。一份法兰西人的报告描绘了富丽堂皇、熙熙攘攘的港口城市,城里有不同的贸易民族居住的帐篷和村庄,城外是供给城市居民的稻田。东印度公司曾经派遣一名不列颠人和一名希腊人担任商务代表。18世纪,曼谷的造船厂为这个地区制造中国式舢板。[③]

16世纪,葡萄牙人从霍尔木兹和果阿到达这个地区:1511年到达马六甲,1557年到达中国澳门,最后是长崎。中国政府允许葡萄牙人永久定居一个世纪(1656~1667年)之后,荷兰人的势力仍然微不足道。广州以及1760年以后的福州是仅有的港口。日本政府在葡萄牙人到达时将长崎渔村规划为商人和传教

① 例如,1327年,北方的印度苏丹王国首都从德里迁到德瓦吉里,人口必须随之迁移。首都阿默达巴德(Ahmadabad)在1411~1442年建成,泰姬陵建于1632~1657年。

② Lynn Pan, ed., *The Encyclepedia of the Chinese Overseas* (Richmond, U.K., 1999); Wang Gungwu, *The Chinese Overseas: From Earthbound China to the Quest for Autonomy* (Cambridge, Mass., 2000); Chaudhuri, *Trade and Civilization*, 32-33, 100-107; Simkin, *Traditional Trade*, 174, 176; Meilink-Roelofsz, *Asian Trade*, 66-68.

③ Curtin, *Cross-Cultural Trade*, 167-172; Simkin, *Traditional Trade*, 203-205, 217-220; T'ien Ju-K'ang, "The Chinese Junk Trade: Merchants, Entrepreneurs, and Coolies, 1600-1850," in Klaus Friedland, ed., *Maritime Aspects of Migration* (Cologne, 1989), 381-390.

士区。西班牙商人于1602年到达，之后荷兰人和英格兰人到达。租界区之间关系密切(参见第4章第3节)。17世纪，日本政府驱逐了西方人。[1]

我们过多地强调欧洲人对印度的掠夺——占有丝绸、瓷器和其他奢侈品，却忽略了海上贸易仍然局限在地区的有限范围内。欧洲中心观念也导致我们忽视了16世纪奥斯曼—埃及—阿拉伯轴心及其与威尼斯和印度次大陆的联系。[2]印度洋贸易体系与地中海体系相同，商人通过家族关系，或者以同一种族、宗教或文化背景为媒介，建立贸易联系。在某一个港口，人身和财产安全、契约执行机制以及停锚地点、仓库、银行和食宿设施等向所有文化背景的人员开放。商业中心地位有赖于政治上的中立立场和开放的市场。[3]

2. 帕西人、犹太人、亚美尼亚人和其他商人

中国商人向大洋流散的时候，印度次大陆和中亚地区成为无祖国者的栖身之处，包括各个民族的商人，特别是帕西人、犹太人和亚美尼亚人。8世纪，波斯琐罗亚斯德教信徒帕西人为了逃避伊斯兰教的扩张和穆斯林的皈依政策走上逃亡之路。他们在古吉拉特定居，接受古吉拉特语言，并从中获取经济利益和教育机会。作为商人和手工艺人，他们在多个商业中心穿梭。不列颠人到达的时候，他们学习英语，担任新主人与印度教人口的联系人。

犹太人社团出现于巴格达哈里发王国衰落、蒙古人摧毁巴格达城之后的1258年。这些难民被称为“巴格达人”，“说阿拉伯语的巴比伦犹太人”。[4] 在诸多团体中，贝内以色列人的迁徙时间更早，他们大约在6世纪就到达了印度西部，与其他犹太人流散者失去了联络。他们在印度军队——后来是不列颠军队——中接受训练，成为雇佣兵，在孟买接受教育。第二个团体是马拉巴尔海岸

---

① Simkin, *Traditional Trade*, 213; G. William Skinner, *Chinese Society in Thailand: An Analytical History* (Ithaca, N.Y., 1957); Alfonso Felix Jr., ed., *The Chinese in the Philippines*, 2 vols. (Manila, 1966-1969); Victor Purcell, *The Chinese in Southeast Asia* (2d rev., ed., London, 1965); Yen Ching-hwang, “Ch'ing changing Images of Overseas Chinese (1644-1912),” *Modern Asian Studies* 15 (1981): 261-285; Shih-shan H. Tsai, “Preserving the Dragon Seeds: The Evolution of Ching Emigration Policy,” *Asian Profile* 7 (1979): 497-506.

② 1509年，一支埃及—印度人舰队被葡萄牙人摧毁，第乌在1535年之后建立防御体系抵抗奥斯曼舰队；但是在16世纪中期，经亚历山大里亚和开罗前往威尼斯的路线再次兴起。

③ Chaudhuri, *Trade and Civilization*, 51-62.

④ 这个称谓最初指美索不达米亚地区的犹太人，之后包括来自叙利亚、奥斯曼帝国、亚丁、也门的犹太人，还包括不说阿拉伯语的来自波斯和阿富汗的犹太人。

的科钦犹太人，他们贸易活动的范围最远到达欧洲北部。第三个团体 8 世纪时居住在孟买和加尔各答。15 世纪 90 年代伊比利亚统治者驱逐犹太人，正是在葡萄牙人船只到达印度洋前不久，在西班牙人到达菲律宾之前 70 年。伊比利亚统治者失去资深商人时，逃亡的葡萄牙犹太人在阿姆斯特丹重新与亚洲的族人联系，将亚洲产品输送到尼德兰。[①]

亚美尼亚商人与犹太人伙伴一样不携带武器，因此节省了购置军事装备的高额花费，有需要时他们会花钱雇用保护者。他们有很长的流动定居历史。在十字军时，西里西亚的亚美尼亚国家边界就已经到达地中海东北部地区，阿勒颇是其主要的贸易口岸。穆斯林—土耳其人掌权后，自治的亚美尼亚东正教基督徒逃亡到里海和黑海之间，在地中海周边欧洲地区流散。他们在国家支持的商人与地区贸易中心的夹缝中生存，与东部的聂斯托利基督徒和埃塞俄比亚基督徒进行贸易活动。尽管克里米亚的亚美尼亚人接受当地的塔塔尔语，并采用亚美尼亚文字，但他们仍然保留了自己的宗教与民族认同性。奥斯曼统治下被迫迁移人口与仍然使用亚美尼亚语言的团体重新建立联系后，他们不得不重新学习祖先的语言。其他人确立了自己的属性，与犹太人相同，他们在奥斯曼帝国的各个首都，如布尔萨、阿德里安堡、伊斯坦布尔，成为重要的商业势力。作为基督徒，他们时而大把赚钱，时而在逊尼派奥斯曼人与什叶派塞法维人的竞争中受害。在奥斯曼—波斯战争中，有些人被迫在靠近波斯首都伊斯法罕的商业城镇新祖发重新定居。[②]

亚美尼亚人沿着向东方的丝绸之路，向西供应热那亚人进行海洋贸易的货物，向北沿伏尔加河贸易路线进行贸易活动，他们到达了波罗的海，与来自德意志汉萨同盟的商人旅居者贸易。14～15 世纪的西北向路线从多瑙河和波兰延伸到纽伦堡和布鲁日的市集，17 世纪 60 年代，阿姆斯特丹的亚美尼亚商人与土耳其人和少数印度教徒比邻而居，与俄罗斯、英格兰和犹太商人相互影响。土耳其和阿拉伯咖啡引进欧洲时，亚美尼亚人在法兰西确立了自己咖啡馆经营者的职业，这里的亲亚美尼亚人把文化模仿作为时尚。

---

① Joan G. Roland, *Jews in British India: Identity in a Colonial Era* (Hanover, N. H., 1985), 1-28; Charles R. Boxer, *The Dutch Seaborne Empire, 1600-1800* (London, 1965), 144-146.

② Gérard Chaliand and Jean-Pierre Rageau, *The Penguin Atlas of Diasporas*, trans. A. M. Berrett (French orig., Paris, 1991; New York, 1995), 73-93. 关于早期的政治作用，参见 Seta B. Dadoyan, *The Fatimid Armenians: Cultural and Political Interaction in the Near East* (Leiden, 1997).

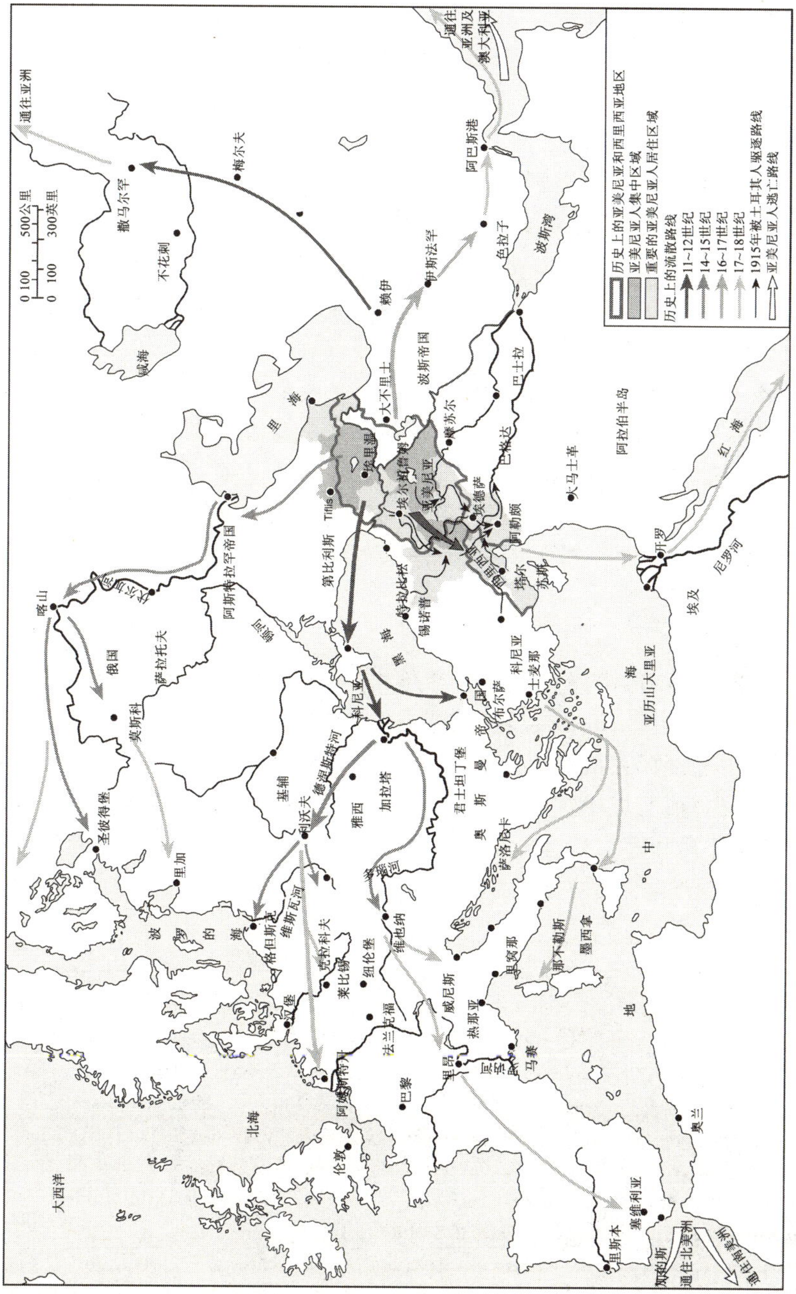

图2-8　11～20世纪亚美尼亚侨民迁徙路线

一个新祖发商人（Hovhannes Joughayetsi）描述了亚美尼亚人贸易网络的范围，他于1682年曾经经过阿巴斯港（霍尔木兹附近）和苏拉特到达恒河上游的阿格拉（见图2-6）。1684年回到苏拉特作短暂停留后，他于第二年整年居住在阿格拉及其附近地方，之后他前往西藏，在拉萨生活了6年，与中国商人做生意。1693年，他回到恒河中游的巴特那，之后经过孟加拉，在加尔各答结束了自己的行程。沿着这些路线，各民族的商人运送货物，与成百上千的挑夫、客栈老板、翻译和货币兑换者交流。出于安全考虑与社交生活的需要，这些旅行者与当地自治“民族”建立联系，如同欧洲的多民族国家一样。比如，在拉萨，亚美尼亚人和克什米尔人组成一个“民族”调解内部纠纷，与地方权力机构谈判协商。①

印度本地的商人与其他地方的商人一样，也有多种文化背景：喀拉拉邦贸易控制在北方古吉拉特人手中，切蒂人的贸易活动受制于乌木海岸的商人，二者都是印度教徒；12世纪，波斯穆斯林和阿拉伯人短期来访者以及当地的马皮拉人居住在一起。同非洲一样，商人们与各个港口的家庭建立短暂的、多方位的联姻关系：“新的社会集团是宗教上的穆斯林，某些文化层面上的阿拉伯人，但是在血统上还是印度人。”②

3. 葡萄牙人的贸易口岸、马尼拉的西班牙人和中国商人

欧洲人中葡萄牙人最早到达亚洲，他们经过众所周知的西非海岸，绕过好望角与印度—阿拉伯船员建立联系（参见第4章第3节）。其他人沿地中海航线航行，主要是雇佣兵和商人。有一个名叫佩罗·达·科维利亚的人曾经访问基尔瓦，在基督徒统治的埃塞俄比亚地区定居结婚。与多数贸易中心人口不同，葡萄

① Niels Steensgaard, *The Asian Trade of the Seventeenth Century: The East India Companies and the Decline of the Caravan Trade* (Chicago, 1973), 26, 50; Frédéric Mauro, “Merchant Communities, *1350-1750*,” in James D. Tracy, ed., *The Rise of Merchant Empires: Long Distance Trade in the Early Modern World*, 1350-1750 (Cambridge, 1990), 270-274; Keram Kévonian, “Marchands arméniens au XVIIe siècle,” *Cahiers du monde russe et soviétique* 16 (1975): 199-224; Michel Aghassian and Keram Kévonian, “Le commerce arménien dans l'océan Indien aux XVIIe et XVIIIe siècles,” in Denys Lombard and Jean Aubin, eds., *Marchands et homes d'affaires asiatiques dans l'océan Indien et la mer de Chine, 13e-20e siécles* (Paris, 1988), 155-182; Lvon Khachikian, “The Ledger of the Merchant Hovannes Joughayetsi,” *Journal of the Asiatic Society* (Calcutta) 8 (1966): 153-186.

② Stephen F. Dale, *Islamic Society on the South Asian Frontier: The Mappilas of Malabar, 1498-1922* (New York, 1980); Genevieve Bouchon, “Les musulmans du Kerala à l'Θhoque de la découverte portugaise,” in Jean, ed., *Mare Luso-Indicum*, 4 vols. (Geneva, 1971-1980), 2: 3-59. 另见阿米塔夫·戈什（Amitav Ghosh）的小说《午夜之子》（*In an Antique Land*, New Delhi, 1992）.

牙人不占有交换商品，无法控制大片领土，他们只是依靠一己之力、依靠残酷的统治在贸易口岸和小块租界等有限区域里活动。在历史上的地中海地区、黑海、红海地区或是印度，传统的文明交流方式发生了翻天覆地的变化。欧洲依靠其强大的实力，以非洲的黄金、秘鲁的白银作为交换商品，扭转了他们被动的贸易地位。他们垄断了贸易，脱离从属地位，一跃而成为统治势力。①

欧洲列强的代表及合资贸易公司在租界与当地或地区统治者谈判。最终达成的妥协是成本不能高于统治收入。葡萄牙人在各个具有战略地位的港口执行通关和缴费制度，用现代术语说，就是针对所有其他国家地区的商人强行收取“保护费”。考虑到自身的弱势地位以及确立超强实力的重要性，他们给予列强国家的商人以自由通关权。英格兰地理学家理查德·哈克路特(1552～1616年)评价说：“一些人追寻权力，发号施令，一些人想游历世界，多数人走遍世界，但往往是不合法的、不诚实的，极少数人依从上帝的光芒，拯救穷困而漫无目的的异教徒的灵魂。”与法兰克人十字军和伊比利亚西班牙征服者(conquistadores)一样，亚洲的欧洲人觊觎不劳而获的财富。②

贸易口岸(或“工场”，来自葡萄牙语 feitorias)从 1500 年开始与各地统治者签署条约，这与地中海地区的外国人区(Funduqs)和汉萨同盟的宫廷自治不同。它们是凌驾于领土权力之上、以强权为基础的租界，尽管面积很小。即使在葡萄牙人控制的印度最主要的租界果阿，葡萄牙人仍然是少数民族。古吉拉特的印度教徒、耆那教徒和其他来自周边地区的民族构成了当地最庞大的民族集团。埃塞俄比亚的基督徒、印度的聂斯托利派教徒、亚美尼亚人和穆斯林(来自周边地区、东非、波斯和阿拉伯半岛)控制着多数商业活动。约 1600 年，在葡属霍尔木兹，40％人口为穆斯林，27％为印度教徒，17％为葡萄牙人基督徒，10％为印度和印度—葡萄牙基督徒，7％为犹太人。商人、水手、士兵和奴仆杂居通婚。亚洲葡萄牙人或“葡萄牙黑人”独立从事贸易活动，并且组成自己的社团，与当地商人，比如爪哇人，建立伙伴关系。③

---

① Chaudhuri, *Trade and Civilization*, 121-137; Curtin, *Cross-Cultural Trade*, chap. 7; Trevor Cairns, *Europe Finds the World* (9th ed., Cambridge, 1987), 28-39; Ibrahim Khoury, “Les aspects maritimes des migrations humaines dans le monde musulman des origins au début du XVIe siècle,” in Friedland, *Maritime Aspects of Migration*, 357-380.

② Simkin, *Traditional Trade*, 176-178; Curtin, *Cross-Cultural Trade*, 137-139; Chaudhuri, *Trade and Civilization*, 63-79; Kenneth R. Andrews, *Trade, Plunder and Settlement: Maritime Enterprise and the Genesis of the British Empire, 1480-1630* (Cambridge, 1984), 30-32, citing Hakluyt.

③ Boxer, *Dutch Seaborne Empire*, 212; Curtin, *Cross-Cultural Trade*, 145.

相比之下,西班牙人的扩张始于东方。1517 年,西班牙人从新西班牙/墨西哥跨越太平洋占领菲律宾港口马尼拉(参见第 7 章第 4 节)。当地人口为原住的尼格利陀人后代和印度尼西亚流动人口。后者在印度尼西亚室利佛逝帝国和中国宋朝统治期间占据重要的商业地位。中国和日本手工艺人、阿拉伯—伊斯兰商人曾经在这里居住。与葡萄牙人一样,西班牙人构建了一个经济社会,在这个社会里,他们没有足够的流通货物的弱点并未显现出来。他们的墨西哥金银贸易成为其经济活动的组成部分。“极度贫穷的西欧人已经建立了与亚洲人的贸易关系,他们急需寻找能够与亚洲昂贵奢侈品交换的商品。”[①]与葡萄牙人获得控制权的要求一样,西班牙人垄断了太平洋的大型帆船贸易。他们同样没有亲力亲为的愿望。“因为他们每天吃的面包可以轻而易举地获得,因此,西班牙人并不希望参加农业活动、零售或采矿活动,他们更不会去从事工业生产。”这种后世学者反思性质的观点在当时也被一些欧洲西班牙人提出来,他们认为马尼拉西班牙人很懒惰,他们是恶毒的骗子和赌徒,他们极憎恨体力劳动。他们“甚至拒绝传授给本地人知识,因为他们毫无根据地认为当地人很懒惰,他们也拒绝向商人和手工业者传授知识,但是在新西班牙,西班牙人向这些从业者传授知识”。他们在方方面面依赖中国人,“他们(中国人)不需要任何教导,因为他们已经通晓各种手工业知识。许多时候,他们甚至比最优秀的西班牙手工艺人更熟练”。台湾的武装人员为了自身利益抢劫西班牙船队,西班牙人称之为“海盗”。合法性的定义以及海盗行为的定义依赖于权力,包括历史叙述中的权力。[②]

西班牙人侵略菲律宾时,马尼拉的中国人仅为 150 人,但随后迅速增加。来自福建的商人侨民充分把握住从秘鲁进口白银的机会。通过广泛的舢板贸易,他们向马尼拉的西班牙人供给丝绸和贵重物品,销售给墨西哥西班牙上层社会。中国的手工艺人、经济作物种植者以及渔民,包括少数日本人,在马尼拉定居。1600 年时,欧洲西班牙人和墨西哥西班牙人团体数目不超过 1000 个,但是 2 万名中国人组成了继暹罗中国人之后最大的海外社会。而当地经济仍然只是向日益增长的城市人口提供食品。因为西班牙人和中国人绝大多数为男性,所以他们与当地妇女通婚或同居创造出“混血儿”人口。

---

① Frank Perlin, “Proto-Industrialization and Pre-Colonial South Asia,” *Past and Present* 98 (Feb. 1983): 30-95, quote on 89; Richard von Glahn, *Fountain of Fortune: Money and Monetary Policy in China, 1000-1700* (Berkeley, 1996), 6.

② Rafael Bernal, “The Chinese Colony in Manila, 1570-1670,” in Felix, *Chinese in the Philippines*, quote on 1: 60; William L. Schurz, *The Manila Galleon* (New York, 1939, repr., 1959), 40-41, 49; Francis E. Hyde, *Far Eastern Trade, 1860-1914* (London, 1973), 2.

西班牙人不善于传播文化，他们只是简单地劝说中国人皈依天主教，但是很快陷入低级的早期华裔的老套。首先，他们效仿伊比利亚半岛，为少数民族设置隔离区，但是与少数“摩尔人”和犹太人不同，马尼拉中国人占人口的大多数。为了保证西班牙人的统治，中国人被强迫居住在有隔离墙的唐人街（Parian），这个区域位于西班牙人武力控制的范围。高额的税收、赋税和强迫劳动以及沦为奴隶的威胁导致居民怨声载道。[①] 其次，由于马尼拉中国人的反抗，或者来访的中国政府官员或满族探险者让西班牙人感到恐惧，中国人遭到血腥镇压。1603年，两万名中国人遭到集体屠杀。1639年，3万名中国人中的2/3，甚至更多，遭到屠杀。1662年又一次屠杀之前，已有许多人逃亡。那之后，第三个阶段的特点就是驱逐。西班牙人将中国人的人数控制在6000人以内。1686年，西班牙人将他们驱逐，之后又召回，然后再驱逐。与驱逐伊比利亚半岛的犹太人和摩尔人类似，驱逐中国人导致严重的经济衰退。与欧洲犹太人一样，海外华人没有国家的保护，因此没有反抗的资本。1766年后，在第四个阶段，政府鼓励中国人迁移、定居、与殖民地土著的天主教徒通婚。

随着人口的增长，西班牙人和中国人开始在群岛上的其他城镇定居，人数极少的帕里亚人（Pariancillos）数量迅速增加。在融合的社会里，西班牙人所谓的西班牙化的殖民地土著文化处于最底层，中国人和西班牙人则争夺精英地位，因为这两个民族都认为自己是高级文化的代表。吕宋岛从商业中心转变为殖民地，中菲混血儿人口获得了经济上的领袖地位。他们成为经纪人和金融家，向地方居民提供信用担保，并占有债务人的土地；他们还以城市经济为基础，成为土地所有者。1850年，西班牙人再次限制中国人的活动，从中受益者并非边缘化的欧洲权贵，而是当地融合各种文化的社会团体。[②]

在印度文化区，欧洲人是极少数。1600～1625年，当莫卧儿帝国人口达到约1亿人时，每年离开葡萄牙前往印度的人估计在2400人，之后又下降为1000～1500人。在几乎一个世纪的时间里，刨除死亡和返乡因素，移民人口大

---

① 西班牙王室于1594年颁布禁奴令。

② Milagros C. Guerrero, “The Chinese in the Philippines, 1570-1670,” and Rafael Bernal, “The Chinese Colony in Manila, 1670-1770,” and Alberto Santamaria, “The Chinese Parian (El parian de los Sangleyes),” in Felix, *Chinese in the Philippines*, 1: 15-39, 40-66, 67-118, and the section “Chinese Mestizo,” 2: 45-74; Antonio S. Tan, *The Chinese in the Philippines, 1898-1935: A Study of Their National Awakening* (Quezon City, 1972), 16-30; Shubert C. C. Liao, ed., *Chinese Patrticipation in Philippine Culture and Economy* (Manila, 1964), 2-32; Edgar Wickberg, *The Chinese Participation in Philippine Life, 1850-1898* (New Haven, 1965), 3-41.

约为7.7万名。1590年,只有1.4万名出生在欧洲的葡萄牙人在亚洲生活。(相形之下,在100万人中,每年有3000～5000人向大西洋岛屿和巴西迁徙)除去少数贵族的妻子、女儿以及少数妓女外,没有葡萄牙女子迁移到亚洲。在地方团体中,出现了亚洲葡萄牙人团体。①

基督教化的影响即使存在也非常微弱。1542年,耶稣会士沙勿略成为"印度使徒"。在喀拉拉邦,他发现了一个活跃的基督徒团体,属于叙利亚基督教会。他在长崎的传教伙伴瓦林纳尼(中文名范礼安,1555～1639年)详细地解释了利润与权力的内在关系:基督教化的日本人不可能忍受过度剥削。"如果我们能够用真正的日本式的严肃态度统治这些地方,无论何时,只要有需要就扼杀,他们可能比现在更有用处。"事实上,皈依的基督徒以属民的身份受到日本天皇的保护。瓦林纳尼建构了他的剥削观点,它源于欧洲,但具有显著的日本特点。荷兰人所宣传的各个派别的基督教化新教观念同样也没有超越赢利目的。在殖民化的200年间,只有1000名教徒(有些带着家庭)抵达。英国东印度公司(EIC)资助的教会人士极少,只有美洲西班牙人和葡萄牙人人数多一些。在权力和利润遭到威胁时,荷兰新教徒与摩鹿加群岛的穆斯林联合抵制葡萄牙天主教徒,基督徒船主与穆斯林争夺前往巴达维亚和麦加朝圣的交通利润。一些官员口是心非地评价说:"殖民地中所谓的(欧洲)基督徒皈依的前提是那里存在可能皈依的异端。"②

欧洲人租界承认成熟国家和帝国的地位。18世纪,莫卧儿帝国仍然尊重殖民地势力:"从莫卧儿的权力中心德里到阿格拉,印度社会历史确实存在一个分野,活动范围局限在海岸地区者,则受到远方欧洲贸易公司总部的控制。"与欧洲意大利城市和荷兰城市一样,亚洲城市贸易中心比葡萄牙和西班牙武装商人租界更有效率,也更具影响力。③

---

① T. B. Duncan, "Navigation between Portugal and Asia in the Sixteenth and Seventeenth Centuries," in C. Pullapilly and E. J. Van Kley, eds., *Asia and the West: Encounters and Exchanges from the Age of Explorations* (Notre Dame, 1986), 3-25; Simkin, *Traditional Trade*, 182:"在亚洲,葡萄牙人的人数从来没有超过1万人。"Vitorino Magalhães-Godinho, "Portuguese Emigration from the Fifteenth to the Twentieth Century," in Piet C. Emmer and Magnus Mörner, eds., *European Expansion and Migration: Essays on the Intercontinental Migration from Africa, Asia, and Europe* (New York, 1992), 16-19; A. J. R. Russell-Wood, *The World on the Move: The Portuguese in Africa, Asia, and America, 1415-1808* (New York, 1992), 58-122; Schwartzberg, *Atlas of South Asia*, 199-200.

② Chaudhuri, *Trade and Civilization*, 64, 76-77; Boxer, *The Christian Century in Japan*, 101-102, 190-191, 236-237; Boxer, *Dutch Seaborne Empire*, quote on 109-110, 128-129, 149, 156, 169, 159-160记录一名18世纪的苏里南官员;Boxer报告有一名奴隶于1728年被带到荷兰,在那里他获得自由,成为新教高级教士。大部分安汶人接受基督教,1949年印度尼西亚宣布独立后,他们不得不离开家乡,迁往荷兰。

③ Schwartzberg, *Atlas of South Asia*, 203; Chaudhuri, *Trade and Civilization*, quote on 78-79, 176.

4. 荷兰殖民统治下的奴隶制和欧亚社会

16 世纪 90 年代以来，葡萄牙面临着来自荷兰、不列颠、丹麦、法兰西商人的激烈竞争。1596 年和 1602 年，荷兰人在苏门答腊和爪哇建立殖民地，以巴达维亚(今雅加达)为总部。他们在 1641 年征服葡属马六甲，在暹罗建立贸易口岸，他们与当地的雇佣日本武士和中国商人展开竞争。荷兰脱离哈布斯堡王朝统治后，扩大与黎凡特和南美贸易的规模，与葡萄牙人争夺贸易口岸的控制权。西班牙和葡萄牙采用的国家资助模式和国家控制商业投资政策，被商业资本汇聚的国有公司模式取代。这个模式的第一个典范是 1555 年建立的以伦敦为基地的俄罗斯公司，主要从事北方皮毛贸易。但是多数公司与南方地区进行贸易，进而控制这个地区，包括建于 1602 的荷兰东印度公司(VOC)、英国东印度公司(1600 年)、皇家非洲公司(1672 年)以及法兰西东印度公司(1664 年)。这些公司的出现标志着商贸活动从王室垄断转变为以大规模财务网络为基础的官僚经济机构，家族王朝和合资资本联合。尽管商人遗孀继续管理家族产业，但被排除在新的合作体系之外。那些“合法拥有军队和海军，可以发动战争，可以在自己的领域内保持和平”的公司，成为区域内的强大势力，18 世纪中叶开始控制亚洲的劳动力人口(参见第 14 章)。但是，即使这时，欧洲人“仍然是亚洲社会处于边缘地位的外人”①。

当荷兰东印度公司的首脑们考虑如何依靠繁荣的本地贸易获利的时候，他们的印度总督科恩(1587～1629 年)“成功地用武力”垄断了欧洲的香料贸易，控制了与亚洲的贸易。他的夺权行为恰逢印度尼西亚王朝国家瓦解。根据他的宏伟规划，荷兰人将在安汶岛、班达岛和雅加达或万丹建立殖民统治基地。他还希望引进勤勉刻苦的马达加斯加、缅甸和中国的流动人口。其军事力量为几千名日本雇佣兵。因此，科恩仅依仗少数的军队便摧毁了香料岛的欧洲竞争者。因为并没有成功驱逐英格兰人和西班牙人，他转而对抗班达群岛居民，因为这些居民抵制他垄断肉豆蔻市场。群岛居民被镇压、杀害、饿死或被卖到爪哇成为奴隶。群岛被荷兰殖民者占据，生产劳动主要依靠其他地区进口的奴隶。到达这里的荷兰家庭很少，但是原住民被任意迁移。镇压了斯兰岛西部的一次起义后，荷兰东印度公司将 1.2 万人迁移到安汶岛和马尼帕岛。军事征伐破坏了群岛的

---

① Curtin, *Cross-Cultural Trade*, 131；“掠夺是一种有效的，但极有可能也是耗资巨大的获取财富的方式”(同上，157)；Boxer, *Dutch Seaborne Empire*, quote on 217.

香料种植业，斯兰岛和其他岛屿居民被迫逃亡到被破坏的地区。17 世纪 30 年代，香料产量下降至荷兰人到达之前的 1/4。当地人口也在减少，但是因为这些居民并未被买卖，因此并没有留下统计数字。荷兰评论家也提到，在摩鹿加群岛，食品进口不足，导致居民回到农业生产领域，维持生计，这阻碍了丁香采集业的发展。岛屿间的食物交换和贸易被中断，难民的产生速度远快于种植业的发展速度。①

欧洲殖民者的单一文化社会意味着女性流动人口数量与男性持平。但是妇女对流动并不情愿，至少是对到热带地区。从冒险者的角度看，流动人口都具有冒险特质。那些在记录和历史中留有一笔的人，比如欧洲的女性朝圣者，与其说是为了证明勇气，毋宁说她们丧失了道德。从事海外贸易的船员将街头流莺走私上船，有身份的行政官员的妻子在各种社交场合和殖民地仪式中抛头露面，还有些妇女出于个人意愿迁移。多数殖民者社会都因与当地妇女通婚形成。他们期望当地妇女皈依基督教，但上层妇女并不情愿。不考虑阶级地位，很少有妇女希望自己的女儿嫁给荷兰人——因为荷兰人有酗酒恶习，经常出入于酒馆，甚至荷兰观察家对此都颇有微词。欧洲男性在当地的女性伴侣属于帝国被剥削者和性服务阶层，社会舆论认为她们放荡、淫乱、阴险。公平地说，应该是男人和女人在权力等级内依照约定俗成的原则组成了伙伴关系。除原住民妇女外，联姻的对象一般是“欧亚人”(即印度—葡萄牙人)妇女。“(荷兰人)远未能够在热带地区组建成‘新尼德兰’，他们越来越偏离了祖国的文化影响。”事实上，祖国不欢迎归来的跨国伴侣，不承认他们“有色”的妻子。

早期的荷兰东印度公司职员聚集财富，独立开设店铺，成为独立的手工业者、商人、借贷者和客栈老板。他们与当地的妻、妾或奴隶组成家庭。17 世纪中叶，由于联姻的关系，出现了教授混血儿童的学校。这些儿童经过几代人后，与“纯正”的荷兰人几乎没有差别。似乎欧洲人的精子与欧洲人的枪炮一样，都具有统治地位。但是欧洲人血统高贵的观念严苛地限制着跨国家庭的子女或奴隶保姆抚养的欧洲夫妇生育的儿童融入社会。从当地人口数量以及抚养儿童的当地母亲或奴隶的数量看，儿童在成长过程中，受亚洲文化的影响大于欧洲文化。

① Simkin, *Traditional Trade*, 194-198, 224-235; Boxer, *Dutch Seaborne Empire*, 111-112, 211, 244-225; Chaudhuri, *Trade and Civilization*, 83, 203-220. 1900 年后，荷兰人开始从爪哇向人口稀少的岛屿迁徙人口。岛屿间自发流动人口数量也在增加。

他们的日常语言是马来语或葡萄牙语，而不是荷兰语。[①]

在1700～1730年发展的鼎盛时期，巴达维亚是一个与马六甲、马尼拉和果阿齐名的国际化都市，其作为荷兰东印度公司的总部吸引了中国手工业者和经济作物种植者。1680～1690年，人口成倍增长，超过6.8万人。1720年，巴达维亚人口中有2000名欧洲人，主要是荷兰商人（占全体人口的2.2%），1100名欧亚人，1.17万名中国人，9000名具有葡萄牙文化特色的、非印度尼西亚人的亚洲人（mardijkers），600名印度—阿拉伯穆斯林，5600名十二群岛的移民，3500名马来人，2.76万名爪哇人和巴厘人，以及2.9万名不同民族的奴隶，包括非洲人。1790年，13.5万人口由三个大民族集团构成，其中有4.47万名爪哇人和巴厘人，3.77万名中国人和2.5万名奴隶。公司中的雇员至少有6000人，多数是在亚洲招募的士兵。由于荷兰男性人口不足，1622年巴达维亚的143名卫兵中有德意志人、瑞士人、英格兰人、苏格兰人、爱尔兰人、丹麦人、佛莱芒人、瓦龙人和其他民族。摩鹿加群岛的士兵中，有的来自德意志港口城镇，也有的来自遥远的设得兰群岛。与中世纪雇佣兵的构成相同，瑞士人和德意志人占据主要地位（参见第2章第1节）。欧洲商人数量很少，因为他们无力与中国商人或当地商人以及他们所建立的严密的贸易网络竞争。欧亚文化形成并繁荣发展。欧洲人和欧洲混血儿可以支付奢侈品以及廉价的奴隶仆人的费用。他们在荷兰永远不可能享受这样的生活，他们回家也无法继续保持这种优裕的生活。巴达维亚文化是印度尼西亚、中国、葡萄牙和荷兰文化的融合。[②]

5. 殖民核心、全球扩展以及英国转向海外领土的统治

殖民地不会出现荷兰或其他欧洲社会的复制品，但是殖民地却影响着宗主社会。二者的发展交织在一起，殖民者与被殖民者之间没有界限，只是社会结构与种族观念不同。以荷兰为例，荷兰东印度公司的扩张行动首先需要大量的男

---

① Jean G. Taylor, *The Social World of Batavia: European and Eurasian in Dutch Asia* (Madison, 1983), 3-51; Boxer, *Dutch Seaborne Empire*, 241-266; Leonard Blussé, *Strange Company: Chinese Settlers, Mestizo Women, and the Dutch in VOC Batavia* (Dordrecht, 1986).

② Frank Spooner, "Batavia 1673-1790: A City of Colonial Growth and Migration," in Ira A. Glazier and Luigi de Rosa, eds., *Migration across time and Nations: Population Mobility in Historical Contexts* (New York, 1986), 30-57; Simkin, *Traditional Trade*, 232; A. van Marle, "De groep der Europeanen in nederlands-Indie," Indonesie 97-121, 314-341, 483-507. Ann Stoler, "Sexual Affronts and Racial Frontiers: European Identities and the Cultural Politics of Exclusion in Colonial Southeast Asia," in Geoff Eley and Ronald G. Suny, eds., *Becoming National: A Reader* (New York, 1996), 286-322.

性担任水手、士兵和管理人员,服役期为6年,但是也可以安置家庭。荷兰社会规模较小,因此成为流动人口聚集的国家(参见第11章第3节)。欧洲内部的人口流动将许多来自其他国家的手工艺人和宗教难民带到阿姆斯特丹和荷兰东印度公司各个招募地。妇女与安特卫普人、德意志人以至遥远的挪威人联姻,有些人留在荷兰城镇或在当地结婚。归来的人有的参与荷兰内部人口流动,有的则回到自己的家乡。他们带回了新的消费方式和使用仆役的习惯。①

1600~1800年,荷兰东印度公司先后雇用了一百多万名欧洲劳动力。荷兰东印度公司曾经禁止雇用挪威人、"东方国家的人"、法兰西人、英格兰人或苏格兰人,但是很快废止。亚洲贸易每年需要几千名水手,大约100名用于几内亚贸易,将近2000名用于西印度群岛贸易,还有不计其数的北海渔民和北极捕鲸者。17世纪末期,荷兰东印度公司雇员人数约为3000人,其中半数为水手。热带地区的战争和死亡造成劳动力损耗。亚洲航程中仅有1/3的士兵幸存下来,水手的存活率和归乡率约为60%。无惧高死亡率的动力之一是高额收入,因为荷兰东印度公司允许水手携带少量货物回到欧洲,自行销售赢利。由于向荷兰自主流动的人数不足,荷兰东印度公司派遣招募者到北海沿岸港口城市驻扎招募流动人口。②

作为欧洲各地流动人口的中转站和接收社会,荷兰城市从殖民活动中获益,资产阶级高级文化形成,这影响了欧洲的绘画风格和消费特点。商人父母鼓励设立绘画学院,反映了资产阶级价值观,而非贵族价值观。画家们因此了解了日本印刷术、莫卧儿王朝的微缩技术和中国的绘画技法。同样,19世纪中叶,大英帝国政府派出摄影师拍摄其属地的自然景色和人文景观,但是几乎没有给予原

---

① Jan Lucassen, "The Netherlands, the Dutch, and Long-Distance Migration, in the Late Sixteenth to Early Nineteenth Centuries," in Nicholas Canny, ed., *Europans on the Move: Studies on European Migration, 1500-1800* (Oxford, 1994), 169-180, esp. 172-173; Jonathan I. Israel, *The Dutch Republic: Its Rise, Greatness, and Fall, 1477-1806* (Oxford, 1995), 622-624。当代文学作品的主题之一是移民。在 *Der Zerbrochne Krug* (1808)中,作者 Heinrich von Kleist 指出前往东印度群岛的人口死亡率很高。

② 当代观察家批评荷兰东印度公司给予士兵和水手的待遇比奴隶还差,因为他们可以用很便宜的价格找到替补。Boxer, *Dutch Seaborne Empire*, 76-93, 121-122, 238-240, 245-246, 314-315; Jaap R. Bruijin et al., *Dutch-Asiatic Shipping in the 17th and 18th Centuries*, 3 vols. (The Hague, 1987), 1: 143-172, and Bruijn and Femme S. Gaastra, eds., *Ships, Sailors and Spices: East India Companies and Their Shipping* (Amsterdam, 1993); Martin Bossenbroek, *Volk voor Indié: De werving van Europese militairen voor de Nederlandse koloniale dienst, 1814-1909* (Amsterdam, 1992), and Bossenbroek, *Van Holland naar Indié Het transport van koloniale troepen voor het Oost-Indische Leger, 1815-1909* (Amsterdam, 1986). 1799年,荷兰政府关闭荷兰东印度公司。

住民以任何关注。帝国的版图被带回家乡供贵族和中产阶级观览(参见第 10 章第 1 节)。[①]

1713 年《乌特勒支条约》的签署标志着荷兰丧失欧洲优势地位,荷兰国际经济迅速衰落。17 世纪初,英国东印度公司取代荷兰东印度公司的主导地位。印度即将成为大英帝国的基石;1661 年,英国东印度公司占领孟买;1690 年,加尔各答建成;1796 年,英国东印度公司从荷兰人手中夺取锡兰。英国的扩张者先与莫卧儿帝国、后与马拉地人展开持久斗争。在西北部,具有穆斯林和印度教融合特点的宗教集团印度锡克教徒在德干建立了自己的国家。

葡萄牙人贸易口岸和荷兰种植园区域衰落后,英国东印度公司及幕后的大英帝国政府致力于南亚次大陆的领土统治。但是来自核心区的商人仍然依赖于当地人、侨民或从事长途贸易的亚洲商人,因为他们拥有更强大的购买力、更多的人口和更广阔的腹地。银行家、各种文化背景的经纪人、向导和顾问以及在有些口岸的职业经纪人,例如马德拉斯的文化掮客(dubash)和孟加拉的文化掮客(banian),全部是亚洲多民族、多语言的商人社会以及千丝万缕的贸易侨民社会的组成部分,帕西人造船商和印度手工艺人创建了不列颠舰队,印度水手(lascars)和东非人充实了船员队伍。1740～1790 年的 50 年间,欧洲人完全控制了东部海洋。

印度莫卧儿王朝的衰落及马拉地人的侵略政策削弱了南亚社会。在苏拉特,马拉地人的入侵导致农民流亡、土地荒芜。改革者无力阻止经济衰退的浪潮,给劳动人口带来一场浩劫。同时,由于孟加拉总督罗伯特·克莱武的榜样作用,英国东印度公司的雇员更加贪婪地掠夺。1773～1774 年后,议会开始限制英国东印度公司的权力,1813 年剥夺了公司在印度的垄断权,1833 年剥夺了其在中国的垄断权。

在公司统治下,孟加拉商人的势力衰落,高昂的税收榨干了当地人口,反抗侵略者的原住民统治者被强加了高额的“赔偿金”。由于强制花费增加,英国东印度公司在 18 世纪前半叶还能够获得年投资 7%～10%的利润,之后开始出现赤字。18 世纪中期以后,大英帝国本土不得不追加投资,而不是在亚洲获利基础上进行再投资。东印度公司必须获得议会的帮助才可能重新获利。1801 年后,他们每年需要支付 8%的红利。为了解决英国东印度公司的债务危机,大英帝国失去了在北美地区的多数殖民地,这改变了西半球的人口流动模式(参见第 8 章)。

① Boxer, *Dutch Seaborne Empire*, 186-187, 191-192.

1786～1793年,大英帝国政府任命康沃利斯爵士为印度总督。在北美,1781年,因为欧洲定居者不再接受帝国统治者给予的低等级身份,大英帝国政府被迫妥协。在印度殖民统治中,同样迫切需要改革,但是康沃利斯"坚信印度人已无可救药……将他们从每年超过500英镑工资的职位上清除"。殖民者自己无所事事,却贪婪地掠夺被殖民者。

康沃利斯在印度移植了大英帝国的统治模式,他的继任者之一在19世纪50年代镇压了一场大规模的起义。因为强权影响了舆论,因此美洲殖民地起义被称为"独立战争",而印度人的起义却被称为"叛乱"。18、19世纪之交,大英帝国巩固了其全球殖民地。在任何一个大英帝国投资获利的殖民地,来自邻近地区的或者从远方招募而来的、熟练的或不熟练的工人都可以找到工作。19世纪早期开始,奴隶贸易被禁止,拥有亚洲大量劳动力储备保证劳动力能够招募和出口到帝国经济需要的地方(参见第14章)。在人际关系中,英国人也创造出新形式——更高层次的种族分裂。英国男性不承认他们在殖民地生育的子女,也不像荷兰男性一样,融入多种族社会,同时不承认荷兰东印度公司的政策。①

根据利奥内尔·弗罗斯特的观点,"1550年,欧洲仍然是边缘的经济力量:在世界最大的20个城市中,欧洲仅有3个(其余的在亚洲、中东或非洲)。19世纪,世界经济表现出以日益城市化和工业化的欧洲为中心的特点。1850年世界最大的20个城市中有13个在欧洲,或者在大西洋的欧洲殖民地"②。殖民统治的全球化过程导致殖民租界统治发展成为19世纪的帝国主义(参见第15章)。

---

① Christopher Bayly, *Rulers, Townsmen and Bazaars: North Indian Society in the Age of British Expansion, 1770-1870* (Cambridge, 1983); Kumkum Chatterjee, *Merchants, Politics and Society in Early Modern India: Bihar, 1733-1820* (Leiden, 1996): Sudipta Sen, *Empire of Free Trade: The East India Company and the Making of the Colonial Marketplace* (Philadelphia, 1998)。关于英国在印度统治的文献,参见第15章注释。

② Lionel F. Frost, "Coming Full Circle: A Long-Term Perspective on the Pacific Rim," in Sally M. Miller, A. J. H. Latham, and Dennis O. Flynn, eds., *Studies in the Economic History of the Pacific Rim* (London, 1998), 45-62, quote on 52.

第7章
拉丁美洲：人口的衰竭与重新定居

在亚洲，欧洲人的到来对多数民族几乎毫发无损，最初在非洲发起的猎奴行动也并不常见，而在美洲却导致了空前的民族浩劫。不过，殖民者及其文化模式对此前的人口流动模式既有所阻断，也有所延续。库斯科仍然吸引着众多流动人口，哥伦布到达之前从墨西哥北部到中央谷的人口流动却已经终止。需要注意的是，三种主要的人口流动方式兴起。1500～1800年，有200万～300万欧洲人迁徙至此；16世纪50年代中期以后，几百万人原住民被迫迁移、流动，特别是在墨西哥中部矿山和17世纪秘鲁的波托西矿山中心；大约有700万非洲人被贩运到此。在“新大陆”，有四个地区经历了类似人口变化过程，它们分别是加勒比群岛、中美洲和安第斯山脉中部人口密集的高地、巴西森林和阿根廷草原以及大陆北部人烟稀少地区。①

① 之前印第安人的流动与定居活动，参见 David Watts, *The West Indies: Patterns of Development, Culture, and Environmental Change since* 1492 (Cambridge, 1987), 44-53. Piet C. Emmer, "Europe Expansion and Migration: The European Colonial Past and Intercontinental Migration—an Overview," in Emmer and Magnus Mörner, eds., *European Expansion and Migration: Essays on the Intercontinental Migration from Africa, Asia, and Europe* (New York, 1992), 3; Nicolás Sáchex-Albornoz, "The Population of Spanish America," and Maria L. Marcílio, "The Population of Colonial Brazil," in Leslie Bethell, ed., *The Cambridge History of Latin America* (Cambridge, 1984), 2: 15-19 and 2: 45-52 (hereafter CHLA). 关于奴隶进口，参见 Curtin 的论述。

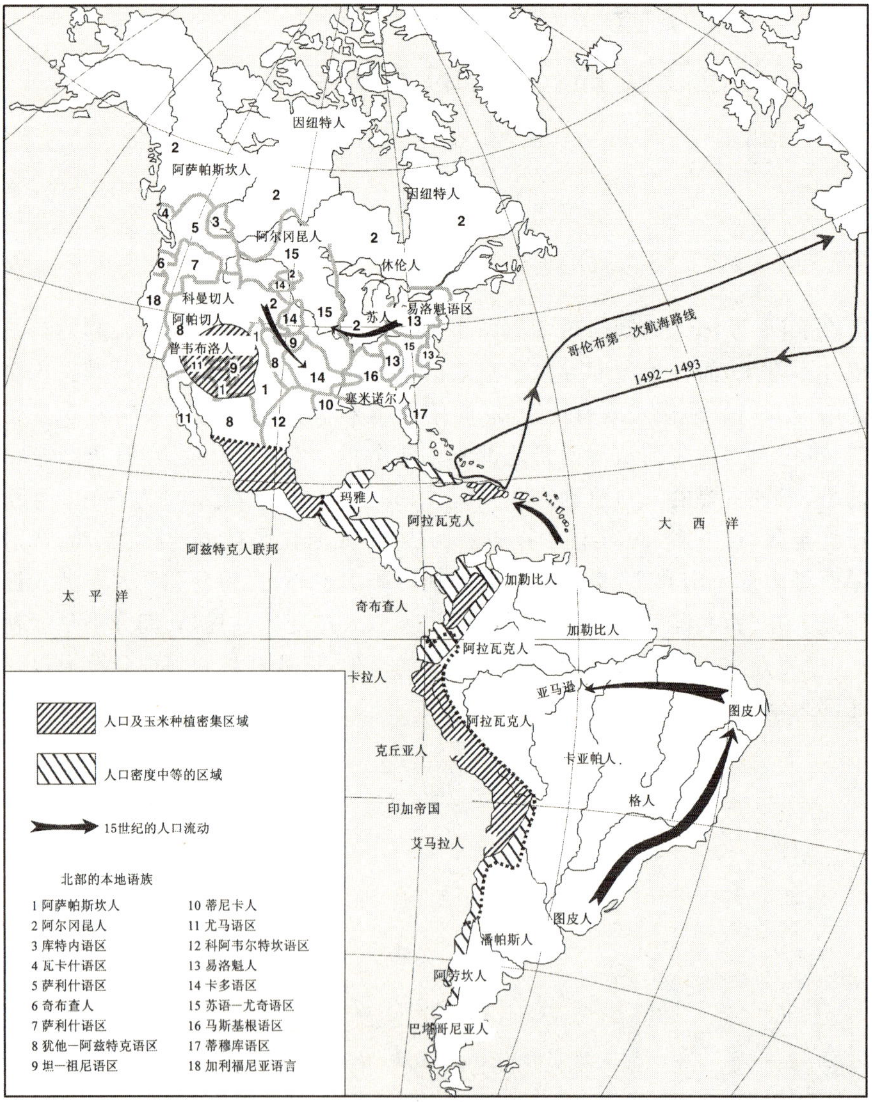

图2-9 15世纪的南北美洲各民族人口

1. 1492 年南北美洲的民族——人口与文化的衰落

加勒比群岛或西印度群岛是西沃内人、包括泰诺人在内的阿拉瓦人以及加勒比人的故乡。岛屿间贸易并不发达。哥伦布对于阿拉瓦人有一段经典描述："他们非常真挚，不贪婪，反应敏捷。我向您保证，殿下，我认为他们是世界上最优秀的民族，这里有最优良的土地。他们爱自己的近邻如爱自己，他们的言辞甜美、轻柔，是世界上最美丽的语言，他们总在微笑着。"他还提到这些人用黄金做装饰。这激发了欧洲人的贪婪和野心，毁灭即将到来。[①]

在中美洲，19世纪上半叶，各个民族的迁徙活动造成人口的重新分布。公元800年后，托尔特克人向南迁移。他们与米斯特克人、萨巴特克人以及其他民族的农业与文化成就共同构成了14世纪阿兹特克文化特色。9～10世纪，玛雅人到达尤卡坦半岛，但是400年后他们抛弃了自己建造的城市，前往危地马拉。波哥大高原（哥伦比亚）的小股奇布查族人参与盐、水果和黄金贸易。印加帝国于9世纪形成，通过征服活动吸收其他民族，建立了邮政通信网络。其农业技术，包括灌溉技术，高度发达；由于储备了大量粮食，政府能够保证臣民在饥荒时的供给安全。居民需要向国家或宗教统治者服徭役，帝国政府的行政管理者迁移大批居民。建立的库斯科防御体系需要4万名工人工作10年。路桥建设需要额外劳力，储备粮食也需要劳力，此外，还有为印加贵族服务的人数众多的人口。宫廷吸引着邻近地区的贵族家庭来到库斯科，同时宫廷又从库斯科向外派遣行政官员。在高度发达的中央集权的社会里，起义的被迫流动人口与自愿从农村向城市的流动者共同组成完整的社会。[②]

与伊比利亚半岛一样，印加与阿兹特克社会依赖奴役劳动，战俘和罪犯（如盗窃圣物者和抢劫、强奸者）被没为奴隶。充实劳动力的另外一个方式是掠夺邻近地区居民，并且似乎还有俘虏中的高等级人士被当作祭祀牺牲。在不同社会中，奴隶境遇不同，他们可能是家庭中地位卑贱的奴仆，也可能是私人财产，可以被任意买卖、杀害。作为身份的区分标志，他们佩戴标牌（如尼加拉瓜人）或者剃光头发（如尤卡坦人）。据西班牙人根据原住民口传传统整理的资料记载，奴隶从尼加拉瓜和尤卡坦被贩卖到洪都拉斯和危地马拉。例如，15世纪中期，在托

---

① Watts, *West Indies*, 53-71, quote on 41.

② Noble David Cook, "Migration in Colonial Peru: An Overview," in David J. Robinson, ed., *Migration in Colonial Spanish America* (Cambridge, 1990), 44-46; Rolando Mellafe, "The Importance of Migration in the Viceroyalty of Peru," in Paul Deprez, ed., *Population and Economics: Proceedings of Section V of the Fourth Congress of the International Economic History Association*, 1968 (Winnipeg, 1970), 303-313.

托纳克,多民族的奴隶被捕获,他们的家庭被拆散,他们的身体被镣铐锁住。[①]

在第三个地区,即所谓的拉丁美洲森林地区和南美东部沿海地区,人们生活的区域局限在自治区域内,没有统一的国家。第四个地区从美国和墨西哥之间的格兰德河到北极,即所谓的英美地区,它包含着多民族文化因素,从狩猎采集者到农民再到城市社会人口稠密地区的居民。从大西洋海岸到阿巴拉契亚山麓,多数是说阿尔冈琴语的居民,从事农业和野外狩猎劳动。沿圣劳伦斯河和大湖区,园艺匠、猎人和采集者划着桦皮舟穿梭往来于辽阔区域。在南方,几乎是从伊利湖到墨西哥湾岸边,密西西比原始印第安人民族文化确立,早期国家形成。在西北部,印第安人从事复杂的农业劳动。经营牧场者、捕鱼者和采集者集团延伸到加利福尼亚海岸。继续向北,在太平洋沿岸,渔民和商人用海上独木舟创造了生活相对富庶的海洋经济,他们偶尔抢劫邻近地区居民充当奴隶。这时,大平原仍然人烟稀少,北极地区居民居住地仍然极其分散(参见第 8 章)。[②]

新大陆发现前,美洲人口很难统计。1939 年,一项针对人烟稀少的北美地区的研究显示,人口大约为 840 万人,这个数字相对较低,1966 年多宾斯的统计数字则高达 1 亿人。较低的人口统计数字往往考虑到一些消极因素:种族灭绝的血腥画面("黑色传说")以及较少有人研究的逃亡异教徒的死亡率。近期观点指出,人口数量应减少 30%～50%,整个大陆的人口大约在 9000 万到 1.12 万人,其中大约有 2500 万人居住在墨西哥中部。新大陆发现后 1 个世纪,在空前的人口灾难中,人口数量迅速下降到 200 万。无论具体数字多少,历史学家普遍认为人口下降率平均达到 90%,其中许多加勒比人遭到欧洲人无意中携带的病毒侵袭,合族灭绝。在分散的北美居民中,死亡的速度略缓。1600 年,一支法兰西探险队携带的不知名的病毒侵袭并毁灭了劳伦斯地区的易洛魁人社会。在佛罗里达,一支西班牙探险队发动战争消灭了这个地区的全部人口。在政治或人口的真空地带,或由其他原住民充实,或让幸存者集中居住,如同黑死病之后的欧洲一样。背井离乡、破坏和文化重组的过程一直持续到 19 世纪 80 年代。[③]

---

① William L. Sherman, *Forced Native Labor in Sixteenth-Century Central America* (Lincoln, Nebr., 1979), 15-19.

② Helen H. Taner et al., eds., *The Settling of North America: The Atlas of the Great Migrations into North America from the Ice Age to the Present* (New York, 1995), 30-43; Alvin M. Josephy Jr., *The Indian Heritage of America* (New York, 1968), and Josephy, ed., *America in* 1492: *The World of the Indian Peoples before the Arrival of Columbus* (New York, 1992).

③ Watts, *West Indies*, 71-75; Noble David Cook, *Demographic Collapse: Indian Peru, 1520-1620* (Cambridge, 1981).

有计划的种族灭绝和屠杀，既针对加勒比海岛屿居民，也包括伊比利亚人对中美洲和安第斯山脉发达文化的军事征服，还包括蓄意剥削原住民致其大批死亡。1519～1521 年，在阿兹特克帝国浩劫中，600 名男性死亡；1533～1534 年，在印加帝国，150～180 人死于天花病毒。在 20 年时间里，三个高度发达的文化消失了。"成功"的征服往往伴随着内战。那些幸存下来，并且仍然对自己的君主保持忠诚的人，积累财富，成为依赖历史知识（欧洲人的学问）的、有远见的开拓者和建国者。①

教会人士接踵而至，其人数和势力超过了亚洲的传教士。为了确保原住民摆脱"偶像崇拜"影响，逃避欧洲白人和殖民地人口带来的死亡威胁，具有欧洲血统的克里奥尔人开拓者、耶稣会和圣方济会教士在巴拉那河与加利福尼亚之间共同组成了行政管理统一体，即"国家"。这些地区的印第安人被迫迁移，为他们的保护者劳动。耶稣会士在印度、日本、中国和拉丁美洲等全球范围内传教，"它是商业资本主义时代的产物，其成员并不遵守中世纪时代关于不得（从投资中）获利的禁令。他们作为银行家和企业家，事实上，已经是先驱者"。他们对原住民的安全规定是极权主义的体现，所提供的保护非常成功，以至于那些觊觎印第安人劳动力的流动人口发出抱怨，并与传教士展开斗争。

最著名并堪称典范的传教活动发生在巴拉那河上游约 10 万名瓜拉尼印第安人中。"巴拉圭"并非现代国家名，它是善于幻想的"乌托邦社会主义者"的信徒做的一个实验，也是根据研究成果所做的"神圣共产主义"的实践。它对原住民的文化和价值观造成破坏。正如弗雷里所说，骑士在精神上的收获就是外行在经济上或性剥削上的收益。传教士不与圣保罗的武装猎奴者接触，瓜拉尼人逐渐成为西班牙人抵御葡萄牙人的边防军，而他们中的有些人后来进入了殖民地主流社会。1759 年，葡萄牙人在其统治区域全面驱逐耶稣会士。1767 年，西班牙人在其美洲殖民地驱逐了 2200 名耶稣会士。耶稣会士中来自德意志、法兰西和意大利的多民族构成特点以及他们富裕的生活成为他们受到攻击的主要原因。他们多数人流亡到意大利；但是，1773 年，教皇解散骑士团，美洲出生的人

① Alfred W. Crosby, *Ecological Inperialism: The Biological Expansion of Europe, 900-1900* (Cambridge, 1986), 195-216, and Crosby, "The ColumbianVoyages, the Columbian Exchange, and Their Historians," in Michael Adas, ed., *Islamic and European Expansion: The Forging of a Global Order* (Philadelphia, 1993), 141-164; Tzvetan Todorov, *The Conquest of America: The Question of the Other, trans. Richard Howard* (French orig., Paris, 1982: New York, 1984), 53-123.

可能返回家乡，参与了独立运动。①

高昂的税收、冷酷的征服者以及对整个文明的破坏，都使人们的注意力从幸存的美洲印第安人及文化影响转移到流动人口身上。长期的、历史久远的欧洲中心论观念成为历史记忆的坟墓。20 世纪 60～70 年代，对于农民的研究具有重要作用。因此，此后的研究以当地语言文字资料为基础，取得了重大进展。在秘鲁殖民地，内部人口流动模式仍然遵循着印加帝国的传统。传教士的基督教堂往往选择建在征服前的宗教圣地。因此，殖民者确立了天主教势力范围以及他们自己的精神圣地。传教士活动的成功显而易见——他们深入原住民的头脑和心灵，深入他们的思想和信仰，这种成功被小心地掩盖着。通过相互影响和皈依，新文化出现了，南希·法里斯感性地描述了西班牙人和尤卡坦玛雅人的关系。文化的相互影响同时包含着多种欧洲语言、众多非洲语言以及大约 2000 种原住民方言的交流。②

2. 伊比利亚人的流动与定居活动

伊比利亚人在向美洲迁移，进口白银、各种产品和植物的过程中发生了深刻变化。传统观点认为，卡斯蒂利亚人小贵族（hidalgos）或者主要是无继承权的子嗣为流动人口主体，这一观点遭到驳斥。首先，多数流动人口来自城市中等阶层，富人有男女奴仆随侍。他们与不签署契约的英格兰和德意志流动人口不同，奴仆服侍主人一段时间后，就可以自我奋斗。外出人口中的 30％来自安达卢西亚，卡斯蒂利亚和埃什特雷马杜拉派出另外 30％的流动人口。来自塞维利亚的流动人口数量超过所有其他城市的总和，包括来自卡斯蒂利亚、葡萄牙和其他伊比利亚国家的内部流动人口，他们仅在城市中作短暂逗留。塞维利亚—安达卢西亚方言成为加勒比地区的标准语言。16 世纪的流动人口囊括了几乎所有社

① Magnus Mörner, ed., *The Expulsion of the Jesuits from Latin America* (New York, 1965), 3-30, quote on 7; John L. Phelan, *The Millennial Kingdom of the Franciscans in the New World* (1956; rev. ed., Berkeley, 1970); Gilberto Freyre, *The Masters and the Slaves* (*Casa-grande y senzala*): *A Study in the Development of Brazilian Civilization*, trans. Samuel Putnam (Portuguese orig., 4th ed., 1943, Rio de Janeiro; rev. ed., New York, 1956), 109.

② Gibson, "Indian Societies under Spanish Rule," in *CHLA* 2: 383-384; Nancy M. Farriss, "The Cosmic Order in Crisis," in Alan L. Karras and John R. McNeil, eds., *Atlantic American Societies*: *From Columbus through Abolitio*, *1492-1888* (London, 1992), 99-143; Edward G. Gray and Norman Fiering, eds., *The Language Encounter in the Ameiicas*, *1492-1800*: *A Collection of Essays* (Oxford, 2000).

会等级和职业。他们中有谋取职位的各级官员、高级牧师、教士和贵族，有急于确立贸易地位的手工艺人，有响应已迁移亲属的召唤者，有受雇用的年轻男女。外出人口有的已婚，有的单身，有成人，也有儿童，各种各样的人组成了流动人口大军。①

但是，在世纪末，社会构成发生了变化。博伊德—鲍曼认为，外出人口中出现了“各种令人沮丧的情形：安达卢西亚男性年龄为 27 岁半，未婚，无技能，可能只受过很少的教育，受饥饿驱使寻找出路……可以为任何一个能够负担旅费的人工作”；30 岁出头的女人与她 36 岁的丈夫、两个幼子、一个男仆和一个女仆一起旅行。男性通常丢下家庭，权力机构下令男人送走自己的妻子，或将她们遣返回家。②

或富或穷的流动人口离开运转中的社会。非卡斯蒂利亚人的富裕家庭搬迁到塞维利亚，以逃避因争夺利润较高的殖民贸易而产生的排外运动。16 世纪后期和 17 世纪上半叶，西班牙人口下降，与葡萄牙的合作（1580～1640 年）带来了内部流动的葡萄牙手工业者。1640 年，1/4 的塞维利亚居民在葡萄牙出生，在老卡斯蒂利亚和埃什特雷马杜拉，多数熟练工人都是葡萄牙裔。葡萄牙人也挑选西班牙人的殖民地作为他们的目的地，例如布宜诺斯艾利斯和秘鲁。1640 年，葡萄牙获得独立，人口流动缓慢下来，来自奥弗涅大区的法兰西劳动者到达西班牙，从富裕的殖民地经济中获得收益。③

当代研究认为，前往美洲的人口流动导致伊比利亚社会每年流失几万名壮劳力。流动人口与家乡保持着密切联系，而与新大陆的关系很松散。在西班牙的 800 万人口中，1500～1600 年平均有 25 万人向西班牙的美洲殖民地迁移（平均每年 2500 人），1601～1650 年大约有 20 万人（平均每年 4000 人），1650～1800 年为 25 万人。流动人口中，“外国人”概念首先消失。葡萄牙执行相对宽松的人口流动政策。巴西向所有民族开放，它不接受天主教徒，但接纳被驱逐的

① Ida Altman, *Emigrants and Society: Extremadura and America in the Sixteenth Century* (Berkeley, 1989), 165.

② Peter Boyd-Bowman, “Spanish Emigrants to the Indies, 1595-1598: A Profile,” in Fredi Chiappelli et al., eds., *First Images of America: The Impact of the New World on the Old*, 2 vols. (Berkeley, 1976), 2: 732-735, quote on 732; Altman, *Emigrants*, 4, 173-189; Annie Molinié-Bertrand, *Au siècle d'or - l'Âspagne et ses homes: La population du Royaume de Castille au XVIe siècle* (Paris, 1985), 377-391. 以美洲为目的地的流动人口与来自意大利或尼德兰的移民产生竞争，两者均处于哈布斯堡王朝统治之下。

③ Vitorino Magalhãs-Godinho, “Portuguese Emigration from the Fifteenth to the Twentieth Century: Constants and Changes,” in Emmer and Mörner, *European Expansion*, 13-48, esp. 24-26.

罪犯(degredados)和被放逐的妓女。1700 年,巴西内陆地区的淘金热导致流动人口素质有所提高。在整个 18 世纪,大约有 40 万人从母邦迁出,每代有100 万~200 万人。①

为了稳定西班牙殖民地中以家庭劳动为基础的农业生产,主教拉斯·卡萨斯开始招募农民,向他们提供旅费,保证他们拥有永久土地,在定居的第一年提供经济资助,免除除什一税之外的其他税收,免费提供印第安人劳动力,奖励种植特种作物。根据王室规定,"在没有饥荒和劳役的情况下无力养活自己、妻子儿女"的佃农能够获得向外迁移的机会。但是地主并不希望失去佃农,他们破坏招募政策,该政策仅实施了两年,1519 年后就停止了。人口流动、社会结构和权力紧密相连。

流动人口的招募与社会构成依赖于地区经济和流动人口文化。巴斯克人渔民和牧民在新人口中仅占少数。1521 年在卡斯蒂利亚,镇压城市公社起义、同情犹太人和伊斯兰教徒的情绪等都可以影响流动人口的选择。18 世纪,加利西亚和加那利政府鼓励人口向外流动。②

早期流动人口中,妇女只约占 6%;但是 16 世纪中期,妇女人数增加到流动人口总数的 1/3,18 世纪,性别比例持平。具体人数如以往一样很难确定。比如,1604 年船只离开时,有 50 名妇女获得许可前往新大陆,而船上却有 600 人。塞维利亚流动人口中女性多于男性,加那利则是合家迁移。性别的继承权模式以及家族经济促使没有儿子的殖民者派自己的侄子作为继承人经营产业或在市

① 对此的统计数字差别很大,有的提出仅 1700 年的人数高达 75 万人,有的则提出整个阶段的总人数仅为 50 万人。参见 Nicolàs Sànchez-Albornoz, "The First Transatlantic Transfer: Spanish Migration to the New World, 1493-1810," in Nicholas Canny, ed., *European on the Mover: Studies on European Migration, 1500-1800* (Oxford, 1994), 26-36. Magnus Mörner, *Adventurers and Proletarians: The Story of Migrants in Latin America* (Pittsburgh, 1985), and, Mörner, "Immigration into Latin America, especially Argentina and Chile," in Emmer and Mörner, *European Expansion*, 211-243; Woodrow Borah, "The Mixing of Populations," in Chiappelli, *First Images*, 2: 707-722; Magnus Mrner, "A Bibliography on Spanish Migration," ibid., 797-804, 特别是西班牙语标题。Nicolàs Sànchez-Albornoz, *The Population of Latin America: A History*, trans. W. A. R. Richardson (Spanish orig.,. d.,; Berkeley, 1974), 66-67.

② Magnus Mörner, "Spanish Migration to the New World prior to 1810: A Report on the State of Research," in Chiappelli, *First Images*, 2: 752, 753, quote on 758; Auke P. Jacobs, "Legal and Illegal Emigration from Seville, 1550-1650," in Ida Altman and James Horn, eds., *"To Make America": European Emigration in the Early Modern Period* (Berkeley, 1991), 59-84; J. J. Parson, "The Migration of Canary Islanders to the Americas: An Unbroken Current since Columbus," *The Americas* 39 (1983): 447-481.

集工作。殖民者的信函透露出高收入和高身份的信息，身份的标志是人人都拥有一匹马。①

16 世纪早期，葡萄牙人开始向外迁移，首先是从南方、阿尔加维及其港口城镇，之后迅速蔓延到中部地区和大西洋港口，特别是里斯本。16 世纪的最后三年，北方地区出现了更多的流动人口。17 世纪末，移民模式出现了两个重大改变。首先，早期殖民地——大西洋岛屿，其人口居住密度大于葡萄牙本土——成为家族人口向巴西和莫桑比克迁移的中心。其次，零散的男女流动人口在世界上多数地区从事农业和城市劳动，向西最远到达夏威夷，同时来自东方的亚洲劳动力也到达了这里。1800 年，葡萄牙裔的居民，包括自认为是葡萄牙人的联姻者的后代，在大西洋岛屿有 40 万人，在赤道以南的非洲有 8 万～10 万人，在亚洲有大约 12 万人或稍少一些；在巴西，人数从 1600 年的 3 万人发展到 1700 年的 10 万人，因为淘金热，1800 年增加到 180 万人。

在伊比利亚社会，偶尔有统治者号召富裕的流动人口回乡，投入家乡建设。那些返乡的人有的为自己的家乡创造财富，但并未改变社会结构；有的则在离家乡最近的大城镇定居。与永久返乡者不同，商人们随着家族贸易网络的扩展而迁移，在带给他们好运或霉运的地方定居。17 世纪，西班牙经济危机阻碍了返乡的进程。官员们带着他们获得的财富从葡萄牙殖民地返回，新基督徒从巴西返回，熟练的手工业者在倡导建立国家的浪潮中被遣返。对于普通人来说，转移财产遇到了很多障碍，但是他们的农业收益和劳动机会要比在殖民地优越。②

在外出迁移、返乡和信息交换过程中，新老社会相互影响。西班牙王室希望建立一个由王室任命的代理人控制的、仿照欧洲模式的“理想社会”。尽管官员们试图在美洲复制一个西班牙，但他们必须认识到社会、地理环境的差异。在“东西印度群岛”，职业发生变化，新资源出现，融合的社会结构证明重建非常困难。举例来说，在家乡、在安达卢西亚，来自葡萄牙和法兰西的流动人口影响了社会等级、习俗和价值观。③

新西班牙社会首先表现出来的特点是，由男性游民和“临时雇用的”找不到

---

① James Lockhart, “Letters and People to Spain,” in Chiappelli, *First Images*, 2: 783-796.

② Enrique Otte, “Die europäischen Siedler und die Probleme der Neuen Welt,” *Jahrbuch für die Geschichte von Staat, Wirtschaft und Gesellschaft Lateinamerikas* 6(1969):1-40; Altman, *Emigration*, 247-274; Godinho, “Portuguese Emigration,” 30-32.

③ George M. Foster, *Culture and Conquest: America's Spanish Heritage* (Chicago, 1960); Ida Altman, “Emigration and Society: An Approach to the Background of Colonial Spanish America,” *Comparative Studies in Society and History* 30 (1988): 170-190.

丈夫的年轻女子组成流动人口。但是从17世纪开始,更加稳定的定居生活方式占据了统治地位。但是,由于农业和矿业经济的发展,投资模式、经济和税收政策迫使上层人士迁移,迫使他们掌握的劳动力四处寻找雇佣机会。流动人口主要包括西班牙人、穆拉托人和往来于金矿和砂矿床的黑人矿工。在这样的边缘社会,殖民地官员必须贯彻人口政策,但很难在内部获得和谐和延续。①

西班牙王室勉强同意外国人前往殖民地,在"独立战争"期间(1526～1538年),查理五世将委内瑞拉租借给南方的德意志韦尔瑟公司。但是,1546年,公司不再从事派遣矿工的业务。在西班牙,外国人在离开前能够轻易加入西班牙国籍,当他们遇到财务困难时,也可以从王室得到减免费用的许可。皈依的犹太人、摩尔人和他们的后代、"吉卜赛人"以及受宗教裁判所指控者则不能进入西属美洲地区。黑人和穆拉托人中自由人流动人口很少。后来,葡萄牙人和意大利人,包括女性,也得到准许。其他非西班牙人的身份为无民族限制的骑士团成员、战争中的战俘以及士兵和水手,相继到达西属美洲地区。1544年,在利马的一艘船上,有一名科西嘉船主、一名希腊技师以及一些热那亚、科西嘉、希腊和斯拉夫船员。造船者和其他技术工匠通常是外国人,比如,银匠和裁缝来自佛莱芒城镇。外国商人——包括英格兰人和法兰西人——很宽容。1700年,在新西班牙大约300万人口中,约有3%出生在欧洲。西班牙成为欧洲流动人口的"熔炉",但是"秘鲁西班牙人"对其他人"仍然极端无知"。"他们称爱尔兰人为黎凡特人,他们不会区分匈牙利人和科西嘉人。"外国人被迅速西班牙化,他们获得国籍,与当地人通婚,并且皈依天主教。因此,洛克哈特认为,"外国文化的影响几乎为零"②。

---

① Mörner, "Spanish Migration," 744-746; Peter Boyd-Bowman, "Patterns of Spanish Emigration to the Indies until 1600," *Hispanic American Historical Review* 56 (1976): 580-604; Norman f. Martin, *Los vagabundos en la Nueva España, sig îo XVI* (Mexico, 1957); Peter Stern and Robert Jackson, "Vagabundaje and Settlement Patterns in Colonial Northern Sonora," *The Ameirca* 44 (1988): 461-478; Julia Hirschberg, "Transients in Early Colonial Society: Puebla de los Angeles, 1531-1560," *Biblioteca Americana* 1 (1983): 1-33; Dynthia Radding, *Wandering Peoples: Colonialism, Ethnic Spaces, and Econological Prontiers in Northwestern Mexico, 1700-1850* (Durham, N.C., 1997).

② James M. Lockhart, *Spanish Peru, 1532-1560: a Colonial Society* (Madison, 1968), 114-140; Leon G. Campbell, "The Foreigners in Peruvian Society during the Eighteenth Century," *Revista de Historia de América* 73/74 (1972): 153-163; Inge Wolff, "Zur Geschichte der Ausläder im spanischen Amerika: Die Stellung des extranjero in der Stadt Potosí vom 16. bis zum 18. Jahrhunder," in *Europe und Obersee* (Hamburg, 1962), 78-108; Seymour B. Liebman, "The Jews of Colonial mexico," *Hispanic American Historical Review* 43 (1963): 95-108; Charles F. Nunn, *Foreign Immigrants in Early Bourbon Mexico, 1700-1760* (Cambridge, 1979).

多数卡斯蒂利亚人选择了伊斯帕尼奥拉岛和西班牙岛(今海地和多米尼加共和国),殖民地社会首先失去了大致边界。冒险者钟爱秘鲁,定居家庭喜欢肥沃的土地。17世纪末,没有手艺的人不被接受,对熟练的手工艺人需求增加,但是到达秘鲁的熟练手工艺人仅占流动人口的1/10。[①] 西班牙的美洲殖民地及其大西洋贸易从17世纪初开始遭遇结构性难题。银矿开采和铸造曾经在16世纪80年代到达鼎盛,但在西班牙造成了通货膨胀。不断提高的殖民地农业和手工业产量造成西班牙出口下降。塞维利亚商人在加勒比海遭遇海盗袭击,在西班牙遭到宗教裁判所迫害,又受到王室苛捐杂税的压迫。期望中的理想社会并未出现。

3.加勒比海地区的早期剥削与猎奴行动

1493年,哥伦布的第二次航行将1200～1500名西班牙人带到伊斯帕尼奥拉岛,其中没有女性。此次人口安置行动的目的是建立自给的西班牙权力核心并寻找黄金。在之后的几十年时间里,他们在其他岛屿建立了城镇,在河床中冲洗砂金矿,饲养牲畜,特别是马匹和猪,也饲养进口的牛、羊和山羊等。劳动力——开采金矿者和农作物种植者——被分配到阿拉瓦人地区。基督徒征服伊比利亚半岛后,西班牙人利用托马斯·阿奎那的"和平战争"理论(见其著作《神学大全》)打击其他信仰的民族及异教徒。1513年后,殖民地土著被正式要求服从和接受基督教观念。如果他们服从基督教教规,他们将继续保持自由身份;否则,他们将受到战争威胁,或沦为奴隶。

无论是自由还是被奴役,原住民必须为殖民地化付出代价。贡赋(demora)中的1/5划归王室,保证西班牙(军事)流动人口的投资补偿、财富积累和地位提升。他们需支付总督管理费,类似于向教会支付的什一税以及向酋长支付的传统贡赋。王室仍然将土地权力与人权分开。产业(estancias)需要第二种保证,徭役制度既代表了对一个或多个村庄或部分村庄居民的司法权,也包括了赋税和劳役(源于西班牙语 encomendar,意为某人的徭役义务)。殖民地官员将被征服的殖民地土著人口分配给各个等级的流动人口和刚刚到达的有资格的流动人口。因此,殖民土著正式与土地分离,尽管他们的流动仍然受到限制。劳役(servicios personales)导致人口被迫流动,他们的劳动也囊括了多种劳动形式:农业生产、采矿、搬运、建筑以及家务劳动。这种劳动方式将欧洲农奴制的某些

① Mörner, "Spanish Migration," 737-749.

因素带到了美洲。根据法律,只有殖民地土著劳动力(indios útiles)——17~45岁的男性(某些资料记载为18~50岁)——有服劳役的义务,但事实上,妇女和儿童也服徭役。根据成文法规定,这类徭役制度终止于1549年。因此,由于劳役制度和贡赋制度,殖民地土著不允许流动;但是因为他们所从事的劳动与他们的居住地有距离,所以他们又不得不流动(参见第9章第1节)。①

阿拉瓦人的区域土地(conuco)种植业和蔬菜种植业飞速发展,再配之狩猎、捕鱼和采集,提供了充足的食品,河床出产用于装饰的黄金。征服者要求他们每年服6~8个月的劳役,并迫使他们向砂金矿区迁移。同时,农产品开始供养流动人口及他们的家庭和奴仆。伊斯帕尼奥拉岛的西班牙人在1509年提高到8000~1万人,阿拉瓦人的死亡率却在成倍增长:在西班牙人到来的第一个50年,就有300万人死亡;1508年,仅6万人幸存。高死亡率与西班牙人的到来相互抵消,幸存者的负担加重。许多人逃往山区或者自杀。查理五世废除阿拉瓦人农奴制的时候,天花病毒已经使阿拉瓦人损失殆尽。

为了缓解劳动力短缺的压力,伊比利亚西班牙王室于1509年出台抢劫"无用"土地(指没有黄金也没有西班牙人定居的地区)的规定,战俘可以获得工资,也可以获得必需品供应。但是,曾经在10年时间里掠夺了两万岛民的加勒比—西班牙人认为战俘是奴隶。首先,多数掠夺发生在波多黎各。在其他岛屿发现的砂金矿导致小规模淘金热。在巴哈马(鲁卡亚斯),并没有发现黄金,naborías perpetuas,即未被束缚在土地上的、可以合法地自由地向任何有需要的地方流动的农奴,成为终身奴隶。在旅途中死亡的人异常的多,据说海面上到处漂浮着尸体。1514年,各岛屿几乎无人居住。1509~1512年,一个农奴的价格从5金比索提高到150金比索。由于砂金矿储量急速下降,越来越多的幸存奴隶成为家务奴隶,殖民者开始尝试种植蔗糖。1509年后,相同的进程出现在牙买加。1511年后,出现在古拉、小安的列斯群岛和委内瑞拉外海岛屿。

在欧洲人所及之处,当地土著人被屠杀,新奴隶劳动力到来。这些新奴隶劳动力首先来自西非和加那利群岛,他们带来的黄热病和疟疾打击着美洲土著人口,但是这些人也带来了新食品,比如非洲人种植的洋芋根。由于人口资源、矿业资源和农业资源的消耗,仍然以男性为主的流动人口向更有获利可能的"新大陆"流动。Villas(西班牙语,意为"城镇")被废弃,新城镇建立,其他城镇复苏。有些人寻求快

① Laurette Séjourné, *Altamerikanische Kulturen* (Frankfurt/Main, 1971), 19-26; Watts, *West Indies*, 53-71; Sherman, *Forced Native Labor*, 87-88; María T. Molino Garcia, *La encomienda en el Nuevo reino de Granada durante el siglo* XVIII (Sevilla, 1976), 61-62, 103-108.

速获利的方法，其他人则努力逃避贫穷，所有人都以掠夺他人和自然的方式在奋斗。当病毒侵袭当地工人的时候，一些徭役制度变得毫无意义，而其他人距离市场过于遥远。1536 年后，寡妇可以继承亡夫财产，但“很少被允许独身”。这给予男性通过婚姻获得财产的机会，但是“无疑在某些时候……由于女性的干预，他们很难如愿”。西班牙征服者和官员重新分配土著人口，或者依照自己的意愿让社会中的某些成员背负徭役，因此破坏了土著人口自身的经济。征服者还进一步迫使原住民流动。[1]

西班牙人重建卡斯蒂利亚的殖民计划以及将殖民地土著转化为西班牙农民的计划，并没有重蹈哥伦布忽视美洲地理环境的覆辙。卡斯蒂利亚政府认识到失败的原因，1513 年后，它规划了双重社会模式：西班牙人区（pueblosde espanoles）与印第安人区（pueblos de indios）分开。第三个人口集团，即黑人和穆拉托人，并非西班牙人从属，他们不得居住在殖民地土著村落中。由于对原住民仍然有劳动力需求，并且文化霸权仍然强加在他们身上，两个社会必然毗邻而居。因此，殖民地土著必须从他们传统居住的村落中迁移到西班牙城镇附近。类似的“相邻分隔”的模式可能源自伊比利亚城镇中的隔离区，却从未被认真执行过。[2]

16 世纪 20 年代末期，哈瓦那取代圣多明各成为加勒比海地区最大的西班牙城镇。不断提高的货物储存量使农牧业取代黄金开采，成为主要的劳动方式，皮毛和蔗糖成为主要的出口产品。当欧洲第一次人口爆炸浪潮变缓的时候，西非奴隶人口和自由逃亡者产生。16 世纪 30 年代，正式官员从征服者手中接管岛屿管理权，本地劳动力基本消耗殆尽。流动人口家庭与他们的奴仆以及没有任何依靠的本地人向古巴或佛罗里达、墨西哥和秘鲁迁移。16 世纪 20 年代，大陆（tierra firme）成为征服者和流动人口掠夺的目标。被迫从事搬运劳动或者在矿山劳动的男性流动人口以及被捕获的从事农业生产的妇女儿童，家庭被拆散，婚姻被耽误。生育率下降加上病毒的侵袭、屠杀和过度劳动导致的死亡相伴而生。

---

① Altman, *Emigrants*, 221-225, quote on 224; Watts, *West Indies*, 98-117; Silvio A. Zavala, *La encomienda Indiana* (Madrid, 1935; rev. ed., Mexico, 1973), 18, 26-32.

② Richard M. Morse, "The Urban Development of Colonial Spanish America," in *CHLA* 2: 67-103, esp. 81-90.

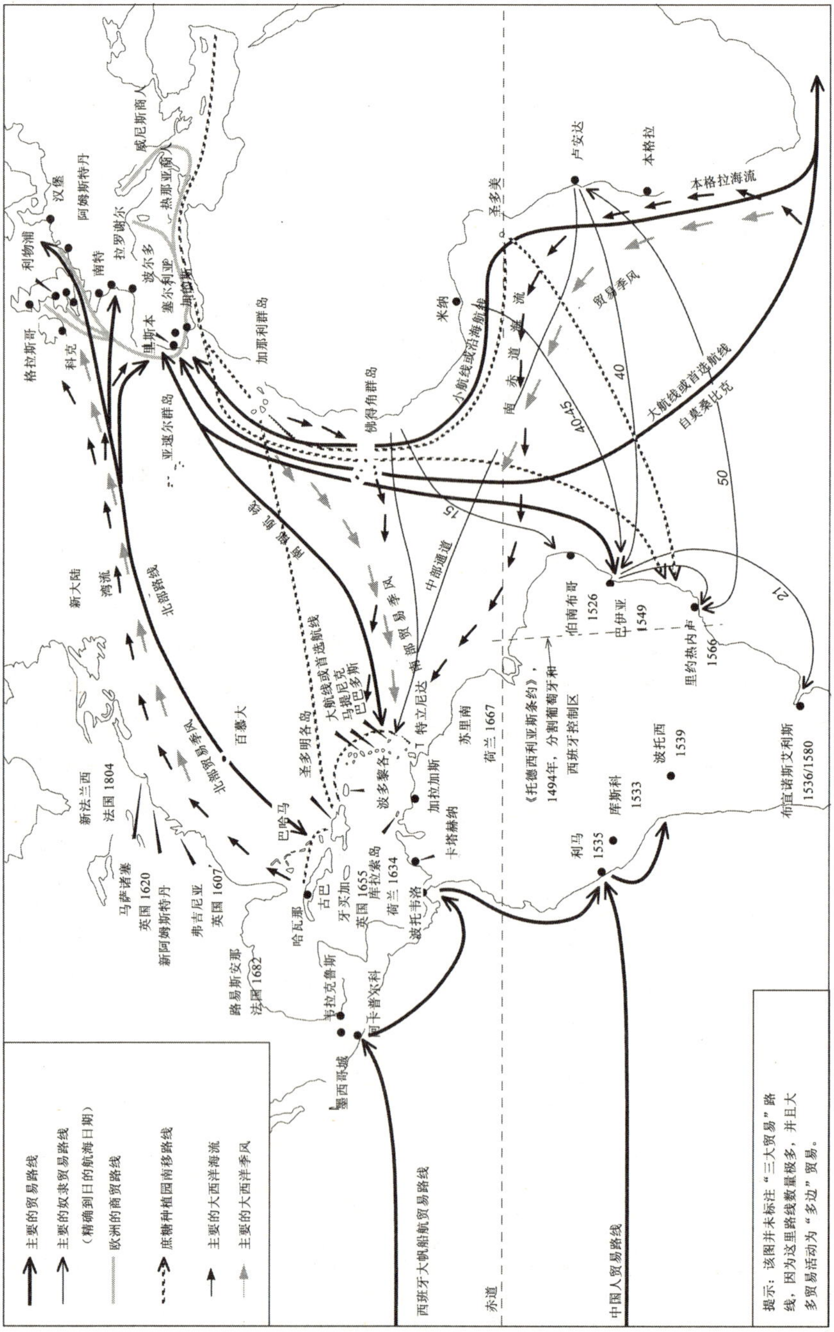

图2-10　地中海、大西洋和太平洋航行

伊比利亚国家占领、掠夺美洲国家和地区后，自发组成的海盗集团——非法的“自由掠夺者”或“海盗”——与西班牙在欧洲的对手组成的私掠船，在废弃的岛屿、未占领的加勒比海岛屿以及巴西外海建立了武装力量。作为“合法”的投资者，他们期望加入利益中心。1630 年，英格兰和法兰西探险者从圣巴泰勒米岛驱逐了西班牙的托尔图加边防军，建立了“国际性的犯罪集团”(法国历史学家皮埃尔·绍穆的观点)，并且迅速占领了伊斯帕尼奥拉岛西部第三大城市圣多明各。柯尔培尔的重商主义政策占据统治地位的时期，殖民地处于法兰西国家的统治之下。但是由于此时岛屿上易开采的稀有金属资源已经枯竭，当地劳动力已经十分匮乏，殖民者转向农业，采用劳役和奴隶劳动(参见第 9 章第 4 节)。其他欧洲国家和海盗集团包括盎格鲁人、荷兰清教徒、胡格诺教徒、法兰西天主教徒、逃亡的契约奴仆以及遇难船只的船员。出身良好的男性在遭遇困境时，就会走上传统的武装抢劫之路：11 世纪的十字军、中世纪强盗男爵在地方巧取豪夺，此刻还出现了海盗活动。海盗以及由英格兰、法兰西和荷兰国家派遣的职业军队与西班牙人作战，群岛南部的加勒比人顽强抵抗入侵者；这些人之间也互相敌对。但是“为了从殖民地获得最大的利润……(所有人)都遵照西班牙和葡萄牙帝国既定的政策措施”[①]。

尼德兰在美洲的殖民地与荷兰社会本身一样具有文化多样性。其美洲殖民地主要为多巴哥(1632～1654 年)、库拉索(1634 年)、维京群岛和圣马丁(1648 年)的岛屿殖民地，大陆上的新阿姆斯特丹(圭亚那)和苏里南(1667 年)殖民地，以及北方的新尼德兰(1614～1664 年，今纽约)。流动人口中大约有 1/4 是合家迁移，他们最早来自泽兰省。荷兰—葡萄牙—犹太人家庭迁移到苏里南，又从那里分散到各地。新尼德兰/纽约殖民地人口大约为 1 万人，聚集了一批英格兰和苏格兰非国教信徒、门诺派教徒、贵格会会员和德意志路德教徒。他们与来自特拉华殖民地的瑞典人以及来自巴西荷兰殖民地的难民混居。[②]

---

① Pierre Chaumu, *European Expansion in the Later Middle Ages* (Amsterdam, 1979); Kris E. Lane, *Pillaging the Empire: Piracy in the Americas, 1500-1750* (Armonk, N. Y., 1998); Robert L. Stein, *The French Slave Trade in the Eighteenth Century: An Old Regime Business* (Madison, 1979), 3-6, quote on 6.

② 1638～1655 年，瑞典人与荷兰组织者共同在特拉华建立殖民地。在巴西，荷兰人在 1624～1625 年占领巴伊亚，在 1630～1654 年占领累西腓和奥林达。Jan Lucassen, "The Netherlands, the Dutch, and Long-Distance Migratio, in the Late Sixteenth to Early Nineteenth Centuries," in Canny, *Europeans on the Move*, 169-180; Watts, *West Indies*, 135-141; R. A. J. van Lier, *Frontier Society: A Social Analysis of the History of Surinam* (The Hague, 1971); Paolo Bernardini and Norman Fiering, eds., *The Jews and the Expansion of Europe to the West, 1400-1800* (Oxford, 2000).

1770年,大约有3.5万名法兰西人居住在法属殖民地,包括海地,即西部第三大岛圣多明各(1667年)、瓜德罗普岛和马提尼克岛(1635年)以及大陆的圭亚那/卡宴(1674年)。大英帝国的征服范围包括牙买加(1655年)、小安德列斯群岛的多个岛屿以及大陆上圭亚那海岸的乔治城地区。1700年,欧洲裔人口达到5万人,其中包括大批爱尔兰人,此外,还有他们"拥有"的15万名非洲裔奴隶。主要农作物种植以奴隶劳动为主。早期烟草种植业依靠一个或几个契约奴仆及部分季节性劳动者。在第二阶段(1645～1650年),蔗糖种植园中出现了奴隶劳动。第三阶段,即蔗糖经济扩展与稳步发展阶段,一直持续到大英帝国废除奴隶制之时。17世纪末,所有大英帝国殖民地中,黑人仍占人口的多数;一个世纪后,非洲裔人口几乎达到80%。占据统治地位的欧洲人生活方式面临着各种非洲文化的挑战。①

加勒比地区和巴西低地的热带气候导致欧洲人死亡率极高,而且(至少是在早期)非洲人的死亡率也很高。即使是在南北美洲温带地区的新定居点,由于食物质量较差、不适应环境、缺医少药等因素,也出现过高死亡率时期。这也提出了向热带地区流动(男性及少数女性)的原因的问题。对于那些维持生计的人以及潜在的自由流动人口(比如海盗之类的人)来说,高利润使得他们不计死亡的后果。来自不同等级的契约奴仆并不奢望惊人的财富,如果可以自己选择目的地,他们会避开高死亡地区。经过两个世纪的发展,通过出口蔗糖和其他作物,以及一代代人的投资,加勒比种植园经济对欧洲各自宗主国经济的影响远大于对北方新法兰西和新英格兰边缘殖民地的影响。但是在1779年的新英格兰、法兰西殖民地获得独立以及1774年魁北克获得文化自治后,杰出的传教士、受过大学教育的知识分子以及占人口大多数的宗教狂热分子开始控制舆论。神秘的"美洲"秉持追求幸福的观念表现出自由国家的理想,而不是奴隶经济与极高死亡率的现实;是种族融合的理想,而非人为的种族隔绝的现实。

4.第一个太平洋人口流动体系

1532年后,西班牙和新西班牙为了切断葡萄牙人控制的、经过非洲开普与亚洲贸易的路线,从阿卡普尔科派遣船只环绕太平洋航线。1565年开始征服菲

① Watts, *West Indies*, 143-173, 156-160, 176-231; Carl Bridenbaugh and Roberta Bridenbaugh, *No Peace beyond the Line*: *The English in the Caribbean 1624-1690* (New York, 1972), 9-34; Borah, "Mixing of Populations," 704-722.

律宾，1571 年占领马尼拉。[①] 中国人的舢板贸易供应的城市成为西班牙的亚洲商业中心（参见第 6 章第 3 节）。贸易的财政支持来源于秘鲁矿山被迫劳动的"殖民地土著"发掘的白银（参见第 9 章第 1 节），亚洲商品的制造者是马尼拉—中国手工业者。16 世纪 70 年代至 1597 年，西班牙人遵循伊比利亚半岛将战俘没为奴隶的传统（参见第 1 章第 3 节、第 4 章第 3 节），将当地的菲律宾人、中国人和部分日本人没为奴隶，几千人到达墨西哥和秘鲁。1593 年，伊比利亚—西班牙政府将马尼拉—阿卡普尔科贸易量限制在每年两艘大型帆船，并且在帝国境内废除亚洲奴隶制，这导致走私活动增加，但第一个太平洋贸易体系并未衰落。其他自由的中国流动人口扩展了印度洋贸易中心的人口流动模式，中国侨民出现在拉丁美洲。商人开设属于自己商铺，手工艺人受到鼓励跨越太平洋，劳动者加入了各个团体。中国造船工匠运用超越欧洲人的技术和高科技手段建造的大船比哥伦布船只规模大 10 倍，并在马尼拉和阿卡普尔科建造了西班牙大型帆船。

奴隶运输、西班牙人和中国人持续的太平洋贸易以及中国人的传统侨民共同组成了秘鲁利马的亚洲人口（1600 年为 1.5%），以及 1635 年墨西哥城的亚洲殖民地，而且阿卡普尔科有可能成为华侨流动人口（ciudad de los Chinos）的目的地。流动人口最初来自菲律宾、葡萄牙属澳门以及中国南部沿海城镇。18 世纪，来自亚洲的流动人口以及他们西班牙化和印第安化的后代生活在秘鲁和墨西哥沿岸。由于随同迁移的妇女人数很少，通婚延缓了民族文化形成的时间。

17 世纪下半叶，随着太平洋贸易的衰落，到达美洲太平洋沿岸的流动人口数量减少。1815 年，随着大型帆船贸易的终止，人口流动也告结束。但是 18 世纪 80 年代，英国东印度公司派遣船只从其亚洲基地跨越太平洋到达美洲西北海岸的范库弗岛。船员中有中国水手，而且中国手工艺人也被招募到北美殖民地建筑防御工事、制造船只。部分中国人在当地定居，与当地人通婚；但是在第二次太平洋人口流动体系形成前的两个世纪（参见第 14 章第 5 节），仅有少数亚洲人到达美洲。菲律宾人到达密西西比河三角洲，在 18 世纪形成稳定的殖民地。

① 如同环绕大西洋的航行一样，渔民可能比拓荒者更早地在太平洋航行，对太平洋的探索可能最早由中国人开始，之后是南海的驾驶橡皮船的航行者。

多数中国人则以夏威夷群岛为目的地。[①]

5. 拉丁美洲的民族构成

新拉丁美洲人由幸存的原住民、非洲奴隶和欧洲人组成。尽管在大陆上土著文化势力仍然强大,但岛屿文化则主要表现为非洲文化的影响。权力集中在欧洲人和白人手中。18 世纪的殖民地由 4 个西班牙总督区(新西班牙、新格拉纳达、秘鲁和拉普拉塔)、葡属巴西(1654 年后与荷属巴西合并)、荷属苏里南、法属卡宴、英属圭亚那和加勒比海殖民地组成。1760 年,新西班牙居民人数为 375 万,其中 60%为印第安人。殖民地白人、非洲奴隶和自由人(castas)以及少数亚洲人构成了人口的 40%。只有 1%为西班牙裔。巴西的葡萄牙裔人口在 1800 年上升到 180 万。必须说明,伊比利亚裔,即"纯正"的西班牙人和葡萄牙人,由半岛土著的后代、德意志的西哥特人以及少数的汪达尔人、北非的穆斯林和征服者"法兰克人"组成。

新权贵依靠旧权贵(包括劳动力和原住民的酋长及其他上层家庭)纳贡,他们的子女被新权贵同化,西班牙人向不合作的异端发出警告。与被开发的非洲人类似,这些家庭继续保有他们的崇高地位,也可以通过合作提升自己的地位。酋长的女儿——"公主"——与西班牙男性结婚或下嫁给西班牙男性。但是,许多土著民中的普通人仍然坚持着自己的生活方式。西班牙法律以及欧洲人对这些人的定义是,至少在某种程度上他们是"殖民地土著"[②]。

---

① William L. Schurz, *The Manila Galleon* (New York, 1959), 5-50; Dennis O. Flynn and Arturo Giràldez, "Introduction: the Pacific Rim's Past Deserves a Future," in Sally M. Miller, A. J. H. Latham, and Dennis O. Flynn, eds., *Studies in the Economic History of the Pacific Rim* (London, 1998), 1-18; John M. Liu, "A Comparative View of Asian Immigration to the USA," in Robin Cohen, ed., *The Cambridge Survey of World Migration* (Cambridge, 1995), 253-259; Evelyn Hu-DeHart, "Latin Ameirca in Asia-Pacific Perspective," in Arif Dirlik, ed., *What Is in a Rim? Critical Perspectives on the pacific Region Idea* (1993; 2d ed., Lanham, Md., 1998), 251-282; Clarence E. Glick, *Sojourners and Settlers: Chinese Migrants in Hawaii* (Honolulu, 1980).

② Gibson, "Indian Societies under Spanish Rule," 412-414.

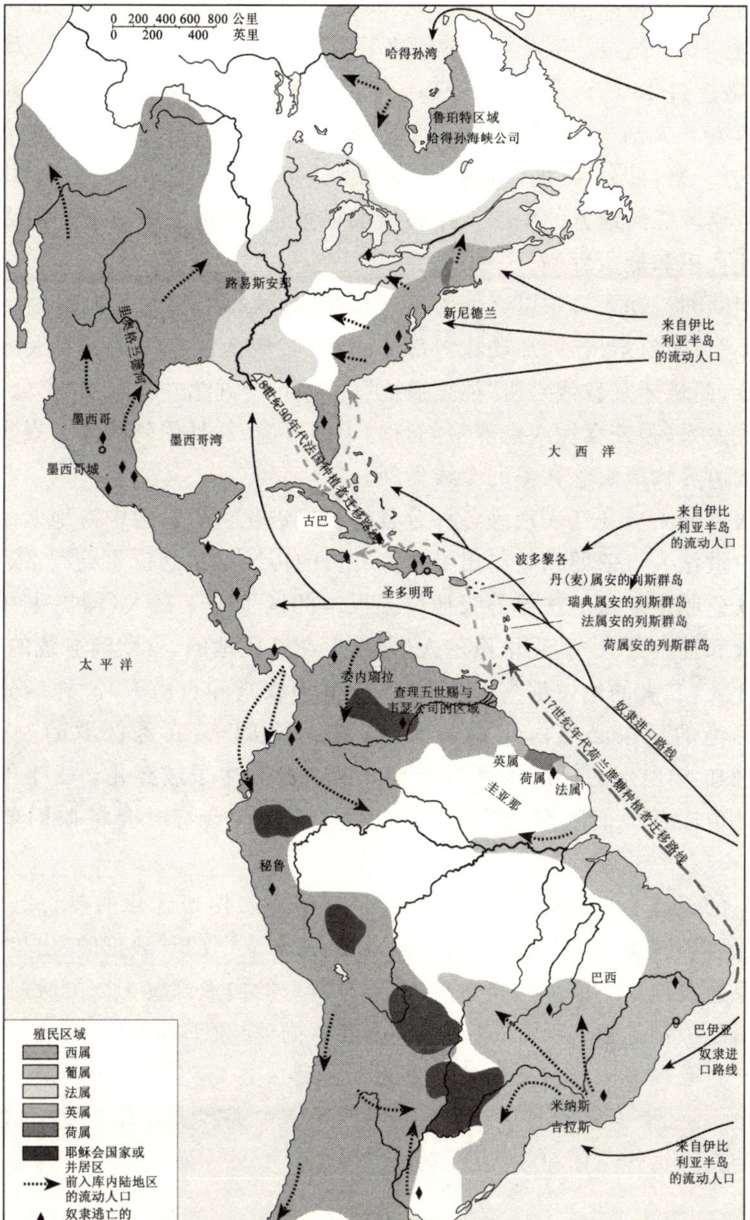

图2-11　18世纪文化冲突与交流区域

17 世纪中叶，超过 4/5 的非洲美洲人来自塞内冈比亚和几内亚，奴隶商人以佛得角为基地将他们运送至此。此后,更多的人口来自安哥拉。根据克尔廷的统计,在 16 世纪,12.5 万名奴隶到达了西属美洲(7.5 万)和巴西(5 万);在 17 世纪,人数超过 130 万。[①] 1500～1810 年,从非洲到中南美洲大陆的强制人口达到 250 万人。大约 95 万人到达了西属美洲。1700 年,葡属巴西的奴隶人数大约为 20 万。来自旧大陆的(包括非洲和欧洲)移民总数仅仅是非洲人数的一半。热带低地地区任何地方的生活工作环境都很艰苦,性别比率的不平衡必然造成极高的死亡率和低生育率。[②]

早期欧洲流动人口中以男性为主的状况"导致相当复杂的血缘融合和文化融合现象"。博拉指出,除加勒比海部分岛屿,其他地区非伊比利亚人流动人口相对较少,西班牙宗教裁判所"纯正血统"(limpieze)观念并不限制与"低"等级女性发生性关系,强奸女性或豢养情妇行为十分普遍,并且受到吹捧。崇高理想以及他们的边界构成观念在美洲全线失利。

征服后的人口变迁表现为各种背景的种族进化过程。地中海地区的伊比利亚人将中世纪人口依照宗教与出身划分身份的传统移植到拉丁美洲,依照出身、种性和肤色制定复杂的法律等级地位。根本的区别是半岛人(即出生在欧洲的西班牙人和葡萄牙人)和克里奥尔人(即出生在殖民地的、有欧洲血统的人)。作为西班牙人,二者的地位都高于其他人(即非洲奴隶和自由人)。种族分离和人际关系隔绝的后果必然由儿童来承担。举一个例子,在圣保罗的一个堂区,1741～1845 年出生的自由儿童中有 23%的人为私生子或弃儿。由于他们特殊的社会地位以及他们欧洲民族的血缘特点,天主教会有时会将他们单独记录在册。

人口的组成原则多种多样。理论上,"除了少数西班牙化的酋长"以及印第安公主(她们的"种族"遵从她们的丈夫),"西班牙人"仅指"纯正的、出生于"半岛的人以及殖民地出生的克里奥尔人。"不是所有的白人都属于高等阶层,但是所有有身份的人都是白人"——这是一种自我认同(布拉丁观点)。因此,这个分类囊括了所有欧洲裔以及遵从欧洲文化的人。第二类人,依照生产关系分类,由穆拉托人(白人和黑人父母的子女)和梅斯蒂索人(白人和土著人子女)组成。性别差别迫使白人男性与印第安人或黑人女性结合,女性当然也有自己的打算,比如

① 西属美洲:大约有 30 万人;葡属美洲:56 万人;英属、法属、荷属和丹(麦)属加勒比地区:46 万人;英美大陆:大约 3 万人。

② 为了改变性别不均衡状况,1/3 进口奴隶应该是女性。Philip D. Curtin, *The Atlantic Slave Trade: A Census* (Madison, 1969), 95-126; Sàchez-Albornoz, *Population of Latin America*, 75.

提升自己的社会地位。世系等级代代传承，社会底层是“殖民地土著”和“黑人”，也区分出自由人和非自由人，以及桑博人(zambos)。他们是非洲人和印第安人生育的子女，但是在各个地区，称呼有所不同。18世纪，为了现实需要，多民族背景和各种肤色的新集团出现。出生在欧洲的人一直是少数，却掌握着多数社会、经济和政治资源。①

伊比利亚半岛上具有阿拉伯特色的城市传统在西班牙殖民地再现。欧洲裔“白人”向城市中移动，(从苛刻的农民劳动需求的角度看)同殖民地土著一样。1697年，意大利那不勒斯商人吉奥瓦尼·卡雷里认为墨西哥城与意大利城市如出一辙。它拥有10万人口，是美洲最大的城市，其半数居民是美洲西班牙人，殖民地土著、其他梅斯蒂索人、黑人和穆拉托人不到10%。② 在人烟稀少的新西班牙北部边境地区(今墨西哥北部和美国西南部)，殖民者将新城镇建在山丘上，体现了穆斯林和基督徒的半岛城市防御原则。网格状规划的街道从中心广场向四周辐射，环绕着官员官邸和一座城堡。中心有特殊建筑，是举行代表权力和地位的仪式的场所。为了保证经济生存能力和税收收入，土著劳动者被从邻近地区征召而来。为了保证社会秩序，政府鼓励独身居民结婚，鼓励游民参加工作，否则将被驱逐。在边境地区，真实的发展状况不同。黑人和穆拉托人可能获得自由，但是与欧洲的犹太人一样，禁止他们拥有武器，并且像奥斯曼帝国的非穆斯林一样必须缴纳特殊税。土地只授予有身份的人，并且抑制个人勘探和创业行为。③

1640年，在南方智利和拉普拉塔边界地区，西班牙人数量不超过4%。散养在草原上(称pampa，源自土著人集团Pampa)的牲畜吸引着屠夫和皮毛商遗民。加乌乔人组成了“边界”集团，与新格拉纳达(委内瑞拉)奥里诺科河谷的伊拉涅

---

① Sàchez-Albornoz, *Population of Latin America*, 130-134; Borah, “Mixing of Populations,” 708-710; David A. Brading, *Miners and Merchants in Bourbon Mexico, 1763-1810* (Cambridge, 1971). 关于种族、民族和文化的相互影响以及随之产生的各种观念，参见 Robert M. Levine, *Race and Ethnic Relations in Latin America and the Caribbean: Dictionary and Bibliography* (Metuchen, N.J., 1980); Magnus Mörner, *Race Mixture in the History of Latin America* (Boston, 1967), 58; Marvin Harris, *Patterns of Race in the Americas* (New York, 1964); Robert B. Toplin, ed., *Slavery and Race Relations in Latin America* (Westport, Conn., 1974); Carl Degler, *Neither Black nor White: Slavery and Race Relations in Brazil and the United States* (Madison, 1971).

② 卡雷里离开那不勒斯5年，首先到达北非，之后从小亚细亚经印度到达菲律宾，经阿卡普尔科到达墨西哥。Nunn, *Foreign Immigrants*, 5-8.

③ Oakah L. Jones, *Los Paisanos: Spanish Settlers on the Northern Frontier of New Spain* (Norman, Okla., 1979), 6-11.

劳斯牛仔、墨西哥北部的瓦乌埃劳斯牛仔和北美平原的牛仔相似。与欧美白人的男性蛮勇形象相反,牧民中有黑人、印第安人以及部分妇女。因为阿根廷人不肯与土著妇女结合,或者虐待妇女,草原部族出现。[①]

葡属巴西显然并不富裕,经历了一个多世纪的流动,当地人口仅为5万名巴西葡萄牙人和12万名奴隶。奴隶中半数人为美洲印第安人,其他是非洲人。在港口城市,游民、战俘,还有甲板上需要的手工艺人,被强征入伍,被任意迁移,许多人终生没能返回家乡。欧洲巴西人和梅斯蒂索人旗队(bandeirantes,来源于葡萄牙语 bandeira)向内陆扩张寻找黄金,同时也发现了印第安人,因此成为猎奴者。他们中的某些人定居下来,并且互相通婚,如保力斯塔人,从圣保罗西部高原向内陆地区迁移,接受图皮语。他们建立了具有民族文化融合特色的贸易口岸,后来大多发展成为城市。1690～1700年,早期发现的米纳斯吉拉斯砂金矿和钻石矿,促使大规模的、以男性为主的流动人口和奴隶涌入。17世纪中期以后,沉积矿即将枯竭,20年内奴隶人口数量仅余20%。之后,由出口贸易驱使的矿业经济开始向密集的农业经济转变,农产品供应当地市场,开创了新机遇,人口自然增长,而非流动人口流入,保证了人口数量稳定上升。奴隶中不断稳定的性别比率能够保证组建家庭的需要。奴隶仍然向特茹库流动,他们从事钻石生产,但是农民家庭向不断扩展的农业地区(如死亡之河)流动。地区间的流动仍然频繁,包括自由的非洲巴西人和穆拉托人。

19世纪早期,美洲奴隶社会中,巴西拥有的自由的“有色”人口最多,但是,种植园经济,特别是以奴隶劳动为基础的咖啡种植业迅速发展。自由劳动经济中穿插着大大小小的奴隶庄园劳动。自由的有色人口的生活和工作类似于巴西葡萄牙人。他们可以从事多数职业,建立社会组织,能够拥有奴隶。相形之下,巴西葡萄牙人更加富裕,更有可能拥有奴隶。权力仍然掌握在白人手中,包括纯正的白人和浅色皮肤者。根据1872年第一次国家人口统计,在1010万人口中有150万仍然拥有奴隶身份的非洲巴西人(15.3%)。废奴运动直到1888年才成功。其他人中,有色人种和白人的比率为6∶4。由于分类关系,有些统计中只将奴隶归为黑人。在整个拉丁美洲社会,尽管有等级种性差别,但人口融合的

① Philip D. Curtin, *Cross-Cultural Trade in World History* (Cambridge, 1984), 180-182; Richard M. Morse, *The Bandeirantes: The Historical Role of the Brazilian Pathfinders* (New York, 1965); Clodomir V. Moog, *Bandeirantes and Pioneers*, trans. L. L. Barrett (Portuguese orig., Rio de Janeiro, 1954; New York, 1964).

程度仍然优于英属加勒比和美国社会，不存在极为严格的种族隔绝状况。①

6. 殖民地的内部人口流动

由于大西洋人口流动的独特性，加之欧洲学者的研究以自我为中心，学界很少关注拉丁美洲、加勒比地区和北美地区内部人口流动情况。② 17 世纪上半叶，人口从墨西哥的长期定居地向南部的安第斯山秘鲁边界、委内瑞拉边疆地区、拉普拉塔平原发展。多数人口流动规模都堪比欧洲和亚洲的流动人口规模，比如，向遥远地区女修道院迁移求学和任职的学生和初学者。城乡和城市间流动人口的目标相同，但是由于肤色不同，结构亦不同。部分人口流动的传统承袭自印加时期，其他则为殖民地社会所特有。殖民地土著向城镇永久迁移、黑人在城镇间流动以及欧洲—拉丁美洲人的行动与欧洲城市精英极为相似。③

伊拉人殖民地土著和羊驼的季节性移动与西班牙的(mesta)相同。再定居者有的被从家乡或村庄及其社会组织(ayllus)绑架，在基督徒骑士团的监督下生活，以会众(congregaciones)和放逐者(reducciones)的身份缴纳赋税，参加劳役，并且被迫与天主教拉丁—土著文化融合。但是在基督教小村落里，强迫流动人口被分散安置在不同区域。作为劳动者，土著和拉丁美洲黑人必须在河谷和沿海地区的种植园和庄园(haciendas, ranchos)中流动工作，或者在城镇中从事家务劳动。他们“抵制文化融合，或者逃亡，或者在征服前的印第安村庄重新组合确立人际关系”。原住民“躲避灾祸”的流动初衷多于“寻找机遇”，他们离开农村的目的是逃避强加的劳役，处境最糟的是高地的矿工(参见第 9 章第 1 节)。他们试图在西班牙—美洲人社会中创造有利于自己的机遇。④

---

① Godinho, “Portuguese emigration,” 24; A. J. R. Russell-Wood, “Ports of Colonial Brazil,” in Karras and McNeil, *Atlantic American Societies*, 174-211; Bolivar Lamounier et al., *La Population du Brésil* (São Paulo, 1975), 7-30, 100-107; Laird W. Bergad, “Demograhpic Change in a Post-Export Boom Society: The Population of Minas Gerais, Brazil, 1776-1821,” *Journal of Social History* 29 (1996): 895-932; Herbert S. Klein and Clotilde A. Paiva, “Freedman in a Slave Economy: Minas Gerais in 1831,” *Journal of Social History* 29 (1996): 933-962.

② 笔者在上文已经讨论过加勒比地区抓住经济发展机遇的内部人口流动问题(参见第 7 章第 3 节)。美国和加拿大的内部移民状况将在下文进行论述(参见第 8 章、第 13 章第 2 节)。

③ Robinson, Migration, 1-17; Cook, “Migration in Colonial Peru,” 53-61; Oliver Marshall, comp., *European Immigration and Ethnicity in Latin America: A Bibliography* (London, 1991).

④ George Lovell and William R. Swezey, “Indian Migration and Community Formation: An Analysis of Congregación in Colonial Guatemala,” and Rodney Watson, “Informal Settlement and Fugitive Migration amongst Indians of Late-Colonial Chiapas, Mexico,” in Robinson, *Migration*, 18-40, 238-278.

黑人拉丁美洲流动人口对身份(自由人或奴隶)及文化源流有所依赖。男性和女性从事城市家务劳动,城市黑人手工业者偶尔会出卖他们的自由。西部沿海谷地的蔗糖和棉花种植园以非洲裔奴隶劳动为主,砂金矿山情况相同。河谷的采金劳动需要大批工人开挖河道。不自由的流动劳动力居住在临时住处,不会永久定居。由于风险很大,非洲人的身价提高,因此高纬度地区的采矿活动中不使用非洲人。①

欧洲裔,包括佛莱芒人、德意志人、那不勒斯人、热那亚人、希腊人及其欧洲—拉丁—土著人的后代,向经济持续增长的地区流动,他们努力寻找财富。商业、存货增长和种植园吸引着定居者、商人和企业家。农业利润较小,因此出现向城市流动的趋势,寻求其他收入来源。矿山城镇,特别是白银铸造地,吸引着投资者和独立勘探者。行政官员及其家庭必须向可以获得更高职位的地方迁移。由于仪式是权力的体现,妻子们和儿女们往往陪伴着官员参与各种公共活动。妇女也参与人口流动、与他人结合,而且经济上的表现也十分活跃。②

17～18 世纪成熟社会的城市和农村人口流动模式包括五种:向利马和库斯科的穿插流动;向尤卡坦半岛上的米却肯流动的婚姻人口;向墨西哥北部矿山游动的人口及有明确目标的人口;波旁王朝墨西哥城的人口模式;阿根廷布宜诺斯艾利斯圣玛丽亚的发展。18 世纪,人口流动规模和频率增加,管理者担心无法控制那些寻找机会者和逃亡者:"来自不知名地方的人拥有改变自己的婚姻、种族、职业和社会背景的机遇和投机机会。"③

17 世纪的利马,与全球的大城市相同,四周环绕着小的蔬菜生产者,他们在生产中雇用殖民地土著的内部流动劳动力。1650 年遭地震破坏后,库斯科继续发展:一些殖民地土著人口被强迫安置在这个城市;其他人多数来自周围地区,为自愿流动人口,其中包括逃避放逐税者,城市居民中还有纳贡者代表。殖民地土著手工业者流动人口融入了各种行会,并且与其家乡或村庄及其社会组织保

---

① Frederick P. Bowser, *The African Slave in Colonial Peru, 1524-1650* (Stanford, 1974); Michael M. Swann, "Migration, Mobility, and the Mining Towns of Colonial Northern Mexico," in Robinson, *Migration*, 143-181; Peter Bakewell, *Miners of the Red Mountain: Indian Labor in Potosí, 1545-1650* (Albuquerque, 1984).

② Catherine Delamarre and Bertrand Sallard, *La femme au temps des conquistadores* (Paris, 1992); Juan F. Maura, *Women in the Conquest of the Americas*, trans. John F. Deredita (Spanish orig., n. d.; New York, 1997).另参见已故的 Luis Martín 的著作, *Daughters of the Conquistadores: Women of the Viceroyalty of Peru* (Albuquerque, 1983).

③ David J. Robinson, "Migration in Eighteenth-Century Mexico: Case Studies from Michoacén," *Journal of Historical Geography* 15 (1989): 55-68, quote on 60-61.

持联系，与远方的亲属保持联系，并且认同了他们在迁移后建立的家庭。从城市向农村流动的人口是从事季节性农业劳动的男性。劳动力的运费一般是单程的，因此在完成工作后，他们必须向其他有工作合同的地方迁移。被外出的丈夫抛弃在家的妻子通过诉讼寻求帮助。安第斯社会的妇女享有较高的地位，她们更重视人口流动能够获得的利益。妇女拥有财产，可以自己处置财产，她们与家庭一起迁移，或独自迁移；她们能够进入劳动力市场，获取工资，但是仅限于个人服务或家务劳动，一般被雇作保姆。17 世纪，70％的殖民地土著受雇者都出生在城外。劳动力流动人口是“西班牙统治下本地社会转变的最突出的特点”[①]。

关于殖民地统治后期的人口流动，罗宾森指出，其中原因十分复杂，与其他大陆的人口流动状况类似。但也有“重要的差别”：土地及其他自然资源的可见性；希望拥有改变经济状况的雇佣机会；逃离社会经济困境的需要，特别是在饥荒和瘟疫流行的时候；对在城市中心工作获利的渴望；从封闭的印第安社会进入多民族文化影响的社会，开阔眼界；再有，在新西班牙及其他地区对米却肯人社会经济造成的区域性的影响。

年轻人，“在其人生最重要的阶段”——结婚前后迁移，建立自己的家园。“社会地位和经济机遇”使得类似的人口流动具有改变社会经济地位的含义。从永久密集的居住区域向外流动的人口中，维持现状者多于以提高地位为目的的人口。村庄规模越小，居民越穷困，流动人口比率也就越高，有的高达 90％；但是在巴利亚多利德城市，人口流动比率仅为 20％。“种族间通婚和地区流动”或者血缘关系与农业变迁、工业化进程以及“流动日益频繁的劳动力”相互关联。寻找机遇的人口流动推动了“系统的社会进步的进程”；在新西班牙殖民地统治晚期，“移动就是求发展”。但是，在日益衰落的地区，如 1778～1825 年的厄瓜多尔中心高原，向外迁移的目的是摆脱赤贫状况。[②]

墨西哥北部矿山曾经吸引了约 1.1 万名劳动力，其中包括自由劳动者、印第

---

① Irene Silverblatt, “Andean Women in the Inca Empire,” *Feminist Studies* 4 (1978): 37-59, and Silverblatt, “Andean Women under Spanish Rule,” in Mona Etienne and Eleanor Leacock, eds., *Women and Colonization: Anthropological Perspectives* (New York, 1980), 149-185; Asunción Lavrin, “Women in Spanish American colonial History,” in CHLA 3: 321-55; Ann Wrightman, “‘... residente en esa ciudad...’: Urban Migrants in Colonial Cuzco,” in Robinson, *Migration*, 86-111, quote on 111. 关于新西班牙，参见 John Kicza, “Migration to Major Metropoles in Colonial Mexico,” in Robinson, *Migration*, 193-211.

② Robinson, “Migration in Michoacàn,” 55-68, quote on 63-64; Rosemary D. F. Bromley, “Disasters and Population Change in Central Highland Ecuador, 1778-1825,” in David J. robinson, ed., *Social Fabric and Spatial Structure in Colonial Latin America* (Ann Arbor, 1979), 85-116.

安人以及黑人奴隶。17 世纪矿山衰落时,许多人离开。流动与身份有关:有身份的矿主及其家庭不可能很迅速地处理好自己的产业;相反,身份低贱的人搬迁成本较低,他们并不计较自我身份认同及社会地位,因此相对容易迁移。18 世纪矿山的繁荣发展又吸引着投资者和熟练矿工,他们是"自由的、收入较高的、流动"的劳动者,一般与矿主组成工作团队。在某些地区出现的剩余的熟练矿工则与他们的家庭一起向新矿区流动或者继续拓展已建立的矿山。新发现的矿山在一段时间内吸引了一两万人来谋生,这些人中包括店主、服务人员和运输工人。在墨西哥城附近,矿工多数为印第安人,北方的瓜纳华托、萨卡特卡斯、松布雷列特等地主要为穆拉托人和梅斯蒂索人。边境城镇发展稳定之后,流动率下降。18 世纪 90 年代,在瓜纳华托,超过 3/4 的男性居民出生在当地,只有商人仍然坚持流动的生活方式。当劳动力竞争导致资产阶级与矿工拥有平等地位、分红获利转向工资劳动时,矿工家庭与近代早期欧洲同行一样开始迁移。采矿和冶炼技术经伊比利亚半岛和德意志技术人员之手引进中美洲地区。

墨西哥城的外来人口中包括商人、西班牙北部地区的农民、巴斯科人、桑坦德的蒙大拿人。在伊比利亚,后两者有悠久的人口流动历史,桑坦德男人曾经为安达卢西亚流动人口开设酒馆。民族组织证实了迁移前该地区的效忠对象,以及行政上集团的自我认同。服装制造业吸引着前往普韦布洛的流动人口,驴队从韦拉克鲁斯和瓦哈卡运来原材料,再将成品衣服运送到墨西哥城。墨西哥人口 18 世纪中期至 1810 年间成倍增长,1810 年人口达到 610 万,其中 60%为印第安人,22%为梅斯蒂索人和穆拉托人,18%自称"西班牙人"。1808 年爆发的独立战争中,当地的克里奥尔人反抗西班牙流动人口,因为他们占据了最好的职位和地位。在战争中,低等级者也反抗"白人"。[①]

布宜诺斯艾利斯始建于 1536 年,1580 年重建。18 世纪,当城市迅速扩张的时候,流动人口改变了原有居民的生活方式。与外界接触较少的拉普拉塔地区居民与墨西哥居民相比,肤色构成比率明显不同:1774 年,80%人口为白人,17%为黑人和穆拉托人,3%为印第安人和梅斯蒂索人。1744～1810 年,人口从 1 万人增长到 4.25 万人,性别比率基本持平,白种人、黑种人、黄种人的肤色比率为 66∶33∶1。在白人人口中,1744 年,57.5%的男性和 73.1%的女性出生在当地;到 1810 年,只有30.5%的男性和 53.4%的女性在当地出生。半岛西班牙人担任市政和总督府官员,在"商人阶级"中超过半数。经济的迅速发展,以及

① Brading, *Miner and Merchants*, 第 6-14、106-114 页讨论了商人与墨西哥城的关系,第 146-149、164-165、248-260 页讨论了矿业问题。

“不断变化的内外人口流动模式”，使已经组建的家庭的作用下降了。外来人口创建的新颖和灵活的上层等级划分，削弱了“当地出生人口的职业选择机会和潜在的社会流动的可能性”，事实上，他们取代了“上层和中层职业等级”。来自西属美洲其他地区和西班牙的长途流动人口比率在上升。相较于占人口31.7%的男性流动人口，来自西班牙的妇女数量并不多(1810年占2.7%)，因此，导致男性与当地妇女通婚。在这两个时期，外国出生的男性大约占8%，外国出生的女性则不超过1%。1810年，在普通人中间，59%的手工业者是外来人口。在他们之下，超过3/4的黑人人口是奴隶，他们在下层等级与“当地自由人口竞争半熟练工作或不熟练工作”。因此，“本地出生的自由人口中绝大多数被迫迁移出城市，在内陆或其他西班牙殖民地寻找机会”。在独立战争期间，这导致了“公众盲目的爱国心和反西班牙情绪”①。

步入19世纪后的民主革命时期，人们依照自己对未来的设想建立了新的政治社会结构，偶尔出现部分肤色的联合，在有些地方依照种性和奴隶等级各自联合。非洲裔人口在所谓的“两百年战争”之后起义，他们与幸存的土著人口组成了逃奴集团(Maroon)，并尝试与欧洲裔契约仆役联合。在欧洲，在摆脱拿破仑征服的西班牙和葡萄牙觉醒运动中，多数参加者是新兴的多民族拉丁美洲人，他们分为不同集团，并于1825年取得独立——这是一场充满着颠沛流离和驱逐的战争(参见第9章第4节)。②

与民族主义者以及优越的欧洲白人倡导者不同，殖民行动和建立国家并非简单的欧洲人统治的过程。与拉普拉塔地区的加乌乔人和巴西的旗队类似，他们建立了“半欧洲式的”准国家，海盗确立了海上统治，逃亡的奴隶成立了自治的、被陆地包围的据点。海盗和“无真正祖国的人”(corsairs)建立了准政府统治，依靠经商和抢劫为生。他们得到17世纪所有西班牙竞争者的认同，抢劫来自西班牙的船只，西班牙人则抢劫印度船只。作为私人企业家，他们保留英格兰

---

① Lymann L. Johnson and Susan M. Socolow, “Population and Space in Eighteenth Century Buenos Aires,” in Robinson, *Social Fabric*, 339-368, quotes on 350-352. 外国移民主要来自意大利，但也有爱尔兰人。Patrick McKenna, “Irish Migration to Argentina,” in Patrick O'sullivan, ed., *The Irish World Wide: History, Heritage, Identity*, 6 vols., vol. I: Patterns of Migration (London, 1992), 63-83.

② Hilary McF. Beckles, “The Colours of Property: Brown, White and Black Chattels and Their Responses on the Caribbean Frontier,” in Paul E. Lovejoy and Nicholas Rogers, eds., *Unfree Labour in the Development of the Atlantic World* (Ilford, U.K., 1994), 36-51. Essay by Carmen Casta? eda, Elas Malvido, Robert McCaa in Robinson, Migration. Kenneth J. Andrien and Rolena Adorno, eds., *Transatlantic Encounters: Europeans and Andeans in the Sixteenth Century* (Berkeley, 1991).

和法兰西的船只,因为他们拥有海军,并且可以获得首都的大都市官僚无法获得的、更多的该地区的详细情报。这种跨越边境线的组织一直存在到1700年。

另一方面,第二批自治社会的创建者——逃亡的奴隶或逃奴集团(Maroon,源自cimarrones,西班牙语,意为"野生的"、"未驯化的")必须尽量避免相互影响。非洲人刚刚脱离劳动不久,久疏优越的生活。他们在安第斯、巴西、佛罗里达以及其他地方建立了自治社会。从战略角度看,这些地方都是人迹罕至的森林或山区,在殖民地的包围之中,位于国家与国家之间的夹缝中。他们的社会既没有遵循原有的非洲公社传统,也没有遵循团结被压迫者的模式。作为武士社会,他们长期处于防备种植园主和政府搜索破坏的警戒状态,他们也抓捕奴隶和妇女。这些男性为主的社会偶尔也允许有领袖才能的女性担任较高职位,比如在牙买加,领袖同时具有宗教和政治职能。与巴西人的领袖类似,他们偶尔与殖民地政府签署谈判条约,协助搜捕近期的政治逃亡者。殖民地政府利用他们的军事实力,这类似于俄罗斯沙皇将自由的哥萨克人纳入帝国版图。①

独立后仍然存在一些逃奴集团,新的人口流动形式出现。来自欧洲的人口流动停止,奴隶进口数量逐渐减少至零。19世纪末,欧洲出现了新的人口流动浪潮(参见第13章第2节)。

总之,可能会有人提出这样的问题:为什么在拉丁美洲的欧洲流动人口中皮肤最白皙者仍然强调他们的伊比利亚背景,没有脱离传统的桎梏,确立权力与文化的独立?相形之下,北美的英国殖民者则很少关注他们作为英国人的权利,开始还受到伦敦政府的置喙,但是之后他们就很自豪地宣布自己是美洲人。墨西哥独立运动中的很多领袖也一样,称自己为"美洲人"。但是,美洲人中并不包括黑人和印第安人口,也不包括北美和拉丁美洲人。在北方,黑人与白人隔离居

---

① Richard Price, ed., *Maroon Societies: Rebel Slave Communities in the Americas* (Baltimore, 1979); Pedro D. Chapeaux, "Cimarrones Urbanos," *Revista de la Biblioteca Nacional José Martí* 2 (1969): 145-164; Gabriel Debien, "Le marronage aux Antilles Fran? aises au XⅧe siècle," Caribbean Studies 6 (1966): 3-44; Mavis C. Campbell, "The Maroons of Jamaica: Imperium in Imperio?" *Pan-African Journal* 6 (1973): 45-55; Jane Landers, "Cimarrón Ethnicity and Cultural Adaptation in the Spanish Domains of the Circum-Caribbean, 1503-1763," in Paul E. Lovejoy, ed., *Identity in the Shadow of Slavery* (London, 2000), 30-54; Gad Heuman, ed., *Out of the House of Bondage: Runaways, Resistance and Marronage in Africa and the New World* (London, 1985); Barbara Kopytoff, "The Development of Jamaican Maroon Ethnicity," Caribbean Quarterly 22 (1976): 33-50; *Flàvio dos Santos Gomes, Histórias de quilombolas: Mocambos e comunidades de senzalas no Rio de janeiro - sécula século XIX* (Rio de janeiro, 1995): Franklin W. Knight, *The Caribbean: The Genesis of a Fragmented Nationalism* (Oxford, 1978), 69-79; Jerome S. Handler, "Slave Revolts and Conspiracies in Seventeenth-Century Barbodos," *Nieuwe West-Indische Gids* 65, 1-2 (1982): 5-42.

住；在南方白人则与黑人混居。甚嚣尘上的种族主义思想下，大量“殖民地土著”和非洲人的存在以及欧洲势力的影响是否能够解释人种高贵论？三大洲民族间文化和血缘并未隔绝的原因是什么？西班牙王室极度渴望在新西班牙重现伊比利亚模式，但是，清教徒控制了北方，有意与旧社会分裂，期望建立一个更优秀的、纯正的“新”英格兰。文化皈依有可能被骄傲地宣告，也有可能被抵制，但是过程的选择却取决于民族国家开拓者的利润价值。在拉丁美洲，在经历了种族几近灭绝和稳定发展后，新民族形成。

第8章
毛皮帝国与农业人口定居的殖民地

定居地，特别是北美定居地，很长一段时间内被认为是贫穷的定居者家庭通过艰苦诚实的劳动而开发的蛮荒之地。这证明他人原始而又狡诈的残暴行径，在“前进的征程”面前都必须屈服。西班牙人和葡萄牙人的看法不同：他们认为，土著民族必须参加劳动，“印第安公主”必须联姻，抵抗者必死。在征服时期，欧洲列强仅仅是单纯地寻找能够获得经济利益的殖民地，并将殖民地财富源源不断地运往宗主国和核心社会。即使是清教徒传教士中的狂热分子，也从未期许过圣徒传作者所规划的理想。他们是商人。帝国政策鼓励下的私人投资者——无论是伦敦投资者、荷兰企业家，还是法兰西商人——只有一个目标：获得收益和投资回报。但是，除了松木桅杆和树脂，北美大英帝国殖民地并没有创造更多的经济价值。英格兰人在澳大利亚的处境更糟：这里接纳的是当政者惩治的罪犯。为了创造当今21世纪人所谓的良好的投资环境，必须驱逐拒绝出让土地的土著人，迫使入侵的国家团体纳税，为入侵者的产业工作，无论他们是定居者家庭还是商业公司。

在征服过程中，为了搜刮财富，为了征服蛮荒之地，男性的作用被重新诠释。由于轻视劳动以及圣战思想深入民族观念等因素，“摩尔人”、伊比利亚天主教征服者呼啸而来并大肆抢劫。中世纪伊比利亚人的战争遵从于社会宗教原则：在所有宗教圣日停战，鼓吹保持骑士风范，目的是减少敌人，也是为了赢得美丽贵妇的仰慕之心（可能还有身体）。征服美洲时，宗教仅仅是整个战争的借口：在破坏甚至掠夺的过程中不受任何制约，土著妇女仅仅被视作发泄性欲的工具。在19世纪的北美地区，一些未婚的贵族男性保护妇女免遭强暴，指引稳定的家庭前往富足的土地。男性“孤胆英雄”，没有任何社会关系，但无论他们是文明区域内的孤独人士，还是边境地区的流氓无赖，都获得了成功。但是帝国的决策者从不惧怕男性的学识。法兰西国王下令王室出资运送妇女到大西洋对岸帮助创建稳定的社会，俄罗斯的叶卡捷琳娜二世下令哥萨克人结婚定居，不列颠限制单身年轻男性进入家庭担任仆役。向北美以及西伯利亚皮毛帝国迁移的男性也没有沉迷于学问。通过合作与非正式的联姻，他们与原住民文化建立了部分的联合关系。[①]

1. 北美和西伯利亚的毛皮帝国

北美和西伯利亚几乎在同时被欧洲人知晓并纳入经济体系。欧洲阿尔卑斯山脉和喀尔巴阡山脉以北的国家在拓展领土，它们的商人则向北方毛皮生产地区扩展。国家内较有实力的集团开始寻找更遥远的地方关押"罪犯"，为不容于官方宗教规定的、较弱势的持不同政见者寻找生存空间。扩张的目的即使不是获利，至少也是为自身的财务状况考虑。1535 年，雅克·卡蒂埃代表法兰西在北美北部地区开疆拓土，寻找机遇；1558 年，沙皇伊万四世向斯特罗加诺夫家族颁发特许证，允许他们向西伯利亚地区殖民(参见第 12 章第 1 节)。

卡蒂埃发现了圣劳伦斯河口盛装鳕鱼的巴斯科容器，选定了适合定居的地区。在渔夫和捕鲸者的临时驻地旁边，开始建立定居点，此时距 1604～1608 年他们开始在罗亚尔港和魁北克定居仅仅 75 年。在南方，西班牙人入侵者已将其边界及统治区域从圣奥古斯丁(佛罗里达，1565 年)延伸到圣塔菲(新墨西哥，1598 年)。另一方面，大英帝国的第一个殖民地罗阿诺克(北卡罗来纳，1585 年)无缘无故地被放弃了。只是在 1607 年之后，在原住民的帮助下，外来人口才恢复重建这个地区。当不列颠人削弱西班牙和法兰西人的影响时，从佛罗里达和新奥尔良向西南经加利福尼亚的广大地区仍然是盎格鲁—西班牙文化的交界地带，法兰西人控制的魁北克遵从并使用法兰西—盎格鲁文化和语言，阿卡迪亚、新斯科舍则是双语区。

1610 年，从西西伯利亚到叶尼塞河之间的区域属俄罗斯所有；30 年后，俄罗斯人到达中西伯利亚的勒拿河流域，不久，在征服土著民族的过程中，他们到达东西伯利亚地区。1637 年，殖民者瞄准太平洋。17 世纪中叶，殖民者到达黑龙江流域。1742 年，殖民者到达西伯利亚地区东北部。在黑龙江沿岸，俄罗斯人的探险活动遭到中国人的抵制，但是他们经阿拉斯加到达了北美地区。[②] 15 世纪开始，西伯利亚地区成为逃亡农民的收容地，他们的目的是摆脱日益恶化的农村生活，同时，这里也成为与蒙古人战争的征兵地。1649 年之后，西伯利亚几成

---

① 这个解释体现大西洋观念。在俄罗斯，西伯利亚边界在所谓的"开拓运动"中占据最重要的地位。

② F. A. Golder, *Russian Expansion on the Pacific, 1641-1850: An Account of the Earlier and Later Expeditions Made by the Russians along the Pacific Coast of Asia and North America, including Some Related Expeditions to the Arctic Regions* (1914; repr., New York, 1971); S. B. Okun, *The Russian-American Company*, ed. B. D. Grekov, trans Carl Ginsburg (Russian orig., Moscow, 1939; Cambridge, Mass., 1951).

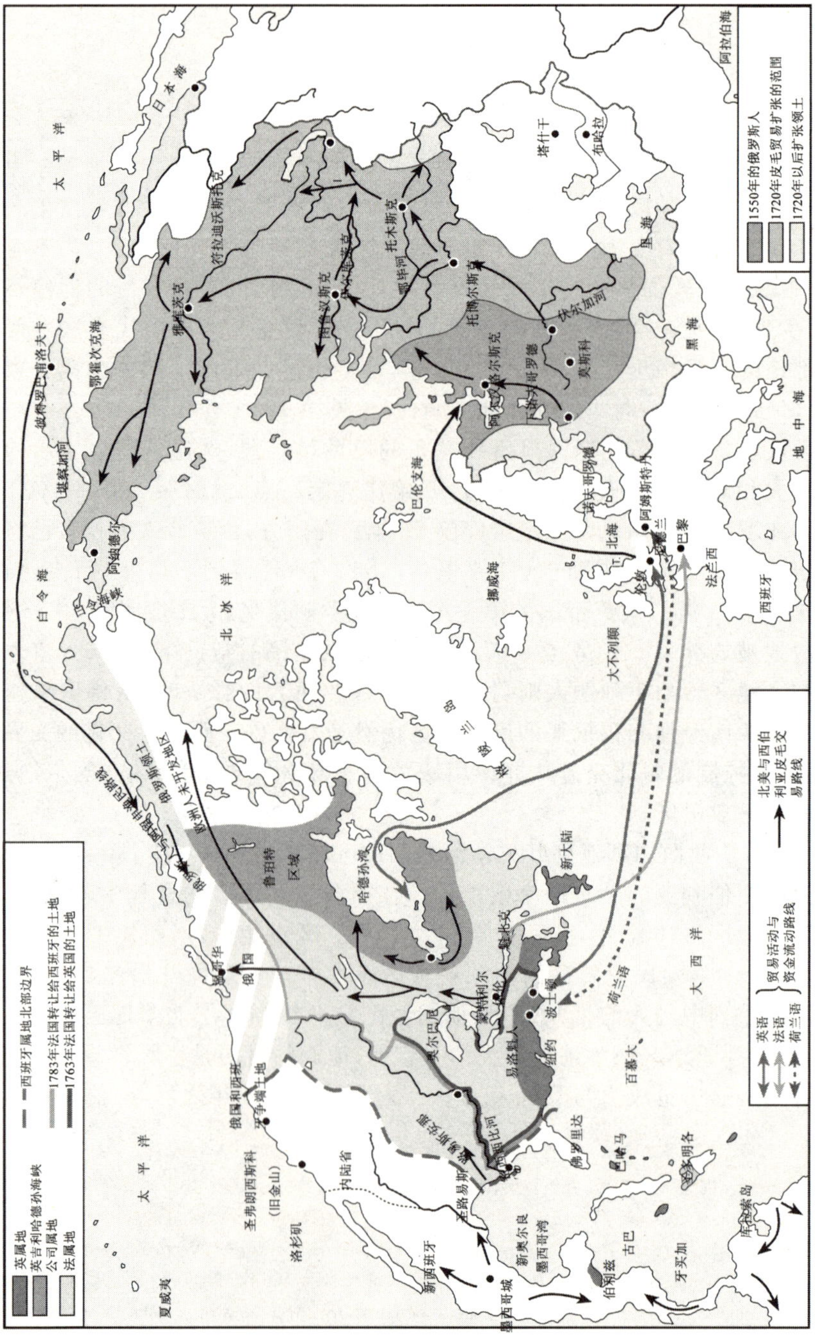
英属地
英吉利哈德孙海峡公司属地
法属地
西班牙属地北部边界
1783年法国转让给西班牙的土地
1763年法国转让给英国的土地
英语
法语
荷兰语
贸易活动与资金流动路线
北美与西伯利亚皮毛交易路线
1550年的俄罗斯人
1720年皮毛贸易扩张的范围
1720年以后扩张领土
太平洋
大西洋
北冰洋
鲁珀特区域
哈德孙湾
格陵兰
新大陆
魁北克
蒙特利尔
波士顿
纽约
易洛魁人
路易斯安那
新奥尔良
密西西比河
墨西哥城
新西班牙
古巴
牙买加
伯利兹
洛杉矶
圣弗朗西斯科（旧金山）
俄罗斯领土
欧洲人未开发地区
白令海
阿纳德尔
堪察加河
鄂霍次克海
雅库茨克
叶尼塞河
鄂毕河
托木斯克
托博尔斯克
伏尔加河
莫斯科
阿尔汉格尔斯克
下诺夫哥罗德
巴伦支海
北海
挪威海
阿姆斯特丹
伦敦
巴黎
法兰西
西班牙
大不列颠
黑海
里海
地中海
塔什干
布哈拉
阿拉伯海
日本海
百慕大
多米尼加

图2-12 商业毛皮商国

为成文法和习俗规定下的农奴制地区。俄罗斯人、其他斯拉夫人以及塔塔尔人难民在波兰—立陶宛以及俄罗斯境外组成"哈萨克人"或哥萨克人集团，哈萨克在土耳其—塔塔尔语中的意思是"自由的人"。为了赢得他们的军事支持，沙皇政府承认他们是半独立的团体，承认他们为民族集团。[①] 因此，冒险者和逃奴成为皮毛猎人、行商和商人，定居者紧随其后。边境地区还有罪犯、妓女和逃亡者，如果遇到追捕，他们可以很容易地越过中国边境。17 世纪 40 年代，西伯利亚地区成为世界皮毛贸易经济体系组成部分，堪比大西洋人口流动规模的迁移活动始于 19 世纪。[②] 西伯利亚是一个惩罚性殖民地，历史记录详细记载了人们艰苦的物质生活和沙皇的高压统治。没有文化的农民和逃亡者建立了西伯利亚社会，但没有能力记录他们自己的故事。相反，文化修养较高的北美不列颠人中持不同政见的精英几乎从开始定居时就确立了自己的历史编纂方法，寻求心灵刺激，以上帝的眷顾标志证明自己的成功。尽管法兰西和大英帝国都将罪犯运送到北美殖民地，但是他们仍然很难占据一席之地。

欧洲捕猎者从大西洋沿岸深入内陆地区，从事收割或贸易活动。一方面，他们无意识地向土著居民传播着疾病；但是另一方面，他们对欧亚地区的病菌也产生了抵抗力。北美的原住民用毛皮与欧洲商人交换进口商品，他们之间也相互竞争。这导致人口流动、战争和流亡的产生。海狸毛毡帽的时尚需求、捕猎的铁质工具制造都导致资源流失，因此，捕猎范围继续向各自大陆的西部或东部扩展。法兰西居民逃避圣劳伦斯河谷地区半封建社会的桎梏，向大湖区迁移，发展皮毛经济。17 世纪 10 年代以后，荷兰人和英格兰人在哈得孙河开辟了第二条通道。17 世纪 50 年代开始，哈得孙海峡公司开辟了第三条线路，即北线，捕猎者主要是苏格兰人和奥克尼郡人。这些人与当地妇女通婚或姘居，创造出另外一种融合文化。当男人返回不列颠时，公司会给予留下来的妇女、儿童一些补偿。1763 年大英帝国接管后，魁北克—法兰西人的皮毛贸易逐渐衰落，但是蒙特利尔商人、本地法兰西人与红河混血人的贸易活动仍在进行。在西伯利亚地区，不列颠资本同样将皮毛帝国与世界市场联系起来。

随着这些地区长途贸易的兴起，不列颠商人必须获得新技能。那些参与伊

---

① 今哈萨克斯坦东部、吉尔吉斯斯坦、塔吉克斯坦在当时是中国领土，后被沙俄通过不平等条约掠夺。——译者注

② James Forsyth, *A History of the Peoples of Siberia: Russia's North Asian Colony, 1581-1990* (Cambridge, 1992); Marc Raeff, *Siberia and the Reforms of 1822* (Seattle, 1956); Günther Stökl, *Die Entstehung des Kosakentums* (Munich, 1953); Philip Longworth, *The Cossacks* (London, 1969). 哥萨克人建立属于自己的国家，但存在时间很短。17 世纪，摩尔多瓦赫梅利尼茨基起义爆发，其间犹太人口遭到残酷镇压。

比利亚大西洋贸易的流动人口从热那亚人、当地葡萄牙人和塞维利亚商人那里获得知识。他们以“不列颠—伊比利亚商人”的身份返回不列颠岛,并且将他们的见闻带到新市场。1555 年开始,俄罗斯人的皮毛贸易就已经掌握在英格兰商人冒险者组织——伦敦俄罗斯公司手中。这个以帝国为后盾的公司向南扩张势力,商业中心范围从阿尔汉格尔斯克到阿斯特拉罕,此举削弱了当地缺乏国家支持的亚美尼亚商人的作用(参见第 6 章第 2 节)。为了获利并增长见闻,盎格鲁—伊比利亚商人向其他地区发展,与加那利群岛和几内亚沿海以及北非伊斯兰地区建立联系,向东印度公司输送了第一代土耳其商人及领导者。“他们是全球化商人资本家中的精英。”①

在两个大陆的皮毛帝国里,土著居民总是第一个合作伙伴,之后被武力抛弃,最后被消灭或被安置在北美隔离区,或者被并入西伯利亚和中亚民族。当他们还在皮毛贸易中发挥着不可或缺的作用时,他们就已经成为农业定居者的障碍。

2. 北美:土著民族与殖民化

皮毛帝国的南部是北美的农业区,它的发展与西班牙人、葡萄牙人寻求财富的方式不同,定居者的殖民地化过程几乎不需要冒险活动,1607 年,在弗吉尼亚的詹姆斯敦,殖民者在两种定居方式中选择了中间的方式。第一批到达的 600 名贵族冒险者获得丰富的宝石和原住民(强迫)劳动力的愿望并未实现,但他们中的多数人宁愿忍饥挨饿,也不屈尊参加劳动,大约 10% 的人幸存下来。随着英格兰持不同政见者和带着经济作物(首先是烟草)的种植者的到来,努力工作的信念在定居地产生,法兰西政府规划的领主社会也一同形成。如同热带殖民地一样,由于欧洲人并未准备好应付他们周围的环境,早期温带地区死亡率也很高。与美国印第安人居民交换食物的行为一直制约着这些刚刚到达的人口,直到他们自己的农业生产所得足够维持他们的生活。肥沃的、(从欧洲人的眼光看)丰厚的土地很快生产出自给自足的剩余产品,早期殖民者开始普遍结婚生

① 密西西比河上游道路难行。Philip D. Curtin, *Cross-Cultural Trade in World History* (Cambridge, 1984), 188-229. Conrad E. Heidenreich and Arthur J. Ray, *The Early Fur Trades: A Study in Cultural Interaction* (Toronto, 1976); William J. Eccles, "The Fur Trade and Eighteenth-Century Imperialism," repr. In Alan L. Karras and John R. McNeil, eds., *Atlantic American Societies: From Columbus through Abolition, 1492-1888* (London, 1992), 212-241, and Eccles, *France in America* (East Lansing, 1990); Philip P. Boucher, *Les Nouvelles Frances: France in America, 1500-1815, an Imperial Perspective* (Providence, 1989); Oliver A. Rink, *Holland on the Hudson: An Economic and Social History of Dutch New York* (Ithaca, 1986).

子。当法兰西国家试图复辟封建制度时，英格兰清教徒前辈在尼德兰短暂停留后，与大英帝国政府协商建立了半自由的政府组织，但是他们仍然保持着源自大不列颠社会模式的主人与奴仆之间的社会等级分化制度。①

经过与定居者长达150年的战斗，印第安人原住民人口被拘囿于阿巴拉契亚山脉东部区域内，但是易洛魁人联盟仍然在英法对抗中发挥着军事外交作用（参见第7章第1节）。② 白人优越于棕色人种的观念使得我们无从了解反向的变化，白人逐渐融入棕色人种，黑人逐渐融入棕色人种，棕色—黑人区域发展起来，比如佛罗里达的米诺尔人，他们与古巴渔民通婚。③ 16世纪开始，美国印第安人开始大规模向北美平原迁移，他们接受了欧洲西班牙人引进的马背文化，生活方式有所改变。奥吉布瓦人和苏人从大湖区向西流动，阿帕切人、夏延人和科曼切人向南入侵土著印第安人村落（参见图2-9）。接受了"白人生活方式"的土著人的生活并没有好转。19世纪30年代，美国东南部的切罗基人、克里克人和其他民族尽管土生土长，"有文化"，但也在美国欧洲人入侵的过程中被驱逐。19世纪70年代，加拿大马尼托巴湖混血人的文化和自治同样并未逃脱流动人口的屠杀。19世纪80年代，在美国，战争迫使平原人口进入隔离区。欧洲传教士的驱逐和入侵行动破坏了信仰体系和文化习俗。④

---

① Edmund S. Morgan, "The Labor Problem at Jamestown," *American Historical Review* 76 (1971): 595-611; K. G. Davies, *The North Atlantic World in the Seventeenth Century* (Minneapolis, 1974), 79; Almon W. Lauber, *Indian Slavery in Colonial Times within the Present Limits of the United States* (New York, 1913); Marc Egnal, *Divergent Paths: How Culture and Institutions Have Shaped North American Growth* (Oxford, 1996)

② Helen H. Tanner et al., eds., *The Settling of North America: The Atlas of the Great Migrations into North America from the Ice Age to the Present* (New York, 1995), 42-43, 54-55; Gary B. Nash, *Red, White, and Black: The Peoples of Early America* (Englewood Cliffs, N. J., 1974); A. Irving Hallowell, "The Backwash of the Frontier: the Impact of the Indian on American Culture," in Walker D. Wyman and Clifton B. Kroeber, eds., *The Frontier in Perspective* (Madison, 1957), 229-258.

③ J. Norman Heard, *White into Red: A Study of the Assimilation of White Persons Captured by Indians* (Metuchen, N. J., 1973); James Axtell, "The White Indians of Colonial America," William and Mary Quarterly 3,32 (1975): 55-88; Wilcomb E. Washburn, ed., *The Indian and the White Man* (Garden City, N. Y., 1964); James W. Covington, *The Seminoles of Florida* (Gainesville, Fla., 1993).

④ Tanner, *Settling*, 74-77, 90-91, 126-127; Helen H. Jackson, *A Century of Dishonor: A Sketch of the United States Governemnt's Dealings with Some of the Indian Tribes* (New York, 1881); Walter H. Blumenthal, *American Indians Dispossessed: Fraud in Land Cessions Forced upon the Tribes* (Philadelphia, 1955); Louis Filler and Allen Guttman, eds., *The Removal of the Cherokee Nation: Manifest Destiny or National Dishonor?* (Boston, 1962); Robert F. Berkhofer Jr., *The White Man's Indian: Images of the American Indian from Columbus to the Present* (New York, 1978).

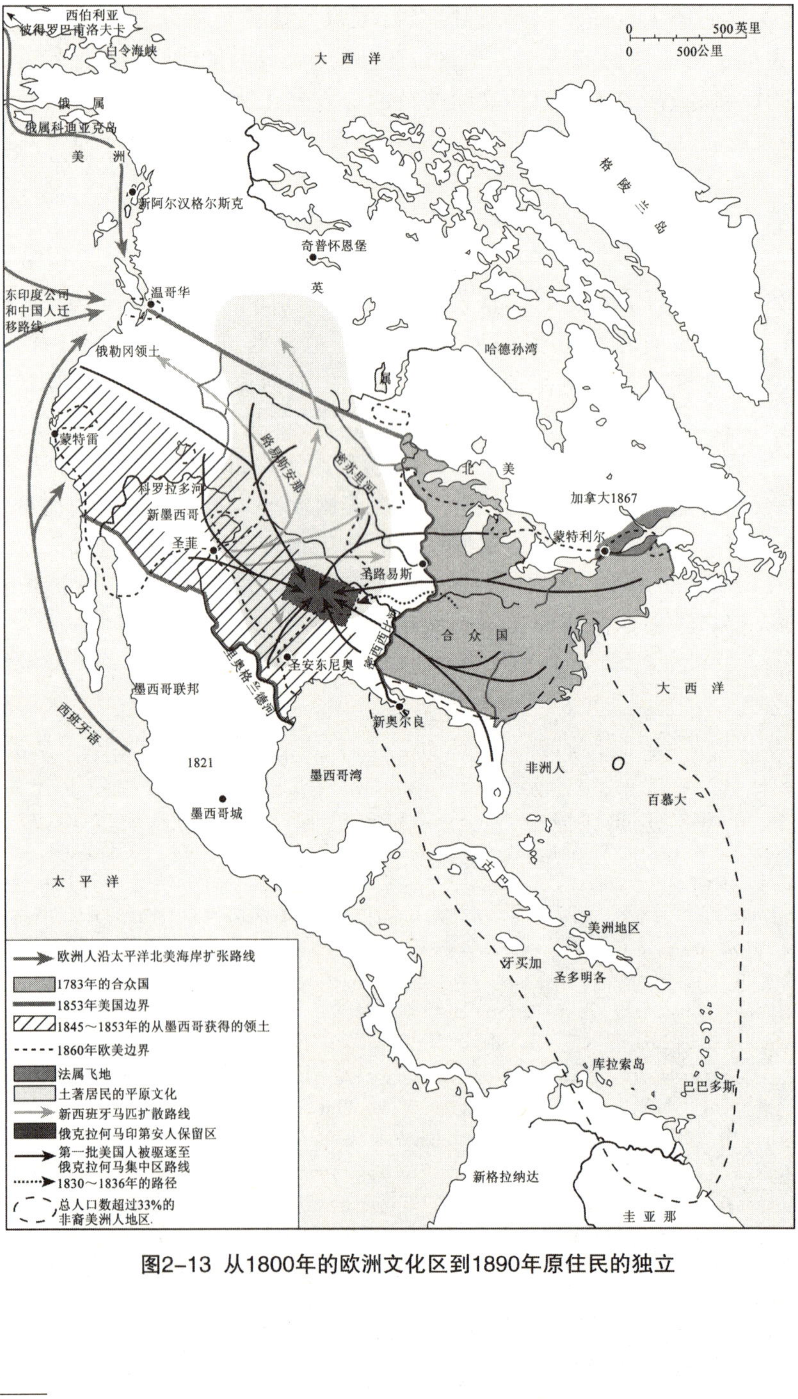

图2-13 从1800年的欧洲文化区到1890年原住民的独立

3. 强制、契约和自由人口的流动

从帝国政府的角度看，北美殖民地强制人口流动的进程十分缓慢；在流动人口看来，劳动机会仍然不够充足。为了加快人口流动步伐，增加劳动需求，驱逐人口现象出现。有些人因为契约而迁移，宗教难民也抓住了这个机遇。

驱逐是对罪犯的惩罚措施，或是减轻严苛处罚的措施，也是宗主国政府摆脱持不同政见者或边缘人口（即社会并不希望给予照顾的人——比如游民、孤儿以及穷人）的一种手段。以当代观念看，“罪犯”是指有不正当行为者、因饥饿偷盗食物者、轻微攻击者或流离失所者。1415 年开始，被控犯罪的人被葡萄牙政府发配到其非洲口岸，西班牙政府将之运送到伊斯帕尼奥拉岛（即海地岛）和非洲，尼德兰政府的目的地是巴达维亚和马六甲岛屿，丹麦政府则仅是短暂地将罪犯遣送到格陵兰岛。德意志由于没有殖民地，所以只能将罪犯伪装成自由流动人口，将他们遣送到任何一个能够生存的地方。[①] 英格兰于 1597 年颁布《惩治流浪者法案》，制定了流放海外的法令，但是以不违背罪犯的意志为前提。非自愿的驱逐行动，与殖民地的劳动力需求有关，1615 年以后开始出现在弗吉尼亚、牙买加和巴巴多斯。18 世纪后期，在所有殖民地都已经有驱逐者出现：1788 年至 19 世纪 60 年代，澳大利亚大约吸收了 16 万名罪犯。全球性的罪犯劳力为大英帝国建造了众多防御工事，也建立了覆盖整个世界的贸易据点。在服刑期满后，他们中的多数人留下来成为自由人。驱逐同样是对殖民地“起义者”的惩罚措施。例如：1837～1838 年，有大约 140 名英法加拿大殖民地的“起义者”被驱逐；1857～1858 年，印度“民族大起义”的俘虏被驱逐。[②]

法兰西政府在 18 世纪 40 年代以前，曾经将 720 名轻刑犯遣送到魁北克，将 1250 人遣送到路易斯安那，占 1721 年以前到达人口总数的 18%。法国大革命中的政治犯被遣送到各个殖民地，比如法属圭亚那（卡宴）。1850 年以后，罪犯

---

① Ruth Pike, *Penal Servitude in Early Modern Spain* (Madison, 1983); Virginia Thompson and Richard Adloff, *The French Pacific Islands: French Polyneisa and New Caledonia* (Berkeley, 1971); Martyn Lyons, *The Totem and the Tricolour: A Short History of New Caledonia since 1774* (Kensington, Austral., 1986); Franz von holtzendorff, *Die Deportation als Strafmittel in alter und neuer Zeit und die Verbrechercolonien der Engländer und Franzosen in ihrer geschichtlichen Entwicklung und criminalpolitischen Bedeutung* (Leipzig, 1859).

② A. Roger Ekirch, *Bound for America: The Transportation of British Convicts to the Colonies, 1718-1775* (Oxford, 1987); Ian Duffield and James Bradley, eds., *Representing Convicts: New Perspectives on Convict Forced Labour Migration* (Leicester, 1997).

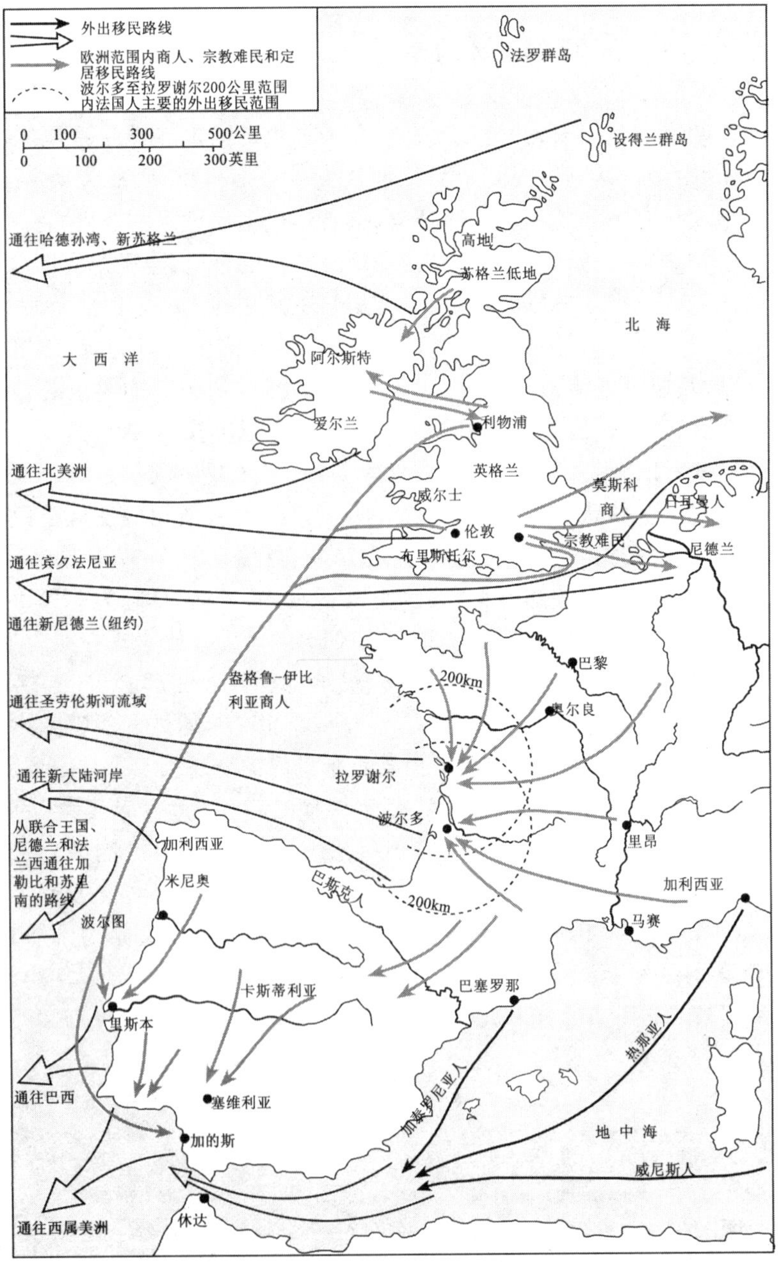

图2-14 起源：15～18世纪的环东大西洋地区

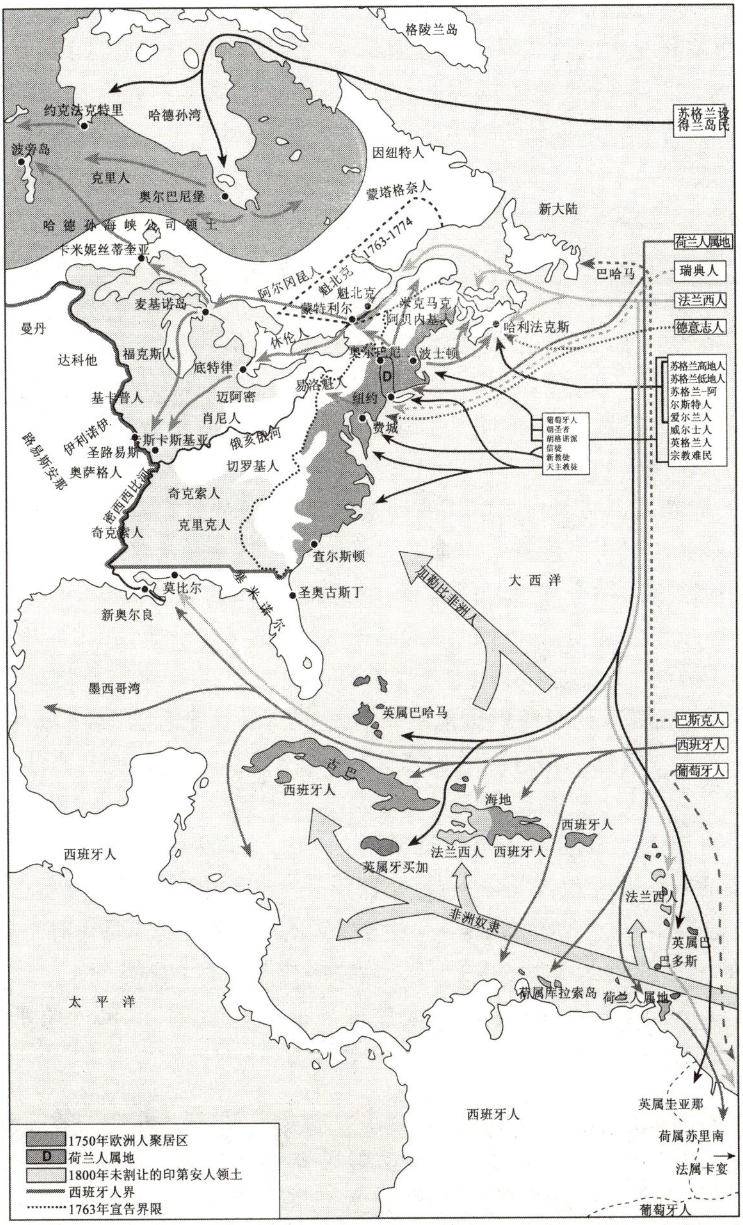

图2–15　环西大西洋地区：1800年前的目的地和不断变化的接触区域

被遣送到卡宴和法属太平洋岛屿(新喀里多尼亚)。根据俄罗斯的刑事犯罪惩罚规定,向西伯利亚地区遣送罪犯的制度始于17世纪中叶(参见第12章第4节)。不列颠于19世纪50年代、法兰西于20世纪30年代早期先后废除遣送制度。这期间,大约有50万名罪犯从西欧地区被驱逐,大约150万来自俄罗斯的欧洲区域。

契约提供给那些无力支付前往殖民地旅费的人。斯坦菲尔德认为,这是英格兰和美国劳动力关系的标志,而非仅仅是一种特殊的外出人口流动方式。一般认为,不自由的劳动关系来自于国家。从强权者的观点看,低层次的人没有主人的管理无法生存,合同是强制性的(仅考虑雇主的利益),通过国家干预,在契约存续期间维持双方同意的、有人身限制的劳动。在英格兰,类似的法律规定始于黑死病爆发之后数年。根据这个规定,1641年,马萨诸塞州殖民立法机构试图降低劳动者提出的"额外比率",但没有实现。在弗吉尼亚,投资者通过投资获利,第一批流动人口必须在军事法的约束下生活,居住在兵营里,集体耕种土地。因为契约服务仅限于一段特定时期,强制的、半自愿的以及自愿的契约劳动共同构成了学徒制度的一个方面,另一方面则是奴隶劳动。人身限制可能终止于剥削与死亡。以当代观察家尖酸刻薄的眼光看,在美洲殖民地,男女劳动者向其他地区迁移,并建立了独立的农业庄园,他们可能只是单纯地拒绝接受雇佣。在3~7年服务期满后,他们理想化地准备着适应新的社会和自然环境,拥有很少的开始独立生活的资金,并且必须不断调整自己使自己成为殖民地社会中有用的一员。①

有效的劳动力市场以及契约期满后的自由可以解释,为什么1776年前,1/2~2/3的到达北美地区的白人英语、德语、法语移民从事契约劳动,以偿还迁移旅费。他们尽量避开加勒比地区,因为那里的死亡率极高,而且对于幸存者来说,那里的土地价格也过高。多数人从事经济作物生产,但是不久,熟练的手工艺人也进入了城市劳动力市场。多数普通人通过商人和船长的介绍来到这里,

① Robert J. Steinfeld, *The Invention of Free Labor: The Employment Relation in English and American law and Culture, 1350-1870* (Chapel Hill, 1991); David W. Galenson, "Labor Market Behavior in Colonial America: Servitude, Slavery, and Free Labor," in Galenson, ed., *Markets in History: Economic Studies of the Past* (Cambridge, 1989), 93-94; Edmund S. Morgan, *American Slavery, American Freedom: the Ordeal of Colonial Virginia* (New York, 1975), 79-97; Paul Craven and Douglas Hay, "The Crimininalization of 'Free' Labour: Master and Servant in Comparative Perspective," in Paul E. Lovejoy and Nicholas Rogers, eds., *Unfree Labour in the Development of the Atlantic World* (Ilford, U.K., 1994), 71-101.

他们在到达后一段时间内出售劳动力。政府、投资者和新入股的公司也开发新航线。有时，有意迁移的雇主雇用奴仆，提高价格，贫穷者支付部分旅费，以劳动冲抵其余的费用。在大西洋中部殖民地，商人们将契约劳动力运送到内陆，出卖他们的劳动，主人可以将契约奴仆剩余的服务时间转卖给其他的雇主。说德语的契约奴仆的劳动力市场仅限于说德语的雇主，他们称宾夕法尼亚为"最适合穷人的地方"，因为在契约期满后，他们有能力维持自身生计。在早期不稳定的殖民地社会，在切萨皮克，高死亡率下幸存下来的人中偶尔会出现一些种植园主或商人。在种植园中，白人契约奴仆劳动逐渐被黑人奴隶取代（参见第 9 章第 5 节）。契约劳动一般包含了农村人口的流动及定居，他们能够对劳动力市场需求作出敏锐的反应。19 世纪 20 年代，契约劳动形式消失。①

4. 跨越北美大陆：各阶段的人口流动与安置活动

人口安置显然意味着生活的安定：农民家庭到来并安居；独身男人开发土地，组织家庭，安居乐业。社会发展到一定程度时，他们开始建造教堂，社会组织机构出现。但是，在全世界的农业社会中，每个农民家庭的后代都需要更多的土地，因此第二代经过短途迁移到达家乡附近的边缘区。第三代必须向更遥远的地区迁移，他们进入内陆地区，或者在经济区域范围内的海滨城镇从事工资劳动。农业安置往往并不意味着安居：当儿女们迁移的时候，父母往往会跟随流动；新疆界保证了更高的收益。因此，每个土著后代或每个军人后代都继续向北美的西部以及西伯利亚地区的东部迁移。"安置"过程中经历了第一代流动人口所经历的各个阶段，以及以后历代更大范围的流动。②

1664～1680 年，法兰西人在圣劳伦斯河沿岸接受安置 2000 名契约奴仆、1000 名士兵（包括瑞士人和德意志人）以及 1000 名以组建家庭为目的的流动人口和其他人口，总数接近 1 万人。1717～1721 年，在路易斯安那，大约有 7000

---

① Abbot E. Smith, *Colonists in Bondage: White Servitude and Convict Labor in America, 1607-1776* (Chapel Hill, 1947), 336; David W. Galenson, *White Servitude in Colonial America: An Economic Analysis* (Cambridge, 1981); Farley Grubb, "The Incidence of Servitude in Trans-Atlantic Migration, 1771-1801," *Explorations in Economic History* 22 (1985): 316-339. The essays in Piet C. Emmer, ed., *Colonialism and Migration: Indentured Labour before and after Slavery* (Dordrecht, 1986)，对不列颠、荷兰、法兰西和德意志契约奴仆的研究状况以及在西属美洲殖民地没有出现契约劳动的状况进行总结。

② D. W. Meinig, *The Shaping of America: A Geographical Perspective on 500 Years of History*, 3 vols., vol. I: "Atlantic America, 1492-1800" (New Haven, 1986)，归纳内部人口流动和人口定居形式。

人到达。多数契约劳动力和自由流动人口来自法兰西,约为 3.5 万人,他们的目的地是西印度群岛。其中包括游民、走私盐商以及被家庭抛弃的任性的年轻人。流动人口或入伍者的招募者是来自拉罗谢尔和波尔多的领主、私人公司、商人或船长。他们同样将年轻男性作为军队招募的目标,市场上因此而出现了供需竞争。为了完成使命,招募者可能接受年长者、体弱的或者穷困的男性、西班牙裔人或儿童,并将他们派遣到殖民地。那里,至少从理论上,只接受健康的法兰西天主教徒。外国新教徒可能只在殖民地作短暂停留,法兰西胡格诺教难民则遭到新法兰西的拒绝。法兰西的内部人口流动主要源自人口过剩的中部山区,外来人口基本来自诺曼底和布列塔尼沿海地区。他们中的多数来自半径 200 公里范围内的区域,来自港口城市或来自城市与港口的流动人口贸易和交流网络。在仅有 15%的法兰西人口居住于城镇的时期,超过半数的入伍者来自城市和城镇,主要来自贫困家庭,手工艺人的人数超过农民。妇女,一般是孤儿,在国王的监护下被派出,成为"王女"(filles du roi)。有身份的男性殖民者需要同样身份的女性时,管理者无权执行这个命令。[①] 1665 年后,契约工人招募开始衰落,为了探寻流动人口安置办法,政府下令 1698 年后前往西印度群岛、1714 年后前往新法兰西的船只必须携带少量工人,比如入伍者,多数是单身男性,在契约期满后多数人会返回家乡,其他人则逃走。招募家族流动人口的生存成本因此而增加。

1604～1763 年,在法兰西大约 2000 万人口中,外出人口比率仍然较低。18 世纪中叶,新法兰西仅有 5 万名居民,路易斯安那有 4000 人,圣多明各和马提尼克岛各有约 12.5 万人,卡宴仅有 1000 人。18 世纪,在法属加拿大,宗教观念与社会经济规则结合,平均每个妇女一生中会生育 8 个子女。人口中的 2/5 在 15

---

① 18 世纪,在波尔多,40%的新郎和 25%的新娘是进入城市的移民。Peter Moogk, "Manon's Fellow Exiles: Emigration from France to North America before 1763," in Nicholas Canny, ed., *Europeans on the Move: Studies on European Migration, 1500-1800* (Oxford, 1994), 241. 在殖民地士兵中,城乡关系更加平衡(同上,256-257)。Leslie Choquette, *Frenchmen into Peasants: Modernity and Tradition in the Peopling of French Canada* (Cambridge, Mass., 1997).

岁以下。他们是殖民地出生的一代人。①

与魁北克的法兰西人一样,宾夕法尼亚的德语移民生活在一个文化关系严密的地区。1800年,7.5万～10万人来自德意志西南部自治区、瑞士、莱茵河地区、阿尔萨斯和威斯特伐里亚地区。其中部分地区曾经出现过瑞士人和其他三十年战争后的流动人口,一代人后,这些地区的居民向普鲁士东部和哈布斯堡王朝统治的巴尔干地区迁移,1763年开始,向俄罗斯南部地区迁移(参见第11章第2节和第12章第2节)。1700～1820年,大约有50万人走上迁移之路。由于宗教战争,天主教徒和新教徒流动人口出现,彭威廉向克雷菲尔德的贵格会会员和其他巴勒斯坦人敞开了胸怀。最初,多数流动人口以庞大的家族为单位。之后,年轻的核心家庭成员和单身男性或女性从纺织生产区途经鹿特丹外迁,在这里,商人为他们预付旅费,以此从劳动力市场获取利润,或者获得亲朋好友自愿"赎回"契约仆役("赎身")的收入。在途经鹿特丹的航程中,债务通过时间长短不一的服务偿还;在英格兰和爱尔兰,服务期限是固定的,但是价格不同。

人口流动是一项经济规划:对殖民地投机者、船运公司、契约劳动的雇主以及流动人口本人来说,获利是必然的目的。"在德意志,农民冀望一年能够收获三次;在宾夕法尼亚,粮食收成10倍于收入是很正常的。"通过迁移,农民也脱离了官僚的剥削,这些官僚的收入来源就是税收。19世纪的一幅漫画描绘了一群憔悴的农民站在一个官员面前请求他批准迁移,这个官员舒舒服服地坐在椅子上,挺着啤酒肚,降尊纡贵地问他们:"那么没有别的办法留住你们了吗?"画外音

---

① Gabriel Debien, *Les engages pur les Antilles* (*1634-1715*) (Paris, 1952); Leslie Choquette, "Recruitment of French Emigrants to Canada," and Christian Huetz de Lemps, "Indentured Servants Bound for the French Antilles," in Ida Altman and James Horn, eds., "To make America": European Emigration in the Early Modern Period (Berkeley, 1991), 131-171 and 172-203; Frédéric Mauro, "French Indentured Servants for America, 1500-1800," in Emmer, *Colonialism and Migration*, 83-104; Moogk, "Emigration from France," 244-245; Silvio Dumas, *Les filles du roi en Nouvelle-France*: *Étude historique avec répertoire biographique* (Quebec, 1972); Yves Landry, *Orphelines en France*, *pionières au Canada*: *Les filles du roi au XVIIe siècle*, *suivi d'un repertoire biographique des filles du roi* (Ottawa, 1992); Christian Dessureault et al., "Living Standards of Norman and Canadian Peasants," in Anton J. Schuurman and Lorena S. Walsh, eds., *Material Culture*: *Consumption*, *Life-Style*, *Standard of Living*, *1500-1900* (Milan, 1994), 95-112.

评论说:“如果您离开,我们就留下。”①

关于不列颠的人口流动,首先需要区分“英国人”是地中海的“法兰克人”还是东欧的“德意志人”。这个民族群体(考虑到凯尔特人)从前存在语言上的差别,包括盎格鲁人和非国教派的英格兰人、信仰新教和天主教的爱尔兰人、苏格兰人、苏格兰—爱尔兰人(特别是1714～1720年)以及一些早期威尔士人(始于1682年)。1700年,英属加勒比地区和北美地区殖民地中,英裔人口约为27万人。1700～1775年,有26万不列颠流动人口,多数为爱尔兰人,苏格兰人其次,英格兰人有5万,有些是威尔士人。② 一些研究关注非国教的宗教派别。清教徒向新英格兰“大迁徙”的意图是在稳定的山丘城市建立一种文化,以此为基地传播信仰。但是宗教分裂派别及其后代对于土地的需求促使这个区域内的殖民地发起“大改组”活动。英格兰人(不是农民或不同政见者)往往在城市中从事手工业生产。显而易见,家庭构成十分紧密。政府努力使英格兰人不要偷懒,中等阶级自己出资迁移,中等阶级下层则以奴仆的身份参与流动。至于其品质,较之18世纪欧洲契约人口和非洲奴隶比率不断上升,17世纪的流动人口中白人更多、自由人更多。将从英格兰向爱尔兰的外出人口与从英格兰前往切萨皮克的人口进行比较,我们会发现前者来自经济拮据的土地所有者阶级,他们希望获得租赁收益,并且通过剥削爱尔兰佃农建造庄园,而后者是农业劳动者,与人数众

① Marianne Wokeck, “Harnessing the Lure of the ‘Best Poor Man's Country’: The Dynamics of German-Speaking Immigration to British North America, 1683-1783,” in Altman and Horn, “To Make America,” 204-243; Georg Fertig, “Migration from the German-Speaking Parts of Central Europe,” in Canny, *Europeans on the Move*, 210-218, quote on 213; Hans Fenske, “International Migration: Germany in the Eighteenth Century,” *Central European History* 13 (1980): 332-347; Farley Grubb, “The Market for Indentured Immigrants: Evidence on the Efficiency of Forward-Labor Contracting in Philadelphia, 1745-1773,” *Journal of Economic History* 45 (1985): 855-868; Günter Moltmann, “The Migration of German Redemptioners to North America, 1720-1820,” in Emmer, *Colonialism and Migration*, 105-122; Williams I. Hull, *William Penn and the Dutch Quaker Migration to Pennsylvania* (Swarthmore, Pa., 1935); Wolfgang von Hippel, *Auswanderung aus Südwestdeutschland: Studien zur württembergischen Auswanderung und Auswanderungspolitik im 18. und 19. Jahrhundert* (Stuttgart, 1984). Caricature reprinted in hermann von Freeden und Georg Smolka, eds., *Auswanderer: Bilder und Skizzen aus der Geschichte der deutschen Auswanderung* (Leipzig, 1937), following 24.

② 全部的53.05万名“英国大西洋移民”中,有18万人到达爱尔兰,开始跨海旅行,19万人到达西印度群岛,11.6万人到达切萨皮克,23.5万人到达大西洋中部地区,21万人到达新英格兰。18世纪,只有8万人到达北美大陆(5万人)、西印度群岛(2万人)和爱尔兰(1万人)。近期研究参见 Nicholas Canny 的精辟论述“English Migration into and across the Atlantic during the Seventeenth and Eighteenth Centuries,” in Canny, *Europeans on the Move*, 39-75, table on 64.

多的契约奴仆和奴隶一起劳动，居住在陋室中。[①]

苏格兰人向大西洋地区的迁移源自他们向欧洲大陆流动的传统，这一传统在1707年苏格兰与英格兰统一前就已经存在很长时间：雇佣兵前往法兰西、普鲁士和瑞典；小商贩前往丹麦和波兰；商人到达了哥本哈根和马尔默、华沙和克拉科夫、荷兰诸城市以及其他地方。1600年，有四个主要的移民目的地：在阿尔斯特，大约有3万名苏格兰低地农民，其他人来自赫布里底群岛、奥克尼郡和设得兰群岛；在波兰，有几万人到达成为商人、小生意人和士兵；瑞典是苏格兰商人和政府招募的士兵的家乡；还有英格兰，根据议会中民族中心分子的观点，苏格兰人“泛滥成灾”了。

1600～1650年，在全部100万～120万人口中，有8.5万～11.5万流动人口。1640～1660年，克伦威尔取得胜利后，苏格兰罪犯被遣送到美洲殖民地、丹吉尔和几内亚；1652年后，6万～10万人迁移到爱尔兰。18世纪，苏格兰人向大陆的流动规模日益减小；与此同时，前往爱尔兰和英格兰的人数增加，这里往往成为大西洋流动人口的中转站。最初，多数人来自低地，1763年前，大约3万人来自熟练的、受过教育的社会集团。1763～1775年，大约有4万名苏格兰人因为亚麻业不景气而迁移，其中包括商人、买卖人、福音传道者和工人。高地的外出人口中有士兵、佃农和他们的子女，以及契约奴仆。收成不好也提高了人口流动的可能性，商业发展和圈地运动也同样造成人口流动，这些因素导致氏族结构被破坏，佃农失去土地。在危急时刻，大的、有组织的团体离开，因为某种共同目的组成了行动一致的政治组织，血缘关系和等级重建，以鼓励制造业、分享高地

① 有关不列颠人在世界范围内迁徙活动的综述，参见 Hugh Tinker, "The British Colonies of Settlement," in Robin Cohen, ed., *The Cambridge Survey of World Migration* (Cambridge, 1995), 14-20. David Cressy, *Coming Over: Migration and Communication between England and New England in the Seventeenth Century* (Cambridge, 1987); Mildred Campbell, "Social Origins of Some Early americans," in James M. Smith, ed., *Seventeenth-Century America: Essays in Colonial History* (Chapel Hill, 1959), 63-89; Henry A. Gemery, "Markets for Migrants: English Indentured Sertitude and Emigration in the Seventeenth and Eighteenth Centuries," in Emmer, *Colonialism and Migration*, 33-54; Virginia D. Anderson, *New England's Generation: The Great Migration and the Formation of Society and Culture in the Seventeenth Century* (Cambridge, 1993), 89-130; James Horn, "Domestic Standards of Living in England and the Chesapeake, 1650-1700," and Lois G. Carr, "Emigration and the Standard of Living: The Eighteenth-Century Chesapeake," in Schuurman and Walsh, *Material Culture*, 71-82 and 83-94.

资源。[①]

尽管17～18世纪爱尔兰人迁移的目的地非常分散,但是19世纪,多数人跨越了大西洋。贫穷、人口增长以及英格兰的封建君主权力都是推动因素,长期的迁移传统也是动因,各种各样的机遇激励着流动人口。爱尔兰人向亚马逊盆地、西印度群岛、欧洲和北美迁移。爱尔兰新教徒受到英国东印度公司的雇佣,爱尔兰天主教徒在法兰西东印度公司站稳脚跟。作为雇佣兵,他们向遥远的中欧地区流动;作为定居者和工人,他们的足迹越过了大英帝国的边界。在法兰西服役的爱尔兰雇佣兵与法兰西殖民地建立联系。在英格兰船只上工作的水手在航行中获得了关于加拿大地区发展潜力(以及制约因素)的信息。当然,大规模的迁移必须有某种理由,比如被苏格兰新教徒和盎格鲁人取代。17世纪,西欧其他国家中没有哪一个国家接受了如此多的拥有军事技能、手段和权力支撑的定居民。18世纪,爱尔兰家庭流动人口数量增加,他们往往来自社会中希望提高生活标准的那部分人。因为贫困,进入大陆军队中的穷人数量减少了。只有地主的幼子继续涌向军队,担任军官。

流动人口的绝对人数从17世纪的13万,提高到1708～1775年的15.5万时,每千人迁徙的比率保持平稳或有所降低,因为人口总数从1701年的200万提高到1791年的约440万。在美洲,爱尔兰人在从圣劳伦斯河到拉普拉塔的广大地区定居。但是到达西印度群岛的人却不断被杀害。多数人选择在大西洋北岸和加拿大定居,同时,向英格兰和苏格兰低地的季节性流动人口增加。内陆从农村向城市流动的人数也在增加,都柏林和科克的人口增加了3倍。苏格兰—爱尔兰人与众不同,他们一直维持着迁移传统。19世纪早期,向北美和英格兰流动的人数增加,呈现出19世纪40年代大饥馑时代大规模流亡的特点(参见第

① T. C. Smout, N. C. Landsman, and T. M. Devine, "Scottish Emigration in the 17th and 18th Centuries," in Canny, *Europeans on the Move*, 76-112; Elsa B. Grage, "Scottish Merchants in Gothenburg, 1621-1850," in T. C. Smout, ed., *Scotland and Europe 1200-1850* (Edinburgh, 1986), 112-127; A. Åberg, "Scottish Soldiers in the Swedish Armies in the 16th and 17th Centuries," in Grant G. Simpson, ed., *Scotland and Scandinavia 800-1800* (Edinburgh, 1990), 90-99. Ian Charles Cargill Graham, *Colonists from Scotland: Emigration to North America, 1707-1783* (Ithaca, 1956); David S. Macmillan, "Scottish Mercantile and Shipping Operations in the North American Colonies, 1760-1825," in Macmillan, ed., *Canadian Business History: Selected Studies, 1947-1971* (Toronto, 1972), 44-103; J. M. Bumsted, *The People's Clearance: Highland Emigration to British North America, 1770-1815* (Edinburgh, 1982).

13 章第 1 节)。[①]

除说英语、法语和德语的流动人口之外,瓦龙人、说荷兰语者、瑞典人和其他斯堪的纳维亚人也前往北美殖民地。芬兰人与早期瑞典人一同迁移,他们引进了长船舱建筑,这通常被认为是美洲人对物质文化的杰出贡献。来自米诺卡岛、利伏诺和希腊的流动人口在佛罗里达定居。宗教难民中有虔敬主义的拥护者、摩拉维亚弟兄会成员、胡格诺教徒、门诺教徒和老派阿曼门诺会成员。路德派巴拉丁人逃离战争破坏地区,首先到达英格兰,之后又继续迁移到纽约,并创建了海军用品商店,他们的地位同几个世纪前不列颠造船厂中王室聘请的手工艺人的地位相同(参见第 2 章第 1 节)。窘迫的经济状况迫使他们向斯科哈里河谷移动,之后又向莫霍克河谷迁移,最后到达宾夕法尼亚。"定居活动"往往导致这种流动的结局。[②]

前往北美殖民地的人口于 1760～1775 年达到鼎盛,每年约有 1.5 万人到达。全部人数接近 25 万人,几乎是 1775 年人口的 10%,包括 5.5 万名爱尔兰新教徒、4 万名苏格兰人、3 万名英格兰人、1.2 万名说德语的人——其中 6.5 万人签有契约;人数最多的是非洲奴隶,有 8.5 万人。因此,只有约 2/5 的流动人口为"自由人",但仍受到经济制约。不列颠人中,3/4 人为男性,其中一半人在 25 岁以下,他们来自伦敦大都市,来自约克郡,来自苏格兰高地。博伊德—鲍曼对西班牙人典型形象的描述(参见第 7 章第 2 节)与典型的伦敦人相似:"一个身无分文的年轻手工艺人或手工匠人……(他)打零工、没工作、不受尊重、没结婚

① L. M. Cullen, "The Irish Diaspora of the 17th and 18th Centuries," in Canny, *Europeans on the Move*, 113-148; Joyee Lorimer, *English and Irish Settlement on the River Amazon, 1550-1646* (London, 1989); Henry Gráinne, *The Irish Military Community in Spanish Flanders, 1586-1621* (Dublin, 1992); Audrey Lockhart, *Some Aspects of Emigration from Ireland to the North American Colonies between 1660 and 1775* (New York, 1976); R. J. Dickson, *Ulster Emigration to Colonial America, 1718-1775* (London, 1966); Bruce S. Elliott, *Irish Migrants in the Canadas: A New Approach* (Montreal, 1988); Wayland F. Dunaway, *The Scotch-Irish of Colonial Pennsylvania* (Chapel Hill, 1944); Thomas Power, ed., *The Irish in Atlantic Canada, 1780-1900* (Fredericton, N. B., 1991); John J. Silke, "The Irish Abroad in the Age of the Counter Reformation," and J. G. Simms, "The Irish on the Continent, 1691-1800," in T. W. Moody et al., eds., *A New History of Ireland* (Oxford, 1976), 3: 587-633 and 4: 625-656.

② Terry G. Jordan and Matti Kaups, *The American Backwoods Frontier: An Ethnic and Ecological Interpretation* (Baltimore, 1989), 135-210; Karl Scherer, ed., *Pfälzer-Palatines: Beiträge zur pfälzischen Ein- und Auswanderung sowie zur Volkskunde und Mundartforschung der Pfalz und der Zielländer pfälzischer Auswanderer im* 18. *und* 19. *Jahrhundert* (Kaiserslautern, 1981). 有些巴拉丁人首先迁徙到英格兰: Daniel Statt, *Foreigners and Englishmen: The Controversy over Immigration and Population, 1660-1760* (Newark, Del., 1995), 121-165.

也没家庭……遵守在殖民地的 4 年契约劳动期限。”这里的流动人口以新家庭为主，他们前往新斯科舍、纽约和北卡罗来纳。当土地被完全占有、出现新的劳动力需求市场时，定居者和契约劳动者会再次流动。无论拥有哪种民族背景，只要他或她在迁移途中生存下来，能够在到达之初适应环境，殖民地的机会就多于欧洲。但是，从 17 世纪到美国独立之时，不断严密的社会分层与不断减少的机会相伴而生。[①]

由于地区间人口流动、出卖与赎身的循环、从新英格兰向新斯科舍的人口流动、买卖奴隶及强制流动人口、阿卡迪亚人的驱逐与回归、反对独立者的外出和大规模逃亡，殖民统治下的北美地区成为一个流动的社会。北美殖民地 13 州宣布独立的部分起因就是流动人口的土地需求以及投机者的利益。阿莱干尼以东地区土地数量显然不足，需要不列颠政府开放俄亥俄谷地——这里是法令规定的印第安人生活区。独立战争后，这类土地被取消，分给士兵和军官。1790 年，美国人口为 390 万，包括英裔人口（49%）、非洲奴隶及少数自由黑人人口（20%）、德意志裔和苏格兰裔人口（各占 7%），以及苏格兰—爱尔兰裔、爱尔兰裔、荷兰裔、法兰西裔、瑞典裔和西班牙裔人口。欧美人的西进运动迫使美国印第安人继续向西迁移。[②] 对西进运动的广泛性和持续性的描写，掩盖了内部流动的多面性特点。内部的发展——道路和河渠的建造以及第一批铁路的兴建——需要一批不熟练的工人从事土方作业，建筑完成后，为进一步的人口流动提供了便利交通。在新英格兰，来自旧英格兰的新移民引进了纺织机器。因为在无人居住区已经建立了水力发电设施，纺织厂吸引了农民的女儿来工作。她们的兄弟通常向西迁移寻找比当地丘陵地区更肥沃的土地。由于年轻女性可以兼顾父辈的农业生产和工资劳动，她们使家庭收入增加；1837 年大萧条后，劳动状况恶化，她们有能力组织起来发动罢工。从 19 世纪 40 年代开始，工厂主用爱尔兰家庭代替了自信的工厂女工，爱尔兰人因为饥荒而流亡，这使他们成为廉价劳动力，断绝了返乡的可能，并且避免了原来的劳动力拥有的战斗性。除爱尔兰人之外，来自圣劳伦斯河谷的法兰西—加拿大天主教徒加入进来，河谷地区儿童

① Bernard Bailyn, *The Peopling of British North America: An Introduction* (New York, 1986), 9-20, quote on 13, and Bailyn, *Voyagers to the West: A Passage in the Peopling of America on the Eve of the Revolution* (New York, 1986).

② Roger Daniels, *Coming to America: A History of Immigration and Ethnicity in American Life* (New York, 1990), 67-68.

人数众多、工业化进程缓慢等因素都制约了当地工作机会的增加。[①]

处于大西洋中部各州统治下的纽约、费城和巴尔的摩的港口(以及后来墨西哥湾沿岸的新奥尔良和加尔维斯敦港口)接纳了不断增加的欧洲流动人口,或者成为中转站。许多人留在城市中,至少是短暂逗留,其他人则继续向西迁移。再往南,种植园经济转向棉花种植,并且从已枯竭的土地迁出,沿河流移动,首先到达阿莱干尼山麓地区,之后翻越山脉到达密西西比东部地区。耕作者与他们的奴隶一同迁移。起义的奴隶被卖往"河流下游"——这是另外一次前往劳动条件艰苦地区的强制流动。非洲—美洲强制人口流动与非洲或非洲—加勒比模式不同,前者移植了他们的种植园文化。约 1840 年时,在遥远的西部地区,耕地已经扩展到密西西比地区,美国印第安人被驱逐。农业生产者的供应无法满足西北地区新国家的需要,他们在欧洲居民中展开招募行动。最早在 19 世纪 40 年代,流动人口中定居者、手工艺人(或熟练工人)和农业劳动者/家务劳动者(或不熟练工人)的比例各占 1/3。城市对于劳动力的高需求率促使人口流向东方和北方,前往匹兹堡和芝加哥的流动人口中出现临时性的儿童农工。

1790～1820 年,到达人数只有不到 25 万;1820～1840 年,有 75 万;1841～1850 年,达到 170 万;在内战前的最后 10 年,即 1851～1860 年,为 260 万人。这只是从港口统计中大致估计的数字,其中可能有些人返回欧洲,因此这个数字有可能减少。由于形成流动人口必然在美国安家的思维定式,所以在 1908 年以前,离开的数字并不统计。在利用帆船旅行的时代,返乡率可能很低;但是 19 世纪 70 年代汽船开始使用以后,1900 年前后的返乡率可能是到达人数的 1/3。每千人的流动率从 19 世纪 20 年代的 1.2%,提高到 19 世纪 50 年代的 9.3%;1850 年,外国出生者的比率占全部人口的 9.7%。1900 年,不到 5%的流动人口成为定居者;95%为单身男性和女性工人,他们投奔亲朋好友而来,多数人多次迁移流动。美国和加拿大之间人口交换十分频繁。流动线路多达 49 条,但是由于加拿大的外来人口统计始于 1865 年,并且仅限于经港口到达的人口,因此学者们只有近年来才对这个问题展开深入研究。说法语的魁北克家庭流向新英格兰纺织厂,这种劳动力流动从 19 世纪 40 年代断断续续地开始,但是发展很快。

---

① Thomas Dublin, *Women at Work: The Transformation of Work and Community in Lowell, Massachusetts, 1826-1860* (New York, 1979); Philip S. Foner, ed., *The Factory Girls: A Collection of Writings on Life and Struggles in the New England Factories of the 1840's* (Urbana, Ⅲ., 1977).

由于工业部门扩大,1893 年政府公布了封闭的农业“边界”。[①]

美国的人口安置活动持续了一个世纪,随着“美国”观念的详细阐释和不断变化,人口安置更加深入。在独立战争期间以及大宪章撰写期间,安置活动反映了自由政治组织的理想;它又促进了与自由或廉价土地所有者的关系,在世纪末产生了关于朝气蓬勃的工业社会的动人故事。19 世纪末期,美国的社会分层与欧洲趋同。流动人口实实在在地告诉家乡人民他们艰苦工作和受压迫的境遇。如果他们的书信中描绘了玫瑰色的画面,他的亲属和以前的邻居就会蜂拥而至,期望他能够帮助他们找到工作、安定下来——这是一个自我编织的成功故事。另一方面,对于这个世界美好生活的向往、19 世纪世俗化的愿望,使得美洲成为一个举世无双的世外桃源。为了正视这些愿望,正确看待人口流动规模,我们必须认识到,维也纳曾经被看作理想中的黄金国,巴黎被看作自由都市,德意志的鲁尔区和伦敦是充满机遇的城市。无论是哪个大洲或是哪个目的地,当现金支付工资而非以货代款的方式出现的时候,流动人口的价值观便会发生变化。但是,他们往往只看到了好的一面,而没有看到真实的工作和生活状况(参见第 13 章第 2 节)。[②]

除了从大西洋的角度看待北美的流动人口安置情况,我们还应注重洲际人口流动(从墨西哥向北)及太平洋流动人口。殖民化进程以帝国的名义从西属加利福尼亚延伸到白令海峡,执行者是新西班牙的克里奥尔人、来自东亚经太平洋到来的不列颠人以及来自西伯利亚的俄罗斯人。在第一个说英语的外来人口到达之前,加利福尼亚以及整个美国西南部地区的文化是美国印第安人文化和西班牙—墨西哥文化。在詹姆斯镇居民到达东海岸之前,流动人口是美洲这个区域的居民。在北方,俄罗斯和西伯利亚皮毛商人、企业家和渔民以及阿留申猎人到达这里,但是它仍然处于边缘地带。1783 年,他们在科迪亚克岛、阿拉斯加建立了基地;1806 年,他们在旧金山海湾建立了堡垒和数个农业团体,以保障供给。俄罗斯帝国在帝国竞争以及美国的太平洋沿海文化交流中占据下风,1867 年,他们将阿拉斯加卖给美国。在受到干预的几十年时间里,19 世纪 80 年代,

① Daniels, *Coming to America*, 124-125; Ingrid Schöberl, *Amerikanische Einwandererwerbung in Deutschland, 1845-1914* (Stuttgart, 1990); Thomas J. Archdeacon, *Becoming American: An Ethnic History* (New York, 1983), 27-56; Bruno Ramirez, *Crossing the 49th Parallel: Migration from Canada to the United States, 1900-1930* (Ithaca, 2001).

② Dirk Hoerder, "Labour Migrants' Views of 'America'," *Renaissance and Modern Studies* 35 (1992): 1-17; Hoerder and Horst Rößler, eds., *Distant Magnets: Expectations and Realities in the Immigration Experience, 1840-1930* (New York, 1993).

本地的3万名阿留申人死于疾病；19世纪60年代，仅有3000人存活。在亚洲，中国熟练工人和水手乘坐东印度公司的帆船到达范库弗岛，在夏威夷定居（参见第7章第4节）。太平洋人口流动的第二个阶段始于19世纪40年代，主体是中国及随后而来的日本人，包括日本工人（参见第14章第5节）。加利福尼亚部落、西北海岸印第安人、阿留申人等当地人被大肆屠杀或驱逐，有些人留下来成为渔民和工人。三个帝国的前哨，包括极少数的妇女，具有多民族特性。

5. 其他殖民地：非洲的开普和澳大利亚

荷兰以及后来的大英帝国开普殖民地与北美和俄罗斯南部以及西伯利亚的殖民地进程相同。澳大利亚和新西兰在18世纪成为欧洲侨民的聚集地，19世纪葡萄牙人向安哥拉和莫桑比克流动；法属阿尔及利亚吸引了各类流动人口；肯尼亚和东非其他地区吸引了英格兰人。19世纪末期，只有少数欧洲人居住在德意志殖民地。在拉丁美洲，阿根廷吸引着意大利人，巴西招揽着波兰人、德意志人和其他国家的少数人。在开普殖民地和澳大利亚，由于气候因素导致原住民居住分散，流动人口的民族性与北美地区如出一辙。美国边缘社会构成的范例反映出19世纪的美洲神话，并非某个特殊地区的状况。边缘社会在全世界范围内存在。

"欧洲霸权时代"，封建君主拥有更大权力。它表现在，在世界范围内剥削当地劳动力，在很多情况下，进行有计划的种族灭绝和屠杀。从墨西哥延伸到阿根廷的"殖民地土著人口"、北美的"印第安人"（无论是易洛魁人、苏人，还是印第安人村庄），南非[桑人（布须曼人）和克瓦人（霍屯督人）]和澳大拉西亚（毛利人和澳大利亚土著居民）都被连根拔起。幸存者沦为殖民地社会的最底层，成为劳动力储备和性剥削的对象。有色人种之间通婚形成了有色人等级。白人根据法律规定指派北美人和澳大利亚人担任政府土著行政区的候补官员，或担任内陆地区官员。在多数土著居民中，文化破坏以及人身安全没有得到恢复和调整，成为痛苦的回忆。只是在20世纪最后25年，流动人口社会，特别是新西兰、澳大利亚和加拿大，才尝试减轻后代的苦难回忆。①

荷兰开普殖民地位于非洲最南端，从1652年成为殖民地到1869年，苏伊士运河开通造成贸易、旅行和人口迁移航线改变，这期间它一直是"欧洲和亚洲的

① Leopold Marquard, *The Story of South Africa* (London, 1955); T. R. H. Davenport, *South Africa: A Modern History* (2d ed., Johannesburg, 1981).

中间站”。当荷兰东印度公司开始建立供给过往海上船只食物的驿站时，“优良的、亚热带的、部分肥沃的”土地由流浪的桑人和克瓦人控制。公司并没有筹建定居点，但是退役士兵、水手、职员和技师却留下来创建了属于自己的经济部门，这些部门的目标是个人获利，并未考虑荷兰东印度公司的利益：“南非的边界最初由说荷兰语的猎手、商人和牧民确立，他们一般与非洲人拥有同等权利，并没有更强大。”因为自由的克瓦人并不希望、也不习惯田野耕作，而且因为荷兰人同样拒绝从事农业劳动，负责供给荷兰东印度公司船只的驿站官员从全局考虑建议招募中国劳动力和蔬菜种植者，他们在爪哇和台湾的企业精神和劳动能力得到公司官员的好评。在自由的中国人不选择向开普迁移的情况下，就出现了奴隶流动人口，但是在 17 世纪 70 年代与马达加斯加的奴隶贸易发展起来之前，奴隶人数很少。荷兰东印度公司宣布禁止将当地的非洲人没为奴隶。有经验的自由克瓦人男性成为牧民、车夫和司机，有些妇女从事家务劳动，但是没有人参加农业生产。[①]

在这种情况下，针对从东方殖民地返乡的公司奴仆，荷兰东印度公司决定鼓励自由市民的流动。由于富人有意返回荷兰，导致人口增长速度迟缓，由公司资助路费的胡格诺教难民在 1685 年迅速增加。与胡格诺教徒在欧洲的行动不同，他们无权建立独立的民族宗教区域。他们分散在荷兰农民中，引进葡萄栽培技术，融入荷兰人生活。1780 年，殖民地人口中自由市民有 1.1 万～1.2 万人，其中 3000 人住在开普镇。以男性为主的新人口与早期流动人口中的荷兰妇女以及法兰西—荷兰妇女通婚，布尔人开始形成。来访者中存在着性别差异：富裕的男性市民很“昏庸”；女性市民则非常活跃、睿智，通过出租房屋给官员和旅客、补给大商船以及其他经济活动，为家庭创造财富。下层男人从事手工业劳动；妇女向水手和士兵出租物品，她们在内地农民和水手之间牵线买卖、走私货物，因此她们对家庭收入的贡献大于男性。公司拒绝了当地人提出的贸易独立和自治管理的要求，欧洲裔荷兰人和当地出生的南非白人（被贬称为“布尔人”）之间的关系日渐紧张。布尔人不断发展，拥有奴隶，其生活状况远优于荷兰农民，1730 年殖民地发展迅速。他们接受荷兰议会的管理，但拥有独立思想，1795 年荷兰东印度公司关闭，他们不再接受管理（参见第 5 章第 5 节）。

---

① Charles R. Boxer, *The Dutch Seaborne Empire, 1600-1800* (London, 1965), 273-289; Elizabeth A. Eldredge and Fred Morton, eds., *Slavery in South Africa: Captive Labor on the Dutch Frontier* (Boulder, 1994), quote on 2; 关于原住民，参见 essays in Richard Elphick and Hermann Giliomee, eds., *The Shaping of South African Society, 1652-1840* (Middletown, Conn., 1989).

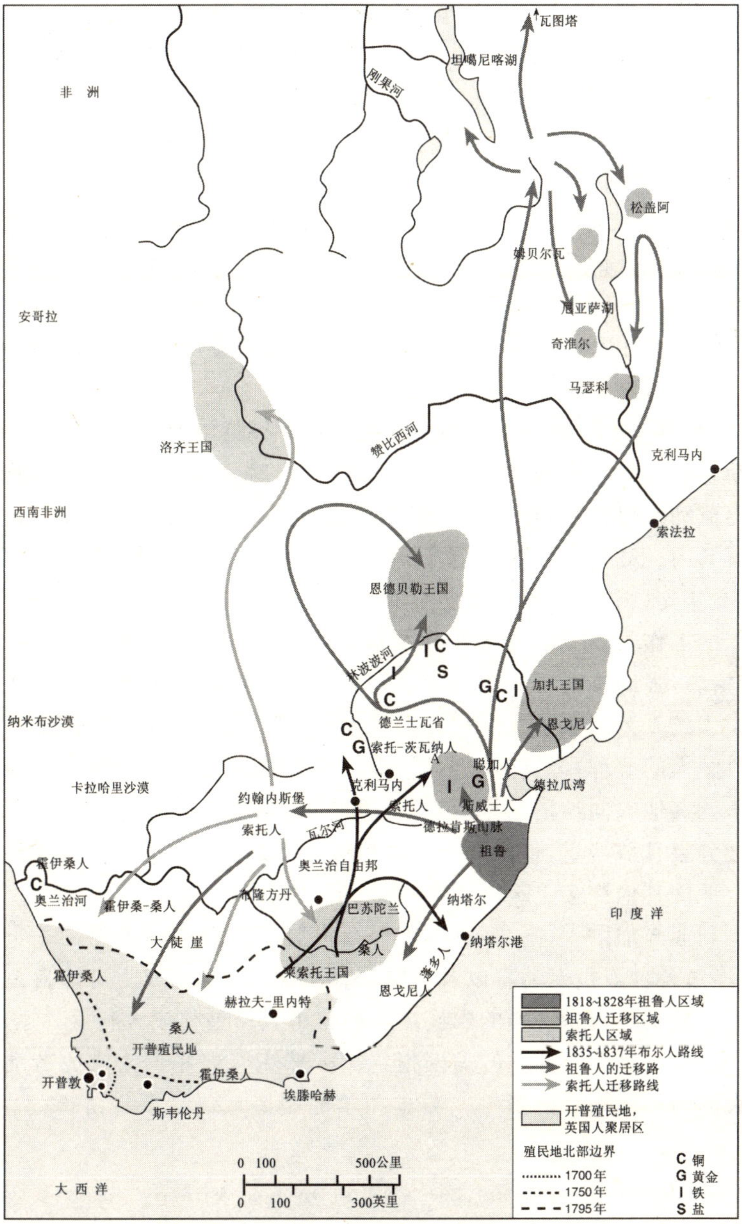

图 2-16　南非：民族、开普殖民地、人口流动

经济的发展依赖于劳动力供给、文化抉择以及权力关系。克瓦人牧民参与的畜牧业迅速扩展,农业的发展相对来说则比较缓慢,原因在于劳动力匮乏,尽管农民可以某种契约方式雇佣荷兰东印度公司的士兵。1716 年,荷兰东印度公司引进了奴隶制,并且停止招募农民家庭。布尔人牧民首先将克瓦人从最好的牧场驱逐到边境,之后又将他们驱逐到土壤条件极差的地区。再往北,这个时期,图西人建立了对胡图人的统治。国家建立了,又衰落了,说班图语的人继续向南迁移。19 世纪,恩戈尼人、科洛洛人、恩德贝勒人改变了他们的迁移方向,向北征服遥远地区的布尔人和祖鲁人。18 世纪 80 年代至 19 世纪 30 年代的"流民战争"的结果同样与掠夺奴隶有关,它延缓了当地社会的发展,在 19 世纪 20 年代的艰难时代(mfecane)达到顶峰。祖鲁人扩展领土、建立统治,其他人被消灭,或者向西、向北迁移。

1806 年,不列颠人占领殖民地。由于 1827 年英语成为强制语言,奴隶制的废除切断了农民劳动力的供应渠道,民族文化关系高度紧张。不列颠政府采取资助外出流动人口计划,努力改变殖民地的民族构成,但该计划并未付诸实施。1819～1820 年,大约 5000 名儿童抵达这里,包括德意志人在内的其他 4 万人在之后的 40 年先后到达这里。他们中劳动者很少,对土著人的剥削导致他们很难获得良好的工作机会。不列颠人沿用 1713 年从法兰西夺得阿卡迪亚(今新斯科舍)后的措施,强制推行不列颠化;为了保持自己文化和经济生活方式,1835～1838 年,大约 1 万名布尔人向东、向北"大迁徙"。为了占有"卡菲尔人"(对说班图语的科萨人的蔑称,源自阿拉伯语,指非穆斯林非洲人)的土地,布尔人发动了喋血战争。其他人向纳塔尔迁移,与祖鲁人移民争夺土地,并建立了德兰士瓦省。社会分裂日益严重,种族联合日益松散。不列颠人和布尔人互不往来,他们也与这个地区其他许多土著民隔绝(参见第 15 章第 1 节、第 17 章第 4 节)。[①]

澳大利亚与加拿大、南非一样,曾经是大英帝国白人殖民地的一员,在政府统治下,经过各种奴役劳动者以及富裕农民的努力,发展成为自给自足的社会。帝国权力不鼓励除携带资本的农民之外的自由人口前往澳大利亚。运送"罪犯"始于 1788 年,当时刚刚独立的美国拒绝接受罪犯。罪犯们为农民劳动,以支付他们在大洲间长途旅行的费用。养羊和羊毛制造成为主要经济部门。19 世纪

① Boxer, *Dutch Seaborne Empire*, 280-293; Basil Davidson, *A History of East and Central Africa to the Late Nineteenth Century* (Garden City, N. Y., 1969), 281-287; Vivian Bickford-Smith, *Ethnic Pride and Racial Prejudice in Victoria Cape Town: Group Identity and Social Practice, 1975-1902* (Cambridge, 1995); Elizabeth Elbourne, "Freedom at Issue: Vagrancy Legislation and the Meaning of Freedom in Britain and the Cape Colony, 1799 to 1842," in Lovejoy and Rogers, *Unfree Labour*, 114-129.

20 年代，澳大利亚进入世界经济体系。19 世纪 30 年代，劳动力需求增加。土著人口被分为 350 多个文化集团，遍布东西海岸，由于饥荒，他们颠沛流离或被杀害。1837～1840 年不列颠人开始定居后，新西兰毛利人的境遇并没有好转。①

在 1857 年罪犯遣送体制废止之前的 60 年时间里，大约有包括不列颠黑人在内的 16 万名罪犯抵达澳大利亚。1820 年遣送船只逐渐减少，究其原因，主要是出于人道主义的考虑，而非经济利益因素。② 被遣送者中有 1/6 为女性。尽管她们往往被归类为“妓女”，但是“女性罪犯并非犯罪者中的下层，而是性别隔绝的劳动者阶级，她们的收入有赖于雇佣水平和价格的起伏波动，有赖于流失的经济机遇，她们的收入无法与她们的男性同行可怜的收入相比”（奥克斯利）。尼古拉斯和舍尔戈德用当代的观念定义罪犯，从社会史角度分析遣送记录，指出被遣送的是“劳动力贵族”，而非社会渣滓。被遣送的男性比一般伦敦人更有文化，拥有更多技能；女性年纪轻，有手艺，可流动，并且多是没有子女的独身者。他们的罪名一般是小额财产犯罪。③ 几百名罪犯是西印度群岛的黑人，他们一般是到达大不列颠的早期流动人口。19 世纪 30 年代，一些被遣送者是加拿大的“起

---

① “澳大利亚土著人”（地图），参见 David Horton, ed., *The Encyclopaedia of Aboriginal Australia*, 2 vols. (Canberra, 1994); Anne Salmond, *Between Worlds: Early Exchanges between Maori and Europeans, 1773-1815* (Honolulu, 1997).

② Stephen Nicholas and Peter R. Shergold 重新评价驱逐的历史意义，并将澳大利亚放在全球背景下进行考察，Stephen Nicholas, ed., *Convict Workers: Reinterpreting Australia's Past* (Cambridge, 1988), 3-39. L. L. Robson, *The Convict Settlers of Australia* (Melbourne, 1965); Alan G. L. Shaw, *Convicts and the Colonies: A Study of Penal Transportation from Great Britain and Ireland to Australia and Other Parts of the British Empire* (London, 1966); Anne Conlon, "'Mine Is a Sad yet True Story': Convict Narratives, 1818-1850," *Journal of the Royal Australian Historical Society* 55 (1969): 43-82; Robert Evans Jr., "Some Notes on Coerced Labor," *Journal of Economic History* 30 (1970): 861-866; Lloyd Evans and Paul Nicholls, *Convicts and Colonial Society, 1788-1853* (Stanmore, Austral., 1976); George Rudé, *Protest and Punishment: The Story of the Social and Political Protesters Transported to Australia, 1788-1868* (Melbourne, 1978). 感谢 Anna Hoerder 帮助笔者进入澳大利亚各个图书馆查阅资料。

③ Anne Summers, *Damned Whores and God's Police: The Colonization of Women in Australia* (Ringwood, Austral., 1976); Michael Sturma, "Eye of the Beholder: The Stereotype of Women Convicts, 1788-1852," *Labour History* (Australia) 34 (1978): 3-10; Monica Perrott, *A Tolerable Good Success: Economic Opportunities for Women in New South Wales, 1788-1830* (Syndey, 1983); Annette Salt, *These Outcast Women: The Parramatta Female Factory 1821-1848* (Sydney, 1984); Deborah Oxley, "Who Were the Female Convicts?" *Journal of the Australian Population Association* 4 (1987): 56-71, quote on 69.

义者”,19 世纪 50 年代印度的“民族起义者”亦然。①

历史上曾经有多个或大或小的人口安置方案,提出者各怀心思:首先,18 世纪 80 年代和 19 世纪 20 年代,亚洲丰富的劳动力储备受到关注;其次,18 世纪 80 年代,美洲的保皇主义者及其黑人奴隶引进;第三,太平洋岛屿遭到侵略,开始接纳男女罪犯。1850 年,多数殖民地人口仍然以被驱逐者的子女为主,这时,外来人口增加。自由人到来,乞丐随着流动人口到达这些地区。不列颠权贵旨在清除“人渣”,为此,他们将穷人遣送出去——妇女也因为“农业萧条,工业经济持续低迷以及‘人口爆炸’等因素,被边缘化”。那些被遣送的人,往往并非出于个人意愿,却比那些留在“家乡”的人获得更高的地位。但是,距离和所产生的费用阻碍了大批人的行动,人口流动规模及数量仍然不足以填补劳动力需求的缺口。

为了弥补这些欠缺,澳大利亚政府实施资助人口流动政策,他们出卖公共土地,以所得利润设立基金资助流动人口(并且资助正在筹建的不列颠船运公司)。不列颠的代理人到农村寻找强壮、健康的农民,但所获甚少,尽管经济压力、高地的贫困生活以及饥荒、债务或驱逐的威胁都是人口流动的“动力”。因为不列颠王室与汉诺威的联系,招募地区扩展到大陆。19 世纪 50 年代,德意志哈尔茨山的赤贫矿工受到资助。男人可以签署契约,但必须得到妻子的同意,因为这种迁移可能是永久的家庭流动。汉诺威的统治者担心出现返乡者,尽管为数不多,因此他们选择工作记录较好的工人,资助他们的家庭在澳大利亚建立新生活。自由的自费流动人口从 1830 年的 500 人增加到 1850 年的 1 万人。易于获得土地以及从游牧农业获得利润改变了澳大利亚“罪犯仓库”的形象,转而成为获利的仓库。英国印度人来寻找投资机会,与加拿大人相同,他们在退休后维持自己的生活方式。

1851 年,黄金矿产被发现(如 1848 年的加利福尼亚、1858 年的英属哥伦比亚、1861 年的新西兰),人口因此而增加 3 倍,从 1840 年的 40 万人增加到 1860 年的 115 万人。劳动力需求和工资增长吸引着各个民族、各种社会的自由人口。年轻的、游走于国际社会的男性渴望冒险,他们往往来自从工业化进程中获利的家庭。19 世纪,大约 160 万移民到达。1901～1930 年,277 万人到达,223 万人

① Ian Duffield, “From Slave Colonies to Penal Colonies: The West Indian Convict Transportees to Australia,” *Slavery and Abolition* 7 (1986): 25-45.

离开，净人数约为 50 万。[①]

1837～1844 年，众多来自英属印度的劳动者被英属澳大利亚的私人企业主雇佣；1852～1854 年，又有大批来自印度的亚欧人受到雇佣；19 世纪 40 年代，大批太平洋岛民到达。1851 年后，自由的亚洲淘金者到达，与中国商人进口劳动力情况类似。矿山、蔗糖种植园和其他产业所需劳动力几乎全部为男性，他们是中国人和太平洋岛民（1900 年各有约 6 万人）。他们签署了契约，许多人后来返回了家乡；1890 年，自愿流动的欧洲妇女或欧洲妓女留下了她们生育的 2500 名澳大利亚儿童。经济领域中普遍出现海外专业人员：阿富汗骆驼手是前往贫瘠的内陆地区不可或缺的运输专才；马来人和日本采珠人在昆士兰与澳大利亚西部沿海地区工作，生产的海参出口中国。由于不符合基本经济规律，人口流动在 1901 年停止。加拿大官员谨慎地讨论"首选民族"的时候，他们的澳大利亚同行则已经是强硬的种族主义者，提出了"澳大利亚白人"政策。亚洲人的运输费用相对便宜，当然地位低于欧洲人。爱尔兰或伦敦招募的劳动力并不能满足需求。因此，意大利工人和马耳他工人前往昆士兰地区，这里由于地处热带，罪犯遣送制度持续的时间最长。在澳大利亚，如同美洲的部分地区一样，中国、意大利以及其他国家的侨民劳动力阶级在劳动力市场会合。对于白人以外的外来者的限制持续到 20 世纪中叶。

各个国家及其政府权贵、居民或"属民"，往往并不赞同社会等级、政治制度和人口迁移计划。因此政府提出了罪犯遣送政策、强制迁移人口政策以及向殖民地派遣安置奴役劳动力的政策。政府控制的人口迁移政策也包括强制核心区不情愿的人向劳动力匮乏的边缘区流动。在其他地区，大英帝国安置了不列颠附属民——英格兰人、威尔士人、苏格兰人或爱尔兰人——来改造殖民地属民，根据战争或和平条约的规定，这些属民有可能是英国国教不接受的宗教难民，也有可能是不列颠上层不接受的某个民族。最糟糕的情况是，已经定居的人口——实际的中

---

① Robin P. Haines, *Emigration and the Labouring Poor: Australian Recruitment in Britain and Ireland, 1831-1860* (New York, 1997); Eric Richards, "Migration to Colonial Australia: Paradigms and Disjunctions," in Jan Lucassen and Leo Lucassen, eds., *Migration, Migration History, History: Old Paradigms and New Perspectives* (Bern, 1997), 151-176, and Richards, "Voices of British and Irish Migrants in Nineteenth-Century Australia," in Colin G. Pooley and Ian D. Whyte, eds., *Migrants, Emigrants, and Immigrants: A social History of Migration* (London, 1991), 19-41; Renate Vollmer, *Auswanderungspolitik und soziale Frage im 19. Jahrhundert: Staatlich geförderte Auswanderung aus der Berghauptmannschaft Clausthal nach Südaustralien, Nord-und Südamerika, 1848-1854* (Frankfurt/Main, 1995); Patrick O'Farrell, ed., *Letters from Irish Australia, 1825-1929* (Sydney, 1984); Helen R. Woolcock, *Rights of Passage: Emigration to Australia in the Nineteenth Century* (London, 1986).

产阶级人口——因为帝国利益被大规模驱逐。18 世纪 50 年代,在英属北美殖民地,说法语的阿卡迪亚人分散到新英格兰和路易斯安那。自由的(在不列颠人看来,是顽抗者)荷兰—非洲布尔人在 1910 年被运送到这里。在核心区主导的帝国战争中,接管不同帝国建立的殖民地可能迫使种植者和流动人口逃亡。比如,17 世纪 50 年代,被迫从荷属巴西迁移至荷属安第斯地区的荷兰蔗糖种植者,18 世纪 70 年代和 80 年代,从独立的美洲殖民地迁徙到加拿大及其他地方的保皇党人,18 世纪 90 年代,从海地向路易斯安那迁移的法兰西种植者。

对比 1860 年以后半个世纪的劳动力人口流动(见第 13 章),全球范围内人口再分配过程中农民仅占少数,但是被驱逐和逃亡的原住民占据大部分。1900 年,大约 400 万欧洲人生活在澳大利亚和新西兰;在非洲的欧洲人中,仅有 75 万人在阿尔及利亚(占 525 万人的 14%),125 万人在开普和罗得西亚(占 600 万人的 21%),几万人在莫桑比克和安哥拉生活。英属东非以及德意志殖民地的欧洲人人数很少,可以忽略不计。

第9章 美洲内部和奔向美洲的强制劳工流动

奴隶制度和强制劳动已经成为印加社会、阿兹特克社会、亚洲社会以及非洲社会中不可分割的组成部分。在欧洲和俄国西伯利亚地区，农奴制度、劳役偿债制度、强制士兵劳动以及惩罚罪犯的苦役制度都存在。所有这些制度都加诸社会卑贱阶层或种姓、战俘或罪犯，还包括侵略弱势的邻近地区——无论它们处于国家、小社会还是氏族的发展阶段，其目的是掠夺劳动力。殖民地的猎奴运动导致欧洲人地位高于其他人，白色皮肤优越于其他肤色。首先，从15世纪40年代开始，葡萄牙人将非洲人运送到欧洲，之后，荷兰殖民者在东南亚岛屿强制农民种植出口作物。1760年，荷兰地区事务专员命令爪哇人"每年必须种植一定数量的(咖啡)树"。这个"强制耕种制度"导致当地权贵负担加重，被迫接受荷兰东印度公司的债务奴役(参见第6章第4节)。1809年，不列颠人同样在开普殖民地发布了《霍屯督法令》，强迫克瓦人家庭居住在指定区域内，并且将他们的子女以契约方式控制在他们父母的雇主手里长达10年——用当时的话说是"担任学徒"。法兰西种植园主在印度洋岛屿也引进了这种制度。[①]

在美洲，16世纪早期西班牙人对加勒比人的奴役终止于种族屠杀(参见第7章第3节)，西班牙人进口不同民族的奴隶，促进了文化的交融(参见第7章第4节)。在殖民者中，农业生产者需要依附于土地的劳动力，矿主和生产大宗出口作物的农场主需要长期依附劳动力。因此，两种似乎矛盾的获取没有报酬劳动力的方法被采用：对"殖民地土著"强迫停留和强迫流动，之后，又大量进口非洲奴隶。最后，在奴隶制废除后，在短暂地尝试使用来自欧洲的自由劳动力后，劳动力需求的空缺由来自亚洲的自愿的和不自愿的契约劳动者(苦力)填补(参见第14章)。19世纪中叶以后，强制劳动力逐渐被欧洲大批无产者代替，他们是在经济压力下的自愿迁移者(参见第11～13章)。关于20世纪强制劳动状况，参见第16章第2、4节。

---

① 感谢 Gabriele Intemann 向笔者介绍有关这个问题的西班牙语和葡萄牙语研究成果。

C. G. F. Simkin, *The Traditional Trade of Asia* (Oxford, 1968), 231-232; S. Manickan, *Slavery in Tamil Country: A Historical Overview* (Madras, 1982); Leopold Marquard, *The Story of South Africa* (London, 1954), 99-101.

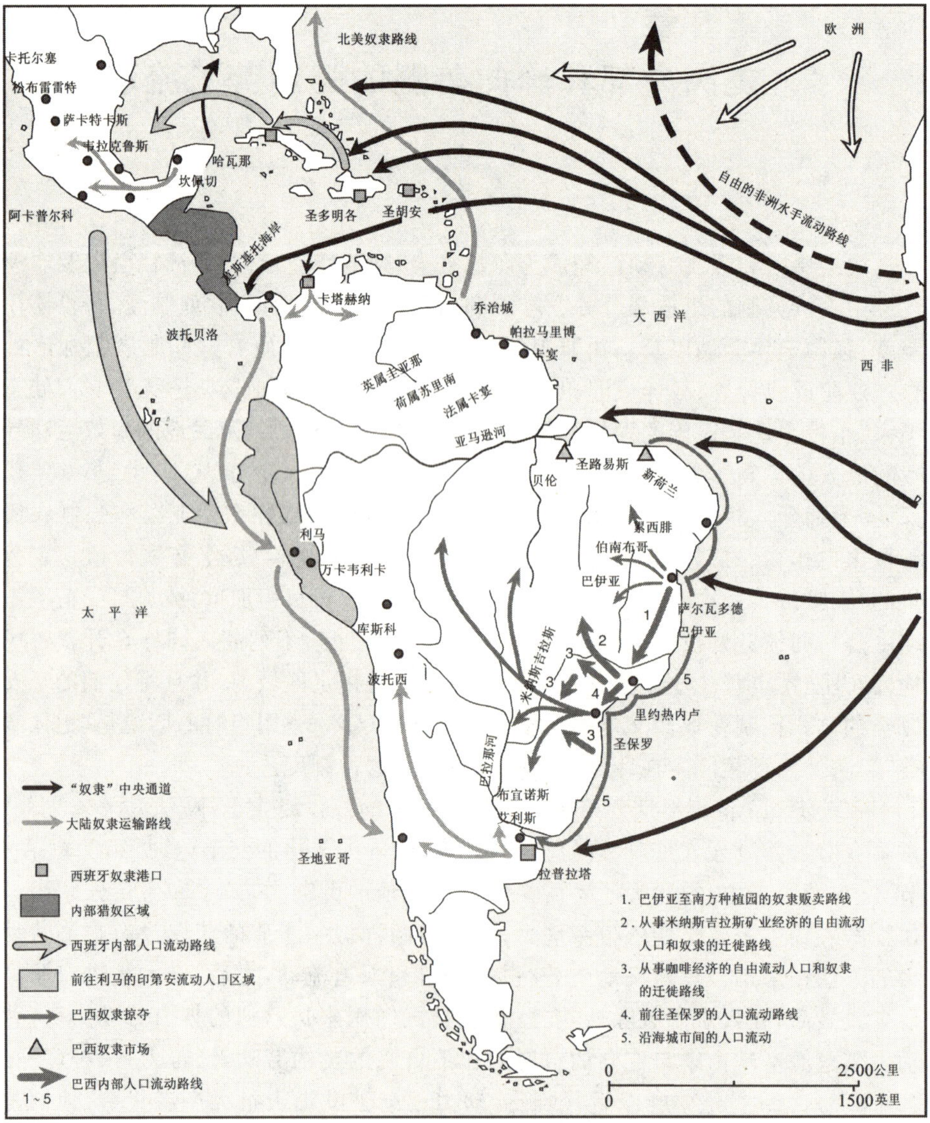

图2-17 拉丁美洲人—美洲黑人—美洲土著人的流动

首先,在16世纪的中南美洲和加勒比地区殖民地,以奴隶制为基础的监护征赋制度(encomienda)将当地人口以种植园(haciendas)为劳动单位束缚在国家官员和种植园主手中。其次,在分派劳役制(repartimiento)约束下,当地人被迫迁移,参加公共工程、矿山和种植园的劳动。最后,在分派劳役制(mita)下,强迫劳动者到秘鲁矿山劳动。

1.西属美洲本地劳动力的强制束缚和流动

几乎是在到达之初，哥伦布就已经着手将阿拉瓦人没为奴隶，将他们作为献给天主教君主费迪南德和伊萨贝拉的礼物。他计划资助西行冒险，包括运输牲畜、向东运输和买卖人口充当奴隶。在西班牙，学术界关注两个内容：关于“新”人口的人权和奴隶身份；强迫不同宗教的臣民从事束缚劳动是基督徒与穆斯林之间爆发战争的主因。尽管伊萨贝拉女王曾经下令将所有运到伊比利亚半岛的奴隶送回家乡，但是返乡的西班牙人仍然不断进口“仆役”。高死亡率阻碍了美洲奴隶人口进入伊比利亚社会。①

在殖民地，西班牙征服者和流动人口以王室的名义为自己购买土地，并且希望尽快收回投资。他们亲自参加劳动，所获农业产品无法达到他们的预期，因此出现了掠夺行为和束缚劳动。从临时束缚劳动制度中获利者认为殖民地土著就是奴隶，官员们是最活跃的商人，因为王室征收 1/5 的买卖收益对他们非常有利。原住民的反抗有时是有组织的，这成为进一步猎奴的借口。王室法令(认定是无正当理由的冲突)以及司法解释都无法成功抵抗殖民者。王室的禁令只能反映在提高的价格上，却无法发生实质性改变。②

1517 年，加勒比地区劳动力潜力几尽枯竭，大陆成为新的劳动力仓库。在主教拉斯卡萨斯的巴泰勒米、新西班牙“殖民地土著的保护者”祖玛拉的胡安主教以及查理五世的干预下，1542 年的《新法》(*Leyes Nuevas*)中，殖民地土著奴隶制度被正式废除。16 世纪 10 年代，进口的非洲奴隶开始到达。之后，原住民成为西班牙君主的属民，纳入天主教会的行政区划。在墨西哥，1561 年正式废除殖民地土著奴隶制度，在殖民地边缘地区，奴隶制度得到王室代表的默许。《印第安人法律汇编》(1680 年)重申废除奴隶制度的规定，释放反对西班牙统治的民族，比如加勒比人、阿劳干人、米达纳诺斯人以及墨西哥北部的奇奇梅克人

---

① Andreas Venzke, *Christoph Kolumbus mit Selbstzeugnissen und Bilddokumenten* (Reinbek, 1992), 92; Alfonso F. Silva, *La esclavitud en Sevilla y su tierra a fines de la Edad Media* (Seveille, 1979), 140.

② Silvio A. Zavala, *Los esclavos indios en Nueva España* (Mexico, 1968), 12; William L. Sherman, *Forced Native Labor in Sixteenth-Century Central America* (Lincoln, Nebr., 1979), 47; O. Nigel Bolland, "Colonization and Slavery in Central America," in Paul E. Lovejoy and Nicholas Rogers, eds., *Unfree Labour in the Development of the Atlantic World* (Ilford, U.K., 1994), 11-25.

(这里矿山劳动力需求很高)。殖民地土著奴隶制残余一直存在到18世纪。[①]殖民地土著劳动力与其他文化的依附劳动者和自由劳动者的关系因地区差异而有所不同。在加勒比地区,种族灭绝断绝了任何产生相互联系的可能性;在墨西哥和秘鲁,纳贡与强制劳动继续反映出阿兹特克和印加文化特点;在山区,由于地理条件不适合发展种植业,因此劳动力需求与加勒比地区、巴西以及后来的英属北美殖民地南部地区状况不同。[②]

关于贸易规模,各种资料的记载大不相同;由于死亡率极高,因此任何一个结论都不可信。有身份的人和官员拥有大批依附奴仆。例如,征服后,科尔特斯拥有3000名奴隶,而在他去世时有400名奴隶。至于有多少人为他工作到去世,又有多少人替补进来,我们都一无所知。舍尔曼认为,1524～1549年,中美洲总共有15万名奴隶,其中1/3用船运输。麦克莱奥德认为,1532～1542年,尼加拉瓜拥有20万名奴隶的数字相对保守。从运输角度看,1548年以前有500万战俘运送到巴拿马和秘鲁的猜测并不可信。近年博兰德的研究提出了有50万名奴隶,同时在掠夺中死亡者亦为50万人的数字。刨除奴隶总数,“在各种情况下从事强制劳动的人数统计状况往往只比奴隶好一点,但是,这是另外一个问题”[③]。

“与今天一样,中美洲印第安人口最集中的地区是危地马拉,奴隶贸易最活

---

① Zavala, *Los esclavos indios*, 30-41, 107, 170-309; Sherman, *Forced Native Labor*, 56-57; P. J. Bakewell, *Silver Mining and Society in Colonial Mexico: Zacatecas, 1546-1700* (Cambridge, 1971), 122. Bartolomé de las Casas, “Brevísima relación de la destruction de las Indias,” and “Historia de las Indias.”

② Silvio A. Zavala, *La encomienda Indiana* (Madrid, 1935; rev. ed., Mexico, 1973), and Zavala, *New Viewpoints on the Spanish Colonization of America* (Philadelphia, 1943; repr. New York, 1968), and Zavala, *Los esclavos indios*; José A. Saco, *Historia de la esclavitud de los indios en el Nuevo Mundo, seguida de la historia de los repartimientos y encomiendas*, 2 vols. (Havana, 1932); Néstor Miranda Ontaneda, *Klientelismus und koloniale Abhängigkeit: Eine ethnosoziologische analyse des Repartimiento-Encomienda-Systems auf den Antillen (1492-1525)* (doctoral diss., univ. of Heidelberg, 1968); Lesley B. Simpson, *The Encomienda in New Spain: The Beginning of Spanish Mexico* (rev. ed., Berkeley, 1950; repr., 1966, with new appendix), and Simpson, *Studies in the Administration of the Indians in New Spain*, 4 vols. (Berkeley, 1934-1940); Sherman, *Forced Native Labor*. 地区性研究还有 Salvador Rodgíguez Becerra, *Encomienda y conquista: Los indios de la colonización en Guatemala* (Seville, 1977); Maria T. Molino García, *La encomienda en el Nuevo reino de Granada durante el siglo XⅧ* (Seville, 1976); Thomas Gomez, *L'envers de l”Eldorado: Économie coloniale et travail indigene dans la Colombie du XVIème siècle* (Toulouse, 1984).

③ Sherman, *Forced Native Labor*, 82; Murdo J. MacLeod, *Spanish Central America: A Socio-economic History, 1520-1720* (Berkeley, 1973), 52; Frances V. Scholes, *The Spanish Conquerer as a Business Man* (Albuquerque, 1957), 18; Bolland, “Colonization and Slavery,” 15.

跃的地区是洪都拉斯和尼加拉瓜。"因为洪都拉斯港口位于安第斯和尼加拉瓜附近,并可以与秘鲁建立联系。马匹、牲畜的价值比殖民地土著更高,这些牲畜的费用往往用奴隶支付。在征服时期,一名殖民地土著的价值为1~3金比索,而一匹马的价值则高达500~800金比索。16世纪30年代,抓捕一名逃亡非洲奴隶可以获得5比索的奖励,捕获一匹马或其他牲畜的奖励为1比索,一名殖民地土著或印第安人的奖励仅为半比索。妇女和熟练手工艺人的价格高于不熟练男性工人。有四条贸易线路形成:前往墨西哥的短途线路、前往墨西哥北部矿山的少数中途人口流动线路、前往种植园岛屿的大批中途人口流动线路以及经巴拿马向南前往秘鲁沿海的长途线路。仅仅15年后,两个省份就已经人烟稀少,危地马拉人被没为奴隶,被送往墨西哥,或者被装船运往秘鲁和委内瑞拉。众多地区在驱逐和强制劳动的浩劫中被摧毁。沿尼加拉瓜的莫斯基托斯海岸,非洲奴隶参与捕获殖民地土著奴隶。为了逃避猎奴和死亡,当地人进入了人迹罕至的森林和山区,非洲人也是如此。他们之间联姻形成米斯基托人。①

西属大陆秘鲁、墨西哥和中美洲的多数劳动力都在监护征赋制度的统治下。当地居民被分配给有地位的西班牙殖民者从事劳动,提供贡赋。14岁以下的儿童和妇女摆脱了奴隶身份。从家乡运输殖民地土著的行为被禁止。两种经济模式探索竞争。多数"监护人"(encomenderos)和殖民地官员无权将他们的头衔传给自己的子女,他们对当地人极尽剥削之能事,从不考虑人口下降问题。另一方面,当地教职人员和遥远的卡斯蒂利亚政府为了宗教皈依和建立国家的目的而尝试保护原住民。分配到远方的不自愿流动人口与公开宣称的基督教化和西班牙化的目的背道而驰。教会的影响必然是持续的、有规律的。尽管"新西班牙"已经成为无人居住的蛮荒之地,但是一定有人幸存,并且人数在增加。

自由流动可能导致殖民地土著脱离西班牙天主教的影响,但是法律规定并不明确。法律规定,自由的殖民地土著有权自由流动,但是在并居区(reducciones)制度下重新定居的殖民地土著被监护人(encomendados)则被束缚在他们居住的地方。殖民地土著可以选择自由通婚,但是法律规定,新娘必须迁移到新郎的住处,他们的子女从属于丈夫的监护人。18世纪中期,殖民地土著的奴隶劳

① Frederick P. Bowser, *The African Slave in Colonial Peru, 1524-1650* (Stanford, 1974), 5-7; James Lockhart, *Spanish Peru, 1532-1560: A Colonial Society* (Madison, 1968); Zavala, *Los esclavos indios*, 6-20, 66; Simpson, *The Encomienda in New Spain*, 18-28, 214-229; Sherman, *Forced Native Labor*, quote on 41, 54-60, 68-70; Rodriguez Becerra, *Encomienday Conquista*, 66; David H. Randell, "The Indian Slave Trade and Population of Nicaragua during the Sixteenth Century," in William M. Denevan, ed., *The Native Population of the Americas in 1492* (Madison, 1976), 67-76; Linda Newson, *The Cost of Conquest: Indian Decline in Honduras under Spanish Rule* (Boulder, 1986).

动主要集中在手工产品制造业、矿山、建筑业、磨坊、甘蔗种植和加工业、牲畜饲养业等领域。在矿山,自由殖民地土著和奴隶殖民地土著协同工作,监护征赋制仍然是基础的社会制度,表现出向家长式劳动制度转变的特点,依赖于监护人的剥削或仁慈,最终,在约1700年,发展成为自由劳动。[①]

奴隶男女及儿童以起义、逃亡、消极抵抗、自杀等形式反抗剥削。因为民族流散、剥削劳动,整个社会都丧失希望,日益慵懒,最终灭亡。对于西班牙人来说,1535～1536年印加人起义的主要原因是对进口的、没有本土根基的劳动力——非洲人——的需求。之后,棕色人种、白人和黑人析产奴隶同时使用,并且逐渐形成幸存者策略和抵抗策略。

印第安人分派劳役制(Repartimiento de indios)派遣自由的殖民地土著为流动的土地所有者或王室公共工程劳动。每个村庄必须提供一定数量的成年男性劳动力参加公共劳动,并且满足私人对于劳动力的需要。酋长和其他官员(cabildos)没有劳役负担,在西班牙法律体系(juez repartidor)规定下,只能选择男性服役。被征召入伍者必须在一个距离家乡村落不超过16.5公里的城镇中心广场参与劳动。他们参与公共劳动,没有报酬,也有的被分配给私人雇主,赚取工资收入。这种制度导致家庭破裂、男性劳动被滥用,也导致留守的女性身体被滥用。17世纪的前3年,分派劳役制(repartimiento)不再发挥作用。[②]

秘鲁的流动情况与中美洲不同。在印加人的统治下,臣属村落被整体迁移安置。这些被分派劳役者希望得到新西班牙统治者的同意,返回他们的原居地。经过犹豫抉择,王室下令殖民地土著留在印加人和西班牙人征服者及统治者圈定的地方:一般认为,1570年,总督的人口分布报告是确定"原住"地的基础。殖民地土著和劳动力市场没有过多关注分配地点。1683年,人口统计第一次区分了原住民(1570年确定)和非从属的流动人口及他们的后代(forasteros),记录在

① Simpson, *The Encomienda in New Spain*, XIII, 10, 39-55; Sherman, *Forced Native Labor*, 193; Zavala, *La encomienda Indiana*, 23-24; Elinor G. K. Melville, "Land-Labour Relations in Sixteenth-Century Mexico: The Formation of Grzing Haciendas," in Lovejoy and Rogers, *Unfreee Labour*, 26-35.

② Zavala, *Los esclavos indios*, 48; Simpson, *The Encomienda in New Spain*, 218; Sherman, *Forced Native Labor*, 40, 77, 193-203; Hilary McF. Beckles, "The Colours of Property: Brown, White and Black Chattels and their Responses on the Caribbean Frontier," in Lovejoy and Rogers, *Unfree Labour*, 36-51.

案的殖民地土著男性中，45％为非从属的流动人口及其后代。①

征服前，搬运工(tameme，源自那瓦特语 tlameme)是主要的运输劳动者，因为人们还不知道有车轮(而且在山区运输中也不适用)这种东西，唯一可以驮拉货物的是伊拉人。西班牙人也大力发展搬运业，搬运工是流动性极高的工人团体，他们的处境比驮拉货物的动物还糟。而且，后者必须从欧洲进口，男性搬运工人则可以从本地的被监护人中征召、雇佣。搬运工人必须背负 4 个阿鲁巴(合 46 公斤)的货物和他们自己的食物。从韦拉克鲁斯港口到圣地亚哥的距离非常遥远，商人驮带货物往往需要在崎岖道路上行走 500～1000 公里。16 世纪 30 年代后，王室首先禁止使用妇女和儿童担任搬运工，之后又将货物重量限制在两个阿鲁巴之内。最后，限制强制搬运路程，规定从招募者村落出发不能超过一天。尽管出台了这些规定，但是由于搬运工脱离土地，导致饥荒发生。从高地到低地的死亡之路也被禁止。但是来自凉爽的高地的强制劳动力到热带低地种植园工作，再回到家乡的习惯仍然延续，导致了很高的死亡率。

秘鲁的西班牙人继续沿用印加人的亚纳科纳斯传统，男性以奴仆身份依附于统治者，再也没能回到自己的家乡。在农业生产中，他们成为农奴，但不得被出卖。流动官员跨越整个殖民地，他们喜欢炫耀，用大批扈从在公开场合举行各种仪式以展示地位和势力。与巴达维亚的荷兰人和其他地方的殖民者一样，富裕的西班牙人周围环侍着奴仆和女佣；在他们旅行的时候，众多奴仆也随同在侧。这些最早捕自加勒比岛屿、之后作为贡品送到中美洲的奴仆(naborías)中，包括脱离了奴隶身份的妇女和儿童。16 世纪 30 年代后，他们不再被分配给监护人。他们居住在农村社会之外，并且随同他们的主人四处征战、行使行政职能，或从事经济活动。因此，他们土生土长的民族特性被削弱，成为流动的奴仆阶级，“与黑人和外国印第安人一样，拥有某种程度的外国人特征”。他们在法律上是自由的，但是无法返乡，因为他们无力承担返乡的费用。这些没有社会联系，只拥有与主人的主仆关系的男人，偶尔有关于他们极其残暴地对待殖民地土著人的记录。后来，这些人成为私人仆役，他们在最后一个服务点定居、结婚，成为当地人口。②

① Zavala, *La encomienda Indiana*, 212-214。关于今玻利维亚边界：Nicolás Sánchez-Albornoz, “The Population of Spanish America,” in Leslie Bethell, ed., *The Cambridge History of Latin America* (Cambridge, 1984), 2: 6-7 (hereafter cited as CHLA).

② Bowser, *African Slave*, 5-7, quoting Lockhard on 7; Sherman, *Forced Native Labor*, 103-104, 112-122, 218-225; Ann Zulawski, “Frontier Workers and Social Change: Pilaya y Paspaya (Bolivia) in the Early Eighteenth Century,” in David J. Robinson, ed., *Migration in Colonial Spanish America* (Cambridge, 1990), 116.

在监护征赋制之外，还有分派劳役制主管强制劳动。1545年，波托西银矿被发现，秘鲁的矿工需求增加。这个新城市，在17世纪已有12万～16万居民，曾经是美洲最大的城市。分派劳役制是一种特殊的劳动力分配制度，于1574年，即从法律上废除奴隶制度之后第30年制定。从北部的库斯科到南部的塔里哈，纵深1400公里、横宽400公里的广阔土地成为劳动力储备库。[①] 矿主每天需要4500名工人工作，劳动周期为3周。由于工作地点海拔4000米，空气稀薄，劳动环境危险，劳动强度大，工人们在工作一周后需要休息两周。因此总共需要1.35万名役工。1600年，根据记录，有1.1万～1.2万名工人同时劳动。他们每年从家乡村庄中被强制迁移到这里。吉布森认为，“地方印第安官员负责选拔和组织工作。在指定时间内，劳动者组成庞大队伍，与他们的家庭、伊拉人、食物和其他必需品一起上路。从遥远的省份到矿山的路程需要几个月。17世纪，几千个人畜穿梭往来于波托西”。役工的服役期限是一年，但是必须经过六年的强制劳动才能够获得自由。水银矿劳动对身体的损害极大，这与银矿的精细运输系统有关，因为白银在提炼过程中需要水银。万卡韦利卡的小银矿和水银矿最多可以从周围方圆60公里范围内征召620名工人，因此，宫廷役工强迫成年男性劳动者从远方步行10天到利马和其他城镇工作。

所有分派劳役制下的劳动都十分繁重，对社会和家庭造成巨大破坏，波托西的分派劳役制更加致命。矿山管理者强迫工人在劳动周日夜工作，用计件劳动规定劳动时间，迫使工人从事更繁重的劳动。在一个世纪的时间里，16个分派劳役制省份的劳动力人口从8.1万人下降到1.06万人——根据20世纪强制劳动研究的定义，可以说是“劳动力灭绝”。当人口下降、无法完成配额时，劳动期限从六年减少到一年。为了维持出勤率，分派劳役制开始支付劳动力每年45比索的报酬，但是路费及在波托西一年的生活费却需要100比索。[②]

但是，在墨西哥中部的萨卡特卡斯银矿，自1546年发现沉积矿，自由的殖民地土著矿山工人人数已经达到5000人，成为主要劳动力。矿工们的工资很低，但是可以出卖一些矿石，收入归自己所有，他们的妻子儿女也可以在矿主开办的种植园中工作。贝克维尔认为，“阿兹特克人、特拉斯卡拉人、乔卢特卡人、奥托

① 墨西哥相应的分派劳役制(cuatequil)作用不大。

② Charles Gibson, “Indian Societies under Spanish Rule,” in *CHLA*, quote on 2: 404; Peter Bakewell, *Miners of the Red Mountain*: *Indian Labor in Potosí*, *1545-1650* (Albuquerque, 1984), and Bakewell, “Mining in Colonial Spanish America,” in *CHLA*, 2: 125; Jeffrey A. Cole, *The Potosí Mita*, *1573-1700*: *Compulsory Indian Labor in the Andes* (Stanford, 1985); Bowser, *African Slave*, 18-20. 1718年，东西印度群岛会议提出废除分派劳役制(mita)，但是只有自由的加的斯国会(1812年)通过了这个提案。

米人来到这里。不久,来自米却肯和阿瓦罗的印第安人也来到这里。财富的诱惑始终存在,自愿劳动者源源不断地涌向这里……显然,(罢工和)灾难(比如1576年的瘟疫)之后几年的疾病,往往导致劳动力缺乏,但是劳动力的缺口一般很快就能够弥补”。

在稳定的西班牙—美洲社会里,永久的役务劳动逐渐被临时的分派劳役制代替,并且自由劳动力逐渐占据了主导地位。最早在1600年,自由劳动者,包括服役期满的役工,所获得的工资收入已经是波托西劳动力的7倍。在自由劳动的环境下,依附于城市的流动人口满足了城市、矿山、种植园劳动力的需求(参见第7章第6节)。[①]

2. 西属美洲的大西洋奴隶贸易和非洲奴隶制度

最早到达美洲的非洲人是与西班牙征服者文化融合的伊比利亚人。[②] 之后的几十年,半岛的奴隶被运送到西班牙和葡萄牙殖民地。根据1494年的《托尔德西拉斯条约》,非洲与美洲之间的贸易由葡萄牙人控制。1513年,里斯本商人以及无处不在的热那亚人向塞维利亚迁移,西班牙政府制定了许可证(asiento)制度,控制进口,收取费用。盎格鲁—伊比利亚商人也参与其中。许可证分“件”(pieza, peças)颁发,“件”是与一个男性奴隶工作时间相等的劳动力单位。妇女、儿童和老人分享一“件”。[③]

16世纪,最初到达加勒比岛屿的非洲奴隶是家内奴隶,是身份的象征。16

---

① Bakewell, *Silver Mining*, 124-129, quote on 128; David A. Brading and Harry E. Cross, “Colonial Silver Mining: Mexico and Peru,” *Hispanic American Historical Review* 52 (1972): 545-579.

② 与强制殖民地土著劳动力研究相同,拉丁美洲奴隶制研究起步较晚。Magnus Mörner, “African Slavery in Spanish and Portuguese America: Some Remarks on Historiography and the Present State of Research,” in Wolfgang Binder, ed., *Slavery in the Americas* (Würzburg, 1993), 57-87; Richard Graham, “Brazilian Slavery Reexamined: A Review Article,” *Journal of Social History* 3 (1970): 431-453. 关于这个问题的综述,参见 Rolando Mellafe, *Negro Slavery in Latin America* (Berkeley, 1975); Herbert S. Klein, *African Slavery in Latin America and the Caribbean* (New York, 1986): Vincent B. Thompson, *The Making of the African Diaspora in the Americas, 1441-1900* (Harlow, U.K., 1987); Hugh Thomas, *The Slave Trade: The Story of the Atlantic Trade, 1440-1870* (New York, 1997); Robin Blackburn, *The Making of New World Slavery: From the Baroque to the Modern, 1492-1800* (London, 1997).

③ Klein, *African Slavery*, 23; Franklin W. Knight, “The Atlantic Slave Trade and the Development of Afro-American Culture,” in David Eltis and James Walvin, eds., *The Abolition of the Atlantic Slave Trade: Origins and Effects in Europe, Africa, and the Americas* (Madison, 1981), 287-300.

世纪中期,奴隶进口量增加,但直到该世纪末,种植园奴隶劳动才占据主要地位。根据政府法令,奴隶只能在加勒比地区和大陆港口登陆。走私奴隶增加,合法进口的奴隶与走私奴隶之间的价格差别极大。1/3 的运奴船中有妇女。葡属巴西、所有的加勒比殖民地和北美地区的贸易掌握在私人手中。由于葡萄牙和西班牙势力衰落,"奴隶运输成为并将继续成为一项国际事务"①。

早期参与贸易的有两个主要地区:一个是苏丹西部,沃洛夫人、曼丁哥人、约鲁巴人、桑海和豪萨人经圣多美到达;另一个是葡属多哥和安哥拉之间地区,班图人经罗安达和本格拉港口到达(见图 2-4)。英属、法属、荷属和丹麦属加勒比地区进口了 380 万名奴隶,360 万人被送往巴西,160 万人被送往西属美洲,40 万人被送往英属北美地区(克尔廷)。② 巴西接受了 40%的奴隶人口,17 世纪,这个比率下降到 29%,18 世纪又下降到 10%。因为男女比率不平衡,除了英属北美地区之外,奴隶无法自我再生产。380 万名非洲人到达加勒比地区的时候,只有 60 万名欧洲自愿流动人口和契约人口到达;但是在 1800 年,210 万名非洲人和 90 万名欧洲人生活在这个地区(埃美尔)——劳动造成的死亡率给美洲人口造成第二次灾难。但是,多血统的白人人口也是奴隶的后代,在黑人、非洲黑人或非洲人之外,他们也依皮肤的深浅划分等级。③

---

① Bowser, *African Slave*, 50-51, quote on 362; Mellafe, *Negro Slavery*, 40-41, 76; Enriqueta Vila Vilar, "Das spanische Handelsmonopol und seine inneren Widersprüche," in Walther L. Bernecker et al., eds., *Handbuch der Geschichte Lateinamerikas*, 3 vols. (Stuttgart, 1992-1996), 1: 692-719.

② 其他学者提出的数值更高:550 万人前往加勒比地区(P. C. Emmer),500 万人前往巴西(R. E. Conrad),300 万人前往西属美洲(R. Mellafe)。

③ Philip D. Curtin, *The Atlantic Slave Trade: A Census* (Madison, 1969), 47-49, 268, table on 77; Robert E. Conard, *World of Sorrow: The African Slave Trade to Brazil* (Baton Rouge, 1986), 34; Mellafe, *Negro Slavery*, 73; Piet C. Emmer, "Immigration into the Caribbean: The Introduction of Chinese and East Indian Indentured Laborers between 1839-1937," in Emmer and Magnus Mörner, eds., *European Expansion and Migration: Essays on the Intercontinental Migration from Africa, Asia, and Europe* (New York, 1992), 245-276, esp. 245-247.

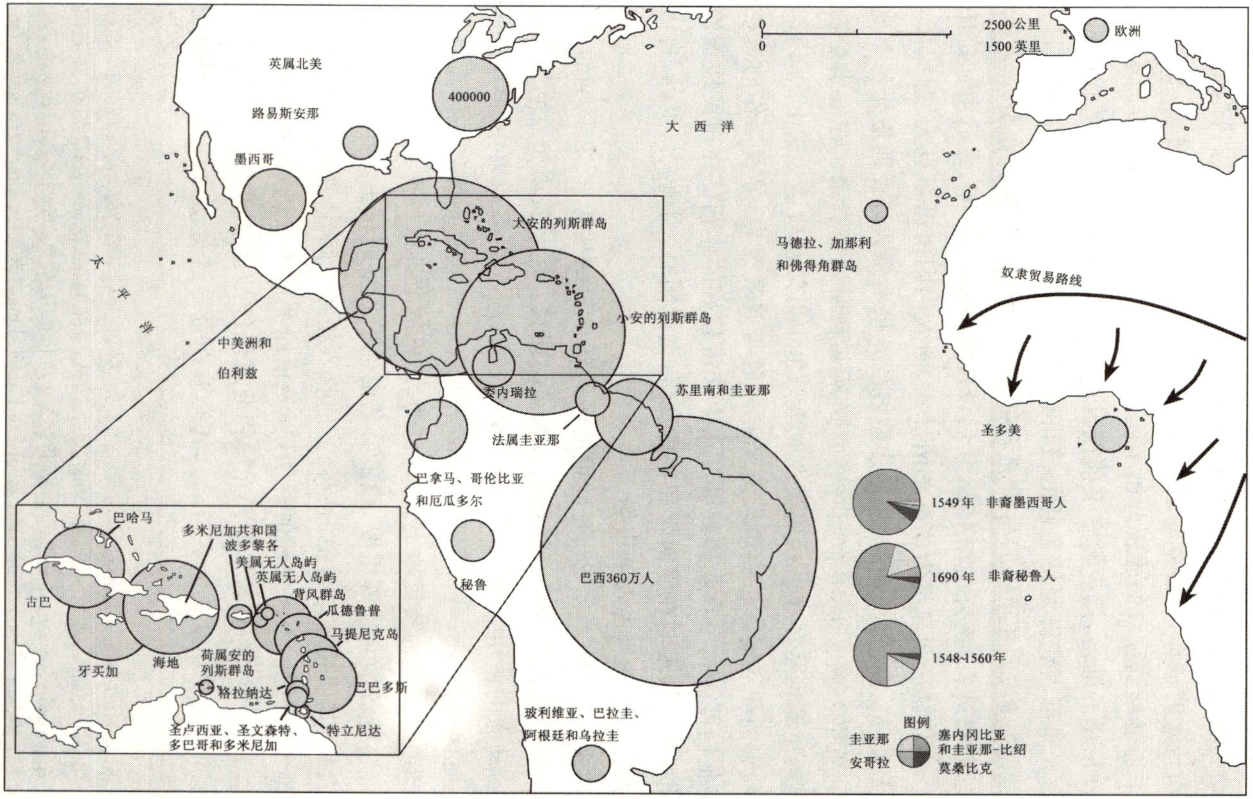

图2-18　大西洋奴隶贸易过程中奴隶出口的相对规模(根据目的地和民族)

奴隶到达港口后,向三个方向分散运输:向北从韦拉克鲁斯到墨西哥,向南从喀他赫纳到利马,从布宜诺斯艾利斯跨越大陆到达波托西。与到达非洲港口途中被不断转卖的情形相同,奴隶到达美洲后,在前往目的地的途中,也被不断转卖。从卡塔赫纳到秘鲁的旅程开始于前往波托韦洛(科隆附近)的海船,之后到达太平洋沿岸的陆地,然后再登上前往卡亚俄/利马的船只,整个航程需要4~5个月。商人向可以获得贸易利益的城市迁移。葡萄牙犹太人率先到达,西班牙检察官紧随其后,剥夺了他们与西班牙商人争夺利益的权利。在委内瑞拉,奴隶由韦尔瑟公司进口,该公司在1528年后管理殖民地达20年,之后由加拉加斯商人管理。韦尔瑟公司雇员为德意志南部人,商人们则由巴斯克人、葡萄牙人、葡萄牙犹太人、第二代加那利岛民、圣多明各的克里奥尔人以及西班牙各个地区人口组成。英格兰商人于18世纪在布宜诺斯艾利斯站稳脚跟。在奴隶运输的目的地,强制流动仍然存在。西属美洲奴隶一生中可能被转手二三十次,内部人口流动伴随着洲际运输。自由黑人的来源一般与奴隶无异,寻找工作的途径也相同,但是他们可能在小农业和城市工作中获得较好的生活。在殖民地统治的第二个时期,非洲奴隶制在墨西哥和秘鲁衰落,与此同时,当地人口复苏,自由的梅斯蒂索人劳动力人口进入了市场。①

多数奴隶在矿山工作。以18世纪巴西的新格拉纳达为例,在早期的金矿,奴隶劳动的收益在四年内可以偿还购买奴隶的花费。运输费用和当地劳动力供应决定了劳动力的使用方式。1778年在新格拉纳达,7万名奴隶中60%在热带低地地区、远离印第安人社会的金矿从事开采劳动。巴西北部和秘鲁高海拔山区的银矿却使用当地的殖民地土著,进口的、昂贵的非洲人则充当工头或从事精炼工作。经济统计数字极其重要:役工必须由他们家乡的村庄供养,并且向奴隶夫妻提供食物,其费用基本与他们所创造的收入相当。此外,额外的劳动力人口来自殖民地土著,他们不需要任何费用,但是依照非洲人模式,供食宿的劳动力必须购买。1611年,5000名非洲人在波托西居住(占人口总数的3.3%),多数在矿主、官员和商人家中从事家务劳动。气候差别也导致劳动力差异。殖民地土

---

① Curtin, *Atlantic Slave Trade*, 119; Mellafe, *Negro Slavery*, 75-76, 83; Sánchez-Albornoz, "Population of Latin America," 74-84; Vila Vilar, "Das spanische Handelsmonopol," 714-15; Fredrick P. Bowser, "Africans in Spanish American Colonial Society," in *CHLA*, 2: 361-365, and Bowser, *African Slave*, 57-65; Renate Pieper, "Die demographische Entwicklung," in Bernecker, *Handbuch der Geschichte Lateinnamerikas*, 1: 313-328; Klein, *African Slavery*, 29, 83-84, 95; David Eltis, "The Nineteenth-Century Transatlantic Slave Trade: An Annual time Series of Importers into the Americas Broken Down by Region," *Hispanic American Historical Review* 67 (1987): 109-138.

著的生产领域在高海拔山区，而非洲人在沿海山区劳动。

农业奴隶生产的经济作物（如烟草、蔗糖、可可和棉花）出口欧洲，后来出口北美市场。他们同时种植粮食作物，供给受雇矿山从事劳动的当地人口，供给日益扩张的城市。“活跃的农业商业活动在玻利维亚和秘鲁肥沃的低地地区、安第斯山谷地区以及稠密的矿山中心”发展起来。17世纪早期，两万名非洲人在秘鲁沿海的伊卡和皮斯科山谷葡萄种植园以及秘鲁北部的蔗糖生产地区工作。最终，在供应当地的粮食作物生产中，奴隶与偿还债务的殖民地土著、自由的当地劳动力共同劳动。

第三个雇佣领域是方方面面的城市劳动。富裕的市民拥有奴仆从事家务劳动，在家乡和公共领域展示财富；宗教规定导致奴隶的服务领域十分广阔；商人利用他们运输劳动力，从事长途押送工作，主要原因是政府禁止从家乡村庄雇佣殖民地土著。手工艺大师和小企业主雇佣奴隶，主要在建筑领域，同时也参与许多有技术要求的贸易活动。这些非洲人拥有高超技艺，获得自由后创建了自己的店铺。王室官员向公共建筑计划（比如防御工事、道路和桥梁）出卖奴隶。殖民地土著社会并不情愿向公共工程提供劳动力，偶尔支付奴隶劳动费用作为替代。印加贵族的后代可能同样拥有奴隶，以炫耀自己的地位。

在中心城市，比如利马，经济作物种植主要依赖析产奴隶劳动，每个庄园奴隶人数不超过40个。企业经营者可能将农业奴隶与土地、牧人与牧场，一同出卖。上层阶级“大量”雇佣奴隶，妇女的嫁妆中就有奴隶。小企业主买卖奴隶作为投资，或者出租他们参与临时劳动。“17世纪中期，利马人口中的半数为黑人……利马和墨西哥城实际上是西半球黑人人口密度最大的城市。西属美洲其他城市和城镇的人口……证明了真实的黑人人口数量。”①

为了避免奴隶流动和反抗，政府制定了一些法规。逃亡是反抗的方式之一，“流浪”则往往不是自愿的。主人死后，或者部门、区域经济危机造成奴隶劳动无利可图的时候，奴隶往往被抛弃。这些流动的奴隶与自由人的流动交织在一起，或者在隐蔽的、有防御的村庄组成了流亡者社会（cimarrones）。自由人往往居住在城市里，因为这里经济机遇更好一些。释放奴隶很普遍，肤色和性别差别影响。妇女被释放的几率比男性高一倍——她们及其伴侣创造了自由的非洲裔和

---

① Bowser, “Africans in Spanish American Colonial,” 366, quote on 367, and *African Slave*, 5-103; Klein, *African Slavery*, quote on 29-31, 84-85; Mellafe, *Negro Slavery*, quote on 89-90, 95-96; Inge Wolff, “Negersklaverei und Negerhandel in Hochperu, 1545-1640,” *Jahrbuch für Geschichte von Staat, Wirtschaft und Gesellschaft Lateinamerikas*, 1 (1964): 157-186; William F. Sharp, *Slavery on the Spanish Frontier: The Colomibian Chocó 1680-1810* (Norman, Okla., 1976).

各种血统者的社会,而这又反过来向流亡者提供帮助,或者积聚钱财赎买拥有奴隶身份的亲属或朋友。肤色较浅的穆拉托人比美洲出生的黑人克里奥尔人获得释放的可能性更高,而后者获得释放的可能性比非洲出生的黑人更高。根据当代拉丁裔欧洲人的社会种族设想,肤色较浅的自由人可能"漂白"社会。①

在拉丁裔非洲人的心目中,通过购买自由来获得合法的自由身份或者通过"非法"的逃亡获得自由身份的重要性大于肤色确定的身份。18 世纪 20 年代,在委内瑞拉的几万名居民中,据说大约有两万名逃亡者生活在山顶(cumbes)或非法村庄(quilombos)中。1800 年左右,奴隶人数大约有 6 万名,那里的自由流亡者人数则超过两万名。早在 1683 年,西班牙王室已经要求奴隶主善待他们的奴隶,避免他们逃亡。传教士被派遣到山顶安抚居民,将他们安置到合法的村庄里。奴隶们无法等待从法律上废除奴隶制:在委内瑞拉,1854 年独立后 40 年才废除奴隶制;在西属古巴,直到 1880～1886 年才废除奴隶制。他们对于权力体系有清醒的认识,权力剥削他们的劳动,他们知道种植园主偷窃了他们辛苦劳动的成果。他们称逃亡为"偷窃自己"(美国俗语)。在逃亡过程中,他们获得的不仅是剩余产品,还有控制自己的生活的权利。种植园主也认识到权力的矛盾。奴隶出卖自己的自由的时候,法兰西奴隶主称之为"贩卖黑人给他们自己"("vendre un nègre *à* lui-même")。尽管奴隶制观念无孔不入,但其参与者——奴隶主和俘虏——都理解其中的矛盾。

殖民地土著视非洲奴隶为入侵者。通过释放和(自由)女奴与白人的婚姻,非洲人进入殖民地剥削者行列。地位的上升巩固了殖民地的社会结构,但是人口的融合导致社会发展成为一个有等级划分的复杂体,而非一个白人、棕色人种、黑人对立的种族社会。②

---

① Frank Tannenbaum, *Slave and Citizen: The Negro in the Americas* (New York, 1946), 43ff., 97-98; Mieko Nishid, "Manumission and Ethnicity in Urban Slavery: Salvador, Brazil, 1808-1888," *Hispanic American Historical Review* 73 (1993): 361-391, esp. 374-386; R. K. Kent, "African Revolt in Bahia: 15-24 January 1835," *Journal of Social History* 3 (1969/70): 334-356; Kátia M. de Queirós Mattoso, *To Be a Slave in Brazil, 1550-1880* (4th ed., New Brunswick, 1994), 164-165; Bowser, "Africans in Spanish American Colonial Society," 374-378, quote on 378.

② Miguel Acosta Saignes, *Vida de los esclavos negros en Venezuela* (Caracas, 1967); Robert J. Ferry, "Encomienda, African Slavery, and Agriculture in Seventeenth-Century Caracas," *Hispanic American Historical Review* 61 (1981): 609-635; Mellafe, *Negro Slavery*, 27. 参见一些重要文章, David B. Gaspar and Darlene Clark Hine, eds., *More Than Chattel: Black Women and Slavery in the Americas* (Bloomington, 1996).

3. 葡属巴西的非洲奴隶与自由非洲人

在葡属巴西，本地劳动者、非洲奴隶的强制流动以及自由非洲人的强迫流动与西属美洲不同。葡萄牙人沿用了他们在亚洲和非洲建立贸易口岸的做法，首先将自己的居住地建立在沿海防御设施较好的地区。他们与当地的图皮人—瓜拉尼人以及塔普皮人谈判，以获得木本植物染料、巴西木等物资。1530 年后，葡萄牙在亚洲的贸易衰落，巴西经济的重要性提高，蔗糖种植业的引进带来了文化的碰撞。维持生计的图皮人既没有认识到种植业的用处，也没有享受到它的利润。葡萄牙人对于图皮人的社会了解十分有限，也没有兴趣了解它，他们只是征召从事农业生产的劳动力，尽管在图皮社会，从事农业生产的是妇女。巴西—葡萄牙人将图皮人和内陆的格人没为奴隶，但是伊比利亚葡萄牙政府批评了这种做法，因为他们需要与原住民结盟，抵御正在努力控制圭亚那领土的荷兰人、法兰西人和不列颠人。

处于第三位的是耶稣会士，他们反对在系统的传教工作中掺杂具有强制性的流动人口劳动。1552～1759 年，耶稣会士建立“中心村庄”(aldeias)，实行如同西班牙人曾经宣传的独立的定居方式，推行基督教信仰、文化传入以及“文明”组织原住民劳动力。图皮人或逃亡，或由于饥荒和疾病大批死亡，拒绝文化改变的成年人被强迫参与劳动，婴儿被绑架单独供养、单独接受教育，被胁迫成为西班牙化人口。外来的欧洲人青睐直接的剥削方式，1596 年法律赋予耶稣会士(总共 130 人)的唯一权利是劝诱殖民地土著迁出森林地区，将他们分配给殖民者从事工资劳动(bandeiras religiosas)。17 世纪中叶，亚马逊盆地开放，他们控制了 54 个中心村庄以及大约 20 万名本地人。“中心村庄”措施避免了图皮人被种族灭绝，但是文化融合导致图皮文化和瓜拉尼文化衰落。

1570 年后，欧洲裔人口增加到 2 万～2.5 万人，但是当地沿海人口几乎损失殆尽，欧洲人、梅斯蒂索人和殖民地土著猎奴者当时已经参与买卖印第安内部冲突中的战俘，开始进入内地去捕获“红金”——这是对本地奴隶的称呼。仅 1575～1576 年，约两万名殖民地土著从内地和巴伊亚被诱拐到巴西的第一个首都——萨尔瓦多，整个社会在这个进程中毁灭。再向南，猎奴者向巴拉圭、巴拉那等地扩散。1609 年，政府禁止猎奴行为，但是一个半世纪后，法令仍然没有得到切实执行。1620 年之后的 100 年，近 20 万名本地奴隶在贝伦和马拉尼昂圣路易斯的市场上被销售。[①]

劳动力的大量需求,导致17世纪中叶非洲奴隶取代了多数本地劳动力。在到达美洲的全部进口奴隶中,巴西在17世纪消化了42%,18世纪仅仅为1/3,19世纪为60%。劳动力需求和强迫或自由流动人口遵循着经济规律。以殖民地土著劳动力为基础的巴西经济之后是蔗糖("白色黄金")经济(1570～1670年)以及黄金宝石出口经济时期(1770～1830年),这些经济部门中使用非洲奴隶和欧洲劳动力,剩余奴隶则向西属美洲出口。1830年,咖啡经济完成了向自由劳动力和欧洲外来劳动力的转变。在转变过程中,巴西经济中心从东北方海岸地区转向里约热内卢和米纳斯吉拉斯矿区,之后转向南方和中部,最后转到里约热内卢和圣保罗高地的咖啡种植园。每次地理上的飞跃都代表着(强制)劳动力以及大规模的内部志愿企业投资者和自由人流动方向的变化。每次内地扩张都带有捕获更多本地人奴隶的企图,因为非洲奴隶运输价格很高,在小型企业中雇用非洲奴隶利润不高,况且其逃跑率也很高。

16世纪,东北地区巴伊亚的萨尔瓦多进口来自西非和安哥拉的奴隶。17世纪,中非和安哥拉奴隶通常被送到蔗糖种植园,西非奴隶则在城市中担任家内奴隶,或者被出租承担临时性的或者有技巧的工作。约鲁巴和豪萨人通常有自己的工作意图,并且将自己的部分收入交给主人。许多人可以赎买自由,并且与他们的主人不同,他们通常会读写。从文化上讲,他们是穆斯林。18世纪,西非人被运输到巴伊亚,安哥拉非洲人被送到南方矿山和咖啡种植园。在早期米纳斯吉拉斯矿山兴盛时期,熟练矿工的需求增加——一段时间内,来自非洲金矿的熟练矿工可以卖很高的价钱。虽然非洲妇女是熟练的农业生产者,但是葡萄牙人

① Alexander Marchant, *From Barter to Slavery: The Economic Relations of Portuguese and Indians in the Settlement of Brazil, 1500-1580* (Baltimore, 1942); Urs Höner, *Die Versklavung der brasilianischen Indianer* (Zurich, 1980); John Hemming, *Red Gold: The Conquest of the Brazilian Indians* (London, 1978); Stuart B. Schwartz, "Indian Labor and New World Plantations: European Demands and Indian Responses in Northern Brazil," *American Historical Review* 81 (1978): 43-70; Georg Thomas, *Die portugiesische Indianerpolitik in Brasilien 1500-1640* (Berlin, 1968), 203-204. 关于圭亚那,参见 Mary N. menezes, *British Policy towards the Amerindians in British Guiana, 1803-1873* (Oxford, 1977).

仍然青睐男性劳动力，而男性奴隶的价格则更高。[①]

在西属美洲，由于奴隶来源众多，奴隶人口构成差异极大。但是在巴西，奴隶来源基本相同，他们在到达目的地后再次集中在相同地区，因此重新创造出民族认同特征。尼什达指出，“那些来自相同非洲语言集团，但是来自不同民族血缘或支派的人往往被奴隶主归为一类人。作为一个团体，他们努力创造出共性特征。因此形成民族性”[②]。

东北部地区蔗糖种植园奴隶的预计寿命在6～8年。1625年，荷兰人征服伯南布哥和巴伊亚部分地区（荷属巴西），此时，供应世界市场的蔗糖生产已经使巴西成为一个富裕、成功的殖民地，蔗糖种植也向西属和法属安的列斯群岛转移。之后，干旱和疾病的蔓延阻碍了巴西生产的复苏。米纳斯吉拉斯矿山经济的腾飞在1705～1750年吸引着每年2000～4000名欧洲—拉丁人的到来，在整个世纪接受了几乎200万奴隶。在世纪中期，10万名奴隶在矿山和河床沉积矿劳动。葡萄牙王室禁止欧洲矿业专家流动，避免竞争或者他们所属国家的干预。熟练的西非矿工在当地进行革新。奴隶工作非常艰苦，劳动时间长，但是因为主人并不指望奴隶掌握高技能，也不要求奴隶忠诚于自己，因此允许奴隶买卖沙金，于是许多人用收获所得获得了自由。内陆社会由于缺乏政治管理，自由的非洲人口较少，导致适应了当地文化的奴隶逃亡，因为他们了解当地地形，并且可以很容易地融入当地社会。下一个经济循环，即咖啡经济，肇始于里约热内卢西方准封建大庄园的奴隶劳动。不断下降的世界市场价格、土地的枯竭以及奴隶

① Bennassar, “Les conquérants du Brésil,” *L'Histoire* 101 (June 1987): 8-17; Conrad, *World of Sorrow*; Kent, “African Revolt in Bahia,” 340-341; Gilberto Freyre, *The Masters and the Slaves (Casa-grande & senzala): A Study in the Development of Brazilian Civilization*, trans. Samuel Putnam (Portuguese orig., 4 thed., 1943, Rio de Janeiro; rev. ed., New York, 1956); Mattoso, *To Be a Slave in Brazil*, 33-69; Chirly dos Santos-Stubby, “Formen der weiblichen afrikanischen Sklaverei in Brasilien,” and Hannes Stubbe, “Über die Kindheit der afrobrasilianischen Sklaven,” in Rüdiger Zoller, ed., *Amerikaner wider Willen: Beiträge zur Sklaverei in Lateinamerika und ihren Folgen* (Frankfurt/ Main, 1994), 175-202, 203-230; Sylviane A. Diouf, *Servants of Allah: African Muslims Enslaved in the Americas* (New York, 1998).

② “非洲人”的定义不利于理解民族习俗和认同观念，而习俗及认同观念恰恰是抵抗活动的根源。Paul E. Lovejoy, “Background to Rebellion: The Origins of Muslim Slaves in Bahia,” in Lovejoy and Rogers, *Unfreee Labour*, 151-180; Mattoso, *To Be a Slave in Brazil*, 12-26; Nishida, “Manumission and Ethnicity,” quote on 374; Herbert S. Klein, *The Middle Passage: Comparative Studies in the Atlantic Slave Trade* (Princeton, 1978), 25-27; Pierre Verger, *Flux et reflux de la traite des nègres entre le Golfe de Bénin et Bahia de Todos os Santos du XVIIe au XIVe siècle* (Paris, 1968).

贸易的终止造就了圣保罗的腾飞,激励着拉丁欧洲人劳动力人口。①

1822 年,独立运动期间,380 万巴西居民中有 250 万人被归入黑人(prêto)或黑色人种、棕色人种、穆拉托人(pardo)等级,其中 60 万人是自由人。不自由者也依肤色分为不同等级:黑色是几乎 90%奴隶的颜色,但是只有 15%的自由人为非白人人口。在美洲所有奴隶社会中,巴西奴隶拥有最优越的获得自由的机会,他们或者通过释放获得自由,或者自己赎买自由。联姻早就将各"种族"融合起来,并且因为西非穆斯林通常都受过教育——其数字高于葡萄牙基督徒,因此有可能提高社会地位。经过几个世纪的发展,非洲人成为社会经济的中流砥柱,但是其代价是残酷的——大批奴隶在盛年去世,因为进口奴隶的花费低于维持奴隶健康和生育子女所需要的费用。

对于幸存者来说,在以肤色为标志的社会夹缝中,根深蒂固的种族主义观念意味着肤色越深,地位越低,而且极有可能是最贫穷者。奴役与自由之间的根本差别表现在服饰上:奴隶被禁止穿鞋。1834 年等级规定中将(1)出生在葡萄牙的葡萄牙人和(2)出生在巴西的葡萄牙人置于最上层。在他们之下,是(3)拥有白人父亲和黑人母亲的穆拉托人和(4)马木路克人以及白人(raças branca)和印第安妇女的后代。再下面是(5)纯粹的殖民地土著各支派人口、(6)文明的殖民地土著以及(7)原始殖民地土著。位于更低等级的是(8)巴西出生的黑人(克里奥尔人)、(9)基督教化的黑人(Ladinos)以及(10)非洲出生的黑人(Boçaes)。最低等级是(11)拥有黑人和穆拉托人父母的博德人或梅斯蒂索人及(12)黑人梅斯蒂索人和拥有殖民地土著父母的库里博卡人。肤色和血统决定了一名奴隶是从事生产劳动还是从事家务劳动,以及他们是否有权提高社会地位。

复杂的制度体系导致奴隶可以拥有奴隶,各种肤色、各种劳动和各种身份的差别阻碍了非洲裔巴西人大众文化的形成。由于来源地区的差异,奴隶接受了等级观念。奴隶集团可以与他们的主人谈判讨论是否由下层奴隶民族从事危险的和不喜欢的工作。奴隶手工艺人可以将其他较便宜的奴隶卖给自己的主人以换取自身自由。组织起来的逃亡者继续拥有奴隶,参与奴隶掠夺。区域人口居

---

① Ana Maria Barros dos Santos, *Die Sklaverei in Brasilien und ihre sozialen und wirtschaftlichen Folgen: Dargestellt am Beispiel Pernambuco 1840-1889* (Munich, 1985), and Barros dos Santos, "Quilombos: Sklavenaufstände im Brasilien des 17. Jahrhunderts," in Zoller, *Amerikaner wider Willen*, *161-173*; A. J. R. Russell-Wood, *The Black Man in Slavery and Freedom in Colonial Brazil* (New York, 1982), 105-108, 124-125, and Russell-Wood, "The Gold Cycle," in Leslie Bethell, ed., *Colonial Brazil* (Cambridge, 1987), 190-243; Jürgen Hell, *Sklavenmanufaktur und Sklavenemanzipation in Brasilien 1500-1888* (Berlin, 1986), 108-126.

住密度增加、国家组织强大的时候，逃亡更加困难。在 1789 年法国大革命的影响下，反抗运动重新高涨，起义此起彼伏。但是，在日常生活中，自由的黑人倾向于等级压迫制度；有一种说法是，“是黑人但是有一颗白人的灵魂”①。

19 世纪从巴西返回非洲的流动人口能够在“巴西人”享有特权地位的社会经济空间中使用个人资本。适应了回归文化后，他们成为文化—商业经纪人，参与和巴西的贸易活动，教授他们在非洲出生的子女葡萄牙语，组织天主教堂区以彰显其身份、地位。这些西非巴西人联系中的某些因素一直存在到 20 世纪末。② 19 世纪后期，奴隶劳动（1888 年废除）以及内部流动人口已经无法满足需要。1871～1920 年，超过 300 万欧洲人到达巴西，用当时工人运动的话语说，成为“工资奴隶”（参见第 13 章第 2 节）。

4. 加勒比地区的奴隶社会

18 世纪，加勒比地区是以奴隶劳动为基础的、供给世界市场的蔗糖种植业的典型范例，这个地区后来成为 tierra firme 和在巴西边缘区由西班牙权贵建立的第一批中心（参见第 7 章第 1 节）。甘蔗这种植物原产于印度，因为种植者不断变换工作地点，经东地中海引进到穆斯林控制的伊比利亚地区，之后，在 15 世纪到达葡属大西洋岛屿。在这里，种植园主使用大规模的奴隶劳动（参见第 1 章第 3 节、第 4 章第 3 节），他们改进技术，积累田间管理经验。之后，又将这种模

---

① Kent, “African Revolt in Bahia,” 335; Carl N. Degler, *Neither Black not White: Slavery and Race Relations in Brazil and the United States* (New York, 1971); Detlev Schelsky, “Die ‘questão racial’ in Brasilien,” in Zoller, *Amerikaner wider Willen*, 257-287; Stuart B. Schwartz, “Resistance and Accomodation in Eighteenth Century Brazil: The Slaves’ View of Slavery,” *Hispanic American Historical Review* 57 (1977): 69-81; Mattoso, *To Be a Slave in Brazil*, 157; quote on 200; Nishida, “Manumission and Ethnicity,” 374-385. Barros dos Santos, “Quilombos: Sklavenaufstände”; R. K. Kent, “Palmares: An African State in Brazil,” *Journal of African History* 3 (1965): 161-175.

② Verger, *Flux et reflux*, 532-533 and the chap. “Formation d’une société brésilienne au Golfe de Bénin” (599-635); Conrad, *World of Sorrow*, 126-153.

式引进美洲,首先于1503年引进西属圣多明各,几十年后引进巴西。①

在巴西,17世纪20年代,新教徒的商业扩展促使荷兰人在圭亚那和巴伊亚(荷属巴西)建立殖民地;不列颠人则向牙买加扩展(1655～1670年),法兰西人向伊斯帕尼奥拉岛或海地西部延伸(1697年)。这些国家与西班牙和葡萄牙不同,它确立了殖民化统治,管理政府参股的公司,这些公司包括美洲安的列斯群岛公司、皇家非洲公司、普利茅斯公司等。资本家、商人、企业家在新领土执行人口安置政策,从诸如爱尔兰、苏格兰和德意志等国家引进拥有资本的种植园主和多血统的契约劳动力。但是最早种植的烟草品种质量低下,劳动力短缺状况无法扭转。这些在气候因素下幸存的契约奴仆离开管理严格的种植园向其他地区迁移。他们加入海盗集团或者迁移到佛罗里达(1765年后的不列颠人)、法属路易斯安那(1803年后的美国人)或其他地方。

因此,17世纪中叶商人、金融家发现,使用永久依附劳动为世界(即欧洲)市场提供特种作物的前景十分广阔。但是,奴隶没有想象中那么驯服:巴巴多斯的英格兰人于1647年出口了第一批食糖,但是1649年就遭遇第一次奴隶起义。法兰西人于1685年用《黑人法》系统剥削加勒比地区的非洲人。"大西洋种植园农业、大企业以及国际商业和奴隶制社会"已经形成。在经济体系的顶层,欧洲占据统治地位;在底层,欧洲人很难理解带有自身认同观念和生活方式的那些劳动力的思想,尽管他们的思想观念曾经在从非洲到美洲的运输途中遭到过阻断和破坏。他们严格而明确的控制机制使得白人徒劳地将强权加诸他们的身体和文化,却无法探知他们的精神与情感世界。尽管所有的殖民势力都通过民族、种族、阶级等进行等级划分,但是新大西洋世界仍然是一个本地的、非洲的和欧洲的文化的熔炉。加勒比地区,因其对早期原住民的灭绝行动以及庞大的奴隶人口规模,已成为大西洋黑人文化的核心区。②

---

① Noël Deerr, *The History of Sugar*, 2 vols. (London, 1949-1950); Sidney W. Mintz, *Sweetness and Power: The Place of Sugar in Modern History* (New York, 1985), and Mintz, ed., *Slavery, Colonialism, and Racism: Essays* (New York, 1974); Sidney M. Greenfield, "Plantations, Sugar Cane and Slavery," in Michaeol Craton, ed., *Roots and Branches: Current Directions in Slave Studies* (Toronto, 1979), 85-119, and Greenfield, "Madeira and the Beginning of New World Sugar Cane Cultivation and Plantation Slavery," in Vera D. Rubin and A. Tuden, eds., *Comparative Perspectives on Slavery in New World Plantation Societies* (New York, 1977), 536-552; J. H. Galloway, "The Mediterranean Sugar Industry," *Geographical Review* 67 (1977): 177-194; Stuart B. Schwartz, *Sugar Plantations in the Formation of the Brazilian Society: Bahia, 1550-1835* (Cambridge, 1985), 3-27.

② Franklin W. Knight, *The Caribbean: The Genesis of a Fragmented Nationalism* (New York, 1978), 23-49, 28.

在这个地区发展出了多样的社会政治结构，但是只产生了两个经济范畴：定居者殖民地和剥削性殖民地。人口流动的决定依赖于对机会的预测。生活在早期法兰西殖民地的小农家庭和契约人口期望获得少量财产，自由生活，躲避种植园经济。权力关系破坏了流动人口的生活轨迹：种植园主努力让他们的同胞吃饱。定居人口逃亡，奴隶被输运至此。1654 年，葡萄牙人从巴西驱逐荷兰人和犹太人，他们逃亡到安的列斯群岛，并带去了蔗糖生产技术。1656 年，瓜德罗普岛成为流动人口殖民地，其中，法兰西人 1.2 万人，奴隶 3 万人；1770 年，它成为剥削殖民地，1.2 万法兰西人拥有 8 万名奴隶。①

在西属加勒比地区，外来人口脱离伊比利亚社会桎梏，寻求经济发展和机遇。官员与妻子的家庭模式成为新创建的西班牙社会的特色。为了鼓励家庭流动，王室禁止已婚男性留下妻儿孤居海外超过六个月。但是其预料不到的后果是未婚的青年男性介入，他们在当地建立了自己的人际网络和家庭。奴隶和自由妇女，无论是否成为牺牲品，都奉献了自己的文化遗产，并在抚养子女的过程中，将其传承给儿童。不列颠的帝国建设者和富裕人口，往往是贵族后代，创造出不同的模式。官员、种植园主以及投资者来去匆匆，祖国认同的观念促使他们将子女送回祖国读书，并且带着所获得的利益返乡。因此，他们在加勒比地区的文化影响不大。荷兰人人口数量少，无力承担外出流动的代价，对殖民地生活方式的影响更小。

但是，荷兰殖民者往往来自市民阶级，他们依赖跨越欧洲的商业组织，充当金融家、中间商、磨坊主以及货船主。在荷兰人的自由贸易港口圣尤斯特歇斯，法兰西商人、英格兰商人和西班牙商人共同买卖来自整个加勒比地区的商品。1781 年，大约两万名居民中，有 1.5 万名奴隶，他们中有些人在假期参与买卖活动。半个世纪后，英格兰人攻陷这个岛屿。外出、迁移造成人口减少，1840 年，白人仅为 400 人，奴隶为 2000 人——一个繁荣的中心衰落了。其他的岛屿社会同样是多种文化并存。1811 年，英属特立尼达的白人人口有 4400 人，包括以下 10 个民族：东印度人（1700 人）、英格兰人（1100 人）、西班牙人和法兰西人（各约 600 人）、美国人、德意志人、科西嘉人、意大利人、马耳他人和葡萄牙人。②

---

① Robert L. Stein, *The French Slave Trade in the Eighteenth Century: An Old Regime Business* (Madison, 1979), 5-7; Knight, *The Caribbean*, 51-57.

② Richard S. Dunn, *Sugar and Slaves: The Rise of the Planter Class in the English West Indies, 1624-1713* (Chapel Hill, N.C., 1972); Carl Bridenbaugh and Roberta Bridenbaugh, *No Peace beyond the Line: The English in the Caribbean, 1624-1690* (New York, 1972); Knight, *The Caribbean*, 90-91, 96-97, 110.

1700年后,在帝国经济发展过程中,荷兰、法兰西和英格兰殖民地都经历过经济腾飞,但是西班牙则遭遇经济衰退。核心区投资者以及政治制度的确立,需要长期稳定的局势以及法律支持来保证投资获利。契约奴仆为了自己的利益而奋斗,非洲终生劳动力保证了投资的控制与回报。因此,18世纪,圣多明各和牙买加因为大规模奴隶劳动成为独一无二的蔗糖殖民地。种植园主进口奴隶,但不鼓励他们繁殖人口。进口劳动力可以马上利用、剥削,而不用支出抚养儿童到工作年龄的费用。19世纪30年代早期,在牙买加,抚养一个奴隶儿童的价钱是进口一名奴隶的两倍。非洲妇女的低生育率可能也与长期的母乳喂养习惯有关,或者因为对子女未来的生活不抱幻想,因此有意控制生育。①

与亚洲殖民地的中国侨民商人相同,自由的"有色人口"控制着小本经营业,非洲侨民并未出现在所有都市社会。(根据欧洲下层阶级流动的限制规定,一个英格兰殖民地官员称自由拥有的有色人为"不适当人口"。)奴隶追随自己的经济利益,特别是妇女在商业中发挥着重要作用。殖民地立法者制造出繁杂的限制规定。牙买加议会于1711年禁止奴隶拥有财产,没有主人的书面许可,禁止他们参与小规模的商业活动。18世纪30年代在圣卢西亚,18世纪60年代在法属安的列斯群岛,19世纪40年代在古巴,都发布了这个禁令。但是"奴隶主创造的世界"或者希望创造的世界面临着"奴隶创造的世界"的不断挑战。②

奴隶自主权和自由的非洲裔加勒比人并不能掩盖种植园劳动的艰辛,甚至是致命的危险。它控制着加勒比地区绝大多数非洲人,大约占全部非洲人口的4/5。19世纪30年代,大约80%的田野奴隶被用于蔗糖产业,只有牙买加从事这个领域工作的奴隶人数较少。在田野里、在甘蔗碾轧和沸腾过程中、在糖蜜装桶以及原糖出口过程中,男人和女人并肩工作。他们提升社会地位的可能性很小。在社会等级之中,他们的地位在家务奴隶和技工之上;在他们之上,是受雇赚取工资的奴隶;在最顶层,是熟练的或受过专业训练的奴隶。因为白人人数很少,所以家内奴隶需求较小,并且由于担心妇女的文化影响,不列颠种植园主甚

① Richard B. Sheridan, "Slave Demography in the British West Indies and the Abolition of the Slave Trade," in Etlis and Walvin, *Abolition of the Atlantic Slave Trade*, 259-285. John Thornton, *Africa and Africans in the Making of the Atlantic World, 1400-1680* (Cambridge, 1992), 167-168.

② 这个类比来自 Eugene D. Genovese 对于美国奴隶制度的研究:*The World the Slaveholders Made: Two Essays in Interpretation* (New York, 1969) and Roll, Jordan, *Roll: The World the Slaves Made* (1972; repr., New York, 1976); Jerome S. Handler, *The Unappropriated People: Freedmen in the Slave Society in Barbodos* (Baltimore, 1974); Barry W. Higman, *Slave Populations of the British Caribbean, 1807-1834* (Baltomore, 1984).

至不雇用黑人保姆抚养儿童。在加勒比地区，与整个欧洲—美洲社会一样，男性因为体力强壮，价值更高，但也存在造反的危险，妇女的价值在于她们的劳动和她们的性别，但是她们的危险在于"伶牙俐齿"，在于她们对于监工和主人的片面评价。维多利亚时代白人男性的想象造就了后来对于白人女性形象的描述："身体强壮，散发着母性光辉，雌性动物中低下的亚种。"

非洲裔奴隶组成家庭——尽管所有的种植园主、监工以及押送奴隶者都野蛮、公开地干预此事。削减支出的资本策略往往迫使奴隶人口在小块土地上生产自己食用的食物，制作自己的衣物。劳动强度增加也伴随着自主权的增强，从日落到日出的时间属于自己。种植园主努力减少他们的文化宗教活动以及自主权，并且在他们的强烈反对下出售剩余产品，而奴隶们努力保护自己所剩无几的自主空间。在奴隶制被废除的地方，自由家庭进入边缘的农业社会，他们不会选择留在种植园；对于这些自由人来说，他们宁可接受预计产量较低的贫瘠土地和远离市场的地方。①

非洲人和穆拉托人的自由人口比例，仅在库拉索岛（1833 年）和波多黎各（1860 年）超过 40%；在古巴，仅为 16%；在牙买加、巴巴多斯以及法属圣多明各及马提尼克岛，所占比例更小。殖民地岛屿经济的衰落往往伴随着白人的外出流动，自由的有色人口数量有所上升，由于妇女的释放率高于男性，因此自由人口以女性和城市人口为主，主要从事独立的小商业经营活动。在一些殖民地，比如圣多明各，男性种植园主和女性穆拉托人姘居，后者得以获得晋身之阶，确立独立的经济和政治地位。城市中自由的男性有色人种则与欧洲裔人口中最底层的人竞争，同时奴隶出租自己以赎回人身自由。

圣多明各最突出地反映了复杂的社会政治发展及加勒比权力策略中的政治经济和种植园经济的特点。1697 年，该岛严格控制在海盗手中，成为法兰西殖民地。这表明经济结构从流动人口殖民地转向了种植园殖民地。独立的法兰西农民家庭被迫离开，大约有 4000 人被 12 个法兰西种植园主驱逐。1790 年左右，所有法兰西殖民地最富裕的人中，大约有 3 万名白人、2.8 万名自由有色人以及 50 万名奴隶。其经济发展需要每年进口 3 万名奴隶，雇用 1.5 万名水手将产品运送到法兰西。法兰西都市很重视这类法兰西殖民地。1763 年被强迫签署《巴黎条约》后，法兰西必须放弃北美大陆所有不从事生产的殖民地及其法裔人口（魁北克、阿卡迪亚以及路易斯安那的部分地区）以换取获利颇丰的圣多明

① Barbara Bush, *Slave Women in Caribbean Society, 1650-1838* (Bloomington, 1990), 1-22, 34, 46-50, 151-167, quote on 15; Knight, *The Caribbean*, 93-120.

各姊妹殖民地马提尼克岛、圣卢西亚和瓜德罗普岛及其人口。欧洲霸权采用欧洲贵族阶级曾经使用的出售农奴的做法,重新分配了殖民地人口。在新的重商主义和国家管理的名义下,封建主义的政治经济已经扩展到全球范围。[1]

与圣多明各不同,古巴的发展受到西班牙帝国统治的制约。1762 年大英帝国的短暂统治,引进了经济自由主义,但是为了交换佛罗里达(与西印度群岛和圭亚那的黑人逃奴人),该岛屿又于 1763 年回到西班牙人手中。在六个月的占领期间,不列颠人废除了国家垄断,并进口了 1.07 万名奴隶,其数量是西班牙人统治时期年进口量的 5 倍。1774 年,古巴的 17 万人口中,有 1/4 为奴隶;1827 年,由于大批自由和强制流动人口的到来,人口总数提高到 70.5 万人,其中 41%(28.7 万)为奴隶。

三个岛屿表现出不同的发展道路,展现了大革命时代、奴隶制废除以及新的全球势力造成的影响:海地革命、牙买加奴隶制废除以及面对美国资本入侵时西班牙人和古巴人迟钝的反应。

由于人权观念和建立社会契约制政府观念的影响,圣多明各/海地的穆拉托人和黑人摆脱了枷锁。法兰西大革命威胁着圣多明各的白人(grands blancs)、浅色人(petits blancs)和有色人(gens de couleur)的阶级划分。白人反对将人权观念扩展到殖民地,穆拉托人在法兰西黑人之友组织的帮助下提出人权要求。首先,白人起义反抗国王;之后,浅色人和有色人反抗白人。1791 年 5 月,法兰西国会决定所有殖民地自由人口,不论肤色,都具有平等权利,圣多明各白人对此的回应是屠杀自由的穆拉托人。为了获得自由,奴隶揭竿而起,于 1791 年 8 月发动起义,两年后,法兰西国会废除奴隶制。万名以上的种植园主逃亡,多数逃亡到古巴,并带走了部分仆役。奴隶杜桑(Toussaint)改了姓名,由主人的姓名布雷达(Bréda)改为卢维杜尔(L'Ouverture),意思是“开始”——新开始、新生活。根据格古的研究,“那些生活在白人社会和黑人社会接壤地区的奴隶需要了解两个世界。为了保证他们在两个社会的地位,他们必须是精明的人性观察者,是多种技术的熟练应用者”。杜桑·卢维杜尔派遣起义的奴隶潜入军队,开始建立新的经济秩序:“只有克里奥尔的精髓被创造性地吸收,那才是真正的克里奥尔军队。”为此,法兰西帝国拿破仑皇帝派遣了 4 万人的军队,但是 1804 年,起义的奴隶们打败了这些将军及其士兵。他们同样打败了不列颠和西班牙军队。争取自由的战斗可能受到美洲原住民传统的激励。一些非洲裔加勒比战士喜欢称

① Knight, *The Caribbean*, 105-107. 在美国独立战争期间,法美联盟中由来自圣多明各黑人士兵组成的法兰西军队站在美洲人一边。

呼自己为“印加人”，有可能是回应1780年秘鲁人的起义。尽管胜利的海地人宣布独立，但是穆拉托人和黑人之间、有色人和浅色人之间的对抗瓦解了新生政权。这些曾经的奴隶拒绝继续在种植园工作，出口经济衰落。他们的地区农业经济并没有融入民族经济之中，饥饿仍然普遍存在。前奴隶家庭的自由仅仅反映在免除出口和税收的小块土地上。①

大英帝国于1834～1838年废除奴隶制，牙买加糖生产无可匹敌。非洲裔人口在地区内流动，组成独立村落，不再为种植园主工作。经济调整持续了几十年。

1844年，古巴白人屠杀了多个岛屿的非洲裔加勒比人领袖，阻止自由有色人争取政治独立。由于海地和牙买加废除奴隶制，竞争势力消失，古巴从中获益。1870年，古巴控制着世界市场41%的食糖销量。尽管1830～1855年奴隶价格上涨3倍，但是世界市场食糖价格下降，奴隶成为主要劳动力。美国资本家开始投资。1880年，奴隶制度转变为六年以上学徒制，此时，岛上仅有15万名奴隶。自由黑人劳动力拒绝从事种植园劳动，因为足够的农业土地可以保证非洲裔古巴人家庭定居，从事独立的小农经济。西班牙政府反对进口欧洲劳动力，但是美国人支持独立运动之后，古巴允许外来人口进入(参见第14章第5节)。②

在整个19世纪，加勒比地区种植园主讨论废除奴隶制问题，并尝试使用不同来源的欧洲和亚洲劳动力、自由劳动者或契约劳动者，但是当时他们并没有使用新型劳动力。他们利用司法影响力招收准奴隶“学徒”，这些学徒的契约一般在4～6年。这在英格兰地区引发热议，主要原因是独立的农业人口不希望依照雇主的指令劳动(参见第11章第2节)。自由黑人居住在种植园附近，按照自己的需求从事工资劳动，组成独立的内陆社会，或者在岛屿间流动赚取各地工资差

① David Geggus, “The Haitian Revolution,” in Franklin W. Knight and Colin A. Palmer, eds., *The Modern Caribbean* (Chapel Hill, N. C., 1989), 21-50, quotes on 34, 35; Yves Bénot, *La Révolution française et la fin des colonies: Essai* (Paris, 1988); C. L. R. James, *The Black Jacobins: Toussaint L'Ouverture and the San Domingo Revolution* (London, 1938); Gwendolyn m. Hall, *Social Control in Slave Plantation Societies: a Comparison of St. Domingue and Cuba* (Baltimore, 1971); Thomas O. Ott, *The Haitian Revolution, 1789-1804* (Knoxville, 1973); David B. Davis, *The Problem of Slavery in the Age of Revolution, 1770-1823* (Ithaca, N. Y., 1975),作出了精辟的对比分析。

② Knigh, *The Caribbean*, 96-97; Klein, *African Slavery*, 89-94; Franklin W. Knight, *Slave Society in Cuba during the Nineteenth Century* (Madison, 1970); Arthur F. Corwin, *Spain and the Abolition of Slavery in Cuba, 1817-1886* (Austin, Tex., 1967); Elizabeth M. Petras, *Jamaican Labor Migration: White Capital and Black Labor, 1850-1930* (Boulder, 1988).

额。在某些岛屿，政府机构分配土地，鼓励劳动者家庭定居。

种植园主几尽疯狂地招募黑人劳动者。考虑到迁移成本，他们从当地自由劳动力中招募工人，这些人是最便宜的劳动力。岛屿间和从岛屿向大陆自愿流动的劳动力享受优惠政策，诸如减免旅费、免费摆渡或者奖励运输劳动力船只的船长等。几万人因为不同的工资水平、工作状况和法律地位而流动。一段时间后，这些流动的劳动力人口开始自给自足。仅在英属圭亚那，1893 年之前，约有 4.05 万名自愿流动人口到达，他们中多数来自巴巴多斯。其次，劳动力储备增加。不列颠海军从奴隶船上"解救的非洲人"在塞拉利昂或圣海伦娜登陆，偶尔在里约热内卢和哈瓦那登陆。1866 年前，大约 4 万名被解救的非洲人到达加勒比地区和英属圭亚那。为了维持生计，他们签署契约，先是一年期限，后来延长到三年。许多人加入自由的非洲裔加勒比人社会。自由黑人从美国迁移到种族主义者较少的岛屿。第三，种植园主从塞拉利昂的克鲁人中招募自由黑人；但是一旦他们返乡，或者出现劳动状况，进一步的人口流动将不再继续。自由的葡萄牙人，多数是佛得角人，由于肤色较深被视为黑人劳动者。

通过联姻，一个"新的由自由人口组成的多语言社会"形成了，这个社会在各个岛屿均匀分布，分为数个国家，但是地区认同意识产生。这个社会同样容纳了来自亚洲的契约劳动者的后代（见第 13 章第 2 节、第 14 章第 5 节）。[①]

5. 英属美洲的非洲奴隶制度

在很多方面，非洲人在北美地区的历史都与拉丁美洲的奴隶不同。首先，从非洲直接运送到这里的人数不多。多数是在加勒比地区季节性灾难中幸存下来的人，经过第二次强迫迁移后到达另外一个社会、另外一个工作领域和种族社会。尽管 18 世纪进口量增加，但黑人人口在整个美国人口中所占比例仍相对较低：1790 年，占 18%（包括 1.5% 的自由人）；1815 年，占 16%；1860 年，占 13%。

---

① Monica Schuler, "*Alas, Alas, Kongo*": *A Social History of Indentured African Immigration into Jamaica*, *1841-1865* (Baltimore, 1980), and Schuler, "Kru Emigration to British and French Guiana, 1841-1857," in Paul E. Lovejoy, ed., *Africans in Bondage*: *Studies in Slavery and the Slave Trade* (Madison, 1986), 155-201, and Schuler, "The Recruitment of African Indentured Labourers for European Colonies in the Nineteenth Century," in Piet C. Emmer, ed., *Colonialism and Migration*: *Indentured Labour before and after Slavery* (Dordrecht, 1986), 125-161; Knight, *The Caribbean*, quote on 121; David Northrup, *Indentured Labor in the Age of Imperialism*, *1834-1922* (Cambridge, 1995), 20-21, 33.

18 世纪 30 年代以前，只有南卡罗来纳州殖民地黑人人口占绝大多数。其次，只有在北美地区，奴隶人口的增加为自然人口增长。奴隶有可能组织家庭，抚养子女，并且奴隶主认为在经济上可以接受。奴隶贸易停止之后，土地贫瘠地区的种植园主家庭中仍然保留着奴隶家庭，奴隶的子女在成人时就会被卖往更西边或更南边获利的种植园。第三，奴隶主通常居住在种植园中，并且与奴隶社会保持密切联系。在这种严格的家长式控制下，奴隶并不会工作至死，种植园主负责准备食物、衣物和住处。但是控制、剥削和惩罚仍然占据统治地位。第四，严苛的控制对自由黑人施加了压力，表现为尖锐的黑人、白人关系以及私刑，私刑融合了拷打和对异教徒所处的火刑等形式，这在拉丁社会并没有出现。[①]

加拿大的非洲人很少：在大英帝国的大西洋贸易体系中，哈利法克斯出现过早期自由人团体；1774 年后，从殖民地逃亡的起义者中，曾经有黑人保皇者和白人保皇者的奴隶到达加拿大；直到 1865 年，才有逃亡的美国奴隶前往加拿大北部或安大略湖。在这样一个没有奴隶制度的社会中，从温莎经多伦多和蒙特利尔到哈利法克斯一线城市中的黑人成为大西洋黑人社会的一部分。

奴隶制度集中在南部种植园中（1770 年，大约为美国人口的 40%），尽管这种制度在北部殖民地（1770 年，人口不超过 5%）和西部地区同样存在。强制迁移的非洲人首先于 1619 年将依附奴仆带到弗吉尼亚；但是与欧洲契约劳动者七年以下期限的契约不同，非洲人（“非基督徒”）是终身奴隶，儿童依从母亲的身份。[②] 为了沟通方便，跨海而来的非洲人必须将他们众多的语言融合为一种混杂语言或通用语言，比如卡罗来纳沿河地区使用的嘎勒英语。在适应文化之后，有些奴隶起义，许多人日复一日地反抗。自我解放者中包括逃亡到佛罗里达的

① Howard Temperly, “Regionalismus, Bürgerkrieg und die Wiedereingliederung des Südens,” in Willi Paul Adams, ed., *Die Vereinigten Staaten von Amerika* (Frankfurt/ Main, 1977), 78, 107; Peter Wood, *Black Majority: Negroes in Colonial South Carolina from 1670 through the Stono Rebellion* (1739) (New York, 1974); Philip D. Curtin, “The Tropical Atlantic in the Age of Slave Trade,” in Michael Adas, ed., *Islamic and European Expansion: The Forging of a Global Order* (Philadelphia, 1993), 165-197; John Hope Franklin, *From Slavery to Freedom: A History of Negro Americans* (1947; rev. 3d ed., New York, 1967), 60-70; Betty Wood, *The Origins of American Slavery: Freedom and Bondage in the English Colonies* (New York, 1997).

② 关于奴隶制度的文献数量相当多。Franklin, *From Slavery to Freedom*，进行了迄今为止最具价值的、最为全面的研究。根据传统解释，奴隶制度是文明生活的学校（U. B. Phillips），是将人性幼稚化的“完备体制”（Stanley Elkins），是有利于控制和剥削劳动力的、但已经被废除很久的制度（Kenneth Stampp），是黑人团体和家庭构成的制度（Eugene Genovese, Herbert G. Gutman, George P. Rawick）. Ira Berlin, *Many Thousands Gone: The First Two Centuries of Slavery in North America* (Cambridge, Mass., 1998).

黑人逃奴团体，他们向西逃亡到自由区域或国家，或向北逃亡。大约有5万名儿童通过自发“地下铁路”组织转移到自由国家和加拿大。与巴西相比，美国的自由区域更小，保护逃亡者的能力也更弱。当贵格会会员和自由美国黑人早早提出废除奴隶制的时候，猎奴者甚至仍然在企图重新将自由黑人没为奴隶。释放是可能的，但不常见，它涉及种族观念，这种观念导致大约1.5万名原来的奴隶在1860年前被送回塞拉利昂和利比里亚，组成一个行之有效的社会，这个社会没有奴隶制度，并且开始向非洲人传播其信条。

烟草、稻米和靛青种植的衰落以及随之而来的棉花经济的扩张必然导致奴隶所有权集中。尽管白人从体制上和经济上来说，是南方社会的支柱，但是在这个体系中，白人所有者人数相对较少：1860年，在超过800万的人口中，仅有18万白人。其中只有2300名白人是拥有100名以上奴隶的大种植园主。美国南部是跨越加勒比海的区域奴隶制和种植园体系的一部分，与美国北部联邦相比，它们与伯利兹城和其他拉丁美洲社会更加相似。种植园主除了控制奴隶，还控制着政治体系，是主流观念的构建者。1815年后，从美国沿海到山麓地区，向西进入密西西比地区、向南进入路易斯安那地区，都有大规模的内部人口流动运动，在这个地区，出现了个人买卖和全部种植园人口的流动。继续向南，土地越贫瘠，剥削越严苛。对难以控制的奴隶的惩罚措施之一就是，将其卖往“(密西西比)河下游地区”。①

奴隶团体的出现不仅肇因于种植园主的家长式作风，更多的是由于人口的自然增长导致性别比率失衡。在北美地区，婚姻和育婴方式沿袭着非洲传统。当人口买卖分裂家庭时，亲属关系支撑着家庭其余成员。由于释放和自己赎买自由的情况很少见，在1850年的人口统计中，记录在案的自由黑人人数仅为32

① Herbert Aptheker, *American Negro Slave Revolts* (1943; anniversary ed., New York, 1993), and Aptheker, “Maroons within the Present Limits of the United States,” *Journal of Negro History* 24 (1939): 167-184; Alice H. Bauer and Raymond A. Bauer, “Day to Day Resistance to Slavery,” *Journal of Negro History* 27 (1942): 388-419; Eugene D. Genovese, *From Rebellion to Revolution: Afro-American Slave Revolts in the Making of the Modern World* (Baton Roughe, 1979); Bolland, “Colonization and Slavery,” 20.

万人，他们多数生活在城市中。[1]

外来人口、外出人口以及内部流动人口的流动方向不同。圣多明各奴隶起义后，许多美国联邦，特别是南卡罗来纳，禁止进口奴隶，禁止来自西印度群岛的自由黑人进入，以免人权观念和自主权利入侵南方社会。1819年，佛罗里达试图阻止黑人逃奴或本地的米诺尔人团体向西印度群岛和圭亚那逃亡。西部的人口安置活动中出现了奴隶，也与扩张的奴隶制发生冲突。自由的非洲裔美国人和非洲裔美国奴隶在盎格鲁—西班牙殖民地边界地区得克萨斯等地饲养牲畜。与巴西一样，大西洋奴隶贸易的终止导致内部贸易数量提高，被迫流动人口出现。旅行者们通过观察人口的流动，评论这个体系。1832年，弗吉尼亚一年出口了6000名当地出生的奴隶。奴隶越来越多地在季节性农业劳动中或在一年期的工厂中受到雇用。他们因此与城市工人阶级建立了联系（比如，在田纳西州），城市化进程开始。自由非洲人在旧西北地区建立小型农业团体。1865年释放奴隶，内战结束后，南方开始出现小规模的外出人口，但是，在20世纪之前，北方的白人种族主义和南方的黑人团体的凝聚力阻止了大规模流亡现象的发生。[2]

废除奴隶制的推动力以及奴隶贸易的终止并非肇始于一直公认的不列颠。尽管美国的贵格会会员曾经参与奴隶贸易，但是他们还是在18世纪70年代提出废除奴隶制的要求。反对奴隶制的法兰西黑人之友从1788年开始发挥重要作用。最重要的是，穆拉托人和自由黑人在殖民地向法兰西国会施加压力。海地奴隶的独立战争将关于宪法和人权观念的讨论提到首要地位。海地和其他法属加勒比海殖民地的奴隶制度于1794年被废止。1807年，大英帝国正式禁止奴隶贸易。1815年，维也纳会议之后，欧洲其他列强宣布停止奴隶贸易。

美国的废奴运动在19世纪三四十年代达到顶峰。出于经济利益考虑（与蔗糖生产殖民地劳动力价格持平），不列颠人必须强迫其他奴隶贸易地区服从他们的释

---

① John W. Blassingame, *The Slave Community: Plantation Life in the Antebellum South* (rev. ed., New York, 1979); Elizabeth Fox-Genovese, *Within the Plantation Household: Black and White Women of the Old South* (Chapel Hill, N. C., 1988); Herbert G. Gutman, *The Black Family in Slavery and Freedom, 1750-1925* (New York, 1976); Jacqueline Jones, *Labor of Love, Labor of Sorrow: Black Women, Work, and the Family from Slavery to the Present* (New York, 1985); Lawrence W. Levine, *Black Culture and Black Consciousness: Afro-American Folk Thought from Slavery to Freedom* (New York, 1977).

② Alfred N. Hunt, *Haiti's Influence on AntebellumAmerica: Slumbering Volcano in the Caribbean* (Baton Rouge, 1988); Franklin, *From Slavery to Freedom*, 150-151, 175-217; Daniel F. *Littlefield, Africans and Seminoles: From Removal to Emancipation* (Westport, Conn., 1977).

奴行动。因此，无论是在法律上还是在公海上，经济原理与道德推动力相互作用。19 世纪中期，在大西洋上，不列颠海军巡逻舰只仍然在查处奴隶贸易活动。直到 19 世纪六七十年代，释奴行动才取得成效。

1834 年，奴隶制度在大英帝国消亡，但是"学徒制度"直到 1838 年才被废除。在法兰西殖民地，1846 年奴隶制已经废除；在荷兰殖民地，1873 年奴隶制也已经废除；但是在拿破仑统治时期，废奴命令仍然在下达。在西班牙帝国的余晖中，1880 年，奴隶制度在古巴被废除，六年后，"学徒制度"走到尽头。在两个最主要的、以奴隶劳动为基础的社会和政权——巴西和美国，奴隶制度分别存在到 1888 年和 1863～1865 年。只有在那个时候，完全奴役性的劳动才被亚洲的契约劳动者、欧洲自由劳动力和美洲的非洲裔内部劳动力代替。新兴中产阶级的而非资产阶级的杰作是经济学说，亚当·斯密的《国富论》(1776 年)称奴隶制度为时代的错误，无法与自由劳动者相提并论。[①]

在全球其他地方，其他方式的奴隶制(非财产性的或主权在人的奴隶制)于 1830～1857 年终止于奥斯曼帝国——首先是"白人"中亚奴隶，其后是非洲奴隶。在北非，奴隶人数较少，奴隶制于 1846 年在突尼斯被废除。1882 年，大英帝国占领埃及，随后控制苏丹尼罗河流域地区，减少了非洲人的供应，但是支持奴隶制度者的暴动迫使不列颠人在此问题上妥协。在东地中海地区，奴隶制度于 1900 年左右终止。在西非，19 世纪后期欧洲人领土征服运动兴起的时候，奴隶制度仍然在发展。16～19 世纪，大西洋黑人地区与大西洋欧洲地区同步发展，并且有着千丝万缕的联系。

---

① Klein, *African Slavery*, 243-271; David Eltis, *Economic Growth and the Ending of the Transatlantic Slave Trade* (New York, 1987); Martin A. Klein, "Slavery, the International Labour Market and the Emancipation of Slaves in the Nineteenth Century," in Lovejoy and Rogers, *Unfree Labour*, 197-220; Seymour Drescher, "Brasilian Abolition in Comparative Perspective," *Hispanic American Historical Review* 68 (1988): 429-460, and Drescher, "The Ending of the Slave Trade and the Evolution of European Scientific Racism," in Joseph E. Inikori and Stanley L. Engerman, eds., *The Atlantic Slave Trade: Effects on Economies, Societies, and Peoples in Africa, the Americas, and Europe* (Durham, N.C., 1992), 361-396; Peter Blanchard, *Slavery and Abolition in Early Republican Peru* (Wilmington, Del., 1992); Robin Blackburn, *The Overthrow of Colonial Slavery, 1776-1848* (London, 1988).

第 10 章
人口流动与观念转化：世界观、物质文化、种族等级制度

欧洲列强的扩张行动确立了势力范围，迫使各地居民依照欧洲列强认同的观念改变自身，同时也迫使欧洲人重新认识世界；尽管交往通常无法覆盖社会的方方面面和辽阔地域，只能拘于有限的区域和边界地区，在欧洲人所谓的殖民地中，文化间的交流往往伴随着暴力。这种侵略行动往往依照当地社会的传统划分等级，剥削劳动，不论是印加人还是满洲人。但是，从 15 世纪开始，欧洲国家及其知识分子和经济精英的全球化速度明显比其他国家和其他文明精英更迅速。新经济大师们在全球范围内运输以剥削为目的的劳动人口，这些人往往客死他乡。欧洲人控制下的幸存者逃亡、抵抗或推翻主人的控制。其他人视新来者为细菌、枪炮的产物以及自欺欺人者，而不是文明和信仰的使者。

人口流动与沟通造成三个主要后果。首先，欧洲人必须解释《圣经》中并未记载的美洲人为什么会存在，因为《圣经》是他们认识世界的蓝本：他们认为这些生物可能并非人类，也有可能是《圣经》错了。其次，在物质上，跨越世界者接触到新食物、调料和刺激品，日常饮食和生活习惯因此而改变。最后，征服者与殖民地不平衡的性别比例以及种植园劳动力的需求（包括权力关系和亲属关系）因文化与血缘融合，新民族出现，新种族等级划分形成。

在经济上，欧洲人的霸权包括劳动力分工和劳动力利润：殖民劳动以及欧洲殖民者融合。在文化上，通过拉丁基督教势力和西方人传播的地中海地区的印度—阿拉伯—犹太—基督教文化面临着非洲文化和美洲文化的挑战。在这种交流中，产生了白人大西洋区域和黑人大西洋区域，没有一个是单纯的旧大陆或新大陆的延伸，它们融合了中南美洲的“殖民地土著”—欧洲—非洲文化。亚洲仍然遥不可及。不平等的权力和资本关系造就了日益深入的民族交流关系，表现在获利方式或反映在日常化生活的认同形式中。

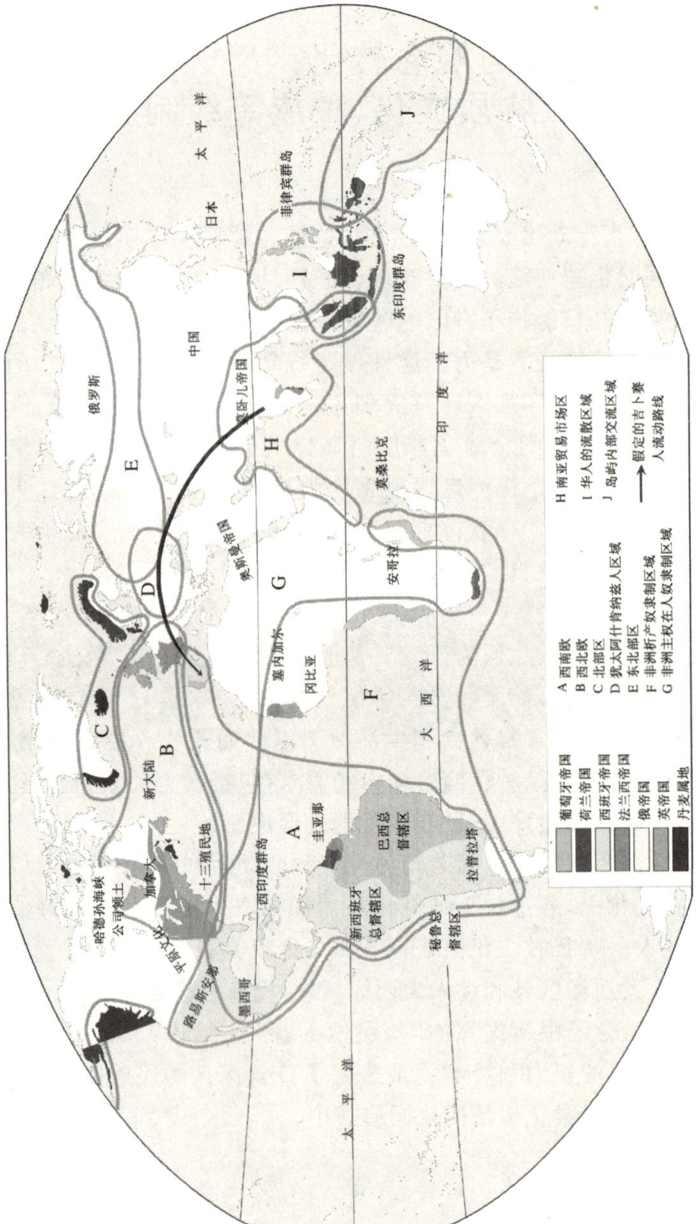

图2-19 帝国与殖民地及边缘区域

1. 欧洲大西洋社会构建的世界观

新大陆和旧大陆核心区之间的文化和知识交流并未重复以前的模式（参见第 4 章第 2 节）。阿拉伯人—犹太人—基督徒以认同各自成就为基础的普遍知识并没有出现。葡萄牙人并没有与智者沟通就“发现”了非洲人和亚洲人耳熟能详的海岸和社会。伊比利亚人扩展了奴隶制度的习俗、观念和行动，扩展了封建贵族模式和征服模式，扩展了社会等级划分模式。“获得和掠夺日用品和利润的利益驱动”导致他们“掠夺当地人”，他们破坏了和平的——尽管是等级性的——交换活动，参与交换活动的商人来自印度洋贸易区域内的不同文化区。[①] 不容忍的、以权力为根基的自我利益代替了合作、谈判和交换。其他欧洲列强开始向外部世界探险时，就已经参与到新兴中产阶级的统治中，其动力是国营的资本主义而非封建主义。权力的滥用显而易见并且触目惊心，资本积累的过程仍然是漫长的，并且是无形的。

西班牙人在美洲登陆是一次大发现。欧洲知识分子精英发现《圣经》关于世界的观点是错误的，而这让大多数人无法接受。关于世界构成、自然界万物以及神权政治理论的著名论断并没有提及阿拉瓦人等民族，他们让征服者感到惊诧，而且先入为主地将他们归入印度—亚洲人，但这个观念很快就被否定了。在拉丁教会的霸权控制下，所有自然界和社会的“事实”“都被这样或那样的教会法规解释为合理的”。当美洲人冲破欧洲人的观念和世界观时，教会法规体系崩溃，政治行为准则必然从一团乱麻中脱颖而出：这些新发现的生物是人类吗？如果是，他们可以被当作奴隶吗？能够对他们发动“正义之战”吗？可以确立西班牙人的统治吗？在西班牙，杰出的神学家们在公开场合争论这些问题，他们中有人去过美洲，有的则没有，教会法和民法专家也参与到讨论中。在下一个世纪及其以后的时间里，全欧洲的政治理论家，比如胡果·格劳秀斯、普芬道夫、约翰·洛克、孟德斯鸠、托马斯·霍布斯，都参与到讨论中。新观念以及“印第安人”（西方的印度人）代替了产生于塞族文化和希腊古典著作的、产生于“黑色雅典娜”的《圣经》。在认识这些从前世界观中不存在的新民族的过程中，社会科学的经验

① Kenneth R. Andrews, *Trade, Plunder and Settlement: Maritime Enterprise and the Genesis of the British Empire, 1480-1630* (Cambridge, 1984), 5; Pierre Chaunu, *Conquête et exploitation des nouveaux mondes, XVI e siècle* (Paris, 1969); Philip D. Curtin, *The Tropical Atlantic in the Age of the Slave Trade* (Washington, D.C., 1991), quote on 13.

主义产生了。但是学者们仍然拘囿于自身的文化氛围,他们提出了新的欧洲中心论观点,将欧洲人及之后的北美人的优缺点强加于其他人。经验主义的推动力促使褊狭的"想象的民族学"产生,它认为欧洲人生而文明,其他人生而野蛮。这"解释"了欧洲文化和经济的统治地位。上帝至高无上的地位在现实中的重要性低于欧洲人为上等人的观念。在现实生活中,欧洲的知识分子、精英人物在欧洲宗教组织中占据上风,他们是社会的解释者。清教徒和新教徒组织起来与教会抗衡,拉丁教会在挑战中居于下风,但是拉丁教会取得了对所有反对派和异教徒斗争(参见第3章第3节)的最终胜利。①

新兴政治理论中有三个方面尤其重要:他人邪恶的观点、自然国家的建立以及"新"民族与旧大陆的关系。

首先,征服之初,当哥伦布最初所描绘的对阿拉瓦人单纯、热心的羡慕之情转变为民族学的反面类型的时候,他人邪恶的观念就已经出现。美洲原住民的风俗习惯——无论是饮食习惯还是性别传统,家庭生活还是政治结构,农业还是手工制造业,劳动习惯、等级还是私有财产——都被欧洲人依照自己的文化标准仔细衡量,确定印第安人是否与常人无异。那些从猎奴运动中获得经济利益的人为这些讨论、这些研究者提供所需要的各类证据,迎合他们的各种期望。比如,他们吃蜘蛛、昆虫和生肉;他们中的食人者甚至吃自己的邻居;他们有鸡奸、乱伦和同性恋传统;他们没有能力将自然界万物转化为农业文明、物质文化或其他文化;他们不遵守工作纪律,因此缺乏对自然欲望的控制;他们没有男性优于女性和儿童的"天然"等级划分。至于财产关系,他们既没有认识到私人财产的不可侵犯性,也没有积累财富的习惯。简而言之,他们"像野兽一样,野蛮、残忍",不懂"服从"和"忠诚"。欧洲人探索印第安人的人性,认为他们存在许多谬误,基督教化、培养工作纪律以及西班牙化(后来是欧洲化)是治疗的良方。如果

① Anthony Pagden, *European Encounters with the New World: From Renaissance to Romanticism* (New Haven, 1993), quote on 52, and Pagden, *The Fall of Natural man: The American Indian and the Origins of Comparative Ethnology* (Cambridge, 1982); Lewis Hanke, *All Mankind Is One: A Study of the Disputation between Bartolomé de Las Casas and Juan Ginés de Sepúlveda in* 1550 *on the Intellectual and Religious Capacity of the American Indians* (DeKalb, Ⅲ, 1974), 84-85, 93-94; Wolfgang Haase and Reinhold Meyer, eds., *The Classical Tradition and the Americas*, 2 vols. (Berlin, 1994), vil. 1: "European Images of the Americas and the Classical Tradition"; Peter Mason, "Classical Ethnography and Its Influence on the European Perception of the Peoples of the New World," in Haase and Meyer, *European Images*, 1: 135-172. Helmut Reinicke, *Wilde Kälten* 1492: *Die Entdeckung Europas* (Frankfurt/Main, 1992); Peter Hulme and Neil L. Whitehead, eds., *Wild Majesty: Encounters with Caribs from Columbus to the Present Day: An Anthology* (Oxford, 1992).

印第安人拒绝接受基督徒的教化，他们将发动战争。少数人——包括巴泰勒米的拉斯卡萨斯主教——提出反对意见，认为欧洲的法律规章并不适用于其他民族，质疑教会是否有权宣布《圣经》中未记载的领土属于基督教统治者。[①]

其次，后来的理论家讨论：新民族是否缺乏政府管理机构？是否只知僭主统治，比如阿兹特克国家？是否生活在一个没有私有财产[②]的原始国家，没有成文法令或法规？是否实行无政府统治？野蛮行为是否为唯一的仲裁方式？反对派思想家将和平的原始国家——在犯下罪恶、被逐出天堂之前——与后世国家对比，指出存在缺点的政府、国家，包括欧洲国家。洛克在《政府论》(1690 年)中鞭挞了这样一种教条观念，即"世界上所有政府组织都是武力和暴力的产物，人们与野兽，而不是其他统治者生活在一起。在这些人中，最强壮者执掌权力，这为持续的混乱、破坏、骚乱、暴动和起义埋下了伏笔"。他又描绘了一个"平等的、所有权力和司法权限都是互惠的"国家。社会基础观念形成完整的循环。从某种程度上，洛克的观点反映了哥伦布对阿拉瓦社会最初的印象。[③]

最后，西班牙、法国和英格兰征服者中的知识分子以自身的社会组织机构和国家结构观念看待他人社会，认为他人的社会是"野蛮原始的"，自身的社会是文明的，因此，他人社会需要发展，向欧洲人靠拢。在"萌芽"时期的社会必须有一个长期的终极目标，才能摆脱野蛮状态，成为有法律秩序的、保护私有财产的社会。真理可以使其他人类摆脱混沌状态，理解有秩序的、国家统治的公民自由。这个过程必须借助高度发达的欧洲人的帮助：耶稣会士在多民族共同生活的区域传播宗教，"监护人"可以获得劳动价值。[④]

与早期基督徒、穆斯林和犹太人之间的自由交流相比，这种新型的、固定的、以欧洲自我为中心的，或许有多种差别的观念，对其支持者来说有巨大优势。在

---

① Pagden, *Fall of Natural Man*, 44, 52-53, 88; Lewis Hanke, *The First Social Experiments in America: A Study in the Development of Spanish Indian Policy in the Sixteenth Century* (Gloucester, Mass., 1964), 51; Peter Mason, *Deconstructing America: Representations of the Other* (London, 1990), 110-111; Thomas Lange, "Soutanenkaserne oder heiliges Experiment? Die Jesuitenreduktionen in Paraguay im europäischen Urteil," in Karl-Heinz Kohl, ed., *Mythen der Neuen Welt: Zur Entdeckungsgeschichte Lateinamerikas* (Berlin, 1982), 210-223; Richard C. Trexler, *Sex and Conquest: Gendered Violence, Political Order, and the European Conquest of the Americas* (Ithaca, 1995).

② 在具体研究私有财产问题时，这些拉丁语系理论家忽视了一个事实，即动词 privare 在古典拉丁语中的含义为"掠夺"。

③ John Locke, *Two Treatises of Government*, ed. Thomas I. Cook (New York, 1966), 121-132.

④ Beate Jahn, "The Cultural Foundations of IR Theory, or the Blind Spot in the Mirror," unpublished paper, Bremen, Nov. 1997; Beate Jahn, *The Cultural Construction of International Relatiions: The Invention of the State of Nature* (Basingstoke, U.K., 2000).

地中海世界,阿拉伯—伊斯兰社会和犹太社会要比拉丁社会(与拜占庭相区别)的基督教王国发达得多。十字军东侵后以及教皇颁布敕令后,拉丁教会开始努力瓦解其基督教世界内的对手——拜占庭的精神和世界,之后将基督徒与非基督徒对立,以此阻断地中海商人之间的谈判、收取回扣与行为准则共存的行为。1492 年地理大发现之后,欧洲人利用自己的文明标准,以政治经济理论的卫道士自居,控制着全球交流网络。这种分隔自我与他人的方式(根据这种观念,印第安人是懒惰的、放荡的,无性别等级的、无政府的人)反映了欧洲人惧怕他人,自身也具有致命的缺点:表现在牲祭、献给上帝的双语文献、食人传统、纪念成殓耶稣的圣餐礼上;表现在妇女不断反抗,失败后被迫服从上;表现在向罗马流动的妓女和情妇的性生活上;表现在西班牙下级贵族和上层阶级厌恶工作的态度上,如西属美洲和西属马尼拉、荷属巴达维亚以及英属弗吉尼亚的第一批流动人口;表现在整个欧洲,他们期望其他民族为他们工作,如社会地位不同的外人、小庄园主,从事家务劳动。至于社会组织,欧洲冒险—剥削者在从西非到印度再到美洲的广大地区发挥着组织者的作用,但是,他们没有选择学习新语言、学习外族统治者的知识和行为专责;相反,他们在印度洋贸易体系中、在美洲人口中制造骚乱。

为了自身的利益,为了确立自己的秩序模式,这些卫道士们争夺权力,他们驳斥无政府的、专制的、脱离控制的秩序。托铎洛夫将其解释为,一种与众不同的、关于日常生活的、关于规范与精神的交换体系,在欧洲观察家看来,与没有体系无异,从这个假定中,又可以推断出更差的状况,甚至野兽行径。戴维 • 兰德斯揭示了欧洲人积累知识以及随之而生的优越于世界其他民族的观念(因此构成的"现代性"特点)充分显示了他们缺乏对人际关系的理解,缺乏对不同观念的容忍,并且忽视了权力、军备、资本以及财产关系的力量。[①]

---

① Tzvetan Todorov, *The Conquest of America*: *The Question of the Other*, trans. Richard Howard (French orig., Paris, 1982; New York, 1984), 38; Olive P. Dickason, *The Myth of the Savage*: *And the Beginnings of French Colonialism in the Americas* (Edmonton, 1984), and Dickason, "Old World Law, New World Peoples, and Concepts of Sovereignty," in Stanley H. Palmer and Dennis Reinhartz, eds., *Essays on the History of North American Discovery and Exploration* (College Station, Tex., 1988), 52-78; Anthony Pagden, *Spanish Imperialism and the Political Imagination*: *Studies in European and Spanish-American Social and Political Theory*, *1513-1830* (New Haven, 1990); Jochim Moebus, "Über die Bestimmung des Wilden und die Entwicklung des Verwertungsstandpunkts bei Kolumbus," and Birgit Scharlau, "Beschreiben und Beherrschen: Die Informationspolitik der spanischen Krone im 15. uud 16. Jahrhundet," in Kohl, *Mythen der Neuen Welt*, 49-56 and 92-100; David S. Landes, *The Wealth and Poverty of Nations*: *Why Some Are So Rich and Some So Poor* (New York, 1998).

欧洲霸权异常复杂。政治哲学家的国家观念与参与征服者之间差别很大。核心区的帝国政府、商人和企业家，广阔土地上的受让人以及流向殖民地的人口，对于即将建立的社会也有完全不同的期望。外出人口的利益、核心区控制的资本积累原理以及政治统治构想往往相互矛盾。法国政府期望在圣劳伦斯河谷建立“新法国”，复制一个欧洲的法国，有完备的领主和居民的社会等级划分体系。与历史上的农民一样，这些人有自己的利益，沿皮毛贸易路线迁移。“新西班牙”原来的构想是复制伊比利亚体制，却在殖民地建造了一个原创型社会。在英属美洲，大土地所有者从经济利益出发提供宗教避难所以吸引外来人口，比如马里兰巴尔的摩领地上的天主教徒、彭威廉森林中的各种持不同政见者。清教徒幻想建立一个纯粹的“新英格兰”，却建立了一个以获利为目的的、参与奴隶贸易的重商社会。①

在欧洲文学作品中，受过教育的市民描绘了他们对于殖民地及其居民的认识。尽管这个时期的政治哲学在欧洲范围内十分普及，而且促进了殖民地的独立运动，但是对比西班牙和英国的文学作品，我们会发现，文学作品仍然是特定社会和特殊殖民地的产物。在西班牙人对于黄金时代的描述中，缺少了征服者对于“殖民地土著”进行种族灭绝的记录，而是将新大陆描述为旧大陆管理者理想的翻版。来自西属美洲的男性返乡人口是典型的“新贵”，他们返回是为了获得身份地位和门当户对的新娘，他们往往夸夸其谈，但是非常热心。返乡的女性是美丽而富有的，拥有令人艳羡的结婚伴侣。黑人在西班牙社会被称为“黑人”和“穆拉托人”，很难与殖民地土著脱离干系，他们之中的女性被描述为热心的、勤劳的，男性则是流氓无赖，用他们自己的话说，往往是懒惰的、懒散的人。这种形象可能是延续了早期对于“土耳其人”的认识，只是民族不同。来自原始美洲的人——比如印第安“王子”或“公主”——被西班牙社会接受，没有“纯正血统”的限制，民族界限中也包括对宗主国的犹太人和摩尔人的排斥。②

英格兰文学作品的侧重点与法国作品不同，但均认为外人是“印第安人”异教徒。异教徒可能是“野蛮的贵族”，他不情愿地将自己的土地交给外人，是“嗜血的人”。文学想象和殖民地的“真相”描绘了基督教化的或者“囚禁文学”的文

---

① Gary Nash, *Red, White, and Black: The Peoples of Early America* (Engelwood Cliffs, N.J., 1974).

② Stephen Greenblatt, *Marvelous Possessions: The Wonder of the New World* (Oxford, 1991); Woodrow Borah, "Mixing of Populations," in Fredi Chiappelli et al., eds., *First Images of America: The Impact of the New World on the Old*, 2 vols. (Berkeley, 1976), 2: 707-722, esp. 715-718; Frauke Gewecke, *Wie die neue Welt in die alte kam* (Stuttgart, 1986), esp. 72-87.

化交流过程,描述了棕色人种对白人,特别是对妇女的迫害。文学作品并没有描绘白人男性权力下的土著妇女,或者欧洲人对于土著美洲人社会的文化融合。核心区的文化霸权同时意味着新殖民地欧洲—克里奥尔文化很难出现在旧大陆的文学作品和历史中。[①]

历尽千辛万苦到达殖民地之后,征服成为核心区的政治成就,信息记录方式超越了文学表现形式。1589 年理查德·哈克路特所著《英格兰民族的主要航海、游历和发现》到此时已经发展为卷帙浩繁的游记。航海图籍和航海手册吸收了中世纪地图制作者的成就,详细讲述"外国人"的生活方式、奇珍异宝和风俗习惯。荷兰画家试图描绘荷兰投资者在斯匹次卑尔根群岛的捕鱼方式、瑞典的武器生产工厂和北非的城镇、苏里南的种植园。阿姆斯特丹的荷兰东印度公司中有刻印亚洲语言的字母活字,并出口到殖民地,垄断书籍印刷。19 世纪 50 年代,摄影技术发明,拥有殖民地帝国的影像照片是市民家庭的骄傲。另一方面,学者们开始以严肃的眼光观察其他文化,比如莱顿大学的东方出版社一直保持着摒弃社会偏见的态度。[②]

外出迁徙必然导致对重商主义思想、人口增长理论构想以及乞丐的社会地位等问题进行重新认识。为某个君主国获得土地的行动受到资助,但是国家中经济活跃分子的流动也是有害的:对内导致税收流失,对外造成潜在的竞争压力。1669 年,法国柯尔培尔政府下令禁止外出人口流动;1685 年宗教迫害迫使胡格诺教徒逃亡。这证明宗教观念迫害导致人口流动的因素大于重商主义驱动的人口流动。18 世纪中叶,孟德斯鸠仍然坚持柯尔培尔的政策:"殖民地的一般

---

① Robert F. Berkhofer Jr., *The White Man's Indian: Images of the American Indian from Columbus to the Present* (New York, 1978), esp. 86-111; Roy H. Pearce, "The Significance of the Captivity Narrative," *American Literature* 19 (1947-1948): 1-20.

② David B. Quinn, ed., *The Hakluyt handbook* (London, 1974). 阿姆斯特丹国家博物馆 17 世纪展区。摄影家著作包括 Clark Worswick and Ainslie Embree, *The Last Empire: Photography in British India, 1855-1911* (Millerton, N. Y., 1976); Bernard Smith, *European Vision and the South Pacific, 1768-1850: A Study in the History of Art and Ideas* (London, 1960); Thomas Theye, "Ferne Länder-Fremde Bilder: Das Bild Asiens in der Photographie des 19. Jahrhundets," in Klaus Pohl, ed., *Ansichten der Ferne: Reisephotographie 1850 bis heute* (Gieβen, 1983), 59-95; Pascal Blanchard et al., *L'autre et nous: "Scènes et types"* (Paris, 1995); Elizabeth Edwards, ed., *Anthropology and Photography, 1860-1920* (New Haven, 1992). 关于裸体外国女性的研究,参见 Ricabeth Steiger and Martin Taureg, "Körperphantasien auf Reisen: anmerkungen zum ethnographischen Akt," in Michaeol Köhler and Gisela Barche, eds., *Das Aktfoto: Ansichten vom Körper im fotografischen Zeitalter: Ästhetik, Geschichte, Ideologie* (2d rev. ed., munich, 1986), 120-140. Albert Friedenthal, *Das Weib im Leben der Völker*, 2 vols. (2d rev. ed., Berlin, 1910),并没有超出东欧和东南欧的范围。

影响是唤醒没有新领土的宗主国人民。男人必须留在他们自己的地方。”另外，一位西班牙学者预见到马尔萨斯的人口压力理论，早在1681年就号召外出人口流动（或者换个说法，“保持独身”）。

一般来说，欧洲人口和经济理论支持国家采取杜绝流浪者、乞丐和罪犯的措施：这些受到约束的阶层在外出流动过程中，可能会成为创造收入的殖民地中坚分子。1742年，一位西班牙作家曾经指出，一个服刑的犯人与一个妓女生育的子女可能是最优秀的殖民者。他认为，西班牙1.2万吉卜赛人应该被送到委内瑞拉的奥里诺科河地区从事殖民活动。一个半世纪后，英国政府也开始运送“多余”人口。王朝“附庸”以及劳动力资源被利用或被抛弃，这些人在宗主国被视为“无用之人”，却在遥远的殖民地为“祖国”创造了荣耀和财富。如同国旗会跟随商业活动的脚步，政治理论也迎合了中坚分子的利益。[①]

遣送“无用者”表现了宗主国与殖民地之间的等级关系，堕落的土著人和文明的欧洲人的巨大差异扭转了来自欧洲的欧洲人对殖民地欧洲人的轻视态度。欧洲精英分子认为，他们是唯一文化纯洁之人，因此是高级的，视外出的同胞，即殖民地白人，为中等的依附民。反之，早期流动人口认为自己是“开拓者”，这些人也歧视后来者，特别是来自不同文化背景的人。白人殖民者和各种背景的殖民者的所有行为都从自己的利益出发，他们所遭遇到的挫折远大于后来的公司和政府，相对于非白人殖民者，他们拥有巨大的优势。他们说大都市语言，通晓各种体制，因此他们可以交流、发号施令。美洲殖民地政体中的克里奥尔人权贵热衷于在“祖国”发挥杠杆作用。殖民地人口由临时官员管理，例如印度，他们无法与核心区的各种体系交流。因此，18世纪60年代之后的大革命时期，不仅第四等级人（即欧洲的低级等级）参与其中，而且新欧洲—非洲—殖民地土著的美洲人在自治政府的承诺帮助下也参与其中。在英属北美殖民地，殖民者提出两个问题：从宪法上说，他们是英国人吗？他们能够改正东印度公司犯下的错误吗？本土英国人并不胜任他们的高级身份，殖民地英国人（及所有其他人）在1776年自我规划为“美国人”。在西属和葡属拉丁美洲，受到自然权利观念以及内战（1796～1815年）的影响，欧洲核心区对这个地区丧失控制权，19世纪20年代，欧洲裔克里奥尔人获得独立。法属海地的加勒比—克里奥尔人奴隶用同样的方式获得了个人权利和政府自治权。殖民地非白人人口则直到一个半世纪之

① Montesquieu, *Lettres persanes* (1721, expanded 1754), quoted in Borah, “Mixing of Populations,” 2: 714-715. Magnus Mörner, “Spanish Migration to the New World prior to 1810: A Report on the State of Research,” in Chiappelli, *First Images*, 2: 737-782, esp. 758-761.

后才获得独立。白人殖民地和有色人种殖民地的独立迫使欧洲人中众多的知识分子、政治家和经济精英人士进一步认识自我。①

2. 日常生活中的物质文化

亚洲人、美洲人、欧洲人和非洲人之间物质文化的交换活动体现在各个阶级的日常生活中,这种交换活动引进了新的饮食方式,改变了衣着和消费方式,供应了大量奢侈品和新医药。留在家乡的人享用到大种植园中的产品。规模庞大的水手团体见识了其他文化,传播着他们的见闻,参与外国商品贸易,与其他民族生育子女。劳动者运送外国器皿。市场和商铺女老板买卖新商品。技术进步了,生活改变了。洲际交通促使船只结构发生变革,渔民和沿海商人几个世纪以来积累的知识仍然在应用。这些成就反过来又推广到海洋交通中。比如葡萄牙水手就控制了马萨诸塞的捕鲸船队。水手自古以来就是熟练工人,他们期望在自己的领域内获得尊重,包括在航行途中。"随着对船员需求的增加,一些迁移到欧洲和东南亚巨大海港的农民家庭的儿子上船从事体力劳动,船上的领导方式转变为上行下达。这些从农田到水上的人中有许多从海上艰苦生活中幸存下来,在遥远的港口城市定居,与当地妇女通婚。那些返乡的人可能与来自农村的、相同文化背景的少女结婚,这些少女来自农村,在港口城市日益增长的商人和中产阶级家庭中工作。"②

中世纪地中海地区的医药学融合了阿拉伯人、犹太人和东方人的智慧,直到近代早期,狭隘的基督教医学家还拒绝承认来自黎凡特和印度"这些奇怪地方"的智慧。治疗技术受到攻击:睿智的妇女被当作巫女烧死,教会要求人们沐浴,这是犹太人和穆斯林的清洁习俗。在过去,"在阿拉伯医学控制欧洲的时期,威尼斯是主要的药材集散中心"。16世纪,美洲人供给了新药材,如檫木、古柯、香液、抗疟奎宁以及一些不知名的物质。商人意识到其潜在的利润,南德的福格尔家族同意贷款给西班牙国王。作为交换,他们获得了抗梅毒的愈疮木的贸易垄

---

① Lester D. Langley, *The Americas in the Age of Revolution, 1759-1850* (New Haven, 1996); R. A. Humphreys and John Lynch, eds., *The Origins of the Latin American Revolutions, 1808-1826* (New York, 1965); Caroline Robbins, *The Eighteenth-Century Commonwealth-man: Studies in the Transmission, Development, and Circumstance of English Liberal Thought from the Restoration of Charles II until the War with the Thirteen Colonies* (Cambridge, Mass., 1959).

② Andrews, *Trade, Plunder and Settlement*, 4, 24-30, quote on 27; Charles R. Boxer, *The Dutch Seaborne Empire, 1600-1800* (London, 1965, 73-89).

断权。旅行者、冒险者和水手将各种植物和其他奇珍异宝带回家乡。比如，一种加拿大植物被葡萄牙水手带给一位巴黎药剂师。1569年，长期研究希腊—阿拉伯医学的西班牙医药专家尼古拉斯·巴蒂斯塔·蒙那尔德出版了第一部关于美洲医药的专著，这部著作被翻译成英语、意大利语、法语、德语和拉丁语。之后，学者考察团收集了各种样本，政府建立了植物园；当考察转变为剥削时，植物学家的研究成果成为国家机密，被卖给种植园。[①]

在十字军的文化融合以及伊比利亚半岛吸收穆斯林技术等方面，欧洲人勇于接受各种比他们先进的或者他们认为比较先进的东西。在亚洲贸易商品中，瓷器的买卖量数以百万计。当欧洲商人开始介入瓷器贸易时，一个新的贸易团体出现，它由挑夫、包装工、车夫和水手组成。为了满足需要，中国的陶瓷艺人从土耳其斯坦增加进口时尚的“穆罕默德蓝色”，并销往巴达维亚。1602～1657年，在经过好望角的贸易路线上，水手们运输了300万件中国瓷器到荷兰的欧洲港口；在之后的25年间，接近20万件日本瓷器运抵欧洲。奢侈品，比如亚洲的瓷器和丝绸，改变了欧洲人的欣赏品味和高雅艺术，但是仅限于某些阶级。17世纪，代尔夫特陶工认识到其中蕴涵的商机，开始模仿中国青花瓷风格，建立了新的完备市场。18世纪，他们廉价的“具有中国艺术风格的物品”开始形成“典型的荷兰风格”。在改变过程中，消费者的新的物质文化特色被欧洲化。[②]

印度的服装生产以及俄罗斯的皮毛采集在世界范围内改变了衣着服饰、棉花生产、家庭经济以及性别分工和需求。勒麦尔指出，“印度是纺织品的源泉，色彩丰富、品种繁多、质量上乘，在欧洲无可匹敌”。17世纪，欧洲的“印度热”促使优良的棉织品经荷兰和英国东印度公司大批进口，吸引着“上至大贵族，下至厨娘”的买家来购买。为了迎合欧洲人的欣赏品味和想象，进口商人创造出“印度”风格，驱使马德拉斯布制造者在印染布匹时结合印度图案、日本图案和欧洲风格。印度制造商参与投资，这些英国工厂的工人是到城市工厂中工作的农民，这种情况一直延续到英国工厂生产的布匹吞并亚洲市场（参见第14章第1节）。

秘鲁和新墨西哥霍皮人村庄生产的棉花纤维质量好于旧大陆的棉花，“供应

① Charles H. Talbot, "America and the European Drug Trade," in Chiappelli, *First Images*, 2: 833-844, quotes on 834, 837; Joseph Ewan, "The Columbian Discoveries and Exploitation of New World Plants in Europe, 1492-1800," ibid., 2: 813-832, esp. 818-820. 关于荷属亚洲的植物学研究，参见 Boxer, *Dutch Seaborne Empire*, 202-205. 中国的医药知识，与多数其他中国成就相反，从来没有融入欧洲医学实践中。关于这个问题的研究并未涉及关于农业、植物引进和食品的大量研究成果。

② Boxer, *Dutch Seaborne Empire*, 180-186. 真正的瓷器于一个世纪后，即1709年，在萨克森的梅森手工工场开始生产。

全世界经济作物市场”。棉花种植园从美洲殖民地扩展到埃及、东非和印度。殖民地领主向当地人口征收剑麻和其他富含纤维的作物,经济作物种植面积足够应付出口市场。纤维纺织者和服装生产者被迫适应新材料、新市场以及其他地区劳动力的竞争,由于权力关系和生活方式的差别,劳动力价格往往非常低廉。新的劳动力储备、生产方式以及工人管理方式日益确定。

来自遥远文明的颜色和样式传到欧洲,再从欧洲向其他地区传播。东地中海的明矾用于颜色固定。来自美洲的胭脂明红色、来自印度的胭脂树,成为红色颜料及食品添加色。热带豆类作物代替了价格不菲的染料木,称作“巴西”,其名称源自新作物生长的地区。在这个地区,土著图皮人被迫参加劳动。起初,欧洲商人从当地生产者手中购买新器皿。在殖民统治之前,制造者之间的这种交易是义务性的,是不平等的,并不采用会计统计方式。新商人——这类以人际关系为基础的社会中的外国人——将制造者与遥远的商业核心区联系起来。北方皮毛产地或南方奴隶产地的人口,印度从事纺织品生产和其他领域生产的人口,都用自己的产品交换进口商品,他们并没有认识到他们正在进入信用体系。①

文化间的交流改变了各个大洲和社会各阶层人口的饮食习惯。非洲奴隶制作的各种根茎食物是送给美洲的食物。来自美洲的马铃薯和其他粮食作物养育了从欧洲到亚洲的家庭。香料和调味品的利润提高了欧洲人对于亚洲贸易的需求。轻度刺激品,如糖、咖啡、亚洲的茶以及南美的可可,也建立了客户群。强烈刺激品,比如烟草、鸦片和古柯,可以获得暴利。烟草种植遍及加勒比地区、北美、地中海地区和安纳托利亚地区。烟草制造者的分布地区从菲律宾的马尼拉到古巴的哈瓦那,从德国的汉堡到佛罗里达的坦帕。人工种植或野生的热带水果、坚果和蔬菜丰富了欧洲人的餐桌。鳄梨树、胡椒树和其他亚热带作物很快在西班牙种植生长,安达卢西亚人热带化的口味是全球化的一部分。不自愿的劳动人口最初在当地生产粮食作物,之后往往为不断增加的远方人口生产经济作物。②

从 15 世纪开始,欧洲人对产自东南亚岛屿、印度和锡兰的香料和调味品的消费量增加。例如,马六甲香料的使用在 1500～1620 年增加了 500%。商人家

① Berverly Lemire, *Fashion's Favourite: The Cotton Trade and the Consumer in Britain, 1660-1880* (Oxford, 1991), 3-42, quote on 12; Boxer, *Dutch Seaborne Empire*, 196-197.

② Earl J. Hamilton, “What the New World Gave the Economy of the Old,” in Chiappeli, *First Images*, 2: 861-865; J. Sermet, “Acclimatatiion: Les jardins botaniques espagnols au XVIIIe siècle et la tropicalisation de l'Andalousie,” in *Mélanges en l'honneur de Fernand Braudel*, 2 vols. (Toulouse, 1973), 1: 555-582.

族的暴利和世界范围的贸易联系对一般消费者的影响显而易见：在德语中，胡椒袋(Pfeffersack)成为富商的同义词，进口食物被称为“殖民地食物”。强制劳动制度降低了生产成本，欧洲人和欧美人口不断增加，他们有能力支付香料的价钱，在保存或保鲜手段缺乏的情况下，香料的使用使得食物更加美味。消费量的每次提高也需要劳动力的流动，需要新的人口流动模式和更多的水手。各种各样的胡椒生长在热带气候条件下，阿拉伯商人曾经从印度的马拉巴尔海岸进口胡椒。16 世纪 60 年代，通过奥斯曼统治的亚历山大里亚港和贝鲁特向威尼斯和马赛，或经葡萄牙向阿姆斯特丹进口胡椒，平均每年进口 330 万磅。17 世纪 20 年代早期，荷兰人取代葡萄牙商人的地位，胡椒进口量达到每年 670 万磅。香草——蔓生野兰花的干豆荚——由当地殖民地土著采集和制作。韦拉克鲁斯地区的托托纳克人开始种植葡萄时，法国人的统治范围已远远超出托托纳克人的生活范围，19 世纪 60 年代，他们模仿葡萄种植技术在印度洋留尼汪岛建立香草种植园。经过印度洋劳动力之手，阿兹特克人的饮食习惯成为欧洲人的生活方式。①

由于引进了黎凡特蔗糖，轻度刺激品最早出现在欧洲十字军中。可可豆生长在墨西哥南部和中美洲阿兹特克果园中，巧克力产品足以与安第斯地区商品进行交换。17 世纪中期，可可在伦敦出售，大规模的种植则从南美北部扩展到安的列斯群岛，之后又扩展到西非。咖啡是奥斯曼帝国最流行的一种饮料，通过阿拉伯半岛进入欧洲。荷兰人从东南亚引进咖啡豆，他们强迫农村劳动力种植这种作物，并且在阿姆斯特丹出售爪哇咖啡。之后，咖啡移植到拉丁美洲，征用殖民地土著土地，由来自亚洲、美洲和欧洲的新劳动力耕种。②

茶叶形象地反映了轻度刺激品在各个文明地区的传播和影响。茶叶因其药用价值而驰名已久。12 世纪，茶叶消费遍及中国各地，日本佛教禅宗发展了茶道。印度人、亚美尼亚人、中国人和其他民族商人沿着大吉岭——西藏——中国内地的“茶路”从事贸易活动，阿拉伯商人将茶叶引进欧洲。1610 年，荷兰东印度公司商人将第一船茶叶运到荷兰，在药店出售，荷兰东印度公司资助的医生倡

---

① C. H. H. Wake, “The Changing Pattern of Europe's Pepper and Spice Imports, ca. 1400-1700,” *Journal of European Economic History* 8 (1979): 361-403, esp. 392-393; Boxer, *Dutch Seaborne Empire*, 222; Sauer, “Changing Perception and Exploitation,” 817.

② Sideny W. Mintz, “Time, Sugar, and Sweetness,” *Marxist Perspectives* 2 (1979): 56-73, and Mintz, *Tasting Food, Tasting Freedom: Excursions into Eating, Culture, and the Past* (Boston, 1996), 17-32 (“Food and Its Relationship to Concepts of Power”); Hamilton, “What the New World Gave,” 859-860, 868-869.

议每人每天喝 50～200 杯茶,以达到治疗效果。1660 年,巴黎、柏林和伦敦的富人"用最好的糖,用日本的贴花瓷器和金茶匙"喝茶。到 17 世纪末时,茶叶已经进入下层阶级生活,在街道上沿街叫卖。私人茶聚成为女士的休闲方式,男性则钟爱露天茶座,因此,社会化的习俗改变了。1773 年,英国政府在北美殖民地强征茶叶附加费以挽救东印度公司日益减少的财政收入,妇女们联合抵制;波士顿的男士狂饮加勒比奴隶生产的朗姆酒,之后摧毁了茶叶仓库。英国人企图惩罚冒犯者,却不得不面临丧失半个大洲的危险。

2000 万磅的干燥黑茶等待消费——这是 1790 年欧洲的总进口量,同时,需要 8000 万磅新鲜绿茶。在良好的工作环境中,男女采茶者勤奋劳动,每天可采摘 100 磅茶叶:换言之,需要 80 万个工作日才能够满足欧洲人的需求。这些茶叶的运输需要工场的手工艺人制造 25 万个标准的保鲜茶柜,每个茶柜可以容纳 80 磅茶叶。挑夫将茶叶运送到港口,码头工人负责装船,数百条船上水手将茶叶运送到各个目的地。根据沏茶传统,2000 磅茶叶等于 4.5 亿杯茶。殖民者中流传的著名作家吉卜林的格言"东方是东方,西方是西方,二者将永不谋面",可能需要修正为"有些野蛮的中国人"和"长辫子的苦力"的饮茶传统成为欧洲上层人士、普通民众和种族主义者的时尚。①

北美印第安人村庄的土著人到安第斯地区向欧洲人学习种植营养价值较高的作物:玉米、甜"薯"、西红柿、南瓜、丝兰或树薯(木薯)以及马铃薯。16 世纪 70 年代,塞维利亚医院向患者提供马铃薯。马铃薯消费迅速遍及欧洲;成为普通民众的主要食品。在普鲁士,农民拒绝耕种外来蔬菜,现代化的君主下令士兵保护新作物。在爱尔兰,马铃薯成为英国殖民地领主剥削贫困农民的食物,也解决了人口迅速增长问题。在中国,人口流向因为马铃薯的引进而发生改变。在美洲,玉米的种植范围从圣劳伦斯河谷扩展到拉普拉塔平原。它养育了第一批到达马萨诸塞海湾殖民地的英国殖民者,后来移植到西班牙,成为欧洲的主要作物;之后,葡萄牙商人将玉米引进非洲、印度和中国。树薯成为东南亚地区居民的基本食物。②

树木和经济作物改变了殖民地和核心区的劳动力结构、人口流动和生产方

① Boxer, *Dutch Seaborne Empire*, 197-198, 223; Hans G. Adrian et al., *Das Teebuch: Geschichte und Geschichten, Anbau, Herstellung und Rezepte* (Munich, 1983), 7-59, 105-128.

② David Watts, *The West Indies: Patterns of Development, Culture, and Environmental Change since 1492* (Cambridge, 1987), 55-57; Hamilton, "What the New World Gave," 854-856, 860; Redcliffe N. Salaman, *The History and Social Influence of the Potato* (in Britain), ed. J. G. Hawkes (1949; rev. ed., Cambridge, 1985).

式。殖民地企业家开发热带阔叶树种，但不重新造林。英国海上商人砍伐大量树木建造船只，海军仍然垄断新英格兰的松木。北美脂松的松脂和松香进入欧洲海上用品商店。新英格兰的木材供应英国和世界范围内的英国殖民地，西非木材供应法国，这一定程度上造成森林过度砍伐，导致20世纪气候发生变化，进而导致人口流亡。在巴西，由当地人口和外来人口种植的橡胶后来在多哥种植，采胶由当地强制劳动力完成。英国人将橡胶种子走私到马来殖民地，无处不在的种植园主从印度南部进口泰米尔劳动力，在从新加坡到马六甲的广阔土地上种植橡胶树。资金充足的公司代替种植园主向各个种植园派遣管理者。因此，种植园主的后代成为公司雇员，或者被迫迁移他处。在苏门答腊，荷兰人与爪哇和中国劳动者竞争种植橡胶树："当地农村人口退让到公司所在的城市里。"西非生产的棕榈油运输到核心区，是工厂中机器的润滑油。

在大量生产植物食品、出口经济作物和畜牧制品的地方，最初的农民土地所有者丧失了土地，被驱逐，地方的或进口的当地劳动力受到剥削。由于传统粮食作物种植面积下降，导致营养不良现象出现。19世纪，在粮食生产的工业化进程中，阿根廷、北美平原、俄罗斯南部平原的粮食种植者是外来人口和季节性流动的雇工，易北河东部平原由当地地主和波兰工人共同耕种——到19世纪80年代，集约生产制造的产品充斥世界市场，农业机械的使用降低了劳动力需求。之后，剩余农民和劳动力家庭不得不加入全球人口流动(参见第13章)。19世纪，几百万亚洲自愿和强迫劳动力需要稻米供应，在英国人和法国人控制下，稻米生产地区扩展到东南亚地区(参见第14章)。在田野，在仰光的磨坊，缅甸内部流动人口为大英帝国的其他领地生产出口作物。在泰国曼谷附近，运河连接了东方与北方稻米生产区；中国人和泰国人在这里定居，马来穆斯林、老挝战俘以及自由的城市奴隶到达。第三个生产区，即交趾支那，自1861年起在法国统治之下，产品主要供应中国市场，由中国商人充当中间商。[①]

欧洲的中层和上层阶级购买中国的瓷器和印度的丝绸；因为引进南美其他地区的食物，人口稳步增长。从19世纪中期开始，中国厨师在欧美各地传播他们的烹饪方法。尽管文化传承与改变依靠所有人的努力，但是白人优越的观念不仅完整地保存下来，而且更加强大。

① Eric R. Wolf, *Europe and the People without History* (Berkeley, 1982), 319-321, 330; Hugh Tinker, *A New System of Slavery: The Export of Indian Labour Overseas, 1830-1920* (London 1974).

3.新民族与全球范围的种族主义

长期的、跨越不同社会的人口流动必然导致在权力等级框架内文化和血缘的融合,进而产生新民族:欧洲出现了切尔克斯人和北非奴隶;叙利亚和亚美尼亚商人在整个大陆穿梭往来;招募自遥远地区的士兵与定居居民融合;犹太人和基督徒通常在皈依后联姻。15～19世纪,在欧洲殖民地,出现了基因和文化的大规模交换,几千万流动人口和定居居民组成现代民族。由于男女权力等级存在差异,性别比例失调,无论在哪个社会,无论妇女是否同意,在西班牙人、中国人、英国人和其他外来人口之间出现了交往与联姻。由于情感吸引,出现了自愿结合现象,但是白人至上观念或者其他种族的纯洁性观念仍然存在。

印度洋世界的贸易中心有大量未开化人口,但是亚洲人和非洲水手可以抵达尽可能遥远的地区,包括东非地区在内的印度洋所有港口城市的人口都是民族融合人口。他们是内部流动商人、手工业者、劳动力流动人口,是逃离饥荒的难民,是逃离满族等征服者统治的难民,最终,他们都逐渐融入当地社会,他们的后代已经成为当地社会的成员。东南亚地区融合了马来人、华人和印度人以及部分欧洲人。

克里奥尔人出现在拉丁美洲,它融合了美国人、黑人、白人和棕色人种。在两个混血文化区,深入印第安地区的皮货商(coureurs de bois)和苏格兰哈得孙海峡公司的法裔加拿大人与原住民妇女和平共处,这些妇女成为文化传播者。这些社会的未来取决于权力关系。红河地区(今马尼托巴湖域内)说法语的混血人被加拿大政府权力支持的土地投机者驱散。太平洋沿岸地区说英语的混血人组成了白人权力组织,建立了英国哥伦比亚区。与所有由强大的英国观念控制的社会一样,白人至上结构观念非常严密。克雷夫科尔认为英美殖民地的"新男性"拥有"奇特的血缘",是欧洲人的融合。大革命时期,美洲衍生民族明确区分自己与欧洲人。在拉丁美洲,尽管18世纪的佚名艺术家能够描绘出16个在不同的文化环境下生长的集团,但英美殖民地的白人组织——意外地与传统的白人至上的观念并无传承关系——强调"纯正性",在"一滴血"观念统治下,隔离那些哪怕有一滴非白人血液的人。种族主义者的绝对划分法提出了一个问题,即有多少白人是真正的白人？①

1820年左右，从欧洲到美洲的流动人口平均每人携带5名非洲人。17世纪末期，所有英属加勒比殖民地中黑人人口都占大多数。奴隶制度在加勒比地区衰落的时候，90％的牙买加人和圣多明各人以及大约一半的古巴人、波多黎各人和其他岛屿居民的生活方式都具有非洲特点。1830年，在布宜诺斯艾利斯，10人中有3人为非洲裔；1890年，1/3的巴西人口为非洲裔。只有美国比率稍低。根据正式的人口统计，20世纪90年代，新大陆的7亿人口中，“有1亿人有非洲祖先血统”，“非洲人对于中东地区人口的贡献也大约相同”。1831年，非洲裔人口占巴林人口的50％；1835年，占阿曼人口的1/3以上；1862～1863年，在中阿拉伯地区（内志）不到1/3。非洲人的贡献因为种族隔绝状况而有所不同：他们广泛分布在阿拉伯地区，占据拉丁美洲人口的绝大多数，但是在英属加勒比地区和美国人口中所占比例较小。②

白人与他人之间的界限曾经是并且仍然是模糊的：因为白人男性占有有色人种女性的身体；因为等级划分，但是又互相从“日常生活”中受益；因为有排除肤色和其他物质差别而出现的友爱团体。伊比利亚教会的“血统纯正”观念就是一个无法持久的、教条的、观念性的男性独身集团的假象。英国—大西洋文化中

---

① Magnus Mörner, *Race Mixture in the History of Latin America* (Boston, 1967; Span, trans., Buenos Aires, 1969); Maria C. Garcís Sáiz, "Die Rassenmischung in Amerika und ihr Niederschlag in der Kunst," in Gold und Macht: *Spanien in der Neuen Welt: Eine Ausstellung anläßlich des* 500. *Jahrestages der Entdeckung Amerikas* (Vienna, 1986), 132-136; anonymous, "Serie de mestizajes: Cobres Anónimos, Siglo XVIII," Museo de América, Madrid; J. Hector St. John de Grèvecoeur, *Letters from an American Farmer* (London, 1782); Jacqueline Peterson and Jennifer S. H. Brown, eds., *The New Peoples: Being and Becoming Métis in North America* (Winnipeg, 1985); Bruce Alden Cox, ed., *Native People, Native Lands: Canadian Indians, Inuit and Métis* (Ottawa, 1991); Sylvia Van Kirk, "*Many Tender Ties*": *Women in Fur-Trade Society in Western Canada, 1670-1870* (Winnipeg, 1980); Adele Perry, *On the Edge of Empire: Gender, Race, and the Making of British Columbia, 1849-1871* (Toronto, 2000); Sharon M. Lee, "Racial Classification in the U.S. Census: 1890-1990," *Ethnic and Racial Studies* 16, 1 (Jan. 1993): 75-94.

② David Eltis, "Free and Coerced Transatlantic Migrations: Some comparisons," *American Historical Review* 88 (1983): 251-280; Stanley L. Engerman, "Slavery and Emancipation in Comparative Perspective: A New Look at Some Resent Debates," *Journal of Economic History* 46 (1986): 317-339, esp. 318-322; Watts, *West Indies*, 143-231; Franklin W. Knight, "The Atlantic Slave trade and the Development of Afro-American Culture," in Joseph E. Inikori and Stanley L. Engerman, eds., *The Atlantic Slave Trade: Effects on Economies, Societies, and Peoples in Africa, the America, and Europe* (Durham, N.C., 1992), 287-300; Patrick Manning, "The Slave Trade: The Formal Demography of a Global System," ibid., 117-141, quote on 121.

白人与有色人种的分裂证明白人不是一种颜色。对于种族与肤色的极端解释并非欧洲人的特权,它也出现在中国人对于周边民族的看法中,出现在南亚次大陆人对于肤色深浅者的划分中,出现在浅色皮肤的阿拉伯人与深色皮肤的撒哈拉以南非洲人的等级差别中。作为这个过程的始作俑者,欧洲人认为自己是无须进化的典范,而少数"其他人"可以从白人的仁慈中受益。经济和政治权力关系可以确定不同人的身份,可以解释为什么有人能够读写,而有人只能使用凿和铲。

宗教和知识卫道士们宣传白人欧洲—基督徒的构成形式,这些人将自己束缚在自我设置的樊篱中,拉丁教会则自我否定性别差别。16 世纪后期,哈克路特在其著作《英格兰民族的主要航海、游历和发现》一书中宣称,英国人是独一无二的,他们将"扫荡地球上所有的国家和民族"。三个世纪后,英国统治者描绘了"典型的非洲人……(是)幸福的、奢侈的、容易激动的人,缺乏自我控制性、纪律性和远见"。他们吹嘘自己被赋予了"管理当地种族的能力……我们种族拥有足以自豪的荣耀"。罗伯特·麦尔斯评论其"完全是男性观念",白人男性的政治理论家认为所有人生而平等的时候,仍然持有享有观念。[1]

18 世纪欧洲—北美人的思想中,学者们在教士和管理者的声明中,加入了他们的洞察力,也可能是设想。布丰 44 卷本《自然史》(1749～1804 年)结尾处确定了白人种族的划分标准。种族差别可以解释为气候和/或"缓和的、显然不传染"的疾病(本杰明·拉什),或者用物种的独立进化来解释(伏尔泰)。这种知识和系统化的探索以自我为中心,查尔斯·怀特在其著作《人类等级秩序研究》(1799 年)中用"适应(科学指示)岗位"的各种职能和活跃权力构建了一个"大生物链"等级。从未旅行过的白人根据他们从殖民地返乡者那里得到的道听途说的信息,确定非洲人介于白人和猿猴之间。与其他男性评论家一样,他极其关注再生组织和混血现象。在文明发展和时代变迁中,排他性不仅建构在肤色基础上,也被赋予了性别特征和行为含义。

"白人优于黑人"成为基本论断。因为《圣经》已经不再被当作知识源泉,基督教上帝的一元创造说所坚持的人生而平等的论断受到种族多元说的挑战。[2]一些统治者和传教士认为,非白人种族依靠自身的努力无法走向文明,他们赋予

① Thomas F. Gossett, *Race: The History of and Idea in America* (New York, 1965), 3-31, quotes on 12, 19-20; Robert Miles, *Racism* (London, 1989), 14-19, quotes on 18, 21, 102, 103.

② 21 世纪之初,学术界的观点又扭转回来。尽管人类产生于七个不同地区,今天的人类似乎都是非洲祖先的后代,其他祖先世系已经消亡。

自己教化的使命，以此获得适当的收入。即使没有听说“黑色种族”，发动灭绝战争的借口仍然可以是反对“有色害虫”。在肤色等级划分中，欧洲人也区分自身民族及周边民族的“微小差别”。阿拉巴马物理学家和作家(《人类类型》的合作者，1854 年)诺特认为，法国政府的动荡据说源自“国内黑人的狂暴”以及边境的劳动力，达尔文在学术论著《物种起源》(1859 年)中的结论被发展为社会达尔文主义。种族优越论和剥削合法化的观念存在了很长时间，由于其他种族必须经历从初始国家向成熟国家发展的过程，英国政府官员认定，它们“必须经过几个世纪才能够得到令人满意的结果”[①]。

关于奴隶制终止的讨论中夹杂着种族主义者的思想。对于非洲—加勒比地区和非洲—美洲地区的废奴者来说，主要的是平等；对于欧洲—美洲废奴者来说，非洲裔人口是人类，却并没有被承认为公民。18 世纪 70 年代，黑人人口占法国人口的 0.02%，占英国人口的 0.2%，占美国人口的 2%(马萨诸塞)～50%(南卡罗来纳)，在加勒比的蔗糖种植区，则高达 90%。政府推行新的、花言巧语的、数目庞大的以及计划性的统治策略。法国政府认为，“黑人在法国的数量每天都在成倍增长。他们与欧洲人通婚，妓院受到他们的污染，肤色混杂，血统变化”。19 世纪 30 年代，美国的废奴运动号召自由黑人返回非洲，并且为他们建立了利比里亚国家。19 世纪 60 年代后，种族主义者在整个白人世界展开大屠杀：针对黑人的私刑在美国爆发，反犹运动在沙皇俄国爆发；比(利时)属刚果出现破坏和死亡；在荷属爪哇，惩罚男女劳动者的措施中出现虐待和强奸现象；西属古巴对中国苦力展开灭绝行动。种族主义者提出了更精细的种族优越理论(戈宾诺伯爵，1853～1855 年)，或对“黑鬼”恶言相向(托马斯·卡莱尔，1849 年)。1905 年，日俄战争中日本获胜被认为是“黄祸”战胜“白人”。[②]

核心区的资本积累策略得益于种族构成，并通过种植园、矿山和工厂劳动力

---

① Gossett, *Race*, 32-83, quote on 47, 65 (Nott); Winthrop D. Jordan, *White over Black: American Attitudes toward the Negro, 1550-1812* (Chapel Hill, 1968); Jacques Barzun, *Race: A Study in Modern Superstition* (New York, 1937); George M. Fredrickson, *The Black Image in the White Mind: The Debate on Afro-American Character and Destiny, 1817-1914* (New York, 1971); Miles, *Racism*, quote on 104.

② Seymour Drescher, "The Ending of the Slave Trade and the Evolution of European Scientific Racism," in Inikori and Engerman, *Atlantic Slave Trade*, 361-396, quote on 369; James Walvin, *England, Slaves, and Freedom, 1776-1838* (Basingstoke, U.K., 1986); Herbert S. Klein, *African Slavery in Latin America and the Caribbean* (New York, 1986), 243-271; Gordon W. Allport, *The Nature of Prejudice* (Cambridge, Mass., 1954); Michael P. Banton, *White and Coloured: The Behaviour of British People towards Coloured Immigrants* (London, 1959).

集团和种族化的雇佣行为而发展。低等人，无论他来自欧洲边境、非洲还是亚洲，都被认为是从事依附劳动或自由劳动的人。种族、民族和阶级差别交织在一起。在白人社会里，劳动阶级是民族性的，种族划分则存在于全球范围内。各个生产部门都表现出男性高于女性的性别等级划分。18～19 世纪，多数爱好和平的欧洲外出人口都坚持这个观点。